上：藤澤黄坡
下：石濱純太郎

関西大学東西学術研究所資料集刊二十九―三

# 新聞「泊園」

附 記事名・執筆者一覧　人名索引

吾妻　重二　編著

# 序

泊園書院は夙に知られているように、関西大学および関西大学東西学術研究所とは切っても切れぬ関係にある。と言うより、まさに関西大学の「学の一つのルーツ」と言ってもよい。本学図書館に所蔵されている泊園文庫（一六、九五四冊）は、長澤（規矩也）文庫、内藤（湖南）文庫、増田（渉）文庫、中村（幸彦）文庫等と並んで世界に誇るべく東アジア学文献資料であるが、それは大阪の二大書院の一つである藤澤東畡によって開かれた漢学塾「泊園書院」（もう一つは「懐徳堂」）の旧蔵書であり、後に、その子孫の藤澤黄坡との縁で関西大学に寄贈され、それをきっかけに関西大学東西学術研究所が設立されたのである。

さて、この数年来、東西学術研究所を基盤にするアジア文化研究センター（ＣＳＡＣⅡ）では関西大学が所蔵する個人文庫の整理、デジタル化を推し進めてきたが、泊園文庫についても本書の編著者である吾妻重二研究員を中心に詳しい調査と整理、研究が進められてきた。その成果として、我々はすでに『泊園書院歴史資料集――泊園書院資料集成１』（吾妻重二編著、関西大学東西学術研究所資料集刊二九―一、関西大学出版部、二〇一〇年）、『泊園文庫印譜集――泊園書院資料集成２』（吾妻重二編著、関西大学東西学術研究所資料集刊二九―二、関西大学出版部、二〇一三年）を手にしているが、今回、それらの資料集を引き継ぐ形で、泊園書院から発行されていた新聞「泊園」が詳しい解説付きで影印出版される運びとなった。泊園書院の昭和時代の活動や講学方針を示す貴重な資料が提供されたことになり、本書の出版が泊園研究と日本近代漢学研究の更なる発展に大きく寄与するものと確信すると同時に、編著者の労を称えるものである。

平成二十九年一月吉日

東西学術研究所
所長　内田慶市

# 目次

# はじめに

泊園書院は文政八年（一八二五）、四国高松藩の儒者、藤澤東畡によって大坂市中に開かれた漢学塾であり、その後、幕末・明治・大正・昭和の激動期をくぐり抜けて維持された。

この間、東畡およびその子の南岳、南岳の子の黄鵠、黄坡という「三世四代」の院主、および黄坡義弟の石濱純太郎の努力により、漢学の発展と普及、および学生教育に大きな足跡を残すことになる。昭和二十年（一九四五）、書院の建物は空襲により焼失し、ついで昭和二十三年（一九四八）、黄坡の死去によって泊園書院は百二十年あまりの歴史に幕を閉じるが、日本近世から近代、さらに昭和まで続いた漢学塾はきわめて珍しいのである。

このように長い歴史をもつことのほかに、泊園書院はさまざまな特色にいろどられている。全国各地から多くの門人を集めたこと、荻生徂徠の古文辞学の新たな展開を示していること、日本近代の発展を支えた多くの実業家や政治家、学者、芸術家が育っていること、また豊富な蔵書「泊園文庫」をもつこと、「泊園文庫」に幕末・明治期を代表する篆刻家による多くの印章を含むことなど、いずれも注目すべき事柄といえる。南岳が明治三十六年（一九〇三）、道明寺村の土師神社（現在の大阪府藤井寺市・道明寺天満宮）で始めた孔子の祭り「釈奠」は今なお続けられているが、これはすでに貴重な文化遺産になっているといえよう。

本学との関係でいえば、黄坡と石濱が関西大学教授を長く務め、その縁により戦後、「泊園文庫」が関西大学に寄贈されたこと、これをきっかけとして東西学術研究所が設立されたこと、そして「泊園記念会」が本学内に設けられたことなどが挙げられる。泊園書院が本学の知的ルーツの一つとされるゆえんである。

さて、筆者はこれまで、泊園書院にゆかりの深い東西学術研究所の研究員として泊園書院関連の調査を進めるなかで、資料集を二点刊行した。次のものがそうである。

一、『泊園書院歴史資料集――泊園書院資料集成1』、吾妻重二編著、関西大学東西学術研究所資料集刊二九―一、関西大学出版部、全五四四頁、二〇一〇年

二、『泊園文庫印譜集――泊園書院資料集成2』、吾妻重二編著、関西大学東西学術研究所資料集刊二九―二、関西大学出版部、全一八八頁、二〇一三年

最初のものは泊園書院の歴史や人物に関する諸資料を収集、整理したもので、門人録や南岳日記の一部なども影印した。二つ目のものは前に述べた、泊園文庫に含まれる印章百七十二顆の印影と釈文を載せた印譜であり、貴重なものについては印章の写真もカラーで掲載した。

ここに刊行するのは、これら二点に続く資料集で、泊園書院から発行されていた新聞「泊園」を影印するものである。

この新聞「泊園」は昭和二年（一九二七）十二月に発刊され、現在わかっているところでは、昭和十八年（一九四三）九月まで合計七十八号を出した。初めは毎月一回、しばらくして隔月一回の発行となり、戦争の影響などにより間隔が空くこともあったが、ともあれ十六年という長期間にわたって刊行されたばかりか、太平洋戦争が激化し、物資や食料の不足に見舞われていた昭和十八年九月まで続いたことに驚かされる。昭和十八年九月といえば大阪の空襲が始まる一年あまり前である。これは当時、書院経営にあたっていた黄坡と石濱純太郎の努力はもちろん、編集に協力した門人たちの情熱のたまものであり、書院の活動が困難な中にあっても維持されていたことを我々に教えてくれる。詳細については巻末の解説に譲るが、ともあれ本誌は泊園書院の昭和時代の活動や講学方針を示す貴重な資料となっているのである。

ここには現在、本学に所蔵されている新聞「泊園」の全号を載せるとともに、資料の重要性にかんがみ、詳細な記事名・執筆者一覧とその人名索引をつけることとした。

＊

本書の編纂方針などについては、おおむね次のとおりである。

一、新聞「泊園」（以下、本誌という）を原寸大で影印した。冊子体である新三十一号（後述）および附録のみ縮小した。

二、本学には本誌が二部所蔵されている。

関西大学総合図書館・泊園文庫蔵本（LH2＊丙＊85）A本

泊園記念会蔵・藤澤章子氏寄贈本　B本

便宜上、前者をA本、後者をB本と呼ぶが、このうちB本は平成二十七年（二〇一五）六月に藤澤章子氏より泊園記念会に寄贈されたものである。このご寄贈に関しては『泊園』第五十五号（泊園記念会、二〇一六年）の彙報欄に報告

している。

三、このほか、新第三十一号だけは冊子体により「発行十年特輯号」と題して刊行されている。

泊園　発行十年特輯号　関西大学総合図書館・泊園文庫蔵本（LH２＊内＊99）C本

四、影印にあたっては基本的にA本を採用した。これはA本の紙面の方が全体として保存状態が良いからであるが、ただしB本の方が保存状態が良い場合はB本を採用した。C本はそのまま影印した。

五、本誌は全部で次の三期に分けられ、合計七十八号が刊行されたようである。

**第一期**　第一号（昭和二年十二月二十二日）～第十五号（昭和五年十一月三十日）――計十五号

**第二期**　新第一号（昭和八年一月一日）～新第五十六号（昭和十七年五月二十七日）――計五十六号

**第三期**　第一巻第一号（昭和十七年七月か）～第二巻第四号（昭和十八年九月三十日）――計七号

六、このうち第二期については、第一期と区別するために、今回「新」の字を冠することにした。これは石濱による呼称でもある。C本は第二期の第三十一号なので、これも「新第三十一号」と呼ぶことにする。目次や巻末の記事・執筆者索引でも「新」の字をつけた。

七、A本、B本いずれにもない欠号が一号ある。次がそうである。

第一巻第一号（昭和十七年七月刊行か）

よって、本書に収録したのはこれを除く七十七号ということになる。

八、A本は後半部分などに欠号が少なくない。よってこれをB本により補った。次に掲げるのが、A本では欠号であるのをB本により補った号である。

第十三号

新第二号、新第三十七号～三十九号、新第四十二号～五十六号

第一巻第二号、第一巻第三号、第二巻第一号、第二巻第三号、第二巻第四号

九、本誌はおおむね一枚の大紙（B3よりひと回り小さな紙型）を中央で半分に折って四頁仕立てにしている。そして、内側欄外の余白（二頁と三頁の間）および外側欄外の余白（四頁と一頁の間）に、それぞれ記事を載せることが多い。本書では頁ごとにカットして紙面を載せたので、これら余白の記事も中央部分で裁断されているが、なるべく見やすくするため、中央部分の文字が頁間でいくらか重なるように載せた。

十、このうち外側欄外の余白の記事の場合、本来は紙面を裏返しにして読むため、当該記事は四頁から一頁へと続くことになるので注意されたい。

十一、新二十二号は八ページあるため、内側欄外余白の記事の続き方が複雑である。この部分の記事は、二頁から七頁へ、四頁から五頁へ、六頁から三頁へと続いている。

十二、布クロス製の綴込表紙は本誌専用のもので、B本はこれによって綴じられている。今回、本誌の最後にその画像を掲載した。

十三、本誌附録や泊園同窓会通知（本書一二五頁）はA本の中に挟み込まれていたもので、これらも載せた。ただし、附録はここに載せたものがすべてではなく、欠けているものがいくらかあるようである。

十四、「富永仲基先生関係史料陳列目録」は大正十三年五月のもので本誌発刊以前の資料であるが、A本の中に挟み込まれていたものなので、この機会にあわせて載せることとした（本書三五三頁）。

右に述べたように、本誌には一号だけ欠号があり、附録にも少し欠けているものがある。今後それらが見出される可能性もあるが、しかし、それを待っていては本誌を世に知らしめるのがいつになるかわからない。そう考えて今回、影印出版することとした次第である。

本書刊行のきっかけを作ってくださった藤澤章子氏に、まず感謝申し上げたい。すでに述べたように、本学泊園文庫蔵のA本には欠号が多く、B本の寄贈がなければ本誌を影印刊行することはできなかったからである。そもそも、藤澤章子氏は小説家藤澤桓夫氏のご息女であり、親子でお住まいだったご自宅「西華山房」を整理する中で桓夫氏所蔵の本誌を見出し、寄贈してくださったのであった。桓夫氏が黄坡のご子息であること、平成二十七年（二〇一五）三月、「藤澤桓夫邸「西華山房」跡」の顕彰碑がその旧居跡に建てられたことは人も知るとおりである。

また、その翌年の平成二十八年（二〇一六）、すなわち昨年は本学の創立百三十周年

記念の年であり、十月に記念の「泊園書院シンポジウム」を本学で開き、また博物館で泊園書院の展示を行なうことができた。こうした一連の出来事に恵まれたのも何かのご縁ということなのであろう。

本誌を泊園書院資料として出版することを真っ先に勧めてくださったのは、文学部教授で東西学術研究所所長を務められた松浦章先生であった。藤澤章子氏から寄贈があったことをお話ししたところ、言下に「出版すべきだ」とおっしゃったのである。この慫慂がなければ、本書はこれほど早く日の目を見ることはなかったであろう。その松浦先生が本年三月、本学を定年退職されるのはこれまた一つの節目となる縁であって、本書の刊行をもって先生の古稀をお祝いしたく思う。

本書刊行にあたっては、本学総合図書館および泊園記念会にご配慮いただいた。また本書巻末の記事名・執筆者一覧の入力に関しては、本学大学院後期課程の榧木亨氏の協力を得た。人名索引作成については東西学術研究所の奈須智子、赤井靖子両氏にお世話になった。東西学術研究所長の内田慶市先生からは序文を頂戴した。この場を借りて御礼申し上げたい。

本書が今後の泊園書院研究や近代漢学、大阪文芸の研究に役立つことがあれば幸いである。江湖のご批評をお願いする次第である。

吾妻重二

二〇一七年一月七日

# 新聞「泊園」

昭和二年十二月廿二日　木曜日　泊　園　第一號　（一）

昭和二年十二月十七日印刷
昭和二年十二月廿二日發行
毎月一回（廿二日）發行
本紙定價　一部金拾錢　一ヶ年前金壹圓（郵稅共）
廣告料　一行　金五十錢
編輯兼發行人　吉田萬治郎
同印刷人　大阪市東區内淡路町二丁目
印刷所　大阪活版所
大阪市南區竹屋町九番地　泊園書院内
發行所　泊園社
（振替大阪一三八三九番　泊園書院）

## 發刊の辭

泊園の學術は代々傳ふる事四世に涉り、歳を閲する已に百年を越え、及門の子弟は實に數千人に及ぶ。その源の遠き、その流の久しき、その徒の博き、皆以て稱するに足る。況や紘誦依然舊の如くにして絶えず、利祿奔走の間に於て屹然中流の砥柱たるをや。顧ふに、斯の道を傳へ斯の文を守り斯の學を存し、斯の業を弘むるは、及門の徒同志の士皆自ら責とする所なるべし。泊園同志各地の諸會合に談間々之に及ぶあるを熟聞せるは、我等の最も喜ぶ所なり。然も師弟通訊の方同窓報問の途を缺けるは、大方の久しく以て甚だ遺憾とする所なりき。乃ち相謀りて一小紙を排印し、題して泊園といひ、毎月一回之を發行し、以て漢學を鼓吹し、又一には書院學業の現情を、二には藤澤師家の安福を、三には泊園諸會合の狀況を、四には前輩同窓の動靜を通報するに資せんとす。但だ道德學術文章の大に至つては、固より一小紙の任に堪ふる所に非るも、亦稍々鉤玄纂言する所あるべく、要は徒らに空議放論に墮するを愼まんと欲す。先輩諸兄の共力贊助を吝む無からん事を期望に勝へず。（石濱）

## 先師遺聞

藤澤黄坡

城山中山先生の遺篇の中に古今儒家人物志といふ小册がある。その終に拾遺として甘谷東園二先生の事が載つて居るので、是亦家學の源泉であるからこゝに掲出して世に著はすことにした。

甘谷先生は荒陵の東、舍利寺に其墓があり、現に毎年五月一日に墓參をしてゐるから、門下の人々は皆よく知つて居られるが、今此書に左の如く（原漢文）記されてある。

菅晨曜字は子旭、和泉岸和田の人、出で、堀某の家を嗣ぎ秩二百五十石を襲ぐ。學を物子に受け、致仕して浪華に隱る。甘谷と號す。門下に兄臧宗、釋義端、葛子琴、岡德璋、篠安道、田子明、合麗王あり皆世に聞ふ。

この門人の中には混沌社の同人が多いが、これは後に述ることゝして、其次に記されてある東園先生を紹介せう。東園先生は即ち城山先生の師であるが、世間にあまり知られて居らぬ。

又、吉元中字は子庸、崑崙と號し、吉田求馬と稱す。其學風を確守し詩文を善くす。後讃岐に放浪し、藤川氏の養子となり改めて東園と號す。醫を以て世に名あり。甘谷門人多しと雖、善く其學風を傳ふる者は唯義端元中のみ。

寶永十四年三月二十四日甘谷先生卒
文化四年四月二十七日東園先生卒

寶永とあるは寶暦の誤であつて、寶暦十四年は即明和元年である。今を距ること百六十四年前にあたり、文化四年は百二十年前に相當する。因に城山先生は天保八年四月二十三日に歿せられたから今より九十一年前にあたる。何年かの適當な時にこれ等先師の追遠の會を催したらばと思はれるが、諸君の一考を煩はしたい。

兄臧、字は臧宗、樂郊と號し、浪華に敎授す、菅師の門人なり

此人は、始め宮部氏後に西山氏と改め、又た兄氏と改む、甘谷先生の高弟である。明和二年五月二十三日に歿した。

葛張、字は子琴、橋本は其氏なり。攝の人、蠧菴と號し貞元と稱す。

本姓が葛城氏であるから葛を呼んだものであつて、甘谷先生及兄樂郊に學んだ、片山北海の混沌詩社に入つて、詩才を以て鳴つた。天明四年五月七日に歿した。

岡元鳳、字は公翼、醫を業とし、尙達と稱す、浪華の人詩を言へば必ず子琴を推す、而も公翼雁行す。

即ち圖魯菴であつて、澹齋、白洲等の別號もある、又元達とも稱した、亦混沌社中の人であつた。物産學を好み、毛詩品物圖考、離騷名物考等の著がある。天明六年十二月十八日、五十歳を以て歿した。

岡德璋、字は士瑾、大進と稱す。攝の人なり。（此人未勘）

田章、字は子明、鳴門と號し、田中七郎右衛門と稱す。淡海の人。

大阪の阿波座の鍋釜を鑄造する田中氏を嗣いで、其家が鳴門橋に近きによつて鳴門と號した性頴敏で、博學洽識なること宿儒も一歩を讓つたといふ。混沌社でも千里駒と稱せられて、名聲一時に高くなつた。天明八年三月二十七日に歿した。

細合離、字は麗王、京師の人なり、業を甘谷菅氏に受く。又書を好み瀧本流を善くし、頗る世に名あり。浪華に移居す、後、事に因て罪を菅氏に得、歿後同朋相議して赦を靈に請ふと云ふ。

一名は方明、通稱八郎右衛門、斗南、學半齋、太乙眞人、大盆居士、白雲山人等の號がある。後に淸人考證の說を唱へ晩年に高田一身田の儒官となつた、亦混沌社の社盟である。享和三年十一月六日に歿した。

（篠應道、字は安道、浪華の富商なり、學を好みて菅氏に事へ、業を變じて儒となる。晩節其名大に興る。三島と號し、長兵衛と稱す。

此は篠崎三島であつて有名なものである。

上文に義端、元中とある義端とは、俗姓を脇阪といひ、字は勇進、別に雲松道人と號して、大に詩文に長じ、特に古文辭を鼓吹した僧であつて、攝州住吉靈松山龍鱗菴に住して居つて享和三年二月十七日に寂し、菴に其墓がある。善議隨譯二、文章躅集一、墨浦詩集五、等の遺著がある。（完）

## 第二十一回泊園會記

泊園會とは曾て泊園に遊び浪華附近に在て家を成し業を營むもの、會合で、年三回開會のことに定め第一回を明治四十四年十一月二十九日に開きたり、幹事は故永田仁助氏なりき。

昭和二年十月四日午後五時、東區伏見町四丁目百花村に開く、黃坡先生、三崎黃圃先生、梅見春吉、宮崎貞吉、吉野五運、田中藤太郎、福本元之助、坂本準平、白藤丈太郎、篠田栗夫、眞野鷹一、石濱純太郎の諸君と栗谷喜八、上念政七の二幹事と出席し、十月十七日に同窓會を開くべき件、追悼祭擧行の件、書院通報發行の件など相談あり、當日は恰も舊重陽にして先師の御誕辰に相當すれば、懷舊の談も湧き、杯盤の興も新に、別掲の如き席上聯吟を得て、八時散會せり。（栗谷記）

## 泊園書院日課

書院の課程は左の如くにて講義は主として黃坡先生及び石濱先生之を擔當せられ早朝の分は公開せられ居れり

| | 午前六時半 | 八時半（女子） | 午後二時より | 自三時半至五時半 | 自七至九時 |
|---|---|---|---|---|---|
| 月 | 呂氏春秋 | ………… | | 孟子 | 老子 |
| 火 | 小學 | 論語 江村銷夏錄 三體詩 | 素讀 | 續文章軌範 | 左氏傳 |
| 水 | 呂氏春秋 | 同前 | 同前 | 同前 | 說文解字（石濱先生） |
| 木 | 小學 | ………… | | 同前 | 老子 左氏傳 |
| 金 | 呂氏春秋 | 火水に同じ | 火水に同じ | 火水に同じ | 文史通義（石濱先生） |
| 土 | 小學 | ………… | | | 宋元明詩 莊子 蘇黃題跋 |

猶第一、第三日曜午前八時に尙德會の講筵あり。尙書の拔萃を講ぜらる。

# 泊園雜感

同窓會席上　黄坡先生談

今日は午前から引續き此會を開かれました處、諸君も御多忙の中を斯く多數御來會になりましたことは友誼厚情誠に欣ばしい限りで御座ります。何か御話を申す樣にと、幹事の方から御申出になりましたが、實は昨日來、今日午前に讀みました祭文の祭文に取懸かつて居つたために、別段に是といふ腹案もありませぬので、たゞ思ひ付いたまゝの雜駁なことを申して責を塞ぐことにいたしたいと存じます。即ち今朝讀みました祭文の頭に泊園之誼、維泊是守といふ句を置いたことについて一言申したいのでありますが、此節當地方では人文に關する史的研究が盛であります、隨て我が塾が百年以上の歴史を持つて居るものでありますから、諸方から色々御尋をうけることがありまして其中にも泊園書院といふ名に就いて御尋ねに遭ふことが度々あります。然るに此名については今まであまり聞き及んだこともありませぬので、たゞ自分の考を以て御答をして居るのでありました。そこで今日之を諸君の前に申述べて或は諸君の中に舊聞を傳へて居られる方でもあれば、其を與り聞きたいと存ずるのであります。

淡路町の頃に坐敷の次の間に、『守泊苑』と書いた額がかゝつて居りました、上町では茶間の次の間に、只今は鶴橋の宅の二階にありますが、この額は中山城山先生の書であります。固より東畡翁の時の物であります。これが此塾の名の原であらうと思はれるのでありまして、即ち東畡翁が守泊といふ二字を取つて之を城山先生に請ふて額を作られたものか、又は城山先生の此額を得て之に因て泊園の名を作られたものか、此二つの中であらうと思はれるのであります。猶此塾はもと泊園塾といふたものと聞いて居ります。舊い木版の泊園塾則がありますが、其終りに明治二年正月と先人が自署して居られるのが現に手許にあります。淡路町の泊園書院とある門標は稲垣秋莊先生の書と聞いて居ります。先年讃岐の武下君から東畡翁の味道養眞の四字額を見せられました處、其落款に泊園書とありますので甚珍らしいものと思ひました。御承知の通り、大翁は多くは姓名を書、て居られ號を用ゐられたことも極めて少いのであります。まして泊園といふ落款は外にあるまいと思はれますので、これを讓つて貰ふことにしまして現に堺筋の豐田家に藏して貰つて居ります。此によれば泊園は大翁が自分の號として居られたことがあつたのであります。今まで藤澤泊園といふ文字を誰かの文に見ましたが、單に塾の名を用いたものと思うて居りました、しかしこれで見ると號であつたのであります。就ては大翁が始めて大阪に塾を設けられる時に己の舊號を以て名づけられたのであつて、其は即ち守泊の義に取られたものであると考へられるのであります。武下家の先々代峨雪齋仁卿といふ人は王父と共に城山先生に學んで王父と親交あつた人でありますから、王父の若い時に此額を書かれたと思はれます。

右の次第で泊園の主意として泊を守るを旨とするといふ意を私は述べたのでありまして、今日世間では單に華を競ひ新を衒ふ位のやさしいことでなく、すべて流蕩浮薄の氣分が上下に漲つて居つて、政事家も學者も文士も何も皆なが風潮を追うて狂奔して居る狀態であります、しかし自分は眞の力は矢張中から根ざした强いものでなければならぬと思ひます。それには諸葛孔明が其子を誡めて非澹泊無以明志、非寧靜無以致遠といつた語を思ひ出すのでありまして、先づ澹泊寧靜にして内に心を靜かにし、外、物欲に奪はれない底の處あつて志もたしかに事業も達成するのであると信じます。我が泊園の同窓諸君は此の守泊の字を失はれない樣にして王父及び先人の志を繼いで世の風潮を支持せられんことを庶幾う次第であります。

# 故永田仁助君

## 弔辭

昭和二年三月十日、從五位勳三等貴族院議員永田仁助君逝矣、嗚呼君資性温良篤實、夙遊泊園之門、研鑽數年、道德愈深、信義益篤、人尊之如父、親之如母、苟有紛糾不可解之事、必就君之處、請其解之、而君一受其請也、則不論事之難易、必能解決之矣、夫君之解紛、豈有他哉、君嘗曰、凡事之成天也、其不成亦天也、成否吾不關也、吾唯行其所信、竭其誠意已、故事成而不自居、紛解、而不自誇也、夫苟以信義行之、以誠意處之、何事不成、何紛不解、而人之信服之者不亦宜乎、輓近列於貴族院、亦欲以正義誠心解國家紛糾之事、而未及見其事而歿、豈可不惜乎、余輩同門之士、以親交之久情誼之厚、悲痛之恨不息、哀戚之歎不竭、茲陳鄙衷、謹告在天之靈、嗚呼悲哉、尙享、

昭和二年三月十二日

泊園同窓會總代　鎌田衞

# 故村田又兵衛君

## 悼詞

嗚呼難測而不可期者人生也歟。村田又兵衛君。弱冠入泊園書院刻苦黽勉。殊受先夫子南岳翁之鍾愛。學成業達。辭院。不幸早喪所怙。夙繼家業　勤儉治產。家道益榮。名聲大揚焉。君體軀壯大。意氣潤達。頗厚于友情。長於世交。常幹我泊園同窓會。善理其會計。有事輒斡旋不厭勞盡其委曲。會員皆賴其力久矣蓋我泊園創設以來既過壹百有餘年。今後將欲待君力而有所更期。何圖身命猶壯。抱負未遂且半。一旦爲二豎所惱。溘焉遂爲白玉樓中之人。嗚呼哀哉。今春喪永田仁助君。入秋又失全田達次郎君。涙痕未乾今復與君永訣我同窓之不幸何其荐哉　人生不可測且期果如此。嗚呼哀哉。雖然君有令嗣善繼其業。我會亦有賢弟。代以幹其事乎。君亦可以瞑矣。茲臨永訣。代同窓會員謹告靈前尙饗。

昭和二年十月二日

弟篠田　栗夫　九拜

## 哭南圃村田詞兄

同甲同窓友。百年有所期。率然先吾逝。俯仰不堪悲。

弟　栗夫　拜草

# 第三十回 泊園同窓會 併追悼會記事

本年十月四日夕、粟谷喜八、上念政七兩君當番幹事にて泊園會を百花村に開き、藤澤黄坡先生三崎驥之助、福本元之助、白藤丈太郎、眞野鷹一、坂本準平、梅見春吉、田中藤太郎、吉野五運、宮崎貞吉、篠田栗夫等の諸氏相會し、其席上にて同窓會を開催し、併せて最近歿せられたる重なる會員諸氏の追悼會擧行を決議せり。

是に於て會規に據り同月十七日午前十時齡延寺にて南岳先夫子黄鵠先生及大城戸宗重、豐田宇左衛門、全田達次郎、永田仁助村田又兵衛君等其他死亡會員一切の諸靈を追悼せり。時至るや村田鋭吉、豐田君(事故缺席)等の各遺族及同窓會員は同寺本堂に列座し、導師の讀經に次ぎ黄坡先生の祭文朗讀あり(別項參照)。各遺族會員の燒香終り、係員眞野鷹一君の挨拶あり。東畡南岳黄鵠三先生の墓に參拜し、遺族諸氏へは同寺にて追悼記念品(帛紗)粗齋を呈し、會員一同は直ちに明月樓に參集せり。此の會に於て三崎君は參拜者に抹茶を供せられたり。略儀ながら茲に其厚志を深謝す。尚ほ、又或有志の諸氏より供物寄贈の申出ありたるも其厚志を謝し之を辭退せり。

會員以外泊園に緣故ある參拜諸氏左の如し

吉宗耕英、宮崎青邨、橘香雲渡邊花仙の諸氏

正午明月樓に會せる者、黄坡先生を始め三崎驥之助、新田長三今西茂喜、上念政七、沖本三郎辻蒼石、宮崎貞吉、坂本準平、木村敬次郎、廣田虎三、辻直太郎、櫻井雲洞、佐藤彌太郎、安達龜造、三井由次、中山潔、小寺篤兵衛、吉田萬治郎、村上吉五郎、松浦捨吉、眞野鷹一、石濱純太郎、古家信三、本條平太郎、中川魚梁、清水音三郎、新田昌次、織田九郎、佐藤寬九郎飯田武雄、淸海清、笠井靜司、豐田留吉、國枝晉助、田中利右衞門、粟谷喜八、永田仁助(先代仁助襲名)等の諸氏に梅見春吉篠田栗夫兩幹事を合して四十名なり坐席定り配膳終るや篠田幹事開會の挨拶あり。次に黄坡先生は『泊園』てふ出典に就き併せて所感の講話あり(別項參照)又會員各自の五分間演說あり。孰れも現況或は懷舊或は希望等の諸說あり。一層の趣味深きを覺ゆ。就中笠井君の哲學、坂本君の樂燒自製、佐藤彌太郎君の病氣養生は土に親むに在りとの意味にて是亦樂燒自作、宮崎君の現今勤務先染工場に最も低廉なる洋服を供給、今西君の大氣焰等の最も興味ある諸談あり殊に豐田留吉君が當代豐田宇左衛門氏に先代の遺命を奉じて大に泊園書院後援の意志あるにつき同窓諸君と共に之を圖りたしと報ぜられしは吾黨の意を强くする所なり。相酌み相話し、歡興は羽觴の飛ぶに隨ひて湧き、滿堂春を生ず。此の日天朗に氣清く且つ本日は先夫子の誕辰に相當せるを以て、正面楣間に揭げられたる特に本會の爲め揮毫の二大幅は一層の光輝を發し頗る快感を覺ゆ。時に佐藤君は黄坡先生揮毫の自製樂燒記念杯を會員諸君に寄贈せられたり。幹事各一同に代り其厚志を謝す各自醉飽して閉會せしは午後五時頃なりき。(幹事)

附記

○永田仁助君は先考仁助君の因緣にて入會を申出でられたるを以て本會も之を快諾し當會より始めて出席ありたり

○幹事長永田君の後任は今後福本元之助君に依頼せり。

○村田又兵衛君擔任の本會計は賢弟豐田留吉君に委託せられ請ふ同窓諸君之を諒せられ

## 泊園會席上聯句　栢梁體

今月今日是重陽　宮崎默處
舊雨相會情難忘　坂本竹山
當時少年鬢成霜　吉野玉成
往事何必說渺茫　福本竹里
江南熱鬧一酒場　石濱大壺
春艸夢冷舊池塘　上念西秋
空望先師天一方　梅見有香
名聲赫々千古芳　粟屋靈堂
不才吾亦仰餘光　田中藤[illegible]
把手同期晚節香　三崎黄圃
陳雷意氣忘炎涼　眞野夢蝶
酣醉陶々飛羽觴　篠田活園
百花村店秋夜長　白藤芳陽
共誦伐木第一章　黄坡

## 氏名住所錄(追加)

**泊園同窓會員**

伊藤　博三　大阪市東區博勞町二丁
佐藤寬九郎　同　同　長堀橋筋一丁目(明誠舍)
濱村　喜造　同　同　鰻谷仲之丁
山口菊三郎　同　港區鶴町四丁目一
松宮道三郎　大阪府南河内郡道明寺村

以上の外不明に付御問合御通報を乞ふ

## 社告

元日發行の本紙新年號を年賀狀代用として配付御希望の方は增刷實費を以て頒布可致候に付來る二十五日迄に本社へ御申込被下度候

昭和二年十二月二十二日　木曜日　泊園　第一號　（三）

**泊園同窓會員**

伊藤　博三　大阪市東區博勞町二丁目
永田　仁助　同　南區高津四番丁
濱村　喜造　同　同　鰻谷仲之丁目（明記舍）
山口菊三郎　同　港區鶴町四丁目一六四
香川　景文　大阪市

以上の外不明に付御問合御通報を乞ふ

# 社告

付御希望の方は増刷實費を以て頒布可致候に付來る二十五日迄に本社へ御申込被下度候（但し五十部以上に限る）

# 師家の御消息

**○黄鵠先生の御一家** は相變らず東成區岡ノ町に御住居にて、御長男成太殿は京都の第三高等學校の三年生、御次男庸殿は隠岐の渡邊新太郎氏の養子となられ現今高津中學の四年に、御三男彬殿は同三年に、御四男泰殿は師範附屬に御在學中にて其次の亨殿は門司の岸孝雄氏の養子となられ同地に御起居皆壯健に御成長せられつゝあり。永田家へ養はれ給ひし皎子殿は既に一女を設けられ現仁助氏と琴瑟益和せらる。

**○黄坡先生** は南區竹屋町に泊園書院を御主宰の上更に他の諸方面の依頼により講演等に出張せられ殆んど寧居の遑なき御有様にて、之がため御體軀は益強健にあらせらる。御長男桓夫殿は目下東京帝大英文科二年に御在學中にて、御次男斐夫殿は高津中學第二學年に學ばる、令嬢は大手前高女第五學年にあらるるを頭に御四人あり。

**○三崎黄圃先生** は東平野町なる老先生の御舊宅にて醫門を開かれ、内は御老母始め皆々樣御壯健にて、子女御七人あり、外は痔を講ふもの門に溢れ、御清福此上もなく、御長男要一殿は大阪醫大豫科一年に御在學中にて御長女は昨年茶博藪内家の令嗣三次氏に嫁せらる。

**○石濱純太郎先生** は黄坡先生の令閨の介弟であつて、明治四十四年に帝大支那文學科を御卒業せられ、大城戸宗重氏の御次女を娶つて、既に二男二女を擧げられて、御家門益々御繁榮である。特に斯學の御研鑽に就いては我が邦有數の好學家として天下に令名を馳せられて居る。

## 泊園同窓追悼會祭文

維昭和丁卯神嘗祭日、仍例開同窓會矣。先會一刻、祭先府君與伯兄士亨、配以大城戸豊田永田全田村田五子及先亡諸兄。章以一日之長代衆而告曰、

泊園之誼。維泊是守。載會于師。載篤于友。士芥利名。藐視縉紱。乃設此會。經年既久。先進諸子。維左維右。其和如蘭。其結如紐。忽遭閔凶。伯亦見背。余二三子。伥々誰有。又想諸老。實是元功。磐舟扶西。石僊張東。直翁至誠。常致其衷。全子窠悔。立計是公。南圃計會。出入必中。嗚呼天道無極。眞哉夢夢。石僊既去。年歲六終。那事今茲。吾心多惆。維他四子。一歳倶空。乃履霜露。忽驚秋風。惕然憂思。何堪忡々。茲修薄祭。庶志有通。噫吾小子。漫膺餘惠。與我友朋。先志維繼。所慨流俗。奔利競勢。誰能盡思。警此泄泄。庶共一志。日夕淬礪。崇德弘道。以報聖世。尚饗。

昭和二年十月十七日　章頓首敬白

# 泊園同窓會　同人消息

在塾當時の舊を語り別後現在の情を話し合ふも亦平生忘る能はざるの幾分を慰め得て生涯中の會心事たるやいふまでもなし。然るに吾同窓會は去る大正十三年黄鵠先生の長逝したまひしより以來。毎に哀しむべき事に憂愁を重ねたりしが。今や幸にも吾人平生の願に相叶ふべき時機到來して同人間の消息を相知り又相知らんとするに絶好の機關を與へらるゝこと〳〵なれり。即ち從來は隔年若くは三四年間に發刊されし我同窓會誌は本號より一躍して月刊新報として毎月發行されて同人諸君と頻繁に交話するの機會を容易ならしむるものあり。是に於て消息子は同人相互の意志疏通の爲め又吾泊園同窓が現代社會に向つて那邊に活躍しつゝあるかを紹介せんと欲す。冀くは此際同人諸君の趣味あり眞實味ある情報を寄せられんことを望む。乃ち今より入手に任せて左に錄示せんとするものなり。

**○牧野信君**　來示に云、此度は是非参會故先生先友の弔祭にも與りし舊知諸君にも晤談せんものと期日の至るを樂しみ居りしが、三週間前より腸加答兒を患ひ、一時平癒せしも不攝生より更に再發慢性狀態に相成り今尚静養中云々、此頃は最早全癒と思へど切に自玉を祈る。因に同君は目下京都今出川寺町西入上る處に寓せられ、臨濟宗大學並に眞言宗大學に教鞭を揮はれ去九月よりは同志社大學へも講師として赴かれし由、斯道の爲め切に足下の健康を祈る。

**○右田三吉君**　我泊園門下の最古参として、目下島根縣下を代表する者は君と俵孫一君なり。俵氏は世人の知る如く官界に於て大に其地歩を占め、君は地方に於て動べからざる德力あり。而して常に詩に文に其經綸の一斑を示さる今回の開會に際し左の芳韻を寄せらる。

秋風月暗織華天。一雁呼過思渺然。事與心違恨何耐。且懷夫子講經筵。

**○鎌田衡君**　今秋突然病を得て、目下阪神沿線蘆屋病院に入院加療中なり。同君は天王寺中學校に職を奉ぜらるゝ事已に三十餘年、其の學德は年と共に高く、生徒よりは父母の如く敬慕され居たり。今や徒らに逸材を懷いて病床に呻吟さるゝ事誠に御同情に堪へず會員一同は衷心より其の御回復の一日も早からん事を切望して已まず最近黄坡先生宛左の書信を寄せらる

第一信　拜啓村田又兵衛君逝去の由驚入候。思ふに本年は何故か永田氏始め全田氏村田氏と連續的に遠逝せられ我泊園會も實に秋風落寞の感に不堪候。小生も先般來より病床に呻吟致し何れ近々の内に（年月未詳）諸君の後を追ふ事と覺悟致居候、泊園會近々御開催の由これも欠席可仕候遺憾々々（十月一日）

第二信　拜啓小生病氣漸く亢進竟に芦屋病院内に呻吟する身と相成候。思へば小生の病は狂氣、中風、トンコロの如き男性的なる者が相當と兼て覺悟致居候處、かゝる女々しき上品なる病にて斃れんとは思ひがけず候。然しかくなる上は致方なく只自ら修めて天命を俟つのみに御座候。何分にも日々病魔に苦しめられ、且つ醫師よりは執筆を禁ぜられ候折柄、何れ兩三月内には生死何れへか決定致す可く候間それ迄は御無沙汰致し候故不惡御酌量被下度候早々頓首（十一月六日）

# 有聲會消息

出自幽谷遷于喬木嚶其鳴矣。求其友聲と有聲の名蓋し此に基づく。當時書院は本院分院の兩院ありたるが有聲會は分院學生の間に成立せしものなり。即ち其郷關を以て幽谷に擬し、書院を以て喬木に擬し、而して毎々懇篤なる夫子指導の下に相和し相囀り以て其友聲を相求めて教へのまゝに勉勵之れ懈らざりしなり。而して抑も爰に至りしは曰く、等しく同一門を出入して同じ教への下に游ぶと雖も或は午前に見ゆるあり、或は午後に出づるあり、或は夜間を以て至るありて、課程を異にし時を同じくせざる者は、唯名簿を見て知るのみにて實際膝を交へて相見ゆるの期のあらざるを遺憾となしたるが、誰言ふとなく何時かは折を見て一堂に會し、互に其友聲を求めて相和鳴してはと、是に於てか忽ち發起せられて成立するに至る乃ち之を夫子に圖る。夫子亦之を賛し之を喜び自ら撰して有聲を以て會に命名し毎月一回の會集には御多用の御身を以て御臨席に相成り、會員相互の談論講話に或は詩吟に或は武術に自ら率先せられ以て會員を斯道に導かる。乃ち會員は嘗に書院に學ぶの幸福を有するのみならず又友聲の相和するを得るの榮と樂しみとを有したるなり。而して時には本院の生徒にも通じ其出席を求めて眞に友聲の實あらしめたるなり。其會況は會誌ありて之に記載せられてあれば茲に特に縷述するの要なく、只記憶するまゝに當時に於る會員諸兄の風丰を綴りて舊友を偲ぶの一端に供せん。（東男）

**◎武田晴夫氏**　德島縣脇町の人識見高く會員中の棟梁たり當時は府立天王寺中學校の教諭たりしが今は西區薩摩堀廣教尋常小學校に奉職せり。

**◎渡邊泰一郎氏**　岐阜縣安八郡の人、書道に長じ先夫子南岳先生の大正天皇御即位の大禮に際し奉献の壽客叢錄を清書したる程の能書家にして後には心學明誠舍に教授せられたるが顔回ならねど不幸短命、大正十一年秋遂に長途に逝く。前途有爲の此人をして可惜二豎の襲ふ所とならしめしは惜しみても尚餘りある事にて昊天何ぞ無情なる。

**◎香川景文氏**　香川縣香川郡の人詩才あり世事に通ず殊に俳句に於て其妙を得たり。出院の後高松市に於て農村社を創設し、月刊誌新農村を發刊し農村の爲め大に盡したりしが未だ二十號に滿たざる内廢刊せしは遺憾とする所、目下阪地郵便局に活躍せり。

**◎岡本勝治郎氏**　亦香川縣の人活潑恬淡眞摯なる漢學専攻家にて國士の風あり斯道の造詣愈々深く目下東都大東文化學院高等科第三年生として在學中なり。

**◎吉田萬治郎氏**　大阪の人、北區若松町に居住し研究心に富み音樂に趣味を有し、嘗ては三絃に於ける曲譜を發明考案して大に世に便益を與へられたり而して當時の百三十銀行より引續き安田銀行大阪支店に勤務

**◎上原三郎氏**　香川縣坂出の人、淡白なる性質にして坐談に巧にして識見低からず。文事に長じ武道に達す。目下神戸市の小學校に奉職。

**◎山口菊三郎氏**　大阪の人、寡默謹嚴而して識見なか〳〵高く、目下浪速區學務課主任書記たり。

**◎清海清氏**　西區春日出町の人、美目秀眉而して文才あり趣味を多方面に有し藥草の學にも長じたり。曾て內務省に職を奉じたりしが、今は宮内省に仕官し現に御陵守長として京都岡崎に住まへり。

**◎佐藤彌太郎氏**　確固不拔の精神

な有し博覽强記又侮り難きの材識を有す。南畫を喜び其畫く所亦雅味多し。今はまた陶窯に玄人を凌ぐ伎倆あり。

◎安達龜造氏　忠實篤學進歩亦顯て著しく先輩をして瞠若たらしむることあり。順慶町に永住し實業に從事し鄭重忠實を以て信用を博せり

◎辻政太郎氏　孜々諄々、悠々迫らず貴公子の風ありて人の眞似能はざる美點を有せり。今は伏見町の自宅にて家業に從事。

◎濱村喜造氏　守る所を守り、爲す所を爲し、近時の青少年には稀らしく思はれたり目下家業に勵精せり

◎松井政吉氏　眞面目なる態度は將來を思はしめたり。當時明星商業學校に在學中なりしが、卒業後は吉見紡績に勤め目下忠實熱心に勤務せらる。

◎松宮道三郎氏　道明寺の人、辯舌に巧、なか／＼世事に通ぜられたる樣なり。

◎福田三次氏　茶道の師範藪內家に生れ、溫順正直なりと見受けられたり。目下既に家を幹せらる。

◎伊藤博三氏　仁壽堂の令息、誠に幼く年長會員の者より見れば可愛らしく思はるゝ程なりしが、父君既に去られ今は家を嗣ぎて大に活動せらる。

◎藤澤桓夫氏　會員中の最年少者夫子の御令息にて他會員より見れば客員の如く思はれたれど、猶會員としてあられたり。目下は帝大英文科に在籍やがて卒業の期も遠からざるなり。

近臘暄甚　　黄坡

休說臘前有喘牛
老身唯愛午風柔
閑窓題去冬暄句
笑見飢蠅集筆頭

窓外風甚

昨來節序入嚴冬
淅瀝寒聲在老松
賴有凌風侵雪客
吟窩今日酒初濃

泊園同窓會

# 會計報告（昭和二年度）

## 收入

一金參百參拾圓也　總收入

內譯

一金壹百九拾五圓　當日出席會員會費
一金壹百貳拾圓　開會前後受領常費
一金拾五圓　祭資料及缺席者會費

## 支出

一金壹百八拾四圓七拾貳錢也　總支出

內譯

一金壹百貳拾六圓七拾錢　明月樓總支拂額
一金貳拾八圓八拾貳錢　齡延寺費用總額
一金拾九圓五拾錢　通信及印刷費
一金九圓七拾錢　諸雜費

差引殘額

一金壹百四拾五圓貳拾八錢也

右殘金は本誌發行費に充當可仕候
詳細は順次御報告可申上候

會計係　豊田留吉

## 昭和二年度常費領收報告

寄贈諸君の氏名を列記して厚意を謝し併せて領收の證に換ふ。敬稱省略と次第不順とは不惡御宥恕を乞ふ。

一金壹圓

田中　稠　望月　惇一
下岡　龜一　山田　正一
福本元之助　灘尾　晃壽
三川　啓明　富永　祐治
石濱純太郎　芝田　弘淳
里見　圓瑞　古谷　熊三
櫻根孝之進　大門　了康
岩崎　深信　岡本　英三
星島謹一郎　大野　園山
尾崎　正信　吉田　清三
川合孝太郎　近藤　房吉
木戸　平信　赤塚　善助
西門孝治郎　右田　三吉
片山　義雄　中谷　元造
小寺篤兵衛　松井　政吉
片山　太門　門脇　才藏
牧野明次郎　嶋本　壯吉
野田　青石　尾崎　邦藏
宮村信次郎　殿村　竹
中野　信義　貴田　榮藏
杉村正太郎　小倉　梅代
竹末　朗德　阿部　茂七
寺田英一郎　有岡　太郎
豐田　正達　永田　仁助
田中藤太郎　上原　三郎
政義　義輝　國安　音助
潁川源太郎　尾中　郁太
桑田　義行　粟谷　喜八
坂本唯三郎　石井　光美
瀧川　晃光　織田　九郎
山本國次郎　西門　岩松
岡田　尚齋　眞野　鷹一
宮城源太夫　松浦高麗三
牧野　信　今西　茂喜
曾根保五郎　玉手市兵衛
村井　繁　上念　政七
坂東久四郎　木村敬二郎
中山　潔　沖本　三郎
芳村一太郎　吉田萬治郎
小林　繁　廣田　虎三
戸田喜久男　松本　俊男
辻　直太郎　古家　信三
橋本梅三郎　坂本　準平
三井　由次　新田　長三
嶋田喜十郎　飯田　武雄
笠井　靜司　宮崎　貞吉
蘆田源次郎　豐田　留吉
櫻井　雲洞　篠田　栗夫
西田幾太郎　新田　昌次
安達　龜造　松浦　捨吉
中尾國太郎　中川　魚梁
清水音三郎　清海　清
佐藤彌太郎　佐藤寬九郎
辻　蒼石　梅見　春吉
田中利右衛門　岡本由喜三郎
高谷太左衛門　本條平太郎
村上吉五郎　岡本勝次郎
熊澤猪之助　辻　政太郎
豐田宇左衛門　佐藤　海城
大守熊治郎　堀岡治三郎

一金五圓（欠席者會費）　仲野　安一

以上百廿一人別に祭資料として

一金拾圓　福本元之助

尚此際本誌改革に就き諸雜用も嵩み候間常費御失念の諸君は至急「大阪一三八三九番泊園書院」振替貯金口座へ御拂込被下度御依賴申上候

泊園同窓會會計係



## 豫告

十二月廿三日午後一時より
冬至祭執行
泊園書院

## 泊園同窓會幹事

大阪市東區區南新町二丁目　篠田栗夫
同　東成區鶴橋天王寺町五八三二ノ一　梅見春吉

## 同會計

大阪市南區鰻谷西ノ町　豐田留吉

## 泊園會當番幹事

大阪市南區鰻谷仲ノ町　吉野五運
尼ケ崎市大物町　坂本準平

## 有聲會幹事

大阪府中河內郡枚岡村額田四百五十六番地　吉田萬治郎
大阪市東區南本町四丁目四十八番地　佐藤彌太郎

## 泊園社編輯同人

大阪市住吉區千體町十四番地　石濱純太郎　電話住吉二〇番
前掲　吉田萬治郎
大阪市東區農人橋詰町五十四番地　熊澤猪之助

## 新年に關する 漢詩 和歌 俳句を募る

題　隨意
期日　十二月廿三日限
送付先　本社編輯局宛

## 編輯室より

十月の追悼會席上で本誌發行の計畫ある事を石濱先生より發表された際小生は飛び立つ思ひで贊意を表した、顧れば今から十年以前在塾の當時苟くも浪華に於ける漢學界の一大權威たる泊園書院が學說を發表する機關誌を持たず同窓生の動靜を知る能はざるは一大恨事なりと思惟し恩師黄坡先生及び石濱先生に對し熱心否寧ろ猛烈に御贊助を願つたが時機未だ到來せざりしものと見え其儘立消えて仕舞つて小生は實に遺憾遣る方なく悶々の情に堪へ無かつた、それが今度實現されるのだから其喜びや蓋し餘人の到底想像だも及ばない越えて十一月中旬に兩先生から本誌の編輯に當れとの御依賴を受けた時は一層の喜びに滿身の血は燃ゆる思ひであつた爾來製版印刷原稿整理に或は編輯上諸種の指導を先輩に乞ひ同人諸氏の應援を得て茲に漸く出來上つたが御覽の通りの有樣で誠に粗雜で汗顔に堪へない次第であるが石濱主任指導の下に同人協力して號を重ぬるに從つて內容外觀共に整へる覺悟だから何卒今暫くの御辛抱を願つて置きます。（一樂庵）

新年號には寫眞版も入れて少し飾りたいと思ふ　◎本誌題號の文字は先夫子藤澤南岳先生の遺筆であります希くば先生の英靈長へに本誌を護らせ給ひ吾人の魯鈍を恕し給はん事を◎本誌に掲載の價値ありと認めらるゝ泊園書院關係の書、畫、尺牘等あらば何卒御寄送を願ひます◎最早年內餘日も無之愛讀者諸君御無事御超歳あらん事を祈る。

昭和二年十二月十日調

# 氏名住所録

## 泊園同窓會員

### 大阪市

白藤丈太郎　東區森之宮西之町一三
渡邊　醇　同　南渡邊町七〇
渡邊和子　同　同
菅　太一　同　安土町一丁目
水落庄兵衛　同　安土町二丁目
吉崎善三郎　同　南本町四丁目
小澤　新六　同　本町二丁目
岡橋　治助　同　船越町二丁目
鹿田　文一　同　安土町四丁目
高松林之助　同　北久太郎町一丁目
篠田　栗夫　同　南新町二丁目
小寺篤兵衛　同　北濱二丁目
佐藤彌太郎　同　南本町四丁目
櫻井　雲洞　同　味原町六一
眞野　鷹一　同　廣小路町一九
玉手市兵衛　同　博勞町二丁目
櫻根孝之進　同　北濱四丁目四六
杉村正太郎　同　船越町二丁目
吉田　清三　同　北久寶寺町四丁目三
名越清太郎　同　常盤町二丁目
金光堂守親　同　十二軒町二二
大江吉兵衛　同　道修町三丁目
鎌田　潮音　同　谷町八丁目(長久寺)
川上　利助　同　備後町一丁目
中井　一馬　同　瓦町一丁目
山本又三郎　同　南渡邊町
小山寅次郎　同　平野町四丁目
三浦　德次　同　船越町一丁目
駒井　竹三　同　南本町四丁目
辻　政太郎　同　伏見町一丁目
潁川　康　同　本町一丁目
平井　幸吉　同　同
福田　三次　同　伏見町三丁目
磯崎利三郎　同　南渡邊町一
熊澤猪之助　同　農人橋詰町五四
赤松奈良義　西區　高砂町二丁目
伊藤　外吉　同　薩摩堀裏町
三井　由次　同　江戶堀北通五丁目
粟谷　喜八　同　北堀江二番町
三井宗次郎　同　江戶堀北通五丁目

吉野　五運　南區鰻谷仲ノ町
醍醐　慧海　同　生玉前町(本誓寺)
和田　達源　同　大和町(法案寺)
豐田　省三　同　南綿屋町四六
大河内安藏　同　高津一番丁高津宮社務所
平泉豐三郎　同　鰻谷西之町十九
豐田宇左衛門　同　長堀橋筋一丁目
豐田助九郎　同　竹屋町
豐田國三郎　同　長堀橋筋一丁目
今西　茂喜　同　東清水町二六
中川　魚梁　同　鹽町三丁目
本條平太郎　同　千年町二一
安達　龜造　同　順慶町三丁目
岡村　道雄　同　北桃谷町十二
岡村　義章　同　安堂寺橋通二丁目
岡本　英三　同　瓦屋町四番町
村井　敏夫　同　南綿屋町
戶田喜久男　同　鰻谷西之町
豐田　留吉　同　安堂寺橋筋三丁目
米浪長兵衛　同　南綿屋町
芦田源次郎
田中　捨清　北區　松ヶ枝町八
福嶋　龜吉　同　金蘭高等女學校内
小倉　梅代　同　新川崎町御料地内
高谷太左衛門　同　芝田町六八
政義　善輝　同　玉江町一丁目二三
豐田　正達　同　鳴尾町二二
中尾國太郎　同　朝日新聞社
辻　蒼石　同　旅籠町三五
中村　三德　同　毎日新聞社
長谷川卯三郎　同　常安町大阪醫科大學
宮城源太夫　東成區[illegible]
梅見　春吉　同　東桃谷町
石川粂三郎　同　猪飼野町
河田　篤作　同　深江町一三〇一
西本千太郎　同　生野國分町(五九ノ一)
三崎驎之助　天王寺區東平野町三丁目
大嶋　祥二　同　上本町九丁目
安田　半圃　同　細工谷町五八
西門　岩松　同　上本町七丁目
西門孝治郎　同　同
殿村　たけ　同　眞法院町三九

中山　潔　同　上本町八丁目
木村敬二郎　同　松ヶ鼻町一二
菊池　童太　同　東平野町三ノ一
中濱富三郎　同　東高津南之町三〇
田中　二郎　同　上本町九丁目
稻垣　馨　同　東平野町三丁目
石濱敬次郎　同　細工谷町六二
鎌田　衡　同　上本町七丁目
上念　政七　港區　南安治川通二丁目
岡島　伊八　同　南安治川通一丁目
宮崎　貞吉　同　五條通一丁目十番地
田中藤太郎　同　北泉尾町三丁目九五
稻葉　太吉　同　三條通二丁目二三
筒井民次郎　同　九條北通三丁目
小野助十郎　同　古川町
大守熊治郎　浪速區　河原町一丁目二四ノ一
新田　長三　同　芦原町
新田　昌次　同　同
有岡　太郎　同　元町五丁目
村上吉五郎　同　榮町二芦原署出張所
武田　晴夫　西區薩摩堀廣敎尋常小學校
中野　米造　住吉區　遠里小野町
杉本由太郎　同　喜連町
仲田泰治郎　同　桑津町
石濱純太郎　同　千體町十四
織田幾太郎　同　天王寺町一三七
西田　九郎　同　住吉三一
山田　正一　同　阿倍野町一三四ノ五
笠井　靜司　同　平野京町四ノ二四
稻岡熊二郎　同　西喜連町
中野　信美　同　湯里町針中野
楠　孝文　東淀川區　豐里三番町
坂東久四郎　同　中津町三一五
高垣　良藏　同　豐里町
高垣　顯三　西成區　田端通一丁目三
平池　萬水　同　玉出町
澤田　賢次　同　東皿池八一九
清水　小鶴　此花區　中江町
井上喜太郎　同區　上福島一丁目四〇
福田　宏一　同　上福島一丁目四九
黑田　對山
井上初太郎　西淀川區　加島町

### 堺市

赤松　奬多　市之町西四丁番外一九
正井　廣治　中之町東二丁
濱田　宗一　南宗寺内德泉庵

### 大阪府

木村久次郎　中河内郡久寶寺村
永井　貞有　同　若江村九三
林　英太郎　同　龍華町龜井
高田仁兵衛　同　久寶寺村
西田安次郎　同　玉川村菱江
西田　要藏　同　同
奥田富太郎　同　加美村鞍作
水野　慶次　同　瓜破村東瓜破
藤戶　基　同　玉川村菱江
眞壁　逸治　同　瓜破村西瓜破
吉村　孝一　同　松原村阿保
今井宗太郎　同　東六鄕村今米
清水音三郎　同　小阪町下小阪
寺田英一郎　同　意岐部村字菱屋東
橋本梅三郎　同　小坂町中小坂五二一
小林　繁　同　三宅村
中谷　元造　同　加美村正覺寺
辻　直太郎　同　三宅村
岩崎　清一　同　三野鄕村市場
吉田萬治郎　同　枚岡村額田四五六
田中彦三郎　南河内郡山田村山田
奥山　彌三　同　三日市村三日市
中谷　泰三　同　加賀田村
六條　照傳　同　道明寺村(松壽院)
南坊城良興　同　道明寺村(土師神社)
里見　圓瑞　同　玉手村安福寺
東尾　隆吉　同　道明寺村林
小森助十郎　同　金岡村長曾根
藤野　完治　同　藤井寺村
古川　清　同　三都村茱萸木
松本　勝治　同　柏原町
矢野榮三郎　同　古市町
田中　誠三　同　藤井寺村岡
田中　善永　同　千早村千早
高橋太良兵衛　同　中村神山
仲西　宗治　北河内郡磐舟村森
奥野周太郎　同　山田村田口
木村　楢正　同　甲可村南野
江田喜一郎　同　山田村田口
木村　新瓶　同　寢屋川村木田
三宅幸四郎　同　津田村津田
小西勘兵衛　同　四條村深野
小寺　光成　同　二島村稗島
藤野丑太郎　同　菅原村長尾
藤井　清吉　同　牧野村養父
坪井米四郎　同　甲可村砂
中西　萬作　同　南鄕村諸福

氏井豐太郎　同　四宮村下馬伏
西村　耕作　同　南鄕村新田
串本友三郎　同　寢屋川村河北
今中格太郎　同　樟葉村
岡田八右衛門　同　牧野村阪
大西　香　同　庭窪村庭窪
奥野　周造　同　山田村田山
梶山丈右衛門　同　庭窪村大庭
吉田　一郎　同　守口町
田伏廣三郎　同　水本村打上
瀧川　晃光　同　九ヶ莊村高柳
眞下源太郎　豐能郡西鄕村柏原
遊上龜五郎　同　南豐島村勝部
細井　憲道　同　池田町西光寺
船井　秋浦　同　刀禰山梅林庵
平通　靜雄　同　西鄕村平通
畠　幸太郎　同　枳根莊村長谷
馬場　清一　同　池田町(呉服神社)
西林　正晃　同　岡町停留所前
豐田卯右衛門　同　南豐島村利倉
豐田　昌男　同　中豐島村服部
山脇市太郎　同　庄内村庄内
大原　實　同　東鄕村稻地
笹部菊三郎　同　熊野田村
島本　壯吉　同　岡町錦通一丁目一〇五
尾崎　正信　同　中豐島村曾根
岡田　尚齋　三島郡宮島村野々宮
新家　政秀　同　高槻町
島田　義龍　同　宮島村島
谷川勝太郎　同　大冠村大塚
西尾　謙吉　同　吹田町
乾　鍋太郎　同　阿武野村宮田
田中治一郎　同　富田町
松井　政吉　泉南郡田尻村吉見紡織會社
古家　信三　同　西鳥取村波有手
白井　一雄　同　北掃守村春木
平松忠太郎　同　北掃守村吉井
淺井　晃耀　同　南王子村
谷　好三郎　同　八木村箕土路
和田　久元　同　山直上村稻葉
北井　信一　泉北郡上神谷村畑
河合佐太藏　同　南松尾村若樫
河合信之進　同　同
坂東平太郎　同　南松尾村春木
湯淺豐太郎　同　濱寺公園八三
荒木　有三　同　濱寺公園羽衣松通五七八
藤原源太郎　同　南池田村國分
藤原久太夫　同　南松尾村春木

北畠正濱　同　西百舌鳥村高田

## 東京府

俵孫一　東京市赤坂區新坂町
石黒景文　同　同青山南町四丁目
立石佐次郎　同　芝區高輪南町
北澤直哉　同　白金三光町二七六
庵原鉚次郎　同　日本橋區兜町一三
牧野謙次郎　同　牛込區矢來町中ノ丸三
澤路茂樹　同　麴町區中六番町
伊藤純一郎　同　麻布區簞笥町三四
鴨居武　同　小石川區宮下町
渡邊元吉　同　小石川區小日向臺町一ノ四八
川合孝太郎　同　下谷區谷中天王寺町三六
松本洪　東京市外戸塚町字源兵衛一九五
島田鈞一　同　落合村字下落合八三六
富永祐治　同　中野打越二一〇一
岡本勝治郎　同　駒澤町上馬引澤一三四七
阪本文一郎　同　中澁谷三八三

## 千葉縣、神奈川縣

井上善次郎　千葉縣千葉町
大門了康　神奈川縣鎌倉町（光明寺）

## 京都府

後藤秋厓　京都市上京區新烏丸通リ丸太町上ル
桑田義行　同　田中關田町二七
清海清　同　岡崎御所之内
牧野信　同　今出川寺町西入上ル
望月惇一　同　高倉通丸太町下ル
藤川虎雄　同　大宮通四條北入
原田隆　同　東福寺山内南門
稻垣虎二郎　同　吉田山神樂岡八
藤原忠一郎　同　下京區住吉町一三
濱井日成　同　本國寺
長者伍三　同　室町通一條上ル福長町
中野艸明　同　三條千本西永本町一〇
飯田武雄　京都府相樂郡木津町
三川啓明　同　加佐郡舞鶴町桂林寺
安田晋昭　同　相樂郡湯船村
荒木幸山　同　伏見桃山海寶寺
明田角二郎　同　船井郡新庄村字諸畑
遠藤菊次　同　乙訓郡海印寺村（古川方）
谷内清巖　京都市外嵯峨大覺寺

## 兵庫縣

中野退藏　美嚢郡口吉川村大島
大西密治　明石郡押部谷村字細田
小西勇雄　美嚢郡上淡河村木津
菅末男　津名郡多賀村
細田美三郎　神戸市東須磨戸政町四丁目一八
田邊英治郎　西宮市上葭原町一
水原實雲　揖保郡香島村香山
後藤菅雄　城崎郡港村瀬戸
山田連　武庫郡東明町
蓬萊三郎　加東郡福田村大門
岡田義作　川邊郡中谷村上野
下岡龜一　川邊郡中谷村廣根
上原三郎　神戸市東須磨若宮町二丁目一四ノ四
竹末朗德　尼ケ崎市別所村
木戸平信　武庫郡山田村小部
芝田弘淳　加西郡多賀野村明光寺
坂本準平　尻ケ崎市大物町
田中利右衛門　川邊郡園田村戸之内
國枝晉助　印南郡神吉村西井之内
末井亮尹　川邊郡川神村久代
三枝龍二郎　加東郡河合中村
福田恭一　養父郡高柳村
村上卷三　兵庫郡建屋村三谷
藤田武夫　多可郡黑田庄村石原
前田敬助　美嚢郡上淡河村
野路靜夫　川邊郡中谷村内馬場
濱野延藏　朝來郡西枚田村

## 岡山縣

佐藤馬之亟　御津郡福濱村
原大晃　上房郡上水田村（圓福寺）
尾崎邦藏　兒島郡琴浦町田ノ内
阪本唯三郎　上房郡呰部村上呰部
星島謹一郎　兒島郡藤戸町
片山義雄　津山町大字上之町
富本時次郎　落合町本町

## 廣島縣

大西捨夫　廣島市外横川
堀内林太郎　御調郡向島西村
延田長次郎　尾道市外向島東村
加澤藤吉　吳市西本通一丁目
金行九良兵衛　御調郡羽和泉村
大西虎造　尾道市久保町
山本國次郎　沼隈郡松永町
曾根保五郎　豊田郡東生口村（金光教會）
灘尾晃壽　廣島市銀山町（德榮寺）

## 鳥取縣

門脇才藏　鳥取縣西伯郡所子村
近藤房吉　同　日野郡根雨町
中井義眞　同　東伯郡八橋町

## 島根縣

右田三吉　島根縣美濃郡益田町

## 山口縣

加藤亮吉　吉敷郡西岐波村
藤本木田　宮市天神前
恒遠太一郎　防府町曹洞中學林
古谷熊三　佐波郡防府町三田尻
尾中郁太　佐波郡中關村

## 宮崎縣、朝鮮

岩崎深信　宮崎縣諸縣郡小林町
淺井佐一郎　朝鮮京城南米倉町二四

## 香川縣

逸見貞次郎　高松市南新町
廣瀨俊太郎　高松市天神前四七
木村八朗　大川郡丹生村
加藤和美　香川郡由佐村由佐
大社晋太郎　大川郡津田町
奴賀博　木田郡庵治村
橋本安兵衛　大川郡松原村
植田竹次郎　高松市五番町
揚硯堂　高松市外磨屋町
赤尾好太郎　高松市南鍛冶屋町
芳谷彌平　高松市南新町
石井光美　三豊郡比地二村眞樂園
田中稠　大川郡津田町
阿部茂七　大川郡引田町
牧野明次郎　琴平町

## 愛媛縣、高知縣、德島縣

野田青石　西宇和郡八幡濱町
藤田始芳　新居郡神鄉村
岡本忠道　同
吉田篤雄　宇摩郡川之江町
野崎又八　高知縣安藝郡馬之上村
中西福次郎　高知市本町
岡本由喜三郎　德島市富田浦町中園四〇八
天羽生信成　德島縣那賀郡富岡町
住友與五郎　同　美馬郡三島村舞中島

## 和歌山縣

多紀仁之助　和歌山市北河岸五丁目
秋山海然　海草郡紀三井寺村紀三井寺
桂野德太郎　和歌山市砂山町
法性宥鑁　紀伊高野山（遍照光院）
廣井直吉　和歌山縣東牟婁郡三津野村日足

## 奈良縣

片山太門　磯城郡川西村結崎
芳村一太郎　南葛城郡忍海村柳原
中村正格　奈良市登大路
伏見柳　奈良市
堀岡治三郎　奈良縣法隆寺內
殿水快順　生駒郡富尾村三碓
喜多長左衛門　南葛城郡葛城村鳥井戸
西尾太敏　御所町

## 三重縣

田端和助　河藝郡天名村御薗
赤塚善助　河藝郡高野尾村
宮村信次郎　一志郡豊地村藥王寺
松浦高麗三　一志郡小野江村

## 愛知縣、福井縣

大野園山　愛知縣東春日井郡瀨戸町寶泉寺
鷲田又兵衛　福井縣丹生郡吉川村下川去

## 北海道

高木良輔　北海道函館市禍之川通一七

## 岐阜縣

日吉全識　不破郡宇留生村荒尾
古井由之　不破郡垂井

## 滋賀縣

澤泰造　犬上郡尼子
野田六左衛門　蒲生郡日野町日田

## 山梨縣、靜岡縣

矢崎精心　山梨縣南巨摩郡增穗村
松本俊男　靜岡縣小笠郡相草村

## 在院者

貝田四郎兵衛　中河內郡八尾町
中谷豊治　南區日本橋筋三丁目三
神山眞龍　天王寺區夕陽丘町五
坪內傳次郎　東淀川區南濱町一八一
森村全辰　天王寺區六萬體町鳳林寺
多田忠三　南區玉屋町
佐藤俊亮　天王寺區夕陽丘町淨春寺
伊串徹仙　府下豊能郡麻田村圓滿寺
堺元國　東區南久寶寺町五丁目九
甁生憲之　兵庫縣西宮町
早川忠二郎　南區周防町三休橋筋
巽清治　港區大正通二丁目
秦俊敬　天王寺區大道一丁目
小笹圭治　府下豊能郡曾根村東光院
橘秀一　同中河內郡龍華町太子
川合定一　東區南久太郎町四丁目二
宮崎青邨　兵庫縣芦屋濱
田中敦子　港區泉尾町
橘幸子　住吉區田邊町
永井青浦　天王寺區北山町
藤澤斐夫　南區竹屋町
藤澤彬　東成區岡ノ町
三宅正直　天王寺區眞法院町一〇〇
勝井正信　同　下寺町圓正寺
藤本秀男　港區八幡屋松ノ町二丁目
東方
石崎太郎　府下中河內郡布施町菱屋西三〇七
木谷敬山　浪速區元町一鐵眼寺
楠正道　同　元町三（月江院）
西村富二郎　南區笠屋町
三木正憲　府下中河內郡彌刀村
加藤宗溫　南區高津中寺町江國寺
牛田義正　天王寺區夕陽丘町天瑞寺

## 朝講參聽者

國政松太郎　南區日本橋二丁目四三
松浦捨吉　同　安堂寺橋四丁目七
的場信太郎　同　大寶寺町中ノ町
豊田省三　同　南綿屋町
福原正人　同　鍛冶屋町
以下欄外へ追加ス

昭和三年一月十五日　日曜日　　泊園　　第二號　（一）

昭和三年一月十日印刷
昭和三年一月十五日發行
每月一回一日發行
本紙定價〈一部金拾錢（郵稅共）一年前金壹圓〉
廣告料　一行　金五十錢
編輯發行兼印刷人　吉田萬治郎
大阪市東區內淡路町二丁目
印刷所　大阪活版所
大阪市南區竹屋町九番地泊園書院內
發行所　泊園社
（振替大阪一三八三九番　泊園書院）

## 新年の辭

慶風四極に普く萬象維れ新なり。茲に昭和三年の新春を迎ふ瑞兆臻り祥應興る。驩虞の聲天地に漲り七千餘萬の同胞は齊しく　聖壽の萬歲を祝し奉る。湯の盤銘に曰く苟も日に新なり日日新なり又日に新なりと、其の日新なるもの日日善に移り以て其の德を明にする所以なり。而して日日の計は一年と成り年よく新にして而る後日よく新なり今や年此に新なり其の新すべきもの果して何の德ぞ。客臘諒闇漸く終る。昭和の治は實に此に始まる。而して歲戊辰に屬し其の象龍なり龍は瑞物にして其の位最も貴し。然れ共龍の瑞且貴なるは其の德あるを以てなり。抑々明治中興の偉業は亦戊辰の年を以て始まる。爾來六十有一年邦家の隆盛千古に超絕す。其の龍象を得る所以なり而るに國民泰平の安に馴れ道義漸く廢れ風俗日に敗る。是れ豈其の瑞且貴なるを全うするものならんや。此の時に方りて曆運還元重ねて戊辰に逢ふ天意豈偶然ならんや然り而して　新天子叡聖文武の資を以て君臨ましまます。是れ方に飛龍天に在るものなり。乃ち知る今上符を　皇祖考に合し給ふを　國民たるもの宜しく外馳を戒め內省を尙び、進んでは蹇蹇匪躬獻替の誠を致し退いては夙夜黽勉產を治め業に服し以て前代興隆の運を全うすべし否んば將に亢龍悔あるものあらんとす、焉んぞ其の瑞且貴なるを保せんや是れ年頭當に其の德を新にすべきものにして日新以て邦家の大道を闡明する所以亦此に存す豈愼まざるべけんや。一言以て新年の辭とす。

## 迎歲の感

黄坡

我等國民が至痛至哀の涙の中に迎へたりし昭和の第二年も既に去つて、こゝに今上陛下が御登極の大禮を行はせらるべき最も祝すべき新春を迎へた、天の慶福は既に陛下の御代に降りつゝあつて、昨年の如きも一地方には恐るべき災變があつたとはいへ全體に於て天氣和順であつて米穀の收穫も豐穰と稱せられて居り、所謂希望に輝いて居る新年に入つたのである、現に瑞氣は六合に滿ちて居るではありませんか、私は諸君と共にこれ第一に此の大御代の榮に對し滿腔の祝意を表したいと思ひます

次に私は、此大御代の榮を一層確實にして眞に世界に冠絕する我國を造り出すことは、固より上陛下の御聖德に基づくものであることは申す迄もないが下國民が能く陛下の宏謨を翼戴してこの皇運を扶けまつるべきであると思ふのでありますが是に於て堅固なる我が國家をして益々堅固ならしめ得るのであらう。

これが爲めに私はこゝに再び陛下御登極の初に御宣示になつた所の勅語を奉誦して諸君と共に、聖旨を服ねむことを欲するのである。卽ち陛下は朝見式の勅語に於て『我國ノ國運ハ日ニ進ムニ在リ日ニ新ニスルニ在リ』と宣はれてある、此の日進日新の二つの旗印を掲げて世局に向つて歩を進むることこれ我が國民の務めである、これ我國運隆興の道である就ては少しく之に就て謹述致したいと思ふ。

日進と日新とは、誠に人間の最も必要な心懸けであつて、個人も一家も社會も國も凡て進歩向上の埒外に在つたならば必ず衰亡を免れないことはいふ迄もない、しかし妄進猪突、新を競ひ奇を衒ふことはこれも亦覆滅の基である、故に勅語にも『而シテ博ク中外ノ史ニ徵シ、審ニ得失ノ迹ニ鑒ミ、進ムヤ其ノ序ニ循ヒ新ニスルヤ其ノ中ヲ執ル、是レ深ク心ヲ用フベキ所ナリ』と宣はれてある、此御戒こそ一層必要なる點であつて、かくて始めて正當且つ確實なる進歩を得るのであると拜するのである。今古書に就て此御趣意を尋ねると周易の中に最も適切なる說を得ることが出來る。

日進の字面は、周易の益卦の象傳に

益動而巽、日進无疆、

とあつて、益卦は下に震があり上に巽がある、風雷益といふものである。もと下に坤があり上に乾がある象䷋の體が、上の乾の初畫が變じて巽となり、下の坤の初爻が變つて震となりて䷩といふ象となり、上を損して下に益すといふ象である所から益と名づけてある。そこで之を說くに卦の德からいへば、益は震の動くといふ働きがあるが巽の順ふといふ働きもある即ち事情に順應して動くものであるから日に進んで極りなく進むことができるといふので『益は動きて而して巽す、日に進んで疆なし』と說いてある、又其次の句に、

凡益之道、與時偕行、

凡そ益の道は時と偕に行ふといふてある、時の宜しきを觀て行ふて行くとこれ益の道である勅語に『進ムヤ其ノ序ニ循ヒ』と仰せられたのと符契を合すが如きものがある。從て其大象にも『風雷は益、君子以て善を見れば則ち遷り、過あれば則ち改む』とある遷善改過卽ちまた日進の祕訣である。

次に日新といふ字面は、大畜卦の彖傳に

大畜、剛健篤實輝光、日新其德。

とあつて、此大畜䷙は下が乾で上が艮、乾は天で剛健な德がある、艮は山で止るといふ德がある、下から乾の強い力のものが進まうとするのを上の艮が止めて居る象で、大畜と名づけたものである『大畜は剛健篤實にして輝光あつて、日に其德を新にす』といつたのは乾の剛健と艮の篤實とがある人は不撓不屈の意氣に加ふるに忠實熱心なる心懸けを以てすれば、必ず其德が充分に內に蓄へられて、自然と外に顯はれる樣になる、卽ち孟子にある充實して光輝あるものとなるのである、此の充實したる德　力と光とによつて日に新になるといふ働きを得る樣になるといふことを示したものである。

そこで此大畜の象傳には『天、山中にあるは大畜、君子以て多

黄坡先生筆

く前言往行を識して以て其德を畜ふ』とあつて、學問して多く古人の言行を心得て以て其德を養ふ樣に君子は心懸けるのであるといつてある、されば剛健の性も學問によつて其識見を養ふて而る後に眞の光輝あり價値あるものとなるものであることを示してある、これもまた　勅語の『博ク中外ノ史ニ徵シ審ニ得失ノ跡ニ鑒ミ』と宣はれ『新ニスルヤ其ノ中ヲ執ル』と訓へ給へると同意義と拜し奉るのである論語の中にも六言六蔽を說かれて『仁を好んで學を好まざれば其蔽や愚、知を好んで學を好まざれば其蔽や蕩、信を好んで學を好まざれば其蔽や賊、直を好んで學を好まざれば其蔽や絞、勇を好んで學を好まざれば其蔽や亂、剛を好んで學を好まざれば其蔽や狂』といはれてある、殊に內外の史實を考へて治亂興亡の迹に鑒み、前言往行を見て成敗利鈍の效を悟つて、以て個人とし國家社會としての進運を誤らざる樣にすることは、これ日進日新の國是を示し給ふた聖旨に體し奉る所以であつて、私は諸君と共に今日の智的に偏せる教育に對して大に德を養ふて以て聖旨に副ひ奉る樣に勉めたいと思ふのであります。

## 逍遙游吟社席上聯句

斯會祇應傳藝林　乾斐山
坐無俗客情味深　伊昊子晴洲
殘暑香迸一瓶金　愛山
竹林風起戛玉音　篠田活園
七十一年只寸陰　晴洲
沈時應須十分沈　笠井雪窓
傲嘯好爲梁父吟　岡本萬古
詩腸得酒興愈侵　同
好是閑吟伴啼禽　活園
吐出氷壺一片心　雪窓
大觀當自高處臨　黃坡
却笑世人說駸々　同

## 漢學の目錄

石濱大壺

漢文の書物は古い云ひ草ではあるが四部の書浩として煙海の如く眞に數の多いもので、漢文を讀まうの漢學を修めやうと云つても何處から手を着けて好いか一寸見當がつき難い。若し何處からでも關はぬ手當り次第にやれば自ら門徑が開かれて行くだらうと云ふ樣な惡風であつては折角の篤志が報ひられず勞して功なく徒らに途方に迷つて終ふ事になり勝だ。それも我々近頃の日本人丈が迷ふ計りでなく本家本元の支那でも困惑するんだ。西洋などになると堂々たる專門大家迄が歎聲を發する。そこで漢學研究の指針たるべき目錄解題の書が必要になつてくるのは論が無い。

漢文の書籍目錄と云ふと正史方志の經籍志藝文志から公私の藏書目錄或は古板舊鈔經史子集の各部それぞれ分類の書目迄種々なものが澤山あるので、已に其爲め周貞亮と李之鼎の合編になる書籍の目錄『書目舉要』一卷が出てゐる位た。然し今の主とする所は漢學研究の手引になる近刊の一二を擧げて見やうと云ふに過ぎない。

所で先づ矢張り張之洞が刊行した『書目答問』を擧げて置かねばなるまい。是は藝風老人繆荃孫が張と編纂したものと云ふ。專ら初學者に親切を目的として出來たものだが四部の書に涉つてかなり詳しい。諸生當に其約なるべき其多きに駭く勿れと有るが舉ぐる所二千餘部浩繁だと云つて宜しい。今日から見れば新刊新著を補增せねばならぬし載する所を取舍するの要もあるが、それでも今尚極めて參考に資するに足る重寶なものである。四川の原刊本と坊刻の通行本とに多少の差異はあるが大して喧しく問題にする程の必要もない。榮門申の增輯本と云ふのが上海の朝記書莊の石印本で出てゐるが到底標題に相應するものでなく羊頭狗肉に類する底のものだ。江人度の箋補本があると云ふが是は未見で知らない。

書目答問は淸朝時代の學問の案內書とも稱すべきものだから中華民國となつてからは別種の立場から支那人の漢學手引草を編纂する樣になつて來た。それは支那人が現代では支那の國學の常識が無くなりつゝあるから必要である外國歸りの靑少年達に示すと云ふ試みなのである。そこで胡適が『一個最低限度的國學書目』を作つた。(一)工具之部には書目字典年表などを(二)思想史之部には諸子百家(三)文學史之部には詩文集から戯曲小說迄網羅した。所でこれでは中々多過ぎるモット簡單なものにしてほしいと云ふ說があつたので今度は又一個の『實在的最低限度的書目』を編した。ごちらにしても六經として從來尊崇されてゐた書經だの易經だのは拋り出されて法華經阿彌陀經水滸傳紅樓夢なんかゞ入選してゐるから時勢の推移を見るに足らう。尙又梁啓超も『國學入門書要目及其讀法』及び『最低限度之必讀書目』を發表した。梁氏は四書五經を全部採入してゐる。以上梁胡兩氏の撰述は胡適文存二集に纏めて載つてゐるから便利である。所で吳虞も亦『青年研究中國文學宜選讀之書』と云ふのを選定した。吳氏は孔教排斥の急先鋒だから經類を設けてゐるが六經では詩經と春秋三傳丈で四書では何一つ出て來ないのは非道過ぎる此等胡梁吳三氏の書目にはそれぞれ三氏の選定意見が附記されてゐて興味も無い事は無いが、何しろ專ら常識養成として何を讀まさうかと云ふ議論が根本だから我々が少し漢學を修めて浩として煙海の如き四部の書の中から何を讀まうかと云ふ參考書として物足りない。然し三氏と同樣に又我國でも常識として又は趣味として漢學を修める最低限度の書目を作つて見るのも必要でもあり面白い事でもあらうと思ふが如何だらう。

胡梁吳三氏の樣なものでない參考書目樣の目錄と云ふと近刊中では陳鐘凡の諸子通誼の後に附したもの(何とか云たが今座右に之を檢するを得ない)や支偉成の國學用書類述二册や李笠の三訂國學用書撰要一册がある皆板本の善惡註釋の良否等に迄言及してあるから便利だが一等李氏の著が精該である李氏は孫詒讓と同鄕の後學で樸學の風を傳へ既に墨子史記などに補訂の撰著が世に出てゐる、分類は新式であるが採取もかなり博く極めて新しいものに至る迄著錄してゐて判定にも據るべきものがある、李氏の撰要は弘く之を推奬したい。

支氏は江蘇省立第一圖書館の主管であつて同館の藏書から擇んで國學を治める者の便宜の爲めに類述を作つた。この圖書館は元江南圖書館と云つて錢塘の丁氏八千卷樓の舊藏書四十萬卷と云ふものを貯ふるを以て有名だ。支氏の著の江恒源の跋を見ると同館は凡そ善本藏閣兩部に分つて善本部の庋する所は宋元明の舊槧と精抄孤本の故家の收藏名人の校勘を經たる者を胥せて凡十五萬一千六百二十卷で藏閱部は原と三十餘萬卷を存してゐたが陸續增購の書加ふる有つて已む無しとある。亦盛なりだが要するに丁氏の舊藏が中心だ。由來丁氏八千卷樓の書目は廣博な所から便利がられ名は非常に高かつたが珍本で之を見るを得難いものだつた。幸にも四五年前に宋板活字で印行されたので樂々と入手し得る事となつた。この八千卷樓書目は私家の藏書目錄に過ぎぬが極めて參考になる。四庫の分類に則つて約一萬五六千部の書名が擧つてる別板のあるものは下に註し文淵閣著錄即ち四庫全書著錄本と四庫の存目本と四庫未收本とを又字の低格で一目瞭然たらしめてあるだから淸末迄の書目としては頗る該博なもので甚だ便利だ。之と善本書室藏書志とを併せ見れば丁氏の書を知り得るわけだ。話は丁氏の橫道へ這入つたが支氏の著はこの圖書館で作つたのだから固り博廣ではあるが審擇は李氏に及ばない。

我國では近頃出刊の新しい便利な漢學書目を見受けない樣だが我國でも我國人の爲めのものを作つてもよからう。又或は我國人の研究丈の集成目錄を作るのも必要だらうと思ふ。何日迄經つても便利な種々の書目が編纂せられないと無駄骨計り折つて修學者をして茫然たらしめ果ては興味を失はしむる事とならう。たゞに入門啓蒙の爲め計りでない。それぞれ分門研究の人に指南となるべき目錄も極めて必要だ。況んや我國學問の進歩を彼に紹介する上から云つても我國の漢學の藝文志は是非編纂せらるべきものではなからうか。(石濱)

渡邊花仙筆

## 寄贈書冊

昭和日本の文化　家村書店
三大英雄の遺訓　同
エトアル社

## 發刊を祝して

辻松石

回顧すれば恩師黃坡先生の膝下に孔孟哲理の教訓を受かりし

昨秋泊園書院開塾第百年の光輝ある歷史を記錄せられ以後泊園同窓會及有聲會其他泊園書院關係の報道機關として本誌の創刊

閑を得て意見を吐露し忌憚なき漢學振興論或は各種の文藝を本誌に寄稿して協力和親號を重ぬる毎に內容の充實と健全なる發

## 通知

本會新年初會を來る十六日午後六時より白園書院樓上に於

## 感謝

本號に掲載の書畫を寄贈せられたる黃坡先生、渡邊花仙、及び宮崎春湖兩氏並に該寫眞の特製

エトアル社　其社　其社
靜安學社通報(第壹期)
ムサ、ビ(一月創刊號)

回顧すれば恩師黄坡先生の膝下に孔孟哲理の教訓を授かりしは大正の御代にて光陰は矢の如く既に十五星霜を經過し今や昭和三年戊辰の春こそはなりぬ

[illegible]係の報道機關として本誌の創刊せられたるは寔に悦びの極みなり冀くは同窓諸君修身齊家を旨とし各自職務に勉勵せられ忙中[illegible]

[illegible]る毎に内容の充實ミ健全なる發達を企圖せられん事を希望す茲に貴重なる紙面を汚して聊か卑見を述べて祝辭に代ふ

[illegible]後六時より泊園書院樓上に於て開催す奮つて御參會を乞ふ
有聲會幹事

[illegible]たる春[illegible]黄坡先生[illegible]湖兩氏竝に[illegible]を希ふ[illegible]高島屋寫眞部[illegible]栗田廣知氏の御好意に[illegible]謹みて感謝の意を表す[illegible]
泊園社

# 心越祭記

黄坡

余讀王父東畡府君所爲記琴會之事者、知當時君子篤風雅之道、而欽其廣博易良和樂且湛、而嘆今之無嗣徽音者也、大正丙寅秋、余聽千賀壽萱來諗欲修心越祭、余聽之而樂、摟指而俟矣、十一月初四午下赴會焉、場設于西天滿寒山禪寺、壇上安東皐禪師靈位、配以雪堂和尚及妻鹿友蕘、次室所陳唐琴曰江月者、友蕘翁所珍藏、檗山竺庵錄其所由、我王父亦有記、具列于机上、曰婺天遊、曰霜天鈴鐸亦係妻鹿氏舊藏、曰淳熙、小畑松坡所藏、無銘古琴永田聽泉所愛玩、曰元鶴舞、永藤朝翠所珍襲、皆宋代製也、東皐師遺筆則有壯繆侯像、辯珠發明圖、菊花譜焉、滴翠翁像與其水墨山水畫、友蕘翁像與七絕一幅、共可以伺其人也、而琴譜琴經數部可以知其概也、他有素頌琴與箏各一張、而余亦齎王父所寄烏海上人和牘而展之、左右觀之、低徊念之、心既嚮之矣、既而寒山師修法儀、香烟所浮、尹蒿悽愴、而後聽泉說琴學淵源、余講樂記末段、寒山師述東皐禪師傳、會衆百餘其心自在三百年之上矣、松坡乃進奏思親引熙春操、即禪師所作者也、聽泉松雲蘭風五風各有所彈奏、素禪師流脈之所屬、靈之聽之、其享可知也、於是松風起于坐上、峨洋溢于席間、神遇之趣、清遠之興、既忘輪蹄之喧于街、豈有塵垢之點于心哉、乃品茶于松塘聿齋之筵、又聞菊田歌雄之奏箏、閑雅之韻、交以纖妙之調、出入古今、往來東西、何嘗清興半日之游是謂乎、顧王父之會在天保甲辰、於今八十二年、在當時既爲希覯之韻事、况今物情倥偬、競新衒華、而得此雅遊以慰吾平生之望、乃記以存之、賡王父琴會記云、

(丁卯十月稿)

## 戊辰新年

晦洲　右田三吉

膈膊鷄鳴欲曙天
氤氳佳氣滿城邊
聖朝恩澤黎民悅
今歲多收議政權

## 戊辰歲旦

松軒　芝田弘

金雞三唱入佳辰
便覺乾坤茲一新
諒闇期過天日麗
昭和又値太平春

## 戊辰元旦(其一)

南山　牧野信

昭和氣象靄東空
人賀旭旗交錯中
聖代幸容椎魯物
舊都城裏信天翁

註南山別號信天翁

## 其二

復歸母校老心新
迎得昭和三歲晨
負郭無田非所患
舌耕衣食帝堯人

註余往年卒業同志社昨年入同志社大學故及

## 重逢戊辰春

盤翁　渡邊元

干支一匝舊邦新
前後重逢兩戊辰
回想六旬日新跡
日新重啓六旬春

## 戊辰歲首

可峰　灘尾晃壽

歲紀昭和屆戊辰
明來闇去色心新
金蘭閱了一長嘯
悲喜紛々周甲春

## 新年待雪

宇田敬子

こしほきの友はかへさし雪ふらばむかひのやまをうつみてもふれ

早春月

とそにゑひて歸る家路にてる月のかけうすまねこ冬こしもなし

一とせを夢とすくしてまたさらにこしの初夢むすひそめつゝ

橋本春波

泊園書院の冬至祭に列りて

聖賢の像に額づき年名残る

○

埋火や冷たく見たる梅の花
紺の香の高き暖簾や松の內
投入れの花保ち居り松の內
遣羽子のよく合ふ音や暮近く
芹摘むや畑の小家の朝餉時
山水の太りに洗ふ根芹哉

# 泊園同窓會報

○會員改名

宮崎青邨女史は本年元旦より雅號を青湖こ改めらる。

○會員死亡

稻岡熊次郎君は去十二月七日病死せらる、享年六十四

## 會員補遺

| | |
|---|---|
| 森下博 | 兵庫縣武庫郡打出 |
| 吉宗耕英 | 大阪南區南綿屋町 |
| 澤純三 | 同東區島町一丁目 |
| 越智宣哲 | 奈良市小西町 |
| 桐田音次郎 | 奈良縣高市郡今井町 |
| 水田硯山 | 京都富小路御池上 |
| 川喜田四夏兵衛 | 津市 |
| 濱中彌三郎 | 三重縣河藝郡若松 |
| 淺井佐一郎 | 朝鮮平壤府水玉里 |
| | 漢城銀行支店 |
| 川合俊良 | 朝鮮京城曹洞宗 |
| | 大本山別院 |
| 瀧波惣之進 | 臺北市竜口町三丁目二一 |

前號に揭載の會員氏名中左の通り正誤す。

植野德太郎　桂野は誤り
國安音助　國枝は誤り
菊池量太　童太は誤り

聊贈一枝春
戊辰春旦　青湖

宮崎青湖筆

# 有聲會報

久しく中絶せし本會は這般再興の議起り其準備會を客臘十一日午後泊園書院内に開き石濱純太郎、多田忠三、堺元國、中谷豊治、神山眞龍の諸君に佐藤、吉田兩幹事を加へて數時間に亘り熟議の結果新春一月中旬其復興第一會を開く事に決し左の各項を決議せり暮刻黄坡先生御歸院御臨席せらる。

一舊會員を糾合し在院生諸君に入會を勸誘する事
一會長に黄坡先生を推戴し院内幹事二名を増員する事
一毎月一回泊園書院内に於て例會を開く事
一毎年春秋二回小運動會を開き半日の清遊を試みる事

而して本月中旬初會開催の豫定

# ○會員消息

現在院生多田忠三君は夙に入木の道に志し號して黄山といひたりしが、本年東京に開かれたる日本書道作振會に入選し、更に推選の榮冠を得て東京日々新聞の賞を受けられたり、因に同會は本年二月中旬三越吳服店に於て展觀を行ふ筈。

見惠泊園昨宵接手欣喜雀躍而讀去讀來感慨無量欲陳所思然野生元來蒲柳昨年三度二豎猛襲幸保維一命奈何病後衰弱猶未回復因不能弄文筆慚愧々々雖然不忍緘默試把筆々端窘束更搾苦吟是亦不如意私案不爲單疾病年老所然乎瓦全居還曆悲喜交至由有此作請憐恕且叱批

昭和二年十二月念三　灘尾晃壽　頓首

泊園御發刊愉快に拜讀仕候
村田又兵衛君の死は始めて之を知り候可惜
黄坡先生の御談中淡路町の門標泊園書院は秋荘先生の書云々こ有之候がこれは考坂本葵園の書に有之候但明治二十三四年頃迄は確かにこれが揭けられ居候得共其後如何相成たるやを知らず或は秋荘先生の筆に成りたるものに更へられたるも知れず此處小生の知れる點のみ御報導申上置候(後略)

十二月廿三日　坂本文一郎

## 昭和二年度常費領收報告（追加）

一金壹圓
岡田義作　住友與五郎
矢崎精心　豊田國三郎
法性宥誠　西門孝次郎（前回脫）
福田三次　豐田昌男
吉宗耕英

## 本誌後援寄附金收受

一金拾圓　三崎驎之助氏
一金貳圓　石濱純太郎氏

## ○廣告

前年の東都大震災の際、茗溪の畔に巍然たりし聖廟も烏有に歸したりしが、今回有志によつて再榮を企てられつゝあり、就ては我々同窓の名を以て若干の寄附を成して斯學復興の一助となさんと欲す、有志の諸君左の規定により て御捐資あらんこ とを希ふものなり　黃坡

寄附金額　一口金五十錢以上
期日　一月三十日限
振替口座「大阪一三八三九番泊園書院」へ御拂込の事

## 謹賀新年

併而祈讀者諸君之健康倚乞倍舊之愛讀

## 編輯漫語

本號は豫告の通元旦發行の計畫で大に焦心苦慮したに拘はらず兎角世の中は思ふに任せず當て事と何やらは向ふから外れるの譬の通り年末間際になつて愈々間に合はぬとの事に失望落膽した誠に以て大失敗で殊に小子と同樣年賀狀代用として本誌を配布せんと準備せられた方々には御詫の辭無し茲に偏に御宥恕を乞ふ事爾り

○本誌創刊せらるゝや先輩同窓諸君より望外の讚辭と激勵の文を賜はり衷心感激に堪へず今や歳恰も戊辰に當る須く明治維新に還暦して萎微振はざる現代の我漢學界に多少の貢献する所あらんか吾人の望や足れり矣

# 謹賀新年

市內南區竹屋町　藤澤章次郎
市內天王寺區東平野町三丁目　三崎驎之助
市內東成區岡ノ町　藤澤成太
市內東區伏見町三丁目　福田三次
市內南區長堀橋筋一丁目　豊田宇左衛門
市內南區長堀橋筋一丁目　豊田國三郎
府下豊能郡中豊島村服部　豊田昌男
市內東成區猪飼野町　福本元之助
市內南區高津四番丁　永田仁助
東京市外澁谷町大和田七三　坂本文一郎
市內南區周防町三休橋筋　早川倚古齋
市內東區伏見町壹丁目　辻政太郎
市內南區鹽町通三丁目　中川魚梁
各會幹事
編輯同人

## 泊園書院日課

書院の課程は左の如くにて講義は主として黃坡先生及び石濱先生之を擔當せられ早朝の分は公開せられ居れり

| | 午前六時半 | 八時半（女子） | 午後二時より | 自三時半至五時半 | 自七時至九時 |
|---|---|---|---|---|---|
| 月 | 呂氏春秋 | …… | …… | 孟子 | 老子 |
| 火 | 小學 | 論語 江村銷夏錄 三體詩 | 素讀 | 續文章軌範 | 左氏傳 |
| 水 | 呂氏春秋 | 同前 | 同前 | 同前 | 說文解字（石濱先生） |
| 木 | 小學 | …… | …… | …… | 老子 左氏傳 |
| 金 | 呂氏春秋 | 火水に同じ | 火水に同じ | 火水に同じ | 文史通議（石濱先生） |
| 土 | 小學 | …… | …… | …… | 宋元明詩 莊子 蘇黃題跋 |

猶第一、第三日曜午前八時に尙德會の講筵あり。尙書の拔萃を講ぜらる。

豫告　石濱先生の文史通議は後四五回にて終了する筈に付其後には中國哲學史大綱（胡適著）を講ぜらるべし

## 泊園同窓會幹事

大阪市東區南新町二丁目　篠田栗夫
同　東成區東桃谷町　梅見春吉

## 同　會計

大阪市南區鰻谷西ノ町　豊田留吉

## 泊園會當番幹事

大阪市南區鰻谷仲ノ町　吉野五運
尼ヶ崎市大物町　坂本準平

## 有聲會幹事

大阪府中河內郡枚岡村額田四百五十六番地　吉田萬治郎
大阪市東區南本町四丁目四十八番地　佐藤彌太郎

## 泊園社編輯同人

大阪市住吉區千體町十四番地　石濱純太郎　電話住吉二〇番
前　揭　吉田萬治郎
大阪市東區農人橋詰町五十四番地　熊澤猪之助

昭和三年二月四日　土曜日　泊園　第三號　(一)

# 泊園

昭和三年一月二十七日印刷
昭和三年二月四日發行
每月一回一日發行
本紙定價（一部金拾錢 一年前金壹圓）（郵稅共）
廣告料　一行金五十錢
編輯發行兼印刷人　大阪市東區内淡路町二丁目　吉田萬治郎
印刷所　大阪市南區竹屋町九番地　大阪活版所
發行所　泊園書院内　泊園社（振替大阪一三八三九番）

中村　實　高松市七番丁
高橋友次郎　新潟縣刈羽郡田尻村安田
吉成　卯三　德島市前川町





## 自治ノ根柢

南岳先生遺文節錄

自ノ字訓ハ二ツアリ、其ノ物自分ニ爲シ動ク時ハ『ミヅカラ』ト訓ズ、人力ニヨラズ天然自然ニ出來ル事ハ『オノヅカラ』ト訓ズ自治ノ字面モ時ニヨレバ『オノヅカラオサマル』ト訓ズ然カシ大抵ハミヅカラ治ムト訓ズ、此ノ二ツニテ列子ナドノ力命史記ノ天授人力ヲ解シ得ン、命ハ天ニシテ天授、力ハ人力ニテ人ノ力ニテ成シ得ル事、總體ニ天ハ本ナルモ成就スルハ人力ナリ、田園山林ニテモ人力ヲ加ヘザレバ悪草木ハ繁茂シ芳草佳花ハ凋落ス、果實穀類皆ナ人力ヲ以テ成熟ス、業務動作ノミニ非ズ一身ノ安逸苦勞、飽モ飢モ决シテ天然的ニユダヌ可キ無シ、此レハ人々ノ胸中ニ測ル可カラザル情欲ナル者アリテ二人集合スレバ忽ニ相競ヒ相爭フ、故ニ天然ニ任セバ遂ニ爭奪世界トナル、之レヲ制セザレバ何如トモス可カラス、然レバ之ヲ制スル方法何如、コレ即チ禮義廉恥ナルガ恥ヲ知ラシムルヲ第一トス、知恥ノ二字實ニ自知ノ根柢タリ自ラ日本男子ト呼ビ大和魂ト呼ビ正氣ト呼ブ皆知恥ノ二字ニ源スルナリ、咄々恥ノ人ニ於ルヤ大ナリ、他人ニ吾身ヲ汚辱セラル、ハ恥ヅ可シ、呼ンデ犬トシ猫トセラル、恥ヅ可シ、事業ノ人ニ及バザル恥ヅ可シ、志氣ノ人ニ遲ル、恥ヅ可シ、百般ノ恥チザル可カラザル舉テ數フ可カラズ、競爭ハ美德ニ非ザルモ恥心アリテ動キ、謙虛卑讓ハ美德ニ似タリ却テ人後ニ墮落スルヲ喜ビ甘ンズルノ弊アリ、兎ニ角人ハ恥無カル可カラズ、身ニ能ク恥ル所アリテ然ル後ニ人ヲ恕ス、經ニ曰ク恥ヲ知ルハ勇ニ近シト、吾邦人ノ忠勇義烈ハ一片ノ廉恥心ヨリ生ズ、故ニ知恥ハ自治ノ根柢ニシテ一切ノ枝葉花實皆ナ此ノ二字ヨリ生ズルナリ勇ハ智仁ト鼎ノ足ノ如ク相依リ輔クルナレド、同胞ノ邦人ハ天性義勇ヲ備具ス、俗ニ曰フ『マケンキ』弊害アルニ似テ實ハ上根上機ナリ、然シナガラ六蔽中ノ賊ト云フニナリテハ大變ナリ仁智モ愚蕩ハ困リ者ナレバ能ク思慮シテ中ヲ過ギザル事ト爲ス可シ、宜キヲ得レバ此ノ『マケンキ』即チ元氣能ク事ヲ處置シ一箇人ノ元氣聚リ積リテ一國ノ元氣トナリ、遂ニ天地間ニミチフサガルニ至ル、人々自治ノ功コヽニ於テ顯著ナリ、國家ニ對スル大動モコヽニ在リ、决シテ緩慢ニ附スル勿レ。

## 龍瑞卮言

黃坡稿

今年は辰年であるから、各家其々龍に關する說話を新聞雜誌等に寄せられて居る、自分も不圖思ひ付いたのは詩書にはあまり龍を稱へてない事である。

尙書には、舜典に夔龍と人名があり、益稷に『日月山龍華蟲』とあり、禹貢に龍門といふ地名がある、是位のことであつて別に靈瑞といふ意味の龍は見富らぬ樣である。

詩には、秦風小戎篇に『龍盾之合』とあり、載見玄鳥の二頌には『龍旂』の字がある、共に器物の模樣であるから山龍華蟲と同樣であり、また外にも鼎鐘の類にあるのと變らぬ、此外にかの爲龍爲光とか、何天之龍とかあるが、是は寵字であるから別義であることは云ふ迄もない、又游龍といふ草の名がある。即ち詩にも靈瑞としての龍は見當らぬ樣である　最も器物の模樣に用ひて居ることは一面には靈異物といふ意味を持つて居ることゝは明である。

右と反對に周易には、開卷第一に乾卦に龍を以て象となし、飛龍といつたり、龍鬪于野といつたり、文言以下には龍德とか雲從龍とか龍蛇之蟄とか震爲龍とかあつて、殆んど龍を靈瑞として居るといふ條件を備へて居る。

春秋には其書物の性質上から見ても、龍の字が無いのは不思議ではない、（假令仲間の麟はあつても）其代りに左傳となると澤山に龍の事がある。『龍鬪于時門之外洧淵』といふ樣な實事があり、伏羲氏の龍官、劉累の御龍氏等の昔話も『深山大澤實生龍蛇』といふ樣な說も見えてある。

禮書に至ては其年代が不確であり且つ大體は後世の記述であり、又器物等の記錄もあるから『龍旂』『龍勺』などを始め『馬八尺以上爲龍』ともあり、禮記には『龍以爲畜故魚鮪不淰』『蛟龍魚鼈』を始め例の『麟鳳龜龍謂之四靈』といふ斷案もある

四書にも、論語には龍の事は見えぬ、孟子には『蛇龍居之』の話がある。

孟子と同じ子類といふことになれば、莊子に内篇では逍遙游に『乘雲氣御飛龍』とあり、外篇雜篇には『尸居而龍見』とか『學屠龍』とか『千金之珠在驪龍頷下』とか、『葉公好龍』とかあつて靈物たる龍が躍つて居る。但し其より古い老子には龍は說いてないと思ふ。此外荀子、列子、以下皆龍を說いてある。

歷史では左傳既に斯の如しであつて史記になるとこれは多々益辨の形である、これより後世になつては龍は年と共に靈瑞化して居る。

以上僅に古書を概見して龍の隱顯の迹をたどつて見て、自分は考へた、龍といふ動物は古は生存して居つたものに相違ないそこで、獸には麟とか、虎とかを見立て、鳥には鳳凰とか雉とかを見立て、爬蟲に龜を見立てたと同じ樣に、鱗蟲に龍を見立て、これを器物の模樣に用ひたりして、更に疑はないで居つたであらう。されば之を馴らす人もあらう、之を食ふ人もあらう現今でも米國等では鱷の如きものを養ふて居る人も少くない樣であるし、我國にも山椒魚を食ふ人があるではないか。然るに其中に龍が見られなくなつて遂に傳說として存する樣になつて來たために、ぼつ〳〵と靈化し瑞化したものでなからうか、だから詩書であるの春秋論語であるのといふ邊では、別に龍に就て奇異の說もない、戰國以後即ち左傳あたりから漸々と靈瑞說を生じて秦漢以後更に後世ほど一層に不思議なまた威靈あるものとなり、遂に完全に萬物に勝つて力あるものとして、例へば角も牙も爪も備へ猶劍まで加へる樣なものが生れたのであらう。見られないものに向て奇異の相を備へしめるは人情あり得ることゝ思ふのである。これこそ昇龍といふわけで、龍は段々と價値をみせて來たのである。

是に於て問題となるのは周易である、本來易が群聖人の手を經て成つたといふことは何處まで本當であるか分らぬが、但し自分は今たゞ龍といふ一物に就いての一の想像を逞しうするに過ぎないので、敢て之を以て古書の年代を斷定せうとは思はぬ。殊に易は神祕的な書物であるから特に龍の說が多いのであるとも思はれもする。或はまた周易を古說の如く古く成立つた書でないといふ學者のためにも、この自分の龍說も一說ではあるまいか。（一月十六日稿）

斗星終古不差期。舊臘新正坐來移。
殘漏淋漓天猶暗。倚案沈唫有所思。
吾身本生東讃埜。質弱耒耜不堪把。
童齓就師習讀書。咿々唔々冬復夏。
咿唔聲中日月流。彌高彌堅志難酬。
文章欲得江山助。飄然辭國入九州。
九州江長山又遠。跋涉西窮崎港返。
更向中原覓良朋。布帆一閃到大阪。
大阪僑居儆市廛。舌耕孜々三十年。
學家老幼八九口。仰事俯畜苦縈纏。
海内文學各異迹。讃藩例守洛閩格。
師說別出自得園。好尚不得無倫脊。
背國于外豈敢乎。遺師媚上亦非夫。
東讃之民雖爲印。四字聊茲寓區々。
不料本藩降特旨。再召再命擢中士。
加賜廩俸弛縈纏。依舊僑居大阪市。
馬齡甲子已周回。君恩何日報涓埃。
旭陽忽上小窗外。正席且呼長命杯。
癸丑元日走筆爲仁鄉武下兄錄　藤澤甫

# 太史公書義法

孫隘堪

## 載疑

論語に子曰く君子は其の知らざるに於ては蓋闕如たりと。又曰く多く聞いて疑はしきを闕き愼んで其の餘を言はゞ則ち尤め寡しと若し是れ知らざれば則ち闕くは固より君子の言を愼むの義なり。史遷は高祖功臣侯年表に於て云ふ、是に於て其の終始を謹み表して其の文を見す、頗る本末を盡さゞる所有らば其の明なるを著し疑はしき者は之を闕く。又仲尼弟子列傳に云ふ、余弟子の名姓文字を以て悉く論語の弟子問に取り幷せ次で篇を爲し疑はしき者は闕くと。子長の史を作るに頗る多く聞き言を愼むの義を識れるを知るべし。夫れ書を讀んで善く疑はざれば則ち義理必ず推求する能はず。但だ疑ふ有つて姑く其の闕に從ふを知らざれば將に自ら信ずること過深にして必ず妄言の弊有らん。亦愼を持するの道に非るなり。三代世表に復云ふ、我書を序するに至れば則略々年月無し、或は頗る有るも然れども多く闕け錄すべからず、故に疑はしきは則疑を傳ふ、蓋し其愼むなり。吾又闕疑を知るを以て愼と爲し、疑ふ有つて而して仍ほ其説を傳ふる者も未だ嘗て之を愼むと謂はずんばあらず。何を以て之を明にするや。史の老子列傳に云ふ、或は曰ふ老萊子も亦楚人なり、書十五篇を著し道家の用を言ふ、孔子と時を同じくすと云ふ、蓋し老子百有六十餘歲或は言ふ二百餘歲と、其の道を修めて壽を養ふを以てなり孔子死する自りの後百二十九年にして史に記す周の太史儋秦の獻公を見て曰く始め秦と周と合して離る離れて五百歲にして復合ふ合ひて七十歲にして霸王たる者出でんと、或は曰く儋は即ち老子と或は曰く非なりと世其然否を知る莫し。而して孟子荀卿列傳に云ふ墨翟は宋の大夫なり善く守禦し用を節するを爲す或は曰ふ孔子の時に竝ぶ或は曰ふ其後に在りと。其の疑はしきを傳ふる者惟に此のみならずと雖然れ共兩傳の中皆載せて或説有り。敢て老子は老萊と儋とに非ずと謂はず、亦敢て墨翟を定めて孔子の時の人と爲さず乃ち其の疑を傳ふるの愼めるなり。夫れ人古人の後に生れ傳聞辭異にせば安んぞ能く我に由つて之を決せん。疑を傳ふる所以の者は留めて後賢の研討を待つ耳是非臆に任せ遽に去取を其間に行はしめ我の删存する所の者未だ必ずしも當るを得ざる如くんば豈に後人をして轉た疑誤を滋さしめずや。故に疑は以て疑を傳ふるは斯れ愼の至りなり。難ずる者曰く、史公備さに諸説を載するも亦自ら釋解を爲す者あり。齊の太公世家に云ふ如し。周の西伯獵す果して太公に渭の陽に遇ひ與に語り大に説んで曰く吾先君太公より當に聖人ありて周に適くべし周以て興らんと曰へり子は眞に是か吾太公子を望むこと久しと故に之を號して太公望と曰ひ載せて與に俱に歸り立てゝ師と爲す、或は曰ふ太公は博聞にして嘗て紂に事ふ紂無道なれば之を去り諸侯に游説すれども遇ふ所なし卒に西の方周の西伯に歸す、或は曰ふ呂尙は處士なり海濱に隱る周の西伯羑里に拘はる散宜生閎夭素より吾知れば西伯は賢にして又善く老を養ふ盍ぞ往かざると三人の者西伯の爲めに美女奇物を求め之を紂に獻じて以て西伯を贖ふ西伯以て出でて國に反るを得たり、呂尙の周に事ふる所以を言ふは異なりと雖之を要するに文武の師爲り。其の周に事ふるは異なると雖と曰ふは固り太公の周に事ふるを謂ふ言は人々殊にして亦幾んど疑ひ定むる能はざるなり之を斷じて文武の師爲りと曰はゞ則ち是れ疑ふべき者無きなり抑も疑ふ可き者無きを知れば則ち之を斷じ苟も兩説の乖迕して折衷に從ふ莫くんば則ち必ず並びに之を載せて復た稍々意議を加へず、吾以て史遷立言の愼を見る有るなり。許叔重の說文序に疑はしきを聞けば疑はしきを載すと謂ふ所の者有り。史書の義法は即ち老墨の各疑辭を載せたるを觀ば又疑はしきを載するの道有らざるか。（大壺譯）

# 章實齋先生

大壺

章先生學誠字は實齋、淸の浙江會稽の人。乾隆三年戊午に生れ、乾隆四十二年順天鄕試の擧人に中り、次年に進士と成り、嘉慶六年辛酉に逝世して年は六十四歲。先生は幼年には資質魯鈍で、但だ十五六歲の時に就ち史學に志有つて肯て應擧の文字を作らない。後來專ら文史を攻めて自ら史學の義理校讐の心法に對して都て獨得の見が有ると稱してゐる。彼の思想は大概具に文史通義校讐通義中に在る。彼が生存の時に當つては一文を撰成する每に往々文稿を錄して友人に寄せて互に相傳寫した。臨終の時に到つて曾ち全稿を蕭山の王宗炎に託して編次さした。道光十二年壬辰に彼の次子華紱が大梁に刻した。但だ文史通義內篇五卷外篇三卷校讐通義三卷有る丈で又全書の三分の一に到らない。後來譚廷獻が又杭州に刻し、廣州の伍崇曜にも亦同樣の刻本が有る。光緒四年戊寅に彼の曾孫季眞が又貴州で重刻したが但だ編次は都て大梁本に照してゐる。最近に到つて浙江圖書館は鈔本章氏遺書を得て、新法を用つて排印したが舊本に比べると增加が少くない。但だ最完善の本は畢て民國十一年壬戌の吳興の劉承幹が刻した章氏遺書を算へなければならぬ。此書は總て五十卷有つて內に文史通義內篇六卷外篇三卷校讐通義內篇三卷外篇一卷方志略例二卷文集八卷湖北通志檢存稿四卷外集二卷湖北通志未成稿一卷以上丸三十卷は目錄大略は王宗炎の編次に照してゐる。此外又外編十八卷有る、即ち信摭乙卯劄記丙辰劄記知非日劄閱書隨劄各一卷永淸縣志十卷和州志三卷。再び補遺及び附錄各一卷を加へる。

先生は前淸の一個の進士だけれども但だ生平却て官に做らなかつた。たゞ曾て肥縣の淸漳書院永平の敬勝書院保定の蓮池書院歸德の文正書院等の書院の院長に任ぜられたり乃至和州志永淸縣志亳州志湖北通志常德府志荊州府志等の志書を纂修するの事業をなした丈で、就ちこんな事で彼の一生を過した。彼の著作は現在傳ふる遺書を除く外は曾て畢沅を襄助して續通鑑並に史籍考を修した。但だ史籍考は現在では傳を失して究竟成書が有るか否やを知らない。又生平常に重ねて宋史を撰びたいと想つてゐたが但だ着手もしないで終つた。彼が修めた各種の志書に至つては現在遺書に收入せられたものを除く外は亦大都見られなくなつた。（以上は學生國學叢書の一なる文史通義の章錫琛氏の選註本の序から譯出した。）

章實齋は戴東原汪容甫と同時代に並存せる學者にして其の名著たる文史通義は其の新たに建立せる一種の史論によりて經史子集各部の綜括的批判を試みたる者なるが其の淵源は漢の劉向歆父子に在り。梁の劉勰の文心雕龍唐の劉知幾の史通宋の鄭樵の通志等に得る所ありと雖も其實は全く創闢の境を成せる者といふを妨げず。元來文史なる語は新唐書の藝文志に於て文心雕龍史通等の如き古來に其類なき批評的著述を以て一部門を成したるに據り學術の源委著作の流別を論明する所以にして章實齋の書は又古來此種の著述中尤も精到せる者なり。故に其の學は大體の構成に於て宋學に近く當時に流行せる漢學家の研究法とは全く相涉らざるのみならず漢學家の刺激により新たに興りし史學即ち章氏が斥して馬端臨氏の流なる整齊類比の史學及び王伯厚氏の流なる考逸搜遺の史學といふ所の者とも異なりと雖も宋學の如く性命を談ぜず其の原道諸篇の若きは社會の成立に關する一種の考察を下せる者なり其の經典の源流に關する考察は歷史的研究法と稱すべき者なるもそれさへも汪容甫の若く考據に由りて論證せんとせずして其の源流を成す所以の當然なる原則によりて之を說明せんとしたるなり。章氏は自ら史通は史法を論ぜるも余は史意を論ずといへり。されば其の書の大部分は著作の體制を論ぜるに過ぎざるが如きも體制の變遷を說くに當りては經典の成立に關して經學者の如き拘執を脫し體制の自由を說きては獨立せる作意の價値を認めしむる等極めて重要なる意義を包有し支那に於ける經學史學の研究法として全く獨得の者なりと謂ふべし。（以上は內藤湖南先生の章實齋先生年譜の序言中から抄出した『支那學』第壹卷第參號を見よ）

或は問ふて曰く、先生は史才なり、文は則ち其の長ずる所に非るか。曰く、是れ然らず。先生の文蓋し達意に取るのみ。夫れ文は理を以て主と爲す。先生は其の中の得る所に本づきて之を書に著し、惟だ理明かにして辭達するを求む。昔は樂廣淸言に善くして手筆に長ぜず。潘岳に護表を爲るを請ふ。潘曰く君が意を得るを要す。樂爲めに標位する事二百許りの語なり。潘直ちに取つて錯綜し便ち名筆と成る。是れ古人も意の言はんと欲する所を筆以て之を達するに足らざる者有るなり。先生の學類に於ける能く自ら新意を闢きて筆は則ち達せざるの患無ければ則ち先生の文に長ずるや知る可きのみ。且つ先生特に文を論ずるに工みなり。集中文德文集の諸篇或は心氣の檢攝を願ひて之を持するに敬を以てし、或は著作の衰微を慨して之を古に返す。試に謙が家の可之の云はゆる人の道はざる所を道ひ人の到らざる所に到る者なり。宋の劉摯の子孫を訓ふるや曰く、一たび號して文人と爲れば觀るに足る無しと。先生は其れ文人ならんや。抑々先生は徒に文人に非ざるのみにあらざるなり。其の器識は宏通にして議論は奇肆なり原道言公の作一は則ち政敎の源を探り一は則ち名實の辨を嚴せり。婦學詩話に至りては世道人心の爲めに憂ふる所以、子輿氏の邪を息め詖を距ぐの志有り。顧亭林嘗て謂へり、文は須らく天下に益有るべしと。此の二篇は風化に益有り天下に關係するに至つて巨となす。此れ蓋し治亂興亡の故に洞明す。亦其の力を史に得る者深きなり。（以上は章氏遺書の吳興劉氏嘉業堂刊本の孫隘堪先生德謙の序文中から抄譯した。）

## 正誤

前號揭載の「會員補遺欄」淺井佐一郎君の住所は誤りにて第一號

## 通知

本會第二回例會を來る十三日午後七時より泊園書院講堂に於て

一郎君の住所は誤りにて第一號掲載の分正當に付同項は取消す

後七時より泊園書院講堂に於て開催す會員は勿論未入會の同窓諸君奮つて御出席を乞ふ午後九時閉會の豫定　有聲會幹事

# 日本學術志序

黃遵憲

外史氏曰く、余周秦間の儒者を觀るに、動もすれば孔墨こ曰ひ儒墨こ曰ひ、昌黎の大儒を以て孟氏を推尊して禹の下に在らずこ謂ひ、而して亦孔は必ず墨を用ひ墨は必ず孔を用ひんの言あり。竊に意ふに墨子の說は必ず以て天下の人を鼓動し之をして尊信せしむるものあり。今泰西の教を觀て之を知る。余泰西の學を考ふに其の原は蓋し墨子より出づ。其の人々自主の權利ありと謂ふものは墨子の尙同なり其の汝の隣を愛する事己が如くせよと謂ふは墨子の兼愛なり。其の獨り上帝を尊び汝の靈魂を保せよこ謂ふは墨子の尊天明鬼なり。機器の精こ攻守の能に至つては墨子の備攻備突削鳶能飛の緒餘なり。而して格致の學は其の端を墨子の經上下篇に引かざるはなし。孟子の時に當りて天下の言は半ば墨に歸す。而して其の教は衍して七こ爲る。門人鄧陵禽滑の徒は且つ天下に蔓延せり。其の泰西に入るものは原流考ふべからずこ雖も而も泰西の賢知は其の說を推衍し今日に至る。而して地球萬國、墨の道を行ふものは十其の七に居る之を距て之を辟く事二千餘歳の前に於てし、今に逮んで駸々こして東來の意あり。嗚呼何ぞ其の奇なるや。余足跡未だ歐洲に至らず。又其の言語文字に通ぜず。其の詳を考ふるに由なし。顧ふに余れ東西の人盛に泰西を稱する者を聞くに、其の國の大政事、大征伐は皆國を擧げて會議し、詢謀僉同し而る後行ひ、其の賢を存め能に授け爵に拜し官に叙すは皆公選を以てし、其の君臣上下は疾苦不達の隱なく壅遏不宣の情なく。其の人皆善を樂しみ施を好み、若しくは醫院、若しくは議學、若しくは孤獨院國中に林立し、其の器用や、務めて巧便を以て勝り、其の學問や、實事是を求め、日に晉んで已まず其の君子小人皆上帝を敬して禍福を悚れ、其の法律詳かにして必ず行はれ、其の武備修まりて輕しく戰を言はずこ、曰はざるなし。余初め其の何の術を操りて此に至るやを知らず今にして墨を用ふるの効なるを知るなり。余墨子の諸篇を讀み毎に堯舜禹湯の事を引いて以て其の說を證せば、其の說の善き者は亦吾が儒に合する有るべく而して獨り其の立教の要旨の專ら尙同兼愛に在るものは、大いに異なり。彼れ謂ふ、天下を等しくして之を同じくし萬物を遂げて之を利せんこ、天下の人、人々の自ら其の權を伸べ自ら其の利を謀るを得るを喜び、故に其の說の行はれん事を便こして樂しんで之に趨く。交々相愛すれば交々相利す。苟も衆に利あれば力を同じくして合作す。故に事擧け易し。父兄には甚だ親しくする所なく、子孫には甚だ厚くする所なし　故に其の愛を一國に推し君臣上下差別する所なく相繼ぎ相系して民氣固め易し。學問は則ち相長ずるなり工巧は則ち相示すなり。故に互に相觀摩し互に相爭競し技藝日に新なり。而して又其の同を以て同を稗し統ぶる所なくして爭亂し易きを慮るや故に天を稱して以て之に臨み人々をして敬する所を知つて敢て肆にせざらしむ是れに由つて敎誡修まる。法を明にして以て之に範こし義を立て、以て之を制し、人々をして循ふ所を知つて敢て逞しくせざらしむ武を講じて以て之を防ぎ人々をして憚る所ありて敢て犯さゞらしむ。是れに繇つて政令肅なり。是れに繇つて武備修まる。彼れ其の尙同兼愛の說を行はんと欲して精詳此の如く之を行ふもの其の效又此の如し。天下を胥ひて靡然として之に從はしむるもの固より怪しむに足るなし。然れ共吾れ以爲らく其の流弊言ふに勝ふべからず。尙同の說を推せば君民同權父子同權こ謂ふ。兼愛の說を推せば父母兄弟に於ける路人に同じ。天下の尊卑を亡し親疎を亡し上下を亡し能はざるは、天理の當然にして人情の極則なればなり。聖人は其の然るを知り、序して以て之を別つ。亂を已む所以なり今必ず同すべからず兼ぬ能はざるものを強ひて、兼ねて之を同せんこ欲す。是れ爭を啓き亂を召くの道のみ。幸にして今日泰西各國は物力尙ほ豐かにして民氣尙ほ朴なり、其の人尙ほ能く自ら愛し、又其の法令の明こ武備の修を持せば、猶以て維持して敗れざるに足る。浸段して而して物力稍々絀し民氣日に囂こならば、彼れ無統一無差別の民を以て各々其の權を爭ひ利を貪るの心を出だし、左くるに鬪很好武の習を以てし紛然こして其れ競ひ起らば、天を之れ畏れず法を之れ修めず。誼を之れ講せず。卒に尙同も强ひて同する能はず兼愛も愛を川ふる所なく、必ず推して分裂を極め殘暴を極むるに至つて而る後已まん。尙同兼愛を執つて以て人を責めば必ず貧富を均しくし貴賤を均しくし勞逸を均しくする說を行はんこ欲する者あらん。吾れ歐羅巴諸國を觀るに百年ならずして必ず大いに亂れん。其の亂る、に當りては君を觀る事奕棋の如く親を觀る事贅旒の如く、而して一鋒を交ふる毎に蔓延數十年伏屍百萬、流血千里、更に人命を胝る事草芥の如きものあらん豈人の性殊ならんや。亦其の教の以て之を然らしむるもの有るなり。夫の今日に前だちて爭亂の事吾れ已に之を見る。今日に後れて道以て之を救ふなくんば吾れ未だ其の爭亂の底止する所を知らざるなり。然らば則ち韓子の墨を用ふるは其の善を擧げて之を言ふなり。孟子の墨を辟くは其の弊を擧げて之を言ふなり。日本の學術儒を先にし墨を後にす。余れ故に其の利弊を論ずる事此の如し。學術志を作る一漢學、二西學、三文字、四學制、（新古文辭粗纂稿本卷八による。潮江譯）

（1848—1905）

黃遵憲は淸の嘉應の人、字は公度、光緖の擧人なり。官は湖南按察使に至る。詩に巧みにして喜んで蒋文學を以て新思想を運す。日本國志・人境廬詩集有り（中國人名大辭典）

## 泊園同窓會員氏名錄（追加）

奥西　政一　大阪市西區新町南通一丁目四五
石橋　義一　大阪府堺市湊町
中村　三德　同中河內郡八尾町
陰山　以保　同北河內郡枚方
本田こ茂　奈良縣宇陀郡內牧村
長者　五三　京都府紫野御所田町
仲野　安一　同上京區岡崎法勝寺町七三
田中　柏瑞　京都府船井郡西本梅村八幡寺內
後藤　潤　兵庫縣武庫郡本庄村西青木一一一
古市　喬一　同武庫郡今津町
小畑　勝藏　同武庫郡六甲村德井前田一九
喜多　証道　同養父郡伊佐村大江養泉寺內
石黑　景文　神戸市中山手通四丁目十五番屋敷
鴨居　武　東京市外目黑町下目黑字九八ノ二〇
本庄　主一　同市澁谷七一五
紅露　長三　同市麻布區霞町
土屋　基春　同本鄉區駒入東片町四七
中尾　謙　名古屋市熱田驛前六番地
華岡鯤之助　和歌山市屋形町二丁目一
田中　米仙　鷲尾組鳳氏內
黑川　莞爾　山梨縣中區摩郡三惠村
福岡縣戶畑市淺生
（欄外へ續く）

## 有聲會報

一月十六日午後六時より泊園書院講堂に於て新年初會を開き佐藤幹事欠席の爲め辻政太郎君臨時幹事として開會の辭を述べ次で石濱純太郎氏本會の組織こ沿革に就て詳說せられ後會員各自感想やら抱負希望等思ひ〱に腹臟なき意見を吐露し粗餐を共にして大に快談を交へたるが座に本誌同人全部出席せしため話題は期せずして『泊園』に對する經營方法其他忌憚なき批評に集中され同人一同は否の人に非ざる故に其應接に閉口せし程熱辯の的こなつた而して黃坡先生御令閨樣に種々御手數を煩はして一同恐縮した午後十時半閉會當日の出席者は左の如し

黃坡先生　中川魚梁　櫻井雲洞　神山眞龍　小笹主治　伊串徹仙　多田黃山　吉田萬治郎
石濱純太郎　淸水信太郎　的場猪之助　熊澤平次郎　本條富太郎　西村政二郎　辻　計二十二名
今西茂喜　奥西政一　安達龜治　中谷豐造　川合定一　楠正道　堺元國

## 會員消息

拜啓小生儀明治四十四年以來株式會社漢城銀行に入り或は常務取締役こなり又常任監査役こして既往十七年間專心金融事業に從事致居候處昨年七月任期滿了を機こして退任致し兼て關係ありし朝鮮女子敎育の爲め財團法人淑明女子高等普通學校評議員兼幹事こして專心從事致居候

昭和三年一月二十日　淺井佐一郎

老母八十歲の高齢を迎たるを喜びて

古稀忘れ喜壽こひこえしたらちねの八十路は老のふもこなるらん

米の賀をなほもむかへんさためなきよをよそこにゆきつくらしつ

同好各位の詩歌俳句御投吟を賜はらば幸甚　宮崎貞吉

## 本誌後援寄附金報告

（收受）

一金拾圓　中濱富三郎氏
一金五圓　宮村信次郎氏
一金四圓　中川魚梁氏
一金貳圓　吉田萬治郎氏
一金貳圓　佐藤彌太郎氏
一金壹圓　石崎太郎氏
一金壹圓　三河啓明氏
一金壹圓　奥西政一氏

（申込）

一金五拾圓（半年分）　豊田宇左衛門氏
一金五拾圓（同）　福本元之助氏

## 昭和二年度常費領收報告　追加

一金壹圓　多紀仁之助君
中濱富三郎君　井上喜太郎君
細田美三郎君　坂本文一郎君
菊池量太君　奥野岡太郎君
鷲田又兵衛君　奥西政一君
河田爲作君

## 急告

東都茗溪の畔
聖廟再築寄附金募集
金額　金五十錢以上
期日　二月末日限
右之通期日延期に付泊園書院振替口座へ至急御拂込ありたし

## 編輯漫語

春猶淺きも梅蕾漸く綻び初め馥郁たる香氣軒端に漂ふ▲來るべき紀元節は諒闇明後初めて迎ふる最も意義深き佳辰なり須らく擧國大に祝ふべし▲去三十一日は南岳先生滿八年の御命日に當る故に卷頭に御遺文を揭げ追慕の意を表し謹んで御冥福を奉祈▲本誌號を重ぬる事茲に三基礎漸く固まり投稿愈々多し而して其撰擇整理難を加ふ希くば字体に御注意を乞ふ▲投稿は其種類の如何を問はず揭載するや否やと問ふ人あり、愚なる哉問也吾對へて曰く善賞は之を載せ而已

## 憶昨行

澹處　石井光美

人間萬事塞翁馬　禍福無門貴慾寡
昨非今是吾未知　履正從義元所期
清廉居官將可豎　卅年霜月只一劍
蹇々匪躬誅愚忠　慚愧菲才無寸功
少壯燕柔廓廟器　蹉跎漸老鬢霜至
報國文章思古賢　偕底僅存詩數篇
回顧世途幾曲折　利害紛糾係難別
戸位多年曾解纓　雨讀晴耕樂餘生

## 戊辰新年

天羽生信成

南鮮復遇王正月　白髮蒼顔與歲新
無樂無憂心蕩々　笑迎六十五回春

## 元旦口占

讃岐　石井澹處

一卯衣冠事釣耕　何須命駕賀新正
三杯椒酒記哥發　身在江湖樂太平

## 山色新

遠藤菊次

東海長凝元氣純　芙蓉岳色與年新
恩波暖繞餘光泛　八大洲邊治醲春

## 新年口號

寒梅南澗未開唇　歡見鮮烟繞翠琊
歲復田園山色改　笑迎昭和第三春

## 戊辰元旦

雪窓　笠井靜司

孤獨身從日月流　山妻遠逝又三秋
寒村迎歲客情寂　不賦歡鮮賦悼愁
蒼生雙眼泪潜含　仰首久看天日曇
帝心怡似母慈子　民意全如蟻慕甘
値此光前文化世　今迎辰々昭和三
昨迄哀々亮陰二　未成一事豈無慙

## 山色新

黄坡

畝傍山秀古都天　綠透扇底長巖然
仰看三千年前色　生々更向雨餘鮮

## 新年唱和

木山軒

昭和戊辰新年作　木山坂本文年五十六

正知太歲遇神龍　一樓乾坤淑氣濃
百尺高樓把杯坐　天邊仰望玉芙蓉

一月五日木山紬詩來訪用其韻賦詩似木山　盤翁渡邊年六十四

池魚遂不化爲龍　永守茅廬詩思濃
枉駕真朋穠腦有　寒窓一日對芙蓉

又　盤翁

人生爲豕又爲龍　隨處認春春自濃
笑彼詩人無別眼　不知窓底有芙蓉

余以代前詩寒字以時字束道之先生不可不知以此詩於以余所見盤翁家用寒字不當也蟠腸二字余亦不敢居待他日思索耳　木山註

又　盤翁

劉邦營上氣成龍　項羽帳中春夢濃
百戰烏知猶不逝　悲歌酒冷泣芙蓉

又　盤翁

當年氣銳學屠龍　北馬南船春夢濃
老去如今唯白髮　慵從少壯賞芙蓉

## 逍遙游吟社席上聯句

舊友新交會此亭　宮崎默處
鉛髮紅顏對銀屛　岡本萬古
春淺片雪輕飄零　河田南莊
新醅釣詩氣惺々　三輪確堂
一枝寒梅在銅瓶　五條松峰
好是花下讀茶經　田宮渭南
遮莫寒風滿前庭　植野木州
藻思如花語亦馨　入江榎陰
醉餘閑吟凭書櫺　伊良子晴洲
小池水滿未點萍　櫻井雲洞
白鷺不動立寒汀　藤澤黃坡
神苑鳴鶴聲可聽　篠田栗園
坐客誰是王昌齡　三崎黃圃
枕頭茶醒酒未醒　大町橘州

## 疊韻寄懷渡邊盤翁

尾中鶴洲

十年夜雨伴書帷　潤落乾坤幾舊知
白髮無功慙昔日　青雲有夢負今時
爭攘朋黨牛傘李　歎世池蛙官魷私
風雪爐頭重撥火　燈前三讀故人詩

次韻木山詩　竹里福本元年六十三

曆頭喜得好迎龍　捲地沖天陽氣濃
百事今年皆應貴　仰看新色白芙蓉

醉吟　木山

不妨豪氣亞元龍　僞此百年春酒濃
吾醉欲眠何處好　紅樓綺襦繡芙蓉

與木山二首　盤翁

門前何故着蟠龍　頓使詩情不得濃
抹殺自家纏床夢　佛額三拭玉芙蓉
盡爲仙客驚飛龍　無數青山春色濃
底事寧新詩多竹外　寰題齋賦玉芙蓉

醉吟一首余欲和結句爲南樓樹色援芙蓉其他思幾片先生寄二詩深警余他則不與也　木山註

次木山詩韻　夢蝶眞野鷹年六十九

偶迎辰曆氣如龍　不似細心平素濃
人世買歡渾在酒　何關風物玉芙蓉

賦梅　夢蝶

蟠根屈折幹如龍　江上月明枝影濃
風冷早鶯未尋到　瓶梅破蕾漏春容

疊韻　夢蝶

酒醒欲酌白雲龍　新雪客空情更濃
獨向瓶梅尋過故　西湖夢沸木芙蓉

同　竹里

迎年喚酒氣如龍　應制新題吟味濃
筆底雲煙揮幾片　詠翠峰了到芙蓉

同　木山

鎭西山岳勢如龍　影落杯巵酒味濃
想起春帆樓上夢　金屛銀燭醉芙蓉
（余曾寓長州元日登樓喚酒）

同寄木山　盤翁

清平三首似雲龍　宮怨後章意態濃
秋色鮮妍春色艷　牡丹未必勝芙蓉

馬關詞二首　盤翁

水天何處葬童龍　船影燈光入眼濃
宮女千年魂未死　春帆樓畔幾芙蓉
當年有約誓神龍　空望煙波紅淚濃
越去吳來郎不到　一欄蕭雨落芙蓉

次木山詩韻却寄　素行堀岡治年七十五

都人知否陸沈龍　何必寒淵積水濃
紫白紅黃花萬點　香波凝作玉芙蓉

疊韻　盤翁

古梅寒水影如龍　點點花疎野趣濃
驕喜銀街養花窟　嫣紅姹紫看芙蓉

余設鋪于東都銀座街鬻花有年雨先生詩思齊及之非偶然也　木山註

次木山詩韻三首　活園篠田栗年五十七

昭和歲序復逢龍　龍德普天恩澤濃
壽酒傾來何所仰　新年瑞色碧芙蓉
藤門同是辱登龍　別後雲箋侮誼濃
奈此東西千里隔　芙蓉帳裏夢芙蓉
艮儔酒虎與詩龍　嘯唱吟酬同氣濃
期得風雲相會日　共浮太白對芙蓉

先輩諸賢兵和見寄賦此道謝　木山

諸君詩思似乘龍　眼界一空雲淡濃
直脫風塵詣天闕　縱横翩弄玉芙蓉

十一疊韻寄木山代評語　盤翁

巴調衛口瀆初龍　應恕屠蘇醉得濃
吾思未離塵土艸　君詩竟是似芙蓉

過褒不敢當有教願足矣　木山註

## 祝泊園發刊

默所　宮崎貞吉

百年の根さしかためて泊園にいまもえいつる楠のひこはえ

### 山色新

夜の雨あさなくはれて仰き見るこゝろも淸し今朝の神山

### 山色新

田中山成

明そむる光をうけてとこしはのやまの色さへはえまさるらん

宇田敬子

新らしき年たつ朝の富士の山御代ゆたかなる春霞かな

### 同

橋本春波

かつらきの山の白雪けさはれていろあらたなりこしの初日に

島田暉山

手をつけて若水の溫み嬉しかり
かるた會雪になりしと誰か云ふ
原草に青きが殘り多木立
花まだき梅にほのめく初日哉
左義長は下火となりつ明けにけり
左義長や往來の道は雪明り
左義長に枯れたる松を語りけり

聖堂や餘寒に冴ゆる甃
古本を漁る書生や春の靑
髯なでゝ詩箋見入るや梅の宿
耕人もあらず迷ひぬ梅さぐり
春の月ちね／＼川を流れけり
東風吹くや足縛られし馬の立つ

## 漢詩、和歌、俳句を募る（字體明瞭に）

題　隨意
期日　毎月十五日締切
送付先　本社編輯局宛

## 泊園書院日課

書院の課程は左の如くにて講義は主として黄坡先生及石濱先生之を擔當せられ早朝の分は公開せられ居れり

午前六時半　八時半（女子）　午後二時より　自三時半至五時半　自七時至九時

| | 午前六時半 | 八時半（女子） | 午後二時より | 自三時半至五時半 | 自七時至九時 |
|---|---|---|---|---|---|
| 月 | 呂氏春秋 | …… | …… | …… | …… |
| 火 | 小學 | 論語 江村銷夏 三體詩 | 素讀 | 孟子 續文章軌範 | 老子 左氏傳 |
| 水 | 呂氏春秋 | 同 | 前 | 同 | 前 | 
| 木 | 小學 | …… | …… | …… | 老子 左氏傳 |
| 金 | 呂氏春秋 | 火水に同じ | 火水に同じ | 火水に同じ | 文史通議（石濱先生） |
| 土 | 小學 | …… | …… | …… | 宋元明詩 莊子 蘇黃題跋 |

（水曜 自七時至九時　說文解字（石濱先生））

### 豫告

毎第一、第三日曜午前八時に尙德會の講筵あり。尙書の拔萃を講ぜらる。

石濱先生の文史通議は不日終了する筈に付其後には中國哲學史大綱（胡適著）を講ぜらるべし

## 感謝

本號揭載の書は藤澤東畡先生の御揮毫にて特に黄坡先生より……を得たるものに……

## 廣告

第拾四回二月例會
洛北の奇峯
ボンボン山‖善峰寺‖
集合　午前六時半　梅田驛
會費　金壹圓五拾錢（當日徵收）（入會金四拾錢ヲ含ム）
要品　辨當（二食分）杖
向日町乘車午後七時頃皈阪ノ豫定
大阪市北區東野田町四丁目四三

泊園同窓會幹事　大阪市東區南新町二丁目　篠田栗夫
同　東成區東桃谷町　梅見春吉
同會計　大阪市南區鰻谷西ノ町　豊田留吉

泊園會當番幹事　大阪市南區鰻谷仲ノ町　吉野五運
尼ヶ崎市大物町　坂本準平

有聲會幹事　大阪府中河内郡枚岡村額田四百五十六番地　吉田萬治郎
大阪市東區南本町四丁目四十八番地　佐藤彌太郎

泊園社編輯同人　大阪市住吉區千體町十四番地　石濱純太郎　電話住吉二〇番
前揭　吉田萬治郎
大阪市東區農人橋詰町五十四番地　熊澤猪之助

（欄内の續き）泊園同窓會員氏名錄

中村實　高松市七番丁
市　秋弘　京城南山町二丁目
天羽生信成　朝鮮馬山府富町

昭和三年三月三十日　金曜日　泊園　第四號　（一）

昭和三年三月廿五日印刷　昭和三年三月三十日發行　毎月一回發行　本紙定價一部金拾錢（郵稅共）　廣告料一行金五十錢　編輯兼發行人　吉田萬治郎　印刷所　大阪活版所　發行所　泊園社（振替大阪一三八三九番）泊園書院

## 錬膽養氣

此の如き題目は實に老書生の常談のみ、夫れ近來の人士は事を聞けば即ち駭き、物に遇へば即ち懼れ、膽の小なる豆の如し愛を語れば皆姑息、婦女の醜態にして、之を國家に施すべからず、豈に鞭つて以て奮はざるを得んや、今や天下の、人を唱導する者は皆な「我が主義此の如し」「吾が主旨此にあり」といひて嘉名を掲げて以て人の耳目を惹くこと、猶ほ鐘鼓旌旆以て士卒を御し敵人を驚かすが如し、故に余も亦「安民主義」の四字を掲げて、擧世俱に據て以て守り振て以て世を濟はんことを庶幾ふなり、大凡方趾以て后土を蹈み圓頂以て皇天を戴くものは、皆生民なり、禽獸草木と齊しく兩間に生育すと雖、形質異に、性彙別なり、萬物一體の一語大に天下を誤り、遂に禽獸と伍し草木と同じく朽つるを甘ずるにいたる、膽氣果して安くにかある故に余は此の生を禀け命を承くる類を判ちて、人民禽獸の二境となす、草木は與からず、人民は則ち彝倫を叙で秩序を辨ずるもの、これを美境となす。此の旨を知らずして廉恥を忘る、者之を穢境といふ、乃ち禽獸と別なきものなり、未だ禽獸にして人民なるものあらず、人民にして禽獸なるもの之れあるかな、咄々、吾が尙武の國に生育して而して識見日に卑く、美惡を顚倒せるは、上位にあり政柄を握れる者が嚴刑峻律以て不良を剗除し文德を煥發して之を美境に導くべきなり、而してこれ豈唯上に在る者のみの憂ならんや、人々固より當に自ら省み自ら恥ぢ自ら錬り自ら養ふべきのみ、美穢の區域は辨じ易し、美と曰ふも必しも百善を一身に備ふるを要せず、穢醜に至りては片惡の點着するを欲せざるなり、虛喝して自ら驕るは君子は爲ず、錬養を罵りて常談とするものも過てり、請ふ幸に之を三省せよ。

膽氣の二の者は昔人の錬磨せし所にして、明の戚繼光は紀功新書を著はし、膽氣を以て篇に命じ、說き去つて審密に、能く人心を動せり、吾が所謂膽は即ち俗に所謂大和魂なり、氣は實に滿肚の活力なり、膽は果して將帥か、氣は果して兵卒か、補佐して事を行ひ、倚依して功を成す、而して氣の用たる最も大なり、元と呼び正と呼び、靈となり、感となり、一身の託する所にして、養へば則ち得、捨つれば則亡す、猶ほ龍がその噓する所の雲に身を託するが如きなり、唯だ天地の間にあるものには、陰陽以外の雷電風水の類、人に在りては或は客氣と呼ぶもの、降りては文天祥の獄中の七者と爲る、品類頗る多し、天祥は能く一を以て七に敵せり、余も亦諸子が正を養うて以て種々の穢雜に勝んことを願ふのみ。

右先子の論著、譯して誌頭に揭ぐ

黃坡

人不知而不慍
樂天命復奚疑

山高み人もすさめぬさくら花ちるもひらくも風のまに〳〵

節堂　鎌田　衡自題

## 挽節堂鎌田君

黃坡

東郊春到日　魂也去無回
雨近陽光暗　林枯鳥語哀
猶思康樂記　可惜子雲才
兄親玉樓裡　敲棋待友來

## 鎌田君を弔ふ

宮崎　貞

かまへつゝ春待ちわびし心さへむなしくなりぬ多かれのそら

誰こまたうち語らはんこの道をともにたどりし君にわかれて

君をしむ人の心のあつけさにをしへの程もはかりしらるゝ

## 弔鎌田節堂君

笠井　雪窓

嗚呼鎌田君逝矣、君長於僕二年、僕年十有八、都講泊園書院、而君弱冠亦自其家來學于此、當時學于此者三百、而列輪講席者三四十人、君亦在此列、或講八大家文讀本而共饱於韓柳之奇古歐蘇之豐腴、或講春秋左氏傳而共論一字褒貶亂臣賊子之所畏、又上比之孟莊、下較之遷固、以咀嚼其文之高古而深奧、或講孟子、參之學庸論語、更進泝詩書易禮、甲論乙駁、不知夜之已闌、又開會以屬文、互馳批評之筆、唯是之樂而不知其他也、已而君執敎鞭于府立天王寺中學以至于今、而僕則轉輾數校、不相見者數十年、時或相見、不過握手話舊耳、曩者聞君得疾臥于芦屋里、而今見其捐世于新紙、弔其靈于此、嗚呼哀哉、自顧當時列講席而先君死者、有川里子褎、有中野子仁、有廣田澹洲、後君學于此而其死在數月前者、有永田子諴、有村田子重、舉在君前而亦數月前死者、有全田子化、嗚呼天胡禍于我儒學之太甚哉、思君亦必慨之矣、在天之靈、冀助我同人、與俱護此儒學、乃臨泪筆、謹告君靈、嗚呼哀哉

## 鎌田先生の御履歴

鎌田衡先生、幼名晉之助、節堂と號し、其の居を康樂莊と名づけ自ら呼んで康樂叟といふ別に弄新園玩古の號あり。文久元年八月十一日大阪市西區南堀江上通三丁目に生る。父は阿波の人立安といふ。醫を業とす先生二歲の時に歿し、爾後母堂樽浦氏照子の鞠養によつて長ず。母堂また醫を以て立ち遠近治を乞ふ者多し十一歲富永喜平氏に從ひ、初めて孝經を學びてより志を儒學に定めて當時『文選』に精通せりといふ小倉繼子の門に入り、次で野間元寂氏及び志東水哉氏の塾に學ぶ。

明治十三年九月一日二十歲にして泊園書院に入り、藤澤南岳先生に從學す。十六年七月私塾漢學藻德舍を堀江に開く。雜誌回瀾を發行して大に士風を鼓舞するあり。二十六年ウヰルミナ女學校に聘せられて漢學を敎ふる等のことありしが二十九年、閉塾、同年四月一日大阪府第五尋常中學校敎諭に任ぜらる。後、同校は天王寺中學校と改稱せられしが大正十年老齡の故を以て本官を辭せしも爾後敎授囑托として留り、同校創立以來三十二年、勤續職員の唯一人として同窓生三千の子弟が仰慕する所たりしが、昨年九月病を得て蘆屋病院に入り療養五ヶ月漸く病勢の衰退するが如くなりしに、命なるかな二月三日溘焉として逝く。享年六十八越えて五日、其の葬儀は天王寺中學同窓會葬を以て阿倍野新齋場に於て執行せられしが莊重の典を盡し、切哀の誠を致せるは實に先生が高德の然らしむる所と謂ふべし。

先生資性恬淡洒脫、作詩行文共に巧みにして特に措辭の典雅豐麗なるは泊園同門中希に見る所、時に風懷を狂歌に寄せ或は烏鷺を戰はして半宵の清興を樂しむ等敢て頑冥固陋の凡儒に非ず又往年英國國會史を清譯して中華民國青年を啓發せし所尠少ならず國際的の功績を遺されたるは遍く人の知る所なり嗣子春雄君篤學謙讓先生の衣鉢を躡ぎ神戶高商の敎授として夙に令名あり先生後あり亦以て安んじて泉下に瞑せられむ。

## 梅窓小言

黃坡

○辨にして論に當らず、信にして理に當らず、勇にして義に當らず、法にして務に當らざるは惑うて驥に乘るなり、狂にして天下を亂る者は必、此四の者なり。辨に貴ぶ所は其論する所に由るが爲めなり、信に貴ぶ所は其理なる所に遵ふが爲めなり、勇に貴ぶ所は其義を行ふがためなり法に貴ぶ所は其務に當るが爲めなり。

坐側にある呂氏春秋を把つて一披すれば、右の如き章が目に觸れた、無用の辯、不急の察は君子は由らぬと孫卿子も說いて居る。たゞ堅白を爭ひ小信を守り、訐いて以て直とし、不孫にして以て勇とするの類を得て之を以て太平を鬪かんとする、果して是か非か。

石は破るべし、而も堅を奪ふ可からず。丹は磨すべし、而も赤を奪ふべからず。堅と赤とは性の有なり、性は天より受くる所なり、擇ひ取つて之を爲すに非るなり。豪士の自ら好する者は其漫すに汙を以てすべからざること亦猶ほ此の如し。

此の語甚だ味あるを覺える。匹夫も志を奪ふべからずと曰はれたと同意。確乎不拔の志を立てゝ而も之を以て其性に出づるが如くならしめば即ち可ならんのみ。而してこれ果して誰の力ぞ、わが三千年來の皇風之を暗默の內に養はれたる國民精神、わが三千年來の皇道之を昭々の處に培はれたる道德教育、是のみ。而て之を今日に宣揚し扶翼する果して誰の任ぞ

## 立春聯句

**昭明有融。勿說庶人不議**
**和樂且孺。當知匹夫執心**

# 篤信好古齋隨筆

石濱大壺

天下の學人が惜しみても餘りある王靜安先生の全集は愈々出版せらるゝ事となつて、早くも海寧王忠慤公遺書初集（別項同公別傳參照）が世に出た。今その目を舉げると

觀堂集林二十四卷（增訂本）
觀堂別集補遺後編各一卷
觀堂外集四卷
爾雅草木蟲魚鳥獸釋例一卷
兩周金石文韻讀一卷
觀堂古金文考釋五卷
史籀篇疏證一卷
校松江本急就篇一卷附校補
唐韻佚文一卷
唐寫本唐韻校勘記二卷
都十種四十三卷

唐韻の佚文及び唐寫本校勘記の兩種以外は皆一度は印刷されたものだが、觀堂集林も增訂されてゐるし（國學月報の王靜安先生專號に姚名達君編纂の觀堂集林批校表を載せてゐるが凡て新本では增補訂正されてゐる）、別集補遺後編外集などには最近各種の雜誌に出たものは殆んど悉く採錄してあり、爾雅釋例の初藁本も存置してあり、急就篇には校補も附錄してあるから、我々靜安先生を仰慕するものにとつては頗る便利で極めて喜ばしい。尙ほ遺書は已刊未刊を釐定して四集となし次第に梓に付すと云ふから先生の精該淵博なる學術の全を窺ひ得るのも遠くはなからう。大に慶賀せざるを得ない。

老子の研究は支那でも我國でも外國でも隨分盛んで種々と著書も出づる樣であるが、固り悉く瀏覽するわけにはいかん。然し見聞の及ぶ所では吾友武內義雄君の「老子原始」「老子の研究」の二著を以て冠冕とせざるを得ない樣だ。其の治學の方法の精到なること、その古書を校讀するの確實なることは一寸比類を見出し難からう。津田左右吉博士の「道家の思想と其開展」と云へる尨然たる大著も正に三舍を避けねばならず、馬叙倫教授の老子覈詁も博はあるが精は到底及ばない。且又武內君の老子の研究の末尾に附錄せる注釋書解題は眞に斯學の津梁とも稱すべく極めて信用すべき參考書解說で、近頃出た老子專門の目錄王重民君の老子考二册（中華圖書館協會叢書第一種）なんかのお粗末なものとは日を同じくして語り得るべきものでない。老子の學術的研究に志有るものは武內君の兩著を讀むを以て初めとせば蓋し誤なきに幾からんか。尙ほ余が近頃見た丁福保氏の道德經箋注だの徐紹楨氏の道德經述義なんかは學術と云ふよりは一種の宗教的衍義なんだ。乃ち箋注は壇爐鼎日魂月魄等の說に於ては悉く屛けて取らずとは云つてゐるが、抱朴子の說を引いて老子の謂はゆる道とことを發明し、古來道家相傳の秘訣の修道の工夫を輕視するなど（同書の緒言を見よ）云ふ。述義は東周の季に世界に三聖人を生じ、孔子は師統を君統に寄せ、釋迦は君統を師統に寄せた者で老子の若き者は君統もなく師統も無く直ちに斯民を道統に寄せたと（同書の序三又は學壽堂丙寅日記の正月十三日の條を見よ）云ふ。此等は固り一種の見識には相違ないが我等の學術研究とは宗旨を異にする。尙ほ一二近人の研究を附せば、楊樹達君の老子古義は韓非子淮南子其他の古書に引く所から古義を採らんとしたもので其意は大變に面白く便利に出來てゐる。又陶鴻慶先生の讀諸子札記の老莊の部が橋川氏の待曉廬から出刊になつた。嘗て國學叢刊に載つた事があつたが清楚な單行本となつたのは喜ばしい。陶氏の札記には王注勘誤があつて主として王注を校勘してゐるのがよい。從來は經子の考證は專ら原典の本文を主眼としてゐたが晩近は一步を進めて舊傳古注に及ぶ樣になつてゐるのは極めて善い。殊に諸子の舊注は大に校理を待つものがあるので、諸子學の進步もこの邊から明白にされるべきものが多からう。

沈乾一編纂の「叢書々目彙編」四册が出刊された。支那の叢書と云ふものは種類が頗る多くて何叢書に何があるかを探し求める事が容易でない。そこで彙刻書目が出來て次第に增補されて行つた。然し近年出刊のもので目錄に載らないものが極めて多く、然も新しいものに我々に必要なものが豐富なんだから新しい彙刻續目が期待されてゐた。今度の沈氏の彙編は之を集大成したわけで、一律字劃の多寡によつて排列したから探すには分類風のものより簡單だ。固りこの目錄は最後に出た丈に極めて新刊のものをも澤山に含有して居り、且つ活字の便によつて容積が小いから座右に備へて參考に資するには適してゐる。說文解字詁林を採入するのもどうかと思はれるが、譚氏舊學（因に卷首の索引には漏れてゐる）を舉げて文明書局の譚瀏陽全集を遺したり、觀古堂彙刻書目叢刻は只觀古堂彙刻書に見ゆとのみしたり、古今圖書集成を入れてみたり、羅氏校刊の悉雲三書の叢書名を舉げなかつたり、捜せば隨分穴もあるし誤植もあるし、體例も固り議すべく、已出の叢書目錄から考へもせず抄出した樣なものもあるが、沈氏が云ふ如く其初め方に以爲へらく排比の事甚だ易しと、孰か知らん久しきを經て甚だ其難きを覺ゆで完全を求めれば大變だ。その富さ新さ便さの長所を取ればそれでい、深く尤むるには及ばない。

本誌第二號所載の東京日本書道作振會に於て入選したる院生

**多田黄山君の書**

永和九年歳在癸丑暮春之初會于會稽山陰之蘭亭脩禊事也羣賢畢至少長咸集此地有崇山峻領茂林
脩竹又有清流激湍暎帶左右引以爲流觴曲水列坐其次雖無絲竹管弦之盛一觴一詠亦足以暢叙幽
情是日也天朗氣清惠風和暢仰觀宇宙之大俯察品類之盛所以遊目騁懷足以極視聽之娯信可樂也
夫人之相與俯仰一世或取諸懷抱悟言一室之内或因寄所託放浪形骸之外雖趣舍萬殊靜躁不同當
其欣於所遇暫得於己快然自足不知老之將至及其所之既倦情隨事遷感慨係之矣向之所欣俛仰之
閒以爲陳迹猶不能不以之興懷況脩短隨化終期於盡古人云死生亦大矣豈不痛哉毎攬昔人興感之
由若合一契未嘗不臨文嗟悼不能喩之於懷固知一死生爲虚誕齊彭殤爲妄作後之視今亦由今之視
昔悲夫故列叙時人録其所述雖世殊事異所以興懷其致一也後之攬者亦將有感於斯文
丁卯十月 黄山忠臨神龍蘭亭於松古廬

# 泊園藝文漫談（一）

大壺

兼々泊園藝文志と云ふ樣なものを編纂して見たいと思つてはゐるが、寡聞淺見なるが儘に中々稿を起させうにもない。そこで體例の嚴なるを忌僻して茲に漫談を始め、先輩からは示教を得、同志からは應援を得たいものだと思ふ。

嘗て黄坡先生は今は中絶せる泊園書院學會の創立會に於て南岳先生の撰著し編纂せられたる遺著遺稿を陳列して一場の說明を試みられた事があつて、余も親しく之を拜聽するを得たからこれは幸であると早速當時の見聞によつて「南岳藤澤先生所著書目」一篇を綴つて雜誌「斯文」第二編第四號に掲げて置いた所が其後黄坡先生篠田活園先生や懷德堂の吉田鋭雄先生の示教を得て遺漏を補ひ新刊を增して又「目補」の一篇とし、「泊園書院學會々報」第二册に登載した。それでもまだまだ知るに至らなかつたものが出て來た。

過日琴平の牧野明次郎氏から黄坡先生へ南岳先生校刊司馬溫公の迂書を寄贈して來られた。先生はこの珍本を得たるを大に喜ばれて之を余に語られ、且つ先生重刊の同書を出して共に示された。余は受けて之を見ると、前者は明治十一年十二月の出板で卷首に村田海石の隷書で南岳先生の序がある半紙本二つ折りの小形の序文共二十二枚のもの後者は前者の重刊本で大正五年六月三樂會發行となつて居る洋紙序共に三十六頁の前者よりは少し大きい形の活字本だ。後者は黄坡先生が泉尾小學校の三樂會し講義の際新印せられたものださうで、これももう無いと。後者には鼇頭の眉注があつて體裁も異つてゐるが、其以外にも熟視すると少しは異同もあるが取立つべき程のものでない。南岳先生の手稿本も殘つて居るとか。ともあれ余の小日には漏れてゐたものだから少なからず驚喜した。

たゞ南岳夫子御著述の書目を知る丈でも此の如く中々分り難いが、それ計りでなく書名を聞くを得て已に未見として著錄して置いた「探珠樂事」だの「和陶飮酒詩」だのを未だに手に入れるをも得ないし、又一見し得る機會にも接しない。又吉田先生の示された「奚囊詩存」も原刊の排印本も見當らないし、篠田先生の示された「藤澤先生講談叢錄」も珍本になつてゐるか一寸出て來ない。遺憾と云はざるを得ない。

余は南岳先生の書目を試みたに過ぎないが、黄坡先生のは姑く置くとしても東畡先生のも黄鵠先生のも何日か作つてみたいと思つてゐる。兩先生は南岳先生の樣に御著述御編纂には多く富んでゐられないのであるが、何とか我々が兩先生の學德を窺ひ得る如き提要となるべきものを作つて置きたいものだと思ふ。それにつけても未刊の諸考說なども早く稿本を定めて世に問ひたいものだ、

牧野藻洲先生が嘗て早稻田大學出版の「漢籍國字解全書」中に墨子を注解せられた時に東畡先生の校記に迄及ばれたので余は大に之を喜び感謝したのだが惜しいかなあの國字解は校正が極めて粗陋で過脫錯誤が隨分多かつた。震災以後の新版でどれ程訂正せられたかは之を詳にしないが、あの儘では少しく殘念と云はざるを得ない。

師家諸先生の藝文目の編輯もさる事ながら、固り及門先輩諸先生にも及んで見るべきであるさうでなければ後生小子如何にして泊園藝文の全豹を語り得やう。菁莪錄の一册は我々に一斑を示されたものでは無からうか再續三續の錄は已むを得ざるものであらう。（嗣出）

昭和三年三月三十日　金曜日　　泊園　　第四號　（三）

## 王忠愨公別傳

羅叔言

公既に寃𡨚に安んず。予乃ち公の遺著を董理せんとし公の疏稿を其の家に求むれば公已に手自ら焚燬せり、幸に予の篋中に公の政學を論ずるの疏草を藏す。蓋し削稿の後予に就いて商榷せし者なり。今其の大要を此に錄す。其の言に曰く、臣竊に觀るに三代より近世に至るまで道は一に出づるのみ。泰西と通商以後西學西政の書中國に輸入す。是に於て修身齊家治國平天下の道は乃ち二に出づ。光緖の中葉新說漸く勝り辛亥の變に逮んで中國の政治學術は幾んど全く新說の統一する所となれり。然れども國の老成民の多數は倘篤く舊說を守り新舊の爭は更に數十年にして未だ已む有らず。國是淆亂して適從する所なし。臣愚以爲らく、新舊論ずるに足らず。事の是非を論ずるのみ。是非の標準安くに在りや。曰く、利害にありと。利害の標準安くに在りや。曰く、其の大小に在りと。新舊の利害未だ遽に決すべからずと雖も然も其の大概は得て言ふ可し。西說の一世を風靡する所以の者を原ぬるに其の國家の富强を以てなり。然れ共歐戰より以後歐洲諸强國は情見はれ勢絀し道德墮落し本業衰微し貨幣低降し物價騰涌し工資の爭鬪日に烈しく危險の思想日に多し。甚しき者は俄羅斯の如し。赤地數萬里、餓死千萬人、生民以來未だ此の酷あらず。而して中國は此の十二年中紀綱地を掃ひ爭奪相仍り財政窮蹙し國幾んど國せざるもの其の源は半ば此に出づ。臣嘗て其の故を求むるに蓋し二あり。西人は權利を以て天賦となし富强を以て國是となし競爭を以て當然となし進取を以て能事となす。是の故に其の奇技淫巧を挾みて以て其の豪强兼幷を肆にし更に止るを知り足るを知るの心なし。浸くにして奪はずんば饜かずの勢を成す。是に於て國と國と相爭ひ上と下と相爭ひ貧と富と相爭ひ凡そ昔の富强を致す所以の者は今適々其の自ら斃るゝの具と爲る。此れ皆貪の一字に由りて之を誤る。此れ西說の害、心術に根する者一なり。中國の說を立つるは首として中を用ふるを貴ぶ。孔子は過ぎたるは猶及ばざるが如しと稱し、孟子は一を擧げて百を廢するを惡む。西人の說は大率ね過ぎて其の中を失し一を執りて其の餘を忘るゝ者なり。試みに最も淺顯なる者を以て之を言はば、國は民を以て本と爲すは中外一なり。先王民の自ら治むる能はざるを知る。故に君を立て、以て之を治む。君は獨り治むる能はず。故に官を設けて以て之を佐く。而して又君と官吏との民を病ましむるを慮る。故に法を立て、以て之を防制す。此を以て民を治めば是れ亦可なり。西人是を以て足らずとなす。是に於て立憲あり共和あり。然れ共試みに問ふ立憲共和の國は其の政治果して多數國民の公意に出づるか抑々少數黨の人意に出づるか。民の自ら治むる能はざるは中外となく一なり。異なる所の者は黨魁を以て君主に代へ、且つ一つの賄賂奔走の弊を多くするのみ。孔子は均しからざるを患ふと言ふ。大學は天下を平にすと言ふ。古の政を爲す未だ均平を以て務めと爲さざるもの有らず然れ共其の道は農を重んじ末を抑へ兼幷を禁止するに外ならざるのみ。井田の法口分の制は皆屢々試みて行ふ事能はず。或は行ふて久しき能はず。西人は則ち是を以て足らずとなす。是に於て社會主義あり共產主義あり然れ共此の均產の事は將た國人をして共に之を均しくせしめんとするか抑々少數の人に委託して之を均しくせしむるか。均產以後將に全國人を合して之を管理せんとするか抑々少數人に委託して之を代理せしむるか。前の說に由れば萬萬此の理なし。後の說に由れば不均の事は俄頃にして即ち見はれん。俄人之を行ひ伏尸千萬赤地萬里、卒に私產の制度を承認せざる能はず。則ち曩の洶々たる又何すれぞや臣敢て西人の智大率ね此に類すと謂はず。然れ共此れ其の章々たるものなり。臣西人の事に處するを觀るに皆科學の法を以て之を馭せんと欲す。夫れ科學の能く馭する所のものは空間なり時間なり物質なり人類と動植物の軀體なり。然れ共其の結構愈々複雜ならば科學の律令愈々確實ならず。人心の靈及び人類の構成する所の社會國家に至りては民族の特性あり、數千年の歷史と其の周圍の一切境遇は萬、科學の法を以て之を治むる能はず。而るに西人往々其の一を見て而して其の他を忘る。故に其の道方にして而して圓なる能はず、往いて而して反るを知らず。此れ西說の弊、方法に根する者二なり。（未完）

（同公遺書初集卷首）〔潮江譯〕

秋吉玄圃君筆

## 會員消息

秋吉玄圃君は本月廿四日南區上本町三丁目川村樓にて「秋吉玄圃畫會」を開き非常の盛況を呈したる由にて今後も同會規に準じ大方の需めに應ぜらるゝ由參考のため黃坡先生及水田竹圃先生の紹介文と該會規を左に揭ぐ

秋吉玄圃君名ハ元治大阪ノ人ナリ母ニ事ヘ至孝ナリ夙ニ丹青ノ技ニ志シ來テ菁莪會ニ學ブ性溫厚寡默謹愼ニシテ禮アリ故ヲ以テ志ヲ執ルコト寧靜ニシテ業ニ進ムコト淵博意ヲ用フルコト專一ニシテ技ニ達スルコト精熟歩趣年ヲ儕輩ニ先ゼリ後又道ヲ泊園書院ニ問フ研鑽幾年識見大ニ進ム是ニ於テ屢々選ヲ大阪市及南畫院ノ展覽會ニ取リ蔚然タル頭角遂ニ名ヲ一代ニ成スニ至レリ近年技齡ト共ニ進ミ人ノ之ヲ推輓スルモノ益々多ク勸メテ畫會ヲ催サシム君遂ニ之ヲ諾シ茲ニ此會ヲ企ツ我二人者臭味ノ同ジキ所乃チ一言シテ君ノタメニ紹介ヲ爲シ大方人士ノ後援賛襄ヲ得テ益々君ヲ大成セシメ且ツ内ハ北堂ノ歡ヲ奉ズルコトヲ得シメンコトヲ希フノミ

昭和三年春　藤澤黃坡　水田竹圃

### 會規

會費　金參拾圓

作畫　絹本巾一尺三寸書下シ壹幅

景品書畫揮毫諸名家

伊藤溪水　生田花朝　岡本大更
草野蘆江　久保井翠桐　矢野橋村
山口草平　矢野鐵山　安田半圃
藤澤黃坡　赤松雲嶺　水田竹圃
水野蕪青　水田硯山　白倉二峰

## 有聲會報

二月十三日午後七時より泊園書院講堂に於て第二回例會を開き佐藤幹事開會の辭を述べ貝田君「御大典に就て」と題して興味津々たる講演を爲し次で會員相互の間に意見の交換あり次きに會長黃坡先生は故鎌田節堂先生の逸話を語られ翁の堂號「後樂莊」の由來につき詳細なる說明あり九時少憩後苦茗を啜りながら歡談に時の移るを知らず十點鐘の鳴るを聞き閉會す當日の出席者は左の如し（吉田幹事欠席）

黃坡　先生　石濱純太郎
安達　龜造　清水晉三郎
奧西　政一　的場信太郎
多田　黃山　神山　眞龍
松浦　捨吉　貝田四郎兵衛
小笹　圭治　佐藤彌太郎
堺　元國

計拾參名

尚次回は四月中旬開催の豫定

## 原田西疇翁筆蹟頒布廣告

翁は東畡先生の門人中の現存せる人にて、齡既に八十を過ぎ猶矍鑠として京洛に閑居せらる、今回吾等有志相謀りて左の規定を以て翁の筆蹟を頒つことにせり、希くは奮つて御申込あらんことを。

一、半切一枚　金貳圓

一、屏風一双　金貳拾圓

發起人　木村敬次郎　佐藤寬九郎

**申込は本社に於ても便宜取扱ふ**

## 本誌後援寄附金收受報告

一金壹百圓(一年分)　豊田宇左衛門氏
一金五拾圓(半年分)　福本元之助氏
一金拾圓　清水音三郎氏
一金五圓　岩崎清一氏
一金五圓　安達龜造氏
一金五圓　門脇才藏氏
一金五圓　渡邊新太郎氏
一金參圓　福田三次氏
一金參圓　中山源次郎氏
一金貳圓　喜多證道氏
一金貳圓　村上吉五郎氏
一金壹圓　尾中郁太郎氏
一金壹圓　日吉全誠氏
一金壹圓　藤本木田氏
一金壹圓　渡邊元吉氏
一金壹圓　高橋友次郎氏
一金壹圓　野崎又八氏
一金壹圓　安良日將氏
一金壹圓　谷内清巖氏
一金壹圓　中村梅吉氏
一金壹圓　川合孝太郎氏

## 昭和二年度常費領收報告

一金壹圓　豊田卯右衛門君　安田半圃君
淺井佐一郎君　岩崎清一君
谷内清巖君

## 聖廟再築寄附金受領報告

一金參圓　岩崎清一氏
一金參圓　安達龜造氏
一金貳圓　渡邊和子孃
一金貳圓　安良日將氏
一金貳圓　門脇才藏氏
一金壹圓　福田三次氏
一金壹圓　灘尾晃壽氏
一金五拾錢　野崎又八氏
一金五拾錢　牧野明次郎氏
計金拾五圓

## 泊園文藝

### 近郊散策　曲洲　右田三吉

早起試吟策　鴉鳴霜滿天
晨光尾山白　蟾影眺洲鮮
百里北流水　幾條西驛烟
鐘聲山寺近　攪破萬家眠

### 三宅八幡宮　南山　牧野信

赤華表外往來繁　不問而知是八幡
鳩自點頭迎賽者　得餌終日浴神恩

### 岩倉公遺邸　同

策謀源此地　王政致維新
今日訪遺邸　不看語往人

### 新柳　滄處　石井光美

江堤一路柳如絲　嫋娜含情拂水垂
早惹春風禽鳥到　斜籠暖霧蝶蜂隨
初三月色嬌嬈態　十五舞腰柔嫩姿
暫認青々娥眉容　衰殘時有使人悲

### 新年唱和(續輯錄)

次木山詩韻六首　可峰　灘尾晃壽年六十一

新正祥兆鳳凰龍　飾地無端瑞氣濃
欣羨使君居勝境　坐看天表白芙蓉
同人鍛氣宛如龍　値遇王春唱和濃
一笑可峰吟太苦　吾兄筆健似芙蓉
今年星紀正當龍　看取履端佳氣濃
回首天空渺如水　水心誰弄玉芙蓉
老來何肯比潛龍　獨坐寒窓吟未濃
縱使更新六十一　但慚不若木芙蓉
斯身華甲氣凌龍　但愧依然煩惱濃
歲首篠期三伏日　扶笻蹢躅弄芙蓉
凝神將欲寫蟠龍　幾擦毫端感興濃
慚我履新功不就　心機一轉詠芙蓉

用木山詩韻呈素行翁　篠田活園

驀驪筆迹恰虯龍　酒與相兼詩味濃
偏賀老來瑜鑠健　雄唫白首詠芙蓉

同韻寄心謝不致當過譽　堀岡素行

人間屈蠖與伸龍　世味辛酸兼淡濃
觸感懸詩成百首　如何招笑玉芙蓉

狗尾續之博素行先生一粲　坂本木山

七十五年龍　遊蹤點々濃
一枝弄彩管　百首賦芙蓉

丁卯歲晚　尾中郁太

鳥兎匆々歲月奔　窮陰自覺市井喧
閑人別有迎年計　購得早梅香一盆

丁卯除夕　高橋友

懶向人間論毀譽　是非休問竟何如
裁詩百首身全瘦　沽酒半樽錢尚餘
岳雪天寒陰凜々　盆梅魂冷綻徐々
燈前頻立明朝計　準備戊辰年賀書

戊辰元旦　同

岳色輝々曉色晴　連天雲物望中清
先從門松迎曦影　却向盆梅祝月正
年遇神龍戒軒擧　詞非野調頌休明
三朝喜我臥林下　常浴聖恩歡太平

同　鶴洲　尾中郁太

曈々日影上書帷　昭代恩光草木知
侃諤多年參縣政　丹誠一片答明時
老來笑我詩情減　醉去驚他酒力衰
凍硯霜毫幸無恙　早梅香底寫新詩

客臘我鄉喪村宰闔村復推余々垂老辭拒不聽逐約以半歲就職偶有此作

候門父老又妨閑　使起老軀奔世間
猿鶴應嗤我狂態　暮年何意出青山

### 逍遙游吟社席上聯句

春寒二月酒力加　五條松峰
興動春郊時命車　岡本萬古
山南水北路三叉　堀岡素行
淸芬不教曉靄遮　藤澤黄坡
老梅參差野水涯　宮崎默處
疎影淡々映淺沙　吉阪務古
十里香風春意賒　堀岡素行
何用世外避紛華　篠田活園
任他花下兒女譁　吉阪務古
鬪詩每慚一毫差　五條松峰
苦吟々成亦自誇　櫻井雲洞
字如流水詞如花　三輪確堂
臥龍梅下龍鳳茶　吉阪務古
閑對晩林數歸鴉　櫻井雲洞
月魂如水入碧紗　三輪確堂
籬外梅花影斜々　篠田活園
處世守儉不用奢　宮崎默處
只許詩酒稱大家　藤澤黄坡

次韻寄柳崖翁　木山　坂本文

欲得淸閒不得閒　也從仙境出人間
如今試見安田里　枯樹寒林盡玉山
(安田翁居村名)

戊辰一月念七日

單騎登榛名山馬上吟　坂本文

市城塵萬斛　回首肺肝寒
好作山中容　雲間放大觀

又

皎々前山雪　神仙安在哉
穿雲馬蹄靜　曲々畵圖開

山上作

馬嘶高峻頂　人嘯太虛春
䁰界何雄大　翠山脚下塵

懋榛名湖畔旗亭小飲有憶妓榛名妓東國產也流寓在下關遇余甚厚後不知所之距今幾二十年矣今日登臨湖山同名回想無已乃賦一詩云

雨雪如吾淚　風聲是汝聲　滿湖春水色　老樹百年情

宸題次黄坡先生韻　春坡　渡邊新太郎

晴影遙望海南天　戴雪仙山粲々然
恰似廣寒宮裏女　照臨人界靚粧新

論學二首呈黄坡先生兼寄泊園諸兄　盤翁　渡邊元

功名有志同窓前　一部圓珠幾絕編
隨處荊榛難佛得　百年不見此心圓
百年不見此心圓　去向源頭求活泉
賢傳聖經如破竹　時看明月滿前川

賽盤翁韻寄酬　黄坡

時看明月滿前川　浪靜寒流綠蘸天
正是一心澄徹處　東風脈々想喬遷
東風脈々想喬遷　安坐凭梧意爽然
來寄陽春歌一曲　嚶々聲在紙窓前

### 泊園の發刊を祝ひて　宇田敬子

なにはえのみつより深し筆の花ふみのはやしにほふその香は
きよき香をよゝに傳へよ泊園にほひそめたるはなのさかえて

島田暉山

樂しきは友のまど居や釋奠(おきまつり)
白梅や拓本にする古碑の文
披けたる本にからびし董かな
張交の反古に眼もゆく日永哉
花憂きか春を厭ふて歸る雁
皺の手に若き寫眞や春の夢

橋本春波

垣靑う萌ゆるが中の椿かな
日に立ちて柿の木の芽や藪椿
雪重く見ゆる八つ手の花細う
雪しづり〳〵青木の堪へぬげに
何氣なくたんぽゝ見つけ春寒し

## 編輯漫語

春風春水一時に至る三春行樂の好季森羅萬象盡く蘇生茲暫くは老いも若きも梅、桃櫻と花を逐ふて歡樂に耽らん

▲故鎌田節堂先生遂に逝去せらる昨歲以來泊園同門の先輩相次で喪はる天胡ぞ吾門に累する事如斯多きや

▲されど昨秋九月鎌田先生御發病以來天中同窓會員が先生を蘆屋病院に入れ幹部交代にて看護の勞を執りて人事の限りを盡したるも天壽を假さず遂に落命せらるゝや同窓會葬を以て厚く葬り會衆堂に溢るゝの盛儀を呈したるは師弟情誼發露の美はしさ實に近來の美談として後世に傳ふるに足る、忌しき學校事件爾後其數を減ぜん而して泊園書院に道を問はん

▲本號發刊期を遲るゝ二旬讀者諸賢の眷顧に背く事大なり幸に諒恕を垂れ給へ。

## 泊園同窓會幹事

大阪市東區南新町二丁目　篠田栗夫
同　東成區東桃谷町　梅見春吉

## 同 會計

大阪市南區鰻谷西ノ町　豊田留吉

## 泊園會當番幹事

大阪市南區鰻谷仲ノ町　吉野五運
尼ヶ崎市大物町　坂本準平

## 有聲會幹事

大阪府中河內郡枚岡村額田四百五十六番地　吉田萬治郎
大阪市東區南本町四丁目四十八番地　佐藤彌太郎

## 泊園社編輯同人

大阪市住吉區千體町十四番地　石濱純太郎　電話住吉二〇番
前揭　吉田萬治郎
大阪市東區農人橋詰町五十四番地　熊澤猪之助

## 漢詩、和歌、俳句を募る(字體明瞭に)

題　隨意
期日　每月十五日締切
送付先　本社編輯局

## 泊園書院日課

書院の課程は左の如くにて講義は主として黄坡先生及石濱先生之を擔當せられ早朝の分は公開せられゝあり

| | 午前六時 | 八時(女) | 午後二時より | 自三時半至五時半 | 自七時至九時 |
|---|---|---|---|---|---|
| 月 | 呂氏春秋 | …… | …… | …… | |
| 火 | 小學 | 論語 江村銷夏錄 三體詩 | 素讀 | 孟子 續文章軌範 | 徂徠集 左氏傳 |
| 水 | 呂氏春秋 | 同前 | 同前 | 同前 | 說文解字(石濱先生) |
| 木 | 小學 | …… | …… | …… | 徂徠集 左氏傳 |
| 金 | 呂氏春秋 | 火水に同じ | 火水に同じ | 火水に同じ | 中國哲學史(石濱先生) |
| 土 | 小學 | …… | …… | …… | 宋元明詩 莊子 蘇黄題跋 |

猶第一、第三日曜午前七時に尙德會の講筵あり尙書の拔萃を講ぜらる。

## 急告

徂徠集は在本既に少く且高價なるにより今回の講義を機とし謄寫版に印行することゝし文書牘の部を實費金參圓にて頒布すべきにより希望者は至急申込まれたし

昭和三年六月五日　火曜日　泊園　第五號　（一）

# 泊園

昭和三年五月三十一日印刷
昭和三年六月五日發行
每月一回一日發行
本紙定價（一部金拾錢　一年前金壹圓（郵稅共））
廣告料　一行金五十錢
編輯印刷兼發行人　大阪市東區內淡路町二丁目　吉田萬治郎
印刷所　大阪市南區竹屋町九番地　大阪活版所
發行所　泊園書院內　泊園社
（振替大阪一三八三九番　泊園書院）

## 釋奠講經

**忠、德之正也、信、德之固也、卑讓、德之基也、**

本年は、今上陛下が登極の大禮を行はせらる、めでたい年でありますから、之に因みまして、春秋の文公元年に、魯文公が位に即かれたとき、始めて公孫敖といふ卿をば隣國の齊へ使に遣られた、其條の左氏の傳に

凡君即位、卿出竝聘、踐修舊好、要結外援、好事隣國、以衛社稷、忠信卑讓之道也、忠德之正也、信德之固也、卑讓德之基也。

といふ凡例を舉げて居ります、其詞をとつて今日の御話の種と致したいと存じます、此文では踐修舊好は忠、要結外援は信、好事鄰國は卑讓といふ風に相承けて居るのでありますが、かゝる字句の上の說明やら國交上の意義は之を略することにしまして、本日はこれを一個人の行に就て申すことに致します。

扨、忠とは、もと『我心の誠を盡す』を忠と名づけてありまして、忠誠といへば我が私を顧みずして己を傾けて人の爲めにする所の誠心をいふのでありまず、或は衷などにも通はせて、善也、中也、など說かれるのである、我が赤心を盡して人と中善くするのであつて、これには一點の私心があつてはならぬのでありまして、單に表面だけで取り繕ふとか、方便で爲て置くとかいふことでは人を感ぜしめ我に同せしめることは難かしい、是非とも此の赤心を推して人の腹中に入れるのでなければならぬわけであります、これ德之正也といつた理由であります。

次に『信は德の固なり』とあるのは、信は即約束を違へぬことであります、互に固く約束を守るわけであります、又先人は常に『言行一致』といふ語を以て信を說明して居りました、猶また貞信など用ひて、其心持ちの變らぬ、前後の狂いの無いのをば信と申しますから、こゝに德之固也といつたわけであります。

其次には『卑讓は德の基なり』とあります、人と交るには是非とも先方の人を立てる、即ち他を尊敬して己を卑下するといふ心持ちがなければ、交は圓くは運ばぬものであります、人に驕り高ぶつて先方を眼下に見下しては、たとひ身分の己より下にある人でも決して快くはしませぬ、まして對等以上のものに先方を抑へ付けて世渡りは出來ませぬ。一體に人情といふものは、讓る人には與へやうとして取らうとするものには奪はうといふ風になるものであります、だから古から謙遜卑讓といふことを人に勸めるのであつて、易にも謙は卑うして踰ゆべからず即ち謙遜して居るものは自ら卑くして人の下に出るが人は反つて之をゆかしがつて之をあがめるから、決して踰えることは出來ぬといふてあります、これでこそ人と交つて行けるのであります。即ち敬であります、この人を敬し己を謙することは、禮儀に於て最も必要なるものであり、人の行の根本であります。『敬は禮の輿なり』ともあつて、禮は敬によつて行はれるのでありまして、即ち卑讓德之基也といふてあるわけであります。

右の忠と信とは論語などに見えましても人の是非備へねばならぬ德であつて、十室之邑必有忠信如丘者焉とか、言忠信行篤敬とか述べられてあつて普通に人の具有すべき德であり、實意がない、たよりないといふ樣な人物は世間のいづこにも容れられるものではありませぬ、今日でも誰も不忠不信であつてよいと思ふ人もなく、また忠信の必要といふ事については一點の疑もないのであります。

たゞ一つ異なことは、彼の權利思想の唱導せられてから、だん〳〵其流れが廣がつたとでも申しますか、此權利を以て人と爭ふといふことを主張せられることになつたのが私には分らぬのであります、國と國との間はこの節は互に聯盟とか協定とか云ふて、讓步、協調、仲裁といふ樣なことが唱へられて居るに拘らず、個人又は社會に於ては、『強て爭へ』『一步も讓るな』といふのは事の勢に逆つた有樣であります、私は何故に此處に卑讓といふことが行はれぬかを怪むのであります、或は此個人の處にはまだ勢の平衡を得ぬからでありませうか、平衡を得るのを待つならば到底其時はありますまい、また平衡を得て爭はぬといふのは眞の爭はぬのではありますまい、莊子の山木篇に

陽子、宋にゆき逆旅に宿す、逆旅の人、妾二人あり、其一人は惡くし、惡くき者は貴くして美なる者は賤し、陽子其故を問ふ、逆旅の小子對て曰く、其美なる者は自ら美とす吾其美を知らず、其惡き者は自ら惡とす、吾其惡なるを知らず、陽子曰く弟子之を記せ行賢にして自ら賢とするの行を去らば安くに往として愛せられざらんや（譯文）

とある話をよく味ひますと誠に面白いではありませぬか、今形の美や惡やによつて直に之を美なり惡なりとするものがあればこれ美惡の眞價を知らぬものであつて、所謂『感じ』なるものを離れては眞の美惡を說くことは出來ぬ、人の行も此通りであつて、形で勝つたから其が勝れて居るとのみ考へて、內面の人の信用感情といふ點を考へねばだめである。今の議論する人は只物と質といひ、獨り形體の上にのみ眼をつけて居る樣であります、私は此卑讓の德、即『自以爲惡吾不知其惡』の語に大なる味があると思ひます、以上御即位に因み。春秋の即位に付ての凡例をかりて一言御清聽を煩はした次第であります、

右は四月三日釋奠の際の黃坡先生の御講演の大意であります

## 先夫子遺詠

### 蒲節歌

假旆五彩影。寶甲金銀光。木銃與弓箭。映發列高堂。以爲男子瑞。莫護比弄璋。邦家自古尙威武。嘉節長存舊典章。節即五月五。氣旺陽中陽。艾虎鬪草禳毒氣。角黍粽子堆馨香。彩絲呼做長命縷。侑酒兼有榴花觴。未若本邦俗。敎民重三綱。義勇報國君子志。廉耻守節丈夫常。鑑古鑑人鑑更美。不須揚州百鍊鋼。膽大謀大迹亦大。徒大門戶笑孟嘗。旆影冑光好相譁。子孫世々有餘慶。不獨一人一族祝。凝作邦家萬年祥。

### 蠶婦詞

仲春日載陽。條風促條桑。二眠三眠眠蠶起。蠶方起時人方忙。女公女妹同致力。共期成絲早兮成繭頁。聞說五畝宅。樹之以桑可衣帛。今也繭成即賣之。輸了稅錢無餘穫。我身不悲忙。我衣不悲單。只悲爺孃年七十。非帛何由禦歲寒。

### 一笑

百年羝谷老江湖。也識微軀似泛鳧。一笑機心消不得。秋枰半日競贏輸。

呼玄呼素將無同。卓爾誰存國士風。一笑觸蠻爭未判。人人自信是英雄。

### 夏日偶吟　節五

南風吹入雨餘窗。詩思一番酒一缸。幽屋新題誰解得。紫藤花底聽淙淙。

不似林花容易萎。芬芳依舊是吟詩。重陰日午科頭客。一曲長歌有所思。

自比當年陶隱居。高樓午靜黑甜餘。半欄滴翠吟心冷。梧竹密處屛事疏。

王謝流風能避塵。壁頭蠅拂有長因。此中存得淸高氣。道骨偏從養後新。

北窗局戲客團欒。敗者悄然勝者歡。一着誤來眞可警。收棋子後意初寬。

## 鷄窗小言

黃坡

今一回呂覽の所載を紹介して見る、本生篇に

出づるには則ち車を以てし、入るには則ち輦を以てし、務めて以て自ら佚する、之を命じて招蹶之機と曰ふ、

とある、蹶は重己篇に逆寒疾と注してあるが、何病であるか判然しない、補注には痿蹶とあるのみ、今按ずるに、脚力の軟化する疾のみ、見よ、出入必ず車輦に賴り、務めて一身の安逸を貪るもの、孰か步行困難の患を招かざる、馬車自動車電車いづれか招蹶の機ならざる（機は機械の機）

肥肉厚酒、務めて以て自ら彊ゆる、之を命じて爛腸之食と曰ふ

朝に脆美を味ひ、夕に醇酒に醉ひ、既に飽くも猶匕箸を執り、既に醉ふも猶杯觴を手にす、知らず他日不治の病患、此裡に醞釀せられつゝあるを、

靡曼皓齒、鄭衛の音務めて以て自ら樂む、之を命じて伐性之斧と曰ふ、

肌膚の腠理纖細、柔軟なる之を靡曼といふ、趙女鄭姬、嬌を帶び羞を含み、加ふるに吹竹彈絲妙舌艶喉を以てす、剛腸の男子孰か能く自ら守るを知るものぞ惑溺昏迷遂に其精を損す、伐性之斧豈に至言ならずや、山陽先輩誦て日肩斧解剖壯士膽と一步をこれに進めたるものか。

三患は貴富の致す所なり、故に古の人は貴富を肯ぜざるものあり、生を重ずるに由る故なり

遂に富貴を呪詛するにいたれり然り三患實に富貴の人に多し、しかも貧賤の中にあつて、猶且つ此三患を甘んじ、靑年壯夫亦且此三患を誘むものは何ぞ、豈其患ふべきを知らざるか、將た自ら其身を重ぜざるか。

## 説文の目錄

石濱大壺

今回は説文に關する目錄を紹介して見たい。本紙第二號で紹介した諸目錄を採つても固り少しは分るのだが、それ以上に少しく説文に心を留めて、或は參考書を捜索し或は諸賢の成績を參考し或は愈々奧深く研究して見度いと云ふ人の爲めに、説文專門の目錄を少しく窺つて見る。實際説文の研究と云ふものは生優さしいものでなく、之に關する諸研究の文籍は隨分夥しいものであるから何か目錄とか解題の樣なものを參考して掛らないと損である。幸ひ近頃は新しい便利なものが出來つゝあるから喜ばしい。

先づ第一に葉氏存古叢書（表には叢刻となつてゐる）と云ふ西冷印社の小い二冊本がある。これは仁和の葉銘（字は葉舟）が自編の説文書目金石書目印譜目の三種に濰縣の陳介祺（字は壽卿）の傳古別錄と云ふ拓本を作る方法を述べたものとを合編した金石學家の參考叢書と云つた風のものだ。この中の説文書目だが恐らく説文目錄としては嚆矢だと思ふ。補遺とも併せて二百七十八種の名目を著錄してゐるが、只ほんの書目であつて排列にも體例の嚴を欠き重複もあり衍入もある。然し草創の際には免れない事で深く尤めるには及ばない。

次は無錫の丁福保（字は仲祜）の説文目錄一冊がある。丁仲祜が説文解字詁林と云ふ大編纂を試みた副產物なのだ。説文詁林と云ふのは説文の各種の書を捜集して大徐本の次第で之を類列して重複を避けず刪削を加へず原書約一千餘卷著作者三百餘人全書約八千頁と云ふ説文諸注の一大集成で未だ見ないが恐ろしく便利さうなものだ。この詁林編纂の爲めに捜集した諸書で、一部の目錄を作り上げたのであるから誠に信ずべき良書だ。近頃二版を出してゐるが初版に比して愈々整備され非常に增訂を施されてゐる。何しろ全部で五百餘種を第一類大小徐本及注釋校訂之屬第二類引經引古語之屬第三類雜誌別述之屬第四類聲韻之屬第五類勒附逸字之屬第六類部首啓蒙之屬の六類に分ち附錄一許愼事蹟之屬附錄二説文叢書之屬を附し、毎書の板本の優劣異同も石印本に及ぶ迄備さに各書の下に注記し、散佚したもの編纂に法無きもの佳本でも求めて得ざるものは別に四庫全書提要に倣つて存目を成してゐるから、説文研究の參考書目としては大變に便利に有益で、洵に從來未だ有らざるの説文目錄と廣告に誇稱してゐるのも尤も至極である。説文を研究する人は必ず一本を座右にして指針とするを勸めたい。

又圖書館學季刊第一卷第一期に馬叙倫（字は夷初）の淸人所著説文之部書目初編草稿と云ふが載つてゐる。これも大約五百種程あるが丁仲祜の目とは各々增損の所がある。これは又分類を施してないが排列には意を用ゐてあるから亂雜でなく注記もあり、極めて參考に資すべきものがあつて丁目と互證する事が出來る。馬夷初先生も説文解字六書疏證の大著を撰述せんとして大に捜求した事があつたのだ。

又涇縣の胡韞玉（字は樸安）に文字學研究法の著がある。これは初め樸安編輯の國學週刊に連載したものらしいが、僕の見得たるものはその合訂本の國學彙編に出てゐるもので、第一集から第三集迄續いて未だ完了してゐない樣だ。これは勿論説文專門とは云へないが文字學と云へば説文中心たらざるを得ないから過半は説文に關係すると見てよい。題名の示す通り文字學の研究方法を示したもので、先づ總論があり次に古今文字學著作提要として先づ説文及びその關係書籍の解題提要から始めてゐる。これは各書の内容を順次に精しく紹介批評してゐて、大抵世に知れてゐるものは出てゐて且つその批評も相應信じて聞くに足るものがあるから甚だ參考書を探るには適當だ。これは完成の上で單行すると非常に便利な手引なんだ。

又北京大學研究所國學門月刊の第一卷第五號に沈兼士教授の系統的文字學參考書目舉要と云ふが載つてゐる。これは三類に分ち第二類に説文之屬説文以外古文字之屬分部字書之屬を收める筈である。今已出の所は第一類で史籀篇倉頡篇急就篇爾雅廣雅方言等の部類の所だが、それで見ると舉げた數こそ少いが精選してある樣だから定めし説文の所の參考書を舉ぐるにも要領を得てゐるかと思はれる。これは其内に續稿が發表せられるだらう。

因に池田四郎次郎氏の通俗支那辭書談と云ふのが『東洋文化』誌上に連載されてゐる。いかにも通俗と銘うつてある通りの通俗簡易の解題に過ぎないが、それにしても役に立たぬ事もあるまい。も少し舉げた參考書類の内容解説でもあり又且つ諸本の良否にも若干及んで貰ふと初學者には大に便利だつたらうと思ふ。それは兎に角第四十六號即ち今三月號には愈々説文の解説へ這入つて來たが、中々詳しく部叙部首を説いてゐる。未完であつて來月號へ引續くわけだから參考書の名も又解説も追つて出るんだらう。

以上僕の見聞に上つたものを掲げたのであるが、一方專門研究の便の爲めに完全なる説文に關する有らゆる文獻の目錄集成も未だしく試みねばならぬと同時に、胡樸安の試みた樣に順序を追ふた心切な初學に有益なる參考書解題、殊に我國人の爲めには我が國語での著述も必要だと思ふ。然し兎に角以上に揭げた中では丁氏の書は精博であつて且つは極めて得易い良書だから之を推薦して置きたい。

説文は文字學の根本書で大變に必要な本ではあるが、中々手を着け難いものなのだから研究には餘程氣を付けないといけない。元々當時の經學を根柢として殊に易を中心に立て、居るがさりとて無暗矢鱈と易理に託して穿鑿すると却て許氏の意を失する事となろう。先づ許氏の大意に通ずるが肝要で、それ以上文字の根本に溯るならばそれは龜骨金石等の古文（序で乍ら金石書目は前述の葉舟のもあるが近刊の黄立猷のが備つてゐる）を參考して研究すべきものだ許氏の解説を目して伏羲倉頡の爲す所の如く神秘的になすのもいけないが、許氏經説の受くる所をあるえ更に省みず一羅字形を眺めた丈で臆説を憚りもなくやつてのけるのも考へ物であるかうなつてくると入門の指南となるべき一部有益なる説文通論の篇をほしいものだ。『東洋文化』紙上では川合孝太郎先生が精説なる文字談を連續講述せられつゝあるが未だ説文の話へは屆かない。益を受くる所甚だ大なるものがあらうと今から僕は之を樂みにして待つて居る。

原田西疇翁書

## 泊園藝文漫談（二）

大壺

前號に於て和陶飲酒詩を未だ見ないと述べたら、先輩諸先生から早速と惠示せらる、の幸に浴した。即ち和歌山の植野德太郎先生大阪の宮崎貞吉先生東京の松本洪先生からの御好意を辱くした。失禮乍ら紙上にて篤く御禮を申上げる。それ計りでなく幸にも玉樹香文房主人は直ちに一本を探し出して呉れたので余は已に架中に之を挿するを得る事となつた。

又東京の川合孝太郎先生からは御手紙にて種々御教示を賜はつた。他日の參考に資する爲め無斷で失禮乍ら少し書き拔いて置く事を許されたい。

『上畧。探珠樂事は先師勢遊の節愚の先人が隨伴せし事故勿論拙宅にも一部有之迂書も原刊小本有之候但し此二篇は十年前先人が相州秋谷にて病沒後家什を取纒め谷中の拙宅へ持歸り數匱に分收片付け居る中に有之今何れの分に有之候哉記臆し居らず夏休にも相成候はゞ捜し當て、送付可申上と存候これも因緣上家藏致度者なれ共前途を考ふるに小生死後は子孫にて書籍保存の事到底六ケ敷特に斯樣な零細な者は必ず散佚し了る儀と存候に付泊園書庫へ納め置度考候儀に御座候和陶詩は所在場所分り居候に付未だ御入手無之ば即時送付可仕候

東畡遺著に迄溯られ候儀甚だ贊成猶進んで城山東園廿谷等に迄進まれん事希望の至りなれ共此れ等は難中の難なるべく候小生在阪時代城山の寐語二冊鼇山の鼇山遺稿四册共に持合せ一讀仕候寐語は餘りに門戸の見甚しく皆川淇園等を罵倒する言語が餘りに野卑的にて遺憾に存候樣記臆致居候鼇山は才物なりしも早夭せしとか聞及候今は二書共に手離し了り拙宅に無之泊園には矢張一部づつ備付け置被成度存候。下畧。』

余が漫談を始めると早速斯く諸方諸先生から示教を得たは誠に望外の幸とする所で漫談所期の目的を達成し得る次第と心強く感謝する。然し願ふ所は諸先輩先生が自身に漫談を試みられたい事で、それでこそ余の如き弱輩後生の知るを得ざる所を傳へ得るに至ると信ずる。

余は泊園の書庫を周く探つた事がないので詳細を知らないが黄坡先生から承る所によると和陶飲酒詩だの寐語なぞは在るさうだ。鼇山遺稿は先年余も之を得るに至つた。書庫も一應整理して目錄でも完成してあると大變にいゝが、それにつけても先年來耳にしてゐた泊園文庫の事業を何とか繼承して廓大したいものだ。泊園所藏の珍本中で余の見聞したものは何れ又後に之に及びたい。

昭和三年六月五日　火曜日　泊園　第五號　（三）

## 王忠愨公別傳（續）

羅叔言

西洋の近百年中の自然科學と歴史科學との進歩に至りては誠に深邃精密たり。然れども少數に過ぎざるの學問家用ひて以て物理を研究し事實を考證し心思を琢磨し歲月を消遣するは斯れ可なり。而して自然科學の應用は又其の弊に勝へず。西人兼幷の烈と工資の爭とは皆科學之が羽翼をなすに由る。其の流弊なき史地の諸學者の如きも亦猶富人の華服、大家の古玩の如く以て觀瞻を飾る可く以て口體を養ふに足らず。是を以て歐戰以後彼の土有識の士は乃ち轉じて東方の學術を崇拜す。徒に之を研究するのみならず又之を信奉す。數年以來歐洲の諸大學は議して東方學講座を設くる者數十を以て計ふ。德人の孔子老子の説を奉ずる者各々一團體を成すに至れり。蓋し民と休息するの術は黃老に尙ふるなく而して長治久安の道は周孔より備はるはなし。我が國に在りては經驗の良方たり、彼の土に在りては尤も對證の新藥たり。是れ西人固より已に彼の政學の流弊に憬然たり而して計を變ずる所を思ふなり。方今異學爭鳴し本實先づ撥す。我が皇上高拱淵默の時に在りと雖も宜しく朱紫淄澠の辨を嚴にすべし云云と、其の古今中外政學の得失を論ずるや辨析至精なり。後聖哲ありとも其の言を易ふる能はざるなり。嗚呼公今や往けり世の學識公の如きもの幾人ぞや。爰に其の説を記して公の別傳と爲し當世君子をして公の學術の本原は固より僅に訓詁考證に在るのみならざるを知らしむ。（同公遺書初集卷首）〔潮江譯〕

## 日本刑法志序

黃遵憲

外史氏曰く、上古の刑法は簡にして後世の刑法は繁なり。上古は刑法を以て道德を輔く、故に簡なり。後世は刑法を以て道德とす、故に繁なり。中國の士夫好んで古の治を談じ、古人の象に畫いて禁を示し刑措いて用ひざるを見れば、睪然として高望し黃唐虞夏の盛を慨慕し、末俗を挽いて古風に趨かんと欲す。蓋し重んずる所は道德に在り、遂に刑法を以て卑々道ふに足らずとなす。而るに泰西の論者は專ら刑法を重んじて謂ふ、民知日に開く、各々其の權利を保つ所以を思へば訟獄滋からざるを得ず。法令密ならざるを得ずと。其の刑法を崇尙し以て治國保家の具となし、之を尊ぶ事乃ち聖經賢傳の如し。然れ共同一の法律にして中西の立論相背馳する事此の如きに至るもの、一は其の本を窮め、一は其の用を究むるが故なり。余嘗て中國の律を考ふるに、魏晉は漢より密に、唐は又魏晉より密に、明又唐より密にして、我が大清律例に至つては又明より密なり。積世愈々多ければ立法愈々密なり事變の趨く所は中に然らざるを得ざるの勢あり。聖君賢相と雖も時に因りて增益せざる能はず西人の所謂民知益々開くれば國法益々詳なるもの要は理なきにあらざるか。余歷代の史、西域北狄の諸傳を讀み、每に其の刑簡にして令行はれ、上下心を一にせるを稱し、妄りに今の泰西諸國も亦當に是の如くなるべしと意へり。既にして日本に居り其の西法を學習すること此の如く詳かなるを見、既にして美國に居り、其の用法施政、乃至議律一官を特設し朝令夕改時を以て頒布せるを見るに、其の詳更に十百倍を加ふ。乃ち始めて嚮日見る所の淺きを歎ず。泰西素より法律を重んず。法國の拿破侖に至つては益々精密を加ふ。其の刑を用ふるの寬嚴は各々其の國俗に隨つて以て之が法を立つ。亦大異なし。獨り謂はゆる治罪法一書あり。犯人の告發、罪案の搜查、判事の豫審、法廷の公判、審院の上訴より其中捕拿の法、監禁の法、質訊の法、保釋の法、以て被告辯護の法、證人傳問の法に及ぶまで、凡そ一切訴訟關係人の文書の物件、一定の法あらざるなし。上に偏重する所あれば權を下に分つて以て之を輕くし、彼れに獨り輕き所あれば限を此に立て、以て之を重んじ、務めて上下彼此をして權衡悉く平かにして毫も畸輕畸重の弊なからしむ。其の意を窺ふに、天下をして冤民なからしめ、朝廷をして濫獄無からしむ。噫精密と謂ふべきのみ。余泰西人は好んで權限の二字を論ずと聞けり。今西人の法律諸書を讀み、其の反復推闡するものを見るに、亦所謂權限なるものに外ならず。人尊卑に論なく事大小に論なく、悉く之が權を予へ、以て之をして抑するなからしめ復之が限を立て、以て之をして縱なるなからしめ、全國上下を皆ひて同じく治を法律の中に受く。所謂名を正し分を定め爭を息め患を弭むるものを舉げて、一に法を以て之を行ふ。余歐美大小の諸國を觀るに、君主、君民共主に論なく、一言以て之を蔽ふて曰く、法を以て國を治むのみと。舉世崇尙し、數百年來觀摩研究し、討論修改し精密此に至るに非ざるよりは、能く之を以て國を治めんや。嗟夫。此れ固より古先哲王の料るに及ばざりし所にして、抑々亦後世法家の知る能はざりし所なり。刑法志を作る。（新古文辭類纂稿本卷八による）〔潮江譯〕

原田西疇翁書

## 御斷り

本誌四月號は諸種の都合により休刊しました處諸方より御問合せを蒙り恐縮致しました尙本號も亦豫定より遲れました何卒不惡御宥恕を願ひます

泊園社

## 正名篇要解

馬氏文通

**實字** 凡そ字の事理を解すべきものを實字といふ。左の五種是なり。

**名字** 一切の事物に名付くるものをいふ。凡そ耳目に觸れ心意に感ずる所のものにして苟も言語を以て稱すべきもの皆事物に非ざるはなく名字に非ざるはなし。

**代字** 名字に代るものをいふ。之を用ふるは當前に出づる名字の重複を避けんがためなり代字の名字に異なるものは名字は事物によりて各々異なり代字は指さす所異にして其字は一なり。

**動字** 事物の行動を見はすものをいふ。

**靜字** 事物已有の情境を言ふものなり。動字は事物の行動を言ひ靜字は事物已然の情景を言ふ。行動は事物に由りて發するものなるも情景は事物に附して著はるものなり。故に長短剛柔黑白寒暑等凡て事物に就き其の情景を言ふもの皆靜字なり。

**狀字** 事物動靜の容を貌はすものをいふ。

**虛字** 事理を解するに解するに非ず唯實字の狀態を助くるものを虛字といふ。左の四種是なり

**介字** 實字相關の義を示すもの

昔者孟子嘗與我言於宋。

弑人以挺。

城門之軌兩馬之力與。

與は孟子と我との關係於は言と宋との關係以は殺と挺との關係之は兩名相屬の關係を示す。

**連字** 字句を提承展轉するもの

若聖與仁則吾豈敢抑爲之不厭

富而可求也雖執鞭之士吾亦爲之。如不可求從吾所好。

若は聖仁を提げて論ず。則は上文を承く。抑は上義を轉ず而は上意を轉ず。雖如は展轉兩意を兼ぬ。

**助字** 字句を殺して其の神情を達成せしむるものなり。也・矣・乎・哉の諸字是なり。

**嘆字** 心中不平の聲を鳴らすものなり。

**句** 凡そ一切の字は右九類に歸せざるはなし。而して字一義に止らざるものは其の類亦異なり故に其の類を知らんとせば當に上下の文義何如を知るべし。而して文は句を集めて成るものなり。故に文を知らんと欲せば當に句を知らざるべからず。句とは凡そ字相配して辭意已に全きものをいふ。左に句を構成する諸要素を揭げん。

**起詞** 句讀の緣起にして語を起す所の事物を示すものなり。

**語詞** 起詞有する所の動靜を示すものなり。或は動字を以てし或は靜字を以てす。

**內動字** 內動字は其の行動已れに發して外に交はらざるものなり。王笑の笑は王自ら之を發し其の行動は未だ外に交らず。

**外動字** 外動字は其の行動已れに發して外に交はるものを示す。從衆の從は已れに發し其の行は衆に止まるものなり。

**止詞** 凡そ名代の字外動字に後れて其の行の及ぶ所を示すものなり。

**表詞** 靜字を語詞として用ひたるものなり。

**決詞** 起語兩詞の間にありて其の意を決斷するものなり。是・非・爲・即の諸字是なり。和爲貴は和(起詞)の貴(語詞)なるを斷定せるものなり。非を用ふれば其の然らざるを斷定するものなり。

以上名代諸字と動靜諸字との關係を論じて起詞・語詞・止詞・表詞の諸目を立つ。今更に名代諸字の諸句讀中に位するの序即ち次を明にせんとす。

**主次** 凡そ名代諸字の句讀の起詞たるもの其の居る所の位を主次といふ。

**賓次** 凡そ名代諸字の止詞たるものの位を賓次といふ。

**正次** 凡そ名字連用し其の意正偏あるものは正意後に位す。これを正次といふ。

**偏次** 同上の場合に於て偏意前に居るものを偏次といふ。

主次 賓次
君行周公之事。
偏次 正次

**司詞** 凡そ名代諸字にして介字の司どる所となるものを司詞といふ。

是れに由つて之を觀るに凡そ意を達する所以は起詞と語詞とより要なるはなし。語詞にして外動字たるものは概ね止詞あり。語詞の表詞たるものは靜字を常とす。語詞の名代諸字たるものは其の川靜字の如し。句讀中の介字に至つては蓋し之を以て賓字の意を足すのみ。介字は其の司詞と之を統べて加詞といふ。句讀に加へて起詞語詞の意を足す所以なり。之を要するに起詞語詞兩者備はりて辭意已に全きものを句といふ。

**讀** 凡そ起語兩詞ありて辭意未だ全からざるものを讀といふ。讀の式一ならず。其の句中の起止詞の如く用ひらるものは名代諸字と異ならず。起止、兩詞に兼附して其の已然の實情を表はす時は靜字と同じ。句中の動字を狀する時は狀字と同じ。

一讀(起詞) 語詞
三代之將天下也以仁、
外動 一讀(止詞)
民唯恐王之不好勇也。
一讀(靜字) 起詞
天下之欲疾其君者皆欲赴愬於王
起詞 一讀(表詞)
管仲曾西之所不爲也
一讀(狀字、行事ノ時ヲ示ス)
當在宋也予將有遠行
一讀(狀字、行事ノ理由ヲ示ス)
孔子懼作春秋
一讀(狀字、行事ノ式ヲ示ス)
士之失位也猶諸侯之失國家也

以上句讀を形成する所の字は各々定位ありて易ふべからず即ち凡そ起詞は語詞に先だつ。語詞にして外動字たるものは止詞之に後る。內動詞たれば必ずしも之に後るゝものあらず。間々介字と其の司詞とあり內動詞に繫りて加詞となるものは其の位先後常なし。語詞にして表詞たるものは必ず起詞に後る。凡そ狀字は必ず其の狀する所に先だつ。靜字は其の名代字に先だつ。狀字は其の狀する所に先だつも唯行事の式を見はすものゝみ然らず。右開卷第一に於て正名の實を舉ぐ後卷に至りて逐次其の名に於て詳說する所あらんとす。(潮江)

潮江生曰く馬氏文通は支那文典書の白眉たるも學者往々之を疏略に附す。故に此に其の正名篇を要解し其の結構の大體を紹介し以て好學の士の更に之を研鑽せん事を切望す

## 本誌後援寄附金收受報告

一金拾圓 坂本文一郎氏
一金拾圓 稻垣馨氏
一金五圓 眞野鷹一氏
一金五圓 田中楢治郎氏
一金五圓 中山潔氏
一金貳圓 長者伍三氏
一金貳圓 田中米仙氏
一金貳圓 沖本三郎氏
一金壹圓 中野幸潔氏
一金壹圓 石黑景文氏
一金壹圓 中西福太郎氏
一金壹圓 川本久氏
一金壹圓 鷲田又兵衛氏
合計金四拾六圓
累計金貳百八拾貳圓也

## 昭和二年度常費領收報告

一金壹圓 中野幸繼君 赤尾好太郎君 逸見貞次郎君

## 聖廟再築寄附金受領報告

一金壹圓 殿村たけ女

## 編輯漫語

目に青葉山杜鵑初鰹 綠蔭を樂しむ初夏の候本誌も久し振りで諸君の机上へ現はれました

▲本誌は發刊の辭にあつた通り同窓諸君の御消息も知り且各種の御投稿も得たく思つて居りますが御覽の通り黃坡先生及び編輯同人のものゝみにて一向玉稿が集まりませぬので閉口します

▲先輩諸君も日常定めて御忙しい事とはお察し致しますが精々御寄稿をお願ひ申します

▲さうでないと本誌の使命も解らず自然刊行する度毎に黃坡先生に御迷惑ばかり懸けて恐縮します

▲編輯同人も眞に皆忙中閑を作つて獻身努力して居るのですから何卒御諒察を願ひます

## 泊園文藝

賦得梅香遍 盤翁 渡邊 元
花想公兮公想花 遺風千歲寄橫斜
年々春淺淸香白 薰遍水村山郭家

明妃 同
靑海泬頭雪山白 琵琶一曲奏春風
辭々泣濕天邊月 月轉淸光照漢宮

戊辰三月仲九日堀岡素行翁見過展觀所藏東畡先生遺墨琴興詩幅用其韵賦此博翁一粲 木山 坂本文
相逢談笑草堂中 唱出梅花一曲終
桃李未開寒未去 愚君半月坐春風

席上次韵 素行 堀岡 冶
紅顏白髮瞬間中 世事人情談未終
美酒佳肴春一一 吟哦復孕杏桃風

慈萱齡躋八十莫賦 宮崎 默所
高齡八十瑞華開 春滿北堂眞樂哉
深謝法園多佛果 光明長照老紅梅

四條畷に詣で、 宇田 敬子
やしりもてゐりてのこし、ことの葉の花ともにほふ山櫻かは
同
さくらちる飯盛山にますらをのくちぬいさをのあとをことそへ
同
おくつきにぬかつきをれば櫻花ふくとしもなき風にちりくる
同
鳥の音に驚かされてかへるかななみたにかすむ春の夕を

島田 暉山
永き日や孫に繪解の桃太郎
遠蛙夜學の灯更けにけり
角帽や國へ土産の海苔包
春の水ぼつ〳〵龜も甲をほす
雛の客唱歌うたひて遊びけり
春曉や山糢糊として雨煙る

橋本 春波
夏めける川原から立つ雲雀哉
蜆汁彼岸に近き日なりけり
摺鉢の蜆の水が澄んで居り
我家の葱畑近し春の月
冬からの神樂椿や春の月

## 泊園同窓會幹事

大阪市東區南新町二丁目 篠田栗夫
同 東成區東桃谷町 梅見春吉

## 同會計

大阪市南區鰻谷西ノ町 豊田留吉

## 泊園會當番幹事

大阪市南區鰻谷仲ノ町 吉野五運
尼ヶ崎市大物町 坂本準平

## 有聲會幹事

大阪府中河内郡枚岡村額田四百五十六番地 吉田萬治郎
大阪市東區南本町四丁目四十八番地 佐藤彌太郎

## 泊園社編輯同人

大阪市住吉區千體町十四番地 電話住吉二〇二〇番 石濱純太郎
前掲 吉田萬治郎
大阪市東區農人橋詰町五十四番地 熊澤猪之助

## 漢詩、和歌、俳句を募る(字體明瞭に)

題隨意 期日毎月十五日締切
送付先 本社編輯局宛

## 泊園書院日課

書院の課程は左の如くにて講義は主として黃坡先生及石濱先生之を擔當せられ早朝の分は公開せられつゝあり

午前六時 八時(女子) 午後二時より 自三時半至五時半 自七時半至九時半

月 論語 孟子 三體詩 素讀 孟子 謝選拾遺
火 呂氏春秋 …… 左氏傳集(徂徠)
水 呂氏春秋 同 前 同 前 說文解字(石濱先生)
木 論語 …… …… 左氏傳集(徂徠)
金 呂氏春秋 火水に同じ 火水に同じ 火水に同じ 中國哲學史(石濱先生)
土 論語 …… …… 宋元明詩 列子 蘇黃題跋

猶第一、第三日曜午前七時に尙德會の講筵あり。尙書の拔萃を講せらる。

昭和三年八月三十日　木曜日　泊園　第六號　（一）

# 泊園

昭和三年八月二十五日印刷
昭和三年八月三十日發行
毎月一回三十日發行
本紙定價一部金拾錢（郵税共）一年前金壹圓
廣告料一行金五十錢
發行兼編輯人　吉田萬治郎
大阪市東區内淡路町二丁目
印刷所　大阪活版所
大阪市南區竹屋町九番地　泊園書院内
發行所　泊園社
（振替大阪一三八三九番　泊園書院）

## 泊園學則及塾則の手寫本

七月七日牧野藻洲兄より左の書信あり『逡梅之候益御清適奉賀候泊園雜誌毎々御寄贈拜謝仕候頃日偶別册故紙筐底より發見致候間揣文相添別便にて御送致候別册は書院に寄贈致候間可然御取計可被下候三崎君健在哉取紛れ久濶御序に宜敷御傳聲相願候雜誌盡力され面白拜讀益々發展を祈る』と而して別封は即左に掲ぐる所のものにて、先子の手寫本なり、以て珍とすべきものなれば全部をこゝに轉載することゝせり。册子は半紙本にて表紙に『壬申四月。文部省へ差出候草稿』とあり。今行内の字數等原本に違はざる樣にし、之に句讀を施せり。　黃坡　記

### 專門學科

支那ヲ主トス

### 家世履歷

父昌藏東畡ト號ス讃州香東郡安原邑ノ產家世農ヲ業トス昌藏ニ至リ學ヲ好ミ幼ニシテ中山城山ニ師事シ又崎陽ニ遊フ後浪華ニ住シ古學ヲ唱ル四十年嘉永壬子高松藩士族ニ擢ラル浪華ノ住故ノ如シ文久甲子十二月病死
恒太郎南嶽ト號ス昌藏嫡子ニテ讃州大內郡引田浦ノ產父ニ從ヒ浪華ニ生長ス父死テ業ヲ繼ク亦士籍ニ列シ浪華ノ住故ノ如シ明治戊辰主命ヲ以テ高松ニ歸リ學校ヱ出仕ス

### 學則幷學課

成文ノ生徒ニ掲示スル有リ左ニ記ス

學則

學也者以一本也。以成德也。今之眩皇漢洋之日者。抑末也。恭惟古昔神聖醇醇之化則尙矣。降至中古。人心不齊。巧僞漸生。先王憂之。思所以馭之之術。察西土名教可以定民。乃資以輔其治。祭政教導以一民之耳目。至哉大矣。世風變移。民情益偸。鮮能體先王之心。宜矣學者或眩焉。然天秩天叙大經大法。赫然著明。則學者又奚眩焉乎。苟能崇皇典。審國體。斷于義而體于仁。則本自一矣。遵大訓。明大節。順于長而理于官。則德自成矣。顯諸事業。達諸天下。是之謂善學也。唯其日用實踐。固非易事。故經以正其德。宇內諸史以博其識。子集及西洋雜誌以長其聞見。可以報大恩。可以盡大分。謂之學則。然人殊其材。又殊其職。此天所賦而人所任。不可强一之。故宜自量其材。竭力于其所長。朝廷豈求備于一人乎。蓋蟹六跪而躁。鼯鼠五技而窮。學者其勿欲綜衆美矣。唯本未定耶百能皆廢。本苟定邪。所處皆宜。故其專邦乘。耽漢籍。究洋書。各皆任其所爲。要在於能成其大。嗚呼學者其勿遺其德矣。其勿二其本矣。

## 塾則

染之可愼陽翟賈豎猶能言之士君子盍思諸古昔先王之設教意亦在茲今設學則定塾課欲使士君子學于斯習于斯達材成德于斯亦要其染于善而已然憤悱之誨一隅之示以知聖人之貴自得故非磨琢勉勵困而自得不爲善學者也則朋友所輔日夜所蒸其生必有可觀且夫倫之大者五友居其一不啻仰切磋之功乃其踐履當期信乎朋友矣而後事業德行必有達於家達於邦者也夫欲速成者古聖所戒蓋習之與化非朝夕之可得也然其業之高卑不可不區別作等級

一等生　業崇行修志立識定者
二等生　稍通諸子藝事稍佳者
三等生　能讀行無副墨之書者
四等生　略通諸史稍修文辭者
五等生　句讀課了稍解文義者
六等生　句讀課未了者
七等生

據上流登泰山絶頂譏老之言盡矣世人綿力喜易惡難不嘗厭之從作之辭君子惡之作學叙

熟讀知字七等生業　誦無訓者講易解者六等生業　稍涉古書切難文義五等生業　審邦典鑿治亂四等生業　讀禮律講經濟三等生業　究古今詳經說二等生業　一遊焉息焉古之成汎然人情易懈不得不激以進之作課程

講經月十二次　輪講三等月各六次從材課之　會讀三等亦從材課之　詩文會月各三次　有暇則從事書數　凡進等者試以未見書

克己立身可有所不爲作禁律

淫遊　俚歌　舉杯　暴論　如有犯之者小則罰黜大則擯出

事皆有規塾獨無法作軌法

毎日應門輪次直之　毎朝輪掃當之者宜早起醉醒衆人出入必翻名牌　自外歸過點燈者應門三日過初更者應門七日　亂履者洒掃一日

凡社友主忠信勿吹求以陷人又勿忽然如秦越知皇漢不岐而忠孝一本則必有成今太守公命恒創塾所以報大恩達至意者請自今日始明治庚午冬十月恒識

寄宿生徒員數

上下　武下晉太郎
藤原春喜
木村庸平
絲川一郎
藤田長平
小山良平
小山來作
藤澤藤次
池田競
池田恒彥
上下　武下經太郎
石原彊太郎
中山龜太郎
中山文造
河野秀造
凡十有五名

外來生徒員數

某々　凡四十六名

### 塾名

泊園塾ト稱ス

### 設塾地處

私宅ヲ塾トス
讃州東香川郡中ノ村天神前

士族　藤澤恒太郎
當申三十一歳

書泊園塾則後

泊園塾則一冊。南岳先生手書。今夏予偶獲諸故篋底。署曰壬申四月上文部省。蓋明治五年。官徵府縣私塾學則。是其時所草者。顧予十歳左右。以我先姑故。月々來往藤澤氏。當時童子何知。然此冊。則能與塾子倶誦讀焉。亦唯莊岳齊言。其染然耳。今屈指五十餘年矣。海內學風大變。師友凋謝略盡。嗚呼其與有幾。讀此冊而爲今昔之感者。乃郵而贈諸泊園書院。且以問之。昭和戊辰七月藻洲老漁牧野謙識于東京之南夏行庵。

## 偶感

我が泊園書院は已に百年を經た。百年の久しい間絶えず道德學術文章の爲めに盡した功績は今更茲に述ぶるの要を見ない。然し我等は只過去の功績を誇るのみであつては先師先輩諸先生の餘光の下に傲然たる不肖の驕兒に過ぎない。必ずや遺風を顯彰し餘緒を繼承し愈々斯道を保守し益々斯文を發揚するの責に任ぜねばならない。之に就ては黃坡先生は常に心を此に致され擧世の滔々たる中に在つて抗志堅守夙夜に孜々としてゐられるが、是れは獨り先生のみをして憂へしめて可なる事ではない。苟も及門後學の徒も皆與つて勞を倶にすべきものではないか。

昨秋の同窓會の席上にて豐田氏に先考の遺志を奉じて泊園書院を後援すべき意思ある事を承つて大に余は感激したが、豈に豐田氏一人のみならんや。これ必ず一例であつて同窓の新舊諸君共に精神的に物質的に泊園をして光大ならしめ以て先師先輩諸先生に報ひん事を望まざるものは無　であらうと信ずる。

そこで余は思へらく、今この磅礴たる氣運もいつ迄も其儘に棄て、顧みないならば、終に何の効も無くなり延いては豐田氏先代の好志も徒善になるではないか。宜しく先輩諸賢は須らくこの間に於てか、る後援豫備の爲めの一の相談會を先づ設けて將來の泊園義會の調査協議を計つて頂き度い。千里の道も一步より始まるが、然もその第一步も決然と踏み出さなければ如何して前進する事が出來やう。況んやこれが已往百年の成果を承けて將來百年の規模を立て、報本反始の道に從つて斯文の一線をこゝに抱守するに至るのではないか。願はくば先輩諸賢の奮起して商量せられん事を（石濱）

## 篤信好古齋隨筆

大壺

王忠慤公遺書の二集と三集とが出た。その目は左の通りである。

二集

殷禮徵文一卷
聯綿字譜三卷
補高郵王氏說文諧聲譜一卷
釋幣二卷
簡牘檢署考一卷
魏石經殘石考一卷附錄一卷
漢魏博士題名考二卷
清眞先生遺事一卷
耶律文正年譜一卷餘錄一卷
五代兩宋監本考三卷
兩浙古刊本考二卷
宋代金文著錄表一卷
國朝金文著錄表六卷
都十三種二十七卷

三集

古本竹書紀年輯校一卷
今本竹書紀年疏證二卷
古行記四種校錄一卷
蒙韃備錄箋證一卷（改訂本）
黑韃事略箋證一卷（改訂本）
聖武親征錄校注一卷（改訂本）
長春眞人西遊記校注二卷（改訂本）
乾隆浙江通志考異殘稿四卷
觀堂譯稿二卷
都九種十五卷

未刊の稿本が澤山に收錄されて居り、已刊のものも凡て改訂本であるのは大變に喜ばしい。殊に國朝金文著錄表の如きは羅氏の非常なる補正をしてあるので學者に便宜を與ふる事甚大であつて、校刊者の態度を多とせざるを得ない。惜しむらくは觀堂譯稿中の羅馬字の對音譯字及び姓名の誤謬の多い事で、これは西洋の學問の心掛ある人に一校して貰つてあつたならば、あれ程ヒドイ事にはなら無かつたらうと思ふ。

靜安先生に關係深い清華學校研究院ではその國學論叢第三號を王靜安先生紀念號とした。目錄は次の通り。

序（梁啓超）
王靜安先生遺著
（一）韃靼考（重訂本）
附箭內博士韃靼考譯文
（二）萌古考（重訂本）
（三）黑車子室韋考
（四）蒙古札記
（五）宋代之金石學
（六）唐宋大曲考
王靜安先生年譜（趙萬里）
王靜安先生著述目錄（趙萬里）
王靜安先生手校手批書目（趙萬里）
王觀堂先生學述（吳其昌）
王觀堂先生尙書講授記（吳其昌）
觀堂學禮記（劉盼遂）
附錄
王觀堂先生挽詞（并序）（陳寅恪）

後出の爲めではあるが年譜著述目錄批校書目は前に國學月報の專號に出たものより精審を極めてゐる。講義の筆記が出てゐるのは極めて我が意を得た。

陳柱字は柱尊と云ふ人の老子集訓が商務印書館から新刊された。陳君に就ては尙書論略の單行本以外に上海の國學輯林だの國學月刊だのに揭載されてゐるものを見た事があるので、その學問の着實なる所を喜んでゐた。本書に於ても期待の通りであつた。每章の注文は錄して每章の後に在り、其の某句に屬する者は一二三等の數字を以て之を識し、以て觀覽に便すと云ふ當世式の編纂ではあるが、本書は考異訓詁釋義音韻の四者に於て均しく力めて其の備はるを求め、亦力めて其の簡を求むと云ふ通り、博由り約に反つて居る所が極めて宜しい。文子莊子韓非子等の古說を參引し、又嚴復は具に泰西哲學の眼光が有るとして質證するなど、其意見るべきものがある。續出する近注類書中の蓋し白眉と稱して可なりで、教科書として使用するに適してゐると思ふ。

小柳司氣太先生の老莊哲學と云ふが東洋哲學叢書の一として出た。手頃の本で外から一見した所では通塗の坊本かと思はれる式のものだが、內容は流石に老儒の手になつたものと頷かれる。本は小いが支那古代の思想を說いて卷頭漢書藝文志の說明（是非無ければならぬ程の說明とは見えぬが）から始まり、老莊思想の波及で老子の西漸迄に至るんだから博大至極なものである。そうして何處も此處も一一丁寧に出處參考書を指示されてゐるから後學には種々便利である。然し廣汎なる事柄を餘り簡約に記して然も精細なる注記引用があるので却て讀み難く初學者には取りつき兼ねる。その行文の文語兩體を兼ねてゐる所なども之を助けてゐる樣だ。且つ余の如きが先生の批評をするもオコがましき事だが、之を敢てするを許容さるゝなれば、先生の著は誠に博にして且つ實なるものではあるが、精にして審であるとは云ひ得ない樣だ。老莊思潮史とでも題すべき頗る廣汎なる範圍內の各問題を遺漏なく然も小本一冊の紙面に收めるんだから或は止むを得ないのかも知れないが、先生は著者の態度は畫家が畫き寫眞家が寫す如き立脚地（余には少し意味がハツキリしないが）でしかも一氣呵成の一筆畫であると自稱せらる・點から云へば目的に反した結果になつてはゐないだらうか。余は余等が老莊思潮を硏究するよい參考書提要としては得る所少くないと思ふし特色もそこにあらうか。因に第三編第二章中の現今の老子は其の手定なるかの條は暗に武內君の著書に對する批評と見られるが、兩先生の著を併せて熟讀するならば治學方法の異同に於て恍然自得する所があるであらう。豈にただ一老子の爲め計りであらうや。又末尾の附錄にライヒワインの著の紹介をして居られるが、先生は一九二五年の英文本によられたらしい。余の知つてゐるものは獨文本で『十八世紀に於ける支那と歐洲』と題し一九二三年の出版である。同書によると緒言の次に第一章として十八世紀以前の東西關係槪觀がある。英文本と合せない樣であるが如何なのか知らん。

李哲明の老子衍二卷を見た。これは訓詁考證の學術的著作ではない。老子の義理を衍述して自ら自己の學說を述べたもので所謂儒者經世長民の學を推して務めて道法自然の旨に合するものだ衍義の餘意を擴充して古を評し今を規した附記には感慨を寓してゐる。李氏は前清の遺臣であつて辛亥革命以後退いて戶を閉ぢ老子を述べて理を說いたので尋常の注疏でなく一種の子の體である。先きに徐紹楨の述義を紹介したが、あれとこれとは奇妙な對をなしてゐる。徐氏は革命成功後直ちに退いて悠々道德經を疏述したもので兩氏の立場は反對であつて而して勝つも負くるも退いて微意を寓して同じく老子を述べた。詳に兩書を對比しつゝ尋繹したならば支那と云ふものを見る上に又支那思想を窺ふ上に興味のある事であらう。今はその暇を闕く。

東畡先生眞蹟

### 會員消息

在院生神山眞龍君は先般廣告欄にありし徂徠集複寫を獨力に

### シユーツキー氏の歸國

露國留學生ユリアン、コンスタンチ、シユツキー氏は所期の

### 通知

本會第四回例會を來る九月二十四日午后七時より泊園書院講堂に於て開催す會員以外の同窓諸

昭和三年八月十三日　木曜日　泊園　第六號　（三）

にありし徂徠集複寫を獨力にて擔當し既に原紙全部淨寫し目下印刷に從事中其努力感ずべし

ーキチ、シュツキー氏は所期の研究を了へ九月七日午前十時五十分梅田發歸國の筈

四日午後七時より泊園書院に於て開催す會員以外の同窓諸君も奮つて御出席を乞ふ　有聲會幹事

## 星月話

此篇は先子が大正七年頃章に示して略解を命ぜられしもの、七夕にあひ思出るまゝ之を誌上に寄す　黃坡記

祭乎宜致祭。祀事有儀刑。恰是秋成候。享斯耕織星。

第一解、七夕は秋熟の時候に、耕織の星として牽牛織女を祭ること古典なる旨を説けり。

怪哉鵲自怪。古典亂紛紜。忘却雙星實。謾裁乞巧文。

以下俗說を破せり、牽牛織女、之を双星といふ。東京夢華錄に七夕に貴家多く綵樓を庭に結び、之を乞巧樓といふ、筆硯鍼線を陳れ、或は兒童詩を裁し、女郎巧を呈し、香を焚いて羅拜し之を乞巧といふ。柳宗元、乞巧文を作る。

愛耶不是愛。牛女惡因緣。會見何稀少。一年只一年。

荊楚歲時記に、天河の東に織女あり、天帝の子なり、年々織抒勞役し、雲錦の天衣を織成す、天帝其獨處を憐み、河西の牽牛郎に嫁するを許す、嫁する後、遂に織紝を廢す、天帝怒り、責めて河東に歸らしむ、唯毎年七月七日夜、河を渡り一たび會せしむ。

信乎君勿信。一雨送涼初。幾丈銀河漲。乍遮牛叟車。

荊楚歲時記に、七月六日に雨あれば之を灑涙雨といひ、七日雨ふれば則、洗車雨といふ。杜牧の七夕詩、最恨明朝洗車雨、不教回脚渡天河。

笑矣須相笑。俱言秋恨長。書屏銀燭底。私語說三郎。

白樂天の長恨歌末段の長生殿私語の事をいへり、玄宗は睿宗の第三皇子なり。

憫矣何堪憫。論天擲棄人。同群唯禽獸。依賴唯祅神。

祅、『音ケン。波斯火敎の神名』此節は世人の天を信じて人事を疎かにし、天神を信仰して陷つて禽獸となるを歎ず。

識爾亦能識。歡娛在大同。聽吾星夕語。應務代天工。

大同は禮記禮運の字面にて盛世の大に和平なるをいふ。代天工は。書綵の字面、以て第一節の耕織の事を顧みたるものなり。

## 泊園藝文漫談（三）

大壺

玉樹蘆城君が『吟仙餘興』と題する一小寫本を持つて來た。これ亦余の知るに及ばないものだつたので驚いた。これは南岳先生が奇石武陵石を得られて、諸賢に題詠を索められた時に諸方から贈られた詩歌十二篇を集錄せられたものである。先生の跋がある。

右寄贈詩、長短十有餘篇。其過奬之語、則不敢當矣。雖然愛顧之篤、猶洞中人憐黃道眞乎。道眞固迷津者、而忽得蹈仙境之趣、可謂奇也。故錄以存焉。

壬午四月　南岳藤澤恒識

これ等詩の作者は片山冲堂、樊松石、赤松椋園、鳥尾得菴、土屋鳳洲、橋本晩翠、坂本葵園王治棵、龜谷省軒、中村三蕉、高松舫洲、津田聿水の十二人で皆當時の名人雅客亦以て一時の盛を見るに足る。

この本は末尾に藍筆で

明治十八年十月廿五日寫之

梓軒學人

とある寫本で毎半葉八行行十五字で眉頭に諸家の評があり、朱筆で圈點校正を施してある跋尾を併せて紙數は十枚。これも元必ず先生が排印して頒たれたものに相違なからうが原刊本も見たいものだ。（嗣出）

## 辜鴻銘氏を偲ぶ

潮江

辜鴻銘氏！其の全體は未だ知悉しないが余の管窺せる氏は確かに現代支那に於ける傑物である。その傑物たる氏は多艱多難の故國に於て其の蘊蓄を充分に發揮し得ないで去る五月溘焉として長逝した。隣邦のため誠に痛惜に堪へない。此に氏を追慕して其の言行の一端を寫して見たい。往年氏が渡日の節某所の講演席上でかう云ふ事を言つた。文化に國境はない　世界は一つの單位として人類の共同發展を遂げなければならぬ。之が爲めには一國一曲に偏した文化は須らく之を一掃すべきである。故に日本人にして眞に此に覺醒するあらば宜しく其の誇りとせる大和魂なるものを暫く措けよ而して此に人類普遍の文化を建設すべしと、氏の一言は大いに當時の物議を釀した、或者は亡國の言として氏を極罵した。凡そ國として各獨自の文化を所有してゐないものはない。而して此の獨自の文化こそ其の國家の成立と其の存續を意味するものである。然るに氏は何故に獨り我國より此の建國以來の美しき精神文化を奪はんとせしものか氏に對する亡國論の酷評は蓋し無理ではない。處が余は最近氏の文稿『讀易草堂文集』一卷を手にする事を得た。それに依つて始めて氏の識見と其の抱負の大體を窺ひ知る事が出來た。即ち氏は古今稀なる世界平和論者である。而してそれは單なる苟且の計に出でた偸安的のものでなく堅實なる國家主義に基礎を置けるものであつて謂はゆる治國平天下を以て其の最上の理想としてゐる。處で氏は此の理想の實現に介在する大なる障礙物を揭げてゐる。それは貪利と黷武の二者である。各國若し利を征つて義を捨て、奪はずんば饜かざれば唯に其の一國一邦を治め得ないのみならず惹いては世界の大亂を招くものである。又徒らに武を黷して道を廢せば必ず兇器の害毒を天下に蔓衍させるものである。故に彼の單に報復を目的とせる臥薪嘗膽の論の如きはこれ戰國列强の陋習である。遠人服せずんば文德を以て之を致す武は人を心服せしむる所以でない。內、國政を愼み、外、國交を修めば武備は自ら之を廢するに足る。凡そ此の二者を除くに非れば治國の實は勿論世界平和の效は絕對に望み得られないと極說してゐる。而して氏は貪利の弊を以て之を歐洲の諸邦に責めてゐる。故に夫の物質文明を見て之を砂上の樓閣となし、其の紛々として利に趨るの狀を以て周の春秋戰國の事亂に比してゐる。今其の所論を推すに已に貪利を以て西洋諸國を警戒せる氏は徐ろに眼を日本に轉じ我が尚武の國民性を見て黷武の弊を此に杞憂せしもの丶樣である故に其の日本に來るや劈頭我が大和魂なるものに對して一矢を放つたのである。其の意は明かに我に對する老婆心であつて而して些か其の聲を大にしたまでの事である。然らずんば元來道德主義の氏が謂はれなく一國の精髓を奪はんとするなどとは到底考へ得られない事である。唯氏が我が大和魂なるものを單に尚武の一現象と見してゐる事は勿論富つて居ないが、由來勇武の我が國民性をして聊か戒愼する所がなければ或は氏の憂ふる弊に陷らないとも限らない。然らば以上の氏の誡告は直ちに其の不當を責めるに先だつて一應は善く之を己に反省する必要があると思ふ。氏は東西二洋を通觀して先づ西洋より貪利の念を奪つて之に易へるに道義の念を以てし、而して東洋を代表する日本より黷武の風を掃つて其の本來の面目を愈發揮せしめ、東西二洋をして各道を以て立ち義を以て結ばしめ此に世界平和の實を擧げんと勉めしものである。然らば氏は單なる西洋通の語學者でない事は勿論、又徒らに訓詁に勉むる道學先生でもない。氏は自ら天意を受けて諸力を遊說し以て治國平天下の木鐸たらんとせしものである。不幸にして生前其の實效を見るには至らなかつたがしかし氏のあの瘠せこけた顏光つた眼差しはそのまゝが生きたミイラと成つて永遠に後世を叱咤し訓誡する事であらう。

## 有聲會報

六月十八日午後七時より竹屋町泊園書院講堂に於て第三回例會を開く先づ吉田幹事開會の辭を述べ劈頭石濱氏今春來本院に通學聽講の露國大學助教授ユリアン、コンスタノキチ、シュツキー氏が頭腦明晰にして眞摯なる篤學の士たる事を激賞され（別項參照）次で例の通り會員相互に種々感想談を試みたるが何分久し振りの會合とて名論卓說口を衝いて出で談論風發時の移るを知らず午後十時佐藤幹事の閉會の辭を以て會を終る因に黃坡先生は來客の爲御出席無かりしが閉會間際に御來會せられ次回より詩作其他何等かの研究を爲しては如何と御提案遊ばされたり當日の出席者は左の如し

黃坡　先生　石濱純太郎
神山　眞龍　貝田四郎兵衞
多田　忠三　辻　政太郎
中谷　豐治　村上吉五郎
松浦　捨吉　的場信太郎
安達　鍋造　佐藤彌太郎
吉田萬治郎　計十三名

## 楚紫氣先生の入門

ユリアン、コンスタノキチ、シュツキー氏は露國レニングラード大學の若き助教授であるが抱朴子の露譯等によつて其學問は彼國では既に名がある。支那哲學研究の爲め我國へ出張を命ぜられ今年四月來朝して大阪に留まつて各所を視察し且つ研究に從事してゐる。殊に氏は早速に夜間我が泊園書院に通つて列子徂徠集說文胡適哲學史等の講義に列してゐるので。我が泊園書院としてもかゝる學者を及門の一員として名を加ふるを得るは名譽として他に誇つて差支ない。氏の好學は甚だしいもので凡百の嗜好なく只居常讀書を樂むのみで、外出の際でもポケットには有朋堂文庫本を何か携へてゐると云ふ。我國の言葉は日常の會話に先づ差支ないと云ふ程度だが、書物には慣れてゐて數年前から讀んでゐて隨分驚く程新古のものに目をさらしてゐる。現に徂徠集の講義を聞くと云ふのも已に彼國で辨道辨名を讀んで其學を善しとしてゐたからなので、あの難しい文を好んで聽講してゐる。又列子に就ても張湛の序文に據つて現行本とも張湛以前の本とは甚だ異なるものがあるので此を以て彼を疑ふを得ないと云ふ說を已に露國で排印中ださうだが、來つて武內君の列子寃詞を讀んで偶々合してゐるのを知つて喜び又我黃坡先生の講義に列してゐる。昔は東畡先生は清板二辨を得て我道の西せるを喜ばれたが、今日の此事を聞かれたら如何であらうか　因にシュツキー氏は漢名を對音の近きに採つて楚紫氣としてゐるが是は氏の老子好みから來たので、老子は楚の人なりの楚と。關の令尹子喜が紫氣を見て老子の關を西に涉るを察した故事によつたものなんだ。和名は秀月百合庵と號する。（壘）

## 本誌後援　寄附金收受報告

一金拾五圓　岡本勝治郎氏
一金拾圓　宮崎貞吉氏
一金拾圓　原田隆氏
一金參圓　中川幸三氏
一金貳圓　佐藤寛九郎氏
一金貳圓　陰山以保氏
一金壹圓　仲野安一氏
一金壹圓　芝田弘淳氏
合計金四拾四圓
累計金參百貳拾六圓也

## 逍遙游社吟筵聯吟（六月）

逃暑何必求溪村　藤澤黃坡
月明風淸零露繁　眞野夢蝶
此際誰知布衣尊　三崎黃圃
惡詩豪飲是活園　篠田活園
庭松影高月臨軒　五條松峰
高士滿坐酒滿罇　笠井雪窓
文場詩壇任討論　三崎黃圃
誇我吟泉更源々　五條松峰
好向詞林發心根　篠田活園
奇辨反覆箇々言　眞野夢蝶
玄々了得衆妙門　藤澤黃坡
萬物資始是乾元　笠井雪窓

## 殘暑御見舞申上候

酷烈なるべき殘暑も本年は非常に樂で御互に結構です

## 編輯漫語

▲過般中學校に於て漢文科を廢止するの議あり其謂ふ所學生に過重の負擔を減ぜしめんが爲なりとの意見也
▲一應は尤もなれども斯る提案は他の學科は知らず日常の生活に直接の關係あり殊に品性陶冶の上に偉大なる功績を擧げつゝある我漢學を廢せば將た何に由りて彼等靑年の思想を善導すべきや
▲論者或は謂はん難解の文字によらずとも假名ばかりにても事足らんざ
▲ラヂオ流行の今日假名萬能論を振舞はさるゝは無理ならねども今少しく實際に適應したる論旨を聞きたし
▲又謂はん漢學の本家隣邦支那の狀態は如何と、國亂而山河在矣吾人復何をか言はんやだ

## 泊園文藝

### 芳山十絕　越前　鷲田南畝

**村上義光墓**
南過柳渡路蜿蜒　早有櫻花帶笑迎
邱上香烟長不絕　忠臣村氏古墳塋

**長峯**
山櫻夾路漸成林　行到長峯花益深
不負一望千本目　香雲堆裡夕陽沈

**藏王堂**
誅及當年涙欲呑　藏王堂外跡猶存
飛花如雨夕陽赤　莫是錦衣流血痕

**中千本**
滿山櫻樹彩雲重　埋盡前溪又後峯
如意輪堂那邊是　只從花底聽春鐘

**如意輪寺**
四朝如夢有山河　古寺到今遺物多
扉面鏃痕深入木　正襟泣讀梓弓歌

**藤南岳先師埋髮碑**
如意輪前一片碑　落花蒼蘚憶吾師
風々雨々千年後　誰說先生埋髮詩

**夜遊**
靜夜沈々香霧凝　花間影動幾紅燈
低徊不忍曳筇去　月白延元古帝陵

**宿竹林院**
寺樓咫尺對青巒　花落林泉春未殘
日暮進香人去盡　一痕明月逗欄干

**山中散策**
吹竹彈絲行樂人　萬櫻不着馬蹄塵
山之秀麗花之美　長占神州第一春

**同**
十里櫻雲朝帶日　千林杉雨暮籠烟
可憐春末夏初景　者處聽鶯那處鵑

### 黃坡先生近詠

**詠竹**
虛中君子操　高節吉人貞
時聽淸風至　鏘々佩玉聲

**壽林氏大孺人米年**
彷彿神人綽約姿　齡餘一紀至期頤
仙緣當結西王母　春暖蟠桃千歲枝

**壽仁志美明周甲**
無憂無事一生安　有月有花詩興闌
甲子周來春不盡　心從十七字中寛

**壽正木義仁周甲**
不老枝園不老人　後凋色映後凋身
僧堂晝靜誦經後　應聽龍吟無斷春

**赤目觀瀑**
淸溪曲々又層々　幾處懸泉下石稜
行到上頭碧潭靜　神龍應自此中登

**同**
仰看鬼鑿與神刓　百尺巨巖擁碧潭
一道飛泉如噴雪　精陽七月葛衣寒

**謝人贈洋梨**
謝他嘉貺及吾曹　甘露瓊漿品最高
風味若令王母識　仙緣不必屬蟠桃

**夏雨初晴**
畏暑甘爲泉石嘲　今朝得雨意如蛟
不須去對靑山飲　竹外淸風侑野肴

**風簷閑臥**
照顏古道思無邪　世熱塵炎賴竹遮
高臥思詩詩亦好　爽涼一味邵平瓜

**天野山口號**
來拜遺宮感更多　當年瓊尾果如何
仰觀拂涙前山色　松翠千秋不改柯

**同**
講兵來宿金剛寺　夜氣淸冷睡自閑
數杵鐘聲天尙早　又牽殘夢入南山

**茗溪同學設卅周年紀念會賦之以寄**　藤澤黃坡
四方從志卅年過　思舊書窓獨感歌
何怪飛蓬頭半白　共歎躁蟹眼常頗
滑懷當對皇城月　瘦影不臨渭水波
休笑朝々勞頰舌　浪華措大老黃坡

**次瑤韵博粲**　渡邊盤翁
曲肱一睡百年過　祇合及時成浩歌
佳句呼杯思李白　壯心跨馬笑廉頗
好音留杖花間鳥　淸影浮舟月下波
隨處風流不妨取　良朋千古有東坡

本庄炳現
鰯干す砂原つゞき夏の浦
青田原よべの星夜の露あした
禾のたぐゐきら〳〵目醒め今朝の夏

## 時候御伺

三崎黃圃
藤澤黃坡
編輯同人

**竹風如水**　西讃　石井澹處
孤獨何妨物外游　北窗高臥夢莊周
一叢風竹涼如水　遮斷炎塵心境幽

**挿秧（席上分韻）**　同
臂如啄鶴迭平川　植遍城南千畝田
期待納禾秋社日　鼕々撾鼓祭豐年

**題函館近郊圖**　盤翁　渡邊元
布穀聲々草色加　原頭犂院鎖烟霞
薰風吹遍鈴蘭路　白帽黑衣無語花

**舊時家**　同
老來風樹嘆無涯　去訪甲東碑畔花
春似當年人不見　徘徊幾匝舊時家

**和松坡先生詩韵**　晒洲　右田三吉
何幸隨鷗寄此身　忘機忽得會盟親
江湖夙仰文中虎　遐僻今逢夢裏人
綠樹石西初迓夏　殘花山北尙留春
探來書聖舟公跡　寫出新詩妙入神

青柿がほのと色つき秋日照る
玉砂利に額つき拜す魂祭
　橋本春波

青芒見えて山家の書凉し
山寺や僧の交りて膳凉し
蟬の鳴く桐の木ありて青簾
枝蛙放つ小庭や青すだれ
田の泥を出で來る人や夏の雲
藻は水に見え透てあり水馬
　島田暉山

讀めぬ詩を問はれて困る扇哉
虫干や紙魚にくはれし旅日記
すゝがばや浮世の垢を苔清水
學生の未來を夢む書寢かな
丹誠のしるし見へたる青田哉
凉しさに詩趣湧き出で筆走る

## 泊園同窓會幹事

大阪市東區南新町二丁目　篠田栗夫
同　東成區東桃谷町　梅見春吉

### 同會計

大阪市南區鰻谷西ノ町　豊田留吉

### 泊園會當番幹事

大阪市南區鰻谷仲ノ町　吉野五運
尼ヶ崎市大物町　坂本準平

## 有聲會幹事

大阪府中河內郡枚岡村額田四百五十六番地　吉田萬治郎

## 泊園社編輯同人

大阪市東區南本町四丁目四十八番地　佐藤彌太郎
大阪市住吉區千體町十四番地　石濱純太郎　電話住吉二〇二〇番
前掲　吉田萬治郎
大阪市東區農人橋詰町五十四番地　熊澤猪之助

## 漢詩、和歌、俳句、川柳を募る（字體明瞭に）

題　隨意
期日　每月十日締切
送付先　本社編輯局宛

## 泊園書院日課

書院の課程は左の如くにて講義は主として黃坡先生及石濱先生之を擔當せられ早朝の分は公開せられつゝあり

| | 午前六時 | 八時（女子） | 午後二時より | 自三時半至五時半 | 自七時半至九時半 |
|---|---|---|---|---|---|
| 月 | 論語 | 孟子 世說 三體詩 | 素讀 | 荀子 謝選拾遺 | …… |
| 火 | 呂氏春秋 | …… | …… | …… | 徂徠集 左氏傳 |
| 水 | 論語 | 月に同じ | 月に同じ | 月に同じ | 說文解字（石濱先生） |
| 木 | 呂氏春秋 | …… | …… | …… | 徂徠集 左氏傳 |
| 金 | 論語 | 月に同じ | 月に同じ | 月に同じ | 中國哲學史（石濱先生） |
| 土 | 呂氏春秋 | …… | …… | …… | 宋元明詩 列子 蘇黃題跋 |

猶第一、第三日曜午前七時に尙德會の講筵あり。尙書の拔萃を講せらる。

昭和三年十月三十一日　水曜日　泊園　第七號　(一)

昭和三年十月二十五日印刷
昭和三年十月三十一日發行
每月一回一日發行
本紙定價一部金拾錢(郵税共)一年前金壹圓
廣告料一行金五十錢
編輯兼發行人　吉田萬治郎
印刷所　大阪市東區内淡路町二丁目　大阪活版所
發行所　大阪市南區竹屋町九番地　泊園書院内　泊園社
(振替大阪一三八三九番　泊園書院)

## 學問の二方面

黄坡

宋の司馬溫公が、資治通鑑といふ歴史—支那の戰國時代から五代までの編年史—を編纂せられて、其晋の智氏の滅亡の事を論ぜられた文に才と德との事を說かれてあります。

此智氏の最後の主人は智瑤といふ人でありましたが、其父の智宣子が此人を後嗣に定めやうとした時に、一族の智果といふ者が之を止めた詞に、『瑤の人に賢れること五あり、其人に及ばざること一なり、美鬢長大なるは賢れり、射御足力は賢れり、技藝畢給は賢れり、巧文辯慧なるは賢れり、强毅果敢なるは賢れり、此の如にして甚不仁なり、夫れその五を以て人を凌いで、不仁を以て之を行はゞ其れ誰か能く之を待たん、若し果して瑤を立てなば智宗は必ず亡びなん。』といつて居る。此人は後に同列の卿である韓魏趙の三家を亡して我一人晋國を手に入れやうと計り、初めに趙氏と衝突を來たし、韓魏の二氏と共に趙氏を水攻めにしました。所が却つて趙氏が韓魏二氏を離畔内通させて智氏を亡ぼしたのでありました。

此事に關して溫公は『智伯の亡びたのは、才が德に勝つたからである。聰察彊毅を才といひ正直中和を德といふ。才は德の資であつて、德は才の帥である。是故に才德全く盡せるは、之を聖人といひ、才德兼亡きは之を愚人といひ、德の才に勝れるは之を君子といひ、才の德に勝れるは小人といふ。凡そ人を取るには、聖人君子を得ることが出來ねば、其小人を得んよりは愚人を得るがよい。一體德は人のはゞかる所のものであり、才は人の愛するものである。はゞかる方は疎くなり、愛する方は親しみ易い。これがために大抵の人は才を近づけて德を遺れる、隨つて家の敗れ、國の亂れが起るのである。』といふ樣に論じて居られ、誠に尤もな意見として今まで重んぜられて居る說であります。

然る所私はまた世の學問といふ者を觀まするに、大體に於て二つに分れると思ふのであります—(細かくいへば二つに限りませずまた見方によつてはいづれと限られぬ事はありますが)—即ち此、才智の方面(理窟を稽へたり智識を研くといふ部分)と。德の方面(即ち修養實行に屬する部類)とであります。今日の學問は大多數は此才智の方面に屬する學問でありまして獨り倫理修身に關するものが此後の部類、即ち德の方面に屬する學問といへる樣であります。併し是とても只今では心理學倫理學といふものは一種の理窟を敎へる學問であつて、之を以て直に心をおさめ身を修めることは出來ぬのであります。

元來凡ての學問は我が身を修め又人を安んじ世を濟ふために必要なのであつて、たゞ物知りを造るためのものでない。だから東洋の敎へ方では皆其學ぶ所のものが其人の人格を修めるために役立つ樣に出來てゐる。例へば歴史の如きものも大きい所では國の治まつたり亂れたりした原因結果などを見て後々の手本とするとか政事家の參考にするとかいふ樣にし、小さい所では古人の行爲、人格、等を見て矢張り一個人の手本となるやうに讀むのである。だから場合によれば少々虚飾に過ぎて居てもかまわぬのであつた。文章の如きものも道を載せると古人は言つて居る。即ち世道人心に益なき文章は無用の文字といふことに卑まれて居るのであります。所が文明の進むにつれ、かゝる手温い事では辛棒が出來ぬ樣になり、且推理的に其根本を定めることによつて始めて學問の成り立ちが確かになるといふ見識が愈々强くなつてきまして凡て推理的になり、遂に實踐を主とする道德も理を主とすることになり、支那の孔子の論語などは全く理窟を離れた實際的のものでありまするに拘らず、朱子陽明などいふ人々によつて理窟にされて仕舞つたのである。これが學問の進步の樣にいはれるのでありますが一面或る種の學者にして之を專攻する人には面白味もあり價もあるが一般の人々の凡ての人々には諒解の出來ぬものとなり、日常の人事と關係ないものになつて仕舞つたのであります。

其の結果は萬事理窟だほれとなつて、所謂智の人のみで德の人がなくなる樣になつたものでありまして、遂に溫公の謂はれる小人が世に多くなるといふ傾向になるのであります、少し亂暴な云ひ方であるかも知れませんが、願くば御互に口に高尚な理窟を說くよりは寧ろ平々凡々日常の德行を踐むことにつとめ、見たり聞いたりしたことは事實に行ふて差支へのない、否世の利となることを定まつたものを云ひもし行ひもするといふ風に致されたらばと思ふのであります孔子が中庸の德の至れるものであると、人が長く安んじて行ふものが少いと嘆かれたのも尤もであると存じまして、今日こゝに學問に二方面あることを申上げて其德の方面に學問をはたらかせて頂きたいといふ意をお話したのであります。(三、九、一六、於放送局)

## 徠翁手筆の日本考

今號より本紙上に連載する徠翁の日本考自筆草稿の寫眞は甞て池田の故稲束猛學士が余に贈られたものである。同稿本は學士の家に世々珍藏せらるゝ所であつて内容としても筆蹟としても誠に貴重なるもので、學士は泊園書院は物學に出でゝゐるから何かの參考にもならうとわざわざ副本を贈られ且つ泊園關係の印刷物に出す事も許容せられたのだつた。今回之を本紙に揭ぐるにつき學士の親友吉田鋭雄先生を懐德堂に訪ねて同稿の由來をお尋ねした所、如何にして同稿が稲束家に傳來せるかは不明ださうで恐らく徠翁と關係深い田中桐江が池田へ持參したものらしいとの事だつた。同稿は奉書を横に長く二つ折りにしたものを綴合せたもので内容から見て誰か大名にでも上つたものらしいがそれも不明との事。學士から之を頂いてから數年之を篋底に徒らに秘襲してゐたが、今之を景印するにつきても學士から辱くした種々の御好情を想起して感慨の新たなるものがある。謹んで冥福を祈る。(石濱)

[illegible]卷三百廿四
魏景初二年、倭女王遣大夫難升米等
詣郡求詣天子朝獻。太守
守送詣都。乃以金印紫
綬封爲親魏倭王。其
米等並拜中郎將、校尉、假
銀印青綬。賜倭優渥

宋書卷九十七
高祖永初二年詔曰倭讃
万里修貢遠誠宜甄可
賜除授

# 鷄窓小言

黃坡

既に御大禮も近づき隨つて色々と奉祝の催しが行はれて居るが、就ては最も多く用ひられるのは『紀念』の字である。此の字は『記念』とすべきか、『紀念』とすべきかは、久しい間の問題であつて、一時は『記念』が正しいと決せられた樣な場合もあつたのである、即ち記憶の意味だから記でよいといふのである、但し記よりは紀の方が『しるす』といふ意味が强いから、同じ事ならば『紀』の方が穩當な樣にも思はれるのである。そこで其字の出處を古書の中に求めることによつて之を解決せねばならぬ今簡野道明君の字源には『記念』を正しとして『俗に紀念と書くは非』と斷じ遊仙窟を引いて居る

破愁成笑、逐喚奴曲琴、取相思枕、留與十娘、以爲記念、

然るに商務印書館の辭源には別に出典は示して居らぬが『紀念日』『紀念會』の字を收めて、前者には

有大事足以永留紀念之日也

と解し、後者には

因記憶以前其事項而特開之會以誌不忘也

といつて、記憶の記を取らずに誌の字の意を取つて居る樣である。

自分は嘗て絳帖を展べて居る中に圖らず此字を認めた事があつた、同書卷十一第二幀に左の如き尺牘がある、

唐工部尙書狄仁傑書
孟冬漸寒伏惟
尊體起○萬福仁傑即○蒙
恩不審近日
寢膳何似、自成○違間將及半年、每屬縈仍曾無一扎、惶悚之外、攀戀實深、人使遠來、緘翰猥至、披捧欣佩、交集下懷、兼有○需出於紀念、未期 高會、企望增深、使廻奉狀○起居、陳謝不宣、謹狀、
十月 日從表弟地官侍郎判尙書同鳳閣鸞臺平章事狄仁傑狀
（右原文一行）

唐の則天武后光宅元年に、戶部を地官に、中書省を鳳閣に、門下省を鸞臺に改めたから、右は仁傑の武后に事へて居つた時のものと云ふことは一見して明である、遊仙窟の作者張文成（名鷟）も唐人であつてこれは德宗の時の人の樣であるから、時代に多少の先後はあるが、共に唐人であつて見れば當時既に紀念の語が俗用せられて居つたことだけは斷言できる、但『紀』を用ひ或は『記』を用ひ、定りないことも見られるし、一方は小說であるから故らに俗向きの字を用ひて『記』としたとも見られる、簡野君の『紀』は誤りと斷ぜられたのは早計といふべきで、自分は字義から見て矢張り『紀念』の方が宜しからうかと考へて居る。

以上時節柄多く用ひられる紀念の字に就いて所見を述べた次手に、餘り多くは用ひぬ文字であるが、『乾沒』といふ文字によつて、語意の變遷せる一例を附言する。

史記張湯傳に湯始爲小吏乾沒とあつて、其注は、

徐廣曰、乾沒隨勢浮沈也、
如淳曰、豫居物以待之、得利爲乾、失利爲沒、（漢書＝據ル）服虔曰、乾沒射成敗也、

此等の注によれば『乾沒』は徼幸して利を射るの意と解すべきであつて、魏志の傅嘏傳に

諸葛恪新破東關、乘勝揚聲欲向青徐、朝廷將爲之備、嘏議以爲云々、恪豈敢傾根竭本、寄命洪流。以徼——乎、

とある、其注にも『有所徼射、不顧乾燥與沈沒而爲之也』とある、猶、晉書の張駿傳

霸王不以喜怒興師、不以——取勝

又盧循傳に

徐道覆素有膽、決知劉裕已還、欲——一戰。

北史の甄琛傳に

從父弟密、疾世俗貪競——榮寵、爲風賦以見意。

とあるの類は、皆射幸の意である。

唐以後になつて『他人の物を占めて我が有とするの意』となつて居る。五代史の李崧傳に

李嶼僕葛延遇爲嶼商賈、乾沒其貲。

宋河渠志

孟昌齡妄設堤防之功、多張梢椿之數、每興一役、——無數。

揮麈後錄に

太宗得吳越、下河東、天下一統、錢文僖纂書名逢辰錄、是書爲錢仲詔假去——、至今往來于中

とあるが如きは、皆他人の物を占有する意である今日でも彼國では他人より寄託せられたものを我物とするのを乾沒といふて居る。此れ字義が古と今と變化をして居るといふ一例である。史記の註に『言掩取貨利、沒爲己有、如水盡涸也』としたのがある、これは甚だ牽强で支離なる解き方だが、掩取貨利といふ意は後者の氣味がある。

## 東畡王父遺文

章記

尙德會聽講者大守熊次郎君作州の人、學に篤く古を好む、前年一幅を得たり、法眼春卜の描く所の蛭子神の圖、大翁の贊あり、曰

漁釣賤業。衣冠貴姿。貴不忘賤。維祿之基。

余之を先子に質す、先子も亦之を珍とす、今君の手に歸す奇とすべし 大正二年

大守君また余に一箋を贈る、大さ尺許、大翁の書する所の雪佛詩、亦先子の記せられざる所。

收拾天花落。裝成不染躬。一錢何募力。數刻便終功。日照毫光發。露滴汗悟通。須臾消滅去。更示本來空。

西尾士實之を觀て、爲に默雪和尙に請て、雪佛の圖を作らせて贈らる、今合せて一幅となし、家に藏せり。大正五年

君又一箋を得たり、文に曰

安政丙辰五月仟雲鎌田君園中生靈芝、君汎乞歌詩、賦以呈之、

紅霞凝結幽葩色。紫玉晶熒秀幹光。莫訝庭際產靈物。主人曾學上清方。

附註に曰、君修黃庭經養生術故云。

亦逸稿なり、前年東平の宅に芝を產すること連年、先子曾て之に詩あり、大翁にして知るあらば、必ず曰はん芝蘭階に生ずと、獨り奈せん兒孫不似なるを、且此の箋遂に先子の在時に及ばず、亦歎ずべきなり。大正九年

## 一讀一笑

讃岐の石井濟處君より誌上に此欄を設くべく、其資料として、岡白駒の記する所の『開口新語』を寄せられたから、こゝに譯文を附して摘載することゝし、併せて君の好意を謝す。 記者誌

楚人有患眼者、請華佗治之、佗乃抉出眼球、灌以湯藥、曝以太陽、時有鳶忽來、攫其一隻而去、佗竊以狗目代之、納之眼穴、傅以神膏、不日已矣、他日佗問曰、曾無異於昔日不、其人曰、亡有異、唯上厠、右眼則惡其穢、左眼則欲舐爾

楚人に眼を患ふる者あり、華佗（古の名醫）に請て之を治めしむ、佗乃ち眼球を抉り出して、灌ぐに湯藥を以てし、曝すに太陽を以てす、時に鳶あり、忽ち來つて其一隻を攫んで去る、佗竊かに狗目を以て之に代へ、之を眼穴に納れ、つくるに神膏を以てす、日ならずして癒ゆ、他日、佗問て曰、曾ち昔日に異るなきや否や、其人曰、異るあるなし、唯、厠に上る時、右眼は其穢を惡み、左眼は舐めんと欲するのみと。

甲子之夏、瘦風大行、醫人奔走、有粗工大售、乘轎應請、轎夫請衣號、謀之友人、友人曰、號紙鳶耳、曰義安取、曰風止則墜地矣

甲子の夏、疫風（流行感冒）大に行はれ、醫人奔走す、拙醫あり、大に流行して、轎に乘つて往診す、轎夫衣號（かんばんの紋）を請問ふ、之を友人に謀る、友人曰、紙鳶を號とせんのみと、曰義いづくにか取れる、曰、風止まば則ち地に墜ちんと。

## 泊園藝文漫談（四）

大壺

此の藝文漫談が暑いせい計りでもないが稍々懈け氣味で有つたのは甚だ申譯も無い次第である。本誌前號で既に御承知の如く牧野藻洲先生が本書院へ御寄贈の泊園學則軸を南岳先生御手筆の爲して下さつた。黃坡先生は驚喜せられて早速に紙上に排印を命じて泊園家法の存する所を示された。拜讀して今更に義理の正大にして治學に方を示さるゝの深切なる當に我等の佩服すべきものがある、先生が新に揭げ示さるゝが、且や黃坡先生も徒に後生の之を知るに及ばざるものに敎へらるゝに止まらないのであらう、又藻洲先生の之を泊園に贈られたる所以も豈にたゞ南岳夫子御手筆の爲め計りではあるまい。誠に好き緣を與へられたるものと竊に感謝する次第だ。

過日楚紫氣君を鹿田松雲堂へ案内した時の事であつた。文一郎君は余に自警蒙求の活字本を見た事があるかと問はれた。余は黙つて其の未だなる旨を答へると早速と之を取出して見せられた。さうして昔はよく先づ活字に組んで小部數を刷る例があつて其後に新に板にすると敎へて呉れた。この本は見返は黃色の紙で中に自警蒙求、右に元治紀元甲子活版、左に泊園社藏とある。泊園本に此手の見返しは有つた様に覺えて居る。字も見覺えがある様だ。而して東畡先生の序文の終の所も『恒退命活版以省謄寫煩』とあるので二字はたしかに板本は上梓となつてゐた其他の異同は今之を詳記する暇を闕く。兎に角こんな珍しいものは三強ひて讓つて貰つて架中に挿する様にした。之を黃坡先生に話すと先生もそんな物があるかと驚いて居られた。隨分異つたものが出てくるものだ。（嗣出）

昭和三年十月三十一日　水曜日　泊園　第七號　（三）

## 胡適氏中國哲學史大綱

石濱純太郎

私は今春來本書院で胡適氏の中國哲學史大綱卷上を講讀する事とした。一には支那で出來た新しい支那哲學史の中では本書が群を拔いてゐる事、二には本書が世に出てからは天下に風行して殆んど標準書の如く持てはやされてゐる事、三には爾來支那哲學を論ずる人は支那でも我國でも將た西洋でも本書によつて議論するの盛んなる事等の理由によつたのであつた。文體は所謂白話文の言文一致體で慣れないと讀み難いが、文と語との間の少しの差異を注意すれば西洋式の句讀點も附してあるから古本の語錄體の文を讀むより容易でさして困る事もなし、且つ近來は學術的の著作も白話文體のものが漸く多くなつて來たからかゝるものを讀み慣らして置くのも必要と思つたからであるのだ。

著者の胡適先生は字は適之で安徽績溪の人、年齒は不惑に達するか達しないかだ。出でゝ米國に學びコロムビア大學で哲學博士の學位を得た。歸國して北京大學の教授として活躍し、殊に文學革命の議を提唱し白話體詩文を創作して一代を指導した。本書は北大教授として支那哲學史の講義を擔任して早速之を出して世に問ふたのだ。外に先秦名學史、章實齋年譜、戴東原的哲學、胡適文存一二集の著がある。

本書の長所としての第一は他人の著書を燒き直したりしたものでなく、自分で讀んで考へて作つたものなのである。例へば胡著以前に謝無量の中國哲學史があるが、あれなどはどうやら我が高瀨武次郎博士の支那哲學史を飜案したものらしい。結構も似てゐるし言葉も其儘の所がある。胡氏の著は創作したんだ全然同日の談ではない。或は本書を許して斬新奇拔だと評する人も有る樣だが決してそんなに變つたものではない。著者自身が再版の自序で感謝してゐる如く王懷祖、王伯申、兪蔭甫、孫仲容及び章太炎の學術をうまく湊合して一歩を進めて之を西洋式に組織立てたものに過ぎない。その點と西洋論理學の智識によつて名家の學の本體を闡明したのが本書の功績で、云はゞ清朝學術の傳統的發展である。奇拔どころか却つて當然なんだ。言葉使ひが變つてゐるのに驚いてしまつては困る。支那の學術に關しては清朝の研究程度を知らずして批評をするのは常に危險だ。

私の講讀には民國十六年の十三版本を使用してゐるが、其外に八年の初版本と十四年の十一版本とを見る事が出來る。十一版本には蔡元培の序の次に再版自序があつて其裏面には正誤表が附いてゐる。且つ附錄として本書の末尾に著者の『諸子不出於王官論』を載せてゐる。再版自序と正誤表は再版本から載つたであらうがこの附錄は何版から出來たのであらうか。ともあれ勿論これは著者の諸子學起源論として有名なものだから參考の爲めに附載されたのは至極尤もな話である。それから十三版本では蔡序も自序も宋板活字で印刷され正誤表が無くなつた代りに皆本文が訂正されてゐる。これも十二版から初まつたか十三版本からなのかを詳にしない。兎に角初版から十三版に至る間に三本ある事となる。

本書は楊祥蔭、內田繁隆の兩氏によつて和譯され『古代支那思想の新研究』と題して大正十四年に巖松堂書店から出版されてゐる。譯文は直譯ではなく多少解說的譯述であるから分り易いが妙な所も少しは有る。又誤植が多い事が非常に眼に着く。この譯書は原本の第何版によつたか明記はないが適之先生の再版自序も譯出されてゐるから再版以後の本には相違ない。附錄の諸子不出於王官論は譯出されてゐないのは頗る遺憾な事だが使用した原本には存在してゐたのは原本十一頁の註に『看胡適諸子不出於王官論太平洋雜誌第一卷第七號』とあるのを『附錄胡適の諸子不出於王官論を參考とせよ』と改めてゐるので分る。譯本は固より原本通りに科分されてゐるが原本に在つたものなら尚更附錄として置きたかつた。只一つ第三篇老子は四の『老子論天道』以前を第一章として『社會革新の先驅者』と題し、以後を『第二章老子の思想と理想社會』と稱してゐる。是も分り易からしめる爲めにしたものだらう。

序に適之先生の先秦名學史の事を書き添えやう。これは先生が在米の際コロムビア大學へ提出した學位論文であつて勿論英文で出來てゐる。これを歸國後民國十一年に上海の亞東圖書館から出版したのである。卽ち前記の哲學史大綱の中核をなすもので專ら先秦時代の論理學の發展を研究論述してゐるが、哲學史大綱が出てゐる上は左程必要なものではない。これにも和譯があつて『胡適の支那哲學論』と題し譯者は井出季和太氏、昭和二年の大阪屋號の發兌である。譯文は正確とは云ひ難い所もあり誤植も多いのは遺憾だが、英文に慣れない人には充分間に合はう。附錄には別に胡氏の『墨子小取篇新詁』を譯出してあるが、これは哲學史の再版自序にも著者が參考を希望してゐるものであるから便利でもあり必要なものだ。

適之先生の學問ももう古くなつてるなんかと云ふ人も聞くが私はさうは思はない。先生近頃の勞作が以前の樣に啓蒙革新運動的のものでないからと云つてさう云ふ風に批評するのは誤りであらう。支那哲學文學の研究に於て却て勞の多い研究調査を絕えず發表してゐるのを見ても勉強の程は察しられる。いつも新しがつた說計りを出さなければ古いと云ふのは時流を追ふ煩はしい論客ならいざ知らず、眞面目な學問の研究はそんなものではない筈だ。學問の本流を知らないで忽ちにカツギ上げ忽ちにケナシつけるを能事とする底の淺薄なる風潮には乘りたくないものだ。

## 會員消息

櫻井雲洞君　本誌第三號に揮毫を寄せられたる同君は目下東京市上野博物館別館に開催中の大每、東日兩社後援の第四回日本書道作振展覽會に於て作振會賞を受けられたり。

## 泊園同窓會報

會員死亡

西本千太郎氏　泊園の元老なる同氏は九月十日死亡せられたり（委細次號）

挽詩　渡邊元吉

才華秀發萬人推　正是藤門一偉材
墨劃書傳遺教善　滿庭蟲韻爲君哀

來る十一月廿四日（土曜日）午後二時より

## 第三十一回　泊園同窓會開催

會費　五圓

於南區高津一番町　ゆごうふや

## 篤信好古齋隨筆

大壺

王忠慤公遺書は四集が出て愈々完結した。今度は詞曲に關するもの計りだ。

唐五代二十一家詞輯二十卷
後村別調補遺一卷
人間詞話二卷增補本
錄鬼簿校注二卷
宋元戲曲考一卷
唐宋大曲考一卷
戲曲考源一卷
古劇脚色考一卷
優語錄一卷
錄曲餘談一卷
曲錄六卷
都十一種三十七卷

先生の詞に於ける別識がある人間詞話の開卷第一章に『詞は境界を以て最上と爲す、境界有れば自ら高格を成し自ら名句有り、五代北宋の詞の獨り絕する所以の者此に在り』と道破し、此次いで『造境有り寫境有り、此れ理想と寫實との二派の由つて分るゝ所なり、然れ共二者頗る分別し難し、大詩人の造る所の境は必ず自然の寫す所の境に合す亦必ず理想に鄰するに因るの故なり』と。又次いで『有我の境有り無我の境有り、淚眼問花花不語亂紅飛過秋千去、可堪孤館閉春寒杜鵑聲裏斜陽暮、とは有我の境なり。采菊東籬下悠然見南山、寒波澹々起白鳥悠々下、とは無我の境なり。有我の境は我を以て物を觀る、故に物皆我の色彩を著く。無我の境は物を以て物を觀る、故に何者の我たり何者の物たるを知らず。古人の詞を爲り有我の境を寫す者は多しと爲す。然れ共未だ始めより無我の境を寫す能はざるにあらず。此れ豪傑の士に在りては能く自ら樹立する耳。』先生は畢竟單なる一考證學者ではない。此篇小冊ではあるが先生の詩詞論文學論として淸新なる隨筆として披玩を勸める。戲曲に關する諸研究は今正に隆盛を稱ふる軟文學研究の先驅を爲したるものであつて未だに後人の追隨を容易に許さゞるものがある。これ等が一纏めになつたのは大に便利で喜ばしい。因に詞曲に關する先生の舊藏書は今や我が東洋文庫に珍藏さるゝ事となつたと

中國學會と云ふ所から『周秦諸子校注十種』と云ふ影印の手頃な叢書が出た。次の通り

錢佃　荀子考異一卷
劉臺拱　荀子補注一卷
郝懿行　荀子補注二卷
宋翔鳳　管子識誤一卷
鍾廣　弟子職音誼一卷
蘇時學　墨子刊誤二卷
梁玉繩　呂子校補二卷
陳其榮　同續補一卷
蔡雲　呂子校補獻疑一卷
陳昌齊　呂氏春秋正誤一卷
殷敬順　列子釋文二卷
任大椿　同考異一卷

なかなか揃へるに困難なものをよく集めて吳れたものだ。勉強には便利になる一方なのは有難い。

## 有聲會報

九月廿四日午後七時より竹屋町泊園書院講堂に於て第四回例會を開く例の通り吉田幹事開會の辭を述べ次で石濱純太郎氏登壇『日記の學問』と題して曾文正公外三氏を擧げて日記に現はれたる學說に就て趣味に富める講演をせられて降壇次に會員相互の間に前號の泊園誌上所載『偶感』石濱氏所論の泊園書院後援會の設立につき意見を交へ先づ其着手運動として先輩諸氏を歷訪して贊助を求むる事を決議し午後九時五十分閉會席上黃坡先生より結構なる御菓子を賜はりたり

當日の出席者は左の如し（佐藤幹事缺席に付神山君臨時代理）

黃坡先生　石濱純太郎
村上吉五郎　安達龜造
多田忠三　的場信太郎
吉田萬治郎　神山眞龍

## 本誌後援寄附金收受報告

一金貳圓　清水小笏氏
一金貳圓　岡本由喜三郎氏
一金壹圓　西岡廣助氏
累計金參百參拾壹圓也

## 聖廟再築寄附金受領報告

一金拾圓　石濱純太郎氏
一金壹圓　堀岡治三郎氏
合計金拾壹圓
累計金貳拾七圓也

## シューツキー氏の歸國

シューツキー氏は留學の期限が迫つて愈々出立と云ふので泊園書院・靜安學社等の知友相集つて九月一日の夕べ高津神社洞畔の淮南樓で送別の宴を張つた。別項所載の如く黃坡先生は一詩を贈られ潮江君は送序を呈しコルパクチ孃は早速に和歌一首をものし岡島翁は一句を拈る内に我が需齋君（シューツキー氏の近號である。よつて黃坡先生は直ちに又水天先生の別號を書して贈られた）は白扇に龍蛇を走らせて一々之に酬ゐて記念とし乾杯して君の健康を祝し歡語談笑の間に各々別を叙して十時に散會した。此日會するもの黃坡先生、ネフスキー、プレトネル、コルパクチ孃、岡島伊八、財津愛象、小林太市郎、笹谷良造、熊澤猪之助、三木正憲、石濱純太郎の十一名。

次でシューツキー氏は豫定の如く七日午前十時五十二分大阪驛を無事に發して敦賀へ向つた驛に送るもの黃坡先生コルパクチ孃ネフスキープレトネル岡島熊澤三木石濱等。

因にシューツキー氏は今秋の大學の學期初めからは易經の解釋宋代哲學王陽明學等を講ずるさうで、在阪中に大に周濂溪に興味を持ち始め通書の文句を扇々に書いては持ち歸つたが我々は水天先生が遠西に於て斯道の爲めに斯文研究に益々精進せられん事を希望する次第である。（壘）

## 送楚紫氣先生歸國序

世之說道者。不爲少矣。皆守其一曲。至於全體大用。則蓋有未盡之者也。俄國列寧城大學教授楚紫氣先生。夙潛思於此道矣。凡其說之關於天理人性者。無不悉涉獵焉。而猶有慊焉於其心者也。一旦繙東方經傳。幡然自謂。道蓋在於此矣。今春四月。航海至本邦。結交於四方名士。俛焉切磋。不遑寧處。凡神明之所存。微妙之所在。盡取以收藥籠中矣。先生學既成。而性亦溫良篤摯。接人謙謹。其德亦全矣。然則先生之於道。其實與體皆得之矣。而邦人之接先生者。老儒爲之自反。學者爲之自奮。由是觀之。則其來也。豈唯先生一人之爲而已。亦有惠於斯道。有益於邦家也。先生之留不久。今秋將歸其國。我社同人。相謀張讌。以惜其別。各賦歌詩。以言其意。余忝侍其席。亦不堪追慕之情。乃敢述所思云。

昭和三年九月朔
熊澤猪之助謹書

送需齋楚紫氣學士歸露國

送別　藤澤黃坡

異鄉日月未爲遲　握手十旬乍別離
大道惟知本來一　何歉相送暫臨歧

岡島味水

喰に惜む別れや盆の月

## 編輯漫語

曠古の御大禮を行はせらるゝの秋、我泊園書院後援會の設立の議有聲會より發せらる、起て!!!同窓の先輩の諸君!!!奮起せよ關係者諸君!!!

▲來るべき泊園同窓會は此意義ある事業を議すべき好の機會なり希くは萬障を排して參會せられむ事を而して書院將來の爲に斯道を恢弘せんが爲に滿腔の熱誠を以て忌憚なき意見を吐露せられむ事切望に堪へず

▲本誌の投稿依然として振はず漫語子如何に皷を鳴らせども一向効果舉らず甚だ遺憾至極希くば別揭の御大典奉祝の文藻は奮つて應募せられむ事を

▲本誌の發行豫定の通り行かざる事常例とならんとす努力一番讀者諸君と共に協力一致せずんば泊園の威信を損する虞あり寒心々々

## 泊園文藝

觀帝展戲題裸婦圖三首　盤翁　渡邊　元

昔時唐土李靑蓮　枉借衣裳頌艷妍
鱗被樂天先一步　凝脂水滑洗溫泉

春入丹靑曲線濃　嬌輝全綻玉芙蓉
塵寰自鼎驪山足　不願瑤臺月下逢

筆寫幽玄光彩濃　風流未會畫芙蓉
平康院裏和眞合　姑射山難與道逢

晚春遊於城西豐島園、鬱金香方盛開、五彩競妍、燦然奪目

戲題廿八字　同人

東皇壼貯染花漿　二十四番頒衆芳
餘汁猶存春欲暮　一揮灑盡鬱金香

水樓避暑（琴彈公園例會席上作）　西讃　石井濟處

秋暑蒸炎不可當　水湧遁去唱滄浪
海風颯々彈琴浦　占得松陰萬斛涼

擧男兒有感　中濱　海堂

不惑年過識未精　擧男元氣又新生
是非莫道將來事　他日欲聞鞭撻聲

又

八月擧男初展眉　知人來賀共裁詩
慶中又歎今春事　無使妣君逢此期

島田　暉山

聖堂の前に咲きけり鳳仙化
名月や添書のある古硯
墨客の筆の走りや今年酒
哀史讀む窓に夕陽や秋の聲
登校の兒童ひきゆく鳴子哉
秋風や歸京の人の肌黑き

橋本　春波

風入れるものに紙魚さへ尊くて
夕立や松匂ひ來る濱の宿
盤若寺は荒るゝがまゝに萩の花
さわやかな朝の靑田の風車
艸の香の高き暮れ間の蟬の聲

## 道仁三千世俳句例會

（九月十八日豐田省三氏邸に於て）

松子・稻妻。　荒尾五山選

山路の松間に海や新ちゝり　同塵
山門の内に淋しや落松子　大空
苔走る蜥蜴の影や靑松子　花屑
さわやかに並ぶ小松や新松子　春波
濱風に砂の白さや新松子　春葉
神木や埒の外なる落松子　清溪
松の實や雲なき空へ陽の昇る　鮮象
稻妻や木槿の散りしく庭のくま　風來
稻妻や誰か引きならす夜の鳴子　六石
稻妻や庭の葱のあからさま　かほる
土竈いぶる松子や濱の家　秀峰
稻妻す畦豆實のる山田哉　墨生
新ちゝり曉雨のつのるなり　康堂

## 御大典奉祝文藻募集

期日十一月六日

泊園社編輯局

## 泊園同窓會幹事

大阪市東區南新町二丁目　篠田栗夫
同　東成區東桃谷町　梅見春吉

## 同會計

大阪市南區鰻谷西ノ町　豐田留吉

## 泊園會當番幹事

大阪市南區鰻谷仲ノ町　吉野五運
尼ヶ崎市大物町　坂本準平

## 有聲會幹事

大阪府中河內郡枚岡村額田四百五十六番地　吉田萬治郎
大阪市東區南本町四丁目四十八番地　佐藤彌太郎

## 泊園社編輯同人

大阪市住吉區千體町十四番地　石濱純太郎
電話住吉二〇二〇番
前揭　吉田萬治郎
大阪市東區農人橋詰町五十四番地　熊澤猪之助

## 漢詩、和歌、俳句、川柳を募る（字體明瞭に）

題　隨意
期日　毎月十日締切
送付先　本社編輯局宛

## 泊園書院日課

書院の課程は左の如くにて講義は主として黃坡先生及石濱先生之を擔當せられ早朝の分は公開せられつゝあり

| | 午前六時半 | 八時半（女子） | 午後二時より | 自三時半至五時半 | 自七時至九時 |
|---|---|---|---|---|---|
| 月 | 論語 | 孟子　世說　三體詩 | 素讀 | 荀子　謝選拾遺 | …… |
| 火 | 呂氏春秋 | …… | …… | …… | 徂徠集　左氏傳 |
| 水 | 論語 | 月に同じ | 月に同じ | 月に同じ | 說文解字（石濱先生） |
| 木 | 呂氏春秋 | …… | …… | …… | 徂徠集　左氏傳 |
| 金 | 論語 | 月に同じ | 月に同じ | 月に同じ | 中國哲學史（石濱先生） |
| 土 | 呂氏春秋 | …… | …… | …… | 宋元明詩　列子　蘇黃題跋 |

猶第一、第三日曜午前八時に尙德會の講筵あり。尙書の抜萃を講ぜらる。

昭和四年二月二十日　水曜日　泊園　第八號　(一)

昭和四年二月十五日印刷
昭和四年二月二十日發行
毎月一回一日發行
本紙定價（一部金拾錢 一年前金壹圓）（郵税共）
廣告料一行金五十錢
編輯印刷兼發行人 大阪市東區内淡路町二丁目 吉田萬治郎
印刷所 大阪市南區竹屋町九番地 大阪活版所
泊園書院内
發行所 泊園社
（振替大阪一三八三九番 泊園書院）

## 教育振興ニ關スル御沙汰

祖宗ノ國ヲ經スルヤ教學ヲ先ト爲ス皇祖考夙ニ學制ヲ頒チ更ニ宸勅ヲ降シ昭ニ教育ノ大綱ヲ示シタマヘリ皇考遺緒ヲ承繼シ又聖諭ヲ降シテ先朝ノ洪範ヲ申明シタマヘリ朕今列聖ノ遺圖ヲ嗣キ篤ク教化ヲ敷キ以テ人心ノ歸趨ヲ正クシ大ニ學藝ヲ振ヒ以テ國運ノ伸張ニ資セムコトヲ念フ局ニ教學ニ當ルモノ其レ能ク朕カ意ヲ體シ夙夜淬礪祖宗ノ大訓ヲ光昭ニセムコトヲ務メヨ

## 即位式 勅語衍義

臣 章 謹述

朕惟フニ我カ皇祖皇宗。惟神ノ大道ニ遵ヒ、天業ヲ經綸シ。萬世不易ノ丕基ヲ肇メ、一系無窮ノ永祚ヲ傳ヘ、以テ朕カ躬ニ逮ヘリ。朕祖宗ノ威靈ニ頼リ、敬ミテ大統ヲ承ケ、恭シク神器ヲ奉シ、茲ニ即位ノ禮ヲ行ヒ、昭ニ爾有衆ニ誥ク。

釋詁「朕」我なり、天子の自稱。「皇祖皇宗」祖は始なり宗は尊なり、有功を祖とし有德を宗とす。皇祖は　天照皇大神を天祖と稱し、神武天皇を神祖と稱する是なり。皇宗とは列聖の中特に德業あらせられし天皇をいふ、天智天皇を中宗と稱するの類是なり。「惟神ノ大道」所謂神ながらの道なり、明治三年の大教宣布の詔に「宣明治敎以宣揚惟神之大道也」とあるこれなり、四年七月の御沙汰書に、「大教ノ旨要ハ神明ヲ敬シ人倫ヲ明ニシ億兆ヲシテ其心ヲ正シクシ其職ヲ効シ以テ朝廷ニ奉事セシムルニ在リ」と示されしは其用なり。「天業」天子は天に代つて民を安んぜらる故に天業といふ。「經綸」絲緒を引いて整理するを經といひ、同じ絲をより合はすを綸といふ、因て政治を規畫するを經綸といふ、易に君子以經綸とあり。「丕基」大なる基、「永祚」祚は祿なり、位なり。「誥」告なり、上より下に告ぐるを誥といふ。

釋義　恭しく惟みるに、此段はこれ總體の冒頭の御言葉である皇祖天神天德を以て天位に臨まれ、其仁外なく、其明は則ち日乃ち精乃ち誠以て天業を創め給ひ、明鏡の訓、無疆の祝、以て大統を垂れ給へり、聖子神孫、相繼き相承けて、現神と大八洲に臨御し給ひ、眞にこれ、萬世一系天壤と窮りなきなり、今上陛下、更に天日の資を以て茲に大統をうけ給ひ、此大禮にあたりて明詔を垂れ給ふ、萬民當さに神の御聲を拜聽するの想あるべきなり。

皇祖皇宗、國ヲ建テ民ニ臨ムヤ、國ヲ以テ家ト爲シ、民ヲ視ルコト子ノ如シ。列聖相承ケテ仁恕ノ化下ニ洽ク、兆民相率井テ敬忠ノ俗上ニ奉シ。上下感孚シ、君民體ヲ一ニス。是レ我カ國體ノ精華ニシテ、當ニ天地ト竝ヒ存スヘキ所ナリ。

釋詁「感孚」孚は信なり、是の信の彼に信ぜらるゝなり。

釋義　恭しく惟みるに「國ヲ以テ家ト爲シ民ヲ視ルコト子ノ如シ」と宣給へるは誠に簡にして盡せりと申すべきか、竊かに　皇祖皇宗の御心を拜するに、公大中正、至仁私なく、たゞ天意を奉じて此民を安ずるを以て念とせられ、誠にこれ一家の親、父子の情、以て他あることなし。以て列聖に及びても亦此心を以て心とせられ、民を愛するを以て念とせられざるはなく、衆を安ずるを以て事とせられざるはなく、國史の記す所昭々として明なり、是を以て下民の上を仰ぐこと父の如く、誠忠の心、泉の湧きてつきざるが如し。而してこれ　列聖仁澤の致す所、列聖躬ら祖宗を敬し祭祀を重んじ困窮を恤み、無告を撫で給ふが故に、下視て之に效ひ質實至誠、上を敬し命を重んじ、君を慕ひ恩に感じ、以て父兄を親み僚友を愛し、敦厚の風、下に成れり、これ「仁恕ノ化下ニ洽ク、敬忠ノ俗上ニ奉シ」と宣給へる所なり、而して是れたゞ感の一字に歸す夫れ物の相感する其間他物を容れず、相同じく相一なるの類、彼是相通ず、至誠の發する所、人必ず之に動く、誠ならずしてよく動かす者あらず我が君民の際亦唯至誠、君の下に臨まるゝや、子の如きの情、中心より出でて他あることなし、下何ぞ感じて而して應ずるに敬忠の心を以てせざらんや、下の上に奉ずる、孺慕の情、中心より出で、他なし、君何ぞ感じて而して之に臨むに仁恕の心を以てせざらんや、これをこれ「上下感孚シ、君民體ヲ一ニス」と宣給へるなり。章竊かに海外諸國の風を察するに、君臣の道に至ては、漢土の說最も詳なり而も未だ善を盡さざるなり、何となれば、「予、兆民に臨むは、朽索の六馬を御するが若し、人の上たるもの奈何ぞ敬せざらん」といひ、「君は舟なり、庶人は水なり、水は則ち舟を載せ、水は則ち舟を覆す、」といへるの類、皆戒愼恐懼を以て君の道となさざるはなく、降て孟軻の說の如きは、仁政を以て他と民を爭ふの具となすの觀あり、更に刑名法術の徒に至ては、上猜疑を以て下を視、下もまた私利を以て上に要するに至る、是に於て權を說き利を說き、遂に爭亂攘奪の世となれり、故に其明君良主と稱せらるゝ者も單に其位を安んぜんがために善政を行ふ者多く、一二眞に民を愛するの君なきにあらざるも猶且つ至誠下に臨むに至らず、更に其故を考ふるに、上古に在て既に爭奪を以て君位に登るを定理とせる國なればなり、之を我國に視るに、天皇の下にありて國政に任ずるものが、中世以後、其政權を爭ふの風を生じ、始は兄弟宗族相爭ひ遂に他の宗族來つて代ること平安の時の如く、更に保元平治より明治中興まで、此風の推移變轉を見たり、これ恰も漢土帝位の推移に異らず、此間、我が皇室は超然として政爭の外にいまし、彼等の爲す所を下視し給ひて恰も一波一瀾の來去するが如く思召されしの槪あり、これに因て考ふるに彼の君道なるものは我の臣位にあるものにして、我が　皇道は更に一層の高きにあり、天の僞なく私なきの心を以て下に臨まれ、一點臣民の背叛を疑はるゝの念なく、地の僞なく私なきの心を以て上を戴き、一點皇上の不慈不仁を危むの念なき上下只一誠、渾乎として玉の如し、これ我が國體の精華、惟神不滅の大道にあらずや、乃ち至誠の大道にあらずや、乃ち知る、今の權を說て相ひ高ぶるものは、皆これ道の善なるものにあらざるを、況んや權を以て相轢るに於てをや、世人何ぞ猛省一番せざる。

皇祖考古今ニ鑒ミテ維新ノ鴻圖ヲ闢キ、

中外ニ徵シテ立憲ノ遠猷ヲ敷キ、文ヲ經トシ武ヲ緯トシ以テ曠世ノ大業ヲ建ツ。皇考先朝ノ宏謨ヲ紹繼シ、中興ノ丕績ヲ恢弘シ、以テ皇風ヲ宇內ニ宣フ。朕寡薄ヲ以テ忝ク遺緒ヲ嗣キ、祖宗ノ擁護ト億兆ノ翼戴トニ頼リ、以テ天職ヲ治メ、墜スコト無ク愆ツコト無カラムコトヲ庶幾フ。

釋詁「皇祖考」明治天皇なり父の死せるを考といふ。「鴻圖」鴻は大なり、圖は謀なり計なり「徵」證なり「曠世」曠は空するなり、幾世の間に絕えて無きを曠世といふ、「經緯」織布の直線を經といひ、横線を緯といふ。「皇考」大正天皇なり。「宏謨」宏は大なり、謨は謀なり。「恢弘」ひろむるなり。「寡薄」德の少くうすきにて、謙辭なり。「愆」過つ。

釋義 恭しく惟みるに、明治天皇古に鑒み今を察し中は我が國體習俗を考へ外は歐米の治法を省み、維新の大業を定め給ひ、大政上に歸し、萬機一に統べられ、教育普及の法、國民皆兵の制、實に文教の源を立て武烈の基を開き、法度を更改し、憲法を制定し、更に公論を議院に聽き、自治を州縣に委ねられ、文明の運內に興り、駸々として已むことなく、更に威武を外征に揚げて或は清或は露、皆霜雪の晛を見てこゝに消ゆるが如く、御一代の鴻業は、指、屈するに足らざるなり。大正天皇また光を繼ぎ德を申ねて其鴻業を潤色し給ひ、世界の大戰に參して、皇威東西に洽ねく、旭旗の風は眞に四海を草偃せしむるものありしなり。今や今上陛下こゝに天位に登り給ひ、一は以て自ら誡し、一は以て自ら期し、遠く列聖の偉績を承け、近く兩朝の遺德をつぎ、失墜なからんことを庶幾し給ふ、睿思高遠、次の段に宣し給ふ所是なり、誰か感激せざらんや。

朕、內ハ則チ教化ヲ醇厚ニシ、愈民心ノ和會ヲ致シ、益國運ノ隆昌ヲ進メムコトヲ念ヒ、外ハ則チ國交ヲ親善ニシ、永ク世界ノ平和ヲ保チ、普ク人類ノ福祉ヲ益サムコトヲ冀フ。爾有衆。其レ心ヲ協ヘ力ヲ戮セ、私ヲ忘レ公ニ奉シ、以テ朕カ志ヲ弼成シ、朕ヲシテ祖宗作述ノ遺烈ヲ揚ケ、以テ祖宗神靈ノ降鑒ニ對フルコトヲ得シメヨ。

釋詁「和會」和合の意。「福祉」祉音耻、俗音止、福なり。「作述」作は創造なり、述は傳述なり、禮記に「父作之子述之」とあり、又「作者謂之聖、述者謂之明」ともあり。

釋義 恭しく惟みるに、方今我が國狀を見るに文學美術より醫方理化其他百般の事、殆んど皆整備の域に至り、歐米の長所は採り得て遺すなしといふべし。獨り憾むべきは、權利の說、謬り傳へられて、利己排他の見妄りに行はれ、大公至誠の道廢して、物慾功利の論世に滿ち、學校の設けは遂に利祿を求め榮達を計るの用に過ぎず、是に於て上下たゞ紛爭これ事とし、毫も相愛互讓の美あることなし。綸言こゝに渙然として、教化を醇厚にするを以て內に向つての聖志を示し給ふ、眞に時弊に適中したる所、睿慮尤も畏し。而して外、國交を親善にし、平和の福を永くせんと宣へるは、亦是れ皇道の大用にして至仁の妙諦なり、豈に拳々服膺せざるべけんや。末尾、更に臣民の協心戮力して以て奉公の誠を致し、翼戴の道を盡すべきを望ませ給ふ豈に恐懼の至りならずや、章は我が七千萬民の齊しく聖旨を仰ぎてこの大訓に副ひ奉るべきを信じて疑はず。こゝに謹みて聖壽の萬歲と寶祚の無疆とを祝して以て筆を擱く。

**東畡王父遺文** 其二 章記

本月七日門脇才藏君より左の一軸所藏の由來報せらる。

森徹山鐵僊花贊

斯花不落 斯花不摧。
既堅且壽。鐵哉僊哉。

藤澤甫題

右の箱書きに左の題簽ありと

徹山花有韻致、先考爲題小贊、託辭于花以祝壽考、亦希世之觀也。

丁未夏六月 南岳恒拜識

## 偶感

圖書館事業と云ふものゝ有益必要である事は今更申す迄もない。何も圖書館と云ふ樣な大さうなものでなくとも圖書室文庫と云ふ樣なちいさなものでも宜い。夫々社會教育の各種の目的の爲めに夫々の文庫を作る事は最も好い有用な仕事である。近頃は隨分さう云ふ風の小文庫が各處に出來つゝある樣だが我でも泊園書院で一つ小さなものでもあつてほしいものだ。

勿論本を讀む計りが能ではない。本を澤山讀んでも徒らに知つて居る[illegible]事だ。然し思ふ計りで學ばざれば殆うい。溫古知新も書物に依らないでは如何か手を下し得やう、況や學問の進む今日何も知らない固陋では困るでないか。

漢學は溫古を主とする樣ではあるが實は漢學も常に進歩はしつゝあるので新しい研究を知らなくてはならない。我國のもの丈でなく支那のもの又或ものは西洋の研究も一應は尋ねて置くべきものだ。然し一人でさう澤山には蒐め得べきものでもなく搜索撰擇にさう目のとゞくものでもない。各種學校が夫々の圖書室を必要とする所以である、大阪にも數種の圖書館は有るんだが皆普通圖書館で漢學の研究には遺憾な點が頗る多い、況んやそんな普通圖書館では今時は流行らない漢籍を保存しやうとは考へてもゐない樣だ。今にして保存を講じないでは後悔しても追付かない。保存すべきものは所謂珍本計りでないので通塗坊行した先儒の遺書なんかでも今の勢では直ぐ珍本になり相はないか、少くとも大阪でも漢學書籍を蒐集保存して後生の研究に資する所がほしいではないか。今なら勞少くして功多い。泊園文庫の名を聞いた事がある。それは如何なつたか知らないが、過去の事は何でもこゝで一つ將來の爲めに泊園附屬の一文庫を建設すべく努力したいものだと思ふ。抱殘守闕、是も斯文の爲めの一仕事だ。(石濱)

第廿三回 泊園會記事

昭和三年十月二十日午後五時、道修町百花村に開く、黄坡先生始め、永田仁助、三崎驎之助、喜八の諸氏及坂本吉野の二幹事出席、十一月二十四日に同窓會を開くことを議決し、食後書讌の合作あり、各左の聯句を筆し歡を盡して散せしは、正に八時

中庭淡月露花繁　粟谷壺堂
八方來集素一門　三崎黄圃
泊園同窓養芳魂　佐藤昇雲
有肴無酒百花村　石濱大壺
只有日本白鶴尊　永田青城
永夜幾杯對榻論　櫻井雲洞
當年弊袴留酒痕　坂本竹山
食糟啜醨與世渾　島田暉山
柴門無人遺蒸豚　上念西秋
太平天下一乾坤　辻蒼石

**漢詩、和歌、俳句、川柳を募る** (字體明瞭に)
(字數 十四字詰)

題 隨意
期日 本月に限り廿五日締切

始め、永田仁助、三崎驎之助、櫻井雲洞、篠田栗夫、上念政七、島田喜十郎、辻蒼石、豊田留吉、佐藤寛九郎、石濱純太郎、粟谷

歡を盡して散せしは、正に八時

## 席上聯句

紅柿黄菊秋未昏　豊田翠軒

只有日本白鶴樽　永田青城
一夕消得百日煩　篠田活園
交情今日又互溫　吉野玉成

太平天下一乾坤　辻蒼石
陶々樂地我道存　藤澤黄坡

題　隨意
期日　本月に限り廿五日締切
送付先　本社編輯局宛

## 賀表

歲紀昭和龍集戊辰良月甲寅
昭臨　宸極鴻烈承宗亶踐　大位明光配
日臣章次郎誠歡誠喜頓首頓首謹賀恭惟
明神昭鑒丕立四極
天孫降臨洪奠　皇基赫々
大寶天日之嗣日無私照光被毛羽巍々
神器
大神之睨神好正直明徹側陋
列聖布德乃天乃地億兆仰化如子如孫
鴻曆三千歲與世延
皇統維一系與天同
陛下　天資神聖夙在靑宮茂實騰美周誦
述祖恢維新之鴻業夏禹嗣虞闡立憲之燕
謀察風歐洲異邦草木亦仰陽光昭回攝
位九重神州蒼生皆霑仁澤衣被於是北樺南
洲異族齊致無疆之祝東美西歐殊邦偕
奉景仰之忱皇天降祥紫雲繞　鳳闕之
上后土致慶山呼傳萬歲之聲神賜景福
千萬億年　臣章　草莽卑微沐浴
皇澤叨執業於敎學當須鞠躬盡力致小補
於風化報涓埃於
天恩乃遭　盛儀幸仰末光　誠歡誠喜頓首頓首

拜表謹賀

## 第三十一回　泊園同窓會記事

我泊園同窓會はたゞ徒に泊なるに非ず。機を得て會し、會して其意を通ずと謂つべき乎殊に今秋は吾が皇室に於かせられて曠古の御大典を行はせ給へる千載一遇の吉辰それは此際此會を開くの頗る機宜を得たるに乘じ遂に其會日をトし會處を定め將又其會規を約し例に仍りて檄を四方に傳へたり。愈會日となるや果して西より東より南や北と遠きを厭はず近きに狃れず汽車に電車に自動車に各其機に乘じて會せらる會員無慮四十有餘名（此間來會者氏名記入）會處は即ち浪華に名高き高津祠畔の淮南亭（湯豆腐屋と稱するもの）是なり。此日晴暖春の如く席上敬みて黄坡先生を請し開宴に方りて篠田幹事は會報を兼ねて一場の挨拶を了し會員は先生の御發聲にて一齊に天皇皇后兩陛下の萬歲を三唱し而して宴に移れり尋で先生には殊に莊重なる態度にて思想問題に對する吾黨の心得として一場の御講演あり篠田會幹は衆に代りて謝辭を述べ今更に泊園麗澤の深厚なる誨言に滿腔の敬意を表白せり酒酣ならんとするや例によりて會員順次に五分間演說あり、今一々之を記する能はざるも大要或は單に其氏名と經歷を述ぶるあり或は其平生の懷抱を披瀝し或は會幹に其希望を述べ忠告を與へ激勵の辭を贈り或は其所信の斷行を期し或は在塾當時の狀況を或は自家の好尙を或は泊園主義の普及を或は何、或は何等滔々數百言、言々皆其肺腑より迸出して一言片辭更に浮華輕佻の嫌なし、蓋亦近來稀に觀る眞摯の議論のみなりき。最後に會幹篠田氏は醉體斜に一座を睥睨し極めて大聲を發し乍ら又布袋の如き容貌をなして自己の經歷一斑を叙し併せて本會の爲に盡す所あるべく述べ來るや其雄辯實に四筵を驚かすの概あり縷々數千言今や決論に入らんとするや忽ち滿を引て長鯨の百川を吸ふにも似たり拍手の音急霰の如く歡聲恰も迅雷の如し斯くて筵上鶯歌の興を添ゆるなく蝶舞の觀を恰ばすなきも和氣靄然春時に勝るの感興ありて而して今次の御大禮を奉祝するの意に於て決して彼己氏に遜色なきもの蓋し亦我泊園の特色にして斯の如きは世人の夢想にだも及ぶ能はざる所なり況んや既に醉に酒を以てし既に飽に德を以てす今日眞に然り豈獨り古の詩人のみならんや。於戲我泊園の泊を守る所以と泊に泊ならざる所以とは豈亦利に飽き名に醉る徒輩の企て及ぶ所ならんや散會の後之を書す

昭和戊辰大典後七日　有香生

## 徠翁手筆の日本考（續）

(3)

(4)

## 本誌後援寄附金收受報告

一金五圓 岡田義作氏
一金參圓 稻葉太吉氏
一金參圓 板原瑛夫氏
一金壹圓 古谷熊三氏
一金壹圓 桑田義行氏
一金壹圓 矢野榮三郎氏
累計金參百四拾五圓也

## 本誌購讀料收受報告

一金壹圓 市川針三郎氏
一金壹圓 稻葉太吉氏

## 編輯漫語

一陽來復舊正を迎ふ「暗香浮動月黄昏」梅花の薫る所眞個俗腸を洗ひ詩興を催さしむ

▲本號は御大典號として特輯の豫定のところ投稿意の如く集らず止を得ず如斯體裁となれり一言以て諒恕を乞ふ。

▲去る一月三十一日は故南岳先生滿九年の御命日に當る謹んで御冥福を祈り奉る。

▲泊園同窓會席上期待せし泊園後援會設立の議論ぜられんとして時季尙早の故を以て今暫く延期と決せるは吾人の遺憾譬ふるに物なし遮莫尺蠖の屈するは伸びんがためなりと隱忍せん。

▲本誌は本號以後毎月刊行を期す希くは讀者諸君奮つて玉稿を寄せられ紙面をして桃李と其妍を競はせ給へ

## 大典奉祝記

昭和三年十一月十日。今上行即位之禮於京都。至於其威儀之盛與聖德之高。則固非微臣所能盡也。然我遭此盛儀。且身在大阪眉睫之間。親迎鳳輦。欣喜何堪言哉。乃欲錄市民奉祝之狀。以表四海懷恩之一斑。亦所以慕聖德之無窮也。先即位十數日。街區裝飾既成矣。大阪驛頭。翠門高。國旗翻。而築港則第二艦隊繫纜焉。大小三十餘隻。堂堂壓海灣。海陸二關乃先惹人目。市中要處。意匠慘憺。皆競其妍。而每戶繞華幔。揭紙燈。旭旗翻於軒頭。書門丹青奪目。夜則電光欺白。既而嘉辰至矣。皇上南面之禮已終。國民壽頌之聲震天地焉。喜心失制。滿都鼎沸。而道頓堀。千日前。心齋橋諸街則人肩相摩。噪聒成雷。共相集而爲一團者。或有提紅燈爲行列。蜿蜒跨鼓樂者。或有曳華轎縈廻者。或有美人弄絲竹蓮步者。或有少年揭國旗揚揚者。或舞踊合俯仰。或歌謠合節奏。此類各以千數。而其人往往達萬餘。其三五而行街上者。男則扮女。老則扮少。士農亦交變其裝。或摸異族。或擬古俗。或扮鳥獸。皆高歌亂舞。蹌踉蹣跚。或有花電車各象花鳥。飾以電燈。其所過則自海上應之。探海燈數十。閃閃照天。河川則晝船載鐘鼓而行天空則飛機連翼而翔。滿都於是化爲劇場。市民盡是登場優倡也。而其劇日加甚。歌聲管弦。晝夜不絕。噫一人有慶。兆民樂之。聖德非至高則何以能至於此哉。市中奉賀之舉。始於十日。以十七日終。其舉有所終。而其情不知所盡。爲之記者又所以示不忘也。昭和三年十一月二十日記。(熊澤)

## 寄贈書籍紹介

好古趣味(本誌廣告參照)
(創刊號)定價送料共金壹圓

## 泊園文藝

### 恭奉頌登極大典 賦七言古風一篇記盛事

臣 五條秀麿

昭和戊辰杪秋時 至尊登極行典儀
鳳車轣轆向西發 遐邇到處飄旭旗
驛頭堵列擁途迎 鹵簿肅々入宮城
舊都臣民感無極 蹇々偏欲致至誠
紫宸殿前鐘鼓響 大禮嚴修堪想像
萬歲奉唱泄禁庭 都鄙一齊謳擊壤
貔貅艟艨亦相護 砲聲殷々海陸度
飛機縱橫如鳥翔 電燭欺晝破烟霧
悠紀主基大嘗祭 深更躬親納玉幣
扈從有司咸低頭 篝火煌々照庭際
饗宴連日陪群臣 舞樂悠揚拖長紳
於今仰觀國風美 外臣亦浴聖皇仁
賞功揚善無不至 慰撫耆齡傳恩賜
又減刑罰特垂憐 盛事如斯眞堪記
時恰菊花呈嘉祥 黄紅紫白上苑香
花品由來壓群卉 燦然自作禁中章
君不見光風霽月秋陽天 霜葉早已帶紅妍
聖德無邊迨草木 三十六峰瑞色鮮

### 聖上 昭和三年十一月七日奉迎

南山 牧野信

旭旗紅燭漏街坊 鶴首黎民俟我皇
午下正知龍駕近 砲聲殷々起遐方
奉迎龍駕子來民 蹕路街頭歡若春
翊是祖宗登極地 奉持神器入楓宸

### 奉賀登極大典

同人

欽仰我皇明德明 親民止善致和平
飛龍登極在天處 億兆齊揚萬歲聲

### 登極大典賀詞

臣 渡邊元吉泰賦

風動宮旗日月明 露濡庭樹穠櫻榮
億群臣庶連新土 一系皇堯入舊城

饗祖祈神無不敬 憐民養老出於誠
水村山郭人烟處 着得家々祝禱聲

### 再逢大典恭賦一絕

長者香郁

炫路鮮衣列雁行 巍々御苑舞鸞鳳
再逢盛典是何幸 日帶鄉雲照八荒

### 謹賀登極 次烏石氏韻

活園 篠田栗夫

山河秀麗洛陽鄉 瑞氣氤氳繞玉牀
共頌聖明登極典 皇基千歲仰恩光

### 昭和三年十一月十六日於天王寺公園預賜饌恭賦

同人

大儀賜饌盛筵張 草莽微臣蒙寵光
楓葉飽霜增麗色 菊花湛露發芬芳
頌歌合誦千秋曲 壽酒相酙萬歲觴
俯仰偏欽何限喜 乾坤聖德自無疆

### 田家朝

神山眞龍

青畦績屋竈煙頻 狗吠雞鳴吉慶晨
子女弄毬和樂處 田翁又占醉中春

### 新年口號

原田隆

樂只都南養老身 大嘗祭後又佳辰
壽康如僕眞稀古 恩賜盃斟八四春

### 田家朝

藤澤黄坡

識功既畢穀堆囷 翁媼貪喧鳥雀馴
帝則不知眞樂土 犬鷄聲穩太平春

宮崎貞

老母の天杯拜受をよろこひて

たかみくらのほります日にさかつきを たまはる母のよはひめてたし
なかへしちよにこひてためしなき けふのよき日にうくるさかつき

十一月廿六日御苑內に鹵簿拜觀の光榮に浴して

いてましをまつ民草は夜をこめて みゆきのみちのつゆにぬれつゝ
ひんかしの空しらみきて小原女か みゆきのみちをはききよむなり
うらゝかにてらすひかりを身にうけて みゆきをろかむさちおほきわれ
さしのぼる朝日にはえてかしこくも かゝやくみはたあふくたふとさ

田家朝

新なる光は小田の伏屋にも みちてさやけし庭鳥のこゑ

## 通告

一月中旬泊園同窓會員諸君へ「年賀氏名錄」ヲ頒布セリ乍併時恰モ賀狀輻輳ノ際ニ付未着無キヲ保シ難シ萬一未入手ノ方アラバ至急本社宛御通知アレ即時送付ス

泊園社

### 御大典奉祝

島田暉山

咲きはえて御代を壽く菊の花
御式の日となりにけり菊かほる
國をあけて祝ひ壽く小春かな
菊の香や萬世一系とこしへに
菊の香や永久に燦たる國ほまれ
菊の主百姓ながら賜饌かな

橋本春波

靜さは稻木の下の殘り水
稻木徂む田を見をろしの芒土堤
新蕎麥に田舍玉子の大いなる
新蕎麥や火桶抱へて二三日
好もしうなりし炭火に秋刀魚燒く



## 泊園書院日課

書院の課程は左の如くにて講義は主として黄坡先生及石濱先生之を擔當せられ早朝の分は一般に公開せらる

| | 午前六時半 | 八時半(女子) | 午後二時より | 自四時半至五時半 | 自七時至九時 |
|---|---|---|---|---|---|
| 月 | 論語 | 孟子 世說 三體詩 | 素讀 | 荀子 謝選拾遺 | …… |
| 火 | 淮南子 | …… | …… | …… | 徂徠左氏傳集 |
| 水 | 論語 | 月に同じ | 月に同じ | 月に同じ | 說文解字(石濱先生) |
| 木 | 淮南子 | …… | …… | …… | 徂徠左氏傳集 |
| 金 | 論語 | 月に同じ | 月に同じ | 月に同じ | 中國哲學史(石濱先生) |
| 土 | 淮南子 | …… | …… | …… | 宋元明詩 列子 蘇黄題跋 |

猶第一、第三日曜午前八時に尙德會の講筵あり。尙書の拔萃を講せらる。

# 泊園

昭和五年三月三十日印刷　昭和五年四月五日發行　毎月一回五日發行
本紙定價　一部金拾錢（郵券代用一割増）
廣告料　一行金五十錢
編輯兼發行人　吉田萬治郎
印刷所　大阪活版所
大阪市南區　泊園書院内
發行所　泊園社

## 天恩優渥極まり無し

粟谷喜八

畏くも　聖上陛下には夙に萬機を御總覽あらせられ政務御多端にも拘はらせられず、産業御奬勵の御主旨の下に産業都市たる我大阪へ行幸仰出さるゝの光榮に浴した。

御駐輦は僅三日間に過ぎなかつたが、其間の御日程は頗る御多忙に渉らせられ、或は軍隊に或は青年團に、超へては學生團にと十數萬の青年壯丁を御親閲以て士氣を鼓舞激勵遊ばされ、更に大阪の産業を具さに御視察を賜はつたに就ては、府市當局者を初め商工業者は其誠直の微衷を披瀝して　聖鑑を仰ぐに努め、此等各種商品に就て　陛下は一々その産額より生産販路現狀を御尋ねさせ給ひ『努力の顯著なるを喜ぶ』との優渥なる御言葉さへ下し賜つた。

天資英邁聰明に渉らせらるゝ　陛下の御仁惠は不肖の如き布衣の一微民をさへ漏らし給はず、大阪府産業功勞者として特に拜謁を賜はりしは何の光榮か是に加ふべき、忘れんとして忘るゝ事の得ざる名譽に感泣するの外はないのである。

六月一日は力石大阪府知事より『特に拜謁を賜ふとの難有き御思召により内通致す』との通知に接した日である、翌二日は一木宮内大臣より『特に拜謁を賜はる』の御沙汰により四日出頭せよ』の本式御沙汰に接した日である。而して四日は大阪市奉迎場に御臨御あらせられ大阪市の捧ぐる奉迎の辭を御嘉納あらせられたのは其の午後二時であつた。

斯して其の四時大阪府廳の正殿に於て微生等産業功勞者として特別拜謁の榮譽を得たのである。幸にも微生は正面第一線の位置を給りたるにより只恐惶して流汗脊に洽ねきのみであつた。

正面し奉る畏さに　龍顏に先帝陛下の英資を享けさせ給ひ、仁恭の懿德を繼がせられ、溫容[illegible]の如く崇高神の如き陛下の御前に在りては、恰も靈神を拜する心地に打たれて面も擧げ得なかつたのである。

かゝる拜謁さへあるに、御紋章入りの御菓子を拜戴するを許されたのは嗚呼何たる幸福ぞ、草莽の微臣に、仁惠によりて天顏に咫尺し更に賜菓を辱うす、天恩宏に海の如し、子々孫々に傳ふべき幸慶たるを銘記する。

君は民を視る事赤子の如く、民は君を仰ぐ事慈親の如く、上下一體この心を以て心とする我國の卓越したる所、至純至美なる國民性は之れより發し、國本愈々固く、國運益々昌に、千代に八千代に變らざらんことを祈るものである。今や我國は産業を振興し國力を充實し以て其勢力を海外に伸張すべきの秋である、殊に産業根元の地たる大阪に在りて今次の光榮に浴せる微生等は勤勉努力國力增進に精進し、以て此優渥極まり莫き聖旨に答へ奉るべき覺悟の下微生はこの感激の六月四日を以て我家の記念日として永に傳へんことを心に誓つたのである。

金城到處瑞旗飜　聖駕今朝入港闉
親拜龍顏仰威德　皇恩無量滿乾坤

## 經解入門

清江藩

群經緣始第一
附群經分合次第

上古には經の名無し、禮記に經解を以て篇に名づくるは實に經名の自りて始まる所たり。其の孔子曰く溫柔敦厚は詩の教なり、疏通知遠は書の教なり、廣博易良は樂の教なり、絜靜精微は易の教なり、恭儉莊敬は禮の教なり、屬辭比事は春秋の教なりと云ふは、案ずるに即ち詩書易禮樂春秋を以て經と爲すも尚ほ五經六經諸名目無し。六經の名は始めて莊子天運篇に見ゆ『孔子老聃に謂ひて曰く吾れ詩書易禮樂春秋の六經を治め以爲らく久し』と。又云ふ『孔子聃に見ゆ許さず、是に於て十二經を繙いて以て老聃に說く』と。漢に至りて則ち樂經亡んで五經僅に存す。徐氏初學記に云ふ『古は易書詩禮樂春秋を以て六經と爲す。秦書を焚くに至り樂經亡ぶ。今易詩書禮春秋を以て五經と爲す。漢の武帝建元五年初めて五經博士を置き』と。而して其後は則ち或は離れ或は合し名々同じからざる有り。考古類編に云ふ『七經と稱する者有り、五經の外に周禮儀禮を兼ぬるなり。九經と稱する者有り、易詩書三禮春秋左氏公羊穀梁なり。十經と稱する者有り、五經の外に孝經論語を兼ぬるなり。十一經と稱する者有り、易書詩三禮春秋左氏公羊穀梁論語孝經是れなり。十二經と稱する者有り、六經六緯是れなり。十三經と稱する者有り、易書詩三禮春秋左氏公羊穀梁孝經論語爾雅是れなり』と。困學紀聞に云ふ『禮樂詩書易春秋を以て六藝と爲すは始めて太史公の滑稽列傳に見ゆ。或は七經と云ひ（後漢趙典傳）或は六經六緯を以て十二經と爲し（莊子天道篇）或は五經五緯を以て十經と爲し（南史周續之）或は九經と云ふ（釋文序錄唐谷那律傳）。讀書記に云ふ『漢より以來儒者相傳へて但だ五經を言ふ。而して唐時之を學宮に立てゝ則ち九經と云ふ者は、三禮三傳分ちて之を習ふが故に九と爲すなり。其の石に國子學に刻して九經と云ふは則ち孝經論語爾雅を并せて內に在り、本朝増すに孟子を以てして十三の名立つ』と。其の前後の次第は釋文序錄に云ふ『禮記經解の說は詩を以て首と爲し、七略藝文志の記す所は易を用て前に居き、阮孝緒七錄亦此れに同じく、次いで、儉七志は孝經を初と爲すは、其の後前の義を原ぬるに如き、各々旨有り』と。而して陸氏釋文の次づる所は則ち周易を先と爲し次は尚書次は毛詩次は三禮周禮儀禮禮記次は春秋左氏公羊穀梁次は孝經次は論語次は爾雅共に十二經なり　本朝の定むる所は始め周易次は尚書次は毛詩次は三禮次は春秋次は孝經次は論語次は孟子次は爾雅。行はるゝ所の四子の書に至りては則ち宋の程朱諸儒の禮記の大學中庸二篇を取りて之を配合せる者なり行はるゝ所の五經は則ち易書詩禮記春秋にして行はるゝ所の七經は則ち五經の外に周禮儀禮を加ふるのみ。（此項完、廿菱譯）

## 徠翁手筆の日本傳考（續）

（5）

所ノ字ツノ來歳ニ考ヘ知ラズ、諏ノ
字ヲ作ル、誤トイフベシ
平西將軍ハ位安東將軍ヨリ
下ナリ、征虜將軍冠軍將軍
輔國將軍次第ノゴトク皆下
ナリ、是又勅許ヲ蒙ラズ私ニ
右ノ官位ニ命ズルハ宋帝ノ勅
許ヲ願フナリ、珍王ヲ求ム云
ナリ、日本國ノ大臣十三人宋
帝ヨリ官位ヲ蒙リシナリ
二十年倭王濟遣使奉獻
復以爲安東將軍倭國王
是ハ元嘉二十年ナリ、宋ノ文帝ノ
年號ナリ、允恭天皇三十二年ニ
アタル、濟トイフハ允恭天皇ノ御諱
雄朝津間ノ津ノ字ナルベシ、字ノ形モ
似タリ、又濟ノ字唐音ツウナリ、
復トイフハ允恭天皇ト同官ナルユヘ
ニカクイフナリ、
二十八年加使持節都督倭
新羅任那加羅秦韓慕韓
六國諸軍事安東將軍如
故并除所上二十三人軍郡
是ハ元嘉二十八年ナリ、允恭天皇
四十年ニアタル、加フトハ安東將軍ノ

（6）

官ノ上ヘコノ持節都督ノ職ヲ加
フルナリ、安東將軍ノ官ヲモ前ノ
ゴトク御補任ナルニヨリ如故トイフナリ、
所上トハ日本ヨリ表ヲ以テ
宋帝ヘ言上シ願フトコロノトイフ
コト、軍郡トハ軍官郡官ト
イフコトナリ、校尉都尉ノルイハ
將軍ノ下ニ附スル官ナルユヘ軍官
トイフ、太守ナドハ郡縣ヲ主ルユヘ
郡官トイフ、是ハ日本ノ大臣
二十三人ニ軍官郡官ヲ授
クルコトヲ表ヲ以テ願ヒ玉ヘルヲ、宋
帝ヨリ勅許アリシヲ云タルナリ、
濟死子興遣使貢獻世祖
大明六年安東將軍倭國王
興ハ允恭天皇ノ御子安康天皇
ナリ、御諱穴穗トイフ、穴ノ字ト
興ノ字ノ略字與ト形似タルヲ誤
リシナルベシ、世祖ハ宋ノ世祖孝武
帝ナリ、大明六年ハ雄略天皇六
年ニアタル、安康天皇ノ崩御ヨリ
六年後ナリ、時代ノ相違前ノ
如ニ云フコトシ、
興死弟武立順帝昇明二

# 道の二方面

黄坡先生御講演
（四、二、一八於香川縣人會）

幹事宮崎君の御勸めによりまして今夕の御會合にあたつて何か御話を申し上げて、諸君の御批評を仰ぐことに致しました。

揭げました題が非常に、大きく、また堅苦しく聞えます。實際に道といへば輕々に說き了り得るものではないのであります。但しまた御互一刻たりとも道を離れることは出來ぬのであつて日常の茶飯事皆是れ道でありますから、或はこの題もまた左まで大層にいふほどでもありませぬと思ひます。否左まで大きな問題を御話いたす積ではありませぬ。

扨、道の二方面とは何をいふかといへば、即ち內外の二つ、即ち自他の二方面で、內、自己を修養しまする分と、外、世に處する分とであります、これを約言しますれば、修接の二つになります。つまり自己を完全にすることとこれのみで道は終つては居らぬ。一面人と接して、近くは父母兄弟より遠くは社會一般の人士に對し更に萬物萬事に處し各其宜しきを得るといふことにならねばならぬのであつて、老莊の敎へといへども矢張虛無自然を以て山林隱遁を勸めては居らぬ、即ち國を治むるといふことを說いて居り『智を以て國を治むるは國の害』と治國を語つて居りまた莊子も其著に於て『逍遙遊齊物論養生主等の自己の修養より進んでは、人間世、德充符、大宗師應帝王――と說き進めて處世の道帝王の德に至つて極として居り、佛も出世在世を說いて、現在の世を離れて道を認めることは出來ぬのであります。されば道を語つて自己のみを說きしものがあらばそれは眞の道ではないまた社會人世のみを說いて自己を沒却するものも同じく眞の道ではないのであります。

我國が明治新政以來、此敎育の方面にも大に變化を來しましたが、學問が智の方面に偏した關係からかして道といふことも理窟に流れ實際を遠ざかつた加減があつて、一般に自分の身の上、又自分の身を中心にしての道といふことに考を馳せるやうになつて自然に一般社會に對して人に對してといふ點を疎にするやうになつたと思はれます。一個人としては割合にわけの分つた人が、社會の事、又は人に對しての動作に隨分勝手なことをする人があります。今日自分さへよければ人の事はどうでもよいといふて自己の富貴安樂にのみ志してゐる人もまた其反動的に、富貴の者を忌害して自己のみの團體の自由を求めるといふのも共に偏つてゐると思はれるのは其處でありますが此二つの者は皆つまりは『私』といふ考が勝つてゐるからであつて、自己といふ方面のみを見るからである。しかるに人の道はどうしても最後の所では自己を以て他に殉ふといふ點に歸着せねばうそであると思はれます、即ち私を忘れ公に奉ずるのが道であると思はれます。

昨年御卽位式の際賜つた御勅語に『朕內は則ち敎化を醇厚にし愈民心の和會を致し益々國運の隆昌を進めむことを念ひ』と仰せられてあつて以て國內に對する　陛下の御軫念は敎化の醇厚にあることを察し奉ることが出來るのである。

一面今日の我國の風を見ますれば輕薄の風に陷りつゝあることは爭はれぬ事實であります。されば　陛下のこの御言葉は即ち當時の時弊に即して發し給ふた御言葉である。從つて我々臣民は此御言葉に添ひ奉るべく何とかして敎化を醇厚にすることに思を致さねばならぬのであります。さて如何にして敎化を醇厚にするかと申せば、私はまづ禮義を重んずるといふことが最も必要であらうと考へるのであります。

禮義は詳く申せば限ないことでありますが、要は他を敬し自ら人に下る所から始まるのであり、又尊卑の分を明にするを以て經として居るものであります。今は人皆平等を說くものでありますから從つて此分といふものを破り去らうとして居り、又今の少い人達は尊讓の氣風といふものが漸々と薄らいで來まして、父兄師長に對してすら、何等の敬意を拂はぬ風がある。これ等は甚だ好ましからぬことであつて、遂に名分を顧みず、其家國を輕んずることになつて由々しい結果を來す恐があります、何うか皆さんと共に此禮義を重んずることに力を盡して、子弟を誤つた方向に迷はしめぬ樣にいたしたいと存じます。禮の事に付てはまた他日御許を得た機會に改めて詳しく御話をさせて戴くことにして、今日は此で御免を蒙ります。

黄坡先生の第四女妙子樣には腦膜炎に罹られ療養給ひ効無く去る二月十六日午後二時二十分夭逝せられた。翌十七日午後五時當地阿倍野舊齋場に送葬せられた何分御幼少の事にて殊に先生の御意思もあり廣く通知するには至らなかつた御令孃は道仁小學校第三年生にて常に學級の首席を占め級長としても極めて評判よかつたに關らず僅かの病ひにて遽に歿せられたのは誠に傷心の事であつた。

# 篤信好古齋隨筆

大壺

嘗て說文の目錄を草して本誌に揭載された頃、適々湯淺廉孫先生を訪ねた所が先生から新刊の許學考を示された。即ち余の未だ見るに及ばなかつた說文目錄の一なので大に驚き且つ喜んだ。許學考凡そ二十六卷、江州の黎經誥覺人の著である　昔し謝啓昆が小學考を作つて朱彝尊の經義考の闕略を補つたが、黎氏は又小學考の續編を爲すに意有つて先づ其中の說文の屬約二百五十部を輯錄して許學考を編したものである。隨つて體例は一に謝考に傚ひ謝考の錄する所から始めて後起の作に推廣し諸書載する所の關係文獻を採つて極めて該博に又分類も系聯類別して誠に便宜となつてゐる。單に書名を列したるものと異り各書の序跋文獻を列記してあるから解題提要の作として研究者を利する事大である。

說文詁林は出版された。等身の　然たる大冊、說文學の一大集成。余は已に余の說文講讀に際して多大の便益を得つゝある。各書の徵引は刪節せざるが爲めに重複極めて多く煩雜の患は固より當然免れないが、吳稚暉先生の謂ふ如く『書は刪節を經て往往去取に當を失す。即ち幸に謬誤無きも其精神亦必ず大に原書より損す』の恐れは無い。丁氏が纂例第二十一條に不刪節を採つたのは然るべきだ。只字の大小の不同にして整正ならざるは殆んど目力を害する。朱氏通訓定聲等の極めて小なるものは讀むに困む程だ。然し倉石卧雲先生の云ふ如く『讀む本』でなしに『引く本』と考へてゐる限りでは此上なき幸福として（支那學第四卷第三號）これでも喜ぶべきであらう。

詁林は固り各書から集引したもの計りであるが、たゞ各字の下には丁氏一門の校語を往々に存してゐる。纂例第十八條に云ふ『余唐の釋慧琳の一切經音義百卷遼の希麟の續一切經音義十卷中の以て說文を是正すべき者を以て已に大徐本の後に甄錄せり。復梁の顧野王の原本玉篇殘卷三卷半唐の孫愐の唐寫本唐韻一卷半唐寫文選集注殘本十六冊遼僧行均の景宋本龍龕手鑑四卷及び金の韓道昭の五音集韻十五卷を以て周雲青沈生博元に囑し其の以て今本の譌奪を校補すべき者を錄して大徐本の下に附す。其の案語は實事求是、皆謹嚴を極め、浮辭を馳騁して輕がろしく先哲を詆り以て近世澆薄の習を蹈むを許さず』と。其意極めて佳。

慧琳希麟の正續音義は小學書の淵藪を以て目せられて拾遺家の極めて珍重する所であるが近人田伏侯に一切經音義引說文箋の專著が出來てゐる　詁林には採錄するに及ばなかつたが、これは詁林に鈔出せる丁氏一門の校記と對照しつゝ今一校箋を作る必要がある樣に思ふ。幸ひ大正藏經第五十四卷に收むる所は高麗藏本を底本としたとあるから喜ばしい。白蓮社刻本（頻伽精舍本は之を石印したものであるが大正藏經は此頻伽精舍本を對校本としてゐる）は落丁があるので麗本が完本なる事は山田孝雄博士の一切經音義索引を見るとよく分る。

琳麟兩音義所引を以て說文を校した人は外にもある樣だ。例へば頻伽精舍本の黎養正の序（大正藏經にも附載してある）によると閩中の王少樵先生に玄應書引說文校異五卷慧琳書引說文校異十二卷があると云ふ。又楊守敬の晦明軒稿には重訂說文古本考序と云ふ一文があつて兩音義其他皇國所傳の小學書を以て沈濤盧の著を重訂したと云ふ。

顧野王の原本玉篇は誰しも注目する本だが余も亦嘗て之によつて說文箋を作り田伏侯の顰に傚はんとしたが、資性の懶なる中途にして之を放擲した儘だ。丁仲祜は古逸叢書本に據つたらしいが是れは今では羅氏景印本によつて黎氏の校改誤刻を避けねばならない。黎氏の校改は羅氏の跋にも已に言及してゐる。

沈氏の說文古本考の名は上にも出たが丁仲祜は此書の傳本甚だ稀れであつて最も覓め易からざるが爲めに之が景印本を重刊した。又周雲青は此書に纂例を闕くを以て纂例十六則を作つて之を補つた。周氏の補纂例は詁林前編上叙跋類一に出てゐる。楊氏の重訂本は我國所傳の舊本で沈氏の考を補訂したものと云ふが其存在は明かでない。こゝに又北京大學研究所國學門では潘氏原刊本が粘を欠き頗る奪衍誤字多く且つ闕版の多頁なるが爲めに盛伯羲が校せる舊鈔本を借り來つて刊本と對校して校勘記を編した（北京大學研究所國學門週刊第二卷第十五十六冊合冊三九頁を見よ）而して北京大學研究所國學門月刊第一卷第六號第七八號にその校勘記は揭載せられた。

丁氏が詁林中に入るゝに及ばざるを憾みとした馮桂芬の說文段注考正は原稿の儘石印された本だが、段注講讀に際しては極めて便益を與へる。段注の由來する所を忠實に注明したもので誠に昌言排擊を事とするものと異つてゐる。段氏の忠臣と云ふよりは良臣たるに近い。

詁林には入らないが朱蘭坡の說文假借義證は研究の參考に資する所甚だ多い。假借の義は推衍する所極めて大であつて、只に古書の通借を闡明する計りでなく、聲音の流を溯つて語義の源に達し得る　該博なる此書を善く讀むは學者に與へられたる問題であらう。

昭和五年四月五日　土曜日　泊園　第九號　(三)

## 漢文典雜話

潮江

漢文典の研究は近時漸く精密を加へて來たが未だ眞に衆說を統一する樣な權威あるものを見ない。私が今漢文典の雜話を試みやうとするのも要するに未墾の田地に唯鍬を打込むに過ぎないのであつて決して耕地整理を行はんとするものではない。しかしこれが他山の石と成つて名說が見はれて吳れゝば幸である。

### 品詞に就いて

字を其の用法に從つて分類したものを品詞と名付けてゐるが、此の分類は學者によつて隨分異なつてゐる。抑々漢文といつても已に之を邦語を以て訓讀してゐる以上は決して邦文典から脫する事は出來ない。しかし其の字句の排列が邦文とは全然異なつてゐる關係からして自ら漢文獨自の文典を所有してゐる筈である。故に其の品詞の分類に當つては其の意味を吟味する外に其の構成の形式を併せ考察する事を忘れてはならぬ。一例を擧げると漢文の『爲其有德也』といふ句を邦文に書き下して『其の德あるが爲なり』とした場合其の爲といふ字は邦文典に於ては名詞と見做してゐる。しかし之を漢文の原形に就いて見た場合爲字は決して名詞とは云へない。學者の唱へる前置詞(私は之を助詞といふ)と稱すべきものである。この樣に全く同一の文であつても邦文典と漢文典とは同一品詞を以て論ずる事の出來ないものがある。又同じ漢文に於て同一の意味で而も同一の訓讀に從ふものであり乍ら其の字句の排列の相違から其の品詞を異にするものがある。例へば『非夫人之爲慟而誰爲』と『非爲夫人慟而誰爲』との二文を比較して見ると二者同一の訓讀で而も同一意味の文である。而るに此の文に用ひられてある爲字は其の位置の相違からして一は前置詞(或は助詞)であり一は名詞である。又『東遷』『遷東』の二文も同義同訓の文であるが東字は一は副詞であり一は名詞である。この樣に漢文の品詞を定めるには其の字句の排列に尤も重きを置かねばならぬ。以上漢字は其の意味と其の排列とを見て大體の品詞を決定する事は出來るがしかし元來漢字には其の成立に遡れば必ず其字獨特の品詞が存在してゐる筈である。此を見出す事は甚だ至難の事である。尤も多くの用例に徵して大體の見當はつくにしても其の確說を得るためには必ず專門の研究を俟たなければならぬ。今私が漢文の品詞を述べやうとするのは此の漢字の成立に遡る本質的の研究でなく主として其の用例に於ける形式的の考察に重きを置くものである。

次に漢字に於ては邦文の樣に語尾の活用とか或はテニヲハなるものを有つてない。又英文の樣に格に伴ふ文字の變化なるものがない。以上の諸項は唯文字の配置に依つて之を會得しなければならぬ。品詞の分類に方つて字句の排列を重んずるといふのも蓋し之がためである。しかし漢字は此の活用の無い事は一面邦文の樣に活用形によつて品詞の分類を左右さるゝといふ不都合から免れる事を出來るのである。例へば邦文に於てナリ、タリ、ゴトシ、の字は其の活用の關係上之を其の實に充分該當してない助動詞といふ名稱を與へてゐるが漢文には此の活用がないので以上の諸語は活用系の束縛から脫して其れ自體の用法に就いて其の品詞を決定する事が出來る。

最後に愈々品詞を定めるに方つて最も注意すべき事は其の名稱を正すといふ事である。此の品詞の名稱が正しくなければ其の分類も從つて甚だ曖昧なものに成る。現在漢文の品詞が人によつて其の分類を異にし諸說紛々たるものゝあるのは此の正名の實があげられてない事に起因してゐるのではあるまいか。

今私は以上述べた通り漢文獨自の形式を充分考察し且つ邦文典に出來得る限り一致せしめ然る後其の名を正して其の實に反かしめない樣との主旨の下に大體品種を左の八種に分類して些か愚見を述べて見たいと思ふ。(未完)

▲本稿は潮江君より掲載を見合せ呉れても宜しき由申越されたるも時既に編輯終了後の事とて茲に掲載せしものなり聞く所によれば筆者目下病氣靜養中の由折角攝養自重全快の上續篇の投稿を期待す

## 一讀一笑

走夫齎書。忘下所。遇一士人來。乃乞封上名。士人不識字也。仍問曰。曾使人讀不。走夫曰然。無有讀者。士人曰。可惜。亂讀縱橫。使不能復讀。初使某謀。易々爾

飛脚あり、書を齎らし、其屆け先を忘る、一士人の來るに遇ふ、乃ち封書の名を問ふ、士人字を識らず、よつて問て曰、曾て人に讀ましめしや否や、走夫曰、然り、讀む人あることなかりき、士人曰く、惜むべし、亂讀縱横(よみちらす)して、また讀むこと能はざらしむ、初に余をして謀らしめば易々たらんのみ。

客相對圍棋。一友人在傍觀之。忽方至死生之機。握子未敢下。擊友人面。友人作色曰。與汝有何怨嚳。曰恐子容啄。曰吾未嘗出一言。客曰乘汝未言攻耳。纔發言擊之亦晚矣。

客相對して碁を圍む、一友人傍に在りて之を觀る、方に死生の機に至り、子を握つて未だ敢て下さず、忽ち友人の面を擊つ、友人色を作して曰く汝と何の怨嚳あるか、答へ曰く子の嘴を容れんこと(助言)を恐る、曰吾未だ嘗て一言を出さず、曰、汝の未だ言はざる前に乘じて攻めしのみ、もし纔に言を發すれば、之を擊つも既に晚しと。

算卦先生臨岐。問路農夫。農夫曰子非賣卜先生耶。臨岐不能斷從。何以爲人卜筮爲。算卦先生曰。吾既筮之。繇云當問農夫。是以問爾爾。

算卦先生(卜者)岐路に臨み、路を農夫に問ふ、農夫曰、子は賣卜先生にあらずや、岐に臨んで、正否を判じ從ふことも能はずして、何を以てか人のために卜筮するをなさん、と算卦先生曰く吾既に之を筮へり、繇(音胄、卜辭なり)に曰、當に農夫に問ふべしと、是を以て汝に問ふのみ。

蟹嘲海參曰。子頭即尻耶。尻耶頭耶。海參曰。吾自有說　且問女。女張二螯而奔走。往爲還邪。還爲往邪。蟹亡以對。

蟹、海參(なまこ)を嘲弄して曰、子の頭即尻か、尻即頭か、海參曰、吾自ら說あり、先づ汝に問はん、女、二螯を張つて奔走す、往を還とするか、還を往とするかと、蟹以て對ふるなし。

## 泊園同窓會記

第三十二回

昭和四年十月二十日之を上六大軌第三階堂に開催す此の日天晴れ氣爽に新舊遠近來り會する者藤澤黃坡先生三崎驎之助君及藤澤彬君及粟谷喜八郎君等總て三十有三名時至り席定るや篠田會幹開會の辭を陳ぶ且つ本年より規定の會期を變更せるは本月十七日の祭日は會員諸君に於て往々支障之れ有るに因る而して會場を此に設けたるは元夫子の御舊宅と御墓所とに近きを以てなりと告げり次に黃坡先生は時事問題即ち官公吏教職員等の減俸奉仕に就きて其所感を痛切に講演ありたり又村上君は職の警察署に在るを以て鮮人の日常擧動實視上より之を善導教化の方法に就きて縷述せり終りて羽觴頻に飛び笑談堂に滿てり會幹私に想ふ本會開設以來洋食卓を圍むは今回を以て濫觴となす知らず其快否果して如何なるかを梅見會幹は自己製作の梅核鈴を來會諸君に頒與せり一揮錚々音を發せるは亦大に興を添ふものあり午後五時開會八時散會せり

## 泊園會記

第三十五回

庚午二月一日是復上六大軌第三階堂に開きたり此日は元夫子十年の御命日に相當せるを以て午后一時半齡延寺に參集し本堂に安置の御牌前に讀經燒香し終りて御墓に參拜せり坂本文一郎君偶遠方より來り展墓席上左の詩を賦して歸れり

飛鳥川流世自移　追懷往事淚空垂
香煙如縷神如在　千古文章千古師

余拜誦感に堪へず次韻左の一首を賦す

十歲星霜夢裡移　當時追憶淚垂々
生魂山上魂長在　遺德千秋是我師

生魂齡延寺山號

午後四時約を趁うて來れる者曰く藤澤黃坡先生三崎驎之助眞野鷹一坂本準平渡邊醇辻蒼石宮崎貞吉福本元之助豊田留吉佐藤寬九郎永田仁助石濱純太郎等の諸氏會幹梅見春吉余を合せて十有四名篠田會幹開會の辭に次ぎ眞野君古稀を過ぐる一歲にして矍鑠壯者を凌ぐ其祝意を併せ表する意を陳ぶ黃坡先生は先夫子遺稿目下整理中十分の校讐を經て上梓せんとの希望を陳べらる醉顏紅を帶ぶるに及び席上左の聯句を賦せり

雨晴江南步遲々　昇雲
又伴舊友拜先師　蒼石
古色蒼々苔蘚碑　三山
十年星霜夢裡移　默所
墓門徘徊有所思　黃圃
早春日暖風徐吹　大壺
玉如溫容德音垂　活園
追懷又誦舊時詩　竹里
笑聲歷座數局棊　有香
遺芳十年草木知　翠軒
正是世間陽回時　夢蝶
坐上春風跡空追　青城
醉飽談餘惜別離　竹山
遺愛花中第一枝　黃坡

吟聲朗々として亦絲竹管絃に勝るを覺ゆ(篠田記)

## 發行遲延のお詫び

石濱純太郎

本誌發行以來兎角定期に刊行すべきが遲延し終には一年に涉る休刊狀態となつて了つたのは誠に申し譯の無い次第である。隨分と努力して一日も早く理想通りにと常に忘れてはゐないのではあるが、都合の惡い時には種々なる差支がアチラにもコチラにも重なつたものだから何とも致し方が無かつたんだが、何と云つても斯く迄遲延した罪は免れない。潔よく罪に伏し辯明も敢てしないから、大方の宜しく御諒承を期望する。

そこで愈々復活刊行する事となつたんだから今後は是非每月定期の例に背かない樣に懸命に努力する。自分は懸命に奮發するが、どうか先輩同學諸兄の御後援を願ひたい。自分の孤軍奮鬪丈では決して大方の滿足を得るわけには行かないし、諸兄の盛大なる後援を得るならば本誌の擴大するもわけはないのである。願くは諸兄の御投稿を時に賜はる事だ。一年に一度づゝでも諸兄から擲下さるゝならば編輯發行の事又甚だ容易いものだ又泊園諸同窓の動靜を是非通知願ひたい。それから本誌の御手許迄屆かない時本誌の編輯上の忠言希望等、凡て御遠慮無く願ひたい。編輯の敏活を期する爲め原稿通信の一切は小生迄御送り下さい。

本誌再刊に際して御詫び旁々御願迄。

## 編輯瑣言

編輯同人の熊澤潮江君は目下生駒山麓に宿痾靜養中のため一時編輯事務を退かれたり同君は公務の餘暇を以て本誌創刊以來熱心に寄稿せられつゝありしは讀者諸君周知の事なり一日も早く御全快を祈る(一樂庵)

## 本誌後援寄附金收受報告

一金五拾圓　福本元之助氏
一金五　圓　中川　魚梁氏
一金壹　圓　中山源次郎氏
一金壹　圓　五條　秀麿氏

## 泊園同窓會常費領收報告

昭和三年度

一金壹圓宛（次第不順）
西門孝治郎君　戶田喜久男君
堀岡治三郎君　川合孝太郎君
淺井佐一郎君　矢野榮三郎君
松浦高麗三君　金光堂守親君
玉手山兵衞君　牧野明次郎君
多紀仁之助君　伊藤純一郎君
西門　岩松君　岩崎　清一君
岩崎　深信君　古谷　熊二君
荒木　有三君　桑田　義行君
藤本　木田君　松井　政吉君
清海　清君　右田　三吉君
片山　義雄君　大門　了康君
望月　惇一君　瀧川　晃光君
尾崎　正信君　上原　三郎君
小畑　勝藏君　辻村　英一君
一金十圓（滯納分）佐藤馬之亟君
一金五圓（　同　）廣瀨俊太郎君
一金二圓（昭和二年三年度分）田中　捨淸君

## 金字塔

本誌も種々なる事情の爲に兎角發刊遲延勝になり同門の諸君に誠に御迷惑を掛けたが今回三崎先生の御盡力により以後毎月刊行を期し得るに至つた事は誠に欣幸の至りで別項石濱主幹の希望の如く切に諸君の御投稿を願つて止まない

▲寄附金、常費、會計報告等本號に掲載漏れの分は記事組合せの都合上止むを得ず次號に廻す事としたどうか惡しからず御諒承下さい

▲「春宵一刻價千金」時は春天地萬物皆潑溂たる元氣に充つる時、大に活動すべきである、何と言つても實行が出來ねば駄目だ、本誌も勿論だ

▲過失にせよ多數の人の子を殺したる軍人あり恐るべきは天災にあらず責任感と注意力の缺如に基く人災？

## 西本伯敬傳

笠井雪窓

西本伯敬、名敎寬、稱千太郞、東讚高松人、父曰權三郞、世事高松侯、伯敬年十八、遊浪華、學於南岳先生門、居六年、去之備中、遊犬養松窓塾、八月暑暇、伯敬旅裝出門、行七八里、炎暑如燬、氣倦體疲、蹌踉曳脚而步、忽見黃紙飜風而止、當時罹虎疫者、門貼黃紙、以警來往人也、歸而疾、臥床數月、疾愈而禿、伯敬年未壯而頭已禿、不知者皆怪之、其明年娶增田氏、纔一年、有故去之、已而南岳　生招賴富實敏及伯敬　整理塾政、蓋取於伯敬之才也、伯敬遂以才鳴於塾焉、時余年十七、命投讀在分舍亦常敬其才、余年十有九、爲都講、而伯敬起臥分舍、伯敬去兩三年、余亦歸鄉、自是奔走於衣食、不相見實四十有餘年矣、聞其疾也、訪伯敬于國分街僑居、伯敬頭不存一毛、余亦白鬚髮々、相見而驚、握手共語、久而不覺膝之進也、伯敬曰、僕之去塾也、與西尾某大畜雞于吹田邑北千里村、又買山伐木而鬻之、明治丙申十一月爲三島實業銀行支配人居數年知產破而去、丁未八月爲小津細絲紡績會社員、支配人大森某僕友也、某死而僕亦去、時大正丙申九月也、是歲與島田某謀買地于十三街、經營製造護謨品工場、時會歐戰畢、商業委靡、遂一敗塗地而不復起、蠖屈此陋巷、僅糊一家數人之口、而今又疾入膏肓、餘命不復永也、然意氣軒昂善談、豈知其死在數旬之後哉、蓋伯敬有奇才、而竟不能用其才也、其大畜雞也而不能爲倚氏、其屢億也亦不能爲端木氏、是非才之罪也、時之不利也、以昭和戊辰九月十日歿、而其生在安政丙辰十二月十七日、享年七十有三、繼配田川氏、生三男一女、女名恒子適眞保氏、男長曰圭造、在鐵工場、助眞保氏之業、次曰修吉、在南海電鐵會社用地部興其戎、又次曰禮治、學大阪市立東商業學校、其二年生也、雪窓外氏曰、吾聞之修吉子、伯敬之窮也、南岳先生將以其名薦伯敬金穴某氏、伯敬辭而不受、曰〻生余師也、余之德也先生成之余之材也先生達之、而余不能自糊其口、而又勞先生、吾豈無恥哉、强之、不可、遂以貧矣、孟子曰、人不可以無恥、無恥之恥、無恥、恥之恥者、在今日其與幾人、嗚呼伯敬之出乎人也遠矣、其才之不見於世、復何傷乎哉、

## 泊園文藝

奉頌即位大典　赤塚　善

嵩呼萬歲震乾坤　錦纛高輝映紫闈
參賀外賓應景仰　異邦無此典儀尊

戊辰歲晚　七十四翁晒洲　右田　三吉

歲序看將改　世間忙送迎
時論誤眞僞　人事從公評
老病知無藥　醉吟聊復情
古稀過三四　宿志竟難成

田家朝　二首　同人

東風旗影一村々　春服麗粧交季孫
恭拜尊容感何極　爰門即是九重門
已看新柳帶朝烟　花信江南又占先
兒女齲然出門去　飛機高在彩雲邊

有故廢花鳥業即賦　坂本　木山

烏飛南又北　花落不定枝
寂寞春光盡　情趣說向誰

水都之夕　（譯兒紳一郎歐信）盤翁　渡邊　元

煙月茫々水繞家　江頭誰唱後庭花
旅愁千里無聊甚　臥聽輕橈隔碧紗
日暮羈愁寂寞催　水光燈影暫徘徊
舫人歸去歌聲遠　夜靜新潮載月來
惟水作郷舟作車　世塵長隔武陵花
鴛鴦不解風波急　畫舫酣歌到月斜

戒學生　石井　澹處

研學憐他迷僻途　須窮國體贊皇謨
連綿大統三千載　莫任無君無父徒

山村秋曉　三首　盤翁　渡邊　元

鵙嘶殘月馬吹烟　正是山村禾熟天
茅屋夾途人未起　牽牛露重小於錢
隔溪茅屋起晨烟　露滴征衣疑雨天
前路何人匹馬去　鈴聲遠響似鳴錢
石逕驅冒曉煙　山高未見日昇天
道傍茅屋霜爲絢　殘菊倚牆黃萬錢

慰友失產　二首　同人

缺地折天何足驚　只愁寒雨滅吟情
平生磨出無塵佛　壞却金堂不損明
白及交前無辭易　大艱臨後不愁難
樹凋葉落乾坤淨　却見天邊皓月團

袖萩　同人

義理人間重　難踰短々籬
盲姫鐵門怨　孝女雪中悲
妹壻縱邦彥　妾夫亦健兒
爺孃呼不答　嗚咽淚如絲

橋本　春波

沈丁花が匂ふ垣根や春の月
笊の水切られて諸魚光り居る
春の月出で〻風なき野の柳
山道は春の月夜の古落葉
初午の幟につよき野風哉

島田　暉山

何を書く筆か堤の土筆
戒を我に敎ゆる柳かな
蛇穴を出で〻闊歩の天下哉
曉や孝子の聲か蜆賣
鶯や無念無想の人となる
書に倦みて窓に眺むる春の雨

八木　泉石

石段を上れば梅の匂ひ哉
うま酒に醉ふて梅の句作りけり
艸庵にかほれる梅の古木かな

## 川柳

自安軒布衣

讀めぬ奴墨色ばかりほめちぎり
骨董屋先づ値段をば申し上げ
値をば聞いてもう一度見直し
御不沙汰の罪を漢字に蒙らせ

松野みどり

讀み出して解らぬ箇所は聲落し
チンプン漢文は六ケしいなア
筆の先嘗めて先生思案出來
國字改良すぐに漢字を仇にし

吉田一らく

やつと腰掛けりや目的の停留所
御注意〻云つた車掌も共倒れ
空いてると寄れば違つた方向板

## 泊園同窓會幹事

大阪市東區南新町二丁目　篠田　栗夫
同　東成區東桃谷町　梅見　春吉

## 同會計

大阪市南區鰻谷西ノ町　豊田　留吉

## 泊園會當番幹事

大阪市南區鰻谷仲ノ町　吉野　五運
尼ヶ崎市大物町　坂本　準平

## 有聲會幹事

大阪府中河內郡枚岡村額田四百五十八番地　吉田萬治郎

## 泊園社編輯同人

大阪市東區南本町四丁目四十八番地　佐藤彌太郎
大阪市天王寺區東平野町三丁目　三崎驥之助　電話南八一九四番
大阪市住吉區千體町十四番地　石濱純太郎　電話住吉二〇二〇番
前揭　吉田萬治郎　電話枚岡二一九番

## 漢詩、和歌、俳句、川柳を募る（字體明瞭に）

題　隨意　期日　每月十日締切
送付先　本社編輯局宛

## 泊園書院日課

書院の課程は左の如くにて講義は主として黃坡先生及石濱先生之を擔當せられ早朝の分は公開せらる

| | 自午前六時半至午前七時半 | 九時（女子） | 午後二時より | 自三時半至五時半 | 自七時至九時 |
|---|---|---|---|---|---|
| 月 | 孟子 | 孟子　世說　三體詩 | 素讀 | 荀子　古文後集 | …… |
| 火 | 淮南子 | …… | …… | …… | 左氏傳　徂徠集 |
| 水 | 孟子 | 月に同じ | 月に同じ | 月に同じ | 說文解字（石濱先生） |
| 木 | 淮南子 | …… | …… | …… | 左氏傳　徂徠集 |
| 金 | 孟子 | 月に同じ | 月に同じ | 月に同じ | 中國哲學史（石濱先生） |
| 土 | 淮南子 | …… | …… | …… | 宋元明詩　列子 |

猶第一、第三日曜午前八時に尙德會の講筵あり。尙書の拔萃を講せらる。

# 泊園

昭和五年五月一日印刷
昭和五年五月六日發行
毎月一回（一日發行）
本紙定價　一部金拾錢（郵稅共）一年前金壹圓
廣告料　一行金五十錢
編輯兼發行人　吉田萬治郎
大阪市東區內淡路町一丁目
印刷所　大阪活版所
發行所　泊園書院內　泊園社
（振替大阪二三八一九番）泊園書院

## 釋奠講經

**山下有雷。頤。君子以愼言語。節飮食。**

『山下に雷あるは頤なり、君子は以て言語を愼み、飮食を節す。』と讀みまして、周易の頤卦の大象の辭であります。此大象と申すは御承知の通り、周公の作られたものと言傳へられて居つて、其義を卦の形象の上に取つて說を立てたものであります、隨つて周易の卦意とは異つた說き方も有りますが、此象は卦象を本としてあるは言ふ迄もなく、更に頤卦の本意にも合ふてあるのであります。又其意味も極めて平易な悟り易いものでありますから今日の講演の題目に選びましたわけであります。

此頤と申すは、『養ふ』といふ意味の字で、人の身を養ふものは口でありますから、この頤(あご)といふ字を『やしなふ』と用ひたものであります。禮記に『百年曰期。頤。』とあつて、遂に百歳のことを期頤と用ひるも此『養ふ』の意味からであります。

此卦は『下を震にし、上を艮にす』と申して、下には震☳の卦、上には艮☶の卦があり、合せて頤䷚となり、上下に一つづゝの陽爻があつて中に四つの陰を含んで居る、丁度口の形に似て居るので頤と名づけたもので、一面には艮は山に象どり、震は雷に象どりますから、陽氣が山のために密藏せられた形となり、これまた天地が萬物を養ふ道であるから『山下有雷。頤。』と卦象を說かれたものであります。ところで周易本節には主として人を養ふといふ意を說いて、天地は萬物を養ひ、聖人は賢を養ふて萬民に及ぼす、と、ふ風に言つてあるのを、象は主として一個人の養ひを說いて『愼言語。節飮食』と說いたものであります。頤は口であるから此二ヶ條も口から論を立てたもので、古から支那でも曰つて居る諺で『禍は口より出で病は口より入る』こいふ語がある、丁度此象の要領を取つた樣に思はれる。言語を愼まぬのは即禍は口より出づの諺ご同じであつて、吾が內から外へ出る所の言語を愼むのは德を養ふわけである。飮食を節せぬのは諺の疾は口より入るであつて、吾が外から內へ入る飮食を節するのは身を養ふわけである。言語とい飮食といふは雷の動き山の養ふより取り愼といひ節といふは艮の止るから取つたものであります。

字義は此位にして、今日私が自身病を得まして、諸君から色々御配慮に預り色々の御忠言を辱うしましたが、之を要するに私自身に反省して見れば、矢張飮食の養を失ふたに基くのであつて、他に重立つた原因はありますまい、私も始終人に向つて說くには、此五感といふものが、大體は他の物を已に取り入れるもので、已を他へ表はすものは口のみであります—場合によれば目は巧に口の代りをすることもある—しかのみならず口は出と入と二つを兼ね主つて居る。これは恐く口は他の半分づゝで充分であるといふ天意であらうと思ひます、詳しく言へば、視、聽、の類は人一倍、飮食言語は半分に控へよといふ天の心であらうといふのであります。今自身に病に遭うて見れば矢張、已に於て既に此訓に違ふ所があつたのであると恐懼せねばならぬ、從つて諸君の猛省を催すこと切なる所以でありますが、今多くを語る時間もありませぬからたゞ一事を取つて例としますが、孟子の中に

士未可以言而言。是以言餂之也。可以言而不言。是以不言餂之也

といふ語があるが、此餂字は舌を以て物を取るを餂こ曰ふと解いてあつて、手や箸を用ゐずに口で直接に『ねぶりとる』といふ字で、之をば人の離心を取る意味に用ゐてあるなぞは、誠に面白い字を用ゐたものである。或は口のよく廻る人なぞは他人が一言言ふ間に自分は二言も三言もいはねば損だといふ風にする、これは饒舌といつて口數が多いとなつて居る。中には人の話の中へ横から口を挿んで他の話を橫取りする人もある、これは禮記に『言するなかれ』とある。

大全の註に、又惟だ口に就て養の義を取るのみにあらず、事の至て近くして係る所の至て大なる者は言語飮食より過ぐるなければなり。身にありては言語となすも、天下に於ては凡そ命令政教の身より出づる者皆是なり、之を愼めば則ち必ず當つて而して失なし、身に在りては飮食となすも、天下に於ては則ち凡そ貨資財用の人を養ふ者皆是なり、之を節すれば則ち宜しきに適して而して傷なし、とあるのも亦考へるべき議論であります

更に私は終りにあたつて附け加へて置きたいのは、此養の道は重きこと言ふを須たぬが、養即用であつて、養ふはこれ用ふるの本である。德を養ひ身を養ひ、精神こ身體の健全を計るはこれ公私の事に大に活動するためである。財を養ふものは大に用ゆるがためである。凡て物を養ひ長ずるは其大活用を希へばであり、また大活用は養ひ蓄へたる力であるべきである。養へば餘りを生ずる、餘あれば其用乏しくない、此の如き道理は分り切つたことであるにも拘はらず、世間には此等を輕視して最後を誤るものの多いのは嘆くべき至りといふべきであります。

## 徠翁手筆の日本傳考（續）

(7)

年遣使上表、詔除武使持節都督倭新羅任那加羅秦韓慕韓六國諸軍事安東大將軍倭國王

武ハ雄略天皇ノ御事ナリ　雄略天皇ノ御諱ハ幼武ト申シタテマツル　新昭二年ハ天皇二十二年ニアタル　安東大將軍ハ二品ノ官ナリ　安東將軍ヨリ上ナリ

南齊書卷五十八

建元元年、進新除使持節都督倭新羅任那加羅秦韓慕韓六國諸軍事安東大將軍倭王武號爲鎭東大將軍

建元元年ハ雄略天皇二十三年ニ當ル　去年ノ任除ナレバ新除トイフ　六國ノ內一國タラズ傳寫ノアヤマリナルベシ　鎭東ハ安東ヨリ又上ナリ　征鎭安平ト次第ス

(8)

梁書卷五十四

高祖即位進武號征東將軍

コノ武トアルハ安閑宣化二帝ノ內ナルベシ　安閑天皇御諱勾大兄廣國押武金日　宣化天皇御諱武小廣國押盾トイフ　梁武帝ノ在位ハ武烈繼體安閑宣化欽明ノ五帝ニワタル

大明會典卷一百五

永樂初、復來朝貢、賜龜鈕金印誥命、封爲日本國王、名其國之山曰壽安鎭國之山、御製碑文賜之、給勘合百道

永樂ハ明ノ成祖皇帝ノ年号ニテ　後小松院稱光院ノ御時代ニアタル　コノ日本國王ハ鹿苑院殿ナリ　龜鈕金印トハツマミヲ龜ノ形ニシタル金ノ

## 泊園後援會の準備

私は嘗て本紙上に於て泊園書院後援會の設立せらるべき氣運の有る事、隨つて之を促進すべき準備會相談會を先づ設けて之が內容方法等を研究するが第一であらうと云ふ議を提出した事があつた。爾來まる二年、全く之に關する何等の話をも聞くを得ないのは如何した事であらう、

泊園書院後援會は不要のものであるとして何等の話も出ないのであらうか。泊園書院を後援し之を光大せんとしたあの氣運が火の消ゆるが如く滅盡したのであらうか。泊園書院は同窓門下の人々にとつては何等の關心すべきものでなく、たゞ黃坡先生御一人の御配慮にのみ任せて置いたらいゝのだと云ふ樣な風氣に轉移したものであらうか。將た又漢學なんかを主とする泊園書院はもはや如何でもよいと云ふのであらうか。否々まさかかゝる事には立ち到つてゐないと私は信ずる。

然らば後援會の豫備會なんぞは不要だと云ふのであらうか。準備會などを作るのは事面倒だと云ふのであらうか。どうせ經費問題になるからこの不景氣の時節にはそんな會迄持出さない方がいゝと云ふのだらうか。それならば私の見る所とは異つてゐる。

泊園書院の後援會が不要でないとすれば、之を維持し之を擴大する事が目的であらねばならない。維持擴大と云ふ事はそんなに簡單な瑣細な仕事ではない之を研究すれば種々の計劃雜多な問題が屑出して來る。先づ準備會を開いて商議せずして後援會設立とは到底出來難い事は分りきつてゐる。又準備會などゝ屋上屋を架する如きは面倒だと云へば、萬事千般面倒ならざるものは無い。後援會と云ふ泊園の一大事業に迄踏み出す以上は面倒なんどと云つて濟まし返つてゐられない。悉くすべき手段は悉くし、踏むべき階段は一々登らなければならない。屋上に屋を架するのではない。

時節の不景氣は言はでもの事であるが、不景氣だと云つて之を延期すべきものではない。後援會又は準備會の設立と不景氣とは直接に何等の關係もあるべき筈でない。直ちに幾何の寄附を募るとか、是非ともこれ丈の經費を要するとか云ふのでは更にないからだ。後援會は永遠の事業であり、一時的のものであつては決してならないんだ。

若し以上の私見を容さるゝならば後援會は必要であり、而して準備會を設けて相談すべきものであらうと思ふ。私は準備會とか豫備會とか云ふ言葉を使つたが、之を云ひ換へれば發起人とか創立委員とか云つて差支ない何の事業にしても發起人創立委員のないものがあらうか。且つや後援會の設立は早ければ早い程泊園書院にとつても同窓及門にとつても喜ばしい事業であることは說明を待たない。何ゝ遠慮があつて同窓諸兄は默して語らないのであるか。若し夫れ高說のあるあらば請ふ與り聞かん示教を賜はるを吝む勿らんことを。（石濱）

## 南岳先生遺詠

### 埋髻

芳山地秀麗　帝陵樹鬱蒼
朱欄新寳殿　斷扉古佛堂
櫻花紅映綠　溪山芳更芳
吾身殉大道　期輔邦家光
落々事難合　時命在含章
老矣髻可截　瘞諸此堂傍
慕他忠烈迹　摽吾鐵石腸
風風又雨雨　世夢何厭長
他年苔石下　自帶櫻花香

## 曾文正語類抄　　大壺

曾國藩の語には切實精要なるものが多い。高遠とは云へないかも知れないが、却つて穩健にして修養に資するにゝ彼が實地閱歷の上から得來つたからである。今少しく之を抄出して見たいと思ふ。國藩の全集及び日記は共に中々尨大なものだが、嘗て其等の中から龍夢孫が分類編纂した曾文正公學案（上海商務印書館發行）一册がある。修養、正心、忠誠、强毅、勤勞、謙謹、節儉、廉介、攝生、治家、交際、厚俗、處事、人才、將才、軍謀、從政、學術、文藝、雜話の二十類に分つて編集し間々評語を附してある。今は龍氏の著の中から處々手に隨つて選出譯述する。（廿菱生）

富は用を節するに如くはなし。一錢を用ふる毎に均しく須らく三思すべし。

能く儉約なる者は人に求めず。

惟だ儉を崇べば以て長久なるべし。

儉は私に非ざれば以て廉を養ふ無し。

服の字の要は宜しく先づ用を節すべし。出づる者節なれば則ち入る者自ら斟酌に易し。

儉由り奢に入るは水を下るより易し、奢由り儉に反るは天に登るより難し。

既に奢なるの後由りして之を儉に返すは天に登るが若く然り。隨處に心を留めて「有減無增」の四字を牢記せば便ち極めて好からんのみ。

今日儉ならざれば異日必ず欠債多し既に累を親友に負ひ、亦累を子孫に貽らん。

凡そ欲の多き者は儉なる能はず、動を好む者は儉なる能はず。欲の多きは衣を好み聲色を好み書畫玩を好むの類の如く、皆浪費者を破るべし。動を好むは今日某事を作するを思ひ、明日某客を訪ふを思ふが如く、亦費す所日に增して覺らず。儉約を講求するには首として動を好むを戒め、輕々しく事を擧げず、輕々しく客を訪はず、次には則ち無益の嗜好を屛除す。然らざれば私費大ならん。

余官に服すること二十年なるも、敢て稍々官宦の氣習に染まず、飮食起居尙ほ寒素の家風を守る。極めて儉なるも可、略ぼ豐なるも可、太だ豐なるは則ち吾れ敢てせざるなり。（嗣出）

## 支那廟制に就て　　岡本勝治郎

一、序

報本反始は道の大本にして尊祖崇宗は人の高行なり、所出を重んじ祭祀を愼むは孝子の禮節にして治道の要義なり、是に於て其祧廟の成るを見る、而して其祭祀の絕えざらん事を欲し子孫の蕃衍を願ふは建國の初めに定むる所の政教制度にして歷世之を奉ずる所以なり共妻妾を多く蓄ふるも蓋し此に基く者にして徒らに色を喜び愛に溺るゝに非ずして其祭祀に方りてや曰く文王の祭るや死に事ふること生に事ふるが如しと言ひ、或は神の坐すが如く此に思へば此に在りと言ひ齋戒沐浴以て之を奉ず實に祭祀は東洋道德の美風にして孝悌仁義政教の基く所たり。

而して其の祭祀は或は廟に或は壇に或は墠に之を異にするも同じく是れ祖宗の祭祀に關する文字なり、凡そ國に大事あれば天子諸侯必ず之を宗廟に告ぐ、而して之を廟前に於て行ふ、乃ち知る如何に其所出を崇拜し如何に其祖考に對する禮を重んじたるか、三年の喪の如きは父の喪に服する三年其間常に粗衣粗食敬身愼ず骨立或は以て稱せられ喪中に子を生ましめしと謗らるゝは左傳中に見ゆる所なり。禮記篇中宗廟祭祀の禮に關する語極めて多し而して余の今之を稱する共祭祀を說かんとするに在らず其祭祀の主躰たる宗廟の制に就て聊か卑見を述べんとするなり。

二、廟制一般

禮記篇中王制及祭法孔子家語中王制篇に廟の制度の事を記載せり、而して其說明記載に小異あり

王制（禮記）

天子七廟。三昭三穆。與太祖之廟而七。諸侯五廟。二昭二穆。與太祖之廟而五。大夫三廟一昭一穆。與太祖之廟而三。士一廟。庶人祭於寢。

祭法（禮記）

設廟祧壇墠而祭之。乃爲親疏多少之數。是故王立七廟。一壇一墠曰考廟。曰王考廟。曰皇考廟。曰顯考廟曰祖考廟。遠廟爲祧。有二祧。諸侯立五廟一壇一墠曰考廟曰王考廟。曰皇考廟皆月祭之。顯考廟祖考廟享嘗乃止。大夫立三廟。二壇。曰考廟曰王考廟曰皇考廟。享嘗乃止。顯考祖考無廟。有禱焉。士二廟一壇曰考廟曰王考廟享嘗乃止。皇考無廟有禱焉。官師一廟曰考廟。王考無廟而祭之。庶士庶人無廟。死曰鬼。

孔子家語。（廟制）

天子立七廟。三昭三穆與太祖之廟而七。太祖近廟皆月祭之。遠廟爲祧。有二祧焉。享嘗乃止。諸侯立五廟二昭二穆與太祖之廟而五。曰祖考廟。享嘗乃止。大夫立三廟。一昭一穆與太祖之廟而三。曰皇考廟。享嘗乃止。士立一廟。曰考廟。王考無廟。合而享嘗乃止。庶人無廟。四時祭於寢。此自有虞。以至於周。所不變也。

以上の如く文字上に於て少しく相違あるも之を約すれば天子七廟。諸侯五廟。大夫三廟。士一廟。庶人無廟となるなり、而して大夫以上昭穆を分ち以て其順位を定め親疏の多少を示す之を圖すれば

天子七廟（太祖（一世）　昭（二世）　昭（四世）　昭（六世）　穆（三世）　穆（五世）　穆（七世））

諸侯五廟（太祖（一）　昭（二）　昭（四）　穆（三）　穆（五））

大　夫（太祖（一）　昭（二）　穆（三））

士（祖廟（昭穆合同））

然るに太祖の廟あるは士以上皆の如く六つの昭穆の廟を立つ唯士は之れ無く初より悉く太祖廟に收容するなり元來廟の義たる貌也以て先人の形容に彷彿する所也と言へり然らば昭穆とは何を意味し又何の爲めに之を爲すや。

## 同窓先輩諸士に問ふ　　灘尾可峰生

建國三千載文化發展せりと雖も海外列國に對して誇り得べきものは唯一の國體と皇統一系の尊嚴との外に幾何ありや（中略）他は姑く措き先づ教育上より觀察するに先年漢字制限とか廢止とか羅馬字普及とかエスペラント擴張とか中等教育に漢文を排し主として國語を以て教ふるとか一として吾人の首肯し得る問題あることとなし余を以て謂はしむれば今日學生の素質粗惡なるは漢文の衰替が原因となり自然に思想が淫化せるものと思ふ共風紀の紊亂も倫理の混濁も志氣柔弱も陰險嫉妬も皆是れ漢文を學ばざるが故なりと謂つべきである伏して惟るに宮府よりは斯道復興の爲めに恩賜された事ありと聞く然るに未だ其効果あらし事を聞かず實に恐懼すべきにあらずや因て吾人同窓たるもの是に奮起して既倒の狂瀾を廻すべく率先して其擧あるべきなりゝ我が泊園より本紙を發刊せるゝ其主旨や此事なくも累號拜閱するに期待と相應し難き看あり太甚過言なれども希くは寬容して賢考を垂れられむ事を但し不肖兇壽は淺學菲才況や性來蒲柳年々歲々多病なるが故に一片の赤心は冷灰ならずと意ありて力及ばさる者なれども諸士の駿尾に附して進まんと欲する余の希望は本紙（泊園）の改良と擴張とである先づ經史子集の四科を設けて文苑と時事との科をも特設して同窓先後諸士の詩文を連載され以て泊園の特徵を發揮せられたし將又全國の中等學校以上の方面へ一部づゝたりとも寄贈し園外より質疑等あらば正々堂々說明して斯道の勃興すべき最善の努力を盡されむ事切望に堪へず。

昭和五年六月六日　火曜日　泊園　第十號　（三）

## 篤信好古齋隨筆

大壺

前號に於て余は田伏侯の一切經音義引說文箋が說文詁林に採錄さるゝに及ばなかつたと書いた。それは現に卷首の引用書目表中に出てゐないし、又前にも言及してゐないから、是れ蓋し已に詁林編輯が終つてから田箋が世に出たので採錄するに至らなかつたものと推斷したのであつた。だから引用諸書姓氏錄中に田伏侯に一切經音義引說文箋の著あるを擧げてゐても、それはたゞ後よりの追書と思つてゐた。然るに近頃說文講讀の際不可思議なる處に會つた。それは田箋と丁門の校記と殆んど文字を同じくしてゐる處がある。煩を厭はず左に兩文を對照鈔出する。

徧卷九十四引作相纖迹也二徐本無纖字案相迹二字於義已通原有纖字更爲瞭然段氏所謂後迹與前迹相纖也（田箋）

福保案慧琳音義九十四卷十四頁徧注引說文相纖迹也蓋古本如是二徐本奪纖字宜補相迹二字於義已通古本有纖字更爲瞭然段氏所謂後迹與前迹相纖也是已（詁林）

衢卷八引作交道四出也二徐本作通道也案小徐曰謂南北東西各有道相衢此釋交道四出之義第曰通道小徐奚爲如此詞費可證古本不作通道也（田箋）

福保案慧琳音義八卷二頁衢注引說文交道四出也蓋古本如是二徐本作通道也小徐曰謂南北東西各有道相衢此即釋交道四出之義然小徐奚爲詞費若此可證古本不作通道也（詁林）

同じ處を同じ材料に據つて校勘するのだから多少の似寄りは許すとしても餘り文句が似過ぎる感があるではないか。然も文字の感じから云へば丁氏が田氏の文を校改して採錄した樣に見える。蓋し兩者共に相借らずして出來たものだが、出世は詁林が後れたが爲めに圖らず田箋に影響されたる痕を留むるに至つたものであらう。少しは參照したものと見える。

余は又前號に於て沈氏古本考の校勘記の事を述べたが、尙ほ補ふべきものがあつた。それは詁林補編の末尾に（六九七〇葉左上より六九七二右下に至る）沈考の補校がある事だ。そこには

桼潘刻說文古本考與原稿本相較訛脫甚多茲特將各條甄錄於下以補潘刻之脫漏

との小引が有つて二十八條を錄出してゐる。皆旣述の北大研究所の校勘記に出てゐるものである。小引の言によると原稿本が何處かに存在してゐる樣子だ。潘氏刻本は精を欠き誤脫甚だ多いものだと云ふんだから原稿本があるならも少し詳しい校記を作つて詁林に附してよかつたと思ふ。或は考ふるにこゝに原稿本と云ふものは前記の盛伯羲校舊鈔本の事では無いかしらん。馬夷初先生の淸人所著說文之部書目初編草稿（圖書館學季刊第一卷第一期所載）にも『潘刊有闕頁僅據盛氏昱藏過稿本補足』と稿本の字を用ゐてゐるが皆この盛氏舊藏本の事を云ふんだらう。さうすれば旣に校勘記が有るんだから別に必要はないが然し盛氏藏本の詳しい記述がほしくなる。

馬夷初先生の說文解字研究法一冊が商務印書館から出版された。先生が北京師範大學で國文研究科に說文を敎授した時に出した研究問題を說明を附して排比したものだと云ふ。說文本に初まり說文書目に至る七十二條、或は形義、或は聲韻、或は解題、或は提要、或は析義、或は辨字、或は通論、或は分說、と說文の諸問題を殆んど擧げ盡してゐるから、別に名論卓說を見る事も無いが說文研究の津を問ふものにはかなり學者に便益を與ふるものがある。胡樸安の文字學研究法と表裏を爲し左右に對すると見てい。併せて讀めば說文研究の蹊徑を認知し易からう。

## 泊園書院の釋奠

泊園書院の釋奠は例年の通り四月三日午後一時より擧行せられたり。式例の如く莊重典雅黃坡先生は易經頤の象傳『山下有雷頤。君子以愼言語、節飲食』を講ぜられたり。當日は天氣快晴にして參拜者多數に上り盛んなりき。

## 消息

黃坡先生には今春來稍々御不快の御樣子なりしも三崎先生豊田氏等の御忠告により一向御靜養せられたる爲め殆んど舊に復されたり。御安心を請ふ

黃坡先生の御令息桓夫樣は三月東大國文學科を目出度御卒業になれり。

陰山以保君
鎌田潮音君
山田連君
村上卷三君
大門了康君
田端和助君
牧野明次郞君
坪內傳次郞君

右の諸君は先後長逝せられたり。可痛可悼

永田仁助君は鴻池信託を辭し大軌へ入社せられたり。

多田黃山君は三月末山本竟山翁に陪して燕京に遊ばれたり。

島本一男君は大高を卒業して京大宇宙物理學科に入學せられたり。

## 道明寺の釋奠會

道明寺の釋奠は東京の斯文誌上にも紹介され大に注目せられてゐるが、是非當地方の人士によつて益々盛大に擧行さるゝ樣にしたいものだ。本年も例によつて來る五月十一日午前十時道明寺天神社內で擧行さるゝから奮つて御參拜を勸めたい。左に主旨規約概要を揭載して置く。

### 釋奠會主旨

本會ハ故南岳藤澤先生ノ首唱ニ由リ明治三十六年以來南河內郡道明寺ノ天神社內ニ於テ每年一度世界ノ大聖人ニシテ東洋文化ノ淵源タル孔子ノ祭典ヲ擧行スルヲ以テ目的トス共崇祀スル所ノ木像ハ千年以上ノ物ニシテ小野篁公ノ製作ニ係リ昔時足利學校ニ崇祀サレタル尤モ由緒アル本邦最古ノ聖像ナリ明治初年朝廷特ニ先生ニ御下賜ニナリシ者ナルガ先生ハ之ガ保護ヲ土師神社ニ託セラレ本會ヲ創立シテ祭祀怠ラズ以テ今日ニ及ベリ大方有志ノ諸子進デ本會ヲ贊襄シテ聖德仰慕ノ誠ヲ致サレンコトヲ悃願ノ至リニ勝ヘズ

### 釋奠會規約概要

同會は每年五月第二の日曜日に道明寺村土師神社（道明寺天神）社內に於て釋奠祭を擧行し經書の一節を講じ書畫揮毫圍棋喫茶の諸席を設け且特志寄贈の記念書畫を抽籤により出席會員に頒ち會費は金參圓とし（內壹圓は祭資料）主唱者は藤澤黃坡先生及び南坊城良興氏にして幹事は眞野鷹一氏外八名なり入會を希望さるゝ諸君は土師神社若くは大阪市部幹事眞野鷹一氏宛に申込れたし

## 南岳先生遺詠

土師神社釋奠席上步聯句韵

和如琴瑟暖如春　可以齊家可保身
吟榻茶烟醒後是　虛窓花影梦中因
憂時大息欲浮海　濟世至誠猶問津
雖有典型才有分　茫茫未判伍何人

謹啓時下筆硯愈御清安奉賀候陳は拙老本年齡七帙に臍り頗る頑健に候間乍餘事御休襟被下度就ては左記の述懷數首呈机下候間御笑覽叱正を賜はり度尙ほ御多忙中恐入候得共漢詩、國歌、俳句、書畫、金言等何なり共御投與被成下度永く珍藏仕り紀念と致度存候用紙は御下命次第差出し可申候も普通形詩箋又はこれと同形の鷲仙紙小切と一定致し申度候間何卒御採納願度右御依賴まで如此御座候　早々敬具

昭和五年庚午一月

香川、三豊、比地二

古稀翁　石井光美　號澹處

追て拙宅別號左に御參考として附記仕候

書齋號　眞趣齋、園號　眞樂園、閣號　天眞閣

## 古稀述懷

休言七十古來稀　重作嬰兒着彩衣
双鬢如絲身尙健　春秋幾度更無違
老境琴樽發興新　誰知慨世儘沾巾
醉生夢死非吾願　百歲長同少壯人
乞將骸骨返家園　三十餘年叨荷恩
尸位素餐誰不耻　新陳交代道仍存
下車驚喜舊情敦　村路百千人語喧
紅旆綠門迎我盛　低頭脫帽暫無言
三徑荒蕪四十秋　天涯爲吏不勝愁
歸田今日執鴉嘴　松菊猶存園草稠
王事致身思念深　靑衿所養是誠心
老來未去崢嶸氣　屈節讀書松樹林
雪月風花我意親　江湖歸隱號閑民
半生心血灑君國　白髮今爲如此人
蜂腰數首辱榮觀　賡和優他握手歡
文字有朋憐老朽　錦篇寄贈臭如蘭

乞一笑　眞趣齋澹處稿

## 舌代

本誌は泊園書院の新舊關係の方々へ全部無償にて差上げるものでございます。所が御住所が分らなかつたり、こちらの名簿が間違つてゐたりするので御手許迄屆かない事が出來ますから何卒屆きません樣な節には御遠慮無く御知らせ下さいます樣願ひます。

尙ほ又御知友等他人へ御頒ちになりたい御希望の節には何部迄なりと仰つて頂けば殘部の有る限りは御送り申上げますから、是れ又御遠慮無く御申付け下さい。勿論代價は入りません。

又何等泊園に關係のない方でも泊園關係の方の御紹介ありますれば是れも差上げたいと存じます。

そんなにしてはと思はれる方もありませうが、今の所は紙上御覽の如く維持費の御捐金が多い上に、同窓會から常費の中より補助して頂いてゐますので、何等經濟的には更に苦痛はありません。早くこんな薄ッペラなものでなく、立派な機關紙にして上げたいと念じてゐるのですが、內容編輯上に編輯者が不慣れなのでウマクゆかないだけの事であります。何分にも努力は致しますつもりです。

何にしても編輯者のみの力ではこの大きい泊園々の消息を隅々迄知悉するわけには參りませんから、取り分け各地方の方々からは是非御通信を頂きたいものです。

泊園の內容は從來如何にも片よつたものに見えますが、左程狹いものを作る意はありません。泊園紙の目的に沿ふものなら何でも掲載したいと思つて居ります。玉稿の御揮下を祈ります。たゞ勝手乍ら選擇は都合も有りますから編輯者に御一任頂きたい。

原稿其他本紙に關する一切の通信は敏活を期する爲めに

大阪市住吉區千體町十四　石濱純太郞

宛にして頂きたい。これが一等便利であります。（編輯員）

## 本紙後援寄附金收受報告

一金拾五圓　近藤常吉氏

累計金四百拾七圓也

## 壽眞野伯揚古稀序

黃坡

昭和己巳。眞野伯揚齡躋古稀。而人之識伯揚者。則曰。伯揚果躋古稀乎。何其矍鑠也。曰。其髮鬖々未全白也。其顏渥丹未甚耈也。其談也風發。笑也陽動未少倦也。飲噉不衰。腰骨不屈。童不跟隨。策不扶老。何其矍鑠也。余曰。信矣。其矍鑠也。余察其爲人。嘗官於稅司。而非志官達也。退居市井。亦不厭俗蝟也。接人則和易不爭。處事則坦蕩不憂。其心如水。何有扣泥之擾哉。其氣如春。何有風霜之慘哉。日月悠々。歲時晏々。吟詠以言其志。筆翰以怡其情。優哉々々。伯揚之生也。少陵既曰。酒債尋常行處有。人生七十古來稀。伯揚固無酒債。獨有閑趣焉。余乃曰厭藝雙全非偶爾。伊人七十豈徒然。客鼆然頷之。余更次其自壽詩韻曰。閑觀世事與時遷。自適優游叉幾年。身隱市門塵慮絕。帝卿不復羨飛仙。併錄以爲序。

## 金字塔

久し振りで前號が出たので各位から賛辭を賜はつて汗顏に堪へないのは缺字の多い事だ、今後斯る失敗の無い樣に印刷所へ注意をした乞御諒承

▲近來國字改良論が旺に唱へらるゝが實際に適用さるゝのは漢字制限論位のものだが最近漢字廢止論と題した小册子が飛出すに至つては我泊園同門から是非卓論を吐いて欲しい

▲本誌は新聞紙法に據らざるが爲時事問題は掲載不可能也投稿家御注意

▲泊園後援會の準備會は急速に設立すべきものだ言を財界の不況に託して機を逸するは斷而不可也

▲本號も記事輻輳會計報告寄附金其他次號廻しとした今や靑葉若葉の茂る時玉稿机上に堆く定期刊行無疑矣

## 泊園文藝

### 題田道間守獻香果之圖

岡本徐洲

上好奇則珍貨至焉。以下喜上嘉納之也。田道守之獻香果也。至尊嘉納之。彼亦喜之矣。然而至尊好奇而嘉之乎。彼亦欲爲所喜而獻之乎。曰否。君不好之。彼亦不欲之也。而彼敢爲之者。何也。初彼獲之於常世國也。自以爲誠珍果也。皇國所未曾見之物也。遂齎來獻之於闕下。蓋出於忠誠赤心。而不問喜與否也。邦俗有嘉穀新果。先供之於鬼神。然後嘗之。蓋以爲天地之德也。吾田道間守之所爲亦此類焉耳。吾聞之。有所爲而爲者利也。無所爲而爲者義也。田道間守之所爲。是致臣子之誠者。而非有所爲而獻之也。凡貽遺奉獻之道。宜以田道間守之心而爲心。若無此心。吾不知其可也。

因云垂仁天皇九十年辛酉春二月庚子朔。田道間守至於常世國。景行天皇元年辛未歲得香菓而歸。獻之。（大日本史所載）

### 釣魚說

岡本徐洲

釣魚之法。先不可不擇鉤與綸。又不可不知其處。不啻是。又不可不知潮汐也。其處者何。曰所謂網代者也。其潮汐者何。曰亦網代也。而有可於潮。有可於汐。而尙不得其宜。則雖終日垂綸。終無所獲也。曰如此而已乎。曰否猶有可言者矣。夫釣魚之爲技也。適於性之寬者。而不適於其急者也。而又要能習熟之。何者魚之來見餌也。或有爭吞之。或有躊躇而後食之。或有唯小啄而巧取餌。或有熟視良久而竟不顧而漁者能知之。引綸以鉤魚也。而魚之鉤也欲脫於鉤跳躍狂亂。而其力難侮也。當此時綸緊張殆絕。而性之急者恐魚之佚。急遽倉皇極力引綸。以故或綸絕或鉤折。而竟不獲之也。乃終日乾々。鑑底僅計小魚數尾耳。至于性之寬而能熟者不然。且引且弛。或急或緩正待魚之力稍衰。然後徐牽其綸。是以十不失一。未半時而鮮魚充鑑矣。是則釣魚之法也。然而今時釣魚者多是不知選器。不問網代。又不欲乘潮汐。而欲其所獲之多。是與緣木求魚者相去不遠矣。而人之處世往々多類此者。可笑也夫。

### 病起漫吟

灘尾可峰

欣然逢新歲　何料害肓腸

坐臥踰二月　詩迺亦難償

病起未許出門外　孤看盆梅放暗香

### 輓田端鑑海

同人

明治乙子歲與余在泊園書院而意氣相投親交最深矣君能書善隷又巧南畫篆刻衆口賞揚其多技丙卯孟春君歸國同年首夏欲余遊東都有約途次訪問連袂詣大廟袂別於津市余不幸發痾不果素志而還鄉即今凶音到手驚愕哀悼嗟吁往事如夢

追思四十有餘年　螢雪結交情若淵

春到曳筇平野徑　秋來弄笛澱江邊

離群空歎物華變　値遇誤驚歲月遷

奄接凶音淚如霰　寥々想見勢州天

憶起當年去浪華　銜雲訪到故人家

庭階隨處殘紅發　屋角無端新綠遮

此夕傾杯評山水　翌朝携手弄烟霞

嗟吁往事渾如夢　惆悵想望天一涯

### 退職日賦

笠井雪窓

昭和三年十二月朔以高等官六等待遇十五日叙正七位越五年吾年六十有八去老杜所謂人生七十古來稀僅二年而已亦可謂老矣乃其一月八日乞骸骨二月十日被聽

四十餘年事育英　今朝初覺兩肩輕

欲探茅海琶湖闊　更訪城山攝水淸

恃怙俱無只存姉　乾坤不怍僅安情

好將一萬二千日　賦得新詩頌泰平

余常自謂不達百歲則不死乃尙有三十二年故曰一萬二千日也

### 蘭畹病胃閱十一月而愈甚矣乃賦

期拯孟光殑在牀　醫書偏究扁倉方

雖然死是人生極　尙欲齡兮一日長

揮及長攻雙豎痼　銜枚夜襲衆魔行

爲言莫恃金湯固　我砭無能達膏肓

### 海邊巖

宮崎貞吉

風はあれ浪はさわげど動かざるいはほにならへ人のこゝろも

### 送巳迎午

同人

老の身をたゞすこやかにおくらましなすべきわざはうまずつとめて

### 心靜養壽

同人

あれさわぐ世の浪風もさはらざるこゝろにのびん長きよはひは

島田暉山

知つた振り由緒話すや春の人

歸鄕して母の馳走や草の餠

花に心とられて春の月見哉

一の字を鮨書きゆく苗代かな

春雨や片手にかざす數寄屋笠

橋本春波

初雷や其日歸りも旅心

ゑん豆の薬ほの明き春の月

なつかしきものや花栞の軟み

夏めきて柳一木や鳴蛙

花の山古道行けば葱畑

小笹圭治

黃坡先生御令孃妙子樣の御逝去を悼み奉りて

繪本よめとせがまれし日の想はるゝ

雛祭りを待たずに散りし桃の花

---

四女妙子夭死につき御懇篤なる御弔慰を蒙り感謝の至りに存候一々御禮狀差出すべき筈に候へ共多忙に取紛れ失禮致居乍略儀以誌上謹で御禮申上候也

藤澤章次郎

---

## 有聲會幹事

大阪府中河内郡枚岡村額田四百五十八番地　吉田萬治郎

大阪市東區南本町四丁目四十八番地　佐藤彌太郎

## 泊園社編輯同人

大阪市天王寺區東平野町三丁目　三崎麟之助　電話南八一九四番

大阪市住吉區千體町十四番地　石濱純太郎　電話住吉二〇二〇番

前掲　吉田萬治郎　電話枚岡二一九番

## 泊園會當番幹事

大阪市北區旅籠町　辻蒼石

大阪市東區橫堀五丁目　渡邊醇

## 泊園同窓會幹事

大阪市東區南新町二丁目　篠田栗夫

同　東成區東桃谷町　梅見春吉

## 同會計

大阪市南區鰻谷西ノ町　豊田留吉

## 漢詩、和歌、俳句、川柳を募る（十四字詰 字體明瞭に）

題　隨意

期日　毎月十日締切

送付先　本社編輯局宛

## 泊園書院日課

書院の課程は左の如くにて講義は主として黃坡先生及石濱先生之を擔當せられ早朝の分は公開せらる

| | 自午前六時半至午前七時半 | 九時（女子）午後二時より | 自三時半至五時半 | 自七時至九時 |
|---|---|---|---|---|
| 月 | 孟子 | 孟子 世說 三體詩 | 素讀 荀子 古文後集 | …… |
| 火 | 淮南子 | …… | | 徂徠集 左氏傳 |
| 水 | 孟子 | 月に同じ | 月に同じ | 說文解字（石濱先生） |
| 木 | 淮南子 | …… | | 徂徠集 左氏傳 |
| 金 | 孟子 | 月に同じ | 月に同じ | 中國哲學史（石濱先生） |
| 土 | 淮南子 | …… | …… | 宋元明詩 列子 |

猶第一、第三日曜午前八時に尙德會の講筵あり。尙書の拔萃を講せらる。

昭和五年六月五日　木曜日　泊園　第十一號　（一）

昭和五年六月一日印刷
昭和五年六月五日發行
毎月一回五日發行
本紙定價　一部金拾錢（郵共）一年前金壹圓
廣告料　一行金五十錢
編輯兼發行人　吉田萬治郎
印刷所　大阪市東區內淡路町二丁目　大阪活版所
發行所　大阪市南區[illegible]九番地　泊園書院內　泊園社
（振替大阪二三八三九番）

## 釋奠講經　五月十一日 於土師神社　黄坡先生

**子曰。以レ約失レ之者鮮矣。**

子曰く、約を以て之を失ふものはすくなし。と讀みまして論語の里仁篇にある孔子の御言葉であります。極めて簡單な章でありますから譯もない樣に見えまするに拘らず、之に就て色々な解き方がありまず、凡て古文は簡單であるだけに解釋が面倒でありまして此章の如きもそれであります

先づ『約』の字について古來色々に說かれてある、漢の孔安國は『儉約』と說いて居つて、奢儉の二つとも中を失つて居るが、奢の方は禍を招くが、儉約であれば憂はない。と說いて居り。朱子は謝良佐の說を引いて『侈然として自ら放にせぬのを約といふ』と說かれて居る、即ち己れを引きしめることゝ約束することであつてたゞ儉約ばかりでないといふのである。大體此二つに分れ夫れ〳〵學者の間に祖述せられて居る　我國の學者では、伊藤仁齋先生は朱子に依り、『約とは檢束の謂なり身を修め事を處すること皆檢束すべきをいふ』と註せられ。中井履軒先生は　古註を取られ『これも亦、寧ろ儉せよの意なり』と註せられた、これは孔子の語に『禮は其奢ならんよりは寧ろ儉せよ』とあるのと同意だといふのであつて古註の『俱に中を得ず』とあるのをうけて『約は未だ中を得ざるの稱』といはれた、これで見ると、儉約と奢侈と兩つ共に禮儀の中に合はぬが、儉の方には失策がない。といふ意味であります。

朱子の方は之を更に擴げて財貨を儉約するばかりではない、凡てに引きしめて放恣でないことである、といふので、これは善い行となるわけであります。

また『之を失ふ』といふのは古來別に說はない、たゞ皆川氏の說に『之を失ふとは、道を失ふを謂ふ』とあり。これは少し重く見過ぎてある樣であつて、『失之』はたゞ『失ふ』といふ氣味に見ればよいので之の字は指す所あつて指す所のない、漠然といつた語となるのであります。

然る處、徂徠先生は、昔に單に『約』と用ひた語は困約と約束との二義よりない、儉約とか檢束とかいふ意味を一字の約字で示したものはない、故に此約字も困約の義である『久しく約に居るべからず』などの約と同じであるといふ說である。即ち人は困約難儀の中に居つたらば萬事に注意し、愼重にし、勉强もするからして、失敗するものは少ない、氣樂な身分になると、つい弛みを生じて、こゝに破綻を來たすものであるといふので、孟子に『憂患に生きて安樂に死す』とあるのと同じ意味となるのであると說かれて居る。泊園では此說に從ふのであります。

儉約にしても、檢束にしても、共に保守修斂の方法でありますから、失敗のないのが當り前である、孔子が殊更に『之を失ふものは鮮し』といはれるまでもない。たゞ困約は人の厭ふ所で誰しも之を逃れんとするものである、從つて無理をしてでも困窮から逃れ出やうと思うて、知らず知らず、非違に陷ることがある、だから孔子は『約を以て之を失ふ者は鮮し』と後世に所謂『艱難汝を玉にす』の意を示されたものである。

上にも引いて居る如く、孟子に舜や傅說や膠鬲や管夷吾や孫叔敖や百里奚を例に取つて、皆初めに困窮して後に進達して居る、即ち天が大任を其人に降さんために先づ其心身に向つて一大試錬を與へるのであると說いてゐます。

また老子が『禍は福の倚る所。福は禍の伏する所』と說いて居りまして、遂に『倚伏』といふ熟字が出來て、禍福の定住せぬものであるといふことを示しました。韓非が其解老篇に『人は禍があれば心に畏れる　心に畏るれば行は端直であり、思慮が熟する、思慮が熟すれば事の理を得る、行端直であれば禍害がない、禍害がなければ天年を盡す、事理を得れば必ず功を成す、天年を盡せば全うして壽く、必ず功を成せば富にして貴い、全壽富貴を福といふ、而して福は禍あつたに本づいて居る故に「禍は福の倚る所」と曰うたと說き、また之と反對に『福は禍の伏する所』をも說いて居ます、これ等は有名な說でありましてまた誰も引用することであります。

しからば禍福の循環は免れぬものである、といふて運に任すべきであらうか。といふて困約には甘んずべきか。といへば、之は無策といはねばならぬ。況んや諸君の如き、皆業を守り家を成して居らるゝ方がたであれば、之に困約を御勸めしは、固より其目標を誤つて居るといはねばならぬ。是に於て、かの荀子の宥坐篇にある話を聞いて頂かねばなりませぬ。

孔子が魯の桓公の廟を見物せられた所、欹器がある。孔子が廟守りに此器は何であるか、と問はれると、答へて申すには、これは宥坐（右坐であつて坐右に置いて戒めとする意味、或は宥は侑であつて、すゝめ戒める意と說く）の器であります、と、そこで孔子は吾は宥坐器は虛であればかたむき、なかば水があれば正しく、滿つれば覆ると聞いて居る、とて、顧みて弟子に水を注げといはれて、弟子が水を入れると果して謂はれた通りであつた、そこで孔子はあゝいづくんぞ滿ちて覆らざるものあらんやと曰はれると、子路が、滿をたもちまするに道がありますかと伺ひました孔子は、聰明聖知は之を守るに愚を以てし、功の天下に被るものは之を守るに讓を以てし、勇力世を掩ふものは之を守るに怯を以てし、富四海を有つものは之を守るに謙を以てする、これが『挹んで之を損する』の道であると答へられたのであります。以上の物語によつて、富貴といへども挹んで之を損して盈滿にならぬ樣にすれば之を保つことが出來るといふことを心懸ければよいと思ひます。孝經にも『高うして危からざるは長く貴を守る所以、滿ちて溢れざるは長く富を守る所以』とあります、また『健なる時に常に病の想を作せば以て身を保つべく、裕なる時に常に乏しき想を作せば以て家を守るべく、少き時に常に老の想をなせば以て學を力むべく、活ける時に常に死の想を作せば以て道に進むべし』と戒めてもあります。されば御互に、艱難を苦とせずして此中に自己を鍛錬するを樂み、富貴に苟もせずして之を保つ道を勉めねばなるまいと存じます。

また一個の身のみならず、社會國家といへども、矢張り此の如き道理でありまして、左傳に鄢陵の戰に晉の范文子が『唯だ聖人のみ能く內外共に患なくして居られる、聖人に非るからは、外寧きときは必ず內憂がある、盍ぞ楚を釋いて外懼とするがよいではないか』といつて居る。即ち外國に對して戒め合うて居る間は、國內の一致が出來る、もし外に對する問題がなくなると內に變を生ずるのであり。また色々と社會上に恐れ戒めるべき問題のあるのは、一面各自の精神を緊張せしめる良藥とも見られるのではあるまいかと思ひまする。此等の點に付ても諸君の御一考を煩はしたいと存じます、こゝに夫子の御祭に當りまして、聖語を布演して皆樣の淸聽を煩はした次第であります。

## 徠翁手筆の日本傳考（終）

（9）

卯ナリ、是ハ噸朝ニテ皇后太子
等ニ諸親王ノ礼ト同シ、人臣ノ
外ハ唯、詣命ハ綸旨ナリ、奉書
鎮國山ノコトサダカニ知レズ、勘合
大明ヘ船ノ道、又ナニ用ユル符契ノ
印ナリ、首道ハ首通ナリ
右謹考之
荻生茂卿

# 憶昔録

藻洲老漁稿

## 先生游東京

明治壬申癸酉之交。南岳先生年方壯歲。官于香川。心有感。辭學職。謝諸生。游東京。與廟堂諸公論事。不合。去而還浪華。下帷講授。是爲泊園書院之濫觴。泊園其先考東畡先生別號。東畡先生初以高松藩儒開塾于浪華。先生繼箕裘。會慶應戊辰變起。藩坐德川氏事。爲王師所討。先生深憂慮之。就所識官軍參謀大山格之助(綱良後死丁丑之亂)周旋其間。急航南歸。盡力恭順。寃賴獲釋。因留而仕藩國。至是復回浪華。其游東京。老友片山冲堂翁有詩送之。

## 冲堂詩

其詩曰。欽君少壯四馳聲。萬卷羅胸誰得爭。如何一朝辭學職。更廢家塾謝門生。云是文明開化日。事殊今古無限情。六經々傳辛勤業。孤負芸窓一短檠。月正元日筆可削。陽曆無復幹枝名。獨存午前與午後。二十四時昏且平。隋唐冠服非古制。窄袖寬袴與時行。不左其衽眞幸甚。心長髮短付公評。今日試開大活眼。要過驛路至東京。傳信機成又鐵道。高臺照海幾燈明。洞觀形勢定方向。取我家聲恢且宏。歸來發爲大文章。嚇殺老夫雷名轟。

## 荊璧不獻

是時予年十一二。從父兄。送先生于藻海濱。濱在高松城東。先是一年。藩廢。侯家歸東京。城郭爲墟。唯見樓門畫閉古松吼風蕭々耳。予又童子何知。然至舟發。離歌數曲。自送行者起。覺其聲慷慨悲壯也。迨成長思之。又讀冲堂翁詩。而後知先生斯行有爲。非徒然也。惜時勢不可。荊璧不獻而止。夫人生三不朽。立德立功立言　蘐園家言云。立德聖者業也。冲堂翁詩不期立功。而期立言。蓋亦有知之也歟。翁名元章。高松藩儒員。少時游昌平黌。又從于安積良齋。兼問詩文于東畡先生及我先大父諸家。尤長詞章。南岳先生與翁牘有云。老兄吾先子所畏也。著六石亭文鈔。有重野成齋序。成齋亦學昌平黌。推爲將伯長者　事見于序中。

## 固辭不肯

先生在東京。松岡康毅鄕純造等曾受教于東畡先生　知其器識材幹可用。欲薦諸朝。告先生。先生知時不可。固辭不肯。二人亦見其不可奪而止。

## 亦何畏彼輩

丁丑之亂。大久保參議恐海内不平之士黨西鄕南洲。縱間諜于四方。偵察情況。其在京畿者。春日中沼神山諸氏爲指目。先生亦在嫌疑中。一日有客說先生。其辭婉曲。時間激越。譏刺政府。稱揚南洲。先生知其爲當路來而撼己也。沈默不言。良久勵聲曰。西鄕吉之助獨奈大義名分何。藤澤南岳雖無寸兵尺鐵。亦何畏彼輩。客倉皇失色。告實謝罪而去。他年先生舉此謂予曰。鍛錬精神。在于平日。

# 學術と大阪

我が大阪は日本第一の大都會だ、實業の根據地だ、金融の中心地だ、否東洋の經濟核心だ、と。いかにも左樣であらう。その日進月歩の經濟的發展の有樣は我等は誠に之を眼前に見つゝある次第である。だが學術と云ふ側文化と云ふ方面に眼を轉ずると如何。學問の土地ではない、美術には合はない、と他の都會の人々が云ふ計りでなく、本地の人々すらがさう自任して居る樣だ。或はさうなんではないかと我等學究の徒をして疑はしめる機會にも度々遭遇する。大學でも當地は實地に融通のきく學問を教へるんだと云ふ。

果して實際に文化は大阪には不必要なものなのだらうか。殊に學問は此地に適當しないだらうか。固り學術は早速翌日から所謂間に合ふものではないかも知らん。勉强したら直ぐ金儲けが分ると云ふものではなささう所か、却つて產を破り勝の例が多いだらう。然し政權を離れて實業に立つてゐた近古三百年の大阪を顧ると如何。

德川幕府三百年の間江戸には官學以下盛榮を並び競ひ、西京には之に對抗する京學諸流の隆興して相下らざるものがあり、各地の都城の中に於る諸派業流の蕃衍ただならざるものがあつた其間に我が大阪は如何なる地位を占めたと思ふ。下河邊長流、契沖阿闍梨の國學は如何。中井竹山履軒兄弟の漢學は如何。橋本宗吉、緒方洪庵の蘭學は如何麻田剛立、高橋東岡の天文曆數は如何。片山北海の詩文、木村巽齋の博物は如何。かゝる諸先生は皆磊落の大才、決して世々に出でざるの人々であつて、生存當時の斯界に擅場であつたと云ふ計りではないので、皆後世を指導したる斯界の開山導師であつたのだ。その學術は徒らに諸流に依傍したものでなく、皆獨特の創闢力を持つたものなんだ。近世の學術にして大阪の開發によらざるものは蓋しさう澤山はありはしない。當代の近眼者流がたゞ實業經濟の地に過ぎないなんかと自ら謙遜するは、このスバラシキ町人の大都を造り上げた自己の祖先を妄瀆するもの云つて正に然り。諸權力に追隨依傍を事とする他處者の盲目なる評語なんかは適々以つて一笑を發するに足るに過ぎない。坪井屋の日那木村巽齋傘屋の職人橋本宗吉、升屋の別家山片蟠桃、鴻池の番頭草間伊助、藥屋の歌人加藤竹里詩人小山半兵衞、質屋の間大業、お茶屋の松井羅洲なんどを我々はモツト誇りとしなければウソである。日本で天才と云ふものを數へて五人こし三人としても必ずその中に數へ入れなければならないミ迄云はれる道明寺屋のボンチ富永謙齋先生に至つては日本の誇りでなくて何であらう。

地方性、上方根性、かくの如き言葉に欺瞞されてはいけない百步を讓つてそんなものが有るこしても敢て差支ない。一代の學藝を指導し我國の文化を高調ならしめたる幾多の俊才を生育せしめた大阪人根性は讃むべきかな。

泊園の先輩同窓諸賢。我等の泊園書院もこの過去の實業大都のかゝる偉大なる文化事業に一分の貢獻を成したるものなるを牢記せられたい。又且つ現代のこの經濟巨市に参預し活躍せらるゝ同窓諸兄は次ぎの時代のこの地の學術文化をして前代に超越せしむべき又一分の責務を有するの覺悟すべきである。泊園後援の意義も此點に到達して方に可、我等はいかで一個の書院をのみ眼中に存するわけであらうや。

終りに余は餘りに覇府三百年の事例を說き過ぎた樣だ。明治大正に際せる我が大阪文化の獨創にも述ぶべきであつた。是れ亦近眼者流には分らない點である。余は他の機會に此點にも及んで見たいと思ふ。(石濱)

## 道明寺の釋奠會

道明寺の釋奠は豫報の如く五月十一日に擧行せられたり。其際の黃坡先生の講經は別記の通りなり。此日は天氣清朗にして且つ所々に種々の催しありたるにも關らず參拜者百名に近かりしは喜ばしき事なり。式後園棋喫茶揮毫の諸席に淸談欵語極めて盛んなりき。

# 支那廟制に就て(中)

岡本勝治郎

曰く是れ其の廟に配する序位を表はすを謂ふなり。而して昭とは明なるにて其德の昭明なるを言ひ穆とは睦と通じて和睦敦厚なるを謂ふなり。即ち德の和き昭かなるを表示せるなり。而して昭を右に置き穆を左に置くは如何。元來太祖の廟は東方に向ふを以て本躰となし其昭位に在るは南向し穆位に在るは北向して相對峙す。即ち南は明白の義北は昏黑の義に取るなりと言へり。而して其昭位に着き穆位に着くが一世毎に變更する事ありやと云ふに然らず。好し死者ありて親の盡きたる者は之を移して祖廟に收藏する事になるが昭位に在る者は常に昭位を離れず穆位に存する者は父常に其穆たるを失はざるなり。即ち遷廟するに方りては昭の第五位は其第三位に。第三位は第一位に。穆の第六位は其第四位に。其第四位は第二位に移り上るにて。穆の第六位の昭の第五位に。昭の第三位の穆の第二位に移るが如く雁行する事は決して無きなり乃ち其昭たり穆たるは既に最初より定りゐて變る事無きなり。而して死後のみならず獨り在世中と雖も亦定まれるなり。嘗に死後生存中の然るのみならず未だ生れざる子と雖も孫と雖も否若し其家が百世も祭りの絶えざるとせば百世の後と雖も既に昭穆の順位は定れるなり。而して父と子とは常に穆昭か或は昭穆の關係に在るにて今若し父が昭なりせば其子は穆に。孫は昭たるなり。又若し祖父が昭なれば父は穆、己れは昭たるなり。而して始祖を起點として二世以下偶數に屬する者は昭位、三世以下奇數に屬する者は穆位と定れるなり。今假に己れを昭として其前後を示す者と己れを穆として其前後を示す者とを並べ圖記すれば左の如くなるべし(右方は己れを昭左方は己れを穆として)

| 穆 | 始祖 | 昭 |
|---|---|---|
| 穆 | 高祖 | 昭 |
| 昭 | 曾祖 | 穆 |
| 穆 | 祖 | 昭 |
| 昭 | 父 | 穆 |
| 穆 | 己 | 昭 |
| 昭 | 子 | 穆 |
| 穆 | 孫 | 昭 |
| 昭 | 曾孫 | 穆 |
| 穆 | 玄孫 | 昭 |

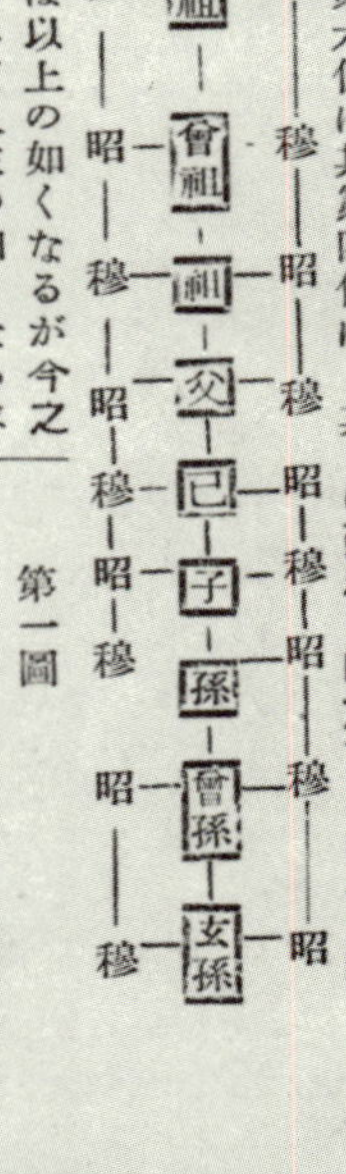

昭穆の關係は以上の如くなるが今之を廟制に充つれば又左の如くなるべきか

第一例は己れの昭位たる場合

(昭位)高祖　祖　己　孫　玄孫　○
太祖
(穆位)曾祖　父　子　曾孫　○

第二例は己れの穆位たる場合

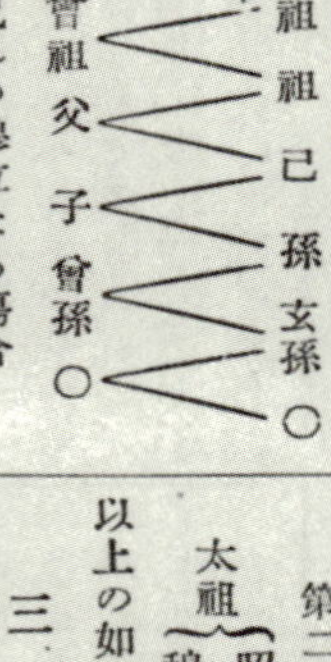

(昭位)曾祖　父　子　曾孫　○
太祖
(穆位)高祖　祖　己　孫　玄孫　○

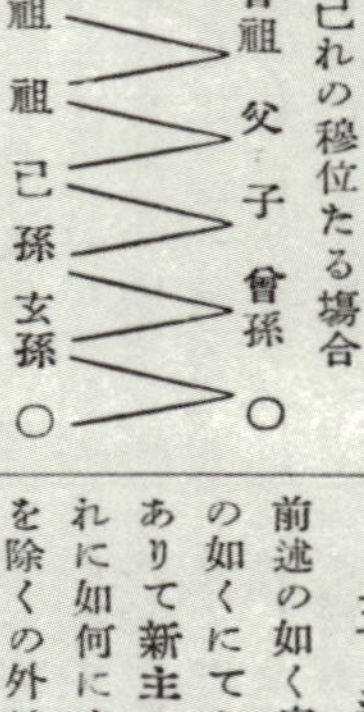

此の如くにして其血統の連綿絶ゆる事無ければ又其序位も常に斯の如く一定して變る事なきなり。今若し之を諸侯五廟の制に當てて言はんに太祖の廟は始封之君之に居り第一世を以て計ふ。二世は太祖廟の左方上端之を昭北廟とし、三世は右方上端、之を穆北廟とす。四世は左方下端之を昭南廟とし、五世は右方下端、之を穆南廟とす

第一圖

始祖{二世昭北廟　四世昭南廟
　　{三世穆北廟—五世穆南廟

第二圖

太祖{昭高考廟—昭王考廟
　　{穆祖考廟—穆　考　廟

以上の如くなるべし。

## 三、遷廟のこと

前述の如く定まると雖も何時迄も此の如くにてあらず世代を經て死者のありて新主の入り來るあれば之を何れに如何にするかと云ふに太祖の廟を除くの外は最古の者より之を漸次移し遷すなり。而して其遷し方は如何と云ふに今假に五廟たる諸侯の家に於て未だ五廟の設置を見ざる二世三世の時は此の遷廟の要もなく死者新主のある每に三廟四廟五廟と增設すればよき事なるが既に五廟を備へて滿員となれば此に新に死者のありて其新主の入り來らんとするには其何れに入る可きか(未完)

昭和五年六月五日　木曜日　泊園　第十一號　（三）

# 祭祀の意義（上）

茶谷逝水

先づ字義について調べて見ると、說文にいはく『祭、祭祀也（統言則祭祀不別也）从示以手持肉（此合三字會意）』と。即ち手で肉を持ち、示也（周禮には地示とあつて、陸德明の音義には、『示音祇、本或作祇、』とある。もとはクニツカミ即ち地の神であるが、こゝでは神の總稱である。）に供へる意である。孝經士章の疏には、『祭者際也、人神相接、故曰際也。』とあつて、際とは即ち『會』『合』又は『交』の意である。之は例の音によつて解したものである。

次に祀については、同じく說文に曰く『祀、祭無巳也、（析言則祭無巳、曰祀从巳而釋爲無巳、此如治曰亂、徂曰存、終則有始之義也、釋詁曰、祀祭也）』と。孝經士章の疏には、『祀者似也、謂祀者似將見先人也。』とある。

周禮大宗伯によれば、天をまつるには『祀』の字を用ひ、地をまつるには『祭』の字を用ひ、人鬼をまつるには『享』の字が用ひてある。されど說文にも『統言則祭祀不別也』といへる如く、禮記をはじめ後世の書物には區別して用ひてない。かくて人鬼をまつるにも祀の字を用ひ、而して祖考をまつるには尸を立てたから、（後には專ら主のみを用ひた）かの『祀者似也云々』の說が出たのであらう。字義はこの位に止めて、次に祭祀の意義に就て少しく述べてみよう。

禮記祭統に曰く『夫祭者非物自外至者也、自中出生於心也、心怵而奉之以禮。』と、よく祭祀といふものを主觀的方面から說明してゐる。

祭祀は國家としても、はた個人としても、實に重要なる典禮であつて、政治なり道德の根柢をなすものである。左傳に曰く『國之大事在祀與戎』と、禮記祭統にいふ『凡治人之道、莫急於禮、禮有五經、莫重於祭』と、又禮運の鄭註にいふ『祀之盡其敬也、教民嚴上也』と。周禮春官の長を大宗伯といふ。天神人鬼地示の禮を掌り、王を佐けて以て邦國を建保するのがその職である。天子は天地宗廟以下の神々を祭り、以て天下の安泰と萬姓の幸福とを求め、諸侯大夫以下も亦各々その分に應じて、祭るべきものは祭つて、以て一國なり一家一身の安寧なり幸福を求める。かくて祭祀は政治は勿論、道德の根柢ともなることが分らう。禮記に曰く『喪祭之禮所以敎仁愛也』と。曾子曰く『愼終追遠民歸厚矣』と。

周禮春官にいふ『大祝掌六祝之辭、以事鬼神示、祈福祥、求永貞』と。即ち祭祀の對象は鬼神示である。鬼とは人鬼で、鬼は歸である。人死すれば魂は天に、魄は地に歸するが故にかくいふのである。神とは天神であり、天の氣は常に伸ぶる故に神といふ。天帝は勿論、日月星辰の類も之である。示は地祇である。地にあつては山峙ち、川流れ草木は茂つて、それと現れて知り得るものである。故に示といふ。示見の意である。

又こゝにいふ六祝といふのは順祝（豐年を祈る）年祝（永貞を求む）吉祝（福祥を祈る）化祝（災兵を弭む）瑞祝（時雨を逆へ風旱を寧んず）筴祝（罪疾に遠ざかる）のことで、神に祈つて福祥を求め、又災禍を避けようとする精神が最も強く現れてゐる。

禮記郊特牲にいふ『祭有祈焉、有報焉、有由辟焉』と。祈とは福祥を祈り、永貞を求むることである。報とは不を穫て社に報ゆるが如き類である。由辟とは災兵を弭め、罪疾に遠ざかることである。即ち祭祀には以上三方面の意義がある。今少しくその實例をあげて說明して見よう（未完）

# 篤信好古齋隨筆

大壺

東洋文庫出刊の中原與茂九郎學士のスメル楔文考釋を一閱すると、許愼六書の義に依つてスメル楔形文字を說明してあつた。其意は甚だ盛んなるものがあつて、大に東洋文字學の爲めに氣を吐いたと云つてよい。然し學士の依る所には合點し難いものがある。

學士は云ふ、許愼は初めて漢字の起源構造を研究したる學者で、漢字を六書に分類せんとした。彼の說は支那並びに我國に於ても大に紹述せられた、こ是れ六書の義は許氏に始まると爲すのであらうが、誰でも知れる漢書藝文志及び周禮保氏注既に六書を引くを無視してゐる事となる。況んや諸說の間に研究に價する差異のあるをや。

又學士は轉注を說明して云ふ太陽・日・白・照・明の五字は同形で皆太陽の字から轉注したもの又木の矢から轉注して武器・破壞・破毀も同字を用ゐると。是れでは義の引伸であり、義による假借であつて轉注とは云へまい。轉注は古今の聚訟であるがこれでは同意相受けても建類一首の定義には當らない。轉注の一新義としてなら別であるが、許說としては承知せられない其の受くる所は誰氏によるか知らないが、幾分か趙古則張位又は榮田氏大字典の說に近いとは云へる。余には楔形文字の智識を闕くが、說文學上からは以上の如く批評してよからう。

石一參先生の蒼石山房文字談を見る。副題を六書淺說と云ふ。先生の自序によると、先生は幼時から先伯租龍軒先生及び先父松庭先生によつて文字學を教へられた。そして西歐後起民族の傳聲符號なんかは到底我が形聲並び演し事意相宣ぶるの六書の精義に及ぶものでないこ固く信じた。然るに清朝の戴段桂王朱なんかの先生方も佳處は固りあるが、舊來の訛に沿ひ謬を襲ふて習ふて返るを知らざるもの十中に三四に及ぶし、含糊模稜の說が多くて六書の精意に符合するに足りないので、因つて上之を宋明諸大儒に求めた。惜むらくは王荆公の字說は傳はらないが、惟だ鄭漁仲戴仲達は較々研討の價値があり、王船山顧亭林等も新理を標揭して古義に背かず卓然一家言を成すこ謂ふべしだ。然し此等の書も都べて難し過ぎて青年の用には適しない。そこで發憤して『文字學』『聲雅』『說文匡許』などを著し『聲母』『聲度』『音位』の三表を修正したが未だ敢て人にも示さなかつた所が世變益々殷んに歐化を提倡する連中は或は我が數千年來の優美な文字を擧げて棕黑（ドコの事かよく分らない）苗族埃及等原民時代の象形文字と同程度に見るし、最も陋なるは朝鮮日本の文などは我が文字を破析した片體殘形を發音にしてアルファベットに當てゝゐるのだに、我國の自ら命じて新智識と爲す者どもが亦或は起つて之に效ふなんかと云ふ。其原因は實に六書が明かでないからだ。大體清代の戴段諸家でも說文解字の一書に溯り共に許叔重を租とし以て開山の導師と思つてるんだが孰れか知らん、許愼は特に東漢僞古文家の走卒で其の著書も略ぼ字は解するを知るが實は絕對に文を說くを知りはせん。五百四十の部首も一種粗淺不備の形を演ずるの書であつて、指事會意の定義も諧聲轉注の妙法も概ね知る所に非ず。だから後儒の墨守穿鑿も醉つぱらひが闇夜に八幡の藪知らずにさ迷ひこんだ樣なもので門戶の在る所も分るものか。鄙人はそこで先君子生存時に指授された所こ龍軒居士百年前に傳へた所とによつて六書の眞義を聞かさう共の十の六七は許氏以下の未だ聞かず未だ見ざる所だぞ。こ云ふえらい氣焰の文字談である。結局は今でも誰も知る語言と文字は別のもので語言あつて文字があるこ云ふ事を緒論こして主聲主義で主形主義を排擊するのである。余の如く未だ說文の講讀に苦勞する程度では餘り此の書に耽ると又それこそ迷塗に踟躕する事にならう。今之を詳に批評する暇も無い。然し說文の誤謬を補正する事は已に古くからあるがこれ程極言したのは珍しい。許叔重未だ見ず聞かざるの資料の屑出する今日別に大して驚くにも足りぬが、かうなつて來ると却つて我々に一つの簡易明晰なる許氏學提要を要求したくなつてくる。本書は六書學の新建である。已に一家の言を成し得る人が讀めばよい。文章は語體文だが、極めて文語體に近いから讀むには難しくはない。

因に末尾の著書目錄を見ると石先生には老子墨子孫子論語禮記等に關する論注があるらしいが、余は未だどれも知らぬ。これから順次出刊されるんだらうか。

# 流石は宦官國

渡邊元吉

徒然なるまゝに漢字の字書を繙いて見ると樣々なる面白いことに出會ふのである。牛偏の部に犍と云ふ字がある。これは『きんきり牛』と訓じて去勢した牛の普通名詞である。次に馬偏に騸といふ字があり、次に羊偏に羯といふのがある。これは羊のそれであり、次に豕偏に豶と云ふのがある。これは豕のそれである。箇樣に家畜の主なるものに普通名詞まで出來て居るところを見るとそれらの各々に對し去勢を行つてこれを利用したことが分る。又其の次に以上四畜の外の家畜には何ふであらうと、それ〳〵探して見たが獨立の文字になつて居るものは一寸見當らなかつた。但し騸字の註に煽馬、宦牛、羯羊、閹猪、鐓雞、善狗淨猫の字面あり、雞狗猫にも去勢を施したものであることが知られる。多分この三畜は前の四畜に比して去勢の必要少なく隨つて獨立した文字を作つて呼稱するまでに至らなかつたかと思ふ。次に右は何の必要からかく去勢したものであらうかと云ふに、豶の註に豕の牙ある百方之を制するも終に改めしむる能はず、惟々其の勢を豶すれば則ち自ら調伏す牙ありと雖亦爲す能はずこあり。この理由は他の家

## 本紙後援 寄附金收受報告

一金壹圓 木谷敬白氏
一金壹圓 香川正平氏
一金壹圓 廣井直吉氏
累計金四百貳拾圓也

畜の多くにも當てはまること〻思はる。又同字の註に易を引いて曰く、大畜に豶豕の牙、吉と。然して見れば易經の作られた頃の大古の民は已に家畜去勢の利を知つて居たに違はない。然るに狗に至つては何うであらう。狗は支那に在つては雞豚狗と云つて食肉を目的とする家畜で守門の事は副用に過ぎざれば矢張其の制し易きを欲したからであらうか其れとも肉食上の必要によりしか雞に對しては何の爲めか又猫に對しては何の爲めか調べて見れば面白からう。要するに用途の何れにあるを問はず其柔順を欲するのは通じて第一條件であつたかと思はれる。今淨猫の文字より臆測を逞うすれば猫と云ふ奴は交尾季になると淫猥の聲を發して近處合壁を不淨にすること甚しいから前以て去勢し置くことが風儀上の注意から來たのではないか。淨猫の字面白し々併し善狗は讀んで字の如く善良の狗のことか善の字には別に「のごふ」の譯あり刀を善ふなど〻使用せらる〻點より云へば矢張淨の意味にて淨善とも輕く解し其の灰汁を拔く位の意か。若し犬猫とも去勢して飼養の目的に差支なきなら種は專門家に保存すること〻し一般の牡畜には去勢さすことに法律で定めたなら犬猫の交尾によつて風儀を害することなく、犬猫の子が路傍や藪陰に棄てられて餓死するの悲慘を目にするの不快も無くすることが出來るし又病犬や盜猫の害も大に減ぜらる〻であらう。僅少なことでも野良犬やドラ猫によつて人の食を食ましむるの無駄を省けば緊縮の主意にも叶ふ譯である。鐓雞の鐓は矛や槍の石づきのことであるが何故鐓雞が去勢雞となるか詳ならず。或は去勢を施す時に餘りに鋭利なメスを使用せず石づきの如き鈍器で押つぶして置けばよいのであるか專門家の高說を待つ。雄雞去勢の利は今日已に周知のことなればこれを畧すること〻致します。別に犗の字あり犍と同意、騸あり犗と同意。

## 金字塔

前號に漢字廢止論に對する駁論を請ふたが一向同門諸君から御投稿がないから先づ金字塔子の愚見を申述る

▲現今世上に唱へらる〻同論は國語を忘却せる一大缺點がある如何に文字其物を改良すればとて數多き漢字より構成されたる國語を整理せずして文字のみを廢するが如きは到底行ふ能はざる空論に過ぎない

▲勿論吾輩も現在の國字其物が世界各國何れの國よりも優れるものとは固より思つては居ないが如何なる方法によつて改良すべきやは數年來苦心焦慮して居るが未だ成案を得ない

▲本號も記事滿載の爲次號に讓つた玉稿其他諸種の記事多し乞御諒恕

## 泊園文藝

### 錢字論

渡邊元

來書云每誦明月清風不用錢之句、輒思其不似守仁之高、而不免有不慊焉者矣

辱惠返翰、多謝々々、餘姚明月清風不用錢之句、洵如貴見、僕亦讀此、每有少不滿於意者、輒思使若先師梅窓翁作之、決不着這樣句、何者資性過淸、不屑口之也、然彼邦人除王夷甫外、平生不諱口錢、以大杜之大曰、左相日興費萬錢、賀知章之高曰、囊中自有錢、大蘇之達曰、春宵一刻値千金之類、其膾炙於人口者、不遑枚擧、而又無人議其鄙野、蓋國民性然也、故在彼則如王句固無妨、但在我國、不要倣於彼焉耳、君以爲何如、

來書云、費萬錢値千金是何妨、但以不用錢之字、評光風霽月、厭其構思也、蕉翁曰、白魚琱價有留古曾恨也、有斯風韻、始可與言詩已矣

就王句明月清風、辱再論、充分領來意矣、多謝、但王句爲題灌山小隱而有之、又承山中莫道無供給而言之、自不得不押錢字、大蘇之赤壁曰、惟江上之淸風、與山間之明月、耳得之而爲聲、目遇之而成色、取之無禁、用之不竭、是造物者之無盡藏也之意、初非如貴說評光風霽月者、孟子曰、說詩者、不以文害辭、不以辭害志、以意逆志、是爲得之、此言如可從者、若以文而已、若蕉句評白魚之淸白點價字、亦未免有可議者矣、說詩固不可如此固也、以爲如何、不宣

### 前燈吟社小集席上分韻

首夏郊行　堤錦江

綠陰幽草路西東、落盡殘紅夏已中、行樂不期何處到、桒畦麥隴步薰風

同　中村青巖

薰風梳柳色、野徑綠陰長、茶店疎籬下、薔薇獨放香

同　山田逸堂

首夏新晴綠蔭滋、長笻短屐柳塘陲、梨花片々迎風舞、白鷺青田飛去時

春夜聽雨　堤錦江

空濛雨連夜、疎密灑春城、徒抱憂時志、難爲遺世情、柳眉舒有色、花淚落無聲、擁枕終無寐、坐起待天明

屋嶋懷古　同人

七百年前舊戰場、淸時憑弔感滄桑、平家末路堪殫淚、不忍功名說九郎

櫻　同人

牡丹誇國色、其品豈堪論、麗質佳人態、淸香武士魂、如雲籠日靜、似雪舞風翻、不在神洲外、斯花栅獨尊

次堀口長城磔川卜居韻　盤翁　渡邊元

蓬桑千里志、老與赤松遊、花繞緗書室、雲飛望岳樓、無人議趣舍、有客話玄幽、塵雜心全忘、君恩獨未酬

次木村槐陰韻自述老況　同人

已爲塵中客、何厭途多埃、死馬無人買、空望置金臺、老境車下阪、一去不復回、漸覺四肢冷、常慕薰籠煨、終日只默坐、倦來起徘徊、家人憫寂寞、每供茶新來、季女琴一曲、幽賞亦悠哉、仰雖多慷慨、俯亦慙菲材、敢傚竹林陋、疎慵無所裁

泊園書院行釋奠　昭和五年四月三日　伊良子晴洲

年々余被招祭事、此日校庭聚德星、供饌焚香修釋奠、先生說道又談經

眞野夢蝶大人の古稀を祝する歌　宮崎貞彦

まのあたり見る喜びは身の德をたかく積みたるしるしなりけり
さく花にうたふ小鳥も舞ふ蝶も君が千歲をことほげるらし

辻樓

滿開の花を寢覺めの欠伸かな
友よ來よ酒あり花ありおぼろ月
あれを聞け山鶯の春告ぐる

妙子樣を弔ひて

學用具遺る手蹟や春寂然
鶯は來なけど何處へ獨り旅

島田暉山

夏籠やまとまり着きし大著述
なか〳〵に盡きぬ逸話や虎が雨
詩を吟ず書生の影や夏の月
拾ひ讀む缺字の本や紙魚のあと
碁敵は和尚なりけり避暑の人

## 有聲會幹事

大阪府中河内郡枚岡村額田四百五十八番地　吉田萬治郎
大阪市東區南本町四丁目四十八番地　佐藤彌太郎

## 泊園社編輯同人

大阪市住吉區千體町十四番地　石濱純太郎　電話住吉二〇二〇番
前揭　吉田萬治郎　電話枚岡二一九番

## 泊園會當番幹事

大阪市北區旅籠町　辻蒼石
大阪市東區横堀五丁目　渡邊醇

## 泊園同窓會幹事

大阪市東區南新町二丁目　篠田栗夫
同　東成區東桃谷町　梅見春吉

## 同會計

大阪市南區鰻谷西ノ町　豊田留吉

## 漢詩、和歌、俳句、川柳を募る（十四字詰字體明瞭に）

題　隨意
期日　毎月十日締切
送付先　本社編輯局宛

## 泊園書院日課

書院の課程は左の如く講義は主として黃坡先生及石濱先生之を擔當せられ早朝の分は公開せらる

| | 自午前六時至午前七時 | 八時半（女子） | 午後二時より | 自三時至五時 | 自七時半至九時 |
|---|---|---|---|---|---|
| 月 | 中庸 | 孟子 世說 三體詩 | 素讀 | 荀子 古文前集 | …… |
| 火 | 淮南子 | …… | …… | …… | 徂徠氏左傳集 |
| 水 | 中庸 | 月に同じ | 月に同じ | 月に同じ | 說文解字（石濱先生） |
| 木 | 淮南子 | …… | …… | …… | 徂徠氏左傳集 |
| 金 | 中庸 | 月に同じ | 月に同じ | 月に同じ | 中國哲學史（石濱先生） |
| 土 | 淮南子 | …… | …… | …… | 宋元明詩 列子 |

猶第一、第三日曜午前八時に尙德會の講筵あり。尙書の拔萃を講せらる。

本號廣告面に掲載の泊園誌綴込表紙は同門の安達龜造君の篤志により寫眞に現はれたる如き體裁優美なる品を今般製造せられ、本誌保存上實に便利なるものなれば、希望の諸君は該商店へ直接御註文ありたし。

# 泊園

昭和五年七月十日印刷　昭和五年七月十五日發行　毎月一回十五日發行
本紙定價　一部金拾錢（郵共）　一年前金壹圓
廣告料　一行金五十錢
編輯兼發行人　印刷人　大阪市東區内淡路町一丁目　吉田萬治郎
印刷所　大阪市東區内淡路町一丁目　大阪活版所
發行所　大阪市南區竹屋町九番地　泊園書院内　泊園社
（振替大阪一三八三九番　泊園書院）

## 文字談

七香齋主人述

原文は漢文なるも、今多數の讀誦に資せんため、之を譯載することゝせり。（披）

口に發して辭となり、紙に畫して字となる。字の未だ形を成さざるものは之を名づけて契と曰ふ、契は符契なり、鳥迹の遺典なり。卜を畫して土と呼び、ヱを畫して惠と呼び、ヒを畫して比と呼び、シを畫して志と呼ぶは、皆一なり、符契なり、世人以て字となす者は謬れり。畫以て音を寫す者、吾邦にありては則ち四十七字五十音といふ者是なり、俗に呼んで假名となす、假名の名は當れり、古人の名を命ずるに苟もせざること知るべきなり、其呼んで文字となすは則ち失せり、蓋し書契にして意義なければなり。文字は則ち意義を具ふる者なり、これ其別なり。四十七字呼んで平假名となし、五十音呼んで片假名となす、平と片と一なり、而して之を作る者を論ずるに古に成說あり、東寺秘記に云ふ、弘法大師平假名を作ると、又和字大觀抄に高野日記を引いて云ふ、頓阿山に入つて網元入道の菴に宿す、海象頓阿に謂うて曰、大師の此山を闢き此堂を建てし時、工匠に敎ふるに四十七字を以てし、以て木材の符と爲すと、而して四十七字の長歌たるは、世人の知れる所、今復贅せず、片假名に至りては、傳へて吉備公の創むる所と稱す、公の唐に在るの日、王化言と語り、邦言の事に及ぶ、化言五十相通の意を示す、公、朝に歸る後、乃ち之を作るといふ。富家松浦曰皇國古へ言魂至幸の國と稱せり、これ天地の純粹正雅の音を用ひて、溷雜不正の音を刪へざるの故なり、其外國鄙俚の音に於ける、豈に同日にして談ず可けんや、言辭自ら文を成し、天然の妙理、實に萬國に超出せる徵なりと、此言誣にあらざるなり。英獨諸邦の文字も亦假名なり、之を集めて字を作す、字其字に非ず、亦目するに契を以てすべきのみ。言は心聲なり、書は心畫なりと、揚子の言、豈に吾を欺かんや。」書契は、伏羲の時、倉頡鳥迹を見て之を作ると云ふ、後の釋く者云ふ、符書なり（周禮鄭註）と、又曰、契刻なり（易九家註）と、何ぞ獨り禹域の物のみにして之を命ぜんや、東亞西歐も皆之あり、音によつて以て之を作り之を畫せるもの皆然り、余故に曰く、契にして而して字ならずと。」前歲東京に羅馬字會の擧ありき蓋し羅馬字を講究して以て宇内の言語を一にせんと欲せしなり諸國の公使皆之を可とす、伊國公使獨り肯ぜずして曰、余は支那文字を講明して諸を宇内に施し諸を世界に通ぜしめんと欲す何となれば、他國の文字は皆辭にして意義なし、支那文字は則ち會意にして、能く許多の義理を含めり、故に萬國若し此字を用ひば則ち義理に通ずること敏に、著述に發すること簡なりと、公使の識、卓絶なりといふべし　公使の語は醫林新誌第百七十九號に見ゆ。子華子言へるあり曰、古の字を制する者、茲心を慈となし、如心を恕となし、其心に非れば則ち類を失うて悲むと。これ以て字を制するの槪を知るべし、今よりの後、義を追うて以て字を制せば、又何ぞ不可ならんや、唯冗を恐るゝ耳、朱育則天武氏の徒も亦奇字を制せり、而も世に行はれず、後の字を制するに志あるもの宜しく此に鑒みるべし。（未完）

## 三先生題跋　物夫子眞蹟記

余以承蘐園之流。居恒希東游以探遺事。而衣食栖々未能焉。丙申十月。日向水城太可從江都還。見過吾浪華寓。自云屬造于物門。蓋亦篤信之徒。因試叩之。則著書之未行者。旣行有眞僞者。其餘自善言偉行佳話奇談。以及所藏書畫器用之類。纖悉不遺。歷歷陳之。於是余喜坐得遂宿志矣。太可尋出一紙。卽來夫子墨蹟。錄呈琴鶴丹侯七絶者。磊落之氣。寬宏之度　活潑乎片箋上。得之曾孫士武氏之貽云。其記副焉。夫子之字。寸紙尺璧。難得之物。吁篤信之乎。能使人不愛其寶耶。余不唯自喜已。又感太可之志矣。

後學　藤澤甫謹記

藤谷脩竹堂世業裝潢。出入余門者三世。今堂主頗解文雅。購求名幅。今歲偶得此卷。卷係舊日州豪族某氏所藏。某氏家壞。襲藏四散。於是轉落堂主手。且某氏未裝爲卷。付之於蠹蝕。堂主將成一美卷。來請余跋。嗚呼物子眞蹟。千金難換。而有付之於蠹害不顧者人心難了解也如此矣。今歸堂主藏。幸哉　然不得使先府君聞之。亦遺憾乎哉。

大正癸丑仲春　七十二翁南岳

今上旣行卽位之大禮。今日親謁橿原神宮。會藤谷君持此卷來示。且乞題其匣。余承而閱之。物子眞蹟　而我父祖記跋具焉。誦讀數次。景仰追懷不能已矣。嗚呼　聖明緝熙。皇道斯弘。天亦將隆斯文乎。余之得與于此觀。豈偶然哉。乃書以志喜焉

昭和戊辰十一月　黄坡藤澤章誌

## 祭祀の意義（中）

茶谷逝水

祈とは個人としても、又國家としても、福祥や永貞を求める類で、禮記祭統には「事宗廟社稷、此求助之本也」「祈祭者、叫呼而請事也、禱告事求福也」とある。例をあげると、

孟春三月、天子乃以元日、祈穀于上帝。（月令）建巳月、雩五方上帝。（通典）

の類である。

天地は人を生育する。郊の祭（冬至に天を南郊にまつり、夏至に地を北郊に祭る。）は即ちこの恩に報ゆるのである。郊特牲にいふ「郊之祭也、大報本、反始也」と、又祖先は己の由りて出づる所、故にこの恩に報いんが爲に、天子より庶民に至るまで之をまつる。周禮小宗伯に曰く「右社稷、左宗廟」と。天子には四時に宗廟をまつる儀がある。

由辟とは既に禍に罹つた後、之を禳ふ爲にまつり、或は禍の來らんことを恐れて、未然に之を防がんが爲にまつるものである。例へば

有寇戎之事則、保郊祀于社。（周禮小祝）

の如きものである。なほ山川の神は、水旱癘疫の災をなし、日月星辰の神は、雪霜風雨を時ならざらしめる。因つて時に臨んで之等の神をまつり、その災害を避けることがある。

故に天地の常祭は之を尊崇し、その恩に報ゆるのであり、事に際し時に臨んで、或は福を求め災を禳はんとするのは、即ち祈と由辟とである。祖先をまつる所以も亦之と同じい。かくの如く祭祀には三方面の意義があるのである。

此の他になほ告祭といふものがある。これは神明に奉告するを以て主となすものであるけれども、つまり神恩の洪大を感謝し、將來の加護を祈るに外ならないのである。例へば書經武成に「底商之罪、告于皇天后、所過名山大川」とあるのや、成王が洛を營んで成るや、牲を郊に用ひて之を告げた類である。

又禮記王制には、天子の出征するや、命を祖に受けることがあるを載せてゐる。これも自ら專らにせず、神託によつて行動し、かつ之が冥加を祈るものである、かつ凱旋すれば必ずこれに報ゆるのである。

要するに祭祀の目的は、前述の三つに歸するのであるが、古代では專ら自利の爲に行ふたので、報恩の意味の方は甚だ少かつた。左傳にも「祭祀以爲人也、民神之主也」といつてゐるが、つまり此の意を示すものである。然るに孔子に至つて、祭祀の三目的中、「報」を以て主なるものとなし「祭は魄に報ゆるのである」といひ、從來の「祈」とか「由辟」とかいつた、宗敎的な方面を排斥する傾向があつた。即ち「不語怪力亂神」「未能事人、焉能事鬼神」「敬鬼神而遠之」といひ、又孔子の病革るや子路が禱らうと請うた時「丘之禱久矣」といつて、徒に神の力に縋らうとする非を斥けて居る。又「非其所祭而祭之、名曰淫祀、淫祀無福」ともいつてゐる。かの「盡人事待天命」とはわが德川時代の一學者の言ではあるが最もよく孔子の信念を道破して居る。併し孔子と雖も宗敎的信仰がなかつたのではない。大に鬼神を崇拜し、天命をも信じたのである。只仁を窮め性を知り、茲に始めて天を知り得る。天人合一の境に到達し、こゝに偉大なる宗敎的信念を得るものとしたのである。かくて孔子は從來祈禱を主とし、福祥を求め災禍を免れようとばかり勉めたかの宗敎的祭祀をば、之を倫理化して、專ら報本反始の方面より說明したのである。孔子家語に曰く「孔子對曰萬物本於天、人本乎祖、郊之祭也、大報本反始也、故以配上帝」と。又曰く「不仁者生於喪祭之禮不明、喪祭之禮所以敎仁愛也、能致仁愛則服喪思慕、祭祀不懈、人子饋養之道也」と。

禮記は漢初に作られ、その資料は戰國以後のものであるこの中には祭祀の目的をば「報」となすものが多い、これは全く孔子立敎の旨を受けて作つたものである。今その二三をあげると

明命鬼神以爲黔首則、百衆以畏、萬民以服、聖人是以爲未足、築爲宮室、設爲宗祧、以別親疏遠邇、敎民反古復始不忘其所由生也」（祭義）

夫聖王之制祭祀也、法施於民則祀之、以死勤事則祀之、以勞定國則祀之、能禦大菑則祀之、能捍大患則祀之」（祭法）

及夫日月星辰民所瞻仰也、山林川谷丘陵民所取財用也、非此族也不在祀典」（祭法）

（未完）

# 俵商相と泊園書院

商工大臣俵孫一閣下は我が泊園書院出身の方であるから御來阪の際には何か一席の宴を開いて高說を拜聽し且つは往を談じ來を語つてはと、兼ねて黃坡先生から閣下へ其意を通ぜられ、商相も夙に快諾をして居られたが、何分國事多端の折柄、其機會を得難かつた。然る所去る五月末商工業視察の爲め阪神地方へ下られた時是非會合には出席する都合にするとの報により、三崎黃圃先生福本元之助栗谷喜八兩氏の斡旋によつて急に有志を會して二十五日夕安土町の森吉樓に商相を迎ふるを得た。

此日商相は阪南諸地方の視察其他に大多忙の際に關らず、豫定の如く九時我々の會に臨席せられたるには一同の大に感謝した所であつた。席上福本氏の歡迎の挨拶あつて、商相は十五六歲の交即ち明治十六七年に渉つて泊園書院に入塾して分舍の方に在塾研鑽し、後志を立てゝ上京したるが、僅々一年餘の入塾に過ぎざるも其間經書講義遺言等を聽講しよつて後來の正義精神の基礎を作り得たと信ずると述べて先師の恩を感謝せられ其他在塾中の奇談逸事を語つて昔を偲ばれたが、當時の分舍長笠井雪窓翁が來會を非常に喜び忽ち翁の前に進み出て危坐して挨拶をせられたるは當世罕見の篤實なる一場景を呈し來會者を粛然たらしめた。商相は極めて打ちくつろぎ栗谷氏の差出す帖に直ちに揮毫し（本紙第三頁に揭げたるもの）清談欵語時の移るを知らず、隨員に促さるゝ再三漸くにして十一時に當夜の宿舍甲子園へ去られた。此日會するもの商相隨員四人に商相の親友隈本大高校長黃坡先生黃圃先生福本元之助木村敬次郎笠井靜司眞野鷹一白藤丈太郎篠田栗夫宮崎貞吉岡島伊八栗谷喜八永田仁助石濱純太郎等であつた。森吉は屢々泊園同窓會の開かれた舊蹟によつて座をこゝに設け、よつて篠田氏は先子華甲壽宴の際に先夫子が氏に賜はりし壽宴の古詩の一軸を展して舊を懷ふよすがとした。

翌日商相は先師南岳夫子の墓を展せんと又々大多忙中の時を割いて午後四時齡延寺に到着した。先着の黃坡先生黃圃先生栗谷氏之を迎へ、和尙の先導によつて東畡南岳黃鵠三先生の墓前に香花を捧げて冥福を祈つた。黃鵠先生とは東都にて舊交深きものがあつたので悵然感慨特に深かりし樣であつた。終つて再び直ちに忙務の車を急がせ馳せた。

越えて二十八日夜神戸よりの歸東を黃坡先生黃圃先生栗谷氏石濱之を大阪驛に見送つた。

南岳先生の墓前に香花を捧ぐる俵商相

## 泊園後援會案に對して

余が再び泊園後援會の議を揭げて以來、諸方の先輩諸賢から賴りに贊意を表せらるゝのを見て、余は我が議の孤立ならざるを喜び頗る心强い。又且つ諸賢の中には後援會を作るべきや否やは已に問題でない、須く早く余に於て草案を作製して諸方の討議に資し着々進捗せしむべきものだと告げられる方々もあつた。或は又將來の泊園書院を如何にすべきかを定めて、それによる後援會案を作製して諸方の賛否を問ふがよいと教へられる方々もあつた。然し、余としての答へは次の如くである。

第一には泊園後援會案にしても將來の泊園書院案にしても、余に於て之を立つるは蓋し不適當だ。余は余自らを知る　閱歷學識等の上から自ら之に當るに任へない計りでなく、かゝる重且つ大なる事實を負つて立つ丈の力量と信望を闕いでゐる。計劃して實行し得るの士を得て草案を作製するに非ずんば恐らく徒案たらんのみ。

第二には後援會案にしろ書院案にしろ一時的のものであつてはならない。五十年百年のものとせなければならない。世上慣行の一時强制寄附式では意義に乏しくて余には贊成し難い。自發的に同窓諸賢が揃つて永く後援し得るものでなくてはならないかと余は思つてゐる。例へば本紙の維持し得る所以を參考に視て頂きたい。だから私見によれば書院の理想的案はよし立て得ても後援程度により損益しなければならないし、後援會案は閱歷の深い信望の重い方々によつて立てゝ貰はなければ決して成案を得られないものと信じてゐる。

第三には余は余の愚鈍の性質を以てして百學に於て未だ一にすら通じないに、歲月は終に人を待たずして、老ひは病ひと共に至る　立言の成らざるは固り當に然る所恨むる能はざるも、せめて胡書譯傳の小藝になりとも幾分の意を得て見たい。そこで退いて約を守つて從らず、謹んで須く早きに及んで努力すべき耳との訓へに從ひたい。よつて早晚不適當なる余の本紙編輯等も擇んで後賢の俊秀に讓りたいとの希望を持つてゐる。ましてやこれより重大なる後援會等の事業に於ては更に期待に沿ひ難からう。

此の如き次第で余としては提案の作製創立の準備等には不適當と信じて敢て其勞を取らざる所以である。思ふに余にして余の議に贊せらるゝの諸賢にして余の心情に同ぜらるゝならば、同窓先輩の諸賢よ、何ぞ慨然自ら立つて事に斯に從はざる。案の作成よりは此事を負ふの諸同志が必要なんだ。水到りて渠自ら成る。諸賢の奮起を望むや極めて切なり。若し夫の卑見の在る所の如きは他日之を錄して討論の資に供せんのみ。（石濱）

## 曾文正語類抄　甘菱

養生の法は約五端あり。一に曰く眠食に恒有り、二に曰く忿を懲らす、三に曰く慾を節す、四に曰く每夜脚を洗ふ、五に曰く兩飯後に各々行くこと數千步。

養生の道は當に眠食の二字に於て心を悉くして體驗すべし。食は即ち平日の飯菜、但だ之を食ふて甘美なれば即ち珍藥に勝る。眠は亦多寢に在らず但だ實に神凝し夢甜なるを得ば即ち片刻も亦生を攝するに足る。

養生の道は眠食より大なるは莫し。眠必ずしも甘寢齁睡して後に佳と爲さず。但だ能く淡然欲無く曠然累無く目を閉ぢ神を存せば寐を成さずと雖亦尙ほ以て生を養ふに足る。

胸に抑鬱多く、天を怨み人を尤むるは、特に以て世を涉るべからざるのみならず、亦德を養ふ所以に非ざるなり、特に以て德を養ふ無きのみならず亦身を保つ所以に非ず。中年以後は則ち肝腎交々其病を受く。余今日の目疾と夜に寐を成さゞるとは其由來此に外ならず。故に兩弟時々平和の兩字を以て相勗むるに於て幸に視て老生の常談と爲す勿れ。

養生と力學と二者兼ね營み並び進めば志强くして身も亦弱からず。

吾輩當に自ら其身を愛すべし、而して後精力以て國に報ゆるに足る。然らざれば空しく報國の心を懷きて全く勞に耐ゆるの實なければ則ち尤悔日に多からん。（嗣出）

## 泊園藝文漫談（五）　大壺

永田磐舟翁の傳記は野田黃波氏の筆になつて翁の隨筆詩稿迄も收められて出版され、當主青城君からこの美册を贈らるゝの幸に浴したのであつた。翁の經歷から逸事から訓話から實に幾多の修養に資すべき利益を得たから、今更ながらに在りし日の翁を偲ぶ次第だが、嘗て時には余の狷介なるが儘に翁の前で不遜の言辭を弄した事を想起して汗顏の思ひを再三禁じ得ない。

偖て翁が泊園出身者として泊園書院に對して盡力を惜まれなかつたのは周知の事で感謝に餘りある次第で傳記にも記されてゐるが、翁が泊園の將來に對して窃かに劃策してゐられた事は廣く知られてはゐないらしい。余の如きも嘗て某席に侍した際翁の口から稍々漏らされたのを今に記してゐる。先輩諸兄の中には或はも少し詳しい緒論を聞かれた方があるかも知れない。固より未だ海のものとも山のものとも形を成さない程の話だから翁の傳記に載らなかつたのは當然であり、又翁としてもそんな程度の話が揭げられるのを好まれないには相違なからうが、余としては憾み無しとはなし兼ねる。余は或は翁が此の未了の事を以て同窓の諸賢に遺托してその果して如何を遙に注視してゐられる樣な氣がしてならない吾等は當に此點に就いて三思すべきものであらう。（嗣出）

昭和五年七月十五日　火曜日　泊園　第十二號　（三）

## 漢文典雜話（二）

潮　江

●●●御詫び――私は昨年末病臥の際には八方に多大の御迷惑を相掛けました。特に我が泊園の刊行に當りましても編輯の御手傳を命ぜられ乍ら一向盡す所なく種々御手支を及ぼしました事は何とも申譯ありません。先號誌上に於ては御叱りを蒙るべき筈の處却て御懇切な御言葉を戴きまして恐縮に堪へません此の欄を借りまして御詫を兼ね厚く御禮を申上げます。次に私の先號草稿は少し不備の點がありましたので取消方を依頼して置きましたが既に編輯濟との事で其の意を得なかつたのであります。しかし總ては題名の雜話とあるにメンじて御許を願ひます。尚引續き愚見を述べさせて戴きます。

字を分つて狹義の字と詞に分つ事が出來る。先號には兩者の用語を混同してあつた樣であるから茲に其の別を明にする。符號の單一なる客觀的概念を示すものを字と名付け、字を借りて單一なる主觀的概念を表すものを詞といふ。略言すると字は符號に就いて取扱はれるもので詞は吾人の主觀的概念に就いて取扱はれるものである。字を其の諸義に從つて分類したものを●●品字と名付け詞を其の諸義に從つて分類したものを●●品詞と名付ける。字は符號に就いて取扱はれるものである。故に字の形式は原則としては第一次的の成立に屬する●●單字であるが●●熟字も之と同樣に取扱はれる。所が字の意義に至つては原義の外に多くは數種の轉義を持つてゐる。故に一個の字は之を數個の品字に分ち得るものである。之に反して詞は吾人の主觀的概念を取扱ふものである。故に其の義は常に或る特定のものに限られてをり字の如く諸義を兼ねる事は出來ない。從つて一詞は常に一品詞に該當するのみである。所が詞の形式に至つては必ずしも單字熟字のみにて表はされてゐるものではない。たとへ單一なる概念であつても苟も吾人の主觀的概念として表す以上は、時には幾多の字の複合にまたねばならぬ場合がある、詞を形式上から分類すると大體左の四種に別つ事が出來る。

(イ)●●單詞――單字を借るもの。

(ロ)●●熟詞――熟字を借るもの。

(ハ)●●讀(或は讀詞といつてもよい)――句の形式を備へ而も自ら獨立せずして句の一部をなすもの。

(ニ)●●連詞――二個以上の詞の複合せるもの。一連詞は之を二個以上の品詞に細別する事が出來る。是れ熟詞と異なる所である。

字と詞の別は大體上述の樣であるが茲に文典として研究に當つては二者中何れを重しとして研究かと云ふに凡そあらゆる概念は皆字に依つて表はされてゐるものであるから字の研究の必要な事は言をまたぬ。しかし元來文典として研究すべき文なるものは吾人の主觀的思想を發表せるものである。文が吾人の主觀的思想を發表せるものであるとせば文の要素となるものは夫の客觀的概念を示す字ではなくて主觀的概念を示す詞といふべきである。故に字に就いて其の成立及び諸義を論ずる事は說文或は訓詁の學として別に專門の研究に讓り文典としては主として詞の考究より始むべきである。尤も詞を論ずるに方つて全然字の研究を省みないといふ暴論を吐くものではない。以上字と詞に關する私の說は陳承澤の『國文法草創』に說文の「詞意內言外也」といつてあるのから啓發されたものである。次に愈々詞に就いて其の別を論じてゐるのであるが述べる事にするが從來の說と少し一致し難いものがある。從來は句（私の謂ふ讀）の品詞を述べるに例へば名詞句副詞句などの名稱を與へてゐるが私は之を單詞熟詞同樣に取扱ひ別に異なる名稱はつけない。次に私は連詞を以て一品詞と見做すために副詞形容詞助詞の如く他の詞に添付して其の修飾作用をなすものは概念の構成を說明する便宜上其の修飾する詞と併せて之を一個の品詞として取扱ふ場合がある。次に從來は品詞の本用といふものを述べて一々某の品詞は某の品詞より轉用されたなどと說いてゐる樣であるがこれは私の說から見れば品詞と字の研究を混同してゐるもので品詞は其の成立上實際の用例に名付けられたるものであるから別に轉用など論ずべき性質のものではない。若し詞として用ひられてゐる字の原義を知る必要ある場合は字としての研究であつて詞としての問題ではない。

最後に品詞の見別け方に就いて一言しておかねばならぬ。元來漢字には語尾なるものもなく且つ助詞は必ずしも之を添付しない。例へば「道」といふ字は名詞形容詞動詞副詞の何れに用ひられても其の形には何の變化もない。故に此の字が或る一定の品詞として用ひられてあつても之を單獨に見た場合は何の品詞に屬するかは不明である。

（未完）

## 支那廟制に就て（續）

岡本勝治郎

若し此の如き時には太祖即ち始祖の廟は永久變る事なく其儘に致し二世以下に於て其昭穆何れか一つを遷して太祖の廟に祔し（太祖の廟に遷し入るゝ事を祔と云ふ）其遷されたる側の廟に於て順次一つ宛繰り上ぐるなり然るに或人云ふ若しかゝる時は太祖廟を除く他の四廟中に於て其順次の最も古くして親等の最も高き者を遷して祔し其他左右昭穆順次繰上るなりと。然り此說は一見理もあり又尤もらしく思はるれど上述の如く昭穆は既に生存中と雖も定れるに若し論者の如くに解すれば現在の穆の南廟は昭の南廟に。又昭の南廟は穆の北廟に。而して穆の北廟は遷し祔せらるゝ事になりて新主の來る時は常に此事を繰反され穆の南廟は新主に定まり昭の北廟は四廟中最古の者にして常に遷祔せらるゝ事になるものにて肯承し難き說と思ふなり。何となれば其豫め定れる昭穆の順位は茲に忽ち狂ひを生じ前に昭位にある者は穆位に、穆位にある者は昭位に變じて其序位を混淆させる事になるなり。故に余は此說を採らざるなり。然れども未だ余の淺見之を證する者を得ず。只私かに謂へらく昭に當るの人は祭らるゝに於ても常に昭位に在る可く穆位に當るの人は常に穆位に在る可きなりと。此頃朱子の中庸或問を見るに余の見に一致相同じき者の如し。

歡迎會席上揮毫

儴商相の書

## 讀史小談（一）

川本如犀

唐太宗の警語

上謂侍臣曰。吾聞西域賈胡。得美珠剖身以藏之。有諸。侍臣曰有之。上曰吏受賕抵法者。何以異於彼胡之可笑耶（唐書）

帝侍臣に謂て曰く、吾れ聞く西方蠻地の賈人寶玉を得たる時は、自己の肉身を切割して以て之を藏匿すと、斯る事果して有る可き乎、侍臣對て曰く、實に此事有り、帝曰く、官吏にして賄賂を受け國法に觸るゝ者の行爲は何を以て彼の西蠻賈人の哂ふ可き行爲に異らん耶

本文賕の字は賄又賂と同義なり字書を檢するに法を枉て賂を致し理に非ずして求むるを賕と言ふとあり此他贓又賄の字あり以上諸字總て同義同罪と知るべし

事は初唐勃興の時代にして吾國にては小野妹子、犬上之田鍬等初て彼土に航し其旺熟せる文化の情況を伺察せる時に屬す、爾來星霜此に千三百年古への蓬萊國今代の即ち立憲國に於て太宗の所謂剖身藏珠の〇〇〇〇の出でゝ滋々多きを加ふるは何事ぞ

公儀休魯の相と爲る、客之に魚を遺る者あり、公儀休受けず、客曰く、聞く君魚を嗜むと、何故に受けざる乎、公儀休曰く、魚を嗜むの故を以て受けざるなり、吾れ今宰相と爲り能く自ら魚を給する事を得、今若し汚賂に因て其位を去れば誰か復吾に魚を給する者有んや故に受けずと

前漢の末時縣令宛人卓茂と云へる人有り、民を視る事子の如く吏民悦服すとあり、此人嘗て民の亭長に米と肉とを遺りたるに亭長之を收受せり、故に來て訴ふと、卓茂曰く亭長汝に求めたるに依る乎或は汝亭長に依囑する所有て受けたる乎將た汝平生の恩意を以て之に遺りたる乎、民曰く我れ只往て遺りたる耳、卓茂曰く之に贈て之を受けたるに汝何故に愬ふる乎、民曰く竊に聞く賢明の君は民をして吏を畏れしめずと、又聞く吏は民物を取るを得ずと、今我れ吏を畏るゝに因て之に贈遺せるに吏既に之を受けたり故に來て言ふ耳、卓茂曰く汝は弊民なり凡そ人の群居して亂れず禽獸と異なる所以のものは仁愛禮義有て互に敬事する事を知るを以てなり、然るに汝獨り之を修むる事を欲せず、那ぞ高飛遠走して人界を逃避せざる哉、吏として顧念すべきは威力に乘じて民物を彊求せざるに有るのみ、亭長素より善吏なり、之に歲時の贈り物を爲すは禮義なり、民曰く苟も此の如くなれば法律は何故に收賂を禁ずる耶、卓茂笑て曰く、法律は公私の大法なり、禮義は人情の自然に順ふなり、余れ今禮義を以て汝に教ゆ汝怨惡する勿れ若し法律を以て汝の罪を治せば汝何ぞ手足を措く所有ん耶、汝且らく歸て之を念へ、と

宛人卓茂は太宗に先つ事六百年公儀休は更に之に先つこと六百年なれば、現代よりすれば二千五百年を經過せり、此間上下各人の贓事を語る事此の如くにして、吾國の今代尙ほ汚臯を以て敢て介意せざる幾多怪傑の輩出するを見れば、文臣不愛錢、武臣不惜死、天下泰平矣、の感に勝へざる者、唯り南宗亡時の人のみに有らざる可し。

## 消息

笠井雪窓翁夫人は療養其効無く四月下旬に逝去せられたりと遲延乍らこゝに謹んで弔意を表す。

辻政太郎氏嚴父辻忠右衞門氏豫て胃癌に罹り療養中の處藥石無効去る六月廿三日逝去せられたり哀悼の至りに堪へず

## 金字塔

國字問題の喧しき秋、本號卷頭に南岳先生の文字談現はれたるは寔に機宜を得たものと信ずる國字改良の可否は是非共我同門より論ぜらるべきものであると吾人は思惟する。

苟も事、我同胞全般に關する大問題を主義を異にして相爭ふが如きは愚の極で小異を捨てざれば失敗は必然

▲梅雨霽れて暑熱日を追ふて酷烈なる時、讀者諸君の健在を祈る矣。

# 泊園文藝

## 黃坡先生詩

樂山居雨集　森下氏宅在打出

何關時節屬黃梅。武庫郡名堂中武庫才。庭樹悉從名地植。吟朋共自遠方來。林間風到雨聲活。坐上酒酣心迹灰。休說淡山難望得。待晴欲上弄潮臺。

雲鶴莊疋集　三輪中將寓居

嘉會來尋出俗氛。高樓得意對南薰。歌成放鶴又招鶴。閑却青雲與白雲。自有詩朋誇一敵。誰能筆陣掃千軍。清游半日忘非是。新樹林頭已夕曛。

漱玉亭即目　在三島郡俗稱攝津耶馬處

曾聞風景勝。佳會趁盟來。遊屐入山淺。奇觀照眼開。溪奔巖欲舞。石出水皆回。無復市聲到。堪營憩鶴臺。

閑居書適

吟脚偏輪雨脚繁。好逢晚霽倚東軒。蕉心三尺蘭芽寸。綠意清奇酒一樽。

初夏林園

雨過新樹綠埋庭。病起初登池上亭。當酒芳茶味尤美。閑心靜境了惺々。

## 記益友　岡本餘洲

清明之節。春色美。予心和氣暢。乃將訪某氏。偶有人齎書來。即其价也。東日有花有酒。請與子永一夕。予欣然復曰諾。某氏於予通家之誼。生同其鄉。齡長三歲。余視猶兄也。踐約而往至其家。中庭櫻花方開。朧月掩映。座既定興既設。獻酬幾行主客共醉。吟歌奏樂以助其歡。既而辭去。行人漸稀。微風吹面。意氣陶然。且吟且行。比達家。始覺故我也。乃謂孔子說友。損益各三矣。余之於彼。果是益者乎。彼心性溫良。言行方直。識見該博也。然則可謂益友者也歟。人動則偏於其所親。溺於其所愛。愛我者未必正直。喜我者。未必純潔。則親睦我者未可悉謂益也。嫌惡我者、未可悉謂損也。古人云美疢不如惡石也。然余之有事也。輒謀之於彼。而彼謀之亦忠。余從其意用其言。且余之處世接物一以彼爲準則。以余輕佻而未嘗有大過者。所得於彼者多焉。是非直諒之友。而何乎。盍可謂益友者乎。

## 山陰紀行序　灘尾　可峰

庚午孟夏。結伴周游于山陰。有紀行詩數十首。歸來賦以代序

已巳春將老。登臨虎山頭。花笑人亦笑。團座頻獻酬。余首唱此會。翁命名莽游。庚午夏五月。胥議馬耶舟。遂決山陰道。雲州又伯州。此日我先發。藝西路悠々。翌朝去小郡。通過石州阪。日午到今市。直探西北幽。謁出雲神社。日岬見群鷗。還駕一畑巷。未能轉吟喉。登躋藥師院。吾儂寸時休。忽爾郭公叫。回首夕陽收。漸到松江北。投宿湖畔樓。風物皆美矣。月明冷如秋。夢尋神龜峽。醒望少婦洲。探千鳥城趾。俯瞰湖鷗浮。不訪西光寺。追慕白雲儔。米城隣境湫。北溟碧如油。美保神社畔。行止敎自由。惜別感多少。復聽米子謳。傾杯決然去。斜陽帶翠流。大仙巍乎立。雄姿拔其尤。中薇夜將半。降車共少留。山陽車最急。寂々耳啾々。曉還廣陵驛。直入翠紗幮。彼在皆生澳。今夜還來不。

## 山陰紀行五十八首節七　灘尾　可峰

莽游會員言志

自謂莽年如激流。夏初連袂那邊游。山陰風物未曾見。爲是紆回州又州。

自廣嶋至長州小郡

十有三人成一團。友情親密比金蘭。山陰探勝都同意。吾輩詎患行路難。

同

夜半同車將出游。兩人先發向長州。可峰追蹤德山驛。何料遭逢笑語遒。

小郡夜泊

遮莫黃昏叩旅亭。女郎接遇太丁寧。晏然鼎座三杯酒。感誦壁間知足銘。

自小郡至山口

夙起忽々去旅亭。驛頭値遇瞬間停。鐵輪轢々過山口。兩岸無端張翠屛。

鐵輪登嶮動遲々。祇看當窓雲樹移。一任同人眠且語。可峰獨自撚吟髭。

騎龍出沒翠屛中。曾見仙禽過碧穹。聞說長州行欲盡。不知方位孰西東。

## 逍遙游吟社栢梁聯句

此日僧房會知音　植野　木州
物論不至青雲心　藤澤　黃坡
松風弄來壁間琴　五條　松峰
梅天雨霽凉味深　田宮　渭南
夏日禪房弄清陰　眞野　夢蝶
俗氛塵紛覺得侵　福岡　雲外
詩中悟道勝少林　神谷　蒼古
炎塵以外共清吟　篠田　活園

詠梨花得紅字　石井　澹處

我愛梨花淡白風。寒香和月夢魂通。輕飄素袖仙女。不着夭桃濃艷紅。

禪中虱亥韻　盤翁　渡邊　元

盞々自足禪中虱。蹐々獨尊寶側墓。共笑人間無樂地。勞資相鬪亂如麻。

勸君莽句　同　人

好鳥歌兮君盃歌。三春似夢奈吾何。勸君且吸盃中物。醉裏乾坤樂地多。

斬猫兒　同　人

從教滿耳着喧蛙。斬却猫兒斷亂麻。眼是悶々心了々。春供二十四番花。

老學堂　同　人

曾將侃諤壓言場。走卒猶能知學堂。今日望君立壇上。案山子老暮田霜。

泣碧紗聞夜哭在隣館　同　人

明石灣頭哀別花。獨望朧月聽鳴蛙。二郎東去無消息。夜々相思泣碧紗。

題友人日黑僑居青木昆陽墓在　同　人

甘蔗先生何處眠。南郎翠接北郎烟。幽窓夜々螢相照。淡月朦朧聽杜鵑。

宵市　同　人

晚趁微風面任吹。徘徊宵市買薔薇。枕頭一夜花魂白。幽夢翩々爲蝶飛。

大洗在茨城縣　同　人

月明風淸海濱樓。一夜濤聲崩枕頭。曉有美人來覺夢。撥簾遙指出漁舟。

## 剪燈吟社小集分韻

梅雨得元　山田　逸堂

梅雨連旬簷溜繁。夜窓獨坐默無言。喜聽詩友尋來報。煮茗深更不閉門。

同　得東　中村　青巖

霖雨鞭陽石。黃梅接小櫳。閑餘烹石鼎。永晝寂寥中。

同　得先　堤　錦江

黃梅時節雨如烟。村落陰雲合郭邊。茶功不奏驅閑悶。簷滴聲中隱机眠。

橋本　春波

更衣の人が寄り居て植木市
衣かへて今日を素足の心よき
麥畑通りて驛の花茨
茶處に這入れば垣の花茨
釣りて來し小魚を燒くに夜短き

島田　暉山

歸省して山河なつかし舟遊び
水泳の頭動くや夏の海
筆置きて會心の笑や汗を拭く
讀みさして思はず晝寐したり晁
夏草や史蹟に殘る一里塚



## 漢詩、和歌、俳句、川柳を募る（十四字詰 字體明瞭に）

題　隨意
期日　每月十日（本月ニ限リ二十日）締切
送付先　本社編輯局宛

## 泊園書院日課

書院の課程は左の如く講義は主として黃坡先生及石濱先生之を擔當せられ早朝の分は公開せらる

自午前六時至午前七時　八時半（女子）　午後二時より至五時　自三時至五時　自七時半至九時

月　中庸　……　孟子　世說　三體詩　素讀　荀子　古文前集
火　淮南子　……　徂徠集　左氏傳
水　中庸　月に同じ　月に同じ　月に同じ　說文解字（石濱先生）
木　淮南子　……　徂徠集　左氏傳
金　中庸　月に同じ　月に同じ　月に同じ　中國哲學史（石濱先生）
土　淮南子　……　宋元明詩　列子

猶第一、第三日曜午前七時に尙德會の講筵あり。毛詩を講せらる。

## 泊園綴込表紙　實費頒布

本號廣告面に掲載の泊園綴込表紙は同門の安達龜造君の篤志…實費を以て頒布せらるゝ由にて本誌保存上寔に便利なるものなれば、希望の諸君は該商店へ直接御注文ありたし。

# 泊園

昭和五年九月五日印刷
昭和五年九月十日發行
毎月一回十日發行
本紙定價一部金拾錢（郵税共）一年前金壹圓
廣告料一行金五十錢
編輯印刷發行人　大阪市東區内淡路町一丁目　吉田萬治郎
印刷所　大阪活版所
發行所　大阪市南區竹屋町九番地　泊園書院内　泊園社
（振替大阪一三八三九番　泊園書院）

## 文字談（承前）

七香齋主人述

朱舜水曰く、閩人の言は、語ありて其字なきもの多しと、蓋し言語日に煩はしくして而して古字之に當るに足らざればなり。近來、事物多く歐語を用ひ、文字愈々之を盡すに足らず、亦た新字を作りて以て事物に便にするを免れざるのみ。

字を制すること實に六書に原づく、六書とは象形、指事、會意、諧聲、轉注、假借、是なり、鄭樵之を論じて曰、象形指事は文なり、會意諧聲轉注は字なり、假借は文字具はると、古人の文字を審にする者此の如し。

象形は契の變じて文字となるの初歩か。⊙は日、☽は月、△は山、≋は水、形に象つて知るべきなり。人の一の上に在るを上となし、人の一の下にあるを下となし、兩戸相ひ向ふを門となすの類、子華子の言ふ所の如きを此を指事と謂ふ。皆、假名を集めて字を綴るゝ笑ふべきに非ず。今色の字を廢して仰と爲し、影の字を廢して〓と爲さば兒童も必ず之を笑はむ、故に假名と文字との別を知つて而る後に與に文字を談ずべきのみ。

單に書契のみを用ふるの害、往々に之あり、隨筆物語の類に單に假名のみを用ひたるものは之を讀むこと甚だ艱し、夫の「テムカラクワシヤガマヒクダリイツシヤウバカリノアツキトナル」の語を記したるを解して「天より菓子屋が舞ひ下り一升ばかりの小豆となる」といふ、何ぞ知らん此は「天から火車が舞ひ下り一丈ばかりの惡氣となる」と謂ふなるを、此の如き類は兒童も亦能く之を知る。日間の細事に於ても亦然り、單に假名のみを用ふれば則ち稱呼物名辯じ難きこと、指屈するに遑あらず、書して「フシ」といふは、何ぞ其「富士」たると「父子」たるとを知らんや。書して「ふち」といふは、何ぞ其「藤」たると「淵」たるとを知らんや。外國語と雖も亦然り、是れ一の不便なり。

假名の書は、冊、多からざるを得ず、字體、小ならざるを得ず、句讀、明白ならざるを得ず、外國の書冊を閲するに、皆蠅頭の細字にして、讀む者遂に眼を患ふ、是れ二の不便なり。

假名は竟に假名のみ、而も文字と呼びなすこと數百年、人竟に其非を知らず、豈に大聲疾呼して以て其夢を醒さざるべけんや。夫の和歌、和文、國語、國文の名は皆外人に對するの稱なり、何ぞ之を海内に施すべけんや。此の失は古人の甞て論ぜし所、而るに謬を蹈んで改めず、嗚呼、此の如きか、宿夢の醒め難きこと、盍ぞ一洗して以て新に就かざるや。

假名、書契の不便なること既に此の如し、請ふ更に文字言語の異同を論ぜむ。

字を綴つて文を爲すは猶は音を聯ねて語を爲すがごとし。語に長短あり、輕重ありて、口に矢らぬるもの粲然たり。文も亦長短あり、輕重ありて而して筆に顯はすもの粲然たり。

文は文なり、質の反なり、之を目にすれば心神を悅ばすに足り、之を讀めば情趣快適するは、文に貴ぶ所以なり、世の言文一致を唱ふる者は果して何の心ぞや。今一篇の通俗の書牘を作るにも、猶ほ雅字穩辭を擇び、平常の言詞ミ一にすべからざるなり、況んや歌を作り俳句を作るに安んぞ口に矢ぬるが如くなるを得んや、故に會話に長ずる者の古書を讀むに短に、善く書を讀む者の會話する能はざる、天地の間、皆然り、何ぞ妄りに文華を忘れ文明を棄てゝ以て俚俗に赴くや。

既以吾生付彼蒼
亦欣良藥達膏肓
清風今夜秋方至
雲散烟消圓月涼

（黄坡先生より御全快紀念として記者に賜りたる扇面）

言文の別を知る者に非れば、與に文字の妙を談ずるに足らず、蓋し言は質にして通じ易きを尙び、文は華にして煥然たるを尙ぶのみ。

通じ易き者は忘れ易し、心に根する所なきを以てなり。華なる者は記臆し易し、美辭の心に銘するを以てなり、古に曰く言の文なきは其行はるゝ遠からずと、確なり。

言辭の人を喩すは其力淺し、文字の人を喩すは其效深し、詩歌文章の流行息まざる所以なり。

舜水曰く、言語は自ら言語、文字は自ら文字、我が朝（明をさす）制義を以て士を取る、士子唯だ功名を以て心となし、實學を務めず、故に高貴の文、世を擧つて幾くもなし、多きも亦十餘人のみと。

一畫の差、其字即ち異に、意義或は反す、書契と雖も亦然り、然れども文字は則謄寫誤讀至て少く、意義の貫く所辨明し易し、言語の失に至ては、一辞の轉ずる所、誤謬至て多し、知らず、之を後世に傳へんと欲する者忘れ易く誤り易き者を取らんか、はた旨趣の玩ぶべく喜ぶべきものを取らんか。

言文一致を唱ふる者は、其人必ず俚俗に、必ず雅致なく、必ず韻事を能くせず、必ず詩歌を能くせざるの徒なり、苟も少しく韻事を解すれば則ち文を尙ばざるを得ざるなり。若し言必ず質を尙び、文必ず質を尙び、行必ず質を尙ばゞ則ち其極竟に直情徑行に至らんのみ。噫。

言文の別明かにして而る後に能く雅俗の異なるを知らんか、文質の迹明かにして而る後に能く文字の重きを知らんか、文字の重きこと明にして而る後に能く其行の義なかるべからざるを知らんか。然らば則文字の事たる以て上下を貫くべきか。語は則ち言辭なり、口に發する者之を語といふのみ、言語の口に發するや、聞く者能く其情の動く所の喜たり怒たり哀たり樂たるを知る、又其志の存する所の大たり小たるを知る、故に以て人を動すに足る、而して語の人を動すは則、聲音顏色實に之が助を爲すなり、故に言語は諸を面孔相對するの間に用ふべきのみ、蓄音器を借りて以て後人に傳へ電線を借りて以て數里の外に告ぐることありと雖も、顏色氣象の之を助くるもの無し、故に其人を動かすや微なり。

言語は國每にして異なり、萬物の名稱國每にして異なり、何ぞ獨り歐西米東のみにして然らんや、海以内と雖も亦均一ならず、此れ東西ゝ以て殊なるなり、人に品位あり、稱呼隨て異なり、辭態も亦異なり、此れ上下を以て殊なるなり。而して世界萬國を通じて以て之を一にせんと欲するは則ち難し、當に難きのみならず、これ天理に背くなり、亦盍ぞ其本に反らざるや。

## 曾文正語類抄

甘菱

勤字工夫、第一貴早起、第二貴有恆。

勤字の工夫は第一に早起を貴び第二に恒有るを貴ぶ。

欲去惰字、總以不晏起爲第一義。

惰の字を去らんと欲せば、總て晏起せざるを以て第一義と爲す。

一事有恆則萬事皆可漸振、無以爲小端而忽之。

一事に恒有れば萬事皆漸く振ふべし、以て小端を爲して之を忽かせにする無かれ。

用功不求太猛、但求有恆。

用功太だ猛なるを求めず、但だ恒有るを求む。

養生與力學皆從有恆做出、故古人以有恆爲作聖之基。

養生と力學と皆恒有るより做し出す、故に古人は恒有るを以て聖と作るの基と爲せり。

勤則不知者可徐徐而知、不能者可徐徐而能。己之辦事日穩、人之敬心亦日生。

勤なれば則ち知らざる者も徐々に知るべく、能くせざる者も徐々にして能くすべし。己の事を辦ずる日に穩にして、人の敬心も亦日に生ぜん。

積誠可以生明、積勤亦可以生明。

積誠は以て明を生ずべし、積勤も亦以て明を生ずべし。

勤則百弊皆除。

勤なれば則ち百弊皆除かる。

以困勉之功、志大人之學。

困勉の功を以て大人の學を志さす。

有一分之功、必有一分之效、有眞積力久之功、必有高厚悠遠之效。不俟功候之至而遽期速效、不知致功之方而但求速效、不惟無益、反以害之矣。

一分の功あれば必ず一分の效あり、眞積力久の功あれば必ず高厚悠遠の效あり。功候の至るを俟たずして遽に速效を期し、致功の方を知らずして但だ速效を求むるは、惟に益無きのみならず反つて以て之を害す。

身體雖弱、卻不宜過於愛惜。精神愈用則愈出、陽氣愈提則愈盛、每日作事愈多、則夜間臨睡愈快活、若存一愛惜精神的意思、將前將卻、奄奄無氣、決難成事。

身體弱しと雖、卻つて愛惜に過ぐべからず。精神は愈々用ふれば愈々出で、陽氣は愈々提すれば愈々盛んに、每日作事愈々多ければ夜間睡るに臨みて愈々快活なり。若し一の精神を愛惜するの意思を存せば、將た前むも將た卻くも、奄々として氣無く、決して事を成し難し。

稟質愚柔、舍困勉二字別無入處。

稟質愚柔なれば困勉の二字を舍きて別に入處なし。（嗣出）

## 將來の泊園書院

ここに將來の泊園書院に對する愚見或は希望を遠慮なく開陳するを許されたい。

愚見によれば書院の擴大は結局一つの漢學專門學校に及びたい。せめて專門學校程度に迄昇せなければ權威がない。たゞ一般の學校制度に準ぜしめたいと云ふ如きケチな希望からではない。さうしておいて之を中心に種々なる課程と設備とを施すことが最も實効のある事だと信ずるからである。

この學校は決して收容する學生の數を期待してはならない。學生の數よりは研究室圖書室陳列室の整備を誇らなくてはならない。さうして學生は何年かに一人であつても敢て問ふ所でない。たゞ滔々たる中に在つて屹然として絕えざる一線を保持するの勇氣とプライドとを必要とする。

これが余の理想案の根本であるが、決して全部でない。ただこの根本を立てゝ他を附隨せしめ以て全理想案を計劃すべきものと云ふのである。詳しい案は余にも未だ定まつてゐない。然し實行には先後の序と云ふものがあるから何もこの根本からかからねばならぬ事はあるまいと思ふ。

專門學校中心にて種々の設備とは大き過ぎると云ふかも知れない。余をして云はしむれば大き過ぎはしない。せめてこれ位にしなければ何の役にも立たなからうと云ふを恐れる。これ以下の理想案では理想案にもなるまいではないか。況んや他にも例のある事である。云はば實現し得べき理想案ではないか。

この案が理想に止るか、實行に移し得るかは一に後援會の力による。これ位の後援をなし得る後援會は出來ないものだらうか。（石濱）

## 篤信好古齋隨筆

大壺

長澤規矩也君の支那學入門書略解と云ふが出た。嘗て二三の入門手引草を紹介した折に我國にも適當なるものが出來たらいいがと云つてゐたが、それが出來上つたわけだ。

長澤先生はその知らざる處なき博渉の目錄學と、その比類を絕せる精密なる校勘學と、彼にして之を求めるその努力と、古を溫ね新しきを知るのその執心と我國內を周くせるその訪書と彼の禹域に數々せるその問學とにて夙に著名であつて、硬い六經諸子の事は云はずもがな、軟い戲曲小說に至る迄窮めざる無いと云ふ東京新進の學者であるかゝる適當なる人がこの種の編著を試みられたのは誠に斯界の幸福と云ふべきである。序言では馬鹿に謙遜なる言葉を使つて大に恐縮せられてゐる樣に見ゆるが、どうして書中隨處に見らるゝ判定の辭にはその自信の程も窺はれて我々に指針を示し利益を與へる事極めて多い。入門書とあるが實は少し入り過ぎてゐる程で、その爲め却つて宂もあり闕もあると云へやう。

それは偖置き、本書の特色とも云ふべき事は、板本に詳かである事、殊に和刻本を記載せる事、最新の刊本に及べる事を擧ぐべきだらう。この點では旣出書を拔いてゐる。そこで其點で又我々の便宜の爲めに注文して見たい事は、石印鉛印の本も皆發行の所や年月を注し且つ異同善惡佳不良を記されたい事である。石印鉛印の本にはそれでよく間に合ふ本と到底間に合はないものとがヒドク混じてゐるものだ。そこで我々が書物をアサル際に頼りにシクジル事ともなるわけである。近頃の目錄書には稍々分別のこゝに及んでゐるものがあるので喜ばしいが、それをモット詳しくして貰へないものか。次には同じ書でも名は同じものでも內容の異るもの、後で增訂されたもの、又は刪節印の本等は十分に注意して置かれたい。勿論本書は此點に於て頗る意を致されてあるが成るべく十分にして貰ひたい。それから例へば說文とか金石とかこの書の範圍を超えると思はれる所にはその書目でも敎へて貰つとくと手掛りが出來て便利だと思はれる。

孫東生と云ふ人の中國文字學と題する一小冊を見た。孫氏は北京大學の一卒業生だと云ふ。內容は第一章文字學之重要、第二章文字之緣起　第三章倉頡興造字、第四章文字之變遷　第五章文字之構造で、音韻の部は未成だ。その說く所も別に何等の見るべき意見もない極めて平凡な作である。然し今の處何しろ文字學概說の簡單な新しい書は見當らないから無益なものではなからう。

九朝律考の著で有名なる程樹德先生は說文稽古篇一冊を出した。その序の略に云ふ。西洋人の古を嗜む者は恒に土地を發掘して古代の文物を考へたり、蠻民の窟を探つて原始人類の狀態を知るを求めるが、顧ふに費用もかゝるし仕事も大變だ。我國でも學者は金石を嗜むが中々贋物だらけだ。近人羅振玉は龜板を假つて以て古史を研究したが蓋し駸々乎として考古家の爲めに新に一途徑を闢いた。余は謂ふに秦西文字は諧聲を主とし我國は併せて象形會意指事假借轉注の諸法に及ぶから、恒に製字の故に因つて上古の逸史と其の社會の情狀とを窺ひ見る事が出來る。世に傳ふる所では黃帝の史倉頡が初めて書契を造り、漢書藝文志には倉頡以下凡十家四十五篇を錄してゐるが、一も存する者は無い。今は當に許氏說文を以て最古と爲すべし。そこで說文を假つて以て史を徵するに其間上は黃帝より下は兩漢に逮ぶ迄逸聞古俗は其中に胥ひ存するは斷言すべきだ。有淸一代經史小學の書は大體略ぼ備つて後人幾んど手を措く可き無いが余偶々說文諸書を檢閱して頗る字に因つて史を求むるの法を悟つたが、段桂諸家も未だ及ばざる所である。そこでこの說文稽古篇の作が出來た。又凡例の中に云ふ　說文は漢人の作る所たり、其中字義の以て漢以前の逸史制度風俗を發見すべき者少からず。亦斷代史を爲すの一種なり。又云ふ、說文全書凡そ九千餘字、茲篇はただ其字の逸史制度風俗と關する有る者を擇んで考證に從事す。而して三者の中又其の近世社會學と相近く且つ饒に興趣ある者を擇んで其他は概ね未だ之に及ばず、と。乃ちこの書は諸文字の所謂民俗學的研究した札記なんだ。その著眼點も面白くその考へ方も惡くはない。固り精談は期し難いものだが善も美も未だし。先生は前人の未だ及ばざる所と創意を誇負してゐるが如何だらう。說文研究者はかゝる點へは大約想到してゐたものなる事は諸注を讀むと往々觸目するし、其他經學者なんかにも同じ樣な着眼點から書いた論文もあるし、近日の學者連でも已に早くそんな議論を出してゐるから、創見は許し難い。然し說文を兎に角かゝる主義の下に研究して專書を著したるは程先生を最初と看做して敢へて差支ないと思ふ　珍しい著だ。

## 一讀一笑

洛陽諸佛菩薩朝毘盧殿。淸水大士移病謝朝。毘盧乃命藥師往問疾。諸佛朝旣散。而猶未還。日已西乃還復命。毘盧曰。爾何晏也。對曰。貧道診脉。曰診脉何久。藥師起對曰。奉命問疾。不敢不諦。雖一手猶久。況千手乎。

洛陽の諸佛菩薩、毘盧（大佛殿）に朝す、淸水大士病に移して朝を謝す、毘盧乃ち藥師に命じて往て疾を問はしむ。諸佛の朝既に散ずれども而も未だ還らず、日已に西して乃ち還て復命す、毘盧曰く、なんぢ何ぞ晏き、對て曰、貧道、脉を診せり、曰、脉を診する何ぞ久しき、藥師起て對て曰く、命を奉じて疾を問ふ、敢てつまびらかにせずんばあらず、手と雖も猶ほ久しうす、況や千手をや。

或祈郊廟曰。小人赤貧亡措。伏乞與我百金。請賽以九十九金。友人從傍聞之曰。智短漢。即得百金。賽以九十九金。所餘能幾。曰。女無多言。吾將謾神。

或人郊廟に祈て曰、小人赤貧にして措くことなし、伏して乞ふ我に百金を與へ給へ、請ふ賽するに九十九金を以てせんと、友人傍より之を聞いて曰、智短漢（馬鹿者）よ、もし百金を得るも、賽するに九十九金を以てせば、餘す所能く幾ばくぞ、曰、汝、多言するなかれ、吾將に神を謾かんとするなりと。賽は報謝するなり。

中夜近邑失火。司烜氏之鼓甚急。驚覺。踢起僕。驅乘屋。問曰。爲西邪爲東邪。曰。非。近邪遠邪。曰。非。主人大怒曰。癡漢不曉事。僕曰。火光赫々俾人眩惑。請容待且。審認以報。

中夜に近邑火を失ふ、司烜氏（烜音ケン、司烜氏は火禁を掌る官）の鼓甚急なり、驚き覺め、僕を踢り起し、驅て屋に上らしむ、問て曰く西か東か、曰く非なり、曰く近きか遠きか、曰く非なり、主人大に怒て曰、痴漢事をさとらず、（馬鹿者、わけの分らぬ奴じゃ）僕曰く、火光赫々として人をして眩惑せしむ、請ふ且らく待ち給へ、審かに認めて以て報せんと。

見涉水者。水沒兩乳。後至者皆解衣及裩而涉。至於中流。而水曾不過膝。已及岸。視向涉者乃躄者也。

水を涉れる者を見るに、水、兩乳を沒せり。後れて至る者みな衣と下帶とを解いて涉る、中流に至るも水は膝を過ぎず、已に岸に及びさきの涉者を視れば躄者（いざり）なりき

平安祇園街。隣于戲場。左右小巷。私窩所伏。實京師色府也。子弟風流。以淫爲俗。有道學先生欲徙居於祇園街。本街坊生會議曰。決勿容焉。恐將誑我子弟。

平安の祇園町は、戲場（しばゐ）に隣り、左右の小巷は私窩（私娼）の伏せる所、實に京師の色府なり、子弟風流（好色）、淫を以て俗となす、道學先生あり、祇園町に徙居せんと欲す、街の者會議して曰、決して容るゝ勿れ、恐くは我が子弟をあざむかんとすと。

瞽者行門中長弄。有犬爲杖擲。號去。行數十步。又擲犬。瞽者大駡曰。犬之背不知其幾千里也。

瞽者門中の長弄（巷なり）を行く、犬あり、その杖に打たれ、號いて去る、行くこと數十步、又犬をうつ、瞽者大に駡て曰、長い犬じゃわい。（犬の背、其幾千里を知らず、とは莊子の語法を倣へるなりり）

## 本誌後援　寄附金收受報告

一金拾圓　粟谷喜八氏
一金五圓　尾崎邦藏氏
一金五圓　南坊城良興氏
一金五圓　山下平太郎氏
一金參圓　後藤菅雄氏
一金貳圓　岡田尙齋氏
一金壹圓　辻林英一氏
一金壹圓　殿村たけ氏
累計金四百五拾貳圓也

# 讀史小談（二）

川本如犀

## 古代の復讐觀

唐玄宗開元年間に於て嶲州都督張審素と曰ふ者臧汚の罪有りとし之を朝廷に訟告したる者あり朝廷乃ち殿中御史楊汪を遣し之を按檢せしむ楊汪嶲州に至りたるに總管御史董元禮と曰へる者兵七百を率ひて突如楊汪を圍みて訟告者を捕へて之を殺し且つ楊汪に告て曰く審素を善奏して罪無からしむれば即ち生く然らざれば此に死す可しと會ま楊汪の救兵至り撃て元禮を斬り尋ひで楊汪は審素謀反の實狀有りと復奏したるため十九年十二月審素は斬に處せられ其一家は籍沒せられたり。

張審素二子有り長を瑝と曰ひ次を琇と曰ふ倶に幼年にして一家の籍沒に遭ひ流罪に處せられ一旦嶺表に至りたるも遁れて歸り陰かに父の仇を報する事を謀り機を覗ふ事三年此に開元二十二年三月丁卯楊汪を都城に手殺し又其父寃死の狀を愬ふ可く表を以て斧柄に繋付し去て江外に行き楊汪と共に父を構陷せる者を殺さんと欲して汜水に至りたる時遂に有司の捕ふる所と爲れり當時議者多く言ふ審素の死實に罪有るに非ず之に對し稚年孝烈の二子能く復讐の志を遂げたるは美事なり宜しく矜宥を加ふべしと張九齡も亦之を生かさんと欲せり然も裴耀卿李林甫等之を赦すは乃ち國法を壞るものと論じ玄宗帝亦然りと爲し張九齡に謂て曰く

孝子の情固より死を顧みざる可し然も人を殺して之を赦す此途啓く可からず

と乃ち敕を下して曰く

國家法を設け殺を止むる事を期す凡そ父の仇に當り其子各志を伸べ得るとすれば人誰か孝道に徇ふの人に非ざらん仍て展轉相讐すれば竟に限極無かるべし臯陶士と作る法の必行にあり曾參人を殺すも亦恕す可からず宜しく河南府に付し杖殺すべし

と士民皆之を憐み爲に哀誄を作て衢路に牓し斂財を集て北邙に葬り楊汪家人の發掘を恐れて疑冢を數處に爲りたりと云ふ

其後憲宗の元和年間に於ても同じく父の仇を報して官に至り自首せる者有り當時の廷議に曰く

禮記に曰く父之讐、不與共戴天、と而して國法に徵すれば則ち人を殺す者は死す今禮經に徇へば國法に忤ふ國法に遵へば禮に牴る此矛盾を奈何

と謂ふにあり此問題に對し決定を與へたる者を時の職方員外郎韓愈とす公の所說に曰く

律文に其適條無きは闕文に非ず蓋し復讐を許さゞれば即ち孝子の心を傷り先王の訓に乖る復讐を許せば則ち人將に法に倚て專殺するの惡習を生ずべし故に聖人禮經に於て丁寧に孝道を以て教示し而して律に於て深く明文を秘沒せるものなる可し乃ち其意法吏の法に依て斷ずるの外經術の士をして經文を引て論議し得るの餘地を存したるものと見るを至當とす

と言ふにあり此議に依て發せられたる制書に曰く

凡そ父仇を報したる者有るに會せば尚書省に具申し集議奏聞其宜しきを斟酌して處斷するを要す乃ち經律其旨を失ふ事無かるべし

此の如くして當時の復讐者は死を宥されて流罪に處せられたり吾邦元祿義士に對する處分につき當時荻生徂徠の唱へたりと傳へらるゝ言議は爰に玄宗朝に行はれたるものと其歸趣を同じふせり後年阪井虎山の詠じたる「若使無茲事。臣節何由立」の詩の意は即ち憲宗朝に於ける韓文公立議の趣旨に同じきを知る可し徂徠も虎山も所說の基根を此千古唐代の史實に置きたるものと見へたり

# 祭祀の意義（下）

茶谷逝水

かくの如く報本反始の意より祖先を祭り、報恩感謝の意よりして、國家並に百姓に勳功ありし者を祭り、山川の如き吾人に効用を與ふるものに至るまで祭つたものである。すべて報恩の目的で祭るものとなすのである。

之によつて祭祀といふものが、宗教的、迷信的の域を脱して、大に倫理的意味のあるものとなつたのである。

夫祭有十倫焉、見事鬼神之道焉、見君臣之義、見父子之倫焉、見貴賤之等焉、見親疎之殺焉、見爵賞之施焉、見夫婦之別焉、見政事之均焉、見長幼之序焉、見上下之際焉、此之謂十倫、（祭統）

は祭祀によつて、以上の德を養ひ得ると見たのである。

祭社於國所以列地利也、祀社於郊所以定天位也、祖廟所以本仁也、山川所以儐鬼神也、五祀所以本事也、（禮運）

社所以神地之道也、地載萬物、天垂象、取財於地、取法於天、是以尊天而親地也、（郊特牲）

これ天子は至尊なれども、なほ臣禮を以て天に仕へ、かくて上を尊ぶべき精神を民に敎へ、社を祭つては地に對してその恩を謝するのである。子たる禮を以て祖廟を祭るのは、仁義の禮を上に達せんとするのである。山川を祭るのは鬼神の敬すべきを民に知らしめるのである。五祀は制度であるが、之を祭る所以は之を重ぜしめるのである。

かくて祭祀は全く政治及び道德の具となつたのである。

禮行於郊而百神受職焉、禮行於社而百貨可極焉、禮行於祖廟而孝慈服焉、禮行於五祀而正法則焉、故自郊社宗廟山川五祀、義之修而禮之藏也（禮運）

百神とは天の群神である。王、天を祭れば星辰惑はず。社を祭れば五穀豐稔、金玉露形、悉く國家の用となる。祖廟を祭れば天下之に化して孝慈となる。五祀を祭れば天下の法則はその正を得るのである。かくの如く祭祀は實に義の修飾であつて、禮の府藏なのである。

近時の青少年は、宗教については甚だ關心が少いやうである同時に之ゝ關係の深い祭祀といふものにも亦不熱心である。併し以上述べたやうに考へて來る時には、祭祀にも大に意義のあることが分らう。然らば決して等閑に附すべきものではなく、之によつて敬虔な眞摯な精神と態度とを涵養することは、現今の如く混亂せる思想を救濟する上にも、大に有益な一手段と考へられるのである。（終）

# 消息

黄坡先生は「日本諸儒の學說及びその影響」の研究につき昨年文部省より精神科學研究奬勵金を交附されたるが、本年度も引續き交附さるる事に決定なりたる由。

村上吉五郎氏は七月十八日詐欺賭博の不逞漢を檢擧しその首謀者を逮捕せんとせしに彼等は衆を恃みて氏を反擊し人事不省に到らしめたり、氏は腦震盪を起したりしも幸にして其後經過よろしと。

岡本勝治郎氏久し振りにて來院益々元氣なり。

辻政太郎氏は先代忠右衛門の名を襲ひ改名されたり。

**豐田留吉氏** 泊園同窓會の會計事務を擔當し常に我泊園の爲に深甚の好意を寄せられたる同氏は神經衰弱に罹られ心臟症を併發專ら療養せられしも其効無く遂に八月十一日午後八時三十八分逝去せられたり葬儀は十三日午後二時阿倍野新齋場に於て執行會葬者無慮三千盛儀なりき謹んで哀悼の意を表す。

# 泊園同窓會常費領收報告

昭和三年度分（續）

一金貳圓宛
吉田清三君　永井貞有君

一金壹圓宛
右田三吉君　奥野周太郎君
井上喜太郎君　灘尾晃壽君
小畑勝藏君　上原三郎君
牧野明次郎君

昭和四年度分

一金貳圓宛
大野園山君　上念政七君

一金壹圓宛
三崎驎之助君　清水晋三郎君
堺元國君　永田仁助君
辻政太郎君　稻垣馨君
宮崎貞吉君　田中藤太郎君
下岡龜一君　村上吉五郎君
中濱富三郎君　河田爲作君
寺田英一郎君　中山潔君
高谷太左衛門君　里見圓瑞君
小寺篤兵衛君　坂本準平君
飯田武雄君　鎌田春雄君
櫻井雲洞君　佐藤寛九郎君
粟谷喜八君　松浦捨吉君
辻直太郎君　豐田正達君
田中治一郎君　豐田留吉君
梅見春吉君　篠田栗夫君
小森助十郎君　小林繁君
中尾國太郎君　松浦高麗三君
中村三德君　吉宗耕英君
右田三吉君　桑田義行君
菊池量太君　谷內清嚴君
古谷熊三君　石黒景文君
熊澤猪之助君　政義義輝君
岩崎清一君　上原三郎君
竹末朗德君　小倉梅代君
門脇才藏君　橋本梅三郎君
岡田尙齋君　中谷元造君
武田晴夫君　櫻根孝之進君
星島謹一郎君　岡本英三君
杉村正太郎君　坂本唯三郎君
植野德太郎君　笠井靜司君
三川啓明君　稻葉太吉君
赤塚善助君　西門孝治郎君
西門岩松君　石井光美君
尾崎正信君　南坊城良興君
橘秀一君　牧野信君
岩崎深信君　瀧川晃光君
殿村たけ君　楠孝文君
奥野周太郎君　田中英市君
伊串徹仙君　望月惇一君
片山義雄君　藤本木田君
三木正憲君　戸田喜久雄君

# 金字塔

殺人的の炎暑去つて秋涼來る！泊園後援の議未だ成らざるに同門の先覺豐田留吉氏を失ひたるは寔に痛恨の極なり

▲「隗より始めよ」は千古の金言超スピード時代の今日は徒らに聲を嗄らし鼓を鳴らすだけが能に非ず要は實行にあり今にして後援の實を擧げずんば恐らくは噬臍の悔あらん

▲現今の如く思想問題の論ぜらるゝ事急なるは全く精神上の糧の缺乏せるを立證せるものに非ずや余輩の大聲叱呼する故無きに非ず

▲殊に我國の美風たる家族主義は最も萬國に誇るべき所なり然るにこれを否定するが如き言動を爲す者あるに至つては慄然として肌に粟を生ず。これ等を救ふの道としても我泊園の學風を宣傳せざる可からず

# 泊園文藝

## 黄坡先生文

### 松窓岡田翁墓碑銘

岡田氏。河内藤井寺町鉅姓。世為里正。翁其七世主也。諱正英字子俊。稱壽一郎。松窓其號。以元治元年七月二日生。考諱正孝。妣秋山氏。翁幼學土屋鳳洲。後遽喪所怙。時齢僅十四即克其家。而好學自修。於詩最長。當時耆碩皆相與交。而我先府君交最親厚。共締逍遥游吟社三十餘年。不有少渝。又繼白鷗吟社之絶。而吟諷之風。復興于河南。翁晩年詩名大浹海内。其詩鈔六卷既行于世。而恂々謙虚以農自居。可謂滿而不溢者也。翁久為邑議員。致力郷黨。參畫邑政。輔掖教化。又私刱銀行以資農村金融。其澤蒙人者多。而内勵于齊家之道。家政亦大張矣。昭和二年十月二十日病歿。享年六十四。配古家氏名仙。有五男三女。多病弱。其得成立者男女各一。男則正愛。實其第三子。克承其後。銘曰。

農耕封植　守業先資　温柔敦厚　養性藻詩　其人如玉　念之在茲

### 杜鵑記　安達香雨

世之聽鵑者果能看之乎。深翠參差。天際空濛。望之而不得。茫然遂失焉。其聲在耳。而莫見其貌。於此乎懷舊之情起矣。若夫裂帛之聲。使騷人斷腸。使隱士痛嘆。佳人所怨慕。墨客所風詠。皆莫非悲愁焉。此鳥也。有心而為之乎。物情之所會。果天者乎。今茲余遇游城崎温泉。客舍夢寐忽聽之。即蹴枕而起。開戸而望。更一聲又一聲。玲朗透徹。夜闌月淡。蠻光幽闇。感傷交至。而終不能寐矣。乃記之。

### 山家　神山眞龍

雲環板屋石泉鳴。風入破窓嵐氣清。幾曲幽蹊人跡少。前林雨過晩霞明。

### 觀華嚴瀑　安達香雨

岌々懸崖千仞巖。山蹊九折聳喬杉。飛泉展錬中天落。吟客肌寒烟霧衫。

### 日光東照宮　同人

畫棟金門五彩雲。彫鏤鳥獸帶斜曛。俊豪覇略凌霄氣。仰止當年東照君。

### 夜過川中島　渡邊盤山

當年虎闘龍爭跡。桑柘成村燈影飛。瞑坐車窓聽客語。話蠶多説二公稀。

### 小諸車中　同人

淺間嶽麓幾村々。寸地植桑無別坤。繭價今年三減二。縣官掩耳怨嗟言。

### 臼田曉望　同人

剖葦鳴處水涓々。待月花黄砂磧連。雨後青山遠相繞。淺間嶽上白噴煙。

## 山陰紀行（續）　灘尾可峰

自山口至石州

絶巓分水忽奔流。驚瞰嶮巇新綠稠。回首長門看不見。石州風物入雙眸。

懷友　泊園先輩右田三吉君

從是乾坤曰石州。峯巒重疊樹幽々。恍疑身到古仙境。毎見人烟懷眺洲。

津和野驛

津和野是好寰區。料識當年擁險途。俯瞰溪頭舊城趾。古今騷客有詩無。

懷人　僧村上安詳君

天涯客到津和埜。驛畔凝眸懷石雲。妙壽寺門何所處。幾多鐘磬隔溪聞。

自津和野至益田

道路由來有險夷。山陰那處十分奇。溪村行盡奄望海。追憶當年水戰時。

飛輪乘嶮過山村。村落無端綠樹繁。費子仙方君莫説。雲程萬里不知難。

自益田至濱田

于山于水又江頭。此境推知謂石州。一笑地名毫不謬。奇嵓點々鰐耶蚪。

東途ノヘ到濱田。眼看去來呉越船。商賈殷賑一州鎭。風光方弗五湖連。

茫々渺々水耶天。隱見釣舟還賈船。此日快晴風不起。蒼溟萬里似舗氈。

藝薇四十八溪流。合作一川通石州。屡化豊隆撼天地。俄然飜海駭潜蚪。

自濱田至雲州今市（此間有十九驛）

十九名區歴々移。驚看奇石恠嵓敧。驛丁連叫報今市。笑殺到頭無一詩。

自今市至大社

通過今市謾忽忙。意氣軒昂復托車。同人一樣感空腹。為休大社驛前家。

## 加茂祭　宇田敬

舞人か袖をかへせは糸竹のしらへになひくもろ葉草かな

竹陰讀書　同人

この君を友となしつゝ千尋あるかけにすゝしく文を見るかな

螢

河鹿なく谷にわたせる丸木はしやみにわたるは螢なりけり

## 島田暉山

表裝して床にかけたる扇かな
打水や明け放ちたる奥座敷
湯上りを安樂椅子の浴衣哉
誰が物ぞ清水のわきの忘れ傘
炎天や幹にしたゝる松の脂

## 橋本春波

落つかぬまゝに涼しや新蚊帳
清瀧は風呂場近うに河鹿鳴く
月見草は闇の中にて螢哉
野の霞見えて茄子の盛り哉
草刈の晝餉休みや土用東風

## 時候御伺

三崎黄圃　藤澤黄坡　編輯同人



## 泊園社編輯同人

大阪市住吉區千體町十四番地　石濱純太郎　電話住吉二〇二〇番

大阪府中河内郡枚岡村額田四百五十八番地　吉田萬治郎　電話枚岡二一九番

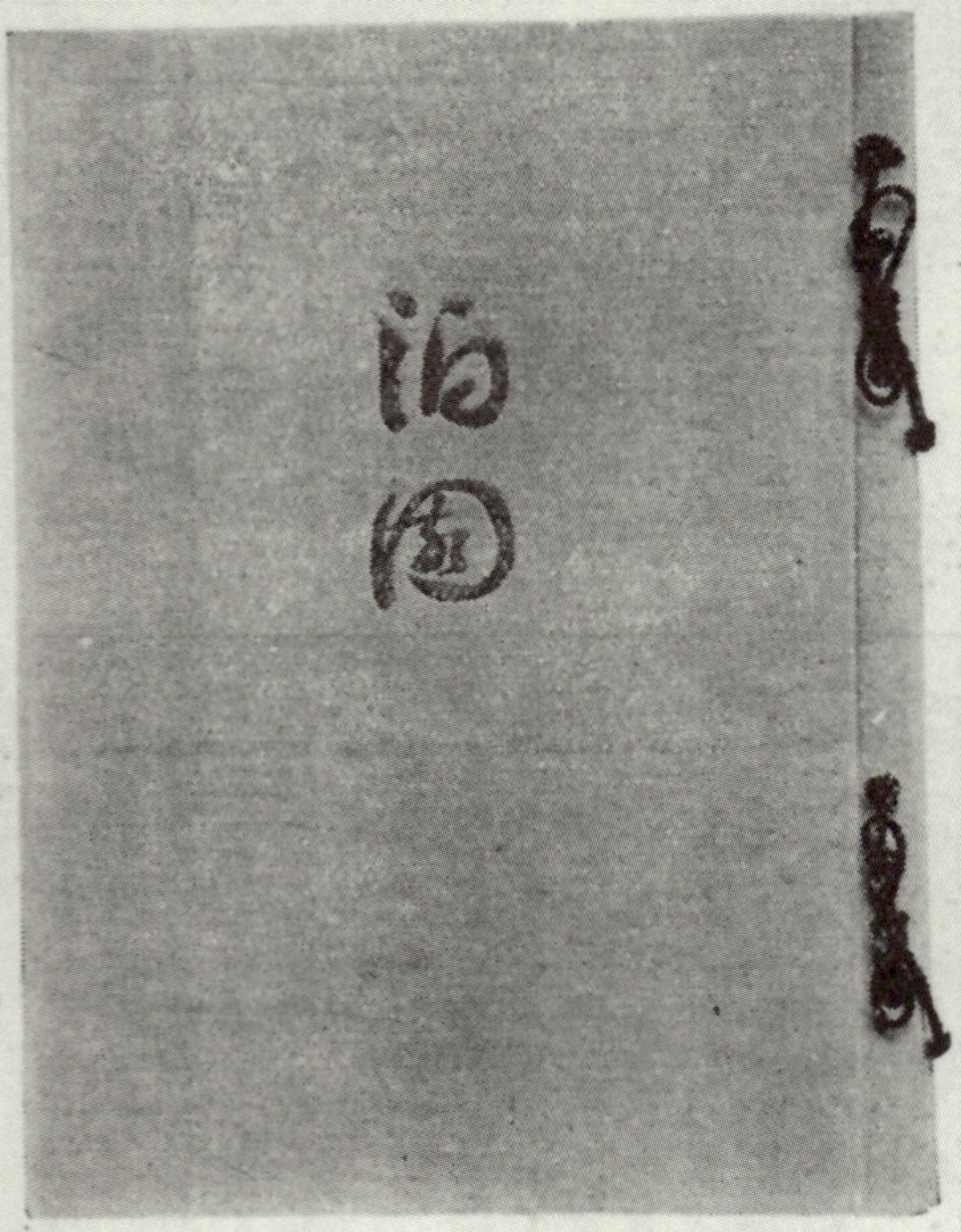

## 泊園會當番幹事

大阪市北區旅籠町　辻蒼石

大阪市東區横堀五丁目　渡邊醇

## 有聲會幹事

前揭　吉田萬治郎

大阪市東區南本町四丁目四十八番地　佐藤彌太郎

## 泊園同窓會幹事

大阪市東區南新町二丁目　篠田栗夫

大阪市東成區東桃谷町　梅見春吉

## 漢詩、和歌、俳句、川柳を募る（十四字詰字體明瞭に）

題　隨意

期日　毎月十日（本月ニ限リ二十日）締切

送付先　本社編輯局宛

## 泊園書院日課

書院の課程は左の如く講義は主として黄坡先生及石濱先生之を擔當せられ早朝の分は公開せらる

| | 自午前六時至午前七時 | 八時半（女子） | 午後二時より | 自三時至五時 | 自七時半至九時 |
|---|---|---|---|---|---|
| 月 | 中庸 | 國語　世說　三體詩 | 素讀 | 荀子　古文前集 | ……… |
| 火 | 淮南子 | ……… | ……… | ……… | 徂徠集　左氏傳 |
| 水 | 中庸 | 月に同じ | 月に同じ | 月に同じ | 說文解字（石濱先生） |
| 木 | 淮南子 | ……… | ……… | ……… | 徂徠集　左氏傳 |
| 金 | 中庸 | 月に同じ | 月に同じ | 月に同じ | 中國哲學史（石濱先生） |
| 土 | 淮南子 | ……… | ……… | ……… | 宋元明詩　列子 |

猶第一、第三日曜午前七時に尙德會の講筵あり。毛詩を講せらる。

昭和五年十月十五日　水曜日　泊園　第十四號　(一)

# 泊園

昭和五年十月十日印刷
昭和五年十月十五日發行
每月一回十五日發行
本紙定價一部金拾錢（郵稅共）
廣告料一行金五十錢
編輯兼發行人　吉田萬治郎
大阪市東區內淡路町二丁目
印刷所　大阪活版所
大阪市南區鰻谷中之町泊園書院內
發行所　泊園社
（振替大阪二三八三九番）

## 文字談（承前）

七香齋主人述

文字は則ち然らず、意義あり旨趣あり、苟くもよく之を解せば、則ち千歲の上を窺ふべく、萬里の外を知るべし、古人の『之を口にすれば異なり、之を目にすれば一なり』と謂へるも亦固より彰々たり。

若し言文一致ならしめば、之を一鄕に施すべきも、しかも四方に施すべからず、上下に施すべからず。言語を文字に託して而して可なるなり、文字を以て言語を修飾して而して可なるなり、善く文字を用ふれば則ち之を中外に施して謬らざるなり、歐人は文字を用ふる能はざるが故に余の言を了解すること能はざるなり。試みに東亞の情狀を視ば以て余が言の確にして浮ならざるを知るべきなり、今概して東亞といひ東洋と呼べども我邦と清韓とは、言語音韻皆異なり、而も筆語にて意を通じ、文章にて志を論ずること今に二千年なり、善く文字を用ふるを以てなり。

木、山に生ずれば匠人能く度りて之を用ふ、金、礦に生ずれば、冶工能く鎔して之を用ふ、人に貴ぶ所の者は運用の妙に長ずるなり、是を以て吉備公が文字に施すに邦訓を以てせられて而して文字は人間の大用を爲せる、其功盛なり、萬國にも亦吉備公其人ありて出でんか、文字の是に於てか美ならん。

歐米の文字を學ぶには宜しく讀むに其邦語を以てすべきなり何ぞ他邦の語音何如を問ふを爲さんや。日の字を見ては之を口にするに『デイ』といひ、妻の字を見ては之を口にするに『ワイフ』といひ、雪の字を見て『スノウ』と呼び、新聞の字を見て『ニウス』と呼び、學級の字を見て『クラス』と呼んで可なり、何ぞ他邦の語音何如を問ふことをこれなさんや。

先づ一字の名辭、天地日月等の字を學び、又轉じて動辭を學び、而る後に綴つて以て熟語とするものに通じ、二字よりして三字、而して五字ゝ、かくの如くするときは則ち之に通ずること難からざるなり。余願くは外邦の諸校に文字の一科を增置せんことを。其成效は必ず言語を學ぶより速ならんか。

二三十年來、人は文字を呼んで漢字となす、蓋し漢人の制せし所なるを以てならん、猶ほ羅馬字英字といふがごときか。然りと雖も文字に意義あつて、其音と訓とは皆、邦人の施せる所なれば何ぞ必しも其源を推して其稱を立つるをなさんや、宜しく文字と稱すべきのみ、漢字の稱は廢すべし、若し萬國皆此字を用ひ、各其邦語を以て之を讀まば、則ち之を口にすれば則ち異に、之を目にすれば則ち一ならん、萬國も亦單に文字と稱して可なり。

吾が邦、古來眼に一丁字なきものを呼んで文盲となし、青盲となす、盲の名當れり、其不便實に惘むべきかな。

若し文字を知らざれば、古代の書は讀むを得べからず、古人の妙語は了するを得べからず、近歲の人は皆歐米諸哲の語を知るを以て足れりとなす、然れども東亞の諸賢哲の善行嘉言甚だ多し、豈に之をして知るべからざるに歸せしむべけんや、況んや吾が邦內の事に於てをや。

文字の數を減じ節して之を制せんと欲するものは、人の腦裡に之を蓄ふる能はざるを怕るゝか、腦病の害を憂ふるか、咄、咄、腦髓の妙用は豈に常理の能く盡くす所ならんや、種々の工夫此に頼つて以て發す、種々の學業此に頼つて以て成る、而るに其腦薄弱にして、數千の文字を容るゝ能はざるは則ち、一事を成す能はざるの徒のみ、其死するも亦何ぞ惜むに足らんや。

一にも曰簡便、二にも曰簡便、簡便の聲、天下に滿つ、文字の簡にして便なる、天下之に踰ゆるものなし、而るに之を省せず、今若し文字を用ひば則ち、字は必しも蠅頭ならず、卷冊は汗牛を致さず、提携には固より便に讀了するにも亦便ならん、世の簡便を貴ぶもの、何ぞ之を省せざるや。

黃鵠先生遺像

### 黃鵠先生遺詠

掃落花
花魂蝶夢迹悠々
滿地飄紅帚底收
休道山僧無賴甚
併將春色掃春愁

禪房夏日
亂蟬如雨樹如烟
一榻清風絕世緣
身在炎涼趨避外
僧房半日學逃禪

烟外漁笛
柳汀竹浦暮烟橫
天水蒼茫一棹清
漁笛悠揚人不見
聲々呼起倚樓情

歲晚雨集
酒以釣詩々養靈
詞華競美墨痕馨
閑情不似兎烏劇
棋響丁々和雨聽

秋園雜詠
友可輔仁詩可群
新園僅就酒方醺
敗荷淅瀝秋傳響
殘菊蕭條雨帶薰
翰墨有緣參白社
鷺鷗無夢到青雲
同人吐屬總皆錦
映發庭柯樹々文

## 「經解入門」について

多田貞一

泊園第九號所載清江藩の經解入門は、初學に取つて頗る便利なものと思つたから、その後引續き譯出せうと思つて讀んで居ると、張之洞の輶軒語中の文と全然一致するものが出て來たので、不審を起し、試に兩書を比較して見ると、經解入門の第二十、第二十二、第二十五の後半第三十四、第三十七、第四十二第四十五、第五十一の諸篇が輶軒語の語學篇中の文を剽竊したものであることを知つた。

例へば、經解入門の平日讀書課程第五十一に、公羊家師說雖多、末流頗涉傳會、何注行世、世人以其事博辭當、求傳而不求經、故公羊家理密而事疎、左傳家事詳而理略とあるは、何注の下に輶軒語によつて、又復奧樸惟杜注の十九字を補つて、始めて其の意が明になるのである。如此は如何に考へても前者から後者が出て來たものとすることは出來ない。その他前記諸篇を見れば隨所に補綴斡旋の迹を發見することが出來るのであるが繁を厭つて省略する。

而してこの書には阮元道光十二年の叙言が附してあるが、これが又頗る怪しいものである。恐らく漢學師承記阮元序を眞似て後人が僞作したものであらうと思はれる。兩序の文章の相似は暫く置くとするも師承記序には元幼與君同里同學竊聞論說三十餘年とあるを入門序には接其議論者垂三十年と捩つて居るのは當人は上出來の積りならんも却つて馬脚を現すものである。即ち師承記序は嘉慶二十三年の作であるのに十四年後の道光十二年に依然として垂三十年とは奇怪千萬ではないか。

尙又本書の國朝治經諸儒第十六に、阮元謚文達と明記してあるのを見るとこれが江藩のものでないことが一層明である。（江藩の卒年は明瞭でないが淸史列傳によれば道光元年に江藩年六十一とあるから、阮元は道光二十九年十一月に卒して居る故、江藩は九十歲以上でこの書を著したことになる）。

しからば以上によつてこの書に對する謎がすつかり解けたかと云ふに、

一、全篇の體裁が頗る不揃で、後になるに從つて半枚にも滿たざる程の篇が目立つて多いこと
二、僞作の明證あるものが卷三以下に限られて居ること
三、後篇に杜撰なものが多いこと、殊に第五十一は甚だしく、誤字脫字以外に太史公曰儒家者流時而有要の類が多い。

等の諸點を綜合して見ると或は江藩の遺書中に如此企圖の一部が存して居つたのを本書の跋文を書いて居る徐儀吉の輩が宜敷く組立てたものかとも考へられる。暫く疑を存して大方の示教を待たうと思ふ。

附記

經解入門は初學に益有るからと思つて本紙上に譯述しかけたが、少しく不審の點があるので、遠慮して多田君に研究を命じた。多田君はよく之を研究して僞作でないかと疑を抱き此の一篇を余に見せた。丁度當時同書の校訂者小島先生から疑をも聞いてゐたし、間も無く川合孝太郎先生も詳しい出典考證を東洋文化紙上に載せられたので、大約問題は決定したから、今更でもないが多田君がよく書を讀んだのを喜んで、こゝに揭げて君の研究の記念とする。（石濱）

## 「教」と「學」の文字に就いて

茶谷逝水

「教」の字は「𡥈」と「攴」とより成つて、「𡥈」は說文によれば、「放」の意である。「放」は或は「效」に作るが、段玉裁の說によれば誤であつて、「放」が正しいのである。「放」は「逐」で、「仿」に通じる。「仿」は相似である、即ち模倣である。之に隨ひ之に依らしめるのである。「𡥈」を分解すると、「爻」は物の交錯せる指事で、「子」は勿論幼子であるが故に模倣といふ意味があるのである。「𡥈」の音は「古肴切」である。

「攴」は說文によると「小擊也从又卜聲」とあつて、音は「卜」によつて「普木切」であるが、慣用音は「ボク」である。意味は「ウツ」「タヽク」である。名詞にして「シモト」ともいふ。「攴」は或は「扑」とも書く。尙書や三禮には「鞭扑」と用ひてある。又「撲」とも書く。

故に「教」とは幼子に對して、先覺者が模範を示して之を模倣せしめ、その惰氣を覺醒せんが爲に、「シモト」を以てたゝくことである。說文によれば「教、上所施、下所效也」とある。「效」も亦模倣の意なること前述の如くである。釋名には「教傚也、下所法傚也」とある。「傚」も「效」に通じて「放」である。「ノットル」「カタドル」「マナブ」である。故に「教」とは上が模範を垂れ、下が之に模倣することである。「教」の音は「古孝切」「ケフ」はその吳音である。

「學」は古文では「斅」と書く。「斅」は「教」と「冖」と「臼」との合字である。「臼」は左右の手で物をかきあげんとする象形。「冖」は上より蔽うて庇護する形。故に「斅」とは左右の手で傍より抱持して助け、庇護し監督して、幼兒をして模倣せしめ、怠る時は鞭撻して皷舞激勵することである。故に元來は「ヲシフ」といふ他動詞であつたのだが、後には「マナブ」（マネブ）といふ自動詞になつた。尙書說命篇には「惟斅學半」とあり又盤庚篇には「盤庚斅于民」とあつて孔安國は「斅教也」と注してゐる。故にこの時代には「斅」を「ヲシフ」とよんだことが分る。然るに說文に曰く「斅覺悟也」と。かの禮記の學記には「學然後知不足、知不足然後能自反也」とあるが、「知不足」は即ち覺悟である。又曰く「教然後知困、知困然後能自强也、故曰教學相長也、兌命曰學學半、其此之謂乎」と。兌命（說命）の上の「學」は「斅」の省筆で「ヲシ」とよむ。孔穎達は「上學爲教」といひ、音も「上學胡孝反、下學如字」といつてゐる。「マナブ」は自覺で下が倣ふのである。白虎通にも「學覺也」といふ。未だ知らざる點を悟ることである。「ヲシフ」は人をさとすので上が施すのである。同一事であるが、下よりいへば「マナブ」であり、上よりいへば「ヲシフ」である。

故に古代では「マナブ」にでも、「ヲシフ」にでもすべて「斅」の字を用ひたのである。然るに秦以來は「斅」の「攴」を去つて「學」とし、專ら「マナブ」意に用ひ、人をさとす時には「教」の字を用ひて常に「ヲシフ」の意とした。說命は後代の作であるが、猶「斅學半」のやうに「斅」の字を「教」の意に用ひ、又禮記に說命の文を引いて、「學學半」とし、上の「學」を「教」の意に用ひたのは、古い用法に從つたのである「教」は古文ではまだいろ〳〵書くが、要するに「斅」が最も古く、かつ正しいので、此の字を同時に「マナブ」とも讀ませたので、後にはこの省筆である「教」を專ら「ヲシフ」と用ひ、同じく「學」を專ら「マナブ」と用ふるに至つたのであらう。かくの如く「教」と「學」との文字の變遷を考へて見て、「ヲシフ」と「マナブ」とが同一事の二方面であると見た古人の心を思ひ、又「教學相長也」とか、「斅學半」とかいふ語を吟味する時、吾人はそゞろに興味を感ずるものである。

## 篤信好古齋隨筆

大壺

于𢼾の香草校書を購ひ得た。凡そ六十卷だが、未刻かして中間十二卷を闕いでゐる。十三徑と周書大戴禮國語說文の十七書を校讀した札記である。自ら「自高郵述聞後、有德淸平議。德淸平議後有此書。平議視述聞若有時過焉者、然力不逮矣。是書視平議、若有時過焉者、力更不逮矣。文章千古、寸心知之。何可飾哉、何可諱哉。景掛前輩綿往無極」。と云つてゐるが、又移して以てその學風とその內容とを窺知するに足らう。讀書の精審には敬服するが、穿鑿に過ぎて新奇に墮するの弊を免れない樣だ。

本書の目錄後の附記には光緒二十九年二月四日の日附を掲げてゐるが何しろ永年の札記なんだ。國學と云ふ雜誌に出かけた爾雅新志、南菁書院叢書四集に收められた說文職墨は本書の爾雅說文の部に當るものだが、本書が定本と見えてかなり增訂がある樣である。

于氏の傳記は國學第八期に李邦黻の于香草先生傳と顧次英のその附議とを見れば分る。說文詁林の引用諸書姓氏錄では字號も闕いでゐる。それ等によると南菁書院に學んで光緒丁酉の拔萃科に登つたが、終身出で〻仕へず、宣統二年七八月の交に邑中で死んだらしい　隱居してゐたから著書は隨分有るらしいが、結局は香草校書續板書に著萃せられるらしい。少しは種々の雜誌に出たものもあつて、國學論文索引を見ると出てゐる。

又于氏は畢生の力を以て戰國策の注を作り年表序錄を具備して卓然一家の言を成したらしいが范希曾の書目答問補正（史學雜誌第一卷第五期にも國學圖書館第二年刊にも載つてゐる）にも未だ傳本を見ずとあるのは惜しい。

羅叔言先生の「古今學術之遞變」「本朝學術源流概略」の二著を讀んだ。共に先生講演の藁本である　前者は古人の所謂學から說き起して宋元明の學迄の變遷を概論して、師儒の效を說けるもの、後者は專ら清朝の學術を淵源、流派、研究方法、得失の四點から通論せるものである叙述する所極めて平允明晰であつて又稍々學術と世潮に關して徽意を寓してゐる。獨斷の特識は無いが通儒の撰述だ。

因に叔言先生の近著には「漢石經殘字集錄正續」「丁戌稿」「遼居雜著」がある。一は近時續々出土の石經殘字を雙鉤で集錄したもの、二は文錄で丙寅稿に續くもので主として書籍や金石の序跋三の目は左の通り。

矢彝考
璽印姓氏徵補正
漢兩京以來鏡銘集錄附鏡話
蒿里遺文目錄續編
校定和林金石錄
敦煌古寫本毛詩校記
帝範校補
宋槧文苑英華殘本校記

得則高歌失則休多愁多恨亦悠〻今朝有酒今朝醉明日愁來明日愁

## 曾文正語類抄

甘菱

家事雖亦有運、然以盡人事爲主不可言運也。

家事も亦運有りと雖、然れ共人事を盡すを以て主と爲す、運を言ふべからざるなり。

未明而起、同習勞苦、不習驕佚則所以保家門而免劫數者、可以人力主之。

未明にして起き、同じく勞苦を習ひ、驕佚を習はず。則ち家門を保ち劫數を免る所以の者人力を以て之を主るべし。

興家之道、不外內外勤儉、兄弟和睦、子弟謙謹。敗家則反是。

興家の道は內外勤儉、兄弟和睦、子弟謙謹に外ならず。敗家は是に反す。

居家四敗。曰。婦女奢淫者敗。子弟驕怠者敗。兄弟不和者敗。侮師慢客者敗。

居家の四敗、曰く、婦女奢淫なる者は敗る、子弟驕怠なる者は敗る、兄弟和せざる者は敗る、師を侮り客を慢る者は敗る。

教訓子弟、總以勤苦爲體、謙遜爲用。

子弟を教訓するに總べて勤苦を以て體と爲し謙遜を用と爲す。

兄弟之際、吾亦惟愛之以德、不欲愛之以姑息。教之以勤儉、愛兄弟以德也。豐衣美食、俯仰如意、愛兄弟以姑息也。姑息之愛使兄弟惰肢體、長驕氣、喪德虧行、我不敢也。

兄弟の際は吾亦惟だ之を愛するに德を以てし、之を愛するに姑息を以てするを欲せず。之を教ふるに勤儉を以てするは兄弟を愛するに德を以てするなり。豐衣美食俯仰意の如くするは兄弟を愛するに姑息を以てするなり。姑息の愛は兄弟をして肢體を惰り驕氣を長じ德を喪ひ行を虧かしむ、吾は敢てせざるなり。

一家能勤能敬、雖亂世亦有興旺氣象。一身能勤能敬、雖愚人亦有賢智風味。

一家能く勤め能く敬せば、亂世と雖亦興旺（さかんなる意）の氣象あり。一身能く勤め能く敬せば、愚人と雖亦賢智の風味あり。

凡家道所以可久者、不恃一時之官爵、而恃長遠之家規。不恃一二人之驟發、而恃大衆之維持。

凡そ家道の久しかる可き所以は一時の官爵を恃まずして長遠の家規を恃み、一二人のにわかに發するを恃まずして大衆の維持を恃むなり。（嗣出）

## 泊園後援會私見　石濱

余は已に將來の泊園書院案の中心に關して私事を述べた。次いで後援會に對する私見を述べて諸先輩の參考に供したい。

泊園後援會は勿論泊園書院の後援會である。泊園書院の諸事業を有力に有用に實行せしめて後顧の憂無からしむるが第一の目的でなければならない。所が余が已に述べたる如く書院の事業は營利事業ではない。之を營利的に考ふれば又それぞれの方法も有らう、計劃も立てられやう。然しそれでは余の考ふる所とは千里の差がある。抱殘守缺不斷の一線を茲に確守しやうと云ふのとは話が違ふ。全然少しの營利的計劃をもその中に含有せしめてはならない。泊園及門の同窓が社會への義務として奉仕としての事業にかゝる銅臭を有しては目的に沿はない事になる。

然し乍ら此等の事業に於ても費用を無視して計劃する事は出來ない話である。出來ない所か余の言ふ事業では却て十分十二分の費用を要するのである。その費用を固り同窓及門の捐金に待つて之を書院に交付し監督して有終の美を成さしむるのが後援會の職ではあるまいか。

この捐金は强制せずして自發的に多少に關らず或は一時的に或は永續的に投じて貰つて、書院と後援會とが共に贊成し是認し得たる事業を經營せしむるのが後援會の方法であるまいか。本誌の經營の如きもその中の一と爲し得るではないか。

そんな賴りない捐金では到底何事も出來なからうとの非難が兩方から出るであらう。固りさもあらう。然し會の中心委員となるべき人々の信望と努力とによつては稍々滿足なるべき程度迄の事が出來ないとは云へまいと信ずる。況んや及門子弟に其力無しと果して誰か斷ずる。若し事情上捐する所が少きにせよ、その後援し得る範圍內丈の活動を書院に期待してもいゝではないか。一年先き二年先きの程度の問題ではない。永久の事業なんだ。急遽にしやうと思つてはいけない。先輩之を始め後生之を紹げば必ず出來やうではないか。敢て風を移し俗を易ふとの僭越をしやうとは云はないが。亦是れ德を立つるの事。あはてゝはいけない。

かくの如き方法は誠に行ひ易くて、無理なく繼續し得るものではないか。たゞ問題は中心となるべき委員として信望ある有力なる諸兄が奮起せらる、や否やに歸するであらう。

余の私案はこの簡易なる案を根本として立つものなるを告げて敢て批正を仰ぐ次第である。

## 一讀一笑

奴婢私嘲主人曰。我主翁之面宛乎若猿。主人聞之屏所。大怒曰汝輩何目我爲猿。奴頓首謝曰。何敢。主君誤聞耳。主人曰。汝何以說猿字。奴曰然。有之。非謂主君之面似猿也。猿反似主君之面耳。

奴と婢と私かに主人を嘲つて曰ふ「我が旦那の顏は、まるで猿の樣だ」と、主人物蔭にて之を聞き、大に怒て曰「汝輩、何ぞ我を目して猿とするか」と、奴頓首して謝して曰、「何ぞ敢てせん、(滅相もない)主君の誤り聞かれしのみ」、と主人曰、汝は何を以て猿といひしか、奴曰然り、之有り(申しました)主君の面が猿に似たりと謂ひしにあらず、猿が主君に似たといひしのみ。

有嗜酒者。醉輒酗。其妻諫云。狂藥誤人。大丈夫爲口腹喪其志。豈不悲哉。願請自今宜斷。夫深以爲然。一夕天寒。欲酒甚切。而耻妻復諫不敢飮。熒冒掩目而眠。一睡忽覺。暗不見燈。謂家人皆寐燈已滅矣。乃欲竊飮。驚步出寢。家人大笑、主人驚曰。厨下天已曉乎。

酒を嗜む者あり、醉へば趣ち酗す(酒癖が惡い)其妻諫て云「狂藥、人を誤る、大丈夫が口腹のために其志を喪ふは豈に悲しからずや願くは今より宜しく斷酒せらるべし」と夫深く以て然りとす。一夕天寒し、酒を欲すること甚だ切なれども、妻のまた諫めんことを耻ぢて、敢て飮まず、熒冒(わた入り頭巾)もて目を掩うて眠りぬ、一睡して忽に覺む、暗くして燈を見ず、謂へらく家人皆な寐ねて燈已に滅せりと、乃ち竊み飮まんと欲し、驚步(ぬきあし)して寢より出づ、家人大に笑ふ、主人驚て曰「厨下は天已に曉なるか」と(臺所はもう夜が明けたか)

孤村有盜賊警。有一黠夫。自計我家亡有長物。唯有一大釜耳。守之不如寢于釜中也。是夜果盜來。搿釜而去。至中野。始寤。咳二三聲。賊怪發蓋。愕然棄走。仰見衆星粲然而曰。偷兒搿廬去矣。幸留此釜。

孤村に盜賊が頻りに橫行した。橫着者があつて、考へるに、「我家には別にこれといふものはない、たゞ一の大釜がある、これを守るのは、其中で寢るが一番だ」と、其夜果して盜賊が來て、釜をかついで行つた、野の中まで來たころ其男が、目さめて二聲三聲の咳をした、賊怪んで釜の蓋を開けて見て、びつくりして釜を棄てゝ逃げてしまつた、其男、上を見ると星影がきら〳〵して居るので、「泥棒め、家をかついで行きをつたが、釜は幸に無事だわい」といつた。

## 讀史小談（三）

川本如犀

### 孔子の後世

孔子沒して三百年漢興て挾書の禁を除きてより儒學の復興此に其端を發して爾後幾世六經の祖述道義の敎化寖く天下を振蕩するに至りたる東漢章帝の時帝泰山に幸して魯を訪ひ元和二年三月己丑孔子及び七十二弟子を闕里に祀り六代の樂を作せり尋ひで孔氏の男子二十歲以上の者六十二人を會し帝親から主人孔僖に謂て曰く今日の會寧んぞ卿の宗に於て光榮とする有ん乎孔僖對て曰く臣聞く明主明王にして師を尊び道を重んぜざるは無しと今陛下萬乘の尊を屈して敝里に親臨せらる是れ乃ち先師を崇禮し聖德を增輝せらるゝ所以なり光榮に至ては敢て承る所に非ずと帝大笑して曰く聖者の子孫に非ざれば安んぞ斯言有らん乎と。

三國時代魏の文帝は孔子二十一世の孫孔羨を以て宗聖侯に封し邑百戶を給せり已來孔子の遠孫は歷世帝王の殊遇する所となり三十七世孔巢父に及て盛唐德宗の朝に出仕せり巢父は興元年間魏博宣慰使と爲て河中に至りたる時胡賊の禍に罹り國難に殉せり其子孔戣は憲宗の朝諫議太夫と爲り白居易、裴垍、李絳等併立の間に在て能く憲宗を諫て屈せず名を當代に馳せたり。

其後五代後周の太祖も復其廣順年間に於て魯を訪へり當時の記事に曰く、

六月乙酉朔帝曲阜に如き孔子の祠に謁す旣に奠し將に拜せんとす左右曰く孔子は陪臣なり天子を以て之を拜す可からずと帝曰く孔子は百世帝王の師なり敢て敬せざらん乎と遂に之を拜す又孔子の墓を拜し命して其祠を葺し孔林の樵採を禁じ孔子顏淵の後を訪て以て曲阜令及び主簿と爲せり。

又曰く孔子廟は曲阜城西南闕里に在り孔子墓は城北泗水の上に在り城を去る事一里葬地は蓋一頃、墳南北十步東西十三步高さ一丈三尺塋前に甗甗あり祀壇方六尺塋中の異木珍卉百種を以て數ふ皆諸弟子之を致して塋中に植ゆ魯人知る事無し、と

孔子の謚號は前漢時代より至聖文宣王と稱せられ元朝に逮て大成至聖文宣王と改稱せられたるも明の世宗朝の時孔子に對し王號を付する事の當否につき朝野一代の論議を經たる後至聖先師孔子と號する事に一決せり又其子孫の爵號を宗聖侯と唱へ封成侯と呼び聖亭、恭聖、鄒國、紹聖等歷世の封稱區々として定り無きも清朝以降衍聖侯と號して今代に逮へり魏の文帝其壽陵を造るの制書に曰く、

夫れ葬なる者は藏なり人の見るを得ざる事を欲するなり骨痛痒の知無く冢棟神の宅に非す棺廓以て骨を朽るに足り衣衾以て肉を朽するに足る而已故に吾れ此丘墟不食の地を營み易代の後其處を知らしめざらんと欲す。

又曰く、

古より今に及て未た不亡の國有らず亦不掘の墓無し。

と吳蜀を歷して中華に君臨する魏帝にして一たび其沒後に想到したる時自から當世に愬へたる心事の奚ぞ爾く凄々たる哉是に反して山東の一境に聖德の舊府を守る孔氏一家の歷史は此に二千四百年を經て世變に累せられたる史實を有せず常に世外に超出して千古の孔林長へに曲阜城外に嶷然たり而して其遠孫の現代に及ぶ者實に九十幾代に達すと聞く借問す全世界に於て此の如き家運を有する者復有りや哉如何。

## 通知

來る十月十九日(日曜)午後一時より生玉齡延寺に於て黃坡先生御生母牧野氏五十年忌法要を嚴修せられし後午後四時より高津神社前　湯豆腐屋に於て

第三十三回　**泊園同窓會開催**　會費金四圓

## 金字塔

秋は靜思の季なり蘭燈の下靜に書を繙いて故人に接する時現在の吾の腑甲斐なさが見出され人生の意義ある事を敎へられ胸裡の何物かの躍動するを覺え襟を正す事不知幾回!!!

▲時今や黃鵠先生の七回忌を迎ふるに當り想起す或土曜の一夜一般講義席上に於ける一場の光景!

▲余に隣れる一學生肱を突きつゝ聽講せるや先生は大喝一聲して苟くも聖賢の道を聽くに當り其無作法は何事ぞやと難詰せられ後聲を和らげて其非を敎へ給ひたる事ありしが——嗚呼今や先生亡し而して其時の青年今何くに在りや謹而奉祈御冥福

## 泊園同窓會常費領收報告

昭和四、五年度分

一金貳圓　田中稠君

一同　玉手市兵衛君

一同　谷內清巖君

一同　村井敏夫君

## 本誌後援寄附金收受報告

一金參圓　松浦捨吉氏
一金貳圓　鷲田又兵衛氏
一金貳圓　渡邊元吉氏
累計金四百五拾九圓也

# 泊園文藝

### 曝書記　岡本餘洲

霖雨漸霽。炎暑始盛。方此時。展衣檢器。邦俗之常也。余之藏書逐年加多。殆倍往日。十席之室。六席之堂、除去戸障。以爲一場。張繩設架。以曝書焉。清風颯至。紙卷飄搖翩飜有聲。逐次點檢。或攘紙魚。或繙斷編。史略一書。余少時所好讀者。取而視之。書中或施朱線者。或加朱圏者。皆當時所以識嘉言善行者也。又有貼紅紙。有記釋意。是爲難解處。所俟師說者也。某章所與甲氏論議。某句所與乙氏是非。或口角飛沫。或抱腹絶倒者。歴々想出。宛然如往日之復來于面前。百感鍾于懷矣。且也此書舅氏之所賜也。余之學也。遲々焉。徐々焉。舅氏之墓木既拱。而余未免吳蒙也。若使舅氏在世而見之。共憤怨歎息果如何乎。追憶至此。不覺流汗沾背耳。嗚呼魯鈍之質。不啻不能慰舅氏。又無所望于世也。然苟志於仁無惡。自今乾々不息。則一日勤勉可以收一日之功。一年努力。又可以致一年之績。假令不能至于道。猶賢於已哉。舅氏之靈希恕余乎。一世之人希容我乎。時斜陽在樹。蟬聲如雨。急收卷帙。因記所感云。

向軍治翁見示戯倣釋禮才作乃戯和之遂疊韵應酬得十餘篇亦銷夏一助矣

松下讀書圖　釋禮才
斜倚長松讀古書。愧將白髪惜三餘。風聲洒面唔咿破。自笑山中陶隱居。

借愚極句自慰　向翁
讀破東西萬卷書。不慚鶴髪惜三餘。休言上有明天子。我愛山中陶隱居。

次韻戯寄　黄坡
胸蓄汗牛充棟書。于今白髪惜三餘。市朝隨處抗高節。剛似山中陶隱居。

疊韻
胸中蘊蓄五車書。筆下文章亦唾餘。一隻有他高世者。傲然睥睨俗儒居。
至道筌蹄架上書。舌頭警世坐談餘。更欽芝玉庭階下。護得先生安樂居。
擾々人間無用書。安敎趙政火無餘。今宵一碧天如拭。霽月光風滿我居。
無税良田硯與書。代耕筆舌有贏餘。都門避俗心還適。不學當年山隱居。
清風吹弄案頭書。午雨過時簷滴餘。爽氣滿堂塵不到。悠々閑臥亦安居。
倦則眠兮覺讀書。只知歳計有殘餘。休言措大無他策。名利不堪群小居。
郵夫投寄故人書。一味清風快有餘。誦去幾篇珠玉韻。頓教幽趣滿幽居。
休疑咄々向空書。掃地倫常無復餘。何幸聽君憂世說。非斯人共與誰居。
逐々無人甘讀書。歌謠旬月萬金餘。誰知倚伏蹤如夢。不若寂寥揚子居。
乘涼頭坐獨繙書。林外疎鐘杵韻餘。片月在枝松百尺。初知仙客愛棲居。
日々徂來兩府書。幾篇唱和似波餘。堪欣握手時將近。一笑忻然免索居。

祝生駒氏新構其店舖
五層夏屋堺衢頭。行路仰看鐘表樓。繁盛期他家國利。惜陰勤業儆時流

福本竹里兄僅免暴人之難賦以唁之　黄坡
電閃標飛掠眼過。從容心裡絶風波。狂夫豈少桓司馬、孔聖有言如我何。

次韻致謝　竹里　福本元
財政打擊幾重過。打擊艱難甚似波。那事他家洋杖子。向人振棒意如何。

奉次士明兄立秋書懷芳韵　黄翁　越智宣
蒹葭秋至尙蒼々、驅得宿痾將入肓。珍重更欣詩骨健。書窓安穩坐新涼。

同　竹里　福本元
天空海濶好仰蒼、祛痼身猶啓宿肓。囑客賦詩喚酒可。清風滿地坐秋涼

同　活園　篠田栗
丹渥尊顏不見蒼。且慶二豎去膏肓。新秋氣象諧淸體、霽月光風轉爽涼。

次韻謝黄坡先生見惠紀念詩扇　木洲　植野德
莫怪仙顏鬢未蒼。六經得失藥其肓。我拜君扇吟君句。不覺淸風入袖涼。

憶　南岳先生　南畝　鷲田又
夫子昇天既十年。奈何斯道日泯焉。等身遺著吾耽讀。獨廢三猿詩一篇。

寄尾中鶴洲　同人
白首丹心往事悠。江湖獨臥復何求。青燈烏几詩家雨。黄葉夕陽僧寺秋。遮莫名塲爭逐鹿。休將世態問浮鷗。數行遙寄相思字。千里知君一笑酬。

黄鵠君七周年忌辰展墓恭賦　活園　篠田栗
君逝今秋正七年。追懷往事轉凄然。祇林曉歩露繁處。採得芳芝供墓前

同
永別七秋過夢中。苔碑拜了立西風。今朝追憶情何耐。喚雨聲寒雲外鴻

哭藤澤妙子令孃　晦洲　右田三
豈圖雛鶴去天涯。哀音聞絶轉耐嗟。遺影之前感多少、亦是藤門一朶花。

賠俵君　笠井雪窓
五月念五日同窓諸兄迎商相俵君宴於森吉樓余亦與焉共語不覺促膝別後賦贈
握手暫時同酒尊　相看言有舊容存　醉餘不覺吾頭白　也識君忘政務繁

悼翠軒豊田君　同人
先死一日我在有馬有隣山房聞其臥病已歸將訪之而計適至時十三日亭午也乃蒼惶赴阿倍野新齋塲車中得句曰亦爲蝴蝶夢中人已至小憩無幾活園篠田君至石濱梅見櫻井三君亦至談中我改前句作蝴蝶夢中添一人遂成一篇曰不是望秋蒲柳身何因遂作玉樓人舊知十指不堪屈蝴蝶夢中添一人下午二時入儀塲而知人字相犯乃沈吟改作欲留有命竟無因塲中無紙筆起拜木主朗誦而退歸錄之
不是望秋蒲柳身　欲留有命竟無因　舊知十指何堪屈　蝴蝶夢中添一人

平塚海岸戯次人韻　渡邊盤山
鮫人三五立汀沙　競學新粧艷美加　臂腕輕盈肌是雪　碧漪漾出白蓮花

美術院展覽會與人論書
切々寫眞々不眞　可憐格物費精神　蠶兒食葉吐成糸　于此要知醞釀春

同
經日一眞一切眞　迷人不識逐無垠　屏風滿面描罌粟　何若一莖秋草新

同
經來醞釀畫皆新　格物求奇々有垠　畫境何殊詩境好　思無邪處句常眞

四萬溫泉　同人
亂山交錯路高低　無數秋蟲糞裏啼　林外有家三兩戸　燈光點々映前溪

同　同人
紘歌聲湧幾樓臺　月落三更寂寞催　星影燈光覩難辨　或疑螢火度溪來

詠草　宇田敬
春の頃より病みたる黄坡子の病の怠りぬるよろこびに詩を扇子にしるして知れる方々におくりける その詩におもひよりて
大空のひろき心をもたゞ身にかゝりし雲のはれさらめやも
むら雲の晴れたる秋の月影はつらなる枝にあきらかにして

橋本春波
晒井の水流れ來て鳳仙花
軟かき入日に映ゆる秋の雲
朝顔を並べて鄙の片障子
草花にとり圍まれて臨南寺
刈られたる原を嬉しと蜻蛉どち

**泊園社編輯同人**
大阪市住吉區千體町十四番地　石濱純太郎　電話住吉二〇二〇番
大阪府中河内郡枚岡村額田四百五十八番地　吉田萬治郎　電話枚岡二一九番

**有聲會幹事**
前掲　吉田萬治郎
大阪市東區南本町四丁目四十八番地　佐藤彌太郎

**泊園會當番幹事**
大阪市北區旅籠町　辻蒼石
大阪市東區横堀五丁目　渡邊醇

**泊園同窓會幹事**
大阪市東區南新町二丁目　篠田栗夫
大阪市東成區東桃谷町　梅見春吉

## 漢詩、和歌、俳句、川柳を募る（十四字詰字體明瞭に）

題　隨意　期日　毎月二十日締切
送付先　本社編輯局宛

## 泊園書院日課

書院の課程は左の如く講義は主として黄坡先生及び石濱先生之を擔當せられ早朝の分は公開せらる

| | 自午前六時至午前七時 | 八時半（女子） | 午後二時より | 自三時至五時 | 自七時半至九時 |
|---|---|---|---|---|---|
| 月 | 中庸 | 國語 世說 三體詩 | 素讀 | 荀子 古文前集 | ………… |
| 火 | 淮南子 | ………… | ………… | ………… | 左氏傳 徂徠集 |
| 水 | 中庸 | 月に同じ | 月に同じ | 月に同じ | 說文解字（石濱先生） |
| 木 | 淮南子 | ………… | ………… | ………… | 左氏傳 徂徠集 |
| 金 | 中庸 | 月に同じ | 月に同じ | 月に同じ | 中國哲學史（石濱先生） |
| 土 | 淮南子 | ………… | ………… | ………… | 宋元明詩 列子 |

猶第一、第三日曜午前七時に尙德會の講筵あり。毛詩を講ぜらる。

大守熊治郎君　吉崎善三郎君　堀岡治三郎君　寺田英一君
新田長三君　吉成卯三君　西門孝次郎君　西門岩松君
鴨居武君　坂本唯三郎君　宮崎青湖君　殿村たけ君
岡本英三君　國安普助君　吉宗耕英君　佐藤馬之亟君
住友與五郎君　岩崎深信君
小計金壹百五拾四圓也

# 泊園

昭和五年十一月廿二日印刷
昭和五年十一月三十日發行
毎月一回十日發行
本紙定價 一部金拾錢 一年前金壹円（郵税共）
廣告料 一行 金五十錢
編輯印刷兼發行人 大阪市東區内淡路町一丁目 吉田萬治郎
印刷所 大阪市南區竹屋町九番地 大阪活版所
發行所 泊園書院内 泊園社
（振替大阪一三八三九番 泊園書院）

## 文字談（承前）

七香齋主人述

文字の用は至れり大なり、以て千歳の上を知るべく、以て千里の語を傳ふべし、而して其用は判つて二となす、一は曰通俗、一は曰簡雅、簡雅は則ち單に文字のみを用ひ、文典は則ち周秦を以て法となす、通俗は則ち文字と書契とを錯へ用ひ、書契は各國舊來用ひし所の者を用ひ、文典も亦時宜に從ふ、此の二の者立つて、文字の用、底り極まることある無からんか。

言語の以て彼我の情狀を盡すに足らざるを知つて、而る後に語の以て隔世の人と相通ずべからざるを知つて、而る後に文字の重んずべきを知らん、雅俗の分界あるを知つて、而る後に文字の貴ぶべきを知らん、文字の重んずべく貴ぶべきを知つて、而して其人の品格も亦自ら貴重なり。

文字の味は實に言語の上にあること數等にして、昔人のいはゆる古人を友とする者實に此にあり、坐ながら古今を悟るも亦此にあり、獨學世を玩ぶの樂も亦此にあり、此妙を熟知して而る後に與に文字の眞味、文章の妙用を語るべきのみ、夫れ文字は韻あり、形あり、意味あり、是を以て目之を迎へて以て悅ぶ者は形能く人を感ぜしむればなり、耳之を得て以て喜ぶ者は韻能く人を感ぜしむればなり、玩味咀嚼して心に樂む所有る者は意味の吾心を感ぜしむればなり、字に悲壯なる者あり、優美なる者あり、温厚なる者あり、古雅なる者あり、故に古雅なる者に對すれば則ち高尚の心動く、優美なる者を誦すれば則ち駘蕩の心興る、之を綴つて熟語と爲せば則ち古雅愈々雅に、優美愈々美なり、之を讀むの樂は、啻に歌曲を聞く者の手の舞ひ足の踏むを忘るゝが若きのみならざるなり。

字形自ら煩簡あり、毛穎傳へて而して之を顯はす、況んや法の奇勁、圖畫と並立つて而して愈々美に、人心自ら賞して而して之を愛す、之に加ふるに語に風味あり韵致あらんか、何ぞ愛して而して之を敬せざるべけんや。

字音に輕重あり、浮沈あり、我が邦の音韵讀方は淸韓等の諸國と自ら別なり、而して唔咿の聲自ら深趣あり、古人之を機杼の聲に并せて以て其家の福と爲すも、亦宜なり、其發して詩となり歌となり、別に音節を具ふれば、又更に淸雅なり。

書畫の貴ぶべきは其人品德業の何如に在るのみ、呼んで心畫心聲と爲す、之に對すれば則ち其人と相話するが如きなり、世の琴棋と並べ稱するは、唯だ賞心の具たるを謂ふのみ、琴棋は竟に書畫の班に非ず、世人未だ其眞味の存する所を知らざるなり。

其品格既に高く、德業既に美にして、而して錄する所の文字の意味欽ずべくんば、則ち之に對するの間、我が心も亦隨て以て高く、鄙吝の心も亦自ら消滅す、眞賞此に至る者は蓋し鮮し、然りと雖も、苟も文字書畫の愛すべきを知らば、宜しく心を此に用ふべきなり、徒玩は以て其心を養ふに足らず、徒賞は以て其美を盡すに足らざるなり。

字を綴り文章を作るは、實に二體と爲す、而して通俗文は則ち叙し去つて明了なるを要し、辭致の暢和なるを要す、而して鄙猥を忌む、是れ第一關なり。

語に古今あり、風に都鄙あり、日間の行事を記し、心事の情懷を錄し、及び朋友の贈答するに豈に源語勢語の高華を用ひん、宜しく實着にして浮ならざるべし。

太閤記、太平記は戰史と曰ふと雖も、文みな法るべし、通俗三國志の如きも皆典則あり、猥雜の小說の如きは、稍々風敎を挿むと雖も、亦弄すべからず。

簡雅文は則ち序記の諸體具る、其勁なるべきと暢なるべきとは物每にして異なりと雖も、古文を熟讀せば、體裁自ら明ならん、何の難きことかあらんや。

達意、修辭の二つの者、峙立して門をなす、修辭を唱ふる者は六朝を以て祖となす、謂はゆる四六は皆其の餘派なり、達意を主とする者は、孟荀を以て祖となす、韓柳歐蘇は皆其類なり、然りと雖も修辭にあらざれば則ち意達せず、達意豈に言文一致の謂ならんや。

散文、四六、韻語、時文、呼んで四體となす、散文は則ち句法の長短齊しからず、聲律を論ぜず、韻を押せず、四六は則ち句法字法必ず對偶をなし、句末互に平仄を取つて而して韻を押せず、韻語は則ち長短均しからずと雖も、句間或は對偶あり、句末必ず韻を押す、銘贊の如きもの是なり、時文は則ち字數に拘はらず、平仄を問はず、韻を押せず、然れども首あり、尾あり、中間に腹あり、故に或は呼んで八股となす、明淸の擧人に課する者のみ。

叙事、議論、辭命、詩賦、呼んで四法となす、眞西山始めて此目を立つ。

通俗、簡雅二體の談、固より此に止まらず、而して此編の主旨、文字にありて文章にあらず、故に略々之を擧るのみ。

◇　◇

## 追遠法要參拜者

十月十九日齡延寺門前にて撮影（氏名は欄外に掲ぐ）

## 先妣亡兄追遠祭文

黃坡

維昭和庚戌季商仲九日。慈萱五十年忌辰。而自阿兄即世。亦既七年。乃與姉弟門生。謹修薄祭。告以懷曰。

秋風白露。林木漸就凋殘。皓月澄空。鴻鴈遙惹愁思。惕然有懷。德音未曾存聽。恍乎相念。慈顏由何留覩。少年無識。常號旻天。老生有談。僅想舊事。臆測揣摩。彷彿相伺。緬情纏依。思慕馳意。竊顧見背之日。兒子均皆幼穉。驥敬也甫十一。元也八章也六。也四弘也二。四者在他。二者即萎。一女二男。家嚴是寄。家嚴嘗曰。吾之操持。不敢後於他人。獨思此時尤爲酸鼻。倀々搖々。僅能得字。及其成立。其種乃蕃。內外大小。乃有二十六孫。曾又十八。以大家門。餘流永世。偏仰其源。獨哀家兄。即世乃早。風概空絕。七遭秋草。墓道低徊。蒼苔懶掃。腸斷淚盡。一身徒欲速老。茲與門下諸子。共修法祭。伏庶二靈相携。降於蒼昊。垂聽鄙辭。享斯蘋藻。

## 手むけ草

けい

五十とせのむかしの朝よ
まなひやをよひもとされて
まくらへにはせよりつれと
かひなしや母のみたまは
あちきなくこときれたまふ
かなしやとなきまとふなる
はらからをかへりみしつゝ
今よりはいやむつましく
あそはむとちかひしことも
年ふりしむかしのみかは
秋くれは月すみわたり
月かけに雁なくことに
はゝそちのかけたつかしみ
かたりあふよもふけかちに
おもひてのけふおくつきの
こけはらふわか衣手に
露そこほるゝ

# 泊園學會の提唱

石濱大壺

余は今こゝに我が泊園が我國漢學界に對して貢献したる功績を縷述しやうとは思はない。一にはそれが既に日星の如く世間に知れ切つてゐるが爲めである二にはそれが却つて自畫自讚の醜態に墮するを恐れるが爲めである。三にはそれが現在の我等に何物かを有しなければ到底はたゞ過去の遺跡を訪ぬるに過ぎなくなるからである。

然し我等の過去は我等の現在及び我等の將來を刺激し誘導するには充分なる功績を有してゐる。現在の我等も之に應じて何等かの形に於て過去を繼承し將來に衒述すべきは當然の責務でなければならない。

漢學は過去に於ては學問の全體であり得た。今は世界融通の廣途に立つ日であるから、それぞれ專門分科の道の開け行くのも勢の當に然るべき所だ。斯道の大本を遺てゝ學術の末節を追ふ勿れなどゝ張目してはいけない。細目を統ぶるが大綱なのだから末を顧みずして何の處に本を立て得やう。仁を說き、仁義を辯じ、仁義禮智忠信孝悌を衍する事の終始する所があるから然るのだ。徒らに大を掲げ來つて强いて小を抑へるのは先づは迂濶の譏りを免れない。

漢學は無用か。四千年の文化を背負ひ、彼岸にはその國の存在するに何の無用かこれ有らん無用な人には昔も無用だつたんだ。無用なら無用で我等は只抱殘守缺以て百年の有用を待たうではないか。

茲に我等は泊園學會の組織を提倡したい。同窓の有志學術を事とする者相輔け相依つて、廣く四部の研究に涉り勉めて以て先醒の遺緒を承け泊園一派が現在將來の學界に貢献するの道を開かうではないか。事固り專門學究の一部諸兄に勸說する所以ではあるが、亦以て同窓及門に全然關せざる無用の事でも無からうと信ずる。

嘗て黄坡先生を會長と仰ぎ學會を設けて會報を出した事があつた。余の外遊と共に中止して今に至るは頗る遺憾に堪えぬ。若し同志を得れば少しく章程を改めて再興したい。諸兄以て如何となす。

# 國字問題（一）

吉田洞外

本誌卷頭に連載中の「文字談」に意義を具ふる漢字は文字なり音によつて之を作り之を盡せる英獨諸邦の文字及び吾邦の假名は書契にして文字に非ずと斷ぜられたり然るに現今世上國字問題を論ずる者日に喧しく就中吾國最高學府たる各帝國大學率業の學士數萬人を會員とせる學士會の機關誌「學士會月報」紙上に於て數年來殆んど每號に涉り國字問題の論ぜられざるなく衆口一致漢字の不便を說き將來の國字をローマ字、カナモジ、或は新國字に之を求め甲論乙駁其歸趣を知らざるも漢字廢止に大同せるは何故なりやこれ吾人漢學研究に身を委ぬる者の一考を要せざるべからざる所なりと

惟ふに漢字によりて支那より文明を傳へられたる吾人は今や歐米の文化を吸收するに急なるが爲漢字を不要視せるもの歟と輕々に看過するが如きは蓋し皮相の觀にして其眞原因を探求したる者と謂ふを得ず殊に社會の木鐸たる全國有數の新聞社が聯合して大正十二年八月「漢字制限はすでに議論の時代を過ぎて實行時にはいつて來ました。その實行が一日早ければ國民文化の進みは一日早まります」と宣言せるは現代人の思想を表はせるものに非ずして何ぞや。

# 悼詞

嗚呼翠軒君而歿乎。何堪痛悼哉。初吾聞君之病而不甚介意也。今月初八訪三崎兄。訊君病狀。兄顰蹙曰。病入膏肓不可治也。余驚往省之。既絕客不見。乃知其疾之病。而不得相面。遺憾無極。乃賴令息傳意。令息則曰。今時暑甚。疾亦加苦。得秋冷則苦亦去乎。余亦希之而歸。何圖仲二夕二豎卒奪其命乎。嗚呼哀哉。伏惟君者西尾與右衛門氏之第四子。初入平安義塾。居二年辭之而入泊園書院。與余等俱學數年。後贅於豊田卯左衛門氏。別構一家　令閨北田氏。舉一男一女。先君而逝　君有所思。不再娶矣。余竊察其意。哀其無聊也。前年又喪令兄村田君。其寂寞更甚。失意可知也　君之早世　豈無不主而因之乎。君爲人篤實。又有氣概。厚於友情。平昔所嗜者。詩茶謠曲。皆以爲遺憂之具。亦可哀也。村田君之死也。君代幹我泊園同窓會會計之事。而致力于書院與同窓會最大也。今茲二月一日。先師南岳翁十周年忌辰。兼開泊園會。友生闔卓　詩酒盡快。而我之與君。此會遂爲永離別之宴。追懷更切矣　君齡超知命者六。與令兄實同年而歿矣。嗚呼何因緣乎。二君共不長其命。眞可惜且悼也。雖然令息在同志社。業將卒。家有以繼。君亦可以瞑矣。栗夫交誼匪他。乃代同窓會員。來送其葬。謹致哭柩前。且告以辭。靈也尙鑒焉

昭和五年八月十三日

篠田栗夫敬白

## 哭翠軒豊田君

黄坡

秋空昨夜月初圓。何識當時君去天。皓魄有虧知必復。精魂乍逝竟無旋。堪思玉彩玲瓏品。忍說蘭交爾汝緣。商氣西來風颯々。此宵此憾幾年々。

## 悼翠軒豊田君

西樓月落雁聲悲。蕭颯金風秋到時。天外飛魂招不復。梧窓揮涙草哀辭。

活園　篠田栗拜草

# 翠軒豊田兄の死を悼む

族弟　豊田省三

翠軒兄の死に對し、同族の一員として滿腔の弔意を表する機會を與へられた事を先以て感謝します。翠軒兄は吾々同族の先輩として常に後進を指導誘掖するに極めて親切丁寧であつて、加ふるに恬淡たる兄の性格がよく同族を融和し、極めて圓滿なる情誼を交換し得た事は、實に同族の最も德として感謝に堪へないところであります。殊に予との因緣が不思議にも深厚であつた事は氏の終焉の日、計らずも見舞に行つた事である、此日予は泊園書院に黄坡先生を訪れたところ、先生は御病氣御全快の詩を扇面に揮毫せられたのを予に贈られ、談偶ま翠軒兄に及び、嘗て兄は黄坡先生の病患を憂慮し、勸むるに靜養の要を以てすところがあつたが、今は却つて病める翠軒兄を慰めんとはとて感慨無量の思ひに耽られたのであつたが、予は黄坡先生の此述懐によつて突如翠軒兄を見舞ふ心になつて、泊園を辭すると、其の足で兄の邸を訪れたが圖らずも兄の病勢に激變を來した時で、早速同族一同に此の旨を急告し、兄の命終の際には各同族は揃つて兄の枕頭に侍する事が出來たのであつた。實に俗に云ふ蟲が知らせたとでも云ふのであらう。茲に特筆すべきは兄の平素の麗はしい性格が、兄の命終の際に如何にも崇高に顯はれた事である。兄の命終は恰も霜の溶けるが如く、殆んど手を握つて居つた家族すらも知らない位であつた、而も兄は命終の約十分前に女婿の村田氏を枕頭に呼んで、令息順一君のために懇々と將來の事を遺言し、最後に同族一統に宜しく云つて呉れとの語を殘して幽明所を異にしたのであつた。その正念の堅固であつた事。心身に苦痛の色が見えなかつた事　最後迄溫情溢れるものがあつた事は、實に兄の最期を最も麗はしく飾るものであつて、此人にして此最期ありと予は衷心より敬意を表すると共に深く感じさせられたのであつた。噫今や吾等の先輩としての翠軒兄の溫容に接する事を得ず、時恰も秋色濃かならんとする折柄、切りに寂寞を覺えて止まず、希くは英靈とこしなへに同族の平和の神として限りなき力を與へられん事を。

# 豊田翠軒君年譜略

君諱は隆、字は士興、通稱は留吉、翠軒と號す。大阪府三島郡吹田村西尾與右衛門氏の四男なり。後出でゝ豊田氏を繼ぐ。

明治八年九月八日生る。

同二十年四月十日平安義塾に入る。年餘にして塾廢せらる。

同二十二年三月平安同志社豫備に入學す。後大に志す所ありて中途にして退く。

同二十三年泊園書院に入塾す。

同二十六年十一月泊園書院を退く。

同二十九年大阪堺筋豊田宇左衛門氏へ家風見習の爲め同居す

同三十一年四月一日豊田氏の隱居家南區鰻谷西之町豊田宇平治氏の養嗣子となり同月二十五日相續す。

同三十八年十月三十一日心學明誠舍の理事長となり以て歿するに至る。

大正八年四月南區會議員に當選す。

同十年四月學務委員を兼ぬ。郊外學舍設立に際し大に力を盡す所あり。此年南岳先生勸學歌碑建設につき奔走す。

同十二年十二月御津衛生組合副組長に選ばる。

同十三年五月大阪市敎化委員を命ぜらる。

昭和二年十二月村田又兵衛氏の後を受けて泊園同窓會の爲めに會計を幹す。

同三年五月南區御津敎育會長を命ぜらる。

同五年五月病床に臥し終に立たず、八月十一日午後八時三十八分逝く。享年五十有六。

## 追遠法要寫眞姓名

第一列右より　堺　元國君　三崎　女中　大野　當子様　福田　げ子様

第二列右より　藤澤　憙子様　三崎　嫁子様　宮崎　青湖様　吉宗　耕英様　殿　たけ様　梅見　春吉君　豊田　正逵君

第三列右より　眞野　鷺一君　辻　蒼石君　木村久次郎君　赤松　奈良義君　永田　仁助君

第四列左より　門脇　才藏君　清水音三郎君　河田　爲作君　坂本　準平君

第五列右より

立姿者右より　木村　檜正君　石濱純太郎君　篠田　栗夫君　吉田　清三君　神山　眞龍君　安達　龜造君　三崎　要一君　橋本　秀一君　櫻井　雲洞君　粟谷　喜八君　神田　榮吉君　三井　由之君　藤澤　桓夫君　熊澤　猪之助君　高谷　左衛門君　前田　敬之助君　高垣　良藏君

昭和五年十一月三十日　日曜日　泊園　第十五號　(三)

大野當子様　福田靖子様　藤澤信様　藤澤勝様

福田しげ子様　三崎暢子様　宇田敬子様　中山雅子様

梅見春吉君　奥村洞麟師　三崎驎之助君　石井光美君

豐田正造君　福本元之助君　藤澤章次郎先生　笠井靜司君

赤松奈良義君　佐藤寛九郎君　多田忠三君　村上吉五郎君

永田仁助君　中尾國太郎君　森下惇君　三河啓明君

第五列右より

中川魚梁君　吉田萬治郎君　高松林之助君　藤本木田君　田邊英次郎君

三崎要一君　湯淺豐太郎君　橋本梅三郎君　小寺篤兵衛君

橘秀一君　菊池量太君　芦田源次郎君　石黑景文君

前田敬助君　中山潔君　岡田尙齋君　澤純三君　尾崎正信君　飯田武雄君

# 篤信好古齋隨筆

大壺

胡懷琛先生の簡易字說と云ふのが出たのを知つて、簡易なる字說かと思つてゐた。之を手にして讀んで見ると、さうでは無くて簡易字の說であつた。謂ふ所の簡易字（簡筆字と云ふ人もある）とは我國で云ふ略字の事である。つまり略字に關する研究である。章を分つ十八、第一章何を簡易字と云ふか、第二章誰が字を造り字を改めるか、第三章無理な造字と改字、第四章研究と應用と、第五章字には一定の書き方が無いもの、第六章簡易字構成の經過、第七章簡易字の提倡者、第八章簡易字表、第九章から第十七章迄は簡易字構成の九種の方法に分つて集めた字彙、第十八章は附錄で字の分化。以上の內容で中々よく調査研究してある。略字を考へる人には極めて參考になる。

この胡先生と云ふ人はよく新聞雜誌上に新しい議論の種をまくので有名な人である。そしてそれ等の文章は後に大抵小冊子に纒められてゐるので便利である。余が今座右に檢し得るものには左の樣なものがある。

一、嘗試集批評與討論
二、白話詩文談
三、新文學淺說
四、新詩概說
五、作文研究
六、中國民歌研究
七、中國文學辨正
八、墨子學辨

一は嘗て胡適之先生が新文學の見本として自己の白話詩集嘗試集を世に問ふた時に、早速之を批評したその文ミ討論とを集めたもの、其意は宜しいが其詩は拙いと評したやうなもの。二はそれではと自己の白話詩文の意見を示したもの。三と五とは新しい作文の意見と作法を述べたもの。四は二と三とを合せて說いた樣のもの、たしか以前泊園書院學會で黃坡先生が之を批評された事があつた。六は白話詩提倡以來喧くしなつた民歌俗謠を早速研究したもの。七は古文學に對する新しい研究はこんなものだと云ふもの。八は墨子は支那人でなく印度の黑ん坊で波羅門教徒だと云ふ說。皆時勢に遲れず先へ先へ進んで行く所に注目したらしいのだが、それ相應成績を遺す所が面白い。因に一から五迄と今度の簡易字說とは白話體だが、六七八の三冊は文章體と云ふのも面白い。

偖て由來支那近時の國語國字問題は大抵我國の國語國字問題に引ぱられてゐるものだが、略字問題もその一つで御多分に漏れない。勿論我國に倣ふせいでもあるが、問題の起伏議論の經過もいつも大約同じ樣に進行するから愉快なものである。唯だ彼國と我國との間に於ては國語從つて國字にも本質的の相違があるから、之れがどの方面に如何樣に反映するかは興味がある又之を西洋其他の文字の變遷に對比しつゝ見るがいゝ。余は之を實用的問題としてではなく、一般文字學の問題として是非注意すべきものだと思つてゐる。

略字の調査としては余は又劉復李家瑞共編の宋元以來俗字譜（國立中央研究院歷史語言研究所單刊之三）を見た。これは宋元以來の戲曲小說書類十二種中からその中に使用されてゐる坊間通俗の文字を集めて正楷字に對照した表に檢目を附したもので、我々支那俗字の知識に乏しいものは之によつて便益を受くる事非常である。尙ほ續いて今俗字を編集すると云ふから喜ぶべし。さうなれば我等は支那の通俗書籍を讀むにも殆んど差支なく正字を捜せる。この點で余は學術上よりも略字運動上よりも便利な事だと喜ぶ。

胡適文存三集が出た。適之先生近六年間の文を集めたもの。勿論六年間に此丈ではなく外に戴東原的哲學、詞選。白話文學史、神會和尙遺集、人權論集の五部の書があるんだからえらいもんだ。この文存三集は分つて九卷合して千二百頁、第一卷には支那の重要問題に對する先生の態度を代表したものを、第二卷には治學方法論に關するものを、第三卷にはその實例とすべき研究論文を、第四卷には支那佛教史料の研究を、第五第六兩卷には支那舊小說の考證を、第七卷には讀書雜記を、第八卷には支那文學に關する序跋類を、第九卷には雜文を收めてゐる。その學術論文は慧敏なる觀察と精密なる研究とを以て頗る一讀を勸めたい。余が早速目について一讀したる去聲考などは極めて着眼の卓拔なるを推稱する。然し余は茲にそれとは別に先生が歐美漫遊の感想中の一篇麻將（麻雀のこと）を略述して國人に奨めやう。以下余と云ふのは勿論適之先生のこと。

數年前に麻雀が忽然輸出品となつて歐米にも打牌の人が澤山出來日本にも傳染した。終に新流行の遊戲として大變な狂熱になつた。東方文明が西洋を征服する先鋒隊がかの百三十六個の麻雀軍ならんとは誰が夢にも想つたらうか。

今回余はシベリアを通り歐洲に至り歐洲から米國日本へと行つたが、十個月の中只一度日本京都で倶樂部で麻雀をやつてゐるのを見た丈で、歐米では見なかつた。歐米の友人に聞くと女はやるものがあるが少くなつたと。もう狂熱は過ぎて骨董品になつてゐる。これで想つたには西洋の勤勞奮鬪的民族は決して麻雀なんかに征服せられないんだ。麻雀は只是れ我等此種閑を好み蕩を愛して光陰を愛惜しない精神文明の中華民族の專利品だと。

英國の國戲はクリケツト、米國はベースボール、日本は角力支那は是れ麻雀だ。

或る日本留學の友達は云つた『日本人の勤苦は眞に不可及だ夕方になつて高い處から見渡すとどこの家々にも燈火がついて少年も老年も書を讀み老婆でもいそいそ働いてゐる。夜が明けると滿街上滿電車上皆學校行きの兒童だ。たゞ此一點の勤苦で我等を征服する事が出來る』と。其實何ぞ日本に止まらん。凡て進步的國民は皆こんなものだ。只我等此種の進步せぬ民族は閑を以て幸福とし消閑を以て急務とし、男子は打麻雀を常事とし老太婆は打麻雀を以て後半生の大事業としてゐる。

從前の革新家は支那に三害有り鴉片八股小脚だと云つた。今は此の第四害の麻雀が盛んになつて衰へさうにもない。麻雀は一度は大荒れに荒れて西洋諸國迄も卷き込んだが、今は元の杢阿彌に戾つて東方精神文明の國家の國粹國戲となつた。

適之先生は麻雀の亡國的大害を皮肉つたんだが、先生の來朝は古い昔の話だ。此頃來て貰つたら果して如何の觀察をなすだらうか。其實何止日本？凡是長進的民族都是這樣的。これを讀んで冷汗をかくものは蓋し余一人のみであるまい。積弊を歎くと適之先生の言を直ちに他山の石と頂かなければならぬとは世情の變に驚かざるを得ない。

## 藤澤家の法事

鶴橋の藤澤家にては去九月十四日午前十時より齡延寺に於て黃鵠先生七回忌を南岳先生御令室牧野氏五十回忌に併せて佛事供養を修せられたり。

## 追遠法要と泊園同窓會

黃坡先生三崎黃圃先生宇田敬子女史は御先妣五十回忌御令兄七回忌の追遠供養の法要を十月十九日に齡延寺に營まれたり。同日を機として午後四時より第三十三回泊園同窓會を高津湯豆腐屋に開會せられたり。

## 消息

下岡龜一君　豫て病氣の處藥石無効十月十六日長逝せられたり謹んで弔意を表す

篠田粟夫君　十月三十日午後一時より大阪中央公會堂に擧行されたる大阪市の教育勅語煥發四十周年記念並に四十年以上勤續功勞者表彰式に於て表彰せられたり

梅見春吉君　今般住所を大阪市天王寺區烏ケ辻町大阪市立天王寺商業學校に變更

## 金字塔

去月開催せられた追遠法要當日の同窓會は最も意義深きものあるを覺えた殊に撮影せる寫眞は好個の記念!!!

◇吾國現代通行の文字は交ふるに假名を用ゆるも憾くは其形狀に於て羅馬字に一籌を輸するの觀あり

◇余輩之を憂ひ這般一新樣式の假名を考案し「あしべ假名」と名付け同門諸賢の批判を仰がんとす同好の諸君希くは奮つて御一覽あらん事を

（宛名は本誌編輯吉田萬治郎宅）

## 本誌後援寄附金收受報告

一金五圓　米浪長兵衛氏
一金貳圓　木戸平信氏
一金貳圓　西尾義郎氏
一金貳圓　松本洪氏
一金貳圓　奧山彌三氏
一金壹圓　市川釮三郎氏
一金壹圓　三木正憲氏
累計金四百七拾四圓也

## 泊園同窓會常費領收報告

（次第不順）

一金五圓宛
赤尾好太郎君　逸見貞次郎君
杉本由太郎君　井上善次郎君
稻葉太吉君　川合孝太郎君
揚硯堂君　近藤常吉君

一金四圓
伊藤純一郎君

一金參圓宛
松浦高麗三君　鹿田文一君

一金貳圓宛
灘尾晃壽君　清海清君
櫻根孝之進君　松本洪君
石濱純太郎君　安達龜造君

一金壹圓宛
淺井佐一郎君　矢野榮三郎君
右田三吉君　磯崎利三郎君
坂本文一郎君　小林繁君
三崎驎之助君　石井光美君
田邊英次郎君　前田敬助君
飯田武雄君　三川啓明君
粟谷喜八君　清水音三郎君
神田英吉君　高松林之助君
村上吉五郎君　坂本準平君
奧西政一君　永田仁助君
澤純三君　石黑景文君
福本元之助君　堺元國君
神山眞龍君　菊池量太君
吉田萬治郎君　櫻井雲洞君
中山潔君　小寺篤兵衛君
中川魚梁君　吉田清三君
尾崎正信君　木村久次郎君
森下博君　河田爲作君
三井由次君　橘秀一君
岡田尙齋君　藤本木田君
佐藤寛九郎君　門脇才藏君
中尾國太郎君　大河內安藏君
笠井靜司君　眞野鷹一君
梅見春吉君　篠田粟夫君
辻蒼石君　芦田源之助君
赤松奈良義君　高垣良藏君
高谷太左衛門君　原太晃君
阿部茂七君　尾中郁太君
後藤菅雄君　澤路茂樹君
尾崎邦藏君　杉村止太郎君
大野園山君　佐藤彌五郎君
多紀仁之助君　井上善次郎君
（以下欄外）

## 泊園文藝

### 黄坡先生詩

次濬處石井君自壽詩

壽共杖國大年

二蹤蹤跡得追稀。高踏欽君復白衣。故舊親姻風月夕。恬愉心事不曾違。

故國風光入眼新。行吟只着穀皮巾。當年意氣存眉宇。白髮阿爺山下人。

親朋來往樂風致。情話慇懃聽不喧。眞趣齋中眞趣味。合存父老赤心言。

清趣加新日涉園。優遊養老亦君恩。不須共趁紅塵去。苔逕三叉松菊存。

金氣西來天地秋。清風明月不知愁。琴樽在坐饒詩思。任箇蟲吟夜々稠。

桑梓老身歡更深。行雲流水共無心。當年出處蹤堪羨。官海捨舟歸藝林。

養老有方風月親。優遊自稱太平民。長齡七十軀康健。天福由來歸吉人。

潤兮十歲不相觀。金玉吟催宿昔歡。狗尾續來無愧拙。片香持寄素心蘭。

哭藏六下岡君

懷舊低徊淚暗流。溫良如玉子歸幽。臨君中谷村頭寺。鳴𨿽一聲蕭瑟秋。

恭順孺人五十年祭謙阻事不獲往拜賦此爲奠　牧野　謙

落木夕陽蟲語幽。孤雲西望倚茅樓。追懷五十年前事。滿目風光不耐秋。

匏繫憾無任去留。靈壇何賴薦盤羞。水雲遥隔三千里。欲釆蘋蘩不自由。

黄鵠君七年祭有感　牧野　謙

墓畔多年宿草滋。還逢忌日憶生時。可堪一慟西風涙。不是尋常客子悲。

與君携手掃妖雲。何幸魯才回夕曛。朋歲楠祠修祭日。吾應迂路吊孤墳。近日朝野志士胥議以明年行楠公大祭故云

士亨七周忌辰賦奠　黄華　越智宣哲

石牀冰簟七秋風。衰柳老梧空又空。唯有佛龕遺影在。詩魂髣髴一燈明。

追懷黄鵠先生供無花果一顆於靈前　夢蝶　眞野鷹

別後星霜夢幻中。共培幼樹已今雄。交情眞味有誰識。當日攸供菓實同。

黄鵠君七回忌次遺詠芳韵謹賦　可峰　灘尾晃壽

盟兄溘逝歎離群。于月于花酒巨醺。追憶星霜端閲七。年々籬菊等遺薫。恍聽鶴巷橋頭雨。想望金剛峰上雲。絶世功名人若問。豈唯攄在彼詩文

十月一日紀事　藤本天民

官府無端檢國民。尋蹤遠到武陵津。洞天此日名難避。笑署昭和失職人。

偶成　同人

喜新厭故是人情。寧問左傾還右傾。聖世不容癡說夢。廟堂有士任調羹。

世事看來事々非。廻瀾無力此心違。還林倦鳥長收翼。慵向青雲試奮飛。

擧世吹毛傷國賢。小疵不赦幾人全。淸看日月有時食。食去雲消便皎然。

年豐瑞氣漲東西。還怕城中穀價低。朝野唯期無謬算。常平糴糶廟謨迷。

聞朝大稔記喜　同人

總督勸農親挿秧。天時有應穀穰穰。山河八道皇恩遍。孰與李朝田野荒。

潮來二首　渡邊盤山

畫樓相倚水之隈。潮沒橋腰朝暮來。菰葉叢中可憐色。愛着燕子一輪開。

蛋戶漁家倚水隈。只看旦暮惡潮來。誰知滿眼菰蒲裏。別有佳花帶笑開。

十和田高砂　同人

帆影徐飛群島間。翠松藍水幾灣々。不知翁嫗今安在。湖外山疑淡路山。

同上御倉山　同人

渺茫湖上水生烟。石壁巉巖倚半天。却惜淸風明月夜。舟遊無客似坡仙

豊國神社　同人

馬上獲之無守術。英雄末路亦堪悲。瓶爐寂々空相侍。不見赴夫與艶姬。

逢故人　同人

卅歲牧羝東海濱。南還空嘆白頭新。渭陽寂寞今非古。一褐秋風逢故人。

咏田部將軍邸老松　九津見顆山

幽庭聳立兩喬松。結子成陰枝幾重。耆耋夫妻何所似。月前爭玉影雙龍。

偶成

白頭青袂舅呼姑。綠髮紅衫婦對夫。一座喃々語何事。滿堂和氣自愉愉。

送大原氏赴南都

棠陰比事幾經春。話到別離同愴神。佳麗古都風景好。想君去作畫中人。

瓦盆栽松柏

大谷懸崖柏。天陵偃蓋松。移來瓦盆小。翠影動蟠龍。

三浦詞兄模公麟蘭亭畫意作庭縮景可愛因賦似

茂林修竹小蘭亭。曲水淸流映帶青。視昔視今觴詠樂。又敎山嶺入窓櫺。

題濱口首相畫馬圖

縱橫下筆見天眞。鳳頸龍顱如有神。颯爽英姿千里種。畫麒人是治邦人。

### 山陰紀行（續）　灘尾　可峰

大社驛所感

名區建造競新工。此驛超然存國風。古雅自成輪奐美。孤筇彳亍感無窮。

銜天意氣有誰遮。不患北方行路賒。自動車飛急於矢。斯身底事縮如蝸。

大華表

直線坦途南北通。八雲山畔瑞烟籠。先看七十有三尺。華表巍然摩碧空。

謁出雲大社

右望龜山左鶴山。大祠高聳在中間。神區二萬三千步。樹自森々雲自閑。

八雲山麓謁神祠。祠畔低回日午時。雨々風々幾千歲。丹青一點未曾施。

筆投嶋

自動車馳疾自躡。長途無處不巉々。渚頭恠石屹然立。盍曰雲州投筆嵒。

天涯客到別坤乾。鷲瞰海頭嵒似拳。一笑騷人都擲筆。無聲詩獨古今傳。

### 十三峰吟社詠

社友　石井濬處

十三峰橫讃西郷。吟社取名經卅霜。山紫水明秀靈地。彩霞十里蔓成章。結社同人九或十。金陵以西雅友集。少自而立老古稀。交情淡泊氣相翕。春夏秋冬月例期。山情水態皆入詩。乘興龍騰虬走處。書凌羲之畫王維。敢望關西詩壇覇。聖時聊期補敎化。唯憾小社不聘師。恰如無的漫試射。地僻人情自純眞。和光同塵興俗親。璞玉渾金高品性。奇才不讓京洛人。七盌不辭忘憂茗。芳醇還能醉酩酊。詩酒沈淪吾宿痾。天下何人克得拯。特欽社中信義敦。毎期履約佳篇存。若問神韻縹緲妙。去求斯道專攻門。

### 葩水居小集

地藏會に芋の小道を戻りけり　愛泉

牛にいま草やる籠の野菊かな　飛鷹

山下りて野菊の道に暮れにけり　材峯

---

秋立つや湖上を渡る千切雲　白潮

水門の野菊におよぶ水のかさ　花汀

◇

鎌はしめ秋の田守の喜色かな　汀々

がちや〳〵や籔にころがる石の臼

無格社のおくれ祭や柿紅葉

雁鳴くや宇治に間近き沼在所　橋本春波

朝の日を一ぱい受けて稲かほる

稲の香や蚊帳干す家の處々

色づきし草にこぼるゝ木の實哉

鵜舟に川口芦のなつかしき

新酒の醉や詩を賦す村夫子　島田暉山

秋晴れや生徒ほり出す甘藷の山

鉢に植ゆ登山記念や草の花

行秋や窓に夜學の灯の光り

霧の香や礎石の殘る寺の址


**泊園社編輯同人**

大阪市住吉區千體町十四番地　石濱純太郎　電話住吉二〇二〇番

大阪府中河内郡枚岡村額田四百五十八番地　吉田萬治郎　電話枚岡二二九番

**有聲會幹事**

前揭　吉田萬治郎

大阪市東區南本町四丁目四十八番地　佐藤彌太郎

**泊園會當番幹事**

大阪市北區旅籠町　辻　蒼石

大阪市東區横堀五丁目　渡邊　醇

**泊園同窓會幹事**

大阪市東區南新町二丁目　篠田栗夫

大阪市天王寺區烏ヶ辻町天王寺商業學校内　梅見春吉


## 漢詩、和歌、俳句、川柳を募る（十四字詰字體明瞭に）

題　隨意　期日　毎月二十日締切

送付先　本社編輯局宛

## 泊園書院日課

書院の課程は左の如く講義は主として黄坡先生及び石濱先生之を擔當せられ早朝の分は公開せらる

| | 自午前六時半至午前七時半 | 八時半（女子） | 午後二時より | 自三時至五時 | 自七時至九時 |
|---|---|---|---|---|---|
| 月 | 國語 | 國語・世說・三體詩 | 素讀 | 荀子・古文前集 | 左氏傳・徂徠集 |
| 火 | 莊子 | …… | …… | …… | …… |
| 水 | 國語 | 月に同じ | 月に同じ | 月に同じ | 說文解字（石濱先生） |
| 木 | 莊子 | …… | …… | …… | 左氏傳・徂徠集 |
| 金 | 國語 | 月に同じ | 月に同じ | 月に同じ | 中國哲學史（石濱先生） |
| 土 | 莊子 | …… | …… | …… | 宋元明詩・列子 |

猶第一、第三日曜午前七時に尙德會の講筵あり。毛詩を講せらる。

**泊園同窓會常費領收報告**（續）

芳村一太郎君　中谷元造君　大守熊治郎君　吉崎善三郎君　新田長三君　吉成卯三君

橋本梅三郎君　古谷熊三君　多田忠三君　豊田正達君　堀岡治三郎君　寺田英一君　西門孝次郎君　西門岩松君

松浦捨吉君　上念政七君　嶋田喜十郎君　新田昌次君　住友與五郎君　岩崎深信君　小計金壹百五拾四圓也

昭和八年壹月壹日　日曜日　泊園　第壹號　（一）

# 泊園

昭和七年十二月廿五日印刷　（隔月一回一日發行）
昭和八年一月一日發行　＝（非賣品）＝
編輯兼發行人　梅見春吉
大阪市西區新町南通五丁目
印刷所　林泰進堂印刷所
大阪市南區竹屋町九番地泊園書院内
發行所　泊園誌社
振替大阪三八三九番（泊園書院）
廣告料一行金五拾錢

## 迎年の辭

日居月諸、一往一來して終古より以て今日にいたる、今は猶ほ古の如く、宇は猶ほ宙の如し、何ぞ新舊あらん、然も且つ劃するに歲月を以てし、去るものは呼ぶに窮を以てし、來るものは迎ふるに頤を以てするは何ぞや、或は人事の常にすべからざるを以て、一年の無事を喜ぶか、或は猶ほ高きに登るものゝ階を拾うて進み、遠きに行くものゝ程を度つて行くが如きか、人世の段節常に此の如きものあるなり。

然らば則ち往を顧みて來に資するは計の良なるもの、古に曰く既往不咎來事之師也と、舊を棄てざるは新を謀る所以ならずや、誰か溫古の實に知新の基本たるを知るものぞ、予世の徒らに新を喜んで以て日に輕薄に陷るを嘆ず。

適々人あり坐右の銘を需む、われ歸氏の語を示して曰く、當得意時、須尋一條退路、然後不死於安樂、當失意時、須尋一條出路、然後可生於憂患と、近世の人、得意に慣れて放縱にし、一跌また起つ能はざるもの多く、失意に眩して沮喪し、一頓また振はざるものも亦少からず、特に艱難に遇うて、空しく雌伏し、自ら身命を以て忽諸に附するものあるに至つては、これ憂患に死するもの、何ぞ氣力の銷磨こゝに至れる、予また之を嘆ずること深し。泊園の再生、まさに新年にあふ、此言ある所以なり。

## 地紀漫錄

黄坡

新年の御題を「朝海」と賜うたに因み、海に關する舊聞を採錄して見やう、漢書中に於て海に關するものを思出るにまかせて採錄する、

尙書に江漢朝宗于海とある詩の沔水の篇、沔彼流水。朝宗于海と同じ源から出たもの、說文の海天池也。以納百川者といひ、漢東海廟碑、浩々倉海。百川之宗といひ愈出で愈々廣い

公羊傳には河海潤千里といひ注に能く氣を通じ雨を致し潤澤千里に及ぶと釋いて居る、

老子に江南所以能爲百谷王者。以善下之故。能爲百谷王とあり、文子に古之善爲君者法江海。江海無爲以成其大、窪下以成其廣は海の卑下に居るといふ點を老子一流の退步主義から見たものである。

荀子に不積跬步、無以至千里。不積小流。無以成河海といひ、淮南子に海不讓水。積小以成其大といひ、李斯の逐客を諫むる書に「太山不讓土壤。故能成其大。河海不擇細流。故能就其深といへるなどは、教訓として有名である。

これに似て稍異なるものに、法言の百川學海而至于海。丘陵學山而不至于山といそのがある。

海の廣大を說いたものは莊子之天下水。莫大於海。萬川歸之。不知何時止而不盈。尾閭泄之。一不知何時已而不虛。春秋不變。水旱不知。此其過江河之流。不可爲量數、といへる、又、東海之鼈謂坎井之鼃曰。夫海千里之遠。不足以擧其大。千仭之高。不足以極其深。禹之時、九年十潦而水弗加益。湯之時、八年七旱而涯不加損。夫不爲傾久推移。不以多少進退者。此蓋東海之樂也といへる類であつて、更に之を詳に述べたものは孫綽望海賦木華の海賦がある。此莊子の尾閭といつたのは注に海東の川の名で海水を泄して外に出すものと釋いて居る、これは列子には、渤海之東。不知幾億萬里。有大壑無底之谷。名曰歸墟。八紘九野之水。天漢之流。莫不注之。而無增無減焉と述べてある。

蠡測といふ熟語は漢の東方朔の傳に、以管窺天、以蠡測海とあるに取つて淺見を以て世を測るにいひ、滄桑は神仙傳に麻姑が王方平に謂ひて、自接待以來已見東海之爲桑田といへるにより、時勢の變遷の速なるに喩へる、東海の波神も水を失うし車轍の中の鮒魚となれば莊子に請うて君豈に斗升の水の我を活すあるかといひ遂に轍鮒の熟語、以て勢を失ひたる者の譬となる。

韓非子の說林に失火而取水于海。海水雖多火必不滅矣。遠水不救近火也といへるは後に抱朴子に大厦既燔而運水於滄海、此止無及也、とあると共に緩にして事に及ばぬをいふ。

轍鮒に似た事に海大魚がある戰國策に靖郭君將城薛。謂謁者無爲通客。有請者曰臣之言而已趨而進日。海大魚。君曰。更言之。曰君不聞大魚乎。蕩而失水。則螻蟻得意焉。今夫齊亦君之水也。何以薛爲。君曰善と海の大魚の水を失ふを靖郭君の齊を失ふに比べて諫めたものである、說苑に齊の景公が海上に遊んで樂んで歸らず、先づ歸らんといふ者あらば死に致さんと命じて居つた時顏燭が進み諫めて「君樂治海。不樂治國。彼若有治國者君安得樂此海乎」といつたのと諫言の一双である。

孟子に觀於海者難爲水。遊於聖人之門者難爲言といへるは元覽の詩の大海從魚躍。長空任鳥飛の句を朱子が矢空海濶を用ゐて大丈夫不可無此度量といつたのと共に學者の境地を示してゐる、同じ觀海のも家語に孔子曰不臨深淵。何以知沒溺之患。不觀巨海。何以知風波之患とあるのはまた別の意義がある、

論語に子曰道不行。乘桴浮于海とあつて、古來の解は孔子の道の行はれぬのを嘆じて遯世の意あるものゝ樣に說いて居るし高士傳に曹節が靈帝に勸めて姜肱を召さしめた處に隱身遯命、浮桴人海名蓋天上とあるのは此例であるが、徂徠先生は之を微言であつて艱難を涉る比喩と說かれて居る、吾人が今日思想國難の際、力を致すはまさに桴に乘つて海に浮ぶの決心を要する。

韓詩外傳に成王時越裳氏重三譯而朝。曰吾受命國之黃髮日久矣。天之不逆風疾雨。海之不波溢也。三年于玆矣。意者中國有聖人乎。盍往朝之とあるはこれ正に我が　皇道を慶福するものであらう。　七、一一、二二、

# 世界一へ

大壺

昨年の夏、八月の頃であつたと思ふ。僕は少し要用があつて二三の友と集つた事があつた。其席上要談を終つた後の漫談中に僕はフト平生から思つてゐる事を述べて皆の意見を知りたいと機會を捕へた。我々日本人は或は非常にエライものではないだらうか。敢て驕慢なる心を持して云ふのでは無いが、ヒヨツトしたら日本の文明文化が世界に光被する時代が來るのでは無からうか。それがどんな文明かどう云ふ文化かは未だ僕の心にはハツキリとは分らないが、現在凡ての點に於ける我國の努力とその進歩は實に驚嘆すべきものがある様だ。或は日本の隆盛は明治時代で去つたと評されたり、或は大正以來の浮華の風俗は已に我國を毒したと論ぜられたり、或は混沌たる思想問題は我國を衰亡の途に導きつゝあると斷ぜられたりして、我等自身も偖て此先きは如何なるだらう、已に我民族の盛期は過ぎ去つたのかと、且つ危ふみ且つ憂ふる事も屢々あるが、顧みて我國の凡ての進歩の速度を考へて見ると心强きものがある様に思はれる。エラガル心持なしで云つてエラインぢやないか、今の所謂選ばれたる民でないだらうか。と余が話を持ち出した。

すると一人の友は嚴肅なる顏を少しく傾け乍ら首肯して曰つた。選民か否やは分らんがドウモさうらしい。軍事の事は勿論だがその軍事の發達の素晴らしさもドコにヒケを取る事もないらしい。醫學醫術の優秀さも世界的に認められてゐる。其他の造船電氣機械等の理學工學等の方面でも已に世界に覇を爭ひつゝあるので斷然たる成績を示してゐる。かゝる理學工學なんぞの國際會議學術會議に際しては近來の我國の年少氣鋭の技師連の勢はスバラシイものが實際に澤山ある。諸外國の老大家達は我國の若い學徒の精進振りには舌を捲いて、これ程の發達を見てゐるに一體何を見學に歐米へ出掛けて來るんだらうと不思議がつたと云ふ例が屢々ある。繪畫美術などに於ける我國の實力に比肩し得るものゝフランスを除けばどの國があるだらうか。そんなこんな例を通覽するとよし目下は世界一とは云へなくても凡てに於て世界一にドンドン近づいて行つてるのは事實であり。且つ其の進歩する速度は恐ろしいものがある。ドウヤラエライ人種らしい。それに又思想問題も昨年頃から轉換しつゝある、ある方面では既に確に變つた。と彼氏は一々の事例を擧げつゝ謙遜なる調子を以て語り續けた。僕はその具體的な事實によつて僕の豫想を裏付けされて心强くなり喜んだ。

すると又他の一人は云ふには、頭腦のエライ國民と云ふ事は認めていゝが經濟や商業の方面ではイツモダメでないか。そんな方の能力はだうだい。

僕答へて曰ふ。他の方面に能力があるのに經濟商業ではダメと云ふ事は無からう。それは貧乏でもあり經濟下手でもあらうが、實際はこれでもエライ方ではなからうか。震災五十億圓の損失でどうなるかも知れない瀬戸際に立つてもドウカコウカ勢を墜さずにやつて行くではないか。逆說的な云ひ方だが金が無いからこそ努力してウマクやらうとしてるのだらう。その方面もエラインだよ。

そりややつて行つてると云へばやつて行つてる様でもあるが、中々經濟界商業界は困つてゐるぢやないか。トテモ外國と比肩には骨が折れる。

曰く。難しいと云へば何も商賣や經濟方面計りではないのだ。凡ての方面にも我國は同様であるんだ。それを堪え忍んで努力した結果が、成績をこゝ迄持つて來たのだ。そこで我々は從來は何事も歐米を手本とし模範として努力精進を續けてゐたんだが、ドウヤラその御手本歐米に追付いて來たんだ。今度はアメリカ人の口癖ではないが世界第一を標準としてもよからうでないか。そしてそれには我々は優秀なエライ民族だ神國だとの自信を以て自分自身に世界一になる心掛けを持つべきだ。我々は世界一だとの自信を以てこれから努力すべきではないか。やらう。

以上はたゞ夏の夕の漫談一場の結論であつたのだが、僕等はかなり愉快になり興奮をしてゐたのだつた。然しこの漫談一場が正に時代精神を暗々裡に感得して居つたものだつた事は僕等丈の間にしても痛快な思出を起すものである。其後の時代風潮の動き、殊に九月十八日滿洲事變以後の思想轉換は明かに案外漫談が正しい觀察を含んでゐた事を證明して吳れた。

あゝ、明治開國以來我等は大帝の御誓文に隨つて進取的に他國の所長を採るに實に勇敢であつた。如何なる國の所長も異所も之を探り之を用ゐるに吝かで無かつた。そして嘗ては我が模範であり我が理想であつた先進國にいつしか追付き又方に之を追越さんとしてゐるんだ。仁に當つては師に譲らず。今や我々は何を模範とせん何を理想とせん。模範は自分自身でないだらうか。理想は世界一でなければならないぢやないか。我等の先輩が望んで止まなかつた我國のルネサンスは今こそ我等の眼前にその姿を現はさんとしてゐるのではないか。尙ほ前途は遼遠でもあらう。未だ事態は多難でもあらう。然し、凡百の業に從事する我友よ、各々自信を抱いて向上の一路に努力して世界一の文明を實現せんかな。

# 故南岳夫子十三回忌法要

昭和七年は故南岳夫子十三回忌辰に相當するを以て夙に泊園の門生一同に於て之が薦事を修するの議あり。新春來泊園會及び泊園同窓會々幹等屢々會合して衆議を案じ終に決して、期日は參詣の便を圖りて月を四月に、御命日を記念して日を二日と定め、墓所齡延寺に法要を修め、記念の扇子を頒ち呈し、近隣の大寶寺に於て故夫子の遺墨を展し又茶席供養席等を附設して懷舊話情の處となさんとせり。

四月二日。朝來天氣晴朗にして大空に纖雲を見ず。只時に微風の尙ほ料峭の春寒を傳ふるのみ。午前九時早くも福本委員長以下諸掛委員齡延寺に參集して準備を整へ遺漏の無からんを期す。十時御家族藤澤黄坡先生三崎黄圃先生宇田女史藤澤成太君渡邊庸君等を初め來賓白川市會議長木村藥學博士山口房五郎氏小田九條署長等より香川縣人會逍遙遊社泊園同窓會等の諸賢踵を接して至る。十一時號鐘一聲法要は莊嚴に擧要さる。其間黄坡先生は先づ鞠躬三拜して祭文を奉讀して紹述の任重きの意を致され、次いで笠井雪窓先輩は眞儒の義を衍し先師を頌し當代を諷せり。伊良子晴洲翁は詩を獻じて當時の風雅を偲べり。かくて衆僧誦經裡に順次靈前に焚香禮拜して儀を終る。乃ち墓前に敬を致して大寶寺の遺墨展觀場に向ふ。

展觀の遺墨は金屏の大より原稿の細に渉り帛紗菓子盆の珍に及べり。略目左の如し。

絕筆　眞野鷹一
醉醒七絕　同人
聯幅　同人
箴句　同人
卷物　同人
藤本烟津宇治逍遙圖讚　同人
河邊青蘭松圖畫贊　同人
七言聯　中濱富三郎
讀書樂十絕之一　同人
明治天皇御陵吟　同人
壽客叢錄稿本　佐藤寛九郎
題富士圖　辻蒼石
蒲節歌　逸身佐兵衛
聞黄海捷報詩　同人
訪竹里兄　福本元之助
極樂寺祈禱　極樂寺
賀指月上人華甲　同上
觀心寺詩　同上
松竹茂　平野利兵衛
一家和樂　藤谷此龜
大正冠號聯　豐田宇左衛門
戲筆三戎　同人
東陔王父拜菅甘谷先生　同人
戒奢聯幅　同人
先府君詠雪七絕　同人
念祖銘　同人
十二幅內二　篠田栗夫
松色千年　天滿宮
幼時被錯喚神童　有馬太郎
十二愛屛風一双　河盛テイ
金屛風一双　同人
同又一双　同人
銀屛風一双　極樂寺
二枚折　松浦捨吉
帛紗　藤谷此藏
筆　同人
菓子盆　同人
竹文箱　同人

茶席は福田氏の主る所にして有緣の人々之を助けられたり。筆者の疏懶の性會記を失して檢出し得ざるを遺憾とす。

三時閉場の期迫るも懷舊の情、憶古の談盡くるを知らず。かくて先師忌の薦事は礙滯なく修了するを得たり。因つて當日の諸係委員の名を終に錄して謝意を表せん。

受附　佐藤寛九郎　神山眞龍
　　　牛山潔　宮崎貞吉
御家族　阪本準平
來賓接待係　筒井民次郎　粟谷喜八
　　　木村敬次郎　白藤丈太郎
遺墨展觀係　眞野鷹一　櫻井雲洞
　　　辻蒼石　藤谷修竹堂
大寶寺係　豐田宇左衛門
供養係　石川涉　松浦捨吉
茶席係　三崎麟之助　福田三次
庶務係　粉田栗夫　梅見春吉
記錄係　石濱純太郎

續いて本日を好機として午后三時より例に依り高津祠畔淮南樓にて第三十五回泊園同窓會を開催され、會員は轉じて同所に向へり。

編輯者言、法要供物並ビニ常費等ノ會計報告ハ紙面ノ都合上次回ニ記載ス

洗毫

風に臨んで笛を弄す欄杆上桂影一輪、今回

もつと纏まつたものをと考へて居りましたのですが、種々の事情で遺憾ながら二種の會計報告を初め、折角御寄稿下さつた論文や、漢

いものに仕上る覺悟でありますから、何卒不惡、それから皆様の御知友で、本誌の講讀を御希望下さる方がありましたならば、御遠慮

鐵笛吹殘の餘韻をかつて、洗毫子一寸御挨拶申します。

風に臨んで笛を弄す欄杆上桂影一輪、今回再び皆様に見へた泊園は、長らくお待たせしました甲斐もありません、當初の計畫では、

報告を初め、折角御寄稿下さつた論文や、漢詩までも、次號へ譲りました、將來丁數も増し、内容も充實して、皆様の御期待に背かな

御希望下さる方がありましたならば、御遠慮なく御申込下さい、幾部でも御送附致します。

與レ君一夕話勝レ讀ニ十年書ニと申します、梅見先生も塾を開かれて正和書院と名づけられました、皆様も御消息を本誌にお寄せ下さい。

## 翠濤園讀書記

石濱大壺

葉德輝の說文籒文考證一卷を見る。葉氏は好んで小學を云つて著書にも六書古微十卷、同聲假借字考二卷、說文讀若字考七卷、附說文讀同字考一卷等があり、尙ほ說文解字故訓の一書もあると云ふ。大抵其例は本書を以て本書を證し佐くるに六經史漢周秦兩漢の諸子及び漢人の諸注を以てすると云ふので、特に變つたものではないが、只見聞の廣博より出づる得る所は固り有る。說文籒文考證は說文に引く所の籒文を本書及び經傳に據つて考へ石鼓文金文を以て證したもので、尙ほ首に長い自序の外に說籒四篇を冠して篆籒の名義史籒篇石鼓文等に關する彼の意見を述べてゐる其要は、結繩以後に書契代り興つたが其文は約畧象形で點畫極めて少かつた。孳乳漸く廣くなるに迨び形は其具はるを求め義は其詳を求めたので倉頡が之に因つて六書を作り文字の用以て備はつた。史籒に至つて部分して十五篇となして倉頡の文始めて傳受有る事となつた。其後の小學學者李斯より許愼に至る迄は皆倉頡古文を治むる者だが、其古文は大都史籒に出づるものだ。而して古文と云ひ籒文大篆と云ひ小篆と云ふも只文字遞變の簡より繁、繁より簡への階段を示せるもので實に籒文は古篆の樞紐となるものである。この籒文今存する所は說文に引かるる以外は周の宣王の時の石鼓文がある。石鼓を或は秦物とし或は宇文周の時となすものもあるが斷じて然らず。大抵史籒は多く倉頡古文に本き、說文は倉頡古文を取るもの亦大半に居る。故に石鼓の字の古たり籒たる皆字畫の尋ぬべきがあるのだ。蓋し葉氏の論は相傳の舊說を辨護して其の通ずるを求めた迄のものである。史籒篇の研究に於ては王靜安先生の疏證こそは創闢の卓說である。何人か之に當り得ん。

獨逸のレクラム叢書に倣つて萬有文庫と云ふ便利な活字小本の大叢書が商務印書館から發行されてゐる。早く其計劃は聞いてゐたが近頃になつて余は其内の二三種を見るを得た。本叢雪は新著のみならず舊著をも多分に收めるのだから我等の勉强には極めて便利を與へる。例へば說文段注本なども出てゐる。紙質も惡くなく印刷も鮮明だから歡迎されて、獨逸學の人々がレクラム版に據る如く漢學界でも追々と萬有文庫本に依る人が多く出て來るだらう。

## 文檢高等教員漢文科

多田卜鼎

昨年七月文檢に合格してから早くも半歲になる。せめて試驗勉强で詰め込んだものだけでも整理したいと思ひながら、つい漫然と過してしまつた。無暗に間口を擴げることばかり考へて、結局薄べらな學問になりはしまいかと案ぜられる。併し愚鈍な自分を兎に角にも此れ迄に育てゝ下さつた泊園書院の厚恩は一生忘れることの出來ないものである。常に何とかして書院の爲に犬馬の勞を盡したいと冀つては居るが、何分微力の爲何一つ出來ず兩先生に對して誠に慚愧に耐へない。

石濱先生から文檢について何か書けと命ぜられたので痴がましいとは思つたが、會員諸君の中で若し受驗希望者があれば何らかの參考になるかも知れないと思つて書いて見た。しかし主觀的獨斷的の考へが隨分多い故、何卒その積りで讀んで戴きたい。

試驗は大抵一年置きにある。その範圍等は官報を見ればわかるが大體左の通りである。

イ、講讀　ロ、作文　ハ、文法
ニ、支那學術思想史　ホ、支那文學史

昨年は第六回目の試驗であつたのだが、その出題の傾向は略一定してゐる。尤も今後試驗委員が代ればどうなるか不明であるが、大した變化もあるまいと思はれる。見本として昨年の問題の概要を示すと次の如くである。

一、講讀、尙書　毛詩、左傳、莊子、禮記
二、設問　（一）、鄭玄王肅の學說の相異
（二）、唐以前に發達せる文學諸形式の種類
（三）、李侗の學說及び其の影響
（四）、南宋時代の文學の概況
（五）、清朝經學の變遷
（六）、イ、正考父　ロ、賈公彥　ハ、李漁
ニ、存養省察ホ、藝苑巵言へ、九經談
三、作文　四、外國語（無資格者のみ受驗）
五、口述（漢學師承記叙を讀まされました）

右の内筆記試驗は三日間に行はれ、その合格者のみ口述試驗を受ける。（昨年は受驗者二十名筆記合格者九名口述合格者四名でした）

以上で簡單ながら試驗の樣子は大體解ると思ふが、その程度難易は如何と言ふに、私は左程難しいものとは思はない、やり方では一年もあれば誰れでもあまり無理をせずとも十分やれる程度であると思ふ。勿論種々の事情もあつて中々思ふ樣にも行くまいが、試驗杯は一氣にやるに越したことはなからう。

受驗勉强が學問の本筋とは決して思つてゐないが、只勉學の一方便となり進境の一目標たり得るとは考へられる。漢學は何處までも修養の源泉として、研究の對象として終生樂しむべきものであると信じて疑はない。

受驗と否とに關らず、漢學をやるには是非二方面の力を養ふ必要があると思ふ。即ち一は研究能力を作ることで他は應用の才を養ふことである。勿論この力は互に助け合つて發達するのだが何れか一方に偏し易いものだ。學問上から云へば前者の方が肝心であるが一寸具體的に現れ難いから、誰も閑却し易く從つてそのテストも相當困難と見える。

試驗だけなら他人の說を暗記してそれを上手に運用しさへすれば何とか切拔けられるかも知れぬ。だから研究心の强い者必ずしも級第せず、試驗に合格した者必ずしも學界に貢献するとは限らぬと言ふことにならう。

しからば如何にして研究心を養ふべきか。一言にして言へば疑ひの目を以て物を見ることである。一本の書に對しては先づその著者について疑を抱き、次にその內容を疑ひ、更に書籍の傳來について疑ふ、歷史上果して如此人物が存在したりしや否や、如此著述をなせしや否や、述ぶる所の思想は當時に起り得べきものなりしや否や、綴る所の語法は當時の文法と一致するや否や、後人の改竄假托あるに非るか、他に異本はなきか、傳寫の誤は如何等々問題は無數にあらう。されど漫に疑を起すのみにてその解決方法を悟らねば何にもならぬ。是に於て善き指導者を得ない者は暗夜に曠野を彷徨ふに等しい。泊園書院は我等にとつに炬火であり北斗である。

如此研究創見は尊ぶべしと雖もその基礎は書く前人の說の上に立てねばならぬ。應用の才亦極めて肝要なる所以である。殊に應試の際作文に於ては隨所に故事成句を引用し來りて以てその內容を豊富にし、說問に當つては善く歷史の大體に通じ要件の撰擇を誤らず以て記憶に便ならしめるは皆この能力に賴らねばならぬ。即ち應用の才を働かさんと欲すれば何としても多讀によつてその根底を築くより外に法はない。そこで先づ四書五經を中心として讀んで行く。しかし同じ讀むにしても卒然と讀んではあまり効はない。要は經學歷史四庫全書總目提要等によつて經書の成立と傳授、注疏の撰定と由來を一通り明にして置き先づ古注を讀み疑點が生ずれば新注を參照する。更に便法を言へば漢籍國字解の類を參考することである。諸子は最も權威あるものを選んで讀まねば損である。例へば武內先生の老子の研究、主先謙の荀子集解、郭慶藩の莊子集釋、孫詒讓の墨子間詁等はそれである。

讀書の間、時に好問題に逢へば機を外さず作文の練習をして置く。哲學史經學史文學史は各二三本を精讀し試驗間際に十分整理するとよい。その外文法英語等があるが中學卒業程度でなんとかなると思ふ。言ふまでもないことだが出來るだけ力を平均に用ひて或方面に著しい缺陷を生ぜぬようにしたいものだ。

## 中山城山。鼇山先生詩鈔

今茲孟夏の頃學友的場信太郎君、城山道人稿なる小冊を黃坡先生に「之を坊間より得たり」と差出したり、今其の書を見るに美濃半載五十枚綴りにして卷頭に東鄰藤鷹伯鷹著男中山駟士駟輯校とあり寫本にして稍古色を帶びてよく時代を偲び得るなり

黃坡先生曰泊園文獻上非常に貴重なるものにして希觀の書なりと故に我同君に請て以て本紙を借り城山鼇山兩先師の遺稿を掲載する事とせり。今詩鈔の前に畧傳を載す

もとより先輩諸賢の資と爲すにあらず唯後學者の參考の一助となすのみ

泊園門人　潁川　康

城山先生の畧傳

「顧甫總角而入門浴其澤三十五年矣」とは東晐先生が城山先生の行狀を謹記せらるゝに當て仰せられて居る御言葉であります今東晐先生文集等を按ずるに城山先生は諱は鷹字は伯鷹又塵と稱され中山は其姓城山は其號東讚香川郡横堰の人でありまして御先祖は中山準大臣藤原孝親公の仲子教親と申され天正年間に故あつて南海に遯れ讚州の人となられた方であります其の四世の後が即ち曾祖父四郎君であります祖父四郎右衛門玄菴君時に始めて醫を業とせられ其子玄柳君河西氏を娶り子若干人ある中に先生は其長子で實歷十三年癸未二月二十四日生れられました次は元義と申されます先生は河原を娶り子六人を擧げられ長女は大島氏に適き次は即ち嗣子の駟鼇山先生であります けれども先生は決して華胄の出であるる事をは示めされなかつたと申します父祖共に醫であるとは申し乍ら矢張り農を兼ねて居られたもので父玄柳君善く父祖の業を脩められ家產大に興つたと記されてあります玄菴君

（以下四頁三段へ續く）

## 泊園文藝

**御題朝海**　未定稿　櫻井雪洞

風靜祥煙遍海江　浮帆如鳥影僂々
旭光照處乾坤廓　蕩々恩波及萬邦

**書感**　梅見春吉

莫將艱澁忽文字　文字從來名教源
忠孝之文仁義字　扶桑國字國文根

**勅題朝海**　植野德太郎

水天何處是蓬萊　萬里蒼茫曉色開
仰見扶桑東海表　曈々旭日照潮來

**勅題朝海**　的場信太郎

三斷壁頭紅旭天　太平洋上白帆懸
祥雲五彩蓬萊近　萬里波濤聖澤傳

**觀棋**　市川櫛山

梅霖竹院樂長年　兩敵爭雄戰陣堅
妙等神機相得好　靜閑趣味橘中仙

**勅題朝海**　渡邊盤山

寄語世間求壽客　壽不在藥不在仙
欝々海邊老松樹　不折不摧幾年々

**勅題朝海**　越智黃華

春潮澎湃起雷轟　刮目觀瀾立曉明
萬里水天誰鰐窟　千帆雲路是鵬程
環球轉輾趁星象　極軸渺范窺玉衡
始信朝宗歸大壑　百用相競向東瀛

**勅題朝海**　笠井雪窓

自暗而明望自閑　朝波暮浪隔仙凡
旭光一道漏雲處　描出烟中三四帆

**勅題朝海**　眞野夢蝶

氣晴波靜表天機　一帶海灣山色微
柳岸白砂水樓閣　鶴聲淸處曉光輝

**祝新正**　眞野夢蝶

瑞雲靄々海波平　山色含春野有情
日滿花開人氣馥　瓶梅素魄表新正

**勅題朝海**　渡邊盤山

東方漸白天地分　迸空一帶漲紅氛
初成武陵桃源色　後作咸陽三月焚

**勅題朝海**　活園　篠田栗夫

百谷朝宗不暫休　新年今旦瑞烟浮
好追赫々東暾影　浩蕩恩波滿五洲

## 跋東陔先生月瀨游記詩卷

先生稿本流落于人間者至少矣。此稿流傳存。于世可謂幸也。讃人武田君得而寶重來乞全一言。展觀之際不堪今昔之感。嗚乎奉杖履。徘徊于暗香疎影之底。實在四十一年前。記中之人。獨有全存而已。且今春又遊此溪。蹈影嗅香。思先考之音容。今又見此稿。感奮愈切。愧未能竭心于筆力。以繼其志耳。爲之悵然。唯識萬化如此。消滅相踵。而筆力獨能致不朽。遂跋以存之　明治三十六年癸卯芒種節後五日不肖藤澤恒識

## 王觀堂文選

本書は昨年六月東京文求堂から出版されたのであるが、流石に文求堂主人の編纂だけあつて、そて選擇排列共に申分なく、王靜安先生の面目を覗ふに足る極めて便利なものである。更に第二、第三と續刊されるそうであるから、學界を益することは蓋し甚大なるものがあらう。高等學校程度の教科書用の積りで編印したのだそうだが、一寸程度が高すぎはしないだらうか。或は大學に於て演習に用ひたならば好適ならんと思はれるが、實を云へばこれを十分にこなせる先生が果して幾人あるかは疑問である。王國維の學問については今更呶々するまでもないが、兎に角これからの新らしい研究は全て靜安先生を出發點としなければならないことは既に定論となつてゐる

而して本邦に於ける王國維研究の權威は、何と云つても吾が石濱先生を置いて他にない先生は夙に靜安學社を創立せられ、絶えず斯學に貢献せられて居ることは、人のよく知る所である。新學期からこの文選を使つて石濱先生が吾等の爲にその蘊蓄を傾けて下さることになつて居る。聽講生一同その日を樂しんで待つて居る次第である。(壺僊)

## 會員消息

戸田喜久男氏、澤純三氏　多年研究の結果醫學博士の學位を授與せらる、可慶

多田貞一氏　昨年臨教を卒業し直ちに今年高等教員試驗を受けて合格せり、氏の如き若き年にして通過したる者從來に無し

前田圭助氏　今夏胃潰瘍を患はれたるも總に全快せられたる由可慶

阪本準平氏　數月前より病を得て眼病院を女婿豊田正達氏に託し療養に力を盡しおる

石井光美氏　最近左手の自由を欠き靜養せられおる由

吉野五運氏　先代の同氏は十月十二日逝去

黑田對山氏、國政椿堂氏、右田三吉氏共逝去

## 有聲會報

昭和七年十月十八日午后七時泊園書院講堂に於て第三期有聲會第一回座談會開催す

會する者黃坡、石濱兩先生を初めとして多田、熊澤、櫻井、安達、石崎、三木、渡邊、不二門、佐藤、千賀、中村、神山、潁川、的場、岡本、廣田の諸君と小生

常務松浦君欠缺之爲第二期有聲會幹事たりし神山君立つて、開會の辭並會の沿革に就いて述ぶる處あり。次で的場君會則の發表及有聲會委員、泊園誌發行部委員の選定を行ひて降壇

續いて座談會に遷り、黃坡石濱兩先生他諸賢氏の種々有益なる講話を拜聽し、午后十時潁川君の動議により閉會を宣す(本條記)

**本會委員**　顧問　黃坡、石濱兩先生
常務　松浦　安達兩氏　會計的場氏

**泊園誌發行委員**　顧問　黃坡　石濱兩先生
編輯　本條　多田貞　松浦三氏　校正。本條　多田　石崎三氏　通信　岡本　村田　竹中三氏
發送　林　久保田　田中三氏　連絡潁川氏

嘗て玄柳君を誡て『曰く夫れ醫は大業なり其身下位に居りて能く衆庶に仁するものは獨り醫を以て然りとなす然るに吾醫を爲す事數十年誠に醫の賤しむべきを知れり今の醫は糈を爲して仁を爲さず是を以て三世の名醫なし方今の世身を立て道を行わんと欲せは儒に若くはなかるべし吾汝をして儒たらしめんと欲するに汝其の才にあらざるなり吾百年の後汝が子孫をして儒たらしめよ是吾志なり』と申されたことがありました。先生少くして元浪華の人で當時城の學士其の右に出づる者なしと云はれた藤川東園先生に從ひ醫術を學ばれました。

十月下旬稿(未完)

## 日課表

| 曜＼時 | 午前六時―七時 | 午前九時半―十時 | 午後三時―五時 | 午後七時―九時 |
|---|---|---|---|---|
| 月 | 春秋左子傳 | | | |
| 火 | 論語彙纂 | 日本外史 詠物詩選 | 世說 唐詩選 | 十八史略 |
| 水 | 春秋左氏傳 | | | 十八史略 |
| 木 | 論語彙纂 | 日本外史 詠物詩選 | 世說 唐詩選 | 十八史略 |
| 金 | 春秋左子傳 | | | 王觀堂文選 說文(石濱先生) |
| 土 | 論語彙纂 | 日本外史 詠物詩選 第二 第四 | | 周易 |
| 第一日曜 | 午前七時 詩經 | | | 周易 |
| 第三日曜 | 午前七時 詩經 | | | |

**毎月一日、祭日、第二、第四、第五日曜　休講**

## 泊園誌社編輯同人

梅見春吉　大阪市住吉區山阪町三丁目松原住宅第百五十戸

多田貞一　兵庫縣武庫郡御影町字瀧ヶ鼻

本條平太郎　大阪市南區千年町二一

的場信太郎　大阪市南區大寶寺町仲之町

昭和八年三月一日　水曜日　泊園　第貳號　（一）

一、金拾圓　渡邊和子氏
一、金拾圓　芦田源次郎氏
一、金拾圓　細田美三郎氏
一、金參圓　岡田由喜氏
一、金貳圓　松浦拾吉氏
一、金貳圓　竹末朗德氏
一、金壹圓　松本俊男氏

昔者淑氣黃鳥を催し、晴光綠蘋に轉ずと、春を迎へた人があるが、搖藍時代の泊園誌の行路には春に逢ふても古調を歌ふ樂しみ等は

に多かつたような事が出來るからです、早速正誤表を出さねばならぬ筈ではありますが、とりあへずお詫び致して置きます。

# 泊園

昭和八年二月廿五日印刷（隔月一回一日發行）
昭和八年三月一日發行‖（非賣品）‖
廣告料一行金五拾錢
編輯兼發行人　梅見春吉
印刷所　大阪市西區新町南通五丁目　林泰進堂印刷所
發行所　大阪市南區竹屋町九（泊園書院內）　泊園誌社
振替大阪一三八三九番（泊園書院）

## 論語講義

黄坡先生述

諸君から何かの書物の講義を誌上に連載せよとの御意見が頻りに申出でられまするから、こゝに先づ論語を手初めに御話し致すことにしました。

論語の書は古昔、圓珠經と稱してあつて、萬般の行事の模楷である、即ち鏡は一面を照すばかりだが珠は八方に照らすのと同じであるといふもので東畡王父も、六經は由て行ふべき規矩、論語は之を活用する方だといつて居られましたのであります。

此書は多分、孔子の歿後に、門人の或るものが、同門の人々が曾て夫子の教話を手記して居るものを集め、併せて有子曾子子張なぞの先輩の語をも輯錄して出來たものでありませう、其輯錄したのは誰であるかは分らぬのでありまして從來學者が各所見を立てゝ居られまするが果していづれと定めがたく恐らく一人の手に成つたものではありますまい、又古來、學而篇より鄕黨篇までを上論といひ、先進篇より終までを下論といつて居りますがこの上論と下論とは固より同一の成り立ちでなく、時も異り、人も異なることは瞭然たるものであります。此等は別に意見を申述べませぬ。

論語といふ書名は、「論定の語」といふ意で孔門に於て論斷せられたる談説を集めた、といふ意味であります、前にも申した通り、色々の説話を集めた書物でありますから、編纂上に纏つた連絡も何もない、所謂雜錄といふ體裁になつて居りますので、我が東畡王父は十類に分つて其章の種別を立て、香翁先子は其志を承けて全書を類別して論語彙纂の編を成し、之を世に公にせられて居ります。今は矢張舊來の章を逐うて解を加へまするのは讀者が他書を比べ參せられる便宜を思ふからであります。

（大阪有馬太郎氏藏）

### 學而第一

**子曰。學而時習之。不亦說乎。有朋自遠方來。不亦樂乎。人不知而不慍。不亦君子乎。**

**訓讀**　子曰はく、學んで而して時に之を習ふ、亦說ばしからずや、朋の遠方より來るあり、亦樂しからずや、人知らず而るを慍せず、亦君子ならずや。

**解釋**　「子」とは男子の美稱でありますが、論語で孔子を稱して單に子といつて姓を省いてあるのは、內輪の言ひかたであります、丁度、春秋に魯の君は單に公といふてあるのと同樣であります。「學」は先王の道を學ぶことでありまして、「時習之」とは時節に從つて之を習ふのであります、元來當時の學校の教が春は詩を誦し、夏は琴瑟を學び、秋は禮を學び、冬は書を讀む、といふ規定でありましたが今、學んだ所のものを習熟するにも矢張此時に隨つて之を爲しまするとは、宛ら此身を先王の教の中に處らしめるものであります、其處をば說ばしいことであるといはれたのであります。「不亦說乎」の說は古は悅と通はして用ひましたので「よろこぶ」と讀みます、この不亦乎といふ字法は所謂、虛字の斡旋といふもので「世に悅ぶべきことも多くあるが、此の事もまた悅ばしいことではないか」といふ風に用ひられます、此場合には「乎」といふ字を下に助詞として用ひますのが正しいのでありまして、後世に、「哉」「與」などを用ひるのは誤であります。下の「不亦樂乎」「不亦君子乎」も同樣であります。（以下次號）

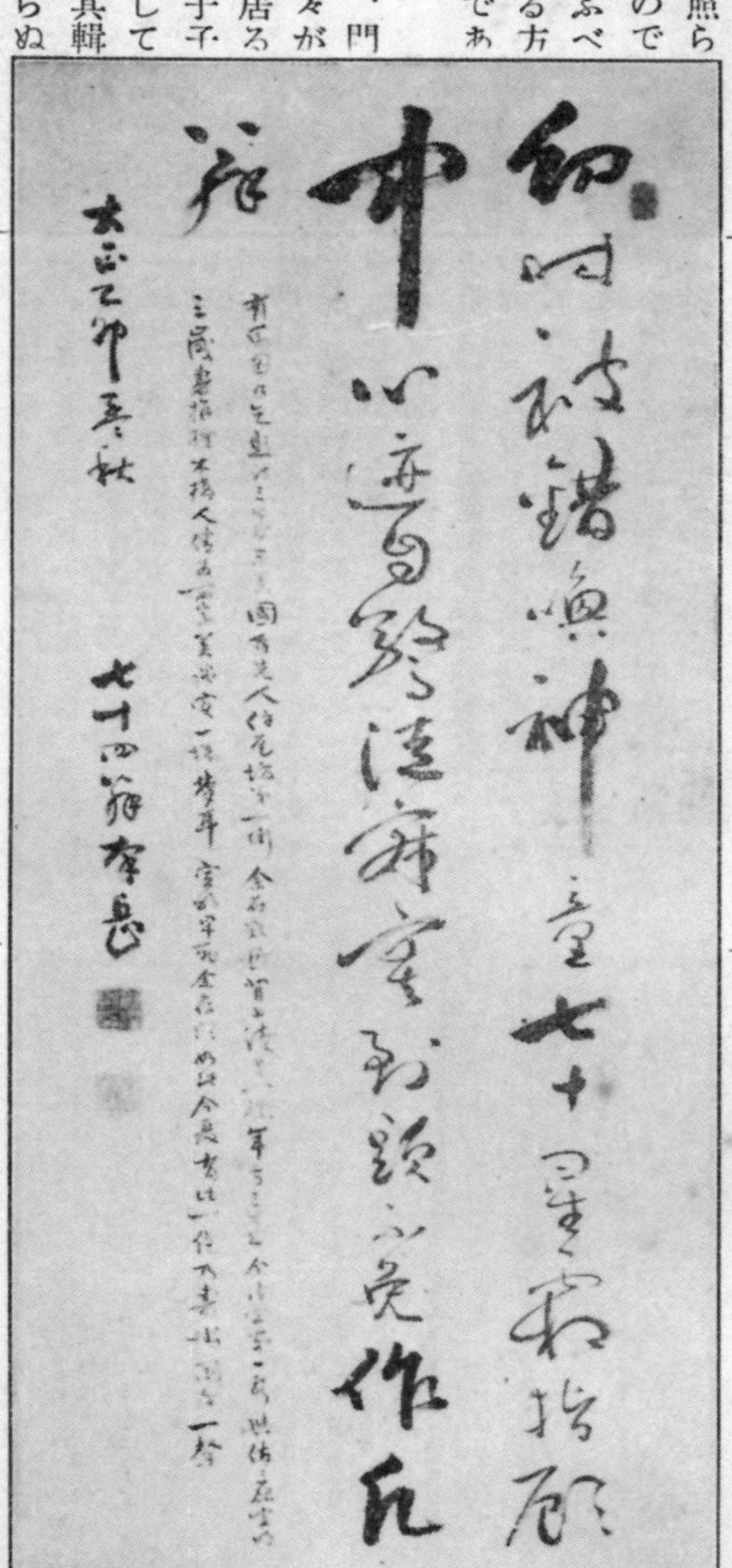

## 謙讓なる努力

大壺

之を先輩の說に聞いた事がある。我國には世に所謂聖人と云ふものが無い。從つて他國の樣な聖典とか經書と云ふものが幸か不幸か存在しなかつた。そこで文化の開明するに從ひ他國のものを輸入し來つて之を採用する。輙ち己を空うして苦心努力し以て之を自國のものとせなければならなかつた。日本の文化はかゝる謙讓なる努力の積集せる結果と稱すべきものである。と。

誠に此の先達の言は人を欺かない。我國は三韓の文化を輸入した。支那の文化を輸入した。印度の文化を輸入した。泰西の文化を輸入してゐる。ありとあらゆる文化を出來得る限り輸入して、研究する應用する信仰する喧嘩する反撥することの多事多難なる變遷を幾度か史上に閱して次へ次へと我が文化は複雜になり選錬されて發展し向上して行つた。儒者は佛家を排斥し國學者は儒釋の夷を攘ひ新學の徒は舊學を蔑視したが、彼等の遺して行つたその跡は果して何であつたらう。それ等は皆我が文明の進む道に咲き續けた一輪一輪の花では無かつたか。固陋の輩は或は我佛尊しで他を異端視し外道視するが、我を以て彼を笑はゞ彼の此を笑ふも同じ事だ。我が徂徠先生は嘗て世の儒者が佛教を排するは知るが釋氏の却つて我が學術に功有つた事を知らざるを嘲笑せられたが誠に達識と云ふべきだ。徒らに議論の感情に馳せて止まるを知らず先賢の眞面目なる努力の跡を認め得ない樣な者とは俱に我が文明の歷史を語るを得ない。我が文明の歷史の跡を溯り顧る時始めて眞に先賢の謙讓なる努力を見る。

東洋は恒に東洋西洋は常に西洋であるかは余の知る所でない。然し古から我國程諸種の文明多樣の文化が包攝含有されて而も各々相當に理解されてゐる國があるだらうか。彼我相反擊する爭亂も數々經たが之を國家の滅亡民族の衰頽へ導き往かなかつた成果こそ我が文化の基本でないか。一方から觀れば思想の混亂だが他方から云へば諸種の經驗をして次の時代を創めんとする生みの惱みだ。東洋西洋各々別のものとしてもそれで現代に我國で濟まして行かれやうか。思想の混亂は賞むべき事でないのは勿論で、之を我が文化中に導き入れ攝取すべきものであらう。この多種多樣の錦繡を克服して一卷の活文章を織り作さなくてはウソだ。何の勉強精進もなく他國から教へられた儘で風の吹廻しが常で大言壯語で乘り出してゐる樣なものは蓋し迂濶その者だ。謙讓なる努力こそ是に於て必要だ。

我々の先輩は謙讓なる努力で我國の文化を作り上げた。我々も亦謙讓なる努力によつて多事多難の中からでも此文化を益々發展向上せしめなければならない。かくして創成さるこの謙讓なる努力の積集である我が新しき文明こそ古今を貫き東西を通ずる誇るべき最初の世界的文化と云ふものだらう。世界一への躍進は謙讓なる努力の上にのみ存するを我々は察知せなければならない。

## 和刻五雜組の刪落

川合孝太郎

支那から孟子を船に載せて我が日本に航するときは、いつも其船が途中で覆沒して仕舞ふと云ふことが謝肇淛の五雜組に載つて居る由往々物の本に見えて（鼇頭四書とか桂林漫錄など）古くから聞く所であるが、この話しは今の通行本五雜組には見えない、それはこの五雜組は寛文元年に明本を飜刻してより後、寛政七年に再刻せられ又其後にも改刻ありて我が國には大分行はれたらしいが、再刻の際にこの孟子の話しなどが刪落せられたと云ふのでそれ以來遂に見ることが出來なくなつた譯である、予は未だ寛文の初刻本を見るに及ばないが今明版原本に據りて寛政本を對校して見るに、卷の四に於て凡そ三ケ處の刪落がある、此の書は卷三卷四が地の部であつて卷四の終りに至りて四裔の話しを載せ、日本の胡蝶軍のことなども見えて、屢々倭寇倭奴など、云へる其の中に就いて三ケ條を刪つたもので、一は豐太閤に關し、一は天主教に關し、一は即ち孟子に關した話しである、此の內豐太閤の件の如きは孟子以上の奇拔なもので一笑柄に價するものと思ひ、右三ケ條を錄出して讀者諸君に紹介することにした、先づ第一條は

漢中行說不得志於中國。遂入匈奴爲之謀主。大爲漢患。宋韓范不用張元。而令走佐羅宵。兵連禍結。不得安枕者五十年。近來如倭酋關白。亦吳越諸生。累不第而入海。使非天褻鯨鯢。遼左之禍。尚未艾也。故邊民之逃而入虜。它不足慮。惟恐有此輩一二在其中耳。

此の一條は全文今本にも載せて居るがたゞ中間圏を擧げた七字を刪去せし爲に、前後衝決して文意貫かず後半の如きは何を云つて居るのか更に分らぬ、今この七字を補つて見れば一條の文意甚だ明瞭にてつまり支那の人間でもつて四裔に遁入し其の國の力を用ゐて祖國を攪亂した三人を擧げて戒としたもので、遼左は即ち朝鮮を指すのであるがこれに據れば豐太閤はもと安徽浙江あたりに生れた支那人である何によりて此樣な說が傳はりしものか支那人の奇想天外には全く驚き入るのである、次は

國朝西蕃。天方默德那最遠。蓋玄奘取經之地。相傳佛國也。其經有三十六藏三千六百餘卷。其書有篆草楷三法。今西洋諸國多用之。又有天主國。更在佛國之西。其人通文理。儒雅與中國無別。有琍瑪竇者。自其國來。經佛國而東四年。方至廣東界。其教崇奉天主。亦猶儒之孔子釋之釋迦也。其書有天主實義。往々與儒教互相發。而於佛老一切虛無苦空之說。皆深詆之。是亦逃楊之類耳。琍瑪竇常言彼佛教者。竊吾天主之教。而加以輪廻報應之說。以惑世者也。吾教一無所事。只是欲人爲善而已。善則登天堂。惡則墮地獄。永無懺度。永無輪廻。亦不須面壁苦行。離人出家。日用所行。莫非修善也。余甚善其說。爲近於儒。而勸世較爲親切。不似釋氏動以恍惚支離之語。愚騃庸俗也。其天主像乃一女身。形狀甚異。若古所稱人首龍身者。與人言恂々有禮。詞辯扣之不竭。異域中亦可謂有人也已。後竟卒於京師。其徒曰龐迪峩。

これは通行本巻四、四十二葉の左一行に、不足償所費之百一也とある、其の次に一字空格を置いてこの文が載り、この文の次に通行本天竺古稱佛國云々の條が接續するのであるこの條は大分天主教を禮讃してある故に刪らざるを得なかつたであらう、これを刪りしを觀ても當時我が國の情況を知る一端になるべきか、次が即ち孟子の一條で、その全文は、

韃靼之獰獷。而敬信佛法。愛禮君子。得中國冠裳。不殺。即配以部落婦女。見一僧至。輒膜拜頂禮。不敢褻慢。倭奴亦重儒書。信佛法。凡中國經書。皆以重價購之。獨無孟子。云有攜其書往者舟輒覆溺。此亦一奇事也。

これは通行に本第五十一葉の初めに載りこの次に宋政和間云々の條が接續して居る隨つて原本は自然葉數が增加し第五十二葉の左末行まで本文が届いて居るこの一條の如きは強いて削去する程の必要もない様に見ゆるのであるが、何故に削りしにや。

## 中山城山。鼇山先生詩鈔（承前）

穎川　康

先生東園塾を辭するの日、東園先生城山先生に「讀作並脩作は讀よりも難く、詩文交脩の事文は詩よりも難し、子其れ留意せよ」と懇に語られました、先生はそれより猶も刻苦せらるゝ事、三年の後新らたに稿を、東園先生の許へ進められました、時に之を見られた東園先生は憮然として、吾の及ぶ所に非ず、吾家操觚の事將に盡く子に託さん、と申され、この事を聞た世人も先生が既に尋常の人でない事を知た、と傳へられて居ります。

先生は又菊地高洲と云ふ人が或る人に、先生の事を經術文章に於ては誠に畏るべき人であるが、未だ國學にまで涉て居られないのが遺憾であると語られたと聞いて、大に發憤し渡邊葆光と云ふ人を師として、孜々黽勉として夙夜止まず國學を研究せられました、時に蘐園の復古學は學界に相容れられない故を以て、或人は先生に其の學を改めん事を勸めましたが、先生は「身は猶屈すべきも道は屈すべからず」と確乎として其の志を動かされなかつたのであります。

會々國老の夫人が和歌を學びたいと思つて其の師を求めて居られたので、或人が先生を推薦致しました、寛政十一年己未國老に聘せられて高松城に出て、負郭に住し始て帷をこゝに下されたのであります、是則ち中山氏の學世に行はるゝの首であつて先生の齡三十七であります、嗣子鼇山先生僅に十二三歲なれど穎敏不群能く其の教を助けられたのであります、既にして古馬場に徙り福田坊に轉ぜらるゝに及んで、從游の士日に盛にして聲名籍甚だ屹として復古學の一柱と重きを爲して居られました、然るに幾もなく國老夫人の卒せしに因て帷を辭し羈を脱し塾政を鼇山先生に附屬して自らは閑居せられました、是より先甘谷先生の門下篠崎三島先生大阪に興り氣類濟々たり先生乃ち大阪に行き、三島先生と交り其の情好甚密でありました。

更に京師に入り、諸搢紳に接せられ就中坊城清岡の二公の殊遇に遇はれました、又長崎に游び便北筑の龜井氏に遇れまして後に、先生は此の遠交の人々と應酬せられたものを輯めて裝して一卷と爲し、時に披き觀て欣然として以て樂んで居られました、是等交情の如何に厚かりしかは詩稿を拜誦する每に窺ひ知らるゝのであります、

文化十二年乙亥先生五十三の時嗣子鼇山先生を喪はるゝに、自ら天の吊予せざるを知り、舊田に歸り人間の事を絕ち、全讃史を著はさんと、簦を載せ、屩を納れ、四境に周遊し、廟社寺院營跡城墟、到る所必ず問ひ、問ふ所必ず記し、積んで十二冊を成されて吾が國恩に報ゆる所以のもの是を以て止まるのみ、と申されました、或人之を藩府に上り、藩府は之を以て先生を世士の班に列せられました。天保七年丙申五月、再び大阪に游ばれ、東陔先生の僑舍に館せられました、時に三島先生既に逝いて三十余、年人は換り風は移り、復往昔の驩を得ず、獨り泊園塾中の二三子を顧みて、諄々として、婆心を竭し、遂に之を携へて甘谷先生の墓に上り泣拜して歸られ、其の翌年丁酉四月二十三日病を以て沒せられたのであります。

春秋七十有五先生は鴻身瘦骨鬚髯皤々皓潔たる事雪の如く、好んで鶴氅裘を著られ、宛も脫塵の標があり人となり質直であつて、あへて回避する所なく、其の言や信、其の行や篤く、爲に衆憚て之に服しました、最も人材を愛し、苟も頭角を見す者あらば、輒ち養て之を視る事子の如く、其の器に隨て各業を立てしめられたと申します先生の書籍に於ける、經史より下百家九流古今和漢に至る迄窺究せざるなく、難書を看破せらるゝ事は最も特長とせられ、著書四十七部計百二十五冊なれど其の藏書數千卷には揭注纍々、殆ど額に余白なく、若し之を錄せば將に幾部を成さんかと云れて居ります。

今先生の靈は古川の上先塋の域に葬られ、碑は仲子敦教君等に依り、城南の郊祥福寺の境內に建てられてあります、東陔先生は諸賢と議し、卒禮葛陂先生の贊を以て、墓銘とせられました、

墓銘

蘐園之徒、稍々湮沒、洙泗之道、將復茅塞、
天存斯文、先生纖出、藝林博涉、辭藻則蔚、
六經百家、莫不唱述、主張古學、不爲時屈、
名傳千里、齡向七秩、儼然面目、皤矣鬚髮、
高風仰止、德音不竭、弟子拜之、福祥永卒、

祝　藤澤成太氏入營　有香

碩儒三世化彌滋　紹述何曾限業師
況又國家多事際　武功顯祖是斯時

逍遙遊社一同席上柏梁體聯句

羅浮夢破殘雪晨　黃圃
清心如雪席無塵　夢蝶
詩酒場中養天眞　青巖
鼓腹欲學葛天民　翠石
衙口綺句語々新　黃坡
當宴喜作謝公鄰　雲洞
醉花吟月俱相親　明山

昭和八年三月一日　水曜日　　泊園　　第貳號　（三）

況又國家多事際　武功顯祖是斯時

昭和癸酉二月西歐有聯盟會議滿蒙國境有警備之事國事多難矣三四故及

客是雋秀酒芳醇　活園
百觴當罰折花人　渭南

鼓腹欲學葛天民　翠石
孤山梅鶴或前身　東一明
青繪一酌不患貧　松峯

醉花吟月倶相親　明山
謳歌聖代萬家春　雲外

三崎鱗記

# 漢文訓讀の改正すべきもの（一）

潮江

漢文の訓讀は正確なる文語體を以て原文の句法を最も忠實に表すものでなければならぬ由來漢文は簡潔勁逸を旨としてゐるものであるから邦訓の場合は文語體に依ることに成つてゐる。處が其の訓讀が直譯に過ぎて邦文として語を成さないものは無論いけないがしかし唯意譯して原文の形式を無視してゐるものも亦宜しくない。即ち正確なる文語體であるといふ事と原文の句法に忠實であるといふ事が漢文訓讀に於ける最も重要なる態度である私は此の見地から從來の訓讀に對して二三改正を加へたいものがある。今之を左に列擧して大方の御高正を仰ぎたいと思ふ。

**一、陽（佯）爲不知**

●從來の訓讀　陽（イツハリテ）爲二不知一（シラザルヲマネス）

●改正すべき訓讀　陽（イツハリテ）爲二不レ知一（シラザルヲヨソホフ）　或は　陽（イツハリテ）爲二不レ知一（シラズトナス）

「陽爲」は「わざと或る態度をてらふ」といふことに用ひられる語であつて從來「陽」を「イツハリテ」と讀み「爲」を「マネス」と讀んでゐることは字義には適つてゐるが「爲不知」と連接して「知ラザルマネス」と訓ずることは原文の句法に合致しない。此の訓讀に依れば「不知」が「爲」の修飾語の用を成してゐる。然るに原文に於ては「不知」は「爲」の補語である。故に今「爲」を「ヨソホフ」或は「ナス」と訓し「爲不知」を「知ラザルヲ爲フ」或は「知ラズト爲ス」と訓讀すれば意味も善く通じ且つ原文の句法に合致することが出來る。

**二、**（甲）與○○孰若○○　（與其有譽於前孰若無毀於其後）

（乙）○○孰若○○　（躁進孰若乎廉退之過）

（丙）○○孰與○○　（救趙孰與勿救）

●從來の訓讀

與二○○一孰二若○○一（ヨリハ　セン　イヅレゾ）

○○孰二若○○一（イヅレゾ）

○○孰二與○○一（イヅレゾ）

●改正すべき訓讀

與二○○一孰二若○○一（ヨリハ　セン　ナンゾシカン）

○○孰二若○○一（イカン）

○○孰二與○○一

以上の三種は皆事物の優劣を比較する形であるが先づ改正すべき訓讀についていへば（甲）と（乙）とは優劣の決定を與へたもので（丙）は優劣の質疑をなしてゐるものである。而して（甲）の場合は優者を上位に置き劣者を下位に置いたもので「與」の字は優者の上位に附して反語を表す副詞、「若」は優劣を示す動詞、從つて「孰若」は「豈若」と同義の述語である。主語は「與」の上にあるを省畧したものである。故に此の訓讀は「與」を「ヨリ」、「孰若」を「ナンゾシカンヤ」と訓ずればよい。例文についていへば「其ノ前ニ譽有ランヨリハ孰ゾ其ノ後ニ毀無キニ若カンヤ」と訓讀すべきである此の形は左の句法と大體同一のものと見る事が出來る。

與○○豈若○○

與下我處二畎畝之中一由レ是以樂中堯舜之道上吾豈若下使二是君爲二堯舜之君一哉

與○○不如○○

與二吾得二革車千乘一也不レ如レ聞二行人燭過之一言一

與○○寧○○

喪與二其易一寧戚

（乙）の場合は（甲）の句法に於て唯上位の「與」の字を省畧したに過ぎない樣ではあるが文勢から見て優者を表してゐる上句を主語と見るべきである。從つて此の訓讀は「…ハ孰ゾ…ニ若カンヤ」でなければならぬ。例文について言へば「躁進ハ孰ゾ廉退ノ過ナルニ若カンヤ」と訓讀すべきである。

丙の場合は甲事物の優劣狀態を乙事物に比較して質疑してゐるものである。此の形は「甲與乙孰愈」の樣のものでなく飽く迄も其の優劣を問ふ甲事物に本づいて其の一方的なる甲事物の優劣を問ふものである。即ち「甲ハ乙ニ比ベテドウデセウ」「優ツテヰルカソレトモ劣ツテヰルカ」といふ形である。從つて此の句法に於ては「甲」が主語で「ドウデセウ」が其の述語で「乙」が補語である。「孰」は此の述語の「ドウデセウ」に該當する語で「與」は比較される乙事物を指示する助詞である。從つて此の訓讀は「孰」は「何」と同義に見て「イカン」と訓し「與」は「ニ」と訓すべきである。例文について言へば「趙ヲ救フハ救フナキニイカン」と訓讀しなければならぬ之を直譯すると「趙を救ふことの利益は趙を救はないことの利益に比べてどうでせう優つてゐるでせうかそれとも劣つてゐるでせうか」といふ意味である。

尙ついでに述べて置く事は此の（丙）の疑問形に二種あることである。一つは純然たる比較の疑問を表すもので史記にある「孰二與君少長一」などが其の例である。一つは比較されてゐる下位の事物に自ら主意が寓してゐるもので（丙）の形の多くは是である。但し此の場合と雖も形式は飽く迄も疑問であつて（甲）（乙）の決定を示すものとは決して同一でない。

以上（甲）（乙）（丙）を通じて「孰」を「何」と同義に見ることが改正すべき訓讀の主眼點であつて（甲）（乙）は此の「孰」を反語の副詞と見、（丙）は之を疑問の靜詞と見なしたのである。

「孰」を「何」と解する事は經傳釋詞にも其の說があつて晉語の「孰是人斯而有是臭也」を引いて「孰」を「何」と解してゐる。又司馬相如傳の「楚王之獵孰與寡人」の「孰」は史記に於ては「何」となつてゐることを引いて「孰」と「何」の同義なることを證明してゐる。之を要するに以上の訓讀は必ずしも完全なものとは言へないが比較的に原文の句法に忠實で而も邦文としての語意にも不都合はないと思ふ。

然るに從來の訓讀を見るに第一邦文として語意が通じないばかりでなく原文の句法に少しも合致してゐない。以下之を指摘して見よう先づ（甲）の場合に於て從來は「…センヨリハ…ニイヅレゾ」と訓してゐる。一體「…センヨリハ」と決定を示す語氣を以て起し之を結ぶのに「…ニイヅレゾ」と疑問の形を以てする事は全く語を成さないものである。且つ此の「イヅレゾ」の意味は「どちらが愈るか」との意でなければならぬ即ち此の訓讀は原文に於て「孰愈」の「愈」が省畧されたものと見て此の「孰」を主語として取扱つたものである。若し之を主語とせば比較すべき兩事物は主語或は述語に對する一種の修飾語と成りて主語の上位に列擧されなければならぬ。然るに原文は例文にも示す通り比較すべき兩事物は一つは主語の上、一つは主語の下にあつて決して列擧されたる一個の修飾語を成してゐるものでない。即ち從來の訓讀に從へば原文の句法と相容れないのである。且つ從來は比較の句法に於て最も重要なる「若」の字を單小語助として「孰」に附屬せしめ訓讀すらもしないと云ふことは確に粗漏といはなければならぬ。唯此の場合を疑問形として取扱つてゐることは見方の相違で必ずしも惡いとは斷言できない。

次に（乙）の場合は從來「ハ……ニイヅレゾ」と訓してゐるが此の訓讀文に於し若し「…ハ」を主語とすれば「イヅレゾ」が述語に成らなければならぬ。而るに元來「イヅレゾ」とは二個以上の事物につき論議される言葉であるから「…ハ」といふ一方的事實の述語と見ることは出來ない。「……ハ」が主語でなければ「イヅレゾ」が主語でなければならぬ。「イヅレゾ」を主語と見ることは、前述の樣に原文の句法に合しない。それのみでなく邦文として物を列擧するに「…ハ…ニ」といふ表し方はあり得ない。丙の場合は「…ハ…ニイヅレゾ」と訓してゐるがこれは（乙）の場合と全然同一の訓讀であつて兩者の區別を明にしてゐない。尙邦文として或は原文の句法に照して當を得てゐないことは（乙）の場合と同樣である。且つ「與」を單に「孰」に附隨してゐる語助として取扱つてゐることは「與」の本用を無視してゐるものである。思ふに此の形は例文について言へば「救趙與勿救孰愈」といふ文の變形と見られるものであるから從來の訓讀は唯此の原形にとらはれ文字の移動に伴ふ句法の變化或は邦文としての語意何如を深く究めず一種の概念的な讀方をなしてゐたものである。

之を要するに從來は（甲）（乙）（丙）を通じて「孰」を「イヅレゾ」と訓讀してゐるがために邦文として語意が通ぜず且つ比較すべき兩事物の位置に於て原文の句法に合致しないのである。故に私は完全とはいはないが大體前述の樣な訓讀に改めたいと思ふ。

**三、**不見諸侯宜若小然

陰陽不調宜更歷之過也

●從來の訓讀　宜二○○一（ヨロシク　ナル　ベシ）

●改正すべき訓讀　宜二○○一（ベシ　ナル）　或は　宜○○（ホトンド　ナリ）

從來「宜が」助動詞として用ひられる時は盡く之を「ヨロシク…スベシ」と訓してゐる。しかしこの訓讀は元來指定の場合である。右に擧げた諸例は皆推量の意に用ひられたものである。「宜」は經傳釋詞には「殆」の意ありと註してゐる。又助字辨畧には「意計而未定之辭」と解してゐる。今之に從つて「宜」が推量の意に用ひられたる時は單に「ベシ」或は「ホトンド」と訓讀したいと思ふ。

## 泊園文藝

癸酉歲旦口號　藤澤黃坡

昭和歲旦氣和平。俗蝟拂來身亦輕。杖履安々心適々。賀正途上拾詩行。

癸酉歲旦漫唫　同

一雞先唱衆雞隨。鳥獸有誠無挾私。天下共宗東魯聖。西家老父不相知。

挽松陰本山翁　同

九秩將開德亦殷。忽騎奎壁入靑雲。松陰布澤窮愁庇。楮表昌言衆訟分。遺業勸農資國富。夙心考古啓人文。不知天上孰徵記。那處冥官欲署君。

悼如阪本準平君其人而無其人　眞野夢蝶

永年仁術有光明。寒月精神如雪淸。曾學泊園尊德義。平常行道準天平。

哭阪本竹山　梅見有香

文酒辱交三十年。一朝聞訃淚漣然。泊園君逝轉凄寂。落日風寒冬索天。

夢中聞飛行機過、時壬申十月念九拂曉大演習前旬餘日。　笠井雪窓

高揭軍旗奏凱歌。一痕寒月伏屍多。大刀血滴數創在。入夢飛機掠首過。

悼坂本木山　笠井雪窓

想報傳聞坐斷腸。惜君繡口巧詞章。一詩聊代生芻奠。遙寄修文地下郎。

拜朝陽　福岡雲外

三千歲月聖恩長。況復當今耀武光。日出國中生息喜。元晨東向拜朝陽。

雪溪　的場信太郎

溪邃仙源遠。寒流與玉山。皚々相照處。身在畫圖間。

雜誌泊園の再與につき書院の行末を思ひて　南坊城良興

浪速津に根さし久しき老松のもりなわすれそみこつれの友。

敦子の君を悼みまつりて　山下是臣

乳をこひて啼く幼子の聲聞けば神去りし君や何心地せむ。

## 會員消息

阪本準平氏一月三日永眠。氏は尼崎の人幼にして漢學を修め、後浪華に出て故南岳先生に師事す、尋て父祖の志を繼ぎ專ら醫學を修め斯道の研鑽に努む、明治二十七年阪本眼病院を創設、爾來三十八星霜至誠醫療に盡瘁せられたり、氏や資性剛毅穎敏、用意周到にして熱誠事に當る、故に聲望隆り實に一世の名醫と稱せられ診を請ふ者日夜踵を接するに至りたりと云ふ、我泊園同窓會には常に先輩として景仰せられ功績亦少からず誠に追慕に堪へざる所なり、享年六十六、竹山は其の雅號なり、又無艸庵と號す。

## 一讀一笑

西湖有二富貴發跡司祠一。衆人競禱矣。牢具圭幣甚盛。窮鬼嫉レ之。祟二于其鄕一曰。盍二亦祀レ我。鄕之老謝曰。謹承レ命矣。祇恐無二人詣一也。窮鬼曰。吾有二一計一牌二于我前一曰。衆須二來拜一。設不レ來者。神將親往焉。

西湖（同名のもの甚だ多くその何れなりや不明なるも、浙江省杭州の西に有るもの最も著る）に富貴發跡司祠（福神の社）あり。衆人競ひて禱る。牢具（牛羊の供物）圭幣（玉絹の贈物）甚だ盛なり。窮鬼（貧乏神）之を嫉み其鄕にたゝりて曰く、何ぞ亦我を祀らざると。鄕之老謝して曰く、謹んで命を承けたり。祇恐くは人の詣ずる無からむことをと。窮鬼曰く、吾れに一計あり。我祠前に牌（立札）して曰く、衆須く來拜すべし設し來らざれば神將に親しく往かむとすと。

北里名妓侍二於嫖客一。失屁。客佯爲レ不レ知。妓欲レ亂二其臭一。乃焚レ香曰。請試品二此香一。嫖客品レ之曰。若二藥肆門前抒厠荷レ糞而過一。

北里の名妓嫖客に侍す。失屁す。客佯りて知らざるふりす。妓其臭を亂さむと欲し、乃ち香を焚きて曰く、請ふ試みに此香を品せよと。嫖客之を品して曰く、藥肆の門前抒厠（肥取）糞を荷ひて過るが如しと。

## 泊園記事

冬至祭　舊臘十二月二十二日午後二時より泊園書院に於て冬至祭を舉行され一門の方及び塾生多數參拜せられた。

尙德會發講式　一月五日午前十時より泊園書院に於て開筵。聽講者は豐田宇左衞門氏以下豐田家一門の方及び尙德會の方々である

講題

孝。有レ隱無レ犯、愛敬是操、莪蒿蓼々、須レ思二劬勞一。

弟。不レ狎不レ慢、恭順有レ方、棣蕚韡々、只戒二閱牆一。

忠。盡レ已接レ人、以レ恕爲レ用、惟衷惟誠、毎輕重之。

信。履レ言不レ差、依レ義乃成、無レ輗無レ軏、其何行レ之

午前十一時半式は盛會の裡に終る

泊園書院拜年式　尙德會を終て、午後より拜年式行はれ、門下の諸氏陸續登院、先生への御挨拶あり、席上舊友と鳥鷺を鬪はす人、彩毫雲煙を奮ふ人等、雅遊盡きず午後六時頃に至る。

泊園書院講義　一月十一日より初まる

有聲會茶話會　昭和七年十一月二十七日午後七時より泊園書院で催された、出席者黃坡先生以下二十一人先づ盛會である、安達氏「會員相互の交情を倍緊密ならしむる方法」として通信箋を利用して會員の文藝輯を興しては如何と提案、直に可決、安達、石崎、千賀坂田、黑田の諸氏を委員に選定した。やがて委員諸君の努力に依り絢爛たる會員諸君の詞華が本誌に跳躍する事であらうと樂まれる、次いで座談に移り、最後に黃坡先生より唐時代の詩風の概觀と唐詩を讀むに就ての注意あり『古の精神を今日の時代にも生かせよ』『古人の長所を今人の働きの中に於ても發揮せよ』とのお話しあり、十時二十分閉會した、出席者黃坡先生の外櫻井、安達、石崎、千賀、潁川、岡本、松浦、堺、貝田、黑田、竹中、坂田、中山、山下、森、三宅、中川、林、喜多嶋、的場の諸氏

泊園會新年宴會　一月二十二日午後五時より田中、佐藤兩幹事に依て二葉亭にて開催

藤澤成太殿　二月一日幹部候補生として步兵第三十七聯隊第七中隊へ入營せらる

## 論文、漢詩、和歌、俳句等を募る（字體明瞭に）

題　隨意　但し原稿用紙二十字詰に限る、締切四月一日

送附先　泊園書院內　編輯部宛

## 日課表

| | 月 | 火 | 水 | 木 | 金 | 土 | 日 |
|---|---|---|---|---|---|---|---|
| 午前六時半～七時半 | 春秋左氏傳 | 論語彙纂 | 春秋左氏傳 | 論語彙纂 | 春秋左氏傳 | 論語彙纂 | 第一、第三、午前八時ヨリ詩經（四月ヨリ午前七時） |
| 午前九時半～十時 | | 日本外史 詠物詩選 | | 日本外史 詠物詩選 | | 日本外史 第二第四 詠物詩選 | |
| 午後三時～五時 | | 世說 唐詩選 | | 世說 唐詩選 | | | |
| 午後七時～九時 | | 十八史略 | 十八史略 | 十八史略 | 王觀堂文選 說文（石濱先生） | 周易 | 周易 |

毎月一日　祭日　第二、第四、第五日曜　休講

泊園同窓會幹事　篠田栗夫
泊園會幹事　梅見春吉

編輯同人

大阪市住吉區山阪町三丁目松原住宅第百五十戶　梅見春吉
兵庫縣武庫郡御影町字瀧ヶ鼻　多田貞一
大阪市南區千年町二一　本條平太郎
大阪市南區大寶寺町仲之町　的場信太郎

本誌後援寄附金收受報告（泊園同窓會）

一、金拾圓　渡邊和子氏
一、金五圓　中川魚梁氏
一、金五圓　福田三次氏
一、金參圓　岡田由喜氏

洗毫

昔者淑氣黃鳥を催し、晴光綠蘋に轉ずと、

なかなか許されない、と云ふのは會員名簿も前號も編輯員の僅かな不注意から誤字が非常に多かつたような事が出來るからです、早速

泊園

濟先生の「泊園書院の將來を慮り、泊園後援會を組織したいとの先輩の熱望を宮崎氏より承り、世の中も漢文學の復興運動すら起りつゝある際此機會を逸せず是非實現せしめたいと思ふて居る、若し具體的運動活動せねばならないではないか」とのお話があり黄坡先生もそれに就て福本氏も後援會の事には種々配慮されて居る由先日粟谷氏より傳へられたと申されて、一同書院の發展策に議論百出、時に時世を慨

昭和八年四月廿五日印刷（隔月一回一日發行）
昭和八年五月一日發行 ―（非賣品）―
廣告料　一行　金五拾錢
編輯兼發行人　梅見春吉
印刷所　大阪市西區新町南通五丁目　林泰進堂印刷所
發行所　大阪市南區竹屋町九（泊園書院内）　泊園誌社
振替大阪一三八三九番（泊園書院）

# 釋奠講經

（四月三日於書院）　黄坡先生述

## 子曰。天生德於予。桓魋其如予何。

例によりまして聖語について御話を申上げたいと存じ、暫時の間御清聽を煩はします。

こゝに掲げました御言葉は「**子曰く、天德を予に生ぜり、桓魋それ予をいかにせん**」と讀みまして、論語の述而篇にあります。彙纂では時命の部に收めてありまして、夫子が天命の安んずべきことを語られました語であります。史記に記してありますには、孔子が宋にゆかれた時、弟子達と大樹の下で禮を習うて居られた所、宋の司馬桓魋が孔子を殺さうとして其樹を拔いたから孔子は其所を逃れられた、其時弟子は速く逃げませうと申上げた所が夫子はかく言はれたといふのであつて、即ち「**天が予に德を生じ與へて居るから桓魋も天に逆らつて予を害する事は出來ぬだらう**」といはれたのであります。

こゝで一寸御斷りして置きたいことは、此天の生ずるといふことは、かの老莊等のいふ天然自然の道とか德とかいふものとは別であるといふこと、今一つは如予何といふ語を「どうする積りだろう」と疑つた語だと解く人がありますが、これは矢張「どうもできぬ」と見る方が穩當であります。

さて此の處に言はれて居る德とは、孔子が古の道を修めて我身に體得せられたる一種の力であつて、之を以て孔子が自己の本領として居られるものである。これは下の子罕の篇に「子畏於匡」といふ章がありまして、孔子が匡人の圍みに遇はれた時に「文王既に沒したれどもその道がこゝにある、もし天が斯道を喪さんとするものならば我は斯道を與り知ることは出來まい、今我が斯道を知り得て居る以上は天は斯道を喪さうとは思はぬらしい天が道を喪す心がないとすれば、匡人も其れ予をいかにせん」といはれた章があります。これが丁度此章と同意であるので、此處の「德を生す」といはれたのは即ち彼章の「斯文に與る」といはれたのと同じ心でありまして、孔子が先王の道を傳へ得られた所、即ち孔子の德であります。これ天の孔子に許したるもの、こゝに於て夫子は自ら信して思はるゝには「天我に命ずるに此道を世に傳ふることを以てして居る此身ゐながら天の倚任して居るものであれば天は徒らに予をして暴人の手に斃れしめる如きことはあるまい」と此信念によつて終始せられたものでありますからして千萬年に存する所の聖德と聖功とが成つたものであります。これ孔夫子の至誠であります。中庸の至誠を說いてある所此氣分を以て見たいと思ひます。しかも是は夫子が自ら誇られたものではありませぬ、たゞ夫子の自ら信ずることの固い所から發した語であります。後に漢の王莽が天子の位を簒ひまして新といふ國を建て、しかも天下は大に亂れまして遂に漢の兵が長安に攻め入りました、其時に王莽は自ら威斗に向つて坐して「天、德を我に生せり漢兵それ我をいかにせん」といつたが、首は直に亂兵に切り去られた。といふ様な滑稽な類とは固より同日の談ではありませぬ。

こゝに私は皆様方と共に大いに省み鑑みる所がありたいと存じます。何事によらず各々が自己の職分と致して居ることに對する充分なる信念を持つといふことであります。荀子が鼯鼠（けら）といふ蟲は技能が五つもあつて而も窮する、即ち能く飛ぶも屋を過ぐること能はず、能く緣するも木を窮むる能はず、能く游ぐも谷を渡る能はず、能く穴ほるも身を掩ふ能はず、能く走るも人に先する能はず。といつて鼯鼠は五技にして窮すといつて居る（說文に五技鼠といふ名がある）のなどの様に、あれも是もと手を出してつまりは何の長所もないといふのではならぬ。またもしも自分の小成に安んじ或は小才に誇つて、自ら慢心する様でも困る、今申した王莽の様な、はきちがひをしては困るむかしの話に遼東の人が自分の家の豚が子を生んだ所が頭だけ白い、この邊の豚といへば黒い物に定まつて居るのに、此一匹の子が頭か白い、これは珍しいから都へつれて行つて天子に献上しやうと出かけて來て遼河の西へ來ると其邊の豚が皆頭が白かつたので慚ぢて歸つたといふ話がある、小さな功に誇つて高ぶつた心になることを戒めた話であります。これも困ります。

されば先づ第一に自分に目的を立てゝ自分の力に隨つて之をと定めたる職分を守る、所謂確乎不拔の志を立てるといふことが最も大切でありまするが、次に此志す所に向つて終始するといふ操守がほしいのであります。この桓魋其如予何と仰せられた氣象か、いかにせばこゝに到着し得るかを自ら考へていただきたい。ことに私が此節の世相に對して心窃かに憂ひて居りまするのは、一般の人々が輕はづみであり、薄つぺらである様に思はれる點であります。かつて戊申詔書に輕佻浮薄を御戒めになつて居るにかゝわらず、年を追うて此風に陷つて行く様に感じまして、人々が落着きのある、力のある、點に乏しい、昨日も學校の入學試驗の作文を見ました所が、事若し成らねば死あるのみ、といふ様な事を書いたものが二三ありました。この輕々しく死を口にするなど既に現在の若い人々が、薄志弱行であるといふことを感ぜしめるのであります、むかし楠公が死に臨んで「七たび人間に生れて此賊を亡ぼさん」と兄弟相誓はれた氣魄、また吉田松陰が此楠公兄弟の志を述べて七生說を著はされた精神等は、凛乎として後世に輝いて居る。只今の人は何ぞといふと死といふのと、楠公が死に臨んで猶ほ生を欲せられたのと、相比べて見て、人格の大小が明であります、今の人々は神經が非常に尖銳になつて居る一つ浮世莊子の様な書物でも讀んで心を靜めて貰いたい様な氣が致します、今の操觚者流が、奇を好む人情に投し様として知らず〳〵奇警な方向に競ふものだから、一般の人々が知らず〳〵また此の様な風になるものと存じます、これ等は世の耳目だ、一世の指針だと誇る操觚者流の一考を煩はしたいと思ふのであります。

議論があまり細かしくなりまするから此邊で終りたいと存じますが、當今我國運がかく世界に秀で來ると共に世界の嫉視反感の中に立つて斷乎として、皇道を天下に擴ぐる責任を負ふべき、わが國民は今少し大なる器局を養うて孔夫子の桓魋其如予何の氣魄を學んでほしいと存じましてこゝに此說を申し上げましたのであります。何とぞ皆様に於ても此點を御紹介下さる様に御願致しまする。

（村上徳次氏藏）

蘭の花あまたならひしそのなかにみちをときますきみのみすまゐ　喜多島鮮象

朝講に坐す春雨や香のかほる

こゝろみ宇治川のせゝらぎに俗塵を洗ふと云ふ。會員外の方も參加せられん事を望む。（會費參圓）。

# 論語講義（承前）

黄坡先生述

子曰。學而時習之。不亦説乎。有明自遠方來。不亦樂乎。人不知而不溫。不亦君子乎。

前回に既に訓讀と、第一節の講義とをかゝげて居りますから、此回は第二節から以下を説明を致します。さてこの「有朋自遠方來」を「朋あり遠方より來る」と讀ませてあるのは、宜しくないと思ひます、もし其様に讀むべきものとすれば、有の字が非常に輕い意味となりまして論語などの様な古文にはかゝる場合にはわざ／＼有の字を用ひないのが普通であります。この有字は一句全體にかけねばなりませぬ。この朋といはれましたのは、古註には同門を説き、朱子は同類と説かれてあつて、家説は朱註を採つて居ります、猶、これは必しもこの様に限るに及ばず、黨類をいふのでありますから、徂徠先生は「我に從つて、遊ぶものをいふ」と説かれてゐます、孔子は門人にも朋と稱せられて居るのは珍しくないから、孔子を慕うて遠くより來たものであるのを「有朋自遠方來」といはれたのでありまして、天下の英才を教育するの樂、天下の善士を友とするの樂、などと同し氣分でありますから、之を「不亦樂乎」といはれたのであります。第三節の「人不知」は徂徠先生の「世に用ひられざるをいふ」と説かれてあるのによらねばなりませぬ。凡て人を知るといふ類は其人の長所を見て之を擧用するのをいふのでありまして、「人の善惡邪正を察知する」と説いては當らぬ場合が多いのであります。慍は徠翁が「心に怫鬱する所あるをいふ」と釋かれてあるのに從ひまして、不平の情が心に蓄へられるのであります。即ち第三節の意は上の人が我を用ひぬといつて不平らしく思はぬ人、これ有德の君子ではないか、といはれたものでありまして、由來用舍は人にありまして、もと天命の存する所であります。命を知るの人はこれを心に關せぬのであります。」

此章は三節各々別々であります、程子が樂は説に由つて而る後に得られ、樂に非ざれば以て君子を語るに足らず」と説かれて三節を關連せしめられたのは、あまり玩味に過ぎて居る様に思はれます。

此章は彙纂では教學の部に收めてありますそして章旨を「志を語つて以て子弟を勸勉せるなり」と説いて居ります。序に教學部の首に先子が附述せられてある小引を御參考までにこゝに譯載致しませう。

人は萬物の靈と稱せらるゝが、其禽獸と別つは其れ唯だ道にこれ由るのみ。然れども教へざれば悟らず、欲を縦にすれば必ず違ふ、故に聖人は正德を主とし、教化を興し、人の性に率つて以て之を導き、人をして其性を盡さしめる、而して世の之に背くものは皆陷つて禽獸と爲るのみ。天下の人士何ぞ自ら甘んじて禽獸に陷るをこれ爲るか何ぞ自ら甘んじて其靈を棄つるをこれ爲るか。（以下次號）

## 琴濤園讀書記（承前）

石濱大壺

萬有文庫の中國文字之起源及變遷を見た。著者の吳貫因と云ふ人は知らない。章を分つ事十で、無文時代、結繩時代、蒼頡之創字、創字之動機、文字最初之形體、古文時代、篆書時代、隷書時代、楷書時代、將來之趨勢となつてゐるが、實は讀むに値せぬ本であつた。諸外國は愚か支那に於ける文字學の歴史も研究も趨勢も知らないらしい。君は少し無理な著書である。

文字學としては賀凱と云ふ人の中國文字學概要は佳書と云つてい。教課書用としての編纂らしく別に參考書一冊を附してゐるが、内容も充實し體令も整つて居り、簡單な一冊の教課書ではあるが、己出の類書とは斷然論を異にしてゐる。編輯大意によると本書の理論方面は多く沈兼士錢玄同兩先生の講述に遵ふと云つてゐるから、蓋し本書の組織には兩先生の研究が與つて力あるものと思へる。沈錢兩先生は北京大學に於ける支那言語學の大家で已に幾多の論著を以て知られてゐる。本書の出來の好いのも尤もだ。余は何も本書を以て支那に於ける支那言語學研究の總和を見得るとは云はないが、少くとも一集成として斯學に志有る者は固り、小學の概要を知らんとする人々に一閱を勸める。白話ではあるが殆んど文語であるから讀むに面倒は無い。

編輯者李中昊、發刊者國語羅馬字促進會と云ふ文字歴史觀與革命論と題せる論文集がある。支那の羅馬字論者の文字論の雜誌なんかに出たものを輯錄したもので甚だ便利なものなのだ。余は嘗て注音字母羅馬字母の運動にも注意してゐた事があつたが、何分にも新聞雜誌に續出する所論を一々見るわけにも行かず又それを探索する程な熱心も無くて過ぎたがかく、緒論文を一冊に纏められたものを見得るのは嬉しい。余は注音字母から國語字母へ、國語字母から羅馬字母への變遷に注意して、その羅馬字母が如何に一定され如何に促進されるかを興味を以て觀てゐたのだつた。本書は只その羅馬字促進運動の論文集だが、余自身に取つては各人主張の各種の羅馬字母案の諸説を詳載してあると尚ほよかつた。勿論紙數がウントふへる事だらう。然し諸案競起の情態を一目瞭然に見てその如何に動くかを觀察するのは面白い見ものであらう。近頃我國で競出する支那語の諸雜誌にも注音字母の事は漸く言及してあつても、羅馬字譯の事となると支那學者の新案類を默殺して一言もしない様であるが、チトおかしい話である。支那の諸雜誌上などに妙な見なれぬ羅馬字綴が出てゐるんだから注意してもよかり想に思はれる。ロシアでの支那語羅馬字化の事も誰か一寸新聞に書いてゐたが、これもも少し正確な資料を見てみたい。本書は已出論文の集錄だが末尾に在る編輯者の國語史實撮要と漢字問題論文目錄とは新編らしいが、然もこの二つは本問題の文獻目錄として大變な便益を與へるものだ。これと集中所載の杜子勁の中國新文字問題月譜とを併せ考へると大體の趨勢を理解し得る。因に李氏の撮要の末尾に羅馬字母案の諸文籍目錄が出てゐる。

## 藍山先生略傳

穎川康

「願くば吾精を極め緒を家君に繼ぎ、力を赤城に勠せ、晦菴か嗌を扼し、伊川か勁に跨り、鄭を排し、馬を凌ぎ游夏と情を通し、洙泗の水を激して宇宙の宏なるに滌がん」藍山先生は平生自らかく稱して居られ、分陰を惜しみ六經の編を絶て九流の頤を探り、賦は班張に逼り、詩は甫白に參り、篠崎南豐先生をして余未だ中山氏僑梓之盛なるを歎ぜずんばあらずと慕はしめた人であります。

城山先生始て帷を高松の府に下されし時、士驊先生僅に十余歳、其の庭に趨るを觀るに詩を誦する事精敏、禮を問ふ事亹々、年已に十有五にして夫子に代り縫帳に端座し塾政を料理せられたのであります。

先生の令聞日と共に愈々揚り西より東より東脩匭に委する旦となく暮となく、門戸市を成し應接に遑なく文業益々汜ねかりし爲、時人之を號して藍山先生と申しました、夫れ巨藍山は四國の中央に在りて特に秀つを以て號と爲したのでありまして、父君城山先生は藍山先生を愛し「我父祖の志を繼ぎ道を修むるを以て意と爲し、德を崇うし義に渉り敢て逸豫せず敢て遊戲せず、然るに擧世混濁我を容れず徒に陋巷に轗軻し厄窮を守れり、吾汝をして世情を踈て我が志を成さしめん」と望まれ其友人三島先生に「一見ありて好て讀書す或は能く吾業を世々にせん邪」と申されて居りました。

先生に十二の時勢廟に謁する便、浪華の執友梅花書屋の諸賢を訪ねられ、更に二十四にして京師に遊び、古論を泉涌寺に講し、南華を醍醐山に説きました時、二山の諸貴苾蒭之を稱して魯に君子者なくんば焉ぞ斯を取らんと感ぜしめられたのであります、又刺を荆山青陵に通し詩賦を以て交歡せられました、已にして歸るゝ日、弟子益々進み其の始めて來る者は則別に考夫子の有る事を知らずる程の有様でありました、然るに皇天祺降さす此君に齡を借す事なく、文化十二年五月二十七日二十七歳を以て之を樓に召したしであります。

城山先生は之を悲むの餘り「汝束髮二十年學術を梁懸に勵み、孝順を色難に勤め、日を遊戲に曠せず寒暑帙を廢せず噫我に淫行なく汝に淫行なく而して天の之に禍する者は何ぞ邪」と歎げかれました、そして南豐先生は東畝先生の訃を報せられしを讀むや驚いて哭し遂に涙を揮て事道通すれば折に非らず嗣あれば絶に非ず嗚呼藍山此穴に安よ」と申され、門人は元より曾て城山先生の門を叩いた、東は遠江に逮び西は豐邦に至る、東西二千里南北海の彊を極むる所の人達及び、城中の賢士大夫も知ると知らざるとを問はず聞く者皆之を惜んだと云ふ事であります。

先生平生多言を好まず妄に人を悅ばしめず名節を砥勵して唯教育のみを樂みとせられ、著書又數多ありましたが二十三の時、是を造化に得て造化に歸すと自ら悉く文を祝融氏に與へられ、今は僅に故紙中より得た遺稿四卷を殘すのみであります。

先生の墓は横堰先塋の靈域にありますが其地幽仄なるを以て。碑を城外祥福寺田宇殿の側に建れられてあります。

我東畡先生は文案の前に育する事七年、起居行止輿に隨ひて筵に陪し、兄の如く弟の如く爰に慕ひ爰に憐むとて、

天祿云に窮る三九の春、一聲の蒿里神を消せんと欲す、文は輝く東壁圖書之府、形は化す北邙松柏の塵、深く愧ず招魂辭屬し回きを、且つ哀む墮涙碣成ること新なるを、徒然たり七寶宮中の兎、夜々空牀藥を搗き臻る。

と胸中の依戀を吐き、哀情を其の靈に訴へられて居ます。

## 會員消息

秋吉玄圃氏。第十九回大阪美術展に入選。氏は竹圃門下の俊才、同展には屢々入選せられ居り昨年人、例年泊園書院釋奠の日席上に彩毫を揮ひその妙手を囑望せられつゝあり。

多田貞一氏。兵庫縣立第三神戸中學校教諭に就任せらる。

織田九郎氏。大阪市住吉區昭和町東四丁目貳拾へ新築移轉。

本條平太郎氏。父の遺業を繼承し紙商を營まる。折角勉强せられたし。

櫻井雲洞氏成文書會。同會抽籤會は四月九日盛大裡に終る、尚同會は締切後の申込にも應ずる由

大西虎造氏。三月中旬逝去の報來る。故右田三吉氏の寫眞及遺稿數篇編輯部へ登附せられたり、次號に掲載の豫定。

會員諸君の住所移轉の節は御手數乍ら消息ありたし

故鎌田衡氏の「康樂莊記」の稿本又は寫を御所持せら[illegible]

竹圃門下の俊才、同展には屢々入選せられ居り昨年の帝展にも入選せられたりと。矢野香蘭孃。も同展に入選。君は未だ笄年の麗

織田九郎氏。大阪市住吉區昭和町東四丁目貳拾九番地に轉任。木村敬二郎氏。大阪市住吉區阪南町西一丁目三五

## 梁貞端公（一）

石濱大壺

過ぐる日「桂林梁先生遺書」と云ふ新刊書を書肆の店頭で見かけた。その梁先生がどんな人であるかは全く知らなかつたのであるが編纂者の梁漱溟先生は嘗て北京大學教授として「印度哲學概論」や「東西文化及其哲學」と云ふ著書を以て世に知られた學者であるし、又卷頭の梁任公の手簡を見ると「先生殉節」と云ふ字が目に着いたので、是は如何なる人だらうと思ひ之を購ひ歸つた。歸つて之を披閲してこの梁貞端公其人は數少い清朝節義の士の一人であるを始めて知つた。そこで亟かにその傳略を紹介しやうと思ふのである。

梁貞端公は名は濟、字は巨川一字は孟匡、廣西桂林の人。その先祖は元の也先帖木耳に出づと云ふ。曾祖垕の時始めて桂林に遷つた。祖寶書は道光甲午の擧人、庚子の進士で諸方の知縣に歷任して治績があつた。有清二百餘年中に循吏二人を數へるが、彼がその一人だと稱せられた。後適化直隷州知州であつたが上官に近つて罷め去り再び出でなかつた。父承先は道光己酉の擧人、山西に宦してゐた時捻匪の寇を防いでゐたが病氣にかかり任に死んだ。時に貞端公僅に九歲。以後數年貧苦の間にあつて母の劉氏は他の少年子弟に授業して入る所を以て公を學ばしめた。二十歲には自分の書を學んだ願學堂義塾の教師となり、二十七歲順天鄕試に擧げらるゝに至り、三十三歲には李文田に知られてその學幕に入つた日清戰爭の際に孫毓汶に書を上つて時事を論じ、終に孫公の記室となつた。

## 通鑑に見ゆる語（一）

岡本勝

或人の説に古來資治通鑑が讀めると言へば其人は最早漢學に於ては餘程出來る人で有ると其理由を尋ねて見ると曰く其れは通鑑より難かしいものは外に澤山有るが何れも和刻物には訓點を施してゐるから探り〳〵でも讀める處が通鑑には訓點が無いから大分素養の有る人で無ければ讀まれないのだと云ふ。成る程さうかも知れない。小生未だ泊園書院在學當時。夫子は是から資治通鑑を讀んで見よ。可なり得る所が有るから。幸ひ本院の書庫に藏してゐる紙魚退治にも成るからと。然るに遂に得讀まなかつた。其後天師に奉職した時學校所藏の通鑑を拜惜して讀みかけた。此の本は伊勢藤堂藩印刻の黑表紙大本で泉州岸和田岡部侯の寄贈に係るもので有る。處が未だ讀むこと三十冊位にして轉勤したので遂に果さなかつた。上京以來も矢張り何とかしてと考へ其書物をも捜して居た。幸ひ程なく見出したので少しく高價では有つたが購入した。其の本は園林文庫と朱印した黃表紙の大木で立派なもので殆ど新しいものと言うて差支無い程のものである。聞く所に依れば初め藤堂侯に於て製本發行した時黑表紙のものは諸藩に配布貽呈し一般民間の希望者には時の價を以て之を賣捌くことにし其仕立ても黃色の表紙を使用して貽呈本とは區別したとの事である乃ち前の天師の黑表紙は貽呈本で余の購入した物は後のものである。園林文庫とは京都本願寺の文庫だとの事で有るが多くの僧侶達に讀まれて有るのかと見れば處々讀んだ形迹は見えるが殆ど八分通りは未だ讀んで無い。紙も汚れては無いが表紙に折目も無い。無論讀んで無い證據で實に讀み乍らも感じが好かつた。余は今度は一つ最後の一枚迄讀み畢つてやらうとの決心を以て時月を惜まず日曜休日朝に夕に勤めある身の餘暇を費して讀出した昭和六年正月二日の試讀よりして、翌七年四月二十九日天長節の午後四時頃遂に讀み上げた。實に一年有半十六閲月四百八十四日掛かつたのである。扨て讀上げて見て何か得る所が有つたかと云ふに。言はずもがな夫子の讀めと仰せられた事に贅言は毛頭無い筈。人にも由ることでは有るが余等如き淺學固陋の者には隨分有益であつた。同窓の方で未だの士には必讀せらるゝことを進言する。

啻に物を知る史實を得ると言ふ點からならば最初溫公が通鑑を筆するに方り之が參考參照した史乘が澤山有るで有らうが古來誤謬を多く傳へてゐる彼の國の歷史何れが正しきとも判然しない者の多いのに司馬溫公の公直なる眼識を以て其事實の正否を比較評論して正實なりとする所に從へる點。又其公明なる評論の如き。別けて育英の事に携はつてゐる人には非常なる見識を齎らしむる事にもなると。且又字句用語の考證の一端にも成る事が尠くないとも思はれる。一例を言へば余は曾て史記項羽本紀の一節に於て其項羽の垓下の圍を潰して走る所の文句に於て今日固決死。願爲諸君決戰必三勝之といふ決戰の句に至り私かに疑問を抱いてゐた。といふのは既に決戰して擊破され敗殘の兵僅か二十八騎を提げて潰走してゐる際で有るのに如何に拔山蓋世の勇あり天の亡ぼすにて戰の罪に非ずと傲語しても既に死を覺悟してゐる項羽。勝ち目は何としても無いのに決戰といふ事は言はれない既に決戰して敗れた後でもあるのであるから。と考へて茲に何か誤謬は有りはしないかと色々他の書にも就て調べても見た。八尾板鶴巻板奥田板我が泊園板は固より南京金陵書局の裴駰注の者でも亦同樣で別に之に就て得る所は無かつた。處が通鑑には願爲諸君快戰と成てゐる。之は通鑑を物する時に見た原本にさう成てゐたものか或は故意にかへたのか其點は未た研究して見ないが快戰と成てゐるので是で項羽の精神が能く判つた。決戰では意を成さぬが最後に一つ思ふ存分戰の罪でないといふ所を見せてやらう愉快なる戰ひ振を見せてやらうと言ふので意味が徹底するかと思はれる。即ち通鑑で判つた譯で。心私かに嬉しく思うてゐる

## 南岳先生遺文

跋永田盤舟所藏直入蘭竹譜。

永田盤舟來訪偶半閑淡々及風月時有携此帖來嚮者蘭竹書法頗精盤舟即買之日幸得佳帖試筆于此予亦消閑妙法耳盤舟才敏行敦曾參議府政又管銀行毗勉三十年餘今歳辭職適意從事而托情於翰墨亦美矣伍竹侔蘭眞個謙々有終之爲書帖尾。

大正甲寅晩夏七十三翁南岳

（櫻井雲洞出）

## 淵明の超世生活と酒（一）

茶谷逝水

遠大な抱負を懷きながら、それが實現出來ぬ、時に、普通その人が採る道に二つある。どこまでもその抱負を實現しやうと努力するか、又はその希望は胸に疊んで置いて、我が身ひとり超然生を樂しむか、この中のいづれかである。

虛僞瞞着の俗人輩を濟度しやうとつとめる間は、まだ〳〵世間に對して厚意を持つた反抗であるが、この憤世がやがて失望的反抗となり、厭世とかはつてゆく。高踏生活はこゝに始つて、超世に至つてその極點に達する。超世は卽ち絕望であり、無抵抗である。かくて煩悶も懊惱もすべてが忘れられる。

憤世から厭世へと進んで來た經路は、屈原も陶潛も同じであつたが、只屈原は超世への雲梯から足を辷らして、汨羅の藻屑と消えたのであり、淵明は人間世への執着をば、すばやく振捨てた爲に、かくの如き徹底した隱逸的生活が實行出來たまでゝある。

## 日本現在書目證注稿に就いて（一）

多田貞一

日本古典集刊行會から狩谷棭齋全集第七として日本現在書目證註稿が出てゐる。その解題を見ると此の書は未定稿で有つて其自筆本は燒失したが數種の寫本が殘つて居る。今宮內省圖書寮本に據つて出版するとあるから此の書について論ぜんとするならば是非原本に當るべきであるがそれは一寸困難なる故前記刊行會本によることにする。

山田孝雄先生の日本國見在書目錄解說を見ると棭齋は現博物館本を得て始めて考證を草したことがわかるのであるが、今古典保存會の複製本と刊行會本と比較して見る時次の如き問題が生ずるのである。

## 泊園書院の展墓

恒例の泊園書院の展墓は來る五月七日第一日曜日尙德會講義の後（午前八時）より舍利寺（九時）齡延寺（十一時）の豫定にて擧行す。有志の奮つて參加せられん事を勸む。

## 泊園書院後援會に就いて

別項有聲會席上、石濱先生談の如く泊園書院後援會の氣運猶未だ衰へず、却つて釋奠前後會員の來往繁きにつれて要望の聲は益々昂まり來り遂に具體的運動に移らんとする形勢に至れり、茲に於て四月七日午後石濱、梅見兩先生及び新聞班の洗毫子等集り凝議する處あり、即ち來る五月二十一日第三日曜日に愈よ創立委員會を開く事に決し其の準備に着手せり。

## 道明寺の釋奠會

道明寺の釋奠會は例年の如く來る五月十四日（第二日曜日）午前十時より道明寺村土神社（道明寺天神）に於て擧行す。本會は故南岳先生の首唱に由るもの、有志の參會を望む。會費參圓。

盛大裡に終る、尙同會は締切後の申込にも應ずる由希望者は大阪市東區味原町六一櫻井方成文書會へ照會せられたし。

故鎌田衡氏の「康樂莊記」の稿本又は寫を御所持せらる、方は乍恐縮編輯部迄御報下さい。

正誤。前號笠井氏の詩中想報は訃報に就き訂正。

## ◆泊園文藝

次送藤澤成太君入營詩韻博一粲　　盤山　渡邊元

呈藤澤君。癸酉二月二日卒賦

邦家方是事端滋。赴義何論弟與師。
桑孤蓬矢非虛祝。好執神戈酬盛時。

奉送故黃鵠先生令嗣成太君爲陸軍幹部候補生入第三十七聯隊。　　神田　豊城

悠久三千史上年。深仁厚澤戴皇天。
尊王儒業世承偉。報國丹心百錬堅。
唯有鴻毛臨大節。更無身命比全甎。
雄魂夜々營中夢。東亞西歐何處邊。

追悼岡島君。　　眞野　夢蝶

篤行至誠常勸人。能收能施只安仁。
灑南公子遠今去。白水青山空送春。

讀鼇山先生遺稿　　的場信太郎

奇才推七步。言志幾篇詩。
紹述信洙泗。令名四海馳。

### 思無邪疊韻集（一）　　木州　植野德

大正甲寅春予遊大磯高麗園。園即紀州德川侯之墅也。予賦七律一篇。以似晩香菊池武貞。其首句有思無邪三字。晩香次韻酬予。爾來唱和數年。疊至三百有餘篇。語云詩三百。一言以蔽之。曰思無邪。顧視我詩。險韻重疊。殆無足觀者。雖然。至誠一貫。其思無邪者則有之歟。是所以題此集也。

一、甲寅早春遊高麗園

清遊半日思無邪。食有魚兮出有車。
高麗山南山北雨。大磯驛後驛前家。
五侯亭榭叢邱起。七島雲煙遮眼遐。
乃識春光分外暖。東風滿地落梅花。

二、酬菊池晩香

忍聽囂々爭正邪。國防或恐隻輪車。
清斐忽落武人手。高節遠傳儒者家。
十世君恩覃草莽。萬年皇化遍荒遐。
夜來數朶瓶梅發。和什新添錦上花。

三、記感酬晩香

炳乎天道不容邪。昨聽貪夫投檻車。
議政誰爲憂國士。談詩何限讀書家。
春風秋雨鷗盟少。亞水歐山鴻爪遐。
萬里遊蹤如一夢。英京江月佛京花。

四、已未一月雪中杜陵寄晩香

杜陵地靜足閑邪。皎潔不容塵俗車。
白玉山河銀葉樹。黃金國土水晶家。
天堂既盡荘嚴美。荒服何煩驪旅遐。
聞道帝京還有雪。雪中定見早梅花。

五、詠時事酬晩香寒水斥寒因用

大亂纔平正勝邪。忻聞寰宇戢兵車。
空中爭覇翔千里。國際聯盟成一家。
戰跡無聲萊水寂。遊蹤有恨佛京遐。
報君北地春來晩。五月杜陵初看花。

六、過激思想

厥言過激厥心邪。旣覆前車又後車。
一簇黨民爭奪國。萬乘天子遁無家。
思潮易徙臂郵速。邦境難恬海嶽遐。
敎化種來忠孝德。神州永樂泰平花。

七、謝晩香問寒疾

掉舌講筵期破邪。客中爲客托舟車。
正論聊欲報皇國。詩債何圖督我家。
朔北雲山仙路近。奧東雪海孵濤遐。
謝君四馬免寒疾。磊落猶能比玉花。

八、謝晩香寄書畫百詠（諳江箕島共木國之地名）

百篇一斗好驅邪。遠寄清吟託火車。
書閣書林新小水。諳江箕島舊名家。
詩盟不許嘲輕薄。藻友何須問邇遐。
正是斯文淵落日。羨君煥發擅才花。

九、正邪展轉

正不正兮邪不邪。正邪展轉似飜車。
莫將暴濤呑秦帝。誰策治安扶漢家。
閱史乃知殷鑒近。比隣何啻禹邦遐。
盛衰起仆君休怪。未見人間萬歲花。

十、杜陵客中寄晩香

疊韻十篇心絶邪。欲誇錦繡滿書車。
窓前殘雪過林路。澗底輕煙燒炭家。
瘦馬未驚騏驥迅。飛鴻豈厭海山遐。
何時陪得先生後。飽賦東臯燦爛花。

### 遊雨溪記（一）　　笠井　雪窓

柳河東坐王叔文黨執政事。貶永州司馬。愛其山水。官餘。朝出而暮歸。其所作八記。爲古今之名文。而所記之景。亦稱爲絶勝也。吾求之于我國久矣。而未得。豐之耶馬溪。我未遊。曾遊豪溪焉。備人謂之勝耶馬溪。而其景無變化。境亦不廣。未足以飽余之心也。況其他乎。辛未五月晦。華山勸余遊于赤目。赤目在伊州。里餘溪谷。莫一不如八記所記者。余心飽意滿。唯恨余文之不及柳河東而已。華山余三男。學獨法於關西大學。爲法學士。以警部補解褐於北海道廳警察本部。後入於大阪軌道株式會社。爲秘書係。曾遊于此。此日。實爲余東道之主人矣。蓐食出家。搭參急電車。客榻極良。而設喫烟器於車壁。殊適余意焉。偶有一少年。來販新聞。華山求朝日。置其一葉於余前。余先把蝴蝶。烟其一枚。凭楊欄。稍伸兩脚。體胖心廣。而后手之。看減俸問題。一葉未終。電車已走國分鐵橋。乃移目車外。二上山來迫車窓。烟嵐染衣。畝傍香久山之青未了。已至赤目口驛。乃出。有自動車。車掌來請乘。不知我有濟勝之具也。不顧而去。過瀧川村衙。衙庭有忠魂碑。碑面字係田中義一中將筆。大正八年建。一水自左來。曰瀧川。赤目下流也。有橋架焉。曰風呂屋橋。名甚俗。橋左有石筍。曰。從是至赤目三十有五町。其上鐫梵字。古雅可愛。聞泝川百餘步有木戸口金岡歸二潭。然前途有大牢之饗。小肴何足汚我口。過橋。路漸上。行半里。復沿川。渡黃龍橋。入茶店。少憩。適有少女。齡十八九歲。出自動車。來買絲。待余出。尾而來。逆旅瀧家之女云。見華山所攜之饗與行厨。欲持之。請再而不許。無幾至瀧家前。請預焉。約歸途而去。有大仙閣。亦逆旅也。過其前十有餘步。而路右。嘗伴香雨而來也。由之。數步有寺。曰延壽院。有菩提樓。三株纒繞爲一。其痕歷々可觀。亦奇樹也。其大二圍。相去一步有半。有石燈。因其形。曰竹節石燈。刻德治二年十一月七字。在六百二十餘年前。鎌倉期之物也。大正五年八月定爲國寶。所祀赤目不動王。智證大師之所刻。其目赤。因對他目黑目白云爾。傳爲三佛之一。其右有行者像。本在妙法山上。堂宇朽壞。因移于此云。」

### 泊園書院の釋奠

泊園書院の釋奠は恒例により四月三日午後一時より擧行せられたり。祭典例の如くにして黃坡先生の講經あり、終りて樓上の揮毫、圍棋、喫茶等の諸席に半日を優遊せり。此日花曇りの空は風も暖く。參拜者極めて多かりき。

### 本誌後援寄附金收受報告（泊園同窓會）

一、金拾圓也　　宮崎東明氏

泊園誌編輯中讀弘道新說
忙裏偸閑處。誦書尋舊盟。
怡懷詩句外、領得世間情。

### 洗毫

論文、漢詩、和歌、俳句、等を募る
題、隨意（字體明瞭、二十字詰に限る）
（送附先、泊園書院内編輯部宛）

## 日課表

| | 月 | 火 | 水 | 木 | 金 | 土 | 日 |
|---|---|---|---|---|---|---|---|
| 午前六時 七時 | 春秋左氏傳 | 韓非子 | 春秋左氏傳 | 韓非子 | 春秋左氏傳 | 唐詩選 | 第一、第三、午前七時ヨリ 詩經 |
| 午前九時 十時 | | 日本外史 詠物詩選 | | 日本外史 詠物詩選 | | 日本外史第二 詠物詩選第四 | |
| 午後三時 五時 | | 世說 唐詩選 | | 世說 唐史選 | | | |
| 午後七時 九時 | | 十八史略 | | 十八史略 | 王觀堂文選 說文（石濱先生） | 十八史略 | |

每月一日・祭日　第二第四第五日曜　休講（早朝の時間及第一第三日曜の講義は參聽隨意）

### 泊園同窓會幹事

篠田栗夫
梅見春吉

### 編輯同人

大阪市住吉區山坂町三丁目
松原住宅第百五十戸　梅見春吉
兵庫縣武庫郡御影町字瀧ヶ鼻　多田貞一
大阪市南區千年町二一　本條平太郎
大阪市南區大寶寺町仲之町　的場信太郎

有聲會新年會　一月二十九日午後七時より泊園書院にて催す。出席者、黃坡先生以下十八名席上石濱先生の「泊園書院の將來を慮り、泊園後援會を纏め……に着手する場合それが達成が爲には諸君も大いに働いてもらいたい、須らくかゝる事業には全院一致で活動せねばならないではないか」とのお話しがあり……慨する人もあり十一時快哉裡に閉會

有聲會員朝吟（三月十六日）　村田三千穗
蘭の花あまたならひしそのなかに……

有聲會春季運動會豫告　五月七日第一日曜日
泊園書院展墓の後を承けて擧行。洛南方面へ清遊をこゝろみ宇治川のせゝらぎに俗塵を洗ふと云ふ。會……

# 泊園

一金[illegible]圓也　田中[illegible]市氏
一金五　圓也　岩崎清一氏
一金貳　圓也　鷲田又兵衛氏

號には「有子曰其爲人也、孝弟而好犯上者鮮矣」の章を全部講義していただきます。

◆毎號誤字をたくさん出して、諸先生や讀者

◆一萬事皆滿足し易し、惟讀書は終身盡くるなし。人何ぞ足るを知らざるの一念を以てこれを書に加へざる」◆と古人は申して居られ

得る丈忠實にそれを誌上に紹介して斯道の爲に盡したいと念願して居るのです。

昭和八年六月二十日印刷（隔月一回一日發行）
昭和八年七月一日發行―（非賣品）―
廣告料　一行　金五拾錢
編輯兼發行人　大阪市西區新町南通五丁目　梅見春吉
印刷所　大阪市南區竹屋町九（泊園書院内）　林泰進堂印刷所
發行所　泊園誌社
振替大阪一三八三九番（泊園書院）

## 釋奠講經

黄坡先生述　於土師神社

**君子博學二於文一。約レ之以レ禮。亦可二以弗一レ畔矣夫。**

此は論語の雍也篇にありまする所の、孔子の御言葉であります。或は「君子」の二字が無い書もありますが其方がよい様に思はれます。即ち彙纂では敎學の部に收めてあります。即ち「**君子、博く文を學んで之を約するに禮を以てせば、また以てそむかざるべきか**」と讀みまして、學問の大概を語られた章であります。

「**文**」は仁齋先生が先王の遺文と說かれて居りまして道を載せてある所の書物をいふのでありまする。先王の道は廣大なものでありますから、充分博く學ぶことをせねば之を悟り知ることが出來ませぬ。約とは之をつゞめる意味で、丁度博の反對になる言葉であります、即ち學ぶ所の書物は博くなければならぬが、其つゞまりをまとめるには必ず禮によるといふ風にすれば、正しい道に違はぬであらうといふ語意であります。伊藤仁齋が此章を解しまして、下の如くいふて居られますのが最も親切であると思ひますから、こゝに一應御紹介を致しませう。

「此れ孔門の學問の方法である、蓋し、博く文を學ぶなれば、識が古今に達して、事も稽へる所がある、之を約するに禮を以てすれば、身は規矩に由つて、動作が遵ふ所がある、皆な法を取るのがあるから、道に畔かぬことが出來る、夫れ世の道を語る人が、自分には至言だと思うて居て、實は詖淫邪遁（孟子に詖淫邪遁などとあるをさす）の流たるを免れない、自ら妙道と思うても實は風を捕へ影を捉ふるの病あるを免れないこれ皆、博文約禮の工夫がなくつて徒らに己の心を師とするからである、故に聖人は人に敎へるに博文約禮を以て學問の定法とすることを以てせられたのである」といつて居られます。この說がよく說かれてある樣に考へられます。

猶私はこゝに「禮」といふものについて少しく述べさして頂かうと思ふのでありまして古に「**禮は上下の紀、天地の經緯なりと**」說いてあり、又、管子にも國に四維ありとて其第一に禮を擧げてありまして、國家のしめくゝり、大綱となるものであります、同じ管子の中に「上下に義あり、貴賤に分あり、長幼に等あり、貧富に度あり、凡そ此の八の者は禮の經なり」とあります、即ち上下の分を定め貴賤尊卑の等を立てゝ秩序を亂らぬ樣にすることが禮の根本の成り立ちでありまして、國家社會の萬般の制度取りしまりといふものは皆この禮に本づいて定められるものであります、そこで周禮には「以て邦國を和し以て百官を統べ、以て萬民を諧らぐ」といひ、禮記には「天地の序なり」といつてありまして、一體に人が集まつて一團體を形づくりますれば、皆の者が一樣の者といふわけには行かぬのでありまして、大小、强弱、長幼賢愚、男女なぞと、種々雜多であります、また其力に應じて爲る仕事も異つて參り、謂ふ所の心を勞する人、力を勞する人といふ樣な區別も出來て參り、また職業もそれぞれと分業となり、難かしいこと易いこと色々と分れて參ります、此の種々雜多の者が集つて一つの團體を作りまする際に、其間に**何等の不平も怨嗟もなく互に和合して大同團結**をいたしまするのは、つまり其等の者の各々の立ち場と價値とを互に知り會ふて行くことが必要であります。こゝに優劣、上下、貴賤が生ずるのであります。これ等の統制を立てゝゆくに必要なものが即ち禮であります、今一部の人々の唱へまする樣に、單に平等とか對等とかいふことで以て凡ての人を視やうとするのは、自然の樣に見へて却て最も不自然なものと思はれます。

又、此の禮に就ては之を行ひまするに、敬と讓とを精神と致さねばなりません。左傳に「**禮は國の幹なり、敬は禮の輿なり**」といふ語があります、敬の心があつて禮が行はれるのであります。先方に對して尊敬の心を運ぶのでなければ禮が形式に流れて仕舞ひます。また一には讓るといふ、己を推して人に讓ることが必要であります。我の取つてよいものだから之を取るといふことは當然の事の樣でありますが、更に左樣でなく之を先づ人に推し讓るこれがまた一段と大切であります、こゝに和諧といふ事が出來て參ります。左傳に晏子の語に「讓は之を懿德といふ。凡そ血氣あるものは皆、爭心あり、故に利は强ゆべからず、義を思ふを愈れりとなす、義は利の本なり利を蘊めば孽を生ず」といふのでありまして、凡ての生物は皆爭ふ心があるから、其の爭ひ取るに任かせて居つては、**いつになつても平和はない、故に利を目あてにせずして義理を目あてにせよ**といふのであります、これ等のことが甚だ大切でありまして、敬禮、禮讓、禮義などは即ち社會國家の成り立ちの上に無くてはならぬものであります。

そこで此孔子の御言葉の全體を觀まするならば、博學の君子といへども、其學が此禮儀といふ物につゞまつて來ねば、其學問が或は一般のために不必要なものになつたり、または社會の秩序や和諧といふ點に一致しなかつたりする樣な事になる恐れがある、それでは**學問が何の甲斐もない**ことになりますから、孔子がかく言はれたのであります。醫者が病原菌や毒物の研究を致しましても之は一般の病を癒すのを目的に研究するのでなければ、たゞ研究が出來たといふて何の益もない、まして此毒素や病菌を川上や井の中に流布しては大變であります、學問の蔽といふものを生ぜぬ樣に考へたいものであります。昔傳迪といふ人は廣く書を讀むことをしたが一向にその意味を悟らなかつたから、劉柳といふ人が之を「**書簏**」といふて嘲つたのであります書簏は本箱といふことであります。或はまたたゞく博く書物を讀んでも其要用を知らぬ人を「**兩脚の書厨**」とも名づけた語もあります、學問の奴隷となつて、書厨や書簏といふ樣なことでなく、吾々は學んだ所のものを國家有用のものと致すことに勉めて、孔夫子の此御言葉に畔かぬ樣に致したいと存じます。

微風吹夜雨。獨臥紙窗深。切切敲簷砌。嘈嘈拂竹林。燈前醒世夢。枕上領天音。笑殺柴桑老。無絃尚有琴。

聽雨　藤澤甫

（洗毫子藏）

月輪離樹擧。月影入波流。輪影中間處。邉過一葉舟。

江上月夕　藤澤甫

（洗毫子藏）

### 逍遙遊社一同席上柏梁體聯句

詩落人後未開襟　雲洞
幽莊盡日獨沈吟　有香
薰風拂面坐綠陰　活園
松籟永奏無絃琴　黄圃
更聽嬌喉葉間禽　明山
悟得山中有淸音　渭南
峯巒層々白雲深　東明
蟲々長松綠千尋　黄坡
新蟬聲中夕陽沈　木州
明月團々是此心　雲外

# 漫錄四則（一）

川合孝太郎

## 注䟽家の語法

說文走部[走眞]（走頓也）の段註に、足部曰、蹎、跋也、此與音義同とある、初め此の註の此與は誤倒にて與此であらうと疑ふた、讀んで言部に至り、譒、敷也の段註に又手部播、一曰布也、此與音義同とあるを見た、因てこれは或は段氏一家の語法か知らんと疑ふた、王筠の句讀を讀むに及んで、革部鞹從革郭聲の註に、金部錍郭衣鍼也、此與同意とあり、車部輔（春秋傳曰輔車相依）の註にも、此與相似の語が見ゆる、そこで又是は淸人慣用の語法か知らんと疑ふた、其後周禮の註䟽を讀みしに序官大宰下の胥十有二人の賈䟽に案周官之內稱胥者多、皆是有才智之稱、易歸妹六三以須、註云、須才智之稱、天文有須女、屈原之姉名女須、彼須字此與異者、蓋古有此二字通用、俱得爲有才智也（節錄）とあり、同じく大宰以九職任萬民の鄭註に左傳を引きて文が少し違て居るので、賈䟽に左傳の原文を引き、其の末に、此鄭與文異者、鄭以義增之也とある等往々この用法ある見て、始めて段氏、王氏の語法は唐人の䟽に本づける事を知つたのである、さうしてこの二字は誤倒ではなく、一種唐人の通用語で與此の意味ではなく、此與は彼の意味で與の下に彼の字が藏せられて居る文と看るべきであらう。

猶段註に某當作某、字之誤也と云ふ語が到る處に見ゆるがこれは鄭玄習用の語である。大家の文には右の如く來歷があるので迂濶には看過せられない、次手ながら淸朝の學者は一般に許愼、鄭玄の二人を尊敬して許君、鄭君と呼ぶ習慣になつて居るが、これも賈公彥などが、孔安國を尊んで孔君と呼べる等を學んで居るのである。

## 四八目

說文刀部制の字の段註に、呂刑折民惟刑、四八目引作制、と云ふ語が見へて居る、この四八目は書名らしく見ゆるが、初めはわからなかつた、讀んで頁部顥の字の說解南山四顥の段註に至り、また南山四八目廣韻作商とあるに出會した、餘りに奇拔な名前なので知りたいと思ふたが及ばなかつた、其後ほどへて陶集を閲しに、聖賢群輔錄の標題の下に細字にて一名四八目とあるのを不圖發見して始めて合點したのであつた。

この群補錄は龍威祕書などに採入してあるが分には四八目の一名がない、念の爲に四庫提要を調べしにこの書は後人の僞作にて、陶撰には非ることを、乾隆帝が發見せし由にて數證を擧げて委しく辯じてある。（以下次號）

夢中爲胡蝶。栩々遶籬落。物化渾如此。只要隨分樂。　七十八　南岳

（眞野夢蝶氏藏）

# 淵明の超世生活と酒（二）

茶谷逝水

彼もかつては熱烈豪氣な士であつた。自ら謳つていふ「少時壯且厲、撫劍獨行遊」と。又荊軻を詠じていふ「惜哉劍術疎、奇功遂不成、其人雖已沒、千載有餘情」と。少年時代は意氣悲壯なるものがあつたが、時の風潮がその實現を許さないのを知るや、悲憤慷慨の「日月擲人去、有志不獲騁、感此懷悲悽、終曉不能靜」と叫んでゐる。犀利に汲々たる俗人共を罵つて「狂馳子」といひ、玄學や拂教の盛な時代にあつて、只一身儒教的言動を嚴守して終始した。慧遠とは親交があつても、終にその白蓮社への加入は肯じなかつた。無頓着なやうに見えて、それでなか〳〵の情纏綿たる多感の士であつた。かの「祭程氏妹文」や、「與子儼等疏」を讀めば情愛熱烈人を動かすものがあるからした性格ではあつたが、かの屈原の二の舞は踏まず、浮世の羈絆はスッパリ切斷して廬山下の別天地に、風流を友として世を送つた。

◇

由來獨善生活には意氣軒昂たる所もあるが、一面には孤獨の寂莫がある。之を慰むるものは只自然美と藝術と酒とがあるのみである。彼が自然を無二の伴侶として、古今獨歩の田園詩人であつたことは、誰もが知る所である。又酒はよく百慮を除くものとして、之を喜んだことも有名である。かの飲酒二十首の中の「故人賞我趣、挈壺相與至、班荊坐松下、數斟已復醉、父老雜亂言、觴酌失行次、不覺知有我、安知物爲貴、悠々迷所留、酒中有深味」の如き、彼の面目躍如たるものがある。

◇

宋書陶潛傳に曰く「爲彭澤令、公田悉令吏種秫稻、妻子固請種秔、乃使二頃五十畝種秫、五十畝種秔」と。蓄し彼は酒を作らんが爲に、公田全部に秫を植えようとしたのであるが、妻が反對したので、一部は常食用の秔を植えたのである。

◇

もし人に招かれて酒でも饗せられ、醉へばサッサと歸つて來た。又客を招いて已が先に醉ふことでもあつたならば、曰く「我醉欲眠卿可去」と。その眞率見るべしである。その酒を作りて熟するや、頭上の葛巾をとつて酒を漉し、畢れば又それを着るのであつた。常に醉へば輒ち一張の無絃琴を撫して思をやり時に菊を東籬に採り、悠然南山を望んで得失を忘れ春秋の佳日には、幼を携へて高きに登り、新詩を賦して以てその寂寥を慰めた。後世の詩人、殊に唐の李白や白樂天が酒に浸り、宋の蘇東波や陸放翁が酒を喜んだのも、これらの感化によるのであらう。

◇

責子篇に「雖有五男兒、惣不好紙筆、阿舒已二八懶惰故無匹、阿宣行志學、而不愛文術、雍端年十三不識六與七、通子垂九齡、但念梨與栗、」とあるのを見れば五兒が悉く無能のやうである外祖父孟嘉以來、父祖代々酣飲を好み、かつ常に近親結婚をしてゐるから、之等の影響にでもよるのであらうか。さすがの彼も之には心中淋しいものがあつたであらう。さはいへ酒を除いて彼の生活はなく、酒なくては彼の藝術もないのである。（終）

# 通鑑に見ゆる語（二）

岡本勝

こんなことはホンの一部に過ぎないが其他いろ〳〵得る所が有つた。字句の用法。史實の正否などに於ても。今一つあげて見ると同じく史記列傳二十六刺客傳豫讓の條に於て趙襄子が知伯を怨むるの餘り其の頭に漆し以爲飲器とあるを飲器とは酒器だとか褻器だとか註に種々說明してある。而して吾人は何れが實際なんだか判らない。處が通鑑に依ると獨り知伯のみではない後世南北朝以後歷朝之に類似の事のあるを記してゐるので、知伯の頭も何うしたかといふ事はすぐ悟れた。

以上の樣な事を書き出したら狹き紙面は可惜下らぬ筆で忽ち塞がつて終ふ。依りて其んなことを長たらしく書かないで、此の題目の下に今日我々が使用し又日常紙上なり講演なりで目にし耳にしてゐる語で通鑑に見えてゐるもの數十個を記載し以て記憶を新にして見るつもりである。一人でも成る程と頷いて吳れる人が有れば其れで目的は達する。（尤も日ふ。通鑑に見えるからとて通鑑が最初でないことは明かである。）

◎便殿　行幸御休息の假御殿のことで有るが漢の武帝の條に見え後屢々出て來る。

◎關白　我國では藤原基經が萬事關り白すと言ふのでこの職名が出來たが前漢宣帝の時に見える。

◎寒心　漢元帝の條に見える。

◎蒲萄　今葡萄に作る第三十五卷哀帝の條に在る。

◎黃支國　今交趾に作るが同條に見える

◎納言　當時は大司農の改稱だが王莽の時に見える。此後南北朝陳の文帝の三年にも見える。

◎漏刻　昔の水時計であるが矢張り王莽の時に見える。

◎二科　第三十九卷に見える。但し今日の二科會などの二科ではない。當時は天時人事をさして言ふのである。

◎神器　皇國に於ては傳國の寶器天上天下唯一の重品であるが第四十一卷後漢光武帝の紀にも此の語は見える。

◎物色　同光武帝紀に見ゆ。

◎度外　物事を度外におくなど　同光武の四十二卷に見ゆ

◎爲外戚之學　我が平安朝には各華冑名家は其一族の爲めに勸學院、淳和院奬學院など或は弘法大師の綜藝種智院などと私學校を建てたとあるが唐土には後漢の明帝が外戚の爲に建てたのが初めの樣だ。

◎以夷制夷　は支那歷世通じての外交手段だが後漢明帝の時班超の說く所である。

◎飲酎畢後奏樂　宴會の時樂を奏し舞踊を爲すは我が風俗とのみ思うてゐたが後漢章帝の時嘗ての酒宴に酎を飲み畢りて樂を奏せしめたとある。此時一族の西平王が琴を彈じたとある。

# 泊園書院記事

**道明寺の釋奠會**　は例年の如く五月第二日曜日土師神社（道明寺天神）にて擧行された當日は日和よく若草を吹く風も暖かで參拜

**泊園書院後援會**　に就いて同窓會員中の有志十餘名集合、種々凝議するところあり愈々具體的運動に着手する事に決し、六月中旬

## 會員消息

細田美三郎氏　東京市城東區南砂町三丁目一三五八へ移轉。

**泊園書院の展墓**　は新緑の五月第一日曜日舎利寺。齡延寺の順によつて行はれた。當日は日和よく若草を吹く風も暖かで參拜者もまた多くまことに盛大であつた。

五月第三日曜日

具體的運動に着手する事に決し、六月中旬泊園會も有聲會もそれぞれ有志懇談會を開いた。

三五八へ移轉。

中尾國太郎氏　大阪府豊能郡小曽根村字二軒家へ移轉。



## 梁貞端公（二）

石濱大壺

◇……公は屢々會試に出たが及第せず、四十歳になつて遂に內閣中書に仕官した。是年德宗變法を斷行せんとし、公も變法維新の急務たるを換つて上奏せんとしたが、稿成り未だ上らない內に政局が變轉した。次いで拳匪の亂を經て公は深く國人の愚昧無知を痛み決然民智を開くを以て急とし、姻戚彭翼仲の啓蒙書報の創刊を賛助し、又蒙養學堂を開くと子女を早速入學せしめた。光緒二十九年詔して經濟特科の試驗をする事になつたが、公は徵されても赴かず矢張り內閣の職に供する儘で、後民政部に屬した。其內に彭氏の新報が停止を食ひ彭君は新疆に流されると云ふ始末になつたので、輔助をしてゐた公は官を辭さうとしたが、廳丞朱啓鈐が之を挽いて力めて疏解をしてくれた。

◇……間も無く宣統となり辛亥の八月には武昌に革命が起つた。次子漱溟先生も京津同盟會を組織したりしたので、公は之を戒めて「立憲足以救國，何必革命，倘大勢所在必不可挽，則嚮不望國家從此得一轉機　然吾家累世仕清，謹身以俟天命可已，不可從其後也」と云つてゐたが、遜位の詔が下つた時公は「政權還諸國民，長受國民優禮」の句を讀んで「誠得如此，亦是好事，然來日大難，負荷伊誰」と云つた。民國元年の春となつたが已に決心する所有つて廣西同鄉團拜の際には「死義救俗」の志を以て神明に誓ひ、先賢牌中の父の名の所に在つては「興亡之際當發明正義不敢辱親」と告げた。而して此頃から密々に死後の遺書を書き初めたらしい。

◇……是年北京臨時政府が出來て前の民政部長官趙秉鈞は公を招いて入署せしめた。公は志に非るも時務を論じたる書を上り預め退意を露はして强ひて署に入つたが、政府は官吏加俸ばかり議し、同僚連中唯々祿食を務めるのみなので、愈々加俸の部令が出ると受けずして辭表を呈出し併せて加俸の意見を論じて署へ出ない。趙長官や榮次長が挽き止め勸めるので休暇を貰ひ休暇中の俸給を辭退すると申出た。休暇がすむと又ぞろ辭表を出したが受付られない。公も亦棄て置いて顧みない。翌年二月に彭翼仲が大赦で新疆から還つて來たので又相談して京話日報を出したが、持論袁氏に左袒せぬので發行停止された。三月には國會が開かれたが議長選擧が一月も定まらぬ。公は自分の所懷を國會に訴へようと思つてゐたが此始末なのに大失望を感じた。民國六年張勳復辟の擧を傳聞するや、其事は固り國家に益無く清室には大に利ならずと再三書を送つて之を阻止せんとしたが及ばず、事既に發しゝ諸方から兵を擧げて城下へ迫つて來てからは又書を張に與へて死節を以て相勵した。復辟の敗れて後之に關係した名士大老十數輩一人も命を致し節に殉ずる者が無いのを見て、吾は公等に代つて死に赴かうと感慨自ら勵ました。

◇……七年になつては愈々遺書を急いで十七通を作り上げ、十月十日は華甲の生日に當るから早く子姪等が壽を爲さうとするを許さず十月七日昧爽寓居を出で淨業積水潭に投じて清朝に殉じた。陳寶琛太傅は之を清室に申上げ貞端の謚號を賜はつた。蒙古旗人の吳寶訓字は梓箴は嘗て彭氏を佐けて京話日報を編輯してゐたので公にも因縁深いのだが公の事に感じて後二十日又湖中に投じたのであつた。

◇……林灝深の公の遺書の序に云ふ「噫、范文子之祈死在晋難未作以前，謝疊山之成仁實宋亡十年之後，古之貞臣義士志決身殲固不在時之先後也，公之言曰，吾之死爲殉清，抑不僅在殉清，實痛乎織湇者不行仁政以及民，重負夫有清遜位之美也，蓋公於家國之隱痛，綱常名教之大防，與夫小民之疾苦呼籲，七年之中無日不往來於胸中　而低徊審愼卒不能不出於一死，以促當世之一悟也，其心重可哀已」と云ふ。

◇……因に桂林梁先生遺書四冊，上海商務印書館の印行にかゝるその目は左の如し。

**巻首**　公遺像　梁任公復梁漱溟書　年譜　遺書叙目
**遺書之一**　遺筆彙存一卷
**遺書之二**　感劬山房日記節鈔一卷
**遺書之三**　侍疾日記一卷
**遺書之四**　辛壬類稿上下卷
**遺書之五**　伏卵錄一卷
**遺書之六**　別竹辭花記一卷

◇……一は公が書き遺して己の志を明にし且は後人を勗めたるもの十五通を影印せるもの、二は少壯時の日記で大抵修己勵學之語，三は公の先妣劉恭人の疾に侍したる時の日記で劉氏の苦節訓化を詳述せるもの、四は上卷は清末に奏疏に代へんとした未竟の稿，下卷は民國初に屢々上れる內務部の辭表，五は晩年の札記心血の在る所，六は誌永訣之作，顧念平生，遺憾百端，留戀故園，詠言排惻なるもの。

（豫告）次號より多田君が桂林梁先生遺書を譯載されます

## 南岳先生遺文

### 題高松君所藏印譜

浪華市人嗜文雅耽韻事者頗多世
人推蒹葭堂巽齊爲之冠余則以爲
不及余友舫洲翁舫洲嘗謂余曰家
破族滅何讀書之爲何韻事之有蓋
其家法之美子孫承之淵源唯在節
一字一字之訣能使不驕泰余閱此
譜思其源識以表美云　明庚戌啓蟄前五日南岳

（櫻井雲洞錄出）

## 鼇山先生詩鈔（承前）

穎川康

竊聞　籌臺轉任羽林次將喜賦

夙聽使君治最名。務敷教化愛蒼生。
仁風共慕表宏扇。義里深聽紀伯爭。
政德終來紫泥詔。錦衣坐領赤墀兵。
明時弃物吾儕事。猶喜簞瓢樂太平。

寄南豊儒宗

乾坤歲晩暮光浮。渭北江東雲樹悠。
御李無緣居龍枝。瞻韓殊切謫仙眸。
南山霧密藏文豹。北海波高怒掣虬。
何日共傾一樽酒。悲歌擊筑解幽愁。

## 日本現在書目證注稿に就いて（二）

多田貞一

一、兩書に於て書名の並べ方が異つて居る所が相當にある。

二、梜齋證注稿にあつて博物館本になきもの即ち次の五本は何を意味するか。

イ、切韻五卷（慮思道撰）刊行會本八十三頁にあり、保存會本十三枚表にあるべき筈のもの
ロ、書林五卷　前者の八十五頁にあり、後者の十四枚裏にあるべきもの
ハ、閫外春秋三卷（冷泉院本十卷）前者の九十七頁にあり、後者の十六枚裏にあるべきもの
ニ、天文要集三卷、前者の百八十二頁にあり後者の三十一枚表にあるべきもの
ホ、中書集、前者の二百四十四頁にあり、後者の四十三枚裏にあるべきもの

三、證注稿に原文誤るとあつて共實誤らざるもの

イ、大唐起居注三卷（溫大雅撰）。原大作文、前者百九頁，後者十八枚表
ロ、彈棊法一卷○原彈作槫，前者百八十頁、後者三十枚裏
ハ、柳顧言集十卷の原顧作願，前者二百五十一頁，後者四十四枚表
ニ、韋承慶集一卷○原承慶作永慶前者二百五十三頁，後者四十四枚表

その他まだ二三不審の所があるが、以上三點によつて梜齋が據つた本は今の博物館本以外のものであつたのではないかと疑はれる、もつとも博物館本に梜齋の黒印があるのだからこれは確であらうが，或は異本を參照したとでも爲なければ以上の問題の解決が困難であると思はれる暫く疑ひを設けて後考を待たむ。

## 泊園文藝

萬草園　眞野夢蝶

屋後榮爲萬草園。春秋花㖟氣分溫。
家庭自滿與君樂。是又毋忘宇宙恩。

政界退隱　佐藤馬之丞

就荒三逕菊猶存。子女歡迎日涉園。
政客不來書院靜。優遊自適亦君恩。

和韻　細田半畝

舊盟唯賴有君存。夜雨何時話泊園。
僂指幽明二三子。難忘友益與師恩。

細江神社祭素盞男命、附近七村所崇敬也　同人

千年老樹蔚森々。靈境教人自肅襟。
不怪七郷美風俗。由來神德化民深。

初山與僧話 初山化僧獨湛所創也　同人

初山聞已熟。今日訪岩扉。
寂境風光古。清談到落暉。

癸酉二月訪古川學士于紫野大德寺大仙院學士殷懃款待清娯半日歸後賦贈言謝。　神田豊城

洛北禪林古。法燈六百年。幽庭瘦奇石。
畫障澹風煙。殘雪春猶冷。清談人欲仙。
一甌茶味外。齋食別方傳。

竹醉日　堤錦江

我居無竹俗情紆。此君一日不可無。
子猷子瞻雖異代。虛心高節相許乎。
數竿移種近練關。分得渭濱綠千畝。
午陰瀟洒無一塵。倚欄相對且坐久。
清風灑颯玉琮琤。赤日行天暑不受。
憑君憶到篔簹谷。只畫凝神文太守。

哭大西虎造君　渡邊盤山

五十年前爾汝深。目留清貌耳清音。
青山欲薦雲山遠。獨對庭梅淚滿襟。

### 思無邪疊韻集（二）　植野木州

十一、己未二月弘前途上寄菊池晩香

却愛田夫意不邪。笑談同搭火輪車。
漸臨北海蝦夷國。益隔東京儒士家。
退陣非依兵力寡。邊機偏爲客程遐。
弘城未認山河翠。一望皚々六出花。

十二、曾到瑯邪寄晩香

想曾泛海到瑯邪。西過沙河僦小車。
庠序幾村殘孔廟。軍營數夜宿張家。
取之還主名誠正。救彼無人道尙遐。
齊魯何時能一變。憑君移植本邦花。

故右田三吉翁は晡洲と號す、島根縣石見に於ける唯一の泊園門下の人、資性溫厚、師門に篤く、友情に深かりき、殊に同門の俵氏の爲には始終後援を吝まず俵氏の商工大臣に任ぜらるゝや喜び禁ぜず「曩昔東畡先生の門下に陸奥宗光伯、松岡康毅男の大臣に任ぜられたるあり、南岳先生にして御在世ならんには嘸御喜び召さるべきに云々」と知友に書を寄せて感激せられたるを以てもその一斑を知るべし。

昨年九月十六日、七十八歲を以て永眠せらる。

遺稿

長門峽

曲曲溪山烟霧開。吟筇徐度碧崔嵬。
澄潭一面明於鏡。倒蘸青巒翠壁來。

村居

時節已逢春。村居誰共親。山邊煙欲抹。
隄上草初勻。雨過花香滋。風掀鳥語新。
乾坤生氣動。不似我詩陳。

呈南岳先生

廿年記得迓吾師。正是山陰秋半時。
輿上溫容猶在眼。石州名勝永留詩。
幽溪去訪斷魚水。仙跡試探歌聖祠。
一夢依然今若故。入門空剩鬢邊絲。

十三、酬晩香

高唱清酬拂萬邪。追隨唐代白元車。
一生事業只憂國。千里征行不顧家。
武道誰云於我劣。詞才自識距君遐。
春風漸遍酬詩戰。二十四番爭發花。

十四、杜陵寄晩香

唯厭世間爭正邪。敢張詞陣進吟車。
邊陲未獲談詩友。京洛猶存乞斧家。
奥北曉暾峰影白。紀南春信夢魂遐。
東風促我歸心切。欲訪明光浦上花。

十五、三滅邪　青石關在舊平城北

手執干戈三滅邪。壯齡投筆事戎車。
肉生髀裏强乘馬。霜冒鬢邊猶去家。
長白山頭秋月冷。大遼河畔暮雲遐。
記曾青石關南路。詠罷梅花賦柳花。

十六、詩戰酬晩香　晩香住東京牛込

接踵逼來何急邪。敗潰不暇喚吾車。
月傍馬隊武夫劍。風叩牛門處士家。
呵筆成章天漸暗。曳兵欲走路殊遐。
倚揮餘勇支追擊。一朶清香籬上花。

### 遊雨溪記（二）　笠井雪窓

據口碑之所傳、行者之未入金峰山也。先選此山。以爲修行之處。日日攀緣。踞虎豹。登蚪龍。以倚其巓。乃蹈白雲。以窮山又山。而后還浴於潭。潭水寒冷。徹骨沁腸。以拂意馬。以去心猿焉。如是幾年月。不動明王感而現其姿。所騎之牛。其目赤如火。乃自刻其像。創此院以安焉。後嫌山之不深而去。自此山稱赤目。又曰舊山上。按。此說與院記所言不一。按舊記曰。行者姓役名小角。和州茅原人。其在葛城山也。憂其距金峰遠。乃役山神。架石橋。山神厭醜而夜爲之。小角怒叱之。一神羞其容之醜陋而不聽。乃縛而投之於谷。神見於帝夢。曰。余護皇家之神也。而小角縛余。彼有不臣之志。不早誅。則悔不及矣。帝遣吏捕之。小角皷躍身在于空中。吏不能從也。乃縛其母而示之。卽下來。其在配所也。閉戶不出。而夜則踏波。東遊西遨。遠抵震旦天竺。夫葛金兩峯。較之日與竺。則其相去億之一耳。一躍可以超。何架石橋之用。傳說之矛盾。槪如此。豈獨赤目不動乎哉。況人心與月移。與年變。赤目之說。不足以動天下也。一曰。此溪多瀑布。而其飛沫水聲如雨。因曰雨瀑。石筍今尙有刻阿女乃太幾者。據此說。雨與赤目。和語一聲之轉也已。安保無雨之轉赤目。以生此奇說乎。於是乎。余取此說。定爲雨溪矣。」夫耶馬溪譯山國川耳。而其名遂馳乎天下。余也一窮措大。固無山陽之筆與名。然安知無他日亦引天下之文人墨客。遠來遊於此境。遂與馬溪爭覇之時也哉。馬溪我未遊。然因山陽之所記而較之。彼奇在溪上之山。而此在山下之溪。二者各有所長。未必彼兄而此弟也。

（以下次號）

### 日課表

| | 月 | 火 | 水 | 木 | 金 | 土 | 日 |
|---|---|---|---|---|---|---|---|
| 午前六時七時 | 春秋左氏傳 | 韓非子 | 春秋左氏傳 | 韓非子 | 春秋左氏傳 | 唐詩選 | 第一、第三、午前七時ヨリ 詩經 |
| 午前九時十時 | | 日本外史 詠物詩選 | | 日本外史 詠物詩選 | | 日本外史第二 詠物詩選第四 | |
| 午後三時五時 | | 世說 古詩讀本 | | 世說 古詩讀本 | | | |
| 午後七時九時 | | 十八史略 | | 十八史略 | 王觀堂文選 說文（石濱先生） | 十八史略 | |

每月一日・祭日 第二第四日曜 休講（早朝の時間及第一第三日曜の講義は參聽隨意）

泊園同窓會幹事
篠田栗夫
梅見春吉

編輯同人
大阪市住吉區山阪町三丁目松原住宅第百五十戸 梅見春吉
兵庫縣武庫郡御影町字瀧ヶ鼻 多田貞一
大阪市南區千年町二一 本條平太郎
大阪市南區大寶寺町仲之町 的場信太郎

凤齡事経術挟筴忘寒暑寒暑屢代謝光陰遂不処
為薪何能窮苒、、燒膏炬白髮忽已生蹉跎違心緒
在世如匏瓜枉然繫不茹望雲懸高鳥臨水愧氷鼻
鳥鼠誠可用此身不可胥不如樂天命尋幽據古松

又

北方有崇丘百鳥倚翠微不飛則雌伏飛将為雄飛
我恐羽翰弱萬里不得移青天誠已遠素心轉易違
願假垂天翼羊角負青天摶風從南溟去以六月旋
聊言振羽翰徐将凌埃塵

遊仙詩

海上有一山風景自深幽女蘿结高林紫煙蓋清流
中有真寂子淖約亦順柔冷然御軽風相携上清都
赤松駕鴻至客成引杯酬妙音起空中翕如震溟瀛
豈比人間樂宋華誠可娯當恒慕仙類飄然与天遊

妾薄命

北方有美人容華妖且清漢帝求甚急貯之黄金房
春陪昏殿麗秋對秋月明晝夜常専恩後宮誰比栄
寵極方来妬樂尽生哀情寂、、閑宮裡始知歳月長
降雨不再升枯木遂無萌心賞信难待沉痛独断腸

春日郊行



麗日照江畔森蘿帰駘蕩萋々王孫草使我春興長
散歩遂忘疲杖履飄、、軽楊梅催淑景烟霞満林塘
野馬逐青草翹足娯天生帯索安三樂瑶填臨水郷
黄鸝已出谷遺逸猶在耕間溪蘋茂采、、供何王春
水混渭涇無処濯吾纓直矣楚梼興放歌歌迷陽

春雪与塾中諸子賦飛雪伴春還各分其題字
為韻得伴字

滕六欲争研得春即為伴依空軽風飄迎歌詞場讚
聊堪賦凄清未至呈豐満入海質忽銷歎花日不煥
山郯為瑶臺樹似建絹傘袁安以乃堅梁王定授簡
月影知何似瓊屑満庭敢賞之與激昂迴掉意辣嬾
頼有鷩裘客傾橀寫憂懣誰為今爾嘆歓宴共衎、、

七言古詩

次信墳

草間一片碑言是次信墳青蛇穿依冗蒼苔侵滅文
落日出壑悲風来墳前老樹群鴉哀君不聞源平逐
鹿日数千勇士不擬回騎士蹶、、又飛霜矢石紛、、
雪成堆紀信竪纛洪祖与韓成服衰治運閑堪恨報
国孤忠身壇浦千載委煙塵

獨處愁

# 泊園

昭和八年八月廿五日印刷（隔月一回一日發行）
昭和八年九月一日發行 —（非賣品）—
廣告料 一行 金五拾錢
編輯兼發行人 梅見春吉
印刷所 大阪市西區新町南通五丁目 林泰進堂印刷所
發行所 大阪市南區竹屋町九（泊園書院內）泊園誌社
振替大阪一三八三九番（泊園書院）

## 泊園書院を護らん

石濱大壺

舊泊園紙上に於て余は屢々泊園書院の將來に對する後援の意義必要方法等を論じたが、我が說孤ならず、諸方諸先輩の熱心なる贊成を得たが、是れ必ずしも余の提倡を要したのでは無く、**實は泊園書院を護らんとの及門子弟の夙願なのであつたからだ。**今年に入つてからは殊に之を促進すべき提議を諸方から見るに至つたのは、誠に之を空言から實事に移すものであつて喜ばざるを得ない。余は喜んで犬馬の勞を辭せないものであるが、此際に於て尙ほ一言を費したい。

我々の泊園書院が現今の如く私立小學校と同一の取扱ひを受けざるを得ない樣な狀態である事は斷じて我々の名譽でない。堂々たる百年漢學專門の書院なるは世間周知の事ではないのか。然るを普通教育の最低位たる小學校と同一視されてゐるなんかは法令の如何は知らず我々は顧みて忸怩たらざるを得ないではないか**書院は專門教育場でなければならず專門研究所であるべきだ。**是れ余の言はんと欲する一である。

現今世間では漢學は衰へつゝある。一方には漢學復興の必要を高調するものもあるが、それが却て一方では漢學の爲めにはならぬ樣な事もある。然し見た所漢學は衰へつゝあるが支那の文化文明の眞髓を眞に研究するの風潮は實に盛んになりつゝあるので、殊に此點に於ては我國の學界は西洋は愚か支那をも指導してゐると云つていゝ情態である。且つ滿洲建國以後は是非共我學界は內に外に研究の權威を維持せねばならないのは自明の理である。漢學は衰へつゝある樣に見えて實は新に發展しつゝあるんだ。我書院も一新して隆昌にすべき最も好機に臨んでゐるのだ**更新興隆すべき義務を有するのである。**是れ余の言はんと欲する二である。

**新泊園の建設は舊泊園の宿願である事は明かである。而して如何に之を建立成就せしむべきかは只夫れ熱意にのみ係るであらう。**勿論如何にと云ふ點については各人各樣の尊重すべき意見はあるであらうが、結局は**有力有識の士が之の中心となつて周旋經營するに在る。然しそれも及門の全子弟が絶大の熱意を以て之を後援するに非ずんば如何にして斯業が成功しやうか。**今春以來新泊園建立の爲めの運動は起されつゝある。乃ち全泊園の諸賢は已に茲に動員されつゝあるのだ。庶幾くば諸賢は直ちに立つてこの運動を促進達成せしめられたい。是れ余の言はんと欲する三である。

百川東の方海に到る、何の時か復た西に歸らん、時に及んでは只熱心に努力せんのみ。天日の耀く間に草は乾かさねばならない、赤熱せる時に鐵は打たなければならないのだ。

故藤澤南岳先生

## 源大將軍像歌

牧野藻洲

昭和辛未七月。避暑湘南。因游鎌倉。獲源公賴朝小塑。云摸白旗祠所祀而造者。旣歸寓有作。

起匹夫而霸天下。唯公與我二人也。
雖然公源氏嫡子。不如我以人奴者。
猿郎來訪鎌倉祠。撫公像背大言哆。
即使死而能開口。未知將軍甘爲啞。
一世纔傳忽焉亡。公與我兮類非寡。
今斯塑像雖甚微。典型傳是來自祠。
衣冠正笏儼然坐。風貌颯爽具英姿。
吾年七十窮措大。對此俯仰何攸思。
充國屯田非其職。范增奇計亦恥爲。
何況將軍天下業。平居絕無夢想時。
匹夫初生匹夫死。終身不肯受人羈。
擁書萬卷抵南面。筆誅墨褒正邪治。
嗚呼天地萬物本浮塵。富貴貧賤有何倫。
可憐當日堂々大將軍。徒供書生旅窓珍。
將軍有靈應莞爾。吾亦嘐々一狂人。
撫背不倣猿郎譴。醉歌只欲尚友親。
放眼試看千萬古。畢竟得喪果孰伸。
將軍將軍竟奚若。英雄心事告其眞。

## 漫錄四則（二）

川合孝太郎

### 天水

淸人は宋のことを善く天水と稱する、殊に近來の揚宇敬、葉德輝、羅振玉、王國維等の諸家は好んでこの字を用ゐて居る樣である。これは一つは天水之朝とか、天水一朝とか、或は宋元を連ねて天水蒙古等、丁度四字の熟字が出來て都合がよい爲でもあらう、西漢を西京東京と呼び晉のことを典午一代等稱する例である、天水は甘肅省の地名、趙姓五望の一で、即ち宋の趙氏の發展地であるがこれに就いて面白い話があるから紹介して置く。宋史南唐の李煜世家に、

煜之妓妾、嘗染碧、經夕未收、會露下、其色愈鮮明、煜愛之、自是宮中競收露水染碧以衣之、謂之天水碧、及江南滅方悟趙國姓也云々、

江南の南唐は宋の太祖が滅したのである。

### 泰山碑

新刊影宋拓泰山碑本を見たので試に始皇本紀と對照せしに、僅か一篇の文中、大分な相違があつて、即ち本紀に訂正を加へなければならぬことを知つた、**古碑版の史傳を訂正するに大功あることは**每々この通りである。新たに編著成り、印刷が出來上つた計りの瀧川博士の史記にも、早くも手を入れなくてはならぬのは殘念なことである。

一金五圓也 久保郁藏氏
一金貳圓也（會費） 堀岡治三郎氏
一金壹圓也（常費） 市川针三郎氏

二時間宛、藤澤黃坡先生を招いて講話を催されて居ます參聽御希望の方は同神社へ御申込なさい。

## 會

百貨店七階に於て第七回作品展を催さる。なほ今回は特に同會の故顧問御歌所寄人坂先生の遺墨數十點をも展觀せらるゝ由、當日は嘸多數の參觀者に賑ふ事であらう。

# 論語講義　黄坡先生述

**有子曰。其爲レ人也孝弟。而好レ犯レ上者。鮮矣。不レ好レ犯レ上。而好レ作レ亂者。未二之有一也。君子務レ本。本立而道生。孝弟也者。其爲レ仁之本與。**

**訓讀**　有子曰く。その人となりや孝弟にして、而して上を犯すことを好む者は、すくなし、上を犯すことを好まずして、而して亂をおこすことを好む者は、未だこれあらざるなり。君子は本を務む。本立ちて而て道生ず。孝弟やは、それ仁を爲すの本か。

**講義**　**有子**は孔子の弟子の有若であつて、此人は學問もあり、後には自ら弟子の教育をした人であるから此書にも有子として其言を屢々載せてあります。今こゝに人があつて、其人がらが、よく父母に事へて孝、兄に事へて弟といふ風の純情のある溫順な行の人であつて、それでゐて上の人を干犯するを好むといふ人は少い、上を犯すことを好まないでゐて、それが亂を作すことを好む人は、今までにないことである。とこゝまでは順に說きすゝめて來て孝弟の人は必ず忠順であるといふ意を明にしたものであります。**亂**は履軒先輩が爭鬪刦殺の類をいふ、必しも悖逆亂常のみならず、と說かれてある樣に汎く世の安寧秩序を亂る行爲をいつたものである。上を犯すを好まぬ服從の心を失はぬ人が、法を輕んじたり上にそむいたりはせぬことは申すまでもない。自分は此章を說く時に常に、源義朝の事を想ふのである、彼は初めに父と違うて獨り禁內に赴いた、父の上皇に從ふやうになつては勢、相ひ敵對せねばならぬ、紛亂の際また已むを得ぬことではあるが、後に事の平いだ時に、己の功を以て父を贖ふといふことに力を盡さず、却て淸盛の術中に陷つて父を殺すことを敢てした、此事固より大義親を滅すの道がないではないが、彼にあつては義の爲にしたのではなかつた、たゞ己の功名のためであつた、たゞ忠勤を衒ふたに過ぎぬ、既に父を斬つた、二人の弟、幼少のものをも斬ることは辭せぬ、彼に於て孝弟の行は既に空である、後年平治に敗れて長子朝長の負傷に艱むで共に落ち延びることの出來ぬため、また其首を斬つたのは怪むに足らぬ、たゞに然るのみではない、平治の亂遂に不臣の行を敢てしたことも亦怪むに足らぬのである、即ち孝弟の第一關既に保ち得ない人が進んで忠順の第二門を守り得ぬことは明白なることである、だから孝經にも「父に事まつるに資つて以て君に事へまつる共敬同じ」といひ「孝は君に事まつる所以なり、弟は長に事へまつる所以なり」といつてあり、また孔氏も「忠臣を求むるには必らず孝子の門に於てす」といつてゐるわけであります。

以上の說を本として有子は更に論を進めていはるゝには、君子の、人の上たる者は民を治むるに常に土臺に力をつくすものである、土臺にして立ち定まれば道は自ら生じて來るのである、即ち孝弟の行を勵ますことはこれ仁を國に行ふの本である。と說かれたのであります。徂徠先生が「仁を天下になすには孝弟を教ふるを以て先とする、宗廟の禮は孝を教ふる所以であり、養老の禮は弟を教ふる所以である、孝弟の化、行はるれば、民俗和順であつて天下が自然に治まる、しかるに後世では其意を知らずに、迂濶とおもうてゐるから有子は其義を語られ、孝弟の人が上を犯し亂を作す事を好まぬを觀れば其效の差はぬことが知られるではないかといはれたのである」と說かれて居るのが正しい解釋といふべきである。又**道生ず**といふ意味をば說いて「本立つて道の彼に行はるゝものが自然にして出來て吾がせしめたのでない樣な風になる、恰も草木の生じて勃々として禦くことの出來ぬ樣なものがある、だから道生といつたのである我が孝弟を教ふれば、まだ嘗て忠を教へず、まだ嘗て敬を教へず、まだかつて和を教へず、嘗て順を教へずとも忠敬和順が自然に先方に生じて來るのである」と說かれてある。だから先子も「上を犯し亂を好むとは凡民を以て言つたもので、凡民は恭順といふことを知らぬが、孝弟を教へれば、此失がないのである、」といつて居られます。こういふ風に此章は爲政者の心得と見るべきものでありますから、臺纂では政治類に收めて「政を發し仁を行ふの要を語る」と章旨を掲げてあります。

この**仁**といふ德をば古來愛を以て說いたり或は理を以て說いたりして單に個人の道德の名と見て居つたのでありますが、これではどうも古書が解せられないのであります、徂徠先生が「先王の道は天下を安ずるの道である故に仁も天下を安ずる德として解すれば、大なる差はない」と說かれてから、凡ての解決が出來る樣に思はれるのであつて、即ち仁は人の長となり民を安ずるの德と說き、又は安民の道とも見られるのである、此章の如きは仁を爲すといつてあり、また道生ずといつてあるから、後者に屬すると見るべきであります。

古來此章を一個人の上について說き、學者が孝弟を務むれば仁道は此よりして生ずる、と說き、程子は「仁を爲すには孝弟を本とす性を論ずれば仁を以て孝弟の本とす」とて、「性中たゞ仁義禮智の四者あるのみ、なんぞ嘗て孝弟あらん」などの說をして居られるが有子は決して性を論じたものではない、而も性中の存否を論じたり、仁義と孝弟とを判たうとしたり、みな文外に意を生じて一家の言を立てゝ居るものであります。また仁齋翁が「孝弟によつて仁德をなすべし」といはれて居るのも亦孟子の四端の說の樣な考であつて章の旨を失つて居ると思はれる、又論語知言などには「仁の本たるか」と讀んで居るが、これは論語中に「爲仁」と用ひた場所に行きあたるばかりでなく「爲」の字を無用の如くに考へてあるので面白くない。履軒翁の「爲の字元と必ずしも少くべからざるものにあらず」といはれたのもまた同樣に考へられるのである。

**子曰。巧言令色。鮮矣仁。**

**訓讀**　巧言令色は、鮮いかな仁。

**講義**　**巧言**とは其言語を巧にすること、**令**は善と訓じ、**令色**とは顏色を善くすること即ち言語や顏色を飾つて僞つて君子の風をする人をいふのであつて、かくの如き人はたゞ言語容貌を務めて人に悅ばれることにのみ心を用ひて、わが身の都合よきことを計るのであつて、實際に人のためになる者ではない即ち眞に志を達し事を決する人ではない、孟子の鄕原を論じた章を參考にし、論語中の「剛毅木訥は仁に近し」とある章と合せ考へればよい。だから、臺纂には章旨を「鄕原の徒は仁なる能はざるを語る」として德行類に收めてある。

鮮の字は、履軒が寡の字少の字と同じからず、又無の字と間あり、是れ得がたく、有りがたきの類なり」といつてあるのが字義を得てある、朱子は聖人の詞は迫切でないから、「鮮といはるれば、絕無であること知るべし」といはれ「人欲肆にして本心の德亡す」と說かれたのは是亦一家言である。

**曾子曰。吾日三省二吾身一。爲レ人謀。而不レ忠乎。與二朋友一交。而不レ信乎。傳不レ習乎。**

**訓讀**　曾子曰く、吾日に三たび吾が身を省みる、人の爲めに謀つて而して忠ならざるか、朋友と交り而して信ならざるか、習はざるを傳ふるか。

**講義**　**曾子**は孔子の弟子の曾參であつて、此人も有若と同じ樣に門人の養成をした人であつたから常に曾子と書いてある。其言葉に吾は一日に三度も吾が身を反省して居る、即ち自分が人のために計畫考慮したのに、忠といふ事をかいで居るか。朋友と交つて、信を失うて居るか、自分のまだ習熟せぬことを人に傳へたか。と省みて居るといはれたのであります。

この三省といふ語を、朱子は下の三條と見て「三を以て省みる」とよまされましたが、これは古言に合はぬのであつて、三思三復三嗅三仕等みな「三たび」と讀むであるのと同列であつて、必しも三度と限りはせぬで度々といふ意味であります。

**忠**の字は徠翁が懇到周悉にして盡さざる所なきなり、といはれてあるのが字義を得て居つて、**自己を傾けて人に盡す**、所謂親切の心の充分なことであります。他人のために計畫しながらたゞ一片の情味に過ぎない、或はまた用意不充分であつて其人のために不良な結果を持ち來しては、人の依賴に對して負く所があつてよろしくないことである。

終の句は朱子は「傳へて習はざるか」と讀まれて師より受けたることを已に習熟せぬかと說かれたが、これは傳の字が落着かぬ、傳は師に屬すべき語であつて、弟子に屬すべきものではない、授ける意味にはなるが、受ける意味にはならぬ、其上に人の爲に謀るも、朋友と交るも皆我の事であるのに、傳だけが我の事でないといふのも句の體裁がわるい古註の說がよいのでありまして即ち上にいふ如く傳不習を一連に見ねばならぬ、傳の下には而の字がないのも一の着眼點であります。履軒が「譬へば未だ試みざる藥方を以て人に授けて之を服せしめる樣なもので、人を傷けずには居らぬ」と說明せられたのは最もよく分る樣に思はれます。

曾子はかく自分の心懸けを述べられて學者の參考にせられたものであつて、臺纂は德行の部に編して、章旨を「自省を語つて以て人を勉めしめしなり」と掲げてあります、此の**自省**といふことは誠に進德の重要事であります此章の條項は曾子の身上に於て考へ得られた點であつて、必しも各人之を以て規矩と爲よといふのではない、たゞ自省といふことを手本とするのが必要であります。即ち各人其身に適切なる條項を取つて自己反省の道に進むことを勉めねばならぬと考へます。

會員消息

△△△福井縣の鷲田又兵衛氏玉信の一節

になし、今少し藤澤門下各員の風交及消息を相通ずるの便を與ふる事にはなり難きや、此點聊か遺憾に存じ候何如」と

回其の専門科目、國語を、高等教員檢定試驗に合格せられた。

## 翠濤園讀書記

大壺

本誌前號に出てゐた川合先生の此與音義同の解說を讀んで蒙を啓くを得た事を喜ぶ。余は人の請ふが儘に自分の勉强とも思つて年來書院で說文段注を講讀はしてゐるが、中々淺學寡聞の身には荷が重い。近頃になつて段君のえらさが漸く分つて來た樣で益々努力は加へてゐる次第だ。言部の譇字の處で此與音義同を何と讀むかには大に惑つて已む無く與此の誤かとして置いた。今先生の解說で與の字を與彼の意味で讀む事を確知するを得たのは幸福である。思ふに『以』の字も代名詞を補つて讀むとよく分る例がある如く『與』の字もさうなのだ。「以」に「此」の訓があり「以」「與」「於」の相通ずるを以て見ても是等の助詞には此の意を含み略する事があるのだらう。文典上に種々なる點を想起せしめる事があるから以後注意して見たい。所で先生が是部蹟字の段注を引用してゐられるので早速余の講義用本を開いて見るとそれは與此音義同となつてゐる。余の講義本は聽講者諸君の本と同じく民國十五年掃葉山房發行の景印大字增刻四種の石印本を用ゐてゐるんだが、かく誤つて與此と倒置してゐる。余は善本を藏してゐないが、所藏の原刻初印景印の萬有文庫本、同治蘇工補刻本などを出して調べると矢張り正しく此與と有る。此石印本は他にも往々誤印があつたのだから注意してゐる筈だが、氣が付かずにゐた。講義に際しては詳細にモツト校勘しなければならない事を痛感した。

丁仲祜は說文詁林を刊行して以來、又續いて近代說文の鉅著及び經師の文集筆記の采るべき者を甚だ衆く得たので、又詁林の舊例を按じて類に依り編次して詁林補遺凡そ百七十卷を成した。詁林はこの補遺を得て益々完全するわけである。長處も短處も原編と倶にする所だが、何しろ便利と謂ふべきだ。今度の卷首には說文統系圖の第二本を付印してゐるが從來罕見の珍しいものである。又吳稚暉の序文には六書論が附してある。即ち六書を四體兩用として轉注は建類一首同意相受を規定每類之字、歸一於首之義と解し引申と見、假借の令長は令良の誤として令に託するに良の義を以てするんで漢末以來譌寫の爲めに誰も氣が著かないと云ふのである。元の詁林では前編の部即ち叙跋類六書類說文總論に類集してある諸論文の目次がなかつたのを不便に感じたが、補遺には目次が出來てゐて甚だ便利である。何しろ詁林と補遺とを藏すると個個の說文書類は必ずしも急にせなくてい丶から甚だ都合が好い。

萬有文庫の段注說文は原刻初刊本の景印だと聞いたので善本を藏し得ない余は早速之を求めて座右にした。萬有文庫本は活字本で大抵舊著を再版したものであり、殊に中には同じ紙型を流用して他舊書本を收めたりしてゐるものもあつたりするから、餘り注意を拂はなかつたが、こんな善本の影印も含んでゐるからには捨てて置けない。一方では面倒でもあるが、一方では結構でもある。

## 桂林梁先生遺書（一）

多田生譯

**敬告世人書**　戊午九月二十一日

吾今誠を竭し敬を致して以て世人に告げて曰く、梁濟の死は淸朝に殉じて死するに係るなりと。此事は千言萬語して遍く世人に告げんと思欲する有るも、心血已に枯れ筆性最も鈍く言語艱澁す。數年來未完の篇を續ぎ以て衷曲を言はんと欲し、兒女の親暱を避け親朋の阻止を避け、終年紛擾淸淨の地に靜坐深思する無きに苦む。今花甲將に周せんとし、兒輩羅を張り壽を爲し親朋の來集を慮る。國變より已に數載吾猶尙存す。我素志と符せず。深く恥づべきを覺ゆ。期を剋し義に就く、統系有るの文を爲すに暇あらず、只好んで零暇を分作し簡短に之を言ふのみ。間滯澁の處有らば竟に白話を以て代と作す。伏して望むらくは世に同志の人有つて代つて引伸考證を爲さむことを。◇

第一段に曰く、吾れ身淸朝の末に値ふの故に因つて淸に殉ずと云ふ。其實は淸朝を以て本位となすに非ずして幼年學ぶ所を以て本位と爲すなり。吾國數千年先聖の詩禮綱常と吾家先祖先父先母の遺傳と教訓と、幼年聞く所の世道に對して責任有るとを以て主義と爲す此主義深く吾腦中に印す。即ち此主義を以て本位と爲す。故に殉ぜざるべからざるなり◇

世人必ず訝らむ。殉節の事何を以て遲れて數年に至るやと。曰く、吾れ種々牽掣未完の事有りて驟に願の如くなり難く、常に自ら念ふに豈徒に死すべけむや、當に世局の弊害を看明し言語を遺留し同人に敬告して然る後死すべしと。故に數年來迫られて緩うすべからずと雖も驟に履行し難きなり。又嘗みに前賢の諸事を歷引して以て借鑑せむに、吳柳堂先生の穆宗に殉ぜしが如きは甲戌を距つる已に六年に及び、日本乃木の軍旗の責任に殉ぜしは乃ち數十年に在り、文信國公は宋亡の後に於て元に在りて住する數年にして後義に就けり。先賢文信國公の如きは斷じて小子の敢て妄りに比する所に非ず。外國人の行事も吾亦必ずしも法を取らず。吾但柳堂先生の深沈堅決に對し勉て之に效はむと思ひ自ら如かざるを愧づ。光緒の時一般淺人詆つて迂と爲す者有り。吾猶之を憶ふ。下士道を聞けば則ち笑ふ。歷來皆然りと。吾れ當時心已に怦々たり世に並び會ち叨りに能く感發すること無からむや。只問ふは自己心中的々確々是れ淸朝の爲にして死することを。世人の我を認めて淸に殉ずると爲すと或は我を認めて淸に殉ずると爲さざるとに至つては皆必ずしも計らず。只自己心の眞なるに在りて、時期の早晩に在らざるなり。況んや我數年來人と屛に寫し扇に寫すは皆伯夷田橫の事を寫すなり。又零碎の筆記に赴義に關合するの處甚多し。晩村季玉等の事の如きは屢之を書し並に時に說明を附すること有り。又人に向つて談話すれば屢人に示すに蛛絲馬跡の尋ぬ可きを以てす。

## 蘬山先生詩抄（承前）

賀卉畹國手列侍醫

知君方技排扁倉。
世上共稱醫國良。
嘗向相門察淪髓。
又遊戚里辨逃肓。
名聞明主徵書至。
位列侍醫幽蕙芳。
吾輩逸民逢聖世。
欣看振鷺凌天翔。

知る君が方技扁倉を排するを
世上共に稱す國を醫するの良と
嘗て相門に向ひて淪髓を察し
又戚里に遊んで逃肓を辨ず
名明主に聞へて徵書至り
位侍醫に列せられて幽蕙芳し
吾輩の逸民聖世に逢ひ
欣ひ看る振鷺天を凌いで翔るを

中秋無月訪常照菴

此拉同盟訪梵丘。
梵丘烟霧黯難收。
無邊素女掩明鏡。
莫愧姸辭壓仲秋。
袁氏無因遊北渚。
庾公定懶上南樓。
乾坤安得趙生術。
終使淸光遍一洲。

此に同盟を拉して梵丘を訪ふ
梵丘の烟霧黯として收め難し
無邊の素女明鏡を掩ひ
愧るなし姸辭の仲秋を壓するに
袁氏北渚に遊ぶに因なく
庾公定て南樓に上るに懶らん
乾坤安にか得ん趙生が術
終に淸光をして一洲に遍からしめん。

（新川　庄錄出）

## 通鑑に見ゆる語（三）

岡本勝

◎東僑　意義に於て判らぬのではないが和帝十三年の條の注に見える。即ち東髮自僑者云々とあるは又一說か。

◎采女　ウネメと訓んで我朝では古代國司郡司其他より乙女の容姿の優雅なるを採用したのだが唐土には後漢の桓帝の延熹二年に此事が有る。

◎吏發求民間。至夜不絕。或狗吠竟夕。の語は同桓帝の延熹四年に見えるが柳宗元捕蛇者說の解釋の參考にならう。

◎李杜。李白と杜甫と兩詩聖をのみ斥して云ふのかと思ふと桓帝九年には時の名士李膺と杜密を並稱してゐる。

◎弄狗。北條高時位かと思へば後漢靈帝の光和四年にも見える。

◎白波。賊帥の稱。同獻帝の二年に見える。

◎賴　と云ふ姓で、我山陽先生の家のみの姓かと思ふてゐると唐土三國時代建安十五年の處に此の姓の人が出て來る。或は思ふ山陽先生の遠祖は歸化した人ではないかとも。

◎方任　方面の任の事で第七十二卷に見える今の方面委員は。

◎皇后　上皇后、左皇后、右皇后、と相並んで第八十九卷晉の漢の劉聰の處に見える

◎勸進　安宅の關の勸進帳がと思ふてゐると第九十卷東晉元帝即位の時に見える。

◎刺　今云ふ所の名刺。第九十卷に見えるが注に依ると毛晃曰書姓名於札奏白曰刺。と有る。

◇泊園誌の月刊を待望！◇
「會誌泊園の復興可賀の至せめて一月一回位

○吉永登君　かつて多田（貞一）君等共に石濱先生の說文を聽講して居られた同君は、今

◎正誤　前號文藝欄眞野夢蝶氏萬草園の詩中家庭自滿は圓滿につき訂正致します。

讀者諸君の間に大好評でむかへられて居ます
賣り切れぬうちに早く當社へ御申込下さい。
代卅五錢　郵券代用にてよろしい

# 泊園文藝

炎暑　梅山　市川付三郎
酷熱爆騰如火攻。閑窓不雨黯無風。
抛書醉後移床處。凉氣貪眠看晩虹。

懐古
今古興亡幾萬秋。英雄一去白雲幽。
荒凉改變鷹堪斷。懐舊殘碑生暗愁。

偶成　眞野夢蝶
吾豈非財又不餐。曾忘酒食愛清境。
詩書爲友畫爲客。茶話花開如牡丹。

鶴　櫻井雲洞
千年老松汝宜休。勿伍梟鴟逗小洲。
記取當年明月夜。長鳴翔掠大蘇舟。

祝有聲發刊　梅見有香
格致修齊又治平。共將誠正訂同盟。
料知今後泊園裡。斯道提撕期有聲。

有聲辭　神山眞龍
復古學風柏樹鳴。蕿園餘敎浪華明。
濟々多士翕然起。文質彬々永有聲。

麒麟渡來有感　安達香雨
颯爽雄姿渡海來。斑々文彩嗟麟哉。
遊郊素不蹄靑草。拖德含仁亦異才。
聖明奕世扶桑國。皇業發耀四表開。
西邦仰止致此瑞。偏覺祥風遍九垓。

次瑤韻謝有香先生
綺章見寄意和平。蘭菊友交松竹盟。
芳潤養成高雅氣。也嗤薫染共同聲。

次二香唱和瑤韻　豊田里中
本立道生天下平。以文來會自同盟。
綿蠻黄鳥音何好。聽得遷喬第一聲。

**思無邪疊韻集（三）**　植野木洲

十七、重酬晩香來詩云險韻卅回能疊邪
何稱險韻卅回邪。易似坦途驅快車。
我唱君酬疑雁陣。前驅後拒學兵家。
百篇豈恐吟毫禿。兩日唯嫌郵路遐。
幸是先生不辭戰。春花詠盡到秋花。

十八、杜陵　仰盛岡
君識杜陵天地邪。多只通馬不通車。
三山對峙控千里。四水合流閙萬家。
金氣尙存沙鐵出。夷風漸改市塵遐。
牧場殘雪斜陽冷。既過春分未見花。

十九、寄晩香
莫咎韻窮邪作邪。邪邪同貌不同車。
雪中久住杜陵舘。春半將歸讃谷家。
城固睢陽胡馬退。壘高垓下楚歌遐。
詩境鼙鼓聲捲地。戰急劍光飛散花。

二十、將歸京寄晩香
求道私期莫陷邪。詩境幸遇指南車。
君飛咳唾凝成玉。我仰文章鬱作家。
捧國菲才知任重。微臣寵命出朝遐。
上程有日豈無恨。不及得看東奥花。

二十一、夷酋
敢向夷酋必責邪。欺牛巨漢壓我車。
柵堅守弱安貞任。功重賞輕源義家。
將士三千名已滅。星霜八百跡空遐。
風流我羨英雄技。曾詠勿來關外花。

二十二、三月向京寄晩香奥地無竹
豈莫歸心如矢邪。今朝漸搭凱旋車。
車中怪看無氷野。窓外行逢有竹家。
風度隈江春水漲。雲遮尾嶺夕陽遐。
問君村柳溪梅色。孰與洛城桃李花。

二十三、回京寄晩香
卷土重來能鬪邪。回京欲進藻壇車。
吟箋昨夜落君手。韻府今朝入我家。
路有快輪肥馬利。地無堆雪疊雲遐。
第三開戰期何日。正是滿城潦亂花。

二十四、過京寄晩香
欲避市塵兼俗邪。曉行車繼夜行車。
直過郭外指鄕國。未入城中訪子家。
滿地東風紅爛漫。沒雲剛雪白幽遐。
不嫌永晝火輪緩。徐看長亭短驛花。

二十五、過湘濱
南北氣差如此邪。今朝屢遇看櫻車。
冬殘奥地埋城雪。春滿湘濱面海家。
休怪慕親情益切。靈歡向國道何遐。
忽過高麗山前路。注視當年開戰花。

◇

## 泊園書院記事

八月一日ヨリ三十一日マデ暑中休暇。

泊園書院後援會ハ其後泊園會有志ノ方ニ依テ愈ヨ實行運動ニ移リ、石濱先生モマタ其ノ間ノ斡旋ニ盡力セラレツ、アリ近ク會則等ノ具體的發表ヲセラル、筈デアリマス

## 通知

第三十六回　**泊園同窓會**

**來る十月十五日（日曜日）**
**開催の豫定**

詳細は追て通知致します。

## 六月例會

日日愛閑遊草菴　梅見有香
浴後葛衫晩凉含　櫻井雲洞
清風來自林下潭　田宮渭南
不用冰塊暑可堪　篠田活園
貧居十年豈肯貪　三崎黄圃
眞箇男兒能知慚　笠井雪窓
獨慨田々插秧男　久保明山
更愛舊巣老燕諳　植野木州
詩戰講後酒戰酣　藤澤黄坡
醉後吸來玉露甘　宮崎東明
月出東嶺光漸南　中村青巖
好隔清流對翠嵐　福岡雲外

## 七月例會

炎熱迫人心欲狂　雲外
浴後輕衫逐涼行　五條松峯
十里清風荷花香　青巖
出水仙姿詩思長　黄圃
笠簑衝雨度野塘　近藤翠石
一味吟趣一味涼　活園
又上詩酒唱和堂　有香
閑來却喜爲詩忙　雪窓
身世寄來酒樽傍　明山
白雨一過再夕陽　東明
涼風多處好移牀　雲洞
酒醒落月在高梁　渭南
悠然佇望天一方　黄坡

泊園同窓會幹事
篠田栗夫
梅見春吉

編輯同人
大阪市住吉區山阪町三丁目松原住宅第百五十戸　梅見春吉
兵庫縣武庫郡御影町字瀧ヶ鼻　多田貞一
大阪市南區千年町二一　本條平太郎
大阪市南區大寶寺町仲之町二　的場信太郎

独処愁在無知己寂々寥々華门裏年々歳々事来
粔望月對雪独悲吟見花聽鳥自行止三冬文史朞
千秋陋巷簞瓢白髮累安得知己如鐘期高山流水
苦相酬暮春春服已成後沂水舞雩携手遊衔盃弾
琴詠而去百年娯楽奚克休愁莫甚兮独処愁

洪水歌

湯々兮洪水方割傷禾麻蕩々下民其襄陵一句之
多堪嘆嗟崖崩地摧汪瀁去駭浪巘壓生盤渦処々
村落哭児女哭声動野東西譁或不発憤懐沙石或
不守符溺白波一夜桑田殫依頼渺渺漠々見白沙
少長総思禹王績陌上忽罷擊壤歌眂望田園楽事
㛮今出河辺涙滂沱噫吁嘁哀哉洪水寒飢盈巷可
奈何

杜鵑行

西州四五月暮雨歇濛々深樹蔚葱擁茅屋山客蕭
條坐旁攏杜鵑一谷喬木上帰去叫罷思萬重柏舟
汎汎任洪浪白雲鳥々懸前峯孀婦遠望漫閔泣復
閔香々涙零々聞道昔日蜀天子去国伶俜意無疆
化為杜鵑懐郷土至今啼血染枝 衣底事有翼不得
去能使聽者更断腸



香水歌

君不聞香水溢觴逶蒼樹蓊蔚千峰高葉露滴落為
小溪々水流會遂洄々虹霓映日飛泉掛白練颱風
河伯驕百潭舞雩萬里潤国家祭祀粢盛饒余生香
水上深愛香水冷春暉映潭起紅霞秋烟横隄擁清
迴朝出水辺垂釣絲夕酌一甕負新茗一盌喫罷枕
南窓二盌喫罷羞麥餅偶有徵書引隠淪遂辞桑土
搏紅塵々 洵美非我土辰夜永思香水濱故栽香
水洋、曲撫琴浩歌慰心神曲裏自有山水浄世人
何知郢都音

鳴门歌

曾聞尾閭浅潮水今見盤渦轉洪鈞大汛満波呑地
軸千輪相吐至萬輪忽尔虎嘯狂風起銭塘雲蒸子
胥瞋駭浪𤂮天烟霧闇巨鼇牽釣蔦芍淪飛雪飛雹
霊若驕萬馬千斧大小分千騎驅兮刁斗響萬乗曳
兮鼙鼓振暫時收潮変気色洪鈞相呑化小鈞雹雪
馬兮為急瀬千輪萬輪化一輪々中孔穴一何奇無底
谷邃如崩雲楚峡激流河伯走灔澦如馬無奈律岱
輿負嶠将流去仙聖播遷欲何臻海人往々隼稚布
氣味正當千里蓴能勸酒盃促佳魚何羡呉江秋風

鱗吾至阿海上終日徘徊不知還却訝韓塵境遠尋
仙界探奇觀人間長説鳥門奇手未神遊今作真

寶劍篇

客自燕趙至贈我一珍刀云是殷湯伐桀日帰來衛
邪精気豪八百諸侯帰周年盟津洋〻壓波涛霜鍔
氷及光凜〻星文倚天一何高燕谿石城為之鋒四
夷八蛮自周遭三光朗爽天地廣四岳百揆伏聽〻
周德陵遅遂淪替逢掖璣之壁自衛洙泗水辺波艸
苔悠〻天地為耽贅説客捉之時東西猶克鋒芒揮
一世千歳終落無頼手攫市衆人墜其名匣裡長吼
豐城下誰知紫気斗辺清請子努力慎保持莫令世
人妄提挈

無漏山歌

無漏山上多烟霞無漏山下多烟華烟霞使人令痼疾
烟華使人起侈奢痼疾猶可療侈奢傾其身不如山
上愛烟霞虚無恬澹飯谷神

北邊行

王者闢辺因聚斂〻〻之弊誰能撿君不聞秦皇開
北胡欲得異物謀徂㝬北胡大挙辺関破賊箭雨飛
秦軍孤於是天子大震怒羽檄如鶻林禽駆呉軍越

生

昭和八年十一月一日（水曜日）　泊園　第六號　（一）

昭和八年十月廿五日印刷（隔月一回一日發行）
昭和八年十一月一日發行 ―（非賣品）―
廣告料　一行　金五拾錢
編輯兼發行人　梅見春吉
大阪市西區新町南通五丁目
印刷所　林泰進堂印刷所
大阪市南區竹屋町九（泊園書院內）
發行所　泊園誌社
振替大阪一三八三九番（泊園書院）

## 聖勅衍義　節錄

### 朕惟フニ我カ 皇祖 皇宗 國ヲ肇ムルコト宏遠ニ

恭シク惟ンミルニ科（アナ）ニ盈チ、海ニ放（イタ）リテ、晝夜ヲ舍テサル者ハ、源泉ノカラナリ、故ニ流ヲ觀テ以テ其源ヲ知リ、枝葉ヲ觀テ以テ根柢ヲ知ル、國家モ亦然リ、豈ニ知リ難カランヤ、夫レ吾カ神州ノ邦タルヤ、神聖ノ肇メ玉ヒシ所ナルコト、古史ニ徵スヘシ、鴻荒ノ世未タ其年紀ヲ詳カニスルヲ得サルハ、猶ホ他ノ萬國ト同シ、然トモ世系胤冑ニ至リテハ、則チ歷々トシテ徵アリ、蓋シ天御中主神始メテ降臨シ玉ヒショリシテ、伊弉諾尊　伊弉冊尊ニ至リテ、國土成リ、衆物生ス、天照皇太神ニ至リテ、治方大ニ備リ、以テ、鸕鷀草葺不合尊ニ至ルマテ、稱シテ神世ト爲ス、事迹乃チ昭昭ナリ、神武天皇叡聖豁達ニシテ、天孫ヲ以テ、天津日嗣ニ膺リ玉フ、是ヨリシテ後、稱シテ人皇トナシ、以テ今上天皇ニ至ルマテ、世タル一百二十有二、年タル二千五百五十有一、仰ヒテ之ヲ視ルニ、實ニ宏ニシテ遠ナリ、宏遠以テ今日ノ盛美ヲ致スカ、今日ノ盛美以テ宏遠ナルヲ知ルヘキカナ、祖宗ノ偉業、宏ニシテ遠ナル所以ノモノ豈ニ一々ニシテ之ヲ數フルヲ得ンヤ然リ而シテ、括シテ以テ之ヲ揭ケハ、即チ本ニ報スルノ道、其最モ美ナル者ナリ　神武天皇ノ始メテ位ニ即キ玉フヤ　祭祀ヲ重シ、神籬ヲ建テ、以テ天祖ヲ祭リ玉ヘリ　崇神天皇ノ稱シテ御肇國天皇ト爲スモ亦此レヲ以テナリ、故ニ　列聖祭ヲ以テ政ト爲シ、政ヲ以テ祭ト爲シ玉ヒテ、祭政一致ニシテ、朝廷ノ典禮、祭祀十ノ六七ニ居ルハ、本ニ報スル所以ナリ　列聖ノ教此ノ如シ故ニ下視テ之ニ效ヒ、皆本ニ報スルヲ知ル、本ニ報スルヲ知レバ、則チ其先ヲ念ヒ、又其家ヲ重シ、又其國ヲ愛ス、而シテ人情以テ厚シ、今聖勅冠スルニ　祖宗ノ字ヲ以テシ玉フ聖旨ノ存スル所、至レリ重シ。

### 徳ヲ樹ツルコト深厚ナリ

恭シク惟ンミルニ、諸神物ヲ殖シ貨ヲ産スルト、天照皇太神耕織ヲ教ヘ、衣服ヲ制スルトハ、則チ尚シ　列聖ノ徳澤モ亦固ニ枚擧スヘカラサルナリ、今其一二ヲ考フルニ　神武天皇ハ、殘賊ヲ戮シ、治化ヲ施シ威武治ヲ建テ、以テ萬世ノ基ヲ開キ玉ヒ　崇神天皇ハ四道將軍ヲ發シ四裔ヲ撫定シ玉ヒ　應神天皇ハ名教ノ以テ民ヲ化スヘキヲ見テ文教ヲ崇ヒ、以テ隆治ヲ致シ玉ヒ　仁徳天皇ハ、烟ヲ望ミテ蒼生ノ困窮ヲ知リ、租ヲ免シ役ヲ蠲キ、宮殿ヲ修メスシテ以テ民カヲ培ヒ玉ヒ　天智天皇ハ、大憝ヲ誅シ、以テ　皇道ヲ興シ玉ヒ　孝徳天皇ハ、綱紀ヲ張リ以テ制度ヲ定メ玉フ此徳澤ノ最モ大ナルモノナリ、以テ文徳天皇ハ、專ラ升平ノ化ヲ思フテ、巡幸遊覽ヲ好ミ玉ハス　光孝天皇ハ、朝廷ノ儀典湮滅スルモノアルヲ傷ミ、振興シ玉フ所多シ、舊章是レニ由テ、燦然トシテ再ヒ美ニ　延喜　永延ノ二天皇ハ御衣ヲ脫シテ、以テ億兆ノ凍寒ヲ省ミ玉フニ至リテハ、厥徳ノ仰クヘク、則トルヘキ、一日ニアラス、而シテ一年ノ田租ヲ賜ヒ、孝子養奴ヲ賞賜シ、又傭役ヲ除キ玉フコト、史、書ヲ絶タス、乃チ知ル、徳澤ノ民ニ入ルノ深厚ナル、僕ヲカフルモ、豈ニ得テ詳說センヤ而シテ、徳ノ目三ツ、曰ク智曰ク仁、曰ク勇、勇ハ虣暴ヲ威服シ、亂虐ヲ制御スル所以、智ハ邪正ヲ辨別シ、隱微ヲ洞察スル所以、而シテ仁最モ大ナリト爲ス君子ノ名ヲ成ス所以ナリ、故ニ仁ヲ大徳ト爲ス、蓋シ民ヲ安ンシ人ニ長タルノ徳、之ヲ仁ト謂フ、禮ヲ制シ、儀ヲ興シ、法ヲ作リ、令ヲ定メ、賢ヲ擧ケ、人ヲ用ヒ、理ヲ理メ兵ヲ鍊リ、窮ヲ恤ミ弱ヲ撫テ、盜ヲ弭メ、寇ヲ禦ク、百般ノ治道、悉ク仁ニ基キ、以テ之ヲ旋スノミ、政事法令其ノ具ニシテ、而シテ仁心仁徳、其精神タリ、精神内ニ盛ニシテ、治具外ニ顯ハル、百姓ノ心服スル、固ヨリ宜ナリ古ヘニ曰ク徳ヲ樹ツルハ滋キヲ務ムト（書泰誓）而シテ　列聖ノ徳、流レテ愈ヨ深ク、積ンテ愈厚シ、則チ彼ノ百年ノ仁、行ヒテ而シテ乍チ絶エ、五世ノ澤、潤ヒテ而シテ忽チ涸ル、者ノ如キ、焉ンソ得テ相ヒ比センヤ、我カ　先王ノ若キハ、則チ謂ハユル善ヲ以テ人ヲ養フモノ、天下誰レカ心服シテ仰慕セサランヤ。

（泊園書院正門）

## 翠濤園讀書記

石濱大壺

（萬）有文庫に胡適姚名達著の章實齋先生年譜がある。これは適之の舊著を達人が增補したものである。達人は章實齋に沈潛する事數年の專門家で發明する所少からざる新進だ。而して新に冠するに史學の專家何柏丞の實齋の史學上の供獻を論ずる序を以てする。所が茲に又何柏丞主編の中國史學叢書中に同年譜を收めてゐるが同紙型を用ゐたもので全然同じものである。只此本の方には卷頭に達人が發見し來れる實齋先生夫婦の遺像を揭げてゐる丈が增加であつて、表に胡適著姚名達訂補とあるのが改變である。紙面の稍潤大な爲めに別の本の樣に見ゆるが同紙型だ。兎に角遺像が出てゐるから矢張り後出本の方を可とせねばなるまい。

（章）實齋の年譜を一閱して思ひ出す事は章氏を張氏と文獻徵存錄に誤り傳へてゐる事である。徵存錄の誤の原因は何處に在るか詳にせぬが單なる近似の音の爲めの誤だらうか。汪中の大戴禮記正誤と云つても余の見たのは石印の皇淸經解分經合纂本なんだがそれの曾子十篇の所に學誠案の校語が少し出てゐる。

（そ）の曾子の所は朱筠が安徽の學政を督せる際に王念孫汪中と共に校した事は其處の跋語で分る。だからこの學誠は朱に隨伴してゐた章實齋に外ならないと思はれるが、汪中の子喜孫は注して張說だと注してゐる。喜孫の如き人迄が張學誠だと思つてゐたとすると單なる誤と計り云ひ得るだらうか。疑を尙存して置かう。

（又）實齋の未傳の大著史籍考の事は年譜には全書不傳、諸家目錄皆不提及此書、不知流落何所となつてゐるが、范希曾の書目答問補正卷二史部の譜錄第十二の書目之屬中の高似孫子略の補注に章學誠史籍考三百二十五卷、未刊、殘稿藏美國國會圖書館と出てゐる。范氏は何に據つて此言を爲せるやを詳にせぬが同圖書館の目錄にでも見えてゐるかも知れない。若し果して然りとすれば速に之を東洋へ移錄し來らねばならないではないか。嗚呼この大著が殘稿とは云へ流落してアメリカに在らうとは流石美國遊學の適之柏丞兩先生も想到し得なかつたらう。尤も遊學當時は兩先生も章實齋の名さへ記してゐたかゞ覺束ない事ではあるが

# 論語講義

黄坡先生述

**子曰。道ニ千乘之國ニ。敬ㇾ事而信。節ㇾ用而愛ㇾ人。使ㇾ民以ㇾ時。**（政治）

**訓讀**　子曰く、千乘の國を道びくに、事を敬して而て信に、用を節して而て人を愛し民を使ふに時を以てす。

**解釋**　**千乘之國**とは、諸侯の國の共領內から兵車千乘を出すことの出來る國であつて、司馬法には百畝を夫といひ、九百畝を一井、井十を通、通十を成とし、成より革車一乘を出すといつてあつて、千乘の地は方三百一十六里餘となる。これは公侯の領地といふことになつてあるが、天子を萬乘といひ、諸侯を千乘といふのが慣例となつて居るので、必しも公侯に限るにも及ばぬのであります。**道**は馬融が「其政教を爲すといふ」と註して居るのに從ひ、導くの意と見るがよろしい。朱子は治ると註せられたが、之を取りませぬ。即ち諸侯の國の政治をなすには、次の三條を肝要とするといはれた御詞であります。

**敬事而信**といはれたのは、大小の政事は凡て民の休戚をなすの本でありますから、常に鄭重縝密にして慢り輕んずることのない樣にし、又其命令法度に信を守つて欺かない樣にすること。

**節用而愛人**は國用を節約して凡て奢侈無用の費を省き、また臣民を愛して之等を虐使する等の事を戒めることであつて、この人を愛するとあるはたゞ仁愛の德をいふのではなく寧ろ民力の愛用の意味と見る方が穩當かと思ひます。

**使民以時**は農民を公事に使役するには、農事に妨げのない時を以てすることであつて、古は農が民の大部分であつてまた之を主として居ましたから、之に妨げあることは之を避けねば民力疲弊の本をなすものであります。以上の三句は皆なこれ治國の實際問題であつて、最も適切なものであると示されたものであります。即ち侯國を治める要務を語られた章であります。

**子曰。弟子入則孝出則弟。謹而信。汎愛ㇾ衆而親ㇾ仁。行有ニ餘力ニ則以學ㇾ文。**（德行）

**訓讀**　子曰く、弟子、入りては則ち孝に出でては則ち弟に、謹んで而して信に、ひろく衆を愛して而して仁に親づく。行ひ餘力あれば則ち以て文を學ぶ。

**解釋**　德行の先務であることを語られた章でありまして、人の**弟**たり**子**たるものは、家にありては父母に**孝**事し、出ては長上に**弟**順であること。言行を**謹**愼して苟もせずして其言を實行して**信**を守ることゝ、一般に**人々を愛**し、**仁**人を敬し**近**づくこと、などの子弟一通りの行が出來て、猶ほ力に餘裕あるものは古の教を學ぶべきであるといはれたのであります。

此章は字句の間に二三說明を要する點がありますから、まづ其を申します、初の出入とありますのは語を互にしたもので、つまりは出入に孝弟を離れぬ心持ちであります。謹と信とを朱子は「謹は行の常あるなり、信は言の實あるなり」と行言に分けられてありますがこれは對偶を以て說かれた弊であります、謹は必しも行に限りはしませぬ。親仁は朱子が「親は近なり、仁は仁者をいふ」と說かれたのに從ふべきであります。左傳の中にも「親仁善鄰、國之寶也」などありますのと同意であります。

さて此の孝弟は弟子の行ふべき道であり、謹信は身を持つの心得であり、衆を愛し仁に近づくは、人に接する方法であり、この三つは子弟日用の常德であります。之が出來た上に餘力を以て文を學んで更に其德を進めることをせよといはれたものであります。此終の句を誤つて德行と文藝とをならべたものと考へ、德行は本なり、文藝は末なりと論じてあるのは此章の意ではありませぬ、次の章と併せて考へれば明白となりませう。

只今の學生が、家に居つて子弟の道を修めず、學に入つても言行を愼むことも知らず、更に先輩故老を敬重することもせず、而して徒らに倫理道德の論、政治教育の說を、口と耳との上に修め、滔々として風を爲して居ります、そこで萬般の事皆な上すべりをして、少しも眞面目の處がないことになりましたかと考へられます、願くは此章を再三翫味せられたいものであります。

**子夏曰。賢ㇾ賢易ㇾ色。事ニ父母ニ能竭ニ其力ニ。事ㇾ君能致ニ其身ニ。與ニ朋友ニ交。言而有ㇾ信。雖ㇾ曰ㇾ未ㇾ學。吾必謂ニ之學ニ矣。**

**訓讀**　子夏曰く、賢を賢として色をかへ、父母に事へまつるに能く其力をつくし、君に事へまつるに能く其身を致し、朋友と交るに、言うて而して信あらば、未だ學びずと曰ふといへども吾は必ず之を學びたりといはん。

**解釋**　子夏は孔子の門人で、衛人卜商といつた人の字であります。此人は孔門での學者であつて。六經が後世に傳へられたのは此門からといはれて居る人であります。此章は解釋の上に色々異說がありますから、一句づゝ說き進めることにいたします。

初の**賢賢**は賢人を賢として尊ぶことでありまして、之を賢を好むと解してある說は少しく差つて居ると考へます。

**易色**の二字は諸說紛々とでもいひませうか、なか〳〵一通りではありませぬ。たゞし、皇侃の解に「色は顏色であつて、人の賢を賢として顏色を變ずるのであつて善を好む事の誠であることをいふ」とあるのを取るべきであります。此外に孔安國は「色を好むのを以て賢を好む」と解いて居ります即ち「色に易へ」と訓したのでありまして邢昺は「色を好む心を易へて以て賢を好む」とき、朱子も其色を好むの心に易へると說かれて居るが、これ等は皆好むといふ字を加へて居りまして、本文にない文字を何處から取つて來たかといはねばなりませぬ、又賢賢と易色とを別けて、易を輕易と說いて、婦人を輕易して敢て耽らぬのであると說くのもあります、顏師古の說などがこれであります、此等の色を女色と說くは、甚だ穢瀆な感が致しまして、孔門の語と申されぬのであります或は、「好德如好色」の語を證とする人もありますが、これは衛靈公のために發せられた別個の場合なのであります。

（以下次號）

———

黄坡先生近詠

**謝人送菊**

秋老村園近令辰。
陶家高趣惹懷頻。
恩投太勝白衣酒。
滿室冷香佳友臻。

———

## 淡泉遊草（上）

黄圃

此ノ題ハ士亨兄ノ命セシ者、大正二年余任地大津ヨリ賜暇歸省、先ツ村田（又）氏ニ投シ、夕刻藤家ニ到リ大人ニ候ス、后チ士亨兄ノ勸誘ニ從ヒ、兄ニ從ツテ周遊三日此間ニ得ル所也。　由來泊園誌上ニ士亨兄ノ著作ヲ見ルコト甚ダ稀ナリ、故ニ今之ヲ掲テ、他ノ諸士ノ倣ハンム事ヲ促シ、兄ノ遺稿ヲ集成セシムルノ一助トナラム事ヲ望ムノ微志ニ外ナラザルナリ、諸士幸ニ余ノ意ヲ諒トセラレン事ヲ乞フ。　三崎驎誌

八月仲六夜半發大阪天保山赴岩屋船中

明月當舷人倚欄　黄鵠
輪船蹴波萬頃瀾　黄圃
須磨舞子模糊裡　黄圃
點々燈光蘸水寒　黄鵠

訪岩屋森田氏

余等門ニ入ルヤ主人迎ヘテ一揖、其ノマヽ去テ歸ラズ余等不審スル事約三時間ニシテ、主人籃ニ鮮魚ヲ盛リ來リテ曰ク、早朝ナル故ニ好キ魚ナシ船ヲ飛ハシテ出漁中ノ漁船ニ至リ得來ルナリト、主人ノ厚意可喜、此ノ好下物ヲ圍ミテ三人大ニ酌ム。

拂曉敲門待戶開、　忽皇入席即傳杯　黄圃
主人一揖去何處、　拉持魚籃帶笑來　黄鵠

洲本訪淡州君不遇。

浦雲津樹鎖柴門、　題鳳無緣共酒樽、　黄鵠
惆悵尋君々不在、　鴻泥懶問舊時痕、

仲七赴淡輪舟中。

曉驚鷗夢御潮風　黄鵠
旭日射波波漾紅　黄圃
泉紀山々應指點　黄圃
淡洲却在淡煙中　黄鵠

同

舟衝曉靄向泉洲　黄鵠
一碧蒼茫去路悠　黄圃
萍水有緣離又合　黄圃
笑吾飄蕩似浮鷗　黄鵠

———

本誌後援 **寄附金收受報告**（泊園同窓會）

金五拾圓也　福本元之助氏（五ヶ年分）　俵孫一氏
金[illegible]圓也　牧野信氏（二ヶ年分）

金壹圓也（以下常費）　谷內清農氏（一ヶ年分）
上原三郎氏　谷內清農氏　村上素治氏　本田と茂氏　岡本英三氏　桐田晉二郎氏　住友輿五郎氏
篠田栗夫氏　櫻根孝之進氏　中川魚梁氏　安達龜造氏　吉宗耕英氏　有岡太郎氏　村上吉五郎氏　土□石氏

昭和八年十一月一日（水曜日）　泊園　第六號　（三）

# 巽與之言に就いて

川合孝太郎

彙纂巽與之言の下に、巽與高麗本作㆓巽語㆒。佩文韵府亦引㆓此章㆒收㆓錄巽語字面㆒。と云ふ異文の校語を入れられてある、これは巽與の字がやゝ艱澁であり、巽語にすれば明了であるから、參考に引かれたので、似㆑是とか可㆑從などの斷語を下されてないのを觀れば、無論參考までであらうが、是れは大分研究すべき問題である。

次手ながら俞曲園は此の章法語之言の句一句中に言の字が重なるは不辭であると云ふので、法語㆑之、巽與㆑之、共に三字にて句絕とし、語の字言の字は二つながら下句に屬して、變なことに讀まうと云ふのであるが、論語は至つて平易な文で、助字もたつぷり使ひ、なだらかに書かれてある、この處以㆑法語㆑之とか何とか、一字動詞が加へてあればよく聞こえるけれども、法語㆑之にては、語が詰まりて、論語の文らしくない、巽與㆑之も同樣である、且又言の字を變てこに讀むことは、論孟にはとても向かない、言語二字が一句中に在つても、意味がやゝ違ふのだから搆はない、禮記には言而不㆑語などゝ云ふ句も見ゆるのである。

◇……さて熹平石經が亡びて以來、十三經ともに、經文は唐の開成石經が標準となつて居るので、五代の長興監本は、それに注文を編入したものであり（この内論語などは、石晉になつてから出來上つた）爾來北宋の經注本降つて南宋の注疏合刻十行本、猶降つて閩監毛本、程朱學派の新注本に至るまで、盡く開成石經を承襲して居り、さうしてこれが經文の大系となつて居るのであるが、凡そこれらの論語に、巽語に作つてある本は無論一つもない。

◇……次に支那の色々な古書に、經語が引用してある、それらの異文を校勘したもので、阮氏の校勘記を始め、翟氏の考異、陳仲魚の古訓からして、近來葉德輝の天文論語校勘記等に至るまで、巽與の異文には一も言及して居ない、一方六朝若くはそれ以前に我が邦に渡來した本を、輾轉謄寫し覆刻した各種の古鈔本古刻本等を校勘した七經考文を始め、吉田の考異、市野の札記などにも、言及して居ない、猶この諸家の見るに及ばなかつた古鈔本で、圖書寮の清原本、其他諸家に秘藏せるゝ各種論語にも、巽與に異文あることは聞き及ばない、近來羅君の手で出版せられた鄭注論語殘本も、明かに與の字に作つて居る、

次手ながら仲魚の論語古訓に、諸書の異文を參照してある中に、高麗本と云ふものが見えて居るが、これは例の錢遵王が入手した我が邦の正平論語のことで、錢氏が誤つて高麗本と稱したのであるが、それを轉寫した本が仲魚の目にも觸れて、考勘材料に供せられたものである由、楊氏の日本訪書志に見えて居るが、如何にもさうらしく、陳氏の引ける文は、大抵正平本と一致して居る樣である、折々相違の个處あるは、誤寫であらう、錢氏の原本は、再び我が邦に舞ひ戾つた由である。

◇……右の樣な狀態であれば、謂はゆる高麗本の巽語と云ふものは、全く孤文單證の形になり、先頃言ひはやされた四十三對一とか云つた樣な感があるので、これは嚴重な研究を遂げて、其の來歷を確かめた上ならでは、信を措く譯には行かない、他の天下公共の論語を覆へす丈の力が伴はなければならないのである、

◇……第二には佩文韵府の問題であるが、これはぼんやりながら徑路の認むべきものがある樣に思はれる、善本書室藏書志禮記集說の條下に、福建等處提刑按察司が、建寧府に移した牒文を載せてある、その文に

照得五經四書。士子第一切要之書。舊刻頗稱㆓善本㆒。近時書坊射㆑利改刻。袖珍等版。款制褊狹。字多㆓差譌㆒。如㆘巽與譌作㆓巽語㆒。由吾譌作㆓猶吾㆒之類㆖。豈但有㆑誤㆓初學㆒。雖㆓士子在㆒㆓場屋㆒。亦譌寫被㆑黜。其爲㆑誤亦已甚矣。該本司看得書傳㆓海內㆒。版在㆓閩中㆒。若不㆓精校另刊㆒。以正㆓書坊之謬㆒。恐致㆓益誤㆓後學㆒。云々

◇……之は明の嘉靖十一年の話しであるが、思ふに之等の誤本が、不用意に奏進せられて、明室の秘府に藏せられ、其の儘清朝に引繼がれたか、或は清朝になつてから、四庫館を開きて天下の書籍を蒐集した際、南方よりの採進本中に、誤つて混入し居りしを、他日佩文齋韵府を編纂せし時、編纂員の末輩が、四庫館の藏書を渉獵して、不圖この巽語の字を發見し、獵奇心理からして、之を摘錄したと云ふ樣な譯ではあるまいか、猶考ふれば、これ等の本が朝鮮にも傳播して、更に覆刻せられた樣な次第ではないか、以上は誠に臆度の言に過ぎぬのである。

佩文韵府には、巽語も出て居れば、巽與も出て居る、元來この書は、詞料熟字を網羅するのが目的であつて、書の善惡佳否は餘り問はない、故に考鏡方面の資料にはなり兼ねるのである。

以上愚考を記し、一の問題として諸君の研究を願ふ次第である。

# 漢籍讀の意義

ト鼎

誰れでも漢文を讀みながら次の如き疑問を抱くことがあらう。何故今日學生が外國語を學ぶやうに、直讀直解をしないのか、棒讀みにして意味を取る習慣を付けなかつたのだらうかと。勿論これは直讀法が轉讀法より勝つてゐることを前提としたものだが、果して然るや否や議論の餘地はあると思ふ。**第一、外國語を自國語と同樣に消化出來るか**と云ふ事が大いに疑はしい。近時中等教育等に於て語學不振の聲が殊に高いのはこれを裏書するものではなからうか。

私は古來自然に發達し來つた漢籍讀と、官民一致の努力を以つてしても割合に效果の擧らない今日の外國語教授とを關係付けて、共に我國民性の然らしめる所なりと斷じたい。

我國人は英國人と共に語學取得の能力に缺けてゐるので有名だが、獨立自尊の信念が極めて強いことも亦兩者の共通點である。

マシュウ・アーノルドがその教育論の中で某外交官の言を引用して、外國語を話す能力が發達すると、概して心神が萎縮して、自ら皮相の觀察に滿足して、事物を深く討究する力を失ふものである云々、と言ふて居るのは面白いではないか。ポーランド人支那人等が驚くべき語學の天才であることと、對照してこの言が一面の眞理を含んで居ることが解る。

故に我國に**漢籍讀が發生したことは我國民性に原因する當然の勢なり**と信ずるのである。若し支那語に先つて他の如何なる外國語が輸入されたとしても、矢張り漢籍讀式の讀法が出來たであらうことは疑へない。現に明治初年には外語圖の轉讀法が發生しかけたではないか。當時の書生はａｂｃの發音も滿足に出來ない內から「こと程左樣に」式にどしどし原書を讀んで立派に飜譯も仕遂げたそうだ。

此の法がもつと發達して居れば英語なども漢文式に樂に讀めるやうになつてゐたかも知れないが、惜しいことには中絶した。實際一生に一度役に立つかどうかも解らない發音等に骨を折るより、意味を深く考へることに苦心する方が能率が上ると思はれる。しかし今更やり直すことも一寸困難だらう。

幸ひ漢文の方では此の法が十分發達して居るから、八才の童子にでも三千年の古典を味ふことが出來るのである。或は今日の白話文は轉讀出來まいと言ふかも知れないが、その法を以てすれば古文と同じく十分讀みこなすことが出來、支那人と會話したければ筆談でも立派に役に立つのだ。

殊に古典を熟讀玩味する爲には、支那音で棒讀することが何の利益にもならない。この點で我國の學者が支那の學者に引け目を感じる憂へはない。要するに漢籍讀は我國民性に適應して發達し來つたもので、**最も理想的經濟的の外國語讀法**と言ふことが出來よう。

今その長所を擧げて見ると、一、時代による音の變遷に關せずに讀めること、二、古音を知ることが出來る、三、發音等に勞力が要しない、四、直ちに國文として理解が出來易い、等であらう。

金五拾圓也　福本元之助氏
金五圓也　牧野信氏
金四圓也　佐藤馬之丞氏
金貳圓也　住友與五郎氏

（五ケ年分）俵孫一氏
（二ケ年分）
大野園山氏　田中英市氏
香川正平氏　日吉全識氏

本田ヒ次氏　岡本英三氏
桐田音二郎氏　住友與五郎氏
大守熊治郎氏　杉村正太郎氏
吉崎善三郎氏　高松林之助氏
吉宗耕英氏　有岡太郎氏
村上吉五郎氏　辻蒼石氏
三川啓明氏　堀越壽助氏
三崎驊之助氏　神山眞龍氏

## 通鑑に見ゆる語

岡本勝

◎要人　百六十八陳紀二文帝天嘉元年十二月の紀に王晞の語として見ゆ。曰く我少年以來閲要人多矣。と又百七十一陳紀五宣帝の條にも中要人の語が見える。註に謂位居勢要者と有るので大抵意義は判る。

×　×

處が唐宋八家文中韓退之の柳子厚墓誌銘に諸公要人欲令出我門下。とあるのを賴山陽の增評した八家文及河田甕江先生の訓點に依ると要人と言ふのを諸公人を要してと訓ませてある。處が又要人といふを熟語として諸公と要人とと云ふ樣に訓んでゐる人もある。

×　×

そこで吾人淺學の者は何れに據るかと迷ひ曾ては渡邊盤翁先生にも尋ねた。盤翁先生は早速我が泊園の訓方を教示せられた。其れは山陽、甕江などとは異り要人といふ熟語名詞として讀んで居られる。

×　×

けれども諸公といふに對して要人といふのは語の用法として面白くない。韓退之とも有らう者がそんな拙い用ひ方はしない筈なと未だ合點が行かなかつた。そこで韓退之以前に此の要人といふ語を用ひてあるかを調べて見た。無論あるが韻府などに出てゐる所では要人と有る事はあるが何うも意義が異る樣だまるで今日の脅喝罪にでも問はれる樣な人をいふらしく見える。處が王晞の言を事實とするならば既に韓退之以前に此の用語があり殊に中要人などいふ官名も有つた位だからすぐ要人と云ふ語の解決もついて我が泊園の訓方の立派なと云ふ事は直ぐ悟られる。以來人を要してなどと訓まない事に自信を有つた。

×　×

◎朋黨。歐陽修の論に見えるが語は既に陳紀二、唐紀二十九及五十五にも見える。
◎天子之過如日月之食。論語には君子之過とあるを此には活用して天子之過としてある。

## 泊園記事

◎九月二日　開講
◎十月五日　泊園書院後援會に付いて有志會合せらる。
◎十月十五日　泊園第三十六回同窓會は南一にて催さる。

## 會員消息

會員中轉居せられたる方多數あり改訂名簿を參照せられたし。なほ久保田敞二郎氏。三宅正直氏。澤泰造氏。藤田武夫氏の轉居先不明につき御存知の方は御知らせ下さい。三井由次。井上喜太郎。古家信三。澤路茂樹。秋山海然。大西捨夫。後藤菅夫。新家政秀。大西香。中谷元造。稻垣馨。本庄主一の諸氏逝去せられたる報に接す。（年月日不明の分もあり旁省略）「轉居の際は誌社へ御通知を乞ふ」

## 泊園誌社の決算と豫算

イ、昭和八年一月號より同十一月號までの支出　金四百圓也
內譯。同窓會々員名簿。（一回）五百冊。

泊園誌。（六回）六千枚。

城山道人稿。（十丁）一萬枚。

郵税市內特別。普通郵便。（七回）四千ロ。

其他諸雜費。十件。

右に對する資金は昭和八年一月以降十月迄の本誌後援寄附金と昭和八年度同窓會常費を以て充當す。（同窓會々員四百七十四名）但し常費徵集の時期及手續事務の關係上本年度は本社積立資金（昭和七年十一月現在四百拾貳圓）を利用したり。
ロ、昭和九年一月號より十一月號迄に至る發行豫算總額。

**四百五十圓也**

## 洗毫

さきに寫本城山道人稿を發見し得た喜びから更により以上のものと涉獵中偶然藤澤東畡。達馬鳳兩先生同輯とある「南海遺珠」の下卷丈を手に入れた。そして同書と寫本「道人稿」との重要な關係ある事が知り得た。その事に就ては後日石濱先生を煩らはして報道するつもりですが、先輩諸賢に「南海遺珠」についての詳しい御教示を賜らん事を至急御願ひ致します。

## 思無邪疊韻集（四）

植野木州

二十六、向鄉
汗漫不敢避氛邪。千里乘來轣轆車。連夜頻經關北道。期年再到海南家。乍過駿水泉聲急。却望常山雲影遐。衣錦歸鄉非我願。擅看春半故園花。

二十七、歸鄉　父歿巳六年
玻窓隔海望摩邪。忽聽鄉音響一車。木水南涯多父執。虎城東郭是吾家。林鶯溪柳吟思富。駿嶽攝川行路遐。久濶阿孃欣健在。忍看遺愛半庭花。

二十八、酬晩香　來詩有官學私黌字
何必官私爭正邪。相携並進學文車。圖書百萬雲中閣。弟子三千樹下家。習禮育才儒道大。賜財興校聖恩遐。遊民好亂誰能教。藝苑憑君種德花。

二十九　回京似晩香
好盡百杯攘百邪。櫻雲深處轉香車。長堤未會話詩友。輕旆頻逢賣酒家。京洛重來刀影動。奥山一去屐痕遐。入城欲訪先生去。不覺醉春臻落花。

三十、簡馬似晩香
市場要辨買人邪。鶩也何堪駑驟車。萬匹騰驤春水野。一溪苜蓿夕陽家。中營本喜馳驅快。外廐不妨耕牧遐。簡馬有期君赴否。東風吹鬣拂蒼花。

卅一、詩戰酬晩香　來詩有詭謀挑戰句
詭道寄兵豈咎邪。火中忽現武侯車。卅回接戰支孤陣。三舍退軍輸大家。帷幄運籌機屢逸。轅門乞伏日猶遐。不關京洛春將盡。剩得詞壇四月花。

## 日課表

| | 月 | 火 | 水 | 木 | 金 | 土 | 日 |
|---|---|---|---|---|---|---|---|
| 午前六時半 七時半 | 春秋左氏傳 | 韓非子 | 春秋左氏傳 | 韓非子 | 春秋左氏傳 | 唐詩選 | 第一、第三、午前八時ヨリ 詩經 |
| 午前九時 十時 | | 小學 詠物詩選 | | 小學 詠物詩選 | | 第二第四 小學 詠物詩選 | |
| 午後三時 五時 | | 左傳 古詩讀本 | | 左傳 古詩讀本 | | | |
| 午後七時 八時 | | 文章軌範 | | 文章軌範 | 版本通義 說文（石濱先生） | 文章軌範 | |

毎月一日・祭日　第二第四第五日曜　休講（早朝の時間及第一第三日曜の講義は參聽隨意）

### 泊園同窓會幹事

篠田栗夫
梅見春吉
安達龜造

### 編輯同人

大阪市住吉區山阪町三丁目松原住宅第百五十戸　梅見春吉
兵庫縣武庫郡御影町字瀧ヶ鼻　多田貞一
大阪市南區千年町二一　本條平太郎
大阪市南區大寶寺町仲之町二　的場信太郎

西門岩松氏　西門孝治郎氏　殿村たけ氏　島田良夫氏　石濱純太郎氏　茶谷忠治氏　西田幾太郎氏　梅見春吉氏
中尾國太郎氏　中尾謙氏　伊串徹仙氏　近藤常吉氏　清水晋三郎氏　寺田英一郎氏
森下博氏　橋本梅三郎氏　宮崎青湖氏　田邊英治郎氏　木戸平信氏　田中利右衛門氏
古井由之氏　鷲田又兵衛氏　門脇才藏氏　門脇禎二郎氏　佐藤馬之丞氏　尾崎邦藏氏

戸塚辰松氏　島田琢遂氏
三宅智隆氏　岡田太郎氏
以下常費（五年分）
瀧波惣之進氏

永田仁助氏　楠正然氏
宮崎貞吉氏　白藤丈太郎氏
植野德太郎氏
（以下次號）

# 泊園

昭和八年十二月廿五日印刷（隔月一回一日發行）
昭和九年一月一日發行 —（非賣品）—
廣告料　一行　金五拾錢
編輯兼發行人　大阪市西區新町南通五丁目　梅見春吉
印刷所　大阪市南區竹屋町九（泊園書院內）　林泰進堂
發行所　泊園誌社
振替大阪一三八三九番（泊園書院）

## 迎年の詞

天上斗轉じて人間律回り、一新の氣、普率に遍く、雍熙の化、四陲に施せり、窃かに　皇道の年を逐うて隆なるを仰ぎ、國運の舊に倍して昇るを見るとき誰か生を神州に禀けしを樂まざらむ、先師訓蒙の一絶に曰

宇宙實茫々、風儀誰第一、威嚴長卓然。獨有吾皇室。

と、豈然らずや、又曰く

億兆一其心。興邦眞易々。勿爭朋黨微。以誤國家事。

庶幾くは一德以て　皇運を扶翼せむ。年茲に新なり、顧ふに前歳を省て而る後、方によく新地步を占め得む、登極の大詔に宣へり、曰く、日に進むにあり、日に新にするにあり、進むや其序に循ひ、新にするや其中を執ると。あゝ、循序執中、これ進步の良規なり、今徒らに新を謀つて僻に流れ、進むを貪つて邪に陷るもの豈に戒めざるべけんや、

登々攀學級。恰似陟山巓。下視風塵界。身心自廓然。

此の如きの進境これ吾が望む所。故に曰前事の忘れざるは後事の師なりと、舊を省みるは新を謀る所以、吾人の事業は遼なり遠なり、而も千里の塗、足下に起るを記せよ、昭和の九年はかくて吾人の事業に希望と生氣とを加へ來らむ、

未來猶可警。過去固難追。回顧難追跡。莫空可警時。累世業須成。豈以一人算。事功何處難。歲月莫嗟短。

## 東畡先生の先賢殿合祀

大壺

此度某會により大阪に先賢殿なるものが建設せられ府下の先賢數十名を合祀すると云ふ新聞記事を讀んで、その合祀者中に我泊園の始祖藤澤昌藏東畡先生の名を見出して喜んだのは余一人のみではあるまい。泊園四世百餘年の長い敎化中に其の門に及んだ人々なら誰でも此報を得て慶賀せざるを得なかつただらうと思はれる。

それは別に故先生の功績が世に知られる様になつたからと云ふのではない。故先生の學德功業は畏れ多くも天聽に迄達して贈位の御恩典を辱くしてゐる程で天下周知の事であるから、先賢殿なんかの企てがあれば合祀され給ふは分り切つた話である。我等の喜ぶのは今更そんな點に存するのでは無い故先生の德孤ならず功業がいつ迄も當地に於て忘れられずして諸先賢と共に合祀されるに至つたのを喜ぶのである。

先生の敎化は固り大阪のみに限られたものでなく、其門からは陸奥、松岡兩相初め幾多の俊豪を出して皆よく王化を輔翼して其化の及ぶ所は全國に渉つてゐる。是れ皆讃岐より出て浪華に帷を下して幾十年育英に勤められた結果なのである。且や南岳先生黄鵠先生黄坡先生と父子伯叔相嗣いで今に至る迄泊園の業は絶えず大阪の敎化に力を盡してゐられるのだ。大阪と泊園との因緣は長くして且つ深い。今や先賢奉祀の美擧に當り我が東畡先生が合祀者中に列せらるゝのは理の當然とは云へ其流れの末を汲む我々は慶賀せざるを得ないのだ。いづれは故南岳先生も其位に列せらるゝに至らるゝ事であらう。

あゝ泊園の功業は久しくして愈よ其光輝を放ち周く世人の感謝を受けてゐる。我等及門の徒は泊園を護るは師恩に報ゆるに止らない。上は天恩に下は世間に報ゆる所以である。我々は益々心を決して光輝ある先師諸先生の緒業を紹述して斯文の道を昌明しなければならない。

※　※　※

面如削爪。汝果吾乎。首如飛蓬。吾果汝乎。終古恭默。汝還勝吾。

此先考所題其眞而其眞今不知在何處也墨莊畫伯親炙先考髣髴有所記乃請作此像以垂眞于後昆

明治癸卯仲夏

不肖恒薰沐拜書

## 淡泉遊草（下）

淡輪即目

最欣景象大而雄。　黄　圃。
淡播紀泉一望中。　黄　鵠。
數點布帆天外白。　黄　圃。
碧波渺々午炎空。　黄　鵠。

飛電招士明兄不來。　黄　圃。
好景憐君負好媒。投杯悵望意徘徊。
去鴻杳々夕陽外。漁艇歸來遂不來。

淡輪偶成。　黄　圃。
沙汀轉柳暮雲低。山海蒼茫望欲迷。
回首昨宵投宿處。浦雲隔在夕陽西。

歸村田氏二兄亦來會。　黄　圃。
好共追隨入洞天。悠々到處弄風煙。
歸來尙夢三州景。博得奚囊詩幾篇。

仲九泊園書院會飲席上
詩酒良媒是友朋。　南　圃。
一觴一詠興層々。　黄　圃。
箇中樂事君須會。　黄　坡。
幾度何妨遂又徵。　黄　鵠。

臨發大阪寄豐田留兄。　黄　圃
逢著歸期事糾紛。午收行李獨離群。
閑遊愧我無終始。何事當頭不遇君。

歸大津呈士亨兄
茅海淡碕伴白雲。漁郎容易入仙郡。
爪痕印處吟囊滿。始識人間有活文。

黄鵠詞宗見訪偶不在家次其韵却寄。　澹　洲。
爲叩松陰沙際門。負他相待酒傾樽。
歸來空向子猷艇。唯見波間鴎夢痕。

次韵泊園會飲席上聯句。　澹　洲。
佳會吟朋即醉朋。百杯酒影綠層々。
坐間拈盡聯珠句。渾是同人歎愛徵。

次韵　大人
山爲佳友海爲朋。數日勝游思幾層。
棣萼唱酬醒醉外。文壇別有此休徵。
（大人とは故南岳先生の事なり）　以上

課表

水　大學
火　韓非子　小學　左傳　詠物詩選　古詩讀本　文章軌範
土　唐詩選　第二小學　第四詠物詩選　文章軌範
日　午前八時ヨリ　第一、第三　詩經
每月一日第三……休講

# 論語講義

黄坡先生述

（子夏曰賢賢易色章の續き）

**事父母能竭其力。事君能致其身。**の竭力は別に說明を要しませぬが、致其身といふ語は、古註には「忠節を盡して其身を愛せず」と解して居り、朱子は「致は猶ほ委の如く、其身を委致して其身を有せざるをいふなり」と解いて居られる。徂徠先生は「能く其身を致すとは身を其職に致すをいふ、凡そ致といふは皆之をして至らしむるをいふ、敬を致す、哀を致す、知を致す、中和を致すの如きは吾が之をせしむることあつて敬哀の心、中和の氣の自然に來り至つて眞知の自然に生ずるをいふ、命を致す、廪餼を致すの如きは之を送つて彼に至らしめるをいふ、皆之をして至らしむるなり、故に身を其職に納れて官を視ること家の如くするを之を**身を致す**といふ」と說かれて居つて、猶ほ曰はるゝには「大抵人の官職に居る時、其事を奉じ行へども身之に任じないで、秦人が越人の肥瘠を視るが如く岸上に坐して魚を捕ふるが樣である、これ其身は此所にあつて彼に至らず、官と我と相關せざるもので、いかで之を忠と謂はれやう、故に君子が君に事へるには必ず身を其職に納れて後に忠とするから致身を以て說いたものである、孔安國が其身を愛せずと說いて居るのは、愛は惜と同意で、譬へば物を愛惜すれば肯て手を放して地上に置かない、されば矢張り身を其職に納れないことになる　朱註の其身を有せざるをいふ、とあるのは似而非なるものである。古に質を委して臣となるといふ語がある。委は奠くこと　質は贄であつて仕ふる人の贄を奠くをいふのである、朱子は之に氣附かず、また孔註を誤り讀んで、身を其君に委して已れの有とせぬと說かれたのである、しかし是は妾婦の道である　もし果して其言のやうであるとすれば、「不可なれば則ち已む」とか、「身を奉じて以て退く」とかいふのは、既に委して復た之を奪ふことになるではないか。世の衰へて道が明でなくなつたために、君も之を以て忠とし、臣も之を以て忠とし以て妾婦の節に陷つたのであつて、後世の君子は多くは身の其難に死ぬのをば臣子の第一義とするために此說がある、然しこれ匹夫も慷慨する時には能くすることであつて豈に難事であらうや」と喝破して居られる。自分も此の君に事へるといふ點については、世人が往々、一死公に奉ずるといふ事を忠とすると考へて、却つて在々所々に我が一心を打ち込んで仕事をするといふ點を忘れて居り現に今次の事變に於ても一部に此の樣な風が見えて居る樣に思ひますから、冗長を顧みず徵の註を引用して置くわけであります。

猶ほ履軒の逢原に、父母には竭力といひ、君には致身といへるは方に味がある。古人の言語の苟もせざること此の如きものがある。蓋し人情は大抵、父母に在ては身を致すには難くない、それは至親天屬であるからである。たゞ其の力を竭さないのを患へる。それは恩に狎れ愛を恃んで而も爵祿榮辱の期待がないからである。君に於ては力を竭すに難くはない、爵祿榮辱の身に切なるがためである。ただ其身を致さないのを患へるといふ意味で、其義を以て合うて居つて天屬の親でないからである。と說いて居るのは面白い見方であると思ひます。

**與朋友交。言而有信。**履軒は言字を行字として除いて居ります。上の曾子の章に與朋友交而不信乎とあるを參考せよとのことであります　亦一說と見られます。但し集解本には上章にも交の下に言字があります。

さて此以上の四項の出來て居る人は、其行已に成つて居つて道を學んだ人に讓らぬ、故に其人が自ら謙遜して「未だ學ばぬ」と曰ふとも、我は之を已に學びたる人といはん。と「行即ち學である」といふ意味を述べられたものであります。此語も朱子は「或は未だ嘗て學を爲さざりきと以爲ふとも」と**曰を以爲**の二字にかへられて、他の批評の如く說かれたのは語意に違つて居ると思はれます。履軒は**曰**とは旁人の言であつて其人自ら言ふのでないといつて居られるが、却つて反對であると考へられます　或は「學は以て人倫を明にするもの故、人倫に篤きこと此の如きは學ばずしては成し得ぬから、必ず之を學びたりといはん、即ち必ず學に由つてかくなつたものに違ひない」と說く人もあるが、少しく深く說き過ぎであるかと思ひます。

**上述**の如く普通賢を貴ぶとか孝弟忠信の行あるの人は、未だ學びずといつても余は學びたる人といはんとは、矢張中に學の大切であるといふ心地があつての言葉であつて、本來人は學問によつて其材を成すのである、行の修まれる人は、姑く學びたる人といはんとて實は學問の大切なるを勸めた言葉である。學者もし書を讀むこと萬卷すとも、其行の修まらないならば即ち不學の人といふべきであるとをつゝしみ戒めねばならぬではないか。所謂「論語よみの論語しらず」とならぬ樣勉められたいと思ひます（教學）

日域何容革命風。神州長仰紀元功。
莫將亡父亡君語。默著熙々蕩々中。
紀元節口號　七十二翁　南岳　恒

**子曰、君子不ㇾ重則不ㇾ威。學則不ㇾ固。主二忠信一。無ㇾ友二不ㇾ如ㇾ己者一。過則勿ㇾ憚ㇾ改。**（德行）

**訓讀**　子曰く、君子重からざれば則ち威ならず、學べば則ち固ならず、忠信を主とし、已に如かざるものを友とするなかれ、過ては則ち改むるに憚ることなかれ。

**解釋**　修身の要目を語られた章でありまして、此も一句〳〵別の意味でありますから、前と同じ樣に一々別けて說いて行きませう。

初めの**君子**とは在位の人をいつた語と說くべきであつて　しかも全章の一句々々に冠するものであります。則ち在位の人の現實の修養のための語であつて、種々の格言を擧げられたのである、學者のために學問の工夫を說かれたのではありません。徠翁は此各句は古語であらうといはれて居ます、或は然らんといふべきであります

**不重則不威**　何晏の人敦重でなければ威嚴がないと說いて居るのによるべきであります　此威嚴といふことを當世の人々は何か人に高ぶるものであるといふ風に考へて非難する論がありますが、これは思が足りないといふべきであつて、言語動作を禮儀によつて規律づけて所謂莊重な風にするのは身分の大切なことであつて、自ら人の敬重する所となるのである　これを威儀といふのである、輕率な行爲は匹夫小人の事である。

**學則不固**　孔安國の固は蔽なりといふ說をよろしいとします。固陋の固で固陋の病を去るべきをいふたのであります。古註の一說に上の句を連ねて、「重くなければ威嚴がない、學もまた堅固でない」と說いてあつて、朱子は之に從はれて居ますが、則の字を亦の意として固を堅と說くことは面白くありません。焦循の註に蔽は闇いといふ意味となる、曲禮に朝を輟めて顧みるは君子は之を固とあつて鄭註に固とは禮に達せぬのをいふ、學ばぬから禮に達せぬ、學べば禮に達する、固ならずとは禮に達するのであると說いて居るのが最も明瞭であります。

**主忠信**の主は鄭玄は親むと說いて居ります。主が仁齋や徠翁は賓主の主を以て說いて、主人があつて賓客が來る、忠信であつて學問も成就し得ると說いて居られるのが分りやすいです。

**無友不如己者**、無字を禁止の辭とするがよろしい、禁止とせぬ說は取れませぬ。朋友は已れの材德を輔けるものでありますから、よろしく自分より勝つた人に交つて其利をうける心懸が大事であります。

**過則勿憚改**　この句も禁止の辭と見るがよろしい、過の改めるべきものであることは固より人の知つて居ることでありますが、しかも多くの人は其過のある時には之を隱さうとし、又は之を糊塗し、粉飾し、以て一時の面目を全うせうとし、却つてこれ永遠の缺失をのこすことを忘れるのであります、言ふは易く行ふは難い、よろしく再思三思力をこゝに致すべきである

これ等は苟くも中人以上にあつては大に心すべきであります。即ち君子の心がけとして示されたわけであります。（第四講）

本誌後援　寄附金牧受報告（泊園同窓會）

一、金五圓也　安達龜造氏

一、金壹圓也　松浦捨吉氏　渡邊和子氏　村田安穗氏　藤原新三郎氏　岩田藤三氏　的場信太郎氏　本條平太郎氏

以下常費（一ケ年分）

一、金五圓也　牛井靜子氏
一、金貳圓也　生谷卯兵衛氏

石崎太郎氏　藤原正雄氏
多田貞一氏　頴川康氏
林寅治郎氏　岡本喜三氏

（一ケ年分　壹圓）　眞野夢蝶氏
松本一郎氏　揚硯堂氏
楠孝文氏　川合孝太郎氏
島田喜十郎氏　石濱敬治郎氏

西尾義郎氏　鎌田春雄氏
豊田宇左衛門氏　熊澤猪之助氏
三木正憲氏　喜多證道氏

## 版本通義の講讀につき

大壺

九月から版本通義を講讀する事としたが、この本を擇んだ理由と云へば板本學が流行してゐるからである。支那學の方面許りでもないが隨分と近頃は板本の穿鑿が喧しい。展覧會の開催圖錄副製本の出版から專門の雜誌迄出るに至つたのだから流行と云つても差支無からう。支那でも盛んであつて景本書影目錄論考の出版は日を追ふて繁く、文明の餘澤を以て容易く善本を擇んで勉强が出來る樣になつて來た。だから漢文を研究するものは一應板本の一般の知識を持つてゐないと便利な世に無駄な勞力を費さんにも限らない。丁度手にし易い版本通義があるから之を講讀して一斑を見やうと思つたのである

どんな本でも活眼を以て讀めばそれでよいと云ふ樣なもの・中々そんなに容易いものではない。殊に少し研究でもすると云ふ段となると本の善悪も知らないでは話にならない。だから書籍通行の粗本を讀んで活眼に任せてゐると古人の意味を謬まる樣な飛んでもない場合に立ち至る事もある。善本を訪ねて正しく理解し正しく解釋せなければウソである。だから書籍の一般知識を持ち板本の歴史を知つてゐないと善本を探し出す事が出來ない。余の如きは固り高價な舊本善本を藏するを得ないから鉛印本だの景印本だので濟まして行くより外はないが、さうなると餘計に板本の歴史とか善本の由來とかを心得てゐないと危なくて研究に這入るわけに行かない。然しさう云ふ方面を少し心得て鉛印石印の本を愼重に取扱ふとそれ等の粗本によつても案外大過なく研究も續け得るし又安い景本の善本を探し索められるから助かると云ふべきだ。版本通義を讀んで置かうと云ふ次第である。

版本通義は特によい本かどうかは知らないが、只この種の本が少い所へ誠に得易い本である上に四部叢刊の景印本を多く例に引いてあるから參考して研究する上に極めて便利である。これを基礎として我々の知識を增して行くには好都合である。課本として之を採用して可なりと思つたのである。

板本學と云つたがそんなに難しく考へなくともいゝので、只板本に關する諸般の研究を含めて云つた丈である。板本以前は寫本だから寫本學も考へられるが、結局は共に書籍學の一部分ではある。漢文の書籍の變遷の歴史を系統立てゝ知識とするが目的である。

板本の學は考據の學の先河などと云ふが實に其通りで考據の學に必須である校勘など云ふ事もたゞ無暗と異本を集めて校合する丈では校勘などとは云へない。集めた諸本を系統づけ良否を判斷し底本を定めてから着手しないと勞多くして功がない。校勘の學と云ひ目錄の學と云つても板本學書籍學の輔助が無くては何にもならない。さう云ふ妙な校勘記を附して喜んでゐる例も世間には無い事も無いから注意せねばならぬ。骨董趣味めいてゐるが實は學術の先河なのである。

從來は板本と云ふと骨董的鑑賞的であつたので藏書家はその多數なのを誇り好書家はその珍奇を重んじたりする許りであつた。然し蒐集も周くなり比較調査も進んで來ると漸く骨董趣味から學術的になつて來て隨筆札記などに其說を見る事となる。遂に目錄家校勘家が盛んに之に手を着け板本の專門家が出て又書籍史を編む人迄出て來るに至つた。

我國で書物の事を精しく云ひ出したのは徂徠先生からであらう。足利學校の古本の價値を認めて校勘せしめたのは周知の事だが、これが先驅と云つてもよからう。それから幾分此派の筋を引く狩谷望之近藤守重などの一派が古書研究の專門で、延いて明治迄も此派の人々が居る。經籍訪古志だの正齋書籍考だの留眞譜だのは蓋し創闢の學と稱してもいゝと思ふ。明治の島田彥楨の古文舊書考は今日では遠慮もなく散々に爬羅剔抉されてはゐるが實は此者こそは斯の學を指導したる曉天の明星であつたのだ。近く支那で復刊されたのを見ても未ださう見棄て去るべきものではない。今日では內藤湖南博士神田于衍長澤士倫其他の諸賢在つて內外に其名は重い。

支那は淸朝の考證學の諸家は大抵此學に觸れてゐて書後題跋の類に其成績を見るわけだが、學問として前記の我國學者の著書に刺激された點が多い。こゝでは黃丕烈顧廣圻楊守敬繆荃孫葉德輝等故人の名を擧げて置く。特に葉氏の書林淸話は板本學專門の著書で類の少いもので一讀すべきものだ。

前記の著述以外で近人の撰述二三を擧げると、版本通義と同樣なものに陳彬龢査猛濟共編の中國書史がある。湖南先生の「宋元版の話」と云ふ講演は懷德堂の雜誌懷德にも龍谷大學論叢第二九九號にも載つたが、後者には寫眞版で見本が出てゐるからこちらをとりたい。先生の蘊蓄だから大變に結構だと思つてゐるが、世に餘り知れてゐない樣だ。長澤君の支那學入門書解題の序說にも共立社漢文學講座の漢籍解題の序說にも君の專門的學識からなる手引きも見られるが、今は「書誌學」に支那書籍小史と題して執筆連載中のものが我等の參考書の隨一なるものを供給して呉れやう。

板本の見本なる書影とか書譜とか云ふものは支那でも我國でも澤山に出版されて、皆或が便利な概論的な編纂は未だない樣である。る特殊の蒐集や展覽會のものである。

次に著者の錢基博と云ふ人はよく知らない。只彼の以前に編輯した國學必讀と云ふ二冊物の中に自分で書いた紹介的の自傳がある。それを左に引いて置く。

錢基博字子泉、一字潛夫、無錫人。幼年爲文、學戰國策、喜縱橫、不拘繩墨。既而澤之以漢魏、字矜句練。又久而以爲厚重少委致、敍事學陳壽、議論學蘇軾、務爲平易暢達。而論學則詁經譚史、旁涉百家、博學而無所成名。祗之者謂其博而不精、憙爲附會、殆實錄也。

自傳と云ふより自慢に近い。然し他には何も知らない。因に彼の編の國學必讀は一寸便利な本だと云ふ事丈は附加して置く。

## 漢文訓讀の改正すべきもの（二）

潮江

### ◎活用語が助詞「バ」を附帶して順体の條件を示すもの。

從來此の種の訓讀に至つては、單に其の場合の語調に從つてゐるかの觀があつて全く無法則の狀態である。故に私は先づ此の條件法に關する表現法則を樹立し然る上にて從來の訓讀を統制して見たいと思ふ。「バ」を附帶する順体の條件を形式上假定法と確定法との二種に大別する。假定法とは活用語の第一段（未然形）より「バ」に連接するものをいひ、確定法とは第五段（已然形）よりするものをいふ。左に兩者の大要を述べよう。但し引例は主として論語に據る。

**（甲）假定法　假定の事實を前提とするもの。**

口語の「若シ……ナラバ」といふのがそれである。即ち假定の事實に本づいて下文の事實を推論する場合である。假定法の中特に一般的事實を假定するものは從來殆ど確定法に訓まれてゐたものであるが、これが抑々訓讀の混亂を來した第一原因であつて、其の事實が一般的のものであらうが又特定のものであらうが或は時の現在、過去、未然の何れのものであらうとも、苟も假定に本づく限り、凡て本項の假定法として取扱はなければならぬ。假定法は國文も漢文も「若シ」の字を冠するのが原則ではあるが實際の用例は必ずしもさうではない。

［例］○子貢曰「如有博施於民而能濟衆」何如。
○「如或知爾」則何以哉。
○善哉「信如君不君。臣不臣。父不父。子不子」雖有粟。吾得而食諸。
○「如有王者」必世而後仁。
○「如有用我者」吾其爲東周乎。
○哀公問曰「何爲則民服」。孔子對曰「擧直錯諸枉」則民服。「擧枉錯諸直」則民不服。
○孔子謂季氏。八佾舞於庭。「是可忍也」孰不可忍也。
○「管子而知禮」孰不知禮。
○「微管仲」吾其被髮左衽。
○子謂子賤。君子哉若人。「魯無君子者」斯焉取斯。
○子曰。聖人吾不得而見之矣。「得見君子者」斯可矣。
○子路曰「衛君待子而爲政」子將奚先。
○子曰「齊一變」至於魯。「魯一變」至於道。
○子曰。仁遠乎哉。「我欲仁」斯仁至矣。
○季文子三思而後行。子聞之曰「再」斯可矣。
○「願比死者一洒之。如之何」則可。
○「沛公不先破關中」公豈敢入乎。

附記、假定を前提とする下文の結尾は推量形を以てする事を原則とされてゐるが、必ずしも之に依らない場合がある。例へば「如得其情則哀矜而勿喜」「如用之則吾從先進」「如惡之則無若尊士」の樣に命令、意志或は强い斷定を表す文に於ては、たとひ條件が假定法であつても、下文の結尾は「喜ブ勿レ」「先進ニ從ハン」「若クハナシ」といふ樣に本文の語氣に從つて訓讀すべきであつて決して推量形に從ふべきではない。

（以下次號）

癸酉十二月一日　藤澤成太君終軍務退營歡迎會席上。疊嚮奉送入營韻賦呈　神田豊城

運中昭和隆盛年。洋洋皇道大如矢。
夙將神武安邦礎。豈爲偏文癈甲堅。
踴躍投毫軍務劇。歸休解劍奉公全。
加餐時局非常際。要掃暗雲清四邊。

阪本木山小祥祭薦詩
次曾禰鶴洲先生韵　渡邊盤山

同門義兄弟。文字訂忘年。
清樂離群老。和安隨世遷。
風流詩脫俗。飄逸洒成仙。
一歲人難返。僧經雜暮蟬。

答人問近況　南山　牧野信

石笋盆花畫不如。朝昏愛玩閉門居。
時繙古帙疊新味。却喜癡翁腹笥虛。

浴溫泉　同人

溫泉一浴洗塵污。朝嘯暮吟和老軀。
不用呼杯入陶醉。從心所欲足懽虞。

洛北散策　同人

洛北郊村化市坊。電車駛走暗塵揚。
欲求五十年前物。唯有青松列鴨塘。

每句回文　眞野夢蝶

家風雅味雅風家。斜影竹眠竹影斜。
白菊霜枯霜菊白。花迎月又月迎花。

第三十六回同窓會席上　五條松峰

泊園書院會同儔。話古談今互應酬。
秋雨秋風井橋畔。江樓酌酒興殊幽。

同　篠田活園

十字江頭南一樓。四方朋友遠來遊。
把杯促膝披肝膽。和氣靄然誰覺秋。

非常時　宮崎貞彦

常ならぬ時にあひても動かざる
恒の心を常に持たまし

昭和九年を迎へて　同人

米の賀はあと二年に近づきぬ
すこやかにませたらちねの母

## 第三十六回 同窓會

菊花薫る十月十五日午後二時より浪華の名勝、井宇橋の畔なる南一樓にて催さる、折柄の秋雨を衝いて來集せし人、黄坡先生、三崎驥之助氏、清水晉三郎氏、芳村太一郎氏、田中治一郎氏、中尾國太郎氏、森下博氏代理五條松峰氏、佐藤寛九郎氏、西田幾太郎氏、辻蒼石氏、神山眞龍氏、寺田英一郎氏、田中利右門氏、安達龜造氏、石濱純太郎氏、高松林之助氏、中川魚梁氏、村上吉五郎氏、松浦捨吉氏、笠井雪窓氏、茶谷忠治氏、岩田藤三氏、村田安穗氏、堀越壽助氏と會幹の篠田、梅見の二十六名。

至尊登極日。金鏡燭幽時。纍烈乾坤感
休和草木知。恩波覃遠僻。餘澤及吾私
贈叙名雖异。衣冠班共隨。明經萁氏迹
同拜李家遺。聲和松陰鶴。花傾砌下葵
菲才慚過分。勵志憶常宜。只識乘彝化
應裨不拔基。大正乙卯小春十日奉贈
叙位恩旨恭賦似同窓會諸子　南岳恆
奉戴餘慶波自慶。春雲襯接白雲鄉。
天行有分能剛健。坤悳雖柔唯直方。
低屋雨聲茶氣靜。半窓梅影墨痕香。
老來復就簪纓列。先錄
宸宮賀壽章。丙辰孟春得自慶長律　香翁

の双幅を各自吟誦する事しばしする內、篠田幹事問會の辭を述ぶ。先づ黄坡先生時事談を講ぜられ、この弊を救ふには孔子の唱道さるゝ禮を中心とする教が必要である」と、結ばれ、續いて白雀の笠井翁起て節欲談を試み、魚梁翁眞面目なる口調にて却て滿座を笑はせつゝ村上氏の職堂談に譲る、田中治一郎氏は在塾當時を追懷し、松浦氏は專ら泊園書院の基礎を確立せしむる必要を說いて同窓諸氏に其の後援に盡力せられん事を熱望すと述べて談甚だ賑ふ、殊に三崎先生が曾て南岳夫子に侍されて早良川舟行の際、遇々聳立せる縊顯より墜木の奇禍あり人々狼狽せる中に夫子は泰然端座少しも動ずる風なかりし爲舟師を驚かされしお話には一同襟を正した、時に篠田老、席より進み會集三十六回を懷願しつゝ酒仙振りを發揮して意氣當るべからず獻酬引滿更の闌なるを知らず、十時を過ぐる頃散會した。なほ從來二名なりし幹事を今回より安達龜造氏を加へて、三名とし會務を處理する事になつた。(癸酉十月中浣　一香記)

## 會員消息

**吉宗耕英女史。** 曩日南區教育會より表彰せられて孝子の譽を得られたる女史は　今回關西中央新聞社よりも孝子としてその德を表彰せられ、聖勅下賜記念日に文部大臣より孝女鏡を贈られたり。

**穎川康氏。** 嘗ては故愛石氏に師事し今は東海氏に指導を受けて、漢學勉强の傍書道にいそしむこと幾歲仔々として撓ゆまざりし同君は今回東海氏等に勸められて出品したる第四回泰東書道展に入選せり。

**門脇才藏**氏ヨリ…(上略)今回鳥取藩人安達清風に、正五位を贈られ候處その傳記中天保六年三月鳥取寺町に生れ十三歲の時父に從つて大阪に赴き藤澤門下に入りて學ぶ云々と有之候泊園書院にては及門記錄可有之と存じ候も小生初聞に屬し御參考迄に申上置候(下略)

**小林繁**氏逝去。令息、猛氏より消息あり(上略)一四月、胃潰瘍を起してより種々療養に力め來り候ひしも十月十八日病勢急に革り遂に午後二時、七十歲を一期として永久に還らぬ黃泉の客として旅立ち申し候、回顧せば(繁氏の)五十有餘年前、今は亡き老先生の御慈愛に滿ちたる御訓育を受けし御蔭を以て爾來數十年淸廉なる一生を過し得候事是れ偏へに亡き老先生の賜と存じ奉深謝候(中略)何卒生前御懇情を忝うしたる御一同樣へ宜敷御傳へ被下度尙今後は亡父に代り小生に一層の御指導と御厚情を賜り度伏して御願ひ申上候(下略)　なほ遺稿數篇の中

辭世

人間一生誰無死。天壽享受古稀年。
宿業報來不治症。遮莫彌陀懷誓約。
昭和癸酉孟夏。七十叟　南里

**野口宗治郎氏。** 十一月十二日永眠せらる。

**藤澤成太殿。** 十一月三十日御退營。

**瀧波惣之進氏。** より玉信の一節「當臺北否臺灣には幣原臺北帝大總長と二人きりにて時々南岳先生の御話を致して昔を同想致し居り候益々書院及同窓會の御隆盛を祈上候

―寄贈圖書―
中洲會誌　第五號

(九月例會)

| | |
|---|---|
| 日暮到處有炊烟 | 宮崎東明 |
| 時看野牛小童牽 | 福岡雲外 |
| 門徑蕭條蓬過肩 | 梅見有香 |
| 謝客優遊樂餘年 | 五條松峰 |
| 得飄又憶顏子賢 | 田宮渭南 |
| 詩酒誰是李青蓮 | 篠田活園 |
| 有時悠々耕硯田 | 久保明山 |
| 鷗盟鷺約染錦箋 | 中村青巖 |
| 話聲正絕猶未眠 | 近藤翠石 |
| 月光如水浸窓前 | 笠井雪窓 |
| 一碧晴空雁來天 | 植野木州 |

(十月例會)

| | |
|---|---|
| 身在市井心林丘 | 笠井雪窓 |
| 吟心年々喜晚秋 | 福岡雲外 |
| 出遊好伴喚晴鳩 | 篠田活園 |
| 詩得好韻意自悠 | 三崎黄圃 |
| 獨嘯酌酒坐池樓 | 宮崎東明 |
| 孤雁落來蘆荻洲 | 五條松峰 |
| 飄然亦似一閑鷗 | 梅見有香 |
| 懶染髭鬢沒時流 | 田宮渭南 |
| 我與人間風馬牛 | 中村青巖 |
| 康樂履分大守舟 | 藤澤黄坡 |

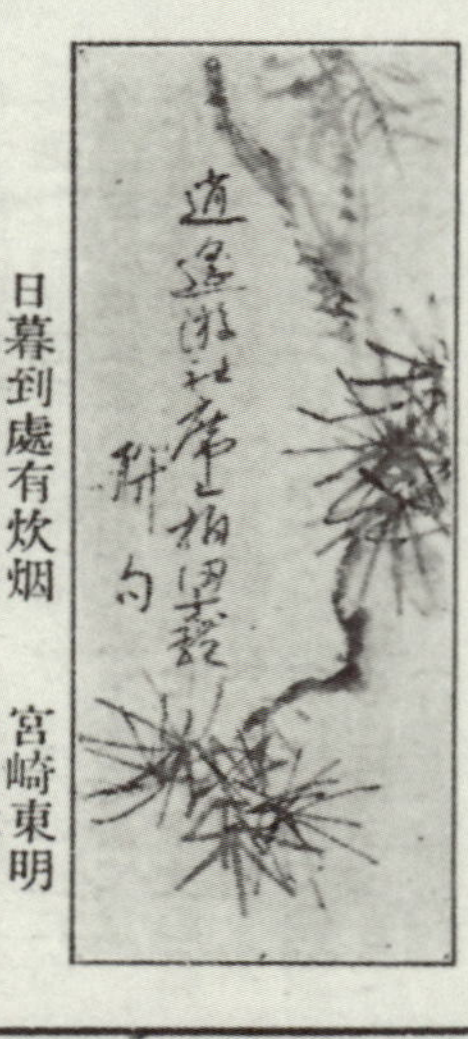

## 泊園書院記事

十一月五日　有聲會主催で盛んなる大講演會を催されたり。

十二月一日。藤澤成太殿御退營歡迎會を備後町綿業會館にて催し、且つこの席上に於てかねてより有志の屢會合して作製せる泊園(後援)會々則草案を凝議し滿場一致を以て贊成、直に出席者一同は發起人となり創立委員を選定し近く發會式を擧ぐる事となれり。多年の宿願は茲に實現の光を見るに至る。吾人は有志委員の勞を謝し之を新春早々同門諸士に報告し得ることを喜び、なほ大方の協力を切望して止まざるなり。詳細は別に發表す。

十二月二十二日。當書院に於て冬至祭を行ふ　本日より冬季休講

豫告

一月五日。尙德會發講式を當書院に於て行ふ。

一月十二日　開講。

◎正誤　前號淡泉遊草の記事中、忽忽・鑌鑌・州洲の外二三誤字を出しました事をお詫び致します

本誌後援寄附金收受報告ノ續

一金壹圓也　久保田勇郎氏　戸塚辰松氏　島田豕遂氏
同(一年分)　河田爲作氏　中山潔氏　平井竹世氏　六條照傳氏　豊田昌男氏

日課

月　大學
午前六時半七時半　午前九時十時　午後二時五時　午後七時八時
木　韓非子　小學 詠物詩選　左傳 古詩讀本　文章軌範
金　大學　版本通義 說文(石濱先生)

編輯　大阪市住吉區山阪町三丁目松原住宅第百五十戸　梅見春吉
兵庫縣武庫郡御影町字郡家　多田貞一

り二時間宛、藤澤黄坡先生を招いて漢詩の講話を催されて居ます御希望者は同神社へ申込みなさい。
―（參聽隨意）―

# 泊園

昭和九年二月廿五日印刷　隔月一回一日發行
昭和九年三月　一日發行　―（非賣品）―
廣告料　一行金五拾錢
編輯兼發行人　大阪市西區新町南通五丁目　梅見春吉
印刷所　大阪市南區竹屋町九（泊園書院內）　林泰進堂
發行所　泊園誌社　振替大阪一三八三九番（泊園書院）

課表
火　韓非子　小學　詠物詩選　論語　左傳　古詩讀本　文章軌範
水　大學
土　唐詩選
日　第一、第三、午前八時ヨリ　詩經　第二　小學　第四　詠物詩選　文章軌範
每月祭日　第二　第四　第五　日曜　休講

同人
大阪市南區千年町二　本平太郎
大阪市南區大寶寺町仲之町二　的場信太郎

## 論語講義　黄坡先生述

**曾子曰。愼レ終追レ遠。民德歸レ厚矣。**（政治）

**訓讀**　曾子曰く、終りをつゝしみ遠きを追へば、民の德は厚きに歸す。

**解釋**　此章は喪祭を重ずる所以を語られたものであります。**孔安國**の註に愼終は喪に其哀を盡すことで追遠は祭に其敬を盡すことである。人君にして之を行へば民其德に化せられて皆厚に歸する。と說いて居るのがよく意を得て居ります。**仁齋翁**は之を一般に事の終りを愼むこと遠きを遺れざることゝ說かれて居る、これは**皇侃**が初あらざるなし、克く終りある鮮し、終宜しく愼むべきなり。久遠の事、錄して忘れざるは是れ追遠なり。と說いたのに始まり、**東條一堂**なども大に之を主張して居りますが　愼終は古にも例は多いが、追遠の二字がどうも落ち着きがわるい様に思はれて、矢張り孔氏の解が無難と思はれます

この章に就て、**中井履軒**が面白い議論をして居るからこゝに述べて見ます。曰く子の父母に對し生事に力を竭くして其歡心を得るを孝といふ、喪と祭との如きはこれ生事愛敬の餘波影響であつて未だ孝とするに足らぬ、然し人の忽忘し易いことを能く謹愼するは篤といふべきで、決して喪祭が生事より重いと謂ふのではない、孟子の以て大事に當るべしといへるも、其一たび至らざるあらば悔改むること不能なる故である。近世の儒家が、一等の悖德があつて其親に對し生事に背て力を竭さずまた其歡心を求め得ず、甚しきは意見の合はざるために乖戾を致すに至り、親の歿するに及び喪祭を以て天下の大事となし敬を致すこと極めて嚴にして自ら以て孝となし其弟子を率ゐて曾孟の二語を主張して驁然として世に誇つて居るのは、本末に闇きものである、古人或は喪祭に忽なるも而も生事は敢て勉めざるはない、今人は喪祭に黽勉して生事を忽忘する、噫學の偏駁なる懼れざるべけんや。といつて居られる　誠に省みるべき說である。（第五講）

柔婉宜人宜室家　德容願爾勝才華
重三嘉節儀千古　春暖夭桃一樹花
戊申仲春　南岳

## 第五回　泊園同窓會記

抄錄　三崎驎誌

小生ハ己ノ學問上ヨリシテ壯年時ヨリ日新又日新ノ句ヲ印ニ刻スル迄ニ腦ニ粘著シアリシガ約十五年前己レノ創意ト信ジテ行フタ腫瘍ノ療法ガ好成績デ各方面ヨリ賞讃セラレシヲ以テ得々トシテ將ニ一論文ヲ草セムトセル時偶此ノ方式ハ既ニ約五十年前ニ英國ニテ行ハレシ手法ナル記載アルヲ發見シ唖然之レヲ久ウシ學派分立ノ弊ヲ痛嘆スルト共ニ大ニ覺ル所アリ后チ川邊青蘭女史ヨリ近來壯年者ガ新書法新手法ヲ用ヒタリト稱スルモノ少カラザルガ實ニ然ラズ前日モ某弟子ガ新手法ヲ用ヒタリト示セル書ヲ見ルヤ直ニ某書帖ヲ示シ君ノ新手法ト稱スルモノハ既ニ二百年前ニ此ノ如ク試ミラレタルモノナリト說明シ其ノ弟子ヲ訓ヘタリトノ話ヲ聞キ大ニ我ガ信念ヲ强クシ爾來汲古或ハ溫故知新ノ句ヲ印ニ雕リ自ラ戒トシツ、アリ此ノ意ニ適合スルニ非ルモ過日ノ同窓會ノ快味忘レ難ク遂ニ匣底ヨリ泊園同窓會誌第三冊ヲ出シ一讀再讀興味津々タルモノアリ或ハ同樣ノ興味ヲ感ズル人モアルベシト抄錄シ本誌編輯部員ノ需ニ應ズ當時出席セラレタル人々ハ一層感深カルベク後ノ人モ一種ノ參考トナルベク先考ノ說カレタル所ハ特ニ今日ニ於テ吾人ノ最モ意ヲ致スベキ所ト信ジタルニモ由ル也讀者其ノ古キヲ笑フナクンバ幸甚。

明治二十六年四月十六日中ノ島吟醉樓ニ開會來會者五十人曰鎌田衛、葉山恒、下岡龜一、福本元之助、中谷伊藏、河野春澤、尾中郁太、三宅幸四郎、田中松三郎、笹山勝太郎、田部全次郎、井口平三、遠藤菊次、阪本文一郎、伊藤忠次郎、芳谷彌太郎、藤戸基、以下在塾 桐田晋次郎、阪本粟夫（篠田舊姓）二氏塾政ヲ理ス 谷內清嵩、川岸金一郎、前田敬助、三村菅太郎、服部信、西尾隆（豊田留吉）沖本三郎、小林誠一郎、久保田義清、吉井傳藏　菅門隆教、岡本亘次郎、山本權之輔、前谷峰太郎、長者伍三、岡一衛、宇都宮英武、木下岩次郎、平井宗三、和田久元、伊藤小一郎、芳谷政次郎、櫻本熊吉、以下通學 村田又兵衛、金行英雄、富澤友太郎、石川兼次郎ノ諸氏也。

此日夫子ヲ始メ西里西坡（士亨士明兩兄ノ舊號ナリ）兩君稻垣秋莊君モ臨席セラル席定マルヤ會幹阪本粟夫君起テ來會諸君ノ好意ヲ謝シ愈進テ本會ノ擴張ヲ謀リ併セテ以テ斯道ニ及サムトノ意ニテ滔々論ジ去レリ次ニ西里君昨年東都ニ於テ開催セラレシ同窓會ノ狀ヲ報ジ且ツ世ノ浮薄ニモ拘ラズ我同窓諸君ハ斯ク情誼ニ厚キハ亦タ感喜ノ他ナシ望ムラクハ后來益交誼ヲ厚ウシ同心協力以テ世道ヲ一振シ人心ヲ喚起シ以テ斯道ノ普及ヲ圖ルベシトノ意ニテ懇切ニ演ゼラル繼デ西坡君尾中遠藤桐田田部鎌田山本等諸氏ノ演說アリ言々友誼溢レ語々厚情見ハル瑞烟樓ヲ繞グリ和氣堂ニ滿ツ酒已ニ三行ニシテ夫子左ノ說ヲ演ゼラル

今日ハ第五ノ會ニテ手ヲ一堂ニ握リ諸子ト共ニ胸襟ヲ披キ新舊ヲ談ズルコトヲ得ルハ尤モ喜ブベキ事ナリ依テ先ヅ諸子ノ厚誼ヲ謝ス且ツ前刻ヨリ諸子ノ演ズル種々ノ高說ヲ聞キ其ノ思想ノ厚キニ感ズ此レ亦タ感謝スル所也然レバ之ニ酬ユルニ一言ヲ以テセザルベカラズ乃チ贈ルニ利濟ノ二字ヲ以テセムトス彼ノ利ノ字孔夫子ノ罕ニ說ク所ニシテ孟軻子ノ大ニ斥ク所也且ツ利財私利ナド熟スルヲ以テ儒家者流ニハ嫌忌シテ絕テ口ニスルモノナシ此ヲ揭ゲテ諸子ニ贈ルト曰ハバ諸子ハ必ズ世ニ媚ブルノ說ヲ起セリト疑ハムサレド濟ノ字モ熟字ノ種々アルコトナレバ今說ク所ノ利モ濟モ決シテ惡シキ字ニ配スルニ非レバ唯之レヲ公私ノ間ニ分テ公ニ用ユルヲ願フノミ人間萬事皆然リ我ニ利スレバ人ヲ害シ我ヲ濟セバ人ヲ壞ブル唯一己ノ身上一家ノ經濟ヲ論ジテ他ヲ顧ザレバ其害ヲ他ニ及ボス亦タ少々ニ非ル也諸子夫レ意ヲ此ニ注ギテ必ズ其事ナキコヲ願フ因テ一聯ノ文字ヲ標目ニシテ贈ラム而已曰ク事以レ利レ人爲ニ事業ニ言能濟レ世即文章夫レ事ハ必ズ外ト公ニ限リ內ト私ハ棄テザル可カラザルヤト云ヘバ決シテ然ルニ非ズ是レ大道ノ實用宇內ニ貫通セル所以也大德ハ小德ト並ビ行ヒ一身ニ施ス即チ一家ノ利ニシテ一家ヲ興ス即チ一國ヲ濟スノ意味ハ吾ガ大道ニ限ル也他ノ一方ニ偏シテ一是一非一利一害ナルモノトハ同一視スベカラザル也今諸子ノ身各其家ヲ成シ其業ヲ得テ農ニ商ニ工ニ技ニ術藝ニ力ヲ盡シ此ヲ守リ此ヲ盛ニスル即チ世ヲ濟テ人ヲ利スル者ニシテ別ニ作用アルニ非ズ此レ余ノ諸子ニ期シ願フ所也

右演ジ畢ハルルヤ坐上杯ノ行グル疾カニ觴ノ飛ブコト頻也欵語笑談茲ニ半日ノ歡樂ヲ極メ午後六時散會セリ之レヲ昨年ニ比スレバ一層ノ盛美ヲ覺ユ　以下割愛ス

此ノ誌載スル所ノ詩文中二三抄寫シ置キタレバ更ニ本誌ニ寄スベシ

# 泊園藝文漫談續（一）

大壺

**漫** 談流行の世の中にこの泊園漫談ばかりが中絶したまゝでゐるのはどうかと思ふ。漫談子が舊泊園誌と共に怠慢を極めてゐる間に復興誌編輯の連中は熱心に泊園文献を探し廻つて珍物を掘り出してゐたんだから相當なものである。漫談子もチト勉强せずんばあるべからずと再び精を出す事とせう。

**こ** ゝに的場菊堂子と云へば知る人ぞ知る泊園切つての掘出し専門の名家である。漫談子なんかも彼氏の御蔭で東畡先生の筆を一二所有するを得て喜んでゐるが、彼氏の手腕は當世流行の書店古書即賣會の陳列中から城山道人稿の寫本を衆人環視の中から引抜くに至つた。大袈裟な言葉を使つたと思はれては困るから斷つて置くが、その即賣會へは他の泊園の人々も出掛けて行つたんだが、彼れ菊堂氏は後から立寄つて見ん事之を携へ歸つたんだから正しく字義通り環視の中から堂々と引つこ拔いたんだ。勿論本屋には何にも分らなかつたらう。漫談子も噂を聞いて特に願出て十襲の匣底から取出して拜見を許されて、見ると垂涎三千丈。そこで謹んで一本の副を作りたいから姑く御貸與の程をと申出てみたが菊堂先生にはニべもなく門外不出ですからと斷られた。斷られたつて矢張り寫したい。寫したいが病氣にならうとする時編輯部が附録で出す事に決したのは幸であつた。

**總** じて支那人は非常に刻書の功德を尊重するから寫本で未刊の儘傳つてゐるものは極めて少ない。然るに我が諸儒の著書詩文はさう云ふ美風の闕けてゐるせいか未刊のものが甚だ多い。是は非常に殘念な事だつたが、近年は稍々これ等の出版が企てられるので大に喜ばしい。城山先生の著書なんかは頴川君の云ふ所では四十七部百二十五冊に上ると云ふが果して如何なつてるんだらう。恐らく大部分は未刊の儘で遺されてゐるだらう。我輩なんかはえらさうに漫談すると云つて乍ら先生の遺著を見るの初めがこの城山道人稿なんだから人を食つてゐるし恐れ入りもする。泊園に縁の深い竈山先生編輯の城山先生詩集と云ふ珍らしいものを菊堂子が入手して之を社で早速に出版すると云ふのは實に有意義の美擧であつて極めて賞讃せざるを得ない。これからも是非泊園關係のものは未刊のものは勿論既刊でも希覯のものは出版する樣にしたい。敢て泊園に限る事もないが隗より始めよの義に從つたので、泊園叢刊とでも題してどしどしやりたいものだ。かう云ふ事こそ不朽の業なんだ。

**こ** ゝでは余は城山道人稿は先生の詩集で哲嗣竈山先生の編纂になる一冊のものだと云ふに止めたい。菊堂子は詳しく研究して寫本の書体から筆寫者に迄至る突込んだ精密なる考證があるんだから、之を菊堂子の報告に聞く方が當然だらうと思ふ

**所** で菊堂子の竦腕は再び南海遺珠と題する刊本の詩集を探し出して來て人を驚かしたどうも菊堂子のあの眼鏡が特別製らしい。よく見付けだす。これは惜しいかな卷之下一冊の端本だが藤澤甫元發達馬鳳儀卿同輯に係る刊本で横塘有則の跋に「城山藤氏其社中詩編爲南海遺珠」と說明してあるものなんだ。下だけで二卷ものか三卷ものかはよく分らぬ。

**何** と云つても城山先生社中の詩を東畡先生が編纂に與つてゐられるものだから泊園藝文志中に闕くべからざるものだが、見も聞きもしなかつたものだ。これは完本だと或は城山先生父子東畡先生の詩も出てくるんだらうかと思はれる。此卷でも聯句の所には東畡先生の這入つて居られる聯句がチヤント出てゐる。吉光片羽ありがたい。これは刊本だからして何とかして上卷でも手に入れて菊堂子の鼻を折つてやりたいものだ。

## 書細井廣澤書君臣歌後

藤澤黄坡

案史細井公謹嵯峨人年甫十一從阪井漸軒問道已而仕柳澤吉保大見擢任後遭讒致仕乃益修臨池之道大唱文衡山之法而其學深究朱王二家射騎劍槍天文算數莫不綜覈性又慷慨稱爲國器而遂掩於書云余每覽其書歎其雄渾蒼古毫無和人臭味今於此冊觀其國字遒美兼至濕厲兩備眞與假渾然如一耽讀不措且詳其君臣歌者實欲以之代伊呂波歌者而此冊即獻桑原卿以言其志者也噫其慷慨憂世之志足使人感奮興起不獨文字之感心目也堀越君亦有志於風教者今得此冊豈非天乎蓋公謹之志與歌竟不行於世矣維新之後教道大變于今五十年伊呂波歌亦遂廢而君臣歌則人知之亦少矣堀越君其有懷於此乎

## 詩經新譯四題（上）

逝水生

### 汝墳（國風、周南）

○遵彼汝墳。伐其條枚。未見君子。惄如調飢。

汝水の堤に、
薪を採るや。
主は歸らで
ひもじきがごと—。

○遵彼汝墳。伐其條肄。既見君子。不我遐棄。

汝水の堤へ、
また薪刈りに。
主は歸りぬ、
吾を棄てざりき。

○魴魚赬尾。王室如燬。雖則如燬。父母孔邇。

魴魚赤きごと、
王の責苦に、
身も燬かるれど、
父母もいませば—。

### 北門（國風、邶）

○出自北門。憂心殷殷。

北の裏門出るやうに、
心は常に憂鬱よ。

終窶且貧。莫知我艱。已焉哉。天實爲之、謂之何哉。

いつまで經つても貧乏な
此の身の艱み誰が知ろ。
愚痴はやめましよ止しませう。
神のあそばすしわざゆゑ、
とやかくいふも何になろ。

○王事適我。政事一埤益我。我入自外。室人交徧讁我。已焉哉。天實爲之。謂之何哉。

王の用まで背負はされ、
つとめの仕事もいそがしい。
疲れて家にかへつたら、
うちの人まで責め立てる。
愚痴はやめましよ止しませう。
神のあそばすしわざゆゑ、
とやかくいふも何になろ。

○王事敦我。政事一埤遺我。我入自外。室人交徧摧我。已焉哉。天實爲之。謂之何哉。

王の用までさせられて、
つとめの仕事もたくさんに、
くたびれはてゝ歸つたら、
家の人まで罵るよ。
愚痴はやめましよ止しませう。
神のあそばすしわざゆゑ、
とやかくいふも何になろ。

茶谷先生に謝す

この玉稿は昨秋すでにいたゞいて居り、新年號に掲載する豫定でありましたが誌面の都合で本號にいたしました事を。編輯部

## お知らせ

當書院に於ける早朝の時間及び第一、第三日曜の講義は公開せられて居りますから御希望者は御遠慮なく參聽して下さい。

## 本誌後援寄附金收受報告（泊園同窓會）

金壹圓也　千賀武一氏

金拾圓也　宮崎喜太郎氏

以下常費

矢崎精心氏

（一ヶ年分壹圓也）

福田三次氏　華岡龜之助氏　清水小錡氏　豐田國三郎氏　泉玄澄氏　廣井直吉氏　櫻根孝之進氏（再）　武田晴夫氏

金壹圓也　千賀武一氏　堤錦江氏　喜多島由太郎氏　勝田五郎氏

以下常費（二ケ年分）

矢嶋精心氏　鹿田静七氏　原田吉重郎氏　多紀仁之助氏　平井幸吉氏　中井新三氏　杉本由太郎氏　櫻樹孝之進氏（再）　玉置永彦氏　植野武雄氏　鷲田又兵衛氏（再）　小畑勝藏氏

# 漫録四則

川合孝太郎

## 歴代名人年譜

歴代名人年譜は、二版あるやうであるが、無論北平正文齋精校本の方が、夐に清朗でよい、但し精校とあれども、往々誤字を免れない、第七巻の開巻第一に、鄭漁仲を仲漁に作るが如きは、目に着き易き一例である、且二版を對照するに、文字に大分な相違がある、少し許りの沙汰ではない、これは互に得失があらうから、屹度吟味を遂げなければならぬと思ふのである。

それはよしとして、此の書に一つ不思議なことがある、それは書首に冠してある陳慶鏞の序は、沈炳震廿一史四譜の汪序及び凡例の文を、割裂點綴して一篇の文となし居るやうに見ゆることが是れである、陳慶鏞頌南は相當な學者で、特に御史となり直名天下に震つたと聞こゆる人物で、嘗ては王筠の句讀などの校訂に與つたこともあり、个樣なことをする人とは思はれないが、誰れかゞ名を借りたどもには非るか、一應詮議をして見たいと思ひながら、未だ及ぶに暇がなくて居る。

次手に一言す、**學者に悖徳行爲のあることが、**和漢共に往々見ゆるは、嘆かはしき至りである　江州富永滄浪の古學辨疑を平安の敬所翁が校刊した其の序文に、この書は嘗て伏見の龍公美が之を盜み、名を換へて出版せしゆゑ、今其の寃を雪ぐ由云つて居る、公美などはやり兼ねないかも知れぬが、支那で有名な日知錄集釋は、未刊遺書志略に據れば、もと李兆洛の著であるを、黄汝成が其の藁を假り、上古三代漢魏六朝文は、孫星衍の纂輯であるを、嚴可均が攘みて已れの有となし、其の他玉函山房輯佚書は、章宗源の編輯にて、馬國翰には非るよし、此の類の消息は頗る多く、古く溯れば向秀の莊子注を郭象が攘取したなど、随分昔へより行はれ來つて居る次第であるが、**唾棄すべき陋習弊風である。**

城山先生

# 通鑑に見ゆる語 5

岡本勝

◎草壁　邦訓クサカベ天武天皇の皇子の御名であるが唐土にも九十一巻に慕容草壁と云ふ人が在る、無論音讀では有るが。

◎樗蒲、チョボ、博奕の事だが晉の明帝の時に見える（九十三）

◎烏呼、普通嗚呼と書く百三十九齊紀五明帝の條に見ゆ。

◎萬葉、奈良朝和歌集の名であるが通鑑百三十九巻齊紀五明帝の條に見ゆ。

◎恩給、恩給亡國とか言うて今議會にも問題改正する事と成たが語は百四十九梁の武帝の紀に見える。

◎評，物を評論する事の義で之に兎角いふ事はないが通鑑に依ると古へは評と書かず唯平とのみ書いて有つた、物事を公平明直に云爲する意、而して魏晉以來、旁に言を加へて評に作るとある、書經堯典の平章百姓の平も古來ベンと訓んで辨の義に解してゐる樣だが徐ろに考へて見ると此の通鑑の注で意義が證せられはすまいか。

◎頭爲漆椀，百六十二梁紀十八武帝の太淸三年十一月の條に見ゆ、又百六十四梁元帝の條には煮而漆之とあり、更に二百三巻唐紀十九高宗の條には漆爲穢器と有る、乃ち人頭骨に漆して種々の器に使用した事が判る、元より殘忍性に富む支那人のことだから色々な器物として玩弄したもので有らうし随て刺客傳豫讓の處の飲器も解せられると思へる。

◎紙鴟以飛，往昔墨子は飛鳶を作たとあるが是には紙鴟と有る。南北朝陳紀一武帝の百六十七巻に見える。航空の事を始終考へ又研究してゐたものと見える。

◎玉碎瓦全、百六十七陳武の紀に見える。百六十九陳紀三文帝の條。

◎日就月將、我が戊申詔書に拜する語であるが百七十一陳紀五、宣帝の條に見える。

# 漢文訓讀の改正すべきもの（三）

潮江

（乙）**確定法**　從來確定法といへば單に既存の事實を條件とする場合だけを擧げてゐたが實際は其の他に尚一二の項目を設けなければ此の條件法の詳細を盡すことが出來ない。私は之を左の三項目に分類する。

（イ）**既存事實を前提とするもの。**口語の「…シタカラ」「…デアルカラ」といふ場合がそれである。即ち動作及性狀に關する一切の既存事實を前提として下文の事實を推論する場合である。

例

○子曰「周監二於二代一」郁郁乎文哉。吾從レ周。（周は實際二代に鑒みたから……）

○子路問。聞斯行レ諸。子曰「有二父兄在一」如レ之何其聞斯行レ之。（汝には現に父兄が御存命であるから……）

○舜有二天下一「選二於衆一擧二臯陶一」不仁者遠矣。湯有二天下一「選二於衆一擧二伊尹一」不仁者遠矣。（臯陶を擧げたので……）

○「天既未レ欲レ喪二此文一」則匡人其如レ我何。（朱注）（天は既に此の文を喪すことを欲してゐないのだから……）

○「關中阻二山河一四塞。地肥饒」可二都以覇一。（史）（土地が肥えてゐるから……）

○夫「以二秦之强一攻二新造之趙一」其勢必擧レ趙。（史）（今あの强い秦が新造の趙を攻めてゐるのだから……）

附記　本項の條件句が若し轉置されて述語の位置に立つた場合は訓讀は其の儘で「…スレバナリ」となる。

○子曰。古者言之不レ出。恥二躬之不一レ逮也。

○非二敢後一也（奔而殿者）馬不レ進也。

（ロ）**一般的時機（一般的事實に依つて時を示すもの）を以て下文の事實を招致する必然的條件とするもの。**

口語の「…ノ場合ニハ（時ニハ）」といふのがそれである。即ち本項は一般性をもつ眞理性狀或は習慣等を述べる場合に於て、一般的時機を提示し之を以て下文の事實發生に對する必然的條件とするものである。例へば「雨フレバ道惡シ」の「雨フレバ」が本項に該當するものであつて「雨フル」といふ一般的な時機を以て下文の「道惡シ」といふ事實を發生する必然的條件となしたものである。本項は從來假定法の一般的事實を假定するものと往々混同されてゐたものであるが、等しく一般的な條件を表はしてゐるものでも事實を假定してゐるものと時機を提示してゐるものとは決して混同すべきではない。誠に畏れ多い事ではあるが從來屢々問題とされてゐる教育勅語の「一旦緩急アレバ」といふ句も本項の場合と見れば文法上決して差支はないのである。

例

○「有レ事」弟子服二其勞一。「有二酒食一」先生饌。（何か仕事のある樣な場合には弟子たるものが其の勞役に服す……）

○子曰「吾不レ與レ祭」如レ不レ祭。（私は祭儀に與らない場合には祭らない樣な氣がする）

○「席不レ正」不レ坐。（席が正しくない樣な場合には坐らない）

○「過」則勿レ憚レ改。（過をした場合には改めるに憚るな）

○「行而有二餘力一」則以學レ文。

○「父在」觀二其志一、「父沒」觀二其行一。

○弟子「入」則孝。「出」則弟。

○「非二公事一」未三嘗至二於偃之室一。

○子曰「事レ君盡レ禮」人以爲レ諂也。

○「見レ賢」思レ齊焉。「見二不賢一」而内省也。

○「深」則厲。「淺」則揭。

○「子於二是日一哭」則不レ歌。

○子曰「三人行」必有二我師一焉。

附記　本項の樣な場合に單に時のみを示してそこに因果關係を兼ねしめる樣な訓讀法もある。「過則勿憚改」の「過」を「過チテハ」と訓み、「行而有餘力則」を「行ヒテ餘力アルトキハ」と訓むのがその例である。しかし此は一般に順体の條件を表する場合の問題であつて、特に「バ」に連接する場合を説かんとする本稿の問題ではない。

### 贈柿村士峻井序

神田豐城

故福岡高等學校教授柿村松南君余畏友也初其奉職于大阪陸軍地方幼年學校教授也余亦適爲其講師因辱交焉其後余辭職繼松南亦疾而去後復奉職于福岡高等學校既而又以疾辭遂不起爾來數年嗣子峻君既成立爲熊本縣師範學校教諭更以本年十月補東京陸軍幼年學校教授赴任余得其報不覺嗟歎曰柿村氏有子矣因作七絕二首賀其榮轉并白松南之靈松南以文章報國爲畢生之志作本朝文粹註釋若干卷實爲破天荒之學不朽之名著爲之拮据研鑽十餘年殆竭其心血然其功不空終以是得浴恩賜賞之光榮可謂偉矣其在幼年學校爲生徒著古今文粹一卷余亦與焉是固不過一小著作耳然而今峻君之赴任偶覩其編而感慨無量云第二首故及

夙繼箕裘登學官。芳聲美譽一車擔。九原知是當含笑。有子如斯亦足安。（第二句借用唐賢美譽芳聲有一車之字句者亦聊有意焉）

一部古今文粹編。緒餘著作亦千年。乃知齊日思其樂。感慨係焉非偶然。

### 從好窩記

笠井雪窓

吾今正富矣。有財乎。曰、否、吾有一畝宮。而未足以言富也。負郭又有一頃田以。餬數口。而亦未足以言富也。樓上有數萬卷書。書不生財。亦未足以言富也。三者未足以言富。則吾所富者。何也。孔子曰。富而可求也。雖執鞭之士。吾亦爲之、如不可求、從吾所好。夫從所好者。其心也樂矣。是富乎心也。已富乎心。則雖無財。亦非可謂富矣乎。吾本古河侯之臣也。藩廢。而移居于此。于今六十有三年。其地在華城東南里許。屬東成郡。而今屬華城。本面街而屋。車馬喧闐。吾厭之。明治甲午。堂於屋後。而毀之植樹。樹環堂。欝乎蒼々。如在深林中。吾風蓊披簾。對之以爲樂也。昭和癸酉七月。又毀堂後之屋。以爲園。於是。園廣倍舊。乃鑿池放鯉鯽。曰相忘池。臨池構亭。曰心遠亭。有八景。曰桂階天香。池亭凉月。藻閒游魚。丘上虎耳。梧陰清風。棗梢鳴蟬。綠叢点紅。庭柯殘雪。各係以詩。誦之。予之所樂可以知也。臨庭有樓。曰孝終樓。樓西有窓。可以望六甲之雪。曰雪窓。樓下即堂也。吾久在育英職。朝出暮歸。庚午二月。辭而就閑地。然子女婚嫁未了。未全閑也。辛未五月。爲華山迎婦。而今茲二月。嫁香雨。而后始閑也。乃賦詩以言志。時描詩爲畫。以自樂。有來訪者。少者說孝之始。壯者說其終。而老者說素而行之道。或說學之貴自得。或說道之在乎邇。或說德之輶如毛。或說誠之之方。或浩然氣。或止至善。所說不盡於此。是其一而已。詩人語詩。畫家談畫。而俯仰則曰。釋迦之在菩提樹下而所悟者。何也。鑽仰而大悟徹底。曰上求菩提。即向上也。以是濟度。曰下化衆生。即向下也。此二者全。而后始盡其職。不可以葬埋同向爲能事了矣。而法家兵家則曰。運用之妙。在乎一心也。然聽之而有得焉者。有不得焉者。得與不得在於人。而不在於我。我唯以是爲樂也。而此樂也旁礴天地。比之於積數千萬金者之樂。何唯倍蓰。則我心之富不亦大乎。而此富也生於吾所好焉。於是乎。我名吾堂曰從好窩。夫人心之不同。如其面。故所好。亦人々不同也。則豈無從其所好而貧者乎哉。噫

### 甲戌元旦口號

藤澤黃坡

前星既見耀高宸。南北東西瑞色均。
歡發鵝黃雲露液。詩隨鶯哢電波脣。
途分步乘行皆穩。人莫醉醒心悉春。
斯地迎年同幾十。今朝氣味更加新。

### 儲皇殿下降誕恭賦 并序

藻州　牧野謙

先朝時。今上陛下在東宮。有納妃議。元老間有持異見。事傳不諧。謙等一介書生。竊身在江湖。心存魏闕也。有所論存矣。今者何幸恭開盛事。俯仰之間感慨曷已。詩以述之

洋々萬歲溢華夷。天祚　皇家篤國基。
是日擧盃慶孰比。當年越俎謝無辭。
周德常希麟趾美。杞憂竊恐碩人悲。
罪戾始欣今獲免。君王已是夢熊羆。
金星繞月夜光奇。曆象先開聖瑞時。
一旦慶傳　九重喜。萬年懽涌兆民辭。
明々　皇祖如神在。眇々微臣奈感滋。
顧待　君王除服日。共歌天保壽邦基。

### 思無邪疊韻集（五）

植野木州

卅二　移家似晩香　晩香亦紀州産

春來吟興詎思邪。贏得驪龍珠一車。
澁谷耶離迎子駕。加州坊欲徙吾家。
獨巡馬厩扉猶鎖。共住牛臺室不遐。
天下壯觀誰比者。唱酬連發海南花。

卅三　似晩香

年少欲除天下邪。追隨漢代李輕車。
竊期韜略聊酬國。敢望文章別作家。
雪練一身心益壯。雲侵雙鬢志猶遐。
偸閑屢乞先生教。馬上吟風又詠花。

卅四　詠紀藩寄晩香　草海元二郡名

龍祖當年拂百邪。戎車事罷治文車。
岡山相地築城閣。艸海成都列市家。
紀勢二州封彊廣。星霜十世歲華遐。
欽君才筆如椽大。取次咏來鄉國花。

卅五　春悼　竹田宮

可惜南巡氣受邪。東風四月返香車。
督兵屢撫原頭樹。繫馬曾臨獄麓家。
竹葉無光新落下。仙雲有恨遂登遐。
斷腸春苑陪遊跡。遺愛紅開躑躅花。

卅六　講和使節

和議將成正伏邪。一千億鎰贖金車。
猶存差別分人種。徒約聯盟超國家。
廢帝身輕知責重。使臣任大感途遐。
風流應解折衝術。空賞巴黎城裏花。

卅七　詩戰酬晩香

肉薄何爲益急邪。軍容漸整未廻車。
颱風入韻加君意。世界求題守我家。
不厭天涯情緒異。莫尤海外路程遐。
想應百韻剩詩料。悉詠歐南向北花。

卅八　香港

或恐淸溪近若邪。採蓮舟接冶遊車。
雲間閒道峰成市。水上託生桴作家。
風俗維新桑海變。山河依舊桂林遐。
胡兒蠻客垂楊岸。猗謌驊騮入落花。

卅九　錫崙島

奚疑像末法歸邪。眼看難行陸路車。
檳榔林中蠻子館。沙羅樹底佛陀家。
石峰巍峨上方近。鐵路逶迤下界遐。
靈地如今多濁惡。淸芳獨有白蓮花。

四十　馬耳塞鐵路過里昂入巴黎

航去四旬何永邪。棄船始上歐南車。
灣心孤島古城獄。陵脚連甍新埠家。
地海斜通伊國濶。鐵輪直過里都遐。
近來此土添殷賑。移種五洲佳麗花。

四十一　巴黎

卅萬飛輪何衆邪。大街自動快馳車。
摩天千尺工師塔。覆地三層歌劇家。
熱閙不論都與鄙。珍奇豈別邇兼遐。
秖今政客如雲聚。競發外交場裏花。

### 會員消息

◎中山　潔氏。市内天王寺區高津北之町五五地へ。

◎松浦捨吉氏。南區末吉橋通り一丁目一貳へ

◎宮崎青湖氏。兵庫縣武庫郡精道村濱芦屋西新田一八九六へ。

◎吉崎善三郎氏。天王寺區松鼻ケ町三〇へ。

何れも移轉さる。

### 泊園書院記事

一月五日。

尙德會發講式、講題。周易離象辭

明兩作離。大人以繼明照四方。

午後拜年式を行ふ。

一月十一日。開講。

泊園會は創立委員諸氏の努力に依てその大綱と細則を發表し創立發會式の準備進捗しつゝあり

◎會員諸子へ……洗毫子より

イ、御住所の移動は是非御通知下さい。

ロ、本誌講讀御希望下さる方は郵券貳錢添へて御申込次第直ちに御送附申します。

泊園

昭和九年四月廿五日印刷（隔月一回一日發行）
昭和九年五月一日發行（非賣品）
編輯兼發行人　大阪市西區新町南通五丁目　的場信太郎
印刷所　大阪市南區竹屋町九（泊園書院內）　林泰進堂
發行所　泊園誌社　電話南六八二七　振替大阪一三八三九（泊園書院）

# 釋奠講經

王子墊問曰。士何事。孟子曰。尚志。曰何謂尚志。曰。仁義而已矣。

**讀方、**王子墊問うて曰、士、何をか事とする。孟子曰、志をたかうす。曰、何をか志を尙うすと謂ふ。曰、仁義のみ。

**講說、**本日は例年と變つて孟子の語を取つて御話を致さうと存じます。こゝに掲げましたのは孟子の盡心の上篇にある章の一部分でありまして、字義は、齊の王子で名を墊と云つた者が孟子に「士は何を仕事とするか」と問ひましたによつて、孟子は「志を高尙に致します」と答へますると、王子は更に「志を尙うするとは何をいふのか」と尋ねられました。そこで孟子は「仁義のみ」即ち仁義を以て志とすると告げたのであります。

猶ほつゞいて其說明を述べまして「一の罪なきを殺すは仁にあらず、其有にあらずして之を取るは義にあらず、居、いづくにかある、仁是なり、路、惡くにかある、義是なり、仁に居り義に由れば大人の事、備る矣」といつて居るのであります。

この**士**といふものを、宋の朱子が、上は卿大夫、下は農工商賈、皆事とする所がある。而るに士は其間に居て、獨り事とすることがないから、「王子が之を問うたのだ」と註せられて居るのであります。これが後の學者に議論の種をまいたことになります。即ち卿大夫士といへば皆官職がある。士獨り職がないとはいへぬと疑ふ人もあり、遂に、士とは學者の通稱と說く人、或は士人と言ふが如しと說いて居る人もある。仁齋子の如きはまた「士無事而食不可之意」と說かれた。すると孟子に當てつけたことになつて來まする。また其下の「一の罪無きを殺す云々」は當然諸侯のためにいつた事になり、また末の「大人の事」は大人は卿大夫を謂ふと註してあつて、上と話の筋が通らぬから「其志が此うであれば大人の事の體用が全い」と說いてあつて、甚だ六かしい說明になるのであります。また王子が孟子にあてつけたから、孟子は之に對して、「殺一無罪云々」と王子にあてゝ答へたのだと說く樣なことになります。一體孟子には時々理窟に陷る論があり、何かといふと逆襲的論鋒がありまして、遂に「孟子は辨を好む」といふそしりを取る樣なことになつて居ますたゞ古注即ち漢の趙岐の註には何等かゝる岐路には觸れずに、平坦に本文を說いて居り、また孫奭の疏にも此章は「王子に過差無からしめんことを欲したのだ」と說いてある。即ち王子も自己の心得を問うたものとして說いてあるのであります。私はこの孟子の理窟めいた所を好まぬのであります。今日はまた一切上述の如き問題を離れまして、たゞ「**士は志を尙うする**」といふことに就いて卑見を述べたいのであります。此意味に於て御聽取を願いたいのであります。

凡てこの上代の社會の成り立ちによりますと、この民といふ農工商といふ者は、自分の職業によつて其身其家族を養ひ、また其生出するものによつて利益をも收めて、安樂な生活をするといふ。これが其生存の目的であり、樂みでもあり、即ち一個人の私的生活が主となつて居りまして、其間に群居して居るための相互間の道德といふものが生じて來るこれが民といふものであります。**士**といふものは之と異つて此の民の生活、社會といふものゝ世話をする、指導をするといふ側に一身を任ずる人であつて、現に位に居るものは勿論、まだ其年輩にならぬものも、其方面の學習修養に從事して居るものを士といふのでありまして、これが職に就けば實地に政事の務に服するのであり、其功を積み年を重ねて大夫となるのであります。

論語や孟子などに士とあるのは即ち此の類でありまして、即ち私的生活といふよりは、社會のため、國家國民のために其身を働かせる者であります、だから論語にも、**士は道に志す、**しかるに惡衣惡食を恥づるものは、つまらぬ者であると孔子は言はれて居るのであります、此章に孟子が「志をたかうす」といつたのも同じ心持ちであり、王子の問ひも、まだ修養時代にある王子其人が自分の心得のために問うたに過ぎぬと見ればよいではありませぬか、だから孟子は下文に、無罪を殺すな其有に非るものを取るな、即ち當時の諸侯がたゞ攻戰をこれ事として居る處に向つて一言して王子の反省を促したものであります。

古の世態から申せば右の如きものでありますが、これを今日に考へて見ますれば、只今の制度から見て、凡ての民人は法律に除外せられて居るもの以外は皆政治に關與する權を持つて居り、また自治といふ事になつて居りますから、古の樣な治者被治者といふ劃然たる區別はありませぬ。否凡ての人は皆士たる心懸けでなければならぬのであります、職業は、農もあり、商もあり　工もあり、其他の雜業があつても、たゞ自分の利益、幸福といふ點にのみ考を置いて仕事をするといふことは許されぬことになりました、從つて此の「**志を尙うす**」といふ語を考へて見ねばならぬのであります。この仁といひ、義といふも之を一人に取つて見ますれば、他人に損害を與へ、不快を與へる、即ち互に助け互に養ふといふ點に負けば不仁でありませう　自已の取るべからざるものを取り、自己の義務を怠るは不義でありませう。自ら此の如き行爲は行はぬといふ、理想を高尙にすればこれ尙志の人でありませう。

吾々一般人誰として右の志を立てずには今日に居ることは出來ぬ筈であります　まして現に其身公職に居つて、或は官吏となり、或は名譽職の如き代表的仕事にたづさはる人であつて、獨り自分の利益や一家の幸福にのみ意を用ひ、甚しいものは其位置を利用して反つて自分の利益につとめる樣な事があつては尤も惜しむべきことと存じます。私は今日この尙志といふ二字を以て皆樣に御贈して一般の人々のためにも此の方面に着意せられる樣に御勸めを願いたいのであります。これを今日の御話といたします。

## —豫　告—

### ◆泊園書院の展墓

來る五月六日（第一日曜日午前九時舍利寺——同十一時齡延寺）に行わるゝ泊園書院の展墓は五月七日の菅廿谷先生の百七十年の御命日を繰上げて法要を營まれる由、多數の參拜者を望む。

### ◆道明寺の釋奠會

道明寺の釋奠會は來る五月十三日（第二日曜日）午前十時より道明寺村土師神社—道明寺天神—に於て擧行式後席上揮毫、圍棋、喫茶等に晩春の一日を優遊する豫定。なほ本會は故南岳先生の首唱に由るもの、有志の方は奮て參會せられたし。

會費　參圓

## 消息

……彰せられたり

○小畑勝藏氏　神戸市葺合區脇濱町三丁目三九ノ一へ移轉

## 課表

| 火 | 水 |
|---|---|
| 韓非子 | 孟子 |
| 小學 詠物詩選 | |
| 論語 左傳 | |
| 文章軌範 | |

| 土 | 日 |
|---|---|
| 唐詩選 | 第一、第三、午前七時ヨリ 詩經 |
| 第二小學 第四詠物詩選 | 毎月一日 祭日 第五日曜 休講 |
| 文章軌範 | |

顧問　石濱純太郎　梅見春吉

同人　本條平太郎　的場信太郎（大阪市南區大寶寺町仲之町二）

## 翠濤園讀書記

大壺

錢氏の版本通義の講說を終る頃になつて彼の著書二種を新に見るを得た一は例の商務印書館の國學小叢書本として出た周易解題及其讀法一冊である。目錄を擧げて紹介に代へて了度い。

一、緒論
二、周易二字解題
三、周易之作者
四、周易見於先秦諸子之引說
五、漢以後周易之學者及其說解
六、周易之本子
七、周易之讀法
　一、明易之學
　二、讀易之序
　三、籀易之例
　四、說易之書

說く所は所謂る義理派傳統的の易說で別に變つた點も無い樣だ。易道は廣大にして包ねざるない所から推衍して洋學現代科學に迄及ぼすんだから、矢張り易によつて支那國粹哲學を組織せんとするものと見える。だから第五章では嚴復や杭辛齋の易說に及んで之を一新塗を闢くと推賞し、第七章では洋學說を引いて明易之學を說明し、又易に關係ないが義理は互に發明する所ある參考書として赫胥黎（ハツクスレイ）斯賓塞爾（スペンサア）柏格森（ベルグソン）の著述を擧げてゐる。漢學も中々面倒になつてくる。

一は世界書局から出た古籍擧要一冊である序に共著の成る所以を說明して曰く、長夏無事、課從子鍾漢讀番禺陳澧蘭甫東塾讀書記時有申論、隨記成冊。其中有相發者、有相難者、每卷得如干事。盡四十五日之力訖事。陳氏以東塾名其廬、而僕課子弟讀書之室、會在宅之東偏。遂以後東塾名吾室、而董理所記、都十七卷、署曰後東塾讀書記、而古籍之精要者粗擧、以與陳記、合之則互爲經緯 而分之則各成篇章、庶幾並行不廢云、と。その內容を推知し易きに取つて古籍擧要と題したらしい。卷一孝經、卷二論語、卷三孟子、卷四周易、卷五尙書、卷六詩、卷七周禮、卷八儀禮、卷九禮記、卷十一春秋、卷十二小學、卷十三諸子、卷十四西漢、卷十五鄭學、卷十六三國、卷十七朱子、であるが、卷十一春秋下には史學を論じ、卷十三諸子の中には辭賦家に及び、末には文章の流別を辯じてゐるから遍く四部に渉つてゐる。又孟子與三民主義とか、尙書與殷虛甲骨とか、焦循與章炳麟とか康有爲與廖平とか、隨分新しい所迄も論じてゐる。深奥なる研究ではないから、卓拔なる議論とかゞあると云ふのでないから、寧ろ解題的なる支那學隨筆と稱すべきもので、序に云ふ如く陳澧朱一新等漢宋兼綜派の風を承けて持平の論が多いから志學の徒には好箇の概論的智識を與へやう。良著と云へる。

因に古籍擧要の自序には時在中華人民造國之十九年八月と擧げ、奥書には中華民國二十二年十月初版と出し、而して著者の肩書は光華大學中國文學系主任となつてゐる。

徂來物先生贊
聖人之道降爲儒乎 先生出而道始道矣儒者之教変爲
禪乎 先生出而教始教矣宇猶宙也萬里寰乎 先生合
而畢之宙猶宇也千歲邈乎 先生貫而徐之觿焉者背焉
者皆浴厥膏譽焉者毀焉者孰窺厥奥
後學 藤澤甫頓首拜手敬撰

（白藤氏藏）

## 泊園同窓會誌 第三冊抄錄（其二）

### 東都懇親會記事

三崎驎誌

東都留遊の諸氏春秋二回同窓の會あり、共後中斷するもの久し。昨二十五年大城戸宗重指原安三、古林龜次郎、北村幸次郎の諸氏共此の如きを慨し、相謀り、再び此會を興し以て永く先生薫陶の厚恩を銘し、友朋切磋の情誼を盡さむとす 乃ち共十二月廿五日午後二時を期し麹町區飯田河岸の富士見樓に會す時に西里君（士亨兄小年時の號）彼地に在り先生に代つて共席に臨まれたり。會する者曰山田喜之助、加藤與次兵衛、大城戸宗重、指原安三、黒本植、近藤忠恕、古林龜次郎、北村幸次郎、田口孝太郎、中野碩、高田敬三、三宅角五郎、高橋豊三郎及び西里君を合せて十四名坐定まるや、古林君立つて開會の意を陳べ松岡萬次郎、綾井丈夫、鴨居武等諸氏事故ありて列席する能はざるの意を告ぐ、指原氏立て一言し祝規する所あり、次で西里君、大城戸氏の介を以て立て先生の贈言を讀て曰、

明治廿五年十二月舊門諸子東京に在る者二十五日を卜して富士見樓に會し以て舊誼を厚くすと聞き遙に一言を寄て諭し、且告て曰く

歲尾の日僅に其の六を餘すのみ、世間誰か逝く者は此の如き乎の嘆を起さざらむや諸子亦新年を迎ふるに當て舊に感ずる所あるか、又聚に居て散を思ふの感あるか、此の一集會ある情の発る能はざる所なるかな、舊盟を溫め舊情を話するは朋友情義の常也只新舊の字面に眩し、舊に之れ泥み新を之れ忌むの弊なき能はず、世の新を之れ求め舊を之れ排するの徒と同一過失也咄々即色即空の名を知て即舊即新の外に放て後に始て萬世不朽の妙境を認め得べく泥々乎として夫れ其妙境妙體は安くに在るや崇德此なり而して自力に源ずるのみ、或は升り或は沈み或は榮へ或は枯る、皆な自已の招き致す所にして、百般の事業みな其人々の力の多少に隨ふ世人或は他力を唱へ以て卑怯の心を培養する、豈に違はずや故に自重自勉奮て共志を達するは諸子の嘗て余に聽ける所にして、科に盈て進み、以て海に到るの効を待つは余が諸子に期する所也。抑共の駸々自ら勉むるに當て共人自ら省するに暇なく、穽に臨て知らず策を失て知らざるなり。朋友傍に在るもの之を警しめ、之を救ふ。此れ舊誼の終に已む可からざる所也。

聞く本會は古林北郎二子の憤發周旋多きに居ると二子共に自ら勉るの最なる者也。故に今自力の二字を贈て之れを諭し兼て滿場諸子に告ぐと云ふ。

右畢て羽觴飛び杯盤舞ひ新知舊交互に胸襟を披き肺肝を吐き、往を談じ、來を語り、情意歡合和氣靉靆巖冬沍寒別に春を占む耳熟顏酡し 各醉飽して歸途に就く、全く散會せしは九時頃なり。是日寒威凜冽加るに北風剪々砂を捲き、石を飛ばし沍陰黯慘樓上の春僅に紙窓を隔てば即ち冽風肌を剪き寄寒指を墮す（中略）

東都の地は人文の淵叢なり。夫子の恩に浴し、徳に沐するもの、蓋し百の多きに及ぶべし。獨時歲末に際し家を成せるものは各業務に鞅掌し、學に勉むるものは冬期休業を以て京に在らず、且つ分散離別音容杜絶居處詳かならず、且つ準備匆卒廣く諸氏に通ずる能はず、會者僅かに十數名に過ぎざるを恨む。然れども年々漸々に赴く知るべきのみ。古林北村兩君實に事を幹し周旋備さに至る。且つ其の狀を報ぜらる。因て之れを綴て諸君に報じ合せて兩君の勞を謝す。前約文と詩と次號に讓る。」乞ふ之を恕せよ

**泊園會常任理事會** ハ毎月第二土曜日午後二時ヨリ開キマスカラ御承知下サイ。

**泊園書院** ノ早朝講義ハ公開デス。好學ノ方ハ遠慮ナク聽講シテ下サイ。

**本誌購讀御希望** ノ方ニハ郵券貳錢封入御申込次第オ送リ致シマス。

### 本誌後援 寄附金收受報告（泊園同窓會）

一、金壹圓也　市川鈖三郎氏（再）　[illegible]

以下常費（一ヶ年分壹圓）

加藤亮吉氏　沖本三郎氏
平泉豊三郎氏　尾中郁太氏（再）
坂本唯三郎氏　大守熊治郎氏（再）

以下常費（四ケ年分）

大河內安藏氏

昭和九年五月一日（火曜日）　泊　園　第九號　（三）

一、金貳圓也

岡本奇堂氏（再）　小野銀馬氏　沖本三郎氏　矢野榮三郎氏　山脇市太郎氏　門脇才藏氏（再）　勝井正信氏

以下常費二ケ年分

高橋秀林氏　多田黄山氏　中濱富三郎氏

以下常費（五ケ年分）

野路靜夫氏

## 漫録

### 三餘續筆

川合孝太郎

三餘偶筆は、夙に我が國にも覆刻せられたゆゑ、珍らしくないが、續筆に至つては、絶へて見しことなく、初めは此の書のあることをすら知らなかつたが。其後論語の古注集箋を讀みしに、往々此の書を引用せるので、始めて此の書あるを知つて、欲しく思ひ、爾來心懸け居りしも、終に見るを得ざりしに、故友池田蘆洲君が不圖、鈔本を得た由聞及び、借り來りて寫し取らしめ、自ら校訂を加へ、卷末に左の跋語を書き附けて置いたのであつた。數ふれば十五年前の事に屬する。

右三餘續筆十二卷。原抄本池君公承所藏。今玆八月借覽。命書手逐寫。十月十三日告竣。書手不識字。訛舛累々。校訂甚費力。今月十四日完了。此書前筆十六卷。我國天保中翻彫。人々得寓目。而從未覩彼邦傳本。無論單行本。乃各家叢書彙刻。並未收。及撿書目諸書。亦絶不著錄。洵以流傳尠乎。前筆且然。況此編乎。嘗讀論語古注集箋。引有三餘續筆之目。如學而篇子禽章。先進篇顏淵死第一章。因知前筆之外。更有此編也。予愛其精確。久希一見。今乃因池君得寫藏一本。幸出望外。池君云。少時讀津藩通鑑。見欄上校語引此編。往來於懷四十年。近歲始拾得之於古書展覽會。此編世多不知。不意得同好。喜有隣也。己未十一月既望。

數年前諸橋博士の招きに因り、玉川靜嘉堂に遊びしに、此の書正續ともに具はり居るを見て、始めて支那刻の面目を知るを得たのであつた。先々月頃の斯文雜誌に、此の書の略が載せてあつたので、不圖思ひ出せしに因り、書き識るし置く。

次手ながら池田氏の鈔本に、掃葉山房藏書の藏印が捺してあつたので、影寫して置いたこれは東條琴臺の藏書印である。江戸には東條文左衛門と東條文藏とあつたが、文藏は一堂で、文左衛門は即ち琴臺である。これは先哲叢談後續兩篇の著者として有名だが、この人が三餘續筆を所持せんとは、思ひ掛けない話しだ。此の人嘗て伊豆七島の地圖を製し、一々路程を書き込んだが爲に、幕府から叱られて、三年間も越後に流されて居つた由である。

猶先哲叢談の後篇は、早く版になつたが、續篇の方は稿本のまゝ傳はり、遲く明治になつてから上木せられた。さうして此の續篇の版下は高田竹山君が十五六の頃とかに書かれし由、本人が話されて居つた。且又この續篇には齋藤拙堂の序文が冠してあつたと思ふが昔し拙堂文集を讀みしに、此の序文を載せて其の題下に慥か故あつて與へずとか贈らずとかあつた樣記憶するので、不思議に思つたがこれは明治になつてから刻したことゆゑ、誰れ憚る必要もなく文集より轉寫して、書首に冠した位のものであらうと思はれる。

（白藤氏藏）

## 書經の講義に就いて（一）

大壺

書經は古くはたゞ書と云つて書いたもの即ち文書とか記錄とかの意で儒家で教科書とか經典として上古聖賢の文書を集めて用ひた時にも單に之を書と云つてゐたものらしい。又之を時代に分けて周書とか夏書とかと題してゐた。墨子の中に之と對照して尙書と云ふ名が見えるのは恐らく夏商よりも前の上古の書と一括したものらしい。然し夏も商も周も古の書の範圍内と見られる樣になつて尙書と總稱される樣になつて漢代以後は尙書の名が行はれ、遂には尙は上で尊重する意味で尙書と云ふんだと云ふ註も出て來た。所がずつと後の宋から新しい經學が起り經書の新しい註釋が書かれる樣になつてからは五經の一として書經の名が普通になつてきた。尤も新註の祖とも云ふべき朱子は書經の註を完成するに到らずして歿し、其弟子の蔡沈が之を作り上げたので、之を普通には書經の朱註とも云ふが、その書はたゞ書集傳と題してある。然し以後の新註派は五經の一として書經とするものが漸く多くなつてきた。經典の一としての書又は尙書であるから尊重して經の字を加へ書經とするのは當然の話であるから何の差支もないのだが一般には尙書と云へば古註派、書經と云へば新註派と聯想される樣にもなつてゐる。さうして古註派と云ふと先づ孔安國の傳を附せる古文尙書となつてゐる。私の今度の講義にはこの孔傳尙書を使はうと思つてゐるのである。

私がこの古文尙書孔安國傳本を使はうと云ふのは別に此本が一番正しい良い本だと思ふからでなく、又私自身が孔傳を立てゝ蔡傳新註派を排斥すると云ふのでもなく、全くたゞ書經を研究するならば現存の本の中で最も古く最も全き孔傳本によつて研究して行くが本當だと信ずるからで、殊に何派と云はず凡て書經の研究は此本を根底として出來上つたものであるから、少しは穿鑿もして見ようと云ふ今度の講義には各學者の積み上げていつた成績を話すにも都合が好からうと云ふのである。從つて孔傳尙書の唐の孔穎達の疏のある所謂注疏本正義本を持つて居られる方が或は單なる孔傳本又は孔傳を主とした本よりも便宜であるかも知れない。

全體この書經の研究と云ふ事は非常に難かしいもので、單にその古い本であるが爲めに起る文字句法の晦澁もさる事乍ら經典の原本が抑も問題なのである。古文尙書孔傳本を使ふと云ふが其本其物が既に僞造本だと云ふのであるから面倒なものだ。その僞造本を承知してゐながら、之を眞本に近く還元しつゝ讀まねばならないのである。又さうするより外ないのだから面白い。段玉裁は古文尙書撰異の序文に於てかう云つてゐる。經書では尙書が最も尊いものだが、尙書の災厄にかゝつたのも最も甚だしい。秦の火で焚かれたのが一つ、漢の博士が古文を抑壓したのが二つ、馬融鄭玄が古文の逸篇を注しなかつたのが三つ、魏晋に僞古文が出たのが四つ、唐の正義に馬鄭本を用ひず孔傳本を用ひたのが五つ、唐の天寶年間に文字を改めたのが六つ、宋の開寶年間に經典釋文を改めたのが七つ、この七つが揃つた計りに古文は亡んだに近い、と。これは段氏が特に古文尙書に重きを置いて云つてゐるのだが、所謂今文尙書に於ても矢張り厄難を免れなかつた。歐陽夏侯等の章句經說は皆夙に佚して傳はらないし、熹平の石經も亦僅に殘石を存してゐるのみで其全を知るよすがもない。只之を今の孔傳尙書の中に就いて諸書の傍證に資すべきものを引いて溯源して行く丈なのだ。即ち古文今文兩方共に東晋に世に出た孔傳尙書の爲めに壓迫されて佚亡して了ひ、その東晋に僞造されて出たと云ふ孔傳本のみが傳へられて尙ほ二三度の改變を經て今の孔傳尙書本となつて現存してゐると云ふんだから凡そ事面倒なものである。然しこれ等今文古文の眞相に關する困難なる研究も諸學者の不撓不屈の努力の下に漸次開明せられつゝあるが、これ等の多數の研究を十分に利用して行くのも中々に大變な仕事なんである。それが自分の講義に於てどの程度迄爲し得るのか今の自分には豫想し能はぬが片鱗でも示して見たいとは思つてゐる。

然し今謂ふ所の尙書今文古文とは何か。書經の研究では勿論秦以前の書經に又は孔子刪定以前の書に迄溯らなければならないが、それ迄に先づ尙書の學問の形態を成してゐる漢代から始めるのが順序である。それには秦の始皇帝の焚書と云ふ事件で書經は一旦中絶されてゐる。そうして漢になつて再び世に現れ出づる事となり、それから流傳の歴史が史書に見えて來る。之を今本に照合しつゝ研究する事が出來る。秦以前は文獻が不足してゐて信を徵する事が甚だ難かしい。だから漢以後から唐に至る流傳改定の歴史を確實にしてからでないと面倒な事がよけいに混雜してくる。先づ漢からの書經史を研究の初としなければならないわけである。そこで今文古文の源流を分別する事が第一に登場する。故に皮錫瑞は書經通論の開卷第一に書經の今古文を分別する事を論じ、最も先づ今古文を分別するは尙書を治むるの一大關鍵、徒らに門戸を爭ふに非ざるなりと云つてゐる。そこでこゝに先づ漢代書經の出現の歴史から始めて書經の歴史を語らねばならない。

# 泊園文藝

奉和恩師鴻齋先生八秩自壽高韻　堤　錦江

繁華遠跡入村閭。苔逕蕭籬客到疎。
道義探源追聖哲。言談無飾喜樵漁。
胸中竊秘千函書。眼底曾攤萬卷書。
文彩風流誰得伍。關東第一博名譽。
（王膝園贈扁額其文曰關東第一風流才子）

麗人。　市川櫛山

天成玉質更無倫。豐艶含羞惱殺人
借問阿嬌心想孰。嫣然情致畫難眞。

元慶寺　在山科　牧野南山

姦臣誘致萬乘尊。道說無常入佛門。
今我尋來元慶寺。獨横雙淚立黃昏。

祝山本晴君新婚　眞野夢蝶

春色惱人桃又梅。紅顏含笑呈嬌開。
中心最愛細腰柳。臨水舞風吹不頽。

## 思無邪疊韻集（六）　植野木州

卅二　白塞耳

莫以輸贏論正邪。鳳車代地即囚車。
何圖降使請和室。正是先皇稱帝家。
怡眼噴泉形尙壯。傷心躍馬跡將遐。
百年王覇盛衰恨。不獨宮前開落花。

卅三　龍動　予假寓舍在立池門士

潛地仙方豈是邪。倫敦城底盡通車。
停笻低霧河涯路。下笈立池門士家。
中外親朋何朕衆。東西盟國不嫌遐。
相携夕過公園去。寒帶珍禽熱帶花。

卅四　蘇格蘭

身入仙鄕豈念邪。渡江乍棄北行車。
舟中業獲詩翁卷。湖上未觀神女家。
自覺三旬征路速。誰知萬里故園遐。
蘇州風物多淸趣。夏冷法師橋畔花。

## 泊園文藝　漫談　續（二）

大壺

菊堂子の收獲に心稍々穩かでなかつた漫談子は何か得物もがなと注意してゐると名古屋の某書肆の目錄に世範校本の下に藤澤甫とあるに目を瞠つた。何しろ其目錄上では東畡先生が校訂者なのか、出版者なのか、注釋者なのか、更に見當がつかないんだが、何はともあれ價も廉いし、どうせ何か先生に關係はあるんだらうと、あわてゝ買込んだ。到着の小包を取る手も遲しと開くと、見返しに讃岐片山信成之校、世範校本、浪華前川文榮堂藏とある丈だ。卷首には嘉永庚戌の三野知彰の序世範舊序、片山信の校本例言五則と並んでゐるが一向藤澤甫が出て來ない。おかしいなと最後を引繰り返して見ると、何事ぞ茲に嘉永己酉の先生の跋が有つた。結局目錄に跋の字を脫してゐたんだ　然しこれ位ではどうして菊堂子に傲るわけにやあいかん。

すると又某書肆が藤澤盤橋とは誰方ですかとやつて來た。盤橋とは南岳先生早年の號だからそれ面白し何でも早く持つて來いと、えらい勢に出た所が、どゝのつまりは讃岐の葛西省齋醫伯が父師朋友の詩を鈔錄した明治紀元新鐫の團欒集に先生の詩、讀岳忠武集、凉思、冬曉郊行の三首が載つてゐるんだつた。これならたしか昨年秋の有聲會の講演會の際展觀した泊園文献中にもあつた樣に覺えてゐる。

序で乍ら盤橋で思ひ出すのは宮崎貞吉先生所藏の扇面である。何でも南岳先生御生母の家から出たもので右端の二字は闕佚してゐるんだが、たしか老松の七絶であつて盤橋先生時年十歳の書である。福本竹里大人と最初の二字は何としたらよいかなぞ推案してゐられた。新泊園會創立相談中の一佳話だつた。世間南岳先生の書を藏せらるゝ人は多いが、盤橋の落欵あるものは先づ無からう。況んや先生十歳の書などとは天下の珍寶である。是非寫眞して本誌に出したい。

偖て元へ戻つて、漫談子が少し喧しく泊園文献捜索を援いだもんだから、遂には、非常時の際ですからと南岳先生の序のある宇都宮庫次郎著の愛國美談とか、建武中興紀念ですからと南岳先生の斥候松碑の文が載つてゐる楠參議正儀朝臣建碑旨趣とかを、とう〳〵持込まれてしまつた。菊堂子に謹んで一閲を請ふとフンと鼻であしらわれて、あゝウチもうよういはんわ。

又一日菊堂子を訪れると、こらどうだすと一冊抛げ出された。手にとつて見ると兼ねて噂には聞いてゐた岸上質軒編の明治二百五十家絶句で、黃鵠先生の十首が載つてゐるものだ。黃鵠先生物は中々寡いので多年心掛けてゐたから嬉しかつたが、人も有らうに菊堂子の手にとは凡そ天道イチが悪い。

## 一笑

或問曰。毎見畫達磨像。皆上半截。不知何義。曰。此九年面壁。腰足腐爛矣。問者曰。上半截既得聞其敢問。兩耳貫環何也。曰。既亡足不能行。其欲徙坐。則將以爲鈕爾。

### 讀

或人問ひて曰く、毎に達磨像を畫くを見るに皆上半截なり。何の義たるかを知らずと。曰く、此れ九年の面壁、腰足腐爛せりと。問者曰く、上半截は既に其義を聞くを得たり。敢て問ふ。兩耳環を貫くは何ぞやと。曰く、既に足を亡ふ。其の徙坐を欲すれば則ち將に以て鈕と爲さむとするのみと

## 泊園書院記事

四月一日。休講。

四月一日午後一時より待望の泊園會發會式を綿業會館に於て開かれたり。

當日出席者百餘名創立委員の挨拶に次ぎ左記の議事を滿場一致を以て決定、續いて黃坡先生には大阪の儒者に就てのお話しあり頗る盛會の裡に終了。

一、會賓　藤澤成太殿
　　　　　黃坡先生
一、理事長　福本元之助氏
一、理事　三崎驛之助氏
白藤丈太郎氏　笠井靜司氏　筒井民次郎氏
豊田國三郎氏　篠田栗夫氏　梅見春吉氏
西田幾太郎氏　粟谷喜八氏　河田爲作氏
石濱純太郎氏　中山潔氏　宮崎貞吉氏
佐藤寛九郎氏　安達龜造氏　田中藤太郎氏
一、監事　眞野應一氏
永田仁助氏　松浦捨吉氏
（右順不同）

四月三日　釋奠

泊園書院の釋奠は恒例により四月三日午後一時より擧行せられたり。嚴かに祭典を終り黃坡先生の講經あり、花曇りなれど參拜者約百五十名にて盛大なりき。

四月八日　開講

## 洗毫

○本誌の資金に就ては既に第六號誌に於て同窓會會員四百十五名の常費年一圓を以て充當する旨發表し置きたるも其後常費の拂込意外に捗らざる爲止むを得ず、不足金を前期泊園社よりの引繼金の内より補塡せり尙引繼金の殘金は城山道人稿出版費へ充當す。

附記　同窓會員に告ぐ會員にして常費未拂込の方は至急振替大阪一三八三九番泊園書院宛拂込ありたし。

## 泊園誌社　事業の一斑

### 收入之部

○昭和７年12月前期泊園社の資産を引繼ぐ
　　¥ 412.97.5
○自昭和8年1月
　至昭和9年3月末
　寄附金（在院朝講者等をも含む）
　　40口　¥ 153.00
○自昭和8年1月
　至昭和8年8月末
　同窓會常費
　　4口　¥ 9.00
○自昭和8年9月
　至昭和9年3月末
　同窓會常費
　　140口　¥ 156.15
○自昭和7年12月
　至　9年3月末
　利息金及他一件
　　¥ 28,86
　小計　¥ 347.01

**合計　¥　759.98.5**

### 支出之部

○昭和七年發行名簿
　　500部　¥ 32.00
　　同郵税　¥ 6.32
○昭和八年發行泊園誌
　6回分　6000枚　¥ 179.25
　同　城山道人稿拾丁
　10000枚　¥ 94.41
　同　郵税6回分
　4000口　¥ 56.41.5
　同　原稿用紙　帶封紙
　通信費等雜費　¥ 31,72
　但シ人件ニ關スル出費ナシ
　小計　¥ 400.11.5
○昭和8年發行
　同窓會々員名簿
　　500冊　¥ 33.50
○自昭和9年1月號
○至昭和9年5月號
　泊園誌　3000部　¥ 106.50
○自昭和9年1月
○至昭和9年5月
　城山道人稿　6000枚
　　¥ 58.40
○自昭和9年1月
○至昭和9年5月
　郵税　1826口　¥ 32,74
○同期間通信費諸雜費及帶封等
　　¥ 6.20
○城山道人稿出版資金へ繰込金
　　¥ 122.01
○同窓會々員名簿作製費へ繰込金
　　¥ 0.52
　小計　¥ 359.87

**合計　¥　759.98.5**

## 會員

○渡邊醇氏　多年神明に仕へて奉護の職責を完くせられたる功績を表彰せられたり

編輯　黃坡先生　石濱純太郎

發行編輯　多田貞一

昭和九年七月一日（日曜日）　泊　園　第十號　（一）

# 泊園

豐田宇氏藏

昭和九年六月廿五日印刷（隔月一回一日發行）
昭和九年七月一日發行　―非賣品―
編輯兼發行人　大阪市西區新町南通五丁目　的場信太郎
印刷所　林泰進堂
發行所　大阪市南區竹屋町九（泊園書院内）　泊園誌社
電話南六八二七　振替大阪一三八三九（泊園書院）

## 祭甘谷先生文

維昭和九年龍集甲戌。五月初六。當陰曆三月念三日。即距先生歿辰寶曆十四年三月念四日一百七十年。章以主泊園書院。與二三子。謹掃墓艸設靈位。薄修祭儀。且告曰。

道存兩間。豈有東西之區。文被四方。固無古今之殊。獨西土之學者。修之不孚。道變爲當行之理。文乃愛章句之腴。無益於人家國。徒立規模。扶桑日出。迷惑改途。有物夫子興而聖人之道始道。及先生西而浪華之儒始矣。先生淡於利名。逃於祿爵。風月怡懷。誦讀自樂。從游濟々。氣象恢廓。學振當時。文壓京洛。風靡草偃。世推先覺。先生之門。有吉子之卓々。西入讃岐。藤川氏是爲託。實城山子之師。而王父是焉學。浪華之居。遺教是若。荒陵之東。幽宮克索。歲時奉祀。不敢曠格。蓋孔道之所傳。豈私於仔肩乎。爾後我父我兄。奉承惟虔。以至章也。于今一百年。茲距先生之歿。一百有七十春。道之流行。意其天乎。惟皇道之大。千古不泯。克弘克施。使中和之化洽於九埏。亦我黨之任。而先生之敎實然耳聊布薄奠。皇想源泉。乃陳辭致忱　伏仰鑒旃。尙饗。

昭和九年五月初六　後學　藤澤章　再拜

## 甘谷先生に就て

**先生の家系**　墓誌によれば先生は原姓は藤原であつて星野某の苗裔にあたる、中世府川と稱し、祖父某は姬路侯に事へて居つたが、兵法を好むために祿を辭して東都に行き、梅曹に師事して研修し、大に名を著はしたが、諸侯に事へず、駿河に隱棲して卒し、父某は岸和田侯に事へ、二男三女あつて、長男は家を襲ぎ、二男の先生は同藩の堀氏の養子となり二百五十石の祿を食して居られた。

先生は諱を晨耀字を子旭といひ甘谷と號せられ、養家の堀氏が菅原氏から出て居るといふので菅を姓とせられた、徂徠集に屈子旭惠詩病未克答云々と題した七言古詩があり、また歲暮和南嶠秀才といふ七律がある、これも先生のことであると細合離の文に見えて居りますが、南嶠は先生の號であらうと考へられますが。まだ明證を得ませぬ。先生は元祿三年に生れられ（月日未詳）寶曆十四年三月二十四日に歿せられ、壽七十四、先生の室は先きに死せられ、子無かりしも、遂に後妻を娶られず、子孫ありませぬ。

**先生の學業性格**　筱三島の作、先生の傳に、先生生れて岐嶷、幼にして讀書を好み神童の稱ありと述べてあります。初め岸和田の儒官三宅氏に從つて學ばれ後に侯に從つて東都にあつて大に信寵をうけられて居た　時に物先生が復古の學を唱へられ、先生往て謁せられた所　物子は一見して其才を奇とせられたのでありました、遂に從うて經術と古文辭とを受けられた。侯の西に歸られた際、留つて藩邸にあつて出納を管轄せしめられたから、先生は大に勉學せられ暇あれば讀書をせられ遂に物子の學を究められました、而るに性が恬淡であつて、當時出納の局に居るため種々毀譽に累される、頗に堪へずして、遂に喟然として嘆ぜられるには古人曰へるあり風衝の物は育せず水湍の岸は峭なるを得ずと誠に然り乃ち病に託して致仕し、姓を菅と改め平安に客となられ、後に浪華に移られた、城外の海壖の地に居り、日に漁者と處り　武具などを賣つて小艇を買ひ、貧賤に安んじて徜徉自ら喜んで居られたが、門生等が相謀つて、市中に轉居して貰つた、先生其亭に浛英と名づけて（離騷の夕餐秋菊之落英から取られた）隱趣を託して居られたが一方には從學の士益々進んだのでありました

岡元鳳の先生遺稿の跋に「先生浪華に文名あること二十年、士翕然として之に依附し、業を問ふもの門を望んで謁し、晝夜相屬す、先生意稍や厭うて曰我久しく此名を噉ふ能はず、我の仕を辭して江湖に放浪せしは、拘禽の逸して樊を出でたるが如きなり、猶且つ之を繇束するかと乃ち幽僻の地に移居して、門を杜いて書を繙き、足戸を出でず、然れども能く二三の從遊に循々たり。先生平生の著作は輒く出して人に示さず、漫りに人と駢酬せず、其意に謂へらく同調は得難し、世に文辭を以て夸具となすは何ぞ偷なるやと、其行の峻潔なる然りと爲す」とあり、これを見ても、先生がいかに名利に淡泊で、隱趣に富んで居られたかを知ることが出來ます。

**先生の遺稿及從游の門人**　其詳細は分りませぬが、甘谷先生遺稿三冊、（詩二冊文一冊）は既に印行せられてあります　其輯は筱應道即ち三島子と田子明即ち鳴門とであつて葛子琴細合離の序。岡元鳳、岡士瑾の跋があり、また三島の傳、兒樂郊の墓誌（今碑石に刻せるもの）があります。此等の人々は皆當時の俊秀であつて後に片山北海の混沌社を設けた時此人々が其中堅でありました、故に三島の傳にも「蓋し浪華の詩若くは文に於けるは先生首倡たり而して風韻の士多く其門に出づ」と記してあります。

更に第一號に記した如く、城山先生の儒家人物志に「甘谷門人多しと雖、善く其學風を傳ふる者は唯義端元中のみ」とあつて、雲松道人釋義端と吉元中、字子庸、崑崙と號し、吉田求馬と稱した人、即ち後に讃岐に行き、藤川家の養子となり、藤川東園といひ、醫と儒とを兼ねた人とがある。此東園の門人が中山城山、實にわが東畡王父の師であります。王父が大阪に塾を設けて、先生の墓を修め、年々其忌日に墓參をして居りました、修墓の年から本年は正に百年。今まで忌日を以て墓參をして居ましたのを、十數年來五月第一日曜と定めましたが、本年は其第一日曜が恰も先生百七十年忌日に正當するとは總て奇と申さねばなりませぬ。こゝに聊か諸君と祭儀を修しまして、追憶のために其事蹟の梗概を申上げた次第であります。（於舍利寺　藤澤黄坡）

## 唔經聲裡

『菅甘谷先生と近藤甘谷先生』

翠石書伯の韻事

甘谷先生法筵の日風薫る舍利寺に休憩中の黄坡先生の前へ近藤先生が「是をケンノウ致します」と一幅を差出された、何心なく展げられた先生、あツと叫ばれたのも無理はない甘谷先生の詠草であつたからだそれにしても未だ泊園書院にすら藏し得なかつた菅先生の遺墨をどうして翠石先生が藏して居られたのかとあの謙讓な先生にそつとお尋ねすると「私は別に甘谷と號して居ます、或る日書籍倶樂部へ行くと不圖目についたのが此幅です、甘谷と甘谷先生とはどうも奇緣だと早速求めたのですがその先生は泊園塾の大先輩だと承てはどうしてケンノウせず居られませう」との事であつた。

# 論語講義

黄坡先生述

**子禽問於子貢曰。夫子至於是邦也。必聞其政。求之與。抑與之與。子貢曰。夫子温良恭儉讓以得之。夫子之求之也。其諸異乎人之求之與。**

訓讀　子禽、子貢に問うて曰、夫子の是邦に至るや、必ず其政を聞くは、之を求むるか、そも〳〵之を與ふるか、子貢曰、夫子は溫、良、恭、儉、讓、以て之を得、夫子の之を求むるは、それや、人の之を求むるに異なるか。

**解釋。**門弟子の陳亢字子禽といふ人が、先輩の端木賜字子貢に向つて、我が夫子が一の諸侯の國に至られたれば必ず其國の政を與かり聞かれるが、これ夫子より求められるのかまたは先方より與ふるのかと問うたのであつた。

この子禽を子貢の弟子だといふ說があつて仁齋以下これを可とする人が多いが、先づ古註によつて孔子の弟子と見て置きませう。**是邦**とは或る一國をさしていふ語。**抑**とは上の語を轉じて他を說く時の助語であつて「さてはまた」といふ樣な語氣を持つて居る語である、朱註の反語辭とあるはいかにや。

子貢の答ふるには、夫子は溫良恭儉讓の德あつて之を得られるのである、即ち人君が夫子を尊敬して之を迎へ問ふのである、他人は請うて之を求めるが、夫子の求められる所は人とは異つて居る。と說明した、孔子は求めはせぬが之を故らに求といつたのは即ち子貢の言語に巧みな點である。

この**溫**は顏色容貌の和かなこと。**良**は才能の美なること。**恭**は其動作の禮によつてつゝしめること。**儉**は行事の節制あること。**讓**は謙遜なこと。此五つは孔子の邦君と接見せられる時の動作言語を主として言へるもので、孔子平生此五德があるといふのではないと見るべきである。

**諸**字は「之乎」二字の音の約せられたものであるが、時には之の意に重きを置き時には乎の義を主として用ひられる、此所の其諸と用ひてあるのは乎與等の字を用ひたのと殆んど同じく、而して下の言葉を指す意を含んである。公羊の桓公六年に其諸以病桓與とあり閔公元年に齊無仲孫其諸吾仲孫與の例がある左傳の昭十七年に其與不然乎。昭元年の其與幾何なども大同小異であつて、語意は殆んど似て居ると見られる。履軒は諸を衍字といはれて居るが、必しも然らずである。

此章は毀譽の部に屬する。

**子曰。父在觀其志。父沒觀其行。三年無改於父之道。可謂孝矣。**

訓讀。父在せば其志を觀、父沒すれば其行を觀る。三年父の道に改むるなきを孝といふべし。

**解釋。**此章は**德行**に關するものであつて、人の子たるの道を語つた御言葉である。二の**其**字は父をさしてある、即ち父の在世の時は其志を觀て之に承事し、父歿すれば其在世中の行事を觀て之を繼述する、而して父歿して三年喪に服して居つて其哀慕の情の深いものがあつて父の行はれた道を改むることをせぬのである。つまりは子の標準とする所は父であるから、よく父の志によつて家を治めてゆくべきである。この樣な人之を孝と謂ふべきだと示されたものである。

漢の孔安國以來、**其**字を子にあて、父の在世の時は子は自ら專にすることが出來ぬから其志を觀るといふ樣に解して人の子を觀る方法と此章を說いて居つて朱子も之を採つて居られるが、この說はどうも取りがたい。第一に、上に父字があつて子の字はないから其といふ代名詞が子を斥すといふは無理である。また、志を觀るも行を觀るも道を改むる無きも共に孝であるとなれば脈が通るが、今道を改むる無きは孝であつて、志を觀行を觀るは、吾より人を觀るのだとあつては上半分が離れてしまつて甚だ始末がわるい。

父の道を改むるといふことも「道が善であれば改めることはない、道に非ることでも三年は改めぬ、これ忍びざるのである。」等の說があつて甚しきは三年改むるなきは即ち永久之を守る意であつて三年の後には之を改めよといふのではない、など說く人もあるこれ等は皆理窟に落ちてしまつた論である、蓋し孔子は善不善に論なく、たゞ三年改めぬといはれたものである、即ち自身喪にあつて一切の事、冢宰に任じてある、固より改めることもないのである。しかし此事が孔子の時に既に弛んで居たものと思はれる。

**有子曰。禮之用。和爲貴。先王之道。斯爲美。小大由之。有所不行。知和而和。不以禮節之。亦不可行也。**

訓讀。有子曰く、禮をこれ用ふるは和を貴しとなす。先生の道これを美となす、小大これによれば行はれざる所あり。和を知つて和すれども、禮を以て之を節せざれば、また行はるべからず。

**解釋。**これ禮樂に屬する章であつて、禮と和と相待つといふことを說いた章であるが。古來諸說紛々として善解を得ぬのである。第一に**禮之用**とい用字を朱子は體用の用と說かれたが、これは古義でない。徠翁は禮記に據つて用を以と通じ、禮の和を以て貴しとするは、と讀まれた、これも穩かでない。

今一つは**有所不行**の句を上に屬すると下に屬するとの二說ある。下に屬しては、下の**亦**字が意味がなくなる、しかし上に屬する解もまだ十分でない。以て今こゝに訓讀してある樣に解せられるのである。語脈が始めて透徹する感じがある。

**和**を朱子は從容不迫の意と解き說かれたが、仁齋は**乖戾なきの意**と解き、徠翁は**和は和順なり、事情に和順なるをいふ**と釋かれた、後說に從ふべきである。**用**は之を行ふことをいふので、禮を行ふのは當時の事情に和せねばならぬ、と首句に禮と和とを双べてかゝげたものである。**斯**字と**由之**の之字とは禮をさしたもので、先王の道は禮を以て美なりとするがしかし小節大節皆禮にのみよつて、事情に調和せねば行はれぬ。と以上一節、和の必要であることを說き、次に和順を知つて行ふも事每に和に流れて禮もて之が節度を立てねばまた行はれぬと、以上一節、禮の必要を說いて、此兩節が双股となり共に行字を以て收束してあるのである。以上王父の說き方であつて、誠に明快な說と考へる。

要するに禮は大經であるが每事禮に拘つて當時に順適せねばならぬ。また順適調和に流れて、大經を失うてはならぬ、即ち禮と和と相待つて始めて眞の美となるのである。政や敎に從ふ者が時に他の長所を見て直ちに之を我に施さうと考へ、地方の事情や、風習やを沒却して强いて之を行はうとして遂に失敗に終るのもまた此章と同一義である。（第六講）

## 說詩樂趣（1）

效尤生

頃日伍芝軒の書を披き觀て前人の詩話を集めて要を得たるを覺え、こゝに其佳なるものを譯出して梧窓の一閑侶とす。

○近體中には虛活の字極めて難し、實字尤も易からず、蓋し調はこれ實なるも之をして虛活ならしめんと欲するこれ難とする所以なり、古墻猶竹色、虛閣自松聲。江山有巴蜀。棟宇自齊梁。の如き、猶、自、有、自の字は皆虛活なり。入天猶石色。穿井忽雲根の如き猶忽の二字は、浮雲の空に著き閃鑠定りなきに似たり、誰かよく其妙處を跡せん。

○絕句は、首尾相置、自ら起承轉合を爲す、之を作すは宛轉變化し、繁を删り簡に就くを要す。第三句を以て之を開き、承接の間、開闔相關し反正相依り、順逆相應じ、一呼一吸、宮商自ら諧ふを要す。景を掉して情に入るが如きは此れ絕句の妙悟なり。楓橋夜泊の詩、月落烏啼霜滿天、江楓漁火對愁眠、姑蘇城外寒山寺、夜半鐘聲到客船。は此を實接と云ふ、樹頭樹底覓殘紅、一片西飛一片東、自是桃花貪結子、錯教人恨五更風。此を虛接となす。大抵絕句は、高古なるべく、純雅なるべし、句少しと雖も含蓄して盡きざるの意あるべし。

○詩に題目章法あり、詩を作る者、先づ事に因て題を立て、題に就て意を立つべし。杜詩に、題して嚴鄭公枉駕草堂云々と曰へる如きは宜しく情事兼ね至るべし故に詩に曰竹裏行厨洗玉盤、花邊立馬簇金鞍と以て嚴公の携饌氣象の盛なるを見し、繼いで非關使者徵求急、自識將軍禮數寛と曰うて、然る後枉駕携酒の意備さに見ゆ、此れはこれ前半首の章法なり、領聯之に繼いで百年地僻柴門迥、五月江深草閣寒と曰うて、以て草堂を實に乃ち之を結んで曰看弄漁舟移白日、老農何有罄交歡、と夫れ柴門地僻百年の適なるを言へば素より賓客なきこと知るべし、草閣深く五月寒は他の景色なき知るべし、而して公獨り漁舟を看て以て白日を移せるは我老農の有る所にして其交歡を盡さんや。と共感愧の言外に溢れて而して四句自ら起伏を爲せ、これ後半首の章法なり、前後相屬して脈絡一貫す、其情景交々暢べるを原ぬれば、一開一闔各指歸あり、皆自然の序に外ならざるなし。章法一たび明なれば則句、泛施せず、言必ず物に當り、前は後に置かず、後は前に置かず造化の生成するが如く、自ら本自ら根、人力を假らず、然れども一章の中に句法あり、一句の中に字法あり、字を積んで以て句をなし、句を累ねて以て章を成す、百鍊千鍊、意匠經營にあるのみ、學者よく意を以て主となして得るあらば、短章長篇、施すとして可ならざるなからん、獨り律詩のみならんや。

本誌後援　**寄附金收受報告**（泊園同窓會）

一、金五圓也（各通）

一、金參圓也（各通）

石濱純太郎氏　安達龜造氏

一、金壹圓也（各通）

以下常費（一ケ年分）

松本一郎氏　後藤潤氏

永井貞有氏　山本國太郎氏

古谷熊三氏（再）

一、金五圓也（各通）
石濱純太郎氏　安達龜造氏
中村岩見氏　柳條會殿

一、金壹圓也（各通）
伊藤誠治氏　金戸守氏
五條秀麿氏

松本一郎氏　後藤淳氏
（一ヶ年分壹圓）
吉宗耕英氏（再）
中井新三氏

寄贈圖書
滿洲正義報

# 書經の講義に就いて（二）

大壺

偖て、秦の始皇は思想統一を期して焚書阬儒の彈壓政策を採つたが、學者の中には當局の目を逃れる爲めに大事の書物を壁の中に塗り込めて隠匿するものもあつた。所が陳渉呉廣の叛より天下が亂れて學問どころの騒ぎでなかつたが、終に漢の高祖が項羽を亡ぼして先づ治まる事となつたので學者達も再び隠して置いた本を探し出して授業を始める事となつた。こゝに濟南の伏生名は勝と云ふ先生があつたが、此人は書經の專門であつた。此人も書經を壁中に藏してゐたので之を取出して見ると、朽ち腐つたりしたものか二十九篇だけしか無かつたと云ふ。その二十九篇が何篇だかと云ふ事にも議論が附き纏ふが、兎に角その二十九篇で書經を教へ初めた。その噂を聞いて學問好きの孝文帝が鼂錯を派遣して之を學ばした。又張生と歐陽生も伏生に就いて勉强した。張生の門から大夏侯小夏侯などが出て書經は歐陽大小夏侯の三家の學派が世に弘まつた。此三家の博士が後に學官に立てられて大學の講義は三家の博士がする事となつた。元來伏生が持つて居た書經は必ず古文だらうが之を習つた張生歐陽生は之を當時通行の文字隷書で寫して傳授してゐたものだから、後に古文尚書派が出てからは之を分別の爲に今文尚書と云はれるに至つた。乃ち今文尚書と云ふのは伏生から出て歐陽大小夏侯三家に傳へられた書經の事である。

所が後に景帝或は武帝の世になつて魯の共王が孔氏の舊宅を壞ちて家を廣くしやうとした時に又復壁の中から古文の書經が澤山出て來た。孔子の子孫も秦の禁令の爲めに壁の中へ隠匿したものと見える。そこで孔安國が之を調査して見ると中に尚書も含まれてゐて、然も伏生の傳本より數が多かつた、十六篇多かつたと云ふのだが分卷の異同があるので凡て五十八篇と數へてゐる。その原本は後に朝廷へ献上したが、これから古文尚書と云ふものが出來たので古文の讀み方などに相違があつたものと見えて今文尚書派に別つて一派の説が出來た。今文古文兩本共に原本は先秦の本だから別に爭はなくてもよい様なものだが、一方は傳承が正しいと誇り一方は古の原本だと稱して相手を非難して頗る面倒で、後來聚訟の本を茲に發してゐる。古文派は頻りと學官に立てる運動をしたが、中々容易に成功しなかつた。然し後漢になつてから馬融や鄭玄の様な大儒が傳注を作るに至つて今文は漸く壓倒されて來た。これが古文尚書の源流である。

かく今文古文が牴自ら已れを是として爭ふ結果として、今文派は熹平年間に大學の前に石經を建て、今文經傳の定本を刻したが、古文派は之に對抗して正始の歲に古文經傳を石經に立てるに至つた。この兩石經も今は殘石を存するのみで惜しい事である。今文尚書は歐陽本であつたらしい。

これが今古兩文の大筋であるが、其他に河内の女子が泰誓を献上したり、武成が紛失したり、張霸が百兩篇尚書を持出したり、杜林が漆書の一卷を寶愛したり、種々なる事件があるので伏生孔氏の兩傳本にも關係が出來たり出來なかつたりする。皆議論の種である。然し是等は大筋には大影響は無いのだが、茲に晋になつて永嘉の亂と云はれる大騒動が起つた爲めに宮中の原本どころか古書が亡滅するもの夥しく何もかも分り難くなつた所へ一つの僞書が現れ出で、紛糾の種を蒔き、然もこの新しい尚書が現行書經の源であるのだから注意しなければならない。

乃ち東晋の元帝の時に豫章の内史梅賾と云ふ者が孔安國傳古文尚書を得たと云つて之を献上した。これには孔安國の序があり傳も附いてゐたが舜典が闕けてゐたと云ふ。闕けてゐたと云ふのは舜典の孔傳丈らしいから既に伏生本の堯典に當るものが今の様に二典に分割されてゐたと見える。それで凡て五十八篇である。すると又蕭齊の明帝の時に姚方興なる男が大航頭で舜典孔傳を得ましたと上つて來たが少し疑はれてゐたらしい。兎に角こゝで孔傳古文尚書と云ふものが出現して南朝の方に行はれたが、北朝には鄭注尚書が用ゐられる事となつた。尚ほ此時分に馬融や王肅の傳注した尚書も失はれずに傳はつてゐたらしい。そうして此の古文尚書は所謂孔安國序に云ふ隷古定本で古文を其儘隷書風に書いた文字であつた。

所が唐の初に五經正義即ち注疏を作製した時に遂にこの孔傳古文尚書を採用し姚方興本舜典孔傳をも收め入れたものだから他の諸本は漸く散佚に歸して其全は見るを得なくなつた。且つ天寶年間に至り衛包が勅を奉じて隷古定字を悉く楷書に改定して丁度今傳はる古文尚書と同じ様にして終つた。開成年間この本を以て石經に刻して後來諸本の祖となつたのである。蔡沈の新注集傳と雖經文の出づる所はこの本である。清朝諸儒の校訂注本と雖皆之を基として研究し得たものである。否近世の大儒碩師が眞古文だ今文だと稱するものもこの本を考證訂正して得たものに外ならない。

今の孔傳古文尚書即ち梅賾から系統を引く古文尚書は以上說く所の様なものであるが：尚ほ一つ面倒な事がある。それは梅本が實は僞物だと云ふ事である。少しおかしいとは正義即ち疏を書いた孔穎達も知つてゐたらしい。宋になつては益々僞本と思つてきて、朱子などは大分に疑問と思つたので終に自身では注を作り了へず、弟子の蔡沈に至つて兎も角集傳の體裁を調へた。其後も疑ふもの絶えず呉澄なんかは斷じて其中の伏生今文二十八篇に當るもの丈を取る事にしたが、明の梅鷟は古文に屬する二十五篇は僞と提議し、清の閻若璩の古文尚書疏證に於ては畢生の力を傾けて梅本の僞を摘發し、丁晏の尚書餘論は進んで僞作者は王肅なりと斷定した。王肅の僞作なりや否やは尚ほ今に至る迄議するものもあるが、梅本の眞古文に非ず其孔傳の信ずべからざるは定論となつて了つた。上に述べた如く今の書經の原本は梅本なんであるが、それが僞本だと云ふんだから凡そ事面倒なのである。凡そ書經を讀まんと云ふ者先秦の尚書は偖て置き此の事を善く諒解してゐないと漢以後の今文古文の何れを問はず話が分らなくなるのである　よくこの道筋を飲み込んで正義本を研究して梅本を知り、梅本の僞を承知して漢代の今文古文を探り、それから又一歩進んで先秦の尚書を探らなければならぬ。孔子刪定の書の仔細はそこで始めて了解されるわけである。文献足れば之を徵するにわけはなからうが、今の情態ではさう容易く參らぬ。精緻なる考證、繁雜なる論述も已むを得ざるものがある。數百年に渉る先賢諸先生の努力に敬意を表せねばならない。

# 翠濤園讀書記

大壺

昨年余は龍谷大學にて支那基督教史の題を掲げて講義を試みたが、豫想外に捗取らなくて、終に近世期に及ばずして講義を終了せねばならなかつた。思ふに余の知識の狹少であつたのが原因であるには相違ないが　參考書の範圍が廣過ぎて余の貧弱なる架上の藏書を以てしても準備に手間取つた爲めでもある。モウルの「一五五〇年以前の支那の基督教徒」を底本としたのであるが、此書は實に好書と云つてい丶。著者が種々なる業績は諸種の雜誌に發表されてゐたが、その成績を茲に集めて作り上げた丈に先人の著を拔く事數等である。支那の文献もよく利用してある。

支那文の基教史として蕭司鐸若瑟の天主教傳行中國考二冊とか樊主教國樑の燕京開教略三冊などあるが、是等は已に古い上に史書としては感心出來ない。近頃出た商務印書館の百科小叢書の中國天主教傳教史は小いが極めて好い。著者徳禮賢師の名は學界にも夙に知られてゐる。此書は新しい研究や出版を利用してあるから學者の參考にもなる　かう云ふ様なものが昨年に見られたらと思ふ。

昨年は利瑪竇の弟子として名高い徐光啓の歿後三百周年に當ると云ふので徐氏の著が種々覆刻されたらしい。余は增訂徐文定公集を得たが徐家滙天主堂の藏板である。活字印本で句讀を附してあり、李之藻文稿も附してあるから便利である。尚ほ文定十二世の孫宗澤編譯とせる文定公徐上海傳略一冊の紀念小冊がある。これは聖教雜誌の「徐上海特刊」中に出たもの丶別刷で卷首に徐文定の像を挿入してある。徐上海特刊は諸方面から見た文定を論述してゐるが過半は宗澤の筆になつてゐる。敬虔なる天主教信者であつて卓拔なる政治家であり緻密なる科學者である徐文定は正に天主教史上のみならず支那史上でも特異の存在である。

景教に關する研究は近年頓に進んで各國の文献が頻出する様だ。我國でも羽田博士佐伯教授の名を數へる。支那でも新しく洪業馮承鈞がある。馮承鈞の景教碑考は別に大したものでなくて、西洋學者の研究を綜合紹介したに過ぎない。（四面一段へ續く）

馮氏には數種の論著があるが、皆西人の諸說を紹介するにある。それにしても本書は貧弱である。敦煌出土の景教文籍に觸れないなんかは今では話にならぬ。洪氏の景教碑出土に關する論文は史學年報第四期に出てゐるがこれは中々宜しい。錢氏景教考を從來皆誤つて竹汀の著として牧齋の撰なるを知らないのを指摘したのは恐らく之を初とするのではないか。

珍本の名の高かつた金尼閣の西儒耳目資の影印本が出た。印刷術の進步は如何なる高價を誇つた本をも誰人の手にも得せしむるに至つた。文明の餘澤は從學の士に材料の不足を嘆ぜしめない計りか、日夕把玩の幸福を得せしめた。此書は西洋音標文字を以て支那音韻を論じた最初のものであるが、原本の世に存するもの少い爲め名のみ高くて利用し得た人は罕れであつた。固り今の支那音韻學に何程の貢献を齎すやは左程過當に揚言するわけにはいかないが、この歷史的名著がたゞ珍本の爲めにのみ誇稱されるべきものでもない。劉半農教授之に跋して、「今新興之語音學既兼采希臘印度之兩長、復助以算數物理生理之測驗、徵舌位於龍懂光中、察波紋於顯微鏡底、其爲精密、自已遠過當時、然就金氏書以求明季音讀之正、較之求諸反切、明捷倍之。又編制精審、離內容而言方術、亦尙足資楷模。是其書固未可即廢也」と云つてゐるが其通りである。又且つ半農の云ふ「先儒の文字音韻之業に於ける華夷の見の深きに過ぐる―もの今猶古の如き人々は和漢兩國にも無いではないから、例へ泰西耶蘇會士の編著であつても多分に支那式を含有する此書は今でも學者に理解の捷徑となりはしないだらうか。

龍大にて猪飼敬所の祆教集說の寫本を見た平出氏の舊藏本である。諸書からの鈔錄に過ぎないが珍しいから寫して置かうかと思つてゐる。卷首に敬所の叙がある。祆教としてはあるが實は耶蘇教の事を意味したものらしくこれに祆の字の見える文をも併せて鈔出してあるから變なものになつてゐる。然し敬所が異國の宗教に注意して文獻を集錄したものと見ればいゝので今の知識で彼れ是れ云ふ事はない。

## 泊園藝文漫談

大壺

過日の甘谷先生の法要の節に近藤畫伯の好意によつて始めて甘谷先生の遺墨を見るを得たのは眼福であつた。其際に木村敬二郎翁から甘谷先生の金石文が小橋の天龍院に存するを聞いて喜んだ。そこで吾友木戸子邦を拉して五月の末に之を訪れた。所が寺門を這入ると既に土石の散亂してゐるのを見て驚いた。左手の方の小屋は改築中であり、裏へ廻ると大分に墓石が整理されてゐる模樣で眞中の無緣の墓石がいや高く見える。墓石はさう澤山無くよく整理されてゐるから見廻るにはわけは無い。心覺えの聞いて置いた塀ぎわと云ふを初めとして彼方此方と探したが分らない。稻生氏の皆川愿の文、北尾氏の篠崎弼の文などは直ぐに分るが、他に碑文のあるものなど殆んど無い。そこで住職に聞いたがそんなものは無い樣だと云ふ。確か甘谷先生の文だが法名なんか知らずに出て來たものだから始末が惡い。無緣塚なんかは表の法名しか、墓碑の形も知らないので手の著け樣がない。少し塚に上つて調べて見たが一寸分らない。も一度木村翁によく聞いてからにしやうと諦めて歸つて行つた。想ふにどうやら無緣として整理されて終つたものらしい。若し無緣塚の中にでもあるなら取り出して保存し供養したいものだ。

探芝園隨筆と題する一册の寫本を余は藏してゐる。誰のものか知らんが詩文を抄錄してあるもので書を寫したり印を押してあつたりもする。書籍や聞した書畫から記して置いたもので內容から推すと京阪地方の人と思へる。一この中に甘谷先生の詩があるが、一は梅花十絶で先生の遺稿中にある一は春伯王卒九月朔日也と題する五絶だが、これは遺稿中に在るや否やをまだ調べて見ない。短いから抄出する

世嘗無殤　折爲卿　餘淨濊　既哮甘谷水　何背菊花期。

藤川東園先生の詩文は寡聞にして一も知らない。所が同里の先賢靈松義端の善讀隨譯を得たら東園先生校閲とあつて先生の序文を冠してゐた。序によると先生が義端師に會はれたのは淡海之濱に婆娑たりし時で一見して相見之何晩也を嘆じたと云ふ。同じく古文辭の流れを汲む人だつたので共喜も特別であつたらう。別れに際し此書を贈つたので、先生は後此書を刻せしめ叙を書いたものと見える。余は同里の緣を以て義端師の著を蒐めやうとして圖らず東園先生の文を見るを得たのだ。

## ◉泊園書院の展墓

五月六日。好晴、午前九時三十分より行ふ。この日甘谷先生の百七十年忌に當るの故を以て法要の後に黃坡先生より特に、菅先生に就ての御講話あり、新翠滴る南岳山の境內に一同先賢諸先生の遺德を愈々偲ぶ。それより恒例の如く鮐延寺に至り、東畡、南岳、黃鵠の諸先生の墓前に禮拜す。參拜者、黃坡先生、豊田宇左衛門氏等四十余名にて午後一時を過ぐる頃終る。

### ◉道明寺釋奠會

五月十三日。土師神社（道明寺天神）にて行ふ。稀にみる風雨のはげしかりし日なりしも熱心なる參列者多かりし爲なか〳〵盛んなりき。

## ◉泊園會記事

五月十二日午後二時より常任理事會を開き前會よりの宿題を凝議す。

### 通知

泊園會常任理事會を開く。六月九日午後二時より常任理事會は每月第二土曜日午後二時より開きますから常任理事諸氏は是非御出席下さい。

### ◉發表事項

昭和九年四月七日午後一時ヨリ役員會開催福本理事長外拾名出席常任理事ヲ選擧シ事務分掌ヲ定メ且ツ左記ノ通リ評議員ヲ推薦委囑ス

常任理事石濱純太郎氏（庶務）三崎驎之助氏　豊田國三郎氏　梅見春吉氏　安達龜造氏　佐藤寬九郎氏　宮崎貞吉氏（會計）

常任監事永田仁助氏

評議員

石川　涉氏　石崎太郎氏　飯田武雄氏
乾吉次郎氏　西林正晃氏　新田長三氏
堀越壽助氏　本條平太郎氏　織田九郎氏
大河內安藏氏　岡田義作氏　渡邊　醇氏
和田達源氏　鷲田又兵衛氏　神田榮吉氏
神山眞龍氏　田中治一郎氏　田中利右衛門氏
多田黃山氏　多田貞一氏　高松林之助氏
辻　蒼石氏　辻忠右衛門氏　辻直太郎氏
植野德太郎氏　黑川莞爾氏　熊澤猪之助氏
山下平太郎氏　前田敬助氏　松本　洪氏
松本俊男氏　的場信太郎氏　福田宏一氏
福田三次氏　穎川　康氏　寺田英一郎氏
赤松奈良義氏　佐藤馬之丞氏　櫻井雲洞氏

## 會員消息

澤　純三氏　木村敬二郎氏　木村久次郎氏
清海　清氏　南坊城良興氏　水谷政次郎氏
白川朋吉氏　島田喜十郎氏　森下　博氏

本會々費ハ役員會ノ決議ニテ大阪市東區瓦町三丁目五番地日本相互貯蓄銀行（振替口座番號大阪三七八一七番）ニ預入保管ノコトニ相定メ四月末ヨリ同銀行ヘ拂込方御願申上ゲタルニ五月中旣ニ過半數ノ拂込ヲ受ケタリ

◉**山下是臣氏と柳條會**　泊園書院の好意を得て五月五、六の兩日第七回作品展と故坂正臣先生の遺墨展を同院に於て開催された。會員の作品には何れも眞面目な練習のあとがよく現れて居て山下先生の御指導振りがうかがはれた。殊に坂先生の遺墨數十點は希覯の逸品ばかり出品されて居たので非常に結構であつた。

◉**伊藤誠治氏**　の主宰せられる甲子書道會は來る八月十八、十九、廿日の三日間大阪朝日會館にて書之研究創立十周年記念全國書道展覽會を開催せられる由。

◉**牧野　信氏**　京都市上京區小山下總町五ノ三五へ移轉。

◉**中尾　謙氏**　市外守口大枝一四八へ移轉

◉**小澤新六氏**　今後阪神線芦屋川西の別宅を本宅とせらる。

◉**田中　稠氏**　目下高松市宮脇町九四三にて假寓。

◉**木村金三郎氏**　市內天王寺區石ケ辻町一一八番地へ移轉。

◉**高橋友次郎氏**　五月二十六日逝去。

## 洗毫

附錄甘谷先生墓碑の寫眞版を添付するに就いて石濱安達兩氏の御盡力を謝す。今月號は甘谷先生のお話し等で泊園文藝すら休載致しました折角いたゞいた種々の玉稿を抱いて、限りある頁の不自由さを痛感すると殘念でなりません然しです、近く愈々改造される樣子ですから皆さん益々御投稿して下さい。

寶曆十四年三月二十四日　甘谷先生菅君卒嗚呼此是祖
徠物夫子之徒能以其學鳴于浪速者也哉　先生諱晨耀字
子旭甘谷其号原姓藤原星野某留裔中攝府川祖某初仕姫
路侯意好弢略以故辭祿之于東都師事梅曹窮其秘奥以鳴
於都當時諸侯爭辟來帛相接郊園而不從竟韜跡于駿河卒
父某仕岸和田侯生二男三女嫡某襲祿次　先生也女皆適
侯臣　先生爲侯臣掘某義子以承其後掘氏菅原因冒其姓
云嘗以職事退于東都侯邸者二十餘年以故從游物門得肆
其志也性好恬退頗有祖風遂謝病以棲遲浪速祇以守業先
師留情好古自樂者二十年于茲蓋其賢也弟子日進故已不求
鳴人實鳴之是　先生所以鳴已加以老益力學抑艶而后已
与羅病廢業僅五六日忽然逝矣年七十四弟子某等乃承遺
命以葬于浪速城東南舍利寺境内　先生娶某氏女先卒無
子而不復娶　先生文翰之美高于浪速有遺稿若干篇
右墓誌擧郊兄氏所撰附于　先生遺稿者今勒之舊碑未
自予下帷於浪速歳時常奉香火而其碑僅有陽題已乃慮
後来至不知　先生爲何人社中相議遂有此擧也浪速高
木純備中片岡展幹事焉河内平池益捐貲焉時天保五年
春三月距　先生卒七十一年矣　先生之門有藤川東園
東園之門有中山城山城山門人東讃藤澤甫謹識
浪速寓客東讃阿部温書

在舍利寺

（泊園誌第拾號附錄）甘谷先生百七十年祭記念

# 泊園

## 論語講義　黄坡先生述

**有子曰。信近於義。言可復也。恭近於禮。遠恥辱也。因不失其親。亦可宗也。（德行）**

**訓讀**　有子曰く。信、義に近しと、言ふむべし。恭、禮に近しと、恥辱に遠ざかる。因、其親を失はずと、亦た宗とすべし。

**解釋**　此の章は、古來の諸說みな穩當でない點があるから、徂徠先生が別に明解を附せられた、其一は「信近於義、恭近於禮、因不失其親」の三言は古書に古人の德行を載せたるものを引きしなり「言可復也遠恥辱也亦可宗也」の三言は有子が之を釋きしなり、と說かれたのである。其二は因も亦德行の名なり、信恭と同倫なり、**因婣古字通用す**、周禮大司徒に六行は孝友睦婣任恤とある鄭註に「婣は外親に親むなり」とあり、又陳書の王現規の傳に「元規泣請曰姻不失親、古人所重」とあつて明に姻字になつて居る、とて因は姻婣通用して六行の一である。不失其親は親族が離れぬことであつて失諸侯、失民、失百姓と同例であると說かれて居る。今此の說に因つて說かうと思ふのである。即ち今こゝによく言を踐む人があつて其言ふことが先王の義と遠く離れぬ、有子が之を賛して「此の樣であれば其言は誠に踐む可きだ」もし先王の義に乖くやうでは之を踐行出來ぬ。といはれた又其人となり恭謹であつて而も先王の禮とあまり離れない、有子之を賛して「此の如くなれば必ず恥辱に遠ざかる、もし先王の禮に違ふて徒らに恭しいならば反つて恥辱を招くのであるといはれた。又人は外親に親しうするときは本宗が離れることが多い、今此人よく外族を親しうして而も本親も離れぬ、有子之を賛して、「此の如き人は族人が之に歸し奉じて本宗とすべきである」といはれた　宗は宗子、宗周の宗である。

章の解は前述の樣であるが、今、徒らに信を重んじ、言は必ず實行すべきものと念ずる人があるが、其言の果して義に合ふか否かを考へなかつたならば、所謂鄕曲の俠に陷り不義の信を免れぬであらう。明治天皇の軍人に諭し給ふた信義の條こそ此の句の意を明示し給うてある。恭の如きも亦同じく、巧言足恭は丘明の恥づる所で、徒らに恭しうして禮に合はぬ時は僕々爾として恥づるに足るのみである。外親を親んで遂に其本親を失ふものも古から數多いが、源賴朝の如きは其最も恰當せる者で、大に戒むべきであらう。此章は行は其本を正しうすべきを論じたものであります。

**子曰。君子食無求飽。居無求安。敏於事而愼於言。就有道而正焉。可謂好學也已。**

**訓讀**　子曰く、君子、食、飽くを求むるなく、居、安きを求むるなく、事に敏にして而して言に愼み、有道について正すを、學を好むといふべきのみ。

**解釋**、行の成れる上に更に學ぶことの美事であることを語られた章である、而るに此章はまた全体の上から見て、句の切れ續きに色々の說き方があります、即ち初の食無求飽から就有道而正焉までを倂べて、四件として說き、之をすべて好學の事と見る考へ方と、上の三句を君子の行ひとして、其行のある上に更に有道に就いて正すのを學を好むといふと說くのと、大体に於て二つに分れて居る、朱子を始め多くの學者は前の說き方を執り、仁齋徂徠二子は後の說である、猶また各家に小異同があつて一々御話しても却つて煩雜に陷りますから、今はたゞ大体の相違の點を擧げるだけに止めておきます。

さて前述の如く色々と說かれた中に徂徠子の說き方が最も明確でありますからこれに依つて說を進めませう。今君子たるものは自己の衣食の滿足を得ることを目あてにせぬ、即ち一般の人々のために安利を謀り和樂を得しめる樣に勉めるのであるから　固より其行事に敏疾でなければならぬ、また一言の誤りは其關係する所量られぬ、こゝに於て　**敏於事而愼於言**　といふ事が大切である、人の上なる者は此の行を要とする。しかも必ず有道の人に就いて其是非を問うて之を正すを、學を好む人といふべきである。と夫子は示されたのである。この**有道**といふ文字も、朱子は道を事物當然の理　人の共に由る所と說かれて、上の三件も君子の學であるが、これを以て自ら是とせず、當然の理を得た人について正せ、しからずは楊墨の如く仁義を學んで差誤に陷る、これでは好學とはいへぬといふ意に說かれて居るのであるが、一向有道とか好學とかいふ詞がこの處にぴつたりと來ぬのであります。一休、有道有德といふ樣の文字は、古書に明かに分かれてあります。周禮の大司樂に凡有道者有德者使敎焉とあり。小戴記の禮器に先王尙有德、尊有道、知之謂之有道、得之謂之有德とある類で最も明白でありませう、即ち有道者は先王の道に明かな人であつて、學問の標準となるべき人であります、だから身に善行があつても此等の人に就いて已を修正せうといふのであります。

この第一句の、食無求飽、居無求安といふ語が士君子の最も着目を要することでありま す、里仁篇に士志於道といふ章がありますが、全くこの句と同意義で、苟も士君子たるものは先憂後樂の志が緊要であります。即ち宋の范文正公が「士は天下の憂に先だつて憂ひ天下の樂に後れて樂むべし」といふ語を常に口にして居られたといふことである。此の人果して自已の飽食安居を求めませうか。此章に「無求」とあつて「不求」とはいはれてない。不は意あつて求めないのであつて、無といへば本來此心がないのであります。同じ宋の王曾といふ人が、郷試から禮部の國家試驗まで三回の試驗にみな首位でありました。今日所謂、銀時計組とか軍刀組とかいふ類であります、そこで或人が「公は三場で狀元（首位）となつた、定めて一生喫着（衣食）し盡すこと出來なからう」（出世をする意）といひました處、王曾は「自分の平生の志は溫飽にはない」といつたことがある。即ち暖衣飽食を志とせぬ濟世安民を目的とするものであると答へたのであつて、後日宋朝の大臣として力を國に盡した良臣となるべき面目が此一語に躍如たるものがあります。今日官紀振肅、思想善導の事が高唱せらるゝ時、自分はたゞ中流以上の人が否世間一般の人々が、自分の衣食の計を離れて偏へに公道に精進することを庶幾うて此章の義を高調する次第であります。（第七講）

昭和九年八月廿五日印刷　隔月一回一日發行
昭和九年九月一日發行　（非賣品）
編輯兼發行人　大阪市西區新町南通五丁目　的場信太郎
印刷所　林泰進堂
大阪市南區竹屋町九（泊園書院內）
發行所　泊園誌社
電話南六八二七
振替大阪一三八三九（泊園書院）

## 說詩樂趣（2）　效尤生

律詩の五言七言は句語殊なりといへども法律は即ち一なり、**起句**尤も難く、先づ高く地步を占むべく苟且なるべからず、**中兩聯句の法**は、共に一意なるあり、各意なるあり、もし上聯共意ならば下聯各意なるべく、前聯狀を詠ずれば後聯人事を說くべし、隔聯の字相似たるを忌む。頷聯の意を轉ずるは變化あるを要す、多く實字を下し、少く虛字を下せば自然に響、亮にして句、健ならむ、**其尾聯**は一步を開くを要す、別に新意を生じて之を結ぶのみ、或は亦起意に應合して結と作す者あり。

古人は句法を講求す、少陵と雖ども亦曰く語不驚人死不休と、ゆへに學者は須らく句假月煉して務めて天然に得るを求むべく、言、簡なりといへども意を遺さず、句、豪なりと雖も理に畔かざるべし、五言は添へて七言と作すべからず、七言は減じて五言となすべからず、添ふべく減ずべきは詩句を成さず。一聯の二句は倶に精當を要す、或は養力及ばずんば、寧ろ下句の上句に勝るべく、斷じて上句の下句に勝るべからず、古人の造句は意精に語潔に、字愈々少うして意に饒かに、味、言外に餘り、悠然として長く、黯然として光る、後學の驟かに及ぶべきに非ずといへども、まさに此を以て宗となすべし。

**詩の義意**は、一ならざるありといへども其歸を要すれば情と景とに過ぎざるのみ、情景の兼ねたる者は上なり、偏倒せる者は之に次ぐ、情景兼ねたるは「露從今夜白、月是故鄕明」の如き是なり、情到る者は「長擬即見面、反致久無書」の如き是なり、景到る者は「月華川上動、風光草際浮」の如き是なり、又「水流心不競、雲在意俱遲」の如きは景中に情を寓せるなり、「卷簾惟白水、隱几亦靑山」は情中に景を寓せるなり、「感時花濺淚、恨別鳥驚心」は情景融して分れざるなり、「白首多年病、秋天昨夜涼」は一句は情、一句は景なり、若し一聯景にして一聯情なるも亦是なり、或は四句六句皆景にして但情を以て之を結ぶは變格なり、惟、情は全篇を以て言ふべし、然れども苟も法の之を駐むる無くば流俗に入り易し、故に曰情を景物の中に融し、思を風雲の表に託するは之を難しとす。と。

（白藤氏藏）

# 書經の講義に就いて（三）

大壺

随分ウルサク書經の歴史を述べたが、これが實際に必要な智識なんだから已むを得ん。然もこの大筋の歴史を廻つて幾多の問題が起伏し、その問題の解決にも種々なる難點が纒綿してゐるから事が簡單には運ばない。研究が複雜冗長になるのも當に然るべき所以である。コチタキ考證なんかをするからいかんとよく叱られるが、考證しないで分るものならいゝが、書經なんかは殊に分り樣がない。分り難い所は强ひて解せないがよいと悲鳴を擧げてゐる先生方こそ正直な所である　朱文公すら「書當如何看」と問はれて「且看易曉處　其他不可曉者不要强説　縱説得出、恐未必是當時本意」と答へてゐる　又「諸家雖或淺近、要亦不無小補、但在詳擇之耳、不可以篇帙浩汗而遽憚其煩也」とも云つてゐる。我等はえらさうな事を云はずにコツコツやるに限る。

そこで參考書を少しく掲げて研究の便に資したい。講義は古文尚書孔安國傳本を底本とする事は前に述べた通りである。從つて孔傳本の單行本でもよいが、孔傳の疏である孔穎達の正義を併せて見得ると或は便かとも云つて置いた。注疏本は阮元の十三經注疏刊本が普通である。校勘記も附してあるから便利な點が多い　講義は今古文共有の篇はなるべく今文義により古文特有のものは孔傳義に依らうかと思つてゐるから、其點から云ふと

王先謙　古文尚書孔傳參正

が極めて都合がいい。講義の種本はこの參正を使ふつもりだ。この王氏參正の今文義は大約

皮錫瑞　今文尚書考證

に據つてゐるので、皮云と特に書いてない所も大抵之を襲ふてゐるから皮氏著を持たなくても王氏本で間に合せ得る。皮氏の説は精到なもので伏生大傳と史記とを根據としてゐるもので、近代書經研究中の白眉と云ふべきものである。彼の經學通論中の書經通論を併せ見れば態度方法が明白になる。古文義に就いては

段玉裁　古文尚書撰異

は名著である、彼の卓識は今の新發見の資料で續々と證明せられるのを以てしても分る。

王鳴盛　尚書後案

馬融鄭玄王肅等の舊注をよく集錄して專門の學を爲してゐるから參考に宜し。

孫星衍　尚書今古文注疏

皮錫瑞は評して「於今古説　搜羅略備、分析亦明、但誤執史記皆古文、致今古文家法大亂、亦有未盡善者、然大致完善、優於江王」と云ふ。今文には

魏源　書古微

陳喬樅　今文尚書經說考

其他あつて皆見るべき所あるが、是等は皮氏に至つて頂點に達してゐるから急にする事はない。王先謙は以上の要點は先づ採入してゐるから彼から這入るが最も便利だらうと思ふ。

石經は極めて重要なる資料であるが、今の所では

羅振玉　漢熹平石經殘字集錄

四編に續補と增加して行つたが、最も多く集められてゐる。之を活字にして

張國淦　歴代石經考

同　漢石經圖

にも見られる。然し何分後から後からと出て來てゐるから面倒乍ら興味はある。魏の三体石經は古文の方だが集錄は未だ出來ないらしい。新出のものは足りないが

王國維　魏石經殘石考

は一讀すべきものだ。

石經に次いで隷古字本尚書は貴重なものだが、これも集錄が完全でない。

羅振玉　古字隷古定尚書眞本殘卷

は敦煌石室本皇國所傳本を若干集めて石印に附したものだが　兎に角これ丈でも集めてあるので餘程參考に便宜となつた。

先秦時代の書經の新研究はまだただの程度である。墨子や左傳に引かれたものを研究したり、吉金文によつて文字を訂正したり、殷の遺物龜甲文によつて文句を考へたり、天文學の智識で曆日を調査したり、民俗學の方法で神話傳説の解釋を試みたり、いろいろな試みが出來てゐるが、それぞれ主とする所があつて面白い點も少くないが、書經を主題とせるものは少い。極く新しい論文類は

顧頡剛　古史辨

の第一冊第二冊に集められてゐる、又

郭沫若　中國古代社會研究

の第二篇は「詩書時代的社會變革與其思想上之反映」と題して書經を扱つてゐるが　著書は所謂左翼史觀を根底としてゐるから其點を注意して讀まねばならない。然し此等の新研究は新穎過ぎる處があるから注意頗る肝要だ。書經の講讀としては吳大澂孫詒讓王國維などの研究にモソト考慮を費す方がよい樣だ。顧頡剛！講義のプリント尚書研究講義を大掛ゝりで着手してゐるが大掛り過ぎて直ぐプランを變更したりしていつ纒るか豫想が出來ない。

今の所は長編即ち資料の整理である。

尚書研究では伏生大傳と經典釋文が必要になるが前者は

皮錫瑞　尚書大傳疏證

を主とすればよい。釋文は通志堂本でも盧文弨の考證本でも差支ない。舜典の處は敦煌本があつて是非參考すべきもので吉石庵叢書第一集の景本でも見るがよい。吳士鑑吳承仕馬叙倫洪業などの箋注もあるが其處迄行かなくても差支はない。

日本人の研究は研究史の上から見て面白い點もあるが見る必要はない。泊園の説は嘗て黃坡先生が手鈔しられたものを副寫一本を錄したが、史記に據つて讀まれた點が多いのを喜んだ。今は專書が得易いから之に及ばないでもよからう。

複雜な歴史を有する書經は繁冗なる參考書を有してゐるのも尤もな事だし、先儒の研究皆各々意義を有してゐるんだが、入門を誤ると迷路に彷徨せねばならぬ。歴史を知り先賢の到達した道知るべをおろそかに見ず行けば道自ら通ずるのだ。決して容易なる談を爲してはならないんだ。

（終り）

# 漫錄

## 且の字

川合考太郎

近頃郭沫若君は、且の字を釋して、これはもと男陰の字であるが、それが生殖の根元である所よりして、遂に先祖祖考の字に轉用したのであると云ふ樣に、大分奇抜なことを云はれたかと思ふが、面白いことには、我が邦には今を距ること二百二十年計りも以前、正德年中に浪華の寺島良安が、和漢三才圖會を著して すでに此の説を云つて居るのである、良安が説はかうである。

女陰見于説文。男陰象形未見於字書。許氏劉氏梅氏輩、洩之者何耶。今出且字。以爲男陰正字。其象形可見。葢且字也字。共借以爲助語。而正義終爲所奪　和漢未言之。予不敏肇改之。亦不無所恐而已。

良安がやうな説明では、一種愚にもつかぬ陋劣な考へに過ぎないのだが、郭君のやうに詮議が行き届いて見れば、聽くに足るの價値がないでもないやうに思はるゝが、猶研究を要する、但し郭君のみならず　近頃支那の雜誌を觀るに。他の人も盛んに其の説を主張して居る。即ち且の字のみならず。彝器に見えたる雷紋龍雉鹿兒雀雞龜馬羊魚蝎象虎などの紋樣及び象形文は。皆生殖力の象徴を帶びて居ると云ひ。西洋人にも个樣に觀察する者がある由にて　引用して居る。如何にも妙な方面へ觀察點を擴げるものだと思つて。感心するのである。

本誌後援　寄附金收受報告（泊園同窓會）

一金貳拾九圓拾錢也

以下常費（一ヶ年分壹圓也）

上原三郎氏

第三十七回　泊園同窓會及ビ……通知

昭和九年九月一日（土曜日）　泊園　第十一號　（三）

## 翠濤園讀書記

大　壺

前稿に支那の基督教に關する書籍の事を札記したが黄伯祿の正教奉褒や正教奉傳の名を擧ぐるのを佚した。それよりはあの稿を送つて後數日にして岩波講座東洋思潮中の石田幹之助氏の支那に於ける耶蘇教を見るを得たので補ひ得なかつたのを遺憾とした。石田先生は謙遜なる言葉を以て書き出してゐるが僅々五十餘頁の小パンフレツト乍ら要領よく然も新研究の成績は採り入れたスバラシイものである。あの該博な智識があの暢達な文章で約序されてゐるんだから當代眞似手はあるまい。丁度余の龍大講義と同じく元末で終つてるのも奇縁だから當時の聽講生に余の亂雜なる講義筆記は棄てゝ此を以て代りにしろと傳へてやらう。いゝものが出たもんだ。序でに近世も書いて貰へると誠に都合がいゝんだがなア。

景教碑に注意した我國の學者は近藤正齋に次いで中村敬宇博士だと云ふ　そこで余は博士の天道溯原訓點本を探して明治十年出版の本を得た。所が天道溯原解と云ふ本があると聞いて之をも得た。明治七年の六月九月十一月に分けて出版した三冊本で、東京築地六番嘉魯日耳士譯と題してあり、米國嘉魯日耳士藏版と奥附があつた。丁韙良の漢文原著を假名交りに延べ譯したものである。不思議な事には中卷の終りに附錄してある「明大學士諡文定徐光啓奏留天主教疏」と「景教流行中國碑文」の二つが譯述されてゐないのである　目錄の所も其處が餘白になつてゐて續いてゐない。恐らく初めは皆譯するつもりが、これは教義に關係しない文である上に景教は異端だとして省いたんだらう。余は未だ丁氏の支那刊本を見ないが、兩本あるんでは無からう。

近刊中で最も余に快哉を叫ばしたものは文求堂編輯の現代支那趣味文選である、某書店店頭で教科書用の一小冊桃色のハデなものを見つけ文求堂とあれば先づ支那語の教科書の少し面白さうな材料のものだらう位に考へて携へ歸つた、午睡のキツカケには何かと一日座右を一瞥して之を取上げて、よく分らない支那語は睡氣誘ひの好材料と讀みかけると、白話体は僅かに文章体が過半で、讀み易く、材料は極めて面白い支那式のものなので、睡る所か、とうとう身体を起して耽讀する始末であつた。支那新聞の趣味記事を集めたものだが、凡例で編者自身の好みに偏した樣に思はれるとあるけれども、余にはよく選んであると思はれた　同臭と云ふのか知らん。然も詳しい注釋があつて其注釋又中々行屆いて而も名文句續出するんだから愉快な注釋である。名注釋付きの多樣多趣味の隨筆を讀むと思へばいゝ。これを教科書に採用した學校からは必ず支那研究への轉向者が輩出すると思ふ。高等學校あたりでも之を副へて漢文を教へたら學生の憂鬱も散じ何で漢文なんか習ふんですかと言ふ質問も無くなるであらう。且又漢文研究家も唐宋八大家文だの古文辭類纂などを手本として漢文を習ふのもいゝが、かう云ふものを熟讀すると支那臭に感染して句法も章法も早分りがするに違ひなしと思ふが如何だらう。片苦しいやり方計りが能でないし、文章文化も實際文化から出來上るんだから現代支那文、それも所謂時文などより趣味ある此等を讀んで掛る方が効果的ぢやないか知らん。文求子の勞を多謝す。

文章文化なんて言葉を使つたが、これも文求先生から貼られた鄔其山氏の漫談に在つた文句を拜借したんだ。鄔其山氏は支那の文化は二樣に見られるので、一は文章文化、一は生活文化で、日本の支那研究家は前者を、氏は後者を研究してゐると云ふ。つまり前者は竹林山水中の隱士の精神生活、後者はその物質生活を云ふのだ。この高士は易に思をこらしたり窓前に南華經を讀んだりもするが、實は蚊遣りの香を薫じたり川岸に立つて小便して長嘯もする事を知らねばならんのだ。かう云ふ對立は文化が高上すればする程懸隔は甚しくなるが、只表裏の話しで絶對に隔遠するのでない。面倒臭くなるとシムプルライフなんて云ひ出して山林に逍遙するはよいが、矢張り家賃や本代は氣に掛るもんだ。この表裏二樣の文化は敢て支那には限らないので、未開國程二樣の間の差異が少いのだ。又その差異の大小で文明の深さが計られるわけだ。この物差しを持つて行くと支那は古くて開け過ぎてゐる。こんな事に落付くんではないか。

## 漢文訓讀の改正すべきもの（四）

潮　江

（ハ）叙述性を持つ、經驗的事實を以て下文の事實に、對する偶然的時機を示すもの。

口語の「……スルト、……シテキタ（デアツタ、シタ）」といふ場合の「……スルト」に該當するものである。例へば「驛ニ至レバ、汽車已ニ發セリ」の「驛ニ至レバ」がそれであつて、驛へ行つたといふ經驗的事實を述べてゐると同時に、下文の「汽車已ニ發セリ」といふ事實の偶然的時機を示してゐるのである。故に此の條件句は「驛へ行ツタ」「其ノ時」といふ二語合成の意味を持つてゐるものといふ事が出來る。「既ニシテ墓所ニ至レバ、拜掃スルコト甚ダ恭シ」「頭チ上グレバ月天ニ在リ」などは皆此の例である。本項の條件句が時機を偶然的に限定する叙述性を持つてゐる事は、經驗事實に對する「時」に依つて時日のみを示すもの、例へば「驛へ行キシ時」「頭チ上ゲシ時」など、全然區別すべき點である。又下句に對する關係は單に其の時機を偶然的に限定するだけであつて何等其の内容に交渉を持たない。此の點は前項の一般的時機を示すものと全然相反するものである。次に本項の經驗事實といふのは時の現在過去を問はず、又動作の完了存續に論なく、凡そ一切の經驗事實は皆之を包含するものである。尚本項は其の限定すべき下文中に時に省略語のある事を注意しなければならぬ。例へば「之チ視レバ小丈夫ナリ」といふ文は「之チ視レバ（其ノ）小丈夫タル（コトチ知ル）」の省略文と見るべきものである。本項の如く副詞的な條件句に獨立的な叙述性ありと論ずる事は或は私の偏見であるかも知れないが、實際の用例を説明するためにはどうしても此の一項を設けなければならない。

**例**

○明日子路行以告。子曰。隱士也。使子路反見之「至」則行矣。（子路が、訪ねると、〔其の時〕其の人は已に去つてゐた）

○顏淵喟然歎曰「仰之」彌高。「鑽之」彌堅。（仰いで見ると〔其の場合〕仰ぐ程高い〔事が分つた〕）

○崔子弑齊君。陳文子有馬十乘。棄而違之。「至於他邦」則曰。猶吾大夫崔子也。「違之之一邦」則又曰。猶吾大夫崔子也。違之。何如。（他國へ行くと……といつた）

○子曰吾與回言終日。不違如愚。「退而省其私」亦足以發。回也不愚。（彼の私生活を觀察して見るに充分發明する所がある）

○「至東城」乃有二十八騎。（東城に行つて見ると二十八騎殘つてゐるだけだつた）

附記、以上假定法、確定法の大体を盡したつもりであるが更に左表に依つて其の異同を明にしたい。

| 種類＼要項 | 「バ」ノ連接 | 本質 | 下文トノ關係 | 獨立的ナ叙述性 | 用例 |
|---|---|---|---|---|---|
| 假定法 | 未然形 | 假定事實 | 前提 | 無 | 夫子若シ言ハズンバ小子何チカ述ベン |
| 確定法（イ） | 已然形 | 既存事實 | 前提 | 無 | 舜皐陶チ擧ゲタレバ不仁者遠ザカレリ |
| 確定法（ロ） | 已然形 | 一般的時機 | 必然的 | 無 | 先ンズレバ即チ人チ制ス |
| 確定法（ハ） | 已然形 | 經驗的時機 | 偶然的 | 有 | 頭チ上グレバ月天ニ在リ |

尚漢文に於ては右諸項について形式上截然たる區別がない。故に熟讀玩味し文義上其の孰れに屬するかを決定しなければならぬ。

一金貳拾大圓拾錢也　右福本元之助氏寄附泊園會創立費剩餘金

一金三圓[illegible]　奥山彌三氏（二ケ年分）

知[illegible]

泊園會總會

來ル十月十七日（水曜日）開催ノ豫定。詳細ハ追テ御通知致シマス

## 泊園文藝

鴛鴦。動物園所見　渡邊盤山

雌雄相倚不相離。胸拓清漪如夢移。
閑却同園猾白鷺。眄々棲在上頭枝。

夏日山居　南山　牧野信

不聽人間樂耳音。巖棲靜對翠微岑。
瓶笙聲起茶方熟。時有凉風入素襟。

新秋夜坐　同人

大火西流灝氣横。東山缺處月揚明。
故人偶與清風到。話盡新凉一味情。

新秋夜坐　古谷蕉雨

梧桐葉上露華濃。四壁秋聲入草蛩。
月在天心人未寐。更々更到五更鐘。

尾中鶴洲

白頭笑對菊花黃。又挿茱萸泛酒觴。
世上近來忘古例。詩人依舊賦重陽。

### 舊重陽宗家會飲席上

藤澤黄坡

和氣氤氳滿此堂、
天倫樂事舊重陽、
一瓶秋色遺芳遠、
壁上淋漓艷菊章、

### 思無邪疊韻集（七）

植野木州

四十五　和蘭陀

蘭國地低多汗邪。水風到處動輕車。
牛羊馳驁靑芻野。溝洫縱横白堊家。
雨季瀰堤行潦溢。夏時浴海逝波遐。
城中別有淸遊樂。楊柳街頭滿砌花。

四十六　瓦得路

白都東去遠塵邪。瓦得驛前嘗駐車。
戰迹古來存曠野。彈痕今尙在農家。
奈翁絶道請降速。英將乘機追敵遐。
碧血當年空灑處。行人忍見斷腸花。

四十七　欲入德國誤道　越川地名

鐵路臨岐誤正邪。搭來猶信越川車。
地形不辨向何驛。缺舌難分問孰家。
小過何圖其失著。大迂莫怪此行遐。
却欣當日禍成福。得見萊茵河畔花。

四十八　伯林　菩提樹下街名

朝々灌水洗塵邪。阡陌砥平馳快車。
聚貨迻迎千里客。滿城齊整四層家。
移節應騷公園美。歡意何懷故國遐。
宮殿政堂駢列處。菩提樹下女如花。

四十九　勃多無

開說大王躬制邪。戒臣不使毀風車。
下情易達隣深殿。上苑難修存弊家。
千里提封聯國固。百年德化及民遐。
兒孫忘却渠遺訓。謾弄兵戈蹂躪花。

五十　可憐邱　在維納城外多水河名

嘗試淸遊辟俗邪。登高鐵軌齒輪車。
落天多水流千里。縮地維城列萬家。
風物蕭條雲影冷。秋空ノ〜雁行遐。
可憐邱上霜楓色。猶認紅於二月花。

## 噫内藤湖南先生

石濱純太郎

湖南先生は終に逝かれた。古稀に近い高齢で惡性の病氣とあつては致し方も無い事ではあらう。然し私淑などと云ふもおこがましいと迄敬服してゐた余は心ひそかに錢大や昕王念孫も長命だつたんだから其左右迄はキット大丈夫だらうと勝手に良い方へ考へてゐたんだが、天命如何とも爲難く古稀をも待たずして長逝されてしまつた。

余は先生の論著を讀んで獨り心に之を喜んでゐたが、圖らず故西村碩園先生の景社文會が緣をなして親しく先生を識るを得先生が歐洲に藏する敦煌出土品の調査に赴かれるに當つて隨伴するに至つた。曾遊の思出は盡きぬものがあるが、病床に御訪ねした時前の大病の後には君と渡歐したが、今度癒ると何處へ行かうかと云はれたので、余は又御伴しませうかと答へたりしたが、今度はすぐに御伴出來ぬ所へ逝つて終はれた。

先生の學術は到底余なんどの容易に論じ能はぬ博大精邃なものである。清朝一代學術の盛を世人はよく談ずるが、その一代學術の菁萃は皆先生を通じて發揮廣大されたもので、本國の學者達も此點に於て數籌を輸してゐるのだ。先生は初めよく我漢學は支那に比して百年少くとも五六十年は後れてゐると云はれたが、先生晩年の我支那學界は決して彼れにヒケを取らなくなつた。然も皆先生提澌の結果であるから我學界は正に感謝しなくてはならないんだ。先生は支那學計りでなく國史國學の方面でも美術工藝の研究に於ても學界の感謝すべき業績を遺された研究の精到さ計りに先生の偉業は止まるのでなく、其研究の成果より出づる經世致用の働きは決して之を單なる考古學者として求め得られない。先生の時局論社會批評藝術批判は皆之を深該なる學術研究に基礎を持つて次代を指導したものである。學者も町人も藝術家も政治外交の當局者も先生に於て啓發されなければならない。

先生の遺著は何れそれぞれ出刊されて尙ほ世間を益される事であらう。さうして既刊の著述と共に先生の學識が我國の誇りである計りでなく世界の名譽である事を證明するであらうと信ずるかゝる先生を古稀にも至らしめずしてあたら道山に歸せしめた天道は果して是だらうか非だらうか。

終に望んで一言勸めて置きたい。苟も漢學を口にする人々は先生の編せられたる中等學校教科書なる新制東洋史は讀まれん事を。渺たる教科書と云ふ勿れ同類のものとは比較にならぬ立派なものである。せめて此一冊丈は同臭の人々が記念として一讀する事を勸める。決して讀んで後悔する事はない。

## 詩經　新譯四題（下）

逝水生

### 河廣（國風、衛）

誰謂河廣。一葦杭之。　河は廣いと誰がいふ？　葦を浮けても渡れます。
誰謂宋遠。跂予望之。　宋は遠いと誰がいふ、　つまだちしても見えまする。
○誰謂河廣。曾不容刀。　何で河がひろかろに、　小舟を浮ける程もない。
誰謂宋遠。曾不崇朝。　何で宋がとほかろに、　朝のうちにも行けまする。

### 竹竿（國風、衛）

○籊々竹竿。以釣洪水。　長い竿持つて、洪水で釣つたら。
豈不爾思。遠莫致之。　と思ふけれど、遠くて駄目よ。
○泉源在左。洪水在右。　泉源は左に、洪水は右に。
女子有行。遠兄弟父母。　嫁ぎしこの身は、肉親にもはなれて。
○洪水在右。泉源在左。　洪水は右に、泉源は左に。
巧笑之瑳。佩玉之儺。　昔はそこでニコ〳〵と佩玉ゆるがせて遊んだが。
○洪水滺々。檜楫松舟。　洪水はユル〳〵と。檜のかいに松の舟、
駕言出遊。以寫我憂。　浮べて乘つて、うさをはらしたい。

記事

七　月二十二日ヨリ夏期休暇、
九　月三日、開講。

漢和論題隨意等を募る

| 日 | |
|---|---|
| 月 | |
| 孟子 | 午前六時 七時 |
| | 午前八時 十時 |
| 高青邱 | 午後二時 五時 |
| | 午後十時 八時 |
| 金 | 木 |
| 孟子 | 韓非子 |
| | 大東世語 詠物詩選 |
| 左傳 | 高青邱 詩醇 |
| 書經 說文（石濱先生） | 文章軌範 |

編輯）黄坡先生　石濱純太郎

編輯）兵庫縣武庫郡御影町字瀬ケ鼻　多田貞一　大阪市南區千年町二

從後孔門彼一時、素居千里思無涯、帰田徒養瀋生
拙、縱酒偏憐劉氏詞、松下結廬年月古、庭前開徑蓬
蒿滋、自緯巫丈風塵去、豈恨無由学礼詩、

送友人扈從　藩主于江都還入　京

楼船朝発玉藻城、萬里波濤海氣清、淡嶋烟光回首
合、冨山霞色入眸明、衡門愧我安三務、黄楽羨君聞
九成、別後蕭條斜日下、河辺楊柳轉含情、

寄三渓上人

何須楚岸泛楼船、香閣近懸江月圓、映水群峯掃霧
出、蹴天高浪与雲連、回頭坐尽洞庭色、揮筆堪裁七
発篇、常欲從公驚浪日、悠々道路隔風烟、

初秋

昨夜秋風入紫荊、朝来稍覚早涼生、緱山鶴駕期将
近、銀漢鵲橋工已成、砧杵漸催思婦怨、鴻書未達帝
王城、前峯纔有炎雲色、坐聴林間夷則声、

雪

紛　風雪拂林㬂、一望天涯白鷺寒、曹国麻衣被尉
杪、謝家柳絮舞江干、山陰夜月幽情鼓、呉境朝峯匹
練看、何物梁王更授簡、銜杯詞客與曾闌

卜居

昭和九年十一月一日（木曜日）　泊　園　第二十號（一）

# 泊園

昭和九年十月廿五日印刷（隔月一回一日發行）
昭和九年十一月一日發行（非賣品）
編輯兼發行人　大阪市西區新町南通五丁目　的場信太郎
印刷所　大阪市南區竹屋町九　林泰進堂
發行所　（泊園書院內）　泊園誌社
電話南六八二七
振替大阪一三八三九（泊園書院）

## 漢學の必要

漢學は必要なものか。必要である。一には我國を知る爲めに、二には隣邦支那を知る爲めに必要である。何故にか。

我國は我國獨特の存在であつて、支那民族でもなく、支那語を話したのでもないが、建國以來殆んど支那文化の影響の下に發達して來たのであつて、國粹も之に依つて發揮昌明されたものである。歷史の何處を見ても支那文化を顧ずして了解出來る所があるか。且つ漢文は二千年我國の文語となつてゐた。國風唐樣と徒らに分別して快を取つては事實が分らない。我が國粹を知りたいならば、漢文を文語と迄爲すに至つた歷史に顧みて、漢學の必要を悟らねばならない。

我國文化の基調を爲すものは支那文化である。而して過去現在のみならず未來までも、支那文化の本地支那は我國と一葦帶水の向ふ岸に存在し續けてゐる。過去の文化の爲め計りでなく、現在未來の關係は斷たんとしても斷てないのである。古文化には恩はあるが今は用はないのでは無い。三世を通じて知つてゐなければならない支那なのである。天命による日支の深い關係に顧みて、漢學の必要を悟らねばならない。

漢學必要無用の論は以上の二大原則を熟視すれば議論の餘地はない。內に我國の歷史を知る要のない人、外に隣邦支那を無視して置く人、此等には漢學は無用である。只其等の人は我國に關する凡百の事に就いて云爲してくれなければいゝ。言說すれば身を謬り人を謬り國を謬る。愼しんで貰ひたい。

獨り漢學無用論者のみでない、必要論者も注意して貰ひたい。漢學は骨董とは異なるものである。骨董としても必要かも知れないが、今の實用上必要なるものである。愼んで之をして世人に骨董視せしむる樣なからん事を。（大壺）

東畡先生與我祖默庵府君。同出讃岐以文學仕高松藩第。先生居大阪。我祖在江都。居雖相隔。心則相通矣。先生哲嗣南岳先生我姑嫁之。生三子。士亨士明士駿是也。頃日余偶閱舊藏。獲一小冊。即先生少時文也。龍駒負氣。鳳雛具彩。已見其爲他年偉材矣。今者南岳先生與士亨既逝。而士明箕裘。堂構不墜。士駿業醫又喜文事。俱仍居大阪。斯冊未審其何故藏之。余謂均是藏也。藏之我家。不如藏二子。乃以贈之。抑先生釋褐。高松藩不復煩以事。下帷教授。士子學關西者。大率以爲依歸。元治中。幕府召而聽經於二條城。凡如是者。慽我祖未及耳目而早謝世也。顧今時勢一變。斯文不絕如縷。嗟予不肖。加之老齡。碩果不食。尋墜緒之茫々。廻狂瀾兮既倒。予有望士明。以爲奚如。試問之士駿臨。贈俯仰今昔。慨乎言之。

昭和九年八月仲一日　藻洲　牧野　謙　年七十三

## 說文の話（一）

大壺

說文の講義も久しいものだ。もう十年以上だらう。誰かゞ說文をやつて貰へないかとの注文があつたので考へた。第一長くかゝるし、殊に講ずる自分にも自信も無かつたし、どうしやうかと思つた。然しその以前に文字學の概說のやうな小本を講讀して來た所であるから、それから進めば說文へとなるのも當然な請求である。部首だけをやらうかとも思つたが、相談すると段注說文をやりたいと云ふ。何でも篆刻に從事してゐる誰かに注文者がそんな字は說文に無いと段注本を引張つて來たんだから、それで此をやりたいと其人は云ふ。印判の字と說文とはさう旨く行くもんぢやないが、段注をコツ〱やるのは余には大變勉强になる事だしするから、大に決心してボツボツ序文から講じ始めた。中々難かしい。長い事だから聽講者も立ち代り入り代りしたが、熱心家が多いから講義は今に連續してゐる。お蔭で余の學問に少からず益を得てゐるが、それでも難しい。

進めば進む程段玉裁はえらい人だとわかつて來た。段氏が明かに誤つてゐても誤り方がえらいから驚くべき人である。講義はウマク行かないので聽講者には氣の毒だが、矢張り段注をやつたのは好かつた樣に思つてゐる。餘り長い講義で聽講者もスツカリ入換つてゐて、途中から一字一字の講義計りで序論を聞かない人計りになつてゐるから、一つこゝらで說文の大体を述べて參考に資したいと思ふ。

經書は古いものであつて難しい。難しいのは文字の古義古訓が分らないからである。そこで說文研究が必要になるのは誰でも知つてゐるんだが、その說文が難しい。想起す、余が大學在學中に說文會が出來て週に一度だつたか月に一度だつたか例會が開かれたので、余も段注本を頒けて貰つて席末に侍したが、大學內外の老儒碩學が參會せられて輪講されるんだが、面倒なもので一回で一句が片付かん樣な事がある。とうとう序を少し計りの內に余は卒業して歸阪して了ふ事となつた。あの會は其後どうなつたか、餘り續かなかつたと思ふ。兎に角學生では到底齒が立たなかつた樣である。それを今茲に書院で十年も講じてゐる事を思ふと聽講者の熱心の爲めに連續してゐる樣である。其後どこの大學でも講義がある事を餘り聞かなかつたので、自分の講義は大して自信ある程ではないが、一種の誇りを感じてゐた。近頃は仙臺で武內先生、京都で倉石先生など講じられたと聞いて懷しい氣がする。閑話休題。

說文とは略稱であつて、詳かには說文解字と云ふ。字書の一種であるが、主として文字の形、文字の構造を說明してゐる字書である。文字には其形と其音と義とがある。音を主とした字書は所謂韻書で廣韻などがそれである。義を主とした字書は爾雅廣雅などがそれである。形を主としたものは說文と云ふ事が出來る。だから文字の形を研究するとなれば說文に一應當らなければならない。說文だけが篆文古文籀文の諸形を擧げて說明する所以である。

說文解字とは文を說き字を解くと云ふのであるが、文とは類に依り形を象るで、象形文字の日月とか指事文字の上下とかを云ひ、字とは形と聲と相ひ益した複合体で、江河武信の樣なものを稱する。乃ち文も字も凡ての文字を解說する書と云ふ事である。之を略して說文と云ひ、終には文字を研究する學問を說文學などと迄云ふ。

著書は後漢の許愼、字は叔重。傳は後漢書儒林傳中に出てゐるが、簡單で生卒もハツキリしない。そこで諸學者が種々考證を試みて補つてゐるが、目立つた事蹟があるのではない。明帝の幼年頃に生れ、桓帝の時に卒したものらしい。學問はえらかつたものと見へて當時に「五經無雙許叔重」と云はれてゐたから純然たる學者肌の人である。著者は說文以外に「五經異義」と云ふ經學の異同を論じたものがある。これに對して鄭玄が駁を書いた。今は兩書倶に佚して傳はらないが、諸書の佚文を蒐集した輯本が出來てゐる。皮錫瑞の駁五經異義疏證が宜し。又淮南子に注をした淮南閒詁がある。淮南子の高誘注と混合して傳はつてゐるが分析されて來た。倉石士桓先生の支那學に出した淮南子の歷史と云ふ論文を見るとよく分る。又漢書の注もあるらしい。僅かしか遺つてゐない。華國月刊に出た朱闇章の輯證が新しい。

# 論語講義

黄坡先生述

**子貢曰。貧而無諂。富而無驕。何如。子曰。可也。未若貧而樂道。富而好禮者也。子貢曰。詩云。如切如瑳如琢如磨。其斯之謂與。子曰。賜也始可與言詩已矣。告諸往而知來者。**

**訓讀**　子貢曰く、貧うして而して諂ふことなく、富んで而して驕ることなきはいかん。子曰。可なり。未だ貧うして而して道を樂み、富んで而して禮を好む者にしかざるなり。子貢曰く詩に云ふ、切するが如く瑳するが如く琢するが如く磨するが如しと、それ斯をこれいふか、子曰　賜や始めて與に詩を言ふべきのみ、これに往を告げて來を知る者なり。

**解釋**　子貢が**貧而無諂富而無驕**といふ行について孔子の御考へを尋ねたのであつた。此問の意は、人は貧賤なる時は自然と卑屈に陷りやすく、從つて人にへつらつて悅ばれ樣とするものである　また富める時には人に高ぶり氣まゝを振舞ふものである、今この行ひが無いといふならば定めし立派なものといつてよいであらうと思うての尋ね方であります。そこで孔子は**可**なり即ち結構であると仰せられ、更に語をついで、まだ貧うして道を樂み富んで禮を好む人には及ばぬと教へられました。この樂道の**道**字は鄭本にはありませぬ、史記弟子傳後漢東平憲王論に引用せる文、皇侃義疏本、本邦所傳の集解本皆、道字があります、孔安國の註は此本に合うて居ます、これに從ふべきものと思はれます。即ち貧賤に居てよく道を樂んで其貧賤を忘れて居り、富んでよく禮を好んで其分を踰へぬのである．禮は人の分限を明にし、世の秩序を立てるものでありますから　これを好み之に從ふ人は分を踰へ人を侮り侵す等の事がある筈はありませぬ、富貴の人でこゝに安んずることは最も好ましいことであるから、孔子は之を推稱せられたのであります。そこで子貢は詩の衛風淇澳篇の如切如磋如琢如磨とある句を引いて、先生の仰せられた**樂道好禮**の境地に到りまするには、よく**切瑳琢磨**の功を積まねばなりませぬと申したのであります。この詩學といふものは古來、類を比し義を取ることを貴んだのであります、今子貢は夫子の示された上層の境地にいたることは功を積み力を致すを要するといふ意を詩を假りて御尋ねしたために、孔子は大に其運用の才を嘉みせられて賜や始めて詩を語るに足る者である、之に往を告げればよく來を知る者だと稱美せられたのである　この往來といふ語は左右とか出入とかいふ語と同樣で、例へば列子に出を以て入を知る、往を觀て來を知るとあるのと同じで、同じ類のものに運用旁通することをいつた語であります。

由來、學問脩養の法は積功累德を第一とするものであります．子貢の說く所の事．固より可いことでないではない、しかし上には上がある、層一層進步して行くべきである、子貢が切磋琢磨の詩を引いたわけであります。この字は爾雅に骨には切といひ、象には磋といひ、玉には琢といひ、石には磨といふとあつて、詩の毛傳はこれによつて居るのであります。これは古義であります。しかしあまり拘はる樣に思はれる所から　朱子は骨角を治むる者は既に之を切つて復た之を磋き玉石を治むる者は既に之を琢して復た之を治むるをいふと註せられたのである　これは角を矯めて牛を殺すものであつて、古を變じて却つて據り所を失ふたことになります。そこで履軒や一堂の說には、切磋琢磨は皆玉石骨角を治むる通名である、同じ一物を治むるのであつて、既に之を切斷して更に磋礪して形質をなしまた彫琢して文章をなし、更に之を磨いて光澤を與へるのである、一事に四件で粗より精に入るものと說いて居る。釋訓に如切如磋者道學也如琢如磨者自脩也とあり，大學にも同樣の語がある處から、古說の四者を分說したのを宜しうない樣に思うたものでありますが。詩の**如**の字を重ねてある處を詩句として味うて見ると矢張り，古說がまづ穩當であると考へられるのであります。

また始の子曰可也の語について、孔安國は「未だ多とするに足らず」と註し、朱子は僅かに可として未だ盡さざる所あるの辭と解せられて居る．これ等は次に「未若」といひ出されたために其意を取つてかく解せられたものらしい、朱子は他の所でも**可**字をかく註せられて居る．しかし一の**可**の字に何の處に未盡といふ義があるか、**可**は「之を許すの辭」と解する外はありませぬ。知言の註に「朱註は**僅可而有所未盡**の六字を除けば唯是れ可字のみ、古人の**可**と謂ふ所が後人の此六字を加へるのを待つて後に始めて通ずるとは、解すべからざることだ。と揶揄して居るのは最ではありませぬか。

此章、教學の部に屬し、學を進めるは積漸にあることを語られたものであります。

**子曰。不患人之不己知。患不知人也。**

**訓讀**　人の己れを知らざるを患ひず、人を知らざるを患ふ。

**解釋**　德行に屬する章であつて、己を盡すことが要務であると示されたのであります。この己の務を盡すといふことは論語中に屢々示されて居る、以て孔門の教がいかに自省自責を重んぜられたかを知るべきであります。**己知、知人**の知は共に其才德を知るのをいつたもので、尹焞の註は知人をば是非邪正を辨ずるの意に說いて居る。一体宋學の說は人を知ると說くのであるがこれは面白くないことで遂に人の短を探ぐる樣な傾きに陷いる、これは君子の取らぬ所であります。士は己を知る者の爲めに死すは我を知つて用ひて呉れるのをいふ。人を知るも亦之を器とし使ふことをいふのである　即ち人の我を知らざるは命である、人を知らざれば之を用ふることができぬ。徠翁曰く器使の道は　天下に棄材なきなり　もし是非邪正を以て之說かば、惡を惡むの心が勝つて天下の人皆罪あらん、聖人の道　豈に是の若くならんや　と此說味ふべきであります。

また此章の樣に二節を對說してあるものは常に下の說を重いとするのであつて、此章も重き點は不知人にあるのである。

## 翠濤園讀書記

大壺

元朝秘史の研究は那珂博士の成吉思汗實錄が大成を集めたものであつたが、葉德輝の覆刻本出づるに及んで誰もが容易に原本に就くを得る便利な事となつた。そこで佛國の伯希和博士は一大譯註を試みんと年來努力をしてゐる樣だが未だに出ない。其間に外蒙庫倫に蒙古字かの一本が出現して研究者の關心を呼び起した此本は全部でなくても一部だけでも寫眞かなんかで見てみたいが、まだよく分らない。獨乙のヘエニツシユ先生は新しい後の寫本で漢字本から復原したものらしく云つてゐるが、果してどうかは興味がある。先生の元朝秘史考は第一漢文の讀み誤りが開卷から目について恐れ入つたし、蒙古文の音譯も古語を今語に牽きつけ過ぎて面白くなかつた。批評を賴まれたけれど遠慮して終つた。露國のウラヂミルツオフ先生の成吉思汗傳は大体元朝秘史に依つてゐるが、何分にも大衆向きの讀み本で細かい研究は知り樣がない。然し茲に明刊本元朝秘史の存在が明かにされたのは一大事件と稱してよい。

少し前の事、余は北平圖書館善本書目を一閱した際に、元朝秘史明刻本の殘本が著錄されてゐるのを看付けて注意した刻が鈔の誤だと妙でないと思つて氣をつけてゐた。すると今度陳援庵先生の元秘史譯音用字考が新刊されたのを見て果たして刻本であつて珍本の出世が確實となつた。援庵は之が洪武槧本の殘卷である事を證し見本一樣も出してゐる。且つ援庵は秘史の校勘に從事してゐて種々の寫本を見てゐる。皆見本を出してゐるのは難有い。此考は專ら用字のみを論じて大した事はないが漢字秘史の源流を知るに足る數々の點があるから誠に有益なものである。例へばパラヂウス僧正が露國へ將來した秘史なんかも韓氏藏本とは分つてゐてもハツキリしなかつたが書影もありよく分る樣になつた　序ながらパラヂウスの露譯秘史は珍本であるが第二版北京刊本を餘り人が知らない。これならさ

**本誌後援　寄附金收受報告**（泊園同窓會）

一金　五　圓也　豊田宇左衛門氏

◎十月一日以後の收受報告は本誌會計決算報告と共に次號へ掲載します。

**前號誤字訂正**

第一面一段十六行、王現規は、王元規なり。

第二面四段、川合考太郎氏は川合孝太郎氏。

第三面一段九行　成績はは、成績をなり。

第四面一段

昭和九年十一月一日（木曜日）　泊園　第二十號　（三）

一金五拾圓也　豊田宇左衛門氏
一金壹圓也　戸塚辰松氏

## 會員消息

上念政七氏、藻井泰麿氏。清原章山氏。逝去の報あり。

同　四段廿九行、偏倒は偏到なり。
第二面三段二十八行、著書は著者なり。

同中央石濱先生文錢大ゝ昕は錢大昕やなり。
○時間表は本月號を參照せられたし。

## 説詩樂趣（3）

效尤生

詩に別才あり、書に關するにあらず。詩に別趣あり、理に關するにあらず。然れども多く書を讀み多く理を窮むるに非ずば其至を極むること能はず。所謂理路に涉らず言筌に落ちざるものは上なり。詩は性情を吟咏するなり。盛唐の諸人は惟興趣にあり。羚羊の角を掛くる如く跡の求むべきなし。故に其妙處は透徹玲瓏、湊拍すべからず。空中の音、相中の色、水中の月、鏡中の象の如く、言盡くるあつて意窮なし。近代の諸公は乃ち奇特解會を作し、遂に文字を以て詩となし、議論を以て詩となす、夫れ豈に工ならざらんや、終に古人の詩に非るなり　滄浪詩話

對句の好きは得べし、結句の好きは得難し、發句の好きは尤も得難し。必しも太だしく題に着せず、必しも多く事を使はず。意は透徹を貴ぶ、語は脫灑を貴ぶ、拖泥帶水なるべからず。同

詩の是非は必しも爭はず、試みに已の詩を以て之を古人の詩中に置き、識者と之を觀て而して辨ずる能はずんば則ち眞に古人なり

詩は字を錬るを要す、字は眼なり、老杜の詩の「飛星過水白、落月動簷虛」の如きは中間の一字を錬り「地坼江帆隱、天清木葉聞」の如きは末後の一字を錬り、「紅入桃花嫩、青歸柳葉新」は第二字を錬れり、若し歸入の二字を用ふるに非んば則ち是れ兒童の詩なり。葛常之

王介甫嘗て杜詩を論じて云、「無人覺來往」覺字を下し得て大に好し、「瞑色赴春色」赴字を下し得て大に好しと、吟詩の一字兩字の工を要するを見るに足る。（藝苑雌黄、生按ずるに瞑色は皇甫冉の句なり）

詩を作るに事を用ふるは、水中に鹽を著くるが、飲食して乃ち鹽味を知るが如くなるを要す。此說は詩家の秘藏なり。杜少陵の詩に「五更鼓角聲悲壯、三峡星河影動搖」といへるは、人たゞ造化を凌轢するの工を見て、乃ち事を用ふるを知らざるなり、禰衡傳に漁陽摻撾悲壯、とあり、漢武故事に星辰影動搖とありて、東方朔は民勞するの應なりと謂へり。則ち善く故事を用ふる者にして、風を繫ぎ影を捕ふるが如く豈に迹あらんや。此理殆んど壁を容れず、今乃ち之を顯現するは已でに第二に落てり　古今詩話

詩は爲にするあつて作るべし。事を用ふるは當さに故を以て新となし俗を以て雅となすべし。奇を好み新を務むるは乃ち詩の病なり。

東坡詩話

善く故事を使ふ者は故事に使はるゝ勿れ。禪家の法華を轉じて法華に轉ぜらるゝ勿れといふが如し、使事の妙は有にして無なるが如く實にして虛なるが如くなるにあり、意にて悟るべく、言もて傳ふべからず。

## 營城子古墳の壁畫

茶谷逝水

**旅順**から旅大北道路を進むこと約四里、營城子驛の北方、道路のすぐ左側に古墳がある。昭和六年、道路修築の際　はじめて發掘せられたものである。この坑内に實に貴重な壁畫があるのである。是非見たいものと思つて、いろ〳〵頼んでも見たが、現在では何人にも見せられぬとのことで、諦めるより外はなかつた。發掘當時　附近の子供が惡戯をして損じたとかで、今は嚴重に圍はれてゐるのである。

**そこで**　旅順博物館内にある模寫によつてその一斑を紹介して見よう

**旅順**　附近には漢代の甎墓が特に多い。この地はもと漢代の遼東郡であるから、その縣城の有力者達が、歸葬をせずにこゝに葬つたからであらう。中でもこの古墳は、その構築に特異の點も多く、甎墓としては、最も立派なものといはれてゐる。

**その壁畫**といふのは、毛筆を以て墨で描いてある。うすくはあるが彩色を施した迹もある。繪としてはまことに幼稚なものであるが、併し毛筆を用ひ初めてから、あまり間もない頃なのであらうから、その素朴簡古な筆致が却つて人を魅するのである。

**圖に**示すやうに、皆で四つの畫面があるが、正面（A）は被葬者供養の圖で、渦雲に神人が乗り、一羽の鳥がそこへ飛來してゐる。その前には墓の主人公と思はれる老人が立つて居り、それに對して劍を帶びた人が、家來を連れて立つて居る。恐らく死人の子なのであらう。その後には、虎とも龍とも知れぬ動物が半身を現して居る。この一列の左側には、供物が爼に載せてあり、そこに一人が平伏して禮拜して居り、後に又一人が跪拜し又後に一人立つて拜んで居る繪である。

**この**　他の三面の畫の中、（B）は神人の左右に旗を持つた人が一人宛立つて居り、（C）は雲の前に鳥が立つて居る繪であり、（D）は神人が左手に蛇を握り、右手に旗を持つて、それに虎が登りかゝつてゐる繪である。

**漢代**　の墓には、なほ此の外に材木を用ひる木槨墓といふのがある。漢が四郡を置いた北朝鮮、殊に平壤附近の樂浪郡には、之が多いといはれる。

**元來遼東半島附近は**　倭寇も屢々襲つた地方であるから、之を報じた烽火臺も各地に殘つてゐるさうである。曩に金州附近で、元寇來襲の百戸張成の墓碑銘が發掘せられて、歷史上に一大資料を提供したことがあるが、あの附近を步き廻つて、こゝと思ふ所を發掘すれば、意外の獲物があるだらうとの氣がしてならなかつた。（終）

ら高くなくて手に入る。原刊本より大いから丁數は同じくない。

秘史洪武刊本の存在が明かになると、もう秘史漢譯年代も議論の餘地がない。大体は刊本の存在は豫想されてゐて別に不思議でもないが何しろ物がハツキリして來た。この上は漢譯以前の原本が問題になるから庫倫本の事が確實に知りたい。援庵は伯希和から聞かされてゐるだらうが何も書いてなく物寂しい。

何があつても大体那珂博士の考證に餘り差支へはない。矢張り秘史に關しては我國が牛耳つてゐるが、今一步進めて獨壇場たらしめたい。余も少し秘史に從事した事があつて、今も元朝秘史考の腹稿が成つてゐる。何れこの一篇は博雅の正を得たいと思つてゐる。

馮承鈞が成吉思汗傳を著した　馮氏は譯文が多いからウラヂミルツオフの譯かと思つたが、さうでは無かつた。元史をやる人は北方西方の若干語言を了解せなけりやいけないなんか云つてゐるが、夫子自身も危い。又秘史も蒙古源流も同一程度に扱つてゐるらしいから危い。詳しく讀む暇をまだ得ないが先づ編纂じやないか知らん。

屠寄の蒙兀兒史記の增訂本が出るらしい。舊本から大体を推してさう期待する事もなからう。

遼室陵墓から出た契丹國書の哀册文は近來の發見である。契丹字の文籍は少いから非常な珍物で、事女眞大字にも關係するから注目すべきものだ。解讀はまだ骨らしい。遼陵石刻集錄が出て便利になつたから新進學者の努力を奬勵したい。それよりも遼陵の荒掠は痛悼の至りだから、一度滿洲國で再治して追悼祭をやつたらどんなものかと思つてゐる。調査は早くして御祭りするがいゝ。どうもいくら亡國の跡でも棄てゝ置くのは氣の毒に思ふ。

滿洲國から近來いろいろ珍しいものがでる遼刻石　海龍の女眞刻石、得勝陀碑の再現、達海の碑など皆珍である。遼金の文字などは解讀せなければならぬから、是非我國學界で努力して他をリードしたいものだ。まだまだ治安が行渉るにつれて出やう。

**三崎驎之助先生**

府下豊能郡櫻井谷村大字南刀根山二三一番地ノ一（阪急沿線豊中千里橋北詰千里園）へ移轉さる

## 第三十七回 泊園同窓會と泊園會總會の記

泊園同窓會及第二回泊園會總會は、十月十七日綿業會館に於て開催さる　此日金風疎雨の中を集まる者五十六名、先づ泊園會總會を開き福本理事長の挨拶あり、別項附錄の如き報告を爲し、泊園會事業の盛大を期する爲特別援助の有志を求むる會員制度を設くる會則の協贊ありて講演會にうつる、黄坡先生は、溫故と題し例を過般の風水害に倒壞せし學校等の再建築には徒らに歐米式の模倣をせず、我國往古の建築を省察し、我風土に適せる新規の立案の必要を說かれ、左傳にある新作南門」の註に「言新以易舊」とあり、即ち新とは古有るに基く故に、溫故知新の鐵則なるを論斷さる。次に海軍大佐酒井茂吉氏は「軍縮問題と我海軍の現狀」と題し將に開かれんとする軍縮會議の問題も藤澤先生の所謂溫故に依るとて海軍の現狀を述べ忍苦萬鍊殉國の軍人生活を說き國民の後援を促し一同に多大の感動を與へらる。最後に故南岳夫子より同窓會員に似めされし　奉贈叙位恩旨恭賦及び自慶長律を眞子氏朗吟して閉會。豫定の同窓懇親會を開き、篠田會幹の挨拶ありて晩餐會にうつる、淸楚なる會場には金精素芳、松綠と妍を競ひ、數列の圓卓を圍む同窓の友は懷古を談じ笑聲堂に滿つ。やがて宮崎會幹徐ろに立ちて歡を述べ各位の感想談を求むるや、步兵少尉関歷の沖本氏の「山縣有朋公と私」を初め梅見氏、吉崎氏、中川翁、村上氏等も交々立ちて恩師を偲び、或は往年負笈の友を語り、又近況を話す、篠田老「今回文部省の實業教育功勞者表彰の榮に浴せり」と喜ぶ。福本氏促れて立ち「由來漢學者が修身齊家治國平天下を唱道しながら往々訓詁の學に墮せるを難じ、又士農工商と云ひて工商を賤しむも、大局より見れば必らずしも然らずと說き、史記の貨殖傳等を引き、漢學が處世上大益あり」と述ぶ、それより杯酒歡を盡し頗る盛會裡に終る。（安達龜造記）

泊園會及同窓會。<br>
趁約會同人七八。（會者五十有六云）<br>
好尚流風將莫同。<br>
尋盟綿業館房中。<br>
有香　梅見春

## 答牧野藻洲

黄坡　藤澤章

殘炎未衰。都市之際。風塵坌湧。亦可厭也。老兄已卜居於塵外。心身愉逸。內子亦康泰。可賀可賀。月首玉簡忽至。惠以小冊。即先王父手錄其弱年詩文集也。眞是寶珠。捧持誦之。王父風丰面目。恍乎惚乎。不啻羹墻也。所付手書。誠論懇至。則負荷之重。豈可不自省乎。而未有尺書致謝。嗚呼何其疎漫也。當時兵部簡閲鄉兵。以章長于[illegible]區。鄉兵。日々臨之。加以防空之事僅了。又以二三子出入候問。一身多事。文武無閑。有閑亦懶乎作字。漫然消日。以至今日。老兄幸能許此罪乎。砂石之集。則先王父猶在城山夫子帷下之作。與前日所得夫子遺稿。共可以想當年。章將以暇日相比勘以酬今日之嘉貺。且以爲泊園文庫之秘籍也。士駿入夏以來。有小痾。氣力少衰。而章不相見半月。此事未及相話。亦可以恕一身多事也。獨門樞不蠹。章也健康加於前日。伏請安尊意。內政令息幸爲致好意。不宣

## 記事

◆去る九月二十一日近畿地方を中心に襲來した、未曾有の颶風には當地も風害に加ふるに水害で、大被害を蒙りました。

◆當地を初め各地方の會員諸賢は如何ですか、黄坡先生以下同人に至る迄御心配申しあげて居ります。

◆本書院は幸に輕い風害のみでしたから御安心下さい。

◆各先生以下吾等一同は諸氏の御消息を待ち兼ねて居ります。

## 泊園の思出ばなし

僕なんかゞ泊園へ通學しだしたのはさう古いと云ふ程の事でなし、殊に通學では又さう面白いと話し出す樣な事もないんだが、同窓會の席上などで先輩諸兄の話を承つてゐると逸事逸話の傳ふべきものが多いので、諸兄に向つて是非さう云ふ思出話を泊園紙上へ書いて下さいと賴むと、いつも宜しいとだけで出來たためしが無い。何處の同窓會誌を見たつて懷古談のないのは少いに關はらず、泊園紙のみはそんなものが一つも出ないのは寂しくてしやうが無い。そこで一つ僕から出かけて見やうかと云ふのである。

今も云ふ通り僕なんかは古くもなく、通學でもあつたんだから、願はくば舊在塾の諸兄が奮つて此種の記事を送られん事を希望する次第である。淡路町時代、それ以前の瓦町時代でもよし、又綿屋町東平野町時代もよし、竹屋町の分院時代本院時代いづれも結構である。之を難かしく云ふとかう云ふ思出話は一場の座談に過ぎなくとも、その中から泊園の歷史、掌故、風俗、學術、引いては其當時當時の大阪の文事も明かになると云ふものだ。大い事を云はなくても既にあれは何時だつたか、どう云ふ事情だつたか、どう云ふ風だつたかと云ふ樣な事はよく話の間に出てゐるんだから、當時其事に關係あつた人々から思出話を聞く事は實際必要なんである。既に記錄になつて殘つてゐるものでも間違ひ不正確はよくある。泊園の歷史を記す爲めにも必要な事である。先輩諸兄は匿名でゝもいゝ、この種の記事を送られん事切望の至りである。

僕の入門は小學の三四年頃だから明治卅二三年頃だつたらう。學年の變つた四月に親爺さんがもうこれから漢文を稽古に行けと云はれて入門した。稽古の最初の日に大きな坂本さんの机の上で大學の素讀を習ひ初めた。大學、朱熹章句、子程子の曰く大學は孔子の遺書にして初學德に入るの門なり。たしかこれ丈を習つた。何邊も讀んだら、よしよしもう歸つてよろしいと云はれたので、本を閉ぢてピョコンと頭を下げたら、坂本先生今の篠田さんが机の引出しからパンを一つ出して本の上に置かれた。ビツクリして顏を見上げたが早速このパンと本とをつかんで歸つて行つたよつぽどウレシかつたんだらうと今でも思つてゐる。然し大きな坂本さんがパンを持つてたのが不思議だつたのかも知れん。實際大きな人だと驚いてゐた。

南岳先生にはさう初めから御目にかゝれないから知らなかつたら、一日坂本先生が今日は試驗日だから先生の所へ行くんだと連れて行かれた、其途中で坂本さんが先生はチョンまげでこわいぞと、手を頭に擧げたりヒゲの形をしたりして見せられた。暗い所を通つて奥の間であつた　先生は端然と座つて居られて、僕が本を出すと一寸メクツて此處を讀んで見ろと云はれたので讀んだ樣だ　チョンまげ八字髭に吃驚して一寸こわかつた。

黄鵠先生へのお目見えの事は覺えてゐない黄坡先生に初めてお目見えしたのは、何でも二階の黄鵠先生の所へ本を持つて行たら、今日は忙しいからあの人に教へて貰へと云はれてこつちの隅の机に居られた先生に教へて貰つたのが初めらしく覺えてゐる　此人は何だらう、御兄弟らしい位にしか分らなかつた樣だ。（純太郎）

卜築野外数十歩、傍簷照帶花紅素、簾拂楚王蘭臺
風窓開張指五里霧、巻幔望山雖克悽、銜盃引杖独
爲趣寄言四方同遊人、更令德星此地聚、

邂逅于児嶋遭赤滄洲

十歳曾聞伯起賢、即今偶値備山辺、昔遊隔境不同
帶、今喜御李共上船、児嶋軽風送客起、讃山明月迎
人懸、即欲随君搏萬里、従来鵬鶚難資縁、

從藻城至于浪華舟中作

舟泛高松城外地、風軽玉星山辺湾、低頭欲睡遠遊
客、拳目数看奇絶山、日落紫岑霞色映、潮平蒼海壽
声聞行々所歴多奇、與遮莫風波撲旅鬢、
烟霞茫々海氣中、舟行千里意無窮、時秋島樹忽黄
葉、風動鬢毛梢轉蓬、孤客心労費魂結、浩波夜静櫓
声雄、向暁細瀾光欲動、赤城霞色吟眸東、

遊某氏宅賞盆水

盆水林頭爲趣幽、主人嘗好自風流、卉分于越有閩
嶺、石取大湖西十洲、何用遠求仙路去、疑忽入天台
遊、乾坤方物眞堪愛、未訪偶消萬斛愁、

東室上人講経於弘憲寺賦贈

曾出府山東林霞、律梁萬里衲衣斜、深同俗法孤燈

一、會員名簿ニ登錄サレテ居ル方ハ全部會員又ハ
　　準會員デス
二、同窓會ハ規定ニ依テ一ケ年一圓ノ常費ヲ會員
　　ヨリ徵集スル事ニナツテ居マス
三、故ニ本年分ノ常費未納ノ方ハ早速右ノ常費ヲ
　　御拂込下サイ
　　　振替大阪一三八三九番　　泊園書院宛
四、常費ノ領收ハ順次泊園誌上ニ報告致シマス

# 泊園會第一回定時總會報告書

## 庶務事項

一、昭和九年四月一日午後二時ヨリ大阪市東區備後町三丁目綿業會館ニ於テ本會創立總會ヲ開ク當日出席者百〇五名ノ多數ニテ盛會裡ニ左記趣意書並ニ會則ヲ決議シ役員ヲ選擧シ茲ニ本會ノ成立ヲ告ゲタルハ一同ノ欣快トスル所ナリ

### 趣意書

浪華は由來商賈利を競ふの地なり、しかも亦よく義を以て本となし、此間詩書を誦し禮樂を修むるもの必しも少しとせず、風氣の趣く所文物鬱然として盛なり、懐德堂の問學に道り、洗心洞の德性を尊び混沌社の詩文の盟を連ねし如き、之を西京東都に求むるも其比を得易からず我が泊園書院も亦事に斯に從へり。抑も東畡先生南海に堀起して復古の學を倡へ來りて塾礎を浪華に立つ南岳先生紹述して懈らず、以て光大を致し書院の名海內に喧し。黃鵠黃坡兩先生伯叔相續ぎて、絃誦自若殘缺を抱守して墜緒を支持す、斯文の業三世に連綿として、茲に百有餘年天人參贊の理、政教一致の旨說きて天下に遍く、及門の子弟は萬を以て數へ或は樞機に參與して、聖治を輔翼し奉り、或は德器を成就して、鄕黨を勸化す、聖恩洽大にして草澤に及び、東畡南岳兩先生に贈敘せらるゝに從四位を以てし給へり。固より是れ祖父子諸先生學德の致す所なりと雖、亦以て地氣風潮の及ぶ所に非ずと謂ふべからざるなり。頃日泊園諸先輩に書院の現業を昌明光大ならしめんとするの議あり。顧ふに洋學一尊の蔽は世の固より知る所にして、之が補救の漢學に待つ有るもの甚多し、今や時局の進展は皇國の大義に依る斯道の闡明は日に月に切なり、斯文の講習豈忽にすべけんや、夫れ利の士は義の居なり蹤跡遠からず、流風嚴として存す、茲に下名等泊園諸先輩の議に贊同して有終の美を全うせしめんと欲し、本會を創めて略ぼ章程を具せり、敢て之を內外の諸君子に告げて謹んで協力を請ふ。

### 會則

第一章 名稱

第一條 本會ハ泊園會ト稱シ事務所ヲ大阪市南區竹屋町泊園書院內ニ置ク

第二章 目的

第二條 本會ハ泊園書院ノ事業ヲ協贊シテ漢文ヲ振興普及シ社會敎化ニ資スルヲ以テ目的トス

第三章 事業

第三條 本會ハ前條ノ目的ヲ達センガ爲左ノ事業ヲ行フ
一、漢學ヲ振興シ敎化ニ資スベキ事業
一、泊園書院ノ設備改善ニ關スル事項
一、講演會、講習會等ノ開催
一、書籍、講義錄、雜誌等ノ刊行
一、以上ノ外本會ノ目的ヲ達スルニ必要ナル事項

第四章 會員

第四條 本會々員ハ會費トシテ一ケ年金參圓ヲ納ムルモノトス
但シ右ノ外名譽會員、特別會員ヲ置クコトヲ得

第五章 役員

第五條 本會ニ左ノ役員ヲ置ク
一、理事長一名 理事會ニ於テ互選ス
一、理事二拾名以內 評議員ニ於テ互選ス
一、監事五名以內 同
一、評議員若干名 總會ニ於テ會員中ヨリ選擧ス
但シ其三分ノ二ハ泊園書院出身者中ヨリ選擧スルモノトス

第六條 役員ノ任期ハ一ケ年トシ重任スルコトヲ得

第七條 役員ノ任務ハ左ノ如シ
理事長 會務ヲ總理シ本會ヲ代表ス
理事 重要事項ノ協議ニ參與シ會務ヲ處理ス
內常任理事若干名ヲ置ク
監事 本會ノ財產及事業ヲ監査ス
評議員 理事會ノ諮問ニ應ジ本會ノ要務ヲ審議ス

第八條 理事長ハ理事會ノ決議ヲ經テ顧問ヲ推薦シ委員ヲ囑託スルコトヲ得

第六章 會議

第九條 本會ノ會議ハ左ノ如シ
一、定期總會 毎年秋季ニ一回之ヲ開キ前年度ノ收支決算及事業成績ヲ報告ス
一、臨時總會 理事會ニ於テ必要ト認メタル時之ヲ開ク
一、役員會、理事會、評議員會ハ理事長ノ必要ト認メタル時之ヲ開ク

第七章 會計

第拾條 本會ノ經費ハ會費寄附金及ビ其他ノ諸收入ヲ以テ支辨シ剩餘ハ之ヲ基本財產トシテ蓄積スルモノトス

第拾一條 本會ノ會計年度ハ毎年十月一日ニ始リ翌年九月末日ニ終ルモノトス

第八章 雜則

第拾二條 本會則ヲ變更セントスル時ハ總會ノ決議ヲ經ルコトヲ要ス

以上

## 役員氏名

理事長 福本元之助
常任理事 石濱純太郎、豐田國三郎、梅見春吉、安達龜造、佐藤寬九郎、三崎驥之助、宮崎貞吉
理事 西田幾太郎、笠井靜司、河田篤作、田中藤太郎、筒井民次郎、中山潔、栗谷喜八、木下貞太郎、白藤丈太郎
篠田栗夫
常任監事 永田仁助
監事 眞野鷹一、松浦捨吉
評議員 石川涉、石崎太郎、飯田武雄、乾吉次郎、新田長三、西林正晃、堀越壽助、本條平太郎、織田九郎、岡田義作
大河內安藏、渡邊醇、和田達源、鷲田又兵衛、神田榮吉、神山眞龍、田中治一郎、田中利右衛門、多田貢山
多田貞一、高松林之助、辻吾右衛門、辻直太郎、植野德太郎、黑川莞爾、熊澤猪之助、山下平太郎、
前田敬助、松本洪、松本俊男、的場信太郎、福田宏一、福田三次、潁川康、寺田英一郎、赤松奈良義、澤純三
佐藤馬之亟、櫻井雲洞、木村敬二郎、木村久次郎、清海清、南坊城良興、水谷政次郎、白川朋吉、森下博、
島田喜十郎

## 會員

本會創立以來入會者ハ三百拾七名ニシテ內死亡一名、退會者二名現在會員數三百拾四名ナリ尙創立總會ニ於テ滿場一致ヲ以テ左記ノ通リ名譽會員特別會員ヲ推薦セリ

會賓 藤澤黃坡先生 藤澤成太君
名譽會員 俵孫一君
特別會員 豐田宇左衛門君

## 常任理事會

常任理事會ハ毎月一回第三土曜日午後二時ヨリ泊園書院ニ於テ開催スルコトヽ定メ四月以來毎月定日ニ開會各種問題ニ付協議セリ其決議セシ重要項目左記ノ通リ

一、泊園誌ノ刊行ハ暫ク從前通ノ經營ニ委シ本會々費ハ之ニ使用セズ專ラ積立貯蓄シ以テ將來ノ大成ヲ期スルコト
二、終身會員
會費一時金參拾圓ヲ納ムルモノハ終身會員トス
三、特別會員
一時金壹圓以上ヲ寄附スル者ハ特別會員ニ推薦スルコト 以上

## 會計報告

### 收入之部

一金七百四拾七圓也 會員二百四十六名分會費（內三名二年分）收入
一金七拾錢也 利息
合計金七百四拾七圓七拾錢也

### 支出之部

一金拾五圓也 印刷費
一金拾貳圓九拾錢也 通信費
一金壹圓七拾五錢也 雜費
合計金貳拾九圓六拾五錢也

差引
金七百拾八圓〇五錢也 繰越殘高（日本相互貯蓄銀行預金現在高）

**右之通ニ候也**

昭和九年九月三十日

昭和十年一月一日（火曜日）　泊園　第十三號（一）

# 泊園

昭和九年十二月廿五日印刷（隔月一回一日發行）
昭和十年一月一日發行　―（非賣品）―
編輯兼發行人　大阪市西區新町南通五丁目　的場信太郎
印刷所　林泰進堂
發行所　大阪市南區竹屋町九（泊園書院內）　泊園誌社
電話南六八二七
振替大阪一三八三九（泊園書院）

## 迎年の詞

舊を送り新を迎ふること幾年々、常に匆々の赤烏を嘆き、悠々の逝水を追ふのみ、然れどもまた思を三計に致して自ら修むるものなきにあらず否之ありてこそ新を迎ふるの實ありといふべけれ。

上にしては鳳闕の瑞雲重々皇風の愈揚がるあり。青宮殿下初めて誕降の辰を經給ひ龍鳳の資益々美なり、四海の抃仰する所、豈に至慶至祝し奉らざるあらんや。

外にして滿洲の益々親交を加ふるあつて、特に文教を以て彼我の情誼を厚うするの事東方文化の研究等亦大に興らんとし、更に本年仲春には帝都大成殿の新構を了し、盛んに釋奠の儀を行はれんとす、而して滿洲國の文儒袂を連ねて來り會せんと聞く、亦斯道の慶にあらずや。

我が浪華にありても、先師の奉祀し給ひたりし聖像が現に河內土師神社に在つて年々釋奠の儀を修せりしが、昨年來之が基礎を確實せんの儀ありと聞く、これ亦本年に於て確乎たる仰景の方を定められて永く先師の志を傳ふるあらん、亦慶すべきならずや。

若し夫れ國運の振張、民力の養成、以て外侮の制禦平和の建設等の事に至りては國其人あり又其方あり、吾人はたゞ內に其精神を涵育して以て大道に終始するあらんのみ。

## 泊園書院を省みん

泊園書院の業が我が大阪の地に創つてから此の一百有餘年に及び、今に漢學を傳習して此の一線を絶たざるは、我れ人共に熟知の事であるが、然し現在眞實にこの事を認識せられてゐるや否やは疑はしい。泊園書院が嘗て大阪にて漢學に從事してゐた事は少しく文化事業に意のある人は固り知つてゐるが、其人すら南岳先生以後については殆んど何事をも知らない樣である。岩橋遵成學士の日本儒敎概說でも、西島梅所先生の儒林源流にしても、藤園學派の末に東畡南岳兩夫子の名を列するのみである。固り泊園の源泉なんぞは御承知ではない。たゞ大阪府天王寺師範學校內の郷土を語る會が著した大阪中心の郷土を語るは泊園書院の一章を設けて東畡先生より黄坡先生迄を縷說せられたのは多として感謝するが、黄鵠先生の名を逸してゐる。新しい二三の書を披いて此の通りである。先輩諸兄は此等に對して果して如何の感を抱かるゝや。

他人は措いて同窓諸兄自身に於て果して如何だらう。甚だ不遜な云ひ振りかも知れないので大に恐縮な次第であるが、泊園はまだ續いてゐる筈だ位の程度ではありはすまいか。但だ余自身の感じた所では、そんな風に見える點が無きにしも非ず。遺憾千萬と云はざるを得ない。以て他人の事などは非難すべき義理合ひではなからう。泊園書院は現に倚ほ弦誦の聲を絶つてゐない事を更に強く認識すべきである。

百年以上も書院が存續した事は誠に見る罕れな事であるが、百年以上も經てば更始一新は必ず要せらるべきものである。昌明し更新せねばならないのは云はでもの事である。昔時の盛を語る記念物としてのみ我等は泊園を保存したくない。泊園誌を再興した同人諸兄の意志もこゝに在ると見る。同窓諸兄も一たび斯事に意を注いで貰ひたい。

有聲會諸兄の中には有聲文庫を設けて泊園同窓諸氏の研鑽に資したいとの議がある。これ亦最も喜ぶべき事であつて、一に泊園の現在を翼贊するに最も適當なる事業であらう。現在從學者の參考に供し便宜を計る事は之を推衍すれば社會奉仕である。書院存續の認識の具體的表現である。

來年は黄坡先生還曆の歲に當る。書院の學業を他に昌明し、之を存續隆興せしむべき好機ではないか。改歲の初めに當つて一言する所以である。（大壺）

◎十一月第二土曜日、午後二時より泊園會常任理事會を開く。

◎十二月二十二日。當書院に於て冬至祭を行ふ。　本日より冬期休暇

豫告

◎一月五日。尙德會發講式を當書院にて行ふ

◎一月十一日　開講。

## 日課表

| | 月 | 火 | 水 | 木 | 金 | 土 | 日 |
|---|---|---|---|---|---|---|---|
| 午前六時七時 | 孟子 | 韓非子 | 孟子 | 韓非子 | 孟子 | 唐詩選 | 第一、第三、午前七時ヨリ　詩經 |
| 午前九時十時 | | 大東世語 詠物詩選 | | 大東世語 詠物詩選 | | | |
| 午後二時五時 | | 高青邱詩醇 左傳 | | 高青邱詩醇 左傳 | | | 毎月一日祭日第二第四第五日曜休講 |
| 午後七時九時 | | 箋註蒙求 | | 箋註蒙求 | 書經（石濱先生） | 箋註蒙求 | |

多田黄山氏　梅見春吉氏
田中治一郎氏　松浦捨吉氏
田中太郎氏　福中竹三郎氏
小寺篤兵衛氏　大守熊次郎氏
寺田英一郎氏　島田琢遂氏
堺元國氏　大河內安藏氏
宮嶋貞吉氏　田中二郎氏
篠田栗夫氏　八川薫爾氏
（以下次號）

（顧問）
石濱純太郎
梅見春吉

（同人）
本條平太郎
的場信太郎　大阪市南區大寶寺町仲之町二

# 論語講義

黄坡先生述

## 爲政第二

**子曰。爲政以德。譬如北辰居其所而衆星共之。**

**訓讀**　子曰く、政を爲すに德を以てすれば、譬へば北辰の其所に居て而して衆星の之にむかふが如し。

**解釋**　此章は固より**政治**に屬するものでありまして、**德化の妙**を語られたのであります。上たるものが政を行ふに德を以てして、仁義禮讓の樣な行を以て下に臨むときは、四方の民が之に歸往すること、恰も**北辰**即ち北極星が其所を移らずして其位置に居れば衆星は之に向つて環繞旋轉する樣なものであるといはれたのであります。上世は固より天が動き地は靜かなものと考へて居つたから此樣な喩が出來たものであります。

此章に**無爲而天下歸之**といふ解を朱子が説かれたがこれは僻事であつて、孔子は明かに爲政といはれて居る、古註以來無爲の字を用ひ來つたのは老莊の弊をうけたものであります。第三章と參考すれば此意が明になりませう。由來、制度や法律は手足の樣なもので、德が其精神である、後世になつて法治の説盛となり、遂に人物如何を度外に置くにいたりて竟に平和の世を永久に見ぬ樣になりました、獨り我が朝にあつては　歴聖德を主として政をなし給ひ　この敦厚純美の國風を成し、この世界無比の邦國を立て給へる、誰か德化の美を思はないものがありませうか。

**子曰　詩三百。一言以蔽之。曰、思無邪。**

**訓讀**　子曰く、詩三百、一言以て之を蔽す、曰、思ひ邪なし。

**解釋**　これは敎學に關した章でありまして、**詩は人情の正しき所から出來たもの**であると説かれたのであります。古詩が三百十一篇（三百とは概數を擧げたもの）あるが一言で之を斷じ定めることが出來る、即ち「思無邪」の一句につきるといはれたのである。

蔽は古註には猶當と説いてあり、鄭氏は塞なりといひ、朱子は猶蓋と説かれたが、ともに穩當でない、韓愈の筆解に**猶斷**と説いたのが正當と思はれます、書に蔽要囚とあり、左傳に蔽罪邢侯とあり、官占蔽志とあり、其註は皆斷也と説いてあります。**思無邪**は作者の情思が邪なる點がない、曲辭飾説がない、といふ意味で、今善からぬものを善いといつたり、好まぬことを好むといふのは皆なつくりごとで正直なものでありませぬ　これ邪であります、今、詩は其人の情が正直に歌ひ出されたものであるから、思無邪といふべきであります。朱子は詩は人の善心を感發し、人の逸志を懲創すべく、人に其情性の正を得しめると説かれて、誦讀者の思が邪無きにいたると説かれたが、これは詩の作用を曲解して居らるゝ樣に思はれます。また邪曲なきを思欲すると説く人もあるが矢張正當でない樣に思はれます。この思無邪の三字は魯頌の駉篇の辭であるのを引用せられたのであります。

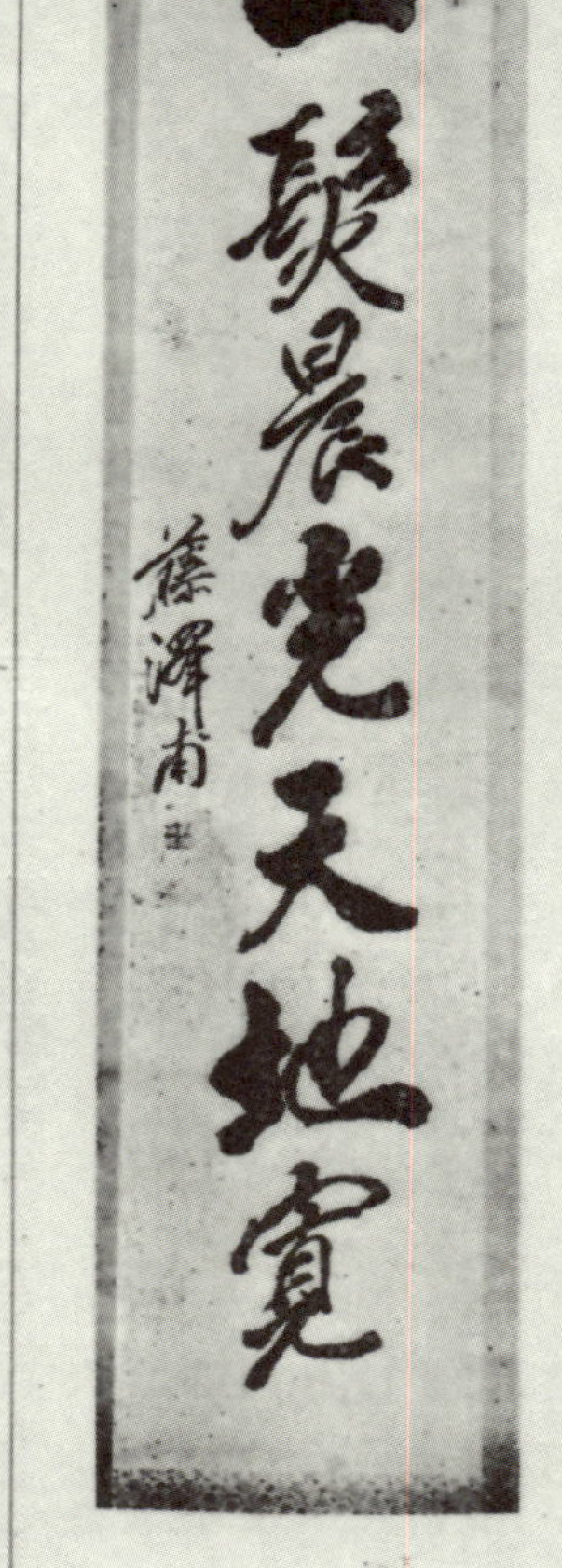


詩は人の志の發して詠歌に形はれるのでありますから。或は人を譽め或は刺り、或は樂み或は苦しみ、或は愛し或は憎み、亂を厭うては治を希ひ、小人を惡んでは賢者を慕ふの類、千姿萬態であるが、要するに曲げ飾つて人を誣ふる點はない、**其感情の僞りなき發露**である　之を思無邪といはれたものであります。

**子曰。道之以政。齊之以刑。民免而無恥。道之以德。齊之以禮。有恥且格。**

**訓讀**　子曰　之を道びくに政を以てし、之をとゝなふるに刑を以てすれば、民免れて而して恥なし。之を道びくに德を以てし、之を齊ふるに禮を以てすれば、恥あつて且いたる。

**解釋**　**道**は、邢昺の註に化誘するをいふとある。政令法數を以て民を誘導し　其不良なものを刑を以て罰して民を齊一にする時は、民はたゞ刑罰を免れることを知つて自ら其不善を恥づる心がない、之に反して、德を以て下を道びき、また禮を以て不良を制して放逸にならぬ樣にするならば、民は恥心あつて且つ來り服するのである。**格**は至と訓して、感じ至るの意であります。政刑の治める所は其形式に止まり、其内面に入らぬ。德禮の化する所は人の心裏に及び、其本根に徹するのである。

**此の免と格との字義**が諸註各々異同がありまして、免は孔氏は苟免と釋き、朱子は苟免刑罰と矢張同じ樣な説き方であります。**格**は正と釋き君心の非を格すの格と同じ意とするのと、朱子の至と訓して善に至ると釋かれたのとありますが、共に古義でない樣であります、禮記の緇衣篇に夫民敎之以德、齊之以禮則民有格心　敎之以政、齊之以刑、則民有遯心とあるが、此章に依つたのであつて、其格心といへるは正解ではありますが、遯心といふのは正解でないのであつて、有苗格の格など皆感格の意であり、また難乎免於今之世矣、而今而後吾知免夫、幸而免など皆刑を免れるの意である　古文に單に免といへば刑に免るゝ意となり單に及といへば禍に及ぶの義となるのが正解であります。

本文の**四の之字**は皆民をさした語で、中間に一の民字を加へて上下を略したるは古文の妙處であると古人も稱して居ります。

此章は固より**政治**に關するものであつて**章旨**は治化の效の各異つた所があると語られたのであります。

（第九講）

## 説詩樂趣

效尤生

明上人なる者あり、詩を作ること甚だ難し　捷法を東坡に求む。坡兩詩を作つて之に與ふ。

其一に云字々覓奇險、節々累枝葉。咬嚼三十年。轉更無交涉　其一に云衝口出常言。法度法前軌。人言非妙處　妙處在于是。乃ち知る詩を作つて平澹の處に到ては要するに力の能する所にあらざるを。竹坡詩話

詩に句の含蓄ある者あり、老杜曰動業頻看鏡、行藏獨倚樓、と鄭雲叟曰、相看臨遠水、獨自上孤舟と是なり。意の含蓄ある者あり、宮詞の銀燭秋光冷畫屏、輕羅小扇撲流螢、天街夜色凉如水　臥看牽牛織女星。といひ、又嘲人詩に怪來妝閣閉、朝下不相迎　總向春園裏、花間笑語聲といへる如き是なり。句意倶に含蓄ある者あり、九日詩に明年此會知誰健、醉把茱萸仔細看といひ　宮怨に玉顏不及寒鴉色、猶帶昭陽月影來といへる如き是なり　直方詩話

胡元瑞曰　少陵よりして絶句の對語は詩家率ね半律を以て之を譏る　然れども絶句自ら此體あり、岑參の凱歌の丈夫鵲印搖邊月、大將龍旗掣海雲　洗兵魚海雲迎陣、秣馬龍堆月照營等の句の如き　皆雄渾高華　後世最も宜く法を取るべし、即ち半律も何ぞ傷まん。

趙彦材云、凡そ詩の四句、第一句を以て第三句に對し、第二句を第四に對する之を扇對といふ　東坡の詩に、邂逅陪車馬、尋芳謝眺州、凄凉望鄕國　得句仲宣樓、の兩聯是なり、此格白氏の金針に始まる、梅聖兪に至つて續金針を作る、乃ち唐人の絶句を引いて云、昔時花下留連飲、暖日夭桃鶯亂啼、今日江邊容易別、淡烟荒草馬頻嘶。

詩の用事は牽强なるべからず、必ず用ひざるを得ざるに至つて而る後に之を用ふれば、事と辭と一となり、其安排鬪湊の迹を見るなし、蘇子瞻嘗て人の爲めに挽詩を作つて云、豈意日斜庚子後、忽驚歲在巳辰年、と此乃ち天生對をなし人力を假らず。

本誌後援寄附金收受報告（泊園同窓會）

一金拾五圓也　加藤和美氏

一金參圓也　粟谷喜八氏

以下常費

一金壹圓貳錢也　門脇繁次郎氏

金壹圓也各通（昭和九年度）

千賀武一氏　中山潔氏

沖本三郎氏　永田仁助氏

岡本奇堂氏　中村岩見氏

一金參拾圓也　藤原忠一郎氏
一金五拾圓也　福本元之助氏
一金貳圓也　田中利右衛門氏

一金參圓也　大野園山氏
一金貳圓也　桐田晉三郎氏
一金貳圓也　神田榮吉氏

石濱純太郎氏　高松林之助氏
茶谷忠治氏　辻直太郎氏
渡邊醇氏　中尾國太郎氏
神山眞[illegible]氏　中川魚梁氏
河田爲作氏　村上吉五郎氏

## 翠濤園讀書記

大　壺

内藤湖南先生の御長逝後諸雜誌に追悼錄や著述目錄が現はれた。先生の多方面に於ける蘊蓄は今更乍らに驚かれるので、誠に我國未曾有の大師と讃仰の外ない。今史林第十九卷第四號に出た著述目錄を見ると余の未だ見るに及ばざるものが多くある。これ等は何れも讀みたいものである。中に宋元版の話は出所を脫してゐるが、これは懷德と龍大論叢とに出たもので後者には寫眞版が附いてゐる。古いもので明治三十九年かに大阪で出た美術叢誌第一輯に載つた書畫の賞鑑が漏れてゐる。書畫の賞鑑は科學的組織による批評が必要で舊來の鑑識のよるに足らざるを論ぜられたものである。當時の世論には陽春白雪耳に入れられなかつたかも知れないが先生の達識は早くも科學的根據のある批評を提倡して居られる。懷德第十二號に出た解脫上人の出られた家柄は新しいから採錄するに至らなかつたのだらう。まだ其外に東西文明比較論には單に、同年代を取つて比較してはいけない、同等程度の文明時代を比較しなければならないと云ふ感心させられた論文も落ちてゐる樣である。雜誌の名も論文の題も忘れてゐるが、何でも我々には少し緣遠い雜誌であつた。多趣味多方面の先生の論說は多方面多趣味だけでなく必ず示唆を與へる點が多い。未刊の遺著も出世の日を待たれるが、既刊のものも纒められる日を期望する。

それにつけても惜しいと思ふのはたしか南岳先生古稀の御祝の時、公會堂で催された講演會の湖南先生の講演である。何でも德川時代儒學の流傳を地理的に論じて藤澤泊園の學に及ばれたので、當時參聽した余には實に有益な未だ嘗て聞くを得なかつた議論だと感じたのであつた。後で聞けば速記を取らなかつたと云ふので遺憾に思つたが、その遺憾は今だに消えない。其後先生に會つて講演の面白かつた事を述べたら、先生はあの時壇上から君の坐つてゐるのが見えたから話の中へ引張り込んで置かうと思つたが忘れて了つたと云はれて、余は冗談ぢやありませんぜと驚いたのであつた。それは偖置きあの講演があの儘佚して了つたのは惜しい。

呂惠卿の莊子義の殘本が黑城で發掘されてロシアへ持歸られてゐたのが、數年前にロシアで景印され、阿利克先生から余にも贈られた。當時余は余の見る所を述べ、呂注は義海纂微に殆んど鈔錄されてゐる事、莊子翼は又義海纂微から抄出してゐる事、又殘本は纂微が著錄する川本らしい事等を報じた事があつた。後傅沅叔は一䟦を作つて北平圖書館々刊第五卷第二號に載せて其の北宋川本たる事を斷じ、又南宋本鈔本の著錄されたるものもあるを述べた。近頃陳仲騫氏任中は殘本及び義海纂微によつて之を校輯して出刊した。序して曰く、余校輯呂子義竟　因悟莊子一書不僅爲哲學之精言、實深合吾國政治學之要旨、而呂義則明揭其旨以責難於君、其即近世責任政治之權輿歟。これより儒道一致の旨を論じて又曰く、嗚呼中國一天下也、數千年來、有道則治、無道則亂、考之歷史彰々已、乃近數十年儒生俗吏不識時務、誤用勤業、竟欲用他國治國之法律政治以治中國之天下、不惜舉孔孟老莊仁義道德之學說而悉屛棄之、以爲不足道、其卒也旣墜綱維、必患崩解、載胥及溺、其何能淑、吾甚歎乎前數千年之中國一治一亂如循環也、吾尤甚痛乎近數十年之中國有亂無治如逝水也、故於呂義所陳莊子道德治天下之說、以責難於君者尤深契之、中略、余之校輯是書也、則欲世之讀莊子者人人能迪天下之故、各循其分、以道德治天下、以仁義法制治國、莫不超然於名利之外、庶幾天下平而國亦以治、豈非生民之大幸哉　則謂此編爲太平經國之書也亦宜。と大抱負を述べてゐる。

それはそれで良いが、余はそこで景印殘本の初二葉德充符殘葉で此本に照合すると、誤植はさて措いて脫文あるに驚いた　然も脫文が義海纂微と同じであるのは誤植と云ふよりは纂微本によつて誤つたらしい　校正疎略と云ふより外は無い。次に殘本には無い逍遙遊を義海纂微で對校して見た。こゝで亦驚いたのは堯往見四子藐姑射之山汾水之陽の所の下の註に呂註の採入不足してゐる事だ。是は全く纂微本を丁寧に讀まないから起つた事である。ほんの初め少しの對校でかく疎略を發見する樣では危ない。任中氏は纂微は我等の參照し得ない四庫本をも見てるんだが、さう道藏本とは變るまい。誤植の多いのも感心出來ない。折角の佚書再現だが是では困る。金戶君は本書を全部校勘すると云ふから　それによつて校勘記丈でよいか、再校輯せなけりやならぬかゞ分る樣にならう。

## 南岳先生と林崎文庫

（上）

鎌田春雄

林崎文庫は伊勢神宮宇治橋畔に在つて、嘗ては、林信篤、伊藤東涯　三宅尙齋、大鹽中齋、竹内式部等が此處に在つて、講筵を開いたと傳へられる處である。私は此の頃、河崎敬軒の日記を讀んで、文化の昔、北條霞亭が四年の間、此の書院に起臥して、詩酒徵逐　恒心社の同人と文雅の契を深くした光景を詳かにするを得て、今猶昔ながらなる幽邃の仙境を喜んで、屢訪れるのである。所藏の書卷は悉く神宮文庫に移されて終つたけれども、古人の講筵を開いた書院はその儘に殘つて、林信篤書の區額がかゝり、庭には柴野栗山、本居宣長の記碑が立つてゐる。

霞亭の後、凡そ五十年にして志摩鳥羽の藩士有馬百鞭翁が此處に起臥せられた。安井息軒の門に學んだ人で、詩文に長じ書畫に巧であつた。林仙雜錄」といふ四十七冊の日記があつて、明治十七年から同二十六年に及んでゐるが、五十歲から五十九歲に至るわけで、丁度林崎文庫在寓時代に當り、明治三十八年に七十二歲で歿せられた。林崎文庫雜錄」を丹念に閱讀した　そをなつかしむ私は翁の一林仙して此處に偶々南岳先生を見出すことを得て、限りなく喜んだのである。

明治十七年甲申二月七日の記事に、「再疊前韻。答藤澤南岳兄見酬」と題して詩一首が載つてゐて、其の次に「前韻及岳兄次韻。附錄左」とある。私は話の順序から此の方を先づ擧げることとしよう。

一癸未十一月六日。浪花藤澤南岳來、訪余於鼓岳寓。余此日適自磯部過林崎舊寓。因得相見　別後歸磯部途上。賦短古寄懷」

癸未はその前年明治十六年のこと。鼓岳寓と林崎舊寓とは同處なりや否や不明だが林崎文庫は鼓ヶ岳の麓にある。當時百鞭翁は志摩磯部の伊雜宮に奉仕してゐて神宮の神官であつた。その詩は

岳兄訪我鼓岳居
題去鳳字且還車。
偶然我遠自外至、
相見方在午餉初。
小酌話舊共一咲。
屈指既是廿年餘。
當時我從西征軍、
君喪先人出倚廬。
慨然欲繼箕裘業。
家塾日課獲麟書、
驪駒能致萬里遠。
鞭也自愧老蹇驢
男兒只要遂初志。
何論世間毀與譽、
邂逅相逢是天意。
魚雁東西莫相疎。

先生と翁とは、偶然にも廿餘年後の再會であつた。翁はそのかみ鳥羽藩士として征長の軍に從ひ、大阪に留まること一年餘、その間魚住荊石、田能村直入に就て畫を學ぶを得たのであつた。

## 黄鵠先生と啄木

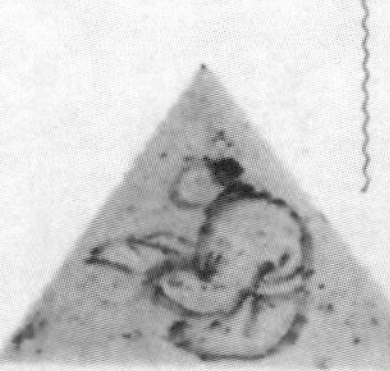

二十八歲で夭折した明治末葉の歌人石川啄木の名が今日の青年達の間にも人氣があるのは、彼が新しい短歌運動の創始者である故もあらうが、一つには彼の歌が烈しい正義的感情と反俗精神とに貫かれてゐる故に違ひない。

が、その啄木が次の如き歌を殘してゐる事を知る人は少いであらう。

藤澤といふ代議士を
弟のごとく思ひて、
泣いてやりしかな。

議會に於ける若き黄鵠先生の一本氣な奮闘の姿が、若き啄木の共感を喚び、それが所謂ニコポン主義に對する憎惡となつて迸つた所にこの歌が成つたのではあるまいか。（T生

**恭賦**

池邊鶴　　有香　梅見　春

高擧飛千里。和鳴聞九天。
昇平新歲旦。翔舞鳳池邊。

同　　笠井雪窓

淺汀晨涉氣偏淸。深樹夜棲眠穩成。
顧影徜徉時擧首。一聲高向九霄鳴。

同　　安達龜造

池邊翠靄老松盤。鳴鶴一聲唱和端。
振動九天祥瑞氣。聖明齊仰拜年歡。

同　　木州　植野　德

朱頂黑睛馴不驚。新年淑氣滿蓬瀛。
雲深柳渚飛無影。水退松汀步有聲。
臺上援琴歌舞巧。壺中探藥羽毛成。
池園迎得東皇駕。好向春風高一鳴。

同　　堤　錦江

宸題幾度拜光榮。聖寵欽承無限情。
千歲長生兆祥異。三元和樂浴昇平。
徘徊滿地脩篁色。嘹唳聞天戛玉聲。
立對朝暾臨水處。玄裳照暎縞衣淸。

**恭賦**

宸題　　藤澤　章

不振儁翮馭飛仙
且集池頭蘚綠邊
善步蹌々波有影
淸聲一唱亦聞天

乙亥元旦作　　南山　牧野　信

齡逮古稀無所成。講書猶是送餘生。
蜉蝣撼樹事相似。欲致涓埃報聖明。

**恭詠**

池邊鶴　　宇田　敬

すみわたるかゝみの池にかけ見むとたつはそらにもまひのほるらん

同　　山下是臣

朝日影うら〳〵匂ふ池のへにおり立つたつのかけのとけさ

同　　宮崎貞彥

さしのほる初日かゝよふ池のへにあそへる鶴の聲さやかなり

---

## （2）明治十三四年頃の泊園の新年

石濱先生の懷舊談を讀んで懷しく感じつゝ筆を執りました。その頃冬至がすむと歸省せられて、塾で越年せられる方は三十名許りであつたかと思ひます。

父は大晦日を三崎の小父上や、田中方庵老、和田小耕老の方々と碁を圍みながら樂しそうに徹夜せられますが、お祝の準備が出來ます頃にそれ〳〵迎ひが見へましてお歸りになり書院では午前五時頃、父は君子博學而約之以禮　仁者安仁智者利仁　とある双幅の懸つた床の前に座を設けて待て居られますと　西本塾頭を初め塾の方々が威儀を正して着席せられます、母も出座して年頭の禮をすまされ、家族は兩親にお禮をすませ、夫れから次の間で一同祝の膳につき屠蘇一酌の後雜煮を祝ひますのに三ケ日はその頃學僕であつた水野さんがお配膳をして呉れるのですが、父の好物であるからとて一椀に八ツ位お餅を入れて來ます父もにこ〳〵と夫を必らず三椀は召し上られそして二日三日と一ツ宛ふやしてゆかれましたので皆驚き乍ら大笑ひを致しました　お雜煮がすむと父は廻禮に出てゆかれ、兄弟は町内の廻禮に出ます、塾もひつそりとして居ますし、此の日は思ひ〳〵の遊に暮れてしまひます。二日は祝ひ事は元朝と同樣ですが終ると父が讀み初めをせられまして、元さんはその頃大學を、章さんは孝經を、私は論語と父から皆讀む章をきめて下さる、讀み初めが終る頃小原福次さんが墨を磨て來て書き初めがある、父は元旦の廻禮の途すがら詠んで置かれた新年の詩を半切の白紙へ二枚位お書きになる、元さんは白紙では破れて書きにくいとて唐紙の半折に七字一行位、章さんは五字か三字位、それがおぢい（福次の事）が世話をやいて出來上ると我を忘れて喜んで呉れます私は古今集の歌を書きまして牧野のお柳さまと交換する事になつて居ましたので母がやつきとなつて呉れました（お柳さまは謙次郎さんの妹御）、赤い毛氈の上で書くのは樂しいものゝ一つでした、塾では詩加留多、私等は歌かるたに興じて過します。三日は燒雜煮にかわり、おぢいが凧をあげるのを見せて貰ふ位でしたがその紙鳶は大變大きな紙鳶でほんとうに見事なものでした、それにおぢいは奇行に富んだ人でその凧揚等も或時母上が小坊ちゃんに風邪をひかせては困るからと注意せられても諦められず小坊ちゃん（黄坡さん）を蒲團に捲いて火の見やぐらの欄干にくゝりつけて立たせ、空高く揚げた紙鳶の糸を持たせて嬉しがらせて自分も喜んで居た事がありました。おぢいは小原福次より通稱の方がよく聞へて居りそれに書道も堪能で殊に數學は天才でした。此の日も靜で父の碁のお客で笑ひ興ずる聲が洩れてまゐるのみでした。（宇田　敬）

## 泊園の思出ばなし

### （3）泊園書院分院設立當時（上）

岡本　勝

設立當時と申しても設立者即ち夫子の御理想なり又當時の狀况なりを縷述するのでは無理な其當時第一に新入學生として茲に御懇篤なく指導御訓陶に預つた小生即ち門生として見聞し又色々感じた所の一斑を記述して懷舊の草に花を咲かして見たいと思ふのである。

十目の視る所十手の指す所大抵似たり寄たり同樣だとは思ふが矢張り十人十色之は唯小生の所感の一端で固より偏見たるは免れない。

抑も小生の泊園書院といふ漢學の塾なるものを耳にしたのは明治四十二年の頃であつた瀬戸内海の孤島幼少既に兩親に逝かれ長兄の許に育ち所謂成り師範學校を出て郷校に職を奉じ數年服務年限の大部分をすませて退職笈を負うて東都に遊學途中大阪の地東區東平野町在住の恩師神船先生と申す方に暫く滯留其時其の先生の御伴をして高津神社に參拜した歸途泊園書院といふ看板を見て其書院の由緒を尋ねると。神船先生は途すがら徐にお申さるゝは是は藤澤南岳先生と申して我郷出身の碩儒で幕末の頃より明治の中頃迄は實に大阪人士の冀北今日とても大したもので我郷里の中桐星城先生も此の塾で學ばれたのであると藤澤先生の御芳名は承知して有つたのであるが今目前に其先生の御居所且つ其私塾といふのを見ては成程と感ぜずには居られなかつた。今から考へて見れば其時既に志を定めて入學以て一世の碩學老先生に親しく御薰陶を受けたならば後日八九年の御指導は優に十年以上の御教示で更に更に好かつたで有らうけれども其時の自分の心には田舍育ちの者に今日とても有りがちな上京遊學熱に全身は燃えてゐたので惜しいとも思はず唯一念に上京遊學のことばかり考へてゐて上京は見合はせて茲に踏止まり心靜かに勉强しては何うかと再三再四の忠言も勸誘もして下された神船先生の御厚意も無にはしたのではないが上京遊學と決心して出郷した事とて且つ上京すれば當時一高教授の森先生が御座すので是が非でも上京をと遂に其儘大阪は引上げて上京森先生の御世話に成る事にしたのである。けれども運が拙かつたのか又泊園に絆の繫れて有つた者か其年七月脚氣に冒され歸郷療養の已むなきに至り人生は何事も命有ての物種今は萬事休すと思ひ遂に歸郷療養する事としたのである。

## 會員消息

◆藤澤成太殿。大阪市天王寺區東平野三丁目三番地（舊泊園書院所在地）へ移轉。

◆堀越壽助氏　東京市牛込砂土原三之一七

◆森下博氏。兵庫縣阪神六甲苦樂園へ。

◆川合俊良氏。朝鮮開城府大和町正福寺へ

◆松浦捨吉氏。大阪市南區安堂寺橋通一丁目。

へ何れも住所訂正の通知あり。

## 泊園誌社事業の一斑

### 豫算四百五拾圓也

自昭和九年一月號　至同　十一月號

**收入**

金貳參七円參四錢　第九號誌上既發表。
金壹貳貳円〇壹錢　城山道人稿出版資金を解消し一般會計へ繰入る。
金貳五円〇〇錢　常費、壹五口。
金六五円六五錢　寄附、壹六口。
計　四五〇円

**支出**

金貳參七円參四錢　第九號誌上既發表
金九九円八壹錢　泊園誌、七、九、十一月の各號、計三千枚。
金四八円壹五錢　城山道人稿三千枚及、廿谷先生忌寫眞千百枚。
金參壹円五七錢　郵稅二千二百口。
金貳七円七〇錢　帶封紙及び諸掛費。
金五円四參錢　次期繰入金。
計　四五〇円

**常費收受報告ノ續**

吉崎幾藏氏　村井敏夫氏
多田黄山氏　梅見春吉氏
田中藤太郎氏　福田三次氏
五條秀麿氏　石濱敬次郎氏
小寺嘉兵衛氏　大守熊次郎氏
佐藤寛九郎氏　吉崎善三郎氏
坂原九九男氏　牛井靜子氏
宮崎貞吉氏　田中二郎氏

（編輯）黄坡先生
石濱純太郎
（編輯）石崎太郎　大阪府中河内郡布施町菱屋西
大阪市南區千年町二一

下、春水棄杯黄海涯、王璽揮時點白石、禪心明处瞠
青蛇講莚吏掛涼霄月、無尽天風送室花、
贈小関要人　要人上総人来客于象山下常好周易、
東方誰競丁寛名、陋巷簞瓢楽不更、三爻尚白神篆
細、一樽避俗午風清、峯頭明月思家意、画裡龍泉嘆、
友声、君自客中心緒乱、能来語笑慰愁情、
丙辰冬綾郡獲白雉献于　邦君敢賦矣
曾聞重譯献周王、今見縞毛献王堂、臨風長唯迎霊
德、博雪徐呈吉祥、階下側身驚剣佩、省中回首懐
山梁、却笑穆公田獵意、従来膏澤自非常、
送人遊鳴門
聞説鳴門濤勢奇、知君錦繍腸堪摛、瓊岑風起蛟龍
躍、鮹穴雷鳴海若追、地軸香餘秋月夜、天輪吐出桃
花時、即今送別香川上、与之何東潮水涯、
應命賦紅梅
二月後庭梅正開、花光騰々照檣隈、風鬣香気薫紅
帳、要引美人入玉杯、黄鳥尋芳出谷囀、赤霞擴梢映
簾来、強揮吟筆遣春興、愧殺當年何遜才、
應徴時書懐東諸子、
廿歳結廬依水潯、徴書何憶到空林、浮煙漠々韓茅



屋、流水磷々、癈素琴、莫笑陶潜五斗米、可憐范叔一
寒襟、高堂為有双親在、世上誰知奉檄心、
寄南院和尚
乾坤千里隔関河、別後修禅乏奈何、書断南天鴻厂
苦、理卑北地俗塵多、高攀真寛三明月、深照清機一
字河、常以紀峯白蓮色、揮毫裁作郢中歌、
友人江樓翫月
高楼明月大江辺、萬里清輝兼水連、呉観浮雲練影
霽、蜀江畳浪錦光鮮、凭欄玉兎吟眸外、吹笛閑山睥
睨前、十歳故人携手処、把盃共賦謝荘篇、
大久保元老後庭賞菊
相国風流愛隠趣、金英如斗照庭除、紅紫已凌甘谷
色、酒盃又笑東籬疎、望来忽脱風塵劇、坐久還疑日
月舒、酔裏回頭時一看、恍然仙女曳霞裾、
奉賀　大久保元老移城西第
城西甲第構来雄、構殿崔嵬擁海風、池邑神亀千歳
緑、林棲仙鶴萬年悤、捲簾北島帰帆入、推戸西山佳
気通、斯　元老樹盤根大、久保世家祖業隆、
観戯烽
王藁城東烽火高、響振蒼海気何豪、光連碧落緯象

敢、烟擁青峯雲霧韜、萬里髣彿閨婦怨、三辺恍見浜
将旄、忽訝匈奴十萬兵、乗秋飲馬長城壕、

賦龍、贈雲水居主人、

偃杖葛陂曽化龍、衝天偶発崑崙峯、起雷直升雲千
里、為蝘忽潜淵九重、何処大人見更利、幾時膏雨施、
便濃、人间縱有窺珠客、終是葉公未可従、

牽牛花

牽牛花発掩籬籬、疑見雲車降玉墀、銀浜風凉近佳
會、鵲橋雲雯敢相思、九華燈外光、良動、百子池中影
欲移、何日遥辞天上去、人间拓落老芳姿、

訪三島莜先生

聞道海東三島间、烟霞縹渺擁峯閑、銀宮映日重真
氣、玉樹入波照衆山、王母雲車排霧去、秦姫鳳駕雯
空還、回舟萬里訪仙洞、弱水漫々不可攀、

浪華冬至

浪花至日四天晴、城外梅芬欲発清、一線日催客思
引、二毛鬢帯雪華生、乾坤不朽王仁什、今古共傳仁
帝名、此日登高望雲物、人烟無恙萬家甍、

初春寄浪華諸友

海门春色満天至、王屋霞光催與周、遥想浪華諸友

# 泊園

昭和十年二月廿三日印刷（隔月一回一日發行）
昭和十年三月一日發行　―（非賣品）―
編輯兼發行人　大阪市南區大寶寺町中之町二番地　的塲信太郎
印刷所　大阪市西區新町南通五丁目　林泰進堂
發行所　大阪市南區竹屋町九（泊園書院內）　泊園誌社
振替大阪一三八三九（泊園書院）電南六八二七

## 漢文は我が文語

漢文は外國のものであるから我國では必要でないと云ふ者がある。尤もな樣で愚至極である。現代でこそ漢文は外國もの丶樣に思ふのであるが、**明治以前は我國の文語であつたのだ。**文語であつたから國の文書記錄から歷史道德は更なり文藝に至るまで之を使用してゐたのである。**外國文ではあつても之を我國の文語さして使用してゐたんだ。**唐風として國學者達が排斥し出したのは當然の話ではあるが、然しそれだと云つて**文語さして使用されてゐた事實を忘れてはならない。文語さして使用されてゐた漢文を不必要だなごこ云ふのは我身を知らないのも同樣である、**愚でなくて何であらう。

明治維新以前はさうであつても、現今では文語でないから役に立たぬと云ふだらう。成る程現在では口語體文全盛である樣だが、目下でも角ある場合の文章は文章語文語が用ひられ、然も尙ほ漢文口調が多い事も知つて置いてほしい。公用文などでは假名交り文ではあるが全然漢文體なのが多い事もマサカ忘れはしまい。一般公衆向きのものでも碑文などは八九割は漢文である。**文語さしての漢文の勢力は現今に於てもさう輕んずべきものでない。漢詩なごも物好きでのみ作つてゐるのでなく、尙ほこの文語によつて文藝を製作してゐるこ解せねば分らない。**文語さして今尙ほ使用してゐる漢文を不必要とは誰が云ふんだ。愚と云つて然りである。

**我國人の漢文漢詩は本場向きでないこ云ふ。我國の文語は我國のもので一向差支無い。**朝鮮安南の漢文も然りである。同じく支那から出たものだが、地を異にし時を經れば差があるのは致し方がない。之をなるべく諸國近づければ**東洋の共通文語さはなる。本場の漢文でないから不必要だなごこ云ふのは自ら割するわけである。**愚に非ずして何ぞや。

漢文は我國の文語である事を知れば、**我國を知る爲めには漢文の必要なる事は自ら了解される。**已れが漢文を知らないが爲めに、早く文獻を國文に書換へよ口語に譯出せよと云つても、それは云ひ得べくして行はれ難い事である。百歩を讓つてさう云ふ時代が來るとして此現在の事實、文語として尙ほ力を持てる事實を如何にせん。少くとも中等以上の教育を受くる者には尙ほ必要である事は疑ひ無しである。

## 泊園藝文漫談

### 大壺

過ぐる十一月の事であつたらう、余は龜田吟風先生を京都の寓居に訪ねた事があつた。其際先生は一冊の小い本を出して、から云ふものを得たが知つてゐるかと示された。余は之を取上げて見ると、美濃四折程のもので、麗洲雅會と表にある。カゴシマ雅會ですかと云ふと、いゝや加古川での雅會で泊園藝文の一つだぞと云はれて、早速表紙をメクつて中を見ると果たして其通りである。固り聞いた事もないし、見たのは是れが初めである。乃ち南岳先生が明治二十四年の十月に備州の閑谷へ遊ばれた歸途に、加古川の山田孝堂翁を訪ねられ、其時山田父子其他の人々が宴を加古川の中洲に設けて先生を饗せられたその會記である。最初が孝堂の會の序、次が南岳先生の會記、次に先生の二詩がある。

途中偶作　原詩

曠野深山百里程　風光無地不新淸　吟心自笑謾忙了　直自烏城到鷺城

會麗川中洲席上次前韻

醉鄕詩國豈殊程　書趣吟媒同一淸　不許黃塵侵此境　山爲外郭水爲城

以下は同座の人々の次韻其他の席上作が列んでゐる。跋は山田勤堂の筆になつてゐる。紙數は凡て十一枚。尾に寺家町前田淸翠堂印刷の刊記がある。欄外に南岳先生初め諸家の批語がある。刊行年月はないが同年十二月の末か正月早々に出來たんだらう。詩文共に當時の情を傳へて詳かで、實に雅會の趣を偲ばしむるものがある。吟風先生は曾根の人であるから國の文獻として買つたんだと云はれるのを無理矢理に頂戴して了つた。珍しいものが手に入つたのは嬉しかつた。

いつ頃か忘れたが、どこかの古書即賣會を見るともなしにブラブラ見廻つてゐると、フト目についたのは藤澤南岳著梅見春串本友譯述とある大統寶鑑であつた。おまけに泊園書院藏版と迄ある。そんなものがあつたんかと買つて歸つた。梅見有香先生の緒言に「紀元二千五百七十一年列聖大統明々赫々タリ。然ルニ近來悖德ノ輩外ヲ慕ヒ內ヲ忘レ正邪ヲ混同ス。故ニ吾師南岳夫子ノ著サレタル日本通史ヲ抄略シテ其惑ヲ解ク云々」とあり、次に通史の凡例を掲げ、次に夫子の序に代ふるに萬國通議の公道篇を以てし、御歷世表を以て之に次ぎ、大統寶鑑に入つて通史より大統に關する重要紀事を抄出す。固り大部分は南北朝時代に係る。附錄するに通史論抄を以てす。明治四十四年六月松村文海堂の發行である。例の南北朝正潤問題の際に世の參考に資する爲めに出刊されたものである。梅見先生と並べる譯述者の串本君は余と略ぼ時代を同じくして泊園に學んだ俊才で、今の經濟學博士立命館大學教授其人である。當時余は東京に居た際であつたので、この書の出版を知らなかつた。圖らず之を入手し得たのは喜ばしい。

先々號の泊園誌を見られた人は牧野藻洲先生が東畡先生少時の自筆文稿砂石集を黃坡先生に贈られた事を知つたであらう。藻洲先生の毎度乍らの御好情は我等も倶に佩服の外はない。眇たる一小册とは云へ泊園にとつては金玉も啻ならぬもの。何れは一葉の寫眞でも本誌に揭げられて面影を偲び得るだらう。

砂石集の喜びまだ失せやらぬ間に又一つの珍本が出現した。今度は城山先生の著、黃庭經略注で、然もそれが泊園の大先輩及川天籟先生の寫本である。これは三崎黃圃先生の家藏であつたので、先日黃坡先生に出し示されたものである。これ亦是非書影を誌上に見たいものだ。書影だけでなく、詩集と同樣にして出刊したらば面白からうと思はれるが、又閑事業の譏りが出るかも知れん。余にとつては然し城山先生遺著を見るの第二番目だ。取りあへず序文だけを別に抄出して大方の一覽に供する事とする。

福本元之助氏　石井光美氏　近藤常吉氏
杉本正太郎氏　村上正一氏　中村實氏
岡田尚齋氏　辻村龍夫氏
古井由之氏　阿部茂七氏
岡田義作氏　岡本英三氏　松浦高麗三氏
豊田正達氏　鹿田靜七氏　川合俊良氏
岩田藤三氏　島田喜三十郎氏　清水晉三郎氏
古谷熊三氏　藤原正雄氏　片山太門氏
（以下次號）

# 論語講義

黄坡先生述

**子曰。吾十有五而志于學。三十而立。四十而不惑。五十而知天命。六十而耳順。七十而從心所欲不踰矩。**（于の字は漢石經等に乎に作つてある）

**訓讀。** 子曰く、吾れ十有五にして學に志す、三十にして立つ、四十にして惑はず、五十にして天命を知る、六十にして耳順ふ、七十にして心の欲する所に從うて矩を踰へず。

**解釋** 孔子が自身の經歷を語つて學者を勸められた章であります。

**志于學**は先王の道を學ぶことを志としたとの義であつて、志といへば心の目あてとするのであるから、孔子が成童になられて此學を修めることを以て自己の前程と定められたのである。

**三十而立**といへば、其志とせられた學が成立することが出來たのである、卓然として自ら立ち其基趾が定まつたのである

**不惑**とは、心に疑ひ惑ふ事がなくなつたのであつて　從來でも一見識が立たないではないが、猶ほ確然と徹底せぬ所があつたり、又は疑ふ所があつた、此年になつては能く惑はされぬ樣になられたのである、經驗習熟の功である。

**知天命**は、物子が「天の已に命じて先王の道を修明して以て來世に詔けしむることを知られた」と解かれてあるに從ふべきである

**命**は天意といふ樣な意味である。從來の解は禍福遭遇上等に就て說いてあるが、聖人の心事を得ぬ樣である、他の命に安ず、命に任すなどの文字とは一樣でなく、命を知るとある、自己に對する天意如何を知ることである。書中他の場所にあるのも皆この意に見るべきである。

**耳順**は天下に耳に逆らふ言が無いので、毀譽の類皆な受けて之を容れて、我が心に快からぬ感を持たぬ．たとへ耳に入り難い樣の言葉も「彼の過つは亦宜ならずや」と觀ずれば何等の受け難いものはないのである。

**從心所欲不踰矩**、**矩**は法と訓ずる　我が心の欲するまゝにしても規矩に違ふことがないのであつて、こゝに始めて自得の境遇を得られたのであります。

以上解き來りましたのによつて孔子が自ら尋常の修養道程をふんで進んだといふことを御話しになつて居るといふことを忘れてはならぬのでありまして、朱註なぞは非常に誇大に說明をしてありますのは、夫子の意でないと考へられます。而してこの修養の道程は吾人も自ら省みて企て效ふべきものと存ずるのであります。

**孟懿子問孝。子曰。無違。樊遲御。子告之曰。孟孫問孝於我。我對曰。無違。樊遲曰。何謂也。子曰。生事之以禮。死葬之以禮。祭之以禮。**

**訓讀** 孟懿子孝を問ふ、子曰く、違ふ無かれと。」樊遲御たり　子之に告げて曰く孟孫孝を我に問へり、我對て曰く、違ふなかれと、樊遲曰く、何の謂ひぞや、子曰く、生けるときは之に事へまつるに禮を以てし、死せるときは之を葬るに禮を以てし、之を祭るに禮を以てす。

**解釋** 此の章は從來諸說紛々として別れて居まして正解と思はれるものに遭はなかつたのであります。わが東畡子が左傳に據つて孟孫の身上を明にして解を立てられたのが、尤も動かぬものと考へられます。

孟懿子は魯の大夫仲孫何忌といふ人、懿は謚である、左傳の**昭公七年**に魯公が楚へ往かれる時、鄭伯が之を迎勞したが、懿子の父の孟僖子が介となつて居つて其儀を助けることが出來ず、楚へ行つても郊勞に答へることが出來なかつた。僖子が國に歸つた後、此の禮に通ぜなかつたことを病んで、禮を講習した。その死に臨んで、其屬大夫を呼んで、命ずるに禮の重いことを以てし、魯に孔邱といふ達者がある．我れ歿せば必ず**說**と**何忌**とを孔子に屬して、禮を學ばせよといつたので、孟懿子（何忌）と南宮敬叔（孟孫說）とが孔子に師事したと載せてある。此事實によれば此章は自ら明瞭であるはづである。

孟懿子の孝を問へるに答へて、夫子は「違ふなかれ」と仰せられた。即ち**親の心に違ふなきを孝といふ**ぞと示されたのでありまして、懿子の心には常に其親の禮を學ぶの志を忘れずに居るから、纔に無違の一言が、其胸中に契合したのである。

他日、樊遲が夫子の御となつて外出の御供をした時に、孔子は車上の御話に、過日孟孫が孝を問ふた、我は之に對へて無違といつたと、話された、これは事の由來に通ぜぬ樊子には唐突であつたら、だから**何謂也**と御尋ねしたのであつた、孔子は生死共に禮を以て親に事ふるのだと告げられた。此れは固より夫子が樊遲の參考に話されたのである。所が此書の編者も亦懿子の問答だけでは分明でない無違の御言葉に對し、幸と樊遲が承つた所のものが、原文を解くに恰好であるから此處へ併錄したものである。

孟懿子の孔子に學んで居るのも、多分禮を專攻したのであります。而してこれ親の志であつたのであるから、夫子が無違と仰せられて、よく親の志を奉ぜよと告げられた理由も明白であります。古來無違を釋いて「理に背かざるをいふ」とか「禮に違ふなきをいふ」とか說いて居るのが當らぬことも亦明白である。

特に鄭玄以來「孟孫が無違の意を曉らぬかを恐れて、夫子が特に樊遲に告げて之を孟孫に傳へしめられたものだ」と說いて居るのは誠に噴飯すべきであつて、懿子も門人であるから、もし詳に告げる必要のあるものならば、夫子親しく之に告げられる筈である、何も樊遲を煩はす必要はない　且つまた其意を樊遲に一言も示してないのであります。

猶ほ此の左傳による解は、上總の東條一堂の知言にも其說があります。一堂は安政四年に八十で歿して居りますから、王父よりは若干先輩でありますが、此解は東西暗合といふべきであります。（第十講）

# 說詩樂趣

效尤生

唐僧に佳句多し、其の句を琢く法は、物を比するに意を以てして一物を指言せず　之を象外の句といふ。無可上人の詩に聽雨寒更盡、開門落葉聲。是れ落葉は雨聲に比せるなり　又曰く微陽下喬木、遠燒入秋山。是れ微陽は遠燒に比せるなり。事を用ひ句を琢くは、妙は其用を言うて其名を言はざるに在るのみ。此れ惟だ荊公、山谷　東坡のみ之を知る　荊公曰く含風鴨綠鱗々起　弄日鵝黃裊々垂とこれ水柳の用を言うて水柳の名を言はず。詩史

少陵は三唐を包み正變を該ね　廣大の教化主たり、生平の瓣香　實に此公に在り、東坡云ふ、天下幾人學杜甫、誰得其皮與其骨　と然れども敢て難きを以て之を謝せず　杜を學んで得るあれば即ち蘇を學び陸を學ぶに不可なるなし　漫堂說詩

五言絶句は古樂府より起り、唐に至て而して盛なり、李白、崔國輔號して擅場となす。王維、裴迪の輞川唱和は後來の門逕を開くこと少からず．錢起劉禹錫韋應物柳宗元は古淡清逸にして神采の句多し、「好詩は必是れ拾得す」と謂へるものなり、歷代の佳什、往々にしてあり、之を要するに詞簡にして味長し．正に率意に手を措き難し。

鍾伯敬の、林鴻の綺岫故宮を經る詩を評せるに云はく、此等の歌行は、妙は盛唐と酷だ肖たるにあり、而して其の妙を盡さざる處も亦盛唐と酷だ肖たるにあり、其未だ肖ざるに當ては其肖るを求め、其肖るに及んで又當さに其肖を脫すべし。肖と不肖との間　詩の道、半に過ぐと、芬謂へらく此れ今人の好んで盛唐を言ふ者の爲めに一指南となすべしと。夫れ詩は各、性情興會あり、已の性情興會を舍てゝ以て勉强して古人を規摹するも古人未だ必ずしも似ざるなり、而して已の性情興會已でに失はる、吾れ知らず、未だ盛唐あらざるの先きにして、而して漢魏而して風騷、古人それ何によつて之を規摹して乃ち竟に磨滅すべからさるやを。夫れ亦悟るべし。香泉偶賛

**本誌後援寄附金收受報告**（泊園同窓會）

一金壹圓也　勝田五郎氏
一金貳圓也　岡村峯次郎氏
一金參圓也　木村金三郎氏
一金參圓也　灘尾晃壽氏

以下常費　昭和九年度

一金壹圓也各通
三浦德次氏　殿水快順氏
矢崎精心氏　金戶守氏
楠正然氏　橘秀一氏

一金壹圓也　服部□五郎氏
一金壹圓五拾錢也　宇田匡太郎氏
一金貳圓也　川合孝太郎氏

一金參圓也　瀧尾晃□氏
一金四圓也　松本洪氏
一金拾圓也　中山潔氏

清水小鈞氏　多紀仁之助氏
藤本木田氏　笠井靜司氏
植野德太郎氏　鎌田春雄氏

三川啓明氏　廣田虎三氏
西田幾太郎氏　安達龜造氏
田中利右衛門氏　林寅治郎氏

## 說文の話（二）

大壺

偖て說文の內容はと云ふと、先づ小篆で字を書いて之が本義を解釋し、其下に其字の出來方を說明して六書の何であるかを知らしめ、その上に經傳に證のあるものは經傳の文句を引き、或は諸學者の說を參照し　或は古文籀文の篆書と異なるものは之を添え、或は當時通行の異體も附錄したり說明したりして、甚だ至れり盡せりのものである。さうして之を分類して五百四十部と爲し、書物に編して十四篇と云ふ事になる。終に許叔重の自序があつて、文字の起源變遷から研究先人の字書の事、當時の文字の學術通俗兩方面の情勢、已れが說文を編する理由及びその凡例に至る迄チヤント說明してある。其末尾に叔重の子許沖が父の書を孝安帝に奏上した上書が附いてゐる。この序と上書とを一卷として數へて十四篇に倂せて凡そ十五卷と云ふ事になる。說文に出てくる字數は許序には九千三百五十三文、重一千一百六十三、解說凡十三萬三千四百四十一字と丁寧に解說の字數迄出てゐるのだ。重とは古籀其他の或体の事を云ふ。かく字數はハツキリしてゐる樣だが、實は今の本の字數とは中々合しない。長い年月の間に脫落したものもあるし、餘計な注記が本文になつたりするのだから、是は合はないのが當然の話である。又許序の文字に誤が出來てるかも知れない。然し大体は九千三四百の字を解釋したんだと云ふ事は明かである。當時小學書の權威たる蒼頡三篇で僅か三千五百字、之に揚雄の訓纂を加へても五千三百四十字であるに比較せば如何に說文が當時では善美を盡せるかゞ想像出來やう。

然し何と云つても二千年にもならうと云ふ古い本の事だから長い間に出來た訛誤が少くないので困る。板本は勿論宋以後のものだが板本以前の寫本はないかと云ふに、極く少し丈唐寫本がある。獨山の莫友芝が得て初めて學界に紹介された木部の殘卷で凡そ百八十八字が遺つてゐる。莫氏は之が仿刻本を作つてそれに已れの箋異を附して出板した。當時唐寫本は支那には希れで、然も說文だと云ふので非常に擾がれたものである。この原寫本は近年我國に渡來して內藤湖南先生の插架に歸し、國寶が一つ增した次第である　故先生は莫氏の仿刻尙ほ其眞を傳へないから、精確なる攝影本を作るんだとよく云つて居られた。體裁丈なら莫氏箋異の石印本なんかもあるからそれで分る。

この外に我國の手鑑に一二行殘つてゐる。それ等の一が汲古留眞だつたかに影刻されてゐるのを見た事がある。丁度莫氏本と同じ樣な體裁であつた。篆書が大きく書いてあつて、其下に音切の欄があり、又其下に小字双行で說解が正書で出て居り、一行に二段即ち二字宛在るわけである。手鑑中に少分を留めてゐるとすれば、我國には固り唐寫本が古く傳來してゐるんだが、殘卷の存するものが未だ知られてゐない。惜しむべきである。

これ等唐寫本の殘遺は貴重すべきものであるのは勿論だが、これ等の體裁が果して古式かどうかは考へねばならない。たゞかゝる體裁のものが板本以前に在る事は牢記して置く必要がある。板本の樣なものだと早合點はよくない。

古鈔本は以上の通りであるが、こゝに戴侗の六書故に唐本蜀本と題して引いてゐる說文がある。この唐本蜀本の如何なるものであるかは詳かでないが注意を要する。唐以前の諸書に引く所も古本であるが、これは特に唐蜀と題してゐる所から見れば、古鈔本を見たんだらうから、古書所引と一樣に見難い　余は今だに六書故を持たず、研究してゐないが、注意する必要があらうと思ふ。清人の云ふ唐本は六書故に大抵は依るのだ。

これ等の唐本、唐以前の古書所引を、後の板本と比較して見ると大分に異つた所があるから、說文の復元研究も中々容易いものではない。そこで現今で說文を研究するに何を基礎とするかと云へば、先づ所謂大徐本小徐本を祖本とする。その底本とすべき兩徐本が又相異する點が多いのであるから、兩徐本の事を少しく知つてゐなければならない。

## 南岳先生と林崎文庫（下）

鎌田春雄

再會の時、南岳先生は三十八歲、翁は四十九歲である。先生の次韻に「握手始驚非新識話舊絮々情有餘」といふもの歡談の情味躍たるを覺えるではないか、其の詩は、

蒙以育德寛以居。待詔不肯入公車。
豪氣何知老將至。快醉擊節唱遂初。
握手始驚非新識。話舊絮々情有餘。
舊雨更欲添新雨。相逐去訪高士廬。
一咲莫逆適吾適。三椀芳茶一床書。
風姿欽君如海鶴。技能愧我似黔驢。
護道片心只身許。敢學浮華要虛譽。
青眼高歌對知己。不問世人與我疎。

高士の廬を訪ふて三椀の芳茶を啜られたのは浦田長民を指すものであつて、長民が此の詩の後に朱書して「舊雨一解謂至余家三椀非芳茶乃苦茶耳呵々」と評してゐる。

こゝで此の日二月七日の翁の詩を見よう。乃ち此の歡談の時から三ケ月の後である。南岳先生に答ふるものとして、

潛身詞林似山居。螢雪敢擬了五車。
渭樹江雲相逢晩。詞源驚君泝黃初。
驪珠累々寄遊記。驅山走海談笑餘。
我昨歸酌濯脚酒。故友來敲舊寓廬。
文字之飮得下物。新語味濃同漢書。
篇々警世挾風霜。不獨詩思趁雪驢。
期知身後子雲在。何要世人漫稱譽。
刮目今日見肺腑。愧我從前識君疎。

倘「寄遊記」の下には「即探珠遊記」とあり、「同漢書」の下には「南岳又寄近著修身新語」と細註を入れてゐる。「探珠遊記」といふのは先生の著「探珠樂事」の誤記であらう。私は「探珠樂事」を開いて十一月六日の記事を見る「六日晴。觀林崎文庫。宮橋慥齋爲導。觀畢謁于　天祖廟。歸途訪浦田長民。與有馬羽港石原眞龜諸士。環坐話詩。興趣稍雅。而不得留。未牌辭去。到松坂宿回春樓。夜雨。」その前夜は宿于宇治川水樓と見えてゐる。今の水月樓の事であらう。此の書には口繪があつて津の人富岡九峰氏畫く所の林崎文庫が瀟洒な筆致で寫されてゐる。

次に「林仙雜錄」第九冊には獻納本の記事がある。藤澤南岳頃者著日本通史。始於神武而終於王政之復古。凡三十卷。簡而悉。寄之於我神宮。言請藏其林崎文庫。且寄詩於余及浦田穀夫。乃與穀夫步其韻。酬之。

筆削最然董志傳。
二千五百有餘年。
多君一片氷心潔。
先向神山藏此編。

明治十八年三月のことに屬する。現在その日本通史は神宮文庫に藏せられてゐる。私は或は先生の識語でもあらうかと思つて、之を手にして查べてみたが、終に何等の文字をも見出すことが出來なかつた。倘當時の先生の翁に寄せられた詩も此の「雜錄」には記されてゐない。こうした話も泊園先輩の間では記憶に新なる事ではあらうが、大阪を離れて此處に居て、偶々知り得たといふ喜びから筆にしたに過ぎない。諒焉。

## 黄坡先生近詠

黄鶴來遊太液瀕、
滿廷徒祝漢君臣、
東洋今日和平澤、
偏感禎詳在　皇仁・

史稱漢始元二年黄鶴下太液池中群臣上壽今茲賜歌題曰池邊鶴而裁兵發約和平長定乃恭賦之

### 乙亥新年口號

風物雍和意穆然、共欣新霽入新年、
樂詩安步平鋪道、慨世思求舊史編、
不戰盟爭臨戰策、裁兵議競用兵權、
憫他晉楚謀私利、更仰　皇猷大似天、

贈漁翁　活園　篠田　栗

漁釣終生樂不窮。江湖占得子陵風。
黄昏酤酒歸何處。月白芦花淺水中。

贈武將　同

把劍縱横自率先。將軍動閉素相傳。
更欽吟詠也無敵。七律壘成三百篇。

東籬會友　同

東籬雅會舊重陽。馥郁西風晩節香。
好遇白衣來送酒。陶翁逸興醉吟長。

牛若産湯井在洛北　牧野　南山

徑出松陰野井傍。春畦風度菜花香。
此泉曾洗寧馨子。殲滅平家源九郎。

僧正遍照墳　同

尋得高僧遍照墳。林花野草繞碑薫。
天風未鎖雲中路。空望仙姿妙舞裙。

奉和恩師鴻齋先生八秩自壽高韻　堤　錦江

遠陽清隱卜幽廬。後畝栽花又菜蔬。
野鶴悠々塵累外。山雲縷々雨晴餘。
布衣高踏尊天爵。彩筆喧傳耻世譽。
年及八旬驚壯者。文章意氣有凌虚。

## 楠公奉讃

岡本餘洲

楠公六百年祭を迎ふるに際して

一、大勅命畏みて、菊水の旗飜へし、
　孤軍能く落日をかへしたる、
　知略の程や雙び無き。

二、櫻井驛の訓へ草、
　散り行く時の言の葉は、
　實に武夫の龜鑑にて、
　萬古貫く人の儀表。

三、千早、赤坂、觀心寺、
　花と流れし湊川、
　皆これ公の遺蹟の地、
　探れ義烈を忠節を、

四、王城の外に立つ雄姿、
　嗚呼忠臣の石碑は
　まことに皇國の鎭護にて
　宇内を照す光なり。

# 泊園の思出ばなし

## (3) 泊園書院分院設立當時（續）

岡本　勝

歸郷後日一日と快方に向ふや、再び遊學熱に燃ゆる様になつた。長兄は多くもない兄弟なれば上京して又病らうことゝなつてはと許してはくれない、是に於て前年の事も想ひ浮べて、然らば大阪へ出して賜はれ今度は學資も送つては貰はない、何れにか職を求め學資を稼ぎつゝ餘暇を以て學ばむ、學業の進歩はよし遅々たりとも人が三年で成すところは己は五年を要し、人の五年にて成遂ぐる業は己は十年の年月を以てすれば何とかは成るべし、とて強いて兄の同意を得て來阪、やがて泊園に入學したのである。上阪後某校に職を奉じたが、餘暇を以てとは思ふものゝ就職早々それもならず、まあ折を見てと一月經ち二月經ち早くも六月の下旬となつた。その頃紙上で通俗漢文講習會との見出しで毎土曜日午後六時より聽講無料參聽隨意南區竹屋町泊園書院分院と言ふのを見たのである。從來漢文とは只佶屈聱牙なるものとより外、之に對する趣味の無かつた自分も、四十一年冬、備中倉敷大原氏主催の下に開設せられた講習會に於て當時の人氣學者京大教授谷本富先生の「新教育と孟子」と題する講義を一週間に亘つて聽講したが、成程孟子といふ人は仲々味ひ深い事を言ふて居る漢文とは味て見れば趣味のあるものだ、一つ出來るなら斯道の大家の講義を拜聽して見たいとの念がその時からあつたので、折もよしと次の土曜日には碩學大家の通俗講義があるのであるから一つ時間を割いて聽講して見よう、と同僚二名を誘ひ時間にも遅れぬ様にと、野人禮に閑はず暑い折とて羽織は愚か袴さへ着けずに出かけたのである。抑これが余の泊園の門をくゞる最初で、通俗講習會第一次の聽講者であつたのである。玄關の大扉が開かれてあつて聽講者はすぐ様教室に通され、半紙一枚刷二枚ばかりを配布せられた、それには當夜御擔當の諸先生の御姓名と其講義材料とが丁寧な謄寫版刷りになつて居た。先生方の御講義の順序は時間の關係上からでもあるのか分院の先生、即ち只今の黄坡先生が第一番であつた。單衣に袴のみをお着けになつた先生はお若くもあり聽講者の自分等と殆ど年頃もあまりかはらぬらしく思はれた。そこで失禮ながらこのお若い方にあの難しい講義が出來るのか知らんと半ば疑はしく思つた、それは從來漢文の先生と云へば大抵相當の年輩者であり又白髮有髯の老成人ばかりだと思つてゐたからである。

## (4) 淡路町當時の思出

坂東平太郎

泊園の思出話を寄稿せよとの事であります。古くて申立つる程の事でもありませぬが、私は本年六十六才の老者で明治十九年頃より四五年書院へ御厄介になつたもので、其頃書院は淡路町二丁目に在りました塾は南樓北樓と申し、初年の者は南樓に順次席を進めて北樓に移りました、南北共に房長ありて北房長は下岡龜一君、南樓は末包藤五郎君で後に植野徳太郎君と交替せられ、塾長は都講と稱し當時都講は中野壽吉君であつた。誠に物價も安く塾費は月拾五錢束修は一圓、一ケ月の食料は一日白米一升の定めで（石代四圓前後で）一圓五拾錢位で事足りました、湯錢は五厘から少し高くなつて八厘でありました、夜間の勉強に各人二分又は三分のマメランプで勉強したのであります。南岳先生の御高德と御洪恩は今も猶一日も忘れて居りませぬ、講堂で朝早くから四書其他の講義を拜聽したのであります。元造先生は其の時分若先生と敬稱し拾四五才で七級の上位に在られたのでありまず、黄坡先生は八九才の頃で八級の下位に在られたかと思ひます、自分共が南樓に居る時分に時々お越しになつて隨分といたづらをなされました、爾來長年月御拜眉の機會を得ませず誠に遺憾に存じて居るのであります。自分共も隨分いたづらもで夜なきうどんを表の郵便受より竹の皮へ一錢位で買つた事もあり、又一錢どん屋があつて二三の友と散歩に出て一錢二錢と買つた事もあつたのであります。此間大阪に參り淡路町を通りましたが昔の面影は少しもありません。泊園同窓會の名簿を拜見しますと最早甚だ少く私共在塾當時の方々は四五名に過ぎない有様でありますから在來の塾生を精査され會員の増加をはかられる事は南岳先生に對する報恩の一助ともならうかと存じて切望致す次第であります。

## 記事

◎尚德會發講式　恒例により一月五日泊園書院に於て開筵。尚德會の方々多數參集、盛會であつた。

講題は特に勅題に因んだ易經の一節、

**鳴鶴在陰、其子和之。**

◎拜年式　同日、尚德會について擧行、門下の諸氏陸續登院、先生への御挨拶あり。

◎泊園書院講義　一月十一日開講。

◎二月第二土曜日　泊園會定例理事會。

## 會員消息

◆穎川　康氏。客年九月二十一日大風水災に際し人命救助其の他拔群の功により大阪府知事より特別賞與として金一封相添て表彰せられたり。

◆伊藤　東海氏、今回個人雜誌「學書大道」を創刊、大に書道界に活躍せられつゝあり。

◆南坊城良興氏　は神社功勞者として、

◆中村　三德氏　は社會事業功勞者として、紀元節の佳日に表彰せられたり。

◆多田　貞一氏　神戸市林田區房王寺町四丁目十二へ移轉。

## 日課表

| | 月 | 火 | 水 | 木 | 金 | 土 | 日 |
|---|---|---|---|---|---|---|---|
| 午前六時七時 | 孟子 | 韓非子 | 孟子 | 韓非子 | 孟子 | 唐詩選 | 第一、第三、午前七時ヨリ 詩經 |
| 午前九時十時 | | 大東世語 詠物詩選 | | 大東世語 詠物詩選 | | | |
| 午後二時五時 | | 高青邱 左傳 | | 高青邱 左傳 | | | 毎月第二、第四、第五日曜、祭日休講 |
| 午後七時九時 | | 箋註蒙求 | | 箋註蒙求 | 書經（段文）（石濱先生） | | |

## 泊園誌社

（顧問）
黄坡先生
石濱純太郎
梅見春吉

（同人）
本條平太郎
穎川康
石崎太郎
三原靜美
岡本喜三
安達龜造

常費收受報告ノ續（壹圓）

藤原喜一郎氏　芦田源次郎氏　森崎素芳氏　熊澤猪之助氏

石黒景文氏　橋本梅三郎氏　堀岡正家氏　桑田義行氏　櫻根孝之進氏　殿村たけ氏　日下いと氏　仲野安一氏

橋與一氏　和田達源氏　西門孝治郎氏　門脇才藏氏　西門岩松氏　奥田富太郎氏

伊串徹仙氏　日吉全識氏　本庄孝平氏　平泉豊三郎氏　新田長三郎氏　中村三徳氏　古谷熊三氏

會自慊窮谷一皃遊高津千載重王気墨浦于今連臺楼与君早晩携杯酒取酔揮毫名勝頭

寄横塘角君

合帮古人知幾人文章世上日從新覇清流毒江河蜀燕石揚光楚璞淪湖海猶欣霊鳥在風塵共歎落暉臻東西風馬不相及千里比肩開荊榛

復亭集賦観潮韵得六麻

華陽江上望天涯八月長風翕浪遐賈舶捲篷集港口淡洲収景隠烟霞越将分壘驅萬馬呉兵敗績乱千車從昔斯濵称浪速如今始見海童誇

三番東光院賞天竺花

華陽城北三番郷天竺花開環宝堂同社携樽賞繡艶繁枝露雨深紅光風過筵外金鶏鬪葉動幹前紫鳳翔何擬河陽縣裏興年妨吏事破詩腸

送南豐横塘二子遊天梯用葛陂韵二首

升天梯折臥重々積翠横波蔚古岑驛客廻舟尋泉女烟霞入海照仙蹤二豪奇與徧明月千里征途但短笻從昔山陰名勝地帰来見尔逞彫龍

逸與知君趣遠笻衝雲爽気酒童峯山辺当賞閑吻鼇海上奇観見燭龍国雅長傳開画事天梯彷彿升



天蹤縛麟雄筆提名勝才学争希一世宗

別南豐筱君

君向河陽我讃陽二陽道路白雲長各天鴻廣隔遥信両地風烟労遠望元亮帰田多俗事相如入漢壮詞章無何故国東村裏松菊萋然日就荒

奉次三島老先生春日見懐之芳韵

草堂杯酒独為街酔後閑聴燕語喃青玉投来書満案彩毫裁罷錦開函浮雲万里瞟紅日微雨連年蔵古杉廓尔非憑孟軻力蓁蕪湖海有誰芟

和華亭春日見懐芳韵

病客近耽蘇晋齋白雲徒望九霄排華陽春雨催双鯉藻海朝霞入壮懐蘭蕙忽怡臭味合嵩秦猶恨晤言乖何時共酌一樽酒風詠舞雩浴聖涯

賀丹晩老国手叙侍医

軒岐禁秘向来傳旁索蛮方幽澗泉起死金丹施百里治人方録貽千年中原虎嘯風初冽太沢龍唫雲又延明世挙賢豈待次見君是日傾超遷

寄南豐筱君在東都

文物千年照八黄彩毫堪擬武城春少年裘馬學青過底里樓臺拂霧新撃節倶街燕市酒著論誰貴王

昭和十年五月一日（水曜日）　泊園　第十五號（一）

居中郁太氏　辻[illegible]石氏
生谷卯兵衛氏　三木正憲氏
眞野夢蝶氏　喜多島鮮象氏
矢野榮三郎氏　中[illegible]海堂氏
（以下次號）

# 泊園

昭和十年四月廿五日印刷（隔月一回一日發行）
昭和十年五月一日發行　―（非賣品）―
編輯兼發行人　大阪市南區大寶寺町中之町二番地　的場信太郎
印刷所　大阪市西區新町南通五丁目　林泰進堂
發行所　大阪市南區竹屋町九（泊園書院内）　泊園誌社
振替大阪一三八三九（泊園書院）電南六八二七

## 泊園誌を守れ

泊園誌の目的は、内は泊園一般の情況を報じ、外は漢學を奬勵するにあるは、今更に喋喋する必要もない。片々たるものであるし、事思ふに任せぬものもあるので、大して活動を爲し得ないが、それでも其目的の達成には役立つてゐる事は看過し得ない。

或は其内容の貧弱にして所期に充たないのを罵嘲し、或は揭載事項の偏頗にして十全ならざるを笑ひ、或は有れども無きが如き其存在なるを以て之を無視する、などの隨分テヒドイ批評も頂戴するが、是れも必ず讀者諸賢の熱心の餘憤であらうと思ふ。何にしても僅か一枚の刷物で、隔月刊と云ふ小さなものであるのだから、編輯部の苦勞も並大抵のものではない。兎に角も小さい乍らも目的達成の効果を擧げてゐる事は認めて貰へると信じてゐる。

所で泊園誌が其目的に應じて役立つてゐる計りでなく、泊園誌が泊園書院の下に重要なる役割を演じてゐる事となつて來てゐたのだつた。舊泊園誌が創建されて幾年、誌そのものは只誌の目的に從つて活動してゐたのだがその隱顯數年の努力はたゞに誌の目的のみならず、泊園書院の事業を總括しての背後の力を養成しつゝあつたのである。さればこそ泊園休刊すべからず、再興せざるべからずと、同志が起つて新泊園誌が後を承けて出るに至つたのだ。たゞ誌の目的達成だけだつたら、今の樣に熱心に奮然從事しなくとも事は足りる。世間通塗の同窓會誌でも結構十分なのである。今にして余も亦泊園誌が同窓會誌以外のものでなければならぬ所以を明かに識つた

新舊泊園誌建設の同人諸兄に滿腔の敬意を表せねばならない。

果して此の如くんば、泊園誌は益々隆盛ならしめ、愈々弘布せしむべきは吾等の責任でなければならない。背後の力を强大ならしめずして、泊園の事業の盛興は何の處に存するのだ。背後の力を結成せしめつゝある本誌が動搖してゐる如き事が決してあつてはならない。吾等は泊園誌を守る義務を有する。

泊園誌は同窓會誌に彷彿たる目的に從ふのみでよい。かくして其存在を確保する事によつて自ら新しい境地は闢けて行く。小さい乍らでよい。獨立して確實にさへ其行路を踏めばいゝのである。この些々たる泊園誌維持の爲めに、諸兄よ、精神的物質的のあらゆる義捐を吝む勿らん事を。（大壺）

## 泊園書院釋奠

四月三日恒例に依り午後一時より擧行さる。此日天朗氣淸春風滿袖の裏に、嚴かに祭典を終り、黃坡先生の講經有り。講題。詩經大雅の一節。

受天之祜。四方來賀。於萬斯年。不遐有佐。

先生は盟邦滿洲國皇帝の御訪日に際し、此講題を撰ばれたりと云ふ。

## 翠濤園讀書記

大壺

近頃快心の事と云へば書誌學誌上に林秀一學士の補訂鄭注孝經が連載されてゐる事である。千年の佚書が世に出づと云ふ計りではない、余が未竟の志が林教授の孜々として倦むなき研究によつて果されたからなんだ。余が湖南先生に隨つて歐洲に書を訪ねた際、敦煌出土書籍の中から之を搜索し得て筆錄して來たり、之を補訂するに意が有つたから、多少の調査はしたのであつたが、荏苒數年未だ稿を成すに至らなかつた。偶々林學士と相知り、學士が鄭注孝經を研究せるを聞いて、擧げて以て校訂を勸め囑した。學士は授業の餘暇之に從事してこの稿を成したのである。

由來鄭注孝經は我國と緣が深い。南都の奝然師が宋廷に獻じたと云ふ昔は偖て置いて、我國のみに傳つてゐた群書治要に收むる孝經が鄭注本なる事が我國諸儒の研究で分り、岡田新川の校本支那に傳はつて學界を驚かした。彼國では我國から渡來するものは疑ふ癖があつて僞書だと譏る人もあつたが、今ではもうそんな事もあるまい。そこで治要の抄錄を中心とした輯本が幾つも出たが、何しろ抄錄で完全とは云へない。今度の林教授の校訂本も何しろ首尾若干闕けた敦煌寫本を底本としたんだが、既出の輯本よりは具備してゐる。それに從來未知の古人の引文を參照してあるから支那の學者も喜ぶ事だらう。林學士の校訂本が又彼地へ渡來して學界を驚かすと思ふと愉快ならざるを得ない。鄭注孝經と我國との深い緣は何處からか敦煌本より完全な古寫本を出現させてもよからうと慾深い事を夢想せしめる。今度は此本を中心に誰か一新輯本を作り、一新疏を作ると具備するんだ。孝經が流行する當節に一つの大きな痕を留めるものは林教授の校訂本だと云つていゝ。

卜辭通纂や兩周金文辭大系を出して甲骨文吉金文の學問に一新時期を劃した郭沫若先生は大系の圖錄を出して金文圖錄の模範を示した。從來金文の著錄は隨分澤山出板されてゐるが、一家の所藏を誇るに過ぎない。一つの學問として集錄されたるものは見るを得なかつた。だから金文學に志が有つても何から始むべきかは一寸分らない。何々彝器款識とか何々吉金錄とかをボツ／＼蒐めて研究して行かねばならんので道の遠い事夥しい。少し蒐めて見た所で、文字の拓本が多くて、それも盤か尊か鼎か何に出てゐるのか、附記してある名で想像するのみで　本によつて異つてゐたりすると斷定する手賴りも無い。時代も一に著錄者の極めによるので大した根據もない。これでは重要正確なるべき資料の吉金も骨董に過ぎなくて學問にはならない。郭氏の金文辭大系は先づ金文整理の模範を示して、大に學界を啓發したが、今度は其圖錄によつて吉金整理の模範を示した　是に於て始めて吉金學が學問として成立したと云つてもよい。

圖錄分つて錄編と圖編となし、錄編專ら銘文を輯め、圖編專ら形象を輯め、釋編錄編圖編三者の聯系と諸家の著錄は目錄表と著錄目に詳かにし、列國標準器年代表を附し　圖編序說は彝器形象學試探と題する概論である。圖編の輯むる所は凡そ二百五十三器二十五種補遺の六器は壽縣の新出土品、附錄の二器は西人の寫眞による。卷首に冠するに唐立庵の有益なる序文を以てしてゐる。全五冊一帙、拓影は頗る精印。文求堂の廣告によると、宋代の著錄品より最近の出土器に至るまで盡く備はり諸家の著錄を倂せるともこの一部に及ばないと自負してをりますと云ふが、眞に其通りである　凡そ金文に心有るもの此書を備へざれば餘り大きな口はきかない事にしてほしいと思ふ。前に出た大系は釋編に當るわけであるが、これも增訂本になつたと云ふ　增訂本はまだ見ない。

我國の支那學も進んだもので、大抵はどの方面でも本國を指導すると云つてもいゝが、小學は遺憾乍らまだ後塵を拜する程度である文字音韻訓詁は難かしい　彼の闕けてゐる所を確かに看定めて　其闕を補ふ事は出來ると信ずるが、大体は一籌も二籌も逸してゐる。本國言語文字の研究は却つて他國の方が八目はある筈ではある。だが今は此の岡目の好著によつて金文學が基礎を置かれ、入手が極めて樂になつた事を紹介するに止めよう

道明寺の釋奠會

春の一日を優遊する豫定。尙本會は故南岳先生の首唱に由るもの。有志の方奮ふて參會されたし。會費參圓。

# 論語講義

黄坡先生述

**孟武伯問孝。子曰、父母唯其疾之憂。**

**訓讀** 孟武伯孝を問ふ、子曰はく、父母にはたゞ其の疾のみこれ憂ひしむ。

**解釋** 前章の孟懿子の子の仲孫彘といふ人諡して武伯といふ。此人が孝について御尋ねした、夫子は之に對へて、孝子は妄りに非行をしはせぬから、たゞ病のみ父母に憂ひしめるが、他の事では親には憂を抱かさぬものであると答へられた。即ち疾病以外で父母に憂を遺すのは孝でないと警められたのであります。彙纂では警誘部に收めて居ります。

此御答へについては古來三說に分れて居りまして、前に說いたのは古註の馬融の說であります。朱子は「父母の子を愛する心は至らぬ所はない、そこで偏へに其疾病あるを恐れて常に憂とせらるゝから。子たるものはこの心を體して注意すれば、凡て身を守ることに謹むであらうから孝道を得る」と說かれたのでありますが、これは少し實際に遠ひ様に思はれます、即ち親が子の疾を心配するのは幼少の際に之を養育する時であつて、既に成童以上になつては子供自身にも身を大切にする位のことは考へませうし、親としても子供の病氣よりは外に色々と氣を遣ふのであります私は常に人の親たちから承るのは「子供が學校を出ますまでは心配も少うありますが、大きくなりますとまた別な事に心配します」とこれが世間の親達の詞であります 朱子の解は此の心持ちと合はぬ様に思はれ、且つ「父母は唯其」とあつて其の字が子を指すといふことは文法上にも穩當でないと思はれます。

今一つは、**其の字は父母を指す**、といふのでありまして、清の袁枚、我が伊藤仁齋翁などが此說を立てゝ居られる、即ち「人子の父母に事ふるの間、其憂ふべきもの甚だ多し、然れども疾病の最も憂ふべしとするに若かず」と說かれて、父母が老いたれば侍養の月が少い、況や一旦病に染めば、孝を爲さうとしても得られぬ、故に父母の疾を憂とするならば日を愛むの誠、已む能はずして、愛慕の心が至らざるなく、孝を爲すまいとしても得られぬ と說明して居られる。一寸尤もの様に聞える所から之を支持する學者も多いが、どうも問題が小さい様な感じがするのであります幸ひ武伯の人と爲りも左傳によつて伺ふことが出來ますから、之を參考して見ませう。

左傳哀公の十四年に、「初め孟孺子洩(武伯)が馬を成に圉はうとした時に、成の宰の公孫宿が之を受けずして、孟孫は成の民が疲病して居るために馬を畜はなかつたといつた。孺子は怒りて成を襲ふたが 從者が入ることが出來なかつたから反つた 成の有司が魯へ使ひに來たのを孺子は之を鞭つた。秋八月に孟懿子が卒した。成人が喪に奔つて來たのを納れない 成人は袒免して衢に哭し、命を聽て事に供せんと請うたが許さない。彼等は懼れて歸らなかつた。」とあつて明年遂に成は叛いて齊に從つた武伯が之を伐つたが克たなかつた。此の事實を見て武伯は所謂**父母に憂を貽す人**であることが分かる、されば古註にいふ所の疾を憂ひしむるは已むを得ぬ、他事を以て父母を憂ひしめてはならぬ。といふ意と見れば孔子が常に人に從つて教を施して居られる所が見えて、誠に結構と思ひます。王充の論衡にも、武伯は善く父母を憂ひしめるから唯其疾之憂と曰はれたと說いて居ります。臧琳が之を誤讀して、父母の疾を憂ふる證としたのは遺憾といはねばなりませぬ。

此章の義は、獨り孟武伯ばかりではなく、今日一般の人々にあつても、よく身を保つて疾病以外には父母には心配はさせぬといふ風に心がけるならば眞に立派な子といへるであります。また實際に於て疾病は不攝生から來る者もありますが また本人の氣附かぬで居て疾に侵されることもあるから、疾病を以て親に憂を抱かせたといふて、直に子を責めるのは酷でありませう これは矢張疾病以外に愼んで父母の憂を來さぬ様と御すゝめしたいと存じます。

**子游問孝。子曰。今之孝者。是謂能養。至於犬馬。皆能有養。不敬何以別乎。**

**訓讀** 子游孝を問ふ 子曰はく、今の孝はこれを能く養ふといふ。犬馬にいたるまで皆よく養ふあり、敬せずんば何を以て別たんや。

**解釋** 門弟子の言偃、字を子游といふ人が孝に就て御尋ね申したのに答へられて 今の世にいふ孝は孝ではない、たゞよく親を養ふといふべきものである、彼の犬馬の如きも皆よく人を養ふ所があるではないか 人の子として親に事ふるものは其親を敬重せねば犬馬の人を養ふと異なる所がないではないか。ゝ孝は敬を以て重しとすることを警められたのであります 彙纂では前章と同じく警誘の部に收めてあります。

世の人はよく言ふことであるが、我は親の寒うない様にして暖い衣類を衣せて居る、我は親の好かれる味を奉つて居る、親の身のまはりのものに不自由ない様にして居ると、さも孝養をしてゐるかの様に考へて居るのでありますが、たゞ親を大切にして、常に念を注いで親の事に盡すといふ情意が足らぬ人があります、これこゝに說かれてある仲間でありまして誠に自ら警めねばならぬことゝ思ひます。

さて此章もまた至於犬馬皆能有養の句に就て解釋が二様に分れて居りまして、上に說きました様に 犬馬が人を養ふと說く、これは包咸が犬は守禦を以て、馬は勞に代るを以て皆人を養ふと解して居るのによるのであります。一には人は犬馬をも養ふと說くのでありまして、古註に一曰として擧げて居つて、朱子は之に從つて居られます 然る處、親を養ふといふことを 犬馬に比べるのが甚だ非倫であるといふ所から前說を主張する人が多いのであります。唐の李嶠の文に犬馬含識。烏鳥有情。寧懷反哺。豈曰能養と用ゐてあるのはこの章に本づいて 犬馬を人の子に比し、能く養ふを能く親に奉侍するの意としてあるまた禮記の坊記に子云、小人皆能養其親、君子不敬何以辨。とあるのが語氣がよく此章に似て居つて、小人の字を犬馬の字に變へたらば其意味は同じであります。(第十一講)

## 中山城山先生黄庭經略註序

神仙度世之術、皇邦之古、吾未聞之、蓋地氣之使然邪、曰不然矣。大氏萬物之性 有自然而壽者也。故禽有鶴獸有鹿、甲有龜而鱗有龍 然況萬物之靈、豈無壽者哉。故西方之古赤松容成之徒 不遑枚擧矣。皇邦之古、亦有倭姬命武內宿禰之類、後世有生馬久米善仲善算藤太源太之儔 是其人也。然而不依脩頤 譬如鶴鹿夭戈獵、燈火之滅暴風也、於是乎見道家之倘高。然 皇邦之人、不信此道、抑有由矣、夫 皇邦、中古以來佛法盛行 而其人喜畸齕道家、是同業相嫉也。然王公大人不知此辨、徒甘浮屠氏之言、不知道家之味、不亦悲邪。予夙有志于此、而文事之不遑 未能逮之 今也齡垂八旬、讓業於弟子而得少閒。於是注黄庭數章、寓術於其間。如假我數年、八十以脩道術、移夙燈閑地、開闢苑名山、探道術之秘、明黄庭之奥、是我所庶幾也。大方君子、與予同志、公此道於天下、不亦元々厚幸邪、天保六乙未春三月。

## 書籍談數則 (一)

川合孝太郎

### 墨子間詁木活字本

墨子間詁は稿成りて後木活字版に付して三百部を印刷したが、あとで誤植字は一々粉を塗りて活字を捺し、又偏旁とか上下とか一部分の誤りも粉を塗りて加筆し 一點一畫も遁さず 澤山な誤植の處は粘紙をして活字が押してある そうして卷首に光緒丙申九月校正と云ふ八字の篆文朱印が押してある。余は家藏本が餘りに此の通鄭重にしてあるので念の爲早稻田大學圖書館の藏本を見しに矢張り此の通りである。さすれば三百部共に此の通りにせしなるべしと思はる。平生孫氏の書を讀むに、凡そ諸家を援き是非を裁斷するに極めて愼重な態度を以て精審を期して居る事が見受けらるゝが、この區々たる活字の校正振りにも其の性格の一端が現れて居ると思はるゝのである 然るに其後孫氏は更に一二の新材料を得て自分の著述に補訂を加へたが、それは孫氏歿後に出版せられた。それが即ち今日通行の定本間詁である。これは整版にて非常に立派な本故にこれがあれば澤山ではあるがこれは孫氏歿後の出版なる故折々誤植があるから、して木活本と併せ讀む上はないが、木活本は甚だ品稀れ故普く行き渡る譯に行かぬが幸に李笠の校補などに大抵詮議が届いて居る様だから、それで結構かと思はれる。

## 本誌後援 寄附金收受報告 (泊園同窓會)

一金拾圓也　宮崎喜太郎氏
一金五圓也　逸見貞治郎氏
一金五圓也　赤尾好太郎氏
一金参圓也　國安晋助氏
一金参圓也　高井民治郎氏
藤原忠一郎氏
近藤房吉氏

以下常費 昭和九年度
一金壹圓也 各通
澤純三氏
平井幸吉氏
加藤亮吉氏
馬野保氏
中井新三氏
六條照傳氏

昭和十年五月一日（水曜日）　泊園　第十五號　（三）

## 說詩樂趣（6）

效尤生

杜牧之の赤壁の詩に 折戟沈沙鐵未消 細將磨洗認前朝。東風不借周郎便。銅雀春深鎖二喬（二喬は漢の大尉喬玄の女で國色があつた、孫策が皖を攻めた時に自ら大喬を納れ周瑜が小喬を納れた、此詩は赤壁の戰で周瑜が東南の風急なるに乘じて曹操を燒討したが、もし此東風の便がなかつたらば 吳軍が敗れて二喬は曹操に執へられ魏の銅雀の臺に曹操に侍つたであらうといつたのである）許彥周は此老の滑稽を以て玩弄せるを喩らずして、輙ち之に雌黃を加へて謂へらく、孫氏の覇業此の一戰にかゝる、宗廟の丘墟となること皆置て問はずして乃ち獨り情を妓女に含む、豈に癡人と言ふは夢に及ぶべからざるにあらずやと。本朝の諸公喜んで議論をなす、往々唐人の性情を主とするを喩らずして、雋永にして味あらしめて然る後に勝れりとなせり。牧之は唐人中に於て本是れ好んで議論をなし、奇を出し異を立つ。四皓廟の南軍不袒左邊袒、四皓安劉是滅劉、の如き。烏江亭の勝敗兵家未可期 包羞忍恥是男兒、江東子弟多才俊、卷土重來未可知、の如き、赤壁詩の東風借便と春深の數字とは含蓄深窈なる前二詩と遼絕せるを知るを要するなり 皮日休の館娃懷古の、綺閣飄香下太湖、亂兵侵曉上姑蘇、越王大有堪羞處、只把西施賺得吳 も亦これ議論を以て詩となす者 余最も竇庠の新入監院、喜內子至の一絕を愛す、云く 一旦悲歡見孟光、十年苦辛伸滄浪、不知筆硯緣封事。猶問傭書日幾行。（孟光は梁伯鸞の妻假りて細君に喩ふ、三四は今日筆硯は封事を書せるものなるを知らずして矢張り從來の樣に貧苦な身と思ひ、猶ほ人のために筆耕せること一日幾行ぞと問ふとの意）彥周に此を評せしめなば、竇氏の內子を以て事を解せざる婦人となさん 所謂痴人の前に夢を說くなり」深雪偶談

梅禹金曰く、曹植の怨詩に願作東北風、吹我入君懷、と齊幹は將心寄明月、流影入君懷と而して太白の詩に我寄愁心與明月、隨風直到夜郎西、と能く其意を兼ね裁して奇語を撰びなせるなり。

## 故三崎先生略歷

先生名は驎之助、字は士駿 黃圃と號す。故南岳先生の第三子として明治十一年十月十一日大阪市東區淡路町一丁目に生れ直に大阪市老松町三丁目三崎厚齋氏の養子となる。

三十年十月卅日、大阪醫學校卒業。

三十二年七月廿日、命見習醫官、命步兵第八聯隊附。

三十三年二月十日、敍正八位。

三十五年十一月十五日、任陸軍二等軍醫、補大阪衛戍病院附。

三十六年二月廿日、敍從七位。

三十七年三月六日、動員下令、任第四師團第四野戰病院附。

同年十二月十日、任陸軍一等軍醫 敍正七位

三十八年十一月廿五日、待命中免第四師團第四野戰病院附 東京豫備病院附被仰付 同日陸軍省醫務局御用掛被命。

三十九年一月六日、免本職 二月十五日東京豫備病院附被免陸軍省醫務局御用掛兼勤被免 陸軍省出仕掛被仰付陸軍省醫務局附被命。

六月七日 陸軍省出仕被免 同日陸軍軍醫學校附被仰付 命明治三十七八年戰役衛生史編纂委員。

四月一日 明治三十七八年戰役の功に依り勳五等雙光旭日章及功五級金鵄勳章並に年金を授かる明治三十七八年戰役從軍記章を授かる。

四十二年三月十六日、敍從六位。

四十三年十月十日、任陸軍三等軍醫正 補步兵第三十五聯隊附。

大正元年九月廿八日、補步兵第九聯隊附兼大津衛戍病院長。

同年十一月一日 帝國在鄕軍人會名譽會員に推薦さる。

四年三月廿日、敍正六位。

五年十一月十五日 任陸軍二等軍醫正 補遼陽衛戍病院長。

同年十二月十八日 日本赤十字病院奉天病院名譽顧問醫を囑託す。

八年十二月廿日 敍從五位任陸軍一等軍醫正

同日待命被仰付。

九年一月廿日、勳三等瑞寶章授與さる。

九年三月廿二日、豫備役被仰付 多年在職勤勞を思召し賞與を受く。

同年四月廿日、敍正五位。

同年十一月二日、大正三年乃至同九年戰役の功に依り旭日中綬章、從軍章を授與さる

昭和四年四月廿四日、有功賞授かる帝國在鄕軍人會東平野分會長天王寺區聯台分會長を十二年間勤務。

九年十一月、病を得て分會長を辭職。

十年三月七日、逝去 享年五十八歲。

## 三崎黃圃先生を悼む

石濱純太郎

三月七日三崎黃圃先生は終に逝かれた。例へ其御病氣は今日の醫術の功を見るに難きものであつたにせよ、五十八歲の圓熟せられたる學と才とを尙ほ弘く世に惠施せらるべき時の最中に忽ち溘焉其處を移し去られたのは、我れ人共に遺憾に堪えざる所である。先生としても、老いたる御母堂に先立ち、目前の令嗣の任官をも見るに及ばずしての逝世は如何に御痛恨を遺されたらうと思へば 眞に吾等も如何に悼辭を列ぬべきかを知り得ない。吾等は先生の學術を語るべき資格を闕いでゐる。屢々先生に侍して伺ひ得た所も之を紹介し得る智識が無いのを殘念と思ふ。然し苦心孤詣の御研究を軍醫御在職中に如何に積まれたかは知る人ぞ知らう。軍隊に關係多いチブス脚氣などの事を何度か熱心に口にせられたのを聞き乍ら、分らぬ儘にも隨分熱心な御研究と感じた事を想起す。さればこそ野に下られると門前市を爲す衆人の群集も合點されるわけである 先生の益々完熟せられた方術を受くるを得なくなつた世間こそ不幸である 先生の才識も吾等は十分に語り得るものではない。先生は人を醫するの學術計りでなく、經世濟民の才識ある國手であつた。時弊を指摘し、國家を深憂し、侃々諤々、論じ來り、論じ去られる際は 志士の典型を見るが如くであつた。置酒高論 慷慨悲歌、世の更くるを忘れた幾度かを追想するを禁じ得ない。

先生は泊園誌に對しても熱心なる後援者であつた事を添えて記したい。先生は舊泊園誌の遲刊延刊の際には種々意見材料を賜はり、多忙なる時間を割いて原稿を送る事を其後も勸められた 口を開けば誌の不備を嘲り乍ら何の援助も事實にはしない人々とは雲泥の差がある。今や其人は亡し。

泊園書院の後援にも種々の意見を聞かされた 御會ひするとよく其話に落ちて行つて、議論を鬪はした 先生の意見と吾等とは合致しない點もあつたが、密に一致する所もあつたので、御全癒の後には再び討論して見たいと思つてゐたが、噫其の人已に亡し。

先生御開業の初めから、東平野町の泊園舊趾は是非存したい、殊にあの南岳夫子御臨終の室は保護したい、と云つてゐられたが、御病氣に犯されられては詮も無かつたかも知れない。吾等には力も無し、今昔の感に堪えないものがある。

噫、黃圃先生は終に逝かれた。泊園同窓諸賢よ、先生の逝世は泊園にとつては惜しんでも餘りある事であるが、只先生の心掛けられたる泊園の興隆擴大を念とせられたい。これぞ先生の冥福を祈るべき粢盛であるのだ。先生の悼辭に一言を附し併せて先生へも告ぐと云ふ。

一金貳圓也　鷲田又兵衛氏
一金貳圓也　住友與五郎氏

一金參圓也　筒井民治郎氏
以下貳圓也　各通
井上善次郎氏　殿村善一氏

一金壹圓也　各通
中山源次郎氏　島本一男氏
井上善四郎氏　香川正平氏
辻忠右衛門氏　上原三郎氏
西野正平氏　源元芳子氏
江田喜一郎氏　源元公子氏
源元基弘氏　岡本基三郎氏

（第三面四段の續き）

悼士駿　黄坡

誰圖棣蕚背春風　偏覺斷腸今古同
枕席殘痕我無奈　斯人亡後弟兄空

悼外弟三崎黄圃　牧野謙

林樹春寒暮日傾　豈堪千里訃音驚
金鷄邊地當年志　鐵馬故鄕餘勇情
三世儒風存祖韻　十全醫術嗣家聲
中宵哀雁過何處　夢落西天大阪城

又　同

醫而好古一家風　織錦文章樣不同
桃李滿門餘蘗在　莫憂薫帳竟歸空

攀瑤礎奉悼三崎黄圃先生　藤本達

杏林幽宅想仙風　一夜飄零夢不同
千里園中人寂寞　暮雲春樹望成空

悼士駿先生　篠田栗夫

回陽窈翼宿痾清　誰想東風不復榮
千里莊園春慘澹　看花聽鳥涙盈々

三崎士駿を悼みて　宇田敬

おもひきや春のあらしにおなし根のかた枝さひしくふき折れんとは

又　同

新むろに若木の花のさく春をみはてすゆくかあはれこの人

## 泊園文藝

### 思無邪疊韻集（八）　植野木州

五十一、飛雲浦元屬墺國
要津欲觸虎狼邪。海列艨艟陸鐵車。
墺帝逃奔拋此地。伊皇强說屬吾家。
飛雲浦口狂風急。積雪峰頭落日遐。
勝者饕餮求饜飫。理非顚倒眼生花。

五十二、伯尼斯伊國
乃知是地本汙邪。不見康衢馬駕車。
溝洫臨門浮怪艇。波濤涵壁映宏家。
通商海外航程大。立國洋中史蹟遐。
去歲伊軍能死守。水都幸免爆彈花。

五十三、孟平伊國
山神赫怒減淫邪。一夜來攻火宅車。
焦土乍埋千雉郭。鎔巖深沒萬人家。
眼前峰嶺煙猶壯。脚底都城歲既遐。
遊蝶不關今古變。貪香戲宿路傍花。

五十四、露都胡兒斥胡薩克
戰破君囚政日邪。頻看當路覆其車。
街頭忽過胡兒隊。河畔猶殘大帝家。
民合蠻夷三譯遠。國存歐亞四疆遐。
可憐陋巷豪奢地。一夜狂風散落花。

五十五、皇儲成年頌
天拂妖雲地拂邪。仰看祥瑞繞鑾車。
千官賜宴豐明殿。萬歲傳慶都鄙家。
加冕廟前儀最肅。振威海外德何遐。
滿城此日薫風遍。相遇無人不佩花。

早春田舍　堤錦江

尋詩緩歩入孤村　吹帽風香氣帶溫
竹外停筇人勿怪　一枝旣返野梅魂

甲戌古重陽南畝軒雅集　鷲田南畝

偶逢嘉節邀嘉客　和得淵明詩幾章
菊酒花糕開口笑　風流不負古重陽

八景　笠井雪窓

桂階天香
伍柏濃蔭一畝宮。惹吾詩興九天通。
夜深苔砌香何淨。脉々遠來從月中。

池亭涼月
構亭閑傍小池邊。點々蘋花蘸水姸。
忽値魚兒出波躍。一痕涼月碎還圓。

藻間游魚
不出塵中心亦閑。日看魚戲藻蘋間。
此中知有無量樂。相逐相追往復還。

丘上虎耳
雜草雨餘生即誅。殷勤爲汝供仙區。
掩丘虎耳花如雪。驅盡炎威一點無。

梧陰清風
何逃幽谷與深林。此處炎埃不敢侵。
園樹三三還五五。清風只到自梧陰。

棗梢鳴蟬
老衷摩天不識年。枝枝斜與柿枝連。
憑君俗耳亦將砭。梢上蟬兮葉底蟬。

綠草點紅

壓屋臨聽動午風　供來詩料欲無窮
春花看盡心猶慊　賴有青叢一點紅

庭柯殘雪

把酒罷還閑啜茶　轉欣詩景擁吾家
枝頭有雪未消盡　長看先春朶朶花

## 泊園の思出ばなし

### 泊園書院分院設立當時（續）

岡本勝

扨此の御若い先生が先づ一應朗讀せられてそれから字句の講義にかゝられる。訓詁より解釋にそして内容を説かれ評論あり。訓諭あり吾等をば思ふ壺の中に引き入れちやんと一段と精神を陶治して呉れるではないか。一休此の御若い先生は是迄何處で御鍛へなされた學謌なのだらう。何と大したものではないか。偉いものだな。あの御若いのにと。そしてかゝる面白い役に立つと思はるゝ講義は是迄嘗て聽いた事はない。是から毎回出席して聽講をしよう。自分の蒙も此の先生の識見により或は披かるゝ事もありやせんと一度の聽講に依りてもうすつかり魅せられた事である尤も講義が通俗向であつたからでもあるが何れにせよ自分共の精神に一種の感動を與へたのは事實である。此のお若い先生が只今の院主黄坡先生なので宜なる哉と後日頷いた。講師は黄坡先生の外、池田錦堂先生、山本菊堂先生、梅見有香先生、渡邊元吉先生、鎌田節堂先生、福田快圓先生、本院の黄鵠先生等時には一夜に四名、普通の夜は大低御三人位であり、開講第一百回の夜には南岳先生が御老休御多用の處を態々御出演遊ばされた事も有つた。右の中講習會の閉鎖になる迄能く御出講成されたのは黄鵠黄坡御兩先生と鎌田、梅見、の兩先生であつた。講師諸先生の御講義には何れも皆々樣御特長が御座いまして聽講生をして毎に流石はと思はしめる事のみであつた。就中黄鵠、黄坡兩先生の最初御誦讀なされる其音調の一種言ひ得ない好感は聽く者をして恍惚たらしめる者が有て遠寺の鐘の餘韻をでも聞くの感が有り一日の勞苦をも優に慰安して呉れるものが有つた。梅見先生の口合ひ好く立板に水の樣な流暢な講義は又一種の魅力を以て聽講者を引付くる者が有つた講義の題材は經史子集故事熟語色々の者が巧に編まれて或は經義に心頭を堅くせられたかと思へば忽ち子類の興味津々たる者に笑を起さしめられ或は詩文の名句名論に歎美の念を植え付けられ傳記もの等に英雄豪傑の氣宇と智略に血湧き肉躍るの慨を抱かしめられる。或は又忠臣義士の義烈に我亦斯くせんものと義憤慷慨に扼腕などいや實に此の通俗講習會は愉快と慰安とを以て知らず識らず吾等をして道を悟らしめ仁義廉恥の何物たるかを辨へしめ合せて扶翼皇運義勇奉公の精神を薫陶せしめてくれたのである。

## 會員消息

◎藤澤成太殿　大阪朝日新聞社へ入社
渡邊庸殿　京大工學部へ入學
◎藤澤泰殿　三高へ入學
◎三崎要一殿　任二等軍醫

◈泊園書院の展墓は例年五月第一日曜日に行ひしも本年は道明寺釋奠會の爲五月一日に變更せり

◈誤字訂正　前號黄坡先生近詠池邊鶴、第五行第四字詳の字は祥の字。第八行發の字は發の誤に付き訂正す。

### 日課表

| | 月 | 火 | 水 | 木 | 金 | 土 | 日 |
|---|---|---|---|---|---|---|---|
| 午前六時　午前七時 | 七經 | 孫子 | 七經 | 孫子 | 七經 | 唐詩選 | 第一、第三、午前七時ヨリ　詩經 |
| 午前九時　午前十時 | | 純正蒙求　詠物詩選 | | 純正蒙求　詠物詩選 | | | |
| 午後二時　午後五時 | | 高青邱詩　左傳 | | 高青邱詩　左傳 | | | |
| 午後七時　午後九時 | | 箋註蒙求 | | 箋註蒙求 | 書經 [illegible] | | 每月第二第四日曜休講 |

### 泊園誌社

（顧問）
黄坡先生
石濱純太郎
梅見春吉

（同人）
本條平太郎
穎川康
石崎太郎
三原靜美
岡本喜三
安達龜造

常費收受報告ノ續（壹圓）
住友與五郎氏　永井貞有氏
尾崎正信氏　森下傳氏
喜多證道氏　白藤丈太郎氏
後藤潤氏　生田花朝氏
矢野榮三郎氏　中瀨海棠氏

道明寺の釋奠會は來る五月五日（第一日曜日）午前十時より道明寺村土師神社（道明寺天神）にて擧行式後席上揮毫、園遊、喫茶等に挽……

# 泊園

昭和十年六月廿五日印刷（隔月一回一日發行）
昭和十年七月　一日發行　―（非賣品）―
編輯兼發行人　大阪市南區大寶寺町中之町二番地　的場信太郎
印刷所　大阪市西區新町南通五丁目　林泰進堂
發行所　大阪市南區竹屋町九（泊園書院內）泊園誌社
振替大阪一三八三九（泊園書院）電南六八二七

## 漢文の入門（一）

漢文は難かしい、漢學は難かしい、とよく云はれる。漢文は必要だが、難かしいから困る、ともよく聞く。それが漢文漢學を少しも知らない人ばかりでなく、中學校や高等學校で習つてゐる學生からも聞かされる。大學生からも、大學卒業生からもよく聞かされる。大學生學士さんや大學生に難かしいものなら、學生生徒さんには無理でもないし、まして一般の人にも難かしいにきまつてゐる。いくら必要と思つても、そう難かしくつては誠に困る話である。

そこで學生生徒さんに聞いて見る。毎日勉强してゐますか、勉强して分らない時に字引を引いて見ますか、參考書は何を持つてゐますか、文法はどうです、などゝ尋ねて見ると大抵は毎日は勉强はしない、學校の時間は少い、參考書はない、字引は持つてるが引いた事はない、漢文に文法があるのか、などと返事をする。これでは漢文が分る様にはなり様はない。難かしいと云ふよりは、まるで何もしてゐないのである。何もしてゐなくて、漢文を分らうなどとほチトドウカと思ふ。

それでは英語獨乙語はどうかと尋ねて見ると、學校の時間は多いし、毎日でも勉强するし、字引は引く、文法を研究する、參考書は見ると云ふ風である。それでゐて、大變よく分つてると云ふのでなくても、漢文よりは容易いと思つてゐる。誠に變な話である。

漢文が難かしく、英獨語が易いのでもなく外國語が難かしく、漢文がた易いのでもない皆それぞれ難かしいものなんだ。どれをどうと云ふのが間違つてゐる。勉强しなくて、あれが難かしい、これがやさしいと云ふのはいけない。外國語にかける時間を漢文にかければ同じ事である。漢文も元來外國語なんだから、語學として勉强しなければダメである。漢文は我が文語だと云つたつて、矢張り語學なんだから、語學として勉强せねば、分る様にはなりはしない。我國の中古文でも近世文でも同じ事である。それを勉强しないで置いて、いきなり取つついてもそう分るものではないのだ。

それは漢文は實際難かしい。よく考えて見るがよろしい。漢文と一口に云ふが、四書五經などと云ふものは恐ろしく古いものなので基督などが生れる何百年以前のものなのであるし、英國獨乙なんてものがサツパリ分らぬ時代のものである。ズツト下つて李白杜甫韓退之柳子厚の詩文と云つても、英獨文學などが更に存在もしない時のものなんだ。又一飛びに下つて明清の頃となると、ヤツト英獨文學史の初めとなる。こちらで明清と云ふと學者も文人もヤヽコシイ程多い時で、文學史の講義など聞くと、講者も聽講者も疲れて、欠伸ばかりする程の時代になり、學校の講義でも大抵略されて了ふ頃である。かく二三千年も續いてゐる漢文だから、漢文漢文と一口に云はれては恐縮する。それをその三分の一にも足りない英獨文と比較して、然も勉强をしないで、漢文は難かしいと云はれては、啞然たる外はない。實際難かしい。

シエーキスピアは難かしいと云ふ。難かしいものだらうが、その時代に當る支那はいつ頃か考えといてほしいものだ。ゲーテ、シルレルは古典だと云ふ。古典に違ひないだらうが、ゲーテやシルレルなら今でも會ふて知つてゐる人があるかも知れん。いや、これは少し失言でヒドイが、マアそんなものなんだ。こちらで古典と云ふと、先づ二三千年前のもので、よく出てくる王陽明の傳習錄なんか餘り古典扱ひをされない。誠におかしいものである。だから難かしいものと云へば、實に難かしい。二三千年間の文章をどれでも讀み得る様になるのは大抵の事ではない。論語を習つたから、傳習錄をと云つても、そうはいかん。日本外史が分るから、一つ文選をなぞとは到底無理である。

所がそう難かしい様であるが、漢文には便利な事がある。その點から云ふと歐洲文などより實に便利なのである。文字が義字であるからである。義字であるから、發音が變つても、他國の語で讀んでも意味が同じであるからである。アルフアベツト又は假名では發音が分る丈であるから、發音が變ると意義が分り難い。それで中々分らなくなる。そこで發音假名主義の歐洲でも案外發音通りいつも變化さし難い。漢字は都合がいゝ。目と書いてあると、いつでも意義は目で、發音が變らうが、日本朝鮮等外國で何と讀んでも意味は目なんだ。讀んで通じなくても書くと分かる。だから二三千年經つても、何千里隔つても同じ義だ。難しい樣で便利である。

然し便利だけれども困る事もある。それは字の本義通りいつも書くといゝが、そうはいかんので、昔の人も當て字を書く。當て字だと發音によるのだから後世分り難い。後になる程字書など完備するから、無暗と當て字は出來なくなるが、昔は自由だから始末が悪い然し昔のもの程學者の參考書が多いから心配しなくとも宜しい。古いものは注釋で讀めばいいのだ。兎に角先づ義を主とする字だから木偏の字は木の類、草冠りは草類、などゝ分るので、古いものでも分りいゝ便利は確かに有る。

又一つ漢文の便利な點は文体が大抵所謂古文で書いて、變化する時文で書かない事である。各時代の時文も知る必要はあるが、普通に云ふ漢文漢字は古文の体が普通であるから大に理解に便利である。古文の体も時代で多少の差はあるが、都合よい事には先づ同類である。だからザツト普通の古文が分かると三千年を通じて理解し易い。

こんな次第であるから、漢文は長い時代を含む難かしいものではあるが、却て發音主義の歐洲文より分り易い點があるのだ。二三百年前の英獨佛文より、千年前の漢文が分り易くて、然も今もそんな文が使用されてゐるのである。漢文計りが難かしいなんか云ふのはかの所謂認識不足と云ふものである。

（大　壺）

---

舊燕歸來揚子居。薰風池畔利名疎。
田々蓮葉詩材好。又命家僮放小魚。

黄坡　藤澤　章

---

◆道明寺の釋典會

今年は五月一日午前九時より舍利寺 …… の順にて行はれた。

…… 數にて式後は席上揮毫、圍棋、喫茶等に賑ひ盛會であつた。

…… ではないかと存じます。この意味に於て會員諸氏の御消息を期待致します。遠慮なくどしどし御寄稿下さい。

# 論語講義　黄坡先生述

**子夏問孝。子曰。色難。有事弟子服其勞。有酒食先生饌。曾是以爲孝乎。**

**訓讀**　子夏孝を問ふ、子曰く、色難し、事あれば弟子その勞に服し、酒食あれば先生饌する、曾ちこれ以て孝とするか。

**解釋**　子夏が孝を問うたに對して、夫子は色難しと答へられた、これは親に事ふるには容色が六かしいといはれたものであつて父母の膝下にあつて常に和かな顔色を保つて居ることが大事であるといはれたのである。そして詞を添へて更に曰はるゝには、今家に何かの事ある時は弟子の若いものが其勞をとりまた酒食の如き御馳走があれば先生たる父兄がこれを饌食するといふ樣な、父兄を奉養し父兄に代て勞に服する如きものこれを孝といふかと反問せられたものである、これ等の事は親に奉事する常のわざであつて別に孝といふべきものではない。親愛の情の色に溢るゝのでなければ駄目であるとの意で、これは禮記の祭義に孝子の深き愛あるものは必ず和氣がある、和氣のあるものは必ず愉しい色がある、愉色のあるものは必ず婉容があると記されて居る意味合ひのものであつて、いかにも心に親を親む情がみちて居れば一切の不平や怨嗟やといふ樣な情は一たび父母の前に父母の顔に接した時に解消して仕舞ふ筈である●蓋し子夏は或は心の正直な人であつて從つて幾分狹隘な心持ちの人であつたのであらう、よつて喜怒が色に見はれ易く、**何か不滿が心にあると直ちに顔色に見はれ父母にも不快の念を懷かす**ことがあるのであらう、これ色難を以て訓とせられたわけであらうと思はれる

有事云々の二句は或は師弟の事を例に取つたものだと說く人もあり、或は古語であつて師弟の禮をいうたものを假つて親に事へる禮に用ひたものだといふ說もある、あまり深く考ふるにも及ばないのではないかと思ふ。此章は申すまでもなく警誘の部類に入る章であります。

**子曰。吾與回言終日。不違如愚。退而省其私。亦足以發。回也不愚。**

**訓讀**　子曰く、吾れ回といふことを終日すること違はざること愚なるが如し、退いて其私を省みれば、亦以て發するに足れり、回や愚ならず。

**解釋**　此章は孔子が他人を批評せられたのでありますが、此種の章を彙纂では**品藻**といふ部類に收めて居ります。章の主旨は顏子の違はないといふ賢をほめられたのであります。

夫子の御言葉にわれは顏回と道を語ること終日であつても、回はわが言葉を怪み問ふ處もなく之を默識する樣は恰も愚なる人のやうで、うまく分つて居らぬかと思はれる。しかるにわれ退いて、ひそかに彼の他の二三子と道義を說き陳べて居るのを視れば、また大に其意義を發明し敷き暢ぶるに足る所がある回は愚ではない。と結句は深く之を感歎せられたのである。

夫れ人の智慧を傍からみとめられる人は智の深く無いものであつて、丁度淵の水の底の知れぬ樣に其人の知が量ることの出來ぬ人は大知の人である、所謂其聰明を衒はぬ所に顏回の大きいことが知られるのである。

此章は、終日の二字を下句につける說と、退を顏淵にかけて說いたり、省をも顏淵にかける見方がある、ともによろしうないと思ふ

**子曰。視其所以。觀其所由。察其所安。人焉廋哉。人焉廋哉。**

**訓讀**　子曰く、其以てする所を視、其由る所を觀、其安んずる所を察すれば、人焉んぞかくさんや、人いづくんぞ廋さんや。

**解釋**　人を知る方を語られた章であつて、德行の部に屬するのである。所以の以は古註には用也とあり朱氏は爲也と註せられて居るが、要するに其人の現に行うて居る事をいふのである、所由は經歷即ち由來する所のこと其人の從來の行ひをいふ。又所安とは其人の心に安んじ樂む所をいふ。しかして視は之に注目する意で、觀は視に比して周遍な所があり、察は觀に比して更に精細なのである。

章の意は其人の行爲を視、其經歷を觀、其安じ樂む所を察するならば、其人いかにして己を蔽ひ匿すことが出來やうか、其人物は詳かに知らるゝものであるとの御言葉である。

**子曰。溫故而知新。可以爲師矣。**

**訓讀**　子曰く、故をあたゝめて而して新を知るは、以て師となすべし。

**解釋**　**溫故知新**は何晏が溫は尋なり記者を尋繹して又た新者を知ると說き、朱子も之を襲うて、溫は尋繹なりと註せられたが、溫を尋ぬと訓ずること他章に無いものでありますに中庸の鄭註に溫は讀むこと**𤏲溫の溫**の如し、もと之を學ぶこと熟せるものを後日また之を習ふを溫といふとあつて、あたゝむと訓して之を假りて復習の意として居る、朱子は中庸ではこの說に從うて居られる、これが穩當な解釋といふべきである、徒らに新に走るのみで舊を棄てゝは其本を離れる、又舊をのみ守つて新を取ることを知らねば時に應ずることが出來ぬ、いづれに偏しても其識が全いとはいへぬ、すべて人の師となつて人を誘ふものは其識見の開朗通達した人でなくてはならぬこれがためにはこの溫故知新の人でなくては其資格がないといつてもよいので、新故一方に偏することを戒められたものである。

可以爲師矣といふ句はかくの如きは師となす資格があると許せられたのである。もし之を「人の師となることが出來る」といふ風に學自ら師となるを許す意味に取つては面白くない、孟子も人の患は好で人の師となるにありというて居る、此の邊の語氣を誤らぬ樣にして貰ひまする。（第十二講）

## 說詩樂趣(7)　效尤生

松江詩話に松棚の詩の一聯あり曰、採來猶帶烟霞氣。月明滿地金釵細と、以て佳句となす、僕（王楙）謂へらく月の松を照すは但だ參差たる黑影を見るのみ、安んぞ其金釵たるを知らんや、松葉を金釵に比するは架上の月照す影を謂ふは可なり、地上の影をいふべからず、月明滿架金釵細といふにしかず。前輩謂へらく韓退之に竹影金瑣碎の語あり、竹影にあらずして竹間の日影をいふのみと、益々僕の說の然るを驗す。韓偓の詩に長松夜落釵千股といへる此語は病なし、李涉の詩に疎林透明月、散亂金光滴といへる、正に退之の竹影金瑣碎に合へり。野客叢書

許昌の西湖展江亭に宋の元憲の留題の詩に繫開魚鳥忘情地、展盡江湖極目天なる句あり曠古未だ有らざるなり、然れども五代の馬殷が潭州に據れる時に明月圃を建てし時、徐仲雅の詩、繫開青帝春風圃、移下嫦娥夜月樓、とあるに本づく。僕謂へらく又此に止まらず唐の沈彬の廬山を望む詩に壓低吳楚遙涵水、穿破雲霞獨倚天とあるを觀る、皮日休の溪洞に游ぶ詩にも亦、敲碎一輪月、鎔銷半段天といへり。同

白樂天の詩に無事日月長、不羈天地濶といへるは此れ達者の詞なり、孟東野の詩に出門即有礙、誰謂天地寬。とこれ褊狹者の詞なり天地何ぞ嘗て礙せん、郊自ら礙するのみ。青箱雜記

白樂天の長恨歌に玉容寂寞淚闌干、梨花一枝春帶雨といへる、人は皆其工なるを喜んで其俗に近きを知らず。東坡が人を送る小詞を作りて故將別語調佳人、要看梨花枝上雨と云へるは樂天の語を用ふと雖も別に一種の風味あり。竹坡詩話

古より詩人文士皆なあひ祖述す。梅聖俞の詩に南隴鳥過北隴叫、高田水入低田流とあるを歐陽文忠之を誦して口を去らず、黃魯直の詩に野水自添田水滿、晴鳩却喚雨鳩來の句あり、其語意の高妙なる此の如し、善く前人を學ぶ者といふべし。

本誌後援　**寄附金收受報告**（泊園同窓會）

一金七圓也　泊園書院殿

以下常費　昭和九年度

一金五圓也　水落庄兵衛氏

以下金壹圓也　各通

植野德太郎氏（再）　内田利一氏

頴川康氏　的場信太郎氏

昇雲　佐藤寛九郎氏紀念書會

菅原流書道ヲ教授セラル、佐藤氏ノ降帷廿有五年ニ相當スルノ故ヲ以テ、今回門人諸氏相

## 翠濤園讀書記

大壺

文求堂主人が海外に於ける支那學研究の飜譯が我國に於ける斯學の普及と將來の發展の重要なる素因となる事を思つて刊行する、支那學飜譯叢書の第一として、郭沫若先生の青銅器研究要纂が出た。主人の着意は極めて結構である。專門家は別として、海外支那學研究がどんなものであるかは近頃の讀書階級はずいぶん知りたがつてゐる樣だが、さてどんなものが良いかは中々專門家以外では知るよすがゞない。少し位漢文の力があつたとして、わざわざ海外の書籍を何か一つ二つ取つて見ても一寸見當がつかぬ。我國で新刊される何やかやを立見でのぞいて見ると、いつも相變りませぬ樣な、今人には合點し難い用語のものでは興味も起らない。漢學は古いものだ到底我等の手にあはんらしいと、思はれ勝でマアマア年よつて閑でも出來たら讀んで見やうでは困る。一般人所ではない、斯學に入らうとする學生諸君迄が、注疏や大全の學問で痛められて憤慨轉向する樣では斯學の普及は望めない。手頃な飜譯で新しい海外の研究振りを窺ひ得ると、興味も增し、研究もして見ようと云ふ氣になるものだ。將來發展の素因となる事受合ひである。

第一番に郭先生の銅器研究が出たのは大にこの目的に適つてゐる。凡ての方面で古代の研究が大に注目されてゐるが、やゝこしい六經諸子より確實な銅器は好個の資料である事は分り切つた話なんだが、如何せんその研究は何等纏められた、分類組織された學問になつてゐなかつた。郭先生出でゝ始めて系統化されたものになつて來た。その先生の主要論文を翻譯して親切なる付注したのだから喜ばざるを得ない。支那學專門家でも此方面に縁の少い先生にも極めて利益あるし、一般世間にも學術的な支那學の參考書となる。これ丈の事を知つて斯の道に這入れば勞少くして功多い。文求堂主人はうまい事我々を指導してくれるらしい。殊に譯者の序は郭先生の學問を紹介して餘蘊がない。譯者は主人の愛息、或は主人父子は我國に於ける斯學の指導を試みんとして此叢書を刊行するのかも知れない樣だ。續刊が期待される。

說文の注では段氏を上となす事は定論の樣であるが、何分にも譌脫衍誤は免れ難い所があるので讀むにも僕等は骨が折れる。馮桂芬の攷正があるので大に助かるわけである。倉石士桓先生は攷正訂補を作つて精審を極めたものであるが、惜しむらくは出刊する所末篇に止るのみ。近頃衛瑜章仲璠は段注說文解字斠誤二卷を出刊した。固より馮氏の書に依る所多く、時に之を正すが、倉石先生の精審には及ばない　此書の長點は段注諸本の校勘と段注古音某部の譌奪を釐正した所に存する樣である。此書段注の校語であるに關らず、類を以て分つ事六、訂段誤、衍文、奪文、篆誤、倒誤、正誤の類として部居す。徐承慶段注匡謬と一樣ではあるが、却て不便で目的には沿はない。檢査の方便として標注があつても徐氏とは成書の体を異にするから分別部居せず、段注に隨つて札記してある方がよかつたと思ふ。

朱子は孟子に於て集註七卷を作つて四書中に列したが、實は集註以前に精義十四卷、或問十四卷を作り、其要を採つて集註となしたものであつた。後尙ほ精選して孟子要略五卷を作つたが、佚亡して傳はらなかつた。我國の山崎闇齋はそこで自ら要略一冊を編して文公の意に當るや否やを知らぬと云つてゐたが劉傳瑩は金履祥の集注考證中に捜し出し、曾國藩之を刻して佚書再び世に出でた。武內誼卿博士は要略の朱注が傳つてゐないので、集註の文を以て之を補ひ、又漢唐の遺說近儒の考證を欄外に注し、要略收むる所以外の孟子の文を之餘として卷尾に集めて一冊となして世に問はれた。佚書を容易に入手し得るを喜ぶのみでなく、孟子研究の好參考書を得たるを賀せんとするものである。

湖樓筆談說文經字一卷は宋文蔚の疏證である。兪曲園は錢竹汀、陳恭甫が說文の某字が經書の某字に當るものを拾輯した後に尙ほ九十九字を得て湖樓筆談中に記した所、門下の宋氏が之が疏證を作つたのが是れである。經學訓詁の專門家の考證に資すべきものであるが、說文が引く經書の文字を考證したものは別に多くあるが、是等の經字はそれから一步を進めて捜出するので中々難しいものだ。古書は假借が多い。こゝ迄進まねばならないものなのだ。

## 書籍談數則（二）

川合孝太郎

### 呉刻乾道本韓非子

乾道本韓非子は　嘉慶中吳山尊が乾道本を覆刻し、顧千里の識誤を附錄として出版したもので、卷首に嘉慶二十三年重刊。全椒吳氏四世學士祠堂藏版とあるが、それを我が弘化中、江戶の朝川善庵が、各本の異同を欄上に揭げ、已れの見込みをも加へて校刻した。吳氏の原本は甚だ精刻にて、刻者は有名な劉文奎父子の署名があるが、これも至つて品稀れで、家藏以外、他所にては餘り見受けない。但し朝川の覆刻本も中々丁寧な刻で、原本に對照すれば見劣りがするけれども、先づ是れにて結構である。第一この乾道本と云ふものは、闕誤が相當あつて、餘り最上本ではないのである。

### 蜀大字本孟子音義

士禮居で述古堂影宋鈔本孟子音義を刊行したが、これは大形の本ゆえ、叢書內へは入れず、別に單行本として發行したらしい　今日にては士禮居叢書の原刻本と云ふものは、非常に品が乏しいが、孟子音義に至りては猶更だ。我が文化中江戶の大世成が、この士禮居音義を翻刻した。その跋文にかうある。

右蜀大字本孟子音義一卷。往歲余得之江戶書肆。帳秘久矣。先師豐洲泉先生曾有意於梓行。不果。因與友人川士華謀。翻刻以贈同志云。

文化十年癸酉孟夏江戶大世成識

文化年中既に珍藏する程に本が乏しかつたのだが、今日となりては、大世成の翻本すら既に少い位なれば、原本に至りては、全く希覯の中に入つてしまつて居る。余は先年辛うじてもとの伊澤蘭軒の舊藏本を入手したが、試みに之を文化翻本と對照するに、原本は非常な大形で、紙質も白くして最上であり、點畫纖鋭にして、起止力あり、字々筆勢を失はざる精刻であるが、翻本に至りては、點畫大分肥えたるが爲に、筆勢重滯なく、原本と大分な相異である。蘭軒は頗る之を珍重せしと見え、この薄つぺらな一大冊の爲に　態々桐匣を作つて居るのである。

さてこの孟子音義は、陸氏釋文の遺を補ふべき大事な書であるが、惜しむらくは縮影に係り、且既に品乏しく、學界に普及する能はざるは遺憾な事である。羅君が嘗て吉石庵叢書中に編入せられたが、前言の通り、和刻本が叢書の事ゆゑ、矢張り一般へは屆き兼ぬるかと思ふ、この原刻本を寫眞石版にでもして、世に廣めたらば有益ならむと思はれる。

次手ながら我が文化中、阿波の藤原憲と云ふ人が、孟子趙注の章指だけを鈔出して一卷となし、猶篇叙一篇を古本中に獲て、之をも幷せ刻した。今この本の篇叙を以て士禮居本に對勘するに、僅か一篇の文中に十字內外の誤脫がある、これ等も是正すべきである。

乙亥五月念六道遙游社例會席上聯句於京都東山々下上野耕塢宅。

仙寰此地隔世紛　中村青巖
東山何必伴紅裙　杉邨壺山
一架薔薇日々薰　田宮淯南
林外流鶯亦可聞　梅見有香
池邊倒影玉羽群　宮崎東明
繞堂薜苔成綉紋　翠闌女生
環屋新樹綠如雲　祥竹童子
楠公曾此惱賊軍　久保明山
巧遲拙速渾輸君　五條松峰
欲以人文伍天文　黃坡先生

## 思無邪疊韻集（九）

植野木州

五十六、奠都五十年頌

奠都東海鎭妖邪。五十年前邀鳳車。江戶城爲天子闕。武藏野變市人家。駸々國運千邦仰。赫々皇威萬里遐。擊壤謳歌宵繼晝。燈光煙火陸離花。

五十七、市制三十年頌

休咎卅年混正邪。電馳雷動滿城車。街區十五肩摩客。阡陌三千櫛比家。市政所施登自卑。民心欲改進應遐。遊觀漸備公園美。昆谷東臺四季花。

五十八、特命檢閱

士氣張邪將弛邪。理裝旬四復登車。風光不別參兼遠。物色相連水與家。奉勅閱軍共任重。仰空探史我懷遐。客程屈指三十日。馬上行吟海道花。

五十九、豐橋寄晚香

此韻何時果盡邪。疊來五十九回車。自憐移第還辭室。誰怪過門不入家。秋雨春風詩戰急。天涯地角客遊遐。報君健在日馳馬。踏破高師原上花。

六十、巖屋觀音　在高師原東邸

靈像巍然壓衆邪。于陵于海導舟車。慈雲夕覆千尋石。法雨晨霑百姓家。竊笑今人心淺薄。深欽古衲德幽遐。南風五月疎松逕。欲到巖頭獻野花。

六十一、豐橋　高師原有食蟲草及化石無名異龍拈寺名石卷山名市舊名吉田

誰言移廓遠淫邪。街上猶看載妓車。取水呼橋新驛市。倚樓招客舊娼家。龍拈禪刹青松老。石卷危峰翠靄遐。更討珍奇原上去。無名異伴食蟲花。

六十二、閲軍　太原斥田原邑

閲軍考績辨忠邪。公道不容横押車。喚霽啼鳩今曉雨。含泥歸燕去年家。萬兵行遠隊形粛。匹馬登高海色遐。五月參州風暖處。憑鞍恣看太原花。

六十三、田原城　傳渡邊華山事蹟

欲拂滔々幕府邪。不辭螳臂敵龍車。千秋遺卷仰文士。數畝殘墟認故家。備亂治兵才最偉。推誠報國慮殊遐。巴江城畔苔碑表。百世傳芳忠孝花。

## 次悼令弟士駿作瑤韵　贈黃坡君

雪窓　笠井　靜

人欽三世抗儒風。正與鳳岡林氏同。大任在身君自愛。遺君前後弟兄空。

## 通鑑に見ゆる語　6

岡本　勝

◎天皇。皇國にのみ見える語と思うてゐたら百七十四陳紀八の周の國に使てある。

◎上右。天道は左に旋るといふので昔周の時には左を上とした。漢には右を上とし官を貶せらるる事を左遷といふた。本朝は初めよりずつと左を上としてゐるが漢土革命の國は國により或は右を上とし左を上としてゐる。後日折を見て此の事も説いても見たいが今は差當り通鑑中の南北朝の北周では右を上とした事を述べ更に隋も亦右を尙んだ事を書してをく。百七十四及百八十一。

◎尉斗。百七十四陳紀八に見える。我國之をノシと訓んでゐる元來布帛の皺をノス器であるが後にはノシで褻するよりノシ鮑といふを略して言ふことに成つたのであらう。本書には陳の井州刺史李穆が其子渾をして尉斗を堅に奉ぜしめて曰く願執威柄以尉安天下とある。註に今之熨斗也持火所以申繒也とある。堅とは後の隋文帝楊堅である。

◎圀。古の國の字。支那では何時の世でも文字を盛に製作するから、後に成る程文字が殖える則天武后の時の製なども此の例で、我水戸義公は國は此の圀の字を用ひてゐる。

◎自時。此是之皆音はシで時も同音。然しながら自是とせずして自時とせるも餘り屢出て來る用法ではない。百七十八隋紀二文帝十七年十二月高麗王元を遼東公にした條の註文に見える。

◎斎生、百八十隋文仁壽四年の條に見ゆ。

◎散樂、百八十隋帝の紀に見ゆ。

◎流求、今日の臺灣及其附近の島嶼を指して稱してゐる樣だ百八十及百八十一卷の隋煬帝紀に見ゆ。又百九十五唐紀十一太宗の條には流鬼に作る。

◎倭王多利思比孤、百八十一隋紀五煬帝大業四年の條に見える。曰く三月壬戌倭王多利思比孤入貢。遺帝書曰。日出處天子。致書日沒處天子無恙。とあるもので我が三十三代推古天皇の十五年小野妹子が始めて遣隋使と爲て使した事で時の攝政聖德太子の策せられた所のもので有名な外交文書である。

◎娘子軍、新聞紙上になど始終見る語である。百八十四隋紀八恭帝の條に見ゆ。

◎布十段。布十西といふに同じ今日は多く反と書するが、百八十六唐紀二高祖の條に見ゆ。

◎大礮、今日云ふ大砲と物は異ふが語は同じ、百八十八唐紀四に見ゆ。

◎參謀。近世の語かと思へば百八十八唐紀四に見ゆ。

◎權官。我權大納言權中納言など用ふる權官の意義である。百九十一唐紀七高祖の條に見ゆ。

◎甘谷。毎年舍利寺に甘谷先生の展墓をするで思ひついた。此の甘谷は地名で百九十一に見ゆ。

◎社稷。社は地の神稷は穀の神で之は天子のみ祀るのだと聞いて居たが、本書百九十一唐紀七高祖の武德九年二月の條には左の如くある。初令州縣祀社稷。又仕士民里閈相從立社用洽鄕黨之歡。由此觀之中央政府のみならず地方州縣にも之を祀らしめた事が判る。

◎倭國遣使入貢。百九十三唐紀九太宗の貞觀五年冬十一月に見える。遣唐使の初で此時の使者は我史に依て見れば舒明天皇二年秋八月で犬上御田鍬藥師慧日である。

## 會員消息

⊙笠井雪窓氏　泊園の耆宿たる翁は、先般不幸奇禍に遭ひ入院中の處、今回全く快癒退院せられたり

⊙竹末朗德氏　は昭和九年秋に
⊙阪東久四郎氏　は昭和十年三月二十六日に
⊙楠　孝文氏　は昭和十年三月中旬に
何れも逝去せられたる報あり謹で哀悼の意を表す

◈誤字訂正、前號一面釋奠記事七行第四字、祐ハ祜ノ誤リニツキ訂正ス。

## 日課表

| | 月 | 火 | 水 | 木 | 金 | 土 | 日 |
|---|---|---|---|---|---|---|---|
| 午前六時 午前七時 | 七緯 | 孫子 | 七緯 | 孫子 | 七緯 | 唐詩選 | 第一、第三、午前七時ヨリ 詩經 |
| 午前九時 午前十時 | | 純正蒙求 詠物詩選 | | 純正蒙求 詠物詩選 | | | |
| 午後二時 午後五時 | | 高青邱詩醇 | 左傳 | 高青邱詩醇 | 左傳 | | 毎月一日 第二 第四 祭日 第五日曜 休講 |
| 午後七時 午後九時 | | 箋註蒙求 | | 箋註蒙求 | 書經（石濱先生） | | |

## 泊園誌社

（顧問）
黃坡先生
石濱純太郎
梅見春吉

（同人）
本條平太郎
潁川太康
石崎太郎
三原靜美
岡本喜三
安達龜造

◈泊園書院の展墓

今年は五月一日午前九時より舍利寺、洽逝寺（道明寺天神）に於て擧行された。參拜者多

新緑の五月第一日曜日午前十時より土師神社

泊園同門諸氏が各自の御近狀を發表せられ相互間の親睦をはからるる事は亦本誌の一使命

赤馬関懷古

山東二将破関鬲、紫極西遷咸客星、鳳輦蒙塵四国曲、宮姬泣血九州汀、長门空没龍泉気、壇浦長沉神亂霊、誰知千古奮靡弊、潮水茫〻春霧冥、

遊嚴島

嚴島蒼茫海気闲、中蔵神廟幾瑶臺、廻廊盤曲如龍蟠、本殿巍〻似嶺嵬、子祝七戎、廻棹遠、人烟千户頼、神来、此日遊観窮興趣、渺然疑是到蓬萊、

謁宰府聖廟

英魂何支戚、投荒、帰誅奸囬振帝郷、北野瑞松驚四海、西都贈位耀三光、祠前初見飛梅色、天外曾聞遺廟昌、文徳于今光載躇、長教宇内奉祈禳、

秋興八首

文化六年秋九月、風色蕭然、不勝悄悒之思、聊倣老杜之顰以解悶、

藻府十年混舌耕、歌来郢雪孰相賡、天辺霜落鴻声急、庭外風過蕉葉驚、秋更千山樹蕭索、草枯荒野馬悲鳴、風塵萬事無所預、感慨何因心肺紫、

千山風色日凋萎、誰向秋天賦五噫、王粛封侯材虎躍、天涯賢路轉艱危、李膺高節鴟鴞笑、海内人情都



薄偶安遇垂裳尭禹日、都兪論道列龍變、

城裡家〻事鼓琴、刘家頻載属書滛、朱絃和絶楚春雪、白眼途窮晋竹林、永夜豈堪看嶺月、閑窓況又聴霜砧、誰憐白石龍荒草、秋色茫〻不可尋、

憶昔孤村住草堂、東籬秋色菊花黄、米芝空慕商山老、栽曲徒吹媧氏簧、忽上仙槎到霄漢、還攀石燈訪雲房、冠山紅葉陬池月、取興漫傾濁酒觴、

浩彦自以陶潛棲、松菊遍階過客迷、時与遠公談法去、又将野老適田犁、南山黛翠催杢興、北海烟波入偶題、偶有平原能好客、徴書分至僻郷藜、

霜落丹楓墜葉軽、豈堪吾道属榛荊、辞官自守揚雄泊、移柳誰知元亮清、蝶夢頻驚砧杵響、秋雲数蔽月輪明、乾坤好道知何国、此日匡衡疏既成、

聞道東都萬国洲、王公第宅聳高天、玉殿崢嵘建業郢、龍輦蟲〻臨淄阡、淇帝右文宮聖廟、梁王愛客礼才賢、誰憐遠境風英志、陋巷秋風艸太玄、

東都萬里隔雲煙、蔓社風流已百年、八埏天地風光変、四海文章涕淚偏、豈知神雀巣阿閣、何況鸞鳳翔頴川、湖海向誰抒感慨、囬頭秋色思凄然、

寄亀井元鳳

# 泊園

昭和十年八月廿五日印刷（隔月一回一日發行）
昭和十年九月一日發行 ―（非賣品）―
編輯兼發行人　大阪市南區大寶寺町中之町二番地　的場信太郎
印刷所　大阪市西區新町南通五丁目　林泰進堂
發行所　大阪市南區竹屋町九（泊園書院內）　泊園誌社
振替大阪一三八三九（泊園書院）電南六八二七

## 黄坡夫子の華甲

我が泊園書院にとつては來年は誠に紀念すべき歳である。卽ち黄坡夫子は明年三月を以て甲子一周し還暦に達せられるのである。我等及門の子弟は先生の壽康なるを喜び祝せざるを得ない。

願ふに東畡先生が帷を浪華に下して斯學を授けられてから百有餘年、一弛一張は世情に隨つて免れなくとも、南岳先生、黄鵠先生、黄坡先生と相次いで紹述絶えず、泊園書院は巍然として堂構を墜さないのは眞に世間に遇ひ易からざる事で、諸先生の學德の致す所に非るは無い。

殊に黄坡夫子は碩師耆儒凋落の際、斯文漸く微なるの時に當り、不幸早逝の伯兄先生の後を踵いで慨然奮起して泊園の業を昌明せられ、遂に碧眼の學徒も講席に侍するに至つた。亦盛んなるかなと云はざるを得ない。

又夫子は泊園箕裘の業計りでなく、諸方の學校公私の會合の聘に應じて講學宣道孜々として倦まず、至る所聲譽の高いのは固り其處であるが、敎化の及ぶ所の弘大なる匹儔蓋し今に於て見るは難い。

夫子の學德を我等はこゝに今更讚仰するのでないが、夫子近來益々御壯健にして講學已まず斯文に孜々として老の將に至らんとするを知らざる御元氣は慶賀の外ない。よつて有志相會して明年華甲の壽觴を薦むるの議を決し、廣く書院内外に賛成を求めようとしてゐる。

何れ近日萬般の約則決定の上發表される筈であるから、其節は奮つて參加し且つ御勸誘を願ひたい。これは但に泊園一家の慶事たるのみならず、斯文の爲めに祝すべき事であるからである。

秋夕文醼

文醼秋卜夜
青擬弄月華
何圖雲妬月
釀雨鎖窓紗
唉語親却密
剪燭興靜嘉
秋味憐呦鹿
秋香屬桂花
醉後筆叉舞
永夜樂無涯
同人才俊秀
詩畫各一家
金波樓逾美
青箋散金葩

秋夕文醼　南岳

## 漢文の入門（二）

大壺

漢文を習ひたいと思ふが、上下に顚倒して讀むのはおかしい、支那のものだから支那風に棒讀みするのがいゝと思ふと云ふ人がある。

勿論そうなんだ。上下に顚倒して讀むのは我國で我國人の便利の爲めにしたものに過ぎない。だから本格的に漢文の研究に從事したいと發願した人は支那人がする樣にしたらよいのである。それが本當だ。

然し是非そう云ふ風に皆せなければならないとは云はなくて宜しからう。現に我國の風にして勉强して、彼國の學者も敬服する先生が昔も今も澤山あるんだから、そう限つて終はなくてもかまはん。それは漢文と云ふものが口語でなくて、書寫の文語であるからだ支那人同志だつてそんな文語で話し合つては分る筈はない。それを我國の人が習つて書寫して先方に通ずればいゝ文語なんである。

支那人に見せれば棒讀にして理解が出來、我國人は見せられたら上下反讀しても分明し得れば、書寫文語の目的は達する。勿論間違つて讀んだり、法に合はぬ書き方をしてはいけない。誤謬と不正のいけない事は何も漢文に限つた事でないから安心してよい。

棒讀みでしないと誤り易いだらう、和習が多いだらうと云ふ。勿論其通りだが、英語を習つても、獨逸語を學んでも、皆棒讀み、否横の棒讀みで行くのだが、誤らず正しく、和習のない西洋風になるのはそう容易く出來上るものではない。筋の異つた外國語を異國人が學習するのだもの、本國人同樣な事は大分勉强しなければ出來難いものなんだ。豈にたゞ漢文のみならんやだ。そう何でも先繰つて心配しては、いつになつて漢文が分る樣にならう。取越し苦勞よりは勉强である。

我國風の訓讀もいきなり白文で習はされると少し苦勞であるが、訓讀の御蔭で我國には訓點附の本が澤山有つて便利至極で、入門には持つて來いである。支那人でも無點の漢文は苦が手と見えて、近頃の出板には句讀點附が大流行である。支那の事だから反り點は必要でないんだから、句讀點で大助かりなんである。そこを日本人だから一寸反點をつけると又大助りである。

訓點附では無理が出來ると。無理な所は固り出來る。然し誤解さへ出來ねばよからうではないか。どうせ少し上達すれば無點の白文を讀みこなす樣せねばならず、白文をわけ無く讀める樣になれば、棒讀も同樣で無理をする所もよく分つてくるんだ。

訓讀でも漢文が難しいと云ふのは訓讀が今の言語と遠い文語で讀む點にあるらしい。訓點も昔の博士家の讀み方から段々時代に沿うて易くなつてはゐるんだが、何分現今口語全盛時代にナリとかタリとかナランヤとかセザルベケンヤなど云ふから難しく聞えるのも尤もである。いつか黄坡先生は訓讀をも少し口語に近付けねばウソだと云はれたが、眞に其通りである。何分文語の訓點だからそう口語風にも出來難い點があるので簡單には行かぬが思切つてデアルとかダツタなどとする人が出んとも限らん。

兎も角漢文は本式は棒讀みに越した事はないが、支那語を習つたとて漢文が分るものでないから、我國流で漢文を習ひ初めても、そう恥づかしがらないで勉强する事である。

課表

火　孫子　純正蒙求　詠物詩選　高青邱詩　左傳　箋註蒙求
水　七書
土　唐詩選
日　第一、第三、午前七時ヨリ　詩經
每月一日第二第四祭日第五日曜休講

# 論語講義

黄坡先生述

○子曰。君子不器。

**訓讀**　子曰く、君子は器ならず。

**解釋**　此章は、徳行に屬した章であつて、**君子は人を用ひて、人に器とし用ひられぬ**といふ意であります。物徂徠の解に、學記に「鼓は五聲に當るなきも五聲、得ざれば和せず水は五色に當るなきも五色得ざれば章ならず學は五官（身口耳目心）に當るなきも五官得ざれば治まらず、師は五服（五等の親）に當るなきも五服得ざれば親まず。君子曰く大徳は官ならず、大道は器ならず、大信は約せず大時は齊からず、此四者を察すれば以て本に志すあるべし」とあるを引いて曰はれたのに大氐、學は以て器を成し、器は性によつて殊である。故に喩へるに切磋琢磨を以てする、故に人を用ふる道は之を**器使する**。君子は民に長となる徳を以て器を用ふるものである故に「器ならず」といはれた。器は百官である君子は君と卿とである。之を良醫の藥を用ひ良匠の椎鑿を用ふるに喩へる、藥と椎鑿とは器であり、醫と匠とは君子であると說かれて居る。此解が此章の意を得てある、柳子厚の**梓人傳は最もよい參考資料**である。

古註の包咸の說には器は「各々其用に周す君子に至つては施さざる所なし」といひ。朱子も之をうけて「器は各其用に適して相通ずる能はず。成德の士は體に備らざるなき故に用、周からざるなく、たゞに一藝一材の爲ばかりではない」と說かれた。是では多能多材を要求したことになる、大に教育の精神に反することになるから、此說は從ひ難いのであります。

○子貢問君子。子曰。先行其言。而後從之。

**訓讀**　子貢、君子を問ふ。子曰く、行を其言より先にして、而して後に之に從ふ。

**解釋**　**言ふよりは行ふ事を先にせよ**と教へられたのであります。周孚先の註に「之を未だ言はざる前に行ひ、之を旣に行ふ後に言ふ」と說いて居ります。但し行其の二字の間に於の字を入れてみて「行を其言より先にす」と訓するのであつて、行と言と二字共名辭として行を去聲に讀むべきであります。凡て言葉は過ごし易いものであるから、**行ふ方を言ふ方よりは先にせよ**と警められたのであります。

徵に、君子は民に長たる德である、仁以て己の任として居るから、之を行ふにあるのだ之を行ふこと難いのである、豈に之を言ひ易からんや、故にかの佞者を惡むと說明してある通りである。

從來「先づ其言を行ふて而後に之に從ふ」と訓して居るのでありますが誠に拙い訓し方である。

また、**知言**の註に、本文の**之字は行を斥す**のである、周氏の註の之字は假設の辭となつて居るといつてあるのは尤もである。

此章は**讐誘の部**に屬するものであります。

○子曰。君子周而不比。小人比而不周。

**訓讀**　子曰く。君子は周して而して比せず小人は比して而して周せず。

**解釋**　徳行に屬する章でありまして、**君子と小人との分ちを說いて、人をして從ふべき所を知らせた**御言葉であります。凡て論語中に君子と小人とを對說せられた章は、皆其言行の同異を擧げて學者の趣向を示されたものであつて、特に小人の似て非なる所を悟らしむる樣に話されてあるのであるから讀者はこゝに留意せねばならぬ。さて此章の**周**と**比**とはいかなる相違かと申せば、孔安國の註に「**忠信**を周となし、**阿黨**を比となす」とある。

これは國語の魯語の中に忠信爲周とあるに本づいて居るので字義を得たものといふべきもので、人と交るに當つて君子は忠信の心を以てする、即ち其友にして善あれば之に與みし惡あれば之を諫め、過あれば之を警め、たゞ其人の德を益すことにのみ心を傾けて居る、小人は人と親うするには美惡良否を別たずしてたゞ其人に迎合し暱比して其喜びを取らうとのみ計つて居る、君子は**道義**に本づいて交を立て、小人は**利害**を計つて人に接するために此の相違が出來るのである。歐陽修が朋黨を論じて君子の眞朋と小人の僞朋とを述べて居るのが誠に此章の意を發明するによい論であります。

**朱註**には、周を普徧比を偏黨と說かれた即ち何人とも汎く交つて誰彼と差別せぬ意と見られた、こゝに於て親しむといふ意味はない。そこで下の方に「人と親厚なる意」と添へて說かれた。これは周の字義が正鵠を得ぬために補足する結果となつたのである。殊に普徧といふことは交りの上に良い規ではない、交りには其人を擇ぶべきである、信義を守らねばならぬ、汎交といふことは古から戒め賤んで居る、これは面白くない註であります、周比共に形の上で論ずる樣なことになつて、心事に關係せぬことになる。

國語の晉語に「君に事ふる者は比して而して黨せず」とある、此場合は比も美名となつて「德を比して事を贊くるは比なり」など說明してある。比周も連言する場合は周も惡名となる、韓非子に「相比周して主上を蔽ふ」とある類である。これ等は對して言ふと、連ねて言ふとの相違であつて、文字が其場合々々によつて同異があるのは漢字の常であるから場面を見て解を下すべきである。これは序ながら言ひ添へて置きます。

（第十三講）

## 泊園藝文

### 漫談

大壺

甘谷先生の金石文を小橋の天龍院に探つて失敗した事は前に書いたが、其後的場菊堂子も立寄つて稻生耕雲の碑文がどうやらそれらしいが名前が違ふ樣だと報じた。余は今一應調査しようと思ひつゝ月日を送つて了つた。近頃少しの閑に乘じて木村翁の大阪訪碑錄を探し出して讀んで見ると委細が明白になつてきた。

菊堂子の云ふ通り稻生耕雲の碑文がそれなんだが、この碑は雨森纖之拜誌と尾に記してあるので見落したんだ。稻生耕雲墓碑銘と云ふ文は甘谷先生遺稿卷之下に載つてゐるが、雨森氏の文とは非常によく似てゐる。然も文末には「姪雨森纖之建墓碑、因應索銘之」と出てゐる。結局、是れは雨森氏が碑文を賴みの文は雨森氏が自分の文に作り易へ、殊に末尾は「不肖纖之、久蒙渥恩、寵遇猶子、極天無報、略陳梗概、勒諸片石、以其不朽」とやつてのけ、自分の文を碑に刻したんだ。事情はどうあつても是れでは甘谷先生の金石文だとは云へない。

然し甘谷遺稿には尙ほ三つの墓誌銘があるが、木村翁の訪碑錄を見ると二つは著錄されてゐる。齊藤季長墓誌銘と楢伯啓墓銘とがそれである。

前者は生玉寺町光善寺に、後者は高津中寺町顯孝庵にある。共に姓字を明かに署してあるし、文も同じである。尤も齊藤氏の文には二三の刪去を施した所がある。兎に角余等は場所を違へて金石文を探りに行つたのが間違の元であつたんだ。

日露戰爭三十年紀念と云ふので、今年は回顧談が盛んであつたが、泊園藝文中でも紀念品があつた。南岳先生御自筆の日本海々戰の一詩の石版刷が出て來た。當時先生は之を刷つて諸方に頒たれたのだそうだ。余の得たメクリは多少傷んで汚れてゐるが、好紀念品を得た事を喜んでゐる。

本誌後援　寄附金收受報告（泊園同窓會）

一金貳拾圓也　關西吟詩同好會本部殿

以下常費（一ケ年分壹圓各通）

以下常費（三ケ年分各通）

木村金三郎氏　向井憲三郎氏

[partial]通

第三十七回　泊園同窓會

來る十月十七日（木曜日）

昭和十年九月一日（日曜日）　泊園　第十七號　（三）

# 文字學入門

大壺

漢文研究の根底となるものは文字の智識である。その文字には形あり、音あり、義あり、書體あり、書體の變遷がある。書體の變遷は文字の歴史であり、形音義は文字の構造である。文字の歴史や構造を考論するものが所謂支那の文字學である。古風に云へば小學である。之を世界各國の文字と比較して通論すればほんとの一般文字學が出來上らう。然し、支那の文字は歴史も長く、構造も複雑してゐるから、文字學中でも重要なる地位を占める。漢文を治める者は少くとも文字學の要領丈は知つて置く可きである。せめて古く出版された。

文部省　漢字要覽　一冊

岡井愼吾　漢字形音義　一冊

などでも讀んで置くのがよい。支那文字學は近年に至つて盛んになり。文字學の著書は續出の情態である。一には西洋傳來の言語學の刺激によるのであり、二には新資料の發見の爲めであり、三には古來相傳の小學の再檢討の爲めである。學者競ふて著述を爲してゐるが善美を盡くすと許せるものは未だしである。中等教科書類では矢張り後出の故を以て

賀凱　中國文字學概要　附參考書二冊

が佳書であるが、只圖版を欠いてゐるのが惜しい。專門的のものも數種出てゐ、夫々皆特色はあるが、

胡樸安　文字學ＡＢＣ　一冊

が斯學の入門には適する。胡著に次いで

容庚　中國文字學　二冊

を讀めば充分であらう。支那文字で現今確實にして最古のものは河南省安陽縣の小屯村なる殷の舊都の廢墟から出た龜甲獸骨に刻せられたる文字である。甲文又は甲骨文などと稱せられる。盤庚が都をこゝに移して、帝乙に至る迄の都城の地から出たものである。或は殷朝滅亡に及ぶとの說がある。

この甲骨文を學者の中には殷のものでないと說く人もあるが、それはどうかと思ふ。甲文の解釋から殷代文化の研究は目下頗る盛である。只單なる文獻上からの推定でなく、遺物によつて知り得る支那文化の最古の資料であるから、實に貴重なものである。その一般を知る爲めには

周傳儒　甲骨文字與殷商制度　一冊

陳晉　龜甲文字概論　一冊

のどちらかを讀めばよい。圖版があるのと文獻を詳しく擧げてゐる點から云へば前者の方が便利であらう。甲文を專門的にやらうと云へば

郭沫若　卜辭通纂附考釋　四冊

から這入るが宜しい。甲文に次ぐ確實なる資料は殷周の鐘鼎彝器類の金文である。金文の研究は宋代から興り清朝に盛んであつたが、益々進んで研究され、文字學隆盛の一面を示してゐる。從來は單に古文奇字の方面から計り研究されてゐたが、近來は銅器としての綜合的見地から着眼され研究頓に一進した觀がある　先づ

郭沫若　靑銅器研究要纂　一冊

が和譯でもあるし概論的なものであるから一讀するによい、次いで

郭沫若　兩周金文辭大系　一冊

を以て專門研究に這入る。增訂本が出てゐるらしいが余は未だ見ない。尤もこれは、

郭沫若　兩周金文辭大系圖錄　五冊

を參照せねば金文原字が分らない。郭氏の著は金文學に初めて體系を與へたものだから是れから始める方が宜しい。

金文の外に籀文と云ふ一體がある。又大篆とも云はれる。周の宣王の太史籀が制作したもと傳へられ、說文中にも引かれ、見本は石鼓文だの詛楚文がそれだ。と云ふ事である。王靜安は籀文は周の畿内に發達し延いて秦に行はれた一體で、地方に發達して六國に及んだ。後世古文と云はるゝ一體に對立するものだと云ふ。反對說修正說もあるが、先づ王說を是認したい。

王國維　史籀篇疏證　一冊

の鈔錄を見るべし。石鼓文の時代は周の宣王の時と云はれてゐたが、近年は秦の物と定まり只襄公文公繆公の三說がある。大體は、

中野江漢　北京繁昌記　第三卷

中に詳しく出てゐる。石鼓研究の基礎をおいたと云はれる馬衡の論文も譯出されてゐる。新しい異說の注目すべきものは郭沫若だが、これは專門のもの。詛楚文は絳帖に出てゐる。

六國の古文は勿論金文中六國に屬するもので見られるが、漢代發見の孔氏壁中書と言はれる古文經傳もこの一つである。孔氏古文も原物は亡んだが、魏の正始年間に建てた石經にこの面影が見られる。これは古文篆書隸書の三體で書いてあるが、古文の筆法は矢張り幾分變じてゐる。魏石經の殘石が近年頻りに出で、

王國維　魏石經殘石考　一冊

の著あり。尙ほ古錢古璽印古陶器の文字も各々一體を爲してゐて、近年盛んに論ぜられてゐるが、特種のもので且つ便利な入門書を知らないから省く。

秦が天下を統一してから、文字を統一しようとして、こゝに篆書、又大篆と分別對稱して小篆と云ふものが出來た。李斯の作と傳へられる。秦の金石文や說文中に見られる。所が篆書は書くに手間どれるので程邈が隸書を作つたら、それが非常に行はれて、通行文字となつて了つた、漢より以後隋に至る迄この一體が行はれた。勿論長い間の事であるから段々變化はしつゞけ今の楷書風になつて行つた。晉頃から八分などゝいふ名も出てくるが隸書の隸體で碑碣に書く丁寧な隸書の事らしい。漢隸など云ふのは漢代金石文を模範として名づけたものである。總じて隸書は碑碣を證として種々編纂されたものであるが、近年西域探險が行はれ漢魏六朝の肉筆の木簡經籍が出土し當時通行の體裁を見うることゝなつた。書道全集などにも見本が出てゐる。

唐初に及び現今標準の楷書體が定著した。唐では經書の定本や正義や石經が出來て皆標準となり、之を寫した所謂楷書が正書と定まつた。以後之に準じて變らない。

草書は早くより、いつの世にも正書に併び行はれ、定體がないのが草書の草書たる所以だが、書道の發達につれ先賢の墨蹟を手本とする樣になつては漸次一定の型が出來、無暗と正書を書き崩して草書とするわけにいかぬ行書も亦共通りである。

近年我が假名の如き注音符號や標音文字のローマ字を以て漢字に更へると云ふ議論や、漢字を修省した俗字や簡體字や手頭字を以て補ひ行はんとする意見も出てゐるが、是れは中々容易く實行し難い問題である。中國文學月報第三號に出てゐる「國語に關する諸問題」でも讀むと大概わかる。

文字そのものゝ研究は上述の文字學參考書中にも記されてゐるが、先づ文字には形音義の三相がある。形は文字の構造であり。音は文字の表はする言語であり、義は言語の意義である。

文字の構造は普通六書と云ふて六種あると云はれ中々議論が多い。一は指事で上下の樣な字で具體的に示し難いものを表はす方法。二は象形で日月の樣に繪畫の如くにして示す方法。この二つが原始的な文と云ふもの。三は形聲で上の二文から合成した字で義を表はしたものと聲を示すものとがある。水の工と呼び可と稱する川の名が江河。四は會意で聲を示さず合成した文の義により新義を作り出せるもの。戈を止むるの二文から出來る武の字、人の言は信と云ふ信の字がそれ。此の二方法で出來たものが字と言ふ。五の轉注と六の假借は以上の四つの內から派生するもので、或は是等をも構造方法と解し、或は使用方法と說くので學說が紛糾する。然し構成は以上の四種で盡きるから實際には餘り差支がない。

假借は字を作らないで同音字を借りて使用するものだから、轉注だけが分り難いので古今の聚訟と云はれてゐる。老考の如く同じ樣な形を受けた字で意味の相通ずる字とでも思つて置かう。兎に角かゝる六書の分析によつて說明した字書が、

許愼　說文解字　十五卷

だから形の研究は說文から這入るのが順である。說文の研究は數多いが簡單なる捷徑は却つて誤り易い。說文研究など題するのも本文を見なければ役にたゝない。說文全部の注となると

王筠　說文句讀　三十卷

が入るに便だが、武斷多くても學問精到な

段玉裁　說文解字注　三十卷

がよい。これ等と材料蒐集の廣博な

桂馥　說文解字義證　五十卷

とあれば說文そのものゝ專門的研究にも事欠かない。說文より出でゝの文字研究には新しい甲文の研究を參照せねばならないのは固りである。

音の研究は中々難しい。廣韻を中心として上に溯り下に涉るのが定論である。然し先づ

張世祿　中國聲韻學概要　一冊　同氏　中國古音學　一冊

を讀んで道を尋ねるのが最も便利な樣だ。近時音韻學の文籍は續出し、殊に方言の研究は喜ばしいが、何しろ音韻の研究は少し專門でないと中々難しい。

義の研究は所謂訓詁學の中心で、字書丈では足りない。どうせ形音に相參ずべきである。せめて

阮元　經籍纂詁　百六卷

を參考せねばならぬ。然し訓詁學を知るには矢張り清儒の論著の何かを熟讀するより外ない。戴段二玉から近世の愈樾孫詒讓、今の楊樹達あたりのものを見るがよい。

以上文字學研究のほん入門手引の書を擧げたそれ以上は上述諸書中に擧げ記す所のものを擇んで步を進めるがよい。只擇んで讀むべきだ文字學の書は得て主旨を佚脫したものが多いから注意が肝要である。文字は語言の輔助に出來たものなんだからそれで小學と云ふんだ。

（尙友會々誌第三號より轉載）

一金貳拾圓也　關西吟詩同好會本部殿
一金五圓也　田中慶太郎氏
一金貳圓也　武井一雄氏

以下常費（一ヶ年分壹圓各通）
桑山惠知氏　大守熊次郎氏
岡本勝次郎氏

事

◎八月一日より三十一日迄夏期休暇
◎九月一日開講

知

來る十月十七日（木曜日）開催の豫定
詳細は追て通知致します

## 說詩樂趣

效尤生

○古人の詩に意の相似たものが少くない。今ま其人口に膾炙してゐるもの二三を擧げて見やう。唐の劉夢得の洞庭を望む詩に

湖光秋水兩相和。潭面無風鏡似磨。遙望洞庭山水色。白銀盤裏一青螺。

とあるのと、雍陶の君山（洞庭の中にある島）を詠ずる詩に

烟波不動影沉々。碧色全無翠色深。疑是水仙梳洗罷。一螺青黛鏡中心。

といへると意趣が略ぼ同じい。李紳の憫農詩

鋤禾日當午。汗滴禾下土。誰知盤中餐。粒粒皆辛苦。

といひ、鄭雲叟は

一粒紅稻飯。幾滴牛頷血。珊瑚枝下人。銜杯吐不歇。

といつた、これも意が互に同じい。

○古人に風定花猶落の句があつたが、此の對句を附け得る人がなかつた、舒王が鳥鳴山更幽の句を以て對せしめた、こゝに風定花猶落鳥鳴山更幽と好聯句が出來たが、此句はもと宋の王藉の詩に

蟬噪林逾靜。鳥鳴山更幽。

とあるのを用ひたのであるが、この王藉の對は上下の句がたゞ一意である。今ま風定の對句とすれば、上句は靜中に動があり、下句は動中に靜があつて大に妙である。因みに、宋の王安石が此句を翻案して一鳥不啼山更幽といふ句を作つたのは名高い話である。

○劉夢得が常に好んで張籍の詩の

藥酒欲開期好客。朝衣纔脫見閑身。

といふ句や、王維の詩の

興闌啼鳥換。坐久落花多。

といふ句を吟じた（前者は藥酒の瓶を開いて飲みたいが誰かよい客が來た時にと樂みにする氣分、朝衣を脫いで初めて閑な身を得たといふ心情、全く眞味があり。後者は興に耽つて居る中に啼いて居た鳥が何時の間にか變つて居る、久しく坐して居て落花が多くなつて居ると久長といふ材を花鳥に取つた處が新しい）彼れ嘗て曰つたのに白樂天が甚だしく余の秋水の詠の

東屯滄海濶。南瀼洞庭寬。

とか、石頭城下作の

山圍故國周遭在。潮打空城寂寞廻。

（山は故國を周ぐつて圍んでゐるが、潮は亡國の跡である空城建業を打つて寂寞として廻へる）の句を好んで哭れたが、自らは韋蘇州の

春潮帶雨晚來急。野渡無人舟自橫。

の句に及ばないことを知つてゐるといつた。韋の詩は滁州西澗の題で

獨憐幽草澗邊生。上有黃鸝深樹鳴。

春潮云々といふ詩で、春水の氾溢して雨後の潮が晩來更に急であるから渡りを求める人も少く、無人の舟が自然に横つて居るといふ意で上の句に幽草黃鸝を說き來つて結句之をうけて自然を以て西澗を寫し出して畵の樣である。

## 遊月瀨記

東畡先生

余寓浪華久矣。自聞和州月瀨梅溪之勝、二十餘年於茲。勝名追日而隆。遊客年多一年。遂至稱爲海內花林冠冕也。今茲文久二年壬戌二月。謂兒恒曰。月瀨距浪華。邦程十有五里。二日行而近。余今年六十有九。在此地而不識彼勝。不亦遺憾乎。自顧身未大衰矣。欲試脚力于梅溪。何如。恒曰。善矣。不肯頃日亦與二三社友謀是遊。未敢請耳。余曰果然乎。不若與衆樂也。乃約同遊。稻垣士廉也。僧柳溪及惠融也。萩原泰逸也。併余父子及僕生澤田多次爲七人。今月瀨花候例在春分左右。今年春分係二十一日。因期以十九日。

【訓讀】余浪華に寓すること久し。和州月瀨梅溪の勝を聞てより茲に二十餘年。勝名日を追ふて隆に。遊客年一年より多し。遂に稱して海內花林の冠冕と爲すに至れり。今茲文久二年壬戌二月。兒恒に謂ひて曰く。月瀨は浪華を距ること邦程十有五里。二日の行にして近し。余今年六十有九。此の地にありて彼の勝を識らざるは亦遺憾ならずや。自ら顧ふに身未だ大に衰へず。脚力を梅溪に試みむと欲す。何如。恒曰く。善し。不肯も頃日亦二三の社友と是の遊を謀る。未だ敢て請はざるのみ。余曰く。果して然るか。衆と樂むに若かず。と。乃ち同遊を約す。稻垣士廉也。僧柳溪及惠融也。萩原泰逸也。余が父子及び僕生澤田多次を併せて七人と爲す。月瀨の花候は例として春分の左右にあり。今年の春分は廿一日に係る。因て期するに十九日を以てす。

【語釋】○和州　大和國。○冠冕　冠も冕も共にかんむり。首位の謂也。○兒恒　南岳先生を謂ふ。○與衆樂　孟子曰。與少樂樂、與衆樂樂孰樂。王曰不若與衆と。○不亦□乎。○□も亦○○ではないかといふ意。○論語の、有朋自遠方來不亦樂乎と同句法。○何如　これはどうかと其の內容に入つて他と比較し「いかゞ」と如何も同じくイカンと讀むも、如何は語氣稍强く詰問するが、何如、若如、は必ずしも連用するが、如何、若何は中へ文字を挾みて用ふ時がある。即ち如之何。若諸侯何して○○せぬ。○未敢□　未だ敢て○○せず。で推だけ普通の打消より强い。否定の意。然し敢字の有るで逆に肯定の意となる。敢不□は反語

是日昧爽。發瓦坊。浪華之東三數里。一帶長嶺亘于南北。以畫河和二州。踰嶺之阪。最南曰信貴。次曰十三。又次曰暗。曰中垣內。最北曰清瀧。吾曹今將由中垣內。乃出城濠。北渡京橋。東過今福。上德庵堤。播盡而河纖。經角堂。入中垣內村。即嶺趾也。足指漸仰。遂登于阪。登十數町。回顧則浪華城樓巍然聳碧空。茫々曠野。里落林坰。斷續點綴。連遠山遙海。成一幅大活畫。日近午。腹稍枵。將及絕頂。路傍有茶店。就之中火。進至絕頂。路岐右分。是爲向膽駒山道。二州分界。亦在此。

【訓讀】是の日昧爽。瓦坊を發す。浪華の東三數里。一帶の長嶺。南北に亘り。以て河和二州を畫す。嶺を踰ゆるの阪。最も南なるを信貴と曰ひ。次を十三と曰ひ。又次を暗と曰ひ。中垣內といひ。最も北なるを清瀧と曰ふ。吾曹今將に中垣內に由らんとす。乃ち城濠に出で北の方京橋を渡り、東して今福を過ぎて德庵堤に上る。播盡きて河纖ぐ。角堂を經て中垣內村に入る。即ち嶺趾なり。足指漸く仰ぎ遂に阪を登る。登ること十數町。回顧すれば浪華の城樓巍然として碧空に聳え。茫々たる曠野の里落林坰。斷續點綴して遠山遙海に連なりて。一幅の大活畫を成す。日午に近く。腹稍枵す。路傍に茶店あり。之に就て中火す。進で絕頂に至る。路岐れて右に分るるは。是を膽駒山に向ふの道となす。二州の分界も亦此に在り。

【語釋】○播河　播津河內二國也○嶺趾　山麓。○林坰　林や郊外の地。○枵　むなしと訓す。空虛の意。空腹を枵腹といふ。○膽駒山　生駒山。○中垣內。○中火　晝食。

上路窮矣。乃就下路。低昂幾級。左右幾折。歷許多山村。至嶺東趾。南行一里餘。問村名曰藤木。回想往昔陪老母。携小兒。遊于諸樂也。舊識高田玄龍。外親龜田氏。其家在藤木。村大姓也。以玄龍故。造宿焉。饗禮之厚。懇情之洽。於今不忘之。老母既亡。小兒即恒。今年二十有一。屈指十二年前也。爾時踰暗坂。而更取間道。所由之路。與此行不同。欲過之謝前恩。不知其所。又不暇尋之。既而右循川流進。得一圯橋。暗坂孔道出于此。彷彿有所記。橋畔東行。過追分。則諸樂之山橫於面前。是春日祠所在。是興福寺。是三笠峰。是大佛閣。歷々可指也。過尼衢而入都。就猿澤池邊歇店。日方垂申牌。今日之行。八里許。頗疲。

【訓讀】上路窮る。乃ち下路に就く。低昂幾級。左右幾折　許多山村を歷て嶺の東趾に至る。南行すること一里餘。村名を問ふに藤木と曰ふ。往昔老母に陪して。小兒を携へて諸樂に遊ぶを回想す。舊識高田玄龍。外親龜田氏。其家藤木に在り。村の大姓也。玄龍の故を以て。造り宿す。饗禮の厚く。懇情の洽きこと。今に於て之を忘れず。老母既になし。小兒は即ち恒なり。今年二十有一。指を屈するに十二年前也。その時暗坂を踰えて更に間道を取る。由る處の路　此の行と同じからず。之を過ぎりて。前恩を謝せんと欲するも。其の所を知らず。又之を尋ぬるに暇あらず。既にして右川流に循て進む。一圯橋を得。暗坂孔道此に出づ。彷彿として記する所有り。橋畔を東行して追分を過ぐれば諸樂之山面前に橫はる。是れ春日祠の在る所。是れ興福寺。是三笠峰。是大佛閣。歷々として指さす可し。尼衢を過ぎて都に入る。猿澤池邊の歇店に就く。日方に申牌に垂んたり。今日之行八里許。頗る疲れたり。

【語釋】○諸樂　奈良。○圯橋　土橋。○歇店　歇はヤスムと訓す。客舍の意。○申牌　申の刻。午後四時なり。牌は懸札で時刻を誌して官舍に懸けたり。

（東畡先生文集抄錄。石崎。三原記）



日課

| | 月 | 木 | 金 |
|---|---|---|---|
| 午前六時〜七時 | 七 | 孫子 | 七 |
| 午前九時〜十時 | 軒 | 純正蒙求 詠物詩選 | 軒 |
| 午後二時〜五時 | | 高青邱 | 左傳 |
| 午後七時〜九時 | | 箋註蒙求 | 書經 |

泊園

（顧問）黃坡先生　石濱純太郎　石崎太郎

（同人）本條平太郎　穎川康

関西伯起旧聞名、门下曾過接欬声、洙四文章決許
盛、濂河道学齋如清、紫霞猶見千年色、生社後凋万
古情、海内何人可論業、君家三虎自豪英、

耗磨日飲

環坐共傾金巨羅、煙霞促與酒顔酡、列簷燈識元宵
盛、出谷鳥尋芳樹過、四海升平長若此、三春行楽自
茲多、寄言奴婢無閑困、米粟從将氷耗磨、

奉賀阿侯進羽林次将代其邦人

阿邦從来称大藩、瓜瓞葉枝繁、仁民令徳天禧
盛、賜杖高齢朝礼敦、次将羽儀如鳳挙、大宜霊迹若
春暄、欣逢上下休明日、萬歳千秋沐渥恩、

從赤石至武庫途中作

連日梅霖天轉寒、海门風怒駭波瀾、孫子濱辺砂敢
電、須摩関畔霧篭峦、憑夷撃去雷门鼓、龍女晒来呑
国紈行人往々遷、将叫執君黄陵八月観、

雨後從浪華至京師途中作時大水田野為江村夫護隄悲昏墊

朝辭攝府向皇州、数日陰霖水漂丘、萬頃稲田皆失
晦、尋常汚瀆有呑舟、水車送潦農夫勧、抱鼓守隄村
老愁、疑是二河逈白道、行人処々路窮憂、

遊雲龍院奉拝



三帝尊影院中有後光厳院圓融院後小松院園陵及木像而北泉涌寺園陵甚蕭然是以有感

三代園陵當嶺古、千年雲刹制龍深、天顔咫尺拝遺影、
鳳闕尋常没碧林、不断長風傳恨愛、無辺飢鳥促哀
吟、遥知南北兵戈日、独為蒼生労聖襟、

祇園祭即與

祇園祭祀軌争先、少長攀来肩与肩、街市想悛前日
覧、勾欄疑拒猛狼填、仙車映眼東紅陌、神戟拂雲抑
碧天、殊有帷裳織文盛、交暉白日轉鮮々、

感懐六首以五十而知天命六字為韻

惜昔志学十有五、求師負笈遊鄒魯、三冬讀史轆寒
燈、千里訪明侵急雨、井氏五経紛儒林、潘岳二毛生
藝圃、坎壈未逢揚側時、交々啄粟伴桑扈、
切々偲々已三十、禪緩孔门学漸立、経秋江漢水明
徹、拂霧峨眉峰葉茂、自許豊城于将蔵、誰知大沢龍
蛇蟄、東濱独待明王與、煙裏扁舟載釣笠、
少小求仁々遠而、危言危行族清時、運迍知命猶萍
梗、才巧明世徒髮絲、轅下駒腥悲局促、夢中花落歎
栄萎、文章自昔有窮達、天道是非尤可疑、
関西孔子畏天知、暗室平居不自欺、豈念朱顔塵裡
老、悽白髪鏡中滋、山辺避遁独歌梁父、河上逍清坐講

誰

# 泊園

昭和十年十月廿五日印刷　隔月一回一日發行
昭和十年十一月一日發行　―（非賣品）―
編輯兼發行人　大阪市南區大寶寺町中之町二番地　的場信太郎
印刷所　大阪市西區新町南通五丁目　林泰進堂
發行所　大阪市南區竹屋町九（泊園書院內）　泊園誌社
振替大阪一三八三九（泊園書院）電南六八二七

## 黃坡夫子の華甲

謹んで案ずるに我師　黃坡藤澤夫子は來る昭和十一年三月七日を以て甲子一周し壽七帙を開かる。夫子の且つ壽且つ康なるは吾等泊園の門に從遊する者の喜び之に若くものなきは言を待たず、乃ち賀を述べ祝を獻せんとす。

夫子は東畡先生の令孫、南岳先生の第二子、黃鵠先生の介弟たり。幼にして家學に薫習し、長じて東都に出で諸儒に學を問ふ。學成りて膝下に歸り、阪府の內外に書を講じ才を育するもの十有幾年なり。適々南岳黃鵠兩先生相次いで館を捐て世を逝らるゝに及び、慨然斯道の重に任じ箕裘の業を紹ぎ、學んで厭はず誨へて倦まず、又茲に十有數年なり。泊園の家學は傳統の一綫を絕たず、斯文の衍述は遂に狂瀾を既倒に廻へす。是を以て學校盟社爭ひ請ひて夫子を聘して經子を質し詩文を問ふ。夫子又克く循々之を導き之を勸めて各々成る所有らしむ。內外前後從遊するもの實に三千の數を超え、衆仰いで泰山北斗と稱す。斯の人浪華に有りて、文教は地に墜ちず。

夫子溫厚の性篤實の學を以てして泊を守り約に居り人と爭はず、名利惟れ避け、學文惟れ樂み、專ら弘道育英を以て務となし、老の將に至らんとするを知らず。夫子既に壽にして既に康なり。豈に唯泊園の小子後生の額に手して之を慶するのみならんや、夫子の故舊相識諸先生及び斯文に志有る諸賢も亦當に此情に同せらるゝなるべし。今や及門の同志集つて夫子の壽を賀せんとす。願はくば諸君子亦惠然之を贊助して以て吾等泊園の榮譽を盛んならしめ給はん事を伏して大方諸賢に乞ふ。

## 黃坡先生華甲祝賀會々則

一、本會ハ黃坡先生華甲祝賀會ト稱シ事務所ヲ泊園書院內ニ置ク。
一、本會ハ黃坡先生華甲ノ祝賀ヲ目的トス。
一、本會ハ黃坡先生ニ紀念品ヲ贈呈シ以テ共壽ヲ祝シ又賀宴ヲ設ケ全會員ニ先生ノ詩集、壽言錄及先生御揮毫ノ扇子ヲ紀念品トシテ頒ツ。
一、日時　昭和十一年四月三日（午後四時）
一、場所　未定。
一、會費　華甲祝賀會ノミ入會者　金參圓也。
一、宴會場出席者ハ別ニ、金五圓也、ヲ申シ受ク。
一、本會ハ之ヲ泊園書院ノ門下及ビ內外ノ諸氏ニ告ゲテ廣ク入會者ヲ募ル。
一、贊成者ハ入會申込ト同時ニ會費拂込セラレタシ。
一、本會ハ之ト別ニ勸誘狀ヲ發セズ專ラ泊園誌ヲ以テ之ニ換フ。
一、本會ハ入會者ニ對シテ會費領收書ヲ發行セズ、泊園誌上ニ每號芳名ヲ連載シテ之ニ換フ。
一、會費拂込ハ振替用紙ヲ利用セラレタシ。

竹屋町　泊園書院內
藤澤黃坡先生門下生　一同

消息

との報あり。

誌社

梅見春吉　石崎太郎　三原靜美　岡本喜三　安達龜造

# 論語講義

黄坡先生述

**子曰。學而不思則罔。思而不學則殆。**

**訓讀** 子曰く、學んで而して思はざれば則ちくらし、思うて而して學ばざれば則ちあやふし。

**解釋** 教學に屬する章であつて、**學と思と相資くるものである**と語られたのであります。罔は「くらし」と訓し**無知の貌**と釋き、殆は危殆の意である。**また學といふのは**先哲に儀とり其しわざに效ふ意で**あつて習とは**意味に相違があるので、此等を先づ明にしたらば此章の意は自から知られる。

今學者がよく古の書を學びまたは先輩に教へられても、自ら之を精思せねば實際に已れに体得することが出來ぬから、**自己實際の活用に役たゝぬ**、之れ罔くして物を知らぬといふことになる。また已の心力をつくして之を考へても、道といふ定規によらねば、**自己の私見に陷つて中正を失ふ**から殆といふわけである。孔子も嘗て「終日食はず、終夜寢ねずして以て思ふも益なし、學ぶにしかず」といはれて居つて、古先聖哲の言行をとつて自分の考へを定めることは大切なことであります。同時にまた智識は「つけやき刄」では間に合はぬのであつて、史記に**耳食**といふ説があり、荀子は**口耳の學**といふ戒をして居るのを省みるべきであつて、要は思と學と互に相ひたすけて初めて立派な人物となれるのである。

**子曰。攻乎異端。斯害也已。**（皇本、高麗本、に已の下に矣字あり、是）

**訓讀** 子曰く、異端をせむるは、斯れ害なるのみ。

**解釋** 此章を解くには先づ**異端**といふ文字の意義を明にすることが必要である、古註に「善道は統あり、故に塗を殊にして歸を同うす、異端は歸を同うせず」とあつて異端の解はないが**善道**に對してあるから正義に之を述べて「諸子百家の言をいふなり」とあつて、朱子は更に「楊墨の如きもの」ととかれ「佛老」をも併せて説いてある。徂徠子は孔子の時に諸子百家はない况んや佛老をやである、家語の註に「多端の如し」とある、古書の異端とあるのは、皆此の類である、そこで攻は**鼓を鳴らして之を攻む**の攻と同じだと釋かれた。此**異端**の字については東條氏が詳かに例をあげて居るから之を紹介して見ます。曰く、異端は人の趣向が彼此其端を異にして居るのをいふ。後世の邪説をいうて異端といふのとは、其義が同じうない。韓非子解老に「有道の士は節に死し財を輕んずと雖も、以て罷を侮り貪を羞ぢしめず、**異端**、黨せずと雖も以て邪を去り私を罪せず。」史記の十二諸侯年表序に「魯の君子左丘明、弟子の人々**端を異**にし、各其意に安んじ其眞を失ふを懼る故に孔子の史記に因て具さに其語を論じて左氏春秋を成す」とあり。家語の辯政篇に「子貢孔子に問うて曰、昔し齊君、政を夫子に問ふ、夫子曰く、政は財を節するにありと、魯君、政を夫子に問ふ、夫子曰く、政は臣を諭すにありと、葉公、政を夫子に問ふ、夫子曰く、政は近を悅ばして而して遠を來すにありと、三者の問は一なり、而るに夫子の之に應ぜらるゝ同じからず、政は異端にあるか」と。兩漢には**異説**をば異端と謂うて居る、尙ほ古に近い。三國以後には**異心**をば異端というて居つて其意義が大に轉じてゐる。漢書の司馬相如の封禪書に「五三六經載籍の傳は維れ見て觀るべし、豈に始を善くし終を善くせざらんや、然れども**異端**なし、由る所を前に愼み、遺教を後に謹むのみ」といひ、戾太子傳に「上、爲めに博望苑を立て、賓客を通じ其好む所に從はしむ、故に異端を以て進むもの多し」といひ。後漢書の鄭玄傳に「異端紛紜たり」といひ。范升の奏に「異端競ひ進む」といひ、延篤の論に「紛然たる異端」といへるは、これ**皆異説なり**。三國志の諸葛誕の表に「臣、國命を奉ぜるを以て、死を以て自ら立ち、終に異端なし。」といひ、晋書の樂志明志篇に「闇君は自ら信ぜず、群下、異端を執る」といひ、宋書の高祖紀に「劉毅は下に居る能はず、終に異端を爲さん」といへるは**皆異心なり**。と證を取つて居る。これを以て見れば、この章の**異端**は、邪説の義でないことは明白である。

東畡翁の説に「異端とは猶ほ多端の如し、**道を語つて端緒を異にする者をいふ**」と解して、「此の如きは亦、各々適する所があるから之を容れて存すればよいのであつて、佐々として攻撃することはいらぬことじや」と説いて居るのであります。即ち章の主旨は「異端の攻むべからざるを語られた」もので、**教學**の部類に**屬する**章である。

朱子の註の樣に、楊墨の父を無みし君を無**するものを治むるは害たる甚しい**、と説いては、害の字が甚だ緩な心地がするのであつて、即ち害位ではない、陷つて禽獸となるのである、いかに聖人の語なればとて「害のみ」ではあまりに手ぬるい感がありませう。

**また異端**を攻むればこれ害やむ、即ち邪説の害がやむ、と説いた人もあるが、固より窮した解といふべきである

要するに、此章は夫子が、學者の偏狹にしてたゞ己を是として好んで他を排せうとするのを戒められたものであつて、博文約禮の一類であり、また夫子の好學の篤い所を見るべきものであります。

（第十四講）

## 說詩樂趣（8）

效尤生

羅隱の句に

只知事逐眼前過。不覺老從頭上來。

とあるは殊に味がある。また兪秀老の紫芝の詩の

有時俗事不稱意。無限好山都上心。

の句の如きは、俗事の意にかなはぬ時に好山を心に思ひ浮べて心をまぎらす。といつた處よく情を晴らすものといへる。」

陳堯佐の句に

淺水短蕪調馬地。澹雲微雨養花天。

佳句として世に稱せられて居る。」

世に杜牧の「南山與秋色。氣勢兩相當」といふ句を稱して居る、杜子美は只一句であるが語氣の益高い樣に覺える曰

千巖秋氣高。と」

許渾の詩に「直道去官蚤。家貧爲客多」の句がある。實際に此境遇を經た人は多く之をほめる」

詩家が盧仝の詩を險怪百出などと許するが其の「鄭三に逢ふを喜ぶ」の詩に

他日期君何處好。寒流石上一株松。

といへるは恬澹にして險ではない。」

劉叉の自問の詩

自問彭城子。何人接汝顚。酒腸寛似海。詩膽大於天。

誠に愉快な句である。」

或人が蘇子瞻の前で

一鳩啼午寂。雙燕話春愁。

の句を誦して「これ學士の詩か」と問うた。東坡答へて「此れ唐人得意の句なり我安んぞ能せんや」といつた。」

蘇子瞻が江を渡つて儀眞に至り、王介甫の蔣山に遊ぶ詩に和した。介甫は其

峰多巧障日。江遠欲浮天。

の句を指して几を撫して歎じて曰つた、老夫詩を作るも一生此の兩句なからんと。

醉輕浮世事。老重故鄕人。

紅塵三尺險。中有是非波。

是等の句は眞に人情の幾微を穿つた句といふべきであらう。

**本誌後援寄附金收受報告**（泊園同窓會）

一金參圓也　南　史郎氏

**前號誤字訂正**

○第一面寫眞版下第二行目第一字目　靑ハ　素ノ誤リ

記事

○九月二日。諸科目開講。

○九月十四日。泊園會常任理事會。席上第三回總會ノ準備及議題等ヲ協議セリ

昭和十年十一月一日（金曜日）　泊園　第十八號　（三）

一金參圓也　南　史郎氏

○正誤　前號木村金三郎氏金參圓也寄附ハ泊園會々費ノ誤リニ付取消ス。

青ハ素ノ誤リ

○欄外同窓會通知三十七回ハ第三十八回ノ誤リニ付訂正ス

○九月一日。尙德會開講。

席上第三回總會ノ準備及議題等ヲ協議セリ

○九月十九日。門下生會合。

○十月十七日。同窓會及泊園會總會ヲ開ク。

# 翠濤園讀書記

大壺

嘗て元朝秘史の事を記した時に庫倫の蒙古字本の事に觸れて置いたが、過般佛國の伯希和博士來朝の際、博士の口より此本の說明を聞いて稍々其大体を知るを得た。博士には湖南先生に從つて渡歐の節種々好情に浴したしするから、面會したいとは思つたが、人事多忙で閑が無く、到底會合を期し難いと覺悟して、下手な漢文の手紙で其意を致して置いた所、瓶原なる內藤先生宅へ同志の人々と先生小祥記念の燒香拜禮の爲めに赴いて、博士が午後羽田博士石田學士と共に來訪する由を聞き驚いた。眞に奇緣と云ふべきであつた。

其時の種々なる談話の中でこの元朝秘史の事が出た。博士の云ふ所によると、此蒙古字本は元朝秘史そのものではなく、一種の蒙古歷史であつて、その文句が元朝秘史に出づる所極めて多く、從つてその文句によつて今本秘史の譌誤を正し得るものが澤山に存するのである。即ち秘史そのものでないとすれば余等の疑問は氷釋するが、博士等が秘史の蒙文として引いたのが疑を引起す本となつたのである。

所でその本は何であらう。秘史に據る所多い蒙古歷史とすれば、或は蒙文の元朝實錄ではないだらうか。元史は漢文實錄によつてゐるが刪改極めて多い。實錄なれば必ず秘史による事多からう。ラシツドよりも秘史に近いとすれば、秘史に依據した實錄に違ひない。實錄は漢文だが蒙文にも譯した。然らば蒙文實錄か、或は蒙文實錄に近い蒙古歷史だらう。博士はクロニクルと云つてゐたから恐らく實錄譯本だらう。秘史でなくても貴重なる史料である。羽田博士は同書の副本調製を懇望して居られたが、何とかして早く我等の眼に觸れる樣にしたいものだ。

ロシアの布那柯夫氏から蘇聯研究院馬爾博士語言思想研究所單刊第三安陽龜甲獸骨の自著を贈られた。ブナコフ氏はマル博士研究所の研究員である。そうして此書はロシアに於ける甲骨文研究の最初のものである。此卷に收むる所は、甲骨發見と研究の歷史、ロシア所藏甲骨の說明と、研究書籍目錄である。歷史は別に取立つる程の事はない。目錄は著錄の廣きに驚くが、脫漏もある樣だし、衍入も感心しない。陳邦福と陳邦懷を同人としたり、小島祐馬もチトどうかと思ふ。漢字の誤植は無理も無いとは思ふが大變に多い。我等の最も注意するものはロシア蒐集の甲骨だが、考釋と圖版は次に出るのだそうだ。王の字の新說なんかもあるが、此冊は我等にとつてはこれと云ふ收獲は得られない。次冊を期待しよう。

羅君美先生から西夏國書字典音同一卷を贈られた。この字書はネフスキによつて早く我等には知れてゐた。發聲によつて分類された字書で西夏音韻研究には非常に必要なものなのだが、何分全部を見るを得ないで遺憾としてゐた。今君美先生の手寫本によつて出版されたのは慶賀の至りである。手許にある一葉の原物寫眞で校して見ると、原本通りの行欵である。多少の破損はあるが首尾完具の新材料であるから學界の喜び之に過ぎない。序跋の考釋のネフスキの稿本が余の許にある筈だ。只羅君例の好奇の癖で西夏印璽を所々に押捺してあるのは初學の人には迷惑する事があるかも知れない。

文求堂が今度は現代支那白話趣味文選を出した。前の趣味文選と姉妹篇をなし、今度は白話文ばかりである。材料は前著よりは選擇せられて來た樣に思はれる。然し矢張りあらゆる趣味ある支那事情の盛られたもので、ほんとに支那が分つた樣な氣持を起さす。つい先日新聞で見た樣に思ふ事件の支那側の考へが出てくるから特に面白い。例によつて精審なる註釋があつて、皮肉譬喩のオチ迄知らせて吳れる。實際オチを解いといてくれないと余などには解し兼ねる、時には註釋が一の趣味短文になつてるんだから凡そ愉快である。

市野光彥の讀書指南が刊行されて、小島抱甕先生から貽られた。この書は早く武內誼卿先生によつて教へられ、先生の鈔本を借りて一本を轉寫したのは大分前の事である。勿論誼卿は內藤先生の藏本を移鈔したものであらう。其後彥根活字で出るとか、宋朝活字で出るとか、今にも出る樣聞いたが、漸く今年になつて出來上つた。久しい事だつたが結構だ。

此書は讀書指南と題してあるが、讀經指南と稱した方がよく分る。漢唐注疏の學による經傳の目錄學で、篤實なる著述である。我國考證學の初期に於て早くもかゝる名著を編纂した事は彼國に對しても確かに誇り得る。

此書の跋尾は校者の抱甕先生の筆に違ひないが、書誌學の編者が無くもがなと評したのは少しヒドイ。然し湖南先生は迷庵の手稿本と抽齋の淨寫本とを併せて藏してゐられたのだから、も少し詳しい書後があつてもよかつたと思ふ。少くとも兩本の森立之の識語位は存しときたかつた。尤も大阪府立圖書館の恭仁山莊善本展覽目錄にも又恭仁山莊善本書影にもそれは出てゐるが、書中に附刊しといた方が適當だらう。

# 漢文の入門（三）

大壺

偖て愈々從來通りの方法で漢文を習ふとして、如何にして習ひ初めたらいゝか。實に月並な話ではあるが、誰か先生に就いて手ほどきをして貰ふのが矢張り一等宜しい。何と云つても漢文も語學なんだから、外國語を習ふ樣にして勉强するのが本當である。元來語學は師に就いて習ふ方が、例へ文語であつても死語であつても、その方が進步が早い。少くとも語學の初步は教へて貰ふべきである。少し大体が分る樣になつてからは、方法さへ誤らなければ、獨習でも充分奧へ這入れるが、初步は習ふ方が理解が早くて、無駄な勞力を費やさなくて濟む。漢文は會話を要する語學ではないが、矢張り初めは先生に就いて學ぶに限る。

然し漢文は全然獨習出來ないものでない事は他の語學と同樣である。獨習書或は講義錄によつて勉强すれば分らない事はない。只その代りに十分丁寧に倦まず懈らずやらなければならないから、大に決心する要がある。然し要するに決心して勉强すれば出來ると云ふに過ぎんのである。

獨習書とか講義錄とかで何がよいかと云はれると返答に窮する。余自身之を知らないからである。講義錄もある樣だが、ほんとに初步から教へるかどうかを知らない。又漢文の獨習書と云ふものを聞かないからである。中學校女學校などの教科書はほんとの初步から習ふ樣に編纂されてゐるんだから、是れでも代用されるわけなんだが、何分にも教科書は先生が說明して吳れるものだから、說明が詳しく附いてゐない。大抵教科書には所謂虎の卷なるものが出版されてゐるが、教科書と虎の卷だけで獨習出來るものか、讀んで見た事がないから何とも云ひ得ない。

實際のところ、漢文の獨習書が無いのは漢文界の一大缺點である。若し有るのだつたら寡聞の致す所だから、御免下さい。我國では漢文の獨習書、それも極く最初から說明したものが二つや三つは有つて然るべきである。漢學者自身が誰か此啓蒙的著述を試みるべき必要がある。決してそんな初等物を作つたつて恥づる事はない。漢文の必要を力說したつて初等啓蒙の入門なくては、大衆がどうして顧みよう。他の外國語を見よ。大なり小なり獨習書があるではないか。外國には漢文の獨習書が出來てゐる。是れは棒讀み式だから、直ちに飜譯輸入は出來ない。日本式の漢文獨習書は眞に要求される。西洋の學界では日本式漢文の研究法を要求してゐるむきも有るのだ。誰か着手しないかしらん。

今現に好獨習書が無いとすれば教科書と虎の卷でゞも勉强するより獨習方法は無からう。致し方無ければ矢張り專門の先生でなくとも、漢文を少し知る人から讀み方の手ほどきを受けたがよい。

浪華幾甸之大都而利厚之要津矣其在封建之際諸侯皆置藩邸於此故士之成名者不於江都則於京師與此都者衆而浪華之名士卜住於東江之域者又衆矣蓋其域北臨土佐堀川東有横渠南有京町堀西僅接常安橋之通衢市聲之喧少閒矣宜夫遠於利之君子來而住焉故其在儒家則賴春水開青山社而山陽育焉菘三島設梅花社而小竹嗣焉後藤松陰傳二世而並河寒泉武內確齋廣瀨筑梁河野恕齋春田横塘金本摩齋之流皆居焉能書則有若新興蒙所尾崎南龍國典則有若下河邊長流江田世恭鶴峯戊申萩原廣道等丹青則有森周峰五世之遺彩與墨江武禪長山孔直耳鳥齋之徒十數俳諧則有半時菴淡々椎本才麿之屬戲作則有若曉鐘成醫方則有岩永磐元齋藤龜山之流數十僧侶則淨光寺普行佐伯覺燈其有學行者也加之村山龍平之於報紙宮川經輝之於宗教皆名於後世者也雖時有新舊地有沿革故老於今稱而詑焉今茲乙亥距東江小學校之創設五十年其地之人士思教導之可重乃慕先賢之偉蹟不忍委之口碑而勒於貞珉請余記之余謂宋文天祥幼時在鄉校觀先賢之像感其諡號皆有忠字遂爲一代忠臣則此碑之立校庭能使後生感憤私淑者亦有如此矣豈可不銘哉銘曰

大人之仁　百世所倚　維此前賢　後生之揆　高山仰止　景行行止

昭和十年十月吉　後生　士明藤澤章撰幷書

## 泊園藝文　漫談

東畡先生の遊月瀨記の譯注が本紙に出かけたが、そうなると僕は所藏の一寫本の事を紹介したい。この寫本は表に詠瀨錄と題して半葉十行の罫紙に二十字詰に書いてあるものなんだが、內容は遊月瀨記で、しかも東畡先生の文と詩の次に磐橋即ち南岳先生及び柳溪惠融の同じ遊記を列し、終りに南岳先生稻垣士廉柳溪惠融の詩を錄したる遊月瀨詩文全集なのである。萩原泰逸と澤田多次朗とは何も出てゐないが　同行七人中の五人の詩文が存するのであるから珍とすべく、壯遊の記念として申分がない。同行の誰かの集錄したものらしいが、別に認むべき識語はない。熟視すると、最後の文に署名がなくて、それが釋惠融のものであるから、或は惠融の集錄したものかと思はれる　又此寫本の筆者も惠融其人であらう。僕寡聞にしてかゝる遊月瀨記の集錄あるを知らないが、他に存してゐなかつたら好箇の泊園藝文の一として傳へて置きたいものだと思つてゐる。

泊園藝文を蒐輯するに僕は意有つて搜羅を勤めてゐるが、顧みると最も手近の泊園同窓會誌が殆んど手に入らない。何でも終りの方の一二冊しか無いと思ふ。これは非常に遺憾な事なんだが、同窓會誌などは古本屋なんか一顧もしないだらうから致し方も無い。そこで同窓諸兄の方で讓つても宜しいと思はれる方から多少に關らず讓つて頂いて一部完具なものを揃えて置きたい。又讓つて頂けなくとも、完具せる一部を所有せる方を知つて置きたいものである。これは同窓先輩諸兄にお願ひする。

先頃關西大學學報の爲めに菅甘谷先生の傳を書いたが、南本町に住せられた事を書き漏らした。又其後木崎好尙氏の篠崎小竹を讀んだら、甘谷先生は延享年中來坂して海部堀に家塾を開いたとあつた。この海部堀と云ふのが伯樂渡口に當るものであらうが、詳しい事が分らぬものだらうか。

泊園に傳はる物徂徠先生の肖像の事は東畡先生文集卷之四に出てゐるが、篠崎氏に傳はつたもの事は木崎氏の著にも出てゐる。徂徠先生の肖像は甘谷先生から始まつたので、篠崎家のも中山城山家のも皆それから出てゐる　泊園のも必ず甘谷先生のから出たのだが出自は明かでない。東畡先生はだから誰か甘谷先生に從遊したものが模寫したものだらうと云つてゐられる。兩家の傳へし肖像は今どこにあるのだらう。（大壺）

## 華甲會入會金收受報告（各參圓也）

宇田敬子氏　熊澤猪之助氏　本條平太郎氏
松浦捨吉氏　的場信太郎氏　石濱純太郎氏
安達龜造氏　石濱恒夫氏　潁川康氏
村上素治氏
計　十　名　金參拾圓也

## ◎華甲會寄附金收受報告

○金五圓也　松浦捨吉氏　安達龜造氏
○金參圓也　石濱純太郎氏　的場信太郎氏
○金貳圓也　本條平太郎氏　熊澤猪之助氏　潁川康氏
○金壹圓也　石濱恒夫氏
計　金貳拾圓也

## 泊園誌社事業の一斑

◈泊園同窓會報告
○自昭和九年十月至同十年九月末、常費。壹六貳口。金壹百八拾壹圓貳拾錢。
○自昭和九年十月至同十年九月末。寄附金。參拾貳口。金貳百四拾參圓。
泊園誌社前期繰越金　金五圓四拾參錢、
○預金利息。　金五圓四拾九錢也
計　金四百參拾五圓拾貳錢也
○右之內ヨリ泊園誌社へ、自昭和十年一月號。至同　九月號。發行經費トシテ金四百圓也ヲ支出ス。

◈泊園誌社支出。
○昭和九年十月發行會員名簿五百部及ビ會則拔萃ビラ　四拾壹圓參拾錢。
○泊園誌自昭和十年一月號至同　九月號　五千部　壹百六拾○圓○○錢
○同期間ニ附錄セシ城山道人稿十一丁一萬一千枚。　九拾六圓八拾錢
○同期間郵稅。參千七百口。　六拾圓六拾參錢。
○同期間ニ於ケル帶封。振替用紙。原稿用紙。通信費。及ビ諸雜費。　四拾壹圓貳拾七錢。
○計　金四百圓也
○備考。自昭和十年十一月號至同十一年九月號　期間諸經費
○豫算。金四百五拾圓トス
○尙ホ右期間ヨリ以後泊園會ヨリ每年金貳百圓也ヲ本誌後援金トシテ補助ヲ受クル事トナリタリ。

## 第三十八回 泊園同窓會と泊園會總會の記

第三十八回泊園同窓會。第二回泊園會總會は十月十七日綿業會館にて催され、折柄の秋晴れに惠まれて會場へ續々として來集する者、黄坡先生を始め四十有六名、又此日特に臨席を乞ふた吉原陸軍中佐も石濱氏の案內で來場された。時に午後三時先づ泊園會總會を開く福本理事挨拶を述べ、事業決算の報告を爲し、議案の協賛を求め、且つ泊園會の計畫事業は頗る多額の基金を要するとて大方の後援を切望して總會を終了。講演に移り、黄坡先生は「古來支那の書物に古人に及ばずと云ふことが多々載つて居て、時代は恰も下降的に見ゆる。之只古聖賢の其時代に傑出した至言篤行に即して今人を戒めた箴言であつて、現代も又將來に遺る蔚然たるものが存するに變り無きも、一面現今は物質上の人智が偏進して、自ら輕兆浮華の風が精神上の守りを壓倒する感がある、此間に處して泰然重厚の風を堅持唱道するは我々の任なり」と說かれ、吉原中佐は「人性本來を意義あらしむる上より言へば戰爭は起らず」と斷じ、眞の武は國防其物なりとて、武の字義を說き、對手に勝ち得る防備を全ふして戈を止むるに在りと述べ滿蘇問題を引いて我國民の覺悟を促がし、轉じて伊エ紛爭と世界の形勢を詳論して一同に多大の感動を與へた。次いで同窓懇親會を開き、梅見會幹挨拶を述べ、嘗て東畡先生に親炙せし者が矢張同窓會に列せし舊時を懷顧し其の豆を嚙り與に机を並べし昔を語り、滿場歡談に賑ふ。宮崎喜太郎氏久保郁藏氏交々立ちて詩を吟じ一同の感興更に深く靄々たる談笑裡に閉會した。（幹事記）

泊園會總會寄呈二絶　藤本達

五經掃地使人嗟。偏怕歐風傷國華。
湖海猶存先覺士。斯文未必屬官家。
懷德洗心兼泊園。三家遺業典型存。
星移物换斯文在。應識巍然天爵尊。

會員消息
木村楢正氏九月廿五日。三木正憲氏十月七日逝去されたり

泊園（顧問）黄坡先生　石濱純太郎　（同人）本條平太郎　須川康　石崎太郎

昭和十一年一月一日（水曜日）　泊　園　第十九號（一）

# 泊園

昭和十年十二月廿五日印刷（隔月一回一日發行）
昭和十一年一月一日發行　―（非賣品）―
編輯兼發行人　大阪市南區大寶寺町中之町二番地　的場信太郎
印刷所　大阪市西區新町南通五丁目　林泰進堂
發行所　大阪市南區竹屋町九（泊園書院内）　泊園誌社
振替大阪一三八三九（泊園書院）電南六八二七

古井由之氏　福本元之助氏　石濱純太郎氏　高松林之助氏
岡本由喜三郎氏　梅見春吉氏　村田安穗氏　櫻井雲洞氏
松井健氏　中山潔氏　安達龜造氏　茶谷忠治氏
豐田國三郎氏　佐藤寛九郎氏　熊澤猪之助氏　吉崎善三郎氏
五條秀麿氏　島田琢逐氏　吉崎榮藏氏　林寅次郎氏
渡邊醇氏　近藤常吉氏　日下糸氏　堺元國氏
西野捷平氏　古谷熊三氏　谷内青巖氏　伊串徹仙氏
多紀仁三郎氏　住友興五郎氏　日吉全識氏　西田幾太郎氏
金戸守氏　岩崎深信氏　和田久元氏　小畑勝藤氏

## 會員消息

島田琢逐氏、十一月十日。
大守熊次郎氏、十一月下旬。逝去せられたりとの報あり。

## 迎年の辭

天上斗轉じて、人間律廻り、氣、乾坤に新にして陽、東西に震く、海上、雲遙にして和氣、扶桑の州に遍ねく、山頭、烟蒸して祥光、芙蓉の巓を籠る、正にこれ丙子新正の氣象なりとす。

恭しく惟るに、瑞、紫宮を繞るところ、麟趾、祥を舊臘に著はされ、天潢派を布き、維城これ堅し、無彊の祝、眞に彊りなく、興隆の運、愈々興隆なり。豈慶すべきならずや。

之を外にしては、滿蒙冀察、益々和協を襲ね、英美德法、窃に崇尊を致し、正に　皇風の弘宣し至仁の外なきを見るなり。之を内にしては、治教、則あり、人々内省の風に興り、道義、重きをなし、衆心、利爭の弊に懲る、乃ち知る、眞の道德の興るは將に東方よりせんとするを。亦慶すべきならずや。

吾人は茲に新正に逢ひ、深く既往の跡を顧み詳に將來の事を察して、窃に　皇道の愈々隆なるべきを想ひ更に修省の當に切なるべきに感ず、則ち須らく益々明治　聖勅の旨を體して以て道の性理の窟に在らず、又功利の實に在らず、偏に修己安人の際に存するを明にし、以て天人參贊、政教一致の大本を揚ぐべきのみ、請ふ諸君と與に事に斯に從はんかな。

因に說く、去年の秋、黃坡先生と一二三子と遽かに東讀の地を訪はれ、親しく南岳先生の生誕の遺趾に臨み、且つ外家の先墓に展せらる、こゝに其地方人士の感を新にするありて、併せて先師の遺風の興るを見んとす。

又說く、城山先生の歿せるは天保八年にあり、今を距ること正に百年、其學風の絶えずして、流れを泊園に澆げるを仰ぎ、亦追懷を新にするものあり。是亦記すべきことなり、此の如きは私にして私にあらず、自ら斯道の光明を發するものあらんのみ。

（阿部馨氏藏）

## 記事

◎十二月第二土曜日。
午後二時より泊園會常任理事會を開く。

◎十二月二十三日。
當書院に於て冬至祭を行ふ。本日より冬期休暇。

## 豫告

◎一月二日。
拜年式を行ふ。

◎一月五日。
尚德會發講式を當書院にて行ふ。

◎一月十三日。
開講。

## 日課表

| | 月 | 火 | 水 | 木 | 金 | 土 | 日 |
|---|---|---|---|---|---|---|---|
| 午前六時 七時 | 七緯 | 晏子春秋 | 七緯 | 晏子春秋 | 七緯 | 唐詩選 | 第一、第三、午前八時ヨリ 詩經 |
| 午前九時 十時 | | 純正蒙求 詠物詩選 | | 純正蒙求 詠物詩選 | | | |
| 午後二時 五時 | | 高青邱詩醇 左傳 | | 高青邱詩醇 左傳 | | | 毎月一日第二第四第五日曜休講 |
| 午後七時 九時 | | 正文章軌範 | | 正文章軌範 | 書經 説文（石洲先生） | | |

## 謹賀新年

（顧問）
藤澤章次郎
石濱純太郎
梅見春吉

（同人）
石崎太郎
三原靜美
岡本喜三
安達龜造
的場信太郎

## 周甲自壽

經過世間花甲子。閲來地上活文章。
耳聽未得與言順。頰舌何辭爲道忙。
臨簡每歎先業重。植蘭尤愛素心芳。
故人情味更堪掬。貽我神宮延壽觴。永田青城贈橿原神宮延壽杯故云。

丙子元旦　藤澤章

# 黄坡夫子の華甲

謹んで案ずるに我師　黄坡藤澤夫子は來る昭和十一年三月七日を以て甲子一周し壽七帙を開かる。夫子の且つ壽に且つ康なるは吾等泊園の門に從遊する者の喜び之に若くものなきは言を待たず、乃ち賀を述べ祝を獻せんとす。

夫子は東畡先生の令孫、南岳先生の第二子、黄鵠先生の介弟たり。幼にして家學に薫習し、長じて東都に出で諸儒に學を問ふ。學成りて膝下に歸り、阪府の内外に書を講じ才を育するもの十有幾年なり。適々南岳黄鵠兩先生相次いで館を捐て世を逝らるゝに及び、慨然斯道の重に任じ箕裘の業を紹ぎ、學んで厭はず誨へて倦まず、又茲に十有數年なり。泊園の家學は傳統の一綫を絶たず、斯文の衍述は遂に狂瀾を既倒に廻へす。是を以て學校盟社爭ひ請ひて夫子を聘して經子を質し詩文を問ふ。夫子又克く循々之を導き之を勸めて各々成る所有らしむ。内外前後從遊するもの實に三千の數を超え、衆仰いで泰山北斗と稱す。斯の人浪華に有りて、文敎は地に墜ちず。

夫子溫厚の性篤實の學を以てして泊を守り約に居り人と爭はず、名利惟れ避け、學文惟れ樂み、專ら弘道育英を以て務となし、老の將に至らんとするを知らず。夫子旣に壽にして旣に康なり。豈に唯泊園の小子後生の額に手して之を慶するのみならんや、夫子の故舊相識諸先生及び斯文に志有る諸賢も亦當に此情に同せらるなるべし。今や及門の同志集つて夫子の壽を賀せんとす。願はくば諸君子亦惠然之を贊助して以て吾等泊園の榮譽を盛ならしめ給はん事を伏して大方諸賢に乞ふ。

## 黄坡先生　華甲祝賀會々則

一、本會ハ黄坡先生華甲祝賀會ト稱シ事務所ヲ泊園書院内ニ置ク。
一、本會ハ黄坡先生華甲ノ祝賀ヲ目的トス。
一、本會ハ黄坡先生ニ紀念品ヲ贈呈シ以テ其壽ヲ祝シ又賀宴ヲ設ケ全會員ニ先生ノ詩集、壽言錄及先生御揮毫ノ扇子ヲ紀念品トシテ頒ツ。
一、日時　昭和十一年四月三日（午後四時）
一、場所　未定。
一、會費　華甲祝賀會ノミ入會者　金參圓也。
一、宴會場出席者ハ別ニ、金五圓也、ヲ申シ受ク。
一、本會ハ之ヲ泊園書院ノ門下及ビ内外ノ諸子ニ告ゲテ廣ク入會者ヲ募ル。
一、贊成者ハ入會申込ト同時ニ會費拂込セラレタシ。
一、本會ハ之ト別ニ勸誘狀ヲ發セズ專ラ泊園誌ヲ以テ之ニ換フ。
一、本會ハ入會者ニ對シテ會費領收書ヲ發行セズ、泊園誌上ニ每號芳名ヲ連載シテ之ニ換フ。
一、會費拂込ハ振替用紙ヲ利用セラレタシ。

竹屋町　泊園書院内
藤澤黄坡先生門下生　一同

## 本誌後援　寄附金收受報告（泊園同窓會）

一金貳百圓也　泊園會補助金
一金貳圓也　左藤寬九郎氏

## 泊園同窓會常費收受報告（昭和十年度）

一金五圓也　吉田清三氏
俵孫一氏　水落庄兵衛氏
一金四圓也　櫻根孝之進氏

以下金壹圓也（各通

石井光美氏　中山源次郎氏　岡本英三氏
石黒景文氏　橋本梅二郎氏　岡田倚齋氏
大野園山氏　西門孝次郎氏　三川啓明氏

早川忠次郎氏　岡村義章氏　尾崎邦藏氏
佐藤彌兵衛氏　永井貞有氏　鎌田春雄氏
山本國次郎氏　阿部茂七氏　鴨居武氏
平泉秀三郎氏　大西密治氏　桑田義行氏

昭和十一年一月一日（水曜日）　泊　園　第十九號　（三）

昨春來泊園先輩諸氏の間に東讃安原に東畡先生の遺蹟を拜し兼て先賢先生の逸事を尋ねんとの計畫が起されて居たが去る十月下旬引田町阿部家で東畡先生の書牘が多數發見されるや福本氏の斡旋、宮崎氏の非常なる盡力に依つて急轉直下遂に十一月八日黃坡先生は石濱先生　宇田、宮崎、渡邊の諸氏と洗毫子を同伴別項の旅程を決行し、同十一日歸阪せられた。次に掲載するものはその俗牘の一である。

別啓

五月廿五日西御番所ゟ高松御留守居へヶ様之書付來リ候

松平讃岐守家來
藤澤昌藏

右昌藏義御城入儒者ニ可申付旨御城代松平伊豆守殿ゟ被相達候間其趣可被申渡候以上

五月

御屋敷ゟ之書付

昌藏義御城入儒者可被仰付旨早速申渡候處難有仕合之段申出候今一應讃岐守へ申聞其上ニテ御請可申上奉存候

ヶ様ニ申出候處御番所尤之義トテ早速御國へ聞合スベシト之事ニ候

御國へ聞合候處

殿様ゟ如此之御書付出申候

拙者家來藤澤昌藏義御城入儒者可被仰付旨在坂之家來共ゟ申越承知致候於拙者大慶被存候右爲御請以使者申達候　六月

則御留守居使者トナリテ御番所へ差出申候

七月六日始て御城へ入御城代伊豆守様へ講釋申上又九日ニモ入リ講釋申上候

是迄御城入醫者ト申ハ有之候得共御城入儒者ト申ハ今度始て出來申候是將軍御出之節文學茂取立可然儒者ヲ選ヒ用ひ候様ト被仰候ニ付出來候由

中井修次　並河復一

後藤春藏　藤澤昌藏

此四人へ被仰候先ツ難在仕合奉存候扨又尼ケ崎之君候私方へ御入門被成候內々之御賴ハ七月十日中谷良輔參リ申述候然ル處御城代ト御相談有之候て今度ハ爲御入門私方へ御入トノ由旁々御辭退申上候得共入門と有れば一應ハ其門ニ入へしトノ御意ナリ十三日大阪留守居松井三右衛門表向ノ御使者ニ參リ申候愈十七日御入リニ極リ申候其節朝四ツ時ニ御出先ツ松井三右衛門馬上ニテ御入門式ヲ納免申候次御麻上下殿様次ニ御用人壹人御近習四人皆馬上都合七匹之馬誠ニ立派成事ニ御座候小生ト恒太郎麻上下ニ而門外へ御出迎申候殿様御入之後今出迎候ハ何人ゾト御尋有之候良輔是ハ此家之父子ニテ候ト申殿様被仰候ハ夫ヲ知らずノリウチヲ致シ候間何卒宜敷斷リヲ申様ニト御丁寧ニ私へ御ワビ有之候扨殿様御入被成候時御近習ニ命ジ敷キ御座候毛氈ヲ巻カセ刀掛モ外へ寄セ御自身下座ニサガリ御着座被成候私拜謁之時兩手ヲ御ツカへ被成私ハ松平遠江守デコザリマス若輩者故向後宜敷御頼申上マストノ御詞實ニ私ゟハ御答ニ困リ入候仕合ニ御座候恒太郎罷出候節モ同前之御詞ニ候席上ニテ書經之講釋仕申候晝過ニ御歸リ被成候廿日私尼ケ崎へ參リ御本丸へ上リ候處殿様御式臺へ御出迎へ被下候家老用人ハ元ゟ之義ニテ御座候御本丸ニテ師弟之御杯仕候又講釋仕御馳走頂戴廿一日御幕打之御船ニテ御送リ被下候小生以不德之身ケ様成仕合ニ逢候事全ク御國殿様之御蔭ト奉存候尊家ハ不外事故委曲申上候必ス自負仕候ニテハ無御座候餘リ冥伽至極ト恐入居申候以上

此節ハ繁用ニテ疲れ亂筆御免可被下候

## 琴林碑

（正四位侯爵德川美禮篆額）

疎松隔水奏笙簧老杜所賞詠也况夫萬松受風其韻之美可知此琴林之所以名也琴林在東讃寒川郡津田邑邑南有八幡祠廟松林園之長殆二十丁深淺三之一東斜攤海灣碧潮映之白沙承之而幹高如躍根脚容人海風觸之天籟自發與潮聲相高下非人間宮徵之音也泊園皆川翁嘗記之頃日八木犇與邑人謀欲作一碑來乞余文辨年已七十今寓大阪而用心于其薰里固美矣因想四十年前余陪先君子始過此地宿邑人國方直卿家其夜大雪至旦而霽乃踏雪發放眼望之恍覺一場白玉界中有羣臂群仙擎玉舞躍也眞個非塵世所得而覩也何獨其聲之美而已乎爾後毎到此邑必與友人徜徉於林間月夕雨晨無時而不佳友人多惜此美而在僻陬盍洪園翁亦致意于此余廼謂曰有實必顯何惜此聲之不傳乎唯有其美而不知保愛之不知推稱之者是今古通弊也矣友人頷之夫海灣松林之美播之舞妓最有名攝與淡次之余皆嘗觀之皆未勝此林也又知東與西筑必有更美者而其名不傳者非以不上風人之口不得文士之筆乎辨之有此乞亦以是耶地美而人又美其美於是乎全矣余愧我文之不足成其美耳而有想昔游故幷錄以諷世人云爾

明治三十年一月　浪華僑客東讃藤澤恒撰

長尾甲書

## 讃訪旅程記

1. 香川縣大川郡引田町
イ阿部麥翁氏舊居地＝現阿部馨氏邸＝即ち南岳先生御生誕地（東畡先生文集卷四。同卷七。關大學報一三三號參照）
ロ万生寺阿部家墓地。
ハ神崎敬主、敬之兩先生舊居地。（東畡先生文集卷七。南海遺珠下卷參照）
ニ西竹坡氏遺墨。（東畡先生文集參照）

2. 白鳥宮。（城山道人稿十三丁參照）

3. 琴林碑。南岳先生撰文雨山氏書在津田村。（此所にて田中稠氏の歡迎を受け久濶を話す）

4. 香川郡安原村。
イ東畡先生頌德碑。役場より約一里鮎川に面す。（七香齋文雋參照）揚城氏書。
ロ藤澤家墓地。頌德碑の上手約二十間。
ハ東畡先生舊居地。（關大學報一三二號。永田氏東畡先生略傳參照）
ニ尾形五郎氏碑。黃坡先生撰文。

（鮎川頌德碑附近ヨリ舊居地ヲ望ム）

5. 香川郡池西村々役場。
イ城山先生書入本及び城山先生遺墨。先生藏書（東畡先生文集各卷參照）等。（艦山遺稿參照）

6. 高松圖書館。教育會。
城山先生著全讃史の寫本。＝稿本？

かくて調査研究せられ結果と遊記及び感想とはやがて本誌に掲載される筈であるが此行に際して阿部兩氏及び引田町有志諸氏、藤澤氏及び安原村の諸氏、池西村の諸氏又田中氏中村氏逸見氏廣瀨氏の熱誠なる歡迎と種々便宜を與へられたる御厚意を深く感謝する次第である。

一金貳圓也　佐藤寛九郎氏
一金貳圓也　門脇才藏氏
一金壹圓也　坂上藤之進氏

一金[illegible]圓也
一金貳圓也
一金貳圓也

市[illegible]秋弘氏　稻葉太吉氏　筒井民治郎氏

[illegible]塚家正家氏　西門岩松氏　福島小糸氏　田邊英次郎氏

戸田喜久男氏　星島謹一郎氏　杉村正太郎氏　吉成卯三郎氏

清水小鈎氏　篠田栗夫氏　三崎要一氏　山田奕鳳氏

岡村蓉三郎氏　難波惣之進氏　三浦德次氏　殿村たけ氏

福田三次氏　安良日將氏　松浦高麗三氏　島田喜十郎氏

高田次郎氏　仙波久榮氏　宮崎貞吉氏　片山太門氏

# 文界夜話

塚南隱士

おゝよくお出でだね。どうもメッキリ寒いのう、老人にはひどくこたへる。ジツト引籠つて書物でも見てゐるより外にしようもない所だ。何ツて？…ナア孫がおぢいさんのお土産ですつて、こんな本を買つて來てくれたもんだから今日は一寸のぞいてるんぢやが、字が小いのでよくも分らんがのう。谷孫六の孟子の說法だよ。孫も直ぐ戻るからお待ち。

孫は前から谷の崇拜者で、よく金儲け何々とか、世渡り秘訣とか、へそくり問答とかちう本を買うて來ては、中々面白い事を云うてゐますと讀んで聞かせて呉れとつたが、谷ちう人も相當苦勞人だのう。今度は御時世がら孟子を持ち出されたのう。澁澤さんの論語と算盤の續きかと思うとつたが、そうでもなさそうじや。えらう丹念に孟子を初めから分り易く講釋してゐられる。横の方に人の使ひ方使はれ方とあるから、矢張り世渡りの續編ちうつもりかも知れんが、孟子と算盤でなかつたので喜んどる。算盤は算盤で誠に結構じやが、孔孟と算盤では算盤も孔子樣も孟子もツレ近頃よく云ふ微苦笑ものじやて。

ソリヤ人間何で悟るか合縁奇縁じやから、論語で算盤を悟らうと、片手の聲で相場を覺らうと、有難い機縁だから結構な話には違ひないが、そいつを餘り振廻して貰ふと本物が分つとらんと云ふことになる。片手の聲の和尙さんが相場にしくじつて又出直すちう何か話が新聞に出とつたのう。わしなども商賣がら多少論語や孟子に骨折つたが、一向算盤が分る樣にはならなかつたわい。

谷さんの孟子も世渡りヘソクリの一種でせうツて、なる程そうかい。流石はお若い方だけあつてよく氣が付くのう。わしなんか年寄りは孟子の講釋は結構だと計り思つとつた。そう云へばチト不親切ぢやわい。梁惠王章句といつも玉の字になつてるなんか、孫の奴などでは誤植とは分るまい。かう云ふ古典はせいぜい誤植をなくせんと後生を誤るんじや。

おまけに梁惠王章句上下と分けてある樣じやが、上の中へ下の分がせり上つてゐたり、公孫丑の章が下の中へ少し割り込んでゐたりしとる。この本は谷さん自身の章句にしてもかう云ふのは恐れ入る。初めから章句上なんかとしとかない方が却て便利なもんのう。ヘソクリの一つでも古典は古典としてやらんといかん。あまりヘソクリが見え透くのは面白くないもんじや。

講釋は中々然しうまいよ。わしなどもウカウカと引きづられて讀んで行つて面白う出來とる。說の當否は別じやが、流石始終筆をとる方だけに、要處々々に短い旨いつなぎ文句を入れて進んで行くから、理解し易うて、實は感心しとるんじや。漢學者の國譯ちうもんは分り難いが、これならあんた等にもよからう。金儲け法ばかり讀まんと、タマにはこんなのも讀むと又タメになるよ。

又漢文かと妙な顏をしなさるが、漢文は書いてないから安心だよ。どうも近頃は漢文を恐はがり過ぎるのう。尤も專門になさるべき方の力も落ちて來た樣だね。ソリヤア歐洲語も知らんでは學者と云はれまいだらうが、東洋の事なら漢文の智識が第一だらうと思うんじやが、矢張り歐文を主になさる樣だのう。西洋人が漢文讀んで書いたものを又譯して讀むのは廻りくどいじやないか。何時ぞやピタカと云ふ佛教の雜誌を見せて貰ふたが、何でもアフガニスタン地方の佛教遺蹟のフランス人の論文が出てゐたつけ。何とか學士其方を專門らしい方だが、ツオフユアンクイの漢字が分らんらしく、作賦源流考と引いてあつたがのう。前後を見ると唐書なんかゞ引いてあるんじやから冊府元龜じやないか位が分らんものかしらん。作賦源流考とは考へたねエ。支那音で漢文を習はんからと云ふ說も出ようが、マアフランス語が漢文より分る方だからかう云ふ事になつたんじやないかね。そう云ふ間違で面白いのは古い事だが、中野正剛さんがまだ若い頃東洋とか云ふ雜誌で盛んに東洋政策の氣焰を擧げてゐるのはいゝとして、ウエリントンクウを說明して胡惟德と云つて何とか彼かとあつたので、わしは吹出したわい。大論策なんだから顧維鈞でも胡惟德でも差支はなかつたらうが、當時日の出の新進政論家がこれだから、チト少壯政治家には漢文を稽古ささんといかんと感じたがね。ナニ英字新聞ばかり讀むからだと思つたんだらう，漢文と云ふと論語か十八史略文章軌範だとあんたなども思つてゐそうな顏だが、そんな古いもの計りが漢文じあないんだよ。いやそんな古いもんでも讀んでゐてくれるゝ恥をかゝない丈の效能はあるんじやがな。

今日も婆さんが週刊朝日の新年號かを讀んでくれたが、根津とか云ふ大金持は四千年も古事來歷のあるギリシヤの佛像を持つてゐると頑張つてるらしいが、困つたもんだのう。あんたらも骨董品をイヂクるなら十八史略でも讀んどくちうと、例へ目かどがきかなくても、馬鹿々々しい目に會はされずに濟むんじや。骨董屋ちう奴はよく四千年前と云ふらしい。わしの舊友の息子は利口な男で高商かも出とるんじやが、支那へ行つた時に四千年前の佛寺の瓦か何かを買はされとる。十八史略にでも覺えとりやこんな目に會はずに濟んだんだがのう。全くどうかと思うよ，イヤ笑つちやいかん、孫の口癖が傳染つて了つたわいハ、、、、

わしも漢文商賣をやつてたものだから、漢文々々と今でも頭固そうに口に出しよるが、實は漢文屋には少しあいそをつかしてゐるんじや。それ漢文復興じやと世間が云ひかけると、我も我もと尻馬どころか、後から走り乍ら、口丈はえらそうな事をわめいて、先覺者ぶるんだからやり切れん。碌々研究もしちよらんで世間の中へ口出しする事だけは止めたがよいのう。若い人もこんな手合におだてられてやる漢文なら止めといたが利口じや。此間も何新聞かの新刊紹介に郭沫若の支那古代社會研究の譯本が出とつたが、あれはもう何年も前に出て何版もになつたものじやが、いゝ氣なもので前の事なんか何にも書いとらんかつたよ。あの紹介では改譯なのか、只の新版なのか分りやせん。西園寺公は郭さんの著を皆求められたと新聞に出たのすら大分古い事になつちよる。老人が書いとるのか若い人なのか知らんが、こんな調子だからいかん。

オ、孫も歸つて來た樣じや。若いもん同志の話がよからう。ゆつくりして行きなさい（終）

## 華甲祝賀會入會金收受報告

（各參圓也）

但シ○印ハ祝賀會入會金參圓也及宴會場出席費金五圓也ノ拂込セラレタル方。

宇田敬子氏　松浦捨吉氏　安達龜造氏　村上素治氏　石濱恒夫氏　石濱恭子氏　宮崎貞吉氏　殿村たけ氏　谷内清巖氏　藤本達次氏　○岩田藤三氏　近藤常吉氏　金田直一氏　松本俊男氏　鹿田靜七氏　近藤赤彥氏　石黑景文氏　永井貞有氏　多田貞一氏　大西密治氏　山田變鳳氏　上原三郎氏　俵孫一氏　○中山潔氏　○清水小鎬氏　吉成卯三氏　兒玉天江氏　岡田太郎氏

本條平太郎氏　石濱純太郎氏　熊澤猪之助氏　的場信太郎氏　奧田富太郎氏　○水落庄兵衛氏　木下貞太郎氏　坂上藤之進氏　○辻忠右衛門氏　○西田幾太郎氏　櫻根孝之道氏　○佐藤彌兵衛氏　山本國太郎氏　平泉豐三郎氏　○中條熊次郎氏　○吉年宗兵衛氏　奧田藤兵衛氏　紀本善次郎氏　○山下平太郎氏　寺田英一郎氏　林寅次郎氏　生谷卯兵衛氏　○宮崎喜太郎氏　○岡島乙三郎氏　○中山源次郎氏　福本元之助氏　○永田仁助氏

顯川康氏　松井健氏　井上翠氏　柳廷胤氏　市秋弘氏　澤純三氏　鴨居武氏　三川啓明氏　田中英市氏　赤塚善助氏　寺井種臣氏　渡邊信一氏　○吉年善作氏　○廣田虎三氏　○岡田尙齋氏　門脇才藏氏　田中あつ氏　○福島小糸氏　○仙波久榮氏　淸海淸氏　石川涉氏　渡邊和子氏　白川朋吉氏　芝田弘淳氏　宮崎靑湖氏　○三崎要一氏　吉宗耕英氏

華甲祝賀會入會者　八十二名　計金貳百四拾六圓
宴會費拂込者　二十名　計金壹百圓
宴會ノミ出席者　金五圓也　三崎暢子氏
通計　金參百五拾壹圓也（昭和十年十二月二十六日現在）

## ◎華甲會寄附金收受報告

○金拾圓也
○金五圓也
○金參圓也
○金貳圓也
○金壹圓也

石濱純太郎氏　山下平太郎氏
松浦捨吉氏
石濱恭子氏　安達龜造氏
渡邊和子氏
本條平太郎氏　的場信太郎氏
熊澤猪之助氏　顯川康氏
俵孫一氏　奧田藤兵衛氏
寺田英一郎氏　井上翠氏
石濱恒夫氏

計金四拾六圓也（昭和十年十二月二十六日現在）

**常費收受報告ノ續キ**

小谷眷雄氏　矢野榮三郎氏　西尾義一郎氏　小野銀馬氏　宮本利右衛門氏　橘秀一氏　赤塚音助氏　辻忠右衛門氏　澤純三氏

田中藤太郎氏　廣田虎三氏　坂田豐氏　寺田英一郎氏　中川魚梁氏　辻蒼石氏　村上吉五郎氏　多田黄山氏　沖本三郎氏　小寺篤兵衛氏　岩田藤三氏　永田仁助氏

清水晉三郎氏　松浦捨吉氏　尾崎正信氏　中尾國太郎氏　岡田太郎氏　辻村龍夫氏　奧田富太郎氏　門脇才藏氏　加藤和美氏　福島小糸氏　山下平太郎氏

木戶平信氏　松本俊男氏　（以下次號）

石井光美氏、十月下旬。

昭和十一年三月一日（日曜日）　泊園　第二十號　（一）

# 泊園

昭和十一年二月廿三日印刷（隔月一回一日發行）
昭和十一年三月一日發行　―（非賣品）―
編輯兼發行人　大阪市南區大寶寺町中之町二番地　的場信太郎
印刷所　大阪市西區新町南通五丁目　林泰進堂
發行所　大阪市南區竹屋町九（泊園書院内）　泊園誌社
振替大阪一三八三九（泊園書院）電南六八二七

## 黄坡夫子の華甲

黄坡先生の一日（其一）

謹んで案ずるに我師　黄坡藤澤夫子は來る昭和十一年三月七日を以て甲子一周し壽七帙を開かる。夫子の且つ壽に且つ康なるは吾等泊園の門に從遊する者の喜び之に若くものなきは言を待たず、乃ち賀を述べ祝を獻ぜんとす。

夫子は東畡先生の令孫、南岳先生の第二子、黄鵠先生の介弟たり。幼にして家學に薫習し、長じて東都に出で諸儒に學を問ふ。學成りて膝下に歸り、阪府の内外に書を講じ才を育するもの十有幾年なり。適々南岳黄鵠兩先生相次いで館を捐て世を逝らるゝに及び、慨然斯道の重に任じ箕裘の業を紹ぎ、學んで厭はず誨へて倦まず、又茲に十有數年なり。泊園の家學は傳統の一綫を絶たず、斯文の衍述は遂に狂瀾を既倒に廻へす。是を以て學校盟社爭ひ請ひて夫子を聘して經子を質し詩文を問ふ。夫子又克く循々之を導き之を勸めて各々成る所有らしむ。内外前後從遊するもの實に三千の數を超え、衆仰いで泰山北斗と稱す。斯の人浪華に有りて、文教は地に墜ちず。

夫子溫厚の性篤實の學を以てして泊を守り約に居り人と爭はず、名利惟れ避け、學文惟れ樂み、專ら弘道育英を以て務となし、老の將に至らんとするを知らず。夫子既に壽にして既に康なり。豈に唯泊園の小子後生の額に手して之を慶するのみならんや、夫子の故舊相識諸先生及び斯文に志有る諸賢も亦當に此情に同せらるゝなるべし。今や及門の同志集つて夫子の壽を賀せんとす。願はくば諸君子亦恵然之を贊助して以て吾等泊國の榮譽を盛んならしめ給はん事を伏して大方諸賢に乞ふ。

## 黄坡先生華甲祝賀會々則

一、本會ハ黄坡先生華甲祝賀會ト稱シ事務所ヲ泊園書院内ニ置ク

一、本會ハ黄坡先生華甲ノ祝賀ヲ目的トス

一、本會ハ黄坡先生ニ紀念品ヲ贈呈シ以テ其壽ヲ祝シ又賀宴ヲ設ケ全會員ニ先生ノ詩集、壽言錄及先生御揮毫ノ扇子ヲ紀念品トシテ頒ツ。

一、日時　昭和十一年四月三日（午後四時）

一、場所　大阪市東區備後町三丁目　綿業會館

一、申込受付期日　三月十日。（期日後ト雖モ御申込ハ喜ンデオ受ケ致シマスガ、詩集ノ製作數等種々準備ノ都合ガアリマスノデ、ナルベク期日迄御申込ミ願ヒマス。）

一、會費　華甲祝賀會ノミ入會者　金參圓也。

一、宴會場出席者ハ別ニ、金五圓也、ヲ申シ受ク。

一、本會ハ之ヲ泊園書院ノ門下及ビ内外ノ諸氏ニ告ゲテ廣ク入會者ヲ募ル。

一、贊成者ハ入會申込ト同時ニ會費拂込セラレタシ。

一、本會ハ之ト別ニ勸誘狀ヲ發セズ專ラ泊園誌ヲ以テ之ニ換フ。

一、本會ハ入會者ニ對シテ會費領收書ヲ發行セズ、泊園誌上ニ毎號芳名ヲ連載シテ之ニ換フ。

一、會費拂込ハ振替用紙ヲ利用セラレタシ

振替大阪一三八三九　泊園書院
竹屋町　泊園書院内

藤澤黄坡先生門下生　一同

一金壹圓五拾錢也　宇田国太郎氏

### 泊園同窓會常費收受報告（昭和十年度）

一金拾　圓也　伊藤純一郎氏

菊池量太氏　新田長三氏
小松原謙三氏　栗谷喜八氏
以下金壹圓也（各通）

中村祥園氏
吉田萬治郎氏
岩崎清平氏
國安晋助氏
（以下次號）

△平泉秀三郎氏ハ平泉豊三郎氏
△難波惣之進氏ハ瀧波惣之進氏
△宮本利右衛門氏ハ田中利右衛門氏
ノ誤リ

篠田栗夫
梅見春吉
安達龜造

## 黄坡先生の一日（其二）

先生は動物を非常に愛せられる、金魚も亦可愛がられる、殊に植物に深い造詣を有し中々熱心である、隨て蘭を多數育てて居らるゝ事も亦有名である。所謂素心蘭は左端の鉢である。だが親愛なる訪問者諸氏よ、先生の部屋で蘭を賞せらるゝは良いが決して葉に觸るゝ事勿れ、客去るの後折れた葉が先生を歎げかすからである。

## 神威ある拭巾

岡本　勝

私の東都游學は、私自身の發憤では無く、全く黄坡夫子の御言葉に由つた者で、弟子を思ふ御心の厚きを、誠に難有い事と深く感佩してゐる。

夫子は仰せらる「今回帝都に、こう云ふ學校が出來た一つ入學して大家諸先生の所説を聽いて來い。」と。遂に八十ならぬ不惑の齢近くして手習を初めたのである　想起す入學受驗の上京途中二月十一日の夕頃、久し振りに御尊容を拜し併せて御教示を仰ぐ可く、梅田驛に下車其昔十餘年の歳月を朝夕出入した懷しみのある書院を訪れた時の話である。

夫子は欣び迎へられ受驗の幸先愛でたければとて先づ祝杯を賜つた。小子禮に閑はず發車時刻の迫れるをも顧みずあまりにも過して前後不覺。夫子は若しや途中怪我でもしはせぬかと思召されてか、御多用且つ、極寒の夜中をも御厭ひなく、態々梅田迄見送つて下されて。送つて下さつたと云ふよりも寧ろ連れて來て給つたのであつた。今憶出しても勿體ない事であつたと、衷心肝銘の心血が湧くのを覺える。改札口に到着すると列車への乘客は已に通行し畢つた後で發車の鈴が喧しく鳴つてゐた。師弟二人、梯子段を馳上り、馳せ下り、誠に周章焦心の事であつた。階段を下りる頃は汽車は既に動きかけてゐた。二等車ばかりが見える。赤切符所持の私めが、乘る可き客車は遙かの後方に聯結してあるのか見當らない。列車は速度が加はる。夫子は「何れでもよい。早く乘れ。危い。疾く〳〵」と、乃ちもう何も構はず跳び乘つた。危い事であつた。汽車からは落ち、受驗からも落ちたら――。あの時、あの刹那。數にもあらぬ私の爲めに態々梅田迄、然も發車間際のあの際どい時に同じく駈けて給はりし御心憶出しても感涙の流出するのを覺える。

然るに當夜、祝杯を拜してゐる時夫子は一葉の手拭巾を賜つた。曰く「是は昨秋父祖の郷國讃岐安原に展墓した砌、土地の人士の希望により鹽の江鑛泉の靈水を以て染筆せるもの。今は手にも餘分はあらず殘して僅に一枚あり。今回の行を祝福して賜はらん」と。拜すれば白地に薄茶色を以て染めた御揮毫題して「達」といふ。蓋し素志を達せよとの御意なりと忝しく拜戴した。而して當の試驗にも合格し、三ケ年の游學も無事に卒へ、素志の第一歩は達したので題字の精神には背いてはない。但し上達の達は讀んで、字の如しであるが。

何がさて此の難有き賜物、輕々しく用ひ捨てゝ可ならんや。若し必要の場合は他物が夥多ある。此の「達」の字の拭巾や、余が思出の種でもあり、初志達成の祝品でもあり且つ夫子の御染筆、何の使用ぞ。現に大切に藏してゐる。而して此の拭巾には其後次第に由來がつき愈々尊く成つた。それは東都に居住してより將に十年。其間毎年上級學校に入學、或は檢定試驗を試みんとする者にして知人或は其子弟、若しくは其添書を持して來て宿泊を乞ふ者が大低一人二人ある。余や其人を見てはこれを貸與する。由來を說いて携帶させる

然るに不思議にも合格してくる。必ず目的を達してくる。是等は既に其人に既定の技倆のあるのは勿論なるも、又別に此の拭巾に一種不可思議なる神威靈妙なる魅力が籠つてゐるに違ひないと信じてゐる。其神靈なる魅力たるや即ち是れ夫子の御威力の冥加に非ずして何ぞ。私は全く夫子の御精神の憑依せるものと思ひ、受驗の「護り拭巾」、と稱して神龕の中に神符と同じく祕藏してゐる。希望者には何時でも貸與携帶せしむるに躊躇はしない。

因に云ふ。此の神靈拭巾を携帶して初志達成せるもの、船員二人、專門學校二人、教員檢定一人、師範二部一人、中學校一人、私を加へて八人。

## 黄坡先生の一日（其三）

泊園書院に於ける先生の御講義に列した誰もが云ふ。訓詁より解釋に……そして内容を解かるれあたり、評論あり訓諭あり、先生の深遠なる學識に敬服せしめられる、殊に御誦讀の音調の朗々たる、恍惚として宛ら名吟を聞くものゝ如きだと。然しそれは定められた時間内の事で由來泊園書院の學風は規則書にはあつても實際は試驗もなければ卒業日もない。不勉強な者には至極都合がよいが若し好學の人が先生に面する時それは非常に苦しいものである、先生は決して手を取つて敎へて下さらない、たゞ響に應ずるが如く求める者には嚴然として鞭を下す、少しもぼんやり出來ないのである、一擧手一投足も更に油斷がならない。かく申す洗毫子等はかの三十棒の喰ひ大將でそれに依つて啓發される事も頗る多い。東畡先生帷を浪速に下されてより笈を負ひ門を叩きし人三千、門下より偉大なる人傑を輩出したのも蓋し宜べなる哉だ、黄坡先生の御揮毫の傍に居ようものならそれこそ試驗を課せられて居ると心得てよからう、諧謔も出るがどんな問題が飛んで來るか知れないからである、そこで受太刀にならぬ間にと今御秘藏の乾隆御墨を磨し來て筆底脂膏滑らかなる所をパチリ……。

## 壽詞　壽詩　壽書を募る

黄坡先生華甲祝賀に就いて壽詞、壽詩、壽畫を先生に贈らるる方には當誌社は喜んでお取次致します。樣式に規定致しません。期日

## 通

來る三月十五日午後七時より華甲祝賀會準備打合せを致します、門下有志諸君は御出席下さい　又前回お集り下された方にも同樣であります。係員

## 周甲自壽

經過世間花甲子。
閱來地上活文章。
耳聽未得與言順。
頰舌何辭爲道忙。
臨簡每歎先業重。
植蘭尤愛素心芳。
故人情味更堪掬。
贈我神宮延壽觴。

丙子元旦　永田青城贈
橿原神宮延壽杯故云。
藤澤章

## 黃坡先生の三釋義

石濱生

黃坡先生の講筵に參して親しく教を受けた方々は隨分多數である。或は泊園書院の課業に、或は諸學校諸集會の講席に、若しくば經子の釋義を、若しくば斯道の演說を、聽聞の機會を得られたのであらう。然しその丁寧親切なる解說は只に御口演に限られてゐるのではない事は、泊園紙上の先生の講義其他を一讀せられた人には周知であらうと思ふ。又泊園紙以前に於ける先生の御著述に於ても同樣であらうかと思ふので、或は餘り他に知れてゐないのでなからうかと思ふので、こゝに二三の御撰述を擧げて注意を請はうと云ふのである。

第一は古押九格である。これは南岳先生の御著述で短古の韻法を九種、自作の古詩を以て示されたものであるが、詳細なる訓釋を黃坡先生が施されてゐる。本來は韻法を示して作詩に便せられた小著であるが、例示せられた古詩は皆修身齊家治國平天下の大道を說かれたる教訓のもの計りであるから、單なる作詩の一道の撰著ではない。泊園の學に志有る人は先生の訓釋によつて味讀せられたい。大正六年の刊行になるもの。

第二は藤澤南岳先生詩碑略解と云ふもの。南岳先生の二詩、吉野如意輪寺頭にある埋髻詩と、高津神社内にある勸善歌との解釋である。略解とは題してあるが、讀方、字解、意解の三段に分れて、詳細であり丁寧であるから誰にでも理解し得る。兩詩共に泊園學の精粹である。大正十一年の刊行になる。

第三は勅諭衍義である。明治天皇が畏くも陸海軍に賜はれる軍人勅諭の解義である。南岳先生が教育勅語を解說せられた聖勅衍義と對をなすものであつて、殊に此は口語を以て謹述せられてあるから結構である。大正十四年初版、十五年三版である。

泊園の道は我國の道であつて、孔子の道が之に吻合するのである。東畡先生に於て此說の端を發し、南岳先生之を恢弘せられ、黃坡先生之を紹述承說せられてゐる。此等の三著は片々たる小册子ではあるが、內容は泊園學說の精髓である　然も國字國語の理解に易き解釋が附せられてゐるのは難有き次第である。近頃になつて世間は日本精神だの國體明徵だのと援ぐが、此等の書册を開けば十數年も前に明晰に指示解說せられてゐる。泊園の學徒も再讀して共教に省るべきである。

南岳先生が若かりし黃坡先生に送られたお手紙を見ると「宜しく斷々乎として斯文を以て自ら任ずべし」と云ふ處がある。後來先生が斯文自ら任じ紹述是れ事とせられた淵源は實に茲に存する。講經釋子、席是れ暖まるに暇なき先生の御多忙中に、この親切丁寧なる釋義をものされたるも、一に庭訓を奉じ斯文の任を重んぜられたるに外ならない　泊園の徒のみならず、世人も此等の書に注意を拂はれん事を希望する。尙ほ先生の稿本種々存する樣に承るから、華甲祝賀を機として、其等をも及門の人々の手により漸次出版さるゝに至らん事を至囑々々。

## 黃坡先生の一日（其四）

壯年、投筆伍貔貅、去蹈滿洲雪………際會此未有時、人生幸禍何過之と故南岳先生に送られて日露の役に從れた黃坡先生には自然軍事に關する詠詩が多い飛霜缺月の詩、征露々々の詩、親閱式の詩等々、然し沙河の戰の後勇猛鬼をもひしぐ我が將士をして泣かしめたと云ふ、軍旗を祭る文の原稿の行衛が未だ知れないとはさても惜しい事である。

## 黃坡先生の一日（其五）

幅は同門諸氏にも貴重な品だ。泊園書院では一月中拜する事を恒例として居る、斗星終古不差期と讀んで下さる背後からチョット失禮した。御家庭團欒の有樣をも諸氏に御紹介したいと思ふたのに遂に機會がなかつたのは殘念々々。

詞
詩
書

四月十五日迄。御送附先
大阪市南區竹屋町九、泊園書院內
泊園誌社宛。

知

多忙に付乍勝手各個の御通知は致しませんから右御諒承願ひます。
場所。泊園書院にて。

## 關大豫科の黄坡先生

多田生

千里山の關大豫科と云へば今では堂々たる鐵筋コンクリートの校舍が聳えてゐるさうだが、僕が豫科第一學年に無事入學した當時は木造二階建の貧弱なものであつた。

建物なんかどうでもよい。兎に角僕等は極めて朗かで、ドイツ語だフランス語だと騷いでゐたのだ。そこへひよつこり先生が姿を現されたのである。先生の方では毎度のことで何の變哲もないんだが、新米の僕等の方では一寸まごついた。自由奔放、元氣潑剌たる新入生の目に胡麻鹽頭の紋付羽織袴の漢學先生程ユニークな存在はまたとあるまい。

所がどうして、一瞬この老教授が學生の氣分にぴたりときたんだから不思議だ。

あの時分は合併授業が多かつた。二組三組の生徒がどつと一組に集つて來るのである。

何！　百人以上の生徒が一室に入れるかつて、よくしたものでそれで餘裕しやくしやくたるものだから御心配は御無用だ。

それが然し先生の時間だけは困る。二人掛の椅子に三人が目白押、うつかり後れて來たものは坐れないので後ろに立つて居る。熱心なものは廊下で講義の筆記だ。大分勝手が違ふ。確か御授業第一時間目だと思つてゐる。初對面の御挨拶に曰く、

「ボクの時間は出席なんか取らんのやから嫌な者は聞かんでもえゝ、ボクは時間中その邊でウジャ〳〵言ふのが一番きらひ、ボクの講義聞いてたら、浪花節（講談？）聞いて居るよりよつぽど面白うて安ついてとくや、言うて何時も聽講者が多うて困つて居るんぢや！」と是の如く御注意あつて、一寸うつ向加減で例のお頭をぴりりつと震はせて、右手を左右に振つていや〳〵せられたものだ。

勿論一同どつと笑つたが、愈御講義が始まると咳一つする者も無い。時間が立つのが惜しい樣であつた。後で上級生からあれが大阪で有名な漢學の大家だと聞かされて成程と思つたのである。

その頃僕は漢文なんかやらうとは夢にも思つて居なかつたので、殘念ながら先生の名講義をしば〳〵聞き漏した。白狀すると僕は在學中よく學校をサボつたのだ。しかしいざ試驗となると、復習なんか一邊もしなくても可成りの成績がとれるから妙だ。決して僕の頭の自慢ではない。誰もが同感だらう。一字一句でも一寸筆掛りが出來ると、一度講義を聞いた所なら、次から次と糸を手繰るが如く記憶が蘇つてくる。御講義の上手な證據だ。

此は別の話だが、先生は又某校で修身を御擔當になつて居るとのこと、その學校の生徒が親父に自分の學校では皆修身の時間が一番面白いと云ふて居ると告げたさうだ。修身が面白いとは蓋し天下一品だと、その親父なる人が感心してゐた。何とか云ふ漢文無用論者が、中學校で何が一番嫌ひな學科かと聞けば生徒は第一番に漢文だと言ふに違ひない抔と囁いて居るが、そんな人に一度でもよいから先生の名講義を聞かせてやりたいものだ。

## 臨教時代の黄坡先生

衣笠生

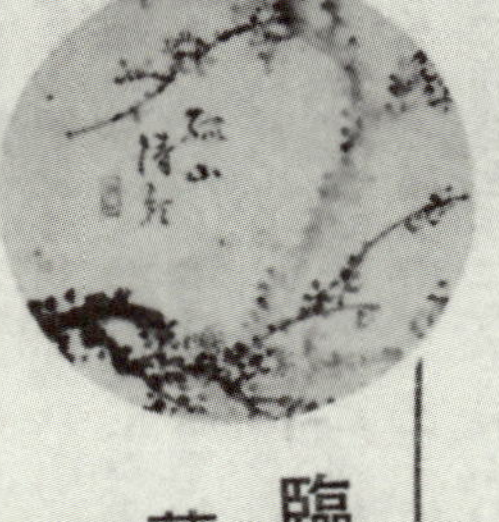

歷史は合目的人間の描く繪卷物であり、人間は瞬時たりとも、歷史を超越し得ないものとすれば、或時代に繰込まれた人生の一頁は非常に尊いものである。

立體的な建築と線の交錯。平面的な人間の顏。諠呼道に滿ちた街路、大阪そのものは、直覺的に學の都でなく、生々しき人間活動を刺激する。堂々たる正門、白堊の三階建、出入するスマートな背廣姿の學生、明朗瀟洒なロマンチツクな學園といふ感じだ。又學生といふよりも一介のサラリーマン臭い趣で、心の波の平均を失はせるに充分であつた。この一近代的利益社會とも見るべき學校に、渡り鳥の如き一臨教生が、或日諦視した一先生があつた。

瀟洒出塵の姿とも云ふ可き、紋付羽織袴、白と黑のカクテル。所謂胡麻鹽交りの頭。苦味走つた顏。足は雪駄。手に白扇。風神飄々たる處がある。一文一回背誦又玩諷される姿は、自ら瀟灑、諦聽すると桃源に遊ぶの空氣が漲つてゐた。

此の學園にして、此の先生あり。漢文といふ非科學的、超現代的なものが、含蓄味ありグツト胸に迫つて來た。蓋し名儒宿德とは斯の如き人なるかなと叩頭させられる、と共に所謂儒學者の面影が日に去り行く今日、此の先生を得て我こそは斯學に突進せんと決心したものである　爾來今日まで、この直觀は微動だにせず深く印象付けられてゐる　爾來三年間深遠篤實なる學と、溫厚な態度のもとに、循々然として導き下さつたのである　殊に詩文に於ける先生の講義は平明簡易　而も血となり肉となるべき内容の充實したものであつた　然し經子の講義を拜聽し得なかつたのは、僕等の深く〳〵遺憾とする所　熱心なる學生の中には、朝夕先生の塾で、經子の講義を諦聽する者もあつた。唐詩選の授業中、教壇の上からロイド眼鏡越しに、ジツト吾々を熟視され、ニツコリと笑まれた、あの姿が印象深いものである。この時、常に親しく、先生に接し、先生の人生觀、社會觀を聽くを得ればと思つたものである。漢文をライプニツツの「窓なき單子」の如く考へ、永劫の理想に向つて不斷に創造發展せんとする吾々の生命體には興味がないと囁いてゐる人に、この先生のこの篤實にして權威ある講義を聽かせてやりたいとふと胸に浮ぶこともあつた。

偶然的にか、必然的にか、外語に宿を借る一臨教生は、先生によつて、斯學に志す端を開發する機緣を得た欣喜の情を、今尚胸中深く銘記してゐる。

友人より、先生甲子一周し壽七帙を開かると聞く。希くば先生一層御自愛遊ばされ、御家運の彌榮を御祈り申し上げます。

## 記事

◎一月二日。拜年式を行ふ。例年五日午後より行はれ來りしも本年より二日に改められ親戚故舊の方を初め門下の諸氏續々登院せられ頗る賑ふ。

◎一月五日。尙德會發講式。講題。

需有レ孚光亨貞吉利レ涉二大川一

◎一月十三日。開講

◎二月二日。藤澤宗家にては當日故南岳先生十七回忌、故黄鵠先生十三回忌を齡延寺に於て營まれ、黄坡先生以下門下の方々も參拜せられたり。

◎二月第二土曜日午後二時。泊園會常任理事會を開く。

## 會員消息

○爲村佐一郎氏。客歲十二月初旬

○木村敬二郎氏。本年一月二日逝去せられたり。

## 日課表

| | 月 | 火 | 水 | 木 | 金 | 土 | 日 |
|---|---|---|---|---|---|---|---|
| 午前六時〜七時 | 七輯 | 晏子春秋 | 七輯 | 晏子春秋 | 七輯 | 唐詩選 | 第一、第三、午前七時半ヨリ詩經 |
| 午前九時〜十時 | | 林園月令 詠物詩選 | | 林園月令 詠物詩選 | | | |
| 午後二時〜五時 | | 高青邱詩醇 左傳 | | 高青邱詩醇 左傳 | | | 毎月一日 第二第四第五日曜 祭日 休講 |
| 午後七時〜九時 | | 正文章軌範 | | 正文章軌範 | 書經 說文（石濱先生） | | |

泊園誌社

（顧問）　黄坡先生

（同人）　石崎太郎　石濱純太郎　三原靜美　梅見春吉　岡本喜三

## 本誌後援寄附金收受報告（泊園同窓會）

一金拾圓也　宮崎喜太郎氏

一金壹圓五拾錢也　宇田匡太郎氏

一金五圓也　射越金映氏

一金參圓也　有岡太郎氏

一金參圓也　佐藤馬之丞氏

一金貳圓也　芝田弘淳氏

上原三郎氏

藤本木田氏

植野德太郎氏

吉宗[illegible]

生谷卯兵衛氏

宮崎青湖氏

三崎要一氏

古川[illegible]三郎氏

**前號誤字訂正**

欄外泊園同窓會常費・收受報告ノ中

吉崎榮藏氏ハ吉崎幾藏氏

平泉秀三郎氏ハ平泉豊三郎氏

泊園同窓會幹事　篠田栗夫

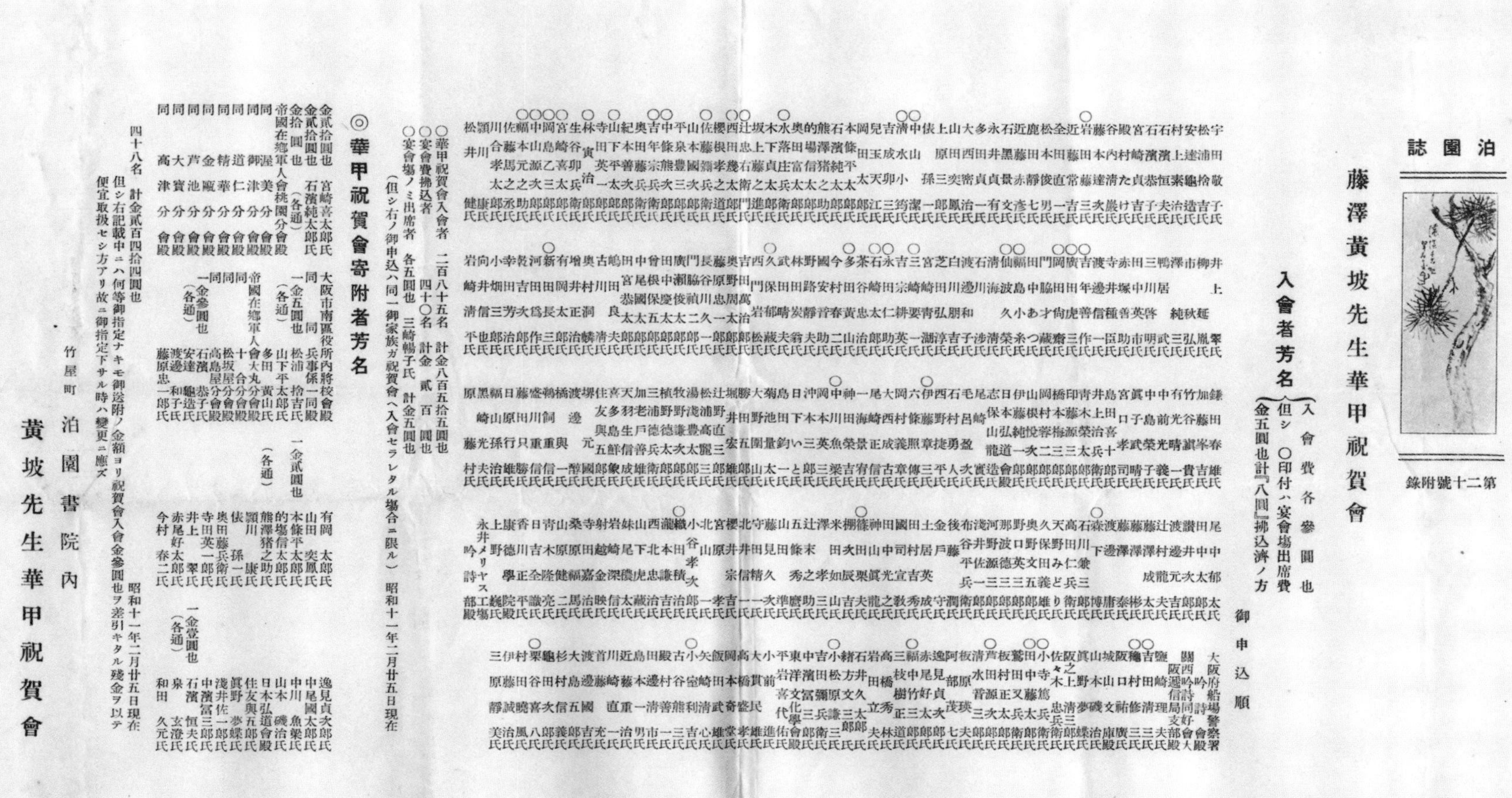

泊園誌

第二十號附錄

# 藤澤黃坡先生華甲祝賀會

## 入會者芳名

入會費各參圓也

（但シ○印付ハ宴會場出席費金五圓也計「八圓」拂込濟ノ方）

御申込順

○華甲祝賀會入會者　二百八十五名　計金八百五拾五圓也

○宴會費拂込者　四十〇名　計金　貳　百　圓也

○宴會場ノミ出席者　各五圓也　三崎暢子氏　計金五圓也

（但シ右ノ御申込ハ同一御家族ガ祝賀會ヘ入會セラレタル場合ニ限ル）　昭和十一年二月廿五日現在

## ◎華甲祝賀會寄附者芳名

金貳拾圓也　宮崎喜太郎氏

金貳拾圓也　石濱純太郎氏

金拾圓也（各通）

帝國在鄉軍人會桃園分會殿

同　渥美分會殿

同　御津分會殿

同　道仁分會殿

同　精華分會殿

同　金甌分會殿

同　芦池分會殿

同　大寶分會殿

同　高津分會殿

大阪市南區役所內將校會殿

同　兵事係一同殿

一金五圓也（各通）

同　松浦捨吉氏

山下平太郎氏

多田黃山氏

帝國在鄉軍人會大丸分會殿

同　十合分會殿

同　松坂屋分會殿

同　高島屋分會殿

一金參圓也（各通）

石濱恭子氏

安達龜造氏

渡邊和子氏

藤原忠一郎氏

一金貳圓也（各通）

有岡太郎氏

山田奕鳳氏

本條平太郎氏

的場信太郎氏

熊澤猪之助氏

穎川康氏

俵孫一氏

奧田藤兵衛氏

寺田英一郎氏

井上翠氏

赤尾好太郎氏

今村春二氏

一金壹圓也（各通）

逸見貞次郎氏

中尾國太郎氏

中川魚梁氏

山本磯治氏

日本弘道會殿

住友與五郎氏

眞野夢蝶氏

淺井佐一郎氏

中濱富三郎氏

石濱恒夫氏

泉玄澄氏

和田久元氏

四十八名　計金貳百四拾四圓也　昭和十一年二月廿五日現在

但シ右記載中ニハ何等御指定ナキモ御送附ノ金額ヨリ祝賀會入會金參圓也ヲ差引キタル殘金ヲ以テ便宜取扱セシ方アリ故ニ御指定下サル時ハ變更ニ應ズ

竹屋町　泊園書院內

黃坡先生華甲祝賀會

昭和十一年六月一日（月曜日）　泊　園　第二十一號（一）

# 泊園

昭和十一年五月廿五日印刷（隔月一回一日發行）
昭和十一年六月一日發行　―（非賣品）―
編輯兼發行人　大阪市南區大寶寺町中之町二番地　的場信太郎
印刷所　大阪市西區新町南通五丁目　林泰進堂
發行所　大阪市南區竹屋町九番地（泊園書院内）　泊園誌社
振替大阪一三八三九（泊園書院）電南六八二七

## 奉壽黃坡夫子序

維昭和十一年。歲在丙子三月七日。我師黃坡藤澤夫子。周覽甲子。齡開七帙。體軀復健。聰明自若。從遊弟子咸喜議賀。卜神祖大祭之吉日。聚綿業會館之巨堂。請迎夫子。擧祝延之禮。乃拜手稽首。頌壽。獻祝曰。夫人有壽而後能享諸福。故華封三祝。洪範五福。皆以壽爲先。惟於夫子之賀與衆異撰矣。昔者東畡先生審國體而辨和漢之異。原聖志而明不傳之學。南岳先生内建立教明倫之議。外述萬邦協和之術。黃鵠先生提起正閏之論。以明大義。正名分。泊園累世之學術。純粹極至。卓絕世間。夫子紹箕裘之業。恢弘昌明。不倦不懈。至今泊園之傳。不絕一綫者。實百十有餘年于玆。夫子之壽與學俱永矣。顧明治以還。治學遺舊競新。爲政忘本彷外。雖有憂國之士。無奈時潮所趨。耆老與歲凋謝。新進不有復興。遂至有皇漢不辨。蔑道輕教。不明大義名分者。夫子特立此際。淡然不奔名利之途。毅然自任斯道之重。役々諄々。孜々屹々。明道講學。育英啓俗。教道之化。燦然成風。成章之美。斐然可觀。　夫子之壽與世俱富矣。今也世運一轉。民心將變。爲學則頗思溫古。不以知新爲急。施政則頻欲培基。無以依他爲要。乃東畡。南岳。黃鵠三先生之遺業。尙有待夫子之擴明者大矣。夫子自愛自重。及期頤之齡。則萬邦化于皇風亦企首可望哉。夫子之壽與時俱康矣。弟子等所以賀夫子之壽者如此。則與衆人之賀異撰矣。請錄此爲祝。謹侑壽觴。

門下生總代　岡本勝

黃坡先生の答辭

## 華甲祝賀會を終りて

四月三日の黃坡夫子華甲祝賀會は實に豫期以上の盛大さを以て行ふを得た事は、我等の喜び之に過ぐるものはない。我等は我等が出來得る限りの力を注いで目的の達成に進んだのであつたが、後から思へば智慮の周ねからず、行動の盡くさゞるものが有つて、實に恐縮の至りであるが、出來得た成績は我等としては豫期以上であつた。固り是れ夫子の學と德との致す所でもあるが、來賓諸賢の御好情と會員諸兄の御盛意の有る無くんば、到底我等若輩なる門下生のみでは、かゝる盛會を見て夫子の高恩に多少なりとも報ね得るに至らなかつたかと思ふ。謹んで茲に來賓の諸名士、會員たる諸兄に篤く御禮申上げる。

來賓の方々は偖て置いて、會員諸氏の御名前を拜見して、泊園關係以外の方々の多きに驚くのである。是れ亦夫子の學德の致す所であるには違ひないが、啻にそれ計りでなくて矢張り夫子を通じて斯文斯道に志有る事が此結果を導き出したのではないだらうか。果して然りとすれば大阪に於ける泊園累代の努力は報はれたりと云ふべきのみならず、今後の泊園書院も亦當に斯業の擴充に從ふべき義務を有するものである。

筒井氏開會の辭

尨然たる商都大阪は固り利を追ひ富を競ふの土地たるには相違ない。然し懷德堂混沌社等の先蹤の尋ぬべきものもある。今又泊園の業績を眼前に見るを得るのである。茫々窮り無き大都市は一二の講道所のみで滿足さるべきものでないから、我等多少なりとも此道に志有るものは尙一層の盡力を惜しみはしないのは固りだが、一般の市の志有る人々も亦此點に思を致して後援をお願ひしたい。又お願ひして首肯さるべきは祝賀會の列名を見て我等が正に確信する所である。

泊園の諸兄、我等の夫子の祝賀會は終つた。然し我等の泊園書院に對する新しい義務は今や生じつゝあるのだ。否我等が斯文に對する新しい責任が生じつゝあるのだ。我等は時局を論ずる者では無い。時局は肉食の者が之を謀るのである。天下の道心を憂うるに至つては匹夫の賤も與つて責がある。我等は新しい義務を感じ、新しい責任を感じて、この目出度き祝賀會の有終の美を成さうではないか。それが亦好意を示されたる大阪への酬いであらう。祝賀會に與へられたる一般の好意を謝し、併せて我等の志を一言する。

加藤亮吉氏　野路静夫氏　川合孝太郎氏　奥野周太郎氏　藤原忠一郎氏　神田榮吉氏
高田仁兵衞氏　北井信一氏　香川正平氏　高橋秀林氏　眞野鷹一氏　鷲田又兵衞氏

一金壹圓也（十一年度）
日吉全識氏
（以下次號）

安達龜造

## 藤澤黄坡先生
# 華甲祝賀會の記

黄坡先生華甲祝賀會は愈々神武天皇祭の佳辰に綿業會館に於て盛大に催された。この日朝來の激しい雨は午後に入つて名殘りなく晴れ絶好の春日和となつた。主賓黄坡先生御一家を初めとして會場へ參集する人々は刻々多きを加へ實に二百餘名を算し、來賓として大阪市長（代理）大阪市會議長川畑氏、大阪海軍監督長松崎少將、大槻藥學博士、中目前大阪外國語學校長、里村南區長等の諸氏亦特に臨場せらる。四時半司會者筒井前代議士起つて開會を宣し、先づ福本元之助氏登壇、祝賀會を代表して今日茲に黄坡先生華甲祝賀會を擧行するに至りし經緯を報告し、且つこの非常時に當り華甲の壽を迎へられたるは殊に喜ばしいとて深厚なる祝意を表し、次いで安達龜造氏より華甲會の會計の大要の報告あり、次に先生に對する紀念品の贈呈にうつり、華甲會を代表して西田幾太郎氏、泊園會を代表して宮崎貞吉氏交々登壇恭しく目錄を贈呈、終つて來賓大阪市長（代讀）川畑市會議長より、東畡先生以來の泊園學の大阪に於ける事蹟を頌し茲に黄坡先生が華甲の壽を迎へられたるは欣快に不堪旨の祝辭あり、續いて起つた松崎閣下は自分は天王寺中學に於て學びし當時親しく先生の御教導を受けたる者なれば來賓としてゞはなく一箇の門下生として先生に深甚なる祝意を捧げたき旨述べられ、前外語校長中目氏また同校に於ける先生のすぐれたる功績を說き和歌一首を唱して祝せらる。次に司會者より折柄橿原神宮に參拜中なる大阪府會議長磯村氏より寄せられたる聖地に於て遙かに祝意を表する旨の祝電の披露ありて後泊園會總代としての笠井雪窓氏、同窓會代表としての篠田活園氏を初め神田豐城、梅見有香の兩氏門下生總代として岡本勝治郎氏それ〴〵祝辭を朗讀　夫子の壽康を喜び切に御自愛御加餐を祈る旨述べ終れば、夫子はやをら起つて、先づ今日の盛會を謝せられ、諸賢の讃辭に對し自ら顧みて衷心忸怩たるものあり余の如きは莊子に所謂陳人なるものにあらざるか、「宜しく更に斯文に努力して諸君子の厚誼に報ゆべし」と、之に答へられた。心なしか平生の名調子も途切れ勝ちで流石に感慨無量の御樣子に御見受けした。次に本條平太郎氏より各方面の祝電披露あり、引續き逍遙遊吟社同人の作になる壽詩が宮崎喜太郎氏の紹介の下に關西吟詩同好會々員諸氏によつて一々朗吟せられ和氣靄々裡に六時この式を閉ぢた。次いで盛なる壽筵にうつる、筒井委員長先づ開宴の辭を述べ、先生直ちに御起立丁重なる謝意を表せらる。筒井氏次いで會衆と共に杯を擧げて先生の壽を祝して一同乾盃した。宴酣にして宮崎喜太郎氏起つて壽詩二首を吟ぜらる。デザートコースに入つてテーブルスピーチが始まつた。先づ關西大學の岩崎教授起ち、黄坡先生の功業の盛なるは勿論ながら自分は御令息桓夫氏の小說家として尤も將來性に富み、先生のよき後繼者たるに恥ぢざるものあるを確信せりと讃辭を呈せられたがツネヲと誤られたので宮崎氏直ちに立つてタケヲなりと正さる。次いで前藥專校長大槻博士は同校に於ける先生の功績を讃へ、前年先生の職を退かれたるを以て本校の誇を失へりと嘆ぜられ、亦鎌田神宮皇學館教授は松崎閣下の一級下にて同じく天王寺中學に於て先生に學ばれたる昔を語られ、轉じて泊園同窓會誌を翻いて、その第二回當時嚴父節堂氏が南岳先生並びに年少の黄坡先生と同席したる狀況を讀んで感慨無量なりと述べられ、先生また起つて天中當時の內幕に及ばれる。次で村上、織田兩氏の吟詩、岡本氏の自稱君子都々逸無慮二十有餘が飛出す頃に至つて宴は正に最高潮、梅見有香先生はテーブルの間々を逍遙徘徊して飄々乎として挨拶して廻られ滿堂笑聲、歡語湧くが如く興の盡くるを知らず最後に粟谷喜八氏の發聲にて夫子の萬歲を三唱して午后九時を過ぐる頃漸くこの盛宴を終り、黄坡夫子の御驩談の後御歸りを送り委員等後事を整理し了へて散じた。昨年來門下有志が一意專心盡力を惜しまなかつた此の壽筵がかくも盛大に滯りなく終了したのは一に來賓會員の賜と厚く感謝する次第である。なほ來賓中御都合に依り御臨席の榮を得なかつた方々は建川師團長。松村閣下。西村堺聯隊區司令官。安井知事。鈴木府學務部長。岡市教育部長。仁保關大學長。玉木關大專務理事の諸賢と朝日。毎日。時事の新聞社各位であつた。

（石崎記）

宴會場

今般從來の學舍改築の運びに相成り候に付き其間は書院幷に小生家族共に左記へ移居致し居り候右以紙上御報申候也

南區長堀橋二丁目五〇番地（長堀橋南詰西へ入）

昭和十一年六月一日（月曜日）　泊　園　第二十一號　（三）

# 藤澤黄坡先生華甲祝賀會

## 會員芳名

（◎印ハ祝賀會出席者　○印ハ祝賀會及ビ宴會出席者　御申込順）

◎水落庄兵衛氏 ○三浦德次郎氏 和田達源氏
鹿田靜七氏 ◎辻忠右衛門氏 ◎豊田省三氏
◎篠田栗夫氏 平井幸吉氏 大河内安藏氏
◎小寺篤兵衛氏 平井竹世氏 ◎平泉豊三郎氏
◎櫻井雲洞氏 ◎堺元國氏 ◎豊田宇左衛門氏
○眞野鷹一氏 ◎伊藤章三氏 豊田助九郎氏
櫻根孝之進氏 ○高橋秀林氏 ○豊田國三郎氏
杉村正太郎氏 日下いと氏 ◎中川魚梁氏
◎吉田清三氏 ◎粟谷喜八氏 ◎安達龜造氏
岡本英三氏 辻蒼石氏 織田九郎氏
戸田喜久男氏 豊田正達氏 ◎河田爲作氏
◎芦田源次郎氏 ○香川正平氏 ◎清水小鎬氏
○吉宗耕英氏 稻葉太吉氏 ◎中山源次郎氏
◎永田仁助氏 ◎筒井民次郎氏 ◎神山眞龍氏
○宮崎青湖氏 島田喜十郎氏 ○射越金英氏
新田長三氏 ◎田中藤太郎氏 ○西門岩松氏
有岡太郎氏 ◎福本元之助氏 ○殿村たけ氏
◎村上吉五郎氏 ○石川兼三郎氏 ◎中山潔氏
小倉梅代氏 紀本善次郎氏 菊池量太氏
渡邊庸氏 ◎多田忠三氏 ◎福田三次氏
○藤澤成太氏 ◎廣田虎三氏 渡邊醇氏
藤澤彬氏 ◎梅見春吉氏 ◎三崎要一氏
藤澤泰氏 池田青溪氏 西林正晃氏
中濱富三郎氏 ○田中塊堂氏 中尾國太郎氏
石濱敬次郎氏 沖本三郎氏 豊田昌男氏
嶋田良夫氏 西田捷平氏 ○尾崎正信氏
◎石濱純太郎氏 ◎神田榮吉氏 伊串徹仙氏

### 泊園書院の釋奠

恒例の四月三日、本年は特に午前十時より舉行さる。此日夜來の春雨未だ止まず例年になき惡天候ながら會衆頗る多し。祭典嚴修の後黄坡先生の講經あり。講題は論語の一節。

子路問君子。子曰。修己以敬。曰。如斯而已乎。曰。修己以安人。

◎茶谷忠治氏 澤純三氏 ○北井信一氏
◎西田幾太郎氏 ◎岡田尙齋氏 湯淺豊太郎氏
藤原久太夫氏 清水音三郎氏 伊藤純一郎氏
松井健氏 ◎寺田英一郎氏 渡邊元吉氏
六條照傳氏 岩崎清平氏 川合孝太郎氏
古川清氏 ◎辻直太郎氏 安田半圃氏
◎木村久次郎氏 仲西宗治氏 鴨居武氏
武田晴夫氏 奥野周太郎氏 松本洪氏
○永井貞有氏 江田喜一郎氏 ◎岡本勝次郎氏
高田仁兵衛氏 ◎熊澤猪之助氏 細田美三郎氏
奥田富太郎氏 牧野謙次郎氏 島田鈞一氏
近藤常吉氏 俵孫一氏 堀越壽助氏
淺井佐一郎氏 仲野安一氏 岡村義章氏
清海清氏 後藤潤氏 ◎前田敬助氏
藤原忠一郎氏 ◎宮崎貞吉氏 ○野路靜夫氏
谷内清巖氏 ○橋本梅三郎氏 ◎佐藤彌兵衛氏
飯田武雄氏 大西密治氏 田中敦子氏
三川啓明氏 ○岡田義作氏 殿村善一氏
石黒景文氏 吉田萬治郎氏 高津俊久氏
上原三郎氏 ○楠正然氏 井上善次郎氏
◎多田貞一氏 芝田弘淳氏 辻村龍夫氏
◎森下博氏 ○岡村蓉三郎氏 ◎鎌田春雄氏
赤塚善助氏 鷲田又兵衛氏 曾根保五郎氏
松浦高麗三氏 ○門脇才藏氏 加藤亮吉氏
濱中彌三郎氏 ◎門脇禎二郎氏 古谷熊三氏
山田奕鳳氏 近藤房吉氏 尾中郁太氏
大野闔山氏 佐藤馬之丞氏 植野德太郎氏
松本俊男氏 高田次郎氏 吉成卯三氏
矢崎清心氏 三宅智隆氏 住友與五郎氏
國安晋助氏 灘尾晃壽氏 中村實氏
日吉全識氏 山本國太郎氏 逸見貞次郎氏
廣瀨淩太郎氏 ◎華岡龜之助氏 ○高垣良藏氏
赤尾好太郎氏 多紀仁之助氏 ◎佐藤寛九郎氏
田中稠氏 白藤丈太郎氏 桐田晋次郎氏
阿部茂七氏 貝田四郎兵衛氏 ◎田邊英次郎氏
加藤和美氏 ◎田中治一郎氏 水田硯山氏
黒川莞爾氏 ◎南坊城良興氏 野田六左衛門氏
岩崎深信氏 小野助十郎氏 市秋弘氏
天羽生信成氏 吉永登氏
岡田太郎氏 ◎山下平太郎氏 ◎的場信太郎氏
三原靜美氏 ○源元公子氏 ○喜多島鮮象氏
○太田波江氏 ◎石崎太郎氏 ◎岡本喜三氏
◎本條平太郎氏 島本一男氏 半井靜子氏
川崎直一氏 ◎矢野香蘭氏 ○兒玉天江氏
小松原謙三氏 金戸守氏 ○根岸靈朋氏
◎渡邊和子氏 內田利一氏 伊藤誠治氏
◎穎川康氏 ○村田安穂氏 ◎林寅治郎氏
◎中村祥園氏 ○向井信也氏 ○田中光之氏

○田中太郎氏 ◎松浦捨吉氏 ◎仙波久榮氏
村上素治氏 小野銀馬氏 ◎岩田藤三氏
○戸塚辰松氏 養田嘉三氏 ◎天野みどり氏
◎福島小糸氏 佐藤壽宏氏 ◎坂田豊氏
市川釮二郎氏 ○桑山惠知氏 ○早川忠次郎氏
生谷卯兵衛氏 ◎生田花朝氏 ○庭山和男氏
◎宇田敬子氏 ◎三崎暢子氏 阪之上清三郎氏
◎石濱恭子氏 ○澤孝三氏 ○今村甚之助氏
石濱恒夫氏 近藤重治氏 ○宇田匡太郎氏
妹尾穠太氏 守田精一氏 ◎福中竹三郎氏
増井正治氏 ◎今村春二氏 阪上藤之進氏
阿部馨氏 ◎小早川惠津子氏
岡島乙三郎氏 ◎一海景宥氏 豊田順一氏
◎吉年善作氏 石川涉氏 豊田實氏
◎吉年宗兵衛氏 奥田富三郎氏 豊田喜三次氏
◎井上治兵衛氏 全田直一氏 豊田道夫氏
加藤峯吉氏 佐々木忠兵衛氏 堀内元氏
◎白川朋吉氏 奥田藤兵衛氏 ◎水谷政次郎氏
○幸田芳治氏 棚次辰吉氏 ◎平岩照治郎氏
◎木下貞太郎氏 ○吉崎幾藏氏 米田勘右衛門氏
橋與一氏 乾吉長郎氏 豊田まち氏
◎久保郁藏氏 ◎近藤翠石氏 ○田宮渭南氏
○堤錦江氏 ○中村靑巖氏 ○杉村信義氏
◎五條秀麿氏 ◎里見澄心氏 ○篠田忠次郎氏
坂村養三氏 上野巍氏 柳延胤氏
中川幸三氏 本莊鐵次郎氏 安藤光氏
神屋敷民藏氏 吉野美彌雄氏 ○河村信一氏
○三枝樹正道氏 山田準氏 村上喜貞氏
田邊清市氏 ◎山本磯治氏 加來俊一氏
○飯田正一氏 板原琰夫氏 土橋文夫氏
矢野直衛氏 龜田次郎氏 井上翠氏
佐藤正一氏 西田長左衛門氏 ◎岩崎卯一氏
藤本達次氏 小畑三郎氏 ○小泉幸治氏
○高橋盛孝氏 ○山根悅次郎氏
○石走倉太氏 奥村洞麟氏 ◎渡邊信一氏
◎寺井種臣氏 西洞院時雄氏 池尻基房氏
◎北郡正中氏 宇多川昇氏
○勝田五郎氏 ◎高津久右衛門氏 林田炭翁氏
大橋香陵氏 高津マツヱ氏 ○長谷川久一氏
○木本藤太郎氏 穐村脩三氏 中條熊太郎氏
○服部新次郎氏 ○吉田彌兵衛氏 ◎生島柳一氏
貴志彌右衛門氏 小室利吉氏 ◎生島一三氏

清水廣吉氏 稻垣光二氏 ○大木一次郎氏
藤澤龜三郎氏 阪口祐廣氏 瀨良好太氏
○戸田孝作氏 ○南史郎氏 上野高敬氏
◎八幡政義氏 ○松本泰輔氏 ◎川上利助氏
◎早川靑汀氏 ◎足立千代氏 ○水谷忠治郎氏
肥田熊藏氏 村上信三氏 久世寛三氏
三田猪太郎氏 花園宗貞氏 ○服部憲治氏
山本時藏氏 ○西田小平氏 ○小澤重敎氏
○戸田靜雄氏 東向翠琴氏 熊井門次氏
○横溝一清氏 辰巳庄太郎氏 ◎藤枝春月氏
○岡島倭一氏 澤田賢次氏 ◎好田吉右衛門氏
吉本泰夫氏 渡邊延氏 山本繁記氏
○榎本嘉三郎氏 藤澤又太郎氏 井咲子氏
大野格治氏
◎大島五郎氏 田中慶太郎氏 ○永田隆三氏
○渡邊國吉氏 井上靜風堂氏 米田如山氏
東洋文化學會殿 日本弘道會殿
◎三島郡教育會殿 城山文庫殿
◎洗心洞文庫殿 康德學院殿
大島宗三郎氏 鳥谷英雄氏 瀧川信一氏
○中村廣三氏 河津靜三氏 今西良藏氏
西川喜代助氏 中村淸太郎氏 末廣幸三郎氏
○高木善助氏 ○淺田才治氏 鹽田新三郎氏
水谷藤吉氏 和氣眞三郎氏 鹽見文三郎氏
○楠重兵衛氏 松田泰氏 松本傳三郎氏
大島佐七氏 外山與治郎氏 久保田芳三郎氏
北川安太郎氏 森下幸助氏 龜山留次郎氏
中島忠三氏 植野親光氏 岡長三氏
森岡善吉氏 堀井芳三氏 福岡輝一氏
水田又次郎氏 石井豊次郎氏 吉積米太郎氏
野村輝彦氏
山村與八氏 石塚忠藏氏 ○室己一郎氏
小栗與三郎氏
◎宮崎喜太郎氏 黒崎光夫氏 尾崎實氏
○宮崎あい氏 ○遞信局吟詩部殿 毛呂盈次氏
○眞子武晴氏 國司宣敎氏 ○青木榮太郎氏
土井英成氏 田村吉秀氏 ○中前光義氏
船場警察吟詩部殿 ○宮口孝司氏 ○中島榮子氏
布谷平兵衛氏 ○堀井宏雄氏 寺田嘉治氏
藤田只勝氏 ○鵜飼重信氏 西北忠治氏
日原行雄氏 ○盛川重信氏 瀧本謙吉氏
福山孫治氏 讃井次郎氏 ○三浦德兵衛氏

○志保山龍造氏　永井メリヤス吟詩部殿
○山中文之助氏○土淸水榮吉氏　加老戸善雄氏
小關義泰氏○三宅太郎氏○藤見久次氏
那波德三郎氏　北山一氏○秦市五郎氏
宮原孝氏　山下虎藏氏　桑原福馬氏
青木隆亮氏　河野源三郎氏○大貫民雄氏
野口英三郎氏○岩田立夫氏　竹谷讓貴氏
奥野文五郎氏　櫻井宗吾氏　石村勇人氏
鹽崎理夫氏○石井久太郎氏○大西成吉氏
山原健二氏　小谷孝次郎氏　印藤源三郎氏
久保田義雄氏○小前進氏　有光晴一氏
平岩喜代佐氏○首藤充氏○辻野直三郎氏
◎織田積治氏　緒方文三郎氏　原　藤村氏
八木壽氏　松坂屋吟詩部殿

## ◎華甲祝賀會寄附者芳名

金參拾圓也　豊田宇左衛門氏
金參拾圓也　福本元之助氏
金貳拾貳圓也　某　氏
金貳拾圓也　宮崎喜太郎氏
金貳拾圓也　石濱純太郎氏
金貳拾圓也　辻忠右衛門氏
金貳拾圓也　佐藤彌兵衛氏
金拾五圓也　松浦拾吉氏
金拾圓也（各通）
帝國在鄕軍人會桃園分會殿　御津分會殿　道仁分會殿
渥美分會殿　金甌分會殿　芦池分會殿
精華分會殿　高津分會殿
大寶分會殿
大阪市南區役所內將校會殿
同　兵事係殿　岡本勝治郎氏
森下博氏　洗心洞文庫殿　辻直太郎氏
安達龜造氏　西田幾太郎氏　岩崎清平氏
金七圓也（各通）
堀越壽助氏　貴志彌衛門氏　野田六左衛門氏
金五圓也（各通）
帝國在鄕軍人會大丸分會殿　十合分會殿
高島屋分會殿　松坂屋分會殿　吉田清三氏
山下平太郎氏　多田黄山氏　新田長三氏
金參圓也（各通）
石濱恭子氏　渡邊和子氏　有岡太郎氏
藤原忠一郎氏　山田奕鳳氏
金貳圓也（各通）
逸見貞次郎氏　中尾國太郎氏　眞野夢蝶氏
本條平太郎氏　的場信太郎氏　中川魚梁氏
日本弘道會殿　住友與五郎氏　潁川康氏
奥田藤兵衛氏　俵孫一氏　井上翠氏
赤尾好太郎氏　中濱富三郎氏　今村春二氏

淺井佐一郎氏　福原岩吉氏　西田長左衛門氏
中川幸三氏　熊澤猪之助氏
金壹圓也（各通）
石濱恒夫氏　泉玄澄氏　和田久元氏
田中治一郎氏
宴會場出席者
藤澤信子氏　今村惠子氏　三原愛山氏
笠井雪窓氏　殿水快順氏

### 來賓

海軍監督官長　松崎伊織殿
市長　加々美武夫殿
府會議長　磯村彌右衛門殿
市會議長　川畑清藏殿
前藥專校長　大槻弌殿
前外語校長　中目覺殿
南區長　里村安二郎殿

## 藤澤黄坡先生華甲祝賀會決算報告

### ◇收入ノ部

イ、祝賀會入會金（五〇四名）　一五一二円〇〇
ロ、寄附金（六六口）　四七七〇〇
ハ、宴會費入金（壹壹壹名）　五五五〇〇
ニ、利息　六四九
合計金貳千五百五拾圓四拾九錢也

### ◇支出ノ部

イ、黄坡先生贈呈紀念品料
一、續皇淸經解　三十帙　一三〇〇〇
二、本箱　三本　一八三〇
三、三惜書屋初稿　一百部　七七四〇
四、雜書若干　五四〇〇〇
五、紀念扇　五十本　一五〇〇
六、會員名簿（豫算）　一〇〇〇
小計金七百九拾〇圓七拾錢也
ロ、紀念事業費
一、三惜書屋初稿六百部　四六四一〇
二、會員贈呈紀念扇五五〇本　一六五〇〇
三、壽言集　六百部（刊行豫定費）　二三〇〇〇
四、紀念品送達用包裝四百枚　四八〇
五、同送料（豫算）三百五十口　三五〇〇
小計金九百拾八圓九拾錢也
ハ、祝賀會計畫費及通信費
一、申込用紙　二千五百枚　一〇六五
二、封筒印刷費共　二千枚　三〇〇
三、泊園誌一月號臨時郵稅　一五〇
四、黄坡先生寫眞六葉及燒增代　三八五
五、三月號泊園誌增刷　二百枚　五八〇
六、第一回會員芳名報告書　八百枚　九〇〇
七、泊園誌三月號臨時郵稅　一二四
八、備品用人名カード　十三冊　一一七
九、委員及招待者。用紙。通信費　一九六
十、會員案內狀往復ハガキ及印刷費　一八二〇
十一、決算報告及會員芳名書費（豫算）　二七〇〇
十二、黄坡先生名義禮狀　五百五十枚　一六九〇
十三、同郵稅二錢切手五百廿五口　一〇五〇
十四、欠席者宴會金返送料　一二六
小計金壹百參拾圓拾參錢也
二、祝賀會及宴會費
一、綿業會館支拂分
1. 徽章　二百五十個　一〇七四
2. 式次印刷　一三八〇
3. 休憩室代　一〇〇〇
4. 料理、飲料、サービス及會場費等　百廿三人　五五三五〇
5. 紅茶　三十五　三五〇
小計金五百八拾壹圓七拾四錢也
二、出席者贈呈御祝餅　二百卅個　六〇一八
三、祝賀用雜費及祝儀　四〇〇
四、自動車賃　八三〇
五、會場寫眞　三葉　二四〇〇
小計金九拾六圓四拾八錢也
合計金貳千五百拾七圓九拾五錢也
差引殘金參拾貳圓五拾四錢也
以上五月廿九日現在（以下次號）

黄坡先生華甲祝賀會
庶務　石濱純太郎
安達龜造
的場信太郎

泊園會は黄坡先生華甲祝賀會當日、祝意を表し、紀念品料として金百五拾圓也を呈上しました。
常任理事　宮崎貞吉

今回我等門下生が微力をも省みず計畫せし黄坡先生華甲祝賀會に對し、或は貴重なる紙面を割愛し、或は格別の御盡力を以て種々御後援を賜りし御好意を深く感謝致します。

帝國在鄕軍人會南區聯合分會殿
同獨立各分會及將校會並兵事係殿
關西吟詩同好會殿
天滿宮社報殿
大藥同窓會殿

黄坡先生華甲祝賀會紀念品、三惜書屋初稿及び先生御揮毫の紀念扇は、祝賀會當日出席者は會場で、欠席者にはそれぞれ御送達、六月五日全部終了する豫定ですから御承知願ひます。

○三月十四日。泊園會常任理事會を開く。
○三月十五日。門下生有志集りて第二回華甲祝賀準備會を開く。
○三月二十日。泊園會臨時理事會を開く。
○四月一日。門下生有志集りて第三回華甲祝賀準備會を開く。
○四月三日。午前、釋奠。午後黄坡先生華甲祝賀會。
○五月三日。道明寺釋奠會。
○五月九日。泊園會常任理事會を開く。
○五月十日。恒例の舍利寺及齡延寺展墓を行ふ。
○六月十日。泊園書院移轉。移轉の理由は時機を見て發表す。

### 日課表

| | 月 | 火 | 水 | 木 | 金 | 土 | 日 |
|---|---|---|---|---|---|---|---|
| 午前六時 七時 | 七緝 | 晏子春秋 | 七緝 | 晏子春秋 | 七緝 | 唐詩選 | 第一、第三、午前七時半ヨリ 詩經 |
| 午前九時 十時 | | 林園月令 詠物詩選 | | 林園月令 詠物詩選 | | | |
| 午後二時 五時 | | 高青邱詩醇 左傳 | | 高青邱詩醇 左傳 | | | 毎月一日 祭日 第二 第四 第五 日曜 休講 |
| 午後七時 九時 | | 正文章軌範 | | 正文章軌範 | 書經 段文（石濱先生） | | |

泊園誌社
（顧問）黄坡先生　石濱純太郎　梅見春吉
（同人）石崎太郎　三原靜美　岡本喜三

本誌後援寄附金收受報告（泊園同窓會）（昭和十年度）
一金壹圓也（常費各通）
勝田五郎氏　湯淺豊太郎氏
田中太郎氏　尾中郁太氏
森下博氏　天野みどり氏
[illegible]
矢崎精心氏　泉玄澄氏
楠正然氏　平井常吉氏
平井竹世氏　高松長左衛門氏

同窓會幹事　篠田栗夫　梅見春吉

昭和十一年七月五日（日曜日）　泊　園　第二十二號　（一）

常費一ヶ年分
久保田勇郎氏
三宅智隆氏
以上
篠田栗夫
梅見春吉
安達龜造

年は第八回展覧會を當地松坂屋百貨店樓上に於て催され、且つ山下氏の蒐められた板倉先生の遺墨二十點をも參考品として展觀せられるとの事であるから斯道研究の爲さぞ期待せられるであらう。「會期八月下旬」

# 泊園

昭和十一年六月廿五日印刷（隔月一回一日發行）
昭和十一年七月五日發行　―（非賣品）―
編輯兼發行人　大阪市南區大寶寺町中之町二番地　的場信太郎
印刷所　大阪市西區新町南通五丁目　林泰道堂
發行所　大阪市南區長堀橋筋一丁目五〇（泊園書院內）　泊園誌社
振替大阪一三八三九（泊園書院）電南六八二七

## 漢文を學べ

漢文の必要なる事は人も說き、吾等も亦嘗て之を論じた。漢文の必要なる事が分つたとすれば、之を學ばなければならない。吾等はこゝに世人に漢文を學ぶべきを勸めねばならない。

然し吾等がこゝに漢文學習を勸める前に、勸めなくても世の學問に從事するものの間には漢文が擴まりつゝある事を告げたい。從來の學術は西洋の學術輸入が中心であつたから西洋語の智識が第一條件であつた。隨つて西洋語の何れかに通ずる事が決定的であるのも致し方がない。然しそれも終には一つより二つ三つと餘計に知つてゐる方がよいとなつて行つた。然るに近頃では西洋語を四つも五つも知つてゐるよりは漢文を自由に參照し得る方が羨まれる次第である。天文地理醫學動植物學から新しい言語民俗社會の諸學迄如何に漢文を利用する事の多い事よ。この點漢文は益々普及しつゝあり、學者では常識である。學者は徒らに閑事業に從つてゐるのでないだから學者の成績は世間に反映して行く。どうも感服しかねるものもあるが、漢文關係のものが多く出版され、且それが賣れて行くには驚かされる。學者の常識は世間の常識とならんとする。

時局の動きは東洋が中心とならんとしてゐる。西洋の煩悶も解決を東洋に求めんとしてゐる。東洋の共通文語で遺された豊富なる文獻は今や再檢討せられねばならない時となつてゐる。舊代の漢文意識を以てしては此の任務はチト難しい。頻出する感服し兼ねる漢文書類も再檢討を要する。漢文の學習は學者も世人も必要のものとなる。漢文は世人の常識とならねばならない。

こゝに於てか吾人は漢文の必要を說く計りでなく、漢文學習の避くべからざるを說いて之を普く勸誘せねばならない。泊園同志の先輩諸兄と共に事に斯に從ひたい。（大壺）

## 擲劍行

明治九年第三月、
侍臣詔を傳へて宮闕を出づ、
曰く維れ　朕が惠、生を好むに在り、
惡む汝萬生の擅に相殺すを、
自今海內丈夫の兒、
許さず腰間に寸鐵を帶びるを。

一介の書生、草莽の臣、
詔を奉じて感泣涙巾に滿つ、
遽に寶劍を取て之を十襲し、
匣裡に擲却して身に近づけず
千年の舊俗忽ち替廢す、
免れず愚夫の驚き且つ怪しむを。

或は曰く　劍は是れ君子の服、
堂々たる威容何ぞ壞るべけん、
或は曰く此もつて不虞に備ふ、
脫棄して何を以て暴夫を制せん、
叱々議者何ぞ多口なる、
國を治むる豈是れ劍を用ひんや。

劍や、劍や、是れ凶器、
諸れを亂邦に用ふれば便ち利と爲す、
叛亂の賊固より戮す可く
聚歛の臣亦刺す可し、
國を賣り主を誑かす盡く斬る可し、
劍の利是に於て美にして貴し。

今や昇平無事の時、
人に姦宄無く、邦に亂危無し、
何を用つて此の無用の物を佩びて
以て官家の嫌疑を招かんや、
賣て耕牛と爲すも固より妨げず、
愛妾に換へ得るも亦惡しきなし。

方に須らく酒を飲んで舞ひ且つ歌ひ、
歡笑皞々　皇澤に浴すべし、
獨り奈せん我や性剛ならず、
弱、蒲柳の如く、馴、羊の如し、
侮を受けて恐らくは海內兄弟の辱を爲さん
脂韋又恐らくは我が丈夫の常を失はん。
自今誓ふて鍊らん胸中一片の義、
恃まず腰間三尺の霜。

藤澤　恒

擲劍行錄似　敷田大人

（角　正方氏藏）

## 南岳先生遺詠

讀書樂十吟　錄三首

息者忽消盈忽虛。翻從此際悟乘除。
乾乾讀了陶々樂。案上洗心一部書。」
事事適情情即舒。雲鵬棘鷃兩何如。
讀來讀去樂無盡。漢賦唐詩滿架書。」
世情世累儘蕭疏。心與山雲閑有餘。
樂地人間誰第一。讀過自述等身書。」

## 記事

○六月廿八日。泊園書院は大阪市南區長堀橋筋一丁目五十番地（但長堀橋南詰西（入南側））に移轉せり。
○暑中休暇。八月一日より三十一日まで。

## 日課表

| | 月 | 火 | 水 | 木 | 金 | 土 | 日 |
|---|---|---|---|---|---|---|---|
| 午前六時 午前七時 | 七輯 | 莊子 | 七輯 | 莊子 | 七輯 | 古詩評註讀本 | 第一、第三、午前七時より<br>詩經 |
| 午前九時 午前十時 | | 林園月令 詠物詩選 | | 林園月令 詠物詩選 | | | |
| 午後二時 午後五時 | | 高青邱詩醇 左傳 | | 高青邱詩醇 左傳 | | | 毎月一日 第二四五日曜 祭日 休講 |
| 午後七時 午後九時 | | 正文章軌範 | | 正文章軌範 | 書經（石濱先生） | | |

## 泊園誌社

（顧問）
黄坡先生

（同人）
石崎太郎
石濱純太郎
三原靜美
梅見春吉
岡本喜三

# 論語講義

黄坡先生述

**子曰。由。誨女知之乎。知之爲知之。不知爲不知。是知也。**

**訓讀**、子曰く。由。汝に之を知るを誨へんか。之を知れるを之を知るとなし、知らざるを知らずとなすは、これ知るなり。

**解釋**、此章は警誘の部に屬すべきもので、門人**仲由の人に勝つた智慧を競ふことを抑へられた章**であります。仲由は字を子路と申して、性質が勇氣に勝つた人だから、常に多くの事を知らうと考へて、隨つて或は充分知らぬことも知つた樣にいふことがないとも限らぬ、夫子が其れを警められて、「由よ、汝に知るといふことを敎へやう、**即ち知つて居ることは知つて居るとし、知らないことは知らないとする**、これが知るといふのである。」といはれた。何でも知つて居るといふわけには行かぬが、知つて居る事については確かであるそれでよい、若し不確かなことを知つて居ると自認しては、却て眞に知ることが出來ずに終つてしまふ恐れがある。此章はまた「夫子が子路に向つて知るべきことを知るを務めよ知つて益なきことは必ずしも之を知るを求めずともよい、といはれたのである、子路が盡く天下の事を知ることを務めるからだ。」と說く人もあり「天下の事は窮りない、人の知は限りがあるから、有限の知で無窮の事を知らうとしては却つて放散に陷る」と說く人もあるが、ともに本文の意より外へ出て居る樣な感じがするから、やはり朱子の解によるがよろしい。

**子張學干祿。子曰。多聞闕疑。愼言其餘。則寡尤。多見闕殆。愼行其餘。則寡悔。言寡尤。行寡悔。祿在其中矣。**

訓讀、子張、祿を干むるを學ぶ。子曰く。多く聞て、疑しきをかいで、愼んで其餘を言へば則ちとがめすくなし。多く見て、あやふきを闕いで、愼んで其餘を行へば、則ち悔すくなし。言に尤寡く、行に悔寡ければ、祿は其中にあり。

**解釋**、此章の**干祿**といふ語は、詩の旱麓、假樂等の篇に「豈弟君子、干祿不回」とか、「干祿百福、子孫千億」とかいふ句がある。**其文字であります**。子張が此字面に就いて問うたものであつて、從つて他の請學稼、請學爲圃、等の例に見て、此章も**學の字の上に請字を脫かしてあらうか**といふのが東畡子の意見であります。

**子張**は矢張り孔門の弟子、顓孫師の字であります。此人が**詩の干祿**といふ事に就て教を請うたのである。干は求、祿は福祿で即ち天の福をいふたものであります。從來之を俸祿と說いてあるのですが、俸祿を求めるといふことは、孔門にはないことであります。夫子の御答は、「多く嘉言を聞いて其中に疑はしいものは之をかき、猶之を言ふに輕々しうないといふ風にして居れば言語にとがめを取ることがない。又多く前人の行を見て、其危かるべきものを去つて其餘の安かるべき行を愼み行へば、行に悔をのこすこと少からん、此の如く言行に悔尤の過なきなれば、天祿は自ら來るものである」と說かれて、言行を愼む**なれば天は必ず之をたすける**といふ意を示されたものであります。即ち警誘の部に屬する章であります。

易に「言行は君子の樞機なり、樞機の發するは榮辱の主なり」とあり、また「吉人は天より之を祐く」ともある。人の徳を立てるには言行の二つが其標識であります、言行にきずのないものは、天も人も之を棄てはせぬ、しかし言行を立てるにも道があつて、もし自己の見識のみによつて是非を立てるならばこれ亦過誤に陷らぬともかぎらぬのである。夫子の**多聞多見**の中にあつて猶疑と殆とを去りしかも且愼の一字を以て之に附加せられたのは、完全の上に完全を求められたのである。駟も舌に及ばず、矢の弦を離れたる、悔いて及ばぬことの多いからである、學者の大に心すべきことでありませぬか。

凡て**在其中**とは、「此事をすれば彼事も得られる」といふ意味の語であります、餒在其中直在其中、仁在其中、など例も多いのですが此章の語意も「此の言行を愼みさへすれば天祿は自ら得られる」といふ意になるのであります。古註に「祿を得ずとも亦祿を得るの道である」と解したり、朱子の「求めずして自ら至る」といひ、程子の說には、「天爵を修むれば人爵至る」といひ、また「君子の言行能く謹むは祿を得るの道なり」といひ、また「其心を定めて利祿のために動かざらしめた」といひ、「此の如くにして祿を得ざるものあるも唯理の爲すべきものは之を爲すのみ」といへるなどは、皆、干祿の本義を得なかつたから色々と枝葉を立てたのであります。また若し俸祿を求むる爲めとせば、孔子の答の言寡尤といはれたのは甚だ適切でない樣な感を免れぬと思はれます

（第十五講）

◎右の寫眞については泊園誌昭和十年五月號（第十五號）第二面上段左を御參照下さい。

# 說詩樂趣（9）

效尤生

九華山人、熊皎は詩を能くした、其早行の詩に

山前猶見月。陌上未逢人。

といひ、山居に

果熟秋先落。禽寒夜未棲。

といひ、閒居に

深逢野草皆爲藥。靜見樵人恐是仙。

といひ、又

厭聽啼鳥夢醒後。慵掃落花春盡時。

の如きは佳句といふべきである。

○李範も佳い句がある。道傍水を詠じて

雖當南北路。不礙往來人。

とは巧みな語である。秋日江干遠望詩に

清猿啼遠木。白鳥下前灘。

もよい。江干は水のほとりである。暮秋懷故人に

天涯故友無來信。窓外拒霜空落花。

拒霜は芙蓉花である。江寺閒書に

釣叟無機沙鳥睡。禪師入定白牛閒。

無機とは機心即ち機智的なわる氣のないことであつて、漁翁が無心なから沙鳥も恐れずに睡つて居る。和尚が定に入つて居るから、其乘用の牛もひまであると、いかにも江寺の閒かなる模樣が見える。

○杜牧が趙渭南（名嘏）の早秋の詩

殘星幾點雁橫塞。長笛一聲人倚樓。

の句を愛し、因て之を目して趙倚樓といつてゐる。

○宋の張文潛（名耒）の過宋都詩に

白頭青鬢有存沒。落日斷霞無古今。

の句の如きは、「老杜に減ぜず」と古人も許してゐる。白頭の翁、青鬢の若者。或は存し或は死するが人生である。

○張文潛が余（王直方）に謂へるに、黄九（山谷）の

桃李春風一杯酒。江湖夜雨十年燈。

は眞に奇語なりと。（詩話）

○石曼卿は詩酒豪爽を以て名を得たが、籌筆驛の詩に

意中流水遠。愁外舊山青。

の句。最も佳なりと羅大經が許して居る。意中の句は人を想ふ心の悠々たる樣を水に託したものと思はる

○歐陽脩の聞猿の句

啼猿非有恨。行客自多悲。

聞笛には

不知吹者意。何似聽人心。

は巧な句だが、稍理窟に落ちると考へる。

會員

◉篠田栗夫氏　關西大學創立五十週年式典に於て三十三年勤續功勞者として表彰せらる

猶氏はこれを契機として多年盡瘁せられた

通

○泊園書院の各種講義は移轉後も從來通り繼續する。

○第二土曜日に開催の豫定であつた泊園會常任理事

氏に全部御送達を終りました
會計決算は猶ほ未濟の事業があり、且つ水落庄兵衛氏より金拾圓也の寄附もありましたが次號に詳細御報告致します。以上二項御承知置き下さい

# 壽言集

藤澤黃坡先生華甲祝賀會輯

## 祝辭

維時昭和十一年三月。藤澤黃坡先生華甲ノ壽齡ニ達セラレタルヲ以テ門下ノ俊秀相集リ本日ヲトシテ茲ニ盛大ナル壽宴ヲ張リ祝賀ノ盛式ヲ擧ゲラル。洵ニ學界ノ盛事ニシテ欽羨慶祝ノ情ニ堪ヘズ。余コノ賀筵ニ列スルノ榮ヲ得欣快措ク能ハザルモノアリ。惟フニ先生ハ儒學ノ名門ニ生マレ幼ニシテ俊敏長セラル、ニ及ビ德益々高ク學愈々深シ。ソノ祖贈從四位東畡先生ハ夙ニ大阪ニ泊園書院ヲ創建シテ徂徠ノ學ヲ講ゼラレ門下ニ高島秋帆松岡康毅等ノ逸才輩出ス。南岳先生亦先考ノ遺業ヲ繼ギ、皇道ノ昌明ヲ期シ護國安民ヲ主義トナシテ專ラ育英ノ事ニ從ハレ從四位ニ叙セラル。陸奥宗光下岡忠治佚孫一植野德太郎等ノ英才ソノ門ニ出ヅ。先生ハ實ニ南岳先生ノ第二子ニシテ亦泊園書院ノ業ヲ繼ギ大義名分皇道闡明ノ學ヲ子弟ニ講ジ傍ラ中學專門學校ノ生徒ヲ教ヘ現ニ關西大學教授ノ榮職ニアリ。曩ニ戰役ノ功ニヨリ功五級金鵄勳章ヲ授ケラレシガ後鄕軍ノ爲ニ盡瘁セラレ今モ南區聯合分會長ノ重責ニアリ。嗚呼三代相次デ世道人心ノ爲ニ寄與貢献セラレタル所實ニ至大ナリト謂フベシ宜ナル哉積善ノ家ニ餘慶アリ先生壽旣ニ耳順ニ躋ツテ倘矍鑠トシテ壯者ヲ凌ギ名門愈々繁盛シテ令聞一世ニ高シ。希クハ先生自愛シテ餐ヲ加ヘ南山ノ壽ヲ全クシテ長ヘニ君國ノ爲ニ盡クサレン事ヲ。聊カ蕪辭ヲ陳ベテ祝辭トナス。

昭和十一年四月三日

大阪市長　加々美武夫

## 祝辭

本日茲ニ泊園書院主藤澤黃坡先生門下有志諸賢相計リテ先生ノ還暦壽觴ノ賀筵ヲ設ケラルルニ方リ寵招ヲ蒙リテ一言祝辭ヲ呈スルヲ得タルハ誠ニ欣幸トスル所ナリ。先生ハ碩學東畡先生ヲ祖父ニ南岳先生ヲ父トシテ生レ黃鵠先生ハ令兄タリ。世々徂徠派ノ學ヲ祖述シテ和漢ノ異ヲ辨別シ國體ノ尊嚴ヲ明徵ニシテ大阪ニ泊園書院ヲ興シテヨリ其ノ名全國ニ高ク笈ヲ負ヒ禮ヲ執ル者相踵イデ至リ藤門マタ人材ノ淵叢トシテ明治ノ開明ニ貢献スル所甚大ナルモノアリ。黃鵠先生曾テ皇道ヲ昌明シ護國安民ヲ主義トシテ南北朝正閏問題ヲ提ゲ一世ヲ警醒シタルガ如キ往年侃諤ノ風丰今猶ホ眼前ニ在ルヲ覺エズンバアラズ。黃坡先生ハ此ノ環境ニ育マレ俊穎ノ資夙ニ顯ハル黃鵠先生早世ノ後ヲ受ケテ泊園書院ノ業ヲ紹ギ創設以來百十餘年一門相傳ヘ以テ上方文化ノ伸展ト近代商都ノ風教文運ノ興隆ニ寄與セラル。先生更ニ陸軍幼年學校岸和田天王寺今宮各中學校。大阪外國語學校大阪藥學專門學校等ニ教鞭ヲ執リ現ニ關西大學教授トシテ耆宿克ク聲名ヲ馳ス。曩ニ征露ノ役ニ從フヤ偉功アリ功五級金鵄勳章ヲ賜ヒ爾來鄕軍ノ事ニ盡瘁シ各種功勞ノ恩典ニ浴セラレ其ノ他自治公共ニ奉仕シ老來益々健勝倦ム所ヲ知ラズ。時代思潮險惡ニ邦家ノ非常時局ニ際シ憂憤措カズ一層父祖ノ大業ヲ紹述シ大義名分ヲ正シ　皇道ヲ闡明シテ献替愈力ム。其ノ著軍人勅諭衍義ノ如キハ其ノ抱懷ヲ吐露シテ餘ス所ナク現世相ニ對シ警醒裨益スル所鮮少ナラザルベキハ大ニ意ヲ强クスル所ナリ。先生今ヤ華甲ノ壽一男三女ヲ存シテ慶祥一門ニ集マル古稀米壽更ニ加餐シテ百壽ノ域ニ至ルヤ必セリ、先生希クハ自愛保身以テ國步艱難ナル皇國非常時文教ノ爲メ健闘アラム事ヲ。茲ニ及門子弟諸賢師弟愛ヲ高調シ師道ヲ顯揚シテ慶ギ華甲祝賀會ヲ開キ壽ヲ頌ヘ祝ヲ献ゼラル、ノ盛儀ニ列シ壽福萬祥ノ衷情禁ゼズ虔ミテ滿腔ノ祝意ヲ表ス。

昭和十一年四月三日

大阪市會議長　川畑清藏

## 祝電

大阪　府會議長　磯村彌右衛門

身名門ニ生レ祖業ヲ紹述シテ學德一世ニ高ク浪華文化ノ開發ニ盡サレタル藤澤黃坡先生還曆ノ壽筵ヲ開カル、ニ方リ謹ミテ　皇祖肇國ノ聖地ヨリ遙ニ龜鶴ノ壽ヲ頌シ併セテ門生各位ノ萬福ヲ祈ル。

## 壽黃坡藤先生序（泊園會）

泊園會員其十之九在南岳夫子陶鈞之下而達其材成其德者也。今代之講祝黃坡先生之華甲誕日。我都講於泊園書院也。年未及弱冠而先生亦纔五六歲。其讀孝經。教輒誦。天資英邁。非群兒之所得而企及也。未幾我閉塾教授後進。尋又出教諭於中等學校。而先生稍長。日夜在夫子之膝下。治其家學。學既成。執教鞭于天王寺岸和田中學校。已而辭之。下帷竹屋坊。以纉夫子之緒焉。來乞教者。麇至其門。不相見久矣。後握手於逍遙游社之吟筵也。其雙鬢已戴霜而我全顱不復留一毛之黑。相見而相驚。而今其壽達華甲。而我亦古稀加四。既辭教職。優游送日。吟咏以自樂。而先生則以教育天下英才自任。接乎東西諸老儒去世之後。朝講夜說奮其懸河之辯。嗟乎盛矣哉。夫治天下國家。在政治經濟。而教育爲之根柢也。今也西思東漸日已久。風俗漸頹敗。不祥相尋。濟之之道。一在我先聖孔子之教焉。是以世人均禱先生之壽康。壽康之道如之何。盖以素其位而行自得乎其所入焉。爲第一義也。我見其以富貴爲浮雲。以教育爲其樂。以夜繼晷。陶然自樂。其心廣其體胖。知其齡必躋乎上壽矣。夫自今四十年俛焉以先聖孔子之道。陶冶天下英才。而其學成者。散之四方。又陶冶英才。能若此則其濟風俗頹敗以新斯民。豈其難矣乎。蒼天蒼天。庶幾降上壽焉。吾有壽詩之作。諷詠以申之。

富貴不求唯任天。育英日々樂陶然。
看君心廣體胖後。乃識其壽躋百年。

昭和丙子四月三日

辱交　雪窓　笠井　靜

# 賀藤澤黃坡先生華甲序

（泊園同窓會）

今茲四月三日。卜神武天皇祭佳辰。知友門生等胥計。開筵於綿業會館。以賀先生華甲。余乃稱觴頌曰。皇祖東畡先生。皇考南岳先生相繼講明大聖孔子之道於吾浪華百有餘年。泊園書院之名嘖々乎喧傳于天下焉。而先生之學德文章亦出類拔群。名聲夙揚。先之遊學東都黌治國書卒業歸阪。適有征露之役。以少尉出征滿洲。在硝煙彈雨中。率士卒奮戰。時敵彈中其所帶征露丸之鑵。幸命得全。可謂天祐也。武勳大揚賜金鵄勳章。凱旋後。銳意紹述父祖遺業。來乞教者常滿于門。以教授餘暇。爲在鄉軍人南區聯合分會長。斡旋其事。又爲逍遙游吟社天滿宮詩會之主幹。更爲關西大學教授外國語學校之講師。此他猶多爲道無厭。唯傷先生之心者。伯黃鵠君先歿。叔三崎黃圃君亦遘疾早世。然先生則矍鑠矣。嗟夫松茂可慶。南壽可賀。豈唯華甲。更得期頤之壽可知也已矣　聊綴蕪辭爲壽序

泊園同窓會幹事　篠田栗夫敬白

## 壽文

惟德以養人。和氣溫藉而衆悅服。惟命以保身。健康而享壽福。方今之世。如黃坡先生。豈非其人也耶。先生東畡先生之孫。南岳先生之第二子。黃鵠先生之弟也。夙紹家學　授徒不倦。嘗詣東京參諸儒。大有所得。久之歸阪府。奉職中學。會征露役也。決然投筆從軍。轉戰滿洲。以功殊賜鵄章。南岳黃鵠二先生下世後。益以弘道自任。現爲關西大學教授。爲軍人會長。孜々勤職。餘事凡在阪府結詩文社。來請敎則不辭而往。又不自爲勞。詩吟同好會亦其一也。世人疎于修德。耽于西學之異說。以欲得功利。先生獨毅然行君子之道　故如此桃李滿門。蒐衆美而享之。洵當今之眞儒也。春也親炙南岳先生十有九年。亦非不久。碌々樗櫟。徒至老朽。不獨辱先師。亦負泊園諸友矣。然而先生溫厚之性。啓我蒙。耳提面命。實先生之賜。所不勝感謝也。先生之德。一世所倚重。易所謂尊而光。卑而不可踰。先生之謂矣。今茲丙子三月七日　先生華甲之佳辰也。越四月三日。門生故舊胥謀欲賀先生之壽。春也譾劣雖不足以頌先生之盛德。深感平生之厚恩。謹祝康壽無疆。

昭和十一年丙子四月三日

泊園門生　梅見春吉　再拜

# 藤澤黃坡先生華甲壽序

浪華儒門泊園書院主藤澤黃坡先生。今茲丙子齡六十有一。門生故舊胥謀。卜四月三日開壽筵以祝之。來會者滿堂。其盛蓋希矣。語云仁者壽。想先生之壽　其仁德之報也歟。先生爲人。溫良恭儉讓五者並具。誰謂不然。而此五者豈非仁德之發露哉。其然。雖然天之所以錫壽於先生者又必當別有深意存焉者也。何也。木鐸之大任是而已矣。何以知之。曰以今日之泊園非復昔日之泊園知之矣。顧距今百餘年前。東畡先生以豪傑之資。崛起東讚。奉蘐園學。來下帷于浪華。開泊園書院。而識見高邁超乎群儒。經術文章駕時流。更創泊園學唱道之。其說具於原聖志篇矣　當是時。京阪之地儒門尤多。對峙不相下。而天下諸藩亦皆莫不有學焉。可謂盛矣。至明治維新後。令嗣南岳先生述紹之。以博大深淵之學德。益大其門。名聲隆々。從遊如雲。當時西洋文物東漸之勢。日急一日。學術一變　儒學最被其厄　儒門衰廢者相踵。獨泊園巋焉存立。爲中流砥柱。天下仰先生爲關西儒宗固宜矣。既而先生即世。令嗣黃鵠先生繼箕裘。不幸短命而亡。雖乃短命。嘗一出爲代議士。痛正彼曲學阿世欲淆亂大義者之非謬於議場。因之以得顯昭　皇道於天下萬世者。是即泊園學之實効也。可謂偉矣。先是令弟黃坡先生尙少。然既以家學研磨其才識。稍長出叩東都諸家之門。遂入于高等師範學校。卒業而歸　奉敎職多年。至是入爲書院主承學統。爾來十數年于茲矣。其才學文章經磨鍊而愈高。謙讓之美德愈光。尊而不可踰。是以令名日揚。遠邇欽仰。內則任在院弟子之教。外則自關西大學以及各種學校講習會等。應聘講說。循々不倦。唯弘道是務。受業者超三千。益光大其門。不亦盛乎。今也浪華儒門無復一存者。如懷德堂洗心洞。雖存其名。學非其舊。人非其統。更求之關之西東　寥々殆乎盡矣。聞東都有二松學舍焉。雖盛則盛矣。而三島中洲先生創之明治初年。復堂先生繼之。于今僅二世耳。未可遽比諸我泊園書院之三世四代過百年。傳統純正。益致盛大也　且夫現時西學模倣之弊極矣。有知愛國而不知忠君者焉。有求平等而無其親與其夫者焉。於是乎國體明徵之議。浡然興沛然遍於天下。而漢學振興之勢。亦從而熾於一時矣。然觀今之所謂漢學者流。多自小。視其學以爲詞章之學。或爲說字之學。不然則以考證爲務　以叙列諸學說爲能事。未見有以張皇忠孝仁義之道羽翼　皇道爲其生命者也。獨泊園學者乃　謂孔聖之志與我國體合。其道則天人參贊。其方則政教一致。其教則忠孝仁義。而又不敢輕視詞章。曰。言之不文。其行不遠。然則今日所以擁護國體羽翼　皇道者。舍泊園學而將何求之。吾故曰。今日泊園非浪華之泊園也。非關西之泊園也。實天下第一儒門泊園學之淵源也　而黃坡先生傳承護持泊園學之眞髓。而弘之其徒如此。則知天之錫壽於先生。使先生負木鐸於天下之大任者。決非偶然也。榮吉　嘗奉教於泊園。得陪今日之盛筵。因奉觴言先生之所以命於天者。以祝仁壽益高。自期頤至無疆云。

昭和十一年四月三日

舊門生　神田榮吉　拜草

洗』

△南岳先生の華甲御壽筵にも立派な壽言集が出來て居る△謂ふに壽言集は先生の御德の反映ではあるまいか

れる△是では到底時期を限つて締切る事は出來ない△さりとていち早く壽詞を先生にさしあげられた方々には△徒に編纂を遷延する事

圖を仰いだ結果△先づ第一輯として泊園誌型を以て本月發表しました△されど諸賢の先生を景仰される御熱誠は必らずや小子をして更

賢の志を達成する用意を整へて居る△師恩を仰いで德音を讃へんと欲せらる方々は以後泊園誌へ託せられたい。

## 『毫

△日を追て洗毫子の机に齎せる諸賢の玉章はなか〳〵盛んなもので△締切の日を過ぎても猶續々と送て來らはその御熱意に對して甚だ申譯がない△事茲に到て洗毫子の責任たるや實に重大である△百方苦慮の上是を先生及び先輩諸子に御指に第二輯第三輯を編纂せしめられるであらうと信ずる△洗毫子は會計事務の關係から華甲祝賀會が一應清算されても△泊園誌を以て諸

### 壽黄坡先生六秩初度　有香　梅見[illegible]春

文章期報國。紹述守遺謀。
征露勳功著。育英經術優。
錦城明德峻。澱水令名流。
華甲身逾健。乾々老不休。

### 奉和黄坡藤先生華甲自壽瑤韻却呈　同

紹述業隆身健康。齡躋華甲德逾章。
修々不倦文兼武。接々無嫌閑又忙。
茉莉尚留先子愛。蕙蘭長佩昔時芳。
宜哉門下與相識。齊仰溫容奉壽觴

### 同　活園　篠田栗夫

紹述眞儒三世業。闡明洪範九疇章。
漢和兼學淵源遠。文武兩途鞭策忙。
壁上長鐫思祖德。座邊秀色掬蘭芳。
今春華甲爲卿祝。獻酌神宮延壽觴。

### 同　木州　植野德

從戎少壯戰功揚。天賚金鵄紫綬章。
弘道育英名益顯。談文講武業逾忙。
延齡周甲松筠茂。養性多年蘭蕙芳。
願仰儒宗三世德。登門弟子與稱觴。

### 同　竹里　福本元

華甲迎齡壽且康。淵源三世德音章。
學承家說義逾著。武奏殊勳意豈忙。
已有鄉隣能化善。亦知門下更傳芳。
昭和慶此吉祥日。滿坐歡呼擧玉觴。

### 壽黄坡先生華甲　同

能傳斯道護斯家。周甲迎春健更加。
白馬戎行元有績。絳帷市隱又堪誇。
凌寒脩竹新增色。經雪老梅多着花。
門下如雲人獻壽。泊園開得幾菁華。

### 同　近藤翠石

多年講學不曾休。文彩輝々甲子週。
歡語侑觴圍玉卓。吟聲頌壽動朱樓。
花看喜色俊含笑。石聽好音聞點頭。
欽仰儒家三世業。奉承聖訓紹箕裘。

### 同　夢蝶　眞野鷹

曾我入門君甫四。眞憐嫋々招呼聲。
多年就父研文學。壯歳將兵揚顯名。
書院前途餘實想。花朝月夕察心情。
今吾喜壽爾華甲。一片賀儀共欲迎。

### 同　五條松峰

華甲迎來開壽莚。三千門下滿堂前。
箕裘夙繼護園學。戰績曾留征旅篇。
詩興湧時箋可染。蘭花馨處茗堪煎。
欽君矍鑠何言老。百歳猶餘四十年。

### 次韻壽黄坡先生華甲　南莊　河田爲

欽我華城藤令子。平生蘊蓄燦詞章。
悠々垂教似忘暇。孜々育英如樂忙。
四代名聲尤顯赫。百年事業放芬芳。
有隣文德無疆壽。嘉氣滿堂捧玉觴。

### 同　神田豐城

一劍壯年征外虜。歸來復事舊文章。
三千弟子於今盛。四代箕裘繼晷忙。
憂國經綸思後樂。抒懷辭藻拔群芳。
壽躋華甲加康健。賀宴春風笑擧觴。

### 壽黄坡先生華甲　住友與

三世醇儒德化敦。千年斯道泊園存。
諄々日訓　聖恩邃。切々常明　皇位尊。
唱說彝倫培國俗。講論仁義養心根。
偏欽夫子躋華甲。爲敎於邦不出門。

### 次韻壽黄坡先生華甲　赤塚善

絳帳依然日月長。傳家經學與文章。
意抛榮達平生靜。身任風驤夙夜忙。

弟子三千桃李秀。詩書萬卷藻葩芳。
一觴欲祝百年健。中壽猶餘四十觴。

### 同　神山眞龍

紫微東壁泊園堂。文柄關西煥有章。
復古明經三紹述。育英顯德蔑閑忙。
天行剛健躋華甲。蘭秀孤高發異芳。
既醉咏歌神祖節。門生齊獻壽齡觴。

### 同　石崎太郎

嚴然學道仰先世。卓爾修文紹舊章。
日夕春風尤得順。平生霽月自遺忙。
彬々明質含天巧。藹々素心揚國芳。
君子有祥花甲子。盛筵祝壽幾運觴。

### 壽黄坡先生華甲　里見澄心

文府儒源姓字傳。華城風月尚居然。
講堂不結林禪夢。振鐸常持教學權。
甲子一周人近聖。門中諸子弟同賢。
誰知利走名奔世。獨有七香齋裏仙。

### 同　同

擧觴賀客際昌辰。咸頌碩儒華甲春。
三世名家功載史。一門俊弟道書紳。
盤盛佳饌懽談熟。坐入妙吟淸氣振。
福分踰常固其所。莫疑別着岸巾人。

### 同　茶谷逝水

紹繼箕裘德望隆。春風絳帳啓群蒙。
毎排邪說宣明敎。嘗廷武勳答聖衷。
齡算六旬身益健。功期百歳氣逾雄。
捧觴恭獻南山壽。巍々丰容仰更崇。

### 次韻壽黄坡先生華甲　杉村壺山

學識衆推柄泰斗。多年講道々逾章。
曾從征露武功重。今任育英文事忙。
竹屋街頭庠序盛。泊園院裡蕙蘭芳。
堪欽夫子躋華甲。佳醼懽歌捧玉觴。

### 同　小畑三郎

先生矍鑠迎華甲。文質彬々名自章。
奮起從軍曾有績。提撕講道不辭忙。
泊園玉樹蓁々茂。竹屋芝蘭郁々芳。
景仰及門多弟子。開春進獻萬年觴。

### 同　奇山　矢崎精

天錫遐齡非偶爾。護持遺典大文章。
廻瀾欲竭生涯力。振鐸寧辭老後忙。
玄德四儒風化浹。絳帷三世姓名芳。
聞言華甲得嘉瑞。萬壽定稱延壽觴。

### 同　犬塚悌士

迎歳康彊華甲壽。溫良如玉見文章。
慕風子弟聽言順。愛國先生講道忙。
繼述多方兼義重。滋蘭居室與心芳。
儒宗碩學今誰比。誦罷高調献祝觴。

### 同　安達龜

千秋壽色迎華甲。三世師風有舊章。
紹述斯文見德美。隆興　皇武忘躬忙。
窟前樂地琴聲韻。庭裡嘉朋蘭氣芳。
此日春光盈綺席。白桃紅李映霞觴。

### 壽黄坡先生華甲　藤本達

三世醇儒德有隣。天將木鐸屬斯人。
講帷惟識育才俊。傲骨曾嫌伍縉紳。
入室芝蘭香滿座。萃門桃李美成春。
壽躋華甲未稱老。要爲青衿掃後塵。

### 同　松軒　芝田弘

三代儒宗德業新。文章經國見精神。
由來仁者能全壽。何啻區々六十春。

壽黄坡先生華甲　雲洞 櫻井 信

壽誕同來春滿堂。幽蘭馥郁壽香芳。
先生長壽期商老。瓊酒堪斟延壽觴。

同　明山 久保 郁

竊念先生名實昌。欣開壽席侑瓊觴。
君家奕世鴻儒德。當冴遐齡彰祖慶。

同　岡田 尙齋

洙泗流淸古道全。箕裘三世德聲宣。
稜々仙骨壽而健。遐邇倶瞻浪速天。

同　木下 貞

先生周甲壽而康、佳氣氤氳滿學堂。
不唯風流愛蘭蕙。托身幽谷姓名芳。

同　越智 宣哲

南山壽色滿高堂。人與幽蘭放國香。
訓育多年承祖業。泊園齊醉紫霞觴。

同　田宮 渭南

儒學關西唯有君。拳々不倦護斯文。
春風秋雨足珍重。併賞蘭馨與菊薫。

同　神田 豊城

風流儒雅保天眞。弟子三千如子親。
今日堪欣華字宴。滿堂和氣自生春。

同　辻 蒼石

四代傳承道義尊。儒門獨有泊園存。
天降遐壽黄夫子。長使斯文養國根。

同　同

筆硯詩書身健康。諄々講說大文章。
高風淸節輝千古。華甲盛儀迎喜長。

同

神來妙想自洋々。錦句瓊章語悉芳。
征露勳功文與武。温容齊仰壽華觴。

## 壽　文

邦俗有慶事則親戚故舊設宴祝焉而爲學德聲譽兼壽康者設宴賀焉甚鮮矣泊園書院主藤澤黄坡先生學德聲譽夙鳴于世而今茲丙子三月七日甲子一周見迎華甲之辰日一日意悠々夫子聲譽獨不止于一身輙門下餘光延係斯文聲譽也大矣若之何設宴可不祝乎可不賀乎於是門下生諸子翕然賀焉固其所也乃卜本日之佳辰賀之或詩文或國歌或俳句其他各隨其所好自東自西自南自北競爭以賀焉嗚呼可謂盛儀也余亦幸介泊園門下生之班末得加如此盛會孚不堪幸慶抃舞也因不顧非材賦一詩謹以呈。

壽宴歡聲盛。　一巡花日筵。
千歳意悠々。　長生樂無限。

昭和十一年四月三日

門下生　大守獨笑　謹白

（編者云ふ。大守氏は昨冬逝去せられたのであります。然し氏は此日をお祝ひすべく、文藻を練て居られたと見へて最近遺愛の匣よりこの草稿が發見せられました。すでに先生の祝賀會もつゝがなく終へた今日、御令息、章氏からそのお話しを承て誠に感慨に堪へぬ次第であります）

華甲の御賀に　宇田 敬子

君かゆくふみのはやしのおくにこそ
　千代までにほふ花はかをらめ
蘭の香もたかくにほひて若かへる
　きみかほまれをあふく園かな。

春　月　同

よろこひてうたふうたけに春の夜の
　はなにふけぬる月おほろなり。

御華甲子をいはひまつりて　山下 是臣

としことにいやたかくこそさきまされ
　きよきさは邊のふちなみのはな。

華甲の賀を祝ひまつりて　全田 鶴枝

千とせへむ松の梢のふち波の
　はなふさなかくいや榮えませ。

還暦を祝して　吉年 英子

藤のはなかきためしを澤水に
　うつす姿そ千代の色なる。

同　吉宗 水香

みとりなす小松のこゑくわかゝへり
　ねとしのはるにあへる君かな。

同　吉宗 香英

なりはひのいちも賑ふはね遊ひ
　はぬるねとしのはるそめでたき
すこやかに六十へまし〳〵師の君の
　はるの祝を幾たひもかな。
すこやかにあらせ給ひてくしの道
　永久にときませ我國のため
朝のまの淸めの雨の晴れしかに
　しの君祝ふから歌のこゑ

同　好田 義昌

道をとき文をかたりてみちひきて
　百代のさかをこへますか君
君か汲むよはひをのふる盃に
　うかふもゆかし蘭の香かほる

周甲をことほきて　一海 景宥

蘭植ゑて道を教ふる大人なれは
　もゝ千の齡かさねますらむ。

華　暦　天野 みどり

十返もくりかへしませ花こよみ
　松の千とせを藤にかさねて。

泊園書院　同

藤波のつゆのめくみに若草も
　ゆかりの色に映ゆる花園。
浪華津の浪華大城ともろともに
　ほまれも高く蘭かほる園。

聽講感想　同

藤波の花のしつくにうるほひて
　枯木も芽ぐむ思ひこそすれ。
外國の花のゐまひに醉へる人は
　知らしな藤のむらさきの花。

學界異彩　同

浪華津の文の林を彩りて
　むらさき匂ふ藤の花房。

黄坡先生の華甲を
　ことほき奉りて　田中 治一郎

浪華津のあき人の町たゝひとり
　みちをとき〻ます師はすこやかに。
かしらには霜こそ見ゆれねもころに
　をしへとかすみこゑ若くほからかに。
われもまたみてしのうちのひとりそと
　ほこらひもちてわか師をことほく。
漢文を廢止すといふをとゝあり
　ちからつよしも師のきみゐます。
墨のかをりあらゝきのかをり室にみちて
　ふてのはこひのを〻しき師のきみ。
六十路へし師の君なれと淡路町
　わかきみすかた我か目にちらつく。
文の道をしへの道を日の本に
　ひろくみちひき六十路へまし〳〵。

同　中目 覺

からうたとおしへことちのこゝろとに
　きみかほまれはちよにかほらん

小松原 謙三

先生四十年の間、道ときてうみ給はず。小生始めて教へをうけしは十七歳の時なりきその時の先生の御年は今の小生の年位なりしと思ふ。二十三四年の昔なりき。

金得むとひしめく街にたゝひとり
　みちときやまぬ師の君尊し。

田中 藤太郎

先生は蘭花を愛し給ふ
春晝や机上の蘭のうすぼこり。
蘭掃くや日永の窓にほそ目して。
　われくすしの道を行へり。同春の九丹手中に在り。願くば長生せられん事を
行春に同春丹をまゐらせむ。

田中 稠

愛蘭の萌え出る今日や賀壽の宴
先生の壽筵の床や蘭芳る。
賀詞祝詞山と積りぬ華字の壽。
道更へて登りて見はや春の山

○奉壽士明華甲詩書　越智 宣哲
○賀黄坡先生華甲詩書　眞野 鷹
○次黄坡詞宗自壽瑤韻詩書　杉村 壺山
○壽無疆二行書　多田 黄山
○老松双鶴之圖　藤本 木田
○華甲之圖　辻 蒼石
○百々喜雀之圖　庭山 耕園

## 黄坡先生華甲祝賀會報告

藤澤黄坡先生華甲祝賀會紀念品（紀念扇及び三惜書屋初稿）は六月五日を以て會員諸

## 謝辭

章之生也。歲在丙子。今茲二三子胥謀。設賀會以慶周甲。乃卜日佳辰。明簡四方。弘諗親故。於是遠邇諸君子。屈尊。降貴。汚德。忘齒。皆來蒞于斯館。瓊琚之辭。金石之音。或錫五福之賀。或誦九如之祝。且惠以紀念嘉貺。以榮賁章。章無辭之以爲謝也。不知章何以得之諸君子乎。此非章能得之而諸君子之厚于誼。不敢拌章也 不則諸君子之懷我父兄而不忘。以貽之其遺體耳。章豈可不惕然而自省乎。先君子之遺體。爲男者三而家兄士亨歿方過一紀。弟士駿逝亦纔一年而今章獨存矣。夫章之弱質而有痼疾。年未至而立。旣罹重患。幸遇名手之起死。其從戰陣也。飛彈及體則遇鑵子之救我。近之數年之前。氣息不調則蒙畏友之薦良醫。而今則又受舊人之任保護。嗚呼章之受天之眷。蒙人之恩亦多矣。不知章何以得之天人乎。此非章能得之而彼視以爲文在斯故耳。章也果可以當之乎。竊顧一經未有能通。一言未有能立。況於文與德以扶翼 皇道乎。不有諸己而得諸人。章豈可不忸怩而自警乎。夫有耆艾之壽而無經緯本末以先人者。莊周呼爲陳人 如章當稱爲陳人者非耶。人不可以空長生也。而今諸君子在堂。父兄在天。臨而警章。章也宜更有努於斯文以有力于扶翼以膺諸君子之厚誼與天之重眷耳。敢陳鄙辭以致謝意。

昭和丙子神武天皇祭日　章 頓首

## 讀書隨筆

大壺

尙書の難解なるは古來屢々言はれてゐるのだが是れ極めて見易い事なのである。どんな註解を持つて讀んで見ても、無理無體に讀む丈の話である。今文尙書說は大約皮錫瑞の今文尙書考證で行く所迄行つてゐるが、愈々それを超えて原本尙書の解釋へ溯らうとすれば、據るべきものは金文しか無くなつて來るから大變である。金文を持つて尙書を解釋する事は吳大徵孫詒讓 王國維、郭沫若などの學者で試みられてゐるが、靜安先生すら尙書の解し得べきものは半分も無い、解されてゐると思ふものもその半分は信疑不定だと云ふのだから、先づ明かな所は幾らも無いと云ふ事になる。約三千年も前のものだから、それが本當なんだが誤解に誤解を重ねて行つてるから、中々に復原は難しい。確實な材料で比較研究に資すべきものは古金文だが、金文の解釋も實は詩書に參照して明かにして行くのだから相持ちである。相持ちの情態の中に於て其裏を折めるんだから、眞に所謂好學深思心に其意を識るものでなければ難しい。この點に於ては于省吾の雙劍誃尙書新證に敬意を表せねばならない。于氏は隸古字本尙書と古金文との新資料によつて古訓を正し、古意を探るので、重を字形と通假に注してゐるが、甚だしく竄を失してはゐない。未だ前記諸家を超脫するには至らないが、我等に研究の模型を示し一途を開いてくれたものと見て置きたい。

尙書研究について今古文の爭は康有爲の諸著が一集成を爲したと云つてよい。その系統を引ける錢玄同の重論經今古文學問題は又問題を提出したものである。康氏が古文經は皆新學の僞經であつて信ずるに足りないと論定した所に根據を置き、新出魏石經の古文に對する王靜安の研究に照して、古文經典は皆僞にして孔壁出土の事實なしと、進んで斷定したものである。論斷甚だ奇僻の如く感ずるかも知れないが、師心臆解の創說とは斷然別であつて、皆今古文學諸大師の研究を追究して新出資料を以て之を檢討して立てたる論であるから、驚くには足らぬものだ。余も亦嘗て稍々壁中古文の出土に疑を抱いた事もあるので此論に興味を再び感じたのであるが、尙ほ古文經に就いては考ふべき所があると信ずる。たゞ古文經學より今文經學へ、今文經學より先秦經學へとの一路が錢氏の論によつて明かに指示せられたるを喜ぶので、乾嘉の學は光宣の學へ、而して今や民國の學も形を成さんとするのでないか。治學の途は新必ずしも舊に勝るとは云へないが、研究の進步は大道の上を遲々たりとは云へ前進してゐるから、油斷をすると分らなくなる。經學は即ち經學史だ。經學史を知らないで何處に經學があらう文求堂主人此の錢氏の論を和譯して支那學飜譯叢書の第二編として世に貽つたのは固り撰擇に意有つての事だらう。後學の幸は之に若くものは無い。

## 浪華儒林傳雜考 （一）

大壺

余は別に浪華の諸先賢の事蹟を普く知る者でもなく、二三の人以外は特に調査もした事が無かつたのであるが、昨年依賴される儘に富永仲基の傳を書いた所が、關西大學々報の編輯者は浪華儒林傳一と銘を打つて之を掲載したものである。儒林傳となると困るとは思つたもの丶、別に體例の嚴重なるものがある要もなく、氣樂に浪華の儒者を紹介してほしいとの事に、それでは序でに多少泊園關係の諸先生でも傳したらと思つて急に調べ出して見た。急に調べ出して見たもの丶、參考資料を殆んど所藏してゐないんだから、不滿足なる事夥しい。それでも手近の資料だけで、ボツボツ續けてはゐるが、考證の不十分なる爲めに後から誤謬が分つて來て致し方もない。又不審な所も澤山ある。傳の方ではそんな事を書いとけないから、こゝに思ひ付いた事共を記して他日の參考とし、又諸賢の指教を得たいと思ふのである。

富永仲基に就いては其後懷德第十三號や關大新聞の特輯號「背光」で訂正と增補とをしたが、まだある。仲基に直接關係した事ではないが「翁の文」の序文作者全機居士の事である。全機居士は橘伯雄と「謙齋遺稿」に出る人だが、懷德堂定約の橘屋に關係ないかと推想して置いたが誤りであつた。全機居士とは名醫川井桂山の事であつて、木村篤處の「大阪訪碑錄」にも江村北海の「日本詩選」にも伊藤榮吉の「日本詠物詩」にも著錄されてゐる人なのだ。眞に汗顏の至りである。

東畡先生傳では先生の父母御兩人を載せなかつたが、齡延寺に御墓が有つて明瞭であつた。表に

實樹院心淨居士
實證院妙貞信尼

とあつて兩側に

通稱喜兵衛號閑翁天保二年辛卯九月朔日沒享年七十
通稱加禰號淸香安政四年丁巳四月二十六日沒享年八十六

とある。「大阪訪碑錄」にもこれは著錄して置いて貰ひたかつた。それにつけても「泊園墓碑錄」を作つといてもよいと思ふ。

南岳先生の條に於ては、先生が藩老の首を携へて姫路へ驅けつけられた時の日に疑ひがある。余は「漢學者傳記集成」にある傳は黃坡先生の示教を經たものだからそれに依つたが、「高松市史」に出づる所とは合はない。一應再檢討を要するものであらう。尙ほ分舍を二軒置いた東としたのは一軒置いた隣の誤りであると宇田刀自から敎へられた。

篠崎氏梅花書屋の事は木崎好尙氏の「篠崎小竹」に詳しいが、一二不審の所があつた。それは多分原稿の誤植か誤記で混じてゐるのだと思はれるが、碑文行狀等で訂正して書いて置いた。「東江誌」は明かに木崎氏に依つて誤を襲いでゐた。

消息

大學講師の職を退かれた。
◉天羽生信成氏 五月中旬逝去の報あり。

知

會は都合により期日を變更す。

## 遊月瀨記　東畡先生

柳泰多三人始至者。欲觀都下諸勝。廉惠二人善熟者。爲之鄉導。余父子則粗記前遊。且所主不在此、惜脚獨留。日將沒也。觀畢皆返。

【訓讀】柳泰多の三人始めて至れる者。都下の諸勝を觀むと欲す。廉惠の二人善く熟せる者。之が鄉導を爲す。余父子は則ちほゞ前遊を記す。且つ主とする所は此に在らず。脚を惜むで獨り留る　日將に沒せむとするや。觀畢りて皆返る。

【語釋】○始　始は終の反で事のはじまる意。初は後字に對して、時の最初の意。○且　發語の辭で「そのうえ」といふ意。この字の用例甚だ博く「かつ」と讀む時は、又字と同意で、その區別は文の中段に用ひる場合、且であれば前段に添へて見る意、又字では前後を同じ位に言ふ心持。又且休、且來等と用ひて命令の貌ともなり。且百巨萬等と數のおよそを表す場合もあり、且喜且憐等と同樣の事を重ねて云ふにも用ひる。「まさに何々せむとす」と訓する場合は將字と同意となる。猶この外「もし」「なほ」等の義がある。

二十日。早起。聞自是東至于月瀨。行程七里皆在山中。且七里間。茶店僅二戶而已矣。路之所始。攀春日山左肩。曰瀧阪。曰斫石嶺。古木蓊鬱。左右相接。行人如自洞隧中過者。谷上谷險。而風致谷佳。一步一叫。苦快交發盡嶺稍坦。在傍連峰。右臨大壑。壑外諸山如削如劈者。參差並峙。皆可俯而窺也。

【訓讀】二十日。早起す。聞く是より東して月瀨に至るまで。行程七里。皆山中に在り。且つ七里の間。茶店僅かに二戶のみと。路の始まる所。春日山の左肩を攀づ。瀧阪と曰ひ斫石嶺と曰ふ。古木蓊鬱として。左右相接し行人洞隧中より過ぐる者の如し。谷上つて谷險に。而して風致谷佳なり。一步に一叫し。苦快こもごも發す。嶺を盡して稍坦なり。左は連峰に傍ひ。右は大壑に臨む。壑外の諸山削るが如く劈くが如き者。參差として並峙す皆俯して窺ふ可きなり。

【語釋】○而已矣　助詞を疊用した貌で、而已、而已耳、也已矣等みな之の類である。○苦快交發。或は路の險なるに喘ぎ或は風景の絕佳なるに快哉を叫ぶなり。○壑外　谷の向ふ側。

又南行出于廣路。即詣勢廟別道也。隨之東行經須山。至杏挂。得第一店。休焉。日未午。一行之人。腹猶果然。乃命店婦。作數塊摶飯以備前途之乏。將起。店婦曰。前途近月瀨而入小遲。多岐紛紜。無鄉導不可也。因倩店主以爲鄉導。

【訓讀】又南行して廣路に出づ。即ち勢廟に詣るの別道なり。之に隨つて東行し。須山を經て。杏挂に至り。第一店を得て。休む。日未だ午ならず。一行の人。腹猶果然たり。乃ち店婦に命じて。數塊の摶飯を作らしめ。以て前途の乏しきに備ふ。將に起たむとす店婦曰く。前途月瀨に近くして小遲に入る。多岐紛紜たり。鄉導無くんば不可なりと。因て店主を倩うて以て鄉導を爲す。

【語釋】○勢廟　伊勢大廟。○腹猶果然　果然は飽く貌。この一句は莊子逍遙遊篇に見ゆ。

踰水間嶺而及大橋村。村口有川。板橋架之。所以取名不問而可知也。橋畔有第二店。入而吃摶飯。時一僧來就店。問之。亦將觀月瀨者同臭味也。吾人吃了。揖而先去。入北野村。左折與廣路別。小岐交錯如網。始知杏挂店婦之不吾欺也。

【訓讀】水間嶺を踰えて大橋村に及ぶ。村口に川有り。板橋之に架す。名を取る所以問はずして知る可きなり。橋畔に第二店あり入つて摶飯を吃す。時に一僧來て店に就く。之に問ふに。亦月瀨を觀むとする者。同臭味なり。吾人吃し了り。揖して先づ去る北野村に入り。左折して廣路と別る。小岐交錯して網の如し。始て杏挂の店婦の吾を欺かざりしを知る也。

【語釋】○亦「もまた」の意。一つの物があつて、それに對して此もまたと云ふ心持。又字は一度すんだ事が重ねてある意で、その事が前後同じ時でも異なる場合でも用ひる。復字は前後同樣の事を輕く並べていふに用ひる。○同臭味　類を同じくする意。左傳の襄公二十二年傳に譬諸草木吾臭味也云々とあり、その註に草木同類則臭味皆同と見えてゐる。○揖　手をこまねいて上下左右し敬意を表すること、こゝでは挨拶する意。○不吾欺　之は吾字を下に置いて不欺吾としても文意は通ずるが、吾字を欺の上に置くのは上句を強く承けて語勢を急にする爲めである。

### 戊申新正

欣迎捷後第三春。喔々隣雞報早晨。瑞雨一過灑周道。浩波萬里湛皇仁。陰陽貳曆俗仍舊。山野呈祥氣自新。只樂泉南風物樸。好將翰墨了前因。

【訓讀】欣び迎ふ捷後の第三春。喔々たる隣雞早晨を報ず。瑞雨一過周道に灑ぎ。浩波萬里皇仁を湛ふ。陰陽曆を貳して俗舊に仍り山野祥を呈して氣自ら新なり。只樂しむ泉南風物の樸なるを、好し翰墨を將て前因を了せむ。

【語釋】○捷後　日露戰役後をいふ。○泉南　先生當時泉州岸和田に在住せられたり。○前因。前よりの因緣即ち文學に關係する意。

### 乙卯元旦

昨雨澆來塵劫空。祥雲靉靆旭光紅。武功新就凱歌湧　兵氣全銷皇道融。萬戶旗章存國恤。一門文事有家風。兎年好以兎毫迓。脈々春浮詩句中。

【訓讀】昨雨澆ぎ來つて塵劫空し。祥雲靉靆として旭光紅なり。武功新に就りて凱歌湧き兵氣全く銷して　皇道融す。萬戶の旗章國恤を存し　一門の文事家風あり。兎年好し兎毫を以て迓ふるに。脈々春は浮ぶ詩句の中。

【語釋】○塵劫　佛家に無量劫をいふより、世の煩はしさを云ふ。○國恤　大正四年國喪中。○一門云々　東畡先生以來の學風。

### 甲子新正

甲子迎春意氣揚。尤欽父祖澤偏長。育英垂業百年所。好學興風一地方。中外古今斯道貫。功名富貴幾人忙。加齡吾亦隣知命。繼述祇期護典常。

【訓讀】甲子春を迎へて意氣揚る。尤も欽ぶ父祖の澤、偏へに長きを。育英業を垂る百年所。好學風を興す一地方。中外古今斯道貫く功名富貴幾人か忙なる。齡を加へて吾亦知命に隣る。繼述たゞ典常を護らむと期す。

【語釋】○百年所　東畡先生浪華に帷を下してより玆に百年なり、所は添字。○知命　論語に五十而知天命とあり。

### 元旦即事

昭和歲旦氣和平。俗蝟拂來身亦輕。杖履安々心適々。賀正途上拾詩行。

【訓讀】昭和歲旦氣和平なり。俗蝟拂ひ來りて身亦輕し。杖履安々、心適々。賀正途上に詩を拾ふて行く。

【語釋】○俗蝟　蝟はハリネヅミ、五月蠅い俗世間の事に譬へる

### 歲旦漫吟

一雞先唱衆雞隨。物有眞情無挾私。天下共宗東魯聖。西家老父不相知。

【訓讀】一雞先づ唱へて衆雞隨ふ。物に眞情あり私を挾はさむなし　天下共に宗とす東魯の聖。西家の老父相知らず。

【語釋】○東魯聖　孔子をいふ。○西家老父不相知。孔子家語に云ふ、孔子の家の西隣に愚夫あり、その聖人なるを知らずして、孔子を呼んで彼の東家の丘といへりと。

### 甲戌元旦口號

前星既見耀高宸。南北東西瑞色均。歡發鵝黃雲露液。暖浮鶯哢電波脣。途分步乘行皆隱。人莫醉醒心悉春。斯地迎年回幾十。今朝氣味更加新。

【訓讀】前星既に見る高宸に耀くを。南北東西瑞色均し。歡は發す鵝黃、雲露の液。暖は浮ぶ鶯哢、電波の脣。途は步乘を分つて行みな穩やかに。人は醉醒となく心悉く春なり。斯地年を迎ふる回幾十。今朝氣味更に新を加ふ。

【語釋】○前星　皇太子のこと、昨冬御降誕あり。○雲露液　范成大詩序に云ふ、比得佳釀法・客以雲露名之・取吉雲五露・飲之則老者少病者除と。○鶯哢電波脣　元旦の放送を指す。○途分步乘行皆隱　一年を通じて雜沓を極める都大路も今朝ばかりは步道車道がはつきり分れて、すべてが隱やかである。

本誌後援　寄附金收受報告（泊園同窓會）

泊園同窓會幹事

第八回　柳條會作品展と板倉槐堂先生遺墨展

同門の山下是臣氏が指導せられる柳條會の作品は夙に浪華書道界に注目せられて居る。本

昭和十一年九月一日（火曜日）　泊 園　第二十三號（一）

# 泊園

昭和十一年八月廿五日印刷（隔月一回一日發行）
昭和十一年九月一日發行 —（非賣品）—
編輯兼發行人 大阪市南區大寶寺町中之町二番地 的場信太郎
印刷所 大阪市西區新町南通五丁目 林泰進堂
發行所 大阪市南區長堀橋筋一丁目五〇（泊園書院內） 泊園誌社
振替大阪一三八三九（泊園書院）電南六八二七

## 漢文教授法の一二

大壺

漢文の教授法は一應革新さるべきものではないだらうか。こゝに余の云ふ漢文教授法とは勿論專門研究者となるべき人に對しての事ではないので、修養としての一般漢文學習者に對しての話ではある。即ち中等學校に於ける、又は私塾、講習會などに於ける漢文教授の方法を云ふのであるが、その教授方法は革新されて然るべきではないか。

余はかゝる點に對して經驗ある者でないから、實際上に如何なる方法が善きかは心に成案がない、只見聞する所によつて時々考へて見て遺憾なりとする事がある。我より之を提議して大方の經驗者の發奮研究を促がさんとするものである。

先づ初學者にも一通り文法を敎ふべきものだらうと思ふ。中等學校に於ては國語でも外國語でも文法を敎へてゐるに關らず、漢文のみは文法を授けないのはいけない。漢文でも文法はあるんだから、漢文の文法は學習さすべきである。一字を何種にも使へるから、即ち名詞としても動詞としても形容詞としても副詞としても使用するんだから、文法は有れども無きが如しだなんと云ふのは、大なる誤りであつて、それでは却つて中等學生を混迷さすものである。學生は國文法、英文法を習つてゐるのであるから、其程度の漢文法を敎へて差異を明示すべきものであらう。隨つて余の考へでは三文法共に同じ樣に編纂され、術語は理解し易き樣に同じ言葉にして置くがいゝと思ふ。そうして大約同樣の速度で、同種のものを餘り隔らざる時に敎へ、出來得べくんば比較して說明すればどうか。文法はどの文法でも學生は大抵好まない樣だが、文章の解釋にはどうしても文法的分析が必要なんだから、かく比較を適當に試みて特徵を指示する事は三國文に理解を增さしめる所以でなからうか。國英兩文法を參照せる漢文法初步を編纂する人はないだらうか。

朗讀は興味を惹起せしむる一手段であるが、素讀の初めから、意味の分り難い文章を朗讀さすのは如何であらう、殊に四書はまだよいが、五經の素讀は功有るだらうか。現今漢文を學校以外で習ふ者は多分中等學校からであらう。然らば初步の學習には中等學校の敎科書を使用せしめ、稍々進んで他に移らしむべきか。而してこれらの敎科書を朗讀式で習はしめ、同時に意味をも授くべきだらう。敎科書も實は改編して一機軸を出すがよい。

訓點反點課程についても多少の私案ないではない。然し余などが喋々するよりは實地經驗者の意見を多く聞きたいものである。漢文復興もかゝる基礎的具体的の意見の上に立て行かるべきもので、抽象的な議論では實效はない。

故篠田栗夫氏藏

## 讀書隨筆

大壺

武内義雄博士は諸子概說、支那思想史を相次いで世に貽つた。而して我々は初めて哲學史らしき哲學史を支那學に於て得た事を喜ぶものである。後者の初め岩波講座に現はれた時眞の哲學史を見るを得たとして喜んだが、今こゝに單行、且つ增訂せられて、上下四千年の支那思想發達の要領を示された。先生の學風は精審なる考證を根底とし、論理的なる推論を以て之を案配し、之を貫くに史的開展の加上原則を以てするのであるから、その成績たるや世上の杜撰なる編纂物まがひの學史とは全然種類を異にする。我等は支那學界に先生を有する事を誇とすべきである。兩書共にその內容の大体は已刊の先生の論撰に於て伺ふを得てゐたが、今かく一纒めに纒められ、理解し易き文章になる各一卷を得た事は、後生の慶賀する所である。

武內先生は尙ほ雜誌文化紙上で「論語堯曰篇の脫簡補正私案」を發表された。余は從來の所說を纒められたる兩書以上に此篇に敬意を表したいと思ふものである。堯曰篇の難解なるは諸儒の已に說く所を見て知るべきであるが、この難問題に對し、諸儒の所說を審かに檢討して、補ふに諸書の遺文を以てし、參するに孟子莊子等の末篇の意を以てして、之を補正せんと試みたるものである、誠に好學深思、心に其意を知るものに非れば、共にこの事を語り得ない。一方には學ぶ所を總括せんとし乍ら、又他方經學研究に一新步を踏出し行く先生の精進は敬意を表せざるを得ない。

谷村一太郎氏編の靑陵遺編集を見るを得た。海保靑陵は四十一二歲の頃は大阪の淀屋小路で私塾を開いてゐた儒者だが、好んで商業經濟を論じ德川時代の經濟學者中では異數のものであつた。卓落不羈の性格は家老の家に生れ乍ら弟に相續せしめて家を出で、儒者奉公も止めて各地を遊歷し、諸處に書を講じ得意の經濟談をした。議論計りでなく、諸藩の金融、諸家の經濟の實地指導の顧問格を屢々勤めた。最後は京都で病歿した。諸處での經濟談、講演錄が著述として澤山にある。近年各種の經濟學叢書類に收められ遍く世に知られてゐる。最近では近世社會經濟學說大系の中にも海保靑陵集一卷が含まれてゐる。たゞその解題は經濟思想を抽出排列しただけであるのは物足りない。靑陵は好んで經濟を談じたし、世間の儒者を罵嘲するが、已れは儒者を以て任じてゐたんだから、經濟談にも儒學的背景がある。その點を顧みずしては物足りないものになるも當然であらう。谷村氏の遺編集は從來附刊されてゐなかつた老子國字解と綱目駁談を收め、遺詩遺文を附してある。老子國字解は別に老子注釋全書に收められて出版されたので二重になつたのであるが、異彩ある書は何度出てもよい。老子は孔子より後に出で孔子を裏から說いたと云ひ、老儒一致說である。それよりは譬喩を取つて講釋するその講說は通塗の講演よりよほど面白い。綱目駁談は加賀藩の爲めに京阪の經濟機構を說いたもので、銳敏なる觀察、卓拔なる識見は例の通りではあるが、現今でも讀んで得る所あらう。中に龜山の用達の富永宗介の事が出てゐた。宗介とは馥洲の事で、大阪訪碑錄に墓誌が出てゐる。其他京阪の大商人は多く彼に關係あると云ふ。其の親から靑陵の門人だとを思へば、靑陵が如何に京阪經濟に貢献せる大なるか推測するに難くない。京阪の經濟發展の裏には幾多の學者が與つて力あるが、これらを主題として研究する事も一つの課題である。たゞ當然の發達階段の一群として片附けて了ふのは易い事であるが、それ丈で濟まさるべきものではない。如何なる世運にも順應せざるべからざる商人の道もかゝる所で開明せられはしないだらうか。

右華甲會員への泊園誌頒布資金及城山道人稿出版助成金として泊園誌社へ寄贈せられたり

# 論語講義

黃坡先生述

**哀公問曰。何爲則民服。孔子對曰。擧直錯諸枉、則民服。擧枉錯諸直。則民不服。**

訓讀、哀公問うて曰。何をなさば則ち民服せん。孔子對て曰。直を擧げてこれを枉にをけば則ち民服す。枉を擧げてこれを直におけば則ち民服せず。

**解釋、哀公**は魯の定公の子、名を蔣といふた君であつて、孔子に「いかにせば民が服し從ふであらうか」と問はれた。夫子の對へられるに「正直なる人を擧げ用ひて、それを枉れる者の上に置けば民は服するものであります。また枉つた人物を直者の上に擧用すれば民は服しませぬ」と答へられて、人君たるものは**賢を用ふるを第一義とする**ものであることをつげられたものであります。多くの人君は門閥を以てし、或は愛憎を以てして人を用ひるから、其臣も人君の私に乘じて已もまた私枉を行ふ、これがために正道立たずして怨嗟が國に起るのであります。これたゞ魯國のみならずまた一哀公のみならず、いつの世にあつてもかゝる事實を見るのであります。

此章に**孔子對曰**とありますのは初めにも申した通り、內輪の門人には單に子といひ、**他に對しては**孔子といふのが例であります。**また尊者の問に對ふる**には常に對の字を加へてあります。

さて、**錯諸枉**の三字を、包咸の註に「錯は置なり、正直の人を擧げて之を用ひ、邪枉の人を廢置すれば民其上に服す」と說き。朱子は更に「諸は衆なり」と註せられたから、一般に「もろ〳〵の枉れるをおく」と讀むことになつて居まして、凡て此の說によつて居りますが彼國では瑯琊代醉編に孫季和（繼和は誤）を引き又劉逢祿の解等に、我國では物子、太宰純、履軒、一堂等、皆前節の如くに「之を枉の上に置く」と解いて居ります。當然かく解すべきものでありまして、**諸は之乎二字の義**であることは、他にも例の多いもので、また於の義ともなる、包氏は於と訓したものと思はれます。朱子の衆也は見劣りのする讀方でありまして、もし然らば無くても差支のない字となります。**また錯の字は擧と同一の意味**となるのでありまして、易の繫辭に擧而錯之天下之民謂之事業。樂記に擧而錯之天下無難。仲尼燕居に君子明於禮樂擧而錯之而已。管子に擧錯而不變者聖王之道也。荀子彊國篇に擧錯則時。愛利則形。韓非の有度に以法治國。擧錯而已矣。亡徵に不以功伐課試。而好以名問擧錯の類に見て一々證とすることが出來ます。

**季康子問。使民敬忠以勸。如之何。子曰。臨之以莊則敬。孝慈則忠。擧善而教不能則勸。**

訓讀、季康子問ふ。民をして敬忠にして以て勸ましめんには。之をいかにせんと。子曰く。之に臨むに莊を以てすれば敬し。孝慈なれば則ち忠に。善を擧げて不能を教ふれば則ち勸む。

**解釋、季康子**は魯の卿の**季孫肥**といふ人で康は其諡であります。此人は孔子の門に入つた人でありますから。之に對へられた所に子曰としてあります。さて其問は「民に敬と忠との心を持つて、また其務めに勸ましめるにはいかにせば得るでしやうか」といふのであります。この以の字は而と似た意味となります。此の問の意は何かの手段方法によつて此等の效果を擧げ得たいといふのでありませう。夫子の御答は「上から民に臨むに莊嚴なる禮儀に據つた容貌を以てするなれば民は自ら之を敬する。孝慈の德を行ふなれば民はまた上に忠する。善人を擧げ用ひ、不能の人は之を教ふるなれば、民は自ら勸み勵むものであります」といはれたのであつて、これも**上より民を率ゐるべきもの**との趣意でありまして、治國の道は其身を正しうすべきであつて智術を以てして得られるものではないのであります。しかるに古よりこれを考へずに、常に國民の風俗とか、時勢とかいふものを口實にするのでありますが、風俗や時勢は何によつて出來るかといふことを等閑にするのであります。

此章では**孝慈**といふ文字に說があります。古註の包咸の解は「上、親に孝、下、民に慈」と說いて居ります。朱子は「親に孝、衆に慈」と解かれてあります。この衆とは甚だ不鮮明であつて古註の樣に民を指したものか、或は單に家衆をいふたものか明白でありませぬ。要するに包も朱も使民といふ點に牽かれてかゝる解をしたものと見える。孝は親に對し慈は子に對するのが尋常でありませう。爲人父止於慈。爲人子止於孝。の如きで明であります。しかも論語知言に孝慈連言すれば、慈も亦親に事ふるの名なり。孟子の孝子慈孫の如し。と言つてゐるのが注目すべき說であります。潘維城の集箋に、經義述聞の說を擧げて居ますのに賈子に親愛利子謂之慈子愛利親謂之孝、孝慈同じく愛利の義に取る故に父母に孝なるを亦孝慈といふべしとて墨子の入則孝慈於親戚（親戚は父母の意）出則弟長於郷里。白虎通の孝慈父母賜以秬鬯使之祭祀を引き、更にまた之に因て祖考に孝なるをも孝慈といふ禮運に禮行於祖廟而孝慈服焉とある。また子の其親を愛利するを孝慈といふに因て上の其民を愛利するも亦孝慈といふ表記に威莊而安、孝慈而敬、使民有父之尊、有母之親。如此而後可以爲民父母矣と正義に威莊なるを以ての故に之を尊ぶこと父の如く、孝慈なるを以ての故に之を親むこと母の如しと註して居る。此章に臨之以莊則敬、孝慈則忠。とあるは語意正に同じと說いてあるのは餘程進んだ解である。他章の君の孝道を以て民を化して忠順ならしむると示した處と此章とは語意が違ふ樣に考へられるのであります。

**或謂孔子曰。子奚不爲政。子曰。書云。孝乎維孝。友于兄弟。施於有政。是亦爲政。奚其爲爲政。**

**訓讀**、或る人、孔子に謂て曰、子なんぞ政を爲さざるかと。子曰。書に云く、孝かこれ孝。兄弟に友。有政に施すと。これも亦政を爲すなり。なにをかそれ政を爲すとする。

**解釋、或**人といへば其人を顯言せずして之を略した語であります。孔子に問ふものあつて。「あなたはなぜ直接に政權を執られぬか」といふた。この問を從來の解では魯の定公の初年に孔子が齊から魯に返られた時であつて、孔子が仕へずに居られるのを疑うて問うたものと見てゐる。然るに徂徠先生は**爲政とは柄を乘つて**其政を處理するのである。我死子爲政。疇昔之羊子爲政。今日之事我爲政。など例が多い。即ち孔子の大夫たりし時に、其官の柄を乘らずに單に位に居らるゝ如くに思はれるから問うたものと說かれたのが確かな解である。孔子答へらるゝに、「書の君陳に孝乎惟孝、友于兄弟、施於有政、とある。即ち孝友の行あつて之を政に推し施すことである。即ち身に孝友を行ふこと亦政の一端である。是亦政を爲すものである　足下は奚ぞ爲政とせられるのかと反問せられた。**躬行を以て民に示すこと即ち政の一である**と告げられたのであります。

今の書に孝乎の二字がないものだから朱子は書云孝乎を一句として、書の孝をいふこと此の如しと解かれたが、これは云と言とを混同した讀み方であり。また古書に引いた書の文に孝乎維孝の句があるのが多いから、今本の脫文といふことが知られる。よつて包氏の**孝乎維孝は大孝を美むる辭**といふ解によるべきであります。施於有政を古註に行ふ所政道ありと解し、朱子が一家の政を爲すと解かれたのは共に不正確で、**施は移す意、有は發語**で有位有民など同例で、有政即政であり、また政は國政と見るべきであります。

以上三章共に政治の部に屬するものであります。

（第拾六講）

## 藤澤黃坡先生華甲祝賀會殘務報告

### 收入ノ部

●本誌六月一日決算報告豫定費ノ內（イノ六）（ロノ三）（ロノ五）。（ハノ十一）。ノ四項

（一）總額金參百貳拾貳圓也

（二）差引殘金額金參拾貳圓五拾四錢也

●決算報告一部變更訂正ヨリ生ゼシ剩餘金

（三）合計金六圓四拾六錢也

| 內譯 | | 實際支出 |
|---|---|---|
| イノ五。 | 金拾五圓也 | 一四五〇 |
| ロノ二。 | 金壹百六拾五圓也 | 一五九五〇 |
| ハノ十二。 | 金拾六圓九拾錢也 | 一六七〇 |
| ハノ十三。 | 金拾圓五拾錢也 | 一〇二四 |

右（一）。（二）（三）。合計在金高金參百六拾壹圓也

○水落庄兵衛氏祝賀會寄附　金拾圓也

合計金　參百七拾壹圓也

### 殘務支出費

| | |
|---|---|
| ○紀念品送料 | 二三〇四 |
| ○會員芳名及決算報告費 | 二七〇〇 |
| ○壽言集第壹輯發表費 | 三六二〇 |
| ○黃坡先生贈呈追加記念品料 | 二八四七六 |

合計金　參百七拾壹圓也收支差引無出入

昭和十一年八月

黃坡先生華甲祝賀會

昭和十一年九月一日（火曜日）　泊園　第二十三號　（三）

◎九月二日　各課開講

事

知

來る十月十七日（土曜日）開催の豫定、詳細は追而通知す

一金貳拾圓也　關西吟詩同好會本部殿

一金壹圓也（常費）　石崎太郎

## 浪華儒林傳雜考（二）

大壺

田中華城の歿年は「大阪訪碑錄」に出てゐる南岳先生の墓誌では明治十三年であるが、「大阪名家著述目錄」では十二年となつてゐる。著述目錄の所依は何か知らないが、生年と享年五十五が合するから、或は「訪碑錄」の誤植か知らん。或は「著述目錄」の方が誤植か知らん。

田中金峰の生れた所は兵頭淸生の撰んだ傳では北久寶寺坊第三街とあるが。父華城の「大阪繁昌詩後編」卷中南御堂の條下では「久寶寺坊第四街亡兒樂美所生」となつてゐる。「傳馬街東第九家」だから直ぐ分る事だらうが。余は兎に角父の言に從つて四丁目としといた。

金峰の墓誌銘は東畡先生の筆になり、文集卷之七に出てゐるが、「訪碑錄」にも見える。碑文は文集に載る時に訂正される事は少しも珍しくないから、密に合せなくとも敢て差支はないが、此文は兩方共に誤りがある。著述を列擧した所で、碑文の方は兵頭氏の傳と同じだが誤植があるらしい。文集に「浪華繁昌詩百二十首毎首有引分爲二卷」とあるのが、碑文では「大坂繁昌詩百三十首毎首有引分爲三卷」とあつて此の方がよい。「大阪繁昌詩」が百三十首三卷だからである。尤も坂は阪でもよい、兵頭傳では阪だが、原本でも板心だけは土偏の字になつてゐるからだ。「文一卷」の下に碑文では「金匱要略正義一卷」がある。これは出板されたか否やを詳にしないが、有つた方がよい。「錦字編一卷」は兵頭傳の如く「金字編四卷」がよい。金峰自身も華城も「金字編」として引用してゐ、又庶物異名集だから四卷もあらうかと思はれるからだ。碑文の「金字紹」の紹は編の誤植であらう。「漫錄數卷」も碑文並びに兵頭傳に從つて三卷としたらよからう。どうせ完成してゐたものではないだらうが、數卷と改めなくてもよい。終の所の「諱樂美」の美が碑文では善の字になつてゐるが、恐らく誤植だらう。ナリヨシと云ふんだから、孰れでもよいわけだが、何處にも美の字だし、然も美が代々の通り字なんだ。誤植に違ひない。因にこの碑文は東畡先生七十一の時に題されたものだと「繁昌詩後編」卷之上妙壽寺の條に華城が注してゐる。

川井立牧の傳は大阪訪碑錄に載する三宅春樓の碑文がある。岡本撫山の浪速人物誌は明かにこの文に據つてゐるが、和歌の師を有賀長因としてゐる。恐らくこれは誤記か誤植であらう。碑文の長伯に依るべきである。

大阪府立圖書館の大阪名家著述目錄の小傳も大約碑文に依つたと推せられるが、父立節は誤つてゐる。父は立珪、叔祖父が立節で、立珪は立節の後となつたが、後別居したので立牧が直ちに立節の後を繼いだのである。浪華人物誌は立牧の五律、了節の七絕を引いてゐるが共に日本詩選に出てゐるものである。了節の名號なども恐らく詩選から引いたのであらう。然らば號の白連も白蓮の誤植である。

大阪名家著述目錄の著錄の大橘集二は補遺を併せて二卷なのであらうか。本集は一卷で寬政十年細合方明の序があり、蛇巖の評が附してある。享保以後大阪出版書籍目錄によると、寬政九年十一月の出願、寬政十年二月十三日の許可となつてゐるが、余の見た本は寬政十二年庚申春の刊記がある。丁數三十二丁は序文二丁、本文二十九丁、奧附一丁で丁度合するが、序文が寬政十年許可後だが、どう云ふものかしらん。奧附の目錄では「大橘集補遺一卷嗣刻」とあるが果して刻されたものだらうか。

碑文の瑣言五卷を大阪名家著述目錄では日本紀瑣言としてゐるが、これは碑文の讀み誤りから來たのではないか。大橘集奧附では和歌瑣言としてゐる。碑文の云ふ內容から見ても日本紀瑣言は誤つてゐる。

西島梅所の儒林源流では立牧は補遺の部に出てゐるが、桂山の號と歿年丈が出てゐるに過ぎない。大に補ふべきである。

日本詩選の作者姓名に「鈴裕、字仲舒鈴木氏稱壽伯浪華人」とあり、卷之四に五律一首を採入してゐるが、この人は立牧の次子である。次子は碑文に「次裕後鈴木氏」とあり、大橘集の序に「傳詩者其仲子名寬裕蒙鈴木氏」とあるからこれに違ひない。所で日本詩選の採擇書目中に「三橘集、川井立牧三兄弟詩集未刻」と出てゐるが、橘雍の大橘、橘溫の小橘は分るが、今一橘は誰だらう。或は恐る、この鈴裕が一橘で併せて三橘なんではなからうか。北海は鈴裕が橘雍の子たるを知らず兄弟と思つたんではなからうか。因に大阪訪碑錄には寬政元年の鈴寬裕撰幷書の桑原女媒墓誌銘が著錄されてゐる。

翁の文の第三序は「賀古伴禮玄幹撰」と題してあるが、仲基も伴を姓に冠してゐる所から、之を謙齋先生の自序と思ひ込み、「賀古」が何に當るかを苦心して見た。然し是れは全く見當はづれで、別の一人の謙齋先生の友であるのだ。即ち、大阪訪碑錄所載の矢木鳴鳳墓誌銘を見ると「故略無交遊、唯謙齋富先生、德階伴子伯、與吾鳴鳳子、日相往來、驩然笑樂」とある。この德階伴子伯こそは伴禮玄幹に相違ない。だから翁之文序の印記にも伯氏とあるのである。伴德階の事蹟は未だ詳かでないが、矢木鳴鳳は播州中津の人だから、或は賀古が加古川で同國人たるやも計られない。これによつて翁之文の三序の撰者を定むるを得たるを喜ぶ。因に木鳴鳳の名は謙齋遺稿中に屢々見える善友である。その墓誌銘は實に謙齋先生の愛弟東華先生の筆に成つてゐる

## 說詩樂趣（10）

效尤生

青鎖集に、劉昭禹は詩を作るに刻苦して、風雨をも憚らずして想を練つたと記してある其句

句向夜深得。心從天外歸。

は眞に詩境を道破して居る。

東坡云へり、兒子邁 幼時嘗て林檎の詩を作り

熟果無風時自脫。半窓遲日闘先紅

と、亦等輩中に於て思致ある者といふべきも今已に長じて他の技なく、但時に新句を出す酸棗尉となりし作に

葉隨流水歸何處。牛載寒鴉過別村

と詠んだと。いかにも共に奇句である。

楊義方の春日の詩に

海邊紅日半離水。天外暖風輕到花。

は寫實輕妙であつて、取材と用字と共に群を拔いた氣がする。

盛次仲と孔平仲と同じく館中にあつて雪夜に詩を論じた、平仲は「未だ曾つて人の言はざる語をなすべし」とて

斜拖闕角龍千尺。澹抹墻腰月半稜。

の句を作つた。次仲は「甚だ佳いがたゞ未だ大でない」といつた、即ち斜に宮門の角に引いて千尺の龍の如く、淡く墻の根を抹して月光の半稜の樣であると雪を形容したものであるが、拙者も此句はあまり奇語を弄したものと贊成はせぬ。そこで次仲は

看來天地不知夜。飛入園林總是春。

と吐いた。平仲も屈服した。いかにも不夜城の如く天地光明。園林は草木皆花といふ。古い考であるが、之を新句を以て、しかも平穩な句調で言ひ現はしたのはよい。

司空曙の喜外弟盧綸見宿の詩に

雨中黃葉樹。燈下白頭人。

の句がある。誠に佳聯である。景中に情を含むで餘意の深いものがある。

崔峒の詩に

淸磬度山翠。閑雲來竹房。

淸閑雅淡の趣がある。又

流水聲中視公事。寒山影裏見人家。

も雅味に富んだ句である。

## 篠田栗夫老逝去

書院の耆儒にして同窓會成立以來の會幹たりし活園篠田栗夫老は今夏に入り宿痾療養中遂に藥石効なく八月十日溘焉眠るが如く東區南新町の自邸に於て逝去せられたり。享年六十五歲。可惜焉可悲焉。老耆性溫雅寬厚實に同門の重鎭たり。逸話又極て多し。詳報は次號に讓り玆に謹告す

## 遊月瀬記
東畡先生

無幾至于月瀬。清香拂々襲人、村在山嶺。門戸成簇。窪田氏者。最宏麗。游客多宿焉。乃就之。遣還郷導。日方在未申間。余曰寸陰可惜。請先賞而後休。脫諸裝。託于主人。不解鞋出。穿花而下山。呼航而渡溪。右折抵尾山山高二十四町。蛇行登之。及半腹。路右得坦地。所謂一目千株者。稱此眺望。爲境中第一觀矣。

【訓讀】いくばくも無くして月瀬に至る清香拂々として人を襲ふ。村は山嶺に在りて。門戸簇を成せり。窪田氏なる者。最も宏麗にして。游客多く宿す。乃ち之に就き。郷導を遣り還す。日方に未申の間に在り。余曰く寸陰惜しむ可し。請ふ先づ賞して而る後休せんと。諸裝を脫して。主人に託し。鞋を解かずして出づ。花を穿つて山を下り。航を呼んで溪を渡る。右折して尾山に抵る。山高二十四町。蛇行して之に登る。半腹に及んで。路右に坦地を得たり。所謂、一目千株なるものなり。此の眺望を稱して。境中第一の觀と爲す。

【語釋】○清香拂々　清らかなる香の漂ひ滿つる貌。○成簇　一集團を形造つてゐる。○宏麗　宏壯佳麗。○未申間　ひつじの刻とさるの刻の間、今の午后二時乃至四時頃。○脫諸裝　旅仕度を脫ぎ捨てる。○託　屬託する意託字と托字相通じて用ひるのは誤りで托字は拓字と通じ托開等と用ひるのである。○鞋　草鞋。○蛇行　羊腸たる山路をまがりくねつて進む貌。

就而留趾。背後忽聞跫音。顧則大橋所遇僧。伴一醫生來。僧喘々曰。貧道纔至窪田氏。聞諸君著鞭。奔走追之。此醫生窪田氏族人。熟知此境。携來以供指語役也。乃謝懇意。問其名居。僧曰。貧道豐前小倉產。屬六條宗門者稱雲嶺。自幼娛書與篆。以二技周游海內。吾曹亦各告名居。

【訓讀】就て趾を留む。背後に忽ち跫音を聞く。顧れば則ち大橋に遇ひし所の僧にして。一醫生を伴ひ來れり。僧、喘々として曰く。貧道、纔で窪田氏に至り。諸君の鞭を著くるを聞き、奔走して之を追ふ。此の醫生は窪田氏の族人にして。此の境を熟知せり。携へ來つて以て指語の役に供すと。乃ち懇意を謝し。其の名居を問ふ。僧曰く。貧道は豐前小倉の產にして。六條宗門に屬せるもの。雲嶺と稱し。幼より畫と篆とを娛しみ。二技を以て海內を周游すと。吾が曹も亦た各々名居を告ぐ。

【語釋】○跫音　あしおと。○喘々　息せききつて、あへぐ貌。○諸君著鞭　著鞭は先鞭を著けること、一行が僧より一足先きに山に登つたのを指す。○貧道　僧侶の謙稱、愚僧拙僧等いふに同じ。○指語役　案內役。○謝懇意　僧の親切を感謝する。○吾曹　こちらの面々。○六條宗門　眞宗のこと。

於是乎。九人叢立坦地　而十有八眼以照勝景。夾溪皆山。山皆梅。梅皆白蕊。不雜他色。連山屈曲。逶迤一里餘　對設素屛風。其稱千株者。擧盈數號之耳。豈千萬所能形乎哉。輕風弄之。英々雲湧、飄々鶴舞。往々有松有杉有茶畦。而翠色點破。亦添一段趣。

【訓讀】是に於てか。九人、坦地に叢立し。而して十有八眼以て勝景を照す。溪を夾んで皆な山。山みな梅　梅みな白蕊にして。他色を雜へず。連山屈曲し。逶迤たる一里餘。素屛風を對設す。其の千株と稱する者は。盈數を擧げて之を號する耳。豈に千萬の能く形する所ならんや。輕風之を弄すれば。英々として雲湧き。飄々として鶴舞ふ。往々、松あり杉あり茶畦ありて。翠色の點破するも。亦た一段の趣を添ふ。

【語釋】○照勝景　絕景に見惚れる。○逶迤　斜に連る貌。○素屛風　白い屛風。○豈千萬所能形乎哉　たとへ千萬と稱しても實際の有樣を言ひあらはすことは出來ぬ。豈…乎哉は反語の用法で打消否定の意を示す。○英々雲湧、飄々鶴舞　見渡す限りの白梅を或は雲の輕く奇麗に湧くかと疑ひ、或は鶴の飄々として舞ふかと看る心持。○點破　點在を强めて云つたもの。

村多在山嶺。不獨月瀬已　屋棟四五若六七。露於花梢。宛化人之宮　現乎中天。溪流如碧琉璃。而濶百餘步。雖稱爲溪。儼然巨川也。水面石角突起者無數。放櫂者。閃々避之。來往於山花形影間。如覩水傀儡也。

【訓讀】村多くは山嶺にあり。獨り月瀬のみにあらず。屋棟四五若くは六七。花梢より露はれ。宛として化人の宮。中天に現ず。溪流碧琉璃の如く。而して濶さ百餘步。稱して溪と爲すと雖ども。儼然たる巨川なり。水面、石角の突起するもの無數。櫂を放つ者。閃々として之を避け。山花形影の間に來往す、水傀儡を覩るが如し。

【語釋】○不獨　ヒトリ：ノミナラズと訓し此れのみではなく他にもあるとの義。獨不の場合は他はそうであつても、此れのみはそうでないとの意を示す。○宛化人之宮、現乎中天　恰も幻術師の家が中空に現じた樣である○步　一步は約一間。○閃々避之　自由自在に櫂を操つてヒラリヒラリと巧に岩角を避ける樣子をいふ。○山花形影間　隱顯する梅花の間。○水傀儡　水の上のあやつり人形。

初五水天草廬拜年會席上

拜年儀襲例。春動水天廬。市郡地雖異。舊新情共舒。弄棋無敗局。把筆試蟲書。此會須珍重。文人吐氣初

【訓讀】拜年の儀、例を襲ひ、春は動く水天の廬。市郡、地異なりと雖ども。舊新、情共に舒ぶ。棋を弄して敗局無く。筆を把つて蟲書を試む。此の會須らく珍重すべし。文人氣を吐くの初。

【語釋】○拜年儀　新年拜賀の式。○水天草廬　黃鵠先生の大阪東郊片江の御住居なり、水天は周易需の卦より出でしもの。○蟲書　秦の八體書の一にして、蟲の形せる書體なり說文に大篆、小篆、隸書、刻符、蟲書、模印署書、殳書を以て秦の八體とせり。

同次活園韵

春色偏催談笑中。宿氷只爲凱風融。友朋今日皆斑白。共被兒曹喚此翁。

【訓讀】春色偏へに催す談笑の中。宿氷只だ凱風の爲に融す。友朋今日みな斑白。共に兒曹に此の翁と喚ばる。

【語釋】○活園　篠田栗夫氏の號なり。○凱風　和らいだ風、爾雅に南風之を凱風と謂ふとあり。○斑白　白髮まじりの老人、斑白、頒白等之に同じ。

早春寒甚

春心猶未上鶯吟。孤坐小樓罇獨斟。不怪城中暮寒益。披麻皴白北山岑。

【訓讀】春心猶ほ未だ鶯吟に上らず。小樓に孤坐して罇獨り斟む。怪まず城中、暮寒を益すを。披麻の皴は白し北山の岑。

【語釋】○披麻皴　書法の一にして山の皺を描くこと。

潤雨催花

東皇命駕已三旬。梅與鶯兒共噤脣。待得王師入承德。半庭夜雨一枝春。

【訓讀】東皇駕を命じて已に三旬。梅と鶯兒と共に脣を噤す。王師の承德に入るを待ち得て。半庭の夜雨、一枝の春。

【語釋】○第一句は立春より已に一ケ月を經過せるを云ふ。○共噤脣　梅花開かず、鶯兒語らず。○王師入承德　滿洲事變の際の皇軍の承德入城を云ふ。

驟暖

拂面東風細々吹。醉餘行散拾詩時。閭門不出纔三日。驚見鶯黃上柳枝。

【訓讀】面を拂うて東風、細々として吹く。醉餘、行散詩を拾ふ時。閭門出でざる事、纔かに三日。驚き見る鶯黃の柳枝に上るを。

【語釋】○行散　散步のこと。○閭門　村の入口の門。○鶯黃　鶯の雛の羽毛の美しい黃色にたとへ柳、早苗　酒等の形容に用ふ。

乍暖

趁暖閑行野水南。晴烟漠々似春酣。疎梅垂柳色深淺。棲鴿遷鶯啼兩三。

【訓讀】暖を趁うて閑行す野水の南。晴烟漠々として春の酣なるに似たり。疎梅、垂柳、色深淺。棲鴿、遷鶯、啼兩三。

【語釋】○鴿は鳩の種類。

蒲節口號

不慣明時說建櫜。陳來金甲又銀刀。更看男子青雲志。城畔風薰布鯉高。

【訓讀】明時に慣れて建櫜を說かず。陳じ來る金甲又た銀刀。更に看る男子、青雲の志。城畔、風薰して布鯉高し。

【語釋】○建櫜　兵器を嚢に藏して用ひぬ義で、世がよく治まること。建は鍵に通じ、鎖す義となる。○青雲志　立身出世の志望、又塵外に超然たる志操をも云ふ、此處は前者。

喜雨

連旬亢旱奈驕陽。快雨一朝澆野塘。水泱々處樂洋々。父老高歌兒女舞。

【訓讀】連旬の亢旱、驕陽をいかんせん。快雨一朝、野塘に澆ぐ。水泱々たる處、樂しみ洋々たり。父老高歌し兒女舞ふ。

【語釋】○亢旱　大ひでり。○水泱々　水の深く廣々と盈ちた貌。○樂洋々　水の廣大なるにたとへて樂しみの疆りなきを云ふ。

黄坡先生御寄贈報告
金貳百圓也

# 泊園

昭和十一年十月廿五日印刷（隔月一回一日發行）
昭和十一年十一月一日發行（非賣品）
編輯兼發行人　大阪市南區大寶寺町中之町二番地　的場信太郎
印刷人　大阪市西區新町南通五丁目　林
印刷所　泰進堂
發行所　大阪市南區長堀橋筋一丁目五〇（泊園書院內）泊園誌社
振替大阪一三八三九（泊園書院）電南六八二七

## 豐富なる漢文

漢文と云へば四書五經か位に思はれてゐないだらうか。少し多くて老莊荀韓、八家文、唐詩選、十八史略と思はれてゐないだらうか。もしそんな事位に思はれてゐるとすれば、實に大變な誤りである。上下四千年、一度も中絕しない支那文化をそう簡單に片付けて仕舞はれては恐れ入る。世界の何處の文化と比較されても、優るとも劣る所はないのであるのだ。

漢文の書籍はよく四部に分ち、經史子集と云ふ。經子は哲學に、史は史學に、集は文學にザツト當る。その經は儒教の聖典で、普通よく十三經と數へるが、この經に各時代の思想の粹を盡くした注疏がウント附屬して居り、それが各時代の支那思想の中心である。史は史記に初まる正史二十五で三千年の歷史を含むが、政治史のみならず制度史 經濟史、學術史、藝術史、何でも一通りある。正史以外の外史野史載記等は僕を更ふるも盡きない。支那の歷史のみでなく、亞細亞の過半の歷史は皆その裹をこゝに折むるんだから、亞細亞史の中心は支那史に存すると云つてよい。子は老莊から九流十家、殆んど思想の及ぶ限りは考へ渉つてゐる諸哲學說であり、佛教道教を入れると尨大なる思想の集積である。集は散文韻文から戲曲小說迄を考慮に入れると正に際涯が無い。かゝる豐富な文獻を何處の世界に求め得ようか。支那文學を歐洲文學などと比較しようと云ふのがおかしい。

支那の文化はかくも富贍な文獻を背景に存在してゐる。然もその文化は早くから我國に流傳して、その精粹は日本精神の中に融化凝結してゐる。日本精神を探求して躍進日本の眞相を見んと欲する人々は支那文學を研究せずして何處に之を求めんとするのか。弘く智識を世界に求むる明治維新の精神が何時の間に支那を忘れ去つたのであらう。求むる物質文明は歐洲に在つたにしても、精神文明を祖國は支那に資して居た事を忘却しては何の善美を盡し得よう。溫故知新は學問の要諦である。新を知らんと急にする者も必ずや豐潤富贍なる彼の支那文學に於て餘師を發見するに難くはない。舊來の陋習に泥まずして、活眼を以てこの漢文學を再檢討せよ。（甘菱）

## 東畡先生大阪御城入次第

鎌田春雄

神宮文庫に高松藩家老木村默翁の自筆本、閑まゝの記が六十冊、特殊本として藏せられてゐる。默翁は友人の少い曲亭馬琴が敬事した知己の一人で博覽好古の士であり、彼が所藏の支那小說本は多く馬琴に提供せられたといはれる。此の尨大な隨筆本、閑まゝの記を其處此處看讀してゐると、藤澤東畡先生の詩文が見つかつた。第九冊には徵古類聚序があり、第五十冊には嘉永二年觀鹵簿詩、第五十一冊には原聖志、第五十二冊には嘉永四年豐岡侯ノ爲ニ論語ヲ講ズル時ノ詩があり、第六十冊には大阪御城入次第がある。徵古類聚序は確かに東畡先生の自筆の稿本をその儘收めたものと思つた。茲に大阪御城入次第を抄寫して見よう。

泊園第十九號に載せられた御城入の史料は年號が示されてゐないが、御城代伊豆守への講釋とあるから、松平伊豆守信古であり、文久二、三年のことであらうと思はれる。

次に示すものは嘉永四年十一月八日のことであつて、前者に先立つこと十二年、先生御齡五十八歲の時にあたる。之れこそ初めての御城入であらねばならぬ。

○

大阪來翰寫　亥十一月廿六日到來

追啓

帶刀人儒者　藤澤東畡

右者此元御加番京極飛驒守殿此度入門被致度旨前以家老舟木老之助使者ヲ以內意被申入其後表向飛驒守殿爲名代右同人行列等取繕東畡方江罷越今般入門被致候旨被申入鮮鯛一折樽代五百疋直名目錄ヲ以被相贈去ル八日初而御城入仕候ニ付進使者被指向駕籠幷若黨貳人草履取爲迎罷越　御城入仕候所殊ノ外手重の御取扱ニテ對面被致於居間盃事有之論語講釋相初万々首尾能相濟外聞實義共冥加至極難有旨申出候趣阿之方指引人取扱向手續書申受罷歸候由ニテ指出候間寫壹通掛御目申候阿之方指圖ニテ飛驒守殿對座仕始終帶劍ニテ罷在講釋の席は上座江相進盃事の節は飛驒守殿席ヲ被出浮候由井已後者一ヶ月壹兩度ヅヽ御城入仕候筈ニ御座候由且飛驒守殿ニ者當年十九歲被相成候得共殊之外文學被志別而古學被相好候樣子東畡物語ニテ御座候此段全爲御心得得貴意候　以上

十一月十八日　香西茂十郎

これは大阪の藩邸なる香西氏から木村默翁にあてた手紙なのであらうか。次に東畡先生招待の次第が記されてゐる。

○

藤澤先生御招手續

一、當日御側使者を以尙又御賴被仰通候事
　但し御使者麻上下著用若黨草履取各壹人を召添候事

一、右御使者付添　御城入迫手外より自分若黨壹人先江　御城入爲致御廣間銅籠の間江注進尙又御門前ニテ見歩使相兼雁木坂御門出を見受再注進致候事

一、君公麻上下御服紗ニテ御使者間御廊下邊迄御出迎何れも麻上下著用御式臺御取次壹人織上下著用下座敷江罷出御用人壹人誘引被遊御出迎の御場處ニテ御名御出迎被申候旨申述平伏夫より御誘引ニテ於表御書院御對面

一、引續御熨斗三方御茶御煙草盆御火鉢被差出候事　但惣而御小姓御給仕之事
　右相濟一旦　御退坐

一、何れも罷出挨拶申述暫時休息

一、御居間御都合出來次第
　君公御出座御用人誘引ニテ先生御居間江罷出引續何れも始諸士一同御次江伺公御講釋相始候事　惣而前後差引御側役取扱の事　但御側役麻上下着用御給人以上御取次織上下著用の事

一、御講釋相濟　於御居間御盃事被遊候事
　御献立左の通
　御吸物　御盃打
　御銚子
　御小皿肴
　御銚子
　御肴
　御銚子

一、此處ニテ宜御用御座候樣御挨拶被遊樣子御見計御別盃の御沙汰有之次第左の通
　御土器　御三方
　御取肴　卷鯣
　御銚子
　御盃事相濟於別席御支度被差出候間寬ニ御用御座候樣ニと御挨拶退引の節御用人誘引

一、於御書院左の御料理被差出候
　但御給仕御徒士ニテ相勤候事
　御平皿　御汁
　御香物　御飯
　御燒物
　御硯蓋
　御差身
　御酒
　御湯
　御茶
　御菓子
　右支度中御用人を以宜御用御座候樣ニ被仰出候事

一、退引の節都而罷出候節之通
　但送迎共若黨貳人駕三人草履取壹人雨天に候得者雨具持壹人

一、付添致　御城入候御使者大手外まで送出見計引取候事
　以上

猶當日の感懷を賦せられた先生の詩は第五十一冊に載せられてゐた。豐岡侯は即ち京極松平飛驒守である。

嘉永四年辛亥。豐岡侯之副鎭于浪華城也。聘幣召甫使講論語。恩禮殊渥。且喜且懼而賦。

誰將姓字達高閽　召命懃々不敢違
敝履出門還自訝　安車到巷本攸稀
升筵講說慚師德　捧盞獻酬忘爵威
爲是使君尊道義　珠經頓覺發光輝

〔此の小稿は四月三日黃坡先生還曆祝賀會の當日、懷にして居たのであつたが、晚餐の席上にも申上ぐる暇を得ずして持ち歸つた。猶、泊園第十九號所載の史料を文久二三年と斷じたのは　松平伊豆守信古が大阪城代在職の時が文久二年六月三十日から慶應元年二月に及んでゐるからその間に求めたのである。これは教示を願ひたい〕

# 論語講義

黄坡先生述

○子曰、人而無信。不知其可也。大車無輗。小車無軏。其何以行之哉。

訓讀　子曰く、人にして而して信なくんば、その可なるを知らず。大車に輗なく、小車に軏なくんば、それ何を以て之をやらんや。

解釋　德行の部に屬して、人は信が無くてはならぬと語られた章であります。先づ初めに「人なるものにして信がなくては、其のよきところを知らぬ、人と交際するにあたつて信より重いものはない。」とつげられ、次に比喩を以て示されて、「今大車即ち牛車に輗なく、小車即ち馬車に軏なくば、いかにして車を進められるか、信の必要は恰も輗軏の様なものだ」といはれた。

　さて此大車云々の喩は彼國にあつても車制が今と古と異つて居て、的確な物がわからぬのでありますが、包咸の註に「大車は牛車、輗とは轅端の横木以て軛を縛するものなり、小車は駟馬の車なり、軏とは轅端の上曲して衡を鉤するものなり」とありまして、牛車は轅（ながえ）が二本で其端に横木があつて其下に更に軛（くびき）を附けて之を牛の首にくゝりつけるのであり、馬車は一本の轅であつて、其尖端が上に曲つてあつて、そこへ衡（よこき）をのせるのである、其曲つた處を軏といふ。といふ意味なのであります。猶此衡いふものは轅の兩側の二匹の服馬をつなぐもので、衡の下に軛がついてあつて馬の首を縛くるのであります。鄭註には「輗は轅端を穿つて之を着け、軏は轅端に因て之を著く」とあります、簡單で一寸解し難いのですが、戴震は軏は衡を持するものであつて、大車では輗といふ（輗軏、異名の同物の樣にいふのはいかゞか）韓非子の外儲說に墨子が吾は車輗を爲るものゝ巧なるにしかず、咫尺の木を用ひ、一朝の事を費さずして三十石の任を引くとある、說文に軏は車轅の端の衡を持するものとある、案ずるに大車は鬲以て牛を駕し、小車は衡以て馬を駕す、其關鍵は則ち輗軏と名づく、軥轅は以て車を引く所のもの、必ず輗軏を施して然る後に行く、信の人にある亦交接して相持する關鍵である故に、輗軏を以て喩とするなりといふて居り、阮元の車制圖解にも鄭註は誤でない、又太玄の閑次三に「關鍵なくば、盜、門に入らん、我が輗軏を拔くは、信を以てするを貴ぶなり」とあるは論語の義を用ひたのである、其拔といへるは衡上の鍵であることを知るべきである、と說いて居る。これ等は輗軏は、軛を衡につけ、衡を轅につけるためのくさびであるといふ說であつて、これが庶幾のであらうと思はれるのであります。

　さて人の交際は是非人に信ぜられねば駄目であります、之がためには先づ自己に信が無ければ、人の信任は得られぬのであります。信の重要なことを省みねばなりませぬ。

子張問十世可知也。子曰。殷因於夏禮。所損益可知也。周因於殷禮。所損益可知也。其或繼周者。雖百世可知也。

訓讀　子張、十世知るべきを問ふ。子曰。殷は夏の禮に因る。損益する所、知るべきなり。周は殷の禮に因る。損益する所、知るべきなり。其れ周に繼ぐ者あらば、百世と雖も知るべきなり。

解釋　此章は禮樂に屬するものであつて、子張の問によつて、禮を制する者は能く數百年を豫知することを語られたのであります。十世可知は物徂徠は古書の言であつて、子張が疑つて問ふたのである。故に曰字がないのだと說かれて居ます。世は父子相受くる稱であります。朱子は王者の姓を易へ命を受くるを一世とすと說かれて居るのは誤りであります、もし其說の樣だと百世といふこと甚だ不穩當でありまして即ち孔子は今後に革命が限りなく起るものと見て居られることになりまして以ての外の意見といふべきであります。これは東畡王父が原聖志で論じて居りますから參觀して下さい。

　さて十世といへば約三百年でありますから子張が問ひましたから、孔子が答へられるには、殷は夏に代つた時に、矢張夏の禮に因つて居る、たゞ其改變を要する點は大體前知出來て居つたのである。周も殷の禮に因つて居つて其變易する所は豫知出來て居つたのである。即ち因るべき所は因り、損益すべき所は革める、其革める場合は十世の後を推知して其弊を防ぎ過失を戒めて革めるのである。故に今後、周に繼いで更に東周の禮樂を制する者ある場合には百世の後といへども前知することが出來るといはれたものであつて、顏淵に語られた「殷の輅に乘る云々」の御話は即ち孔子の制禮の考案であります。

　馬融の註に因る所は三綱五常をいひ、損益する所は文質三統（夏は忠を尙び殷は質を尙び周は文を尙ぶ。三統は夏は建寅を正月とし殷は建丑を正とし、周は建子を正とするをいふ）をいふとあつて、皇侃に之を採つて居ますが、これは伊藤東涯が「三綱五常は萬世不易の道なり、曷ぞ之を禮といふを得ん」といつて居るが尤であつて、一堂氏が三綱五常文質三統の目は漢儒の創むる所といつて居るのも然りといふべきであります、要するに一概に之を指目するには及ばぬと思はれます。

（第十七講）

## 說詩樂趣　（11）

效尤生

汪瞻漪書箋に、詩人は今日に至つては、到る處に居るが、詩人の多いのは詩の亡びる所以である、然しまた採るべきものがある。黄九烟が予に語つた、鹽官の負販の傭者がある、名を崔金友といひ、終年荷擔して口に詩を吟じて居る。其稿を索めて之を觀るに、佳句が擲金霏玉の如くある。其の五律の書懷の詩に

花落無人徑。雲飛到處山。

訪友に

野曠天垂遠。花深月出遲。

詠螢に

撲扇憐兒女。窺書見聖賢。

懷舊七律に

因風去住憐黃蝶。與世浮沉笑白鷗。

夜坐に

心事不堪傳鎖闥。夢魂猶自到闌干。

贈友に

吟思白社傾佳釀。坐對青山讀異書。

白社は白蓮社で

李濤も名篇が多い、

水聲長在耳。山色不離門。

雅味のある句である。

掃地樹留影。拂床琴有聲。

も實事を詩に詠じて餘韻のある句であつて。人口に膾炙して居る。

高仲武いへり、章八元の

雪晴山脊見。沙淺浪痕交。

の句は甚だ山水の狀貌を得て居ると。

徐行甫の送楊潛夫の詩に

即今晩節吟爲事。每到愁時筆遣情。

とあるが、傑句といふべく、ことに愁時に到る每に筆にて情をやるとは名言である。

茗溪漁隱に云ふ、東坡の汲江水煎茶詩に

活水還須活火烹。自臨釣石取深清。大瓢

貯月歸春甕。小杓分江入夜瓶。

は茶を烹るの要をいひ盡して居る。且つ茶は活水にあらずば其鮮馥を發する能はず。東坡は深く此理を知れり。

## 第三十九回泊園同窓會出席者名及常費收受報告

昭和十一年度各通金壹圓也

三崎要一氏　中川魚梁氏　宮崎貞吉氏　林寅治郎氏

村上吉五郎氏　小寺篤兵衛氏　大河内安藏氏　天野みどり氏

笠井靜司氏　辻蒼石氏　森下博氏代　五條秀麿氏

戸塚辰松氏　千賀武一氏　福島小糸氏　福本元之助氏

## 泊園同窓會常費收受報告（昭和十一年度）

一金參圓也（三ヶ年分）川合孝太郎氏

一金壹圓也　住友與五郎氏

一金壹圓也　杉村正太郎氏

昭和十一年十一月一日（日曜日）　泊　園　第二十四號　（三）

昭和十一年度各通金壹圓也

岩田藤三氏
中山潔氏
梅見春吉氏
島田喜十郎氏
田中藤太郎氏
佐藤寬九郎氏
林寅治郎氏
辻村龍夫氏
阪田豊氏
村田安穂氏
天野みどり氏
石濱純太郎氏
粟谷喜八氏
田中利右衛門氏
五條秀麿氏
三川啓明氏
高垣良藏氏
辻直太郎氏
福本元之助氏
神田榮吉氏
吉田清三氏
安達龜造氏

一金壹圓也　杉村正太郎氏
一金壹圓也　戸田喜久男氏
一金壹圓也　櫻根孝之進氏
一金壹圓也　門脇才藏氏

（以下次號）

## 活園老兄を悼む

有　香

詩を生命となし酒を家となす！と在塾當時より誇はれた君は實際其の通りに一生を了した。斗酒猶辭せざる君も晩年には其の量も頗る減つたと云ふもの丶是は飲飽きたといふのではなく周圍の者や醫者などが病氣に障るからと注意したので止むを得ずといつた形ちで決して飲飽きたのではなかつた。だから詩會などに來て居てもウヅ〳〵する位に飲みたかつた態度が今でも眼前にチラ〳〵するほどである。嗚呼酒は眞に君の家であつたのだ。

顧ふに君は幼時申歳生れで一寸キー〳〵でイタヅラであり冷飯だからといふので兩親が將來を慮つて某寺の小僧に遣つた。併し何といつても嫌で暫くで逃げ歸つたそれから郷里の小谷耕雲塾で四書や史略などの稽古をやつて居たが、向上の念止み難く遂に泊園書院に飛び込んだ是がその十八歳の時だ。

一體君の酒を飲み始めたのは何歳頃かハツキリ聞かなんだが二十七歳（明治三十一年）で篠田家の養婿となつた。其の式が其年の一月の二十七日だといふ未亡人の話である。此入婿の條件の第一が毎日酒は一升一生涯といふ流の變つた約束附の婿さんであつた。してみると酒と君とは生涯きつても切れぬ關係に措かれてあつたと見える。或時の君の述懷に、熱い日の夕方など涼みがてらに屋上の物見へ登ることを許された時ナド一瓶コツソリ懷中に忍ばせて上り薄暗みに紛れてギユーと喇叭飲みをやつた時の旨さといつたら今に忘れられぬワイといつて居ただから相當に若い時分から飲んだらしい。

君は又頗る健康體で大兵肥滿身長五尺六七寸色はアクマデ白く鬚髯アクマデ黑く隨つて風采は極めて立派であつた。酒を飲んで人皆醉倒して前後不覺になりても君だけは酒と來ては所謂不及亂で幾十年にも僕が知る限りに於ては玉山の頽れたことは斷じてなかつただから酒席のゴタ〳〵は大抵君が鳧をつけたといつてよい。

サスレば君は始終飲む斗りであつたかと云ふにナカ〳〵酣興に乘ると歌もやれば舞もやる。イツモ歌ふのは例の岡山コトバ。アラレ、ミラレ。ソイヤケード。……ズドホンボツコオエゾナーの一點張りである。尤も中年以後例のイソ節をチョイ〳〵ウナツタこともあるが大抵は詩吟であつた。舞といふのは盆踊の形で頭に手拭をかぶり腰に坐蒲團を二折にしたのをくゝりつけ田舍娘の形ちで大兵肥滿がドスン〳〵と手拍子足拍子で踊りまわるソノ奇態といつたら大抵は一座を絕倒せしめて仕舞ふ。記者の見たのは征露戰爭當時中の島の銀水樓（今はないが）で故三崎先生の出征を送る宴會でゝあつた。

君は酒の上の失敗は殆んどない。唯一つ或る年學校の式がすんでから諸處年賀に回り到る處で年酒をシタヽカ傾けたもんだから大分醉つても居り日も暮れかゝり宿直でもあるので車に乘ると車夫の云ふに旦那ナカ〳〵御機嫌デスネー私シナンザ正月ラシクモアリマセンのでとコボして居るのでジヤ一杯オゴロといつて天神橋附近のアル一杯屋へ這入り兩人對酌で復飲み始めた暫くすると日も暮れたのでサア歸らうといつて車に乘つたはよいが車夫の野郎スツカリ醉つて仕舞つて足がヒヨロ〳〵左へヨツタリ右へヨツタリして一向前へ道まぬので詮方なく自身車夫代りとなりて反對に車夫を車に乘せ己れ自分が下りて暫く走ると交番所の腰板へブツツかつたので巡査が出て來た。ナント山高帽にフロツク姿の大車夫がハツピ姿の旦那を乘せて居る怪態ナ有樣に査公も驚いて不審を起しナニヤラ諄々しく訊問を始めたので、率直に事情を述べてヤツト學校へ歸つたといふ。

是以外餘り失敗を聞かぬが高商時代は時々一杯機嫌で講壇に立つこともあつた時鈴の鳴るのも忘れてやる生徒は之を醉講義といつた、又君はナカ〳〵の食通で調理も相當にやつたらしい。鳥尾中將が朝鮮から南岳夫子に鶴を二羽贈つてこられた。夫子は生來鳥獸の肉を食はず主義であつたから塾中へ賜はつた。誰れもが鶴は始めてゞ割烹の法も無論識らなかつた。君は立處に之を宰割して烹飪して皆々に喫べさせた。コンナ旨いことは眞に空前絕後だつたといつたことがある　だから毎年正月三日には先生や舊知を招いて年酒を酌むを例として居たが料理は大抵自分でやつた君が好物として居つた鮭の鼻骨の酢漬などは珍物の一として自分も喜び客を歡ばせて居た。

又君は身體が極めて壯健であつたから病氣といふものは殆んどなかつた。高商時代には庭球もやればボートも漕ぐ學生對手に其時分の體育に關する遊戲は大概やつて居た。就中得意なのはボートであつた。ソー云ふわけかいつも元氣は旺盛に見受けられた。

慥か檢定受驗の爲東上した時夫子の命を傳ふべく鳥尾中將の邸へ向つた。門を這入ると大きな犬が二三頭猖々としてカミつかん斗りに吠えたて入口へ一歩も近寄せまいとして居るコレには君もハタと困つたが退くにしも行かず早速の思ひつきで自分も四這になつて一歩々々進んでユクと犬は愈よ以つて吠え立てるモー二三間といふ處で女中が出て來て漸く犬を追ひ拂ひ使命を達することが出來たといつて居た。此の沈毅さが其の尨大な軀幹と相待つて外觀上君を頗る遲鈍的に見倣して天商時代には君を綽名して象といつた生徒があつた。君は別に氣にもとめぬ樣であつたが學生課で徹底的に調べ擧げて手嚴しく譴責し君に對する敬意を失はしめぬ樣にしたこともあつた。此に就いて憶ひ起すのは君は一面極めて敏捷行爲の持主であつたことである誰が見ても外觀からは其行動頗る遲鈍に見えて居てソレデ意外にも極めて敏活で猫でさへも取逃す鼠を容易にヒツ捕へることである。淡路町の塾は隨分鼠が居て晝でも本箱の間をハシリ廻つて居たからでもあらう此話を聞いて或時山本といふ塾生がソンナことは僕でもやるといつて屋根際の穴へ手をつツこんだが拇指のあたりを咬みつきヨツたので全然失敗だつたが君のは餘程熟練したといふのか彼の急處をメツタにはづさなんだ。狂句にも大男總身に智慧が廻りかねといふ通りに大西郷は時々空屁でも放つた者乎或人の惡口か知らぬが臭かつた。スルト他の者が餘り大き過ぎて手が屆き兼ぬるのだといつたといふことだが君は大兵に似合はぬ細心家で誰しも洋服に着なれぬ間はネクタイを忘れたりボタンをカケわすれたりして生徒によく笑はれるものであるが君は此點餘程注意がゆきとゞいて居た。又此の細心な點は理財にも手工にも現はれて居て尻不關焉の事は斷じてなかつた令兄から送つて來る月々の學資も其中の幾何かは必ず貯蓄した、又手工は不恰好な大きな手で極細緻な彫刻や其他の手細工をやつた就中胡桃や梅の核などでカウス釦や鈴などをコサヘて自ら娯んで居た自分が申年生れであつたから猿猴に關したものには趣味を持つて居た。是より先に死んだ爲村佐一郎氏は百猿堂と云ふ堂號までコサヘて狙公然として是に關する物の蒐集に努めて居た。君はそれほどではなかつたが或時小サナネジメに五猿を彫刻したいと云つて居たが曾て夫子が三猿の贊の軸を喜んで掛けて居て云ふには夫子が易簀直前の御詩に

歲値庚申探易源。　即從月窟認天根。
鼻能忘臭心無念。　應作三猿以外猿。

とある僕の五猿が出來たら或は夫子の後を追ふかも知れぬといつやらいつた樣に薄覺えに覺えて居たが、ソレが今日の豫言であらうことは何とも哀むべき極みでゴザるわい。

## 故篠田活園先生事略

先生諱は粟夫、字は士寬、活園と號す、通稱は金左衞門、岡山縣上房郡呰部村の人、坂本氏なり、後大阪市東區南新町の篠田氏に贅す。

明治五年二月誕生す。

同十九年四月開明小學校全科卒業。次で小谷耕雲先生に就き漢學を修むる事三年。

同二十二年大阪に出で十月藤澤南岳先生に就きて學ぶ。

同二十三年二月十五日泊園書院幹事司讀兼務。

同二十四年二月二十日書院塾長を命ぜらる。

同二十六年十一月藤澤先生講談叢錄を編纂し排印に附す。

同二十九年六月十日尋常師範學校尋常中學校高等女學校漢文科教員免許狀受領。

同三十年大阪高等商業學校教授となる。

同三十五年九月關西法律學校講師となり、續いで關西大學に及ぶ。

同三十九年大阪市立天王寺商業學校教諭となる。

昭和五年十月三十日大阪市の教育勅語煥發四十年記念並に四十年以上勤續功勞者表彰式に於て表彰さる。

同十年三月天王寺商業學校教諭を辭職す。勤續三十年なり。

同十一年五月二日關西大學創立五十年式典に三十五年勤續者として表彰せらる。其後職を辭す。

同十一年八月十日病を以て逝世す。享年六十五歳。

先生泊園書院に在る事十數年、書院に遊ぶ者皆其薫陶を受けざるなし。泊園同窓會の成るや推されて幹事となり、書院を出づるも故の如し、會務を鞅掌すること實に四十餘年なり、是を以て書院の大事關與せざるものなく、眞に泊園の長老と謂ふべし。

## 泊園同窓 故師友慰靈祭之記

安達龜謹稿

同門二會訂盟之徒、追憶 師家遺恩、追懷物故學友、今玆丙子十月十七日、卜神甞祭日、醴 師友之靈于齡延寺、來會者五十餘、此日陰晴不定、白雲去來、幽々兆域、神靈降臨、乃展 東畡、南岳、黄鵠三先生之墓、設壇于本堂、莊嚴粲爛、色香潔淸、飾裝具備、導師奧村洞麟和尙、扣鐘上堂、會衆着座、於此黄坡先生鞠躬進于靈前、代衆陳辭、曰拈香陳辭曰、

維時昭和丙子神甞祭日、泊園會友胥謀、設壇于此、祭先師故友之靈、章爲代衆、時如逝水、韶々忽々、命亦過客、尋之普々於言于行、遠望遺風、乃思乃慕、遙尋先蹤低徊怳惚、傷玆寸衷、翛惟大翁、歿來七十三歳、十七年前、先子即世、星回十三、士亨見背、去年三月、士駿亦逝、親戚既亡、故舊就木、則若諸君、亦入鬼錄、乃憶音容、各有機軸、謹嚴如圭、溫良如玉、敏達鷹揚、俊逸驥足、或推文詞、或尙氣局、濟世保家、潤身潤屋、去來後先、各仰遺躅、獨奈冥界、別處異鄕、蘇詔之談、邈覓友情、想必師弟、交膝一堂、歡如往日、其樂扨長、我二三子、來尋舊盟、淸酌庶羞、爰以相迎、憶奉風化、憶幽蘭芳、今也世途、紛々靡々、人心之危、尤是難揣、功利日興、道義日否、烏跡獸蹄、旁午遐邇、不啻吾憂、先靈所恥、偏希英魂、朝夕顧提、必昭斯文、以冀淸美、尙饗。

次、笠井雪窓、端委而進、懷亡友黄圃三崎君曰、其一

曾就醫兵院長班。刀圭遠自滿洲還。
英魂一去今安在。倘夢硝烟彈雨間。

曰、其二

能飮能談獨有君。胸襟豁達絕人群。
吟筵席上把杯日。追想悵然對夕曛。

又祭篠田士寬曰

秋風虔梢、天色黯澹、當此之時、士寬奄逝、士寬長黄坡兄四、不及予九也、而先予逝、予豈得不哭而慟哉、迺揮淚、謹告其靈、曰

程子論孟子云、孟子有些英氣、才有英氣、便有圭角、如顏子便渾厚、顏子去聖人只毫髮間、今士寬無孟子之英氣、而有顏子之渾厚、當事無疾言遽色、溫厚和平之氣、常見於面而盎於背、眞是君子之氣象、嗚呼斯人而逝矣、不復得接其音容、予豈得不哭而慟哉、今立其祭壇前、而誦此詞、靈也其冀來而聽之。

次、會幹梅見有香、再拜而進　祭篠田士寬、曰

嗚呼士寬、士寬而殪、强健如君、誰謂早世、死之與生、罪之與禍、果人所爲、抑天所制、君之在世、六十五年、與余相識、三十五年、同門同職、如有宿緣、君性寬洪、接人極圓、眷余如弟、輒得周旋、大學商黌、學徒幾千、受教仰化、齊慕其賢、而今則亡、豈不漣然、君雅嗜酒、侑不敢辭、人多及亂、君常怡々、終始溫克、頗有令儀、酣暢興至、又能賦詩、鍜字練句、百鍛千推、用意周密、會神則爲、其音金玉、其詞瑰奇、然自迎歲、稍犯病魔、賦詩飮酒、不亦如他、爾來百方、投劑雖多、人爲天命、病終不瘥、三崎先生、去歲已逝、今亦士寬、如柿脫蒂、林園寂寞、不禁泣涕、聊述悲懷、敬致薄祭、嗚呼哀哉、尙饗。

言及三崎先生、去歲已逝、今亦士寬云々、感極情至、聲淚俱下、衆爲黯然矣、一點鐘音、導師和尙、振拂子拈薰香、誦法鏡三昧經、列僧和聲裡、主賓及物故者遺族、同門諸子、進于祭壇、焚香禮拜、芬馨滿堂、纏綿之氣、宛然、恩師故友、髣髴在焉、導師便讃偈拈香、呼稱精靈、念誦冥福、以玆終祭典矣。

因誌物故者尊名。但門下列名取邇省遐諒之

藤澤東畡先生。藤澤南岳先生。
藤澤黄鵠先生。三崎黄圃先生。
篠田活園氏。鎌田節堂氏。豊田宇左衛門氏
阪本準平氏。岡島伊八氏。大城戸悆庵氏
上念政七氏。豊田留吉氏。木村敬二郎氏
岸田杰氏。永田仁助氏。金田達次郎氏
山田蓮氏。石井光美氏。村田又兵衛氏
中野壽吉氏。下岡忠治氏。爲村佐一郎氏
木村猶正氏。神田善樹氏。阪本文一郎氏
三木正憲氏。島田琢邃氏。西本千太郎氏
右田三吉氏。稻垣馨氏。阪本久四郎氏
中谷元造氏。古家信三氏。牧野明治郎氏

（以下次號掲載）

悼活園老兄　梅見有香

同門同職又同好。詩酒訂交卅五年。
醉魄吟魂今那處。林園秋寂浪華天。

## 第三十九回泊園同窓會 第三回泊園會總會 之記

泊園門下の二會は、十月十七日市井の幽境にして、師家累代の檀林、齡延寺に於て擧行さる　曾て昭和二年秋、書院關係の物故者の追悼會が行はれしより、昨春同門の畏敬止まざりし三崎黄圃先生が御卒去され。今夏八月には同窓會成立以來の會幹たりし、篠田活園老が白玉樓中に入り、同窓諸友倶に痛惜忘る能はざる時に際し、今秋は、二會に於て、師家故友の慰靈祭典を別記の如く、由緣深き師祖墳塋の靈域にて行はれし後。引續き境內書院に於て、泊園會第三回總會を開かる。

福本理事長は挨拶の後泊園書院の將來に關し其の確固たる基礎を築き、發展を期する爲、泊園會事業の資金を少なくとも、萬以上の積立を爲し度き念願なりとて大方の協贊を求めらる。次に宮崎理事は會計の報告を爲し、尙役員の改選事項一切を福本理事長一任に決し、總會を終る。休憩後同窓懇親會に移り、梅見會幹開會の挨拶を述べ、故篠田會幹の訃を傳へ、曾て同窓會の挨拶には篠田老が『酒は幾らも用意あり』との毎度の極り文句の口吻を爲して、一座を笑はせ宴を開く。折柄の書院庭先には。萩既に過ぎ、梧葉秋を知るも、楓色、菊香、騷人の心を動かすに足る。杯觴飛び、興趣酣なる時、笠井翁促されて立ち、中庸の意義を述べ、意識せずして道に當り得るを眞の誠なりと云ひ、匹夫野人も無識の中、克く道德に叶ふありとて、道義の根本精神を自然發露の境地に求め說く。次に村上吉五郎氏は、師風感化の體得を述ぶ。

時に一同の懇望に依り、黄坡夫子は『未だ曾て例なき、今日の日本の狀態は、其の進步に於ては、着々世界各國を凌駕しつゝあるも一面世道人心に於て恰も精神異狀の如き事態が日々出現して止まず、吾人をして膽を寒からしむるものあり。而かも之に對する救濟策の弊も生じ來り。之が根本改善は、古來有する日本精神に則り、東洋の學問に根底を定むる腹を涵養して爲すべきにあらずや』との誠訓あり。又辻蒼石氏の南洋感想談あり。且同氏揮毫の南洋風景短冊數葉を頒與せられ座興又一入なり。尙黄坡夫子より同窓會幹に宮崎貞吉氏を推薦され。同氏の就任挨拶あり。座次懷顧の談に賑ひ。風趣高雅の中薄暮和氣靄々裡に會を終る。

（安達記）

## 書籍談

川合孝太郎

### 國語正義二十一巻

董增齡の國語正義は、光緒庚辰式訓堂の開雕にて、立派な整版であるが、印刷部數の多からざる爲にや、叢書擧要、八千卷樓、其他各種書籍目錄には一向見えない樣である、式訓堂叢書の內にも列せざるを觀れば、これは單行本として世に行ひ、叢書內には入れざりしならん、近頃出來た書目答問補正に至つては之を載せてあり、又近刊國語集解にも折々引用してある、されば此の書は我が國へ舶載することも少い樣に思はれる、大分古い昔しのことであるが、池田蘆洲氏が築地の支那人經營書籍店より購得したとて、一部收藏せるを見て借覽したこともあつたが、其後文求堂へ偶然二部來たので、早速一部取り寄せた、其の一部は林泰輔博士が引き取りし由である、國語は故實典禮に關した條項の多い書なれば此の書の如きも、甚だ參考になるのである、卷首董氏自序の次に、王引之の短跋が附刻してあるので、之を引いて置く、

歸安董文學增齡、博雅士也、所著國語正義、援據該備、自先儒傳注、及近世通人之說、無弗徵引、又於發明韋注之中、時加是正、可謂語之詳、而擇之精矣、鄉余爲經義述聞一書、謹志家公之說、附以鄙見、其中亦有攷證國語者、他日寫定、當以就正於董君、高郵王引之。

（次號續載）

## 泊園記事

◎九月二日。全課開講の長堀橋詰 假寓の書院は、朝講參聽者接踵して至り、又問學求道の士日々來訪する者極めて多く從つて講筵の場所等狹隘且不便を感ずる事切なり。本書院の構築完成を鶴首して待つ。

◎九月十日。泊園會理事會を明誠舍に於て開く。書院將來に關する協議事項あり。

◎十月一日。泊園會、同窓會の理事及幹事は明誠舍に集合、總會及同窓懇親會開催、竝に物故會友追悼會執行等に就き協議す。

**藤澤成太殿** は左記へ御轉居せらる。

**大阪市天王寺區北河堀町七二**

### 本誌後援 寄附金收受報告（泊園同窓會）

一金參圓也　奥野周太郎殿
一金貳圓也　灘尾晃壽殿

### 日課

| | 午前六時七時 | 午前九時十時 | 午後二時五時 | 午後七時九時 |
|---|---|---|---|---|
| 月 | 詩經 | | 蘇黄選拔 陶靖節集 正[illegible] | |
| 木 | 莊子 | 林園月令 詠物詩選 | 陶靖節集 左傳 | 續文章軌範 |
| 金 | 詩經 | | | 書經 |

### 泊園

（顧問）黄坡先生
（同人）石崎太郎

# 泊園

昭和十二年一月六日印刷（隔月一回一日發行）
昭和十二年一月十日發行　―（非賣品）―
編輯兼發行人　大阪市南區大寶寺町中之町二番地　的場信太郎
印刷所　大阪市西區新町南通五丁目　林泰進堂
發行所　大阪市南區長堀橋筋一丁目五〇（泊園書院内）　泊園誌社
振替大阪一三八三九（泊園書院）電南六八二七

## 迎年の詞

鷄鳴、曉を報じて、乾坤乍ち改まり。或は祥雲を東山に曳き、或は瑞雪を南畝に敷く。而して東美西歐に送舊の風なく、東邦獨り迎新の俗あり。河北江南に殺伐の氣あり、神洲獨り雍煕の化を被る。泰平の運たゞ我が九千萬民のみの享受する所たる、豈に之を内に慶して而して外に憫まざるを得ん。庶幾くは速に寰宇をして　皇風に薰せしめん。

孔聖嘆を逝水に發すと雖も、宇を視ること猶ほ宙の如くなるは達者の識る所。昌邑の紫極を以て粉黛に代へ、劉鶩の體輕を以て飛燕を寵せる、克用の朱温に襲はれし、式微の南阿に謳はるゝ、古既に其事あり、今何ぞ之なきを保せん。史を誦して志を養ふは前賢の樂む所、往を觀て來を警むる識者に望むことあり。

獨顧みれば明治の始、歐化風をなし教育の方、範を彼に取り、其長を採るとき併せて其短を收め、洋々の民をして促々の器とならしめ、孑々の義、煦々の仁、自ら井に坐するの人たるに甘んじ察々の智、翩々の才、空しく世に希ふの徒となる、其弊、今に至て著はる、また風を觀る者の鑒みるべき所ならむ。

吾黨能く浩氣を俯仰の愧ぢざるに養ひ、至樂を簞瓢の屬々空しきに守り、詩を詠じて而して窮愁の嘆なく、文を論ずれば輙ち堂々の陣あり、請ふ諸君と共に之を茲に樂まむ。

## 泊園誌の第五年

大壺

泊園誌が再興されてから既に滿四年、こゝに第五年目の初號を出すを思ふと、眞に烏兎匆々の感が深い。編輯印刷校正に當つた人々の躍起だつた幾度の交渉も既に丸四年をも經過させたのだと思へば、眞に滿腔の敬意を捧げねばならない。内輪のドサクサも思出の種ながら、この四年の間に起つた事、即ち泊園會の成立、菅甘谷先生百七十年忌、訪讃巡遊旅行、黄坡先生華甲祝賀、など數々の事件に闘して泊園誌當事者の陰に陽に活躍努力した功績は必ずや同窓諸兄に認めて頂けた事と思ふ。ともすれば發行不能になりそうな經濟情態で居り乍らよく是れ迄維持して社會に對し書院に對し多少の効驗をなし得たが、内當事者の努力とは云へ、同窓會及び泊園會の後援にも依る事は云ふ迄もない。泊園全部の協力一致が之を成したものである。

泊園誌は所期の目的を着々として實行しつゝある。世帶が小さい事から起る不滿不備は致し方もないが、それでも目的の幾分を立派に果たしつゝある事は何人たりとも認むるには恐らく吝さかでないであらう。先輩諸兄、泊園誌當事者の犧牲的献身的努力に對しては滿腔の同情を拂はれん事を希望する。

我等は嘗て泊園誌が知らず識らずの内に泊園背後の總括的團結力を育成しつゝある事を指摘した事があつた。同窓會員の本誌維持、泊園會の結成が其の實證である。共に今日では未だ微々たるものではあるが、益々その功果を表明せしむるべき途に上らねばならない。我等は協和一致して目的に大同する樣に進まんとするものである。

我等は時局を云爲するものではない。然し世局の變遷、時運の推移は所謂漢學の陋習を許さないものがある。外を漢にして内は洋なるものがある。洋學の弊を痛論するが洋學に及ばないものもある。眞に獨立自主の學術はそんな所には存するものでない。我等漢學に從事する徒は陋習を破り迷妄を正さねばならない。德川時代の漢學を持來つて昭和時代に教へんとするは倒行逆施である。漢學も一新昌明さるべきではなからうか。

內外に對する我等の理想は大きい。我等の理想は大であるが、我等の內の力は未だ此の理想を負ふには弱くして小さい。然し如何に弱小ではあつても應分の實踐は已むべきではない。微々たる一誌ではあるが着實に理想の途は歩まんと欲す。過大の理想を強いて責むるなくんば幸である。

泊園書院は目下豊田家によつて改築中である。假寓の狹隘不便も我等の障碍とはならない。我等は我等の環境に應じて只我等は自彊息まず進んで行く計りである。本誌が狹隘不便の儘に向上の途を進んで行くのも同じ事である。只不退轉の勇氣のみ欠くべからず。經に曰ふ、慮らずんば胡んぞ獲ん、爲さずんば胡んぞ成らん。只是れだ。

本年は城山先生の「壹百周年忌」に當る。本誌に附錄として出てゐた城山道人稿も愈々黄坡先生の御捐資を得て完成する事となるそうで、好箇の紀念である。涓滴も集れば河海となる、一二枚の附錄で出してゐて、ともすれば嘲笑を蒙つた本書も、時來れば後世に貽る好箇の紀念册となる。眞に爲さずんば何んぞ成らんだ。計劃を創めたる當時の編輯當局に深厚の謝意をこれにも表せんとするものである。

一金參圓也（三ケ年分）
一金貳圓也（二ケ年分）
一金貳圓也（二ケ年分）
一金壹圓貳拾錢也

牧野信氏　岡村蓉二郎氏　尾崎邦藏氏　西野捷平氏

岡田倘齊氏　熊澤猪之助氏　植野德太郎氏

日下いと氏　北野千里氏　楊硯堂氏

古井由之氏　大藏萬藏氏　廣田虎三氏

石黒景文氏　佐藤馬之亟氏　奥田富太郎氏

長者五三氏　鎌田春雄氏　田中光之氏

高松林之助氏　松浦高麗三氏　平泉豊三郎氏

# 論語講義

黄坡先生述

○子曰。非其鬼而祭之。諂也。見義不爲。無勇也。

訓讀　子曰く、其の鬼にあらずして而して之を祭るは、諂なり、義を見て、なさざるは、勇なきなり。

解釋　德行に屬する章であつて。當時に譏るべきことあつていはれた語である。鄭玄の註に、人の神を鬼といふ、その祖考にあらずして之を祭るは、これ諂うて以て福を求むるなり、とあるのによつて明白であつて、神は非類に歆けず、民は非族を祭らずなぞいつてあつて、已れの祖先でもない靈を祭るのは鬼神にへつらつて福を求めるものだと譏られ。また、次の節も孔安國の註に義の爲すべきことを爲さざるは、これ勇なきなり。と說いて居る如く、道義のしわざにあたつて敢然として進み得ぬは即ち勇にかけたる人といふべきである、所謂義勇の精神がこゝにあるのである。

或は此章を一氣に說いて義を守らずに鬼に惑ふことを戒められたとして、他日の樊遲に語られた務民三義、敬鬼神而遠之と同意と見て居る人があるが、無理であると思ふ。

## 八佾第三

○孔子謂季氏。八佾舞於庭。是可忍也。孰不可忍也。

訓讀　孔子、季氏をのたまふ。八佾、庭に舞はせり、これをも忍ぶべくんば、いづれか忍ぶべからざらん。

解釋　禮樂に屬して、季氏の僭を譏られた章であります。大意は、孔子が季氏を評せられたのには、八佾といふ天子の舞を其廟庭で舞はせたが、いやしくも天子の禮を僭することを忍んでする樣では他の何事をか爲すに忍びぬことがあらうか、いかなる非違でも爲すを恥ぢぬであらう。といはれたのである。

此章には色々と說明を要することが多いのでありますが、先づ始めに此章は或る人が「孔子に此く〳〵の事があつた」と記錄したものといふことを知らねばならぬ。即ち孔子と書いてあるのは終りの季氏篇が各章に孔子とあるのと同例で、門人の手記ではないことがわかる。謂は評論の意であつて、この下に曰の字が省かれてある。しかし八佾舞於庭まで謂字を被らせよ、といふ說があつて「孔子、季氏の八佾庭に舞はしめしを謂ふ」と讀むことになるのである。また物子は「庭に八佾舞す」と讀むべしといはれたが。二者共に異說としておくべきでせう。

次に忍字を忍容の意で「ゆるしておく」こと即ち此方からいつて「勘忍ならぬ」といつたものと說き。また物子は魯公のためにいつたと說かれたのも矢張落ちつきがわるい樣で、これは朱子の「季子が之を遠慮せずに行ふといふ意に解かれたのが穩當である。尤も魏晉の史には「是可忍也孰不可忍」といふ語が多く用ひられ　かつ容忍の意に用ひてはあるが、畢竟語同して意は轉じて居ると見るがよい。

次に八佾の解であるが。佾は列なりと註してあつて舞人の列をいふのでありますが　之を古註に天子は八佾、諸侯は六、卿大夫は四、士は二、魯は周公の關係で天子の禮樂を許されて居つたが、今季平子が之を家廟に用ひたといふので僭越にして禮を蔑にして居るから孔子が之をそしられたのである。猶次の章と併せて考へればよいのである。

然る所此舞人の數について古來說がある。即ち左傳隱公五年の處に魯の衆仲が公の問に對へた「天子用八、諸侯用六、大夫四、士二」とある杜預註に天子八佾八八六十四人、諸侯六、六六三十六人、大夫四、四四十六人、士二、二二四人とあり、服虔は用六、六八四十八、用四、四八三十二、用二、二八十六、と說いたのであつて、諸家各々從ふ所があるが、事實上杜註が穩當の樣である。但し猶、公羊傳には、天子八佾、諸公六、諸侯四、とあつて何休註に六、六六三十六人、四、四四十六人とある、此傳の說によれば、諸公即ち三公と二王の後とは六、諸侯は四、であつて、大夫士は琴瑟を御するのみ、といふことになる、これは今文家の說であり、前者は古文家の說となるわけだが、此後說が寧ろ取るべきであらうと思ふ。

猶、魯の天子の禮樂を用ひ得ること、及季氏の庭といふこと等、議論もあるが、あまり專門に涉ること故にこゝには說かぬ

○三家者以雍徹。子曰。相維辟公。天子穆々。奚取於三家之堂。

訓讀　三家者、雍を以て徹す　子曰く、たすくる維れ辟公、天子穆々と、なにをか三家の堂に取れる

解釋　禮樂の部に屬し　三家の僭を譏られた章である。三家とは魯の卿の季孫孟孫叔孫のことであつて者は助語であります。四書賸言に季友が適子なる故に宗卿として所出を祭るを得て桓公の廟を立て三家之を宗として祀るのだと說いて居るのが穩當であつて。堂は即ち廟であります。雍は詩の周頌臣工篇の名であつて、天子が宗廟を祭られる時に此詩を歌はせて祭を徹せられる、即ち徹饌の時の樂に歌ふのである　今三家が其家の祭に此歌を用ひたのである。此始の一句は記事です。孔子之がために曰はるゝには、雍には相維辟公天子穆々といふ句がある。「即ち諸侯と公即ち二王の子孫とが祭を助けて神に事へ、天子は穆々として深遠に靜和なる容儀である」といふ此詞は、どこをとつて三家の堂に用ひたのか、といはれた。

詩を歌ふのは、皆其意義を採つて之を活用するのである。奚取はいかなる意義を取つたのかといふ意で、訝りとがめた詞である。前章の是可忍も此奚取も溫和な言葉の中に嚴然たるものがある、孔子の語たる所以である。「奚んぞ三家の堂に取らん」と讀んで居るのは字義を得ぬ樣に思はれる。

# 說詩樂趣（12）

效尤生

香泉偶贅（清の涯芬著）に云く、明人の詩は氣韻深厚にしてやゝ宋元に勝り、佳句は採るに勝へざるなり、予その尤も雅なるものを摘して、時に之を咀味すれば、また人の睡魔を驅るに足る。高啓云へるあり

一路詩從愁裏得。二分春向客中過。

王紱云へるあり

鳥從萬木陰中響。人在亂山深處行。境異自令心獨賞。趣閒翻覺句難成。

又云へり

舊業暫歸翻似客。異鄕重到即爲家

（舊業は舊來の家宅にて、暫く其舊宅へ歸ればかへつて客人の如き思をなし、他鄕の地も重ねて行けば我が家鄕の感じだ、といへるは、巧みに情趣を述べて居る）

李東陽の句

頭顱自白非因老、心事全消却未癡。賀監有船多載酒、浪仙無寺不題詩。

（賀監は秘書監たりし賀知章、浪仙は賈島の字である）

孫一元の登山にいへり

好句忽成黄葉寺。小舟漫倚白鷗天。

錢繼章の寒齋詩に

敞書賓盡枕黄葉、籬槿編成向水門　遠雁興衰沉古寺、飢烟無力出寒村。

（第二句は籬の槿が自然に水邊の門を編み作した意、また終の飢烟といふ字も奇である、貧生活を寫した詩である）

といつて居る、其弟の錢旃の和詩に

暮鐘有意來欺夢。沉水無心自出門、四壁頼雲成古屋、三更求火到前村。

（四壁が雲によつて古屋となるは珍である）

鍾伯敬はいへり

子姪漸親知老至、江山無故觸情生。

（親とか、伯父とか、いはれる中に年が老いて來るは事實である。江山が何となく情を動かすなぞは世故を歷たものゝ、老來に經驗することであらう）」

王元美の詩の

無風蕩白日、有雨失青天。雨拖殘月脚、山割亂雲尖。

の如きは奇警なること昌黎に減ぜぬ。

葛一龍の送顧中從に云へる。

落花香店酒、荒月野橋烟。

は唐人の鷄聲茅店の句と並び驅るべし。

（溫庭筠の鷄聲茅店月、人跡板橋霜。は有名な句である）

## 泊園會補助金（泊園誌）收受報告

一金貳百圓也（昭和十一年度分）

一金五圓也　大城戸念庵氏代　石濱恭子氏

一金五圓也　宮崎貞吉氏

一金五圓也　石濱純太郎氏

## 本誌後援寄附金收受報告（泊園同窓會）

一金貳圓也　近藤常吉氏

一金貳圓也　廣田虎三氏

一金壹圓五拾錢也　豊田[illegible]吉氏

岩崎清平氏　片山太門氏

石崎太郎氏　伊串徹仙氏

和田達源氏　藤原新三郎氏

原元公子氏　古谷[illegible]三氏

## 慰靈祭香華料收受報告

一金拾五圓也　福本元之助氏
一金五圓也　岸田脩一郎氏
一金五圓也　安達龜造氏
一金貳圓也　門脇才藏氏
一金貳圓也　日下いと氏

## 浪華儒林傳雜考（三）

大壺

富永仲基の歿年の延享三年秋なる事は余が既に斷定した所であるが、之を傍證する一新資料が龜田吟風先生によつて發見せられた。先生は之を提示して余にその發表を託されたので早速に之を同好の士に報告する。

新資料と云ふのは釋放光の著はせる非出定後語と題せる乾坤二卷の寫本の序文である。同書は又辨出定後語とも題してゐる。即ち文雄其他の學僧によつて謙齋先生の大著に對して試みられたる非難辨解の先驅者たる地位を有する著作である。然も著者は攝城荒陵釋放光と云ふのであるから大阪四天王寺の僧であるに違ひない。時は延享三年冬十月日と自叙が記してある。著書そのものが已に珍しい。

所が此書に今一つの叙があつて、「延享丙寅冬十月日、攝府知造伴蹤題」と記してあるが、此序文中に「辯既成、有客告三郎之之死、予慘然而曰、胡其遄、曰彼恒荒于內、又屢失貨于北市、居怏々矣、其非命也夫」と云ふ文句がある。これに據れば延享三年十月には謙齋先生は歿してゐる。固り十月初に歿せりや否やは詳かでないが、兎に角十月中迄には世を逝つてゐる。余の考證では秋だと信ずるのであるから、或は季秋九月頃ではあるまいか。必ずしも著者の自序も十月と題してゐるが、此月を以て此書の成つた時として十月に逝世したと考へなくても宜しからう。

三郎は三郎兵衞の略稱である。伴氏序の首に「府下有道明寺三郎者、作書雕囂、曰出定後語焉」とある。略書したるは漢文の爲めである。同時代の同土地の人の記述である。謙齋先生の通稱の三郎兵衞たるは定めて疑ふを得ない。序で乍ら今一つの證を擧げて置かう。横地蕭原君の通知によると、「中野康章先生御所藏李蹊筆仲基詩の懷紙裏にも通稱三郎兵衞と記され候由にて御座候」とある。

次に、內に荒みだの貨を北市に失すだのと序文に出てゐるのは以て謙齋先生の病となすには足りない。先生の出定後語を誹謗するの徒の惡口憎言の信用すべからざるは今更言ふまでもない。これも同じ樣なる例である。

こゝに謙齋先生の遺著の未だ知られざる一を報じて世の注意を乞ひたい。享保以後大阪出版書籍目錄によると「律略一冊、作者道明寺屋三郎兵衞（尼崎町）、板元丹波屋傳兵衞（北久太郎町五丁目）、板元千草屋新右兵衞門（曾根崎）、出願元文四年八月」と出てゐる。正しく謙齋先生の著述であり、然も翁の文著述頃の作と見える。余は未見の事であるから如何なる內容のものなるやを詳かにするすべも無いが、刊本の事であるから必ずや世に傳存するものがあらう。同臭諸君子の探索を請ふ。

## 書籍談

川合孝太郎

### 戰國策百一集六卷

この書は秋田の藩儒鈴木汪の著述である、書中多く梅君と稱して、其の說が引いてある、これは矢張り明德館の同僚梅津定之亟と云ふ人の由、この人も國策に手を入れたと見える。

我が國の儒先の國策に對する著作は、著述目錄等には往々見ゆれども、版本となりて、今日にても折々書肆の店頭に見受けらるるのは、先づ聖堂の關松窓と、水戶の戶崎淡園位らしい、其の後最も骨を折り、著作の分量も豐富なのは、この鈴木と江戶の横田であらう、但しこの二家獲る所の多寡深淺は、まだ審に讀み比べて見ない故、何とも言へないが、兎に角この書の注說は、大分懇切周匝に出來て居る樣に見ゆる、この書の脫稿したのは文化四年であり、横田の本の定稿は、それより十七年計り遲れた文政七年であるけれども、この書は稿本のまゝで、上木もせられず、餘り世間へ傳はらざりし樣なれば、横田も之を見るに及ばなかつたのみならず、この書あることをすら知らなかつたであらう、今卷首著者の序文を擧げて置く、

古人曰、校書如掃机上塵、隨掃隨有、余校此書、從文化乙丑冬、至丁卯春始脫校、未及再校、鮑彪注此書曰、四易稿、而其紕繆尙如此、況余學之不博、才之不敏、而卒爾成稿、未及一改哉、紕繆必當倍鮑彪、不知今而後幾年得閑、幾次易稿、而得使後之讀者、如披雲霧覩白日云、
時文化丁卯孟春羽後秋田藩教授鈴木汪識

この書は昔し根本健齋翁が帳秘にして居つた者である。或る年の正月、駿河臺の家塾に於て、翁が講書始めの式を行つた時に、使用本は勿く戰國策の開卷第一章を講じた、その第一たる論東周を首にした高本であり、「秦興師臨周而求九鼎」云々の章の講述である、さて云ふやう、「戰國策の編者が、この章を一書の首に置いたのは、尊王の大義を明かにする爲であつて、假り初めならぬ微意を寓して居るのであるが、後世の人間が、東西周を入れ易へたりなどして、編者の用意を晦澁にして仕舞つたのは、殘念なことである、我國の横田など、云ふ者も、これ等眼目の个處には、薩張り氣が附かぬから困る云々」これは大分斬新な說なので、矢張り易に於けると同じく、翁一流の創見にやと思つて聞いたのであつたが、其の後この百一集を見るに及んで、右は全く鈴木說であることが分つた、今煩を憚らず鈴木說を鈔出して參考に供し置く、

國策之書、以東周爲首、尊王之義也、而以此章冠一部首、是作策者之深意、而從來評論、皆不及焉、甚可惜矣、蓋此一章、先見周室微弱、横秦將帝、天下諸侯、不復宗周、而策士之功、獨不可廢也、夫以秦之強暴、而垂饞涎于九鼎、以臨微弱之周、而天下諸侯無敢誰何、則九鼎之危、猶以一髮繫之、當此之時、匹夫徒步之士、鼓三寸之舌、聳萬乘之聽、直驅先王遺義之兵、以成禁暴安主之功、策士之功、豈可沒哉、夫孔子之褒管仲也、取其攘夷狄、尊周室而已、此書之有取于策、亦猶聖人褒嗣之遺意也、豈言必典、謨必範、而後取之耶、是作策之志也、宋洪邁論此章云、策首載此、以爲奇謀、此特兒童之見爾、疑必無此事、而好事者飾之、嗚呼何讀之疎、而言之淺也、

次手ながら右の外、邦人の國策に關する著作で、大阪履軒翁の雕題三卷と、江戶息軒翁の補正二卷とがある、二書の有益なことは、云ふまでもないが、其內雕題に至つては、本書が經籍と違ひ、編者も判らぬ亂世の記錄のことゆゑ、特にこれも翁一流の見識武斷振りを發揮して、スゴイ腕前を現はして居る、上に述べた東西周の如きは、戰國の小諸侯であつて、周王には全く緣の切れたものゆゑ、卷末に編入して置けばよいのだと云ふ議論である。

## 泊園同窓會常費收受報告（昭和十一年度）

一金壹圓五拾錢也　豊田精吉氏
一金壹圓也（以下各通）　北井信一氏　玉水永彥氏
源元公子氏　古谷龍三氏　後藤潤氏　赤松善助氏　福田三次氏　大野園山氏　清見清氏　尾中郁太氏

## 泊園傳統の下に高教合格の感想

金戸守

泊園書院金曜夜の石濱先生の御講義を拜聽し始めてから五六年許にもなりませうか、初の程は說文の御講義など大半わかりませんでした。わからぬまゝに三年許も過ぎました。其の間に習つたことは殆ど覺えてはゐませんが、先生に接して度重なる內に、何時の間にか御話の意味が少しづゝほぐれてわかりかけますと、流石に良師のお示しは有難いもので廣い視野が開きかけました。石濱先生の博覽達識は誰知らぬ者も無いことで今更申上げるまでもありませんが、お若い頃からの泊園でお鍛へになられた漢學が、英佛獨露語までもお出來になつて材を取る誠に博大、更に滿蒙西域邊の塞外民族の言語は特に御專門であられるのでありませうから、其の背景があらゆる要素を備へてゐられる當代無比と申して決して過當ではあるまいと存ぜられます。此の師に從つて私達弟子は唯語學も何も苦しまずに先生の到達された結論をそのまゝ拜聽させて頂いて、現代漢學界最高峰の識見を常に窺はせていたゞきますので、全くお他力で以て導かれゆくのです。さればこそ、私のやうな鈍根のものが、お恥づかしいことですが御講義中にもよく居睡りを致して冷汗を流してをりましたものが、居睡りながらでも兎に角續けることによつて何かしら積り積りまして今度の高教合格といふことが出來るやうになつたのであります。知らぬ方は何か大變な努力でもしたかのやうに想像されたりもするやうですが、私はとかく怠り勝で、面白くない勉强、身體を痛めるやうな無理な勉强は致し得ませんでした。更に一層源に溯つて考へますと、私は泊園書院傳統の御蔭の偉大なることに思ひ到りまして今更乍ら東畡、南岳先生方々の御加惠の程を身に厚く感じてゐる次第で御座います。高教に就いては泊園の御講義を早い人は多田貞一大兄の如きは私よりも大分年が若くてしかも已に四年半も先に、恐らく二三年の聽講で一度に合格なされました。不肖私の如きさへ五六年もかゝれば合格することが出來ましたので、實證奕々たるところ、三五年も通へば誰にも必ず合格する學力を得られることは疑を容れません。それにつけても私も此の御恩報じの一端にも、實際世間に根柢ある漢文教養の普及をはかりたく、今より小供達への素讀教育を志ある世の親達にお願して奉仕をさせていたゞきたい念願を起してをります。

## 泊園文藝

宸題　田家雪

恭賦　一　黄坡　藤澤章次郎

珠作園林玉作宮。廣寒閬苑更玲瓏。
爺孃閑唱樂豊曲。一味仙緣環堵中。

同　二

呼爲豊兆不虚稱。共樂比年穀穰登。
況是大同天覩象。玉田銀圃沒溝塍。

同　奇堂　岡本喜三

滿目皚々萬象新。郁如仙境淨無塵。
瑞雲搖曳旭旗影。靜寂乾坤太古春。

同　有香　梅見春吉

曉起開窻看、皚々雪滿田。老農相喜祝。今歳亦豊年。

牛　同

柔順服童牧。力耕從老田。終生勞苦後。觳觫有誰憐。

逍遙游社丙子歳終會聯句

忘我生涯幾酸辛　篠田嵐峰。
初陪雅筵苦吟人　秀野甘泉。
淡々生涯自有眞　杉邨壺山。
滌盡胸中萬斛塵　里見樂窩。
同人漫擬老天民　久保明山。
僅剩一旬還新春　宮崎東明。
歳暮又逢杜康神　梅見有香。
隋珠趙璧何足珍　植野木州。
八叉藻思銜口新　藤澤先生。

丙子十月廿九日觀艦式恭賦　松峰　五條秀麿

維時丙子秋陽天。艨艟如山壓海連。
錦旗飄風比叡艦。禮砲轟處悉登舷。
隊列一齊賜　親閲。士氣旺盛迸熱血。
艦體施回西復東。鯨濤蹴破生飇飆。
航空飛翔亦壯觀。無數鵬翼掠雲端。
茅海灣頭人如織。六甲山巓作堵看。
夜間電飾放光輝。遠近自在照幾微。
軍容赫々制環海。萬邦亦應仰　皇威。

丙子秋拜大觀艦式　梅見有香

翔空機宛若群鷲。潛水艇方如衆鯨。
戰艦艨艟足防敵。唯期億兆奉公誠。

## 送陶榘林先生出使吾日本國序

在金陵　故藤澤黃鵠元先生稿

元遊清國之數月、淸廷察時機、欲大有所振興兵制刑法、格致工藝、一切富强之具、擧將取則於異邦、痛加刷剔、而江南制台劉公夙主其議、推吾邦爲文化有一日之長、切懷伐柯之志、會傳聞吾　皇上親閲兵於三陸之野、特簡派文武通達時務者以陪覽、而榘林陶先生亦當其選行有日焉、先生識度高邁、胸宇洒脫、善與人交、前歳吾　皇上閲兵於泉攝也、先生實巳陪覽於吾邦、用兵行陣之法、其所目覩諳熟、且與吾士大夫交通極廣、元豫卜先生此行所得必多、而嘉簡派之得其人也、先生往之日、觀其所佩之劍、非復前日之劍、所執之鋭、非復前日之鋭、愈鋭愈利、自器械皮革、以至坐作進退之法、其可刮目之極多矣、豈唯兵之云乎、機械之局、工藝之場、刑政治化之具、庠序學校之設、駸々日新、皆非舊觀、亦足以窺吾東方文明之運、方今如日之始升哉、今夫禹域宜釐革刷剔者、亦豈兵之云乎、自刑政百度、以至農工商賈之末、其可則於異邦者極多矣、則先生此行所睿於吾者、亦當不止行陣之法也、其人存則擧、其人亡則息、豈唯政而巳哉、顧機械雖利、兵革雖完待其人而後其用完矣、戰之强弱、在志氣之旺盛、與坐作之精錬、衆寡不與焉、人之無教、擾々何益於勝敗之數乎、經曰、以不教民戰、是謂棄之、又曰善人敎民七年、亦可以即戎矣、解之者曰、教者幷忠信禮義與坐作進退言之也、昔晉文公始入國也、教其民二年、定周王以教義、伐原以教信、蒐於被廬以使知禮而後始用之、故曰、一戰而伯、文之教也、劉公頃議變法疏曰、中國不貧於財、而貧於人材、不弱於兵、而弱於志氣、嗚呼作人材振志氣者、禹域今日之急務也哉、而作之振之者、亦唯敎賦、機械工藝之利、坐作進退之熟、不與焉、先生能絕拘攣之見、達觀通覽、察民俗之懿、審立教之本、以明吾邦文化所以今日之盛者其不偶然、齎所閲歷、以贊劉公、成其志、能與時物相發與機勢相會、設施不錯次序、豈唯東亞之幸而止乎、元辱先生一顧者乃書以問之、且亦刮目以待回轅之日云爾。

早秋即事

亢陽旬日望雲霓。一雨初凉颯且凄。
滌暑方知已流火。秋聲微在晩林西。

【訓讀】亢陽旬日雲霓を望む。一雨初凉颯且つ凄。暑を滌ふて方に知る已に流火なるを。秋聲微に晩林の西に在り。

【語釋】〇亢陽　大旱なり。〇流火　火星が正南に在る時が極暑で陰曆七月より漸次西に下つて寒に向ふなり。

重陽與士駿會片江宗家席上次家兄韵

弟兄斯日集。佳客偶相迎。村墅薦杯意。重陽對菊情。秋雲含雨暗。玉蕊壓霜明。籬畔餘香冷。獨令藻思清。

【訓讀】弟兄この日集ひ。佳客たま〳〵相迎ふ。村墅、杯を薦むるの意。重陽菊に對するの情。秋雲雨を含んで暗く。玉蕊霜を壓て明なり。籬畔、餘香冷やかに。獨り藻思をして淸からしむ。

【語釋】〇重陽　陰曆九月九日、九は陽數なり故に重陽といふ。〇藻思　詩文の才。

小重陽次茶山先生賢詩韵

秋園已賞一籬菊。又酌殘樽入醉鄕。
幸有家翁加壽算。膽瓶揷菊逗重陽。

【訓讀】秋園已に賞す一籬の菊。又殘樽を酌んで醉鄕に入る。幸に家翁の壽算を加ふるあり。膽瓶、菊を揷んで重陽を逗む。

【語釋】〇小重陽　陰曆九月十日〇膽瓶　きもを懸けたやうに長頸大腹の形せる瓶なり、〇逗重陽　重陽を今日まで殘して居る。

### 黄坡先生の光榮

昭和六年以來の滿洲事變の軍功に依り、畏くも　銀盃を賞賜せらる。

## 泊　園　異　聞

◎越智宣哲氏古稀記念會。十一月一日奈良市公會堂に於て擧行さる。此日名流門弟堂に滿ち、頗る盛儀なりき。

◎金戸守氏高等教員に合格。かねて書院に於て研學中の氏は、今秋東上、同試驗を受け、優秀なる成績を以つて登第せり。

◎福田宏一氏は十一月二十九日急逝さる。同氏は有名なる支那通を以つて、識者間に重んぜらる。當今日支問題多事の際、氏の訃音は痛惜に堪えず。

◎島田琢逐氏昨冬物故

◎粟屋喜八氏令孃千代子氏十一月八日卒去。

◎小松原謙三氏令孃恭子氏十一月廿六日卒去

◎冬至祭。例に依り、十二月二十二日、書院に於て行はる。祭儀古雅穆々、多數の參拜者あり、和やかなる至日なりき。

◎開講　一月十日。

### 泊園書院日課表

| | 月 | 火 | 水 | 木 | 金 | 土 | 日 |
|---|---|---|---|---|---|---|---|
| 午前六時 午前七時 | 詩經 | 莊子 | 詩經 | 莊子 | 詩經 | 古詩評註讀本 | 第一、第三、午前七時ヨリ　詩經 |
| 午前九時 午前十時 | | 蘇黃題跋 詠物詩選 | | 林園月令 詠物詩選 | | | |
| 午後二時 午後五時 | | 陶靖節集 左傳 | | 陶靖節集 左傳 | | 書經 | 毎月一日 第二四五日曜 祭日 休講 |
| 午後七時 午後九時 | | 正文章軌範 | | 續文章軌範 | | 說文（石濱先生） | |

### 謹賀新年

院主　藤澤章次郎
石濱純太郎
梅見春吉
的場信太郎
石崎太郎
三原靜美
岡本喜三
安達龜造

## 泊園同窓會常費收受報告（昭和十一年度）

一金五圓也（五ケ年分）　小松原謙三氏
一金參圓也（三ケ年分）　中尾國太郎氏
一金壹圓也（以下各通）
生谷卯兵衛氏　吉成卯三氏
清水晋三郎氏　加藤和美氏
白藤丈太郎氏　岡本英三氏
眞野鷹一氏　橋本梅三郎氏
澤田賢二氏　松本喜代子氏
殿村たけ氏　三浦德次郎氏
岡本奇堂氏　寺田英一郎氏
吉崎幾藏氏　吉崎善三郎氏
橘秀一氏　佐藤彌兵衛氏
近藤常吉氏　辻忠右衛門氏
渡邊寳氏　多紀仁之助氏
（以下）

# ◈城山道人稿完結に就き急告◈

中山城山先生詩集城山道人稿は昭和八年五月より、泊園誌附錄として發行して居りましたが、今般殘部を一括して發刊完成に就き左記方法に依り頒布致しますから至急御申込下さい。

一甲種。昭和八年泊園誌第三號に第一葉を添附以來三十葉を既刊配附せる分を保存せらるゝ方にして今般發刊殘葉二十一枚分を御入用の方は二錢郵券三枚封入御申込下さい御送附致します。

一乙種。城山道人稿完結裝訂本一卷御希望の方は送料共六拾錢也（二錢郵券三十枚）封入御申込下さい。御送本致します。

（內容見本）

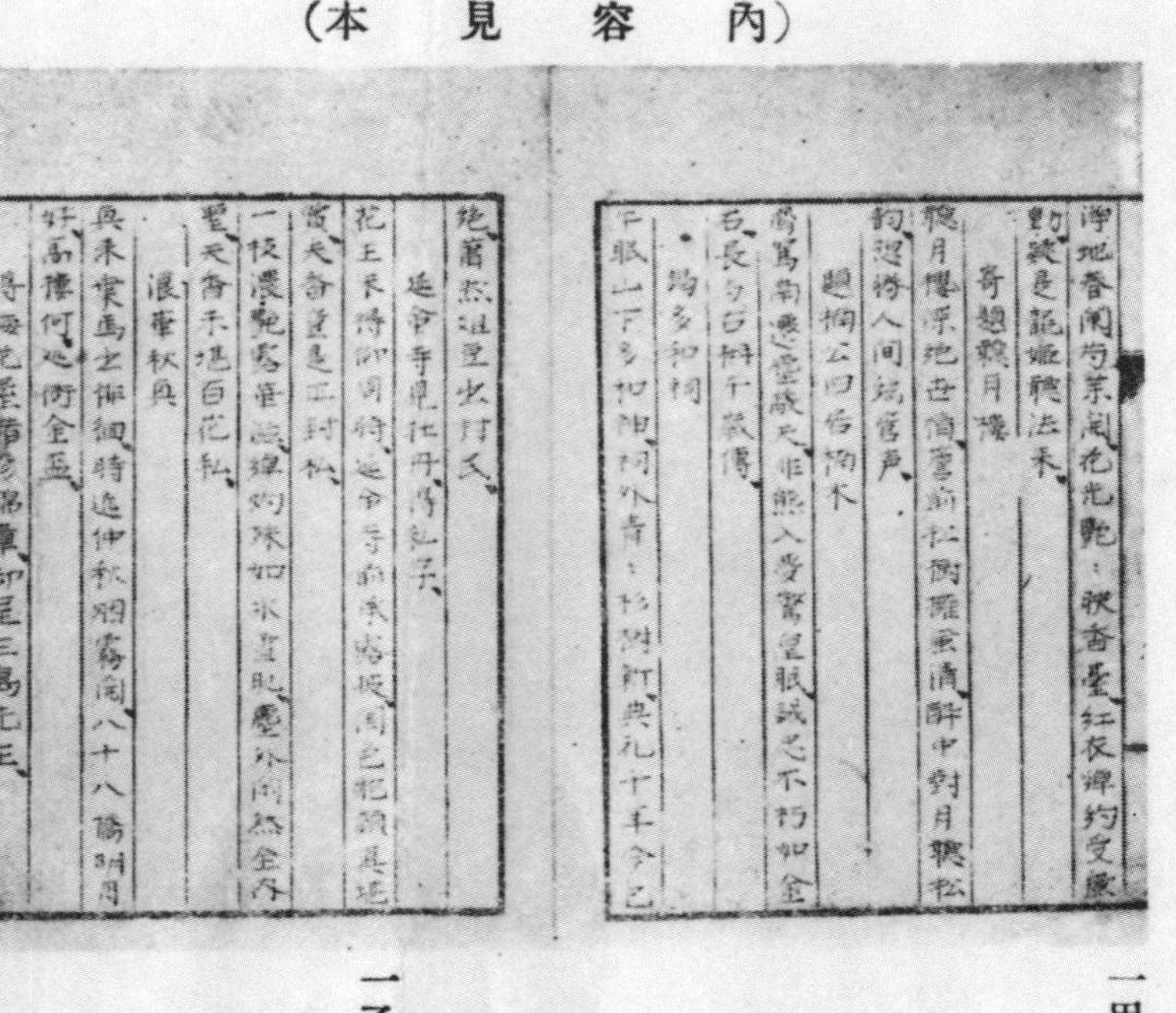

注意　御申込は右二種に限る。

申込期限　一月二十五日限り。

申込所　大阪市南區長堀橋筋一丁目五〇
泊園書院內
泊園誌社
振替大阪一三八三九番

昭和十二年三月一日（月曜日）　泊園　第二十六號（一）

# 泊園

昭和十二年二月廿五日印刷（隔月一回一日發行）
昭和十二年三月一日發行 —（非賣品）—
編輯兼發行人　大阪市南區大寶寺町中之町二番地　的場信太郎
印刷所　大阪市西區新町南通五丁目　林泰進堂
發行所　大阪市南區長堀橋筋一丁目五〇（泊園書院內）　泊園誌社
振替大阪一三八三九（泊園書院）電南六八二七

## 中山城山先生百周年記念祭

泊園の學は物氏蘐園より出づ。菅甘谷先生は徂徠先生に學びて之を浪華の地に傳ふ。藤川東園先生は甘谷先生に學びて之を讃州の土に傳ふ。中山城山先生は東園先生に學びて之を我が泊園に傳ふ。藤澤東畡先生は城山先生に學びて再び之を浪華に傳へ、泊園の學茲に立ち、延きて南岳、黄鵠、黄坡の三先生に及び、一綫の傳統は今に至りて絕えず。顧念するに泊園の學術は其の衍述する所は廣博を致すと雖、其の傳承する所は純粹を極め、亦人間の罕に見る所たり。

在昔、東畡先生總角の幼を以てして城山先生の門に入る。城山先生之を撫育し、之を愛憐して至らざるなく、既に長じ學進み、或は笈を崎陽に負ひ、或は帷を浪華に下すに及ぶも庇蔭の深きは依然舊の如し。泊園の學の成る所以のもの固り東畡先生が超群の資、絕世の識に由ると雖、亦皆城山先生の薰陶化育の恩澤に出づるものと稱せざる可からず。後の泊園に遊ぶ者、豈夫れ其學の淵源する所を問はず、其人の成立する所を察せずして可ならんや。

謹んで按ずるに、先師城山先生の歿するは天保八年に在りて、今茲昭和十二年は實にその壹百周年に當る。乃ち我師　黄坡夫子は節を選び日をトして泊園書院の諸生を率ゐて、恭しく靈位を設け、篤く祭儀を修めて、報本の誠を陳し、反始の禮を行ひ給はんとす。泊園の先輩後生並に斯文に志有るの人士冀くば時に屆りて來り助け祭り、仰いで先賢の遺蹤を慕ひ、俯して流風の餘韻を掬し給へ。祭事の詳目は別に具して掲げ出せり。就きて看取し給はらん事を。

泊園書院門生一同九拜

城山先生畫像

## 城山中山先生墓碑

往余游高松府岡內文學曰有中山城山者宏才博識睥睨世儒獨修復古學文章雅健著書不少子若遇之傾蓋如故今不在家是可憾已余聞之心議鄉焉而不得良會而已近海船載淸人錢氏所梓行物子二辨來浪華寓客讃岐東畡藤澤甫得之糾其傳聞之誤又改正其誤字爲一本裁書寄之西土余見其稿歆望其人遙結交焉然後知其爲城山先生高弟也今秋七月初相見談經三日莫逆相歡乃謂曰先師城山歿已六年甫與社生同謀其不朽先生幸文之余謝不敏曰先生心尙事（一字不明）頗類乎先師先生若許之先師之神亦安矣余乃不復辭按狀姓藤原諱鷹字伯鷹稱[illegible]號城山先生東讃香川郡横堰里人其先出自中山準大臣孝親因氏中山云先生幼穎悟從藤川東園受方技旁學蘐園之業盍東園學之菅甘谷甘谷實物門之徒先生謂闕里之道舍之何適好之愈厚責之愈深有所大得於是讓產於弟元義別自成家食醫而行儒後亦罷醫鄉人菊池高洲博物之士也先生與之友善或問先生於高洲高洲曰經術文章誠可畏也未涉國學是可憾也先生聞之也發憤講其學歲餘有一老人雲游者曰湖月道人訪高洲出示萬葉文棘鈎艱澁不可句先生輒朗誦不詒道人宏嘆而去蘐園之學與時不相容或勸改之曰道不可屈身屈何傷其志確乎不可拔會元老內子好國學幣聘先生於是移干府下受其稍而問聖道者亦日盛嗣子馴亦英才十歲既助父業後會內子卒乃辭稍脫韁當是之時嗣子業大成先生游四方一守一出父子迭教授文化乙亥喪嗣子自知天之不弔歸于鄉里絕人間之事載簦納屩周巡四境以著全讃史十二冊或上諸藩君乃賜世士班天保八年丁酉四月二十三日沒年七十有五葬於里南古川上先塋之域有孫不堪繼家仲子敦教以元義無子幼爲之嗣至是併承其祀先生娶河原氏舉五子長女適大島某次嗣子馴次女適澤井某皆先逝次仲子敦教次季子達亦別產業醫先生所著詩書易論徵二辨諸考板國學方技之書總四十七部百二十四冊皆家藏其詳在東畡所撰行狀銘曰

復古大業　繼道於旣差
先生私淑　正義其有加
嗚呼振蘐園衰者
茫々天下百幾家

阿波儒隱高橋祐子信撰

『洗毫子曰。右の碑文は惜むらくは當時刻石に至らずして遂に今日に及べり。』

## 中山城山先生百年祭

（一般參拜隨意）

一、日時。四月三日午後三時
一、場所。當市　高津神社內參集所
　順次、イ。午後三時祭典
　　ロ。祭典後記念講演會
　講師　黄坡先生
　　　　石濱先生
一、遺墨遺著展覽（同所）
一、紀念事業『城山道人稿』刊行頒布

主催　泊園書院

## 城山先生百年祭記念宴會

四月三日、城山先生百年祭終了後（午後六時ノ豫定）有志集リ高津神社境內「湯豆腐屋」ニ於テ紀念宴會ヲ開ク、當日參拜者諸賢ハ奮テ御參加アリタシ。

規定

イ、申込所。大阪市南區長堀橋筋一丁目五〇
　泊園書院內
　城山先生祭典準備委員宛。
ロ、會費。金五圓也。
　但シ、申込ト同時ニ拂込アリタシ
ハ、申込期日。三月二十日限リ

## 泊園書院記事

◎一月二日。假書院にて拜年式を行ふ。
◎一月五日。明誠舍にて尙德會發講式を行ふ
◎一月十一日。開講
◎二月四日。泊園會常任理事會を開く。
◎二月十日。城山先生百年祭準備委員會を開き昨冬より誌社同人の計畫せし諸案を協議す。

## 泊園書院日課表

| | 月 | 火 | 水 | 木 | 金 | 土 | 日 |
|---|---|---|---|---|---|---|---|
| 午前六時半<br>午前七時半 | 詩經 | 莊子 | 詩經 | 莊子 | 詩經 | 古詩評註讀本 | 第一、第三、午前七時ヨリ |
| 午前九時<br>午前十時 | | 蘇黃題跋<br>詠物詩選 | | 蘇黃題跋<br>詠物詩選 | | | 詩經 |
| 午後二時<br>午後五時 | | 陶靖節集<br>左傳 | | 陶靖節集<br>左傳 | | | 毎月一日第二四五日曜 祭日 休講 |
| 午後七時<br>午後九時 | | 續文章軌範 | | 續文章軌範 | 書經<br>說文（石濱先生） | | |

# 論語講義

黄坡先生述

**子曰。人而不仁。如禮何。人而不仁。如樂何。**

**訓讀** 子曰く、人にして不仁ならば禮をいかにせん、人にして不仁ならば樂をいかにせん。

**解釋** 德行に屬する章であつて、章旨は仁であつて然る後に能く禮樂を用ふると說かれたのである、物子の註に禮樂は先王の民を安ずるの道であつて、仁は民を安んずるの德である。故に苟も仁人でなければ禮樂は用をなさぬと說かれたのが尤も意を得てある、つまり禮樂は政の體であつて仁は政の精神であるのである、此は上にある人のために言はれたものである、禮記の仲尼燕居に、子曰、制度は禮にあり、文爲は禮にあり、之を行ふはそれ人にあるかと見えて居るのは即ち此章の意である。

**林放問禮之本。子曰。大哉問。禮與其奢也寧儉。喪與其易也寧戚。**

**訓讀** 林放、禮の本を問ふ、子曰く、大なるかな問ふこと、禮は其奢ならんよりは、寧ろ儉なれ、喪は其易ならんよりは、寧ろ戚せよ。

**解釋** 禮樂に屬する章であつて、**禮を制した本**を語られたのである。**林放**は魯の人であるが、或は孔門の人といひ、或は季氏の世臣などいふ說もあるが、詳でない、たゞ左傳に林氏の人が三人あつて皆魯人であるから、林放魯人と鄭氏が註したのは確であらう。この人禮の本を問うたのである。禮は國の大經であつて固より一言で示し得べきものではない、よつて夫子はまづ**大哉問**と其容易でないことを示され、且つ其着眼をほめられた、而して眼前日常の事に就いて其意を明にせられたのであるが、即ち「禮は其奢つて贅澤な方に流れるよりは、寧ろ、節儉であつて財用の乏しい方がましである。喪は其和易に失するよりは、寧ろ哀戚に過ぎた方がましだ」と語られたのである。本來禮は聖人が事物の宜しき所を制して其節度を定められたものであつて、所謂中道である、人々之に從つて行ふべきものであるが、しかし世の**富貴の人**は大抵其觀えの美しい樣にと自然と奢侈に陷るものが多い、遂には分を踰えた事をする樣になる、又之に反して晏嬰の樣な**節儉力行の人**になると禮の形を取りさへすればよい、無用の費をせぬと、いふ風になつて、肉も小さい、物も粗末にして乏しいものになる。いづれにしても片寄つて宜しくないのである、しかしどちらかといへば、**奢よりは儉を許すべきである**、なぜなれば禮は上下の分を明にして秩序を維持するためのものであつて、この名分を亂ること奢より始まるのである。聖人の憂ひらるゝ所此にあるから禮の本として示されたものである。述而篇に「奢なれば則ち不孫、儉なれば則ち固、其の不遜ならんよりは寧ろ固なれ」といはれたのは即ち此章と同意である。

**喪**も亦禮の一であるが、しかしこれは不吉であるから、通例とは意義が別になるから、之を別けて示されたのである、**易**は平易に取運ばれる心持を云つたのであつて**戚**とは哀みに過ぎた氣分をいふのである。即ち喪の禮は諸事の順序よくやす〱と運ばれるよりは、戚みのために澁滯して或は禮を失ふかに見えるとも此の方がよい、といはれたのである、これ「喪は其哀み足らずして禮、餘りあらんよりは、禮、足らずして哀、餘有るにしかず」と檀弓にあるのと同義である。これ禮の人情に本づいたものだといふことを示されたもので、ともに鄙近な事によつて禮の要旨を告げられたのである。

古人が儉と哀とが本である樣に說いて居ることがあるが、これは與と寧との二字を味はぬ說であつて、章の意を失うて居る。

**子曰。夷狄之有君。不如諸夏之亡也。**

**訓讀** 子曰、夷狄の君あるは、諸夏のなきにしかず。

**解釋** この章は**皇侃**の註に「中國を重じて蠻夷を賤むなり」とあるによつて、**徠翁**が「これ聖人の禮義を貴ぶなり」と說かれたのに從ふがよい、**夏**は大の意で中國を誇稱した語である、**亡**は無と通じ、而して**不如**は「しかず」と訓ずるのである。物子の解に「君ありといへども禮義なし、これ其禽獸を去ること遠からざるなり、孔子の時、諸夏は君ありと雖も猶ほ之なきが如し、然れども先王の澤たえず、禮義猶ほ存す、故に孔子以て之に勝れりとせり」とあるによつて明である。所謂文武の道、地に墜ちざるものである。後に後漢魏晋の時の如き明かに此章の意を證して居る、禮義の敎を怠ることは出來ぬ。以上の解によつて此章は禮樂に屬する章であることがわかるであらう。

朱註に「夷狄に君あるは諸夏の亡きが如くならず」と讀んであるのは取らぬ。

**季氏旅於泰山。子謂冉有曰。女弗能救與。對曰。不能。子曰。嗚呼。曾謂泰山不如林放乎。**

**訓讀** 季氏、泰山に旅す、子、冉有に謂ふて曰く、なんぢ救ふこと能はざるかと、對て曰く、能はずと、子曰、あゝ、すなはち泰山、林放にしかずとおもへるかと。

**解釋** これも禮樂に屬する章で、**季氏の僭を諷せられた**ものである。この季氏は季康子である、左傳によれば冉有の季氏に事へて居たのは康子の時であるから左樣に思はれる。

**旅**は周禮に「上帝及び四望に旅す」とある鄭註に「旅は陳なり、其祭事を陳べて以て祈る禮は祀の備はるに如かず」とある通り、祭の名である。諸侯は其封内の山川を祭る規定であるから、泰山は齊魯の界にあつて、齊は其陰、魯は其陽に居つて、各々此山を祭つるのである。今季氏が**僭して之を祭つた**のは、禮に違うて居るから、孔子は門人の冉有即ち冉求に「汝、之を救ひ止めることは出來ぬか」といはれた、ところが彼は對へて「出來ませぬ」と申したから、夫子は「あゝ、神は非禮をうけぬ、林放ですら禮を問うた、しかるに泰山の神が反つて林放に及ばぬと思うて、誣いて之を祭らうとするのか」といはれた。

これ季氏の禮を失ひ、分を越えることは遂に亂の始まりであるから、孔子之を憂ひてかく冉有を咎められたのである。朱註の冉有を勵した、とときは、范氏の是亦敎誨の道なりなどいつて居るのは、大に章の意を失うて居る。

**子曰。君子無所爭。必也射乎。揖讓而升下而飲。其爭也君子。**

**訓讀** 子曰。君子は爭ふ所なし、必ずや射か、揖讓して而して升下し而して飲む、其爭や君子なり。

**解釋** **德行**に屬する章であつて、**君子は爭はぬ**と語られたのである。君子は爭ふことはない、もし必ず其爭ふものを擧げば射あるのみ一といはれた、これは古は射は進仕の具であり、また禮に王者は祭に當つて、祭を助ける士を擇ぶに射を試み、多く中つた者を取つた、しかも其成績は主君にまで影響するといふのである、そこで當時の士大夫は射を競うたものであつて、此技には爭ふことがあるのである。しかし、其競射の際に堂の下で三たび揖し、堂に上つてまた三揖し、射に臨みてもまた揖し、射を卒つて揖し、降る時は升る時と同樣に揖するのが射儀である、かくて勝者が不勝に酒を飲ましめるのであつて、其時にも階下で相揖し堂上で觶を擧げ卒つてまた揖して下り、また揖することになつてあつて、飲む時にも升降にも揖するのである、よつて今本文の揖讓は升下にも飲酒にもかゝるのであるから**七字を一句に**讀むべきである、朱子が升字で句をきる說に從はれたのは誤といふべきである。さてかくの如く、爭ふにあたつても揖讓を以てして居るから、**其爭もまた君子**らしいといはれた、後世の平和の際にも常に鬪爭といふことを主張するのとは、雲泥ではないか。(第十九講)

泊園書院藏

## 泊園同窓會常費收受報告

(昭和十一年度)

金壹圓也　以下各通

| | | | |
|---|---|---|---|
| 尾崎正信氏 | 吉永登氏 | | |
| 大[illegible] | [illegible] | | |
| 澤純三氏 | 矢野榮三郎氏 | 湯淺豊太郎氏 | 茶谷忠治氏 |
| 沖本三郎氏 | 吉宗耕英氏 | 殿水快順氏 | 東門美津子氏 |
| 仲野安一氏 | 金戸守氏 | 永井貞宥氏 | 矢崎精心氏 |
| 植野武雄氏 | 西田幾太郎氏 | 稻葉太吉氏 | 香川正平氏 |

泊園

(顧問) 黄坡先生

(同人) 石崎太郎

## 城山先生の遺著二三

大壺

城山先生の著述に就いては、東畡先生の撰せられたる行狀に詳かに其名目を掲げられ、四十七部百二十五冊にも及んでゐる。遺著の大部分は未だ刊行されてゐないのであるが、遺稿は高松なる藩侯の舘邸に保存されてゐると聞くのは愉快である。多少なりとも何か流傳の方法を講じたいものと思ふ。

今回黄坡先生の御捐資によつて紀念出版を爲し得る「城山道人稿」は的場菊堂子の珍藏する所であるが、これは行狀の目に出てゐないものである。固り此書の詩は多分行狀に云ふ所の城山前後集中に著錄されてゐるんだらうが兩集を世に傳へ得ない限りは此書で滿足する外は無い。一百周年記念としては實に好箇の出版と感謝の外はない。

三崎先生御所藏の「黄庭經略注」も既に誌上で紹介されてゐるが、これは行狀に黄庭經解とあるものに相違ない。先生晩年の著述で思想上にも興味あるものである。

城山寱語は未見であるが論難の痛快なるものと聞いてゐる、その崇孟解の一文が日本儒林叢書論辨部に收めてあつたので一讀の味を知るを得た。藪孤山の崇孟を論破して蘐園派の太宰春臺を辯護したものである。蘐園派の孟子攻擊は珍しからぬが鋭利なる反駁は頗る見るに足る。但し我が東畡先生の思問錄の如きものでないので、思問錄は獨立の價値を持つてゐる。

城山先生には孟子辨解の著が行狀に見えて居り、南岳先生の蘇批孟子の欄外に引用してあると云ふ。博覽多識で鳴る所の眞軒三宅少太郎先生も之を知られなくて、川合孝太郎先生に問うて城山の著である事、城山の如何なる人であるかを知つたと云ふ。其書の流傳の少きを知るに足らう。

享保以後大阪出版書籍目錄によると城山先生關係のものが四つ出てゐる。

非譯文要訣　一冊。これは行狀には辨譯文要訣となつてゐる。これは高安蘆屋の譯文要訣を非難したものらしいが、附記に本書の出願に對し板行相成らずと申渡されたとある。何か面白い事情がありそうである。

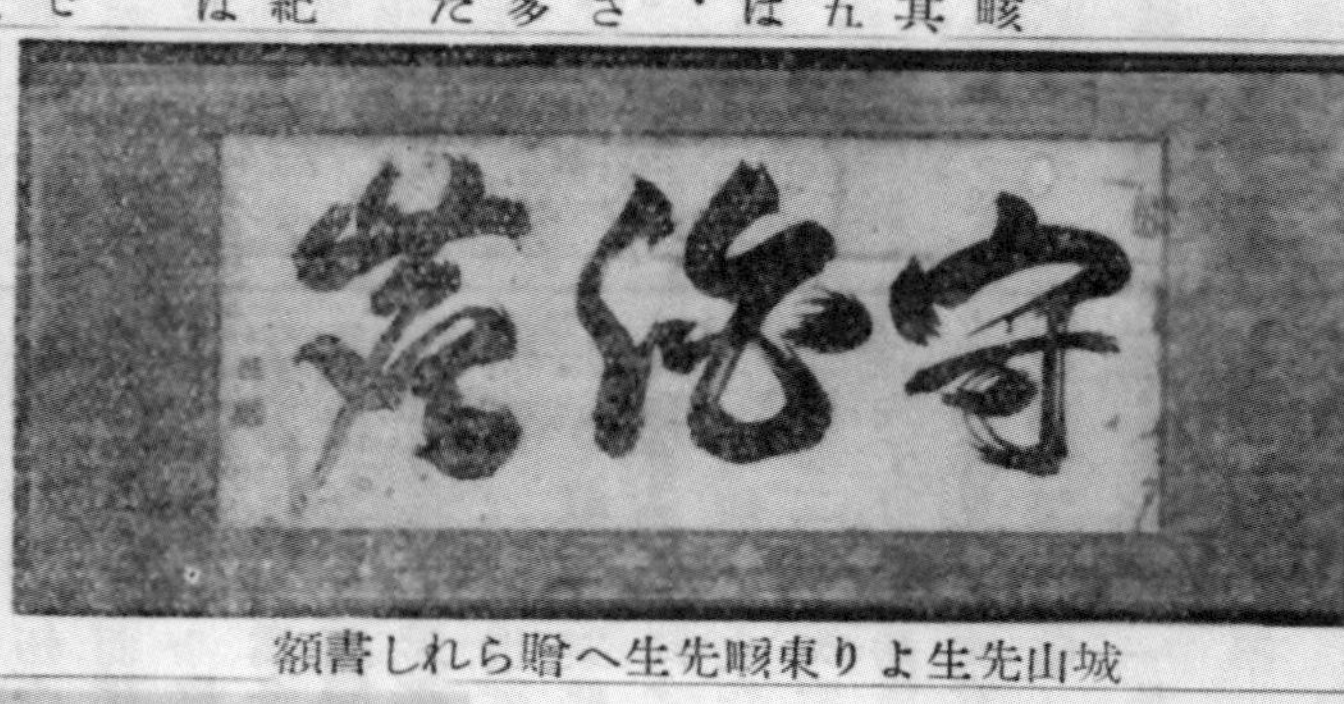

城山先生より東畡先生へ贈られし書額

茶山集　二冊。これは文化三年に許可されてゐるが、唐本翻刻とあり、先生は校合者とせられてゐる。

虞初新志　六冊。これも文化六年の許可で唐本翻刻、點者となつてゐる。

南海遺珠　二冊。これは的場菊堂子が後冊を藏してゐるから面白い。文化八年の出願だが、本書板行の義出願に及びたるが都合により同年五月二十五日願出を取消すと附記がある。取消したが矢張り出版されたる事は菊堂子本で證明される。作者として城山先生を出してゐるのは便宜の爲めに違ひない。現に編輯者として藤澤甫、達馬鳳とある。兎に角因緣付の詩集であつたのは面白い。

累々たる遺著も流傳しなければダメである。泊園の流を掬むもの三度心を致さん事を希望する。

城山先生印譜（平岩照次郎氏藏）

大西成古氏　西門岩松氏　藤本木田氏　田中稠氏

阿部茂七氏　西門孝之進氏　鴨居武氏　阪本唯三郎氏

植野武雄氏　楠正然氏　六條照傳氏　木戸平信氏

西田幾太郎氏　吉田萬治郎氏　阪井佐一郎氏　市川釘三郎氏

稲葉太吉氏　河田爲作氏　清水小鈴氏　内田利一氏

香川正平氏　中山源次郎氏　田中治一郎氏　松本洪氏

誌社

石濱純太郎　三原靜美　梅見春吉　岡本喜三

### 上凱歌山聯句

春光攀陟凱歌巓。邦内山川一望鮮。城山
烟裡孤城枕大海。雲間五劍聳高天。笠三靈
東來萬壑蒼波湧。北望千帆白鷺翩。中山聊
共許登高大夫興。始知小魯仲尼賢。無名氏
數家點地枯桑出。一鶚横空斥鷃踐。笠宥光
猶作當年鼙鼓響。城墟晩吹轉凄然。達馬鳳

### 凱歌山懷古聯句

曾聞天正歲。營幙此閑仇。城山
五百群鞍馬。三千伏猛貅。無名氏
雖憑孟門險。無那項王謀。笠三靈
城郭總陳跡。簪纓又古丘。中山聊
猶餘舊鬼哭。長有悲風愁。笠宥光
荒艸山頭徑。登來涕泗流。達馬鳳

### 七月六日八堤遊行聯句

避喧今夜拉同盟。數里八堤共妄行。城山
度海涼風驅暑去。鄰期織女待郎明。木華
漁歌迢遞閙妓女。漏鼓填々傳府城。邊韶
逍遙忽得滄洲趣。間適終忘人世營。泉介
洗耳豈徒潁水僻。濯纓亦在藻江清。藤甫
對此風情更無限。月明石上坐吹笙。中山聊

（南海遺珠）

### 奉送家嚴之浪華刻南海遺珠三首限韻

其一　鼇山　中山　聊

服事平生謹諸趨。即今分手文房孤。
艤舟津口期潮汐。肆席江邊倚路隅。
別字形如冥雁列。彩毫麗似苑花敷。
可知今歳中秋霽。紙上玲瓏南海珠。

（鼇山遺稿）

# 城山先生を繞る門人の遺詠

城山先生見訪喜賦　笠三靈

不是廬山遠。滿城春雨深。
泥土勞傘屐。來慰釆薪心。
剡溪瓊雪霽。祇樹密雲陰。
景光雖不同。風流無古今。
下榻幽爐爐。論文淨塵襟。
辭氣與神志。盡狂古人林。
便似陶元亮。無復寬酒禁。
適以陽美物。敬薦吾所欽。
貧厨無一物。叵成緇衣忱。
以何且相贈。洋々流水音。

賀城山先生卜居　笠三靈

金門堪避世。何以厭喧囂。
未植先生柳。先移隱士瓢。
竹凌寒節綠。梅近陽春饒。
應見都人士。峨眉接九霄。

城山先生和予卜居韻見寄因步前韻酬之

辭當金玉且從橫。崐岳分來一片瑛。
握狂掌中兼德潤。移安坐右對顔清。
芟荆柞棘耽新著。講禮陳詩道後生。
欲報時投雖極慮。由來燕石巨爭明。

城山先生以梅花屋諸賢詩見示喜賦　笠三靈

城山逸士求神仙。東海曾遊三嶋天。
處々白雲留羽客。時々青雀致瑤篇。
滄溟萬里難傾蓋。壯志千年擬比肩。
深喜風塵履未脫。眞形是日此相傳。

奉壽城山先生四十　笠增戒

遊神姑射頂。垂迹漢城邊。
王壺春不老。知是市中仙。

送城山夫子遊崎陽　笠三靈

高山一曲知音難。崎港春光將欲彈。
興逐白雲飛宇宙。文隨流水涉波瀾。
赤關誰望猶龍氣。淸客或爲衰鳳嘆。
莫謾滄留瓊浦月。空教高丈秣秋蘭。

奉送城山先生遊崎陽　笠川德

乘桴乍向崎陽行。門下何人由也情。
小子惜離庵夕日。流鶯求友遂春城。
豈論車馬一朝事。堪樂簞瓢千古名。
此別縱非騎牛去。回頭紫氣馬關生。

同　笠寂業

栖栖常擬孔丘方。橋上即今傾別杯。
異日如裁歸歟句。南天好託雁鴻來。

同　笠一乘

仙郎浮筏破春烟。遠向崎陽逸興偏。
文献新傳西海外。聲名素徹仲尼賢。
論交青眼乾坤少。講道蒼天日月懸。
瓊浦風光雖可好。莫阢花月到經年。

同

肆席江邊傾別觴。春風吹送百花香。
知君懷璧元明皎。瓊浦春光好鬪光。

（南海遺珠より）

## 城山道人稿跋

荊山之璞卞和氏能知而發之荊璧之寶非加也而卞和氏之功見稱於世矣的場生之得此編於坊間豈不卞和氏之功乎況寥々之小册使聾盲遇之乎其不以覆酒甕者幾希矣今因生而發之生果有卞和氏之識乎將氣類之相應乎抑積土仭不能掩尺玉之光乎將夫子之靈自脫塵土而轉於淸波猶延平之劍乎生之捧而來示也余鞠躬而閲之其扁古今體二百五十九不敢爲多也今玆夫子歿後百有一年乃照寫之而頒同好者亦所以承夫子之靈而壯吾黨之志焉義者乙亥季秋余與二三子游讃訪夫子之遺蹤得覩其手書四勝詩而今此册不載也竊案此册蓋山先生之所輯錄而先生實爲中山氏之伯魚而夫子猶延齡二十二年乃知此册之外更有仲季之所輯而存者也庶與二三子又索之于荊之山哉盍王父所錄夫子行狀有前集十一册後集八册余菲才未及閲見夫子文章之盛也則此亦片玉而猶尤爲焜燿乎哉噫

昭和丁丑一月

後學　藤澤　章　謹誌

（内容見本）

## 城山道人稿　完結に就き急告

中山城山先生詩集

「城山道人稿」完結本（和裝五十三枚綴）壹卷。御希望の方は送料共六十錢添へて申込下さい、四月初旬御送本致します。

大阪市南區長堀橋筋一丁目五〇

泊園書院内

申込所　泊　園　誌　社

振替大阪一三八三九番

## 泊園會彙報

◎**常任理事會開催**。二月四日明誠舍に於て集會。十一年度未納會費を集金郵便を以て徵收依頼を爲す事。及び本會の基礎を强固ならしむる爲め終身會員の勸誘に努むる方法等を議了す。仍、石濱純太郎氏は本會庶務を辭任し、安達龜造氏代つて庶務を擔任することとなれり。

◎**終身會員推薦**。昭和九年本會創立以來同十一年末迄に、基本金參拾圓以上の寄附を受け終身會員に推薦せしは、左記六名なり。

金五拾圓也寄附　木下貞太郎氏
金參拾圓也〃　芦田源次郎氏
金參拾圓也〃　養田　嘉三氏
金參拾圓也〃　佐藤馬之亟氏
金參拾圓也〃　阿部　茂七氏
金參拾圓也〃　敎　仲次郎氏

◎**特別會員推薦**。理事長、福本元之助氏は昭和九年本會創立費金貳百圓也を釀出せられ爾來總會開催毎に援助を蒙りし事尠なからず、昭和十一年十二月更に基本金として金壹百圓を寄贈せられ昭和十二年一月同氏を特別會員に推薦せり。

## 同窓會及泊園誌社　事業の一斑

◆泊園同窓會報

○前年度殘高　金貳拾五圓參拾錢也
○泊園誌社前年度繰越金　金拾圓貳拾八錢
○昭和十年十月ヨリ同十一年九月迄ノ常費
壹七五口。　金貳百拾貳圓也
○同期間寄附金　拾口　金四拾五圓五拾錢也
○同期間泊園會補助金。　金貳百圓也
○黄坡先生ヨリ城山道人稿出版補助金　金貳百圓也
右收入計　金六百九拾參圓八錢也
○昭和十年十月ヨリ同十一年九月迄ノ
○香奠　三口。　金參拾圓也
○同期間泊園誌社へ支出
金貳百七拾四圓四拾錢也
右支出計　金參百四圓四拾錢也
差引合計金參百八拾八圓六拾八錢也
（昭和十一年九月末現在）

（幹　事）梅見春吉。　宮崎貞吉。　安達龜造。

◆泊園誌社報

◎收入　金貳百七拾四圓四拾錢也
◎支出　金貳百七拾四圓四拾錢也

（内譯）

| | | |
|---|---|---|
| 同窓會々員名簿 | 五〇〇部 | 三八、〇〇 |
| 會則ビラ | 一〇〇〇枚 | 一、五〇 |
| 泊園誌六回 | 六〇〇〇枚 | 一七〇、七〇 |
| 郵税通信費計 | 三四五〇ヶ | 五六、三五 |
| 振替用紙 | 四五〇枚 | 壹、參五 |
| 住所變更刷込 | 三〇口 | 六、五〇 |

（備考）昨年泊園誌社一ヶ年ノ經費豫算ハ四五〇圓ナリシモ本年ハ附錄城山道人稿ノ出版チ變セシ爲所要經費右ノ如シ。

泊園誌社

的場信太郎

本誌後援　**寄附金收受報告**（泊園同窓會）

一金拾　圓也　宮崎喜太郎氏

**同窓會常費報告**（一ヶ年金壹圓也）

一金貳　圓也　山下平太郎氏
一金貳　圓也　安良日將氏
一金壹　圓也　中村祥園氏
一金壹　圓也　岡本奇堂氏
一金壹　圓也　的場信太郎氏

通

**泊園書院の釋奠**

白川朋吉氏　豐田宇左衛門氏　豐田吉亮氏　筒井民次郎氏
笠井雪窓氏　宮崎喜太郎氏　平岩照次郎氏　平岩ヒロム氏
三浦德兵衛氏　神山眞龍氏　東門美津氏
櫻井雲洞氏　日野谷キクノ氏　宇田敬子氏
村田安穗氏　大貫民雄氏　天野みどり氏
森山忠知氏　眞子西洲氏　宮崎アイ氏
泰市力郎氏　岩代吉親氏　林寅治郎氏
不破太郎氏　的場信太郎氏　安達龜造氏
石濱純太郎氏

一金拾七圓貳拾九錢也　泊園同窓會殿
一金五圓也　松浦拾吉殿
一金參圓也　筒井民次郎殿
一金壹圓也　大西成古殿

# 泊園

昭和十二年五月五日印刷（隔月一回一日發行）
昭和十二年五月五日發行（非賣品）
編輯兼發行人　大阪市南區大寶寺町中之町二番地　的場信太郎
印刷所　大阪市西區新町南通五丁目　林泰進堂
發行所　大阪市南區長堀橋筋一丁目五〇（泊園書院内）　泊園誌社
振替大阪一三八三九（泊園書院）電南六八二七

## 漢學を修めよ

歷史は繰り返すと云ふ。一往返らざる歷史の進展は繰り返すのではない。同じ樣なる情態を繰り返すのであつて、同じ歷史を繰り返すのではあり得ない。若し又同じ歷史を繰り返して恬として省みないならば發展進步は何處にあらうか。昨日の我は今日の我でなく、昨日の世界は今日の世界でないのだから、同じ歷史は繰り返さるべき筈はない。同じ歷史と云ふは同じ樣なる歷史である。

同じ樣なる歷史を繰り返すのは、同じ樣なる人間が同じ樣なる場所に於て同じ樣なる事件を經歷するからである。然らば同じ樣なる過去の經驗によつて同じ樣なる現在未來に處すべきである。所謂溫古知新は是れである。

過去の經驗は智識である。智識の粹は學問である。同じ樣なる歷史に處すべき所以は學術以外にあるわけはない。學術を習ひ修めて溫古知新に資すべきである。溫古知新に資すべき學問は全部とは云はないが漢學に於て半ば以上を見出し得ると信ずる。

悠久三千年、絕えざる經驗智識を積み重ねた漢學は溫古知新の好材料ならざる筈はないのである。時勢を支配する西歐の學術は固より必要なる溫古知新の重要資料ではあるが、之を東洋に其儘の姿に於て施行して、如何なる長短あり、如何なる影響を惹起せるかは、詳かに東洋近世の學術に於て檢討せなければならない。漢學の智識に於てこそ再び之を溫古知新の材料とせねばならない。

世局の變轉は正に非常時を指示してゐる。東洋精神日本精神と口喧すしく論ずるも實は西歐の模倣に非るやを疑ふ。試みに問はう、彼等は果して東洋近世の學術を知るや否や。

非常時に興奮する徒は須らく謙虛にして東洋近世の學術に參商せよ。彼等が輕んずる所に於て恐らく餘師を看出すであらう。向學の少年は今措く、文武の職に在る人々よ、請う漢學を修めて溫古知新の餘師とせよ。時勢の推移は今こゝに漢學の智識を必須とするのだ。（大壼）

## 中山城山先生百年祭の記

石崎生

東畡先生の師事して以て泊園傳統を學を啓き給ひしは實に中山城山先生なり。今茲正に先生の壹百年忌に當る。茲に昭和十二年四月三日神武祭の佳節をトし國幣中社高津神社參集所に於て嚴かに百年祭式典を擧行。この日輕風快く衣袂を拂ふ春酣の好晴に、先生の德を偲び學を慕つて來り會する者、黃坡先生御夫妻を始め四十有七名、やがて定刻を過ぐる三時半、神さびたる奏樂の音とともに祭典に移る。當日の式次第は左の如し。

一、參列者着席
一、神職着席　此間奏樂
一、修祓
一、降神行事　此間奏樂　一同平伏
一、獻饌　此間奏樂
一、齋主祭文　玉串拜禮
一、祭主祭文　玉串拜禮

祭主藤澤黃坡先生祭文を奏せられたるに次ぎ笠井雪窓氏一絕を獻ぜらる。

一、參列者代表　玉串拜禮

來賓　白川朋吉氏外筒井民次郎氏、豐田宇左衛門氏、宮崎喜太郎氏等數氏玉串を捧ぐ。

一、昇神行事　此間奏樂　一同平伏
一、神職退出　此間奏樂

### 祭文

城山中山先生。以天保丁酉歿焉。至今茲昭和丁丑。方經一百祀。門生市之孫章。與二三子共謀。揭先生遺像于茲。陳先生之遺著于茲。而迎先生之靈于茲。以修祭儀。敢昭告曰。物先生。以叡達之資。唱復古之學。而一世之蒙乃掃矣。城山先生。以高明之資。述物子之說。而聖人之道始定矣。自物子歿而百年。三傳而有先生。自先生歿而百季。三傳而至章。喜茲偶合年序相當。古者孟軻氏之於孔子。四傳而私淑有方。我王父自幼童。奉杖屨于先生之堂。且受親炙之恩情。先考紹而張之。家兄以及章。枝根骨肉豈私淑之慶耳乎。且物子嘗以芙蓉白雪自擬。菅藤二子浪華於聳。而先生南海於起焉。南海有飯顆之山。稱讃岐不二。先生即是乎。我東南二子。又還之浪華。而爲葛嶺金剛之鬼鑰。章也雖培塿。亦頼也。竊謂宋儒以天理求道。而道爲學者之口實。歐人以推理究學。而學爲博士之墟塡。群賢在國。而俗日同遍。獨物子之學。炳如天日。在民安和。施世寧謐。章與二三子。亦從事此術。希以扶翼皇道。稗補天秩耳。先生其與我父祖。亦臨而質旃。

昭和十二年神祖祭日

泊園書院後學　章　謹白

儀祭嚴修滯りなく終れば司會者安達龜造氏起つて、これより記念講演に移るべき旨を述べ、先づ黃坡夫子は本年は城山先生歿後百年に相當するので茲に祭典を行うたのであるが本來なれば、この事は先生の故鄕讃岐の地に行うが至當かも知れぬが、この際むしろ學問のとかく因緣淺からぬ大阪に於て行ふのが或は意義あらんと考へたのである。自分としては曾祖父の御祭りと思つてゐる次第である旨御挨拶あり。次で石濱先生は「中山城山先生に就て」と題し世に餘り知られざる城山先生の御德を顯彰强調せられ、先づ先生の家柄より說き起して、「その先は中山準大臣に出で父祖に至つて農にして醫を兼ねられたる事、而して先生も亦菅甘谷先生の門下藤川東園先生に就きて醫を併せて蘐園復古の學を授けられ、儒にして醫を兼ねられたるが後年は儒を以て一家を成されたる事、又當時に著明なりし大阪の篠崎三島翁、筑紫の龜井氏等と親交ありし事、先生の嗣子龍山先生また聰明衆にすぐれたるものありて大に望を囑せられしに不幸その夭折せらるゝに逢ひて自ら天の不吊を知り退いて專ら著述を事とせられ此間藩主の恩に報ゆる所あらんとて全讃史を著はされその功によつて士分に列せられし事どもを語られ、轉じて先生の學風に關して、先生は非常に聰明なる方で著述によつて一端を窺ふに徂徠復古の學は勿論の事ながら、亦老莊及佛教を所謂諸子百家者流が議論の爲めの議論を爲し道を歪曲して愈物情に遠かるの類とは異なり、それぞれ其のまゝに理解せられたるものゝ如く、儒老佛皆相待つて眞の道を得るなりとせられ、國道あれば世諦的なる儒の道即天下を安じ人に長たるの敎を以て出で國道無ければ退て出世諦的なる佛の淸淨無礙なるところによるの信念を有せられしものゝ如くなるを語られ、更に先生の我國に對する認識の如何については、國にそれぞれ道あり、而して之は惟國を異にせるに過ぎずして本來道は一なるものなりとの意見を持たれたるが、之は物子の支那を宗とせし考よりして現今の日本の道即眞の道にして支那の孔子の道は之に合するものとして學ぶ考へ方に至るまでの中間を行くものとして見れば甚だ價値あるものなりと述べられ、次いで先生の著になる左氏傳撥亂[illegible]をして研究の餘地あらしめるものかと思ふと論ぜられ、更に先生が支那に於ける孔子、印度に於ける釋迦に對する日本の聖人は實に聖德太子なりとの說を立てられたるは卓見と謂ふべしと斷ぜらる、終りに先生に關して言ひ足らぬ點亦考へ誤れる事も多いと思ふが今日の機會に自分の所懷を述べた次第である」と結ばれたり。會衆一同今更の如く城山先生に對する認識を深くしたる事であつた。次で記念の催し詩吟に移り宮崎喜太郎氏紹介の下に闘西吟詩同好會の眞子氏。秦氏外數氏交々起つて城山先生の遺作を吟詠せられ、茲に泊園にとりて意義深き祭典を終了す。時に午後六時半なり。ついで有志二十數名は境內湯豆腐屋に於て盛宴を催せり。

尙當日高松藩主松平伯爵家より特に貸與せられたる御秘藏にかゝる城山先生の遺著に黄坡先生及的場氏所藏のもの等を併せて會衆の展觀に供せられた。左にその書目を錄す。

左氏傳撥亂、九經談、周禮內文、黃庭經、杜律集解（城山翁自筆跋文あり）古今儒家人物志、御龍子山中家々系、印譜、讃岐大日記、九州遊覽記、日東歷史略、全讃史、草虫吟、城山道人稿、鼇山遺稿、南海遺珠、

# 論語講義　黃坡先生述

**子夏問曰。巧笑倩兮。美目盼兮。素以爲絢兮。何謂也 子曰。繪事後素。曰。禮後乎。子曰起予者。商也始可與言詩已矣。**

**訓讀** 子夏問うて曰、巧笑倩たり、美目盼たり、素もつてあやをなす、絢とは何のいひぞや、子曰く、繪の事は素を後にす、曰く、禮は後か、子曰、予を起す者なり、商や始めて與に詩をいふべきのみ。

**解釋** 子夏が詩の句を誦して問ふには、巧笑（好即大好）笑の倩たる、美目の盼たる、美しい人が、素の白粉をつけて更にうるはしいといつたのは、いかなる意ですかといつた。この倩は口もと頰などの愛らしい形容であつて、盼は目の白黑の分明なうるはしい目の色であつて、ともに美人の容貌である。此美人のうるはしい面目があれば所謂質の美しいのであるから充分である筈を、素粉を施して更に文采を加へる要があるかと疑うた問と思はれる。この素以の一句も人事である、朱子は之を繪畫として說かれたのは誤解であらう夫子之に答へて**繪畫には先づ衆くの色もて畫いた後に素粉を其色の間に施して**文章をなすものであるのと同じだといはれたのであつて美人の白粉を得て美の益々彰かなのは、畫の素を施せば五采が愈々明かなのと同じであるといはれたから、子夏は、そこで人の性質の美なるものも禮を學んで後に立つ所あるのも之と同樣であると考へたから、**禮は後か**とまた御尋ねした。夫子は其推斷發明の識を悅ばれて、**予の意を起發せしめる**人であるとほめ更に　商は始めて與に詩を語るべき男だといはれた。詩は興發取義を要とするものである**商は子夏の名**である。

人の仁智孝弟の質のあるもの固より美であるが猶ほ禮を以て之が節分をせねばならぬ、智勇藝を文るに禮樂を以てして後に成人といひ得るといはれたのは此義である。

一篇の詩であるが、夫子は素絢を以て、後素に喩へられ、子夏は更に禮は後なるに喩へた、轉々運用する所これ專對の法であつて詩の敎である。後素を「素より後にす」とよむのはよくない。

此章は**禮の用を語られた**章であるから、また禮樂の部に屬するものである。

**子曰。夏禮吾能言之。杞不足徵也。殷禮吾能言之。宋不足徵也。文獻不足故也。足則吾能徵之矣。**

**訓讀** 子曰く、夏の禮は吾能く之を言へども、杞るしとするに足らず、殷の禮は吾よく之を言へども、宋、徵とするに足らず文献足らざるがゆゑなり、足らば則ち吾よく之を徵とせん

**解釋** 此章も**禮樂部**に屬し、孔子が**夏殷の禮を傳へない**わけを語られたのである。杞宋は周の諸侯の國名　杞は夏の子孫の國、宋は殷の子孫の國である。孔子の語は、吾は夏の禮を說くことは出來るが、其後裔である杞の國に之を實際に證するに足るものがないから信を傳へることが出來ぬ、殷の禮も同樣で宋の國に明かに傳つて居ないから、之を證するものがない、といふのは其國の文書とか、賢人とかの傳據がないからである、もし文献があれば吾は之に證據して其禮を傳へ得るのである。といはれた。**獻は賢と同義**である。

**子曰　禘自既灌而往者。吾不欲觀之矣。**

**訓讀** 子曰く。禘の既に灌してより而往はわれ之をみるを欲せず。

**解釋** 此章も**禮樂の部**に屬して、其、**觀る所の大局にある**ことを語られた章である。禘は王者の大祭の名で、天地を祭るのも、宗廟の大祭にも禘の名がある。周の成王康王が周公の周に大勳があつたことを追思せられて魯に命じて周公に禘祭することを許されたのである。**灌**とは祭の始めに鬱鬯の酒を地に灌いで神靈を迎へ降す禮であつて、其後に牲を献ずる禮、孰を薦める禮などが順次に行はれるのであつて、凡て祭には灌を重んずるのであつて、禘にあつては特に然りである。既に神を降して後は献薦の禮など煩細に入るのであつて、また觀るに足らぬ、といふ意味で、禘の既に灌してより後は之を觀るを欲せぬといはれたのである。

易の觀卦に「大觀在上」とある。又た「觀は盥して薦めず孚あつて顒若たり」とあつて馬融の注に、盥（即ち祼　灌に同じ）は爵を進め地に灌いで以て神を降す、此れ祭祀の盛なる時であつて神降つて、牲を薦めるに及んでは　其禮が簡略であつて、觀るに足らぬ、これは祭祀の盛なるは初めて灌して神を降す時に過ぎたるはない、故に孔子曰禘自既灌云々と此語を引いて居る。これは丁度此章と互に並べて說いてあるが穩當な說である　**物子の說に**孔子の禘に對するは其大なる所を觀るを欲せられ其小なる所を欲せられぬのである。**本を貴ばれる意**だといつてある。

思ふに祭祀の禮に於て現在我等の遭ふ場合にも彼樣に感ぜられることが多い。降神の際の如き眞に精神の靜まつた誠心の充實した心地を感じるが、献饌以下に入つては儀式めいて自ら崇高の意を失ひ易い樣である。これが此章の意である　**他に意味を求めるのは却つて穿鑿**の樣に思はれる。

古來、禮記禮運に「魯の禘郊は禮にあらず」とあるによつて　此章も非禮を譏られた語だと說き、或は魯が僖公を躋し昭穆を亂つて居るを譏られた章だと說く說などあるが、穩かでない。寧ろ江聲が公羊の宣公三年傳を引いて、禘は灌より盛なることはない、孔子之を觀て、意鬯し神怡し、既灌而往吾不欲觀といはれた、此れ歎美の言である」といつてあるのが章意を得て居るに近い。

**或問禘之說。子曰。不知也　知其說者之於天下也　其如示諸斯乎　指其掌**

**訓讀** ある人、禘の說を問ふ、子曰、知らず　其說を知る者の天下に於けるは、それこれをこゝに視るが如きかと、其掌を指す

**解釋** 此章も**禮樂の部**に屬し、**祭祀の重きことを語り又た其義の知り易くないことを說**かれたものである。或人が禘祭の意義を問うた、夫子答へて「**知らない**」と答へられた、これは祭祀の事、意義の深遠なるものであつて、或人の見及ぶ所でないから、**自ら知らず**といつて仕舞はれたのである。**然し語をつい**で、「其說を知れる人が天下に臨めば、之を治むることは恰も掌中の物を見るが如く、明白で且つ容易であらう」といはれた。**指其掌**は記事の文であつて、こゝにみる樣だといつて掌を指し示されたのである。本文の**示字は**睡と同字で即視字である。

**中庸**に、「郊社の禮は上帝に事へる所以、宗廟の禮は其先を祀る所以、郊社の禮と禘嘗の義に明なれば國を治むることは、これを掌に示すが如きか」といつてあるのと、此章と全く同一で、本に報い、遠を追ふの意が　此等の祭の精神である。而して又人倫の孝敬仁愛の本義である。故に天下を治むるのこと之を愛敬に發することを考へ悟らねばならぬ。我が國の上古より祭政一致の國体をなして遂に天壤窮りなきの國運を啓かれ、君民一体の精華を成せるもの全く此旨に合致してあるのである。世間にはたゞ形式や禮儀の上から祭政一致の意を說く人があるが、殆んど與に語るに足らぬのであつて、また或人の徒といふべきである。

## 東畡先生畫像自贊

面如削瓜　汝果吾乎
首如飛蓬　吾果汝乎
終古恭默　汝還愈吾

---

城山先生歿後。閱年一百。藤門諸子。祭其靈于高津祠。謹賦一絕。以代蘋藻之奠。

丁丑晩春　笠井　靜　拜手稽首

聖經自我物翁明。一洗世間汙濁清。
纔有藤門兩師起。源流相受賴先生。

---

**本誌後援寄附金收受報告**（泊園同窓會）

一金六　圓也　藤原忠一郎氏
一金五　圓也　[illegible]

**泊園同窓會常費收受報告**（十一年度）

一金壹　圓也　藤原忠一郎氏
一金壹　圓也　天野みどり氏
一金壹　圓也　櫻根孝之進氏
一金壹　圓也　川合孝太郎氏
一金壹　圓也　生谷卯兵衛氏
一金壹　圓也　[illegible]

## 泊誌

（顧問）黃坡　先生　（同人）石崎　太郎

昭和十二年五月五日（水曜日）　泊　園　第二十七號（三）

## 書籍談

川合孝太郎

唐宋八家文讀本孝異　二巻

中津ノ野本耕編輯、木活印刷、この木活は中井乾齋の孝經纂義など丶同じく、江戸の製刷司津田である。この書は沈選八家文を、各本集及び茅儒其他の選本と對校し、文字の異同を錄したもので、沈選八家を讀むには、參考すべき有益な本である。

これは僅に沈選八家を讀む參考書位のもので、取り立て丶言ふ程のものではないが、編者に就いて逸聞があるゆゑ、それを紹介して置く。

中津藩儒に野本程、字伯美、眞城と號する人があつた。山陽の門に在りしかど、年が山陽と匹敵する程ゆゑ　門人を以て視ず、客分の待遇を爲せし由、學は矢張り經濟を主とし何か改革を企て丶、人々に嫌はれしこともありし様子に聞く、この人の弟が即ち耕で、これは純粋に山陽の門人にて　能く出來る故山陽も望を囑せし由、見識及び性の磊落な點は兄に及ばざれど、非常な勉强家にて　夜は遲くまで、朝は早くより讀書する故、人々彼れは寢ねざるにやと疑ひし程にて、深夜讀書の聲絶へしより、寢ねしならんと襖を啓き見れば、猶豆を嚙みながら默讀し居りし由、一日山陽が、子は何が一等希望なりやと問ひしに、長生きが希望なり、長壽を得て有らゆる書物を讀みたしと答ふ、山陽因りて字を萬春と命ぜりと云ふ。

其後昌平學に入り、經餘、寮友數名と本書の編纂に從事せしが、其の内友人相繼いで離索し、本人も學を去りしが、稿本が本人の手元に存せしにより、漸次理正を加へ、十二年も經過して後上木せし由、本書の例言に見えたり。

この人不幸にして早世せり。後より見れば山陽に答へし長生き希望の一言が、讖をなした形になつたと、人々言ひ合せしと云ふ。

### 附　錄

前回の泊園雜誌を廣げた時、不圖城山印譜が目に附いた。其の内に鄒藩文辭博士中山鷹と云ふ印があつた。印刷の墨附きが薄くて、不明瞭ではあつたが、斯く讀まれた。この鄒の字は、支那風に擬したものであらう、我が國の學者は、よく地名を唐様に改作する。これは牛門派が一等盛んで、東藻會彛などに委しく見ゆる。山陽の耶馬溪屈智林なども同例である。文辭博士も多分擬製であらう、斯様な名稱が高松藩に有つたとも思はれない様だ。

次に復古正脈の印が見えた。これは昔し城山寐語を讀んだとき、卷首に押してあつたことを記臆する。印形が大分大きかつたと思ふ。雜誌に載りしは、すべて縮寫に係るならん。

下部に坊サンの印が三四顆見えた様に思ふあれは城山の部に紛れ込んだのであら。

## 城山先生記念展觀書籍記

大壺

追遠記念祭に展觀せられたる城山先生の遺書に就いて若干の覺書を記して置かう。精細なる調査をしたのではないが、何分にも容易に再閲し難いものであるから、記して以て他日の參考の資とする。

左氏傳撥亂　一冊

先生自筆稿本である、左氏家が公羊穀梁二家の後に出で其詳を以て二家の上に出でようとして穿鑿傅會してゐるから之が亂を撥して以て後覺を覺さんと試みたもの。天保三年の自序がある。經學に於ける先生の卓見を知るに足るものだが、精しく見る暇がなかつた。龜山先生の說が到る所に見られた。これは行狀には五冊とあるが今は一冊に合裝されてゐる。分卷はしてない。

日東歷史略　五冊

曾氏十八史略に擬して作られたもので、神武天皇から元和偃武に終る。卷首に附言として史論四種を附し先生の見識が伺はれる曰く、三國一歸論、本邦聖人辨、倭奴國名義考。自序は文政丁亥となつてゐる。行狀にこの書の名は見えてゐない。

全讚史　十二冊

分卷は七。文政戊子の自序が自筆である。是は紹介の要もなからう。

讚岐國大日記　一冊

これは先生の著でない。先生の校正があり自筆の跋がある。行狀に云ふ校正讚國舊乘一冊とはこれである。跋を見れば分る。

書讚岐大日記後

讚岐大日記、故岩清尾神主從五位下友安刑部藤原盛員所輯也、從大古至承應元年、其後、藩士矢野理介者續之、從承應二年、至享保四年、其文則侏離難讀、其事則有可證者也、讀者勿以文廢其事、城山逸士滕鷹記」とにかく多少先生の校正はあつても著述ではない。たゞ此書の續編は先生の撰述である。次がそれである。

續讚岐大日記　一冊

享保元年に始まり、天保八年大鹽平八郎の亂で終つてゐる。過半は先生の親筆で漸次書足して行かれたものである。大鹽の亂後二ケ月程で先生が歿せられるんだから此亂の記事の處は先づ先生の絶筆に近いものと云へる。讚岐に關する公事は勿論、異事奇聞を筆マメに書いてあるから、頗る考證に資するに足る。

御龍子　一冊

これは先生の大論策で得意の作だつたらしい、自撰の城山道人傳に「文化之初、作御龍子、獻之邦君、邦君不能用、蓋持獨智之慮、抑收斂之弊也、於是乎益知道之不行、而遂遊之思彌切矣」とあつて、先生の事蹟中に一期を劃する原因となる論著である丁寧に清書せる自筆本だから獻上本だらうか。

草蟲吟　一冊

先生自筆本で、和歌、詩、文を自撰抄錄したもので、誰かに獻じられたものだらう。

城山道人稿　二十三冊

表紙には城山先生稿となつてるが、後に裝釘の際誰かゞ題した丈である。先生の詩文集で、恐らく行狀の城山前集十一冊に當るものだらう。卷之一より九迄は詩、卷之十は賦、十一から二十三迄はそれぞれ序、紀事、記、傳、碑、論、辨、說、銘、贊、解雜文、書牘と分卷されてゐる。自筆の所もあるが種々の手で寫され、先生及び恐らく龜山先生の校正が施されてゐる。詩にも文にも朱の圈點があつて、一再選錄を作られたる事が知られる。的場菊堂君所藏本はその一つで、多分文の部は佚してゐるんだらう

周禮白文　四冊

杜律集解　三冊

共に先生の書入本。後者には先生の手跋を存してゐたが抄錄するを忘れた。

以上松平伯爵家藏本

中山家々系　一冊

これは池西村役場で現在蒐集されたる諸材料を贈られたので貴重な資料である。少し整理考證して置きたいと思つてゐる。

以上池西村役場藏本

黃庭經略注　一冊

これは既に泊園紙上で紹介した事がある。

以上黃坡先生藏本

印譜　一冊

これも泊園紙上で紹介されてゐる。

以上平岩照次郎氏藏本

九經談　四冊

書入本である。九經談を批判して物子を辨護した書入であるが、誰氏か判然しない。城山按の一條があるが果して全部が城山なりやを斷定し得ない。書入も轉寫でないかとの疑がある。然し所說と云ひ文体と云ひ確かに大家のものである。

以上豐田精吉氏藏本

九州遊覽之日記　一冊

城山先生手寫の本で後序を附せられてゐる

後序

爰有遊九州日記、取讀之使人無三月聚糧之勞而坐知數千里外、夫郭父以圖畫爲臥遊、予以此篇爲坐遊。豈不然邪

これは高橋平藏五峰と云ふ人の遊九州道之記を城山先生が天保三年秋八月に寫されたもので繪入りであるから珍である　一二ケ所先生の校語がある。

古今儒家人物志　一冊

中には古今諸家人物志と題して、書家部もあるから、儒家のみとし難いが、表題は先生の自筆である。先生未成の書であらう。所々に自筆の增補がしてあり、終りの拾遺の部は自筆で先生の學系に關係ある人々を著錄してある。人物志とは云ふがほんの人名錄程度のものである。拾遺の所は舊泊園紙創刊號に黃坡先生によつて紹介された事がある。

以上石濱純太郎藏本

城山道人稿　一冊

既に泊園紙にて紹介濟だし、又今回記念出版されたものである。上の城山道人稿の所で記した通り、是れは選本であるが。兩先生の選定を經てゐるんだから貴重である。

南海遺珠　下卷一冊

これも泊園紙で紹介濟である。上卷を探し出したい

龜山先生遺稿　四冊

東畡先生文集　八冊

紹介の要もあるまい。

以上的場信太郎氏藏本

一金五　圓也　松浦拾吉氏
一金參　圓也　足立千代氏
一金壹　圓也　勝田五郎氏

一金壹　圓也　仙波久榮氏
一金壹　圓也　鷲田又兵衞氏
一金壹　圓也　植野德太郎氏

一金壹　圓也　岩代吉一氏

泊園同窓會幹事　梅見春吉　安達龜造

園社

石濱純太郎　三原靜美
梅見春吉　岡本喜三

# 祭牧野藻洲文

藤澤黃坡

三月念四夜半。君谷之訃至。竭蹶來送其葬。敢僎蘋蘩而告其靈曰。君谷藤家之外姻而泊園之舊人。實我之表昆也。君谷之在塾也。余猶幼年。其將來東叙別泊園。余亦與侍於坐間。後余游學都下。屢叩其門。旣見其藐視諸老先生而所交亦當世之鳳麟。於是知其不爲章句之學而致意于斯文　其志在明道輔世經國安民。竊悅先人之志待君谷而大揚於中原。遂據早稻田大學又創東文化學院。邃期迴一世狂瀾。而泊園之書生來在都者。亦仰如泰山。嗚呼君谷而去將誰是攀。況ヒ說字談章之士猶多存而砭針當世扶翼　皐道之人則泯々焉。嗚呼哀哉。是不獨爲泊園嘆耳哉。

## 挽詩

双涙滂沱意黯然。新愁舊好幾纒綿。
斯人遂擁斯文逝。輦下春寒三月天。

# 宮崎貞吉君哀辭

嗚呼。天不弔。喪斯老。哀哉。嗚呼。我宮崎貞吉君於泊園同窓會爲幹事。於泊園會爲常任理事。泊園與君　所關爲深。且所期爲大矣。而君之逝世。何其急遽也。顧、泊園會之議初起也。衆說紛然。荏苒不決。君慨然自任創興之事。周旋不倦。終見其成。旣成。衆推君爲常任理事。君亦拮据經營。不知老之將臻。會基旣固。斯文之業。將就其緒而君忽焉不在。邈隔幽明。悲哉。嗚呼天絶斯文則已矣　不絶而何爲喪泊園之耆老。若夫有天所戒。則昭諸。臨葬哀痛。不知所云。哀哉。

昭和十二年三月廿三日

泊園會總代　福本元之助九拜

# 牧野藻洲先生年譜略

文久二年　十一月三十日　讃岐高松ニ生ル、父諱ハ唯吉、號ハ松村、高松藩儒者タリ、其先ハ九州ノ臼杵氏、戰國時代難ヲ避ケ讃岐ニ移ル後故有リ牧野氏ヲ冒ス、母諱ハ元。松井氏。故人ハ父母ノ次男タリ。

明治二年　八歳　自撰年譜稿（以下略シテ自譜稿ト云フ）ニ云フ「從家君家兄受句讀始讀大學章句」。

明治三年　九歳　自譜稿ニ云フ「仍受句讀、先是叔母適藤澤氏予因游其家且游且學句讀」

明治五年　十一歳　自譜稿ニ云フ「學于藤澤氏」

明治六年　十二歳　長兄古敏君病歿

明治七年　十三歳
八年　十四歳
九年　十五歳　自譜稿ニ云フ「從家君讀書」

九年　十五歳　自譜稿ニ云フ「代家君授讀童生」

明治十年　十六歳　自譜稿ニ云フ「十一月游大阪寓藤澤氏」

十一年　十七歳　同右ニ云フ「六月歸省助家君教授」

明治十一年　十七歳　「十一月再游大阪」

十二年　十八歳　「二月自大阪歸助家君教授」

十五年　廿一歳　娶志方氏、名ハ貞、

廿四年　卅歳　家君卒

廿六年　卅二歳　挈家徙東京。

廿七年　卅三歳　舊藩事蹟取調所取調員兼史談會幹事トナル。

廿九年　卅五歳　東京府立開成中學校教諭トナル。

卅一年　卅七歳　辭史談會幹事。

卅三年　卅九歳　文部省漢學科名ヲ廢止ノ反對運動ニ與ル。

卅九年　四十五歳　與松平康國氏謀創雜誌支那。月而廢。

四十年　四十歳　早稻田大學講師トナル。兼筆于日本新聞週報。

四十三年　四十九歳　漢文學會創立ニ與ル。

四十四年　五十歳　南北朝正閏論興ル。

大正元年　五十一歳　參大隈伯開國大勢史編纂事

大正四年　五十四歳　爲大隈伯東西文明調和之著考東洋文明。

大正六年　五十六歳　早稻田大學騷擾事件、與松平康國氏謝停高田天野而不諧。

大正十一年　六十一歳　創斯文學振興會、嗣改東洋文化學會、爲理事。

大正十二年　六十二歳　大東文化學院創學、秉筆于東洋文化。

大正十四年　六十四歳　辭大東文化學院教頭。

昭和四年　六十八歳　被囑託早大高等師範部長。

昭和十二年　七十六歳　三月二十四日午後九時四十七分病歿于東京市中野區江古田一丁目二二七四番地自宅。病名攝護腺肥大併發腎盂炎。

# 藻洲先生編著略次

傍註輯釋孝經定本（明治廿六年刊）
詩評類纂　明治廿九年　與齋藤坦藏氏同著
日華新辭典　明治四十年　與松平康國氏同著
墨子國字解　明治四十四年
莊子國字解　大正三年
戰國策國字解　大正六年
史記列傳國字解後半
講經新義　昭和二年
寧靜齋文存　默水居隨筆　昭和七年
模範漢文選　昭和七年
續講經新義　昭和九年
遺稿　維新傳疑史話、詩集等

# 故宮崎貞吉君略歴

明治四年三月二十四日　香川縣大川郡白鳥本町ニ生ル
二十年五月　大内郡引田尋常小學校授業生雇ヲ命ゼラル
同十月二十日　授業生ヲ命ゼラル
二十二年十月五日　任大内郡白鳥簡易小學校訓導
二十四年八月　任大内郡南野尋常小學校訓導
二十五年四月　任大内郡相生尋常小學校訓導
二十九年八月　任大阪府大阪市西天滿尋常小學校訓導
同　九月　泊園書院入門
三十八年三月　西天滿尋常小學校訓導退職
三十八年四月　私立修齊高等小學校教員囑託
三十九年四月　任大阪府立茨木中學校教諭
四十年二月　茨木中學校依願免本職
同　年　島田硝子會社入社大いに社運を隆盛ならしめ後監査役と爲りて斯界に重きをなせり

# 泊園會彙報

◎常任理事會。三月四日午後二時より明誠舍に於て開催（出席者福本理事長。石濱、豊田、佐藤、宮崎五氏）左記の件を決議す。

一、特別會員及終身會員の醵金は基本金として永久之を積立つる事。

一、會規附則の特別會員寄附金額百圓を五拾圓也に改むる事

一、現在特別會員三名。終身會員十二名。の寄附金五百六十圓に　會費の剩餘金九百四十圓を加へ合計金一千五百圓也を基本金として定期預金とする事。

一、終身會員加入勸誘の件　以上

◎特別會員推薦。左記一名を同會員に推薦す
金九拾圓也寄附　豊田助九郎氏

◎終身會員推薦。左記九名を同會員に推薦す
金參拾圓也寄附　豊田道夫氏
金參拾圓也同　豊田昌男氏
金參拾圓也同　豊田國三郎氏
金參拾圓也同　豊田實氏
金參拾圓也同　豊田省三氏
金參拾圓也同　豊田まち氏
金參拾圓也同　豊田順一氏
金參拾圓也同　豊田喜三次氏
金參拾圓也同　松浦拾吉氏

# 泊園書院記事及消息

◎宮崎貞吉氏。三月二十一日急性肺炎にて逝去さる。享年六十七歳。

◎牧野謙次郎氏。三月二十三日東京市江古田の自邸に於て逝去さる。享年七十四歳。

◎城山先生百年祭。四月三日高津神社に於て擧行。（詳細別項記載）

◎四月三日。泊園叢書第一冊、城山道人稿を完成頒布す。

◎士師神社に於ける釋奠。五月二日道明寺天神境内孔子廟に於て擧行さる。

◎泊園書院の展墓。五月九日午前九時舍利寺菅甘谷先生御墓所。午前十一時齡延寺藤澤三先生御墓所に於て行はる。

## 泊園書院日課表

| | 月 | 火 | 水 | 木 | 金 | 土 | 日 |
|---|---|---|---|---|---|---|---|
| 午前六時半七時半 | 詩經 | 莊子 | 詩經 | 莊子 | 詩經 | 古詩評註讀本 | 第一、第三、午前七時ヨリ 詩經 |
| 午前九時十時 | | 蘇黃題跋 詠物詩選 | | 蘇黃題跋 詠物詩選 | | | |
| 午後二時五時 | | 陶靖節集 左傳 | | 陶靖節集 左傳 | | | 毎月一日 第二四五日曜 祭日 休講 |
| 午後七時九時 | | 續文章軌範 | | 續文章軌範 | 書經 說文（石濱先生） | | |

# 中山城山先生百年祭參拜者芳名

藤澤黃坡先生御夫妻　中川魚梁氏
白川朋吉氏　笠井雪窓氏
村上吉五郎氏　源元公子氏　松浦拾吉氏
佐藤寬九郎氏　喜多島鮮象氏　中村祥園氏　森下代氏
杉邦信義氏　根岸靄朋氏　五條秀麿氏
早川青汀氏　生島市三氏　渡邊和子氏
三宅太郎氏　廣田虎三氏　坂田豊氏
大西成古氏　金戸守氏　岡本寄堂氏
桑山惠知氏　秦市五郎氏　石崎太郎氏

# 城山先生祭典寄附者芳名

一南岳先生詩碑略解五十冊　豊田宇左衛門殿
一金貳拾圓也　泊園會殿
一金拾七圓貳拾五錢也　泊園同窓會殿

昭和十二年七月一日（木曜日）　泊園　第二十八號（一）

# 泊園

昭和十二年七月一日印刷（隔月一回一日發行）
昭和十二年七月一日發行　―（非賣品）―
編輯兼發行人　大阪市南區大寶寺町中之町二番地　的場信太郎
印刷人　大阪市西區新町南通五丁目　林泰進堂
發行所　大阪市南區長堀橋筋一丁目五〇（泊園書院内）泊園誌社
振替大阪一三八三九（泊園書院）電南六八二七

一金五圓也　寺井種臣氏

一金壹圓也　櫻根孝之進氏

一金貳圓也　殿水快順氏

誌社

石濱純太郎　三原靜美

梅見春吉　岡本喜三

梅見春吉

安達龜造

## 泊園誌より訴ふ

日本精神の作興と云ふ聲に、東洋精神の檢討と云ふ聲に、漢學復活と叫び出されて何年か經過したらう。屈指數年果してどれだけの復活が行はれたらうか。幾部かの古書が再刊され何部かの漢學の顏をした新著が世に出されたに過ぎないではないか。世潮に乘じ、時風に飄ふだけの學問はいつの代でもこんなものである。

時勢に應じ、世態に適する事は何も惡いのではない。通經致用の功は學問の眞價であるべきだ。但だ世間の笛に踊り、人の尻馬にばかり乘りたがるのは最もいけない。自ら持する所ある學問は、道あれば來りて人の之を取るあり、道無ければ人の棄てゝ顧みないでも、學問自身は駸々として進んで、必ずや世用となるものなんだ。機來れりと周章狼狽して焦せり、時去れりと悄然悲觀して嘆く必要は更に無い。悠然として自若たりである。

我が泊園誌は眇然たる一小誌に過ぎないが其の取る態度はさうありたいと思つてゐる。だから漢學復興の機至れりとて別に周章てもしないし、思ふ樣に行かないといつても別にトイキも吐かない。たゞ一意專心漢學昌明の目的の爲めに貧弱乍ら進んでゐるのみだ。齒がゆいと鞭撻も食つたし、氣が利かぬ、亡びるぞと忠告も受けたが、我等は我等の分相應だけには働いてゐる。其效果も確にあつたと自信してゐる。

そんな事共を自慢をしたくもない。それにしても貧弱なる事は申す迄もなく貧弱である鞭撻されなくても忠告されなくとも分りきつてゐるのである。たゞこの貧弱さで何時までも續けて行くのは同人として實はなさけない。なさけなくとも我等の熱意は之を解消して彊めて息まざる次第である。我等は熱意だけで事に從つてゐるのでなく、我等の分に應ずべきを堅く守つてゐる。斯學陵夷の時代に四面利に趨るの土地に、この旗幟を屹立せしめてゐる泊園誌に天命あらずと誰が云ふぞ。泊園同窓會、泊園會は本誌に對し從來多大の後援を賜はつてゐる事は感謝の外ない。兩者の後援あらずんば事業の進行は難しい。將來の輔助をも切望するが、尙ほ一歩進んで指導後援をして貰ひたい。たゞに本誌の爲めではない。蓋し斯道の爲めであるからだ。

泊園同窓會と泊園會は本誌と眞に唇齒輔車の關係に立つてゐる。兩會の會員諸兄はこの事を自覺し深慮してほしい、さうして時世の風潮の外に屹然自立せる我が漢學の態度を明確に認識して、兩會の目的に適合せしめる樣に指教聲援せられたい。我等は何もたゞ我等の目的のみに邁進してゐるのでない、三者の期する所は一であるからである。（白水生）

聖勅奉讀式作（南岳先生）

## 浪華儒林傳雜考

大壺

中江岷山の事蹟は先哲叢談後編卷四に出てゐる。隨つて漢學者傳記集成にも譯載されてゐる。然してこれは大體伊藤東涯作る所の墓誌によつたものらしい。東涯の文集にも出てゐるらしいが余は未だ之を檢してゐない。大阪訪碑錄に墓誌は出てゐるが、享年七十一となつてゐる。東涯文集の墓誌に根據すると思はるゝ叢談以下殆んど全ての書物には享年七十二になつてゐる。これは果して訪碑錄の誤植なんだらうか。或は文集の方の誤記でないだらうか。一心寺の墓を調査して見る必要があらうと思ふ。かういふ誤謬は却て文集の方に存し易いと思ふからである。尙ほ浪華人物誌にも日本古學派の哲學にも大體墓誌による傳が出てゐる。たゞ石田誠太郎氏の大阪人物誌卷三には碑文をも附錄してあるが、此の碑文は大阪訪碑錄に錄する所とは數字の異同がある。享年は七十二と出てゐる。二の字の爲め計りでなく、實地調査の必要を感ずる。

碑文に在る理氣辨は刊本は理氣辨論と題されてゐる。今は日本儒林叢書第四冊論辨部に收錄されてゐて見易い。四書辨論は未見であるが、其の序文は理氣辨論の後に附せられてゐる。儒林叢書の解題では尙ほ擬叢辨と云ふ著が擧げてゐるが固りその存否を知らない。因にこの解題に理氣辨論を四十五歲の著としてゐるのは略傳に享年を六十二歲と誤つたから又誤算したのである。

一井鳳梧の傳は浪華人物誌、大阪人物誌に出てゐるが、後者には墓誌が附錄されてゐるので、共に墓誌に據つた事が分る。只妾の事は何によれるや未だ之を詳にしない。大阪名家著述目錄の起す所も固り墓誌によつてゐるその墓は今日佚したらしく木村篤處翁は之を搜して得なかつたと云ふ。著書の鳳梧論說は終に刊行されなかつたか享保以後大阪出版書籍目錄には見えない。

浪華儒林傳中に傳したい人に義端上人と旭千里がある　共に蘐園派中の人であるから是非其詳を知りたいがよく分らない。故木村篤處翁は義端の學系から出で調査もして居られたらしいが、委細を拜聽しない内に物故せられ遺憾此上もない。余は義端、千里の遺文に注意して多少を知るを得たので、得た事だけは今夏「尙文」第四號に載せて置いた。も少し分れば傳したい。

## 說詩樂趣（13）

效尤生

一層を進むるの妙も、古來佳話が少くない。隋の薛道衡が南方に客寓して居る時に人日（正月七日）の詩を賦して

入ㇾ春纔七日。離ㇾ家已二年。

と詠じた處、南方の人士が之を嗤つて「是れなんの言ぞ、誰が此虜が詩をよくするといふぞ」とそしつた。次に

人歸落雁後。思發在二花前一。

といふに及び、乃喜で「名下に虛なし」（名はむなしくたゝぬ）とほめたといふ。こゝに道衡二年の嘆といふ熟語を殘した、は有名である。

趙德が

冥々細雨不ㇾ成ㇾ泥

の句を詠じた處、參寥評して「冥々の雨は却て是れ泥を作すものである、霏々といふに若かず」と、用字の法を悟るべきである。

劉貢父の自二館中一出知二曹州一作に

璧門金闕倚ㇾ天開。五見宮花落二石槐一。明日扁舟滄海去。却將二雲氣一望二蓬萊一。

宮闕に仕へて五年、今去つて地方官となる、明日海上の扁舟より却つて雲氣を望みて蓬萊を思ふ」の意、即ち蓬萊は海上の仙山である今海上より宮居を望むによつて却の字を用ひて居る。しかる處此詩もとは却將雲表とあつたのを、王荆公改めて雲氣とさせたのである一字の師である。

王中が召されて館中に至り、試罷みて、一絕を作り壁に題せる詩

古木森々白玉堂。長年來ㇾ此試二文章一。日斜奏ㇾ賦長楊罷。閒拂二塵埃一看二畫墻一。

（長楊は宮の名）

第三句は、漢の司馬相如が長楊賦を武帝に奉つた故事によつて、今試策の終つて心靜かに墻壁の古畫を見るといふ意であるが。これも原作は日斜奏罷長楊賦とあつたのを、王荆公が改めしめたのである。亦錬句の法を知るべきである。

（泊園附錄二頁添附）

# 論語講義　黃波先生述

**祭如レ在。祭レ神如二神在一。子曰。吾不レ與レ祭。如レ不レ祭。**

**訓讀**　祭ること在すが如くすと、神を祭ること神の在すが如くするなり。子曰く、われ祭に與からざれば、祭らざるが如しと。

**解釋**　此章は禮樂の部に屬し、**祭の誠敬を尊ぶことを語られた**ものである。徂徠物先生の解に祭如祭は古の**禮經の文**であつて、祭神如神在は之を解釋したる語であつて、下に孔子の語を以て證としたものと說かれた、こゝに於て此章の意義が明白になつたのである。程子は祭は先祖を祭ること、祭神は外神を祭ると別けて居るが、窮した解といふべきである。

右の如くに說けば殆んど解を須いぬ程であるが、猶簡單に述べて見れば、古經に神を祭るには、神が實に其所に來り在すが如くに感じるといつてあるが、孔子も嘗つて曰つて居られたのに、吾れ或時に外に居るか又は病かといふ如き事故あつて、親ら祭に與からずして、他の人に代つて祭らす如きことのあつた場合は、自然に敬肅の念を催さぬから、祭らなかつた樣に思ふ、とつまり**心に誠敬を致さねば祭りの感がない**　祭思レ敬とあるわけである。**如在**の二字は實に祭祀の要處を說いた語であつて、よく翫味したならば自ら悟る所があるであらう。

**王孫賈問曰。與三其媚二於奧一。寧媚二於竈一。何謂也。子曰。不レ然。獲二罪於天一。無レ所レ禱也。**

**訓讀**　王孫賈問うて曰、其の奧にこびんよりは、むしろ竈に媚びよとは何の謂ひぞや。子曰く、然らず罪を天に獲れば、禱る所なしと。

**解釋**　志氣の部に屬し、**人君を以て天とするの意**を示された章である。王孫賈といふ衛**の大夫**が、孔子の衛に往かれた時に、孔子に問うて曰ふに、諺に與其媚於奧寧媚於竈と謂ふのはいかなる意ですかと。**奧**とは室の西南隅であつて、中靈の神を祭る即ち**室神の位地**である。竈は飲食を造る處であつて其神をも五祀の一として祭るのである。そこで此諺は、竈神に媚びて福を求めるよりは、室奧の神に媚びるがよい」といふ意である。王孫賈が之を引いて孔子に問うたのは、君の意に遇せられやうとするならばむしろ權臣に事へるが捷徑である。衛侯に容れらるゝを望むならば先づ自分に親附するがよいではないかと孔子を諷したのである。孔子之に答へて、否。さにあらず、**天帝に罪を得るならば他の諸神に禱るも甲斐がない**。天は百神の首であるから天帝の罪する所は他の群神も救ふことは出來ない。此意は彼の福を神に求めることを例としたに因み孔子は君を天に比して答へられたのであつて、人君を第一とすべきであるといふ意を示された、其詞は簡單であるが其意は嚴厲である。

以上は大體朱子の解によつて說いたのであるが、朱子が天を以て理なりと說かれたのは當らぬ、これは奧竈の兩つが神であるから、天も矢張神として擧げられたものたること疑ふ餘地はない。さて此王孫賈といふ人が、左傳定公八年に鄟澤の盟に靈公を相けて、晉の無禮を責めて晉人をして盟を改めんことを請はしめた事實もあり、又孔子も王孫賈の軍旅を治める功のあることを賞めて居られるのを以て見れば此人は權を貪り又は孔子をして自己によらしめやうとする樣な人物ではあるまいといふので次の樣に解く說がある。一は論語**知言**の解であつて、王孫賈は蓋し强直な人で當途に容れられぬ、孔子は獨り己を知つて居られる故に諺を擧げて問うて、其不遇を訴へたのである、孔子の答も、賈の命に舍て渝らぬことを望まれたものだといふのである。此人は王孫賈を孔子の門人として說いて居る。今一つは會箋に引いて居る羅整庵の說であつて其說には孔子の南子に見えられたのを子路は疑うて居るが、獨り子路のみではない、王孫賈も疑うて居る、媚奧の諷は、殆んど南子を指して言うたものであるといふのであつて、奧は室の深隱の地であるから南子に喩え竈は明處で、朝廷の上に合ふを求むるにしかぬの意だと川添氏は述べて居るのである。この二つは、別說として存してよいと思ふ。

**子曰　周監二於二代一　郁々乎文哉。吾從レ周。**

**訓讀**　子曰く。周は二代に監みて、郁々乎として文なるかな、われは周に從はん。

**解釋**　周は夏殷二代の制度の得失を監み戒めとして、各々取捨折衷して其弊を革めたによつて其の制度愈々詳密である、郁々として文の盛なるものだと、**周の禮の備つて居ることを賞められた**章であつて、**禮樂の部**に屬する。

**子入二太廟一。每レ事問。或曰。孰謂二鄹人之子知一レ禮乎。入二太廟一每レ事問。子聞レ之曰。是禮也**

**訓讀**　子、太廟に入つて事ごとに問ふ、或人曰く、たれか鄹人の子を禮を知ると謂ふか、太廟に入つて事ごとに問へりと。子之を聞いて曰く、これ禮なりと。

**解釋**　これは**孔子の動くには必ず禮を以てせらるゝ**ことを記した章であつて、**禮樂の部**に入るものである。**太廟**とは魯の周公の廟であつて、孔子の魯に仕へて居らるゝ時、魯が周公を祭つた折に孔子が其祭を手傳はれ、其際に每事みな他の舊臣先輩に問はれたのである。これは魯の廟祭にはまた魯としての恒例もあり、しきたりもあり。固り舊禮にのみ準據するとは限らぬ。しかも最も尊重の處、失誤などあつては不敬に陷るから、最も愼重なるべき故である。或人が之をきゝ。孰れが、かの鄹邑の大夫叔梁紇の子たる孔某を禮を知つて居るといふのか、今太廟に入つて事每に問ふて居る　何も知らぬでないかと誹つた。**鄹人の子**とは孔子を輕じた言葉である。此時代に孔子が禮に審かであるといふ評判であつたのである。孔子は此誹りを聞かれて、**これが禮である**といはれた　即ち太廟に入るの禮であるのを或人は知らずして誹つたのである是禮也の一語、或人をして啞然たらしめたであらうと思ふ。

**是禮也**といはれたのは古に此禮があつたのであらう、朱子は敬愼の至りが即ち禮たるわけだといはれて居るが　それではたゞ空に理由づけたことになつて、しからば一面之を强辨といふことも出來る。それに孔子の語意ではない。

**子曰　射不レ主レ皮。爲二力不一レ同レ科。古之道也。**

**訓讀**　子曰く、射は皮を主とせず、力をなすに科を同うせざるは、古の道なり。

**解釋**　**古今の異なるを歎ぜられた章**であつて、時命に關する部類に屬する　主皮といふは、古の射には侯といふ的を設け、其中央に鵠といふ處には**熊羆虎豹の皮**を張るので、皮を主とせずとは、こゝに中てるのを主眼とせぬ意である　**馬融**の註に、射に五善ある。一に**和**といふ、志體の和するなり　二に容といふ、容儀あるなり　三に**主皮**といふ、よく質に中つるなり、四に**和頌**といふ、雅頌に合ふなり、五に**興武**といふ、舞と同じきなり　射る者但だ皮に中てるを以て善しとせぬまた兼て和　容を取るなりと解いてあるので明である。

**爲力**は馬註に力役の事をなすなり、また上中下あつて三科を設くるなり、故に科を同じうせずといへり。と說いてある。民を役に使用する時　其人の體力身幹によつて等を設け其力の堪へる事をさせたのである。

右の二條が古に行はれた道だといふので、**古之道也**といはれたものであつて　今日は射はたゞ巧中を尊び、力役は等しく功を課して古の樣な、妙用がなくなつたと嘆ぜられたのである。朱子は射は皮を主とせざるは力の科を同じうせざるがためなり、古の道なりと說いてあるが、語意を失うて居ると思はれる。

（第二十一講）

## 何有吟社初集席上聯句

祠前初會意怱通　村田曉風
何有席上氣殊雄。　秀野甘泉
花信頻催荒陵東、　村田曉風
春在騷人詩句中。　秀野甘泉
言志豈論拙與工。　梅見有香
詩面乘興々無窮　杉郁壺山
三杯傾去對春風、　梅見有香
半醉半醒樂融々。　杉郁壺山
廟堂幸有氣吐虹。　北岡香山
詩聖歌仙亦錄功。　同　人

### 同席上醉題

　　　　　　　　有香　梅見　春
一日開筵二葉亭。　三杯題句四方屛。
五人相和六間室。　七八九分傾十瓶。

城山道人の百年祭にその
詩篇を閱觀して　早川　自照
百とせの後にかがやく言たまの
あますひかりをあふがばや

泊園書院記事

○暑中休暇　八月一日ヨリ八月卅一日迄

昭和十二年七月一日（木曜日）　泊園　第二十八號　（三）

○暑中休暇　八月一日ヨリ八月卅一日迄

## 城山先生に就いて

石濱純太郎

この追遠記念祭の席上で城山先生のお話をせよと、黃坡先生から命ぜられました事は、誠に幸榮の至りであります。然しお受けは致しましたものゝ、從來私は城山先生に就いては餘り多くを知つて居りませんでした。所が丁度一週間程前に舊高松藩主松平家から黃坡先生の許へ記念展觀の爲めに城山先生の原稿本數部をお貸下げになつたので、先生から早速之を見よとお知らせがあつて、之を拜見して大變に喜びました。何分にも早急な事で短い時日の間に一閱したばかりで研究と云ふ所迄は至りませんので、固り潛德を發揚するなどとは到底申されません。

偖て、城山先生の傳記は泊園書院關係の方々には周知の事でありませう。先づ東畡先生の書かれました行狀、墓銘、それに高橋莉の書いた墓碑銘などは御承知でありませう。それに城山先生自身で撰せられた自叙傳が二つもある事が今度分りました。それ等を參考して概略を述べます。御先祖は花山右大臣藤原忠宗公から出て居ります。忠宗公の次男忠親公は後鳥羽院に寵愛され邸を中山に賜はり、內大臣となり、子孫は世々堀河に住しましたが、これが中山氏となる因緣であります。その後十三世が孝親で準大臣であります。其子二人親綱教親は双生子であつたので家督爭ひが起り、教親は天正十一年讃岐へ流され山田郡田中へ來り、慶長八年に香東郡由佐の高洲へ移りました。傳兵衛、六兵衛、四郎兵衛、茂三郎と相傳へて、新田の開拓をして家產頗る興りました。茂三郎の弟文四郎は力が强く俠氣のあつた人で、その爲め家も衰へ、又事があつて遂に士籍を脫しました。其子四郎右衛門は「政治に關せずして仁道を行ふは醫者のみであるから」とて醫者になり、大和の淮隆穆に學びました處、見込まれて後を受けましたが、鄕里の老親の事を思ふて、淮の子が長ずると家を返して故鄕に歸り醫を業としました。その子玄柳之をつぎ勤勉家を起し、中年に横井村に移りました。玄柳の子が城山先生であります。

城山先生は寶曆十三年二月二十四日に生れました。父が鷹が屋根の上へ集つて來た夢を見て出來た子だと云ふので、又後年鷹の古畫を得た時藩へ召出されたので、名は鷹、字は伯鷹であります。その以前には愉、字は子恬と申して居りました。晚年は聖が名であります。城山は鄕里の城山をとつて號としたのですが、寬政十一年秋に家老の邸で三谷先生から天神樣に肖る樣に之を號にしろと賜はつたのであります。それ以前は多分獨樂齋とか松梅道人とか云つてゐた樣であります。幼い時から藤川東園先生に就いて學びました。東園先生の父は讃州大內郡東山の東園から出た人で、大阪の吉田氏の養子でありましたので、東園の號は出所を取つてゐるのであります。東園先生は大阪で徂徠門人の菅甘谷先生に學びましたが、後醫を業としました。父が死んでから讃岐へ歸つて藤川家へ養子となりました。東園先生は醫を業としましたが、徂徠學をも傳授しました。城山先生も醫術を習ひましたが、徂徠學に非常に興味を持つて勉强しました。だから後には儒が本業で醫が副業となります。城山先生は醫と儒を學んだ計りでありません。菊地高洲が先生を許して、經術文章は畏るべきものだが、國學は修めてゐないのが遺憾だと云つたのを聞いて、發憤して渡邊葆光に就いて國學をも勉强しました。その博學は漸く名高くなつて、寬政十年の末には家老大久保氏の奧方の教授を仰付られ、高松の方へ出る事となりました。所が間もなく奧方が亡くなられたので、お姬樣の御教授を仰付かりましたが、これも間もなく御緣付になられて用事がない。大久保家老がかく召出されたのは大に用ゐる氣があつたからでせうが、家老と藩主との間に合はない事もあり、從つて城山先生も大ゐに用ゐられるわけにも行かなくなつたらしい。さうなると御用のないのに御扶知を頂いてゐるのは屑くないとて絕つて扶知を斷り、塾を開いて子弟に教授する事となりました。馬町、福田町などに住みましたが、長子龜山先生も既に之を助け教へて非常に有名になりました。其內に奧樣を亡はれましたので、後を龜山先生に任せて隱居をせられました。隱居は表向きで、實は高松なんどで老ひ朽ちたくなく、大に中央へ出て見たい氣があるのでした。そこで諸方の豪傑と廣く交際を求め樣と度々諸方へ旅行を致しました。大阪では篠崎三島小竹父子、牟禮葛陂、春田横塘などに會ひました。三島は甘谷門人でありますし、横塘は甘谷先生門の義端上人の門下で、自身は甘谷先生門の東園門下でありますから、同臭で大に仲好くなりました。尤も横塘とは後に新井白石の詩論から意見が合はず、疏遠になつた樣です。京都では朝倉荆山、皆川淇園などを訪ねた樣でありますが、殊に坊城清岡などの公卿學者に優遇されました。尤も淇園とは說が合はず、よく云はない樣です。中國から長崎迄も足を伸ばし龜井南冥一家とは親交があります。河內の慈雲尊者とも交りました。所が五十三歲の文化十二年に龜山先生が歿せられたので、大に悲觀して塾を閉ぢ、横井村に歸り、以後は著述に從事しました。殊に讃州を行脚して全讃史十二冊を編纂して藩公に上りましたので、藩は先生を士分に取立てました。天保七年には大阪へ參りましたが、篠崎氏梅花書屋は衰へてゐましたが、我泊園書院が盛んでありました。書院に滯在して、甘谷先生の墓を展して歸られ、翌八年四月二十三日に歿せられました。享年七十五。墓は御鄕里にあります。次男の敦教は先生が家を讓られた弟の元義の後取りとなりました。其後の事は詳しく知りませんが、御家は續いてゐる樣であります。

先生の著述は澤山あつて行狀にも詳しく出てゐますが、日東歷史略などは出てゐません樣で、原稿本は大部分松平家に保存されてゐる樣ですから、いつか詳しく存否異同を調査して置きたいものです。何分にも流傳してゐるものが少いので、殆んど世に知れてゐません。本日を記念の城山道人稿は選本でありますが、黃坡先生の御蔭で出版されたのは誠に結構な事と存じます。

先生の門人には但馬來山、神崎晉浦など知名の人も多くありますが、出藍の俊才は固り我が東畡先生でありました。城山先生も庇蔭至らざるなく、お蔭を以て我が泊園學が出生したのであります。

先生の學術は重要なる著述を殆んど見ては居りませんので、申上るのも口に難るのでありますが、ほんの一斑で全豹を推すのであります。勿論醫學の方は分りません。

先生の學問の根本は固り徂徠學でありまして、其點は明白でありますが、それも墨守するのみではありません。だから道の理解は堅く徂徠說に據られますが推衍に當つては肯て讓られる事はありません。先生は博覽多識の上に非常に聰明でありますから、儒學以外の學問でも、それぞれの意味をそれぞれの立場の上で明確に把握理解してゐられました。殊に老莊の道術、釋氏の教法を好まれて、深く考へて居られます。又此等を妥協的に儒家に牽合もせしめず、又異端的に排擊もせられず皆相待つものと考へられた樣であります。儒家の道は天下を安んずるの道であり、釋氏の教は清淨無碍で世諦の外に在る。だから儒佛の目的とする所は異なるので、相排すべきものでない。學者は國に道ありて志を得れば天下を安んずべきで、國に道無き時は退いて清淨無碍の教に從つていゝわけである。天下を安んずるの道は、常に無欲で能く物の性に隨へばいゝので、古先聖王の治道もこれに外ならない。物理を剖析し、物性を撓戾して、已れの好みに從ふのみであると、例へ高妙なる理論であつても却て物情に遠ざかる事となる。諸子百家がこれである。道の眞意を傳へた者は老子だが、後世は之を謬つて虛無自處孟浪自好を以て其意とする。道は無爲だが爲さゞる無い。古先聖王制作の道も無爲だが無不爲であるのだ。こんな調子であります。どうも先生は表は儒で、裏又は奧は老佛風に考へられた樣で、自分は世に用ゐられないから、儒であつても特に道人だの眞逸だのと高士を以て任じてゐられました。宋儒の理學を排せられたのは儒の表の道でないからで、理學的な哲學的な考では是は老佛だからと老佛に奧に溯つて其意を得られた　そう云ふ儒の奧は易であるが詳かでないとしてゐたらしい然らば我國の道はどう考へられたのかと云へば、支那、印度、日本、皆同じ道の途を殊にしたもので、皆聖人が神道を以て教を設けられて風土の差あるのみで、其致は一である。支那の鬼神、印度の佛、我が神は歸を一にしてゐる。果して然らば我國の禮樂刑政を制作せられたる聖德太子は我國の聖人であるとの論を發せられました。これ等の考へは我が東畡先生に至つて和漢辨となり原聖志となつて一步を進めて泊園學の起る所以となつたと思ひます。

（以下四面へ續く）

### 日課表

| 火 | 水 |
| --- | --- |
| 莊子 | 詩經 |
| 蘇黃題跋 詠物詩選 | |
| 陶靖節集 東畡先生文集 | |
| 續文章軌範 | |

| 土 | 日 |
| --- | --- |
| 古詩 評註讀本 | 第一、第三、午前七時ヨリ 詩經 |
| | 毎月一日 第二四五日曜 休講 |

（三面『城山先生に就いて』の續き）

丁度先生の說は物子が支那を宗とした考へから、泊園說の日本の道が眞の道で、支那の孔子の道が之に合するから之を學ぶと云ふ考へ方に至る中間の考へ方と見られるので、此點非常に價値があると信じます。

尙ほ經學上に於て面白いのは左氏撥亂であります。先生が云ふには春秋三傳中では公羊傳が最初に起つた。次に穀梁傳が出て、最後に左傳が出たが、左傳は二傳の後であるから之に勝たんが爲めに左傳家は切りに凡例の解釋に幾通りもの解釋を施すに至つたものであると、左傳家に對する批判を行つて居りますまだ經學上の今古文の分別批判と云ふ根本的な考へ方迄に行つてゐませんが、當時としては卓拔なる見識と云つていゝでせう。尙ほ易詩書の考がある樣ですから、それ等も是非見てみたいものです。

先生には理學的な素質もある樣だのに、よく徂徠學に終始せられたのは恐らく歷史の研究が與つて力有つたのでありませうか。徂徠學は歷史を重んずるのですが、經は常で常の道を示すもの、所が歷史では常道のみが表はれるのでなくて、治亂興亡盛衰是非善惡が交々出てくる。それで經の理論と史の實際との交錯する所に學問の眞價値が存するのだから經と史とは相待たねばなりません。先生は曾氏十八史略程度の我國の歷史を作らうとして、日東歷史略を撰しましたが、卷頭に上述の聖德太子聖人論を載せて經史の相關を示しました。殊に本邦三史各有所主說は面白いのであります。舊事記は後世諸家の譜牒、神祠佛廟の緣起の本であり、古事記は竹取落窪伊勢源氏の本づく所であり、日本書紀は諸國史の本づく所であり、三史とも千載不刊の典だと云つてゐます。我國の史學源流考であり、史學批評論であります。誠に簡單なものですが着眼凡ならず、先生の聰明さをよく表はしてゐます。

尙ほ先生の文學、詩文に關して申上ねばなりませんが、是は私の最も不得手とする所でありますから御免を被ります。

先生は實際よく知られて居りません。知られてはゐないが、中々の豪傑でありました。生前中も知られないので御不滿であつたらしいが、死後も知られてゐないのは遺憾至極であります。殊に我が東畡先生を並ならず庇護育成せられたる事は我等泊園の門末に連るものゝ感謝せねばならない事であります。今日この泊園の追遠祭事に列して、遺漏も多いのでありますが、多少なりとも先生の學德を闡揚するの機會を與へられたるを御禮申上ます。（終）

---

秋　晴

天晴意潤如。淸趣滿村居。菊發重陽後。鴻來落木初。已賖元亮酒。又想季鷹魚。隱々鐘何處。前林夕照餘。

【訓讀】天晴れて意、潤如たり。淸趣、村居に滿つ。菊は發く重陽の後。鴻は來る落木の初。已に賖る元亮の酒。又想ふ季鷹の魚。隱々たる鐘、何の處ぞ。前林、夕照餘る。

【語釋】○賖元亮酒　賖はオギノルと訓し、掛で物を買ふ意。元亮は陶淵明、字は元亮。性頗る酒を嗜む、重九に酒なし宅邊の東籬の下に菊を把て坐せるに白衣の人至るを見る即ち江州刺史王宏酒を送るなり。○季鷹魚　吳の人張翰字は季鷹　曾て齊王冏に事へたりし時、秋風の起るに逢て吳中の菰菜蓴羹鱸魚鱠を想ひて曰く人生、適意を貴ぶ何ぞ數千里に羈宦して名爵を要めんやと遂に駕を命じて歸れりと云。○隱々　微かで明かならぬ貌。

明治節口號

清露瀼々霑野蒿。始逢佳節樂陶々。虔安尊影奉村酒。黃菊一瓶秋氣高。

【訓讀】清露瀼々、野蒿を霑す。始て佳節に逢て樂み陶々たり。虔みて　尊影を安じて村酒を奉ず。黃菊一瓶秋氣高し。

【語釋】瀼々　露の繁き貌。○陶々　和らぎ樂しむ貌。

霜　曉

曉色今朝分外清。玲瓏滿地白晶々。廿年尙憶沙河畔。缺月飛霜千里情。

【訓讀】曉色今朝、分外に淸し。玲瓏滿地。白晶々たり。廿年尙ほ憶ふ沙河の畔。缺月飛霜千里の情。

【語釋】晶々　きらめき輝く貌。○沙河畔日露役當時の沙河の會戰を指す。○飛霜　先生の從軍中に霜夜の景にあたり飛霜壓戰塵、缺月未離山の一聯を得られたることあり。諸吟用の庤詠あり。

近臘喧甚

休說臘前有喘牛。老身唯愛午風柔。閑窓題去冬喧句。笑見飢蠅集筆頭。

【訓讀】說くを休めよ臘前に喘牛有りと。老身唯だ午風の柔なるを愛す。閑窓題し去る冬暄の句。笑つて見る飢蠅の筆頭に集るを。

【語釋】臘　冬至の後　第三の戌の日の祭。○喘牛　前漢の丙吉丞相たり、嘗て出て途に人の牛を逐ひ牛の喘で舌を吐くものを見たり人をして牛を逐ふ事幾里ぞと問はしめて曰く今や春にして未だ太しく熱がる可からず、然るに牛の近く行つて暑を以て喘ぐかと疑ひ此れ時氣の節を失ふかと恐る、是れ丞相の職の當に憂ふべき所なり故に之を問へりと、此處は時節を失ふ意。

軍旅類

東山堡即事

十里進軍敵影稀。東山堡裡待時機。前村諜得胡騎過。持滿遙看彈雨飛。

【訓讀】十里、軍を進めて敵影稀なり。東山堡裡に時機を待つ。前村、諜し得たり胡騎の過ぐるを。滿を持して遙かに看る彈雨の飛ぶを。

【語釋】諜得　斥候を放つて探り得たるなり○胡騎　露軍を指す。

油蟲堡即事

乘勝奮前追敗兵。銃丸如雨氣崢嶸。收軍獨嘯秋天暮。新月一鈎烏鵲鳴。

【訓讀】勝に乘じて奮前、敗兵を追ふ。銃丸雨の如く氣、崢嶸たり。軍を收めて獨り嘯く秋の暮。新月一鈎、烏鵲鳴く。

【語釋】奮前　奮進といふに同じ。○崢嶸高く險しい貌。此處では志氣のさかんなる貌。

從軍行　次撫山翁韻

從軍萬里值秋高。轉戰追逃氣更豪。月下收兵胡已遠。笑望殘壘撫腰刀。

【訓讀】從軍萬里、秋の高きに值ふ。轉戰逃ぐるを追うて氣更に豪なり。月下兵を收むれば胡已に遠し。笑つて殘壘を望んで腰刀を撫す。

【語釋】値秋高　値は出逢ふ意、所謂秋高馬肥で、秋の空の高く澄み渡る頃となつた意。

陪觀陸軍大演習

征旅奄降靑島時。六龍親幸閱王師。帝畿山野秋光麗。旭日曈々燦錦旗。

【訓讀】征旅、奄ち靑島を降す時『六龍親しく幸して王師を閱す。帝畿の山野秋光麗かに。旭日曈々、錦旗燦たり。

【語釋】征旅　出征の皇軍。○靑島　日獨戰爭。○六龍　易經に時乘二六龍一以御レ天とあり轉じて天子の車駕をいふ。○帝畿　畿內又は畿甸といふに同じ、帝都を中心として四方五百里以內の地を云。

（本見容內稿人道山城）

---

中山城山先生詩集

「城山道人稿」完結本（和裝五十三枚綴）壹卷。御希望の方は送料共六十錢添へて申込下さい。御送附致します。

大阪市南區長堀橋筋一丁目五〇

泊園書院內

申込所　泊園誌社

振替大阪一三八三九番

昭和十二年七月一日（木曜日）　泊園附錄　第二十八號（一）

# 泊園附錄　泊園會報

## 泊園會の使命

回顧すれば、我が泊園會は昭和九年四月、創立以來茲に滿三ケ年の歲月を經た。其間の業績は決して大なりとはいへない。併し相當進步の跡を見ることが出來ると云へる。勿論泊園會としては、泊園書院の事業を協贊して漢學を振興せしめるといふ、遠大なる目的を有する上よりいへば、其の基礎に於て、將た事業の方法に於て、未だ口辯を弄するの時期には達して居らない。即ち本會を發展せしめて書院を恢弘するには、多々論ずるの要はない。只少なりと雖も之が事業の實踐を期するのみである。之の點より本會は今日迄第一基本金として壹千五百圓餘を蓄積した。實に蓄積したのである。會員諸兄より一年金參圓也の會費と、終身、特別の兩會員よりの既定の寄贈に依る以外にはなんの收入もないのである。會員も未だ多數とは云へない。が此間、一年一回の總會を開き、書院が特殊事業を企畫した際には少額と雖も補助金を支出し、又泊園誌社へは每年金貳百圓也を補助金として支出して居る。

以上は物質的の事柄であるが、精神的に於ても、本會は書院內外の諸問題に於て唯一の相談對手たるは申すまでもない。斯く多少の着緒の事を述べたが、省みて實は忸怩たらざるを得ないのである。少なからざる焦慮も止む能はざるものがある。

書院は今豐田家に於て改築されて居る、此秋には竣功するだらう。之に就いて書院實質上の設備等も大に必要となつて來る。書院には藏書も、東畡、南岳兩先生以來、相當多數である。之の整理と利用上に就いても關心せなければならない。少なくとも泊園文庫の設立などは、本會の着手事業としては恰好のものであり、且漢學振興の事も之に基礎を置きたい。文庫が出來、之に據つて研究所の機關を完備して行けば、先づ事業の第一步を印したといつてもよい。吾人の理想は限りなく高いが、先づ出來得る事から始めたい。泊園會の使命といつて大きな問題を提げて、大言壯語はしたくない。本來、現代に於て漢學振興を期するのは、社會的實質上、其效果の顯著なるは、他に比肩すべくもないが、事は甚だジミである。吾人は步一步進みたい。會員諸兄は、書院の內外を大觀して、吾人を鞭撻せられ、精神上、物質上共に御後援あらんことを切望する。（泊園會理事者）

## 泊園會經過

昭和八年十月二日、本會創立に就き第一回協議會を、竹屋町泊園書院に於て開催以來四回の協議を重ね、遂に同十二月一日、綿業會館に於て、發起人會を開き。左記の通り滿場一致可決

一、泊園會創立の件

二、會則決定起草の件

而して第一回創立委員會を同十二月十六日綿業會館に於て開き、稿本元之助氏外十二名出席

趣意書〔石濱純太郎氏起草「左記」〕を審議し。發起人百名を選定し。發起人依賴狀には特に黃坡先生の依賴書（左記）添附の事等を決定す。

拜呈嚴寒之候に御座候處高堂愈御淸穆之段奉大賀候扨過般來泊園同窓在阪之諸兄等書院の後援方法に就き色々協議を重ねられ茲に別紙の如き會を組織し以て斯業を永遠に傳ふることを計られ候は道の爲め最慶すべき事に候のみならず我が父祖の靈も深く斯文の墜ちざるを悅ばれ候事と感激に堪えず候就ては廣く四方に傳唱するために是非とも盛名に籍りて好果を收めたく存じこゝに貴下を發起人に推選致度存候何卒右御承諾なし下され斯文のため一臂を御添へ被下度奉希候也

昭和九年一月　日　　藤澤章次郎　再拜

### 趣意書

浪華は由來商賈利を競ふの地なり、しかも亦よく義を以て本となし、此間詩書を誦し禮樂を修むるもの必しも少しとせず、風氣の趣く所文物鬱然として盛なり、懷德堂の問學に道り、洗心洞の德性を尊び混沌社の詩文の盟を連ねし如き、之を西京東都に求むるも其比を得易からず我泊園書院も亦事に斯に從へり、抑も東畡先生南海に堀起して復古の學を倡へ來りて塾礎を浪華に立つ南岳先生紹述して懈らず、以て光大を致し書院の名海內に喧し、黃鵠黃坡兩先生伯叔相續きで、絃誦自若殘缺を抱守して墜緒を支持す、斯文の業三世に連綿として、茲に百有餘年天人參贊の理、政教一致の旨說きて天下に遍く、及門の子弟は萬を以て數へ或は樞機に參與して、聖治を輔翼し奉り、或は德器を成就して、鄉黨を勸化す聖恩洽大にして草澤に及び、東畡南岳兩先生に贈敍せらるゝに從四位を以てし給へり、固より是れ祖父子諸先生學德の致す所なりと雖亦以て地氣風潮の及ぶ所に非ずと謂ふべからざるなり。頃日泊園諸先輩に書院の現業を昌明光大ならしめんとの議あり。顧ふに洋學一尊の蔽は世の固より知る所にして、之が補救の漢學に待つ有るもの甚多し、今や時局の進展は皇國の大義に依る斯道の闡明は日に月に切なり、斯文の講習豈忽にすべけんや、夫れ利の土は義の居なり蹤跡遠からず、流風巖として存す茲に下名等泊園諸先輩の議に贊同して有終の美を全うせしめんと欲し、本會を創めて略ぼ章程を具せり・敢て之を內外の諸君子に告げて謹んで協力を請ふ。

昭和九年三月七日第二回創立委員會を開き發起人連名記入の趣意書及黃坡先生依賴書を印刷、申込書を添附、同窓會員、香川縣人會其他の有志の勸誘を試みたる結果、三月六日迄に加入申込者二百五十九名に達せる等の狀況報告あり。此に於て愈四月一日、綿業會館に於て創立總會開催の事を協議決定す。

愈昭和九年四月一日、創立總會を綿業會館に於て開催、會賓藤澤黃坡先生を始め會員一百三名の多數出席し頗る盛會を極めたり。會議に入るや。粟谷喜八氏の動議により、稿本元之助氏を座長に推し。宮崎貞吉氏、經過報告を爲し、會則を決議し、役員選擧を爲し、名譽會員、特別會員を推薦し、會賓を推戴し、茲に滿場一致を以て泊園會の成立を告ぐ

以後、役員會一回、常任理事會十七回、理事會二回、定時總會三回を開催し今日に至る。

## 泊園會歲計現在表

**一收入累計**（昭和十一年度第三回會計報告迄）

**金貳千四百壹圓八拾九錢也**

**一支拂累計**（同）

**金七百七拾八圓參拾四錢也**

**現在々金表**（昭和十二年六月十五日調）

**一、基本金　金壹千五百貳拾七圓拾五錢也**

**一、會計殘高　金參百七拾四圓貳拾錢也**

**合計金壹千九百〇壹圓參拾五錢也**

## 會則

### 第一章　名稱

第一條　本會ハ泊園會ト稱シ事務所ヲ大阪市南區竹屋町泊園書院内ニ置ク

### 第二章　目的

第二條　本會ハ泊園書院ノ事業ヲ協贊シテ漢文ヲ振興普及シ社會教化ニ資スルヲ以テ目的トス

### 第三章　事業

第三條　本會ハ前條ノ目的ヲ達センガ爲左ノ事業ヲ行フ
一、漢學ヲ振興シ教化ニ資スベキ事業
一、泊園書院ノ設備改善ニ關スル事項
一、講演會、講習會等ノ開催
一、書籍、講義錄、雜誌等ノ刊行
一、以上ノ外本會ノ目的ヲ達スルニ必要ナル事項

### 第四章　會員

第四條　本會々員ハ會費トシテ一ケ年金參圓ヲ納ムルモノトス
一、本會々員ニシテ會費ヲ一時ニ金參拾圓也納ムル者ヲ終身會員トシ從ツテ以後會費ハ徴收セズ
一、本會々員ニシテ金五拾圓也以上ヲ寄贈ナシタル者ヲ特別會員ニ推選ス
右ノ外名譽會員ヲ置クコトヲ得

### 第五章　役員

第五條　本會ニ左ノ役員ヲ置ク
一、理事長一名　理事會ニ於テ五選ス
一、理事二十名以内　評議員ニ於テ五選ス
一、監事五名以内　同
一、評議員若干名　總會ニ於テ會員中ヨリ選擧ス
但シ其三分ノ二ハ泊園書院出身者中ヨリ選擧スルモノトス

第六條　役員ノ任期ハ一ケ年トシ重任スルコトヲ得

第七條　役員ノ任務ハ左ノ如シ
理事長。會務ヲ總理シ本會ヲ代表ス
理事、重要事項ノ協議ニ參與シ會務ヲ處理ス内常任理事若干名ヲ置ク
監　事。本會ノ財産及事業ヲ監査ス
評議員。理事會ノ諮問ニ應ジ本會ノ要務ヲ審議ス

第八條　理事長ハ理事會ノ決議ヲ經テ顧問ヲ推薦シ委員ヲ囑託スルコトヲ得

### 第六章　會議

第九條　本會ノ會議ハ左ノ如シ
一、定期總會。毎年秋季ニ一回之ヲ開キ前年度ノ收支決算及事業成績ヲ報告ス
一、臨時總會　理事會ニ於テ必要ト認メタル時之ヲ開ク
一、役員會　理事會、評議員會ハ理事長ノ必要ト認ミタル時之ヲ開ク

### 第七章　會計

第十條　本會ノ經費ハ會費寄附金及ビ其他ノ諸收入ヲ以テ支辨シ剩餘ハ之ヲ基本財産トシテ蓄積スルモノトス
特別會員及終身會員ノ醵金ハ基本金トシテ永久之ヲ積立ツルコト

第十一條　本會ノ會計年度ハ毎年十月一日ニ始リ翌年九月末日ニ終ルモノトス

### 第八章　雜則

第十二條　本會則ヲ變更セントスル時ハ總會ノ決議ヲ經ルコトヲ要ス
以上

## 本會創立以來物故會員氏名

| | | |
|---|---|---|
| 昭和九年六月十日 | 死亡 | 勝本忠兵衛氏 |
| 〃 | 〃 | 小森助十郎氏 |
| 〃　十月 | 〃 | 清原章山氏 |
| 〃　十年二月九日 | 〃 | 三崎驎之助氏 |
| 〃　四月 | 〃 | 坂東久四郎氏 |
| 〃　九月二十五日 | 〃 | 木村楢正氏 |
| 〃　十月七日 | 〃 | 三木正憲氏 |
| 〃　十月 | 〃 | 石井光美氏 |
| 〃　十月 | 〃 | 岸田杢氏 |
| 〃　十二月一日 | 〃 | 爲村佐一郎氏 |
| 〃　十一年一月二日 | 〃 | 木村敬二郎氏 |
| 〃　二月 | 〃 | 廣井直吉氏 |
| 〃　五月十四日 | 〃 | 神田善樹氏 |
| 〃　八月十日 | 〃 | 篠田栗夫氏 |
| 〃　十二年三月二十一日 | 〃 | 宮崎貞吉氏 |
| 〃　〃三月二十四日 | 〃 | 牧野謙次郎氏 |

以上十六人　九年度、一人　十年度四人　十一年度九人　十二年度二人

## 泊園會々賓

藤澤黄坡先生
藤澤成太殿

## 同名譽會員

俵　孫一氏

## 同特別會員

豊田宇左衛門氏　福本元之助氏
木下貞太郎氏　豊田助九郎氏

## 同終身會員

芦田源次郎氏　養由嘉三氏
佐藤馬之丞氏　阿部茂七氏
籾仲次郎氏　豊田道夫氏
豊田昌男氏　豊田國三郎氏
豊田實氏　豊田省三氏
豊田まち氏　豊田順一氏
豊田喜三次氏　松浦捨吉氏
安達龜造氏

## 會員

岩田藤三氏
外二百八十名

## 泊園會役員

理事長　福本元之助

常任理事　石濱純太郎　豊田國三郎
梅見春吉　佐藤寛九郎
松浦捨吉　安達龜造

理事　西田幾太郎　笠井靜司
河田爲作　田中藤太郎
筒井民次郎　中山潔
粟谷喜八　木下貞太郎
白藤丈太郎

常任監事　永田仁助

監事　眞野鷹一

評議員　石崎太郎　飯田武雄
乾吉次郎　新田長三
堀越壽助　本條平太郎
織田九郎　岡田義作
大河内安藏　渡邊醇
和田達源　鷲田又兵衛
神田榮吉　神山眞龍
田中治一郎　田中利右衛門
多田黄山　多田貞一
高松林之助　辻蒼石
辻忠右衛門　辻直太郎
植野德太郎　黒川莞爾
熊澤猪之助　山下平太郎
前田敬助　松本洪
松本俊男　福田三次
潁川康　寺田英一郎
赤松奈良義　澤純三
佐藤馬之丞　櫻井雲洞
木村久次郎　清海清
南坊城良興　水谷政次郎
白川朋吉　島田喜十郎
森下博　石川渉

## 泊園會業績（概要）

一、泊園誌社ヘ雜誌發行補助金として毎年金貳百圓也交附
一、物故會員慰靈祭執行
一、黄坡先生華甲會ヘ記念品料（金壹百五拾圓也贈呈
一、講演會開催（三回）
一、基本金（別項）積立
一、城山先生百年祭典擧行補助　以上

## 會費御拂込に就き

昭和十二年度泊園會々費
金參圓也　別紙
振替大阪七八七四九番
用紙を御利用の上御拂込
御願申上候
泊園會理事
會員諸兄

# 泊園

昭和十二年九月一日印刷 隔月一回一日發行
昭和十二年九月一日發行 ―（非賣品）―
編輯兼發行人 大阪市南區大寶寺町中之町二番地 的場信太郎
印刷所 大阪市西區新町南通五丁目 林泰進堂
發行所 大阪市南區長堀橋筋一丁目五〇（泊園書院内） 泊園誌社
振替大阪一三八三九（泊園書院）電南六八二七

## 新漢學の創興

熟ら思ふに我國では漢學の研究は絕對に盛んにせなければならない。漢學の研究が衰へて行く事は國威を損し皇道宣布を碍ぐるものである。而して漢學を盛んにすると云ふ事も漢學復興を意味するのでなくて、新漢學の創興でなければならない。

漢學の研究は支那を研究する事である。支那の思想、制度、風俗、歴史、文學、藝術等を研究するので、古典も勿論その一部として含まれる只古典を研究する計りが全部ではない。古典の思想が古から今迄を貫いてゐるから其點に於て極めて重要なのである。溫古は知新の爲めである。只の溫古は骨董趣味に過ぎない。然もその趣味としても現在の我の修養に資するではないか。今を考へない古などは凡そ意味がない。漢學の研究は古今を通じた研究で無ければならない。

古の支那は今の支那として、今の支那は將來の支那として、常に嚴然我國の咫尺の眼前に生存してゐる。支那研究、漢學研究は、我國にとつては止むべからざる、避くべからざる緊要さを指示してゐる　この事實を見れば漢學研究の隆盛ならざるは國威に影響するを感ぜざるを得ない。

皇道宣布は我國の大理想である。大理想の實現の爲めに起つて眼を放てば眼前に悠久四千年の支那が紛然淆亂してゐる。支那を研究せずして何處へ先づ皇道を宣布せんとするか。支那研究が衰へては我國の理想を果して如何にして實現せんとするか。

皇道を昌明し、國威を宣揚せんとする我國の漢學は復興ではない。創造すべきものである。徳川時代の漢學復興では何の用を爲すのであらう徳川時代の儒者ですら我國の儒學を以て彼國に光被せしめんとの抱負はあつたのだ。躍進日本の支那學者が漢學復興なんぞと云つてゐては世の笑ひ者である。我等は新しい漢學を創興しなければウソだ。

時局の窮まる所は膺懲の干戈を取らざるを得ない事となつた。仁義の師には敵する能はざるは論はない。只干戈は一時である。武に續ぐものは文である。迷妄を除却して大道に歸らしむるは學者も亦一分の責に任じなければならない。迂儒の輩よ、叨りに復興漢學なんかを振り廻して彼土の人士の侮りを買ふ如き事をなさゞらん事を。泊園の先輩同志の人々よ。絕對に漢學を昌明し、新漢學の創興に從事せんかな。事は國運に關するを明かに認識せよ。（白水生）

## 丙子歲晚

牧野藻洲先生遺稿

黃河天際落。百川劃九州。
貢篚土田美。禹迹思悠々。
惜哉後死者。經營疎大猷。
緐禮錮民智。桎梏不自由。
法候縢鐍固。徒爲大盜收。
雖收終潰決。衣冠裂狙猴。
綱常掃地墜。戰血漂杵流。
洪水猛獸害。今日豈比儔。
蚩々四萬々。化魚誰爲憂。
赫々天胤貴。一系仰眞主。
恩威懷四海。大旱如沛雨。
嗟吾老且病。幸免聾與瞽。
文墨多年勞。餘勇猶可鼓。
願言奉明詔。帥檄振神武。
堂々王者師。弔民而救苦。
然後更張政。同文篤和煦。
六合八紘謨。庶幾答皇祖。
寤寐志在此。冬夜百感滋。
憶昔丁丑歲。英雄恨死時。
善隣攘暴虜。事乖身先夷。
明春甲子是。當事人則非。
蹇々贊皇業。奮起者其誰。
朔風吹庭樹。只聞颯々悲。

故藻洲先生

## 說詩樂趣 (14)

效尤生

王正白は唐末に詩名を馳せた人であつた、嘗て左の御溝詩を作つて

一派御溝水。綠槐相蔭靑。此波涵帝澤。無處濯塵纓。鳥道來雖險。龍池到自平。朝宗心本切。願向急流傾。

之を貫休に示した。休は「一字を剩す」（一字まだ修まらぬ）といつたから、正白は袂を拂つて去つた。休は「此公は考へが敏いから」といひながら、一の中といふ字を掌に書いて待つて居ると。正白が回り來て「此中涵帝澤」といつた。休は掌中の字を示したが、彼の改めた通りであつた

韓子蒼の談に曰ふ、丁晋公（名謂）の海外詩（海南に流竄中の詩）に

草解忘憂憂何事　花名含笑笑何人

（萱艸を忘憂草といふ。含笑花は未勘）とあるのは人皆な工なる句だとほめる。東坡の詩に

花非識面常含笑。鳥不知名時自呼

といへるを讀んで。便ち才力の相ひ去ること天淵の如きを覺える。といふて居る。鷓鴣といふ鳥が自呼となくといふのである。

東坡嘗て王平甫を見た、王が甘露寺の詩

平地風烟飛白鳥。半山雲木卷蒼藤。

といふ句を自負した處が、東坡は應へていふに。「精神は全く卷字の上にあるが、但だ飛字が之に稱はぬことを恨む」と。平甫沈吟すること久しうして益を請うた。乃ち之を橫字に改めた。平甫は大に服したといふ。

東坡、少き時に詩あり

淸吟雜夢寐。得句旋已忘。

夢の中にて詩を得て覺めて早や忘れて居るといふのであるが、固より奇句である。晩年、惠州に謫せられて、また一聯を作つた。

春江有佳句。我醉墮渺莽。

今度は醉うて落して行方不明といふ。少年の作よりはまた一等を加へて居る、書を評する人が、「筆は年に隨うて老ゆ」といふが、詩も亦然るか。

一金貳拾圓也　關西吟詩同好會殿
一金壹圓也　多田貞一氏
一金壹圓也　松崎鶴雄氏
一金參圓也（三ケ年分）　殿村善二氏

誌社

石濱純太郎　三原靜美
梅見春吉　岡本喜三
梅見春吉　安達龜造

# 論語講義

黃坡先生述

子貢欲去告朔之餼羊。子曰。賜也。爾愛其羊。我愛其禮。

**訓讀**　子貢、告朔の餼羊を去らんと欲す、子曰く、賜や、なんぢは其羊を愛す、我は其禮を愛す。

**解釋**　禮樂に關する章であつて、孔子の古禮を愛まれたことを記したものである。告朔の餼羊とは周禮の大史職に「朔を邦國に頒告す」とある、鄭註に天子、朔を諸侯に頒ち、諸侯之を祖廟に藏し、月朔に至り、廟に朝して告げて之を受け行ふ、とあり。また牲の生けるを餼といふ、とあつて。大抵の學者は之によつて解いて居る。つまり魯侯が從來毎月朔日に歷を祖廟から受ける禮があつて、此時に牲にする羊が畜はれて居つた。然るに中世以後に告朔の禮といふものが廢せられて仕舞つたが、羊だけは舊によつて畜はれて居るので、子貢は既に其實のないものを存して置くも無用だから、其羊をもやめた方が經濟的であると考へて、其意を述べたによつて、孔子は、**汝は羊を惜しむが、われは禮を惜しむ。**即ち羊が存してあれば、以て其禮があつたと知られるのであつて、羊も無くなれば、禮も遂に失はれて仕舞ふ、といはれたのである。この羊を以て一の物質と見て輕々しく廢置をするといふ見方は一般才子の免れぬ點である今孔子の如く羊即禮であると見るなれば其輕重はたゞ物について別つべきでないといふ考が出來るのである。

さて此の告朔の餼羊について、近古以來異說が出て、これは周禮によつても天子が朔を諸侯に告げるのである、公羊穀梁の二傳にも證がある、其告示の使が諸侯の國に來れば、諸侯が之に供給するに特羊を以てするのが餼羊である。幽王以後に朔を諸侯に告げない、而も魯の有司は例に從つて羊を用意して居つたのだといふのであつて　清經解の論語駢枝の說であつて我朝にも此說を取る人が澤山あるが自分は矢張り舊說によるがよいと思ふ川添氏の會箋に金鶚の說をのせてあるのが、詳に之を辨じて居る。

また鄭註に魯文公より朔を視ずといふことが說かれてあつて諸學者に之を主張する人があるが、これも誤りである。一言附け添へて置く次第である。

子曰。事君盡禮。人以爲諂也。

**訓讀**　子曰く　君に事ふるに禮を盡せば、人、以て諂となす。

**解釋**　孔子が時勢を傷まれた章であつて、時命の類に屬する。孔安國の註に、當時の君に事へる者が、多くは禮がないから、禮のある人を指して諂とするとあるが。徂徠子は**これ魯のために發せられたのだ**といはれ龜井子は**夫子自ら道はれたのだ**と述べて居るのが意を得て居るやうである、鄕黨篇にある所の樣に君命を聞き、公門に入り、或は位を過ぐるに鞠躬如、色勃如、足躩如たるが如き、君に侍食すれば、君が祭らるゝや先づ飯し、君の食を賜へば席を正して先づ之を嘗むるが如きまた當時一般の臣は堂上にて拜するを孔子は獨り下に拜せられた類、猶數多の例がある、當時三桓が既に君をなみして居つて驕僭なしわざが多いから、魯人は皆相うけて風をなして居る中に、たゞ孔子は恭敬にして臣の禮を盡くされたのであつた。人以爲諂とは冷語淡々たる中に諷刺の頂針が深く鋭い感がある。

定公問。君使臣。臣事君。如之何。孔子對曰。君使臣以禮。臣事君以忠。

**訓讀**　定公問ふ、君の臣を使かひ、臣の君に事ふること、之をいかにせん。孔子對へて曰く、君、臣を使ふに禮を以てすれば、臣、君に事ふるに忠を以てす。

**解釋**　政治に屬する章であつて、**臣を使ふに禮を以てせねばならぬ**ことをつげられたのである。魯は由來三桓が强僭であつて、季平子は昭公を逐う樣な事になつた、**定公**は名を宋というて昭公の弟であるが、兄の後をついで君となつたのであるから、自然と其位に安ずることができないで此問を發せられたのである。故に孔子は君が禮を以て臣を使はるれば、臣は忠を以て君に事へる樣になるといはれたのであつて、禮を以て三桓を抑損せられる樣に諷せられたのであります。

この君使臣以禮の下に則の字を入れて考へるといふ見方は邢昺に始まり、徂徠から太宰龜井の諸家皆之を祖述して居る。家說もこれによつてゐる、それは君に對へられる場合であるから語意然あるべきであると見られるのであります。

また此の**忠**といふ詞も後世は臣の道となつて居ますが、此時代には前來に說く如く自分の誠心を盡して人に接するのを忠といふのであります。これを合點せずに此章を見れば、臣事君以忠といふ語が甚だ平凡なものになつてしまふ。要之此章の意は**使臣以禮の方に重點がある**といふことを知らねばならぬ。

孔子が後に朝に立たるゝに及んで、定公に進言して、家に甲を藏せず、邑に百雉の城無きは古の制であります、今三家は制に過ぎて居ますから之を損しませうとて。三家の邑城を隳たせ、公室を强うし、私家を弱め、君を尊うし、臣を抑へられて、政化大に行はれたのであつた、これ此章の說を實行せられたものであります。

子曰。關雎樂而不淫。哀而不傷。

**訓讀**　子曰く。關雎は樂んで而して淫せず、哀にして傷らず。

**解釋**　これは禮樂に屬して、**關雎の樂の、聲音の和いて居る**ことを語られた章である。關雎は詩の周南の第一の篇の名であつて。之を樂章に奏せられるのであります。孔子は之を贊して、關雎の樂は、其音樂きも度を過ぎて淫するに至らず、淸哀なるもまた人心を感傷するに至らず、よく共**和を得て居る**といはれたのである。孔安國は此の意味に解いてある。鄭玄を始め朱子などは、關雎の詩の辭に就て之を說いて居るが。樂の方は解し得るも、哀の字に至つて阻格を免れず、遂に文字を改めて、衷とし或は憂として說いたりして居るのであるがこれはよろしくないと思ふ。

この**哀字**の意義は、樂聲を評する語で**淸んだ聲**を寫してある。樂記に亡國の音は哀にして以て思（節略以下同）徵、亂るれば哀。其聲哀而不莊。絲聲哀。などあり、左傳の季札の樂を觀る處に、之が爲めに頌を歌ふ、曰、哀にして愁ひず、樂うして荒まず。などあるのは皆音聲について謂つた語である。或は哀箏耳に順なりとか、鳥の將に死せんとする其鳴くや哀。など皆この例である。

（第二十二講）

## 三崎士駿大祥忌賦奠

藤澤黃坡

慌惚二星霜。笑容猶在堂。  
雨添新悵恨。梅放舊芬芳。  
端硯存遺愛。賜杯空寵光。  
低徊誰與語。奈我九廻膓。

## 酬師遲

沖本三郎

夏陰紅霧潤　午熱白烟凝  
身健悲年老　文章酬師遲

## 泊園書院記事

○開講　九月一日

## 泊園書院日課表

| | 月 | 火 |
|---|---|---|
| 午前六時半 七時半 | 詩經 | 莊子 |
| 午前九時 十時 | | 書法正傳 |
| 午後二時 五時 | | 陶靖節集 |
| 午後七時 九時 | | 續文章 |

| 木 | 金 | 土 |
|---|---|---|
| 莊子 | 詩經 | 古詩 |
| 書法正傳 詠物詩選 | | |
| 陶靖節集 東畡先生文集 | | |
| 續文章軌範 | 書經 | 說文（石濱先生） |

○開講　九月一日

日課表

火　莊子　書法正傳　詠物詩選　陶靖節集　東畡先生文集　續文章軌範
水　詩經
土　古詩評註讀本
日　第一、第三、午前七時　詩經
毎月一日　第二四五日曜　祭日　休講
說文　石濱先生

## 浪華儒林傳雜考

大壺

大阪の天才富永仲基に關して余が關大學報に小傳を掲げて以來未だ兩三年にもならないが、度々本誌で補遺訂正した如く、少なからざる進步を見た。所が又々横地祥原君によつて大發見があつた。富永仲基の歿年時が延享三年八月二十八日である事が分つたのである。横地君は仲基の母の實家安村氏の過去帳を見るを得て、其中に以上の通り記されたるを發見したのであつた。余の推測の九月ではなかつたが、去る事餘り遠からざる月日であつたのは余にとつては滿足の至りであつた。かくて懸案の歿年月の確定により、之を機として余は余の先生傳を改訂して置かうと決心するに至つた。何れ何かで發表する。

義端上人の譯範と題せる一小寫本を得た。余の未だ知らざる所である。例の徒然草の鉢かつぎ坊主の條の譯文批判と自譯文とを載せたもので、上人には此種の撰は幾つかある。上人の撰著漸次蒐むるを得るは幸である。

## 中山城山先生　左氏傳撥亂序

夫春秋之有傳也、公羊氏爲始矣。漢武帝置五經博士、春秋唯有公羊氏已。宜夫其擅傳之名也。尋有穀梁氏。漢宣帝信之、立之於學官焉。左氏傳最後出。方是時也、二傳盛行、既置之博士、則雖劉子駿通大義、誰其顧之。及至東漢、何休氏作公羊墨守穀梁癈疾左氏膏肓、以張公羊氏學。雖鄭玄作發墨守起廢疾鍼膏肓闢之、世人猶未能信之。是以爲左氏者、欲以其詳上二傳、穿鑿傅會而益之。於是、南郭之瑟濫竽中、元規之塵混閬苑、平子之異志、遠爲二百餘稔日食之例、同盟赴以名、竟亂周人以諱事神之禮。或二三其例、曰皆陳曰戰、曰書戰宋無信也、書戰我有辭也、將從何例乎。或不知其例、謬曰國逆立之曰入、諸侯納之曰歸、何與經粗牾乎。凡如斯類、代執火之人何嚭。然歷代之諸家、從傳辭以下、何啻數十家哉、無一人其見及此焉者何邪。是以予不省固陋、隨其所見、撥之亂、以覺後覺也、達觀之士幸質之。天保三龍次壬辰歲夏六月。

## 讀書隨筆

大壺

甲骨文字理惑一冊、漢川の徐英、字は澄宇の撰。甲骨文字を疑うて之を排擊したものである。先づ二十二凡例を以て其の誣なるを云ひ、次に字形に就いて其僞を辨ずるもの十條。一曰圖案文飾誤爲字形、二曰依坿小篆妄議前修、三曰依坿金文比似繆篆、四曰影射小篆雜坿金文、五曰望形生訓隨形訓物、六曰望形生訓隨形釋字、七曰既望物形兼望字形、八曰妄言省變不可紀極、九曰同形異訓莫所折衷、十曰嚮壁虛造逞臆盲談。字形を釋する者の蔽に當るものがあつて小學を事とする者の三省すべき頂門の一針も存するが讀む程の必要ある書ではない。殷墟の甲骨文字を疑ふ人は我國にも有り又甲骨文字に僞造のある事も周知の事であり、研究者の推論衍說に誠に取るに足らざる者もあるが、諸學者逐次の研究、累次の發掘によつて、その疑ふべからざるは明白である。甲骨學を修むるもの〻惑を理むる事も必要であらうが、甲骨學を疑ふ者の惑も治めなければならない。叨りに臆を逞くして眞實を疑ひ、假說であつて定論となつてゐない難點を執つて全體の進步を非議するなんかは最も惡習である。徐氏は甲骨のみならず鐘鼎陶瓦の古文も一律に僞造多しと排するがこれとても同じである。疑ふべきものは疑つたらい〻が、何もかも排棄して、後世傳寫の說文ばかり信じては、學問進步の歷史を知らない事となる。何學でも一應其學の經過を知るべきである。章太炎の金祖同に與ふる書が雜誌書苑に連載されたが、これも甲骨を非議するのであるが、近刊には郭鼎堂の駁文が出る由である。これ必ず又この書の駁文ともなる事であらうと信ずる。

白瑞華先生は先に庫方二氏藏甲骨卜辭一冊を出して西人先覺の蒐集を世に示したが、又殷虛甲骨相片の一小冊を送り出した。これは甲骨文字の集錄を如何なる方法を以て爲すべきかの方法研究である。從來の圖錄は拓本影印臨摸が主であるが、寫眞を如何に利用すべきかを種々に試みたもので、各々の長短を略記してゐる。現代の寫眞及び印刷方法は進步已まざるものがあるから、之を種々に利用して著錄の方法を研究するは實に緊要であつて、骨文のみならず金文に於ても然りである。か〻る研究には技術的智識も必要であるが、獨創の才識が最も肝要である。ヂミな仕事ではあるが、著錄の根本問題であるから、種々な試案が出てよいと思ふ。

漢學會雜誌第五卷第二號で湯淺廉孫先生の「連文の利用を待つて始めて其義の分明する漢字と邦訓和語との一例」を讀んだ。連文又は連語とは上下同義不可分訓の語を云ふのであつて、古來往々文を望んで義を生じ穿鑿して本旨を失してゐたもので、王念孫王引之父子に至つて初めて其本旨を闡明したものである。勞徠、陵夷、儀表、揚搉などの樣な類である。王氏以後此義を知らざるものはない樣であるが、さて之を實地に訓詁に立派に應用し得るものは殊に我國では少い。湯淺先生は此點に於ては卓絕なる學者であつて、支那本國でも比肩し得る人は少なからう。先生は屢々連文解釋を提出せられたが、この一文亦後學に裨益を與ふる事甚だ大である。先生は此文に於て連文釋義の祕鍵を示されたので、一義を共有する文字が、其の一義を紐帶として結合せる時其語が連文であるのだから、某一字の義が解釋し難き時には其字の連文によつて逆に其字義を推定し得ると云ふ方法を教へられたのである。難解なる又は解釋の落着かぬ文字をかくの如き方法を以て探索するは極めて是であるが、只我等の智識の博からざるを恐れる。次に先生は進んで邦語化されたる國訓文字の義を連文によつて證明された。從來未だ聞かざる所である。我國で何故こんな字をかう云ふ風に使用するか分り難いもの〻說明である。例へばワザトに態と、ワカツタに分つた、と使ふ根原である。誠に種々なるヒントを與ふるものがあつて、勝手な雅俗說を退け得るは難有い。偖てこの連文なるものはどうやら東洋語の特色らしい事で、寡聞を以てすると西藏語とか馬來語などにも存する樣である。西藏支那語族とかアウストロネジア語族などの說もある事であるから當然ではあらう。果して然らば此等を比較研究して連語構成の原則を明白にしたいものである。義による漢字と音による諸國字との參照は却て幾多の便宜を與へるだらう。それは兎もあれ王氏訓詁學の推衍未だ遍からざる漢學界は、こ〻に於て舊來の陋習を打破すべきで、本式の訓詁へ進まねばならない。

## 瘦駄樓漫言

甘　蔞

北支事變や上海事變が起つて來ると、こゝに支那の地名人名を支那讀みにしよう、中學校の漢文を支那語に代へよう、と云ふ議論が新聞紙上に散見して來た。無理もない話である。ペキンとかペピンと云ふかと思へばツウシウ、ロコウキヤウと云ふんだから、勝手な話である。それは出來たら現代音に代へ得たら便利な事もあるだらう。

から云ふ議論は以前からもよくあつた。シヨウカイセキ、と云ふ男はゐないが、チヤンチエシイと云ふのは居るとか、チヤンシユエリアンは居るがチヤウガクリヤウと云ふ男はゐないとか、それだから日本讀みは止めたら良い、漢文は役にも立たぬから止めたらよいいやイツソ日本がローマ字を使つたらいゝんだ、なぞと一時或は今でも喧しく云ふ手合もあるんだ。

然し事實は幾ら大英斷でもそんな事が出來るか知らん。なる程云ふ議論は理に當る點もあるにはあるが、今の日本の漢字を國字と思はず外國字と思ふから、二三の不合理の點から一躍大理想に飛ぶんで無いだらうか。一寸人耳に入り易い點をつかまへて妙な所へ脫線は愼まねばならない。

國字問題は國家百年の大計だから斷じてローマ字化或はカナモジ化せよと云ふ。然し、成る程さうすれば實際大に助かるらしいが、らしい丈で其途中の混亂不便害毒も大變らしい。下村海南と云ふ人が日本少國民文庫の中で新興トルコがローマ字化した、中華民國も讀音を統一して注音字母のカナとローマ字を併用してゐるとか、と大に宣傳してゐる。然しトルコや支那とは大分に事情が違ふ事に氣が付かない。又事實どうなつてるかも御存知ない。我が國字問題は極めて難儀なものであるが、から云ふ人々によつて大英斷を施されては國家百年の困難を引起しさうだ。大臣にはなつて貰はない方がよい。

目下支那の地名人名でも現代音で讀むのは極く有名なもの丈である樣だ。それも我漢音で差支も無いではないか。勿論外交とか政治とか經濟とかその專門の人であれば正しい讀み方を知らねばならないが、一般國民が國字音風に讀んで何が不便あらうか。まして漢文不要なぞと脫線する事はありやしない。

漢文は今の支那では不通だと云ふ。然しドレダケ白話風なのか知つてるのか知らん。支那白話を習つてドレダケ利用の道あるか知つてるのか知らん。此故にかの佞者を惡むのである。

## 黄坡先生近詠

題盜石竊香爐圖　盜石云五右衛門

竊國爲侯鈎則誅。利名今古豈殊途。石川砂礫君休說。魚目磷々滿八區。

初夏甲岳前田氏雅集

不啻門庭風色鮮。壁間翰墨有深緣。高歌酬飲忘頭白。又與主人談少年。

林亭書事

今朝洗塵雨。靜趣滿林園。樂古繙遷史。愛閒數竹孫。茶朋情逸脫。晉帖意溫存。有客與無客。由來兩妙門。

書藝院出陳　村田安穗氏　受賞ノ書幅

## 泊園會彙報

○五月二十三日常任理事會を書院に於て開催福本理事長、石濱純太郎氏、安達龜造三氏出席左の件を決議す。

一會計宮崎貞吉氏逝去に付き後任會計として監事松浦捨吉氏就任の件

○七月一日、泊園會々報を發行一般會員へ配附す。

○會費御拂込みに就き　十二年度泊園會々費御未納の方は、別紙振替用紙御利用の上、御拂込を請ふ。

## 同窓會員消息

○三崎要一氏。本條平太郎氏。向井信也氏の出征

三崎氏本條氏は八月十八日向井氏は八月下旬〇〇地へ元氣旺盛を以つて出征さる偏に武運長久を祈る。

○會員諸氏出征に付き御氣附の方は書院へ通知ありたし。

○不二門專宗氏　八月十三日卒去さる。

○古井由之氏　八月中旬卒去さる。

○辻忠右衛門氏　八月二十八日卒去さる。

○村田安穗氏書藝院展入賞。同氏は本年六月東京に於て開催されし同展へ出陳。東京市長賞銀カップを受けられたり。

## 泊園會々費收受報告（昭和十二年度）

（從來ノ領收證ニ換ヘ誌上ヲ以テ御報告申上候御諒承ヲ請フ　泊園會幹事）

### 各通金參圓也

植野德太郎氏　戸塚辰松氏　吉崎幾藏氏　吉崎善三郎氏　宮崎喜太郎氏　櫻根孝之進氏　杉村正太郎氏　水落庄兵衛氏　白藤丈太郎氏　平泉豐三郎氏　大河內安藏氏　山西玄兵衛氏　南坊城良興氏　逸見貞次郎氏　辻忠右衛門氏　田宮恭太郎氏　寺田英一郎氏　井上治兵衛氏　高松林之助氏　橋本梅三郎氏　中村美登志氏　西田幾太郎氏　細田美三郎氏　山本國次郎氏　住友與五郎氏　清水晉三郎氏

谷內清巖氏　三崎要一氏　眞野鷹一氏　石川涉氏　內田利一氏　柳延胤氏　橋秀一氏　澤純三氏　清水小錡氏　長尾長八氏　沖本三郎氏　石黑景文氏　西野捷平氏　中山潔氏　水田硯山氏　大野圓山氏　岩崎淸平氏　殿村たけ氏　黑川莞爾氏　米田如山氏　增井正治氏　尾中郁太氏　茶谷忠治氏　乾吉次郎氏　森下博氏　渡邊元吉氏

### 金拾圓也

鷲野甚之助氏　吉年宗兵衛氏　藤原忠一郎氏　熊澤猪之助氏　岡島乙三郎氏　久保郁藏氏　三川啓朋氏　福田三次氏　辻政輝氏　奧田富太郎氏　五條秀麿氏　津田勝五郎氏　鎌田春雄氏　村田安穗氏　仝田直一氏　矢野榮三郎氏　山下平太郎氏　島田喜十郎氏　佐々木忠兵衛氏　奧田藤兵衛氏　多田貞一氏　飯田武雄氏　鹿田靜七氏　吉宗耕英氏　佐藤正一氏

近藤常吉氏　吉年善作氏　後藤潤氏　木戸平信氏　門脇才藏氏　堀越壽助氏　玉置永秀氏　岡田尙齋氏　加藤峰吉氏　赤塚善助氏　石崎太郎氏　石川三郎氏　幣原坦氏　渡邊醇氏　龜田次郎氏　岩田藤三氏　揚硯堂氏　殿村善一氏　吉成卯三氏　矢崎精心氏　坂村養三氏　清海清氏　尾崎邦藏氏　水谷政次郎氏　岩崎深信氏　俵孫一氏

（以下次號掲載）

昭和十二年十一月十五日（月曜日）　泊　園　第三十號　（一）

入金報告ヲ兼ヌ（○印刊）

梅見春吉氏。廣田虎三氏。木村金三郎氏
三宅太郎氏。戶塚辰松氏。岩田藤三氏
森下博氏代。五條秀麿氏。早川忠次郎氏
岩崎清平氏。林寅治郎氏。石濱純太郎氏
中川魚梁氏。永田仁助氏。紀本善治郎氏
粟谷喜八氏。辻蒼石氏。三浦德次郎氏
○棚次辰吉氏。松浦拾吉氏。田中藤太郎氏
中村祥園氏。○豐田宇左衛門氏。安達龜造氏
○岡本英三氏 ○中尾國太郎氏 ○岡田伺齋氏
○田中光之氏○岡本勝治郎氏○櫻根孝之進氏
○門脇才藏氏 ○鷲田又兵衛氏 ○渡邊醇氏
○西門岩松氏 ○西門孝治郎氏 （以下次號）

# 泊園

昭和十二年十一月十二日印刷（隔月一回一日發行）
昭和十二年十一月十五日發行 ―（非賣品）―
編輯兼發行人　大阪市南區大寶寺町中之町二番地　的場信太郎
印刷所　大阪市西區新町南通五丁目　林泰進堂
發行所　大阪市南區竹屋町九番地（泊園書院內）　泊園誌社
振替大阪一三八三九（泊園書院）電南六八二七

## 我漢學史を研究せよ

我國の漢學史を研究せよと余は言はうと思ふ。それは我國の漢學研究者のみに云ふのではない、我國の國學、倫理學、哲學、思想史の研究者に對しても云はうと思ふのである。否、進んでは我國の智識あり修養ある人士に對しても云はうと思ふのである。

純粹なる漢學、本格なる漢學の研究にとつては我國の漢學は今では恐らく必要なからう。文字、音韻、訓詁の學の進步は既に舊來の學術を省みるの要の無い程になつてゐるし、今更之を顧みざるべからざる程のものが何か殘されてゐる樣にも思はれない。漢學の研究は斷然新しき方法に隨つて新しき本を用ゐ、新しき解釋に進むべきものだと思はれる。何を苦しんで古い方法を追ひ古い解釋に從ふべき必要があらう。

然し、我國の漢學は我國の思想であつたのだ。我國の倫理であり、哲學であり、國學でさへあつたのだ。單なる我國で研究したる支那の學問では無かつたのだ。支那の學問の研究であると同時に、我國の思想の研究であつたのである。だから單に孔孟老莊を研究してゐたと思つてはならない。孔孟老莊を機緣とせる倫理哲學政治經濟の研究なのであるのが多くある。それ等を看取らないで考證の不備、議論の當否を口にしては先賢の意味が無になる。我國の思想史として見る用意は必要である。

我國の思想史として我漢學史を見直せば、漢學史そのもの以外に豐富なる文化史の材料が存する。諸學者の注意を請ひたい所以である。漢學そのものとしては云ふに足りないものにも幾多の思想は存して研究を待つてゐる。

かゝる見地から云へば我國一般人士にとつては舊來の漢文書籍は多大の智識の源泉であり、修養の資料となる。何もわざわざ人種風俗の異なる異國のものを探る必要があらう。

況んや讀んで之を誤解し乍ら喜んでゐるなんかは困るではないか。

我國を理解せんと欲するならば我國の漢學書をも繙け。學者も俗人も之を披閲せよ。その爲めに漢文を習ひ初めるも遲くはない。日本人が日本の第二國語を修めるに何の遠慮があらうや。

當今我國の文化はあらゆる方面に進んでゐるが、我國漢學史の研究は遺憾乍ら盛んでない。學者は速に之を研究し、一般人衆は之を保存し流傳する事を心掛けねばならない。然らずんば遺書遺事の湮滅するもの日に月に多くなる。而して我國文化の傳統を中絕せしめて、不明ならしめはしないかを恐れる。

かゝる事業は決して役所には望めない。學校にも恐らく期し難い。只志有る人士に待つ有るのみである。然し、役人でも先生でも將た一般人士でも、願はくば道樂の一としてゞもよい、舊來の漢學の保存流傳研究に一臂の勞を貸さん事を。實は憂ふる所があるので此を訴ふるが余の目的であるのだ。（白水生）

## (15)　　效尤生

皇明世說に劉基が明太祖に見えしに「詩を能くするか」と問はれ「儒者の末事、何ぞ能せざらんや」と對へた。時に太祖は恰も食事をして居つたから、手に持つ斑竹の箸を示し之を賦ませた處、基、聲に應じて

一對湘江玉並看。二妃曾灑淚痕斑。

といつた。これは斑竹は一に湘妃竹ともいつて、舜が蒼梧に崩じた時、之を追つて來た娥皇女英の二妃が哀み泣いた、其淚が竹を染めて斑々たる痕を印した。といふ傳說によつて言つたもので、箸だから一對並看といつたのである。帝は眉を蹙めて「秀才の氣味だ」といつた。基曰「未だし」と

漢家四百年天下。盡在張良一借間。

といつたので、帝は大に喜んだ。これは漢高祖が酈食其の說を納れて、六國の後を立てることにしたのを、張良が丁度高祖の食時に來謁して、之を聽き、其不可を論じ、帝の前にある箸を借りて、數取りとして八難を述べた。といふ故事を用ひて、暗に自己の抱負を含めて居るのである。

沈石田が、都南濠に「近頃、何か得意の作あるか」と問うた。南濠は節婦詩を示し

白髮貞心在。青燈淚眼枯。

といふ句があつた。石田いふ「一字の穩ならぬものがある。禮に「寡婦は夜哭せず」とあるから。これは燈字を春字に改めたがよい」と。成程と思はせる。

談苑醍醐に、詩は翻案（古人の意想を轉用すること）を貴ぶ。謝靈運。

曉聞夕飈急。晚見朝日暾。

といへる。殊に變つて居る。凡そ風の起るは夕にある。これは「曉に夕飈を聞く」といつた。杜子美が

喬木易高風。

といつた意。「晚に朝日を見る」は倒景返照である。孟東野が

南山塞天地。日月石上生。高峰夕駐景。深谷夜先明。

といへる。皆、謝の詩から翻出したのだ。

韻語陽秋にいふ。古今、王昭君（漢の元帝が宮女が多くて知り盡せぬから、畫工の毛延壽に肖像を畫かせて、之を以て侍御を撰んだ。宮女は皆、毛に賄賂を使うて、美しく畫かせた。王昭君は賂をやらぬから、醜くかゝれた。後に匈奴の單于が、漢の婦を迎へて后としたいと請うた時に、昭君を遣ることになつた。御別れに謁見した所、頗る美人であるので、帝驚いて之を糾して、延壽等を死罪にした）を詠じた人は多いが。王介甫（安石）の詩

意態由來畫不成。當時枉殺毛延壽。

は貌は畫き得るも、意態は畫けぬ。毛延壽の畫がわるいとて殺されたのは寃罪だ。といふのである。又歐陽永叔が

耳目所及尙如此。萬里安能制夷狄。

といへるは。耳目の及ぶ宮中ですら、人に蔽はれる元帝が、萬里の夷狄を制し得ぬ。とそしつたなぞは、前人の足跡を脫却して居る。

黃坡先生胸像

南區在郷軍人分會贈呈

### 新居移轉報知

藤澤黃坡先生泊園書院塾は十月初旬左記へ轉居さる

**南區竹屋町九番地**

（電話南六八二七番）

### 社誌

梅見春吉　岡本奇堂

泊園同窓會幹事　梅見春吉　安達龜造

# 論語講義

黄坡先生述

**哀公問主（古論社に作る、鄭玄の本による）於宰我。宰我對曰。夏后氏以松。殷人以柏。周人以栗。曰使民戰栗。子聞之曰。成事不說。遂事不諫。既往不咎。**

**訓讀** 哀公、主を宰我に問ふ、宰我對へて曰く、夏后氏は松を以てし、殷人は柏を以てし、周人は栗を以てす。曰く、民をして戰栗せしむと。子、之を聞て曰く、成事は說かず、遂事は諫めず、既往は咎めず。

**解釋** 此章は孔子が宰我を戒めて、言は苟且にしてはならぬと喩されたことを主としたのであつて、譬諭の部類に入る章である。主を問ふの主の字が、他の本には社に作られてあつて、鄭玄の本に主に作つてある、而して鄭註に主は田主、社を謂ふ。とあつて、田主即社のことといふのであるから、つまり社も主も同義となる、社は土地の神であつて之に其野の宜しき木を樹へると周禮にも書されて居る。そして夏后氏の都は河東にあつて、松によい。殷人は亳に都し柏によい。周は澧鎬に都し栗によい、と。公羊傳や禮記の註にあるのである。

更に此社に神代となるものがあつて之を社主といふのである。社に木を樹ゑて之を神とするのは後世の論である。といふ說があつてこゝの主は即ち社の木主である。左傳、襄公廿八年に陳侯免擁社の註に社主を擁すとあるのがそれだといふのである。」

今一つは、主を廟主、廟の木主、我國の位牌の樣なものと說くのである、公羊傳に虞主は桑を用ひ、練主は栗を用ひるといふ文があり、何休の註に夏后氏云々と引いてあり、また左傳文公二年の作僖公主の杜註に此章が引いてある。これによつて徂徠子等此說を主張し家說もこれによつて居る。自分は第二の解が確かな樣に思ふのである。

今迄の宰我の對は據り處のあるものであるが、宰我は周人以栗といふ意味を布演して、民を戰栗せしめると曰ふ主意であります。と言ひ添へたのである。戰栗は懼れ敬しむ意であるので、栗から思ひついた宰我の獨自の思附きである。人君に對して使民戰栗は美むべき說ではない。つまり宰我の口がすべつたのであつた。これが孔子の氣に入らぬので「已に出來たことは、言ひわけはできぬ。成し遂げたことは諫めて止めることは出來ぬ。既に過ぎた事は咎めて及ばぬ。と其失言の今更責めても詮ないことであるとて、深く後來を戒められたのである。

この成事云々は古言であると徂徠はいふて居られる。

**子曰。管仲之器小哉。或曰。管仲儉乎。曰。管氏有三歸。官事不攝。焉得儉。曰。然則管仲知禮乎。曰。邦君樹塞門。管氏亦樹塞門。邦君爲兩君之好有反坫。管氏亦有反坫。管氏而知禮。孰不知禮。**

**訓讀** 子曰く。管仲の器、小なるかな。或る人曰く、管仲儉なるか。曰。管氏に三歸あり、官の事かねず、いづくんぞ儉なるを得ん然らば則、管仲は禮を知るか。曰、邦君は樹して門を塞ぐ、管氏も亦樹して門を塞ぐ、邦君、兩君の好をなすに反坫(てん)あり、管氏も亦反坫あり。管氏にして禮を知らば、孰か禮を知らざらん。

**解釋** 品藻の部に入るべき章であつて、**管仲の禮を知らぬことを小とした意**である。器は局量といふ類であつて、其入れ物が小さいといふ言葉である、たとへば斗量の樣なもので、一升は一升、一斗は一斗といふ風に量がある、今管仲が齊の相として、禮を以て君を輔け國を定める事の出來なかつたのを許して**其器量が小さい**といはれたのである。就ては或人との問答があつて、丁度夫子の意をトすることが出來るから、こゝに附記してある。即ち管仲は儉約でありましたかとの問に答へて、曰はるゝに、管氏には朝より歸る家が三處あつた。これ奢である、また家臣の職事が官ごとに人を備へて居つて兼攝をさせて居らぬ、これも奢である　焉ぞ儉といふを得んやと答へられた。

この**三歸**は、もと包咸の註に「三姓の女を娶るなり」とあるが、これは分を越えたことになつて、禮を知らぬ方であつて奢とはならぬ、かつ下に引く諸書とも合はぬ。晏子春秋に「昔吾が先君桓公、管仲あり齊國を恤勞す身老いて、之を賞するに三歸を以てし、澤、子孫に及ぶ」とあり韓非子に「桓公曰子をして**三歸の家**あらしめん」又「管仲は庭に陳鼎あり、家に三歸あり」とある。戰國策にも、齊桓公、宮中に七市、女閭七百 國人之を非る管仲故に三歸の家をなして以て桓公の非を掩ひ自ら民に傷さる」とあるから、兪樾は、「管仲が朝より其家に歸るに三處ある。家が三處あれば鐘鼓帷帳も移さずして具る、これ其奢を知るべく。又美女の侍するものも三處一の如く、以て公の女閭七百のために謗を分つに足るのだ」と解いて居るのが穩當である。說苑に管仲、**三歸の臺**を築いて以て自ら民に傷さる」とあるにより朱子は臺名と說かれたが、說苑は誤傳と見る說がよいらしい。又、臺を府庫の類といふ說も不充分であるから、兪說を正とすべきである。

或人また管仲禮を知るかと問うたにより、夫子の答は、諸侯は門に樹、即ち屏を設けて內部を蔽ふ禮がある、管氏も屏を其門にたてゝ居る、これ僭である。また諸侯が兩君の好會をなす時に、坫というて、土を累ねて臺を作り、堂上東西の二楹の間にあつて、主客の獻酬の畢つた時に爵を其上に反す處を作るのである、管氏また之を僭して居る。かくの如く上に僭したことをして居る管氏にして、もし禮を知るといひ得るならば、孰れが禮を知らないといふべきか、禮を知らざるものはないといへやう。といはれた。

この二項の問答は、正に孔子が管仲を小器といはれた意を伺ふことが出來るから上に併せて記錄したものであらう。しかも後の禮を知らないといふことが、孔子の管仲を惜まれたる要點である。即ち禮を以て君を輔くれば桓公の業更に見るべく、又其死後、齊の大亂など起らないであつたらう。

**子語魯大師樂曰。樂其可知也。始作翕如也。從之純如也。皦如也。繹如也。以成。**

**訓讀** 子、魯の大師に樂をつげて曰く。樂はそれ知るべきなり。始めおこるに翕(きふ)如たり。之をはなてば、純如たり、皦如(きやうじよ)たり繹(えき)如たり以てなる。

**解釋** この翕如は聲の聚つて盛んなる貌、純如は和諧して純一なる貌。皦如は音節の明白な貌。繹如は音の相續いて絕えぬ貌。如は形容語につく助語である。

孔子が、魯の樂官大師に樂について語られて、樂は知り難くはない。始めて作るとき五音相合ふて盛んに、其放ち縱めて、音聲を盡さしむるに及び、其聲の和諧せる、其音節の分明なる、其絡繹として間斷なき。錯綜して其曲を成すものであるといはれたのであつて。**音樂の大概を語られた章で、禮樂の部に屬するもの**である（第二十三講）

## 黄坡先生近詠

### 時事書感

一

歡聲如湧滿街衢。應召雄懷吞九區。
義膽忠肝金是骨。壯心英氣石爲軀。
好將孤劍敵王愾。不許隣邦守宋愚。
討娶皇師天所祐。既聞衆庶詠來蘇。

二

忠爲血脈義爲魂。日域儼然士道存。
不作私身生死計。期酬聖主海山恩。
善隣自古思連帶。芟莠于今須拔根。
只願全排妖霧去。東方新闢別乾坤。

## 丙子晩秋高尾觀楓

鷲田南畝

一

沿溪行賞滿山楓。回峽時看遠飮虹。
漸上淸公廟前阪。餘飛猶帶夕陽紅。

二

秋山處々醉人歌。林樹巖棚綺羅多。
笑向老顏亦如火。與他紅葉色如何。

三

白雲紅葉碧寒流。三尾最推高尾秋。
盡日賞奇度山往。歌歸又倚夕陽樓。

## 泊園日課

| | 午前六時七時 | 午前九時十時 | 午後二時五時 | 午後七時九時 |
|---|---|---|---|---|
| 月 | 詩經 | 書法正傳 | 東坡和陶詩 | |
| 木 | 莊子 | 書法正傳 詠物詩選 | 東坡和陶詩 生文集 | |
| 金 | 詩經 | | 古文讀本 | 國故論衡 說文（石濱先生） |

## 泊園會彙報

◎九月廿日、常任理事會を泊園書院に於て開く出席者は福本元之助氏、石濱純太郎氏、松浦捨吉氏、豐田國三郎氏、梅見春吉氏、

## 泊園同窓會員消息

◎眞野鷹一氏　九月十九日卒去さる

◎門脇禎二郎氏　出征さる

昭和十二年十一月十五日（月曜日）　泊園　第三十號　（三）

# 富永謙齋の漢學

石濱純太郎

富永謙齋先生の學問は夙に識者の間に知られて居つたが、然しそれは只佛教研究の方面に於てのみであつたと云つても差支ない。明治維新以來の新興學界に於ても、村上專精博士、姉崎正治博士、其他佛教學の諸先生のみが精到なる謙齋先生の治學方法を推奬されたのであつた。即ち名著「出定後語」だけが傳はつてゐたからであるのだ。そうして先生の傳記なども殆んど分つてゐなかつたからでもあつた。だから漢學方面の先生の蘊蓄を揣摩するのも、「說蔽」の著によつて三宅石庵に破門されたと云ふ傳聞に依る外は無く、漢學の諸先生の批評には上らなかつたのも、先は無理ならぬ事である。幸にして內藤湖南先生、龜田吟風先生、吉田鋭雄先生、其他諸君の調査研究の結果、傳記のみならず、漢學方面の見識の卓出せる事も稍々明かになつた。

先生名は仲基、字は子仲、通稱は三郎兵衛、謙齋は其號である。大阪の人。父は道明寺屋吉左衛門、名は德通、號は芳春、懷德堂五同志の一人で、其第三子が先生である。正德五年に生れ、十歲頃には懷德堂に學び三宅石庵に就いた。十五六歲にして「說蔽」を著はし儒學の批判をしたので破門されたと云ふ。その後池田の田中桐江に詩文を學んだが、間も無く家を出で黃檗山の大藏經校合に從事した。父の歿後は町儒者で身を立てゝゐたが、多病にして、僅か三十二にして延享三年八月二十八日を以て世を逝つた。

遺著の名の知り得べきものは、「說蔽」「出定後語」「翁の文」「諸子解」「宋學眞詮」「三器」「樂律考」「長語」「短語」、尙書大學論語の考である。吉田鋭雄先生は遺詩佚文を輯めて「謙齋遺稿」一卷とした。遺書は流傳せるものが少いから全豹を窺へないが、一斑を以て其學術を推すに十分である。

「說蔽」は佚して傳はらないが、其大意が「翁の文」の第十一節に要約してあるので、先秦思想史論たる事が分る。曰く、

「孔子の堯舜を祖述し文武を憲章して王道を說出されたるは、是は其時分に齊桓晉文のことをいひて專ら五伯の道を崇びたる其上を出たるものなり。又墨子の同じく堯舜を崇びて夏の道を主張せられたるは、是は又孔子の文武を憲章せられたるその上を出たるものなり。猶又楊朱が帝道をいひて黃帝などを崇びたるは又孔墨の說れたる王道の上を出たるものなり。許行が神農を說き、莊列の輩の無懷葛天鴻荒の世を說きたるは、又皆その上の上を出たるものなり。是等は皆異端のことにて、同じ孔子の道にも儒別れて八となるとあれば、さまざまに孔子にかこつけて皆その上を出あひたるものなり。告子が性無善無不善と說たるは世子が性有善有惡と說たるその上を出たるものなり。又孟子が性善を說たるは告子が性無善無不善と說たるその上を出たるもの也。又荀子が性惡を說たるは又孟子が性善を說たるその上をいでたるものなり。樂正子が孝經を作りて曾子の問答にかこつけて孝を主張して說たるは、又もろもろの道をすてゝ孝へおとしこめたるものなり。」

前半は正に先秦思想發達史であり、後半は儒學發達史であつて、所謂高等批評の能事を盡せるものである。又第十五節に於ては先生の言語學なる言に類有りの原則によつて禮樂聖などの語の發展を指示してゐる。これ等の簡單なる結論を見ても、先生の精審にして且つ該博に、而して之を貫く天才的なる見識を見るに十分である。殊に我等の最も推服する內藤湖南先生武內誼卿先生の學術が謙齋先生の學風に負ふ所の大なるを看取して驚嘆の外は無い。今より二百年の昔、かゝる學術を何處に見得るであらう。誠に不世出の偉才と云はざるを得ない。「諸子解」其他の著述は遺憾乍ら存否を詳かにし難いが、只此れ丈でも先生の漢學を識るに足るのである。

否、只にそれ計りでない。先生は先生の活學方法を以て佛教を儒術を神道を批判したのみならず、此等の三教を其立場に於て理解しつゝ之を止揚して誠の道を說き出した。此等三教を批判止揚して一の哲學、然も個人、時代、國家の癖を克服して、現代の我國の人々に適する道を稱道せんとしたその見識に至つては眞に二百年後の今日に於ても我等に教ふる所があるのだ。單なる分析の學術でない、眞に綜合の一路を示す指南車である。漢學者は到底唐樣に泥み、佛教徒は畢竟天竺風であるが、先生はそうでなかつた。期する所は日本の道であつたのだ　排佛棄儒と見誤られ易きその文辭は先生の眞意を看破するによしなき人々の理解の外に在つた。今に於てこそ我々はその誠の道を理解せなければならない。而して絕代の日本偉人をこの大阪人に於て看取せねばならないのだ。

湖南博士は先生を推して我國第一流の天才と稱せられた。十歲初めて學に就き、二十歲には大約これ等の思想に到達したる先生を念へば驚くの外はない。我國ばかりではない、世界に於ける第一流の天才と誇つて敢て差支は無い。況んや天才に有り勝ちの奇癖のない天性至孝の人だと云ふ。我等は不幸短命なりしこの大阪の町人學者を我國の誇りとして尊敬したいものと思ふ。（漢學大會報告草稿）

## 學界逸聞

### ○富永仲基謙齋先生記念會

十月三日富永家墓所、下寺町西照寺に於て追遠法會執行、併せて遺著、遺文、眞蹟、參考書等六十餘種の展觀あり。就中律略校本、樂律考稿本、九皐集序（親筆）摹右軍蘭亭記井狩雪溪呈謙齋稿本、東華秘笈、は謙齋の愛弟東華の後裔眞家の所藏にして稀覯の珍書なり。因に、詳ならざりし謙齋先生歿年月も明白に至りたるを機とし。常に謙齋先生を激賞して已まざりし故內藤湖南先生の遺志を紹ぐ門下有志の記念主催と聞く。會衆百餘名。上記遺著遺墨を影印せる繪端書數葉及び石濱純太郎氏著謙齋先生小傳を頒與せられ、座談會等にて賑ひ、頗る盛會なりき。

書院課表

| 水 | 火 |
|---|---|
| 詩經 | 莊子 |
| 詠物詩選 | 書法正傳 |
| 古文讀本 | 東疇先生文集 |

| 日 | 土 |
|---|---|
| 第一、第三、午前七時より 詩經 | 唐詩選 |
| 每月一日第二四五日曜 祭日 休講 | |

松浦捨吉氏、豐田國三郎氏、梅見春吉氏、安達龜造氏の六名にして第四回總會に付き評議決定す。

◎十月十七日、第四回總會を別項の如く開く

◎佐藤俊亮氏　出征さる

◎三木東岳氏　出征さる

◎福本元之助氏　十月二十七日卒去さる

# 章太炎の國故論衡

大　壺

今度の講讀に章太炎の「國故論衡」を使用する事となつたが、恐ろしく難しい本ではあるが、支那現代の學術界は此書が之を啓いたと云つてもいゝ程であるから、其點から云へば我等の必讀すべき名著である。

章太炎は昨年の六月十四日を以て歿した。畏友小川茂樹君は「東洋史研究」第一卷第五號紙上に學傳を揭げて之を弔つた。そこで君は信賴すべき傳記は未だ見當らないと云つて居る。余なんか固り知らない。王森然の近代二十家評傳は餘り當てにならないと云ふからこゝに燕京學報第二十期に出でたる容媛の記事によつて小傳を窺ふ事とする。

章太炎は名は炳麟、字は枚叔、浙江餘杭の人。顧炎武の人と爲りを慕つて名を絳と改めてゐた事もあるが、別號の太炎を以て世に行はれてゐる。清の同治七年の生れで、少くして德清の兪曲園に就いて學んで、皖派の學に至つた。學問の旁ら諸史政書に及んで遂に種族思想を抱き排滿革命を言ふに至つた。光緖の末年上海で國粹學報を起したが、表は國粹學問の研究だが、盛んに光復の義を倡へたものであつた。此時の學問は左傳を主とする古文經學であつて、激しく今文派を攻擊した。然し此頃已に佛學に心有つて、下獄の際には特に瑜伽論に傾頭した。出獄後孫中山の招きによつて我東京に來り、留學生達に學を講じ世を論じた。辛亥の武昌の變に早速歸國して劃策する所があつたが、民國政府が出來てから、其の爲す所が心に愜はず、袁世凱の爲めに幽禁さるゝに至り、絕食したが死なかつた。黎元洪の時になつて上海へ解放された。孫中山の北伐には秘書となつて働いたが、中山が罷めると、太炎も上海に歸り、民國十二年に華國雜誌を創刊し學問を講授する事となつたが、もう此頃から政治にはあいそをつかして來、國は亡んでも文明は亡びないからと支那文明の流傳闡明を念としたらしい。蘇州に移居して專ら國學講習を子弟に爲して晚年を送つたのであつた。著述は章氏叢書（活字本、木版本、石印本があり）、同續編に編輯されてゐる。弟子は多く、今の支那學界は彼の二傳三傳の人で占められてゐると思つても過言でない。彼の最愛の弟子である黃季剛は出藍の偉才であつたが、彼れに先つて歿した。

彼の思想の變遷は蓟漢微言中に自身で述べてゐるが、近代支那を知るの一好例であると思ふ。國故學の深い根底の上に立つて諸學を別裁融貫しつゝ、國家の元老であり乍ら萬事志と戾り行く情態を長大息を以て見守り、國學の傳存に生命を託さねばならなかつた心情には多少の感慨は無き能はず。

「國故論衡」は國粹學報に書いた論文類を纏めあげて出來た本であるが、彼の學術一般を代表してゐる。上卷は小學で、近代支那言語學の創立であり、學問成績の上で斷然光を放つてゐるものである。中卷は文學であるが、支那文學の源流法式を論定した一家の文學論で彼一流の文章は此上に立つてゐる。下卷は諸子學で、支那に於ける新しい哲學史觀であつた。清末以來の諸子研究はこれに刺激されて起つたと云つてよい。此の如く支那學界を啓發興起せしめた國學評論集であるのだ。學人の必ず一顧すべきものである。

因に文瑞樓發行鴻章書局石印本は章氏叢書木板本を影印したものらしいから好いと思ふ單行活字印本も種々あつた樣に思ふが、余には上海中西書局印本があるのみだ。

# 第四十回泊園同窓會 第四回泊園會總會之記

梧　堂

十月十七日、二會共に稻城香ほる、神嘗祭の日をトして、備後町綿業會館に於て開催された。會賓、黃坡先生、松崎少將閣下を始め會する者三十六名。午後三時開會、司會者安達幹事の挨拶に次ぎ、會衆の推擧により粟谷氏座長の席に就き、泊園會總會を開く。昭和十二年度會計決算に付き承認を求め、異議なく可決した。役員選擧に就いては、本日不勝缺席の福本理事長との合議に待ち、後日決定すべく承諾を得て總會を議了した。次いで、同窓會々幹梅見春吉氏は挨拶を爲すべく登壇同窓會合四十回を顧懷し、現下の非常時を識して一絕に託して

締交四十有餘回。　同學泊園朋友會。
萬事人間何所加。　恩深麗澤風塵外。

と吟じ、又昨夏會幹德田活園を失ひ、今春同じく宮崎貞吉氏の訃に接し、同友物故相次ぐを喞ち。偶々今夏の罹病平癒せるを喜び、之を一律に示めして舊朋新友相與に交諧するを述懷して壇を下つた。次に安達幹事同窓會及び泊園會の各會計の內容を說明して諒解を求め、之に議事を終了し、一同別室に於て休憩、互に盃を闔むで歡談の中に黃坡夫子は莞爾として講話に移らる。「我が泊園では由來學の方針として漢文とはいはない特に漢學といふのであつて即ち斯學を與こすのである、此に於て今日まで支那から傳つて來た漢學を此際夕、キ直す必要がある。即ち之を日本化するにある、殊に國體に合はぬものは縱令經書といへども其まゝでは不可である。又宋學の根本は、孟子の性善說に據り、一毫の念に於て之を絕て人と說く如きは、唯一の聖である孔子も尚能はぬを强ひるのであつて、即ち理に墮して、人間と道德とを放れさすから遂に實踐不能となる、理窟でない。道德を生かせよ。見せて導く。といふ點より新たに日本化せる經書を組織する要ありとて、我等の仲間は少數と雖も確實なる道德の樹立を唱道せん」と同友を砥礪さる。

次いで本日特に來臨を請ひし松崎少將閣下は卓上に大地圖を展じて一黃坡先生とは今宮中學に於て師弟の關係にありしを述べられ只今先生の御話は漢學の日本化を說かれたが、歐米模倣に始まり我海軍も漸次日本化しつゝあるが、固より其精神に於ては日本固有のもので日露戰役に於ては外國人のやらぬ事をやつて其の基準を示めしたが、まだ〳〵之を正宗の銘刀に等しきものにはなつて居らぬ。歐洲大戰末期より我國では國產海軍の域に入り物を作る丈でない、材料の國產化を逐次磨き上げて來た、之が今回の日支の戰に表はれた海軍のやり方であつて曾てない基準を世界に示めすものなるを圖示詳論せられ、此非常時を克服するには、學問、實業、產業各方面共に日本化して之を突破するにありとて、日本人は良い經書を作るも其の實踐躬行は一つもなし、噓の支那を是正して、日本化漢學的に支那を友達として誘導同化して第三國にホントの日本の面目を認識せしむべきなりと一時間餘に涉つて論斷され、一同に多大の感興を與えらる。講演終了後懇親會開宴、同友圍卓を圍み往時を回顧し、時局を論じ、會飲數行の後デザートコースに入り、粟谷氏立て、黃坡先生及松崎閣下の御話を受けて時局の認識を深かめ、且昔時學びし泊園學行の功用を今に知ると感慨を述べ。次いで村上氏は日露戰爭當時に比し現今の隔絕せる軍備の進步と完備せる銃後の援護を、實話を以て稱へたる頃、滿堂耳熱し氣昂がる、粟谷氏推されて立ち僭を謝し肅然發聲、至尊萬歲を唱和し、乾盃應酬の裡、時艱を反映せる近來なき、緊張せる同窓の會を終了せしは暮靄深かき頃であつた。

◎泊園會々費收受報告ニ付御謝リ
本號記事輻輳ニ付次號揭載ノ豫定

# 泊園同窓會、會務報告

## 收入之部

自昭和十一年十月　至十二年九月

一金參百八拾八圓六拾八錢也　前年度殘高
一金壹百八拾參圓六拾貳錢也　常費壹百六十九口
一金六拾參圓也　泊園誌後援寄附金十二口
一金貳百圓也　泊園會補助金
一金四拾四圓也　追悼會香華料八口
一金七拾圓也　懇親會々費收入三十五口
一金拾九圓五拾錢也　城山道人稿頒布高
一金參拾壹圓六拾八錢也　泊園會追悼會補助金
一金四圓〇六錢也　利息

**合計金壹千〇四圓五拾四錢也**

## 支出之部

自昭和十一年十月　至十二年九月

一金壹百六拾參圓六拾八錢也　追悼會費及懇親會費
一金壹百九拾貳圓五拾錢也　泊園誌發行費六回分
一金八拾四圓貳拾錢也　諸郵稅
一金參拾八圓五拾錢也　同窓會員名簿五百部代
一金九圓九拾錢也　帶紙、帳簿、紙代
一金貳拾六圓貳拾五錢也　香資（三口）
一金貳拾九圓七拾錢也　泊園誌同人慰勞用書類裝表代八口
一金貳圓四拾錢也　印刷所員慰勞品代
一金壹百八拾八圓六拾七錢也　城山道人稿發行費三百冊一部
一金拾七圓貳拾五錢也　城山先生百年祭典補助金

**合計金七百五拾參圓〇五錢也**

**差引後期繰越金貳百五拾壹圓四拾九錢**

顧問　黃坡先生　同人　石崎太郎　的場信太郎
石濱純太郎　三原靜美
梅見春吉　岡本奇堂

幹事　梅見春吉、安達龜造　泊園誌社　的場信太郎

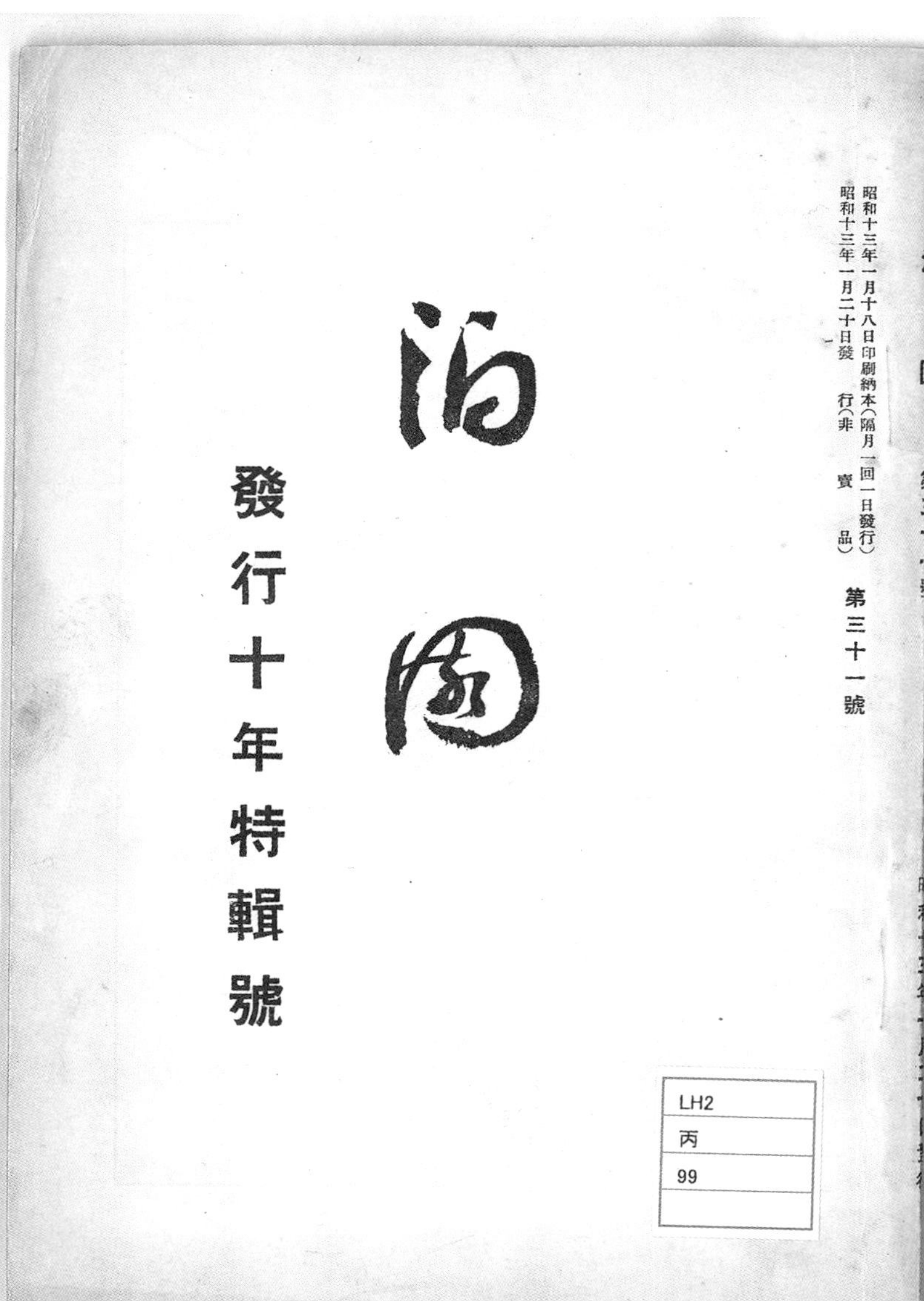

泊園

發行十年特輯號

昭和十三年一月十八日印刷納本（隔月一回一日發行）
昭和十三年一月二十日發行（非賣品）
第三十一號

泊園誌社

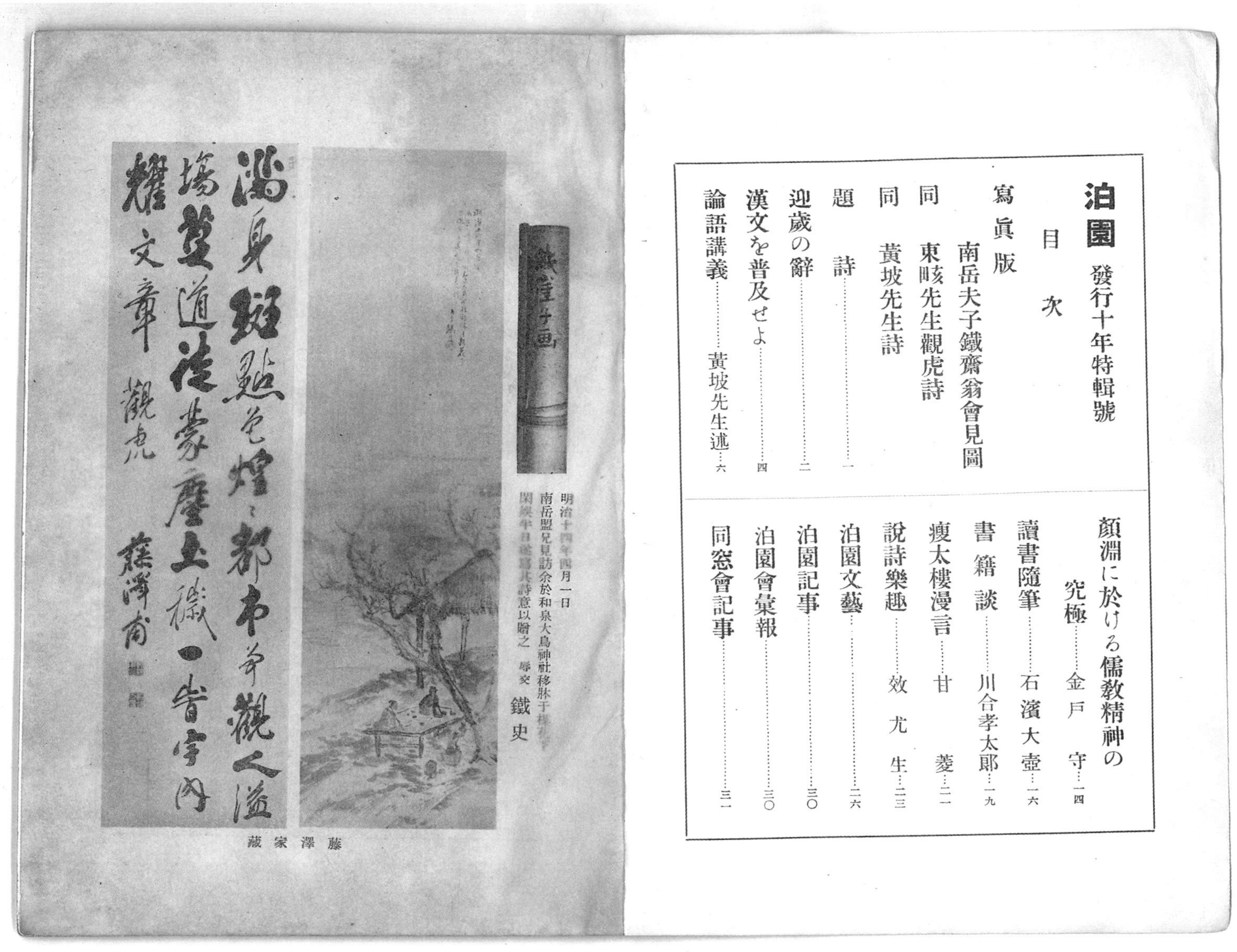

明治十四年四月一日
南岳盟兄見訪余於和泉大鳥神社移牀于樹
閑候半日戯寫其詩意以贈之　辱交　鐵史

藤澤家藏

泊園　發行十年特輯號

目次

# 泊園　發行十年特輯號

目次

明治十四年四月一日
南岳盟兄見訪余於和泉大鳥神社移牀于楳花下
閑娯半日遂寫其詩意以贈之　辱交　鐵史

藤澤家藏

# 泊園　特輯號

昭和十三年一月
發行十年

## 戊寅宸題

墨浦風和松籟新
露珠粲々賁清晨
思親祝國心如結
社畔今朝多賽人

## 泊園誌發行十年

十年經歴感懐多
扶翼斯文果若何
迎歳更加新意氣
東風吹處擧清波

# 迎歳の辭

去るものは矢の如く、來るものも亦水の如く、烏と兎と實に此の如く去來してこゝに寅年の春を迎ふ。

去年七月の變起てより、正に半年、皇軍連りに捷ち、皇威愈々振ひ、啻に隣敵の四分五裂するのみならず、列强もまた屛息して退くの狀あるは、正にこれ猛虎一たび嘯いて百獸慴伏するの槪あり。豈に愉快ならずや。こゝに先づ諸君と共に大杯を擧げて皇運の邳隆と皇道の蕩々とを祝せざるべからず。而してまた外は從軍將士の嚴霜堆雪の中に此新正を迎へられあるを想ひ、內には戰歿勇士の忠魂を弔し、窃に感激の情を致すべきなり。而して翻つて憫む蔣某の虎に騎るの勢、遂に何の地にか落着を觀む。



若し夫れわが泊園にありては、寅年はまた紀念すべきの年なり。東畡夫子の覽揆は實に寬政甲寅にあり、今をさること正に百四十四星霜、南岳夫子は天保壬寅を以て生れられ、今に於て九十六年。學園の榮、今日にいたりて百十有五歲なり。吾人豈に更に之を大にし之を張つて以て　皇道を扶翼せざるべけんや。また顧るに泊園宿老の世に即ける去年より多きはなし、想うて此にいたり悽然として獨り欷して而して嘆ず、而してまた諸君の更に興起せらるゝを望むや切なり。

天の未だ斯文を喪さゞる、しかも之を西土に存せずして、明かにこの東方にあり、我道東すとは危言にあらざりしなり。吾人は數々日本の漢學を振興して、大に斯文を興起すべきを說けり。請ふこの紀念すべきの寅年に於て更に諸君と共に事に此に從はむ。南岳夫子の自警の句に曰、未喪斯文。弘以濟世。樂以忘老と。



# 漢文を普及せよ

皇軍の比類なき戰勝は瞬く間に北支江南を頑敵の暴虐から救ふに至つたが、偖てこれから如何にして此等の地と民とをして現代の文化に浴せしむべきか、種々劃策されつゝある樣である。固り唇齒輔車の關係ある我國が大決心を以て之を導き敎ふべき責務を持つ。政治的にも經濟的にも將た文化的にも東亞の友邦として此の解放された無告の民をして仁政に浴せしめなければならない。

今にして我々は支那を知らなければならないとか、支那を再檢討せねばならないと人は云ふ。誠に然り、支那を檢討し知らなければ之を指導すべき我國は再三の忍從苦難を繰返す愚をせねばならなくなる。それは絕對に繰返さるべきではない。然らば漢文を普及して支那を知るべき手段を獲得せしむべきではないだらうか。

世或は云ふ、漢文によつて支那を知り得ない、知る所は過去の支那であつて現代の支那ではない。現代の支那を知る爲めには古代の漢文は何の必要かあらんやと。近眼者流の云ふ所はいつもこんなものである。現代は現代に出來てゐるが、由つて來る所は遠い。由つて來る所を知らずして何で現代に對する方策があらうか。



漢文は何も秦漢の經傳諸子計りを云ふのではない。上下四千年、縱橫三千里、漢文を知るによつて檢討すべき幾多の問題は眼前に層見してゐるのだ。西曆紀元前の漢代公羊氏の經說が十九世紀末の晩清思想に如何にして現れ出でたか。清末民國初の崇墨論排孔說が如何に起伏して靑年に影響を與へたか。經傳諸子の研究にして倘且つ現代に働く所があつたんだ。近代の政治論經濟議社會說は皆將に現代諸相の苦悶の痕迹ではないか。漢文を解せずして近代支那を知らんと欲するは西に行かんと欲して東に向ふの類である。

世の儒者の餘りに經典に沒頭し過ぎるを尤める人もある。然し人各々其の任がある。卓識の士は何も別に白首一經を守らなくてもよろしい。經世の志有る人は近代の史類に飽くがよろしい。只正に學を好んで已れの適する所を選び、老儒の訓詁通論の意義を知つて輕々しく難ずる勿れ。支那を熟知するの一途は皆漢文に通じて現代支那の利病長短を知り、東亞經世の大策を生み出すにあるんだ。

世の支那に志有るの士よ、漢文を習つて支那を知れ。世の東亞に關心を持つ者よ、漢文を普及して支那を檢討する工具を與へよ。外字新聞や小說によつて淺く見て輕率なる論議を爲すを愼めよ。支那によつて支那を知れ。西洋によつて支那を知れりと爲さば後悔すとも及ぶべからず。今こそ漢文普及を策すべき時だと思ふのである。（白水）

# 論語講義

黄坡先生述

儀封人請見曰。君子之至於斯也。吾未嘗不得見也。從者見之。出曰。二三子何患於喪乎。天下之無道也久矣。天將以夫子爲木鐸。

**訓讀** 儀の封人、まみえんことを請うて曰、君子の斯にいたるや、われ未だ嘗て見ゆるを得ずんばあらずと。從者之を見えしむ。出でゝ曰、二三子、何ぞ喪するを患へんや。天下の道なきや久し、天將さに夫子を以て木鐸(たく)となさんとすと。

**解釋** **封人の鑑識のあることを記した章**で、夫子に對する批評であるから、**毀譽部**に屬する。**儀**は鄭註に蓋し衛の下邑ならん、とあるが、四書釋地に衛の西南境にあると說いてあるが、これに對し、春秋に夷儀とある所で**衛の西北境**(今の直隷順德府西南四十里)といふ說がある方が穩當であつて孔子が始めて魯を去つて衛に往かれ、衛侯未だ孔子を知らず、孔子將に西の方趙簡子を見んとした時に、此地を過ぎられたのであらうといふのである。**封人**は封境を守る官の名で、左傳に潁考叔、潁谷封人たり、祭封人仲足、宋高哀、蕭封人たり、呂封人華豹、など皆邑名を冠してある、其疆界の吏である。さまで卑い位ではない、朱註に「蓋、賢にして下位に隱るゝ人」とあるは無用である。其名は傳はらぬが此人、孔子に見えたいと申出て曰ふに、有位有德の人々の此地に來られし時には、吾は之にまみゆるを得なかつた事はな



いから、今汝の夫子にもまみえさせて下さい」というたのである。孔子の**從者**、即ち弟子の隨行せる人が、之を紹介して孔子に見えさせた處が、孔子の前より退出して門人等に向つて「あなた方は、なにも夫子の位を失うて、かく他國に居られるといふことを悲むことはない。天は夫子を木鐸として道を天下に狗へしめんとして居るのだ」と門人等を慰めたのであつた。**喪**とは禮記の鄭註に「仕へて位を失ふをいふ」とある、今孔子魯の司冦を失うて國を出たから喪といつたのである。

**木鐸**は周禮の小宰職に狗ふるに木鐸を以てすとあつて、註に「文事には木鐸を奮ひ、武事には金鐸を奮ふ」とある今日の「りん」といふものの周圍が金で、中の舌が木であるのを木鐸といひ、令を發する時に之を振り鳴らして衆人に警報するものである。今天下に道がないから、天は夫子をして道を天下に敷き後世を覺さしめんとして居るといつたものであつて、論語知言に「其一官に匏繋して徒らに才德を屈せんよりは、豈に夫の天下萬世に木鐸たるの恢々乎として拘束なく恣に道を以て鳴るにしかんや。これ封人の二三子を慰むる所以にして、よく命を知り又よく聖人を知るといふべし」とあるは、穩當な解であると思ふ。

子謂韶。盡美矣。又盡善矣。謂武。盡美矣。未盡善也。(上の善矣の矣は一本に也となつてゐる。非)

**訓讀** 子、韶をのたまふ、美を盡せり、又善を盡せりと。武を謂ふ、美を盡せり、未だ善を盡さず。

**解釋** **韶**は舜の樂の名。**武**は武王の樂の



名であつて、孔子が其優劣を語られたのであるから、章は**禮樂部**に屬する。しかし此章は孔安國以來、諸家の解が皆、舜の受禪と、武王の征伐とを論じて、德の優劣を說いて居るが、**徂徠子**はこれを樂の批評と說かれた。この方が穩當である。かつ善美を、朱子は「美は聲容の盛、善は美の實なり」と說かれた。物子は曰く、蓋、美は誠に聲容の美なり。然れども亦德の美なり。德の美なくば何を以てこれを聲容に形せんや。和正にして廣く、天に極たり地に蟠まりて、洸々渢々、無々として以て盛に、洋々として耳に盈てる、これを美といふ。故に美は其大なるものを以て言へるなり。善歌、善舞、善琴、善笛、皆善を以て之を言へるを見れば、善あに聲容に外ならんや。一事一節の細も曲當せざるなく大小の稱を律し、終始の序を比し、親疎貴賤長幼男女の理皆な樂に形見せしむる之を善といふ。故に**善**は其小なる者を以て言へるなり。聖人の樂を作る豈に躬自ら之を作らんや亦必ず后夔の倫ありて之が輔をなすならん。古今人才の盛、唯だ虞と周となり。故に四代の樂は**韶武**獨り美を盡せるのみ。武の未だ善を盡さざるに至りては有司の傳を失へるならん。然らずんば、周工の后夔に及ばざるなりとて禮記の賓牟賈が有司の其傳を失へるなりといひしを引證して居られるのが、章旨を得たものと思はれる。殊に諸家の說によれば、孔子の未盡善を未善の如く解する樣になる意でないこと固より明白である。

子曰。居上不寬。爲禮不敬。臨喪不哀。吾何以觀之哉。

**訓讀** 子曰く、上に居て寬ならず、禮を



なして敬せず、喪に臨んで哀まずんば、われ何を以て之をみんや。

**解釋** **德行部**に入るべき章であつて。**本を愼むべき**ことを語られたものである。**寬**は心寬くよく人を包容することで、度量の大きいのである、人の上たるものは寬容の心なくては、大勢の人を使うて之を懷かすことが出來ない。**禮**は**敬**のみ、相對する所のものを敬重する心なくば、禮を行ふことはできぬ所謂虛禮となつて仕舞ふのである。**喪に臨**むとは凡そ弔哭會葬の類、皆それである。喪に居るとは別である、而して居喪は固よりのことであつて、すべて喪は哀を主とする。此の**寬**、**敬**、**哀**は各其場合の主となることであるから、これがなければ、其事は觀る**べき**値がない、他に或は上として法度のよく行はるゝとか、禮にあつて玉帛籩豆の儀が整ふとか、喪に臨んで賻賵衰絰の備るとかいふ類の事あるとも、すべて觀るに足らぬのである。**何以觀之**をば朱子は「何者を以て其行ふ所の得失を觀んや」と解いたのは、語氣を失うてゐる樣に思ふ。

## 里仁第四

子曰。里仁爲美。擇不處仁。焉得知。

**訓讀** 子曰く、里は仁を美となす、擇んで仁にをらずんば、いづくんぞ知なるを得ん。

**解釋** **德行部**に屬し、**仁が安宅であること**を語られた章である。**里**は居る處といふ意味で、孟子の謂うてゐる安宅といふ樣な言葉である。即ち「人の身の置き處は仁の德を最も美であるとする。今、居處を擇ぶに當

つて仁の德に居らない樣では智者といふわけには行かぬ」と終りの語氣は仁知をもちつて面白く言はれたものである。孟子に此章の言葉を引いて「夫れ仁は天の尊爵なり、人の安宅なり」といひ、また「居いづくにある仁是なり、路いづくにある義是なり、仁に居り義に由れば、大人の事備る」といひ、また「天下の廣居に居る」といへる。荀子の「仁に里あり、義に門あり、仁其里にあらずして之に居るは、禮にあらざるなり」といへるなど、みな此章の意を承けついだ語である。下の數章と連ねて仁の大切であることを說示された心持ちを味ふべきである。

しかるに鄭註に「里は民の居る所、善居を求めて仁者の里を擇ばず」と說き。朱子は「里に仁厚の風あるを美となす云々」と說けるは意を失うて居る。また徠翁は「仁に居るを美となす」と訓して古語なりと說かれたが、これも穩當でない。

子曰。不仁者不可以久處約。不可以長處樂。仁者安仁。知者利仁。

**訓讀** 不仁者は以て久しく約にをるべからず、以て長く樂にをるべからず。仁者は仁に安んじ。知者は仁を利す。

**解釋** 此も**德行**に屬し、**仁と不仁との分ちを語つて學者に取舍する所を示された章**である。約は窮約の義で貧賤をいふ**樂**は富貴なる意である。不仁の人はたゞ已の身を謀つて人を害するを顧みぬから、窮困久しきにわたれば、堪へ忍ぶことが出來ないで自ら惡意を生ずる。また豊樂の境遇に居ること長きときは其節を失ひ、自ら驕佚に流れて



其地位を失ふのである。この**不可**といふ字は不能と同じ意となる。こゝで今一度**仁**といふ德を考へねばならぬ。即ち道は天下を安ずるの道であつて、此道に體する所の德即仁である、仁を民を安ずるの德と說くわけである、小にしては自己一人の他と接するに當つて他を犯して已を利するの事あるは仁にあらず、之を弘めては已れの關係する所の人と物とをして已のために不安不快の意あらしむるは仁にあらず、天下に臨むに當つて天下の人みな和平の樂をうけて皆其所に安ぜしむるこれ仁のいたれるものである。されば仁者はよく其の安ずる所を知るが故に豊樂に居て其の驕侈に長ずることはない、窮困に居て其守りを變へることはない、約と樂と共に間違はないのである。即ち仁者は**仁に安じ**て之を行ふ。智者は**仁を利とし**て之を行ふものである。末の句は仁者を說いた序でに知者に及んだものである。この安と利とは中庸に「或は安んじて之を行ひ、或は利して之を行ふ」とあるのと同樣で、**安**とはこゝに安處して仁を常道として居るのである、**利**とは、其已に益あるを見て之を行ふのである、包咸の註に仁者は自然に之に體す、と說き。王肅の仁の美たるを知る故に利して之を行ふと說いて居るので分明である。朱子も嘗て「仁を利する豈にこれ不好底ならんや、仁の利たるを知つて之を行ふ」といつた語がある、たゞこゝの註に「利は貪の如し、蓋し深く知り篤く好んで必ず之を得んと欲するなり」と說かれたのは過ぎたるの及ばざるものである。

この章は、不仁の方は輕く、仁者の方が主と見るべきであつて、また、久の字、長の字を注意すべきである。



子曰。唯仁者能好人。能惡人。

**訓讀** 子曰く。たゞ仁者はよく人を好みて、よく人をにくむ。

**解釋** 仁人は好惡の公平を得るといふ語であつて、**德行**に屬する章である。**伊仁齋**の古義に「善をよみすることは常に足らず、惡を惡むこと常に過るのが、人の通患である故に人を愛する心を以て人を待つときは善には其當を得て、不善にも惡み過ぎることがない。もし人を惡む心でもつて人に接すれば、善者には其當を失ひ、不善者には必ず過惡にいたる。故に仁者にして好惡が當を得て失はぬ」と說いてゐるのが實際に合ふて居ると思はれる。好惡理に當るなどの宋儒の論は空疎を免れぬ。**徂徠子**は「仁人の民に對するは和風甘雨の物に被るが樣であつて、物は其養を得て而して生長せぬものはない。故にその人を好み惡むこと共に人に益がある好むの至りは之を用ひ、惡むの至りは之を退ける、之を用ふれば民に其澤を被らしめ、之を退くれば民に其害を免れしめる。これ好惡の人に益あるものであつて、これをよく人を好惡するといふのである、其好惡の用を盡すをいふのである。孔安國がたゞ仁者はよく人の好惡する所を審にするといつて居るのが、古來相傳の解である。大學に民の好む所は之を好み、民の惡む所は、之を惡む、これを民の父母といふとあるものこれである。」と說いて居られるのは、其實行に於て活地があるといへる。

子曰。苟志於仁矣。無惡也。

**訓讀** 子曰。苟くも仁に志せば、あしきことなし。

**解釋** 仁を勸められた言葉である。矢張



德行に屬する。**苟**とは「他を理せざる辭」即ち一事を擧げて「何は兎もあれ」といふ樣な語である。古註に「誠に能く」と解いてあるのも發語として誠字を用ひたので極めて輕い意である。朱子は之を誠實と見て、この苟を「誠に」と訓して誠實と說き、また志とあるのを在字を以て說いて「其心誠在於仁」と註したのは、意を誤ること甚しい。此章の意は實に簡明であつて、「もしよく仁に志を向けたならば、惡しいことはない」即ち仁は人の相和する德なれば之を念としてわるかるべきものではないのである。かくの如く仁を贊美せられて居るのであつて、他の善行は或は弊を伴はぬとも限らぬ、仁にあつては、全く善美であるからである。古來**無惡**の惡を惡事と說いて「惡をなすの事なし」とか「惡ありとも終に惡なきに歸す」とかいふ風に解いたのは重きに過ぎる、また「惡まるゝなし」と解したのは偏して居る。これはたゞ俗にいふ「わるい筈はない」といふ位なものである。

（第二十四講）

南岳先生詩

文字人間弃
任地新雁挑
科斗奇且古
眞致月中佳

# 顏淵に於ける儒教精神の究極

金戸守

孔子の精神は論語に表れてはゐるが、語錄である故に其の大系的內觀の世界は明かでない。是を究めるは容易でない。今其の最高の弟子であり、孔子自身好學者と稱し、仁者と許した唯一の人顏淵を見ることによつて、孔子の精神の究極も稍々見易いではあるまいかと思ふ。論語は前半が最も古に近いものと言はれる。其の中から簡びとると爲政・述而・泰伯に各一章、公冶長二章雍也三章である。

顏淵が高く諸弟子を挺んでてゐるは何故であらうか固より事功や言語によるのではない。其の背後に隱れたる精神に特立のところがあるによる。其の得てゐた信念は寧ろ顯れることを極度に謹んだと思はれる。孔子に始めて學ぶ時と言はれる吾與回言終日、不違如愚(爲政)、こゝに其の心構の特異なところが見られる。

靜かな態度、信じ切つた人に面して無疑なる姿である無上は却て下愚の無知に似る。無意識にまでなりえてゐる、その無心・無念の一切を包攝し去つて超脫の趣が、迹をも曳かず、表れざる表れを爲してゐる。是は孔子の他人に見ざる所、故に顏子は無疑にして孔子は些か疑を存したわけであらう。退而省其私、亦足以發回也不愚、是寧ろ孔子以上に態度の偉大さを觀るとも言へよう。其の形式に於て確に顏子の態度はより以上の純粹性を持つ。此の透徹から來る步みは、やがて回也聞一以知十(公冶長)と許せられ、吾與汝弗如也、とまでいはれた所以であらう。

顏子自身の言葉としては「願無伐善、無施勞。」(公冶長)あるのみだが、こゝに其の特色がはつきり見られる。善を超え得ない內觀が、強い願ひとなつて表白されてゐる。私利私慾を遠く超えても猶且つ善を爲し勞を爲して、之を善とし勞として他者に伐らんとする——顏子の名聲が自ら魂に云ひ聞かす誇ともなるところからも生れたであらう——此の微細なる自私の混濁を強く捨離せんとせられるのであらう。此の強い自反の精神全く自已に反り切つて萬象一如の自覺境に至ることとはやはり凡庸人の辛酸とするところは悉く經來つてよく脫却し來つたのである。一簞食一瓢飮在陋巷、食住衣の貧しさには先づ困窮を訴へざるはない。賢哉回也、此の衆人の爲し得ざるところをよく何ともなく超越しきりうる。人不堪其憂、である。而して回也不改其樂、改めざる其の持久、是が已に大信念の人にして果し得ることである。更に進んで樂しんで移らぬ。此の大滿足は大きな打開の故である。大苦惱の中よりしてこそ眞に樂地である。用之則行、舍之則藏、(述而)の大自由人、臨事而懼、好謀而成、の隨處に主となる無碍無滯の活動も其の現實を內包して超えられたる絕對の境地に達すればこそである。然し其の故に道への謙虛は此の現實の已の有限を徹底して知つてゐる所から必然に來る。實に此の自知こそすべての根本である。

自ら自を知り盡して主觀の影を留めぬ大客觀の眼の澄み切るところ、是が彼の純粹性に通ふ。此の自證の光が周圍を照したのである。靜かにして事功言語に著れざるも能く千古に輝く。以能問於不能、以多問於寡、(泰伯)の出づるところである。有若無、實若虛もこゝに見られる。能も多も有も實も畢竟して相對界の事である。其の限り不能と寡と無と虛と同一次元に在るに過ぎぬ五十步百步のことである。こゝに一步を越えて絕對の境に立てば問ふこそ當然のことである。若きこそ其の主觀の眞實である。こゝに凡愚と伍して光が生れ、樂しみが得られるのであらう。哀公問弟子孰爲好學、(公冶長)孔子の答は問者に主となつて、顏回を明かにするには少し調子が低いが、好學を許した唯一の弟子たるは注目すべきである、舜何人也予何人也(孟子)顏子の修養、其の深智の原泉は素質の高明によるが又此の明師をえて此の氣魄を以てせる學の不息に在る。師への絕對的信、こゝに出發點の純粹な偉大を觀其好學の步みにあらゆる艱難を超えて琢磨し、大道と一となつた此の精進と透徹に儒學の使命の具體的姿を壓縮して見得るかの如く思ふのである。(昭和十二年十二月廿六日夜)





## 讀書隨筆

大壺

先年黃坂先生の御伴をして讃岐に泊園の故蹟を歷訪した際、高松中學校の矢野直衞君は新聞紙上にて先生の御來遊を知つたと引田迄驅けつけて先生に御面會をし、兼ねて依囑されてゐた「讃岐勤王志士遺墨集」に題し指教を得たいと請はれた。先生は之を快諾せられ、我々も贊助する事を約したが、是れが余の矢野君を知る初めであつた。其後來阪されて先生の御援助の下に泊園兩先生の遺墨を種々觀覽撮影されたが、其時にも會つて長年の苦心談を聞いて其熱心にして勞を吝まざる態度に敬服した事であつた。其後編纂の進捗などを詳にしなかつた所、昨年九月急に應召して上海戰線へ出る事になつたので、今將に裝釘ならんとしてゐる本書の完成をも見ずして出發するが、近く歸り得るだらうとの手紙をよこされた。間も無く本書は余には屆くに至つたが、恐らく君はまだ見ないんでは無からうかと思ふと、多年の勞苦を經て將に完成せんとして從軍した君の心情に轉た感慨に堪えざるものが有つた。上海戰線へ慰問を兼ねて此意を傳へて送つた手紙に對し、彈雨の中に認められた返信を得たが、直ちにあの上海の大激戰が始まり、今は武運目出度南京に入城したら樣にと祈る計りである。本書は只に君が心血を灑いだものである計りでなく、君にとつては一生の紀念たる好箇の編纂物となつてゐるのである。

本書は志士の遺墨を集めたるのみならず、諸志士の事歷を碑文行狀等の確實なるものに據りて示し、遺文の一斑を國事に關するものに依りて掲げ、其他遺像遺趾の寫眞を載せて懷古の助けと爲す等、浮華を避けて質實を旨とし、諸類書中に於ては斷然群を拔いてゐる君の見識と苦心とを最も見る事が出來る。如水會なるものゝ編纂とはなつてゐるが、も少し君の單身勞苦に報ふべき識語が有つてよかりさうだと思ふ。

本書には東畡南岳兩先生が收錄されてあるが、我が後母先孺人花本氏の祖父日柳燕石先生も著錄されてあるので、余には因緣が深い殊に君の賜物を珍重する所以である。

高橋赤水の「古今學話」一冊を得たが、卷頭に東畡先生と赤水との往復書翰が載つてゐる。之を左に錄出して諸賢の參考に資せう。

赤水先生寄東畡先生書

阿波高橋祐謹呈書浪華藤澤君東畡足下。祐也僻惰一逸民、乖違時流、不悅於人、野處獨學、白首寡朋、頗得物子之書、始服其卓見、乃捨舊習、一奉其敎、講道六經、稽辭古文、然後稍知道德之大體、因以與時師語、時師執拗不相容、祐退不復爭、竊從古之學者。嘗答塾生之問、草古今學話、附以一二管見、欲質諸有識之士、世亦乏其人、徒望子雲於後世云。適得京儒海屋之書、示以一小冊、披之則鈔出足下訂正淸版二辨、因以寄淸人錢泳者也、祐始知本邦有足下、而審物子之學行于西土、錢氏梓之之狀焉。錢氏尊信物子曰、六萬餘言、皆以經證經、折衷孔子、並無浮辭汎說、乃是暗符我所見、望子雲於後世者即是而已。誦貴文、辭藻雅健、別啓十八條、明辨詳悉、忠於物子者、優渥濃至、使人敬服。嗟乎當今之世興古學之衰者、非足下其誰乎。乃欲一叩文房而聽正義、獨恨馬齡過七十、山海悠遠、無由拜手彩、亦唯仰望不已、敢呈書左右、幸不罪唐突而賜回音、託神交於雁魚、我願足矣。敢布腹心、台照不宣。祐頓首再拜、七月二十三日。

東暎先生復赤水先生書

本書は東暎先生文集卷之十に「復高橋赤水先生」と題して收められてゐるから略す。文字の異同も極めて少い。最後の識語を錄す。

赤水先生從事古學、恒反宋學。嘗云、孔子曰、信而好古、又曰、古之學者爲己、又曰、君子謀道不謀食、我何唱性理、合於時好乎、獨善物子以經證經之言、奉以治六經、間有其不合者、考諸古言、易之而已。適讀浪華東暎先生淸版二辨記、嘆曰、不圖世有若人、興古學之衰者、非斯人而其誰乎。於是寄書結好焉。今梓行古今學話也、載二先生書二篇於卷首、以代序、庶乎爲興衰之一助爾。

弘化丁未歲五月朔　受業岡元拜撰

赤水の「娥山中山先生墓碑」の文は本誌第二十六號に出てゐるが、その首に東暎先生と相見たる由が述べてある。今は赤水が先生に送つた書を見るを得て、兩先生結交の始末が明白になつた。



# 書籍談

川合孝太郎

## 體雅三卷

これは幕府の醫官多紀元胤の著で、爾雅の體に放ひ、人體中のあらゆる名目を一つゞゝ擧げ、それに一句づゝ釋語を加へ、その次に諸書を引證して、詳に得失を辨じ、名と實とを綜覈せし者である、說文の手足耳目骨肉等の部門を讀むには、大分參考になるべしと思はる、然るに家藏本は、書中處々朱筆を以て抹殺を加ふること、二三行よりして、五六行に及べる處あり、第一卷の末に、矢張り朱筆にて、

文化甲戌孟春起稿至于明年葛月使及門木由賢謄次是月廿八日再訂　胤記
文政壬午夏五月初九日再重訂　胤又記

と識し、第三卷の末には、

乙亥菊節覆訂　胤
壬午五月十日刪改　胤又記

と識してある、されば此の本は、稿本の殆ど確定せし者らしく、著者意見の變遷が見られて面白い、必ず門人筋の人が寫し傳へしものなるべく、又他日必ず確定清寫本が出來せしことも推して知らる。但し此の書上木せられしや否や、予はまだ版本を見たことがない、多紀氏には、三雅の著がありし由聞き及べど他の二雅は何々なりしや、これも未だ見ないさて又此の本には、沈彤の釋骨一篇が附錄してあるが、これは定めて此の本を寫藏せしものが、參考の爲め寫し添へしものなるべく、多紀氏が添附し置く筈はないのである。

## 扁鵲倉公傳一卷



## 扁鵲倉公傳彙考二卷
## 扁倉傳考異幷備參一卷

これは立派な精刻の版本があるので、强ち珍本ではなけれども、今日にては、品希れになり居るにつき、上の多紀氏の次手に擧げ置く。

この內彙考二卷は、上の元胤の父元簡の著で、元胤の補が添うて居る、多紀氏は父子揃つて博覽、醫術に深く、素問難經千金方傷寒論など、廣く古醫書に注を加へた、姓は丹波だが、多紀を以て通つたと見え、江戶の人は多紀さん〳〵と呼びし由である、扁鵲倉公傳には、本と安藤惟寅の割解とか、中根謙の正解とか、石坂宗哲の解とか、數種の注があるが、中にも割解は大本二冊、立派な版で注も委しい樣であるが、この彙考は、更に諸書を考へ、古奧なる原文の幽旨を發揮するを努めたものである、その後元胤の弟元堅の手にて、米澤侯藏に係る南宋建安黃善夫刊史記の扁倉傳一篇を精摹して、一冊となし、彙考二冊には、更に自分の附案を加へ、（この內には割解說も多く引用してある）猶又門人堀川濟をして、扁倉傳の考異と、扁鵲事跡傳聞の備參とを作らしめて、一冊となし、都合四冊揃ひとして、嘉永二年に上木したものである。



# 瘦駄樓漫言

甘　蔞

皇軍大勝利はきまつてゐるんだが、かう手早く片付く無敵進軍には支那は言はずもがな何大强國と意張つてゐる歐洲諸國も驚いたらう。勝利を信賴しきつてゐる我々が驚く外がないのだ。雜誌の新刊を手にすると戰況豫想なんか遠い昔の事が書いてあつて、もう既にグン〳〵進んでゐるんだから全く驚かされる計りだ。誠に心强い限りである。

誠に心强いのはいゝが、後の仕末の書いてある言論を讀むと心細いのが目につくのは困つた事だ。一例は中學校で支那語を敎えるなんて云ふ事である。そんな腹が爲政者の中には有る人も有るらしい。

中學校で漢文を敎えるのは何もそれで以て支那人と話が出來る樣にするのでもなければ、又それで以て交際が出來る樣にするのでも無い事は、中學校を監督する爲政者は熟知してゐなければならないのだ。一寸支那旅行をした男が、支那人も漢文は讀めない、支那語を知らないと何も分らない、支那を知るは支那語にあり、無用の漢文を廢して支那語を課しては如何、などゝ見榮を切ると、忽ち自分の無學無識のテレ隱しに、當局に於ても其意が有るなどゝ妙な事を云つてしまふ。誠に當今の急務は高文試驗に漢文を課するに在りと言ひたい。

支那語を敎えるのが惡いのではない。獨逸語だつて伊太利語だつて露西亞語だつて敎えて惡いのではない。もつと必要なるものが有るのを、此を以て彼に代へる樣な事を愼むのが肝要で

ある。何れは漢文を廢したいと云ふ心が有るのが一番悪いんだ。

支那語を中學校で教えて如何なる功果があるんだ。蔣介石をチヤンチエシイと讀んだつて英字新聞に出るチヤンキアイシエクが良く分ると思ふのか知らん。結局は先生に奉るアザナか生徒間の隱語が支那語になるのが落ちである。英語でも獨逸語でも同じ事で、先づ外人と簡單乍ら話せるなんかはソウタント無い。

英語でも獨逸語でも會話が出來る樣になつたとて、外人を相手にする必要がソウあるものでない。然し外國語を知つてゐると書物によつて外國文化を知り得る。其點が必要である。一外國語によつて世界の文物が分る。所が此點に於て支那語はどうだ。

支那語で世界の文物が理解し得られるか。世界に比類ない程の文献豊富なる支那文物の幾パーセントが支那語の智識で分ると思うんだらう。將來は知らず今の處では到底パーセンテエヂを取り得るものでない。白話運動が進展してると云つても、こゝ十數年來の話ではないか。現代物のみで支那文物を諒解するのも一つの方法だが、中等學校で新聞雜誌と小說ばかりで支那語を教へてゐると、飛んだ後悔をせねばならなくなりはせんだらうか。爲政の當局者はよく考へといてほしい。言へば行はれるからいゝ加減の事をしといて貰ふと困るんだ。

第一に漢文が我が第二國文である事を忘れてはいけない。國體明徵問題が起つてから何が必要になつてゐるかを考へて見よ。第二國文を度外視出來るだらうか。たゞ事に當つてウロウロするを能とする連中では將來に對する見識なんか有り樣はない。こんな連中が無敵皇軍の後から威張るのは心細い。一つ補習學校でも作つて彼等に漢文を教へ込まねばならない樣に思はれる。



# 說詩樂趣 (16)

效尤生

鄭谷が袁州にありしとき、齊巳詩を携へて之を訪ふた、早梅の詩に

前村深雪裏。昨夜數枝開。

とあるのを見て、谷曰ふ、數枝といへば早ではない。一枝といふにしかずと 齊巳覺えず下拜した。これから、士林で谷を呼んで一字師といつた。

蕭楚才が溧陽縣の知事であつて、張乖崖(詠)が州牧であつた時。一日食事によばれたが。張詠の案上に一絕句があるのを見た、其句に

獨恨太平無一事。江南閒殺老尙書

とあつたので、蕭は恨を改めて幸字に改めて置いた、詠來つて稿を視て「誰が吾が詩を改めたか」といつたから、左右は其實を告げた。蕭曰ふ「公のために身を全うしてあげたのです。公は功高く位重く、奸人の目を側てつゝある秋なり。且つ天下一統せられたるに公獨り太平を恨まるゝは何ぞや」と、詠曰く「君は誠に一字師なり」と。

江南野錄に曰、潘閬みづから逍遙子と號す、苦吟の詩を作つて曰

髮任莖々白。詩須字字淸。

と。以下に苦吟の話を掲げむ。

唐の賈島は詩思の遲澁を以て有名であるが、

鳥從井口出。人自岳陽過。

の如きは、年を經て漸く對句を定めたといはれて居る。

韻語陽秋に曰、詩の思たるは、卒然之に遇うて遏むるなく、物あつて之を敗れば則ち失ふ。故に昔人の、覃思、垂思、抒思などいへるは皆、其思の來らんことを欲するにて、亂思、蕩思などいへるは、之を敗ること易きをいへるなり、鄭棨が「



詩思は灞橋風雪の中、驢子の背上にあり」といへるを見るも、所謂思なる者豈に尋常咫尺の間の能く發する所ならんや。前輩の論に曰、「詩思は多く杳冥寂寞の境に出で而して志意のゆく所往々埃壒の外に出づ」と。小說に載せたる話には、謝無逸が潘大臨に問うて「近日、詩を作れるや否や」といへるに、潘曰、秋來日々これ詩思なり、昨自筆を捉つて

滿城風雨近重陽

の句を得たり、忽ち租を催すの人至れるによつて人の意を敗れしめたり、よつて此一句を送り奉るといへり。これ亦思の難うして敗るゝの易きを見るべし。

丹陽集に、陳去非嘗て予(葛勝仲)のためにいへり。唐人はみな苦思して詩を作れり、

吟安一箇字。撚斷數莖鬚。
句向夜深得。心從天外歸。
吟成五字句。用破一生心。

蟋蟀影裡淸吟苦。舴艋舟中白髮生。

の類なり。故に造語みな工にして、句を得ること皆奇なり、といつてある。

何涓は襄陽の人、少うして瀟湘賦を作り、時に稱せられ、潘緯は古鑑詩を以て名を著はした。或曰く

潘緯十年吟古鑑。何涓一夜賦瀟湘。

歐公詩話に曰、陳舍人從易は當時文盛なるの時に、獨り醇儒古學を以て稱せられ、詩は白樂天に似て居る。其談に、楊劉唱和の西昆集(宋の楊億の劉筠 錢惟演等と唱和せし詩集であつて、其詩は、唐の李商隱、溫庭筠を宗としたもの)行はれて後進の學者爭て之に倣ひ、風雅の變、之を崑體といふ、これより唐賢の諸集廢せられて行はれぬ陳公偶々杜子美の集の舊本を得たが、文に脫誤が多かつた、其蔡都尉を送る詩に

身輕一鳥○(槍急萬人呼)

の鳥の下に一字が脫けて居る、陳公が試に二三の



客と各一字を補うた。或は去といひ、或は落といひ、或は下といひ、遂に定め得なかつた。後に善本を得て、之を見れば、身輕一鳥過であつた、陳公歎服して一字といへども諸君到る能はずといつた。

閒居詩話に寇萊公、僧の惠崇を池亭に招いて、題を分つて詩をつくつた。公は池上柳の題に靑字の韻を探り得、崇は池鷺の題と明字の韻を探り得た。午の刻から日暮まで考へて、崇忽ち點頭して曰、之を得たり、此篇の功は明字にある。凡そ五壓するも倒れじ。と(五壓不倒、敗けまいの意)公曰く「試に口占せよ」と僧曰

雨歇方塘溢。遲回不復驚。暴翎沙日暖。
引步島風淸。照水千尋逈。棲烟一点明。
主人池上鳳。見爾憶蓬瀛

と、公笑て曰、吾が柳の功は靑字にあり、而して四壓して倒れじ、且つ已むにしかずと。

黄常明詩話に曰、山澤の儒は多くは癯す、詩人尤も甚だし。子美に

思君使人瘦

の句あり。樂天はいふ

形容瘦薄詩情苦。

と、又いふ

貌將詩共瘦。心與竹俱空。

と。李商隱の句に

瘦盡東陽姓沈人。

といへり。頭を掉り髭を撚るの句に、あに張顚豊頬の人あらんや、沈昭略嘗て王凝に戯れて、凝以肥といへるに、凝之に答ふるに瘦而狂を以てせり昭略喜で曰、瘦は已に肥に勝り、狂は已に癡に勝ると。

# 宸題　神苑朝

恭　賦　　黃坡　藤澤　章

皇師百萬武威揚。連捷輝光孰比方。
雨後神園淸肅處。長松樹上仰朝陽。

戊寅新正

皇武維揚大勝頻。頌聲新處歲華新。
東風萬里無遐邇。河北江南亦比隣。

新春偶興　　琴窓　水原　實雲

誰乎方外一詩僧。慭在桑林百不能。
講席玄談春寺磬。詞場白戰夜樓燈。
竦心恐得人生笑。饒舌知遭造物憎。
淨業餘閒時對句。侍童煮茗手敲氷。

紀元節書感　　有香　梅見春（遺稿）

建國由來宏且遠。紀元誰道發祥初。
天神七世地神五。皇統連綿存古書。

同　　同

紀元今歲値正月。殊喜農村守舊家。
淑氣催來黃鳥囀。晴光映出碧梅花。
廟堂治策幸無謬。陋巷歌謠何有邪。
早暖近年如個少。唯憂料峭更還加。

早春遊東山　　同

雪晴淸水寺。茶熟一休庵。春近東山路。
早梅任杖探。

雪　晴　　同

霏々還簌々。夜雪曉來晴。今朝樓上景。
何人莫雅情。

慰友人喪妹壻　　同

萬事雖天命。天殤固數奇。況捐偕老契。
死別獨尤悲。疾病攻其體。精神竟難支。



釋迦無敢禦。孔子任攸之。

涅槃會

二月中旬五。釋尊入涅槃。人間天上聳。
衆族失聲歎。草木禽蟲類。群生毀性酸。
料知深廣德。寬大大千寬。

秋園小集　　藤澤　黃坡

迎客閑窓雅集開。遠香更入坐中來。
三秋尤喜詩境豁。月滿林庭酒滿罍。

深秋夜坐　　同

蟋蟀在床風在軒。愁心今夜付匏樽。
少陵秋興誦三四。染出鬢邊霜幾根。

睡　蓮　　同

不迎越女駐蘭橈。風外淸葩自蕩搖。
撈水醉仙拈皓月。御陽唐帝甃文瑤。
猶誇嚼々無緇色。惜少亭々特立標。
過未便眠休唉懶。吟游祇合待明朝。

我軍圍南京　　笠井　雪窓

昭和丁丑十二月十日。我軍四面迫南京。勸降。城將唐生智不從。乃攻之。時下午一時。黃昏。遂占領城門。高揭日章旗。

如潮吶喊迫南京。死守彼還能鬪爭。
電擊雷轟纔數刻。旭旗飜處月光淸。

蔣介石走保長沙　　同

先南京陷。蔣介石乘飛行機。間走南昌。我機逐之。將及而遂逸之。蓋不知其爲蔣也。知豈逸之哉。時蔣與顧問英人共在機上焉。後出南昌。更走保長沙。

南京脫去轉蒼黃。餘喘纔存湘畔鄕。
稱覇九年唯似夢。英雄末路斷人腸。

蔣介石　　同

睹漢不覩吾可親。却親北露杭東隣。
九年覇業一朝破。祗是自招休怨人。



太原城占領　　故 梅見有香

孤老幸長生。還逢晉水清。鵝群離上海。
蟻集守南京。曾侮華麻卒。已誇細柳營。
我軍唯一擧。威耀太原城。

防共協約成　　同

日獨伊兮防共謀。約成先駿北鄰州。
征支況又如今歲。天佑皇軍戰捷秋。

芳野懷古　　蕉雨　古谷　熊

南風不競亂如麻。天下何人護輦華。
正氣千春尙磅礴。發爲芳野滿山花。

從軍行　　同

夕渉長江萬里流。朝登千古岳陽樓。
金陵陷落成都覆。龍伏支那四百州。

挽梅見翁本翁　　有香　梅見　春

先輩復捐館。浪華人最悲。修身殊守正。
接客不高奇。澱水流寒節。錦城秋盡時。
泊園亡長老。同學日凋衰。

同　　同

聖門修學處身勤。七十二年猶尙文。
村藝還雖非子貢。浪華財界獨超群。

有香梅見君俄逝
賦一絶告其靈　　笠井　雪窓

享年六十有三。黃鵠君兄之一年。黃坡君弟之亦一年。而余過其年十有二年矣。

千秋尙有令名隆。誰道人生花散風。
一片幽魂上天去。太空悠久轉無窮。

輓梅見有香詞兄　　五條　秀草

泊園門下一奇才。詩酒壇場稱博談。
底事萃然捐館去。背春堪惜臘前梅。

哭伯陽　　杉村　壺山

梅園昨夜起悲風。天奪寄香春夢空。
只有遺篇存匣裡。孤魂迷處恨無窮。

悼 有香先生　　中村　青巖



風骨道心人似仙。吟箋幾歲結淸編。
頃來耆宿頻相逝。今亦分君轉黯然。

又　　同

研鑽多年學緝倫。風神蕭落又天眞。
吟花嘯月無窮悵。詩酒場中欠此人。

## 和歌

神園朝　　天野みどり

南京城　吾手に落ちて　神路山
　仰ぐ初陽も　今日新たなり

藤澤黃坡先生荀子勸學篇の講義を
聽問して感想二首。　　同　人

あやまたず迷はざりせば神つ代の
　ひじりの道も遠からましを

あやまちを悔ゆれどおそしかくのみに
　吾來し道を何いそぎけむ

悼梅見春吉氏計　　藤原忠一郎

難波津に　魁けせむと　思ひしに
　春をも俟たで　梅は散りけり。

思ひこし　歳に問はじや　五つむかし
　古き友垣　いまや逝きけり。

# 泊園記事

◎**冬至祭**　恒例に依り十二月二十二日、泊園書院に於て其の典儀あり。此日書院南床正面に、孔子像を奠し、徂徠城山兩先生像を配し。北床に東畡南岳黄鵠三先生像を安置し、海山の鮮饌を供し、黄坡夫子親しく奉祀せらる。古儀清穆、爲復陽和。一門の徒來り參拜する者接踵せり。

◎**尚德會初講**　一月五日書院に於て開かる。講題、君子安其身而動。易其心而後語。定其交而後求。君子修此云者故全也。（周易繫辭）

◎**書院開講**　一月十日。

# 泊園會彙報

◎泊園誌社へ補助金交付　十一月十一日、金貳百圓也を十二年度雜誌發行補助金として交付す。

◎梅見春吉氏逝去　本會創立以來理事として盡瘁止まざりし同氏は十二月十日溢血症にて急逝せられたり

## 泊園會々費收受報告（昭和十二年度）

各通金參圓也（從來ノ領收證ニ換ヘ誌上ヲ以テ報告申上候御諒承チ乞フ）　泊園會幹事

新田　長三氏。　中山源次郎氏。　生谷卯兵衛氏。
河田　爲作氏。　高田仁兵衛氏。　松浦高麗三氏。
梅見　春吉氏。　筒井民次郎氏。　川合孝太郎氏。
高垣　良藏氏。　鷲田又兵衛氏。　佐藤寛九郎氏。
紀本　光庸氏。　淺井佐一郎氏。　湯淺豊太郎氏。
中川　魚粱氏。　小寺篤兵衛氏。　田中藤太郎氏。
橘　與一氏。　幸田　芳治氏。　平岩照三郎氏。
日下　いと氏。　神山　眞龍氏。　岡本由喜太郎氏
廣田　虎三氏。　六條　照傳氏。　岡本勝治郎氏。
永田　仁助氏。　中野　退藏氏。　野田六左衛門氏
金戸　守氏。　西野　捷平氏。　殿水　快順氏。
野路　靜夫氏。　北野　千里氏。　田中藤太郎氏。
荒木　幸山氏。　山田　奕鳳氏。　石濱純太郎氏。
越智　宣哲氏。　山田　清氏。　村上吉五郎氏。
香川　正平氏。　三宅　太郎氏。　大喜多松太郎氏
櫻井　雲洞氏（十一年度及十二年度分）　北井　信一氏。
上原　三郎氏。　吉田　清三氏。　濱井清三郎氏。
多田　黄山氏。　近藤　翠石氏。　（以下次號）



# 泊園同窓會記事

◎**有香梅見先生逝去**　本會々幹にして、泊園の耆宿たる先生は十二月十日遂に逝去さる、哀惜に堪えず先生は孤獨清雅、苦節を持し、南郊田邊町に住し、正和書院を創め斯學恢弘に勉むる事多年。田邊亞聖の稱ありき。先生倒ると聞き泊園知己、可有吟社同人、門下等馳集し、臨終に侍し。靈柩を守り。衷款を盡せり。先生の遺德復瞑するに足らん乎。享年六十有三。

◎島田均一氏　十二月十三日卒去さる。

◎勝井正信氏　京都に於て舊秋卒去。

◎會員幣原坦氏は東京市目黒區上目黒八ノ五二二へ轉居さる。

## 泊園同窓會常費收受報告（十二年度）

一金五　圓也（常費五ケ年分）　渡邊　和子氏
一金參　圓也（同　三ケ年分）　和田　久元氏
一金參　圓也（同　　）　田邊英次郎氏
一金貳　圓也（同　二ケ年分）　大野　園山氏
一金貳　圓也（同　　）　幣原　坦氏
一金貳　圓也（同　　）　山下平太郎氏
一金貳　圓也（同　　）　田中　槐堂氏

一、金壹　圓也（常費一ケ年分。十二年度）各通

吉田萬治郎氏。　茶谷　忠治氏。　平泉豊太郎氏。
西田幾太郎氏。　山本國次郎氏。　楠　正然氏。
多紀仁之助氏。　近藤　常吉氏。　本條平太郎氏。
清水晉三郎氏。　鎌田　春雄氏。　高田仁兵衛氏。
矢崎　清心氏。　石崎　太郎氏。　川合孝太郎氏。
片山　太門氏。　赤塚　善助氏。　尾中　郁太氏。
濱井清三郎氏。　橋本梅三郎氏。　矢野榮三郎氏。
日下　いと氏。　松本喜代子氏。　芝田　弘淳氏。
白藤丈太郎氏。　三崎　要一氏。　清海　清氏。
木戸　平信氏。　福田　三次氏。　北井　信一氏。
内田　利一氏。　後藤　潤氏。　大西　成古氏。
熊澤猪之助氏。　笠井　雪窓氏。　菊池　量太氏。
金戸　守氏。　松浦高麗三氏。　吉成　卯三氏。
玉置　永彥氏。　上原　三郎氏。　加藤　亮吉氏。
（以下次號）



# 謹賀新年

泊園書院
院主　藤澤章次郎
顧問　石濱純太郎
岡本喜三
的塲信太郎
石崎太郎
三原靜美
安達亀造

泊園誌社同人

泊園會理事一同
泊園同窓會幹事

## 黄坡先生墨蹟展覽會

十一月十九日より五日間、大阪三越に於て開催さる。先生の近業三十点を展觀あり。同屋上凌雲亭に於て茶筵を設けられ、參觀者多數にて頗る盛會なりき。

昭和十三年一月十八日印刷（隔月一回一日發行）
昭和十三年一月二十日發行―（非賣品）―
編輯兼發行人　大阪市南區大寶寺町中之町二番地　的塲信太郎
印刷所　大阪市西區新町南通五丁目　林泰進堂
發行所　大阪市南區竹屋町九番地（泊園書院内）　泊園誌社
振替大阪一三八三九番（泊園書院）電南六八二七番



## 泊園書院日課表

| | 月 | 火 | 水 | 木 | 金 | 土 | 日 |
|---|---|---|---|---|---|---|---|
| 午前六時～七時 | 詩經 | 莊子 | 詩經 | 莊子 | 詩經 | 唐詩選 | 第一、第三、午前七時ヨリ　詩經 |
| 午前九時～十時 | | 書法正傳　詠物詩選 | | 書法正傳　詠物詩選 | | | |
| 午後二時～五時 | | 東坡和陶詩　東畡先生文集　古文讀本 | | 東坡和陶詩　東畡先生文集　古文讀本 | | | 毎月一日、祭日・第二・四・五日曜休講 |
| 午後七時～九時 | | | | | 國故論衡　說文（石濱先生） | | |

昭和十三年三月十五日（火曜日）　　泊　　園　　第三十二號（一）

# 泊園

昭和十三年三月十二日印刷（隔月一回一日發行）
昭和十三年三月十五日發行——（非賣品）——
編輯兼發行人　大阪市南區大寳寺町中之町二番地　的場信太郎
印刷所　大阪市西區新町南通五丁目　林泰進堂
發行所　大阪市南區竹屋町九番地（泊園書院內）　泊園誌社
振替大阪一三八三九（泊園書院）電南六八二七

金貳圓也　宇田匡太郎氏
金五圓也　早川青汀氏
金六圓也　藤原忠一郎氏
金壹圓也　勝田五郎氏
金壹圓也　多田黃山氏

三宅智隆氏　佐藤馬之丞氏
水落庄兵衛氏
三宅智隆氏（十三年度分）

一金參圓也　藤原忠一郎氏（十二年度分）（但シ十三年度分）

## 天意知る可きのみ

皇軍の向ふ所敵無く、支那の何處に於ても抵抗し能はざる事は、もはや話の種にもならなくなつて來た。たゞ禹域の蒼生は相率ゐて我が王師の速に來るを待つ外はない。頑愚反省せざる者共も行手の一路は別に他に求め得ない事は恐らく認知し來つたであらう。

誠に時勢の運る所は思議すべからざるものがある。孔夫子の裔孫は愚將のピストルに迫られて遠く長江の上流に拉置され、聖廟存する曲阜の地は我が將士によつて安全に保護されてゐる。時運の然らしむる所とは云ひ乍ら孔孟復た起つて之を知るを得たらば感慨抑も何とあらうか。

昔は孔子天縱の聖を以てして東周を爲すを志ざされたが、已んぬるかな志は祖國に於ては行はれない。聖志の行はれない様な國が何として仁義の大道による不易の國體を有し得よう。古は北狄に苦しみ、今又西戎に惱まされんとする。

東畡先生は云はれた、當時孔子を用ゐる者有れば周室綿々たる猶本邦の　皇統の如きであつたらうが、孔子の志の行はれざりしより一治一亂、興亡相易はる情態となり、却て獨り曲阜の廟のみ歷々百世で、上帝は孔子の周室に願ふ所を以て反つて之を孔氏に賜ふて其志を顯はしたんだと。嗚呼天が彼土に於て僅に孔氏にのみ賜はつた恩典たる孔氏の世系も頭酋の强迫する所となり、襲封不絕の曲阜の廟も我等將士の保護を待つに至つたとは、天意の存する所知るべきのみ。

嗚呼、東畡先生は夫子の道を講ぜざる者は本邦の尊を知らざる可からず、本邦の尊を知る者は豈に夫子の道を講ぜざる可けんやと、大呼せられたが、不幸本邦の善美を聞くに及ばざりし孔子も三千年の下、九泉の底に於て、圖らず已れが道の我が皇謨を翼贊せるを知り己れが志か東海の表に行はれてゐるを見て、又且つ已れの墳墓が仁慈の皇軍の庇陰に浴せるを思へば、恐らく我が日東の君子國に生れ出でざりしを歎じて居るだらう。

嗚呼、孔子の書を誦する者は我邦の尊を知らざるべからず、我邦の尊を知る者は孔子の道を講ぜざるべからず、日支親善の根本義は深くして遠い。何者の狡兒ぞ不經の言を以て之を阻礙せんとする。殷鑒遠きに非ず、皇師曲阜に入るの機に於て之を三省せざるや。天意は知るべきのみ。（白水生）

## 說詩樂趣（16）

效尤生

唐の賈島には苦吟に關する佳話がある。彼が初めて科擧に赴いて京師に居つた或る日。驢上で

鳥宿池中樹。僧推月下門。

なる句を得たが。又、推の字を敲と爲たらばとも考へた。彼か是かと想ひ定まらず、驢上で呻吟し、手眞似で推し敲く狀をして居る。觀る人皆訝り怪んだ。時に韓退之が權京兆尹であつて、丁度車騎を連ねて來た。島は之を氣附かずして行つて第三節にいたり、尙ほ手眞似を已めぬ。俄に左右に擁せられて、尹の前へ來た。島は具さに「得たる詩句の推と敲との字未だ定まらぬため、神、象外に游び、廻避するを知らなかつた」。と對へた。退之は馬を立つる少時にして「敲の字、佳なり」といひ、遂に轡を並べて歸り、共に詩道を論じて、留連日を累ね、因て島と布衣の交をした。島に贈つた詩に

孟郊死葬北邙山。日月風雲頓覺閒。天恐文章聲斷絕。故生賈島在人間。

とある。此によつて名を知られたが。後、不第のため僧となつて、改めて無本と號し、法乾寺に居つた。一日宣宗が微行して寺に至り鐘樓の上に吟聲あるを聞き、遂に樓に登り、島の案上より詩卷を取つて、之を覽た。島は天子とは識らず。臂を攘つて之を睨し、遂に手中より之を取り「郎君、何ぞ之を會せんや」といつた。宣宗乃ち樓を下つて去つたが。既にして島は天子であることを知つて、にわかに罪を謝した。乃ち御札を賜ひ、遂州長江簿に除し、後に晉州司倉に遷つて、卒した。程錡が悼詩に曰

倚恃詩難繼。昂藏貌不恭。騎驢衝大尹。奪卷忤宣宗。馳譽超前輩。居官下我儂。司倉舊曹事。一見一心慘。

慘は憂と訓ずる。斐說云はく

讀書貧裡樂。搜句靜中忙。

此二事は乃ち余の日用のことなり。貧を甘じ靜を守るは。少より老にいたるまで、飽くまで、此味を諳んずと。

## 泊園書院日課表

| | 月 | 火 | 水 | 木 | 金 | 土 | 日 |
|---|---|---|---|---|---|---|---|
| 午前六時七時 | 弘道館記述義 | 莊子 | 弘道館記述義 | 莊子 | 弘道館記述義 | 唐詩選 | 第一、第三、午前七時ヨリ 詩經 |
| 午前九時十時 | | 書法正傳 詠物詩選 | | 書法正傳 詠物詩選 | | | |
| 午後二時五時 | | 杜甫詩集 東畡先生文集 古文讀本 | | 杜甫詩集 東畡先生文集 古文讀本 | | | 每月一日 第二四五日曜 祭日 休講 |
| 午後七時九時 | | | | | 國故論衡 說文（石濱先生） | | |

## 社誌

泊園同窓會幹事
岡本奇堂
寺田英一郎
西田幾太郎
安達龜造

# 論語講義

黃坡先生述

**子曰。富與貴。是人之所欲也。不以其道。得之不處也。貧與賤。是人之所惡也。不以其道。得之不去也。君子去仁。惡乎成名。君子無終食之間違仁。造次必於是。顚沛必於是。**

**訓讀**　子曰。富と貴とは、これ人の欲する所なり、其道を以てせざれば之を得るも處らず。貧と賤とは、これ人の惡む所なり、其の道を以てせざれば之を得るも去らず。君子仁を去つて惡にか名をなさん。君子は食を終るの間も仁に違ふことなし。造次にも必ずこゝに於てし、顚沛にも必ず是に於てす。

**解釋**　此章の上半部を朱子が不透明な解を施されてより、諸說紛々としてゐるが、まづ正解と信ぜられるものによつて說くことにする。伊藤仁齋の**古義**の解に「富貴を欲して貧賤を惡むは人の情であるが、君子は動くに必ず其道を以てする。苟も其道によつてでなければ、富貴を得るも處らぬ、貧賤を得るも去らぬ。其の道といふものは何かといへば即ち仁である。」といふのであつて、誠に條理の通つた解である。

古註には解はない。朱子は**之**字で句をたちずして之を得るをいふ」と註せられてゐる。「其道を以てせずして之を得るとは得べからずして之を得るをいふ」と註せられてゐる。

即ち富貴を得べき筋合でなくして之を得たらば其富貴には居らぬ、といふ。此方はまだ分るが、貧賤も得べきはづでなくして之を得たらば去らぬ、といふのは意味をなさぬ語であるといはねばならぬ。今貧賤を得るの道とは怠慢、放恣等の行をいふと解せんか、君子固よりかゝることなし而して貧賤なるはこれ不幸なるなりと說くべく。また世に容れられず己を屈せざるために貧賤に遇ふとせんか、これ彼の不明なるため故己に於て何も憂ふる所なしとして貧賤に安んずと說くべきにて。一應は聽くべきことの樣であるが、其反對の小人はいかにするといふにや。「其道を以てして之を得ながら猶ほ之を去らうと欲する」といふて小人を之が反證とすべきか。もし然らずして「其道を以てして之を得たる時は君子は之を去るものなり」といはゞ、全く支離となるべく。かつ「其當に得べからずして得る」を道を以てせざる者と說くは、道の字をあまりに輕く視てゐるといふべきである。

物子は「其道を以て之を得ざれば處らず」とは富貴を得るの道をいふ、即ち仁なり。「其道を以て之を得ざれば去らず」とはこれ貧賤を得るの道をいふ、即ち不仁なり。不仁にして富貴を得るは、これ其道を以てせざるなり以て君子となすべからず、故に處らず。仁にして貧賤を得るは、これ其道を以てせざるなり、君子たるに害あらず、故に去らざるなりと說かれたが、貧賤を得るの道即ち不仁と說くは無理であらう。富貴を得るに道ありとはいへるが、貧賤を得るに道ありとはいひ難いであらう。

中井履軒は「兩の得之の字は、**上の之字は處を指し、下の之字は去を指す**」欲する所の者といへども、道を以て處るを得ざれば則ち處らず。惡む所の者といへども、道を以て去るを得ざれば則ち去らざるをいふ。と說いて居る。古賀侗庵も同意見である。上文に下を指すことは古文に例があるとはいへ、もし此の意ならば**得之の二字は贅**であつて、これな き方が明白であらう。

陳白沙の說に「其道を以てせず」とは富貴に處り貧賤を去るに、其道を以てせざるをいふ。富貴を得、貧賤を得るに其道を以てせざるをいふにあらず。と說いて居るのも簡明である。一體**不以其道得之不處也**といふ八字を四字四字と句をせずに、六字二字と句したことが一見甚だ拙い。朱子が節を作つてから後儒が知らず〳〵之に從うて奔つた感がある。

さて此上句をうけて、**君子は此仁を離れていづくに君子の名を成さんや**。といはれたのである。仁を離れれば君子の名號は失はれてしまふのである。

更に前說を强調して君子は食を終るの時間といへども仁を離れることはない。**造次顚沛**も必ず仁に依つて行ふのである。といはれた造次は急遽即ちあはたゞしい時をいふ。顚沛は僵仆即ちたをれる樣な危い時をいふ。終始仁を離れぬことを言ひ表はしたものである。

此章は三節にわけて見ればよい。而して君**子の仁に依ることを語られた**、徳行部に屬する章である。

**子曰。我未見好仁者惡不仁者。好仁者無以尙之。惡不仁者其爲仁矣。不使不仁者加乎其身。有能一日用其力於仁矣乎。我未見力不足者。蓋有之矣。我未之見也。**

**訓讀**　子曰。我未だ仁を好む者、不仁を惡む者を見ず。仁を好む者は、以て之にくはふるなし。不仁を惡む者はそれ仁をなすなり。不仁者をして其身に加へしめず。よく一日も其力を仁に用ふるあらんか。我未だ力の足らざるものを見ず。蓋しこれあらん。我未だ之を見ざるなり。

**解釋**　此章は古來一般の世人に對する評論と說いてゐる。したがつて或は非常に德の高いこととして說き。或は孔子のあまり斷言に過ぐるを回護するなど、窮した說が多い。家說は之を時命部に屬せしめて。**世に仁君の無きを傷まれたる**章と見るのである。かく見來れば行文平穩で何の紛紜もないのである。

我れ當世の人君の仁を好む人、不仁を惡む人を未だ見ない。と嘆ぜられ。更に之を解いて、仁を好む人は更に之に加へまさる善事はない。固より上乘である。不仁を惡む人は消極の樣であるが、しかしこれ亦仁を爲すものである。即ち不仁者に我身に加へ累はすことをさゝぬ、不仁をうけつけぬからやはり仁の事をするのである。と二者を美められたのである。

次の節は**仁の行ひ難くない**ことをいはれたのである。即ち能く一日でも力を仁に用ふるならば仁を爲し得るのである。仁を行うて力の足らぬといふことは我未だ之を見ぬ、といはれて。仁を勸められたのである。

末の節は初に我未見といはれた辨解であつて。即ち恐らく世に好仁惡不仁の君はあるであらう。たゞ我が未だ見ないのであると。自ら謙して斷言を避けられたのである。この句を直ぐ上の我未見を承けたものとして說いた註が多い。隨つて譯がわからなくなつてしまふ。文章上初の句の未見の字が重いのであるから、其を承けたものと見るべきである。

（二十五講）

昭和十三年一月廿三日、追悼會捧
梅見有香君靈　三首　　神田　榮吉

溫潤玉如君子資。疾言遽色未嘗知。
道交三十又餘歲。可耐一朝聞訃時。
君逝泊園加寂寥。回交如我知魂銷。
自今花落鳥啼朝。白靈淸光空幾宵。」
學如深淵見道眞。藤門耆宿數梅君。
嗚呼時也不相會。韞玉終生待賈人。

挽梅見有香君　　松　軒

卅歲心交情更親。訃音忽到轉傷神。
看梅有約負花去。淨土今探彼岸春。

同　　同

泊園曾侍講帷邊。一別匆々四十年。
頻促春游君已逝。又探筐底讀遺篇。

奠梅見君靈前　　久保　郁藏

累年翰墨共淸娛。五字長城今既無。
欲見梅花春未到。魂兮不返入仙途。

悼有香梅見學兄　　南　莊

人事匆忙轉斷腸。忽焉君入白雲鄕。
春來春去春何處。一朶梅花空有香。

弔恩師有香先生　　甘　泉

弔祭臨筵暗淚催。供來殊感一枝梅。
同塵收跡西歸後。夜々音容入夢來。

## 泊園書院記事

◎四月一日より四月十日迄休講

◎釋奠[illegible]上　例年擧行せらる丶四月三日

## 故梅見有香先生五十日祭

◎一月二十三日　生魂齡延寺に於て黃坡先生外數氏の發起で祭儀を執行せられた。參拜[illegible]

[illegible]く相應はしく、故人を偲ぶ話談盡きず、盛會裡に終了した。

◎前號正誤

## 常費金壹圓也（各通十二年度）

永井貞有氏　日野田正英氏

昭和十三年三月十五日（火曜日）　泊　園　第三十二號　（三）

●**釋奠取止** 例年擧行せらるゝ四月三日の釋奠は、祭場未竣成の爲本年は取止めせらる。

# 泊園藝文志隨筆

石濱純太郎

東畡先生の遊月瀬記の譯注が本紙に掲出され始めた時に、僕は同行の惠融の遺書たる詠歸錄一冊を紹介して、同行者の月瀬旅行の詩文の集錄なる事を記して置いた。所が今春復た圖らず詠歸錄と題せる一寫本を得たが、是れは同行者たる柳溪惠歡の遺書であつた。卷尾に柳溪の印がある。恐らく柳溪の手寫であらう。たゞ此本には東畡先生の詩文を闕いでゐるが盤橋先生以下は皆具備してゐる。末尾の詩錄の中で惠融の梅溪雜咏一首のみしか無いが、惠融本の方では梅溪雜詩として二首出てゐるの相違がある。月瀬の壯遊の詩文を全錄せる詠歸錄の一を得ても大に快として人に傲るに足つたが、今又柳溪の遺本を得たので其喜びは譬ふべくも無い。

城山先生の「辨譯文要訣」一冊を得た。半紙本で、卷首に篠崎小竹の序文があり、刊記には「文化二乙丑十一月」として書林は京の吉野屋仁兵衛と大阪の河內屋儀助とを列記してある。內容は皆川淇園の譯文要訣を辨正したもので、徂徠の記昌俊襲義經事の譯文を彈改した非を論難したものである。

城山道人稿卷之二十三尺牘の中に與筱承弼の長文が有つて、中に小竹から本書の序を得た事を喜んでゐる。「辨譯文要訣高序、譬之龍泉太阿、靈氣犯星斗、鋒芒掃妖氛、人間豈易得之物乎、是其於不佞、榮于華袞也、然使世人謂足下阿所好、是摑矣、敎示數條、敢不承受君之明德乎。」又報橫塘角君の中にも「不佞雖有御龍子辨訣發蒙之諸書、未得出於人間成一名。白首璧々、櫪下徒長、嗚呼伯樂耳、唯南豐葛坡二君子、憐其老、容其愚、寵之光之、使某不敢自棄也」と小竹が辨訣に序を書いて呉れた事を光榮としてゐる。半禮葛坡は御龍子に序する事と爲つてゐたのである。

所で享保以後大阪出版書籍目錄によると非譯文要訣となつて居り、河內屋儀助が板元で文化二年八月六日出願したが、八月二十三日板行相成らずと申渡された事になつてゐる。然しかく本書が後に板行になつてゐるのだから、何かの理由で不許可だつたのが何とかして出板されたものと見える。

序を以て書付けて置く。徂徠の記昌俊襲義經事の譯文は皆川淇園が彈改したが、山本北山も之を竄改した。そこで蘐園の流を汲むものは大に之に對して辨護して爭つたのであつた。播州粉濱の靈松義端師は「文章纈臭」を著して兩氏を非難した。所が此本も享保以後出版目錄では「本書板行の義故ありて取消し願下げ」となつてゐる。此等の書は皆口ぎたなく罵倒し合ふ學派爭ひが激しいので餘り許可せなかつたのか知らん、義端の著は故內藤湖南先生から拜借して數部を十年も前に活字にした事があつた。この義端の著を剽竊して出板されたのが旭千里の「文章薰蕕辨」である。文政十二年の板本である。怪しからぬ本であるが此旭千里の本には友人藤澤甫曰として東畡先生の質實なる證評が出てゐる。こんな本に引用されては迷惑な話である。

外甥氏の發起で[illegible]を執行せられた。參拜者は書院關係及可有吟社同人知友六十餘名。燒香。讀經勤行の後、一同は高津ゆどうふやに會合した。場所といひ、窓梅一朶懷し

# 娯拾逸齋筆記

大壺

羽田亨博士編纂の滿和辭典が出版された。助纂の諸君が博士の統督の下に孜々營々として斯業に從事せる現情を屢々京大東洋史研究室內で目覩した余は博士及び諸君の努力の成績の發表されたるを賀せざるを得ない。本書は今將に亡滅せんとしつゝある滿洲語の辭典であるが、將に湮滅に瀕せんとする語なるが故に斯の語學の研究は是非とも必要なのである。今の世間では滿洲語と云へば支那語の事と思つて居り、有識階級であつても學界で云ふ滿洲語に關しては正確な智識を持つてゐないらしい。九一八の滿洲事變以來、滿洲語と云ふ意義が混雜して來たのは止むを得ない事情でもあるが、古滿洲語研究の意味丈は我國人に知つてゐて貰ひたいものだ。そうして此の滿和辭典の出現が滿洲研究に對する礎石の一である事を認識してほしい。

滿洲語は滿洲民族である淸朝の興起によつて、文學語として世間に現出し、淸朝の隆盛と共に歐洲諸國にも又我國にも研究の必要が生じた。我國では物徂徠先生既に韃字考を著して先聲を擧げ、後露國が外交文書に此語を利用して來たので正式の研究が起つた。江戸でも長崎でも辭書編纂が行はれた。明治維新の後は歐洲研究が我國の宗旨であつた爲めに全力を之に傾注し、又且つ滿洲語の外交利用も行はれなくなつてゐたので、辭書編纂迄行はれた此語の研究は中絶して終つた。而して編譯された辭書類も皆未刊の儘に塵埃の中に埋もれてゐたのであつた。だから偶々滿洲語に何等かの關心を持つた人々は支那出版の原本か歐洲語に對譯され出版された辭典を參考する外無く、それ等は皆殆んど落手し難き希購本であつたのだ。歐洲諸國でもフエルビイスト、ウラヅイキン、クラプロオト ゴシケヰチ、などのものは未刊又は未完成で稿本の儘になつたものであるが、アミオ、ガベレンツ、ワシリエフ、ザハロフ、などの辭典は相次いで出版されてゐたが、皆中々の珍本になつてゐた。我が渡部薰太郎先生は憤然辭書編譯を己れの責任とし、一書を編纂せられたが刊行を終へずして逝世せられた。而して茲に本書は現はれ出でゝ我國諸先賢の未竟の遺業を完成したのである。たゞにそれのみならず本書は我國の東亞語學研究に對しては、學術的意圖の下に初めて世に貽られたるものである事が一層本書を意義付けてゐる。躍進日本に於ける自主的產物であるので、歐洲文獻に依る外なかつた我國の學術進步を如實に示すものと云つてよい。歐洲本に追隨せざるを得なかつた我等の若き日の事を博士と一日偶々語り合つて感慨に堪えなかつた。然し滿洲語は今や湮滅に就かんとしてゐる。北滿海倫地方で文書語としても殘存してゐたが、昨年だつたかに此の文書語としての用途も廢止された。滿洲國に於ける此語の滅亡に先ち今の內に調査されてほしい。

3頁　危は危の誤
13頁（南岳先生詩）弃は弁。地は他。挑は排。科斗は斜々。佳は佳の誤り

三ケ尻學士校訂の史記抄は完成した。瑞仙桃源の史記抄は珍本なので中々我々に見易からざるものであつたが、學士の努力により之を座右にし得るは幸である。余は早く龜田吟風先生から寛永刊本の寫眞四五枚を頂いて眞の片鱗だけの眼福を得てゐたに過ぎなかつただからこの謄寫本を得て喜んだ。然し此の寫眞を以て同じ此寛永本の副本を校して遺憾な事を見出した。たつた四五枚の校合で脱落譌誤があるのだ。落葉掃塵の譬喩もある事乍ら遺憾である。例へば

抄卷第一第一頁五行の前漢律記は待詔の誤であり、九行の左史可は太史公の誤であり同行の故名蕉了は故名曰史記蕉了子で四字を脱落してゐる。

同十四頁十二行の既已如此則若謂三敎之學不從經史文字之中は一字を落脱し二字を誤つて三及び史に作つてゐる。又十五行の僧家は僧史の誤りである。

抄卷二第一頁四行では「二十六字カ入ル也」の下に「此次ヘ又其―至之才マテカ入ルソ其次ハ故謂ソ」の長文を脱落してゐる。

同第一一三頁四行の周人の人は衍。

以上は只寫眞に依つて異同を校したに過ぎないが、少し誤字が多過ぎはしないか。此に依つて他處迄疑ふは良くないが疑はざるを得ない。殊に卷尾にタツタ一つ正誤が出てゐて、その正誤中に今一字の誤を正すを忘れたのは少し滑稽じみてゐる。讀者は第三冊卷首出す所の寫眞を以て本文を校すれば余の言の河漢ならざるを知らう。余は學士が本書の校勘表を出すに吝かならざるを信ずる。

余は本書の傳本等に就ては何等の智識は無いが一二の不審を書きつけて置きたい。瀧川君山先生の史記會注考證の史記總論には米澤文庫藏の幻雲標記桃源抄の識語を引いてあるが、學士の室町時代の抄物考には米澤本を載せてない。又學士は壽桂の抄を所在不明と注するが、君山先生は幻雲抄を得たりとしてゐる。此等は調査に難しくなさそうに思はれる。又桃源抄に幻雲抄を合綴したものが有る樣だが、それも記されてゐない。君山先生の大著は桃源幻雲に本づく所があるに關らず其點に言及せられなかつたのが少し寂しい。

沖本三郎氏　住友與五郎氏
吉田清三氏

## 瘦駄樓漫言

甘菱

支那を知れとか、支那を再認識せよとか、大に喧しいが誠に結構な事である。我國に最も近い支那に關する智識を持つ事は至極結構な事に違ひは無い。支那と云へば孔子孟子の古い時代の事だなんぞと思ふのは滑稽な話である。韓退之や蘇東坡が詩文を作つた事のある昔の國だと思つて貰つても困る。然し支那と云ふと恐ろしい古い時代の國の樣に思ひ勝で有つたらしい。近頃ではそれで周章てゝ支那支那と發見でもした樣にはやし廻る。そうして古い支那はどうでも宜しい、今の支那こそ知らねばならん、それ漢文はいらん、支那語だ時文だと擾ぎ廻つてゐる。支那を知らうとする心掛は感心だが、自分の無識だつた事をふれまはる丈なら氣の毒でも差支ないが、古文は不要、時文は入用などと妙な風に宣傳してくれると、却て害毒を世に流す事となるんだ。物言へば唇寒し秋の風、下手すると風でも引くとつまらんから注意し給へ。

支那語支那語と擾いで見ても讀むものが大變少いと云ふ事に氣がついたらしい。そこで支那の新聞雜誌や書籍を見てみると、漢文らしいが餘り見慣れぬ文章なもんだから、惜こそ是れが所謂時文だ、四書五經や八家文では支那が分らん、時文で書いたものをやらねば支那が分らんと思ひ付いたらしい。思ひ付いたのは思ひ付かんよりはマシであるが、思ひ付き損なつては矢張り困る。

明治以後漢文と云ふと古典のみと思はれ勝であつたのも事實であるが、實は餘り西洋文物輸入に急であつた爲めに、一般にお近い支那を忘れてゐたんである。殊に征清戰役後になつては之を眼中に入れ樣ともしなかつた。今の支那なんか知らうともしない。その支那を知つてゐる必要のある人でも、支那の書物よりは西洋の文献による方が早分りするので漢文なんかは古典で結構と思込んでしまつたんだ。それが時局の進轉の結果、支那を直接知らうとなると漢文は時文に限る。古文不要とあわてかけるんだ。

勿論時文も讀める方が良い。古文だけ分るより、時文も立派に分る方が良いのである。眼前の支那が分るにはどうしても時文の力を持つてるのが至當である。時文には普通に云ふ漢文と多少異つて見えるものが有るから、四書八家文を見慣れてゐる丈ではピツクリせざるを得まい。別にビツクリする程の事でないんだが、ピツクリして難かしいものだ、まるで違つてると思ふ。一寸は習つて讀み慣れた方が早い。

時文と云ふと公用文書新聞雜誌尺牘の體を云ふんだが、古文と相違する眼目は用語の新しさにあるんで、漢文としての根本にあるんでない。汽車自動車飛行機の無い時代と有る時代では語彙に相違がある。八家文の用語で今日の事を書けと云つて書けるわけがない。そう云ふ新語と、外國語殊に我國の用語が其儘に這入つたりするから、それを知らないと分り難い。だから我國で云ふ漢文が讀めてそんな新語を知つて居れば讀解は決して難しいものではないんだ。公用文書尺牘なんどに特有の體裁は我國でも別に有るので、普通人が皆知つてるものではない。こんな事を特殊扱ひして通がるに及ばない。

我國で云ふ漢文は時に古文と云はれる。古文と云ふから恐ろしく古い文章體と思つては誤である。智識人の書く標準文體をいつの時代にも古文と云ふのである。別に本質的に古く書く古文辭派の文章ではない。だから時文とは大して差あるものでない。新聞雜誌の文章を見れば合點が行く筈である。分り難い新語は字引を見ればよい。我國の字典は我國の漢字新語は採入しても支那の新語を入れて無いが、是れは我國の字書だからで、ほんとの漢文字書を作つて採入すべきである。

時文と云つてもこんなものなのである。だから時文解釋の本を讀むと、古文の智識が必須の條件として擧げてある。時文の必要を說く宣傳者流は實は時文教科書も見た事の無い連中であらう。又支那語を學んで時文に入ると云ふの徒は只新語を知つてると云ふ丈だから、ほんとの時文は書けやしない。漢文は不要、時文は必要などと知つたか振りする手合は害毒を世に流すと云ふ所以である。

所で我國の漢文課程の現行要目では時文の授業は許されてないそうである。いつ出來た要目か知らぬが、多分支那の存在を忘れてゐた時代の要目に相違ない。漢學者が今の支那を忘れて居たんではなくて、支那を忘れて居た無識の徒に漢學者は支那を忘れるべく餘儀なくされてゐたのだつたんだ。妙な事になつてゐる。時文の聲の高いのは結構だが、時文の爲めに根本の漢文課程の時間が減ぜられる樣では亦變な事になる。斷然漢文の時間を增加すべしと僕は提議したい。

## 遊月瀨記 訓讀 語釋

山々纏絡。方位難辨。據醫生之言。月瀨所在爲南。尾山所在爲北。溪則名張川下流。今之所望。自東而西云。村之屬溪者。南之在月瀨東而近者爲嵩村。西而遠者爲桃香野。北之比尾山而在西者爲長引。眼界所及至桃香野而窮。桃香野以西。溪山北迂。東則溪山局促。望眼不暢。而南猶有獺瀨。有中峰。有吉田。有廣瀨。有片平。有高尾。北猶有治田。有石打。有白樫。有田山。皆在眼界外。

【訓讀】山々纏絡して。方位辨じ難し。醫生の言に據るに。月瀨の在る所を南と爲し。尾山の在る所を北と爲す。溪は則ち名張川の下流にして。今の望む所は。東よりして西すと云ふ。村の溪に屬する者 南にしては月瀨の東に在りて近き者を嵩村と爲し。西にして遠き者を桃香野と爲す。北にしては尾山に比べて西に在る者を長引と爲す。眼界の及ぶ所桃香野に至つて窮る。桃香野以西は。溪山北に迂り。東は則ち溪山局促として。望眼暢びず。而して南に猶ほ獺瀨あり。中峰あり。吉田あり。廣瀨あり 片平あり。高尾あり。北に猶ほ治田あり。石打あり。白樫あり。田山あれども。皆眼界の外にあり。

【語釋】纏絡 山々の重疊せるなり。○屬溪 溪流に沿ふ村々。○局促 ちゞまる貌。溪山の近く迫るなり。

此境三州所相交。田山高尾隸山城。治田白樫隸伊賀。其他月瀨尾山等盡隸大和。人稱曰和州梅溪者。以隸焉者居多乎。月瀨亦溪村之一。而置諸總稱者。以其名雅馴。含淸淺黃昏意乎。

【訓讀】此の境は三州の相交る所なり。田山高尾は山城に隸し 治田白樫は伊賀に隸し其の他月瀨尾山等は盡く大和に隸す。人稱して和州梅溪と曰ふ者は。隸する者の多きに居るを以てか。月瀨も亦溪村の一なり 而して諸を總稱に置く者は。其の名の雅馴にして淸淺黃昏の意を含むを以てか。

【語釋】○居多 多數を占める意。○雅馴 此處では上品でしかも口に親しみのある心持の意。○淸淺黃昏 林逋の句の疎影橫斜水淸淺暗香浮動月黃昏の事。

聞一境梅實。蒸之作烏梅。供都市染家之用。其品非他所及。十餘村之民。以代稼穡爲恒產矣。

【訓讀】聞く一境の梅實は。之を蒸して烏梅を作り。都市染家の用に供す。其の品他の及ぶ所に非ず。十餘村の民以て稼穡に代へて恒產と爲すと。

【語釋】○稼穡 農業の事、もと穀物を植ゑると刈り取るとの意。○恒產 不動の產業なり、孟子に無恒產者無恒心といへり。

### 本誌後援寄附金收受報告（泊園同窓會）

金拾圓也 宮崎喜太郎氏
金貳圓也 古市喬一氏
金貳圓也 宇田匡太郎氏

### 常費金壹圓也（各通十二年度分）

多田黃山氏　藤原忠一郎氏
三宅智隆氏　佐藤馬之丞氏

### 泊園會々費收受報告

一金參圓也 山根悅次郎氏（十二年度分）

泊園

顧問 黃坡先生 石濱純太郎
同人 的場信太郎 石崎太郎 三原靜美 岡本奇堂

# 泊園

昭和十三年四月廿五日印刷（隔月一回一日發行）
昭和十三年五月　一日發行　―（非賣品）―
編輯兼發行人　大阪市南區大寳寺町中之町二番地　的場信太郎
印刷所　大阪市西區新町南通五丁目　林泰進堂
發行所　大阪市南區竹屋町九番地（泊園書院内）　泊園誌社
振替大阪一三八三九（泊園書院）電南六八二七

## 泊園諸兄に告ぐ

今日我國未曾有の非常時局に當つて漢學の重要性を認識されつゝあるのは誠に心強い次第である。明治維新以來西歐文物輸入の急務に迫られ、いつしか我が國粹であつた漢學が忘却されて居つたのは遺憾であるが、今や正しき道に還り來たりつゝあるのであるから、我等漢學に從事しつゝあるものは之を喜ぶと同時に、國運に沿ふべき重任を身に省みて堅い決心を持たねばならない。

我が泊園は東畡先生の昔から、終始一貫して　皇謨を翼贊し　皇化を光被せしめ奉るべき漢學の昌明普及に努め來つたのであるが、今更に先師先輩の遺風に鑒みて益々斯學の興隆闡明に力を致さゞるを得ないわけである。然もそれはたゞ斯學に從事する我々のみではなく、苟も泊園の門に遊んだ人々の何業に現に從つてゐる人々でもが關心を持たなければならない事だと信ずる。

泊園同窓會は固り同窓同門の人々だから云はでもの事であるが、泊園の事業に關心を持ち贊助の好意を有する同門ならざる人々を併せ有する泊園會の諸賢も必ずや斯學の流傳發達を期待して居られるであらう　斯學に從事する我々は其れを顧みて益々重且つ大なる責任を感ずる。

顧ふに近年泊園の耆老の凋落相續きて至り轉た大業の未だ定まらざるに有力なる後援諸兄を失ふの悲みに堪えない。況んや非常の時局に際して精神文化の重要は叫ばれつゝあつても、ともすれば躍進物質文化の急促に再び忘却の淵に遣されるのではないかとの恐れある漢學の重大時機である。切に泊園の同窓、泊園會の諸賢が活眼を開いて時運を透見して貰ひたい。

泊園の事業は何であるか。泊園は何をして居るか。我々の努力しなければならないのは何であらう。泊園の諸兄、何ぞ奮起して逝ける先輩の遺業を紹述昌明せざる。余は泊園の諸兄の我等と共に熱意を以て泊園の事業に參加するを期望するものである。我等も微力乍ら決心を有する。只先輩凋落に關らず決然たる意志を以て起つ後進の少きを患ふる。思ふに我々の志を心とせらるゝ人々必ず多からう。其等の人々の此際に起たるゝを衷心より希望する。たゞ泊園の盛衰を云ふのではない、事は國運に關するからである。

斯學に心有るの諸兄は先覺の識見あるに相違ない。重大なる時機は今である。請ふ、詳かに高見を伺はう。（白水生）

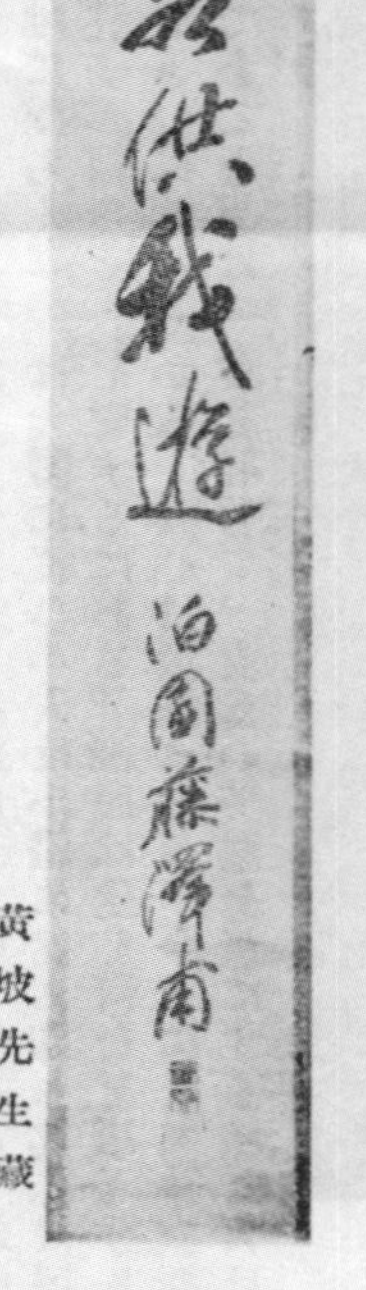

黄坡先生藏

## 說詩樂趣(17)

效尤生

次には、幼慧の人々を述べることゝする。

彦周詩話に

風定花猶舞。鳥鳴山更幽。

世に傳へて、王荆公が舞字を改めて落字にして其語頓に工となつたといふ。しかし、風定花猶落は、梁の謝貞の八歳の時の春日閑居の作であつて、從舅王筠が「恵連に追歩す」とほめた句である。效尤思ふに鳥鳴の句も梁の王籍の入若耶溪詩の句である。王荆公の名を假つた作り話であらう。

張寧が七歳に畫龍に題して、左の句がある

莫㆑點㆓金睛㆒恐飛去。（皇明世說）

王道亨の年十二の時、古塔詩を作り

浮屠何代建。峭拔入㆓雲端㆒。絶頂登臨處。
摩挲星斗寒。

と詠んだ。劉中行が見て奇として「寇萊公（準）の擧㆑頭紅日近の句も之に過ぎじ」といつた。

王世貞の幼き時、刀を鬻ぐ者を見た。其師が戯に韵を分つて詩を作らせた所。王は輒ち句を成して

少年醉舞洛陽街。將軍血戰黄沙漠。

と詠んだ。師驚いて「子は異日文を以て世に鳴るだらう」といつた。

楊文公數歳までもの言ふこと出來なかつた。一日家人が抱いて樓に登り、ふと其首に觸れた所が、忽ち能く語つた。家人の曰ふ「旣に能く言へば、詩を爲り得るか」と答へて「可なり」といひ、遂に登樓詩を吟していふ

危樓高百尺。手可㆑摘㆓星辰㆒。不㆓敢高聲語㆒。恐驚㆓天上人㆒。

なんと豪壯な句ではないか。後日兩たび翰林に入り、耿介氣節を以て宋の名臣となつたのも故なきにあらずである。

楊文公年十一にて、建州より闕下に送り來る。太宗親しく一賦二詩を試み、頃刻にして成つた。中書に送つて再試せしめたが、參政李至が狀を上つていふに。臣等言す、建州の送りし所の十一歳の新進士楊億、中書に到れり、其人、江湖より來りしに、天陛に對して殊に震惕するなし、蓋し聖祚承平にして神童間出せるならん。臣等、金闕に朝するを喜ぶ詩を賦せしめたるに、五言六韻、頃刻にして成れり。詩に曰

七閩波渺漠。雙闕勢岧嶤。曉登㆓雲外嶺㆒。夜渡㆓月中潮㆒。（斷句）願秉㆓清忠節㆒。終身立㆓聖朝㆒。

## ◈道明寺の釋奠會◈

道明寺の釋奠會は來る五月一日（第一日曜日）午前十時より道明寺村土師社―道明寺天神―に於て擧行、式後席上揮毫、圍棋、喫茶等に晩春の一日を優遊する豫定。なほ本會は故南岳先生の首唱に由るもの、有志の方は奮つて參會せられたし。

會費。參圓

月　弘道館記述義　午前七時
午前十時
午後五時
午後九時
木　莊子
書法正傳　詠物詩選
辨名　東暌先生文集　古文讀本
水　記述義
日　第一、第三、午前七時より　詩經
毎月一日・第二・第四日曜　休講
土　唐詩選

## 社告

泊園同窓會幹事
寺田英一郎
西田幾太郎
安達龜造

# 論語講義

黄坡先生述

**子曰。人之過也、各於二其黨一。觀レ過斯知レ仁矣**

**訓讀**　子曰く。人の過つや、各々その黨に於てす。過を觀てこゝに仁を知る。

**解釋**　この章は「過誤にあつて却つて人の眞情を知られる」といふ意を語られたのであつて。會箋に「これ夫子が過を以て人を棄てる人のために發せられた」と說いてゐるのが要を得てゐる　黨は孔註に黨類と釋いてあつて、程子も「人の過つは各々其類に於てする、君子は常に厚に失し、小人は常に薄に失する、君子は愛に過ち小人は忍に過つ」といふてゐる。中井履軒は「譬へば性緩き人は每に太だ遲きに失し、性急なる人は每に太早に失する、儉者の失は慳吝にあり、泰者の失は奢侈にあり」と說いてゐる。これ等の意味が穩かであつて、即ち「人が過ちをするのはそれ〴〵其性分の似寄つた方面にある。だから人の過失をした時に一概に之を咎めそしるべきではない、却つて之によつて其人の仁人であるといふことを認めることがある」といふ言葉であります。もと〳〵人の平生に注意し準備してゐることは、必ず實質を修飾して居るから其人がらは分りかねる。過失は常に人の不用意から發するから、そこに思はず眞情を露出するのである。これを過失だとして輕く觀過しては或は仁人を失ひはせぬか。人の上たる人は特にかゝる點にも注意すべきである。こゝに仁といふて不仁をいうてないのは、本來過によつて人を咎めることを救ふ意味の語であるからであつて、不仁は救ふを要せぬのである。尹焞の註に人の仁不仁知るべしとあるのは、夫子の意ではありませぬ。其他諸說竅を失うて居るものが多い。

漢の外戚傳に、子路が兄弟が少いからとて一年にして姉の喪を除かなかつたために孔子に非られたのを觀過知仁といひ。後漢書吳佑傳に嗇夫孫性が私に民に錢を賦して衣をかひ父に進め、父の怒にあうて自首した時、佑は椽は父のために汚穢の名を受けたるは所謂觀過斯知仁矣といつた類や、說苑の秦西巴が孟孫から預かつた鹿の兒を其母が哀鳴して隨ひくるに忍びずして之を逃がしてやつて、孟孫に怒られたが、後日孟孫が彼を擧げて其子の傅として「一麑に忍びず、又よく我子に忍びんや」といつたなどは、皆此章の意を發明することができます。即ち德行に屬する章であります。

**子曰。朝聞レ道夕死可也。**

**訓讀**　子曰。朝に道を聞きて夕に死すとも可なり。

**解釋**　これ孔子自ら其道を求むることの急なるを語られた、孔子の志氣に關する章であります。物子が「子貢が「文武の道、未だ地に墜ちずして人にあり」といつたのは孔子の時を謂うたものである。孔子は至る所に訪求して汲々として已まずして、其地に墜ちんことを恐れて居る。夕死可矣とは孔子が自らその道を求める心が是の若く甚しいといはれたのである」と說かれたのが穩當であると思はれる。

古註には「將さに死に至らんとして、世に道あるを聞かないことを嘆かれた」と說いてあつて。之による人々は、孔子が世の道なきこと久しいのを傷みて、この嘆を發せられた中庸に道其不行乎などあると同意だと說くのであるが、道を有道と解することは無理の樣である。

朱註の「道は事物當然の理だから、苟も之を聞くを得ば、生きては順に死しては安く、また遺恨ない」と說いたのは、殆んど老佛の見に近く、道を距ること遠いといはねばならぬ。仁齋の「道は人の人たる所以である、人にして之を聞かねば、虛しく生けるものである云々」といはれたのも、たゞ其形を變じて意は朱說に近いものであつて猶ほ物足らぬ思がするのである　要するにこれ孔子の心事を伺ひ知るべきに過ぎない章である。

**子曰。士志二於道一。而恥二惡衣惡食一者。未レ足二與議一也。**

**訓讀**　子曰。士は道に志す。而るに惡衣惡食を恥づる者は、未だ與に議するに足らず。」

**解釋**　德行の部類に屬し、志を立つるは大なるべきを語られた章である。物子の徵の說に、初の句はこれだけで言ひきつて、下へつゞけて讀んではならぬとあるが、尤と思はれる。今まで「士の道に志して惡衣惡食をはづる者と一句によんだのは然るべからずといひたい。「士は是非に道に志すべきである。君子は大體に從ひ小人は小體に從ふ即ち其志は民を安ずるにある。細民は生を營むを事とするから　其心は溫飽にある。今士にして惡衣惡食を恥ぢて、衣食の美惡を氣にする樣な人は志なき人である。士たる價値はない。といはれたのである。未足與議は、禮記內則に「四十始めて仕へ、物を方べ、謀を出し、慮を發す」とあるによれば、士職は政事を議するに與るのであるから、ともに議するに足らずといへば、士とするにたらぬといふ意義であると據に說いてある。議を在來の註では、道を議すると說いてゐるが、道は議すべきものではない。

宋の王曾が、「わが志は溫飽にあらず」といつた氣象が、士人の執るべきことであつて、苟くも公事に從はんと志すもの、已の口腹衣服を顧みる樣では、其人知るべきのみである。士節の砥礪すべきを思はゞ、まづ此章の如きを第一に服膺すべきであらう。

**子曰。君子之於二天下一也。無レ適也。無レ莫也。義之與比。**

**訓讀**　子曰。君子の天下に於けるや、適もなく、莫もなく、義、之とともに比す。

**解釋**　これも德行に屬した章である。主旨は、君子の私に比むものはない、たゞ義あるものと親むと語られたのである。適莫は晋の范甯の解に猶ほ厚薄のごとしとある。物子は適は親なり莫は疎なりと說かれた。これがために無量壽經の慧遠義疏に適々の親なく莫々の疎なしとあり。環興の連義述文賛に適は親なり莫は疎なりとあるのを引證してある。或は適莫を訓して厚薄とするは依據なしと難じたのもあるが、これはあたらぬ。此章の意は、君子即ち上たる人が天下に臨んで、何を親み何を疎んじ、孰れに就き孰れを去るかと自ら私に判することはない、たゞ義のあるものと親比するのだ」といふのであつて、君子の取捨の義によることを說かれたのである。

古く適を敵と通じ、莫を慕と通ずると說き。朱子は適を左傳によつて專主と說き、よつて莫を不肯と說かれたなど信じ難い所がある。すべて事の是非、人の可否などを、漫に我が便否、好惡によつて定めることがあれば、必ず私曲に陷り、偏頗を免れぬ。義を以て之が準繩としたならば、公明正大にして何の疚しい所もない、これ士君子の心とすべきところである。

渡邊花仙氏藏

## 玄海大捷歌

（寫眞版參照）

蔽海敵艦三十隻。酣戰一夜碎無跡。
宇宙茫茫三千年。未曾有此大功績。
碎之者誰東將軍。戰罷奏捷唯片言。
露艦第二第三隊。殲矣　宸襟幸賜安。
屠戮長鯨斷巨鼇。海面如洗靜無濤。
致人于險策何偉。擊滅全隊膽何豪。
掣機弄敵如小兒。占得地步眼何高。
海權從今歸我掌。皇威堂堂萬國仰。
洒與萬國同百福。賈船商船任來往。
皇基終得磐石安。聖化四被德蕩蕩。
君不見旭光赫々海波綠。
萬國齊唱太平曲。

（七香齋詩抄）

本誌後援　寄附金收受報告

（泊園同窓會）

（常費壹圓各通十二年度）

大歲萬藏氏　植野德太郎氏

泊園會々費收受報告

會員消息

昭和十三年五月一日（日曜日）　泊園　第三十三號　（三）

一金五圓也　赤尾好太郎氏
一金五圓也　逸見貞次郎氏
穎川康氏
的場信太郎氏
金參圓也　植野德太郎氏

近藤房吉氏、四月廿一日卒去

## 浪華儒林雜記

大壺

過日「玨江書院私學設立願草」、「照陽閣家塾規程」などを得たが、皆高見猪之介の家塾の記錄であつた。西島梅所の儒林源流の補遺の所に「高見岱、字子喬、號昭陽、又盧門、伊賀人、明治十三年七月二十九日歿、年五十七」と出てゐる。學統師承の詳かならざる人は補遺の部に入つてるのだが、私學設立願草には履歴が出てゐるから左に移錄して置く。

三重縣士族　高見猪之介　當十二月四十三歳十月

天保十三年壬寅三月ヨリ嘉永元年戊申八月マデ都合七箇年間伊賀國舊津縣學校ニ於テ小谷左金吾ニ從ヒ漢學脩業、嘉永元年戊申九月ヨリ文久三年癸亥十一月マデ都合十六ケ年間齋藤德藏及ビ中内惇ヘ轉學同科修業兼テ嘉永二年己酉二月ヨリ文久三年癸亥マデ都合十四箇年間京都貫名泰次郎ヘ來往相從ヒ書法研究

齋藤拙堂や中内樸堂に就いてゐるのだから程朱學派に屬すべき人だ。

尚ほ玨江書院の位置は北大組第十八區玉江町壹丁目第九十六番屋鋪村上喜市居宅となつてゐる。どうやら來阪して間も無い頃で、明治の初年である。草で年號はないが、大阪府權知事渡邊昇宛である。照陽閣家塾の方は明治九年の分と十年の分があるが、塾生も多くて盛んな時分らしいが、位置は分らない。もう大分に古い事であるが、まだ知つてる人があるかも知れない。

南岳先生の不宥書室日錄鈔を見ると左の記事が有つた。

二十一日。晴。葵園照陽來會。話文半日、雅懷大快。盍鷗鷺之社、稍有鵜鳶厠其盟、吾三人無所取切磋之益、故謀別置此會。申牌綾洲師來、柳亭亦來。小酌至夜（丁丑十月）

丁丑は明治十年の事である。南岳先生が切磋の爲めに阪本葵園と共に延いて會合に招かれた人だから詩文の才も相當なものだらう。集や著述も有つたらうと思はれるが、余は何も知らない。

靈松山義端上人の墨浦詩集は故木村篤處翁が藏して居られたと聞くが遺憾乍ら未見である。後上人の庭賜詩稿卷之十の端本を得て一斑を知るを得たるを喜んだ。所が又庭賜詩稿全と題する寫本を得た。然し全とあるが全でない。目次は自第一至十九卷とあるが、第十三卷の過半迄しかない。又目次の終りに卷二十二十一紛失とある。それでも全部で二十一卷だつた事は分る。前に得た卷十を此本と照合すると、此本では卷九に當つてゐる。定本が出來てたのか如何か分らないが、前本は精寫で後本は粗寫だから、卷數も確實には云へないかも知れん。墨浦詩集は五冊程とたしか聞いた樣に覺える。內容は恐らく同じ程であらうか。いや同じもので題名丈が異なるものだらう。上人の詩文共に追々蒐集し得たるを喜んでゐる。

## 海保青陵遺文

天學有頂天問答題辭

若稽古今、政有百司、治則備具、亂則弊虧。渾沌始定、出斯包犧、觀象於天、以操萬機。維是天官、治平之基、世貴其職、細察詳知。唐堯肇立、命和暨義、以總百官、欲授民時。虞舜受禪、先在璿璣、乃齊七政、致北極治。爰逮周亂、古法幾希、日月之蝕、不能豫期、洛下行……雖有所正、亦多瑕疵。支那不振、無儒可師、日曆之學、遠蠻之移、出聖人邦、學于蠻幾、雖我東方、又亦因之。維北水翁、遠遊之嬉、遂遇異人、遠江之湄、因授蠻法、功神術奇、推天識星、亦捷且齊。翁得其祕、一東一西、六十六州、無不寄栖、名轟海外、聲譽日躋。吾揆翁術、使人易依、細義不說、多岐不迷、詩書不拘、文字不泥、方離婁相替、孟母誨兒。吾揆翁學、何足庶幾、古法今昇平、民皆熙々、犧皇堯舜、再起、其自翁施。

文化十一年甲戌正月　平安

青陵海保皐鶴撰

## 娛拾逸齋筆記

大壺

石經斷片の出土は近年學界の重大な發見であつた。諸書記載の是非もこの新出資料で決定されたものも多い。殊に漢石經に關しては成績が擧つてゐる。然るに魏石經は王靜安先生以後大した進歩が無かつた。勿論出土材料の數の多寡が其原因でもあつた。こゝに近頃孫海波氏が「魏三字石經集錄」一冊を出して研究の集成を試みた。

一は拓本で諸家藏石の拓本を影印してあるが、集輯未だ周ねからず、又拓本を剪裁貼付して影印してあつて全形を知る便宜が無い。二は源流で、經數は尙書春秋の二經であり、蘇望摸刻の左傳殘石は疑問であるとし、石數は二十八石と定め、殊に三體直下式、品字式、二體、一體の諸式あるにより、魏石經は一人の書する所に非ず、亦一時の立つる所に非ずと斷じてゐる。諸式の存する事は頗る解を費さしむるが、將來出土の材料を待たねばなるまい。三は碑圖だが集輯の徧ねからざる爲めの誤がある。例へば春秋第七面の如し殊に拓本補遺の僖廿六年廿七年と題せる石なんかは誤つて此面へ入れてあるが、字も讀み違へてゐる上に、それ等の字のある石が別に存するのを知らない。四は古文で一字一字の考證である。最後に隸釋所載の遺文を別錄として附してある。兎に角古文經學の根本資料となるべき石經資料を一集成して與れたのだから、我々は先づ之を依據として研究し得る便宜を得たのは喜ばしい。どうせかゝる研究は增補訂正して積んで行く外無いのだからである。

因に世界文化史大系の東洋の部を再版して東洋文化史大系と題して時勢に乘る叢書の第四卷の二三一四頁の所に誰か知らぬが一寸石經の事が出てゐて、漢石經は五經、魏石經は六經を刻した樣に書いてある。王靜安先生の研究發表以前なら知らず、今時こんな事を云つてると笑はれる。注意してほしい。

雜誌書苑には石經の事がかなり詳しく兩三回も出てゐた。拓本の影印も出てゐるが、孫氏未輯の寫眞が出てゐるから參考に資するを得る。

舊五代史は新五代史出でゝより漸く行はれず、明代清初に尙ほ存して居つたが終に湮沒して聞こえず、四庫全書編纂の際に至り、永樂大典中に存するものを主として採綴して編を成し二十四史に入れたのであつた。所が此の定本も四庫館員の原輯本を改刪したものだつたので、其後原輯本を熊氏劉氏が各々刊刻したのであつた。茲に又陳援庵氏は更に熊劉諸本も改竄を經たるものなるを考證し「舊五代史輯本發覆」三卷を著はして其舊觀を表示したのである。事は固り內夏外夷の春秋の大義に發せる嫌諱避忌の例を主とせるものであるが、是が爲めに讀史の者をして史實を誤解せしむる、若往々にして有るに至つては却て春秋實事求是の義に反する。校勘の末技に類する札記ではあるが讀史の要書と云ふべきである。此例以て諸史に及ぼすべく、延いては人心向背の機、國家盛衰の因たるの徵を察するの資ともなる。宜なるかな、傅沅叔は本書に序して「君子觀人心之未亡、而知國事尙可爲也」と云つてゐる。言隱にして意は遠し。後の修史の者も心すべきであらう。因に舊五代史の舊刊本は尙ほ藏するものがあるが、秘し惜しんで人に示さないそうだ。事變の際であるから、鬼神能く此の東方文化の實物を呵護して湮滅に歸せしめざらん事を祈る。

## ◈泊園書院の展墓◈

來る五月八日（第二日曜日）午前九時三十分新翠滴る舍利寺の菅甘谷先生の墓前に禮拜し。それより恒例の如く生玉齡延寺に至り、東畡、南岳、黃鵠の諸先生御墓に參拜、先賢諸先生の遺德を偲び奉る豫定。門下の方々は勿論一般有志者も參詣せられたし。

## 讀書隨筆

大壺

盧江の劉氏善齋の古物蒐集は世に名ある事久しい。近頃その圖錄が漸次出版され、豊富なる內容を開現しつゝある。善齋の龜甲獸骨は二萬片に上り、斯學の注目する所であつたが、こゝに郭貞堂沫若先生の選擇を經て約千五百片が殷契粹編二冊考釋三冊の形に於て提出せられた。物は善齋の粹、考釋は貞堂先生の精だから學界の幸慶之に過ぐるものはない。貞堂先生は一々精密な考證の餘、進んで殷都留學生の濫觴を摘發し、書道の源流に注意し、度量衡の制に大小二種あるを考へ、殷代文化演進の跡を尋ぬるに至つた。先生の考證推論は常に先人の道はざる所に及び、秘を闡し幽を發し、一見創闢の奇を爭ふ如く、荒茫多岐人をして眩惑せしめる樣に見え、世或は之を邪道視しする人もあるが、僕は決してさうとは見ない。先生の論證固り一々之に從ふを得ざるものもあるが、其の謂ふ所は實に精察審諦の上に天縱の才を以て之を綜合創作するのであつて、好學深思、其意を默知するものに非ざれば之を會得し難いのである。只博く文字を知り、師心臆解するものとは其用意が違ふ。其說の當否に至つては先生自身に於ても時々更改に吝かでないので、學問發達程度の性質上已むを得ないものなのだ。學者多く疑ひ深く考へて斯學の進歩を圖れば好い。輕々しく妄評すべきでない。

甲骨文字理惑一冊は徐英澄宇氏の撰である。甲骨研究論の謬妄なる所以二十二條、文字考釋の僞妄なる所以十條を列擧して、斯學を罵倒し去つた著である。徐氏は甲骨も彝器も皆贋物が多いから僞造物を研究しても何の役にもならないと云ふつもりらしい。甲骨銅器に一も信ずべきものはないとは云つてゐないので、十中八九は僞と云ふらしい。只僞物の多い物を從來の六書の條例と異なる文字の解釋の僞妄を闢かんと欲したのだ。甲骨にしろ、彝器にしろ、僞物の多いのは事實だし、穿鑿附會の說の有るのも免れないが、信ずべきものが少いからとて研究を忌避するなら、凡百の學術皆然りである。僞を去り眞を擇んで研究するのが學術の常である。吉金も甲骨も研究進步の結果は今や疑ふべからざる所に至つてゐる。三千年未傳の智識を創興するのであるから、奇說異論のあるのが理の當然であるのだ。學者疑ふべきは疑つたらいゝが、舊來の陋習からぬけない限り、地球は圓でないと何時迄も思はなければならない。

甲骨を疑ふ學者の隨一は章太炎であつたが彼の「金祖同に與へて甲骨文を論ずる書」が近刊の雜誌書苑上に連載され、引續いて郭鼎堂先生の評及び金氏の書後も揭げられた。郭氏の評は疑甲骨學者に教ふる所極めて親切であつて、如何に新興學を觀るかを指示してゐる。此評を以て徐氏著にも當てればよい。

金氏の書後を見ると甲骨片綴合の例は王靜安より始まると出てゐるが、文句の上より綴合したのは王氏に始まるのであらうが、蒐集片を綴合して完全なる文句を見出さんとした事は西洋人の記錄が最初であらう。チヤアフアントとカウリング二氏が綴合を試みて大なる喜悅を感じた事はカウリングが述べてゐる。余は早くこの文を東亞研究紙上に家弟と共に譯出した事があつた。固り王氏等の讀解の力によつて綴合したのと比較にはならぬが、彼等の早き努力も話柄とすべきであらう。

想起す、今は昔、故長井金風先生が初めて余を訪ね來られた際の話題に甲骨文の事があつた。先生は章太炎と同じく此の甲骨を全然僞と信じてゐたんだが、余の譯文によつて出土に關する確實なる報告として、稍々之を研究するに意有るに至つたと語つた。余は余等の譯文が先生の目に觸れてゐた事を望外の喜びと感じたのであつた。然し果して先生其後轉變したるや否やは詳かにしない（此項本誌二十九號所載再記）

余は我等の金文研究會同人の參考の爲めに金文研究書目錄を作りたいと思つて多少着手したが未だに出來ないが、其內に容媛輯の金石書錄目一冊が刊行された。容媛は金石學者容希白の妹であつて、兄の意を受けて目を清理したのである。希白先生は序文に於て編輯の意を述べ、進んで從前の金石書目、葉氏、田氏、黃氏、林氏の著の誤謬を指摘してゐる。此書は網羅は前輯に過ぎるものがあり、方志中金石志目が別に附錄され、人名通檢、書名通檢が附せられてゐるから、誠に金石學の津逮として便益を與ふる好著である。此書は再版本だそうだが、余は初版本を見なかつた。だから多少は增補されたものだらう。金類で余が氣付いた二三を述べて置かう。

矢彝考釋は遼居雜著本の外に單行大本があつて、それには尊も出てゐるんだ。宣鑪彝釋の下には衍文がある。夢郼草堂吉金圖の正編と續編とは出版年月が異なる。倘ほ清儀閣金石文字拓片一冊（上海有正書局刊、翁方綱の跋あり、錢坫の印記がある）、鐘鼎欵識原器拓片第一冊（有正書局刊、余の見たるは第一のみ）、清風樓藏三代吉金文字第一輯（文求堂精印本、第一輯のみか）、永壽靈壺齋吉金文字（西東書房刊、中村不折氏所藏、余の見たるは二冊なれど三四冊出でたるか）等は補入したい。石類で重編石鼓文は矢張り雜著之屬よりは文字之屬の石鼓の所へ出す方が便利だ。甲骨類では殷虛文字眞の原拓本、殷虛書契續編が脫漏してゐるのはおかしい。朝代人名通檢では張塤の張氏吉金貞石錄が脫してゐる。

東畝先生　遊月瀨記

## 遊月瀨記

訓讀 語釋

余嘗觀京師嵐峽之勝。其勝在櫻花。亦名聲籍甚。今以此較彼。山之潔水之清相匹。而彼則櫻在水之一方。此則梅在左右夾水。其多不唯什之已。獨彼則士女絡繹。錦綺照映。此則吟僧詞客。欹帽拄笻。人或以爲彼贏此輸乎。若使山神親相較。則必將顚倒其贏輸。至其實養一境之民。譬之以人。則文兼德者。豈非彬々君子乎。彼何敢望。海內冠冕。非虛稱矣。

【訓讀】余嘗て京師嵐峽の勝を觀たり。其の勝は櫻花に在り。亦名聲藉甚なり。今此を以て彼に較るに。山の潔、水の清は相匹す。而して彼は則ち櫻、水の一方に在り　此は則ち梅、左右に在りて水を夾み。其の多き事、唯之を什にするのみにあらざるなり。獨り彼は則ち士女絡繹として。錦綺照映し。此は則ち吟僧詞客。帽を欹て笻を拄ふ。人或は以爲らく彼贏にして此輸なるかと。若し山神をして親しく相較べしめば。則ち必ず將に其の贏輸を顚倒せんとす。其の實の一境の民を養ふに至つては。之を譬ふるに人を以てすれば。則ち文にして德を兼ぬる者なり。豈に彬々たる君子に非ずや。彼何ぞ敢て望まんや。海內の冠冕は　虛稱に非るなり

【語釋】○藉甚　世間に評判の甚だ高い意。○不唯什之已。彼に十倍するに止まらぬ。○絡繹　往來のつゞく貌。○錦綺照映、錦や綾に着飾れる人々の行交ふ樣をいふ。○欹帽　欹はソバダツ、傾くるなり。○拄笻　拄はサヽフ、笻は竹の枝。○贏輸　勝ちと負けと、普通は輪贏で、ユエイ又はシユエイと讀む。○彬々君子　文飾と實質と並び備へた人、論語に文質彬々、然後君子といへり。○彼何敢望　櫻の企て及ばざる所。○海內冠冕　篇首に遂至稱爲海內花林冠冕也を受けていふ。

品評間。意氣奮發。遂窮其巓。村家十數戶。中有羽流大院曰三學院。院主亦頗好客。人多宿之云。一路通于長引村。聞望景不及尾山。不欲往焉。從原路而返窪田氏。日已迫虞淵。恒等六人將登八幡辨天二峰。二峰在屋後。雲嶺又誘醫生。凡八人。追隨而去。予老矣。有慮歸路。且既占大者。故不與焉。浴了。與主人話。主人亦有雅情。無幾皆返。嘖々稱二峰勝。吃飯就寢。吾曹於南齋。雲嶺於北齋。

【訓讀】品評の間。意氣奮發し。遂に其の巓を窮む。村家十數戶。中に羽流の大院あり三學院と曰ふ。院主亦頗る客を好み。人多く之に宿すと云ふ。一路長引村に通ず。聞く望景尾山に及ばずと。往くを欲せず。原路よりして窪田氏に返る。日已に虞淵に迫れり。恒等六人將に八幡辨天の二峰に登らんとす。二峰は屋後に在り。雲嶺又た醫生を誘ひ。凡て八人。追隨して去る。予老たり。歸路を慮るあり。且つ既に大なる者を占む。故に與らず。浴し了つて。主人と話す。主人亦雅情あり。幾ばくも無くして皆返り。嘖々として二峰の勝を稱す。飯を吃して寢に就く。吾曹は南齋に於てし。雲嶺は北齋に於てす。

【語釋】○羽流　仙術を修めるもの。○原路　もと來た路　○虞淵　日の沒する所なり。淮南子に日至于虞淵、是謂黃昏と云ふ。○嘖々　稱贊してやまぬ貌。

泊園書院日課表

午前六時―七時　午前九時―十時　午後二時―五時　午後七時―九時

水　弘道館記述義
火　莊子　書法正傳　詠物詩選　東萊博議（名）　古文讀本
金　弘道館記述義
土　唐詩選　國故論衡（石濱先生）

泊園
顧問　黃坡先生　同　石濱純太郎
同人　的場信太郎　石崎太郎　三原靜美　岡本奇堂

昭和十三年七月十日(日曜日)　泊園　第三十四號　(一)

# 泊園

昭和十三年七月八日印刷(隔月一回一日發行)
昭和十三年七月十日發行—(非賣品)—
編輯兼發行人　大阪市南區大寶寺町中之町二番地　的場信太郎
印刷人　大阪市西區新町南通五丁目　林泰造
印刷所　泰進堂
發行所　大阪市南區竹屋町九番地(泊園書院内)　泊園誌社
振替大阪一三八三九(泊園書院)電南六八二七

金貳圓也　福永元吉氏
金參圓也　杉村信義氏
日野田正英氏

## 泊園會々費收受(泊園會)(十三年度)

一金參圓也　辻　蒼石氏

## 泊園誌社

石濱純太郎　石崎太郎　三原靜美　岡本奇堂

泊園同窓會幹事　西田穀太郎　安達龜造

## 泊園を省みん

王師の向ふ所頑敵の支ふる無きは既に已に豫知された事であつたが、傲語してゐた徐州の大軍も堅壘も、一度び起つた我軍の前には疾風に捲かるゝ枯葉に齊しく、蘭封、歸德、開封と直ぼる暇さへ無く、瞬く間に中原は王化に歸服して終つた。武漢三鎭が最後抵抗だの、昆明で長期抗戰だのと空言の宣傳も何の役に立つものでない。早く昨非を痛感して兩縛して來り降り、東亞百年の平和の爲めに力を盡すが彼等當然の責務である。

頑迷不靈の徒も覺醒するは時間の問題である。たゞ其後の彼等を如何に指導し、如何にして王化に浴せしむべきかは我國に與へられたる課題である。其後と云はず、實は即今の急務である。我等は其位に在らざれば、其政を謀らず一向に局に當る縉紳に期待するのみである。

聖戰の途上、物質文化の躍進と精神の動員とが叫ばれてゐるのは當に然るべきだが、只だ懼るゝ所は後者に對する認識が前者に比して根本に及ばないかと云ふ事である。それでは終に東亞百年の大計たるべき指導精神とならないであらう。總動員の諸計劃は善を盡してゐても、美を盡さない事となる。泊園の諸兄何ぞ思を此に致さゞるや。

願ふに文教の事たる功果を一朝一夕に見るものでない。聖人の民に教ふるも必ずや三年と云ひ、必ず世にして仁なりと云ふ。今遽に西歐簡易の禮法に藉口して精神動員と稱する如きに止まらば果して外四萬々の無告の民をして仰ぎて德化に歸嚮し得るに至らうか。文教の根基を培養して指導精神を確立せねばならないと信ずる。

泊園の學は相傳へて百餘年、聊か國恩に報い來つた。今や我が國威は彼土を覆ひ、前古未曾有の時運に際會してゐる。泊園傳統の學術も彼れ赤縣全域に及ぶものとならねばならない。先輩諸兄、世の風潮に溺れず、省みて我が泊園を再認識せよ。(白水生)

八塚氏所藏

## 說詩樂趣(19)

效尤生

王元之(禹偁)五歲にして已に詩を能くした。或日、太守に隨うて白蓮を賞したが、太守に命ぜられて一絕を吟じていふ。

昨夜三更後。姮娥墮玉簪。馮夷不敢受。捧出碧波心。

蓮は曉に開くから三更後といつたもので、姮娥は月中に居る仙女であつて、馮夷は水の神である。即ち月中の仙女が玉のかんざしを墮したのを水神が之を受けやうとしないで、碧波の中へ捧げ出したといふ意匠が子供らしうない。又

佳人方素面。對鏡理紅粧。

といふ句をも作つた、美人がまさに素白の面をば、鏡にうつしてお化粧をして居るといつた。太守が「天授の才」とほめた、といふ

崔、の童兒の頃　父に隨ひ、黃滉に謫した架上(とまり木)の鷹を指して詩を作らせた

天邊心膽架頭身、欲擬飛時未有因、萬里碧霄終一去、不知誰是解條人

と詠じた。この意は、身は架頭にあつても心は天邊にある、いま飛ばうと望んでもまだゆかりがない、しかしつまりは萬里の碧空に飛び去るんだが、果して誰がつなを解いて與れるだらうか、といふのであつて、自家青雲の志を寄せて居る。

徐鍇字は楚金、十餘の頃、親朋の宴集に題を分ち詩を賦した、鍇に秋の詞を作らせた所、筆を援つて立どころに成つた、其聯に

井梧分墮砌。寒雁遠橫空。雨久莓苔紫。霜濃薜荔紅。

とあつて。秋の景物を巧みに寫し出して居る。

## 遠來帳

明治三十七年十二月二十八日神戸諏訪山ノ中常盤ニ忘年會ヲ催ス來會者川里田種七郎大西秀太郎笹山厚中野壽吉坂尾柏治郎名倉與一郎廣田剛太郎細田美太郎藤澤元造若坂本文一ヲ隨ヘテ來臨藤洲ノ三名物ヲ投票シタリ十七字ヲ聯ネタリシテ興ジアヒ夜十時散會シタ(三名物ガ何々デアツタカ今覺エテ居ラヌソノ時ナグリ書イタ卷紙ガ殘ツテ居ル)

遠來ノ客ニハツカシ今日ノ酒　細
舊交ヲ溫ムル里ヤ灘近シ　笹
泊園ノ昔ニ知ラヌ今日ノ酒　中
十年ノ昔ヲ話ス年忘　廣
泊園ノ麗澤ハ已ニ廿年　中
年忘冬至ノ宴ヲ思フ哉　仲
駿河屋おせいヲ話ス年忘　廣
年忘レ白髮頭ニノケ哉　川
山吹ノウドンヲ思フ思案橋　廣
ホツコウノ聲偲バル、昔カナ　笹
年忘今日ハヨツポド面白イ　川
川里ノ昔ハ田尾ト云ヒニケリ　廣
ワルクチノ廣田モモトハ柏木ヲ　川
君見ズヤ昔ノぼんち廣頭　廣
淡州ハコレデモ今日ノ團十郎　黃
大西ヲ逃シテ席ノ寒サカナ　鵠
モチツキノ姿ヲ見タハ加納町　廣
駄句バカリ吐キ出スロノ廣田カナ　中
百年ノ名句モアルヨ韻芳集　廣
教場デ洲崎ノ昔思フ哉　中
北村ニ問ハバヤ例ノおよしカナ　廣
三時カラ歸ラント欲ス淡路島　中
今宵ダケ語リアカセヨ淡洲郎　細
妻君ニ贈ラント欲ス折ノ中　廣
諏訪山ニヒレ振ルモノヲ　中
傳馬デモ迎ヘニヤラン淡路島　川
君來ズバ三疊モアルオラガ家　廣
軍艦ガ三隻モアルオラガ家　細
金ツバノ昔ヲシノブ今日ノ會　細
應州ヲ久方振リデツトメケリ　細
丸八ヲ起シテ開カンソノ昔　細

一、淡州細田爲當會發起人
九、頭淡州廣田雅號團十郎當時爲梨園巨擘
一一、望月與餅搗邦音相通、廣田之來訪也屬歲暮細田執杵操作。時寓於加納街
一〇、大西有事故、早退出
一五、北村文德幸次郎

# 論語講義

黄坡先生述

子曰。君子懷德。小人懷土。君子懷刑。小人懷惠。

**訓讀**　君子徳をおもへば、小人土を懷ふ。君子刑を懷へば、小人惠を懷ふ。

**解釋**　此章は從來は君子小人を人品の上から說き、且つまた四事として解して居つたのであるが、徂徠子が君子小人は位を以て言つたものと說かれ、且つ德字の下と刑字の下とに則字のあるものとして見よと說かるゝに及んで、初めて明解を得たのである。

即ち政治に關する語であつて。章の意は下民の情は上に隨つて變移すると示されたのである。在上の君子が常に德を心に思うて離さないなれば、下民は其郷土を慕ひ輕しう其郷土を去る樣なものがない。この懷は思うて措かぬことをいふのである。民の輕しく其郷をすてるのは虐政の結果である。上よく德政を施すなれば民は其土に安んじて撃壤鼓腹の樂を得るのである。また君子刑を以て下に臨むときは、下民は其峻烈を畏れ、他に恩惠を施されんことを望むものである。爲政の第三章に政刑を以て天に臨むと德禮を以て臨むとの化効の相違を說かれてあるのと同意である。德と土と、刑と惠と、叶韻であるのを見ても二句が一聯をなして居ることは明白であらう。

他の三句は、姑く置くとして、懷刑を舊解に法を畏ると說いて居るのは甚だ不當である。懷を畏ると見ること字義に合はぬはいふまでもない、況して有德の君子が平生刑法を畏るといふことも事情に協はぬ、その誤を知ることができる。

子曰。放於利而行。多怨。

**訓讀**　子曰。利によりて行へば怨み多し。

**解釋**　德行に屬する章であつて、利の遠ざかるべきことを說かれたものである。放字は依ると訓ずる。利は必ずしも財利ばかりでなく、凡て吾身に便宜であるものをいふのであつて、我が利を取らうとすれば他に利を失ふ人ができるものである、よつて專ら利を失はぬ心がけで事をするのは、人の怨みを招く道である。利は凡ての人が望むものであるからわれ之を失うまいとすれば必ず人と摩擦を生ずるのである、そこに注意を要する。

放を「ほしいまゝ」と訓ずる說があり。また利を財利と解して、大學の長國家而務財用者とあるのを引用した說もあるが、共に取らぬ。

子曰。能以禮讓爲國乎。何有。不能以禮讓爲國。如禮何。

**訓讀**　子曰。よく禮讓を以て國を治めんか。何かあらん。禮讓を以て國を治むること能はずんば禮をいかにせん。

**解釋**　禮樂に屬する章であつて、禮の治國の具であることを語られた章である、後漢書晉書等に此章を引いて、爲國　於從政乎何有となつてあるから、古本には於從政の三字が乎の上にあつたと知られる。

讓とは我れの得べきものを推して人に與へる意味の字であつて、禮讓を運用する場合は讓が主になる。但し左傳にも「讓。禮の主也」とあつて、互に相讓るところから、上下に禮が行はれるのであるから、讓は實際に於ける禮の形である。故にこゝに「禮讓を以て國をおさむ」といはれたのである。爲は治むと訓する。何有は「何の難きことあらん」の略である。國には禮の紀綱節度がなければ和平を得ることは出來ぬ、いま禮讓を以て國を治むるなれば上下和順で大體よく備はり、易々として治を施すことができる。もし禮讓を以て國を爲め得ぬならば、禮があつても之を用ふることの出來ぬことになる。「禮をいかにせん」とは禮を用ふることが出來ぬといふ意である。この禮は禮樂の禮である。禮は國の幹なりともいうてある、國家の存立は禮が其柱である、今日、國體を明徵にするの事、これ禮の大なるものである。（第二十七講）

## 鳴鶴先生逸事一談（一）

大久保荘太郎

余、石濱純太郎先生の庇教を蒙ること茲に久し。頃日、先生余に勸むるに簡短の書話を記するを以てす。敢て一稿を叙す所以是なり此の一貧書生、而立に及ばざること四歲、固より鳴鶴先生と識有る能はず。徒だ先考大久保平庵藏する所の先生の書翰を介して以て先生の逸事を公にせんとするのみ。亡父大久保平庵は、初め浪華の久志本梅莊先生に師事し後、若林岱猛先生の紹介を得、弱冠の比ひ、笈を負うて東上、鳴鶴先生の門に入り、爾後十餘歲先生に從侍したり、故に先生の寵を受くること衆多、先生を識ること亦深細、大となく小となく凡て之を聞見するを得たり。今若し愚父をして猶十歲の壽を保つを得しめば、以て悉く得る有るならんも、奈何ともする能はず。抱歉何をか加へんや。今や鳴鶴先生易簀せられてより二十歲、其の聲望愈々高きを加ふるも、先生を識るもの乃ち日を逐うて漸く鮮し。臨池君子の均しく悲しむ所なり。

是に於て亡父珍藏の秘翰を出して、偕に先生の氣概を窺はんとす、君子の讀過を得ば、眞に欣幸の至りなりと謂ふべし。

此の翰牘、九葉の詩箋便紙より成り、今改め潰して二卷と爲す。初め黑墨を用ゐ、多處に朱墨を挿み、概見稍々亂なるも、既に自ら書翰の範を視し、觀るものをして流涎せしむ全文は後錄に任すも、畢竟するに次記の如きものなるべし。

先生嘗て隸體を以て五泉昭義碑の下稿を書き、碑字刻を終りし時、聽濤閑人なる者、其の書を以て粗笨にして濫雜、規矩に合せずと爲し、妄りに誹謗醜詆の言を報紙に載せたり。先生大いに憤恚し、將に直ちに辯駁の激書を與へんとせられしも、想ふに一愚人の漫錄瑣誤に過ぎず。放擲するも亦大害無かるべし。然るに事は小にして小に非ず。苟くも心血傾注の碑書なり。浮華の輕論を甘受するは宛も大度有るに似たるも、或は小人をして去就に迷はしむること有るを恐る。先生因りて自ら遽突應稿を作り、愚父をして代書せしめられたり。愚父も亦激怒して肯て命に服せしならん。

蓋し聽濤閑人も之を得て或は家藏せしならむ。余は知らず、又知る能はず。獨り微笑して往時を概憶するに止るのみ。

（以下次號）

泊園同窓會員消息

○近藤勇吉氏　卒去さる。

昭和十三年七月十日（日曜日）　泊園　第三十四號　（三）

書院講義表

火　准南子
水　弘道館記述義
書法正傳　詠物詩選
辨名　徂徠集　錄注杜詩
土　唐詩選
日　第一、第三、午前七時より　詩經　毎月第一日曜　第二四五日曜休講

〇近藤房吉氏卒去さる

# 浪華儒林雜記

大壺

富永仲基の歿年確定に就いては既に記した事があつたが、それは母方安村氏の過去帳記載によつたのである。然る所これが縁をなし昨年秋記念會を催うした仲基先生を追憶せんとした所、圖らずも先生の愛弟たる東華先生の後裔眞氏の家を訪ねて、數々の遺書を拜見するを得たのであつた。然も眞家の過去帳にも謙齋先生の名を列してあり、同じく歿年月日を具へてゐた。固り同日である。機運の到る處は思議すべからざるものがある。

謙齋先生の墓は未だ分らない。横地祥原君が安村家過去帳に附して送られた手紙によると、過去帳には明かに墓石が安村家墓地に在る様に注されてゐるので、安村家墓地のある立野の善福寺へ二度計りも探しに行つたが、殘念乍ら見當らなかつたらしい。何でも十年程以前小學校の出來るに就いて現在の所へ移轉したそうで、その際に失はれたらしい。母安村氏の墓石は今もあると云ふ。母方墓地の石碑でもあればと遺憾此上もない。

其後に神田鬯盦先生から三村竹清翁の著佳氣春天の中に謙齋先生に關する記事ありとて、中から橋本律藏氏の出定後語の識語を寫し送られた。「仲基はナカモトとよむべし、翁文に見ゆ、一卷あり、說蔽は律藏も未だ見ず此翁桐江とも號せしが、書畫集覽に英春とある此人か、出定後語の破書非出定文雄上人律藏未だ見ず。」橋本氏は謙齋研究の先覺者で早く「翁の文」を所藏してゐたのである。氏は其後非出定を寫し出すを得たが、其本は湖南先生の插架に歸した。それにも氏は識語を記してゐた。

享保以後大阪出版書籍目錄が出て謙齋研究に種々資料を供給したが、中でも翁の文が「翁の道の枝折」と改題板行された事は一發見であつた。余の聞いた所では大阪圖書館の上松寅三氏が早かつた様で、龜田吟風先生も直ぐ氣付いて之を指摘せられた。所が昨年晩秋の頃鹿田松雲堂主人之を北國にて發見來し、府立圖書館に寄贈せんかとの志があつた。龜田先生之を側聞して今年三月十四日館に至り調査せんとせられたが未だ贈られてゐなかつたので、直ちに松雲堂主人に勸說せられ、こゝにこの孤本は主人の長跋を附して快く圖書館に獻納せられた。其書は翁の文改題について差支のある様な部分が改刪せられてある丈で殆んど原板の儘である。

吉田鋭雄先生編の謙齋遺稿に載らなかつた謙齋先生の二尺牘がある。伊丹荒木家の縁戚なる神戸の川越氏の藏であつた。たしか鎌田春雄先生から知るを得て吉田先生は同家を訪ねて觀覽せられ、余に其寫眞を贈られたのであつた。先生が遺稿に之を收錄せられなかつたのは惜しい共に蘭皐に宛てたものである。別に錄して世に示す事とする。

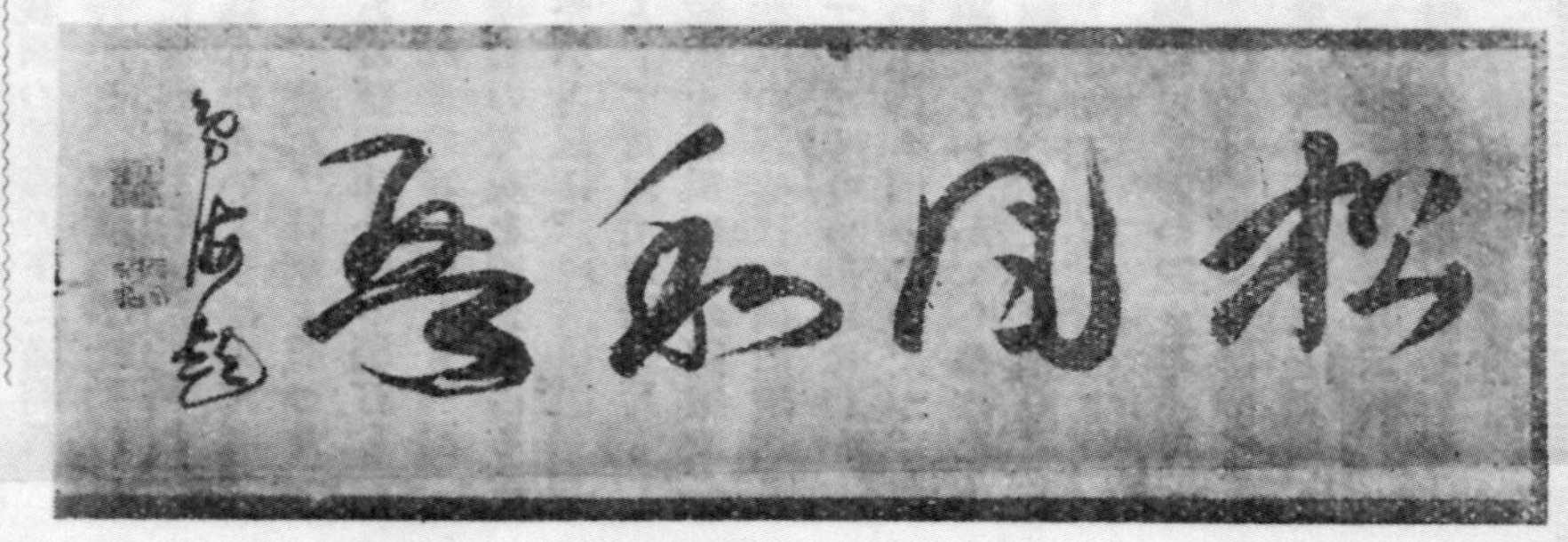

# 泊園の憶出

岡本勝　（續）

憶出話も茲暫く中止して居たが。今日又書續けて見る。先前述の通俗講習會の事より始めて見れば。講義も最初一二回の中は半紙謄寫版刷で有つたが後には石版刷で立派なものに成つた。筆者も何誰の手で有つたか知らなかつたが後には門下の知友渡邊泰一郎氏の手に成つたもので實に美事なもので有つた。細かい文字で半紙にすれば夜長の頃には四枚位短夜の頃でも三枚位になつて居た。聽講者は何れも何も携帶する事なく只出席さへすればちやんと好いのであるから誠に譯は無かつた。それで多い時には四十人少くても二十人内外は有つた様だ。講義の場所も下の教室で有つたり、雨天體操場の板間で有つたり又階上の教室で有つたりもして何だかんだと聽講者に便利を與へて呉れた。有難い事では無いだらうか。世道人心の日に日に荒廢して行くのを憂へられて。よし一人でも正しき道に向ふ様にと只で聽かせて呉れると云ふのだから凡そ世の中に此んな結構な事が又と有らうか。思へば實に勿體ない事で有つた。土曜日の晩一夜ではあるが六時半から九時半頃迄僅に三時間、之を普通中學校などで行る授業に割當て考へて見ると此の講習會で眞面目に聽講すれば漢文の素養に於ては優に中學校で五ヶ年間學んだよりは遙かに多分なものに成るのである。又事實それ以上で有つたと思うてゐる。

當時の書院は今はもう建物も變つてゐて其の俤を留めてはないが其の昔あの君子人たる故豐田宇左衛門大人の人材教育にと建てられてゐた修齊學校の校舍を其の儘用ひられてゐ[illegible]が有る。火事と喧嘩は我身に係らにや面白い其の爭闘快戰を史乘で見。机上で聽講するので有るから面白いのも無理は無い。殊に崇高なる卓識。堂に入つた名講義。如何にも愉快で有つた。

易知錄の面白かつた講義と相對し茲に[illegible]邊先生の論語の講義の面白く愉快であつたのは特筆したい。是は先生會意の者で有つたのか將た通俗講習なるの故で有つた譯か他では聽かれない實に活きた名講で有つた。易知錄の知略闘爭の教材に引換へて此は又道德仁義の話まるで物が異ふ。普通ならば修身道德の話などは欠伸が出たり睡りがつくので有るが殊に夜分の聽講者はそれ〳〵一日の仕事を終へ疲勞を押して來て居るので有るから長夜の秋なら兎も角も春宵一刻或は蚊を傷にして五百兩といふ夏の夜などは得てして睡り易いのである然るに眠いどころか、眠い眠でも覺めるの感じがする。其れは渡邊先生があの元氣殊に博識能辯全く趙括の様な死學で無く其の昔泊園で活學をせられた事と見えて論語十卷二十篇縱に横に盤上に玉でも轉ばす様な論鋒日常處世の上から社會風教の中から將た扶翼皇運の上から講ぜられるので有るから二千年前の古い教訓が今日宛然目の前に踊つて來る論語の講義にあれ程血の湧き肉の躍るのを覺えた事はあれ以來再び覺えない。

其後渡邊先生の北海道の方に御榮轉成され再び書院のあの講堂で其名講義を拜聽させる事はなく成つたが今でも猶一度あの様な愉快な講義を聽いて見たいと思ふ事である。今日私が淺薄なる知見ながらあれを眞似てやつて見るが笛を吹いても一向聽講者の方で踊つて吳れないのは矢張り優劣の差がウンとあるに違ひない。力めては遺つて居る心算では有るが。

偖て此の講習會は回を重ぬること三百何十回十何年かに亙つて續行された。後には私等の如き青黃才が講義の前座露拂を勤める様に成る迄もずつと繼續してやられた、今日は一先づ停止はして居るが然し又再び斯かるものを始めて世の風潮が年々惡化して行く上に及ばずながら一臂の努力をして見たい様な氣もする。滿更江河を赤手で堰く様なとは異はうから。追憶して見ると三百何十回十何年に亙つた此の通俗講習會。聽講者の顏觸れは前後隨分變つた事であるが此等人々の精神には我泊園の精神が大なり小なり何物かに成つて流れてゐる事で有らうと思ふと。愉快である而して此の講習會に用ひた印刷物の要費は某家の寄贈に係る。誠に特志の事である其れを又始終筆にした人は今は早や物故せられて十何年にも成るが海洲處士渡邊泰一郎氏で私と同年の生れ矢張り夫子取立の門弟子で能筆の閒え高かつた人である今日在世してゐたとしても猶知命今日書院に始終出入するが渡邊氏が猶世に御座して與れたらと思ふこと切なるものが有る。

通俗講習の事は是れ位にして次々と當時に於ける學科目と教授法更に通學した人たちの顏ぶれなり試驗なり又勉强振且つ寄宿した人た樣子などを書いて見る、（六月十一日稿）

**清　涼**　　天野みどり

麥の穗のそよける野邊の何處より　風のもたらす草笛のこゑ。

鯉飛びし水音止みてゆらゆらと　池一面にゑがく波の輪。

## 瘦駄樓漫言

甘　蓼

皇軍破竹の勢は中原の徐州開封も瞬く暇もなく征服して、漢口も動搖して要人連は遠く南方に逃れ去るに至つた。いくら口に長期抵抗を稱しても舊政府の命脈は匪賊程度で維持する外はなくなつてゐる。我が長期體制は匪賊背後の虎狼の國に對してゞあるが、虎狼も到底は遠吠するのみであらうか、少し早手廻しであるが今次聖戰の記念事業にでも思ひを馳せて見よう。

凱旋門も結構であるが、西洋を模倣するのでないが、立派なる凱旋門を立てるのも意義がある。殊に當地の如き殆んど大部分の將士の通過する處には之を立てて記念としたい。日本獨特のものを建設して、之に大手筆をして因緣を記さしめたなら、今後の諸國からの來朝者等も仰いで、皇謨の深遠なるを感じ、來往の我國人も伏して將士の忠誠なるを咲するであらうと思ふ亦後生子孫をして之によつて感泣發奮せしむるの機會を與ふる大紀念碑となるではないか。

記念編纂物も宜しからう。東亞文化を世界に誇示し得る大編纂はどうであらう。我國の監修の下に滿洲新支那と三國合作し、老儒碩學總動員をして事業に參與せしむるのである。何を編纂したらいゝかは未だ考へつかないが、兼ねて計劃も有つた樣に聞いてゐる續四庫全書の編訂も結構である。事業內容は何でも三國合作して此聖戰の意義を記念し得るものを選びたいと思ふ。

記念事業として黃河治水研究所も面白い。黃河治水は禹以來の懸案である。四千年來の懸案は如何に現代の學術を以てしてもさう簡單に行かない。應急の工作も固り必要だが、根本的調査研究をしてかゝらねばならない。我國が中心となり世界の衆智を集めて、大禹の遺業を紹ぐのである。今次聖戰の好箇の記念事業である。

此等の事業は皆百年の事業と思はねばならない。記念事業とは云へ、實は將來に對する新事業なのである完成を急ぐ必要はない。中でも黃河研究所を大陸の一角に建てゝ夏后氏の業を完成せんとする如きは古今に絕する偉業で、今次聖戰には最も意義ある事ではなからうか。

又此等の事業は政策以上の大業であるから例へ政策に多少の異同が起つても障碍となるべきものでない。此等は我國が希望する東洋百年の平和の中心となるべきものである。凱旋門案にした所が五年や十年で出來上る樣なものなら困る。相續いで完成して行く大プランとして貰ひたいんだ。ケチなものでは此の大時運にそはないんだ。何とそうだらう。

**自　賀**　　細田美三郎

無德具五福。　無爵得一尊。　養口兼養志。
子女滿家門。　既見廿二孫。　更添四曾孫。
況逢聖明世。　國光照乾坤。　顧吾何所有。
百祿是祖恩。　嘗學舍水利。　又學院泊園，
洙泗問津要。　唐宋游詞源。　承乏教人子。
半生愧素餐。　古稀免俗蛸。　猶有採薪煩。
喜壽方安住。　平和養老村。　餘生天所與。
勿辭勝事繁。　不與賓喪祭，　隨處伴芳樽。
常親花月雪。　風咏娛詩魂。　年个如是去。
悠哉樂還元。

## 泊園消息

細　田　美　三　郎

近來快心の事は、日本の儒教日本の佛教とて本邦文化が世界に尊重研究せらるゝ樣相成候事、御同樣愉快此事に御座候。扨島田釣一、梅見春吉、篠田栗夫等古老相尋で物故、誠に四顧物淋しく候。老生も當年七十七、年齡の上では、笠井、白藤、淺井、渡邊諸子よりも兄分、次の番は老生御先に參り候とも僭越には可無之と存じ申候昨年末三回西下、當三月には末息方男子出產，顏のぞきに西下、須磨舊宅に滯在、白藤には歸京の途次、一寸會面申し候共急ぎ候まゝ拜趨を缺き失禮致候　淺井、渡邊とは往來舊を語り申候、昨年は備前の佐藤馬之丞、中野鶯次郎（壽吉次男）上京來訪誠に懷しく、泊園の舊事を語り申候自然御東上の節は拜顏を得申さばやと期待致居候。別紙ものになる樣御痛正被下度願上候。

**古　谷　熊　三**

乍筆末序でに小生近狀申添置候間御一見被下度十二年一月廿四日、長男哲夫（中學卒業後同文書院に入り卒業の後住友銀行に就職御地に又漢口支店の後橫濱支店に勤務前後約十八年間支店貸附係長となる）御殿場驛にて心臟痲痺にて流焉として遠遊致申候年僅に四十歲にて御座候。家內三十二歲。二男三女を遺し居候。彼是と精神上非常な打擊を受け俄然十年も一度に老境に入りたる哉の感を催し候事に御座候。前年鷲田南畝亡兒の事も思合され候て同情の淚を新たに致候事に御座候。

次男寬二、三十八歲、上海にて戰禍に罹り目下天津に進出、實業界に奮闘致居候三男三井康臣中支派遣軍高橋部隊に在りて活躍、多分徐州の包圍戰に參加致居候事に御座候。

四男（二十七歲）古河橫濱電氣研究所に勤務、テレビジョンの研鑽に從事致居候。家內（六十四才）九年前激烈な神經痛に罹り終にいざり、と相成候て、漸く匍匐、家庭の世話を致居申候。小生には益々健在、數年鶴洲盟主として心配致居候、梅花吟社の事、本年頭より小生代りて世話致候事と相成申候。以上の生活狀態に御座候。浮生の波瀾曲折に遭遇致候も、堅忍持久何時も恩師南岳先生の御訓戒を猛省致候。切々偲々戰々兢々夫子の御名を辱めざる樣と只管心懸居候事に御座候。乍憚御安意被下度樣祈上候。時維れ國家多難の秋。乍此上珍重御自愛、爲邦家、爲斯道。御盡瘁被下度奉千祈萬禱候。

戊寅五月十六日　　頓首再拜

尙令夫人樣外皆々樣に宜敷御鳳聲奉祈候

本誌後援寄附金收受報告（泊園同窓會）

常費　壹圓也各通（十二年度）
小畑勝藏氏
日野田正英氏（十三年度）

泊園（顧問）黃坡先生　（同人）的場信太郎　石崎太郎

泊園同窓會幹事　寺田英一郎　西田幾太郎

泊園

昭和十三年八月廿六日印刷（隔月一回一日發行）
昭和十三年九月一日發行―（非賣品）―
大阪市南區大寶寺町中之町二番地
編輯兼發行人　的場信太郎
大阪市西區新町南通五丁目
印刷所　林泰進堂
大阪市南區竹屋町九番地（泊園書院內）
發行所　泊園誌社
振替大阪一三八三九（泊園書院）電南六八二七

# 漢學大會の大阪開催につき

今秋の十月十六七日に大阪にて漢學大會が開かれる事となつた。

漢學大會とは東京の斯文會と東京帝大の漢學會とが連合して行ふ年中行事の一で、毎秋東京に於て連年開かれ、各地の漢學專門の諸氏が參集して、平生の研究の蘊蓄を發表するのである。毎年東京なので、之を他の地方で時には開いてはとの議があつたので、今年は初めて他の地方として大阪へとなつたのである。そうして我等へ贊助を請はれた。

我が泊園書院は欣然として之に應じ相當の應援をする事となつた。懷德堂も、洗心洞文庫も、關西大學專門部も、靜安學社も皆贊助の意を表され、こゝに奇しくも大阪の私學と學會によつて贊助する事となつたのである。

由來大阪は學問の土地ではない。然し、古來學問には緣有つて屢々その隆盛は史上に喧傳されてゐるのである。然もその嘗て喧傳せられた學統を今に存する三私學が漢學大會に一分の應援をするのは誠に意義ある事と信ずるのである。

漢學大會は學術研究發表を主とするので、一般への緣は薄く見られるが、全國の諸學者が大阪に會して深奥新鋭の研究を發表し討論するの盛事は大阪の漢學に有形無形の影響を遺すに相違ない。

非常の時局下、軍需資源の根據地たる大阪に於ての漢學研究は閑に似て要なる事業である。物質文化の中心地に於てこそ精神文化を作興する事を忘れてはならない。精神文化は大阪に於ては私學の寄與する所が多い。その私學の贊助する漢學大會は專門的なる會合とは云へ重要なる意義を有する。

語を寄す斯文會漢學會の諸賢。平生學界に於ては認められざる大阪の漢學界も、漢學に對しては昔ながらの熱意は有する。物質文化の眞中に埋沒された樣に見えても意氣が有る。少くとも請ふ之を看取せよ。（白水生）

渡邊花仙氏藏

## 說詩樂趣（19）

效尤生

續歸田錄に、蘇州の童子劉少逸が、年十一にして文辭精敏で老成の風があつた。其師潘閬が之を携へて、王元之と羅思純の二公に見えしめ、其所作を進め示した。二公は文名の當時に重き人、この示したものは人が手傳うて居ると思うて、之を信ぜず、因て聯句を試みた、即ち故らに奇語を以て彼の對句を求めたのである。少逸少しも思を費さず、響の如く左の數聯を應答した。

思純いふ　無風烟焰直
少逸いふ　有月竹陰寒
又いふ　日移竹影侵棋局
少逸いふ　風遞花香入酒尊
元之いふ　風雨江城暮
少逸いふ　波濤海寺秋
元之いふ　一回酒渴思吞海
少逸いふ　幾度詩狂欲上天

二公驚異せりと。眞に驚くべきものである。其孫周翰精敏なること少逸の流であつて、時に賞春の會を催し、座客が花を簪として居つた。郡侯が、周翰に次の句を示した、

口吹楊葉成新曲

と、「しば笛」のことを詠じたのである、翰は

頭戴花枝學後生

と應じた。即景を吟に上せたのだが、學後生は「わかいもの、まねをする」といつた、この三字が難かしい、郡侯笑つて「何ぞ便ち老夫に戯るゝや」と童子出身の資格を與へた。

馬希振は鼎州節度使馬氏の子供の中での白眉であつた。門下の客、何致雍。僧の貫徽と聯句をした。希振の句に

青蛇每用腰爲力

蛇は腰を力にして行くと。貫徽が

紅莧時將葉作花

と對した。庭石の邊の蟻を見て、希振

蟻子子銜蟲子子

二つある子の上の方は助語で蟻の子が蟲の子を啣へて居るといふのである。致雍は

猫兒兒捉雀兒兒

これも、上の兒は助語であつて猫兒の兒が雀兒の兒を捉へたといふのである。この聯句を求めるには、一寸難しい先方の困る様な句を唱へるのである。これは當時に佳聯といはれた。

## 富永謙齋先生書牘（一）

答子剛

送序見示。藻思如湧。眞一大妙文也。然瑜不掩瑕。瑕不掩瑜。亦不爲無瑕。請駁之。亦微瑕也。比屋連甍。里閈千廡。万室五民。市鄽万商。列隧開肆等字。無乃重複乎。是己。而甕庵翁非彼所從遊也。彼必不悅。改之可也。而彼改字子愼。如新書序。書子愼可也。不具。不佞文煩。第是儼塗抹于富先生。富基啓。

# 論語講義　黄坡先生述

○子曰。不患無位。患所以立。不患莫己知。求爲可知也。

訓讀　子曰く、位無きを患ひず、立つゆゑんを患ふ。己を知るなきを患ひず、知らるべきを爲さんことを求む。

解釋　徳行に屬する章であつて、**自ら責むることをたつとぶ**といふ意味の語であります。即ち自分が朝廷に官位がないことを患とせずして、己れが其官位に立つて職任にあたる所の材徳のあるべきことを以て患とする。また上に已を知つて用ひる人が無いことを患とせずに、われ自ら人に知られる丈けの事を行ふことを心懸けよ。との意であります。この種の語はこの書の中にも度々見えて居るが、つまり**君子はその己に屬することを勉めさへすればよいのである**。またそれより外はないのである。自分にそれだけの實力の無い場合は最も恥づべきである。但だしこれを以て名位を求めないと考へてはならぬのであつて、外に求めずして内に備へよの意であります。會箋に引いてゐる所の汪南溟のいへる人生には大人の功業があるが、唯だ名と位とは全然去り得べきものではない但だ自己の本領上にあつて著實なるを求めるべきである。もし徒らに恬澹を以て自ら高ぶるはこれ淺人の借りて拙を藏するものであつて、わが儒の經世の實學ではないとの論や。張彦陵のいへる、患と求と皆學者の精神の注ぐべき所である。立つ所以を患ふれば、唯だ以て貪慕の思ひを濟ならしむべきのみならず、併て以て空疎の病を療す　べし。知らるべきを爲すを求むれば、唯だ以て躁逐の想を去るべきのみならず、併せて以て枯槁の習を治すべし、眞に熱焔中の清凉散（むねすかし）なりとの說は、味ふべき言である。

○子曰。參乎。吾道一以貫之。曾子曰。唯。子出。門人問曰。何謂也。曾子曰。夫子之道。忠恕而已矣。

訓讀　子曰く。參か。吾が道は、一以て之を貫く。曾子曰。唯。子出づ。門人問うて曰。何の謂ひぞや。曾子曰。夫子の道は、忠恕のみ。

解釋　學問上の論說であるから**教學部**に屬し、**道の大要は一である**と語られた章であります。參は曾子の名で參乎は參よと曾子に呼びかけられたのである。**吾道一以貫之**の吾道は孔子の保持せられる道即ち先王の道である、即ち民を安ずる道である。大は天下國家を治め平かにし、小は一身一己を修める道である、其方法條目は多樣である、仁なるあり、義なるあり、智なるあり、勇なるあり、恭なるあり、儉なるあり、本なるあり、末なるあり、近きあり、遠きあり、禮あり、樂あり、兵あり、刑あり、諸種の制度にいたるまで一概に擧げつくすことはできぬが、之をすぶるに**安民を離れぬ**のであつて、丁度、澤山の錢が一本のぜにさしの緡に通される樣なものである。これ吾道一以貫之といふ語の意味であつて。即ち一とは**仁**の謂ひであります。曾子答へて**唯**（はい）といはれた。この**唯**は應諾する辭であつて、然とか是とかいふのと同じであります。これに深く喩つて疑なきなりなどの解を加へるのは　言外生意といふべきであります。かくて孔子が其室から出て行かれた後に、同室門人たちの此の問答を聞いて居つた二三子が曾子に向いて、「何の謂ぞ」と今の一以貫之との御言葉の意味を尋ねた、曾子之に答へて先生の述べて居られる道は、**忠恕**に外ならぬといはれた。これは**仁**といふ代りに**忠恕**といはれたのであつて、**忠**とは己の心を盡して人に對し懇到詳悉であつて至らぬ所ないこと。**恕**は已の心を推して人に及ぼす「思ひやり」のあること、でこれ仁をなす方法なのであるから、仁といふべきを碎いて忠恕といはれたのであります。されば世上百般の政治教育の道も窮竟する所は、遠きに行くに近きより始まるごとく、人を以て人を治めるといふ外はない、忠恕は道をさること遠からずといひ、仁に依るといはれたわけであります。

然る所、程朱二子の解は、一理、萬理を貫くといひ、渾然一理にして、泛應曲當すといひ、忠は天道、恕は人道、忠は體、恕は用などいへるは、皆な文外に意を生じ、遂に夫子の道を驅つて佛老の見に歸せしめ。更にこの實驗的道德を以て、口頭一片の空論に歸せしめた、その罪、決して輕しとはいはれぬのであります。

（二十八講）

的場信太郎氏藏

## 嶠南叢話抄

一柴野彦助未タ博士ニ擢テラレサル以前ハ京都ニ僑居セラレシカ一日揚小四郎ニ語ツテ曰、吾モ金持ニナラント思フ心アレハ下婢ヲ金ト名ツケ僕ヲ銀六ト名ケタレトモ今ニ少モ富マサルハ如何。小四郎笑ツテソレハ先生ノ常ニ金銀ヲ使フテ御坐ル故ナリ。彦助モ笑ツテ成程吾モソコニハ一向氣カツカナントナリ。（藤澤東畡話）

一片山北海奥田元繼共ニ大坂ニ居ル時一日相會ス。互ニ衣服ノ甚タ古ヒタルヲ見テ一人戲レテ曰、吾カ見テ久クナリヌ其羽織。一人又即座ニ答テ曰ク貴様ノハカマ幾世ヘヌラン。（同）

一備前侯松平内藏頭ハ爲人磊落ニテ頗ル奢侈ヲモ極メタル人ナリ。後ニ國隱居ニテ江戸ヨリ國ニ歸リ玉フ時、國家老預メ江戸ニ出テ御國ハ當時質素ヲ尙ヒ候フ間恐レナカラ御質素ナル御國入コソ願ハシク候フト申上ケ、レハ公委細承知セリトナリ。夫ヨリ江戸ヲ立ツテ道中筋ハ隨分華麗ナル出立ナルカ、御國入ノ日ハ雨フリケルカ俄ニ支度ヲ改メ玉ヒ、鞋脚半ニ大ナル竹ノ子笠ヲカフリ、犢鼻褌ヲ前ニ長ク垂レ竹ノ杖ヲツキ、徒歩ニテ國ニ入ラセ玉フ。御迎ヒノ家老等ハ皆駕ゴニテ御迎ニ出タルヲ見玉ヒ、吾ニハ質素ニセヨト云フ故ニ折角質素ニシタルニ汝等ハ隨分ハテナル出立ナリ、迎ニ出ルニ及ハス速ニ反レトナリ。（藤澤東畡ノ話）

平部俊良の嶠南叢話の稿本を獲たら中に東畡先生の談話に出でたるもの三條が有つた。そこで早速右に抄出して紹介する事とした。平部は大日本人名辭書に傳が出てゐる。幼にして安井息軒に學び長じて古賀侗庵に師事してゐる。東畡先生とも交際が有つたものと見える。此稿本は三枚程の小さいもので、表紙には安政二年乙卯起稿と書いてある。未定の草稿で塗抹多き漫錄に過ぎないものである。ただ談柄の資にもと抄出した。（大壺）

泊園日課

同窓會常費收受報告

常費。壹圓也（十三年度分）

常費。貳圓也（十二年度十三年度二ケ年分）

泊園書院課表

火　淮南子　墨場必携詠物詩選　辨名　徂徠集
水　大學　錢注杜詩
土　唐詩選
日　第一、第三、午前七時ヨリ　詩經
每月一日　第二四五日曜　祭日　休講
說文（石濵先生

常費。壹圓也（十三年度分）
加藤和美氏
安良日將氏

# 日下部鳴鶴先生逸事一談（前承）

大久保莊太郎

道翰端初の先生自書の朱文に曰く、「拙者（蓋愚父也）儀ニ切拔新聞ヲ一閲セシニ餘リ甚敷譏謗ニ付吾師鳴鶴翁ノ意見如何尋候處翁ハ笑ツテ被申候ニ右樣無識ノ妄言ハ意ニ介スルニ不足不問ニ可附ト被申居候得共餘リ失敬ナル言論ニ付聊拙者ノ所見ヲ述ヘテ其妄ヲ掃シ敢テ貴君ノ梧下ニ呈ス　君以爲如何」と。（蓋シ貴君トハ翰末宛名ノ歌川兼太郎氏ナリ此人同友ト相謀リ五泉昭義碑ノ揮毫ヲ先生ニ請ヒシナリ）

右の朱文に前ちて曰く、「柏崎新聞ニ臨池瑣談之一文ヲ載セタル筆者之聽濤閑人ハ如何ナル人物カハ不知人ナルカ五泉昭義碑ニ付頻リニ誹謗ノ毒筆ヲ振ヒシニヨリ貴君ニ於テ出金有志諸氏ヘ對シ御迷惑不少由誠ニ御氣之毒ナル事ナリ」と。

今其の全文を記さるに次の如し。曰く、「臨池瑣談論者ノ主意ハ五泉人ノ無學ヲ罵リ引テ我鳴鶴翁之隷書ヲ罵詈ス其言ニ曰ク楷書ニ比シテ隷書ハ誤魔化シガ利ク隷書ハ造作モナク書ケル書家ハ成ルベク楷書ヲ避ケル　鳴鶴翁ノ隷書ハ何ナク粗草ノ所ガ見エル　楷書ハ面倒臭イカラ誤魔化シ隷書ヲ書イタノダロウ　其書キ方ノ餘リゾンザイナノニ一驚ヲ喫シタ又近頃ノ書畫家ハ謝儀ノ如何ニヨリテ精粗ノ別ヲ立テルト翁ハ其樣ナコトハ有ルマイガト當テコスツタ　先ヅ大略惡口ノ趣意ハ如右デアルガ平心ニ之ヲ見ルニ先ヅ第一ニ五泉人ノ無學ヲ罵リシハ何カ爲メニスル事有ル然ルヤ其何ノ意ナルヤ更ニ不解ナリ　翁（余ノ字、朱ヲ以テ翁ニ易フ）ノ隷書ヲ誹謗スルノ論ハ實ニ抱腹絶倒餘リニ書道ヲ不解ノ論ニテ眞ニ無知ノ妄言ナリ　噴飯々々　楷書ハ誤魔化シガ利カヌトカ　隷ハ誤魔化シガ利クトカ抑何タル妄言ゾヤ　元來書ニ誤魔化スナト云フハ何體ニ不限　斷ジテ爲スベカラザルコト也　篆隷楷行艸各々法則アリ　難關アリ　苦心アリ　此苦心難關ヲ透過スルニ至リテ所謂法ニ入テ法ヲ出ヅトカ或ハ有法ノ極無法ニ歸ストカ云樂地モ生ズルナリトハ常ニ翁ガ我輩門人等ニ敎ユル所ナリ（此一行亦朱書也）去リナガラ此妙境ヲ以テ誤魔化スト考ヘ誤ルベカラズ　實ニ正反對ノ事實ナリ　千歲不朽ノ金石文字ヲ書スルニ誤魔化シノ字ヲ作リ天下後世ニ自ラ甘ンジテ汚名ヲ傳フル如キ愚ヲ爲ス者アランヤ　評者ニ於テモ少シク事理ヲ解スル人ナラバ自家ノ言ノ妄ナリシヲ悟ルベシ　書家ハ可成楷書ヲ避ケルト云フモ可笑ノ根據ナキ言辭ト云ベシ　古今能書ト稱スル人ニシテ楷書ヲ能クセザル人ナシ　碑文ヲ書スル大抵十中ノ九ハ楷書ナリ決シテ楷書ヲ避ケザルナリ　偶々隷書ノ興ヲ生ゼシトキノミ隷書ヲ書カル、事アリ（作ルヲ朱ヲ以テ書カル、ニ易フ）隷書ハ字體ノ調ベナド楷書ニ比シテ却テ面倒ニテ論者ノ言トハ反對ノコトナリ論者カ書ヲ不知此一事ニテモ可知ナリ翁（余ノ字亦朱ヲ以テ易フ以下同ジ）ガ此昭義碑ヲ書スルニ當リテ拙者親シク坐右ニ侍シテ其ノ委曲ヲ詳カニセリ　翁ガ此碑ヲ書セラル、（拙者以下亦朱書）ヤ尤愼重ニ漢碑數種ノ字體ヲ考ヘ字ニ考證ヲ盡シ　然ル後細心嚴正ニ懸臂ヲ以テ之ヲ書レタリ（書シタルナリヲ書レタリニ易フ以下重ネテ記セズ）其中意ニ惬ハザル字ハ數次改書シ略々遺憾ナキニ至リテ始メテ貴君ニ交付セラレタルナリ　翁余ニ語リテ曰ク我書古人ニ比シテ猶不及ナル所アリトノ批評ハ之ヲ甘受スベキモ誤魔化ノゾンザイノト云誹謗ハ斷然之ヲ排擊スベク如此妄評家ハ　書道ヲ不知門外漢ト云フ不憚ナリト　若翁ガ說ニ不當ト云ハヾ此批評家誤魔化ナシノ（誤魔化シ無シノナランカ）本家タル其人ノ楷書隷書ヲ一見シタキ者ナリ是即論ヨリ證據ナリ　元來書ハ手藝ナリ口舌ヲ以テ爭フハ遂ニ水カケ論ヲ不免ナリ　他人ノ書ヲ誹謗セントナラバ先ヅ自書シテ隷ハ如此書スベシト其證ヲ示スニ不如ナリ　思フニ我翁ノ書ハ縱横自在　尤得意ノ所ハ評者之ヲ見テ匆卒ゾンザイト云フニ非ザルカ　齊藝板俗ハ我翁ノ所不喜ナリ　老子云下士聞道大笑之不笑之則不足以爲道也ト古ヨリ皆如此評者ノ誹謗モ亦怪ムニ不足也　俗眼ノ誹リハ我翁ノ書ノ脫俗高尙ヲ證スル所以ナリ　又近來ノ書畫家ハ謝儀ノ如何ニヨリ精粗ノ別ヲ立ルト云々　其前置ニ翁ニハ其樣ノコトハアルマイガト當テコスツタ所ガ面白イ　一ツ當テコスツテヤレト云フ鹽梅デ此所尤筆者得意ノ文章ナランガソウハ問屋ガヲロサズ昭義碑ノ謝儀ハ薄イドコロデハナク至テ丁寧千萬厚キ潤金ニテアリシナリ　此當テコスリノ毒筆ハ氣ノ毒ナガラ的ガ見事ニハヅレタリ　謝儀ノ如何ニヨリテ精粗ノ別ヲナストカ楷書ハ面倒故ニ隷書デ誤魔化シタト其論ノ輕薄野鄙ナル其人物ノ腹中ガ見ヘ透キテ實ニ笑止千萬ナリ　翰墨ノ事ハ最高尙ナル藝術ナレバ　批評家モ可成高雅ナル氣品アラマホシク小人ノ心ヲ以テ君子ヲ測ルガ如キ事無カラン事ヲ希望ニ不堪也

右ハ聊拙者ノ所見ヲ披陳致候　有志諸氏ヘノ御示シノ助ケニモ相成候ハヾ本懷之至ニ御座候　シカシ翁ノ許可ヲ得タル次第ニモ無之ニ付　新聞抔ヘ御謄載ハ御見合被下度候（此ノ所甚妙ナリ）　匆々不乙

一月十五日夕　日下部塾生

歌川兼太郎樣

（二卷ノ中、一ハ甚ダ斷片的ニシテ塗抹改書ノ所多ク文意モ些カ異ナルモ大同ナリ今略シテ記セズ）

右の一翰に由りて之を觀るに　先生の識見高邁なる巍峨たる崇山の塵海を睨するが如く、而も能く應病施藥盲人を導くに其道を得、童蒙に敎ふるに其法を得られしに驚くのみ。世の學者　兩ながら以て範とせば、其の成るに庶幾なるか。讀了して遠く書聖鶴翁先生を憶ふのみ。此の類の翰書、少からず、陳開するの機を待つこと甚だ事なり。（昭和戊寅三月初一稿）

## 黄坡先生近詠

夏日游高尾山　清寓師爲山主

挺身入畫圖。歩々仰浮屠。巖下水徐疾。霧中山有無。詩情因雨妙。酒味與秋殊。不怪機心脫。法城元別區。

又　用室所扁雲蒸溪字

脫出黃塵入白雲。託身淨境獨欣々。石雞啼徹滿山翠。得々清音自在聞。

山房早起對詩僧。雨霽前巒積翠澄。曲々清溪白龍臥。烟雲乍自洞中蒸。

雨鎖山堂鵑未啼。終宵繞枕只清溪。早晨去拜忠賢廟。前嶺雲深路欲迷。

山中有清瞻公墳

## 木州翁詩

丁丑冬寄松井大將於上海

朝拔吳城夕楚關。旭旌高閃紫金山。將軍進馬前無敵。漢水巴雲指顧間。

弔戰歿者

馬革裹屍男子事。鴻毛輕命武人常。欽君一死酬皇國。毅魄雄魂千歲芳。

詠山君

一怒咆哮百獸惶。鋸牙鉤爪隻瞳光。山君儻有殄兇意。要搏英狐與露狼。

江樓餞人

君將赴戰飲江樓。醉看檻前春水流。他日秦淮河上路。能懷今夜祖筵不。

## 富永謙齋先生書牘（二）

答　蘭　皐

辱指書。足下頭瘍。不佞亦頃發。比之足下無甚。家翁平安。冱寒亦幸不爲之害。無煩過慮。送柳氏高和。即呈　豉君。云。箕山文塗抹未加。他日共還。柳氏築州人。延陵是向州。非其鄉也。母兄致足下意。皆無恙。亦賴不佞致意。富南關德基拜。

## 讀書後の感想

岡本勝

凡そ文章は如何なるもので も之を讀んで見ると必ず何等かの感じを與へて呉れる。好ければ好い丈けに拙ければ又拙いなりに。そして所謂寸鐵人を殺すの妙なりとか又今一度讀んで見たいとかいふ心の起るものは慥かに好い文と言ふ可きものであらう。又同じく之を讀むにしても其の之を讀む年齡の如何に由りて其の感想に異るものが有る樣だ。即ち壯年の頃讀んだ時には非常に面白く思はれたものが後日再び讀んでさ程興味を惹かないことがある。又是と反對に壯年の頃は然程面白くも思はなかつたものが年老いて異常に快感を覺える事がある。而して年齡の如何に拘はらず何時でも興味津々といふ文は是亦名文と言ふ可きもので有らう。又右の外に更に其の境遇其環境に依り其感興に相應の相違のある事も亦爭はれぬ事實である。假令ば自分の境遇に似通らたものとか其の物が處世の上に於て同一の理想思想の上に立つてゐるとか云ふ者は殊更に興味を引くものである。而して其の文が異常な魅力を有して其人を引着けて已まないものは又名文の域に在るものと言へる。そこで人は允そ誰でも其の靑少年より壯年に掛け二十年三十年の其間には相當多量の文を讀んで居るに違ひない。長篇、短篇叙事叙情。或は豪壯なるもの哀愁なるもの、激越なるもの痛快なるもの。果ては傳紀小說逸話、戰記・祝辭挽歌など而してそれ〴〵皆相應に感想を惹起させられた事で有らうと思ふ。斯く言ふ筆者等も仲ゝ澤山有つて此點に於ては容易に人後に落ちない自信を有てゐる。而して今茲に述べんとするのは其んな細ゝとした一つ〳〵の文に就て述べようといふのでは無い。極めて大まかな大雜駁な感想然も今日此の年に成たあとより追想しての感じを述べるのではなく、其れを讀んだ直後或は聽講した當時。彷彿と胸中に浮んだものを略叙するのである。これも委しく精細に書くと成ると仲ゝ容易のことでは無いが、ずつと粗略に書いて見るのである。

### 一、左傳と韓非子

筆者の書院に入學して正式に最初に夫子御親からの御講義を拜したのは左傳で有つた。當時の自分の素養には少しく難事で有るがと前置きされて聽いたのである。其れも自分が好んで之を選擇んだのではなく恰度入學して見ると先輩の吉田氏（一樂）がやつてゐるので其れを幸ひ接件的に一緒に聽いたのである　即ち中途から聽いたので吉田氏よりは後よりの入學で有つた。通俗講習會には第一會より出席聽講したので有つたが正式に束修を收めて聽いたのは十月二日何でも莊公の初めの方で有つたと記憶してゐる、そして其の前の隱公桓公の條は吉田氏の何か御支障が有て缺席せられた時に特別に御願ひして後には全部一句殘らず拜聽し全く力の入たものと成た。何でも一週五回の講義で三年から掛つたので有るから其れこそ序文から跛迄やつたので普通學校などでやる初めの方二三冊やつてもう其れで卒業といふこととは根本から異ふ。それで左傳が畢ると今度は韓非子を聽く事に成た。此の韓非子も亦私としては力の入た否力を入れねば解らぬもので有た「そこで此の左傳と韓非子とで優に四年の時月を要してゐる。此の間聽講勉强してゐる私の其の心持は一樣では無く、感想に異るものが有つた。即ち左傳の時には何時も春日和煦。花曇り鐘は上野か淺草か眞に春光麗らかな、和暢の中に餘韻嫋々たる響の渡て行く樣な感じがして居た。そして韓非子の時には秋霜烈日眞に秋氣の凛乎たる中に險阻な氣分を植附けられ今にも身を殺まれてゐるかの感じを起して居た。所謂趙衰と趙盾の冬の日夏の日なるもので有た。

左傳の君子曰く云々のあの名論は誠に人の心を純にして吳れた。之に引換へ一方韓非子は秋風吹いて草木凋落し白雲飛翔するの感がした。古來刑を用ふる必ず秋冬の候に於てする誠に宜べなる哉の感が凛として起た即ち愁殺𢡟欄征戊兒北風吹斷天山草、の感である。此は是れ韓非子其人が斯かる冷骨漢なるの故に其手に成た文も隨て其の冴えを見せ。此かく此の如く感ぜられたので有たのかも知れないが。凡そ人は何時も此の左傳を聽いてゐた時の樣に在りたいものだ。王道國家といふのは全く此の氣持此の氣圍氣の中に在る樣なのを言ふのか知らん。長閑さや願なき身の人詣で茶の花唉く暖き春氣分の中に人の居られるのをいふので有るらしい。然し此んな事ばかり考へて居り夢みて居ては生存競爭の烈しい又年ゝ險しく成て行く此の世の中に處しては行かれない忽ちの中に落伍といふ憂き目を見る事に成らう。然し韓非子の如き心持の中には居りたくは無い。而して今時は此の心此の潮流に乘り行かねば個人としても國家としても伍しては行かれず忽ち蹴落されるといふのだから情けない。然し吾々は好んで斯かる韓非子流の潮には乘りたくはない。斯かる氣圍氣の中から人を長閑に王道國家の中に人を居らせる樣に仕向けるのが吾人の任だと心得て居る。（次は孟子と荀子）

## 痩太樓漫言

甘菱

支那事變以來、支那を再認識しよう、支那を新検討しようと、國民の注目が支那に向ふのは當然であつて、この傾向は頗る歡迎すべきものである。然し何でも新しい研究、新しい書物であれば良いもの、古い漢學者や支那學者の從來の勞作は皆無用のもの—なんかと思つてる連中が大分澤山に居るらしいのは困つたものだ。實際はそんな事を云ふ手合ひはこれまで支那に關する書物など讀む程の用意の無かつた連中なのだ。それから支那事變だと云ふと周章てゝ支那關係の書物を見て流行に後れまいとする丈の事だから、妙に見當違ひをしたり、變に見識振つたりする。勝手に獨りよがりをしてるのは差支ないが、他の迷惑になるのは御免を願ひたいものだ。

こゝに一つ朝日新聞社版、エレジン、ハラダワン著、本間七郎譯、成吉思汗傳なるものが見受けられる。何でも以前に滿鐵社員會に於て飜譯刊されたものださうで、譯者が滿鐵經濟調査會北方班に勤務中、主任島野三郎氏の依囑によつて譯出したんださうである。道理で島野氏の長い序がついてゐる。この序を讀むと氏の見當違ひが明かになる。

氏は從來の優れた蒙古研究家はその成吉思汗研究に於て例外なしに亞細亞人に對する歐羅巴人としての見解を持してゐるが、本書著者は亞細亞の哲學的、神秘的精神を自己の魂の中に長養し來つた蒙古人だから、此弊から完全に救はれてゐると云ふのである。かうなると氏は此の書を讀んだかどうかが疑問になる。此書は著者が明かに記してゐる如く、氏が指名してゐる研究家の研究を綜合して書いたものに過ぎないので、然も彼自身蒙古人として書いてゐるのでなく、ロシアの蒙古人として論じてゐるのだ。だから赤色ロシアに對しては必ずしも滿腔の贊意を表してゐるのではないが、然し今やロシア國民の赤裸々なる歐亞主義的内臟を見ると喜んでゐるんだ。著者の意は歐洲主義は沒落し、歐亞主義の曉となつてゐるが、其土地はロシアであると云ふのだ。島野氏の如き考へ方だとすると、あのソ聯映畫亞細亞の嵐を見た時にも主人公チムールが東洋人だから大に氣をよくしたものだらう。事實はあの映畫も西歐主義を排しロシア主義を表現したものに過ぎない。我々東洋人は、否な日本人がそんな見方をするのは見當違ひも甚だしい。著者も云ひ、島野氏も引用する「自己を認識し、本來の自己に立ち還れ」は島野氏自身に贈りたい。

こゝに又近頃流行の林語堂の「生活の發見」の譯本がある。この本は面白い本である「支那を知りたい人が讀んで置くべき本である。漢學の好きな人も讀んで置く方がよい本である。ただ例の新しい見識家に讀んで貰ふと途方もない見當違ひの卓見が出る恐れがあるからそんな人々は遠慮しといてほしい。譯者が序文に於て「內容については、あまり多くを語るまい、讀めばわかる、またその所說についても一切批評を避けよう讀者の判斷にまかせる」と云つてゐるのは利口である。僕は譯者の批評が聞きたい樣な、又聞きたくない樣な變な心持がするのである。例へば譯者は一切のオルソドツクスに叛逆するのが著者の持ち前であらうと見てゐるんださうだ。著者のはしがきに記す所によると「本書にのべてゐる思想は東西の多くの思想家が何度も思索しかつ表現したものである、東洋から借りたものは東洋で使ひ古された陳腐な眞理だ」とある。誠に其通りであつてどうも叛逆性を發見しにくい。又「ともあれ本書を通讀するものは支那民族の人生觀といふものが、如何にわれわれ日本人の意表をゆくものであるかに驚かれるであらう」とあるが、われわれ日本人の七字は何かの書き損ひであるんじやないかしらん。われわれ日本人が餘りにも支那を知らなかつたように聞えるのは面白くない。譯者が知らなかつたら自分は驚いたと書いて置ければそれで十分だと僕は思ふ

本書は前に云つたように面白い本である。支那人が現代支那の生活、感情、思想を遠慮なく分析し解說し其意味を現代語で說明してくれたものなので、其點誠に珍しい面白い本なのである。だから本書を通して漢文漢學の面白味を理解する助けともなる。そうして如何に譯者の樣な人々が支那を知らなかつた事も分るのである。

本書は支那民族の解說であるが、如何にしてかゝる生活感情思想が出來上つたと云ふ點に關しては湖南先生の續支那論を見るべきであると僕は思つてゐる。

泊園記事

同窓會泊園會總會開催

第四十一回泊園同窓會及第五回泊園會總會は

泊園

（顧問）黄坡先生

（同人）的場信太郎　石崎太郎

泊園同窓會幹事　寺田英一郎　西田幾太郎

# 泊園

昭和十三年十一月十三日印刷（隔月一回一日發行）
昭和十三年十一月十五日發行（非賣品）
編輯兼發行人　大阪市南區大寶寺町中之町二番地　的場信太郎
印刷所　大阪市西區新町南通五丁目　林泰進堂
發行所　大阪市南區竹屋町九番地（泊園書院内）　泊園誌社
振替大阪一三八三九（泊園書院）電南六八二七

## 漢學大會所感

今回大阪に開催せられたる漢學大會は、非常なる盛會を以て終始した、第一日の學術研究發表會、其夕の懇親會、第二日の漢學教員協議會、其夕の小倉正恒氏の諸先生招待會、皆豫期以上の効果を得たるを喜ぶものである。是れ固り小倉氏、懷德堂、洗心洞文庫、泊園書院、關西大學、靜安學社の贊助後援の賜物ではあるとは云へ、時代が又土地が大會を需要してゐたとも云へよう。純然たる學術研究發表の如き會場へ小倉住友總理事、池田府知事、荻生日本窒素重役の如き公私の要人が多忙の日頃に關らず臨席して斯界の大家新銳の少壯の研究を時間の迫るを顧みず傾聽されたるに至つては、主催者は言はず出席者も豫期せざる場景に驚きたるのみならず、大會の意義と重要とを三省せざるを得なかつたのである。躍進する物質文化の中心たる大阪が精神文化を要求してゐる事を如實に示す好適例ではないか。大阪の漢學者たるもの是れを機會として一層の精進と奮起を期さねばならないと信ずる。

又東は仙臺から西は京城に至る殆んど各地から集まられたる諸學者の發表や談話に就いても豫期せざる結果を見た樣である。軌範としての經學者、科學としての經學者、新支那語學家、新支那文藝學家、朱子學派、陽明派、古學派、殆んど現代漢學の各派の學者が會合せられたのであるから、こゝに親しく所懷を互に質し問ふを得て、索居離群の鬱を啓開せられた樣である。此點は殊に少壯の人々に於て感慨が多かつたと見受けられた。土地の隔離から生ずる自然の障碍は得てして固陋に墮する。躍進する我國の漢學も亦躍進せなければならない。固陋自ら善しとし自ら劃するが如きは今の學界に於ては存在してほしくない。我が漢學界が之を機として躍進するならば我等の贊助も意義あつたと滿足する。

大阪の漢學界は土地柄で隆盛とは云ひ難いのは致し方もない。然し其土地柄でも之を理解し、之を要求する因と緣とは多分に有る樣である。此の因と緣とを成就せしむべき機はこの漢學大會ではなかつたらうか。側聞する所によれば此の大會を機として府の中等教員の漢學研究會が結成せられるに至るらしい。我が泊園書院も之を機に何等かの躍進一步に向ひたいものだと思ふ。（白水生）

## 第五回泊園會總會 第四十一回泊園同窓會 開催報知

●日　時　十一月二十三日（新嘗祭）午後一時

●會　場　南區日本橋北詰角　ブラジル館

一、總會開催　午後二時

二、講演會　午後三時（一般參聽隨意）

新成吉思汗ハ？　石濱純太郎先生

藤澤黃坡先生　講演

三、同窓會懇親會ハ午後五時

（會費金貳圓也當日會場ニテ申受ク、別ニ同窓會常費金壹圓也御拂込ヲ請フ）

◎會員諸兄ニ告グ

本年ハ時節柄右會合ニ付別段ノ御通知ヲ廢シ本欄ヲ以テ御案内狀ニ更フ御諒承ヲ請フ

## 說詩樂趣（20）

效尤生

李廣靖の聞見錄にいへり、黃鑑は七歲まで物言はなかつたが、其祖父が之を愛して、意に謂ふに「風骨の美なる子だ、當にわが門を大にするだらう、このまゝでは終るまい」と景や物にあへば必ず其名をつげ、其理をさとし、指もて之を教へた、然し終に言はぬ。一日、又之に謂うて「楊文公が幼きとき言はなかつた、文公の父が之に告げて

後園梨落籬。神童知不知。

といへば、文公は聲を發して

不是風搖樹。便是鵲驚枝。

といつたといふが、汝今風骨此の如くであつて、なぜに言はぬか」といつたが、鑑は竟に對へなかつた。後に河上へ携へ行つた時、其祖が

水馬池中走。　水馬は水上に居る小魚（アメンドー）

といつたらば、鑑は

遊魚波上浮。

と對へたので、祖父大に喜んだ、後に館閣の職に任ぜられた。

青瑣後集に、史青は零陵の人、幼より聰敏にして、博聞强記であつた、開元の初に、上表して自ら薦めていふに。臣聞くに曹子建は七步にして章を成せりと、臣愚おもふに七步は太だ多しと、若し召試を賜はゞ、五步の内に、明詔を塞ぐべし、と玄宗試みるに、除夜上元、觀燈、竹火籠等の詩を以てした。中に除夜の詩が最も佳であつたといふ、即

今歲今宵盡。明年明日催。寒隨一夜去。春逐五更來。氣色空中改。容顏暗裡摧。風光人不覺。已入後園梅。

と玄宗稱賞して、即時に職を授けた。

竹披詩話に、釋の聰聞復は錢塘の人であつた、少き時詩を以て東坡に稱められた。參寥子（唐の隱者）に昏字の詩があつたのを和せしめた、聰は立どころに篇を成して

千點亂山橫紫翠。一鈎新月掛黃昏。

と詠んだ、東坡大に稱賞して、笑て曰ふに、「經を念ずる要はない、はや一個の和尙に成り得てゐる」と、其句の老成をほめた。

西淸詩話に、黃魯直は少して警悟であつて八歲にして能く詩を作つた。人の擧試に赴くを送つて

送君歸去明主前。若問舊時黃庭堅。謫在人間今八年。

といつた。詩を成しては居ないが、童稚の語とは思へぬ。庭堅は己の名。李白の謫仙に比したのである。

# 論語講義

黄坡先生述

**子曰。君子喩於義。小人喩於利。**

**訓讀** 子曰く、君子は義にさとる、小人は利にさとる。

**解釋** 德行に屬して、君子と小人との相違を說いて、學者に方針を與へられた語である。喩は、曉喩の喩であつて、物事にふれて自然と感悟するのをいふのである。「皇々として仁義を求めて、常に民を化すること能はざるを恐るゝは卿大夫の事なり、皇々として財利を求めて常に匱乏を恐るゝは庶人の事なり」と董仲舒がいつた樣に、君子は常に義を志して居るから、物事にふれるとつねに之を義の上に合點するのであり、小人はつねに之を利の方に考へる。今こゝに富有な人が、穀を數萬石も蓄へて居ると、身がらのよい人は「誠に結構なことじや、もし凶作の年にでも遭へば邑の人々も御蔭で助かるでしやう」といひ、市井の賤丈夫が見て「うまいことをして居られる、もし凶作の歲に出遭へば、大いに儲かるだらう」といふ、此の樣なものである。此の喩の氣持ちは、中井履軒が「孔子が滄浪の歌をきいて、淸めば纓を濯はれ、濁れば足を濯はれるのは、みな自ら取るのだ、と自取の義に思ひ當り、子夏が繪事を問うて、禮は後かの問を發したりした、これ義に喩るである、凡そ物に觸れて悟ること、楊子の岐に泣き墨子の絲を悲む類、書家の屋漏痕、釵股を觀て字法を悟つたのも皆この喩の意である」と說いて居るのを以て知つて貰ひたい。即ち眼前に一事一物に觸れて發するのであつて、これを平生の修養として見るならば大なる誤である。

**子曰。見賢思齊焉。見不賢而內自省也。**

**訓讀** 子曰く賢を見て齊しからんことを思ひ、不賢を見て、而して自らかへりみる。

**解釋** 德行部に屬して、**人を以て鑑とせよ**といはれた章である。賢人を見たなれば、おのれ其人と等しうなりたいと考へる。人のよい所を取つて自分の手本として、自ら勵む。また不賢の人を見て、おのれにも其短處があるかと自ら省みる。諺にある「人のふり見てわが振り直せ」といふのがこれである。一體人の身を修めるのは、自省より外はない、或は三省といひ、或は三人行必有吾師といひ、此書の中にも、之を警めてあることが少くない、一たび思ひをこゝにいたしたならば、善人となること何の難いこともない。

**子曰。事父母幾諫。見志不從。又敬不違。勞而不怨。**

**訓讀** 子曰く、父母に事へまつるに、やうやくに諫む、志の從はざるを見れば、又敬して違はず、勞して而して怨まず。

**解釋** これも德行に屬する章であつて、**人の子たる道**を語られたのである。**幾諫**は包咸の註に**幾は微なり**、當に微諫して善言を父母に納るべきをいふとあつて、正面から父母の過失をあげて諫めることをせずに、幾微の間に我が意をつげるのである、而して父母之を聽き入れられる樣であれば更に語げる、もし我に從はれぬ意志が見えれば、又父母を敬して之につかへてさからはず、我が諫を遂げやうとはせぬのである。

**勞して違はず**といふは、邢昺は「父母が己を使ふに勞辱の事を以てしても子は力を盡して勤めに服し、父母を怨んではならぬ」と說いてあつて、皇侃は禮記の父母怒りて悅ばずして之を撻つて血を流すも敢て疾怨せずとあるのを引證し、朱子も此文を引いて註としてある。仁齋は、「勞は慰勞なり」と說いてあるから、子が父を慰めるといふ意と思はれるが、これは異說であつて少し無理の樣に思はれる。大體は、子が父母のために苦勞することに說くべきものであらうが、どうも穩かでない樣に思はれる。

經義述聞に、淮南子精神訓の高註に「**勞は憂なり**」とあるのを引いて、この句は上の志の從はざるを見るを承けて居るのだから、憂へて怨みぬ意だと說いて居つて、曲禮の「三たび諫めて聽かざれば號泣して之に隨ふ」といへば憂といふべきである、孟子の萬章篇に「父母之を愛すれば、喜んで忘れず、父母之を惡めば、勞して怨みず」とあるのも勞と喜と相對してやはり憂ひて怨みぬの意で、其下文に、父母に順なる、以て憂を解くべしとあるのが其證だといふて居るのは、聞くべき說と思ふ。勞結、憂勞などの熟字もあり、心を勞すると解すればよいのである。

朱註に**內則**を引いて此章を說明し、彙纂にも之を採つてあるが、實際に於ては文意が大分に異つて居る强いて從ふべきではないと思ふが、參考のためにこゝに擧げて見る、曰く微諫とは所謂父母過あれば氣を下し色を怡し聲を柔げて以て諫むるなり。志の從はざるを見ば又敬して違はずとは、諫若し入らざれば敬を起し孝を起し悅べばまた諫むと謂へるものなり。勞して怨みずとは、其の罪を鄉黨州閭に得んよりは寧ろ熟諫せよ、父母怒り、悅ばずして之を撻ち血を流すも、敢て疾怨せず敬を起し孝を起すと謂へるものなり」といふのである。徂徠子は大に古學の意を得たりとほめてあるが、これは其好古の蔽であらう。たゞ兩者相ひ表裏す位はいへやうか。

凡そ父母に事へて、其意の合はぬといふことは最も六かしい處である、子が常に親愛恭順の心を失はないで居れば、幾諫の氣持を得るであらう、此章の如きも日常の事行の上でのことで、大無道の問題は自ら異つた處置を要するであらう。かの重盛の諫の如き、これ大義の問題であるから此章の樣なものとは同じでない、猶且つ自ら死を熊野に祈つた、また勞して怨みずの意か。

**子曰。父母在。不遠遊。遊必有方。**

**訓讀** 子曰く、父母在せば遠く遊ばず、遊ぶこと必ず方あり。

**解釋** 語の意は前章と同じである。**遊**は遊宦遊學などの遊で、其家鄉を離れて他處へ寓居するのである。人の子たるものが遠遊して久しく膝下を離れて居れば、定省のつとめを缺くばかりでなく、何彼の時に急に應ずることもできず、父母も門に倚るの情を免がれぬ。また其遊ぶ所も必ず定所があつて漫游を戒めねばならぬ、さすれば親も憂がない、これ游ぶに方ありといふのである。方は鄭註に猶ほ常の如しとあつて、曲禮にも人の子たるものは遊ぶ所、必ず常ありとある。朱註には已でに東に行くとつげたれば、更に西に適くことはせぬ、と說いて、方を方向と見てあるこれも禮記の玉藻に、親老ゆれば、出づるに方を易へずとあるによつたのであらうが、却つて意味が狹くなる樣に思はれる。

**子曰。三年無改於父之道。可謂孝矣。**

此語は已に學而篇に出てある、かく重出してあるのは、孔子がたび〳〵門人等に語られたものと思はれる、即ち重要な語が多いのであるから、履軒のいふ樣にたゞ刪去るべきではない。

豊田宇左衛門氏藏

泊園書 日課

| | 月 | |
|---|---|---|
| 午前六時半七時半 | 中庸 | |
| 午前九時十時 | | 蝨場必携 |
| 午後二時五時 | | 徂徠集 |
| 午後七時九時 | | |

| 木 | 金 |
|---|---|
| 准南子 | |
| 蝨場必携 詠物詩選 | |
| 徂徠集 錢注杜詩 | |
| | 國故論衡 說文（石濱先生） |

**子曰。父母之年。不可不知也。一則以喜。一則以懼。**

**訓讀**　子曰く。父母の年は知らざるべからず。一には則ち以て喜び、一には則ち以て懼る。

**解釋**　此章も前と同じ章旨である。この章の知の字は識字と同意で、記憶して心に存して、常に思念してゐるのをいふのである。父母の年を念ふ時は、其壽考なるを以ては喜び其衰老を見ては懼るといふ意味で、揚子に「得て久しうすべからざることは、親に事ふるの謂である。孝子は日を愛む」といつてある。會箋に「子が其親の老を覺えぬのと、親が其子の壯を覺えぬのと同一の情であつて、其膝下にそだつて狎れて居るからである。故に夫子は不可不知の四字を掲げ出して、之を警醒せられた。子がよく父母の年を憶存すれば、其老を覺えない様なことはないと」いつて居る。諸君も思ひあたられることゝ思ふ。

**子曰。古者言之不出。恥躬之不逮也。**

**訓讀**　子曰く、古者 言の出さざるは、躬のおよばざるを恥づればなり。

**解釋**　言語を愼むことを語られた章。德行に屬することいふ迄もない。古者は古人といふのと同じで二字連讀するのがよい。包咸の註に「古人の言は妄に口から出さないのは、身行の及ばない様になるがためだ」とあるによつて意味は明瞭である。この書の中にも言語を愼み、實行を勵むべきことを說かれた章は數多くある。言ふは易く、行ふは難い、學者の大に省みるべきものである。

**子曰。以約失之者。鮮矣。**

**訓讀**　子曰く、約を以て之を失ふものは、鮮し。

**解釋**　これも德行に關する章で、約を守るべきことを語られたのである。物茂卿の註に約は困約である。これは「憂患に生きて、安樂に死ぬ」と孟子のいつたのと同義だと說いてあるのが穩當で、人は窮約の場合に於て失敗を取ることは少い、大抵は得意の時に誤りをするのだから之を戒められたのである。古註には約を儉約と說いてあつて、新註は、約束、儉束の意と說いて居るのである。

**子曰。君子欲訥於言而敏於行。**

**訓讀**　子曰く、君子は言に訥にして而して行に敏ならんことを欲す。

**解釋**　訥は、說文に言の難むなり、とあつて古註に遲鈍なり。言は、遲なるを欲して、行は疾ならんことを欲するなり、と說いてある。これ亦意味明瞭で、上章に言行の相稱ふことを愼ましめ、こゝには言の行よりすぐることを戒めてある。聖人の旨、深いといふべきである。德行に屬して、行を先にし言を後にすべきを戒められた章である。

**子曰。德不孤。必有隣。**

**訓讀**　子曰く、德、孤ならず、必ず隣あり。

**解釋**　これも德行に屬し、**德あれば必ず相資ける人がある**と語られた章である。**隣**は近隣であつて、譬を家に取つた語である。德を修めたならば、必ずまた同類の人が慕ひ來て我を助けるものがあらうといふので、孤ならずといはれた、易の文言に「敬義立つて而して德、孤ならず」とある、助の多い意である。

**子游曰。事君。數斯辱矣。朋友。數斯疏矣。**

**訓讀**　子游曰く、君に事ふるにしば／＼すれば、斯に辱めらる。朋友に數々すれば斯に疎んぜらる。

**解釋**　これも德行の部に入るべき章であつて、**規諫は宜しく節を得るべきだ**と語られたのである。數字は古來諸說色々あるが、朱子は、煩數と說かれてあつて、物子も「數といふこと古言にあつて屢々諫めることをいふのであらう」と說かれてある。即ち君に對して諫を進めるにあまり數々であると、厭はれて遂には、其身を罪せられ、遠ざけられるなどの辱めを受ける樣になる。朋友にも數々諫めると彼にうるさがられて遂に疎外せられる樣になるから、規諫も其節度を失はぬ樣にせよとの戒である。わが親切が却て仇となる、古來君臣朋友の間に意を得ざる人には、此過ちに陥ちて居るのが少くない。

この數字を、何晏の註に速數とあつて、すみやかと訓し、迫促して緩かでない意味に說き、また兪樾は面のあたり其過を數めると說いて居り、また數々と讀んでも、六卿の門に數するの數で、あまり昵しく往來する意だといふ解もあるが、つまり朱子の數々諫むと說くが穩當であらう。（二十九講）

## 娯拾逸齋筆記

大壺

大阪に漢學大會が開催されるのを機として府立圖書館では「鄕土先儒遺著展覽會」を催された。手稿本書入本を主とせられ大約百五十點、含翠堂、懷德堂、泊園書院、洗心洞、混沌社、梅花書屋、などの諸先儒の稿本類に往時の盛を偲ばせたのであつた。然も其出陳の大半に就いて見本を撮影して一部の「鄕土先儒遺著聚英」を編纂して紀念とせられた。中に收錄されたる泊園書院のものは、東畡先生手稿の「易纂」、「辨非物」、「泊園詩稿」、南岳先生手稿の「九々箋稿本」、「七香齋文叢」、外に「那羅延遊草」、「先春社吟稿」がある。吉光片羽珍重すべきものである。尙ほ展覽會には外に東畡先生書入の「書經集傳」と「非徵」とがある。思ふに「辨非物」の如きものは何等かの方法によつて出刊したいものである。

牧野藻洲先生の「日本漢學史」一冊が出版せられた。早稻田大學高等師範部での講義を編纂したものである。一々詳細に考證辨覈して行く風のものでないが、萬般の漢學關係の事蹟を殆んど遺さない行屆いた講義で、殊に詰屈なる風はなく極めて一般に推すべき佳著である。特に從來の漢學史に闕けてゐる明治の漢學の委細なる敍述は明治の掌故に熟せる先生ならでは期待し難いもので、從來の闕典を補ふに足るものである。

徂徠先生の博學は熟知してゐたが「和歌世詁」は知らなかつた。勿論書道の爲めの模刻本で、先生自身世に出すつもりだつたか、どうかは分らないものである。然し三十首程の歌を擧げて一々批評を下せる頗る興味のあるもので、先生の鑑賞眼を知るに足る。序にかうある。

不佞嘗遊蘐園、得遇金谷先生、請蘐園社中草書、手摸得行于世。而後捜遺箱中、得國字世詁者　古先生眞跡、似見其丰采。古先生之書、世雖多、於國字唯是耳。海內蒙士以名高故、咳唾尙比蠙珠也、因寫墨搨以贈鄕里知己云。東都河玠金夫寓於浪速雨息亭摹。

摸刻者の事は何も知らない。金谷先生とは金谷玉川の事かしらん。中から二三首を擧げて例とする。

我背子か　くへきよひなり　さゝかにの　くものふるまひ　かねてしるしも

君をもせこと思ふはおうなの心なりけり。男のなせるにやあらむ、おしへのなせるにやあ蘭。

たかき屋に　のほりて見れは　烟たつ　民のかまとは　にきはひにけり

吾朝の堯舜とかやいへるすめらみかとの御歌なり。

うれしさを　何につゝまむ　唐衣　袂ゆたかにたてといはましを

悅へる姿をよく詠る事はをとふる世の及ふへきにもあらす。愚かなるやうなるは歌の言の葉なれはなり。

院書園 表課

| 火 | 水 |
| --- | --- |
| 准南子 | 中庸 |
| 曡場必携 詠物詩選 | |
| 徂徠集 錢注杜詩 | |

| 土 | 日 |
| --- | --- |
| 唐詩選 | 第一、第三、午前七時より 詩經 |
| | 每月一日 第二四五日曜 祭日 休講 |

# 精神文化

今日は國を擧げての非常時、全國到る處、國民精神文化の研究、興隆、反求に、當局は勿論、獨り識者のみならず、一般人々の間にも唱へられ、其の方に、心が向いて來た。誠に結構なことである。

維新以後、剩りに烈しく喧傳された、歐化主義の迷夢から覺めて、茲に漸く我が精神文化の優なることに氣が付いたので吾等は齊しく莞爾とする恰も終日春を訪ねて春を見ず、還て軒端の梅花を捩り、驚いて春の枝頭に在るのを知つたのと全く同樣で我が黨の爲めに慶びに堪へない。

昔山崎闇齋の塾では、彼の國今若し孔孟を大將として我が皇國に寇して來たら、吾等孔孟の教を奉ぜるものは、如何にするぞとの問に、塾生一同之に應ふる者が無かつたといふ話で有るが、若し我が泊園で此んなことが有つたとしたら何うだらう、應への出來る出來ないでなく恐らく問題には成るまいと思ふ。即時異口同音に、曰く擊退、殲滅と出るに違ひない。

此は是れ、幕府時代の當時と、昭和の今日と、吾等日本精神文化の如何なるものなるかを會得してゐる點に於て、霄壤の差が有るからでも有らうけれども、考へて見ると、當時の若い學徒は、其れ位しかの見識しか養はれて居らなかつたかとも思はれる。誠に心細かつた次第で有る、尤も時勢が異ふので今の如く外患敵國が有るわけでは無かつたから隨つて教育もそれ位のもので好かつたのであらうけれど、……

併し、余は是に就て、左の如く考へてゐる。闇齋先生は、垂加神道までを唱へた國粹家、洵に皇道を重んじた鴻儒で、所謂和魂漢才型の大家で有つたに間違は無いが、平素其の門下生を、教導してゐた其の方法に精神に何處か缺けてゐた所が有つたのでは無かつたかと。……

若し平時から我が書院で先師東畡先生、南岳先生將た又只今の黃坡先生が子弟を敎化されてゐる如き精神でやつて居られたなら、此んな問に應へが出來ないなどいふことは無かつたで有らうと思ふのである。併し其の平素やつて居た缺陷に心附いて、此の問題が出たのだとしたら、其れは大に多とせねばならぬ。啻に多とする斗りでなく、當時斯道を以て任じてゐた人々に、大きな砭を刺したと言へる。そして其の人達に、凡そ儒學といふものは、何處までも我が皇道精神の上に立たねば成らぬといふことを、ウンと強く知らせたことになり、此のところ誠に異常な功動偉績といはねばならぬ。

即ち今日は此の國民精神文化が一層強く叫ばれる樣に成つて來た。又吾等も一層皇道精神の上に立つて行かねばならぬと深く覺悟する所がある。其れには先づ、其の本に立返らねば成らぬ。君子は本を務む。本立て道生ず矣。何處までも我が日本精神を本としてやらねばならぬ所謂和魂漢才、否和魂洋才でなければならぬと力說する、我が泊園の教育精神を强調する

（九月十五日稿）（時笑生）

# 泊園會彙報（十一月二十三日第五回總會要錄）

## 會員異動（昭和十三年度現在）

一、會　賓　二　名
一、名譽會員　一　名
一、特別會員　三　名
一、終身會員　十六名
一、普通會員　二百四十名
合計　二百六十二名
一十三年度死亡會員　三名

## 收入之部（第五回會計報告）

一、金貳千貳百六拾六圓參拾七錢也　前期繰越高
一、金貳百參拾八圓五拾錢也　收入總高

收入内譯

一、金九拾六圓也　十二年度會費收入金
一、金五拾四圓參拾錢也　基本金利息金
一、金拾參圓貳拾錢也　銀行、振替預金利息
一、金七拾五圓也　十二年度總會懇親會費入金
一、金壹　圓也　同窓會費預金
合計金貳千五百五圓八拾七錢也

## 支出之部

一、金貳百圓也　昭和十三年度泊園誌補助金
一、金八拾四圓九拾四錢也　第四回總會費
一、金五拾圓也　漢學大會寄附金
一、金貳拾壹圓五拾錢也　香資香華見舞金
一、金八　圓也　印刷及通信費
一、金貳拾六錢也　雜費
一、金貳圓廿四錢也　振替入金手數料
合計金參百六拾六圓九拾四錢也

**差引金貳千壹百參拾八圓九拾參錢**

内譯
一、金壹千六百參圓四拾五錢也　基本金
一、金五百參拾五圓四拾八錢也　後期繰越金

## ◎役員選擧ノ件（十一月二十三日總會席上）

現在役員全部任期滿了左記改選

| | |
|---|---|
| 理事長 | |
| 常任理事 | 若干名 |
| 理事 | 若干名 |
| 常任監事 | 一名 |
| 監事 | 一名 |
| 評議員 | 約四十餘名 |

## ◎次年度計畫事項

泊園書院　**泊　園　會**

**會費御拂込に就き**

昭和十三年度泊園會々費

金參圓也　別紙

振替大阪七八七四九番

用紙を御利用の上御拂込

御願申上候

會員諸兄　　泊園會理事

# 泊園同窓會會計報告

自　昭和十二年十月十五日
至　同　十三年九月二十日

**收　入**

| | | |
|---|---|---|
| イ、常費 | 138口 | 161.00 |
| ロ、寄附 | 8口 | 30 00 |
| ハ、城山道人稿 | 1冊 | .60 |
| ニ、泊園會補助金ヨリ | | 200.00 |
| ホ、利息　二口 | | 11.56 |
| 小計 | | 403 16 |
| 前期繰越金 | | 251.49 |
| 計 | | 654.65 |

**支　出**

| | | |
|---|---|---|
| 泊園誌 | 六回 | 237.00 |
| 名簿 | 四百五十部 | 37.30 |
| 振替用紙 | 9冊 | 1.35 |
| 振替手數料一口 | | .15 |
| 郵稅　案內送料 | | 110.14 |
| 帶封、印刷、帳簿消耗品 | | 22.40 |
| 同人慰勞書幅代 | | 36.98 |
| 寫眞版料 | | 57.70 |
| 香資、香華費 | | 16.50 |
| 計 | | 519 52 |

差引現在高　**135.13**

## 泊園會常任理事會開催

昭和十三年九月二十三日午後二時より書院に於て

西田幾太郎氏　的場信太郎氏　笠井靜司氏　石濱純太郎氏　安達龜造氏の十一名參集第五回總會事項に付協議本年は

泊園

（顧問）黃坡先生
（同人）的場信太郎　石崎太郎

泊園同

主幹　筒井民次郎
幹　寺田英一郎

昭和十四年一月十五日(日曜日)　泊園　第三十七號　(一)

金壹圓也　全田直一氏、石濱恒夫氏
◎常費、金壹圓也。(昭和十二年度分)各通
天野みどり氏、長者五三氏
◎常費、金壹圓也。(昭和十三年度分)各通

沖本三郎氏、矢野榮三郎氏、西門岩松氏
吉宗耕英氏、小寺篤兵衛氏、中山潔氏
古谷熊三氏、寺田英一郎氏、笠井靜司氏
廣田虎三氏、中尾國太郎氏、岡本奇堂氏

國安音助氏、筒井民次郎氏、尾中郁太氏
阿部茂七氏、村上吉五郎氏、石黑景文氏
三川啓明氏、鷲田又兵衛氏、辻蒼石氏
河田爲作氏、住友與五郎氏、粟谷喜八氏

坂本唯三郎氏、赤塚善助氏、安達龜造氏
杉村正太郎氏、三崎要一氏、岩崎深信氏
水落庄兵衛氏、岡本英三氏、芝田弘淳氏
清水晋三郎氏、村田安穗氏、
(以下次號)

# 泊園

昭和十四年一月十三日印刷(隔月一回一日發行)
昭和十四年一月十五日發行 —(非賣品)—
編輯兼發行人　大阪市南區大寶寺町中之町二番地　的場信太郎
印刷所　大阪市西區新町南通五丁目　林泰進堂
發行所　大阪市南區竹屋町九番地(泊園書院内)　泊園誌社
振替大阪一三八三九(泊園書院)電南六八二七

## 年頭の感

聖戰第二の新春を迎えて天壤と共に無窮に榮ゆる國運を祝せざるを得ない。顧れば昨年は　御稜威の下に我が忠勇なる將士は、東は徐州の堅壘を、西は武漢の天險を、南は廣州の要衝を、至る所に頑敵を擊破して旭旗は禹域を風靡し不靈なる僞府をして逃るゝに地無きを歎ぜしめた。今となつては如何に豪語しようとも何等の意義を爲すものでない。頑酋は宜しく面縛して哀を乞ひ東亞の建設に力を致すべきである。然らずんば終には後門の虎狼に無辜の民を率ゐて食せしむるに過ぎない。彼の府に仁人の在る有らば王師征戰の意が分らない筈は無からう。我等は國運の進張を祝すると共に彼等無告の民をして王化に早く浴せしめたい。尙ほ一歩進めて虎狼の族も王師の威風を望んで其心性を改めなければなるまい。征戰は一階段を終えた。征戰と共に建設が叫ばれるわけである。

建設は文化施設に外ならない。焦土抵抗の致した所は野に人無く物無く文化は地を拂つて蕩然たり。大禹の水を治めて住むべく食ふべからしめた其土を再び禽獸横行の地たらしめた。大禹五千年前の辛苦は一に我國が之を再びして斯の民を救はねばならない。之を處らしめ食せしめて而して敎へねばならないんだ。我國の文化は之に堪ふるに充分だが、精神の作興あらずんば大功を綏ふるは難しいのである。

物質文化は眼前に見易いが、精神文化は忽かせになり勝だ。外には無告の民を處らしめ食せしめて敎へなければならず、内には三年家門を過ぎて入らざる底の大精神を要するのだ。物質文化の躍進を期待するの餘り、其根基たる精神文化を少しでも忽かせにせば、後悔すとも及ばなくなる。國運の外に躍進するに眩惑して根本の培養を怠つてはならない。長期建設である。將士が血と肉とによつて肅清した禹の址である。精神文化が最後の肅清せなければならないのだ。今から之を考慮すべき必要がある。

この征戰、この建設、世界の環視の中に於てこの大業を翼賛する我國民は各々其分に應じて一向精進努力せねばならないのである。北狄西戎も刮目して視よ我等の精進は必ずや汝等をして王化に浴せしむるの日を來たさしめん。禹の勤勞あつて堯舜の文化があつた。三聖の世は再び我國に起るのである。戎狄をして聖世を眼前に見せしむるの時が來つゝあるのだ。我等は努力せんかな。(白水生)

## 東畡先生七十五周忌祭

來る二月四日(土)は先師東畡先生の第七十五周忌に當らせらる。依て當日午後一時より生玉齡延寺に於て式典擧行。會員諸兄は萬障御繰合せ御參拜の程相乞ふ。

泊園會
同窓會　幹事

各位

## 泊園會總會及同窓會記

會は豫定の如く、新嘗の吉辰を卜し、日本橋北詰ブラジル館に於て開催された。會則の定むる所に依ると、毎年神嘗祭の日に開くことに成つてゐるが、今次は漢學大會に一歩を讓つて延期したのである。それは此の漢學大會には、我が黃坡先生、石濱先生を初め、會員の方で、之に關係された方が相當有つたので、已むを得なかつたからである。從來漢學會なるものは、是迄毎年帝都の地で開催され、地方には、一歩も踏出したことが無かつたのを、地方開會を首唱し、而して其の先鞭を我が大阪で開くことにし、之が後援を我が泊園が主として引受けてやつたからである。啻に、引受けてお世話したといふだけで無く、會計報告にも有る通り、泊園としては相當の寄附金も出してゐるのである。

偖て泊園會の當日は、誠に惠まれた快晴の秋空で、天は我が爲めに、斯く快晴の好天氣を與へて呉れたのでは無いかと思はれる程の吉日であつた。午後二時といふに早くも其の刻限に先立つて續々と聚り參じて來る。完で嫁に行つたり養子に行つたりしてゐる子供等が、氏神の祭にでも馳せ集つて來る樣である。先輩の長老もあれば、中老もある。又若輩是からといふ孿靡兒も有る。互に知れるもあれば、未だお顏を拜したことも無いといふ人もある。刺を通して始めて知るといふ古參もある。而して御氏名を承れば皆名簿に載せられある人ばかりで、創立百三十年の久しきに亘つて、浪花の人士を敎育した古い歴史を有する丈けに、其れは大したものである。集まる顏ぶれも大分揃うたかと思ふので、豫定より一寸後らせて、二時半より總會を開いた。闢頭先づ理事長を選擧した。是は前理事長、福本氏が物故して、其の儘に成つて居たものを今回粟谷氏が總員推擧のもとに其の任に就かれた。續いて座長に寺田氏を推し、常任理事安達氏の會務の報告、會計の報告が有り、役員の選擧が行はれた。役員は任期が一ヶ年であるので例に由て、總會席上に於て次年度の役員が改選された譯である。これが終て總會は一先閉會、引續いて三時から講演に移つた。

先づ石濱先生は『新成吉思汗』といふ題の下に、東西の史乘に涉り成吉思汗の偉大なる業績を述べられ、而して今日の歴史に及び、我等國民の採る可き道、更に外來思想にうつかり謬られてはならないと警められ、大に會員の蒙を披いて呉れた。條理あり、意義あり、且つ東洋人の抱負、我國民の大精神を悟らせる名講演。而して席に列てゐる會員だけしか聽き得なかつた事は剩りに勿體ないとも思はれた。然し、講演の筋は紙上に載せてあるから、當日出席されなかつた方々も、亦紙面の上でお聽きすることが出來るだらうと思うてゐる。續いて黃坡先生は、凡そ人は、歴史を忘れてはならぬ、歴史は時代の鑑、之を見て後事を戒むるので無ければ、其の價値は半減する。今日敵國蔣介石の爲す所は全く自國の歴史を知らぬと見える、との意味に於て、何時に變らぬ反省覺悟を、門弟子どもに與へて呉れた。講演が畢ると、愈酒肴の席である。卓上に陳列される庖丁どもの運び來る料理は、時節柄大牢の大饗ではないが、會員一同の暖か味は又格別の味が有つて嚙み占める程、滋味の有るのを覺えた。一同の着席は先づ夫子を中心として、先輩、後輩、其れこそ齒を正して席は定まる。開會粟谷新理事長は、新任の挨拶を兼ねて會の發展を祝し、會員の奮起を促がされた。次に、各員各自其の見えを飾らず短刀直入、仲々氣焰を揚げる。最後には關西詩吟同好會副會長、宮崎氏が、夫子玉作の左の七絶を吟詠され、是で閉會の幕をおろした。

男子從軍豈顧身。知君善戰勇而仁。仇吾即敵親吾友。元是同文同種人。(送人從軍)

秋の夜は、長いものと知れるに短かいと感ずる盛會清遊で有つた。後は蜘蛛の子を散らすが如くに散り行いて、空には雲も散て、太白は西に見えねど、星辰燦爛、道頓堀には夜氣横溢。(十二月五日稿時笑生)

# 論語講義

黄坡先生述

## 公冶長第五

**子謂公冶長。可妻也。雖在縲絏之中。非其罪也。以其子妻之。子謂南容。邦有道不廢。邦無道免於刑戮。以其兄之子妻之。**

**訓讀**　子、公冶長をのたまふ、妻あはすべし、縲絏の中にありといへども、其罪にあらずと。其子を以て之に妻はす。子、南容を謂はく、邦、道あれど廢てられず、邦、道なければ刑戮に免れんと。其兄の子を以て之に妻はす。

**解釋**　品藻に屬し、公冶長、南容二人を妻はすべきものと判定せられた話である。魯人公冶芝、字は子長といつたのがある。（孔子弟子傳には齊人とある）孔子、此人を評していはるゝに。「女を妻はしてよい男だ、繩をうたれて罪人となつたが、其罪ではなかつた、寃罪であつたのだ。」とて、其むすめを之に配はされた。縲は黑色の索、絏はもと紲の字、唐の時太宗の諱を忌んで絏にした、長い繩のこと、むかし罪人をくゝるに黑索を用ひたから縲絏の中にありといふと罪人となつたことにいふのである。この公冶長の事蹟は何もないから詳にはしられぬが、孔子が縲絏云々を以て其妻すべき理由とせられたのだから、そこに何等かの要點があるのか、其罪でないといはれて其罪科を責められなかつただけのものかも明ではない、後人の說に、古から親のために罪に代つたり、義のために寃に服したりした話もあるから、公冶長も何か其樣なことがあつたのだらうといふのがある、或は然らん。皇侃が論釋を引いて公冶長が鳥鳴を解したといふ傳說を載せてゐるが固より稗說である。また他日、魯の南宮縚字子容といふ人を評して、「有道の國に居れば必ず任用せられて廢せられることはあるまい、また道無き亂國にあへば、罪科に陷ることを免れるであらう」と、其兄のむすめを妻にやられたのである此人については、先進の篇に、南容三復白圭孔子以其兄之子妻之。と載つて居るから、明白である。即ち言語を愼むといふ点から、其人を見られたのであつて、亂世にあつては口禍が恐るべきものであるが、いま此人は其憂がない。夫子の鑒に入つたわけである。

此章は固より一時の出來事ではないが、書物によると、二章になつたのがあるのは無用のことである。記者が類似を合せて一章に收めたことは、言はずとも明である。

**子謂子賤。君子哉若人。魯無君子者。斯焉取斯。**

**訓讀**　子、子賤を謂ふ、君子なるかな、かくの如き人、魯に君子なくんば、これ焉んぞこれを取らん。

**解釋**　これも品藻に屬し、**子賤が人に長たるの德あることをほめられた**章である。子賤は魯人宓不齊の字である。孔子が此人を評して、『君子の德がある』とほめられた。**若人**は若此人で『この人』といふことをやわらかにいつた語である。尙ほ其意をのべて、『魯に君子がなければ斯人がどうして斯の德を成すことが出來やうか』、といはれたのである。つまり賢友の薫陶のために化せられたのだとの意味である。此の君子者の三字を連讀するのと**者**字を別に助字とするのと二樣の讀み方があるが他本に也に作つたのもあるから、助字と見てよろしからう。**斯**字が二つあるが、上のは子賤をさし、下のは此德とさしたのである。此章を先子は、宓子がまだ孔門に入らぬ前のことだそれでなくば、孔子の自贊の樣に聞えるといはれた。

さて又呂氏春秋察賢篇、說苑政理篇に宓子賤が單父を治めて、其民がよくなついたから孔子が其治めかたを問はれた處が、對へて曰へるに「父事する所の者三人、兄事する所の者五人、友とする所の者十有二人、師とする所の者一人」と。孔子之を美めて「惜しいかな、不齊は之が小をなした、不齊が大をなさば堯舜と參する」といはれた語を引いて、此章の解とした說がある。即ち子賤が賢人を用ひて、よく治民の功をなしたと解くのである別說とするに足る。

**子貢問曰。賜也何如。子曰。女器也。曰何器也。曰瑚璉也。**

**訓讀**　子貢問うて曰、賜やいかん、子曰く、なんぢは器なり、曰、何の器ぞ、曰、瑚璉也。

**解釋**　此章も品藻に屬し、**子貢が器であつて美なるものであることをつげられたのである**。子貢が自分の人物について夫子の批評を請うた、これは固より自分の反省修養の益を得るためであつた。孔子答へて「お前は有用の材だ、器だ」といはれた。子貢更に「いか樣な器ですか」と問うた所が「瑚璉」だといはれた。**瑚璉は夏殷時代に宗廟の祭りに、黍稷を盛る器の名である**、されば孔子の意は、子貢は器の中の貴重な、**また希に觀るものだ**とほめられたのである。

この瑚璉は、古來の註家は、夏は瑚といひ殷では璉といひ、周では瑚璉といふ。と說いて居る所が、禮記明堂位に夏后氏の四璉殷の六瑚とあるから、璉は夏の器、瑚は殷の器となつて、古來の說と行違ふて居る。毛奇齢はこれを取つて居る、家註も此說によつて居るが、一面には包咸鄭玄の論語の註も、賈逵服虔杜預の左傳の註も皆、夏に瑚といふとあるを以て見れば、古本の明堂位も其樣であつて後に瑚璉が誤つて互に入れ易つたのかも知れぬといふ說もあり、現に此本文も瑚連とあるから、矢張上が古い時代の夏に屬するだらうといふのである。專門に屬する問題だが、先づこれによるがよからう。

就ては朱註に「黍稷を盛るの器にして飾るに玉を以てす、器の貴重にして華美なるもの」とあるのが、必ずしもそうではない樣である。一つは瑚璉は古く胡、連、と諸書に見えて居つて其が正しいとふのであるから、玉の飾は果していかゞか。また共制は明でないが、木器であつて、また瓦器もあつたと傳へられて居る、華美といふこともいかゞかと思はれる。

また、朱子は、孔子が君子を以て子賤に許されたから、已をも問うたと說かれた。これは甚だ僻事であつて、子貢の人格を傷けること甚だしい論語は雜錄の書だから、前章と連絡があるものではない。

（三十講）

## 泊園會十三年度會費領收報告

金參圓也（各通）

棚次　辰吉氏　吉宗　耕英氏　吉年宗兵衛氏
吉年　善作氏　乾　吉次郎氏　內田　利一氏
井上治兵衛氏　加藤　峰吉氏　村上吉五郎氏
粟谷　喜八氏　小松原謙三氏　筒井民次郎氏
岡本勝治郎氏　西田幾太郎氏　中川　魚梁氏
田中藤太郎氏　飯田　武雄氏　早川忠次郎氏
林　寅次郎氏　櫻井　雪洞氏　鹿田　靜七氏
久保　郁藏氏　殿村　たけ氏　矢野榮三郎氏
石川　涉氏　金戸　守氏　大河內安藏氏
白藤丈太郎氏　山下平太郎氏　宮崎喜太郎氏
沖本　三郎氏　平泉豊三郎氏　西野　捷平氏
奥田藤兵衛氏　櫻根孝之進氏　岡田　倘齋氏
尾崎　正信氏　石黒　景文氏　門脇　才藏氏

（以下次號）

泊園書院日課

月　午前六時半―七時半　中庸　午前十時―十時半　午後一時半　午後七時―九時
木　准南子　金　三体詩　文章軌範　徂徠集　杜甫詩集　國故論衡　說文

賀

泊園書院　院主　藤澤章次郎　同　筒井民次郎
泊園　的場信太郎　岡本奇堂　三原靜美　西田幾太郎

昭和十四年一月十五日（日曜日）　泊　園　第三十七號（三）

# 新成吉思汗は

石濱純太郎

成吉思汗と云ふのは元の太祖で、蒙古のオノン・ケルレン河の地方から起つて蒙古民族を統一し、それからは四方を征伐して領域は遠く中央亞細亞歐洲に及びました。子孫相繼いで偉業を擴張し、東は支那を統一し太平洋沿岸から西は地中海に至る迄皆其統制に服し當時の歐洲は全く震ひ上つて居りました。たゞ我國のみは忽必烈の來襲を擊退したのみならず、威武の壯んなるは後來の窺伺をも絶たしめたのであります。西洋歷史にもアレキサンダア大王だのナポレオン皇帝の如き雄偉なる帝王もありますが、軍事の天才、政治の卓識に於ては成吉思汗に一籌を輸する樣にて、彼等の子孫が遺業を繼承し得なかつたのを見ても分ります。この成吉思汗は我國では源義經の再來復興など云はれ極めて愉快なる傳說にもなつてゐますが、從來は何分にも支那の書籍に基いての話が多いから、歐洲西征の大壯擧はさう知られて居りません。然るに歐洲の方では支那の本を餘り知りませんものでしたから、多くは征服された回教徒や歐洲の書籍を基として成吉思汗を考へてゐたのであります。

由來歐洲は亞細亞人を恐がつて居ります。前には匈奴のアッチラ王の進入があり、後には蒙古の成吉思汗の進擊があつてヒドイ目に遇つたものですから、彼等を善く云つて神の鞭、惡く云つて惡魔の使などと稱し、殆ど宗教傳說として怖れて居りました。我國の勃興に際しても黃禍論を稱へて驚怖したのもさう云ふ背景を想起して愕然としたのであります然し蒙古人を惡魔の如く見てその野蠻さ暴虐さを指摘しましても、その蒙古人の王朝の下に於ける諸文化の隆盛さには眼を蔽ふわけには行きません。殊に歐洲商人が共時代に東洋へ向けて貿易に赴き大に儲け得た事は野蠻暴虐を以ては說明がつきません。そこで蒙古王朝の研究が注目されて來ました。

ロシアは早くから蒙古人に接觸してゐますから蒙古學は早くから起つてゐます。又ロシアを仲介にして瑞典など北歐人も之に觸れて居ります。又其他歐洲人は西南亞細亞への進出に連れて成吉思汗遺業の繼承者である旭烈兀だの帖木兒だのバブル汗などに接觸して來ました。研究すればする程只戰爭好きと思つた蒙古韃靼帝王は立派な平和と文化を建てゝゐました。こゝに成吉思汗を元祖とした帝國事業の歷史的遺産は果して何であるかを省みる事となつたのであります。

こゝにロシアであります。ロシアは長らく蒙古汗國の下にあつたものです。それですからロシア國の研究が進むにつれて、ロシアの文化は蒙古の影響を非常に受けてゐる事が明かになつて來ました。人種、言語、風俗、軍事、法制、經濟、凡てに蒙古の影響があります。それのみならずロシアがロシア民族の統一されて獨立するに至つたのも蒙古に教へられた結果と云ふのであります。只ピーター大帝からは文化の模範を西歐諸國殊に佛蘭西に採つたものだから、これは西歐のロシアであつて、本當のロシアでない、蒙古式に訓練されたロシアでないと云ふのであります。それですから赤色革命後のロシアでは西歐主義を絕對忌避して、自らはアジア人を以て自任して居ります。全體我々は小學校の初めからロシアと云へば歐洲人と教へられて居りますが西洋では歐洲と云へば西歐の事で、我々の云ふ歐洲と云ふ場合には歐羅巴と露西亞と云ふ方が分り易いのであります。ロシアは歐洲外ですから、ソヴエト映畫で名高い「アジアの嵐」又は「成吉思汗の孫」などはアジア人チムールが歐洲に對して立つ事になるのであります。御覽の方はあれを見て多少變な氣を起されたであらうが、ロシアがアジアで、蒙古の遺業繼承者と理解されてゐたらよく分るのであります。ロシアは從來基督教でありましたが、之も西歐法王からのものでなく、東方ビザンツ法王帝國の繼承者と任じてゐたのであります。ロシアは何れに於てもアジアと考へて居ります。此事はよく分別理解して置かないと、何でもアジア主義で片附けてゐるとトンデモない誤謬に陷入らないとも限りません。

偖て成吉思汗の研究ですが、近年は隨分澤山成吉思汗に就て書かれて居ります。私は凡てを讀んだのでありませんが、それ等の近著は殊に昨年來我國にもよく譯出されてゐますウラヂミルツオフ、ハラダワン、フオツクスグルナアル、バルクハウゼン、プラヴヂンなどが見えます。ハロルド・ラムの本なんかは全人類の帝王などと題して居ります。これ等の本には多少赤がかつたものがありますから注意せねばなりません。たゞ近來の著述は皆成吉思汗の歷史的遺産はどこが繼承するかの問題に中心を置いて居り、從つて西歐人は世界大戰後歐洲文明沒落に際して新成吉思汗に恐怖を再び感じて居るのであり、ロシア人はロシアこそ新成吉思汗帝國だと思つてる樣であります。こゝに於て我々成吉思汗帝國を擊退した者共はこれ等に對して如何に考へ如何に教ふべきかを研究せねばならないと信ずるのであります。

蒙古民族が突如として立上り、見る見る間に歐亞に跨る大帝國を作り上げたのは、固より始祖成吉思汗の軍事に組織に於ける天才的力にもよりますが、一方には其當時の諸國が何處に於ても分立して居り、又內部に於ては混亂腐敗してゐたのにも依るのであります。支那に於ても遼金に對して宋と西夏が抗爭し續けて居ります。中央亞細亞も西方亞細亞もロシアも西歐も皆小諸侯の對立抗爭狀態でありました。だから成吉思汗が立て蒙古民族を統一して四方へ出征した時には到底抵抗は出來ません。聯合軍を作りましても統制の良い蒙古軍には敵對し得ないのであります。統制の嚴しい蒙古軍はよく被征服民族をも併せて進軍し得たのであります。かくして本當に全人類を併せた程の大帝國になりました。之を從來は野蠻暴虐の征服慾好戰性と解釋しましたが、此頃は之を統一による平和の利益の爲めと見てゐます。だからこそ戰爭に際しては野蠻暴虐もあつたらうが、征服後は皆一意文化工作に熱心して、異民族異宗教に寬裕なる政策を取て居ります。征服された民族は皆分立抗爭の悲慘なる舊態から救はれ、統制平和の新狀を學びました。ロシアの如きは金帳汗の永い統一下にロシア民族統一を教へられたのでイワン三世の出現に成たと云ひます。實に元朝統一の間など整然たる歐亞間の平和交通はないと迄云ひます。英國人は商業人であるせいか、成吉思汗帝國はウイグル人シリア人などに教へられて商權擴張の爲めに漸次侵略を擴大した樣に云つてゐます。西歐は蒙古侵入に對して諸侯周章てゝ聯合軍を作つて對抗しましたが、統制のない聯合軍では敵し得ません。成吉思汗の崩御が少し延びてゐたら歐洲は果して如何樣になつたか分りません。かくして歐洲も民族統一を學んだのであります。

成吉思汗帝國即ち元朝が崩潰して以後は世界は分立爭亂の世界となり歐亞の通商路は斷絕しました。もとの統一平和なる成吉思汗の遺産を繼承せんとして帖木兒は立ちましたが事未だ半ばならずして世を逝りました。帖木兒はトルコ種でありますが、トルコと蒙古は支那史の初めから親近でありますから繼承權は有ります。帖木兒も好戰兒と云はれますが中々の文化愛好者であります。帖木兒文化などまだ殆ど我國では知られて居りません。彼の裔孫バブル汗は印度に進入してモゴル帝國の統制を教へました。印度のモゴル文化の隆盛も蒙古の遺産であります。其後蒙古族から遺産繼承者として立つたものは澤山ありますが皆大を爲すに至りません。準噶爾のガルダン、アムウルサナ、はロシアに逃れ、蒙古の林丹汗は支那に敗れ、かくして遺産繼承者としてロシアと清朝とは黑龍江を隔てゝ對立しました。一時は清朝が有利でしたが、後にはロシアに押されました。その押されたるを起て救つたのが我國でありまして、成吉思汗帝國を敢然一蹴し得た唯一の國たる我國はこゝに汗國の遺産に觸れたのであります。

偖て近代の歐洲でありますが、個人主義、自由主義、資本主義を基調として世界を抑へ

書院講表

| 火 | 水 |
|---|---|
| 准南子 | 中庸 |
| 三体詩 文章軌範 | |
| 徂徠集 杜甫詩集 | |

| 土 | 日 |
|---|---|
| 唐詩選 | 第一、第三、午前七時ヨリ 尙德會荀子 |
| 午後三時 書經 | 毎月一日祭日 第二四五日曜 休講 |

正

石濱純太郎
泊園會理事一同

誌社 石崎太郎
岡本勝治郎

會 寺田英一郎
安達龜造

て全盛を稱へたのであります。その極まる所は遂に世界大戰となりました。然も此大戰は歐洲内の一事變に過ぎないものであつたのですが、歐洲に世界が依存してゐた時代だから世界戰に擴がつた。而して戰後の二十年は歐洲文明の沒落を告ぐるに外ならず、現に西歐主義を清算して歐洲主義だと誇稱する赤色ロシア政府が出來ました。歐洲は小國の分立抗爭で宛然たる中世狀態であります。歐洲以外は鬱然たる勃興機運が見られます。此に於て平和建設文化擁護の大帝國の期待が揺らずも彼等歐洲人が傳説的恐怖の帝王だつた成吉思汗帖木兒等の眞相研究に光明を看出したのであります。そこで成吉思汗研究の問題は大汗の歴史的遺產たる全體主義、統制主義、經濟從屬主義の下の大帝國の繼承者は何處に在るかとなりました。西歐諸國などは一丸としてのみ考察されて終ひますが。傳説的恐怖は再び起つてきました。

赤色政府に左袒する人々は歐洲でないロシアを新成吉思汗と思つてるらしい。冷靜なる血、鐵の意思は蒙古より受けて革命を成就さしたものであると云ふ。白色ロシアの連中は蒙古ビザンツの兩正統を併せ有するはロシアだと思つてるらしい。嚴酷なる統制と純正なる信仰を有する歐亞主義大スラブの新成吉思汗を理想とする。成吉思汗の後裔としてハルハ蒙古とトルコとに望をかけた人々もあるが今の所を期待してる樣でもない。支那から起るかとも思つたらしいが容共の蔣介石ではさうは行かない。源義經の傳説を有する我國の進出を新吉思汗と見て見ようとする人々もある。昨年以來の新時局は未だ彼等の史論には上つてゐません。

然らば滿洲帝國、この國の元首は嘗て蒙古の支配權を委任されたる皇帝の裔孫である、その滿洲帝國と成吉思汗の後裔として成吉思汗紀元を稱する蒙疆政府とを兄弟國とし、八紘一宇を國是として進む我國が新成吉思汗だらうか。事は時局を談ずる政治家に一任したい。私等學問に從事するものは成吉思汗史論の變遷をたどつて思はず現在に接觸して來ましたが、これ以上は私等の任務ではない樣であります。私等の任務として此際に注意して置きたい事は、大アジア主義、成吉思汗論などが論議せられるのは大に結構でありますが無責任なる放漫なる言說ではいけないのであります。我國の皇謨は深遠なるものであつて起伏常ならざる外國とは一概に論ずべきものでありません。必ず我國の立つ所以を確實に把握認識して凡てを判斷して立論せねばなりません。一理は世界に通ずるものでありますが、たゞ類似する表面を眺めて古今中外に通ずる一理としてはなりません。歐洲主義に對してアジア主義、蒙古人たる成吉思汗、現在の我々を唆る好題目でありますが、ロシアも同じ事を云つてゐるのであります。彼等が之に口を藉りて赤の野蠻性暴虐性まで辨解しようとするのは如何でせうか。無批判なる放言をしてゐると、彼等の陷穽に陷らないと果たして云へませうか。成吉思汗、及び彼の歴史的遺產は誠に面白い有益なる研究題目ではあります。我々は我國の立場に於て彼を檢討して立論したいものであります。成吉思汗の研究は古今東西に渉る廣範圍で中々難しいのであります。そこで支那以外は勢ひ西洋人の研究に依る事となりますが、上來述べた如く種々な史論が混交してゐるので分別採取を注意せねばなりません。近頃二三の譯書を見ました所、肝要なる点を誤解したり、忘却してゐるのを氣付いたから、御注意旁々新成吉思汗の話をしたのであります。新成吉思汗は誰かについて私の意見もないではありませんが、それは學問以外になります。諸君が時勢を眺めつゝお考へになるのもキット興味のある事でせう。何分難しい事ですからたゞ餘り放言はなさらない樣に願ひます。

## 初秋情趣

天野みどり

古池の浮木の肌に何草か生ひて小さき花さかせたり。

風落ちし河内平野の闇深く稻妻はしる劇しきいなづま。

## 酒と史記

時笑生

古有醴酪。至禹時、儀狄作酒。禹飮甘之。曰後世必有以酒亡國者。

是は史記、夏の本紀に見える記事であるが、成程禹の言はれし如く、後世酒を以て家を毀ち、國を亡ぼしたるものは、實に枚擧に遑が無い程澤山有る。然し物には兩極がある。積極、消極、是非善惡、而して其の惡い方面のみを、擧げて見れば、破壞喪失、隨分數も多いことで有らうが、其の善い方面に於て、隨分酒の役立てゐることの許多あるのを見逃しても成るまい。

我が國に於ても、酒は素盞鳴尊の御時から既に史上に見えて居り、又國民習俗の上から考へても、大嘗祭の黑酒白酒を初め、人事百般、吉事にも凶事にも、之を用ひてゐる。即ち吉事に酒を用ひては、福祥を祝ひ、凶事に酒を用ひては、憂を忘れ、妖魔魍魎を祓うて居る。況して前途の幸福を祝し、事業の發展を嘉みしては、先づ酒杯を擧げて、鋭氣を養ひ、吉瑞を禱る。乃ち人生より酒を取除いて仕舞へば、人生は今の如く、斯く快愉潑剌なるものでも有るまじく、又今の如く進展しても居るまい。殊に詩歌に於ては、萬丈の氣焰と、言ひ知れぬ洒脱の花を咲かせてゐる。酒を詠んでゐる詩歌が、他の詩歌よりも、讀んで面白く聞いて愉快に感ずるのは、全く酒の德とも言へよう。獨り劉伶の酒德頌のみでは有るまい。實に酒なる哉と謳歌したい。

孔子は酒に就ては、惟酒無量。不及亂。とのみ言うて、他に何も言うては居らぬが、是は今の人が、形の上で禁酒など言へるものとは異ふ樣だ。而して亂に及ばずと言うて居る所より察すれば、飮んで量無し亂に及ばずと嗜めてゐるので先づ言へば撰酒家かと言へるところが司馬遷の史記を讀んで見ると、酒に關しての記事が相當に在る。曾て人から聞いた事でも有るが「司馬遷は身自ら酒を嗜んでゐたものか、酒を筆してゐる所の記事は、他の所より特別に面白く叙してある」と、然し是は讀む人の識見なり、又考へにも依る事だから、一概に此うだとは言はれないだらうが味つて見ると成る程と、首肯される處が可なり澤山有る。

そして其れに依り、いろ〳〵考へて見ると只酒は家を毀り國を喪ふといふ事のみではない、幾多酒により難を脱れ、身を榮達に致させる機會を作してゐる所があり〳〵と伺はれる。啻に一身の難を脱れ、榮進の機を捕へたといふだけでは無く、國家百年の計劃の基礎を作り、國を發展させてゐる藥味と成てゐることが仲々多い。

史記中是等を調べて見ると、凡そ三十九箇條程有る、今之を記傳の順序に從ひ、當るか否かは別として、四字句の題字を附して列擧して見ると左の諸項となる。

| 題字 | 出處 |
|---|---|
| 第一、酒池肉林 | 殷本紀 |
| 第二、繆公賜酒 | 秦本紀 |
| 第三、鴻門會飮 | 項羽本紀 |
| 第四、張中慨飮 | 同上 |
| 第五、高祖好酒 | 高祖本紀 |
| 第六、洛陽置酒 | 同上 |
| 第七、未央落酒 | 同上 |
| 第八、沛宮樂酒 | 高祖本紀 |
| 第九、夏姬淫酒 | 陳杞世家 |
| 第十、重耳醉行 | 晋世家 |
| 第十一、田生醉論 | 荆燕世家 |
| 第十二、朱虚法酒 | 齊悼惠王世家 |
| 第十三、曹產醇酒 | 曹相國世家 |
| 第十四、四皓侍酒 | 留侯世家 |
| 第十五、忠妾覆酒 | 蘇秦列傳 |
| 第十六、侯嬴賓酒 | 信陵君列傳 |
| 第十七、范雎牛酒 | 范雎列傳 |
| 第十八、澠池會酒 | 藺相如列傳 |
| 第十九、聶政諸酒 | 刺客列傳 |
| 第二十、荆軻嗜酒 | 同上 |
| 第廿一、賜酒擊筑 | 同上 |
| 第廿二、隨何醉談 | 鯨布列傳 |
| 第廿三、鯨布酒興 | 同上 |
| 第廿四、高陽酒徒 | 酈生陸賈列傳 |
| 第廿五、叔孫禮酒 | 叔孫通列傳 |
| 第廿六、朱家慈酒 | 季布列傳 |
| 第廿七、景帝酒戲 | 魏其武安列傳 |
| 第廿八、灌夫使酒 | 同上 |
| 第廿九、灌夫失酒 | 同上 |
| 第三十、李廣野酒 | 李將軍傳 |
| 第卅一、文君酤酒 | 司馬相如列傳 |
| 第卅二、郭解俠酒 | 游俠列傳 |
| 第卅三、齊王喜酒 | 滑稽列傳 |
| 第卅四、淳于酒說 | 同上 |
| 第卅五、優孟壽酒 | 同上 |
| 第卅六、始皇雨酒 | 同上 |
| 第卅七、東朔酒歌 | 同上 |
| 第卅八、王生湎酒 | 同上 |
| 第卅九、河伯酒婦 | 同上 |

以上（十三年十月廿一日稿）

## 本誌後援　寄附金收受報告（泊園同窓會）

### 泊園會補助金

金貳百圓也　全田直一氏、

金壹　圓也　石濱恒夫氏

小畑勝藏氏、平泉豊三郎氏、岡田尙齋氏

濱井尙山氏、白藤丈太郎氏、殿村たけ氏

尾崎正信氏、櫻根孝之進氏、西野捷平氏

永井貞有氏、山下平太郎氏、金戸守氏

鴨居武氏、川合孝太郎氏、岩代吉親氏

大野園山氏、三浦徳次郎氏、門脇才藏氏

中川魚粱氏、木村久次郎氏、鎌田春雄氏

森下博氏、細田美三郎氏、戸塚辰松氏

茶谷忠治氏、田邊英次郎氏、櫻井雲洞氏

早川忠次郎氏、岡本勝治郎氏、林寅次郎氏

田中藤太郎氏、島田喜十郎氏、飯田武雄氏

石濱純太郎氏、西田幾太郎氏、澤田雅雄氏

昭和十四年三月五日（日曜日）　泊　園　第三十八號（一）

# 泊園

昭和十四年三月二日印刷（隔月一回五日發行）
昭和十四年三月五日發行 —（非賣品）—
編輯兼發行人 大阪市南區大寳寺町中之町二番地 的場信太郎
印刷所 大阪市西區新町南通五丁目 林泰進堂
發行所 大阪市南區竹屋町九番地（泊園書院內） 泊園誌社
振替大阪一三八三九（泊園書院）電南六八二七

東門美津子氏、渡邊　醇氏、伊串　徹仙氏
松本喜代子氏、新田　昌次氏、加藤　亮吉氏
多紀仁之助氏、吉武　卯三氏、淺井佐一郎氏
橘　秀一氏、市川釮三郎氏

◎常費金貳圓也（二ケ年分但シ以下年度省略）
新田　長三氏
福田　三次氏、生田　花朝氏、內田　利一氏

◎常費五圓也（五ケ年分但シ年度省略）
黑川　崇爾氏、俵　孫一氏、紀本善治郎氏
大河內安藏氏、小松原謙三氏、山本九兵衛氏

金貳圓也。　稲永　元吉氏、大西　作治氏
金參圓也。　近藤　翠石氏、足立　千代氏
金五圓也。　板倉　暎夫氏

## 漢文へもどれ

漢學の重要とか漢文の必要とかは、吾人は從來幾度も述べた。今更に復た茲に縷說する迄もない。然も時局の推移は厭が應にもこの事を認めざるを得ざらしめつゝある。我等が繰り返して叫ばなくても漢學の重要漢文の必要は大抵は認めて來た樣である。只かの口賢しこき徒輩は古い漢學は役に立たない新しい漢文が入用だと云つてゐる。吾が辯も已むを得ないわけである。時勢は移るから古いものは入らないと云ふのは尤もな事に相違ない。電氣燈があるのに油のあんどは入用でない。小學生の服は大學生には必用はありはしない。古い漢學漢文は昭和の躍進時代には何にもならない。成る程其通りである。然し何にも役に立たない古い漢學は今日だけでなく、明治にも大正にも、否な昔でもいらなかつたんだ。若しそんな漢學なら誰が必要だと云はう。何でも今直ぐ眼前の役に立たないものを目して不用と云ふのは學問と云ふものを知らない者の言ふ事だ。さう云ふ人々は先づどんな學問でもしてくるべきである。

二三千年も前の孔孟の說が現代に何の關係がある、今の支那人の知らない漢文が何になる、なんかと言ふ連中もある。何でも結構に育つて勉强した事のないものに違ひないのである。かう云ふ事を平氣で言ふ人々は。自分に分らないものは、勝手な熱をあげないで勉强しなければいけない。それ等の人々が指導階級に屬してゐると國家國民の害になる。

漢學漢文は通辯ものではないのである。通辯丈が必要なので古い事は不要と云ふなら、この通辯は車夫通辯である。そんな通辯では役に立たなかつた事は既に分つてなければならぬ筈である。分つてゐないのかも知れない。新聞雜誌でも讀めて、北京や上海で買物でも出來れば充分だと思つてるらしい。そんな支那通辯は決して長期建設を論じてはならない。

現時重要時の一は支那を十分明白に知つてゐる事である。その支那を十分に知るには漢文の力が要件である。通辯ではいけないのである。口さかしい連中に惑はされてはダメなんだ。役に立たない漢學をやれと云ふんではない。直ぐ役に立つ漢文をやれと云ふんではない。漢學漢文をしつかりやらないと支那が分らんと云ふ樣になるんだ。

重大なる時局に必要なるものは漢學漢文の力である。空疏なる議論を愼んで先づ漢文習得に立戻つて來れ　然らずんば再び從前の失敗を悔いねばならなくなる。（白水生）

## 說詩樂趣（21）

效尤生

博識門

蘇鶚演義にいふ。今人が酒の巡るを婪尾といふは蓋し其の酒を得るのが人より後になるのを慰めるのだらう。これは解が明かでない。仇池筆記には、酒が巡つて末座の人の所へ來れば連飲三杯するを婪尾酒とすとある。又一說に啉は貪である。座の末に居て、酒を得ることが最も晩くて、腹が酒にあせつてゐるから、酒が巡つて來れば、之を貪り飮むから啉尾といふとある。啉字が口に從つてあるのは食婪の意を明にするにたるから、此說がよい樣に思はれる。宋景文公（名祁）守歲詩

迎新送舊只如此。且盡燈前婪尾杯。

樂天の寒食詩に

三杯藍尾酒、一揲膠牙餳。

藍婪通用である。（因に、芍藥の異名を婪尾春といふ、芍藥が春に殿であるからだ）

唐人が寒食の詩に、餳の字を押したくも出處の無いのに苦んでゐる。殊に六經及楚辭から出て居ることに氣がつかぬのである。周禮に「小師簫を敎ふるを掌どる」とある注に、簫は小竹管。今の飴餳を賣る者の吹くものゝ樣だ、とある。有瞽の詩に簫管備擧とある、鄭箋に簫は小竹管を編み、今の飴餳を賣る者の吹くものゝ樣だとある。楚辭招魂に粔籹（餅子、油あげ菓子）蜜餌、餦餭ありとある、注に餦餭は餳なり、但戰國の時に之を餦餭といひ後漢になつて餳といふのだ。とある。唐の劉夢得が云ふに「詩を作るに僻字を用ふるには、來處がなければならぬ。宋考功の寒食詩に餳字を用ひて居るのは、毛詩鄭箋に見えてある」と。後に宋子京（祁）の詩に

草色引開盤馬路、簫聲吹暖賣餳天、（湘眞子錄）

百斛明珠にいふ、杜子美の詩に

自平宮中呂太一。

といふ句がある。世人は其意を曉り得ない、妄者は「唐の時に自平宮といふ宮があつたのだ」とするものがある。偶々明皇實錄を得たが、中宮の呂太一が廣南に叛くとある。此詩は爲に、「宮中呂太一を平けしより」といつたのである。下文に「南海珠を收む」の語があるわけだ。書を見ること廣からずして、徑ちに文字を改めるは、笑はれないことは少ない。

## 泊園消息

（三崎要一氏）

年頭の感の「泊園」御送附を謝す、毎々自宅より送附を受け大に樂しんで居ります、殊に父への伯父樣の詩など有り難く讀ませて頂きました。

石濱さんの新成吉思汗論の結論が聞きたいものです、その放言を？

內地の樣子は日遲くれの大阪朝日で見る程度にわかります、雜誌は久し振りに偶然、日ノ出など來ましたので桓夫さんの小說拜見致しました。小生段々奧地に入りました。佳木斯で不腹を申して居つた身が鐵路を去る五十里飛行機のみの交通する此地に來ると今更ながら佳木斯が大都會に感ぜられます此處では文句を云つても中央まで聞えません文句の云ひ樣もない樣に成りました。全く滿州も此處まで來ればもう次何處へ移されてもきつと嬉しいに違ひありません。日本人の商店は今町にありません。軍醫は部隊の患者のみならず家族の流產の事まで更に町の女（女だけは矢張り居ります）の檢黴までやります。

昨晚二ケ中隊非常呼集をして討伐に出ました然し匪も少くなりました。一昨年の宮脇討伐隊の時など二日間に四回匪賊に遭遇しましたが今は日本騎兵が行くと大抵逃げて駄目になりました此際更らに此の小ぽけな町に一年も腰を据えて町を衛生的に良い町にしてやらうと思つて居ります。私の云ふ通りに成るのですから、諸兄に宜しく

二月一日

滿洲國三江省寳清
陸軍軍醫大尉　三崎要一

# 論語講義

黄坡先生述

**或曰。雍也仁而不佞。子曰。焉用佞。禦人以口給。屢憎於人。不知其仁。焉用佞。**

**訓讀**　ある人曰く、雍や仁にして而して佞ならず。子曰く。焉んぞ佞を用ひん。人にあたるに口給を以てして、しば〳〵人に憎まる、其仁を知らず、焉ぞ佞を用ひん。

**解釋**　或る人が、孔門の弟子、**冉雍字仲弓**を評して、「雍は仁德はあるが、口辯がない」といつた。この**仁**は慈惠の意味でいつたものである。佞は口才で話上手な辯說のよいものをいふのである。佞は才のあるものをいふのであるが才は善くはたらくのもあり、わるくはたらくのもあるから　佞も一般にいへばたゞ才のある人をいふから、不佞といふて自分を謙遜する語となる、後にはたゞわるい方に多く使はれる樣になつて、口上手、おへつらひといふ風に用ひられるが、こゝでは或人は單に仲弓が行の方には善い處があつて、言語に拙いといふ點を惜んだものである。そこで孔子は、**佞は貴ぶべきことではないといつて冉雍をほめられた**のである。まづ「焉んぞ佞を用ひん」と佞をしりぞけて、更に佞の蔽をのべられた。禦は當ると訓して應答の意である。**口給**は口のよくまはること　**給**は供給の給で、足ると訓する字である、應對のすばしこい、ゆきつまらぬ意味である。「人と應對するのに、たゞ口さかしうて、かへつてよく人に憎まれる、口のまはるのは、ほめるべきではない。雍については、仁は知らぬが、佞は必要ではないぞ。」と重ねて**焉用佞**といつて、いたく佞を抑へられた。この「**其仁を知らず**」といふ語は孔子がよく口にせられるが、畢竟仁は人を安かにする德であるから、其人が實際に事功の上に安民の功の見はれぬ以上は仁とは許せぬから、孔子は常に「不知」といはれるのである。

凡て人は行の方には鈍く、言葉の方には輕妙なものである、書中にいつも言語を抑へて行を勵まされてある、或人の如きも、仲弓に口辯のないことを惜んだのは此心があるからである。そこで孔子は「佞は、得て口給になり易い、口先きの人間では人を心服さすことは出來ず、却つて人に憎まれるからだ」といふ意味で、或人の誤解をとかれたのである。

此章は品藻の部類に入る。

**子使漆雕開仕。對曰。吾斯之未能信。子說。**

**訓讀**　子、漆雕開をして使へしむ。對へて曰、吾、斯をこれ未だ信ずる能はずと。子說ぶ。（說は悅と同字）

**解釋**　漆雕開は家語の弟子解に字子若、蔡人とあるが、閻氏の四書釋地に史記の弟子傳に漆雕開字子開とあるを引いて、上の開字は啓の字であるのを　漢人が景帝の諱を避けて改めたのであるとて、漢の藝文志を引證して居るのが正當と思はれる。即ち**漆雕啓字子開魯人**となるのである。論語に孔子の門人を記事の場所では字を書いて居るから、こゝも漆雕開と字をかいたのである。

孔子が門人の漆雕開に進仕をすゝめられた處が、子開は「私は仕へて政に從ふ道につては、まだ自分に信ずることが出來ませぬから、今暫く勉學をいたしましてから致したいものです」といつたから、孔子は**其篤學なことを悅ばれた**。

當時の人士の道を學ぶのは、仕へて士大夫となつて、治民の政に從事するのを志としたのである。人情からいへば、一通りの見識が出來れば、出て仕へたいのが普通である。しかし苟も其職に任ずるには、われ自身其學問識見に於て、之を擔當するに足るといふ自信があつて始めて仕へるべきである　いま漆雕子は、夫子が其の才德を充分と見て仕へしめられたのであつても、猶自ら足れりとしないといへば、其人の篤學の程も窺ひ知られる、夫子の悅ばれたのも尤である。此章は教學の部に屬し、**漆雕子の學に篤きを悅ばれたもの**と見ればよい。

朱註に**斯**は此理を指して言つた語と解き、**信**を眞に此の如きを知つて疑なしと說き、心術の微などの論があるが皆な當らぬ樣に思ふ。また家語に漆雕子が仕を樂まぬと述べてあるのも失當である。

**子曰。道不行。乘桴浮于海。從我者其由與。子路聞之喜。子曰。由也好勇過我。無所取材。**

**訓讀**　子曰く、道、行はれず。いかだに乘つて海に浮ばん。我に從はんものは、それ由か。子路、之をきゝて喜ぶ。子曰。由や勇を好むこと我に過ぎたり。材を取る所なし。

**解釋**　品藻の部に入る章であつて、**子路が艱難を與にすべき人**であるといはれたのである。桴は假字で、もと泭と書くのである。筏のこと。「桴に乘つて海に浮ぶ」は物子の解に易に、艱難を涉ることを大川を涉るといつてあるのを引いて、海の涉りにくいことは、大川位ではない。此句は、道の行はれない時世にあつて道を行はうといふのは、誠に難い上にも難い事だ、といふ意味を、微言を以て「道行はれず、桴に乘つて海に浮ばん」といはれたのだと解かれたのが明解といふべきであつて。程子が「天下に賢君なきを傷む」と說き。或は仁齋や淸儒が、東夷の地に行からうと欲したのだ、九夷に居らんと欲せられたのと同意だと說いて居るのは、當らぬ。筏は海をわたるものではない、之を以て浮ばうといふのは、出來ぬことをするのである、即ち道の行はれぬ世に道を行はうといふ氣分である。此の難事にあたつて、**子路は勇決明快なる人であるから共に此の難事に當り得る**、といふので「我に從はんものはそれ由か」といはれたのである。子路が之を聞いて喜んだのも、夫子が已れをば取るべしとされたのを喜んだのである。これは別に義を生ずる要はない。從來子路が夫子の微意を察せずに、眞に渡海の御供が出來ると思つて喜んだのだと說いてあるのは、あやまりであると思ふ。

かくて孔子は「由は勇を好むことが我に過ぎて居る。事の宜しい處を裁度することが出ぬ」即ち、たゞ**狂簡進取であるから氣をつけよ**。と戒められた　**材**は裁と通じ、事を裁度することである。**取裁は裁をする**といふ樣な語意である。禮記の鄭註に裁は制の如し、字或は材に作るなどある。しかしこゝの鄭註に**材は桴の材であると說いてあるのは穩かでない**。また取裁を「取りはかる」と讀ましてあるのは語をなさぬ。一說に材を哉と同じといふのもあるがやはり穩かでない。（三十一講）

## 泊園會十三年度會費收受報告

川合孝太郎氏、幣原　坦氏、佐々木忠兵衛氏
奥田富太郎氏、木村久次郎氏、戸塚　辰松氏
中山　潔氏　笠井　靜司氏、廣田　虎三氏
小寺篤兵衛氏、寺田英一郎氏、中尾國太郎氏
谷内　清巖氏、細田美三郎氏　大野　園山氏
鎌田　春雄氏　全田　直一氏、岡島乙三郎氏
森下　博氏、堀越　壽助氏、鷲田又兵衛氏
住友與五郎氏、田邊英次郎氏、佐藤馬之亟氏
三川　啓明氏、岩崎　深信氏、清海　濤氏
新田　長三氏、近藤　常吉氏、水谷政次郎氏
清水　小鎬氏、赤塚　善助氏、坂本唯三郎氏
多田　貞一氏、水落庄兵衛氏、杉村正太郎氏
黑川　莞爾氏、淸水晋三郎氏、橋本梅三郎氏
俵　孫一氏、渡邊　醇氏、澤　純三氏
山根悅次郎氏、岩田　藤三氏、淺井佐一郎氏
石崎　太郎氏、水田　硯山氏、新田　昌次氏
鷲野甚之助氏、逸見貞次郎氏、吉成　卯三氏
赤尾好太郎氏、米田　如山氏、福田　三次氏
後藤　潤氏、山本國治郎氏、高田仁兵衛氏
吉崎善三郎氏、西田長左衛門氏、片山　太門氏
河田　爲作氏　安田　半圃氏　岡村容二郎氏
中村美登志氏、吉崎　幾藏氏、熊澤猪之助氏
平松　得一氏、仲野　安一氏、平岩照次郎氏
香川　正平氏、松浦高麗三氏、日野谷キクノ氏
藤原忠一郎氏、田宮　恭三氏、（以下次號）

昭和十四年三月五日（日曜日）　泊園　第三十八號　（三）

# 先師東畡先生第七十五周忌祭典擧行

## 祭　文

維昭和十四。龍集己卯。二月初四。正當陰曆戊寅十二月十六日。即王父東畡先生忌辰。而相距七十五星霜。且於其生年。實十二甲子也。追懷緬如。廼與二三子。薄修法筵。孝孫章敢謹告曰

曩者大正癸丑五旬忌辰　先考親事。獻辭懇懃章隨伯也。與奉蘋蘩。于今二紀。世事轉輪。考也伯也。相尋歸天。煢々者章駑鈍獨存。經過年久。思慕情新。諺言日疎。只見月殷。況今　皇道大張。天下歸仁。雖用兵甲。雖發六軍。百姓安堵。商旅不遷。內則邪僻改轍變端。外則頑悖仰德報恩。四海開豁。白日中天。正氣所發。非私家門。猶思　祖考弘道百年。宣揚有力。扶翼尤勤。乃省淵源。豈容逡巡。繼述有務。聿修實難。自顧孤弱。孰依孰攀。聞而知之。庭訓是因。見而知之。幸有遺篇。近者所得。亦其一斑。南海遺珠。的生半攢。砂石一集。牧叔漸傳。學庸周易先師遺文。殿生贈致。近隔兩晨。新添遺躅。步趨可循。欽仰所興。謹奉靈前。噫章二三子服膺拳々。勉焉從事。餘力不殘。同心一志。終始斯文。伏冀慈鑒降照寸丹。

昭和十四年二月四日

孝孫　章　再拜頓首

---

說治人敎人之道者。四子六經也。漢唐諸儒。說而不詳。宋明諸儒。其所說詳。而反害道。何也。以釋。說經故也。唱古義而破之者。伊仁齋也。次之而其所說。正而深。得經旨者。我徂徠物翁也。物翁之說。雖正而時不能無誤。正其誤。而完成之者。實我東畡先生也。東畡先生出　而泗洙之道明矣。泗洙之道明。　而治人敎人之法立焉。嗚呼可謂先生之功也偉矣。予不識先生。予之學於南岳先生也。實在先生之歿後十四年焉。予今七十有七歲。而逢其七十五忌辰。起而拜其靈牌。豈莫感慨之充其臆哉。謹拈香而炷。香烟縷々。滿堂肅然。嗟夫先生。有令孫黃坡君之在焉。請扶黃坡君。明泗洙之道於世矣。謹告

己卯二月初四

笠　井　靜

---

## 東畡先生遺文

### 銘

#### 陣鐘銘

可以進。可以無進。三軍之耳屬于斯。可以鼓。可以無鼓。勝敗之機僅毫絲。

#### 鐵扇銘

堅剛如金。溫柔如紙。大勇之根。在仁風裡。

#### 酒瓢銘

能賢能聖。顏何望哉。屢空屢滿。孰與于回。

#### 退步銘

天道益謙。地道變盈。退步非退。是進所生。

---

## 和　歌

そのかみ祖母と別れたまひし折をしのびて　　敬　子

いとし子を、おもふあまりに、重かりし、みやまひとみに、わすられにけむ

御祭の日にふるき物語をおもひいでて　　同

わかかりし、わ子のためにと、生きましし、つひのわかれの其の日そのつき

因云、東畡先生世を去り給ひし數年前重きみ病にこもり、其の少康を得たる時祖母は急逝せらる門下の方々心痛のうちに訣別せさする事となりしに夫より頓に快くなりまた生きのびたまひぬ。

## 漢　詩

久保郁藏

梵唄聲中列法筵。先賢彷彿寶爐煙。高儒三世家名馥。不負如今孝道傳。

---

## 東畡先生七十五周忌祭典

先師東畡先生御逝去されて茲に七十五年、二月四日は即ち其の正當の日なり。乃ち門人相謀つて師家累代の檀林齡延寺に其の法要を營み恭しく先生の靈を禮れり。

茲日天氣清朗なれども風荒み、流石市井を俯瞰する此所生魂山齡延寺の塋域は寒い。早朝より水淨め花を手向けた墓石苔ふるまゝに刻字の趾のさびたる嚴かにも亦尊し。露けき朝日に映えたる、日頃にも增して嚴肅に、墓石を覆うて、古樹寒雀亦情あるに似たり。

定刻に先立つ一時前より參集の客足漸く繁く或は茶室に或は書院の控に、三々五々相集ひて今更の如く東畡先生の御遺德をしのびまつる心と心の融け合ふ樣は團欒そのもので、記念に贈呈されし先生の遺墨扇面を傾けつ翫しつ君蔭の餘芳に高風を仰ぎ　恰も障子越に射し込む和煦と共に一段の靄氣を加ふ。本堂の左右には泊園書院初め豊田渡邊的場諸氏御祕藏の遺墨を展陳する十五六點、孰れも卓拔なる筆意を拜しては恰も生前の御謦咳に接するものゝ如く、ゆくりなき眼福に皆感激するのみ。

二時頃より金子和尙導師となり幽邃なる鐘音讀經の裡に式典は繰り擴げられ遠く逝けき七十五年の往事今に返へりて、在天の靈親しく茲に在ますが如し。やがて黃坡夫子謹みて靈前に進み祭文を奉讀、次いで門下の耆宿笠井翁門人を代表して又一文を奉る。次で宇田氏獻歌あり。皆掬躬如たり。引續き和尙焚香禮拜すれば黃坡夫子立ちて焚香、藤澤成太。藤澤桓夫、三崎節、中山源次郎、福中竹三郎福田三次、豊田宇左衛門　粟谷喜八、筒井民次郎、植野德太郎、宮崎喜太郎、喜田村桂一郎、諸氏之について燒香、ゆらぐ薰煙堂にたちこめ讀經の音聲に和する、又おごそかなり三時頃漸く五十餘の會衆の燒香も終り次で展墓の儀に移る。慇懃香を手向けて墓前に敬を致し德を慕ひて、坐ろ其場も立ち去り難く、しばし墓誌を打眺めつゝ感涙のむせび來るを禁じ得ず、かくて暮色漸く平かならんとする頃解散せり。（石崎、三原記）

---

書院課表

| 火 | 水 |
|---|---|
| 准南子 | 論語 |
| 三体詩 文章軌範 | |
| 徂徠集 杜甫詩集 | |

| 土 | 日 |
|---|---|
| 唐詩選 | 第一、第三、午前七時ヨリ |
| 午後三時 書經 | 尙德會荀子 |
| | 每月第二四五日曜一日祭日休講 |

熊澤猪之助氏、仲野安一氏、山田突鳳氏、西門孝次郎氏、香川正平氏、高橋秀林氏、吉田萬冶郎氏、神田榮吉氏、松浦高麗三氏、岡村蓉三郎氏

誌社

三原靜美、石崎太郎、岡本勝治郎

會

寺田英一郎、安達龜造

續

## 泊園の憶出

前回に引續き憶出を更に列べて見る、今回は前回に豫告して置いた教科目と教授法に就て記述する。教科目と申しても、今日諸學校で言ふ樣な、教科目でなく、書院に於て學ぶ教科は、是れ悉く漢文で有るのだから、まあ教科書とでも言ひたい。

是は學ぶ人の希望もあり、又其の人の素養及年齡などにも依ることで、書院の方で定めてある順序を、逐うてやられた人も有たが、やらなかつた人もある。そこでかうだと決めていふ譯には行かない。甲生には適してゐるが、乙生には難しく、丙人には容易でも、丁人には高きに過ぐるとか又低きに失するとかで、なか〳〵定めの通りにはやられ難つた樣だ。大人のためには、初學德に入るの門といふ大學があり。才識が有ても少章には小學が適し、又何人にも其の力相應に解る、恰好鐘のやうに之を叩くに小を以てすれば小鳴し、之を叩くに大を以てすれば大に響く論語の樣なものが有るかと思へば、老子莊子の如き一通りの漢學をやりぬき、處世の上からも不惑否知命の齡に成て居らねば、十分味ふことの出來ないものもある。そこで一概に此うだと決めて學ぶといふことは此かく容易には行かないらしい。

又舊藩時代とは異り、今日は小學校は固より、公立私立、男女各教育する所も完全に近いまで設備されてゐるので人は何れも是に通學して勉學するから、餘程特別の人でない限り、昔時の如く漢學の塾に通うて漢學をのみやる人は無い。即ち中學校に在學して居るけれど其の餘暇を特別に學ぶとか、中學は卒業はしたが上級學校には行かない、且つ其の父祖が斯文で修身齊家をして來てゐるので、父祖の意志を受けて、斯學を學ぶとかいふのであるから、一々其の人の希望に依て行るのもあれば、同程度の素養通學時刻も同時だから、之を一緒にして課するといふので、隨て大體決まりと順序は有ても、雜然と、いろ〳〵のものが課されてゐたわけである。經書がある、記傳がある、子類が有る、文集がある、或は書家には書法正傳とか、書家には詠物詩集とか、など。……

書院では、ちやんと一定の順序に據られるので有らうけれど、學んでゐた吾等から見れば、矢張り以上の樣な感じであつた。先に課せられた教科目が畢たから、次は何をやるか夫子の仰せのものをやることもあり、又希望を述べて御願したこともある。而して塾生は何人も、自己の主として講を仰ぐ教材が、一つ若しくは二つ有て、他は他人のものをお接伴に聽くのも有た。自己の主教材に對して、力の入ることは勿論だが、お接伴の教材だとて、又相當の力の籠ることで有た。何分吾等は毎日一定の仕事をして、其餘暇を以て學ぶのであるから、朝講も有りする外はもう一科で十分で有た。それに餘計な傍聽などはもう無理で有たかも知れない。然し當時元氣もあり、何でもといふ知識慾も有たので、此の無理をも貫してやつて來た。

して書院の方で多くの塾生に課せらるゝものを數へ上げて見たら一體一週に何種の教材に成たか。夫子は一々其の教材に對する下調など成さる要は無かつたで有らうけれど、仲々大變なことに御座つたに違ひないと拜される。

偖て今其の教材を與ぐるに當り、是は申す迄もなく、自分を中心として書くのであるが先づ朝の講義から始める。朝講はずつと最初は小學であつた。書物は後援者豊田家に於て差配成さるので、ちやんと何部か備へつけて置かれて有た。そこで聽講者は教科書を持參せずとも事が足つた。これは小學のみではない、以下ずつと朝の講義に課せられた書物は、大抵同じものを十何部か備へ付けて、聽講者の便宜を計つてくれてゐた。唯荀子と韓非子とは豊田家にも藏してゐるのが多く無かつたと見えて　靑木嵩山堂で其の藏して居た板木に依り、新に印刷させて、其れを吾等は購求したのだ、して其の購求するに當り豊田翁の名刺を拜して行くと普通代價の半額にして呉れたので荀子も韓非子も貳圓出したと記憶してゐる。

小學を一ヶ月ばかり聽いてゐたが、一週六日、毎日同じものばかりを聽くのも、聽く方で厭きが來るだらうと思召されたか、南岳先生古稀の御祝の折、參加者一同に賜つた七輯といふものが、此の小學と隔日に課される樣に成た。以來朝講は、いつも難と易とか、經書と子類とかが、ずつと隔日平行に課されてゐた。只今でも朝講は此の形式で隔日に二種のものが課されてゐる。そして朝講は泊園精神、即ち日本精神の涵養を旨としてか、大抵經書か若しくは之に類するものが課された。小學が終てから荀子に成たと記憶してゐる、七輯が畢てから何に成たか記憶はない。當時の日誌か或は書物などを見れば判るで有らうけれど今日手許に其れが無いから見るわけにも行かず又憶出せない。憶出で有るから憶出せないものは記するわけには行かない。然し慥か詩經で荀子と交互隔日に聽講したと覺えてゐる。荀子が畢てからは韓非子に成た。それは書物に記入してゐるので判る。荀子は明治四十五年三月上旬から始めて大正二年極月十六日講義了となり韓非子は大正二年十二月中旬書物を購入大正三年一月八日始講としてあるから、荀子が十二月十六日に終りそれから年末年始で休講して一月八日から韓非子に取掛たものと見える、そして韓非子は大正四年二月二十五日に畢てゐる。韓非子がすむと代て莊子があらはれた。

又一方詩經は大正三年五月十五日に終て居り其の十八日からは田結莊先生の編にかゝる身世準繩が講ぜられた。序に云ふ此の莊子と身世準繩とは莊子は莊子因といふ書で黑表紙の四冊本。身世準繩は新に再板させた淺黃表紙六冊本。何れも後援者豊田宇左衛門様から聽講者中の精勤の者には下された。私等も精勵者の中に認められて有たと見えて拜領者の一人で有る。又二回目に七輯が課された時にも、夫子より帙入三冊本を特に拜したことがある。是等は忘れては成らぬことで憶出中特に憶出さねばならぬことで、此に特に特筆しておく。

身世準繩がすんでから孔子家語、家語がすんでから國語、國語がすんでから左氏傳に成た。一方莊子が終てからは易經に成た。易經がすんで書經に成た。そして左氏傳と書經とが隔日に課されて、經書中の經書が講ぜられて居り左氏傳がすんで論語に成た頃　私は大阪を立ち退くといふことに成て、十二ヶ年の聽講から、暫く離れることに成た。今から考へて見たら、他に轉勤せずと、ずつと此の地に在て、聽けば好かつたと思ふことでもある。

以下次號へ續く

岡本勝

## 痩駄樓漫言

甘菱

時局が進んで新段階の長期建設になつて來たが、愈々さうなると尙更に支那語必要を說く人が出て來た樣である。又モ一ツ大きく出て大陸科設置案などが建議されて來た。大陸科とはどんな內容かよく分らないが、大きいから支那ばかりではないだらう。然し先づ支那が中心で多分其中には支那語必要なも這入つてるだらう。何うせかうなると上は大學から下は中等學校迄支那語を必修と云ふ風になるんだらう。

支那語は必要なもので日支親善が無くとも、我國のお向ふの支那の言葉が不必要と云ふわけはないのである。御近所の言葉が分らないのはそれはいかん事はきまつてゐるのだ。況んや長期建設、日支親善、大陸進出とあつては大必要である。支那語必要は言はでもの事である。その支那語が新支那語學派の言ふ樣に古代語迄含めるならまだしもだが、日常會話の支那語らしいから僕は言ひたいのだ。

專門家の事は別だが、支那の事を我國人に知らしめたいならば僕は支那語の奬勵よりは漢文の方がモツト〳〵必要なんだ。支那へ出て行く人なら知らんが、內地の人に何故に支那語を喧しく云はねばならんのだ。支那を知る爲めに是非讀まねばならん書物が支那語で一體何があるのだ。たどさへ授業時間の限られてゐる中等學校專門學校に讀むものゝない支那語會話を教へて何にならう。

近い所で華文大阪毎日を見給へ、之を教科書にした所も大分有ると聞くが、支那語で書いてある所は我が新聞雜誌でよく知る所で、支那人の寄稿は漢文即ち支那文語が多いのである。支那語を一二年位やつたとて分りはしないものなんだよ。我々の教育に必要なのはこの支那文語なんだ。大陸科が出來てもこの文語が分らなければ何が出來よう。文語は漢文で既に我國では昔から習つてゐる。だから習つてゐる學生諸君もこの事を明白に認識すべきであるんだ。

我國の外國語教育は外國語學校以外は殆んど皆文語なんだ。碌に會話出來るが目的でないんだ。それを支那語丈に喧しいのは時局柄ではあるがそれと教育とを混雜させてはいけない。だから英語文語を少くするならして、支那文語を増せばいゝ。支那口語は別の話である。東大教授にも支那語授業を排斥してゐる人があると聞く。それが本當だ。何とさうだらう。

### 本誌後援 寄附金收受報告（泊園同窓會）

◎常費金壹圓也（昭和十三年度分）各通

東門美津子氏、渡邊醇氏、伊井徹仙氏
尾崎邦藏氏、橋本梅三郎氏、清海清氏
清水小筠氏、田中章之氏、楠正然氏
近藤常吉氏、大西成古氏、岩田藤三氏

◎常費金參圓也（三ヶ年分但シ年度省略）

藤原久太夫氏
鹿田靜七氏、谷口清巖氏、堀越壽助氏

◎常費及寄附。

金七圓也。藤原忠一郎氏
金壹圓也。吉崎幾藏氏
金貳圓也。福永元吉氏、大西作台氏

昭和十四年五月廿五日（木曜日）　泊園　第三十九號（一）

# 泊園

昭和十四年五月廿二日印刷（隔月一回不定期發行）
昭和十四年五月廿五日發行（非賣品）
編輯兼發行人　大阪市南區大寶寺町中之町二番地　的場信太郎
印刷所　大阪市西區新町南通五丁目　林泰進堂
發行所　大阪市南區竹屋町九番地（泊園書院内）　泊園誌社
振替大阪一三八三九（泊園書院）電南六八二七

泊園書院課表
火　淮南子　三體詩　文章軌範　徂徠集　杜甫詩集
水　休
土　唐詩選　午後三時　書經
日　第一、第三、午前七時より　尚德會　荀子　每月一日第二四五日曜　休講

## 教育の精神

教道化育して、人民を至善に止まらしむるは、在上の君子、先達の賢哲の責任の重きものなり。教とは、指示して身を修め、道を踐ましむるなり。道は、先帝陛下の詔旨に、明示を賜はれたる、國體の精華にして、古今中外に差支なく、黃白の人種を問はず、圓顱横目の民は、必ず奉持せざるを得ざる　皇祖　皇宗の遺訓なれば、海内の人々、能く之を奉體して、稍々道德の重きに心を用ひ、外形の實、皮裡の虚、虚の無形なる處にまで注意して、性の善惡、心の清濁、情の邪正、德の公私を論じ、所謂明鏡止水の如き心を、錬磨するの方法まで說き盡せり。今や、精神教育の語は、天下に充滿せり。余は、更に、教育の精神を、說き明かさん。

教育の精神とは何ぞ。安民の二字是れなり。天下の人民を安定し、夭折横死の徒なからしめ、萬國をも平和安康ならしむ。蓋し、孝友和信の四つを平素に一身一家の上に修治して以て　上一人の陛下を奉戴し、忠節を失ふなく義勇を忘れず、金甌の無缺を永世に保護する。此れ離る可からざるの道にして教育の精神此處に在り。若し之を離るれば、人に非ず。其れ人民の生を天地の間に寓する、相資け相輔くるの已む可からざるは、上條處々に其の方法を論ぜり。到頭の處は互に平和安康に一世を樂しみ、百年を猶ほ短しと思ひ、此の人間世界を厭ひ嫌ふの心を生ぜざる樣になることそ、至仁の厚澤なれ。若し誤て貪慾横姿にて父子夫婦の離散し、弱の肉は强の食と云ふに至るは、教育の効なく、精神は消滅せるなり。

斯の道の斯教たるや海外に求むれば、支那の上世に、作者七人と稱せらるゝ、堯、舜、禹、湯、文、武、周公の行なへる所が此れと同一にして、三事中の正德、是れなり。周代の衰運に向ひ、諸侯叛亂する時に、孔子、斯の道を、民間に唱へしが、其の身、士大夫なるも、魯國の政事に參與せらるゝのみ、堯舜を、祖述すと稱するも、天下の民をして、堯舜の民たらしむる能はず。故に唯道と呼び、教と稱す可し。堯舜之道、仲尼之教は猶ほ可なり。儒道儒教と呼び來るは斷じて不是とす。人生の離れ棄つ可からざる斯道なり。堯舜孔子の私しす可きに非るなり。（先夫子南岳先生著醉世九劑の中の一節より抄載）

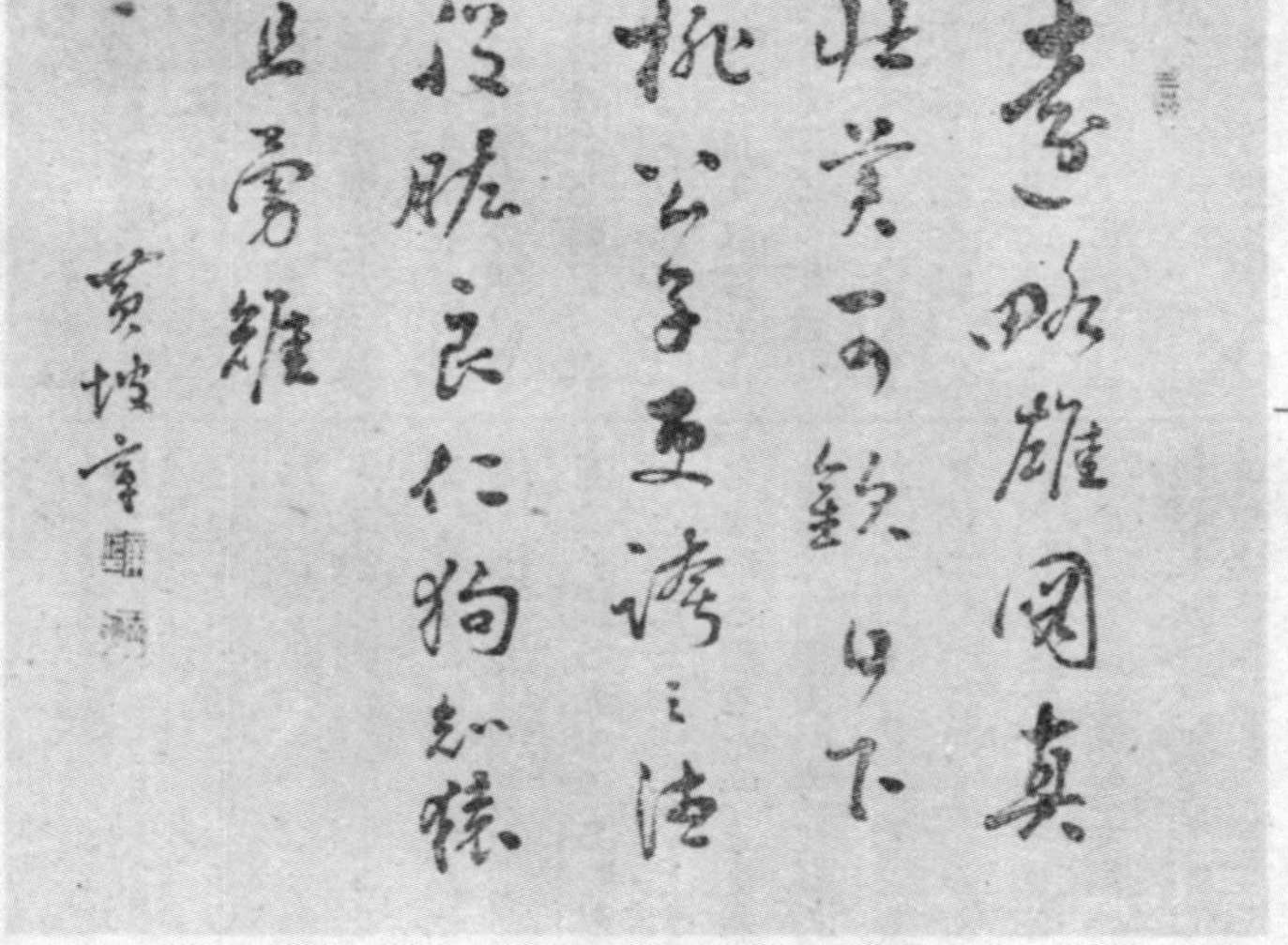

## 說詩樂趣（22）

效尤生

韓定辭はいづこの人か分らぬが、鎭州の王鎔の書記であつて、燕の劉仁恭の處へ使にいつて、客館に居た。仁恭が幕僚の馬郁に接待をさせた、郁が詩を韓に贈つた。

燧林芳艸綿々思。盡日相携歩麗譙。別後嵯峨山上望。羨君時復見王喬。

といふのである。（燧林は燕昭王が西王母と與に遊んだといふ林の名。麗譙は美麗な樓とも用ひ、又戰樓物見やぐらにも用ひる、こゝは後者である。嵯は字典に見えぬ字。王喬は仙人の名）この詩は清麗であるが、もと韓の學術を試みる積である。韓は即席に答へて、

崇霞臺上神仙客。學辨癡龍藝最多。盛德好將銀管述。麗詞堪與雪兒歌。

といつた。座中の人みな妙と稱したが、然し銀筆の譬がわからぬ。他日、郁が銀管雪兒の事を問うた處、韓は昔梁の元帝がまだ湘東王であつた頃、學を好み書を著した。嘗て忠臣義士及び文章の美いものを記錄するに　筆を三種に分けて、金銀で雕飾したものと斑竹を管としたものとあつた。忠孝の全いものは金管を用ひ、德行の精粹な者は銀管、文章の麗贍なるは斑竹管を用ひたから、湘東王の譽が高かつた。また雪兒は李密の愛姬で歌舞を能くした。賓僚の文章の奇麗で其意のかなうたものを見る毎に雪兒に附して音律にあはせて歌はしたと答へた。又癡龍は何處に出しあるかと問へば、洛下に洞穴があつて曾て人の誤つて中に落ちたものがあつたが、宮殿や人物が凡そ九ケ處あるを見、又大羊ありて羊髯に珠があつたのを取つて食うたが、其場所を覺えなかつた、後に張華に問へば華が「これ地仙の九館である。大羊は癡龍と名づける」といつたと答へた。定辭がまた郁に問ふに嵯峨の山は何處にあるかと、郁曰ふ此れ隋郡の事とする所である。何ぞ遊して下問せらるゝかと、これにより兩人相悅服して深く交を結んだといふ。

退之の詩に

百年未滿不得死。且可勤買抛靑春。

とある。國史補にいふ、酒に郢の富水、烏程の若下、滎陽の土窟春、富平の石凍春がある杜子美の詩にも

聞道雲安麴米春

と裴航傳にも松醪春と名づけた酒がある。乃ち唐人の酒に名づけるに春を以てするものが多いことを知つた。抛靑春も必ず酒の名であらうと

## ◉泊園書院記事

**道明寺釋奠**　は第一日曜日例年の如く盛大に行はれたり。

恒例の**舍利寺及齢延寺展墓**　は第二日曜日　黃坡先生、藤澤成太殿初め門人數十名參拜す。

社誌

三原靜美　石崎太郎　岡本勝治郎

會

寺田英一郎　安達龜造

# 論語講義
黄坡先生述

**孟武伯問。子路仁乎。子曰。不知也。又問。子曰。由也。千乘之國。可使治其賦也。不知其仁也。求也何如。子曰。求也。千室之邑。百乘之家。可使爲之宰也。不知其仁也。赤也何如。子曰。赤也。束帶立於朝。可使與賓客言也。不知其仁也。**

**訓讀**　孟武伯問ふ、子路仁なりや、子曰く知らず、又問ふ、子曰く、由や、千乘の國に其賦を治めしむべし、其仁を知らず、求やいかん、子曰く、求や、千室の邑、百乘の家に、之が宰たらしむべし、其仁を知らず、赤やいかん、子曰く、赤や、束帶して朝に立つとき、賓客と言はしむべし、其仁を知らず。

**解釋**　此章は品藻に屬し、三子の所能を語られたものである。魯の卿である孟武伯、名を彘といつた人が、「御門人の子路は仁德の人ですか」と問うた。孔子は「知らず」と答へられた。この前の雍也仁而の章と同じ意で、其實際の德を見ないから、其仁を許されぬのである。重ねて問うたから、「由は千乘の國の兵賦を治めしめることは出來るが、仁は知らぬ」と答へられた。初にもあつた樣に千乘の國は兵車千乘を出す諸侯の國をいふ。賦はこの兵車を出す負擔をいふ。其中には兵政も民事も含んである。つまり侯國の經濟にあたる材があるといはれたのである。次に冉求を問うた。夫子は「戶數千ある邑。兵車百乘の大夫の家に其主管となれる」と答へられた。この邑は公邑私邑の二つあつて、鄭孔の二家共に私邑即ち卿大夫の釆地と說いて居るが、公邑といへば大夫の釆地以外の國の土地であつて、孔子の中都宰、子夏の莒父宰、子賤の單父、子游の武城、は公邑であり、費の宰は季氏の邑、成宰は孟氏の邑、郈宰は叔孫氏の邑といふ類は私邑であると說いて、今舊註の樣では下に百乘の家とあるから、二つ共、大夫の家とすれば、冉有はたゞ私家に事へるのみを許されたことになつて、不備だといふ說が行はれて居る。これは穩當と思はれるのであつて、彙纂には孔說を採つてあるが、今この千室の邑は公の邑といふ說に從ひたい。宰は大小の官に用ひられ、この邑長も家臣も皆宰と稱するのである。次に赤即ち弟子の公西赤字子華を問うた。夫子は「赤は束帶の禮裝して朝に立つ場合に、賓客と應對する上擯の位に當らせることが出來る」と答へられた。この束帶は紳といふ大帶を卷くことで、今擯相といふ、君をたすけて禮を行ふ人は皮弁緇（黑）帶といふ服裝である。朝に立つといふは、朝の位につくことで、もと禮によれば聘とか饗とか色々の儀式は廟とか寢とか朝とか、それ〲の場所で行はれる。こゝに朝とあるのは他を兼ねた詞である　この束帶立於朝は、君が他國の諸侯や卿大夫に會はれる時に、其輔佐介添へをするものを擯とか相とかいつて上儐承儐紹儐などの別がある。而して主として客と語る人は上儐であるから、こゝでは、子華が諸侯の上儐となるに堪へる人だといはれたのである。だから子華が自ら志を語つた章に「宗廟の事如くは會同に小相とならう」といへば　夫子は「赤や之が小たらば孰か之が大たらん」といはれて居る。

　この章の品評は、他の四子の志を言うたのと大體が同じい。以て古人が自個を知つて之に適合する學問を爲し、先生もまた其個性を知つて之を指導したことを見ることが出來る大に學者の自省すべき所であらう

**子謂子貢曰。女與回也孰愈。對曰。賜也何敢望回。回也聞一以知十。賜也聞一以知二。子曰。弗如也。吾與汝弗如也。**

**訓讀**　子、子貢に謂うて曰、女と回といづれかまされる。對て曰、賜や何ぞ敢て回を望まん、回や一を聞いて以て十を知る、賜や一を聞いて以て二を知る。子曰く、如かざるなり。吾も汝とともに如かざるなり。

**解釋**　これも品藻の類であつて、子貢が自ら知つて居ることをほめられた章である。孔子が子貢に向つて「汝と回とは孰がまさつて居らうか」と問はれた。これは突然此樣な問があるのは變であるから、或人は當時に子貢の名が顏淵を凌いで居つたので、孔子が子貢の驕溢の心を起すを恐れて試に問はれたのだらう、といふ說がある。或は然うかも知れぬが。子貢は「私が何として回と比べられませうや」といつた。この望は希望の望で之と等しきを望む意である。また其說明をして「回は一を聞て十を知り、賜は一を聞て二を知る」といつた、即ち數の多少で以て優劣を形容したものであつて、已の數等下つて居ることをいつたのである。そこで孔子も「如かず」と先づ其意に同せられ更に「吾も女と與に如かぬ」といはれた。この語意は　包咸の註に「既に子貢の如かざるを然りとして、また吾と女と倶にしかずといはれたのは蓋し以て子貢を慰める積りだ」とあるので明白である。徂徠翁は「聖人の賢を好むの誠である」と說かれた、即ち子貢の自ら見るの明があつて、矜りがましい心のないのを見て、深く之を喜ばれた語だといふ意である。此句は古書に引いてあるのには「與女倶弗如」と倶字があり、包註にもあるのを見れば、唐までは倶字があつたのであつて、俗本に脫けたものと思はれる。宜しく補ふべきであらう。

　朱註に、一は數の始、十は數の終、二は一の對と說いて、顏淵は始について終を見る、子貢は此に因て彼を知ると述べてあるのは、あまりに意を生じ過ぎてある。また吾與女の與を許と解いて「女のしかざるを許さん」と釋いてある、これは恐らく孔子が自ら弟子に如かずといはるゝわけはないとの考であらうが、却つて騙狹のそしりを免れぬと思はれる。

（三十二講）

## ◎會員消息

常に机を並べて勉強して居る
◎石崎太郎君。
◎三原靜美君。
◎北野春一君。
は五月十三日開催の關西書道展に仲よく入選褒狀。銀賞。銅賞等を得たなほ同展には
◎源元公子女史の揮毫も審査員出品として展觀されて居た。

## 渡邊花仙女史個人展

女史の灑筆や世に既に定評あり、知友にその作品展觀を慫慂せらるゝ事再三、遂に意を決して五月六日當地美術倶樂部に於てこれを公にす、陳展大小百數十點、折柄の好晴に惠れて來觀者多數ありなか〱の盛會なりき。

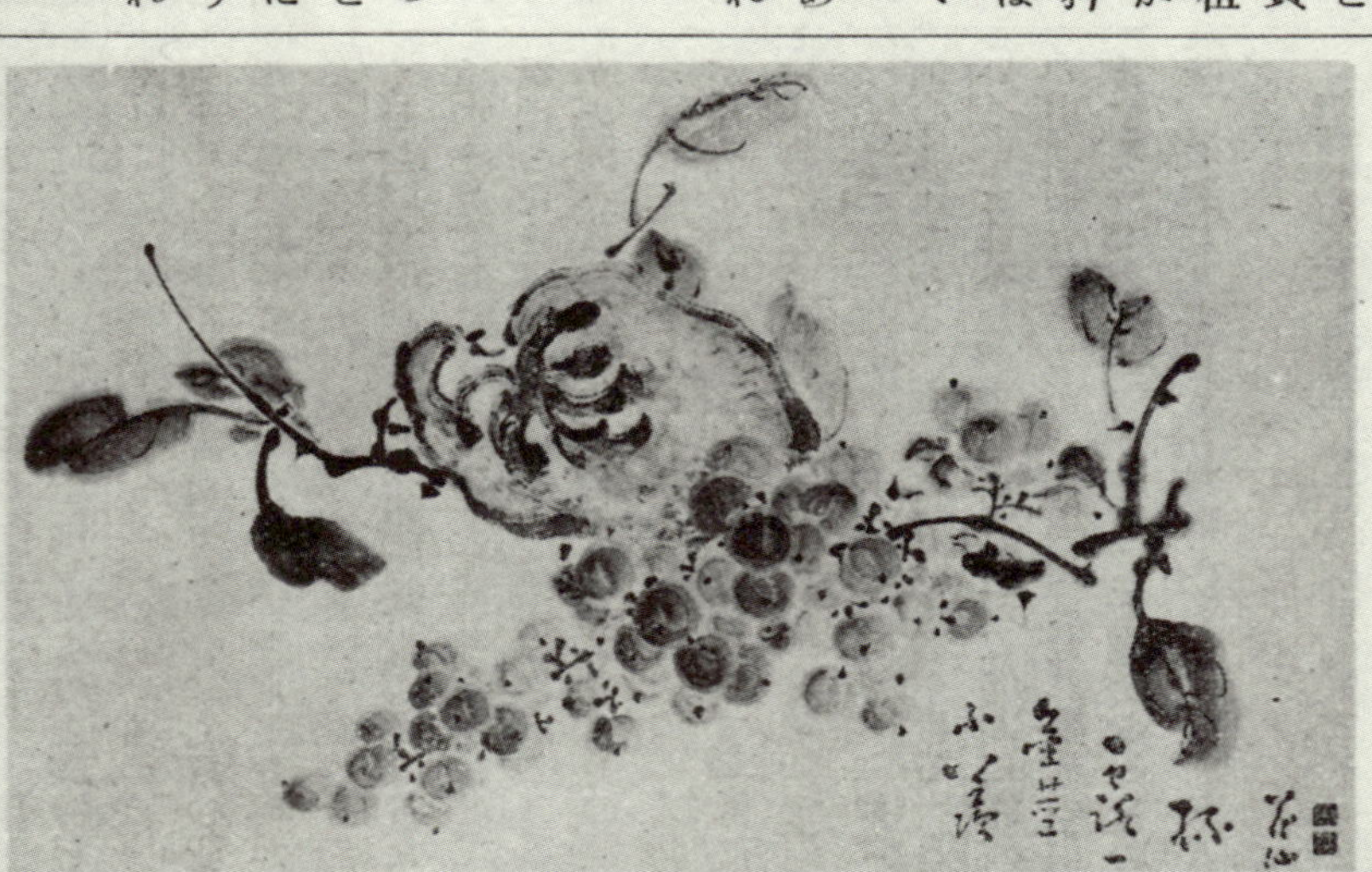

## 本誌後援 寄附金收受報告（泊園同窓會）

一金壹圓也　勝田　五郎氏
殿水　快順氏、岡本由喜三郎氏、小澤　榮子氏、多田てい氏、的場信太郎氏、石崎　太郎氏、穎川　康氏、源元　公子氏
玉置　永彥氏。
常費金參圓也（三ヶ年分但シ年度省略）
井上　善次郎氏、田中　太郎氏。

前號板倉氏トアルハ板原氏ノ誤リニ付訂正シマス。

（以下次號）

一金拾圓也　宮崎喜太郎氏
常費金壹圓也（昭和十三年度分各通）

宮崎　青湖氏、矢崎清心氏。
常費金貳圓也（昭和十三年度分各通）

常費金五圓也（五ケ年分但シ年度省略）
松井　政吉氏、泉　玄澄氏、佐藤馬之丞氏

# 弔渡邊盤山先生

時笑生

活園篠田先生逝き、有香梅見先生、理事長宮崎貞吉翁相續いて物故せられ、我が泊園門下に秋風一抹の蕭寂を感じてゐる折柄、今又盤山渡邊元吉先生の訃に接し、哀愁一入深きものあるを覺える、昨年春余が此の地に歸任するに方り三月十三日、先生を訪れ赴任の旨を告げ又暫く御尊容を拜する譯には行かないから遑乞ひ兼ねて御挨拶に出願せりと御伺候申した。先生は其の時病に臥して居られ面晤は一切謝絕して居られるのだが、けふは幸ひ氣分も輕く又暫く逢へもしないから先づ上れと有て、寢處に通された。日頃お若い貌又御元氣なのに引換へて病の上とは申ながら大分憔悴せられて御座すのを拜した。然しながら快く御逢ひして賜はり、又持參した清酒を口切て余の爲めに前途を祝ひ、種々訓誡をも賜つた。余は再訪を約し復び又御元氣に御恢復遊ばされることを祈り御側を辭去した。六月の初頃三葉の色紙を御郵送下さつた。二は時事、一は余の今回の就任を祝されたが何れも七絕であつた。夏の休に歸京して直ぐ御訪ねすれば好かつたのだが、子供等を連れて海に遊び、そして九月一日にはあの帝都氣象臺開設以來未曾有のあの暴風雨に襲はれ、其の破損の後始末などに忙殺され、第二學期の授業開始に怱々歸任して遂に御訪ねも致さなかつたが神ならぬ身の今は早や幽明處を異にして、復び今生に於ては御尊容を拜することも得なくなつた。憶へば春のあの時が永久の訣れでもあつたし又、最後の御教訓でも有たと特に肝銘する處である。而して紙上にも逸早く御載せも申す可きで有たのだが、記事の都合で後れ〱して漸と御逝去後半年後の五月號に御弔ひすることにした。そして先生に就て何か一筆執らうとしたが、幸ひ日本銀行舊友會誌に先生の御畏友山本榮吉翁が筆にしたものが載て居りましたので、其のものを便宜轉載することにした。其の余輩の拙いものより遙かに立派でもあり且つ先生の御一生を能く穿てゐるからである。

盤山先生（昭和十一年十一月撮）

## 畏友　盤山渡邊元吉翁

翁は本年一月以來、持病の膽石病に惱まされ胃潰瘍併發、一時重態を傳へられたが、奇蹟にも小康を得て、五六月頃には杖を曳いて散策を試みらるゝに至り、家人も一旦ホツト一息せられた樣であつた。七八月頃に至り再發復び病床の人となり、爾來苦痛甚しく食事も喉を通らず、漸く液體の榮養と注射の効により、今日まで持續せられたる有樣であつて眞に視るに忍びざる狀態であつたが、遂に肺炎を起し復び起つ能はざるに至り、十月七日七十四歳を一期として溘焉として此の世を去られた。或る時翁は僕に向てかう云ふ事を言つた。お互に長い間親交を續けて來たが、孰れ一度は死なねばならぬ、順當なれば僕が君より三年の年長であるから僕が先に死するであらう。然らば君は僕の爲めに傳を書け　若し又君不幸にして先立たば君の傳は僕が物せんと、是は四五年以前、双方至極健康の時の事であつた。僕曰く諾。今や遂にその時が來た、僕は此の悲しい約束を果さねばならぬ。

僕沈思默考、筆を手にして往時を追懷す、往時漠々として夢の如く捕捉す可からず、幾度か筆を執り、幾度か筆を抛つ、斯くてもあらねば勇を鼓して復筆を手にし遂になりたるは左の一文なり、素より翁が傳と云ふ程のものに非ず、唯是れ二三の感想を書するに止まる。地下の英靈請ふ恕是。

翁は慶應元年六月鳥取縣日野郡黑坂村に生る、家は代々漢學を以て立ち、鄉黨を教ふ、君は十六歳の時、大阪に出で藤澤南岳師に就き教を受け、十九歳の時、早くも塾頭に擧げらる。廿一歳、京に出て工學博士長谷川芳之助氏に頼る。間もなく氏の紹介に依り廿二歳杉浦天台先生の家塾に入り塾頭を輔佐す、同人社に入學、漢文を教へ西洋の學を學ぶ。廿五歳の頃、栃木中學に招かれ漢文教師となる廿八歳杉浦先生の招に應じて東京に歸り日本中學に入り幹事となり、漢文學を受持つ。卅一歳（明治廿九年）日本中學を辭し、日本銀行に入り、間もなく大阪支店に轉ず。後函館に轉じ、大正九年再び本店に歸り、六十一歳內規の命ずる所により退職、爾來又他に職を求めず、悠々自適　或は詩に親み、經を講じて今日に至る。略して言へば是が翁の履歴である。

翁と僕とは杉浦塾に於ては時を同じうせず唯前に渡邊と云ふ漢學者あり、塾の監督をして居り、唯一兩回、其の顔を見たに止まり、未だ親交と云ふ程では無かつた。深く交り厚く結ぶに至りたるは大阪支店に轉勤してから以後の事である。翁の支店生活は大川町時代から中の島時代に移る時であつた。滔々たる長廣舌、盡くる事なきその快辯は常に座席を壓した形であつた、退行後一時間計り同志相集り御得意の論語の講義を聽いたのも此時であつた。支店勤務は相當永かつたが遂に函館支店文書主任として轉勤を命ぜられ、又此處でも論語を講じた樣に聞いてゐる。翁には到る處論語は附物となつた、論語を講ずるもの必ずしも君丈ではない。子爵澁澤翁も是を說き矢野恒太翁も亦ポケツト論語を著した事は實業界の人として頗る有名であるが、此の二氏に比し輕輩でありながら而も身は錢莊の下僚に居り、是を說く、又頗る珍とせざるを得ない、今若し翁の面前に於て此の言を爲さば翁は嚴として曰はん、澁澤何人ぞ、矢野何人ぞと。唯異る所は彼に金錢の背景ある而已と此の意氣此の操守こそ、翁をして千鈞の重みをなし、惜むらくは錙銖採算の人としては伸びざりし所以も亦玆に在りしやを疑はざるを得ず、僕も講義を聽いた一人であつたが、理路井然として相當手に入つたものであつた。何となれば其の博辯宏辭なる所、又その個性の峻嚴なる所など、孟子の方にその性格の近きものがあつたかと思ふ。又自身一個の修養としては王陽明、良知の說を奉じ知行合一、實踐躬行に非ずんば學問の甲斐なしとも言つて居た。往時經學を講じ一方酒を酤る一世の儒者近江聖人中江藤樹あり、翁の錢莊に一下僚として甘んずるのも蓋し又此類に非ざるなき乎。復た以て自ら慰むるに足らん。

晩年又再び本店に歸り國債一方の主任としてその重責を果したが翁には常に漢文が附物となり、時あれば孔孟を論じ、或は老莊を談じ、其の悶々の情を慰めてゐた樣であつた。翁壯年の頃、詩文は末技なりとして斥けてゐたが、晩年には心境變化し、能く詩を作り、又文も達意の健筆を揮て居たが　何と言ても翁は談論の士であり辯舌の人であつた。其の一度壇上の人と成るや悠揚迫らず、說く所概ね肯綮に當り聽く者をして轉た陶醉の境に入らしむ。又人と論爭を試むるあれば、其の舌端火を吐くが如く鋭く、遂に論敵をして血を見ずんば止まざるの慨あらしむ。故に青年杉浦塾に在るや、時人、之を評して村正の劍なりと言ひしは蓋し適評なり。故に青壯の時には人或は是を敬遠するもの無きやの感ありしは翁の尤も不幸なる處にして又如何ともする事なき處なりし。晩年思想、頗る圓熟し、又昔日の圭角なく善く人と談じ、又婦女子とも閑談するの餘裕あるに至りしも、時已に遲きの感無きに非ず。千里の駿馬も其の處を得ざれば驥足を伸す能はず、却て駑馬の嘲りを受くとは或は翁の如き人の謂か

翁資性誠實、直情徑行、學識あり、詩文を善くし、辯論を好む。往く處として佳ならざるなし、然り而して職を錢莊に奉じ多年不遇に終ると雖も其の操守の堅き、苟も權門に諛る所なく薄俸に甘じ專ら經學を說き子女の教養に勉め以て悠々自適す、又多幸なる人と謂ふ可き乎。

翁二男三女あり、長は文科を出て朝日新聞に入り目下巴里に在りて國際通信事務を主宰し頗る令名あり。次は醫學士にして大學に研究し其の將來を思はしむるものあり、長女は植村海軍中將の息に嫁し、中年にして世を去り、次は春名法學士の室となり、三女は影井工學士に嫁す。各其所を得たりと謂ふ可く而して其孫に至ては十指を以て數ふるに餘りあり。家門の繁榮、同人美望の的となる。翁以て瞑す可き乎。

# 達心志館筆記

大　壺

徂徠先生の「和歌世詁」の有るを知らなかつたと前に書いたが、龜田吟風先生に大に笑はれてしまつた。「和歌世詁」は「なるべし」の尾に附して刊行したものが澤山あるんださうだ。笑はれても知らなかつたんだから致し方もない。因に金谷先生を金谷玉川の事かと想像して見たが、是は徂徠先生の義子金谷先生の事だらう。

また義端上人の遺書を得た。「徂徠文集便覽」十卷である。別に序も跋もない。蓋し徂徠集の文の部の難句故事の註解であるが、古文辭の事であるから典據に重きを置いてあるものだ。「叙江若水詩」に始まり、「四家雋例六則」に終つてゐる。一閱の下未だ十分でない所も見受けられるが、固り病むに足りない。之を得たる事を黃坡先生に誇稱したら、泊園にも有るよと一蹴せられてしまつた。何たる事だ。何でも先づ手近い所をよく見ねばならないんだ。

同時に端本ながら、「徂徠尺牘便覽」五册をも入手した。共八とあるんだから全部は八卷のものである。僕の得たのは三四六七八の五卷である。體裁は前の文集便覽と同じだから同じく徂徠集の注解の續きなんだ。これは泊園文庫に有るか無いか。詳かでないが完本を見るを得たら欠本を補寫して置きたいものだ。

井上哲次郎博士の「日本陽明學派の哲學」の新訂本が富山房百科文庫で出た。大本が手頃の小册となつた便利さもさる事乍ら、老博士が著作の責任を重んじて、種々なる訂正を施されたる事には敬意を拂はざるを得ない。固り隴を得ると蜀を望むの人情で尙ほ多少の增訂をほしくなるが、それは云爲する必要も無からう。これは校正者の責任であるが、附錄の學派系統の中で三宅春樓が三宅石庵の父の如くなつてるのは最もおかしい誤植である原本は誤つてゐないのだから、新訂本から顚倒したのである。眞に後世校正恐るべしと云ふべきものだ。

總生寛は明治初期の儒者であるが、此人の事を初めて教へて貰つたのは西田樗堂君からであつた。其後多少總生氏の著述を閲讀するを得てその學術文章の凡に非ざるを知り、卓絶なる見識を推服してゐる。偶々「三則說教原義」なる一小冊を讀むを得た。開卷の首に曰ふ「說教の大本は敬神愛國の旨を體し、天理人道を明にし、皇上を奉戴して朝旨を遵守せしむるなり」と、敎の三則を說き、進んで之を合せ說きて敬神、愛國、天理、人道の四綱となし、四綱三則を平易に詳細に說明してゐるものである。これを讀むと全然今日の教を說いてゐる樣で驚くの外はない。簡にして要を得、易にして奥を盡してゐる。今日の教もこれ以外にはないと思はれる。最も愉快なのは奥付にも紀元二千五百卅三年發兌とあつて、明治某年としてゐないのである。達識有るに非れば一寸出來ないのだ。此書が今日に忘れられてゐるのは惜しい。益々彼の事蹟を詳かにしたい氣になつてきた。

# 泊園の憶出（續）

岡　本　勝

乃木大將の亡く成られた後、其の愛讀書の中朝事實とか、聖教要錄とかいふ書物が、紙上に喧傳さるるや、朝講が畢てから引續き二十分程の間、聖教要錄が特別に講ぜられたことがある。希望者のためで、書物は同門清海清氏の寄贈にかゝるもので、吾等も其の一部を拜したことである。

書院では朝講がすんでからは、午前中の課材である。時間割を見ると、曜日に由つて異つてゐたが、史記やら、十八史略やら、謝選拾遺、蒙求などが見える。午後に成つたら、小學校は退ける。中學校は退ける。是等學生が陸續とやつて來る。賑はしいことで有つた素讀が有る、講義がある。素讀は、大抵孝經から、大學、中庸、論語、孟子、進んでは春秋、禮記、詩經など迄。後には、吾等も御手傳ひして、極く初歩のものには、素讀を教へたり、又十八史略などの講義を、夫子に代つて上げたことも有つた。

それから夜に成ると、稍々高等と思はれる樣な顏ぶれが見える。隨つて課せられる教材も、其れ相應のもので有つたらしい、尤も曜日に依つて異ふから、毎日同じものとは言へぬが、先づ文章軌範がある。史記がある。戰國策がある。經書もあれば、子類も有る。私の入學した時第一に聽講したのは左氏傳で、前回にも申述べておいた樣に、是は君には少し難かしいが、まあ連れがあるから、是れに仲間入をして、聽いて見よとの仰せを受けて、拜聽してゐたのである。左傳が終つてからは韓非子、それから列子、戰國策、准南子など、前後十年の間には、可なり澤山いろいろなものを學んだ。それから人の御接伴をして聽いたものにも文章軌範、八家文なども有つた。

又第四の日曜には、特に御願ひして、一般公開、何人でも拜聽が出來ることゝして唐詩選、の講義をして戴いた。猶第一と、第三の日曜には、尙德會の講義が有つて、先夫子南岳先生から、孟子、禮記、老子の御講義を拜した。老子が畢りまして易經の講義に掛ることになり、其の準備として、易に關する大要說明の印刷物まで御手傳ひして、謄寫版で印刷もしたのに、遂に之を用ふるに至らなかつたことは、御年の上とは申しながら、門下生一同、悲歎に暮れたことである。

猶月に一度は詩作の會が有つて、之には長老村田又兵衛氏なども、あの巨體を見せて、若い者どもを奬勵して下された事で有つたが何れも詩作活法とか詩作自由とかいふ樣な手頃な書物を捻りまはして、漸と出來上つた詩が、平仄が違つてゐたり、新熟語などを拵へてゐたりして、笑の種を多く播したことでもあつた。

それから教授である。生徒をして、輪番に讀ましめて、講義にかゝられたこともあつたが、大抵夫子御躬から、例のあの好調なる範讀、それから講義にかゝられるのが例であつた。又一週一回か若くは二回輪講といふものがあつて、塾生はこれに仲々力が入つたやうである。交る〳〵輪番に、講義をさせられるから、輪講と言ふので、其の順番は、當夜講義する教材の、第一に出て來る文字の字劃によりて、當てられるか、或は詩作の時に用ふる韻算を、韻筒から拔取り、其の韻字の順により、上平の者からするといふ調子で當夜何人に當るか判らぬので、當るものが定まる迄は、不安に驅られて落着かぬものも見受けられた。一夜に、二三人位當るのが例であつた。

そして此の輪講も數組あつて、最低の組で日本外史の輪講をしてゐたことがあつたが、是には私は夫子より命ぜられて、指導代講の地に立つて覺束ない指導振りをして來たことであつた。今から考へると冷汗を覺ゆることである。

本項は是れ位で筆を擱いて、次には試驗の模樣を記すことゝする。

（十三年十月十九日稿）

# 時事即感

渡邊盤山翁

只省相貌野而麤、不知誰家牧豬奴。以夷制夷計元左。竟見以自滅自愚。何不飜然早改圖、親隣富國是良途、茫茫禹域廣土足、治平成政百姓蘇。何爲剝民養鴟梟。擁兵百萬蠹國烏。遠交近攻無道義、唯事欺瞞點似狐。一朝詐暴計露日、內叛外逼生地無。內治績擧民驩虞。初見文物燦然美。治國豈在弄樗蒱。

自注、晉陶侃取諸佐酒器蒱博具、悉投於江、云樗蒱牧豬奴戲耳。詩慨笑其賭國爲一六勝負也。（昭和十三年九月病中作）

昭和十四年七月十八日（火曜日）　　泊　　園　　第四十號　（一）

昭和十四年七月十五日印刷（隔月一回不定期發行）
昭和十四年七月十八日發行　—（非賣品）—
編輯兼發行人　大阪市南區大寶寺町中之町二番地　的場信太郎
印刷所　大阪市西區新町南通五丁目　林泰進堂
發行所　大阪市南區竹屋町九番地（泊園書院內）　泊園誌社
振替大阪一三八三九（泊園書院）電南六八二七

書院課表

| 火 | 水 |
|---|---|
| 淮南子 | 休 |
| 三体詩　文章軌範 | |
| 禮記　杜甫詩集 | |

| 土 | 日 |
|---|---|
| 唐詩選　午後三時　古詩源 | 第一、第三、午前七時より　尙德會荀子　毎月一日第二四五日曜祭日休講 |

# 誠者天之道也、誠之者人之道也、誠者不勉而中、不思而得、從容中道聖人也、誠之擇善而固執之也

藤澤南岳先生講演

今日は何か皆様に御爲めになる御話をする心算ですが、的がなくては聞く御方も面白くありませんから、只今の演說で無し經書の内の中庸に有る文字であります。文字には關係せずに是を暗記して戴かねばなりません。私の平常の持論は、人の頭と頭との間に無線電信が有つて、腦髓と腦髓との續合ひを爲す者と考へて貫はねばならん。今是れを一場の講話とせずに、私の誠が諸君に通じれば滿足である。諸君が勉強せられる時に、君等と先生との間に一つの精神が通じてゐると記憶が出來るのである。若し聽く人が空々しくて、耳に他の事を聞いたり、心に他の事を思つたりするのは、そちらが惡いので、誠がないのである。故に御自分御自分の心に問はねばならん。それで今校長様からも御話のあつた様に、充分靜かにしてゐなければなりません。心を落付けて覺えて居つて下さい。これから本文に移ります。誠は天の道也、人間の誰でも持つて居なければならぬもので、天より賦與されたものである。天の道は天然と考へねばならん。又御自分の足で歩いて御自分であると思ふてはならん。無いと思ふて居るものでも、精神の作用、腦髓の作用で、凡て御自分の足で歩かれるのである。…誠之者人之道也…：の文字の中之とは耳口鼻を指す。之を誠の所へ動かして行くのは我心即ち志である。天然物を天然に合ふ様に働かして行くのは人爲である。誠者不勉而中不思而得、上は天爲、下は人爲である。…

人間の腦髓の作用で天然に動くものは、皆誠であるものである。…誠之者人之道也…とあれば耳口鼻天然のものである。次の文字の中之とは耳口鼻を指す。之を誠の所へ動かして行くのは我心即ち志である。天然物を天然に合ふ樣に働かして行くのは人爲である。誠者不勉而中、不思而得、上は天爲、下は人爲である。誠は骨を折らずして獨りでに右や左と出來、下手な人が弓を射ると上や下、ちやんと射て的にはづれる。之れは行儀が惡いと云ふ事になる。最も始は骨を折つて爲して居るが、英語を書いても他へ動かしたら劃が違つてゐく、然しもう腹に入ると云ふと勉めないでずん〳〵書いて行ける。折角玉と云ふ字を書いても點を打たないならば人は玉と讀んで呉れぬ。之が不勉して當るのである、勉めて當るのはまだいかぬ、思案しないで中るのが主である。思はずして得るも亦同事である。…：從容中道聖人也…是れは註釋が誤つて本文にあるので前の八字が盡して居るから省かねばならん。孔子様が七十歲以上となると自由自在に行つて居るが、七十歲以上となると自由自在に行つて少しも矩を踰えないと云はれて居る。其下の…誠之者擇善而固執之者也…：である。之を誠にすると、これは善い事を擇ぶ事で、これは善いものと擇ぶ事である。

これは惡いものと、より分けるので結局善を擇び固くまもる事である。今のはほんの本文である。凡て人間の身體の上にあるものを御自分に考へ、これを誠にするは人の働きである。誠は天の賦與、天から與へられたのである。苟も一人前の人間であるものを自暴自棄と云ふ。諸君が惡いこれて自暴自棄な樣な不敬な言葉遣が惡かつたら必ず歸つて來るものかも知れん。（大笑聲）若し此善を擇び先生方に教へて貰つて居るが今は自ら擇び固く守ることが大層難かしい事であるといつてもよい。同じ耳目を使ふにも善惡を考へて見ればよいのである。一日の中で爲る事を見れば御覽、學校では善いが歸つて

みると窮屈でならんから復習した後は遊んで終ひ、善い遊を七八分する人もあるが惡い遊を七八分する人もある。それでは善を爲る事を免はあげられぬ。仁義となると人の爲の道具を良く使ふのであるから、結局御自分の程度で短い此學校に通つて居る間に固く執る事を忘れてはならん…。時々氣が變つて來て、時々人の働が異つて天然物を好きな物も變つて來る。誰でも分陰を惜む事を書いた課事がある。私は先年時計の事を書いた事がある。極端な樣だけれども、其點より分陰と云ふが、まゝあつて時計を買つても止めて居る人がある。今日は左迄の商賣に稽古して止めて居る。大阪で行くから他でも一年生徒に右の商賣として止めて居る。今昨日迄商人だが大分繁昌してゐるが、醫者になると思つて醫學校に行つて居る。學生が醫者になる事は三四年と務めるが、唯三四年を空しく止めて居るのであるからそれも惜しむに途中で止めても何とも無いが、諸君皆出席に陰を惜むのは分陰を惜むべきであるが、例へば支那の項羽が一人の敵なりと學ぶ事に書ても記すに足らず劍は一人の敵なりとて學ばなかつた爲に遂に劉邦に負けたのであります。諸君は姓名を記すに足りと云ふ様なものを捨てゝはならん。

劉邦は三年五年の間に習ひ務めたものであるから、自然に其三年五年を空しく過ごしたものではない。人爲をば此目や耳は天から貰つた天之道である。御自分がよかつて人に使つて行く事が大切である。道が即ち誠を人爲の文字である。世に云ふ老子莊子の道は即ちこれで、今の自由主義であつても私の御獨逸持つて來たのが無論諸君の二字であるが、土産に外國といふ本を記憶する。人爲の下手の支那人が漢譯に然るあの元來英國人の著したもので人爲の事で書いて居る。凡て此の山は良い山であるが、てゐる。松を植ゑ或は杉を植ゑて良い山にしようと、種を下しよう、或は植ゑて能く世話をして見ると、山も手入をせねば相違がある。又手を入れて手入をすれば、他の山と比べて大變な相違がある。村木として賣つて取り除いて世話をしたら、五年は成長しても收入は少ない。又書いてあるが、こんな事は朝起きて顏を洗ひ、腹が減つたら飯を食ふ、こんな事は誰でも小供の時からよく知つてゐる。それで藤澤はこんな話をしたのではよくない。（大笑ひ）と云ふことになるが、人爲といふものはそんなもので、自然に委せると云ふ依賴心を止めてほしい、即ち第一依賴と云ふ事は爲ない様にせねばな

らん。餘り向ふでは天然說が盛である故に此を打破る爲に書いたもので、立派な一冊の本としてある。これが依賴心を打破るに大なる功がある。私に孫があるが、自分の事を甚だ下女に云ひ付けるので常に叱かつてゐる、自分の行を捨てゝ罪を先生にかけて、人に教へる様と自分が惡いから忘れるのだと云ふ。それは教育家に罪があるのでなく、生徒にあるのである。

私は廿三歳から業を繼いで今日迄丁度五十年やつてゐます。人は誤つて教育家と云ふが私は何にも教育家ではない。然し私は親か父から云ふと約九十年程であるが、其中には人物は少ない。三四千ほどのものは人數になる程の世話をしたが、其中頭を擧げてゐる生徒は皆豪傑の望になれることしかない。それ程極端で滿堂の生徒が實際に滿足で重いことは云ふまでもない。昔は校長様は天然以上の天子様に依賴もつて行き、父母に持つて行く、と三世と云ふ事がある。罪を半分は天子様に持つて行き、父母に持つて貫ひたい。大變迷惑であるが、それでは人爲で止めて來ぬ。皆様はこれを誠にするといふのである。德へ人爲が芽をふく時勢、依賴心を止めて貫はねばならぬ。先生が教へるのは三つ、父母が生み、君が養ふ、こといふ三つを私は三寶といふ。そして今の立場に、先生と御ひた様に無線電信を考へてゐる、教室で、又校長様は父母と自分の間に無線電信が始終往來して、又校内で兄弟の間に無線電信が往來してゐる。

自分と兄弟の間に無線電信が往來しゐる。常に恐しい父母に安心させる顏色を見て即ち行を愼み、内に反對にするのも無線電信が付けば人爲であるが、それが取れる程度で、或る時は叱られ、或る時は賞められる。程々に用ふるのが、まことに大切で、時には言ひ違ひもある。きびしく悟りたく、惡いことは取らねばならん。政治家にしても賞罰が無くては天下は治らぬ。行ひを以て見る者を政治家と云ふ。古人のこと方に良い品を、いつも自分ので悟つて貰ふ、のである。人爲の貴さを今の世の品に分らない。唯人は自分の今の誠を分ることが出來ぬ。無線電信の所で容易に解釋が出來る。此誠の二字は後に何か大切な事をもし、今日は人爲の爲めにもつて説く唯依賴心を忘れて捨てるべきである。今はのこざ何事で詳しく、角をも解釋して只一つ此感化があるのは誠に化すのである。人間が見る事で、無線電信の爲めに、皆様にされることを忘れぬ様にせねばならん。

（文責記者にあり委員概略筆記）

右は吉永登君が伊丹中學校の大正四年三月の校友會々報から寫して送られたものである。講演は前年の十一月頃らしい。概略筆記であるが、早速に本紙に轉載して諸賢に貽ることゝした。吉永君には厚く御禮を申上げる。（大壺）

誌社

三原靜美　石崎太郎　岡本勝治郎

會

寺田英一郎　安達龜造

# 論語講義　黄坡先生述

**宰予晝寢、子曰。朽木不可雕也。糞土之牆不可杇也。於予與何誅。子曰。始吾於人也。聽其言而信其行。今吾於人也。聽其言而觀其行。於予與改是。**

**訓讀** 宰予晝いねたり、子曰く、くちたる木はゑるべからず、糞土のかきはぬるべからず、予に於てか何ぞせめん。子曰、始めわが人に於けるや、其言をきいて其行を信ず、今吾が人に於けるや、其言を聽いて其行を觀る、予に於てかこれを改む。

**解釋** これは宰予の行が無いことを戒められた章で、警誘の部類に屬する。宰予は孔門の字子我といふ人であるから、記事の部分である初の句は、當然宰我とあるべきを、宰予と名を記したのは特別の書き方である。晝寢は晝間に寢たのであつて、當時には奇怪な所行である、禮記にも雞鳴に起きて盥漱して衾枕も簟も片附けて仕舞ふとあるから、當時には晝寢は怠慢な氣分からすることだから、孔子が之を戒められたのである。秦漢以後には部屋の隱蔽をしたり、寢牀の便利な今の長椅子の樣なものが出來たりして、晝寢も爲易うなり、遂には世說などにも高士の晝寢に關する逸話なども出來、大體に情態が變つて來た其眼で見ると此章が叱り方が嚴びし過ぎる樣である。從て、之に色々の說が生じ、或は畫は晝の誤であつて、寢に畫いたのだといひ、或は寢は寢室で、晝、寢室に居るは、禮にも戒めてあるので、宰我の此事も或は公言し難い事があるのだ、と說いたのもあるが、皆穩當でないと思はれる。

此の情慢のしわざに對し、夫子は腐朽して居る木は彫刻出來ぬ、糞土のやくざ土の墻はその上塗りが出來ぬ、本質がだめだから、之に巧を施すことが出來ないといはれたのである。人の品行は大事なものである、今行ひが立たぬ人は學問材智何の要がある、所謂心の腐つたものに、手がつけられぬといはれたのである。糞土は新古注とも解がない、然し後來色々に見られてあつて、或は糞を汚穢とし說いて廁の傍の土と解し、或は糞は分で土の崩壞分散せるものと解し、或は糞治即ち草木の肥壞として培ふた土である、新に山野から採つた土はねばいが、一度培養に使つた土は『さくい』といふ解もある。しかし皆他の場所に用ひられた字義と合はぬのである。そこで此糞は塵芥である、禮記に『長者のために糞す』とあつて、掃除することをいつてある、即ち塵芥の意から、之を淸めることをも糞といつたのである。糞土は塵芥や土やの混つて居る土で穢土と同じである、粗惡な土であるから、其樣なわるい土の墻である、だから之に黏土を加へることが出來ぬのである、またこれを糞土では墻としてぬれぬと說いてある注があるが、語氣が違ふ。糞土の字は左傳僖公二十八年に『榮季曰、死して國に利あらば猶ほ或は之をなす、況んや瓊玉をや、是れ糞土なり、而るに以て師を濟すべし』とあり、國語にも『玉帛酒食は猶ほ糞土の如し』とあり、史記貨殖傳に『貴なれば出すこと糞土の如し』とあり、史遷の任安に報じた書に『隱忍して苟も活き、糞土の中に幽せられて辭せず』などあるのを見れば其意も自然に明白であらう。朽字は圬と同で鏝で塗ることである。『予に於てか何ぞ責めん』とは深く宰我を戒められた語で、此の如き人は何事も咎むるに足らぬの意である。與は助字で也と同樣、誅は責と同意。

かくて記者が孔子の他の語を錄して、上文の參考にしたものである。朱注胡氏の子曰の字を衍といふのは穩でなく『一日の言にあらず』といふ方がよいのである。即ち從來はたゞ其言を聽いて美むべき人に對して其行も至つて美なるものと信じて居つたが、宰予に至つて言のみを以て其人を信ずることの誤れることが明になつて、爾來更に其行が、どうであるかを觀察する樣にした、これは予によつてかく改めたのである』といはれた。即ち宰我は言語には優であつても、行には及ばぬことが少くない。といふ意である。

更に此章が論語の記事には弟子に字を用ひてあるに反して、獨り名を用ひてある所から、これを宰我の自筆で他の憲問、牢曰と同樣だと說く說があつて、人の精氣は、勞すれば疲れる、疲れて偃息するに何の不可なる所があらう。孔子が他人は必ずしも咎めないが、獨り宰我を咎められたのは、反て深く宰我に期待する點があるからだ。宰我も自ら之を記して以て警とし、敢て自ら掩はないで反て他の門人の戒とした所に、宰我の宰我たる所がある。といふのである。これは且く別說として附記して置く。

**子曰。吾未見剛者。或對曰。申棖。子曰。棖也慾。焉得剛。**（慾、一に欲に作る、是）

**訓讀** 子曰。吾いまだ剛者を見ずと。或るひと曰く、申棖と。子曰、棖や慾なり、いづくんぞ剛を得んと。

**解釋** これ品藻に屬する章であつて、申棖の剛とするに足らぬことを語られた章である。剛者は、しつかりとてきぱきした人をいふ。この剛の字義は、物子の說が明晰である。曰く、邢昺は質直にして理むる者をいふといひ、朱子は剛は堅強不屈の意といひ、仁齋は寬裕溫柔、道義を以て自ら勝つ者にして而る後に以て眞の剛者といへるといつて居るが。按ずるに、皐陶謨の九德に直而溫、剛而塞、强而義とあるから、直剛强は各々相違がある、又孔子が子路に六言六蔽を語られて、直を好んで學を好まざれば其蔽や絞、勇を好んで學を好まざれば其蔽や亂、剛を好んで學を好まざれば其蔽や狂とある。これ直勇剛各々相違がある。中庸の北方の强、南方の强は勇をいふてある、則ち强は剛勇である、されば直を以て剛を解したのも、强を以て剛を解したのも誤りだ。仁齋の中庸の南方の强を引いたのも誤りだ。大氐勇は怯と對し、力の屈撓せぬのをいひ、强は弱と對し、心の懼れぬをいふ、故に强勇は一類であつて、寬裕溫柔にして道義を以て自ら勝つ者でなくば、强勇の至とするに足らぬ。剛は柔と對し、質の果烈を以て言ふたものである。既に溫柔といへば、剛とは出來ぬではないか。物に辟ふれば、金は剛、木は柔、而して木に强も弱もある、火は剛、水は柔、水は弱に似て實は强である、しかし水を剛とはいへぬ。これ字義が各々當る所がある。直は曲らぬことだから、混同は出來ぬ。と說いてある。即ち剛は、きび／＼しく居る人である。今三德に正直、剛克、柔克とあるが、强克、弱克はない。さて孔子はこの剛者をばまだ見ぬといはれた所、或人が魯人申棖がありますといつた、孔子は『棖は欲がある、なんとして剛であり得やうや』といはれた。欲とはすべて嗜欲の心あるをいふので、單に情欲か、名利の欲とかを限らないのである。即ち欲のある時は、其心が之に牽かれて、てきぱきした事が出來ぬ。その弱點を指摘して孔子は申棖の剛を得ぬことを、語られた。吾人の自省すべきことである、即ち心を治めるには欲の寡いことをよしとするわけである。

## 說詩樂趣（23）　效尤生

鸊鵜（かいつぶり）といふ水鳥が居るが、其膏は刀劍に塗つて、錆止めとなる、爾雅の註に、『膏は劍を玉瑩にす』とある。績英華の詩に

馬銜苜蓿葉。劍瑩鸊鵜膏。

とあるわけである。

宋の眞宗が或る日、大清樓で群臣に宴を賜うた時、忽ち『市店の酒に佳いものがあるか』と問うた、中貴人が『たゞ南仁和酒が佳しい』と答へた處、亟かに詁うて群臣に賜はした。又近臣に『唐の時に酒一升の價はいか程か』と問うた。誰も對へるものがなかつた、時に丁謂が對へて『唐時に酒は每升三十錢であります』と申した、帝は『何によつて知つたか』と問はれた、謂曰ふに『臣嘗て杜甫の詩に

速來相就飲一斗。恰有三百青銅錢

とあるのを誦みました』と、帝大に喜んで『杜甫の詩は一代の史とすべきものだ』といつた、歐陽修が林逋の詩の

草泥行郭索。雲木叫鉤輈

の句を愛して謂へらく『語、新であつて而して屬對が親切である』と、鉤輈は鷓鴣の聲であつて、郭索は蟹の行く貌である。太玄に『蟹の郭索たるは心を用ふること躁なればなり』とある。（古今詩話）

退之の詩に

喚起窓前曙。催歸日未西。無心花裏鳥。更與盡情題。

とあるが、予は少き時に其意が分らなかつた、峽を出でし時、吾年五十八、春曉に偶々此詩を憶ひ、はじめて喚起催歸は二禽であることを悟つた。催歸は子規である。喚起は聲が絡絲（絡緯に同じ）の如く、圓轉淸亮で偏に春曉に鳴く、江南の人は之を喚春鳥と謂ふ。冷齋夜話

天棘は天門冬なり、一に顚棘といふ。王元之

王仲至いふ、老杜の詩に曰、

江蓮搖白扇。天棘舞青絲。

の詩にも

氷肢臥玉腕。天棘舞青絲

とある。天棘は柳であらうと『杜詩も柳である、天門冬は蓮と同じ處に生へぬ』同上

杜甫の詩に

久拚夜鶴如雙鬢。遮莫隣鷄下五更。

とある。遮莫は猶は儘教（さもあらばあれ）といふと同じく、唐人の俚語である。故に當時に

遮莫爾古時五帝。何如我今日三郎。

の句がある。太白の詩に

遮莫枝枝長百尺。不如當代多還往。

遮莫親姻連帝城。不如當代有簪纓。

元微之の詩に

從此罷馳騖　遮莫寸陰斜。

などある。唐詩釋彙

◎本誌援　寄附金收受報告

◎常費。壹圓也（一ヶ年分）

植野德太郎氏　吉永登氏

◇會員消息◇

◎關西大學講師岡本勝治郎氏は今般同大學教

◎辻　政輝（舊名直太郎）氏六月中旬卒去せらる。

（泊園同窓會）

一、金五　圓也。　幣原　坦氏

七　圓也 年度省略）　松本　洪氏

授に任命せらる

◎高垣顯藏氏　五月一日卒去せらる。

# 日本の儒學

石濱純太郎

儒學の我國に傳はつたのは、應神天皇の十六年に百濟の國が王仁博士に論語と千字文とを持たせて來朝させたのが公式に認められる最初である。さうして普通には之を以て我國に文字のある初めともしてゐる。實際此時以後數多の五經博士學者等が相繼いで來朝し、講義をし、文書を作り、記錄を製する樣になつたのだから、王仁の來朝を以て我國儒學傳來の始まりと見て宜しい。然しこの王仁等諸博士の儒學は實は政治學官僚學として輸入されたものであつて、之を研究する者も文官試驗の準備の爲めに修學したのである。固より東洋政治の根幹は德治主義であるから、政治學としての儒學も道德學の意味をも根本的には含有してゐるが、道德學としてはたゞ訓詁學解釋學の研究に止まるので漢唐の訓詁學の相承に過ぎない。だから外來博士から自國出の博士が出る樣になつても同じ情態であつて、たゞ追々と詩文等文學的作品の出來る樣な時になつても儒學としては何等の見るべき進步はなく、平安朝時代を終る迄文官試驗の爲めの學問か、平和時代を飾る文學作品製作の爲めの材料に過ぎなかつた。だから儒學を修めてゐても信仰は佛敎であるのが普通であつた又特に儒學の著述なども殆んどない。然し當時の儒學は政治學としてのみ採用されてゐたとは云へ、其根幹たる道德說が何等の影響をも我國の思想に與へもせず受けもしなかつたのではない。儒學の思想は全體的には我國古來からの傳統思想にはよく適合するものであるから、大體其儘に採用されても大した摩擦反撥を生ぜずに國民思想中に融合されて行つたのである。だから推古天皇の時に攝政聖德太子によつて國家の道德政治の基本原則として發布せられたる憲法十七條に於ても殆んど大半は儒學の原理に依據し給うたのである。蓋し我國の傳統思想が此時に於て儒學を中心として組織化されたのである。又平安朝の有名なる博士菅原道眞は和魂漢才を稱へたと云はれるが、是亦必ずしも外來思想に盲從せず我國獨特の儒學組織に向つてゐた風潮を語つてゐると見ればよい。この時代の有名なる他の學者を擧ぐると次の樣な人々である。南淵請安、高向玄理、吉備眞備、太安麿、三善淸行、菅原文時、大江匡房、淸原賴業。

平安朝の末頃は儒學はたゞ博士家にて訓詁の學が制度の學と共に傳へられてゐるに過ぎなかつたが、北條氏が鎌倉に幕府を開いてからは大江家の廣元が之に從うたのを初めとして、中原親能、三善康信、淸原敎隆など皆博士家の學問を持つて前後相繼いで鎌倉へ行つて政治に關係し、京都の博士家は愈々訓詁に餘命を托してゐた。然し鎌倉の方でも相繼いで來朝歸朝する日支禪僧の輸入する新しい儒學、即ち宋代に盛んであつた程子朱子の哲學的儒學が訓詁學に代つて地位を占める事となつた。鎌倉京都の各五山十刹は鎌倉時代から室町時代にかけての歸化僧及び入宋僧の住居であるから、又新儒學者の養成所であつた。然も五山の僧侶は鎌倉室町幕府の政治外交に參與したから、哲學的儒學は政治學でもあつたので、武家思想の中に浸入して來た。新儒學が博士家の舊儒學に對して朝廷の上で公認されるに至つたのは後醍醐天皇の時の玄惠からであつて、其後禪僧の講ずる新註による經書の解釋は益々流行し、國語で解釋したる抄物が澤山世に行はれる樣になつた。然しその解釋はたゞ朱子派の注釋によつて說明されると云ふ丈であつて新しい研究には到らなかつた。博士派と新注派の論戰の起る事も罕に出來たが、たゞ據る所が古注か新注かと云ふ丈で學問の內容迄は這入らなかつた。然も博士家に於ても時勢に抗するを得ず、淸原家では大學と中庸とは新注を用ゆる事となつて行つた。かゝる間に應仁の大亂以後は諸侯の兵戰が絕えないから、京都五山の寺々も燒かれて靜かに學問講述の所でなくなり、禪僧達はその學問を抱いて諸方に散落するに至つたのでこの戰國時代には却て儒學は邊地の諸侯の間に傳はり保存される樣になつた。中にも桂庵禪師は殆んど儒學專門家で、朱子學を弘めようとした。石見の國で南村梅軒に之を傳へたが、これが後に土佐の南學となると云ふ。次いで九州に入り、肥後の菊池氏、薩摩の島津氏に傳へたが、この島津家の儒學を藤原惺窩が京都に傳へて德川時代儒學の元祖となつたのである。以上の時代に於ける有名なる學者は上述の以外に、北畠親房、一條兼良、淸原業忠及び宣賢の公卿博士、圓月、義堂、岐陽惟肖、桂悟の諸禪師がある。この間關東にて金澤文庫、足利學校は儒書を蒐集し、講習を續けた事は文化の爲めに喜ぶべきであつたが是亦僧侶の手で維持されてゐたのである。

第三期は德川幕府時代である。此間には前代より引續げる朱子學が幕府の官學となり。道德學であると同時に政治學であつた。然し平和の世となつて學問が奬勵されたので、朱子學派以外に明の王陽明の學問を主張するのも出て來た。これに次いで宋の朱子や明の王陽明の學問は孔子孟子の儒學の意味から異つてゐるから、後代の注釋によらず古の經典の意味に復つて儒學を研究しようと云ふ古學派が續出した。山鹿素行や伊藤仁齋がそれである。この兩人から我國で研究した獨特の道德學說が出る樣になつた。これに次いで荻生徂徠が文獻學的なる見地から立てた學派が出來た。この學派は儒學を道德の側よりは政治の方から見、極めて自由なる立場をとるのでこの學派に刺戟されて種々なる學派が立てられるに至つた。井上金峨の折衷學、山本北山の孔子學、片山兼山の山子學、皆川淇園の開物學、吉田篁墩の考據學、三浦梅園の條理學などはその中の有名なものである。その爲め學界は自由になり過ぎて思想上に惡い影響があると云ふので、幕府は官學の朱子學を振興して他の學派を禁ずるに至つた。然しそれも結局は時勢の不安と共に統制を强行するに至らずに終つた。諸學派も獨占的な優位に立ち得る程のものもなく幕府時代が終つた。只幕末には政治運動の理論的背景として水戶藩の學が一世を風靡したが、水戶學は元來大日本史編纂を中心として形成されて來た日本的儒學で、多分に朱子學派の色を持つてゐる。結局は政治運動に捲き込まれて了つた。德川時代の學者は數多いが、各々の項下を參照せよ

明治維新以後は洋學の輸入が施政の中心思想であるから、幕府の官學たる昌平校に舊儒學者が存してゐたが、これが帝國大學となるに及んでは儒學としては認められなくなり、地方に在る諸儒學者の私學も漸く振はず、明治二十三年の敎育勅語は儒學道德が根柢である事を示し賜はつたが、儒學は儒學として存在せず、倫理道德學中に變形して了つた。さうして大學の科目中では支那哲學の名の下に講ぜられるに至つた。蓋し學問が分科化されるに及んでは、單なる儒學と云ふ如き簡單なる名目で之を概括し得られぬからである。明治年間に名有る學者は、元田永孚、秋月種樹、副島種臣、中村正直、西村茂樹、重野安繹、川田剛、三島毅　竹添進一郞、根本通明、藤澤南岳、島田重禮、星野恒、等である。

近年に於ける日本儒學の運動は皇道思想の中に於て復活せんとしてゐるのである。山崎派の朱子學、及び水戶學が之に最も關係が多い。

（私は國際文化振興會から依頼されて、日本漢學史に關する三四の項目を、英文日本百科事彙へ書く事となつた。これはその未定の初稿の一である飜譯定稿となる前に諸賢の叱正を仰がうと思つて本紙に揭載を御願をしたのである。）

## 花仙畫册跋

今玆五月初六。花仙女史之展觀其畫於美術俱樂部也。觀者皆感其品格與筆致。而嘆其一歸本主也難復翫之。乃照影作此册焉。余閒彌勒能分身千百億　未知果有之乎。又記陶穀之書。錄梁葛從周之臨陣也。東西南北　忽焉如神。稱爲分身將。則果有之也。女史亦是乎。余謂彼則以武。此則以文。以武者。人爲之慘焉。以文者。人爲之驩焉。是謂此花仙優於彼葛將乎。盍郁々乎文哉。我從于此矣。（黃坡先生稿）

# 靈松義端上人遺文

## 葛城三十八勝和歌序

吾國風之什、諸選所載、其出於搢紳家者居多、豈徒其爵祿之貴乎哉、蓋其道之所傳在於彼也。以故苟旣得其道者、雖道流逸士耕氓紅女之言、間亦收之、未嘗爲貂狗相續也。和州葛城郡有藤愼夫者、名遠治、號束薪子。居恆以山水文籍自悞、風流與、風流人也。嘗品撰郡內勝景三十有八區、俾郡人池田雅辰圖之、藤二品亞相隨書其品題、洛隱士伊藤子題詩、併序之、其書乃雲竹叟代之。旣而郡人高橋氏宗靜、及宗倫、吉村氏宗昆、相議攢抽之、以獻一言主神殿、永言藏之、實元祿戊寅秋七月念四日、距今凡七十有八年矣。愼夫嘗自題其尾、以其闕搢紳之歌爲憾也。其孫忠平者冒姓出原、爲泉州岡部侯大夫、乃欲繼其祖武、謁沙界如空翁、請爲之歌、翁輒諾之、不日成之、凡三十有八首、具極其趣矣。翁名天然、號常樂庵、嘗受業于烏丸前亞相卜山公、旣升堂矣。夫旣道之所傳出于彼、則是亦搢紳家之言耳、奚其問爵祿之爲大夫、可謂能續其祖志也。予嘉其志而爲之序。嗟爾孝孫、能讃祖志、神其是享、介爾景福、宜爾子孫繩々。安永乙未閏十二月甲寅、墨浦靈松義端撰。

天野みどり

枚方火藥庫爆發の日

書讀める窓のガラスの一震動ひ碎けて緣に飛び散りし音。

もえ初めしはこべの畔をふみゆけばしめり冷たく足袋にしみ入る。

河内より大阪に移りて

二日めの夕べをともす電燈にやや片つきし部屋のあかるさ。

ほの〴〵と明けゆくころを屋根高く聞きにし雲雀今朝も啼くらむ。

つみて來し名知らぬ草の花束は電車の中に置き忘れたり。

初　夏

朝顏の二葉を植ゑつつ伸び出でん蔓と花との位置を思へり。

窓の邊のすだれを透けて姿見に映れる庭のみどりすがしき。

# 讀書後の感想（二）

時　笑　生

孟子と荀子。ともに孔子の學を傳へ、孔子の精神を祖述し、以てあの戰國縱橫策士、百家諸流の中に立て、大に儒學を說いて、人の心を新にし、た後世傳道者の手引に成つた事に於て、大に與て力が有た。若し此の二人が出なかつたら、堯舜禹湯文武の道も、今日の如く、華やかに花を咲かせ實を結び得るに到らなかつたかも知れない。世は澆季、あの混亂した戰國の世に當て諸子百家の說が雜然と起つた中に、大に孔子の道を誦說して、世道人心を未亡の中に維持し得たのは、蓋し天の未だ斯文を喪はしめないもので儒學のために喜ばしい。吾人は此の二人の所說に、耳を傾けるものであるが、又堯舜の道を祖述した孔子の道を、更に祖述擴張した二人を、推稱するに吝ならざるものである。否單に吝ならずといふよりも、進んで推稱贊助するものである。二人の學統を校して見るに、一は曾子に出で一は子夏に受けてゐると、古人は記して有る。

世毫釐千里といふ事がある。岷山より出でたる淸流も、楚國に入ては濁りがまざる、同じく孔子より出でたる儒道に於て、二人の所說に異る點の有るのを發見する。此んなことは世の周知のことで、尊き紙面を汚し、今更私等の駄辯は要がないが、孟子は口を開けば即ち仁義と言ふ。其の開卷第一梁の惠王の章の首に於て『王何曰利、亦有仁義而已矣』と豪語してゐる。其れに引換へ、荀子は徹頭徹尾『禮』を說いてゐる。そして其の『禮論』などは讀んで味あるもので、今日いふ論理學の論法にも叶ふた說を吐いてゐる。此は是れ同じく戰國に出でたりと雖も其の所出に先後がある。孟子は孔子の歿後約百年に生れて、戰國の中頃、荀子は更に後れて孟子よりも亦七十何年、實に戰國の終りに出てゐる。荀子の弟子の李斯が、始皇帝を相けて天下一統の功を爲したといへば、荀子の活躍した時代はすぐ想像がつく。そこで二人の主張する點に斯く一は仁義、一は禮といふに到たのは、素よりその性格にも依ることでも有らうが、周圍の環境に左右されたことが大に因を爲してゐると言へる。

而して等しく大儒で有りながら、孟子は後世非常に尊重せられ、孔子に伍して孔孟ともいはれ、大成殿にも十哲の上に崇められ、その書七篇は宋以後は、啻に四書といはれて重んぜられるのみならず、經書の中にまで加へられて、十三經といふ語まで作爲される樣に成てゐる、之に反して荀子は十哲にも伍する能はざるのみならず、時代に依りては、全く人氣が無い。而してその書も子類に計へられいふほどに人に重んぜられない。是はその人格とその所說に原因も在ることでも有らうが更に大に祟りを爲してゐるのは、性說の善惡によることとで是は十目の見る所、十指の指す所である。即ち孟子の『人之性善也』といふのに對して荀子は『人之性惡、其善者僞也』と說いてゐる、これが禍ひを爲してゐるのだと先覺者はいうてゐる、尤ものことだ。そこで今此で私は性惡性善の說に就て彼れ此れ言ふのではない、其の昔、泊園書院の塾生として此の講義を聽いた當時心に浮んだ淺薄な感想即ち二十數年の昔に立返りその當時の所感今日朧げに在るものを述べるので言はば憶出の一端で、今日の二子の書に對する卑見をいふのではない。

孟子は私は尙德會で、先夫子南岳先生の御講義を拜聽した。每會出席して缺がさず拜聽したのではあるが、梁惠王の開卷第一の章から、盡心下篇の末尾迄、一字剩さず聽いたのではない。先生は書中處々省略されて講義成された。それは、孟子の所說は、我が皇國の精神に、悖る所が有るから、社會人心指導の上から考へると、講義の出來ない所がある。依りて孟子に就ては、今日の世に相應はしく且つ我が國體に相容るる所をのみ、此の講座では講ずるとの、前置きをされての御講義で有た。自分はその時迄、孟子がそんなもので有るのかと云ふことは知らなかつた。其の二三年前谷本博士の新教育と孟子と題する旬日に亘る講演で、孟子崇拜の念の心に在た時で有つたが、先づその蒙を第一に啓いて戴いた譯だ。そして我が泊園書院の精神が何處までも皇國の精神の上より研鑽指導、子弟を薰陶してあると云ふことを知つた。悉く書を信ずれば、書なきに如かずといふ心も、亦之に關聯して悟つた。

荀子は、當時の分院で朝の講義に於て夫子から孜々諄々と、入念に拜聽した。開卷第一の『靑取之於藍。而靑於藍』より最後の堯問篇の『志修德厚、孰謂不賢乎』と、云ふに到るまでずつと聽いた。書物に記してある、月時に依て見れば、明治四拾五壬子春三月上旬より聽き始め、大正二年癸丑極月拾六日講畢とあるので、約二年、廿二ヶ月を要したことがわかる。朝の講義は他の書と交互隔日にするのであるから一週三回、年末年始に一寸休講するだけで、三伏の暑中と雖も、凉しい朝の中の講義は、氣も爽やかに淸々するので休まないから、時間數に換算して、二百五六拾時間掛て聽いたことに成る

偖て、一は尙德會で南岳先生、一は朝講で黃坡先生、一世の鴻儒と碩儒の名講義、吾等愚昧の者の、その講義に於て、一伍一什。聽き漏らさず、聽き得たとは言はれないし、郢書燕說の所が許多あることは免れないが、その蒙を啓いて貰ひ、泊園精神即ち皇國魂をウンと打込んでもらひ、下愚の性、移る可からざるも、愚は愚なりに持ち前の能は能ふ限り薰陶されたことは申す迄もない。今日、人から見れば、あの狂者、不德漢がといふかは知らねど、自分では是れでも陛下の赤子、國家の良民、靑年子弟指導者の一員として身の井蛙なるをも省みず、吾れ出でずんば醉へる世人を醒まさせる者は有るまじなど、自惚れながら瘦腕に力瘤を入れて、日々敎壇上に若き子弟を薰陶しその精神の根柢に確固たる信念を以て、皇國精神を注ぎ込み、大に培ひ養うてゐる心算である。

偖てその荀孟二子に於て、孟子の講義のすんだ時は孟子といふ人は何處まで頭腦の良かつた人だらう、旨いものだな、是でなければ成るまい、人を使役する人も、人を養ふ人も　これでなければ世に立てまい、凡そ人は此の心でこそ二六時中世は太平である、家は平和である　殊に吾等敎育に携てゐる者は、全く此の精神此の考で訓導せねば成らんと大に共鳴させられる所が充分有た

又一方荀子に於ては、その理論に條理の立てゐること、又所說の冴えてゐること、豪放なる論鋒、熟練されたる智能に、矢張り相應感歎する所が有た。併し孟子に湧いた程の血は湧かなかつた。是は二子に各その性格に相異るものが有たからでと思はれる。考へて見ると、當時孟子は情の人、荀子は知の人の樣に思うた。なまじ敎育者の端に加はつて居り心理學の淺端を生齧りに覺えてゐて、孟子は多血質、荀子は膽腋質かなどと自己判斷を下したことでもある。そしてその性善の性惡などといふことは問題にしなかつた。又大して心に重くも見もせず、又見る必要も無いと考へてゐた。

此の項はこれ位で措き次には老子莊子に就て述べる（十三年十月二十二日稿）

昭和十四年九月卅日(土曜日)　泊　園　第四十一號　(一)

| 書院課表 | |
|---|---|
| 火 | 水 |
| 淮南子 | 休 |
| 三體詩 文章軌範 | |
| 禮記 杜甫詩集 | |
| 土 | 日 |
| 唐詩選 | 第一、第三、午前七時ヨリ 尙德會荀子 毎月一日第二四五日曜 祭日 休講 |
| 午後三時 古詩源 | |

# 泊園

## 泊園を盛んにせん!!

昭和十四年九月廿七日印刷(隔月一回不定期發行)
昭和十四年九月三十日發行―(非賣品)―
大阪市南區大寶寺町中之町二番地
編輯兼發行人　的場信太郎
大阪市西區新町南通五丁目
印刷所　林泰進堂
大阪市南區竹屋町九番地(泊園書院內)
發行所　泊園誌社
振替大阪一三八三九(泊園書院)電南六八二七

我等は泊園書院の隆盛を期待するものである。然し我等が我等の泊園書院の隆盛を我等の誇りとしてのみ期待するのでなくして、我等が報國の一分として我等の泊園書院を隆盛ならしめんと期待してゐるのである。然も現下の情態を熟視して三省する時には事は之を現狀維持に任せて置いては世に濟まない様に思はれるのである。

滿洲事變以後、漢學復興は叫ばれ出して來たが、殊に不可思議に思はれるのは、今度の支那事變以後は漢學復興よりは漢學不要論が稱へられてゐる事である。漢學復興が叫ばれてまだ復興どころでない所へこの不要論である。支那大陸に緊密なる關係が生じてゐるに拘はらず、滿洲に關係が出來た時とは變つて不要論となつたのは誠に不可解の話である。滿洲位なら必要で支那本土では不必要とは如何なる理由によるのであらう。出たらめなる漢學復興論だつたのであつたに違ひない。然し滿洲を含める大支那の研究たる漢學が、滿洲では必要で支那では不要などとは考へるだに笑ふべきである。否、過去の支那は要らないので、現代支那が要るのだと云ふ。過去のない現在は無い。過去が現代を生んだのである。過去を知らないで現在が分り樣はない。現在の支那に關係が出來て見たが餘りの無知識さに周章てゝ現在の知識のみを必要と思つたらしい。古い支那を現在だけ見て理解しようとしたつて茫然たる外あるまい。どうやら茫然としてる人々も出て來てる様である。

漢學は我國の學問でもあるが、元來は支那の學問である。支那で數千年の間に築き上げたる學問なのである支那に關係が出來て之を理解するのは漢學による外はない。漢學を中心とせずして將た何によらうとするんだらう。澤山の研究所が彼方此方に出來て、新進氣鋭の諸俊秀が皆支那研究、支那調査を命ぜられてゐるが、彼等の調査資料の大宗は漢籍なのである。漢學不要論は妄人の妄語に過ぎない。然るに有識階級の中にこんな妄人が居るらしい。慨歎すべきである。

漢學を少しは知つてゐる人もある樣だ。そうして大に漢學を論じ儒敎を論じたりしてゐる然し儒敎も漢學も餘り研究した事がないと見えて、變な新解釋や勝手な解說が少くない樣である。これ等は却てほんとの漢學の害になる。況んや之を支那人に押賣りするに於ては或は恐る輕侮をまねきはしないかと。

かゝる情態は時折りに目に觸れ耳に聞えるのである。我等の泊園書院は是等の是正に對しても隆盛にしなければならない義務があると思ふのである。漢學の盛んにならなければならない時代に盛んでないのは、東亞新建設東亞新秩序の稱道せらるゝ今日我國の恥辱である。事は又それは我國の損害である。泊園の諸兄は之を三省して泊園の隆盛を期すべきである。泊園一家の爲めではない。誠に東亞新秩序の爲めである。(白水生)

## 第四十二回泊園同窓會開催通知

一日時　十月十七日午後五時

一會場　高津湯豆腐屋

○會費　金四圓也　常費　金壹圓也

御不參の場合は常費御送金を請ふ

○本欄を以つて御通知に代ふ

○當日竹屋町書院に於ける釋奠終了後右時間を期し開催

○第六回泊園會總會は來る十一月十二日別に開催の豫定

## 說詩樂趣 (24)

效尤生

漢皐詩話に曰へり、『字に顚倒して用ひてよいものがある。羅綺　綺羅の類は、自由に使ふ、たゞ韓退之孟郊の輩は、才豪であるから慷慨、慨慷の語があるが、後人の倣ひ難いものだ』と、僕謂ふに慷慨の二字も祖とする所がある。但だ慷字は多くは平聲として用ひてある。(慷は上聲養韵 また平聲陽韻) 曹孟德の詩に

慨當以慷。憂思難忘。何以解憂。惟有杜康。

とある(杜康は酒の異名) 退之東野の輩は、蓋し之を祖としてあるのだ。たゞ二公のみではない、前後の名士皆な用ひてゐる。岑參の一聯に

蒼然西郊道。握手何慨慷。

と。古人の顚倒して字を用ふるはたゞ慨慷の二字ばかりではない、悽慘を慘悽とし、琴瑟を瑟琴とし、參商を商參とするなど、皆韻に隨て之を叶するのだ。

今人の詩に『未渠央』(にわかにつきず) の字を用ひるのが多いが、往々來處を究めずに、渠字を平聲に用ひてゐる。按ずるに庭燎の詩、夜未央の注に『夜未渠央、渠は其據切、まさに遽と讀むべし、夜未だ遽に盡きざるをいふ』とある。古樂府の王融の三婦艶の詩に

文人且安坐。調絃未遽央。　淵明の詩に

壽老豈渠央。　史記に尉佗の語に

使我居中國。何渠不若漢。

とあるが、班史(漢書)に何遽不若漢とある。益々證據とできるではないか。

世には白樂天の侍兒はたゞ小蠻、樊素だけである様にいふが、予が集中の詩を讀んだ所

菱角執笙簧。谷兒抹琵琶。紅綃信手舞。紫綃隨意歌。

とあつて、自注に菱谷紫紅は皆臧獲(使召)の名とある。して見ればこれも妓である。劉夢得の集に、小樊に贈る詩がある

花面丫頭十三四。春來綽約向人時。終須買得名春草。處々將行步々隨。

とある。注に春草は白君の舞妓なり、とある。樂天の侍姬が本集に言うてないものもあることがわかる。

東坡の詩に

蒼茫瞰奔流。　また愁度奔河蒼茫間。

とある。趙注に『蒼茫の兩字、古人が用ひてゐるのは皆平聲である。しかるに先生は仄聲に用ひてゐる、出所がわからぬ』とあるが。僕の按ずるには、揚雄の校獵賦に鴻濛沆茫とある茫字は音莽である。白樂天の雪詩に

寒銷春蒼茫。　また　野道何蒼茫

みな音上聲と注してある。茫字の仄用は、此に似たものが甚だ多い。

誌社
人
三原靜美
石崎太郎
岡本勝治郎
會窓
寺田英一郎
安達龜造

# 論語講義　黄坡先生述

**子貢曰。我不欲人之加諸我也。吾亦欲無加諸人。子曰。賜也。非爾所及也。**

**訓讀**　子貢曰。われは人のこれを我に加ふるを欲せざるを、われも亦これを人に加ふること無からんと欲すと。子曰。賜やなんぢの及ぶ所にあらずと。

**解釋**　**加**は孔融の註に『陵なり』とあつて、我が心に不快に思ふことを仕向けられる心持ちの字である。今、子貢が、『われが人に仕向けられたくないと思ふことは、我も人に仕向けぬ樣にしたいものだ』といつた。これは恐らく孔子の側に居つて他の門人衆と話し合ふたのであらう。孔子之を耳にせられて、まづ『**賜や**』と呼ばれてから『**お前の出來ることではない、骨が折れるぞ**』といはれた。

論語中の他の場所に、子貢が、一言であつて終身行ふべきことをお尋ねした時に、孔子が恕を以て答へられて、『己れの欲せぬことは人に施すな』と言ひ添へられてゐる。恰もこと同じことである。孔子の教の最も重んぜられることは**仁**であつて、その仁にいたるには**忠恕を其方法**として示されてある。されば御互に自分の心に**省みて**、われの人に望むことを人に仕向け、望ましうないことは人にも仕向けぬ樣にすれば。五の心に不平はない筈で、個人の間柄にも、多數の人々を治めるにも皆之を心得ねばならぬのであつて、つまり**人情に本づいて人に接する**にある『人情は聖人の田なり』といふ理由であつて、中庸や大學にも諄々と說いてあるのである。しかし、所謂言ふは易く行ふは難しで、之を萬般の場合に實行することは容易でないから、『汝の及ぶ所にあらず』といはれた。この語は『談何ぞ容易なる』といふ樣な意で、『しつかりと其身に履行せねばならぬのだから　たやすくは出來ることではないぞ』といふ風に**子貢を激勵勸勉**せられたのである。中庸に、『君子の道四、丘未だ一を能くせず、子に求むる所、以て父に事ふること、未だ能はず云々』とあるのも同樣である。決して子貢を抑へられたのではない、子貢をはげまされたのである。故に**章の主旨**も忠恕を行ふことを勸め勉めしめたものと見るべきであつて、警誘の部類に入る。朱註には之を仁者の事で勉强を待たざる地位であつて子貢の及ばぬことだと說いたのは失欵といふべきである。

**子貢曰。夫子之文章。可得而聞也。夫子之言性與天道。不可得而聞也已矣。**（已矣の二字は皇本に從ふ）

**訓讀**　子貢曰く。夫子の文章は得て而して聞くべきなり。夫子の性と天道とを言ふは得て而して聞くべからざるのみ。

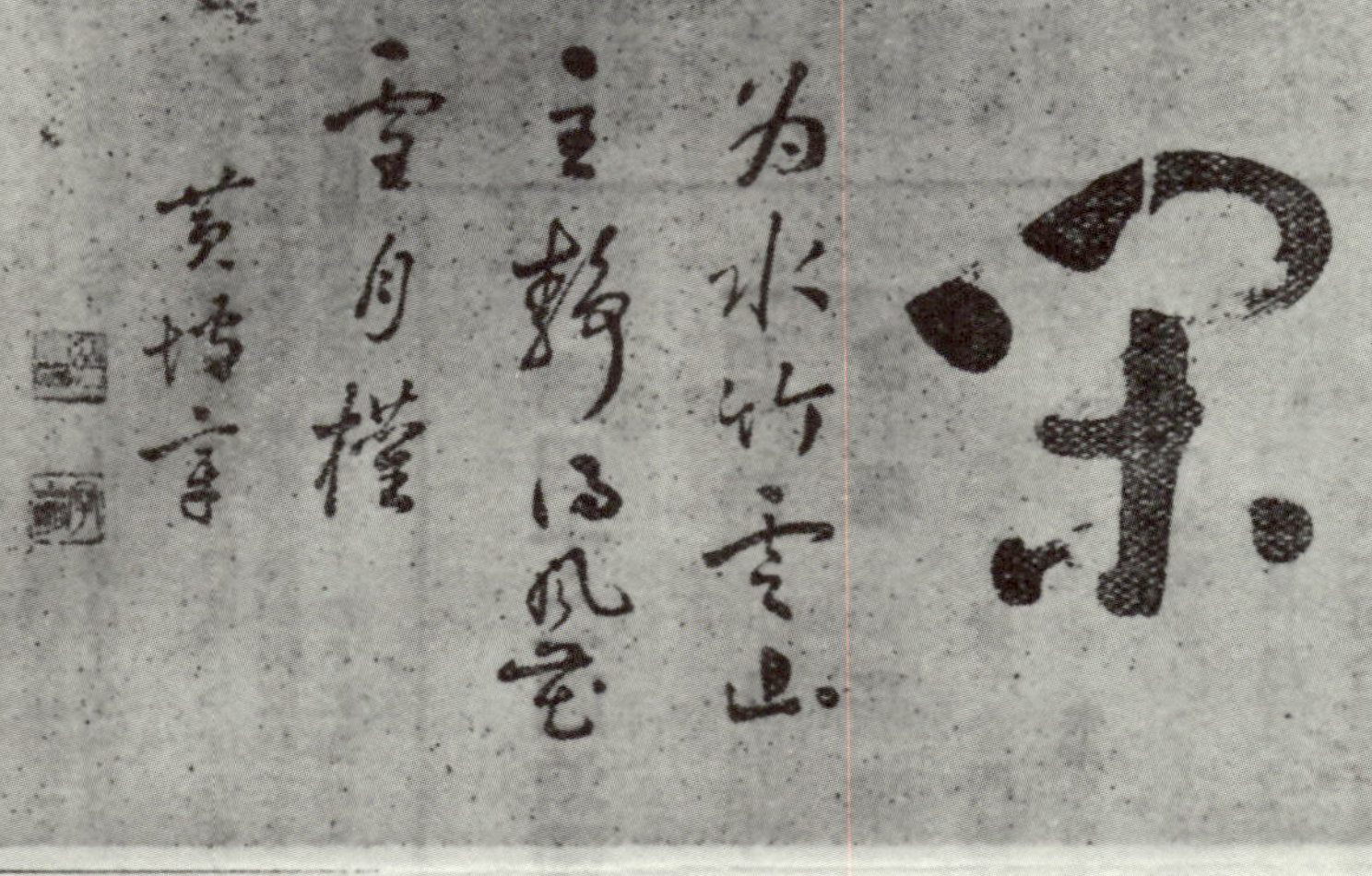


**解釋**　文章は、古註に文彩形質著見云々と說いてあつて、朱注には德の外にあらはるゝもの威儀文辭と說いてあるが、聞字と照し合せて見て穩當でない、徂徠子は禮樂をいふと說かれてゐる。劉寶楠の正義には詩書禮樂を謂ふとある。史記に孔子が詩書禮樂を以て弟子に教ふとあり、博學於文　博我以文の文も同樣である、この二說が穩當である。**性**は人の天より受けて**生れた眞性**。**天道**は何晏の註に元亨日新の道とあつて天地の運行や日月陰陽の盈虚消長の則などといつたものである。孔子の教は**人世の實際**方面について德行であるとか政治であるとかいふ點を以て子弟を導かれるから、文章即ち禮樂教育等の言は常に之を發せられる。性、**天道は空理**であつて實際に指示し得るものでもなく、また適確に効驗を徵し得ることでもない、現に性の說など孟子以後、善惡上下の論が色々に出て居るが、誰も其のいづれが正しいと定め得るものもなく、また善であつても惡であつても、修養學問に何等の交渉がないのである。殆んど無用の辯、不急の察といふものに近い、だから孔子は之に就て語られることがないのである。よつて子貢も『夫子の教は實驗を主とせられる』といふ意でもつて、かく言つたのであるこれを子貢が其性、天道の說を聞くことが出來たから、喜んでかういつたのだと說くのは文外に意を生じたものである。**一體**書物を讀むときに、自分に勝手な想像を加へることは益のないことである。また本文を『夫子の言性と天道と』と讀んであるのは誤讀といふべきである。**教學**の部に入る章である。

**子路有聞。未之能行。唯恐有聞。**

**訓讀**　子路、聞くことあつて未だ之を行ふこと能はざれば、たゞ聞くことあらんことを恐る。

**解釋**　**子路が行に勉めたといふ記事**である即ち前に他から聞いたことをまだ、え、行はずに居る間は、また別に聞くことがあつては兩つ共に行えぬ樣なことになるから、新しく聞かぬ中に早く一善を行ひたいといふのが子路の人がらの**善にいさむ美點**である。門人たちが敬服してこゝに記錄したのである。

**一體**自分が先生などから教へ示された善行は、之を知れば必ず行ふといふ點が大切であつて、**學問は實行にある**のである。荀子も大略篇に『君子の學は　善を留むるなく、問を宿するなし』といつて居つて、善いと思ふことはとめて置かぬ、必ず着手する、問ふべきことを、**其儘**に心に持て居らないで、必ず人に質し、之を明かにして置くと說いてあるが子路の心持ち即ちそれである、**德行部**に入る

**子貢問曰。孔文子何以謂之文也。子曰。敏而好學。不恥下問。是以謂之文也。**

**訓讀**　子貢問うて曰。孔文子は何をもつて之を文といふか。子曰。敏にして而して學を好み、下問を耻ぢず。こゝを以て之を文といふなり。

**解釋**　衞國の大夫**孔圉**　死んで文子と謚せられた。哀公十一年の左傳によれば孔圉は大叔疾が子朝の子を娶つて居るが　子朝が罪を得たといふので之を離緣させて、**自分の娘を**妻とさせたが、疾が先妻の姊を引入れて別宅を與へて居るといふので　之を攻伐せうとしたり、また大叔疾が出奔するに及び、其後を**嗣**いだ弟の遺といふものに、また疾の妻であつた我が娘を妻にさせたりして居る。かかる**亂暴破倫な人**であるに拘らず、**文といふ美い謚**をつけたのは何故であるかと、子貢が疑うて、孔子にお尋ねしたのである。孔子の答へらるゝは『學問を好んで　すばしこく熱心に之を求める人であり、また疑はしいことは我より下つた人物　色々の點で我の下にある人にでも尋ねて、之を恥かしいと思はぬ』この二つは誠に德を進める上に結構なことであるから、これに文といふ謚をしたのだといはれた。こゝの敏字は學問について言うた語と見るべきで『好古敏而以求之』と同樣である。

凡て人は學ぶ、問ふ、といふことによつて自分の進歩上達が出來るのであるといふことは誰もが承知して居るのだが、さて實際に當つて物を尋ねるとなれば、之を恥ぢて、先方の位が卑いとか、年が下だとか、或は才や學が劣つて居るとかいつて、之に問ふことを厭ふものである。いま孔文子は下問を恥ぢないといふので其德の進むことは知れたことである。美い謚もへつらいではないのである。

此章は孔圉の文といへるわけを語られたもので**品藻の部類**に入るものである（三十四講）

## 本誌後援　寄附金收受報告　泊園同窓會

金貳拾圓也。關西吟詩同好會殿
金参圓也。杉村信義氏
金参圓也（十三年度分誌代寄附）佐藤寛九郎氏
金参圓也。（十四年度分誌代）同

## 常費收受報告（泊園同窓會）

一金壹圓也。常費一ヶ年分昭和十三年度分（同十四年度分）岡本英三氏。佐藤寛九郎氏

金貳拾圓也。關西吟詩同好會殿
金五圓也。楠重兵衛氏
金參圓也。（十四年度分誌代）　同
金貳圓也。平岩喜代治氏
一金壹圓也。常費一ヶ年分昭和十三年度分　佐藤寛九郎氏。

# 古學派

石濱純太郎

古學派とは、宋代の程子や朱子の儒學は後世の他の思想、例へば道教や佛教の影響を受けたもので純粹の儒學でないから古の孔子の眞の儒學に復歸しようと云ふ學派である。即ち我國に於て獨自の見地から儒學を研究して、朱子學等の宋代の新學に反對したのである。三派有つて皆說の立て方は異るが、朱子學に反對した事は同じであるから、よく一つにして論ぜられる。

第一の派は山鹿素行によつて創められた。然し第二派の伊藤仁齋とは何れが先きなるやは斷定し難い。兩人相依らずして殆んど同じ頃に新しき見解に到達してゐたものと思はれる。素行は支那の古聖人達の德治主義的政治を理想と見、之を承け繼いだのが孔子の學說であるが、其後眞意が知られず、曾子子思孟子にしても完全でない、宋代の哲學的儒教は原始儒教とは全く變つたものであるから、自ら原始儒教の眞意を說かんとしたのである。又儒教を信ずる諸學者は支那古代を理想と爲し過ぎるが、支那古聖人の道德政治は我國に於ても見られるから、我國人は我國の歷史に於てこの理想を見ねばならぬとした。彼は又彼の儒學說により武士階級の修身方法たる武士道を組織的に說明した。武士道の學術的說明は彼が最初である。彼は一方には山鹿流と稱する兵學の大家であつたから、武士の教養に關して武士道を學術的に解明したのである然し彼の兵學及び武士道は後代迄研究されて相續されて行つたが、彼の儒教の古學は後を承けて發達させたものが無かつた。恐らく彼の後に直ぐ盛行して行つた伊藤荻生等の同じ反朱子學たる古學派の爲めに發達の機會を與へられなかつたのであらう。ずつと後ではあるが吉田松陰は彼を崇拜してゐた。

第二の學派は京都堀河の伊藤仁齋によつて創められたのである。彼は中年になつて朱子學を疑つて自分の學說を立て、孔子孟子の古い元の意義を闡明すると云ふので、自分の私塾を古義堂と名付け、論語古義、孟子古義などの注釋書を書いたから、古義派とも云はれる。彼の學問は同じく孔子孟子の學說を後代の哲學的解釋から離れて古い意義から說明するのであるが、山鹿派の政治的傾向とは違つて道德倫理の根本を解明するのが主眼である從つて哲學的であり倫理學的である。又原始儒教の古義に還るのであるから、儒教の高等批判に於ても卓越した見解を持つてゐた。彼の長男東涯は彼の著書を校訂出板し、彼の學說を普及發達せしめたので、堀河の古義派は非常に擴まつた東涯の弟四人皆學問に長じてゐたが殊に末弟の蘭嵎は經典批判に於て獨特の研究があつた。伊藤家は代々學者相傳へて明治時代迄授業を續けた。仁齋東涯の門人中で著名な人々は、並河天民、中江岷山、奥田三角、原雙桂、原田東岳、等多くあつた。

第三の學派は荻生徂徠によつて創められたのである。彼は伊藤仁齋によつて刺激を受けたものらしい。然し彼の學說は、古聖人の道德政治に於て原始儒教を理解せんとするものであるが、哲學的心理的に研究するを避けて文獻學的に古文學上に根據を求める。そこで自ら古文辭學派と名付けてゐる。彼は殊に文才があつて、その文章を以て自己の學說を主張し、好んで論戰したから世の注目を引いた。又彼は實踐、思惟よりは學問文章を重んじたから、教育方針も極めて自由放任的であつた。そこで門人には各方面の才能ある人々が多數に來り學んで、其學派は他の學派を壓倒して四方に擴張された。徂徠の後は養子の金谷は學問が有つたが、學問文學では共に高弟達を推薦して敢て自ら徂徠の後を稱せず、又徂徠の弟の北溪は校勘の學を以て考證學派の先驅者であつたが、然し兩人の後は振はなかつた。徂徠の高弟には太宰春臺、服部南郭、山縣周南安藤東野、以下幾多の俊才があつて、彼の學說を普及させたが、活潑なる論戰は却て門戶を爭ふの風を生じ、次いで各種各樣の學說出で、學界は一面には盛んであるが、一面には亂れて來た。そこで朱子學を中心にして思想を統一してゐた幕府はその弊害を取締らうとて寛政異學の禁令を出したのである。これが爲めに徂徠派の學は衰退して來たが、却て地方では筑前の龜井南冥、昭陽の父子、大阪の藤澤東畡などによつて盛んになり、その傳統を傳へた。明治以後は僅に大阪の藤澤氏泊園書院が之を存してゐるに過ぎない。

（英文日本百科事彙未定稿）

## 黄坡先生十旬花月帖釋文序

記云。雖有嘉肴。弗食不知其旨也。余之得屬目于十旬花月之帖也。心實醉于此矣。其親戚朋友之情。韻士雅客之懷。與芳野嵐峽之花。東山淡海之月。有靄々乎而薰於人心者也。則栢葉之殺。伊丹之醲。余亦不能禁於食指之動耳。乘興而寫之。遂作此冊。使覩彼者取匙箸于此。而後易於咀嚼。亦欲戒世之不食而品味者耳。而余以同臭味。得留一瓣者。亦藝圃之一得哉

己卯之月

## 達心志館筆記

大壺

唐立庵の『天壤閣甲骨文存』が輔仁大學叢書の一として出刊された。龜甲獸骨の最初の蒐藏者として有名なる王懿榮の遺物たる拓墨三冊中から百有八片を選んで此書を編し、附するに立庵の精密なる考釋を以てしたものである。立庵名は蘭、夙に王靜安先生に其博綜の學を許されたる古文字學者である。その研究論文は學者の推す所となつてゐるが、論文を撰するが單行本は殆んどなかつた。嘗て『古文字學導論』二册を北京大學から出して、その蘊蓄を示したに過ぎなかつた。然し諸學者皆其學術には敬意を表して質正を請うたものである。

本書は僅かに百八片二百五十一字の考釋であるが、精該矜愼は從來の甲骨研究書にも見る希れなるものである。たゞに字の解釋を見る計りでなく、彼の研究方法の如何なるものであるかを詳細に示してくれる。郭鼎堂の創闢に對して彼の博綜は好箇の對照を爲す。古文字の學を爲す者必ず熟讀すべき書である。余は嘗て文求堂店頭にて鼎堂に遇つた時に、今の文字學者中誰が一番好いかと聞いたら、直ちに立庵を擧げて答へたが、好漢は好漢を知る。然し今は兩人共に何處を流浪してゐる事やら　余には知るよすがもない。

## 故南莊河田爲作氏遺稿

憶老友石川君

白玉登樓君在天。光陰如箭既三年。
欲談風月悲無友。寂莫春霄想纏綿。

病中苦吟

痼疾俄然襲老軀。回春何時使憂吾。
盆梅一朶慰心境。唯命托天榮又枯。

# 泊園の憶出（續）

岡本勝

近時一部の學生には試驗全廢論など唱ふるものがあるけれど、試驗は學生に取つては重大なる意義のあるもので、是非とも之を課し行はねばならぬ。中等學校入學に際しての選拔試驗は心身ともに發育盛りの可惜幼稚なる兒童を苦しめることは國民體育の上から考へても宜しくないと眞向から論ぜられてゐるがそれでも矢張り試驗に依て入學を許可すといふことに議論も實際も落着いて居る。又過度の勉强は害ありとして小學校はもとより中等學校に於ても試驗は之を廢して之に代ふるに考査を以てすといふことに成て居るが、『試驗と考査』文字も意義も異てゐるけれど一部の學校を除く大抵の學校で行うてゐる現在の考査は、從前の試驗と別に何の變りはない。身體の發育に害ありといふならば、或は寧ろ從前に行うてゐたやり方の方が好いのでは無いかと思はれる程だ。それで又從前試驗を課さなかつた女學校が此頃頻りに考査考査と言うて名前こそ考査だが試驗を行ふ樣に成たから世は不思議と言はねばならぬ。

中等學校の考査は別として專門學校以上に於ては、試驗は是非とも必要で必ず之を課し行はねばならぬ。若し試驗を全廢でもしたら中には勉强はそつち退けにして、遊んでばかり居るものが出て來ると思ふ。否、中にではない。學生の大部分は、此の仲間に魅せられて仕舞ふ。そこで試驗は是非とも必要だ、現今學生生徒の多くは試驗あるが爲めに、餘儀なく勉强する、否勉强させられると云ふのが多いのに、今若し其の試驗を廢しでもしたらそれこそ學校は遊冶郎の巣窟となり、風儀もここから紊れるといふ結果に成る、即ち試驗は學生を勉强さすと同時に品性を陶冶し、其の期間々々に學び得たことを整理整頓させて其の完識を向上進展させるに與て大に力がある、但し此の試驗を課する方法に至ては或は猶研究考慮する餘地が無いとは言はぬけれど往昔大寶令に定められた學制に就て見ても、試驗はちやんと擧示されてゐる。

我が泊園でも試驗は學則の定むる所に據て時折課された、學則は昭和三年八月發行の泊園第六號に載せられてゐるが之は明治五年文部省に提出したものの控を載せたとあるが、其の後少しく改訂せられて明治十三年制定されたものがある、それによると試驗は『六月十二月の中旬に未見の書を試み昇級證を授く』とある。又毎月月尾、八等以下讀了の書を試み勤惰牌を黜陟す』とある。之に由て之を觀ると試驗を課する意義と方法が明らかに察せられる。

吾々の在院當時は此の學則に據られたものと見えて、時々不意に問題を出されて、答案を提出せしめられ、そして其の都度勤惰牌が黜陟された、吾等は之を月旦などと言うてゐたと記憶に浮ぶ、是は申す迄もなく汝南の許劭が從兄靖と鄕里の人物を批評して毎月其の品題を更定したことに想到しての話である。そこで試驗の有た直後二三日は其の月旦の如何が嬉しいやら憂ひやらで、喜憂交々の裡に數日は過ごされた、人にも由るが一方一定の職を持し、そしてその傍ら餘暇を以て學んで居るといふ惠まれない境遇に置かれてゐた吾々は、春日遲々として學問の進捗も人並には行かないから無理も無かつたが、然し又愉快でも有た。此の次の試驗は何時かなどと待たれる位で有た。

月旦には何級上下といふ處に各自の牌が掲揚黜陟される。今日の學校の何年生といふのと少しく異てゐる、今日の諸學校では一ケ年を以て一學年を示し、一年毎に逐次進級するのであるから、五ケ年を經過して順よく行けばもう卒業といふことに成るのだけれど、我が書院では年次を以て階級の基準としてゐるのでは無くて、學びたい人は五年でも、八年でも、將た十年でも十五年でも、ぢつと勉强してゐるのだから、若し一年毎に進級といふことにしてあれば、十三年も居た人は十三學年とならねば成らぬ譯だが、そこがなか〳〵うまく出來てゐて、下級の方のものは逐次進級もし、又其の進級の速度も速いが、上級に成て來ると、二年も三年も同級に居据わるといふ工合で、或る點迄登つたら、其れから一寸進歩も止まるかと思はれる位捗らない。恰も碁や將棋に於て、最初の中は進歩することが眼にも見えるので、之は天才かなどと自惚れてゐると、もうある點迄進んだら、それから後は一向に進歩の迹が見えないのと同樣で吾等も同級に三年も四年も居据わつてゐて、遂に上達はしなかつたのである。

又其の級の標準の定め方が仲々堂に入てゐて、流石はと首肯される。それを今學則に從て提出掲載して見ると即ち學則第二欵に

一等生、業崇、行修、志立、識定。
二等生、能通一經、兼善文章、
三等生、略通諸子、文章可觀。
四等生、概覽諸集　議論可聽。
五等生、能讀無副墨之書。
六等生、了解意義　小修文辭。
七等生、知諸史一斑、志文藻、
八等生、稍解意義、
九等生、句讀未了。

以上の通りで有るから最初入門の時から一年に一級宛進んで行くとすると九年にして一等生に成られるわけだが、仲々さうは行かぬ、又學問の方にも、然う易々とは許してはくれない。最初の中はどん〳〵進むけれど、最早や四級三級に成ると盤根錯節に遭遇でもした る樣でもう普通の刀では刃が立たぬ、餘程の利刀でなければ裁斷は出來ない、大抵のものが此處らで右往左往する。又時勢も昔とは異り、特別專門にやる人は別だが、大抵四級から三級位迄やつたら、年輩も相當長ずるし、且つ家庭上、處世上、退くといふことに成て二級一級といふに至るには　特別の人で無い限りは、不可能の事で、仲々容易には達しなかつた。現に吾等も十年から學んだが遂に二級が最後で退院した事で有た。（此項未完）

## ◆會員消息◆

◎淺井佐一郎氏より歌集『をりをり草』贈らる。『つぎつぎに晒せる書に見いりけり導き言葉に心ひかれて』等あり、洗毫子も亦をりにふれて氏の風韻を本誌文藝欄に移して諸兄に御紹介するつもり。

◎河田爲作氏　六月下旬逝去さる南莊河田爲作氏は昨秋の同窓會には出席され、健在に見受けられしに今春以來病臥、遂に立たれず、痛嘆至甚なり、氏は我が書院復興に盡力される事多年にして、泊園會理事たり又當地調停委員として功績顯著也。惜しむべし痛惜に不堪、哀悼の意を表す。

◎鷲田又兵衞氏の訃報九月初旬來る。本誌文藝欄に屢玉稿を寄せられたるを思ひ出して なほ鷲田氏は我が泊園に笠井、白藤、鴨居、尾中、細田、淺井諸氏とほゞ同時代に勉學せちれたる先輩。本號にはくしくも今茲七十七歳なほ健在を自祝せられて歌集『をりをり草』を上梓せられたる淺井氏の消息と同時に、鷲田氏の逝去を報ずる小生には眞に感慨無量です『むつまじき友と別れし盃は人に知られぬなさけあふるる』と『をりをり草』に詠まれし淺井氏が此報を讀まれる時胸中や如何と思ふ。因に先輩諸氏に告ぐ洗毫子は諸氏の御消息を本誌に御紹介する勞は決して吝しまない、本誌消息欄がにぎはひ諸氏の御交情が益々あたゝまれる事を常に望んでゐるのです。何卒御遠慮なくどし〳〵御通信下さい。

## 泊園會十三年度會費領收報告

一金參　圓也（各通）

越智　宣哲氏　　神田　榮吉氏
橘　秀一氏　　岡本由喜太郎氏
矢崎　精心氏　　松本　洪氏

昭和十四年十一月八日（水曜日）　泊園　第四十二號　（一）

# 泊園

昭和十四年十一月五日印刷（隔月一回不定期發行）
昭和十四年十一月八日發行　（非賣品）
編輯兼發行人　大阪市南區大寶寺町中之町二番地　的場信太郎
印刷所　大阪市西區新町南通五丁目　林泰進堂
發行所　大阪市南區竹屋町九番地（泊園書院內）　泊園誌社
振替大阪一三八三九（泊園書院）電南六八二七

書院課表

火：准南子／三体詩　文章軌範／禮記　杜甫詩集
水：休
土：唐詩選／午後三時　古詩源
日：第一、第三、午前七時ヨリ　尙德會荀子
每月一日　第二四五日曜　祭日　休講

## 再興の釋奠について

甘菱

久しく竹屋町泊園書院に擧行されてゐた釋奠の儀が今秋を以て再興されたのは吾等泊園有緣の後生にとつては大なる喜びであつた。豐田家の御都合による書院改築の爲めであつたとは云へ、思出多き釋奠が中止され、或は永久に廢止されるんではなからうかと、心ひそかに懼れてもゐたのであつた。然しそれは杞憂に過ぎなかつた。大阪文教の爲めには傳統的に盡されてゐた豐田家はこの釋奠の儀の荒廢せるを心にしてゐられ、今秋の再興決行を慫慂せられたのは、泊園書院にとつても、豐田家にとつても、將た又大阪にとつても誠に意義深き事であつた。我等の感謝に堪えざる所である。

釋奠とは孔子祭の意であるが、たゞ單なる孔子記念祭ではない。孔子の教は異國に出でたる一の教ではあるが我が皇道に合したる天下の公教であつて、萬世の法とすべきものである。よつて我國に於ても歷世上下この儀を修め行ひ、報本反始之が崇敬を致して、道德の根幹をこゝに置くのであつた。國家の盛衰、世道の振否も此儀の興廢に於て觀得るのである。時は聖戰の際、雍々間雅の祭祀は誠に皇威の照れるに隨つて意義が深い。

大阪は商賈の地であるが昔は道に志有るの人が多かつた。家塾私人の先聖先師の祭祀も催された。現に嘗て質商組合樓上に奉祀した聖像が傳存されてゐる。この聖像は今に再祀の機運に會せられないのは遺憾である。我等が奉祀する豐田家の聖像は豐田家先代來大阪に於て奉祀せらるゝ唯一であらう。我等は之に倣つて彼をも奉祀せらるゝに至らん事世道人心の爲めに希望に堪えない。

尙ほ一歩を進めて言ひたい。それは我等の聖像をして尙ほ有意義ならしむる爲め聖廟が設けらるゝに至らん事である。豐田家有緣の地島の內區內に聖廟あつて、こゝに先聖を祀りこゝに聖經を講じたならば、風を移し俗を易へ、一鄕靡然として善美の國本に培ひ、延きては全市に及ぶこと必至であらう。風俗に關しては匹夫匹婦も責に任ずべし。中心の無い勢堂道場などの情態に省みて有志の人は心をこゝに致されたいものと思ふ。

我等泊園有緣の人々は春は道明寺の秋は竹屋町の兩度の釋奠に參拜するの好機に惠まれてゐる。この喜びを一般の心有る人にも頒ち、又諸方にもかゝる喜びを持たしむるに至りたい圖らず再興の釋奠の儀に列するを得て聊か所感を述ぶる次第である。

## 講演會開催（參聽隨意）

一日時　十一月十二日午後壹時半
一場所　金蘭會館（市電大手前赤十字社西入）
講師　中部防衛司令部附　大賀中佐殿
　　　高校教授　西田長左衛門先生
　　　泊園書院主　藤澤黃坡先生

主催　泊園書院　泊園會

## 說詩樂趣（25）

效尤生

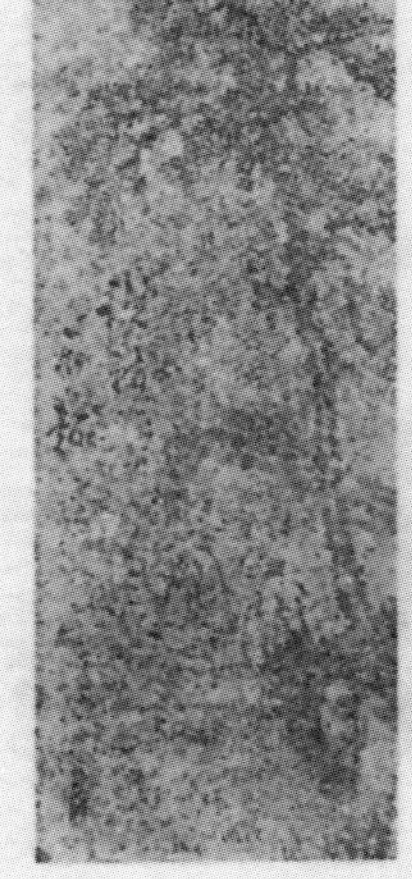

孏眞子が杜牧之の詩の

千秋佳節名空在。承露絲囊世已無。

を讀み、「漢は金盤を以て露をうけたが、唐は絲囊を以て露を承け得たらうか」といつて居るが、僕の謂ふに孏眞子の考が足らぬのである。華山記に、鄧紹が八月の曉に華山に入つて童子が五綵の囊を執つて、柏葉の露を盛つて食て居るのを見た。と記してある。此事は漢の武帝より以前だから武帝が其地に望仙等の宮觀を作つたのである。又梁文帝の眼明賦の序に、俗の婦人は八月旦に多くは錦翠珠寶を以て眼明囊を作り、因て晨を凌いで目を拭ふといへり。唐人が千秋節に絲囊を以て露を盛るのも亦、其舊によつたのである。正に八月初の故事である。野客叢書

召溪漁隱は周侍郞の詞に「浮萍破處、簷花簾影顚倒」（水面の浮萍のすきまに簷花や簾影が倒に映る）とある簷花の二字は、杜少陵の燈前細花簷花落（醉時歌）の字を用ひてあるが、全く出處の意と合はぬ。といつて居るのだが、僕謂ふに簷花落の三字はもと出た所がある。邱遲（梁人）の詩に

共取落簷花。

とあり。何遜（梁人字仲言）の句に

燕子戲還飛。簷花落枕前。

とある。少陵は此語を用ひたのである。漁隱が「出處と合はぬ」といつたのは、見た所に膠してゐるといへる。大抵詞人の古事を用ふるのは、圓轉して深く出處に泥まない。其紐合の巧は一時の自然の趣に出るのである。

世には率ね板輿を以て母親を奉ずる事とする樂天の詩の如き、

朱幡四從板輿行。（岑參の句、榮祿上及親。之官隨板輿。）

は潘安仁（名岳晉人）の閑居賦の「太夫人乃御板輿」の意を取つたのだが。もと三公が老を告げた時に板輿で殿に上ることを許されること傳祗（晉人）の樣なものがあつた。これ專ら母を奉ずるをいふのみでないと知らぬのだ。

東坡の詩に

歸來笛聲滿山谷。明月正照金巨羅。

とある。北史に祖珽が神武（齊の高歡）の金巨羅を盜んだとある、即ち酒器である（酒巵のこと）

韓子蒼（宋人名は駒）の詩にも「勸我春風金巨羅」とある。以下知遇に關するものを交ぜる。

梁の昭明太子蕭統が文學の士を愛した。玄圃に遊宴したる時、太子は獨り王筠の袖を執り、劉孝綽の肩を撫して曰く、

左把浮丘袖。右拍洪崖肩。

といふものだと。其重ぜられたこと此の如きものである。浮丘伯は孫卿の門人で楚元王、穆生等に詩を授けた人。洪崖は古の仙人である。

梁の天監（武帝年號）中に張率が司徒の官であつた詔して古の婦人の事を撰錄せしめて、寫して後宮に給うた。率之を取り假つて東に歸つた。論者が世に傲るといふてそしつたから。率懼れて、待詔賦を作つて之を奏した。武帝甚だ稱賞して、答へて曰く

相如工而不敏。枚皐速而不工。卿可謂兼二子於金馬矣

金馬門は士の待詔を得たものゝ居る處。又宴に侍して詩を賦したが、帝、別に率に詩を賜うて曰。

東南有才子。故能服官政。余雖慙古昔。得人今爲盛。

誌社
三原靜美
石崎太郎
岡本勝治郎
會
寺田英一郎
安達龜造

# 論語講義　黄坡先生述

**子謂子産。有君子之道四焉。其行己也恭。其事上也敬。其養民也惠。其使民也義。**

**訓讀**　子、子産をのたまふ、君子の道、四あり。その己を行ふや恭。その上に事ふるや敬。其民を養ふや惠　其民を使ふや義。

**解釋**　**子産の賢をほめられた品藻の章である。子産**は鄭の大夫公孫僑の字である。この人は春秋の襄公三十年に國政を執ることになつて以來四十年餘り、内外の政績あつて、當時、鄭の南北に晉楚二大國があつて互に勢を競ひ、鄭が必爭の地であつたに拘らず、よく禮を以て之に應接して、二國の兵をうけなかつた。また内にもよく下を治めて、其死んだ時に孔子は「古の遺愛なり」といつて涕を流されたといふ人であつて、春秋間有數の政治家である。今此人は**君子の道が四**つあるといはれた。即ち其己れの行が恭であるのが一、恭とは倨傲の反對で、自ら高ぶつて人を輕しめないことである、己の位や賢を負んで人を見下げることをしない、隨つて愼み深い處が出來る。此字義を或は謙遜と說き、或は恭は容貌を主とし敬は心を主とすると說きなどしたのは當らぬことが多い。敬は他を重じ大切に思ふて尊ぶ意である。恭は我より出るものであるが、敬は他の物に對してわが敬を行ふのである、神を敬し、君を敬し、事を敬し、身を敬するなど用ひられてあるのを見て明らかであらう。そこで子産が上に對して敬を以て事へたと稱せられ。又其民を養ふに惠を以てし、民を使ふに義を以てし、實に**治者の道**を得て居ると美められた。これは今日では左傳が最もくはしい當時の記錄だから、これによつて子産の行爲を見れば、此章の意をうかがはれるのである。

徂徠子の徵に襄公三十一年の左傳を引いて鄭人が鄉校に游んで執政を非議したから、然明が「鄉校を毀つがよからう」といつた、子産は「いらぬことだ、夫れ人々が朝夕に退いてこゝに游んで、執政のよしあしを批評するのであつて、其善いとすることは吾之を行ひ、其惡しとすることは吾之を改むる樣にすれば、これ吾が師である。いかでか之を毀たうや」といつた。これ**其恭**を見られる。又二十六年に鄭伯が陳に攻入つた戰功を賞して、首將の子展を享し、之に先路三命の服を賜うて、八邑の賞に先んじ。（本賞に先だち、まづ之を與へてしるしとするのを先んずといふ）次將子産に次路再命の服を與へて六邑に先じた。子産は邑を辭して「上卿より以下、兩つづゝで下るのが禮です、私は四番目の位であり、且つ此度の戰は子展の功でありますから私は賞典に與るべきではありません、邑は御辭退申します」といつた。公は固く之を與へられた、遂に三邑を受けた。これ**其敬**を知ることができる。又三十年の傳に、子産の政に從ふこと一年の頃に、衆人が「我が衣冠を取つて之を褚にし（分を踰へた衣冠を用ゐさせぬ、節制を加へたことを怨むのである）我が田疇を取つて之を伍にす。孰か子産を殺さん吾それ之に與せん」と歌つたが、三年の後には又「我に子弟あり子産之を誨ふ、我に田疇あり子産之を殖す、子産にして死せば、誰かそれ之に嗣がん」と喜んだ記事がある、これ**其惠と義**とが見られると述べて居られるが。

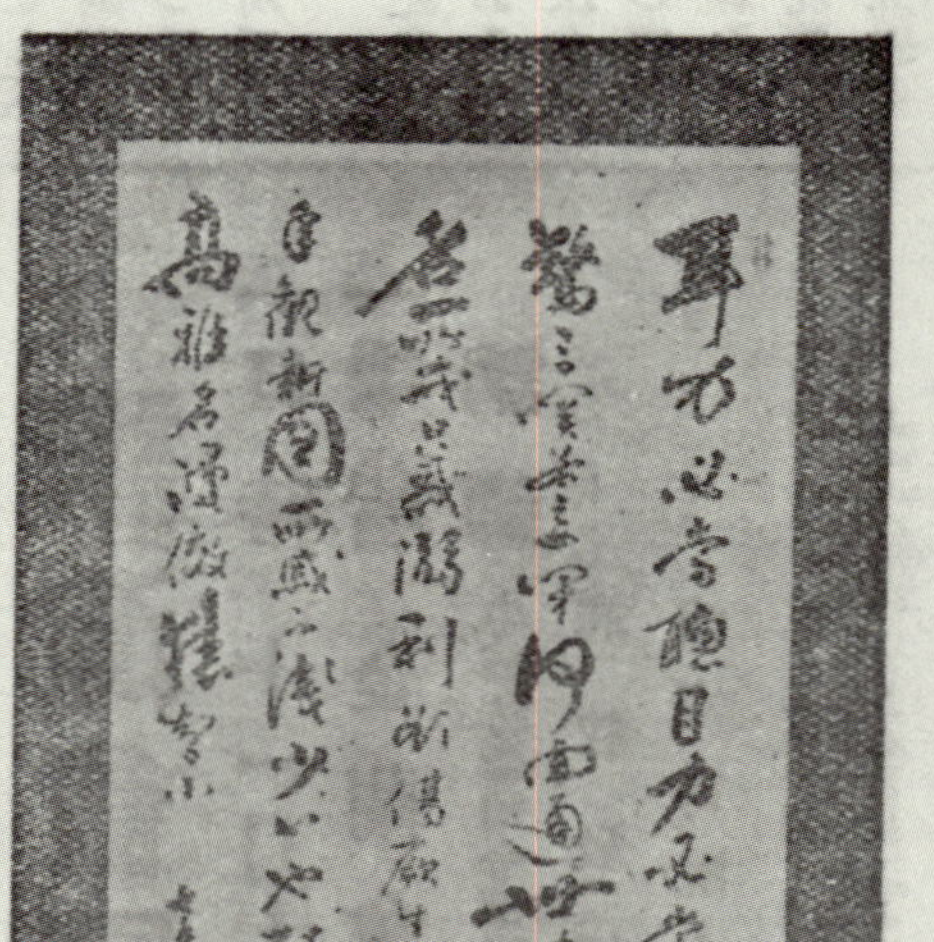

一端を伺はれる。**君子の道四**は子産の人と爲りのよいことを擧げ、先づ其四を名目した語である。集註の吳氏の說に「其事を數へて責めた場合は其善方が多いのである、臧文仲不仁者三不知者三がこれだ、其事を數へて稱めた場合は、猶ほ未だ至らぬことであるのだ、子産有君子之道四がそれだ。」といふ說が載せてあるが、これは穿ちすぎた語である。易に君子の道四あり繫辭、君子の道四中庸回は君子の道四あり家語これ皆其尤もすぐれた點を擧げたもので、其餘をかねたのである。

**子曰。晏平仲善與人交。久而人敬之。**

**訓讀**　子曰。晏平仲、よく人と交る。久しうして而して人之を敬す。

**解釋**　是も品藻の部類で、**晏子の善交をほめられたのである。晏平仲**とは齊の景公の頃の賢大夫晏嬰であつて。其人が**人と交るのに道を得て居る、即ち久しく交つて居る人が益々晏子を敬ふ**といふ點が其善交のしるしだといはれた。一體人は交際が久しいと自然に狎れ合ふて其間に時には輕侮を生じ來るものである。今久しう交つて人の敬を失はぬといふことは、己れが敦厚の情のかはらぬ所があつて人に信ぜられて居なければ出來ぬことであつて中々難かしいのである。今春秋の傳によつて見るに當時齊の朝には崔慶、陳、鮑などの大家が互に權を爭うて居り、紛亂の絕え間がないが、しかし晏子には皆の者が敬意を以てして、だれも之を侵すものがなかつた。これをこゝの證と出來る。

魏叔子が君子は人に愛せらるるよりは、敬せられる樣でありたい。愛して敬せぬ者は愛が終に衰へる、敬によつて愛を生ずる者は、愛に窮りがないといつて居る。

此章は孔子が舊知の晏子について偶々其一善を述べて之をほめられ、人の手本を示されたのである。これを以て晏子を概評したのではない、前の子産の章とは異つてある。此の久而人愛之の句は邢昺本には**人の字がない**鄭朱の註本はこれによつて晏子が久交を敬すると說いてある。皇侃本、足利古本、正平本など皆**人の字がある**。其方によるべきである。晏子が敬するものなれば、善く人と交るとはいへぬであらう。

**子曰。臧文仲居蔡。山節藻梲。何如其知也。**

**訓讀**　子曰。臧仲は蔡を居し、節に山し、梲に藻す、いかんぞ其れ知ならん。

**解釋**　是も**品藻**の章で、**臧文仲は知といへない**と評されたのである。**臧文仲**は魯の大夫臧孫辰である、文仲は謚。この人は當時の人が知者だと稱して居るのである。所が**其家に**蔡といふ龜甲、（トに用ふるもの）を藏して居る、この龜は諸侯の守りとするもので長け一尺二寸あるものだといふが、之を大夫の家に藏することと僭越といふべきである。禮器の篇に「家には龜を寶とせず」とある。居は貯へ有すること。或は之を居く室、即ち櫝に置くと說いてゐる人もあるが、字義を得ぬと思ふ。**節**は栭、即ち「ますかた」柱の上端の角なる木で梁をうけるもの。之を刻んで山の形をつくるのを山節といふ。梲は梁上の短い柱、即ち「つかばしら」之に藻文をゑがくのを藻梲といふ。この**山節藻梲は天子の廟の飾り**であることと明堂位に見えてある　これも僭越である。かくの如く禮を僭した行をする人は知とはいへぬから。いかんぞ其れ知ならん、知ではないではないかとそしられたものである。

居蔡と山節藻梲は**二件**と見るべきである、之を一つに見るのは古實に合はぬ樣である。

## 釋奠

神嘗の大祭日、此の日竹屋町明誠舍講堂に於て釋奠が擧行された。釋奠は是迄、毎年四月三日に執り行はれてゐたが、泊園書院、明誠舍の改築に就て、昨年は行はれなかつた、本年に成て、又從來通り四月に行はるべき筈で有つたが、春には恒例と成てゐる河内道明寺村土師神社境内に在る祀堂に於ける釋奠が有るので、四月と五月あまりの接近。殊に唐土に於ては古來二月と八月春秋の二季に行はれてゐるので、其れに據つた譯ではないが、今回は之を秋に試みられたのだとのことであつた。

偖て此の日は季節はづれの猛颱風が起て、夜明け前には土佐の室戸崎に迫つたから、正午頃には近畿地方は、多分暴風雨に襲はれることに成らうとのことで、又前夜から夜明けにかけて降つた豪雨で、祭典も好都合に行ひ得らるゝか否かと、心私かに懼れてもゐたことだつたが、聖人の靈德と、吾等道を重んずる純眞に、天公も感應ましましたか、風も雨も次第に其の勢を衰へさせ、見舞ふといふ正午頃には、もう全く止んで懸念は愚か洵に都合好く霽れて、祭典には聊かの支障も來たさなかつた。至誠は神に通ず、吾も人も齊しく有りがたく感じ得たことであつた。

式は朝の豪雨の爲めに一時の豫定より少し後れて始められたが、先づ例に由て奏樂の裡に獻酒、續いて祭詞、祭文玉串捧呈、黄坡先生御講演と、順序整然行はれてめでたく終つた。例年式後には席上揮毫なども有て、大賑はふことであるが、本年は場席の關係もあり、又夕方より定期同窓會開催のこともあり、殊に秋は日も短かいといふので之は取やめ、唯茶席のみを設けられた。その代り參拜者は何れも茶席に道を語り茶味を嗜み、滿悦を喫して夫子を初め、大家諸先生方の御揮毫に成られた扇子と、折詰を拜して伍々三々退去解散せられた。（時笑生記す）

本誌後援 **寄附金收受報告**（泊園同窓會）

金五圓也。白川朋吉氏。早川青汀氏。福中介三郎氏。

◎**常費收受報告**（泊園同窓會）

常費貳圓也（但シ二ケ年分）

山下平太郎氏。多田黄山氏。大河内安藏氏。田中[illegible]氏。西門岩松氏、櫻根孝之進氏。岡田倘齋氏。沖本三郎氏。三浦德次郎氏。伊藤東海氏。鹿田靜七氏。松本喜代子氏。三宅太郎氏。岡本英三氏。渡邊淳氏。石崎太郎氏。的場信太郎氏。近藤多三郎氏。櫻井雲洞氏。中山潔氏。森下[illegible]氏。辻蒼石氏。廣田虎三氏。木村久治郎氏。林寅次郎氏。岡本[illegible]郎氏。[illegible]

嗣中竹三郎氏。

附記前號發表佐藤寛九郎氏誌代寄附計六圓也ハ泊園會費ノ誤リニ付本會計ヨリ取消ス

和田　逹源氏。

◎會費壹圓也（十四年度分各通）

加藤　和美氏。　赤松　敬山（舊姓木谷）氏

吉宗　耕英氏。　射越　金暎氏。　殿村　たけ氏
阿部　茂七氏。　熊澤猪之助氏。　田中治一郎氏
村上吉五郎氏。　石濱純太郎氏。　喜多島鮮象氏

筒井民治郎氏。　安達　龜[illegible]氏。　中川　魚梁氏
松浦　捨吉氏。　寺田英一郎氏。
前田　敬助氏。　西田幾太郎氏。

# 達心志館筆記

大壺

川合孝太郎先生から書翰を以て左の通り教示せられた。事は「經解入門」に關する事であり、嘗て本紙に多田貞一君の疑議を載せた事でもあるから、玆に之を轉載して弘く同好の士にも教示の賜を頒たうと思ふ。

今回北京の留學生某が購入し歸り候例の經解入門の卷首に左の手記ある由にて珍藏し居る赴

此書乃吾友寗海章棱一山所輯以教初學者也。江子屛名及阮文達序皆坊賈僞託。文達於嘉慶二十二年自湖廣總督調兩廣。道光六年又由兩廣調雲貴。玆所結銜殊失考据。

此手記署名無之何人の書する所なるを知らず或は江瀚にやと云ふ人もありし由又章氏には一山文存と云ふ著書も有之候由に御座候

多田君は北京に在り、之を以て之を報ずる事とする。

「鐵雲藏龜零拾」一卷、李旦丘の編印考釋する所である。甲骨は九十三片、劉鐵雲の舊藏する所、今は吳振平の藏に歸せる物である。著者李旦丘氏は余の寡聞なる未だ知るに及ばざる人であるが、北京の諸大學に教鞭を執つてゐた人と云ふから論撰も有るだらう。余は本書を熟讀するに至らないが、何にしても甲骨學界に此の新銑を迎えたるを喜ばねばなるまいと思ふ。聚訟の諸難字に對し相當なる見識を示してゐる樣である。

北京の新政府下に古學院と云ふが設立された。章程によると、固有の文化を保持するを以て宗旨となし、凡そ古代遺傳の學術藝術は應に闡明發展を謀り、流傳して替る勿らしむべしと云ふ。學藝の研究は八組に分ち、甲、經學組、乙、史學組、丙、諸子學組、丁、文學組、戊、金石組、巳、目錄校勘組、庚、藝術組で、略ぼ東方文化學院などの組織に倣ふらしい。院長は江朝宗、副院長は張燕卿、理事は諸老儒を網羅してゐる。この古學院から古學叢刊なる雜誌を出してゐて、既に第三期に及んでゐる。我等の見得たる新興支那の學術雜誌の初めである。古學を保持して新文化の基礎とならん事を期待したい。

# 黃坡先生洛水會畫册第二集序

樂哉洛水之會也。師弟相得。而和氣可掬。神韻流動。而彩華可觀。去歲余題其畫册。既說其業之必當美也。今纔一年。乃能如是。余於是信諸子之樂於業。而子易之善於敎也子易之道。筆有規律。畫有神氣。實稱神妙。後來京阪之地。隱然稱雄者。其在于玆乎。樂哉洛水之會也。

# 同窓會之記

九月の泊園誌に豫告せられた通り、第四十二回同窓會は、十月十七日夕刻から、天王寺區茶臼山なる酒樓雲水に於て開催された。我が同窓會は、抑も其の第一回から、此の日を以てすることに定つてゐるのであるが、當日は神嘗祭の旗日であり、且つ其の前お晝には釋奠も有つたので、會員の多くは、釋奠に參拜後、思ひ／＼自動車なり或は電車で歩を運ばれて、定刻には殆ど會聚せられた。やがて夫子をお迎へして一同席に着いた。先輩後輩又中輩、齡に隨うて序も正しく綺羅星の如く列んだ。即ち最高齡者には中川氏の八十一歲、五條氏の七十五歲、以下耳順知命不惑壯青年。…先づ幹事安達氏の開會の辭、會計の報告が有てから、夫子の御挨拶の辭に入り、會は徐ろに始められた。

夫子は少老を賀するは邦俗であるが、我が泊園同窓會も、正に四十二回、可なりの星霜を重ねたものである。「君子の交りや淡きこと水の如し」水は唯其の味の淡いといふのみでは無く、土は此の水を以て凝められ、以て地盤の强固を致して居る。水無き土は灰の如く輕く疎らで締りなく、常に風に煽られて霾と成り、搖ぎ動いてゐる。年一回の會合は淡なること水の如しであるが此の水の土を固むるが如く、同窓諸子の心一つに固まり、上は國家、下は各自其身其家、而して我が泊園の將來を發展せしめられんことを望むといふ意味に於て、昨夜來の雨に因んで水の說を成された。座中私かに故に會合も雲水に於て催したなどと合槌を打つたものが有る。

夫子の御挨拶が終られると、酒肴は運ばれ、會は賑はひ花を咲かせた。例に依て、各自はめい／＼其の懷舊談なり、或は抱負を諄々滔々、相披瀝して席上を湧かせた。劈頭前田氏は先づ立て在院當時の憶出を語られ即座左の一絕を吟ぜられた。曰く、

來上城南舊酒樓。燈光映水夜淸幽。
相逢相酌又相話。不問靑衫與白頭（未定稿）

續いて筒井氏、木村氏、田中氏、櫻井氏、中山氏…而して最後には泊園の發展を祝して乾杯。花は半開酒は微醉といふに、何れも皆十二分の酩酊、初更も過ぎた九時頃近く、閉會を宣して七夕ならぬ一年一回の一夕を樂しく愉快に長くした。

けふは朝の雨は晝に霽れ、午後の陰雲は夕には晴れて、星光燦爛、空の行雲、地上の流水、ともに迹なく消えて何れもは、處定まざる雲水では無く、雲水を出でて、それ／＼定まれる己が家路へと急がれた。（時笑生記す）

# 泊園記事

◎十月十七日　泊園書院の釋奠は別項記載の如く明誠舍に於て擧行さる。

# 會員消息

◎白藤丈太郎氏　十月十三日卒去さる。

◎野田六左衛門氏　這般の貴族院議員選擧に當選さる。

拜啓御無沙汰バカリ平ニ御免願上候

藤木喜一郎仙臺往復ノ都度立寄リ御噂申上居リ候老生時代ノ泊園學友、笠井淺井ガ本年喜壽、佐藤馬之亟ヤ白藤丈太郎兩君ハ二三年下カ、東京デハ白藤カラ久シク消息ヲ得ズ候ヘドモ別條ナキコトト存ジ候、支那ノ新政府ガ西洋カブレノ三民主義トハ愚、孔孟ヲ指導原理トスルコトヲ知ラズ、惜シキコトニ候

九、二二、　細田美三郎

（通信）

# 時、處、位、

自笑生

世に論語讀みの論語知らずといふ諺がある共の何時頃から言ひ做された語かは知らぬが洵に味有る語で吾等に對する鐵鍼で吾等は再三再四、反省顧慮する處が無くてはならぬ語である。察する所幕府時代所謂道學者先生の口には利口さうに仁義の道德のと說いては居るが、偖て實行は一向之に伴はず、且つ自ら通達したらしく威張て居るが頑冥固陋でまさかの時に何の役にも立たず、却て常人にも劣るといふ迂腐の所を誇て斯く言うたもので有らうかと思ふ。乃ち吾等も此の語を聞いては又自ら恐るる所が無くては成らぬ。

由來世の中と言ふものは人事百般、そんなに旨く口通り實現實行が伴ふといふことは何うも難かしいものと見えて是に就ての訓論教誨は山も啻ならざる程許多ある。先づ御手元の論語には「君子言に訥にして行に敏ならんことを欲す」とか「事に敏にして言に愼しむ」とか「共の言を聽て共の行を視る」とかなど隨分多くの論言がある。

又易には「言行は君子の樞機榮辱の主、天地を動かす所以也」と說いて愼しむべきを論してゐる、そこで言と行との一致はなかなか難しいといふことが是でも能くわかる。獨り道學者先生のみを責める要はない。然るに道學者先生のみが唯獨り然るかの樣に言はれるのは又そこに否み得ない處が有て然るものかと思はれる。即ち道學者先生は言行の一致しない所は勿論のこと、頑冥固陋、臨機應變、果決の處置に乏しいと言ふ所が多分にある。然り所謂道學者先生は慥かに此の點に於て缺けてゐる。さてこそ論語讀みの論語知らずと侮蔑される所以である。

然しながら道學者先生好し論語讀みの論語知らずではあるが國家社會に對して害毒は流さない。何となれば「苟も仁に志ざせば惡無き也」、如何に頑冥固陋で有ても世に害惡は殘さないから此の點、今の左傾右傾などに比ぶれば遙かに優れてゐる。唯道學を以て任ずる所謂社會の上層階級に立ち、自ら世の先覺者を以て自負する者にして、しかく頑冥固陋で有るからである、それでは先覺者の價値が一つも無いことになる。

そこで吾等は此の點に特に意を拂はねば成らぬ。吾等は、凡そ書は時と處と位とを知て讀むべきであると聞いてゐる。此の時處位を知らずに讀んだのでは、書は活きて來ない。說も亦躍動はしない。所謂道學者先生は此の時處位を知らずに自ら先覺を以て任ずる迂儒であるからである。故に侮蔑もされるのである。諸兄は易を讀んだことが有るでせう。易には此の時と位とを見て、之に處する所以を縷々說いてゐる。時義大矣哉。時用大哉。又時大矣哉。或は位剛得中也。とか位乎天位。とかなどと。

そこで吾等も亦此の時處位の上に立て、時の義大なる哉、用大なる哉、と道を說かねばならぬ、若し然かせざれば趙括の兵法の誚り所謂道學者の誚りを免れないことに成らう。即ち中庸の貧賤に素しては貧賤に行ひ艱難に素しては艱難に行ひ夷狄に素しては夷狄に行うてこそ、學問も道も生きて來る。此の非常時に際しては又一層の時處位を見て、而して素することの必要が有る。

# 泊園會彙報

（十一月十二日第六回總會要錄）

▼會員異同（昭和十四年度現在）

一會　賓　二　名
一名譽會員　一　名
一特別會員　五　名
一終身會員　十　五　名
一普通會員　二百三十三名
計　二百五十六名
十四年度死亡會員　四　名

## 收入之部（第六回會計報告）

一金貳千壹百參拾八圓九拾參錢也　前期繰越金
一金四百九拾九圓貳拾貳錢也

收入內譯

一金參百九拾六圓也　會員百廿二口
一金六拾圓也　終身會員費二口
一金七拾參圓貳拾貳錢也　利　息
合計金貳千六百參拾八圓拾五錢也

## 支出之部

昭和十四年度

一金貳百圓也　泊園誌補助金
一金貳拾圓也　東畡先生法要献費金
一金參圓八拾錢也　會費受入振替手數料
合計金貳百貳拾參圓八拾錢也
差引殘高金貳千四百拾四圓參拾五錢也

內　譯

金貳千圓也　基本金
金四百拾四圓參拾五錢也　後期繰越金

## ◎役員選擧ノ件（十一月十二日總會席上）

現在役員全部任期滿了左記改選

理事長　若干名
常任理事　若干名
理事　一名
常任監事　一名
監事　一名
評議員　約四十名

## ◎次年度計畫事項

泊園書院　泊園會

會費御拂込に就き

昭和十四年度　泊園會々費

金參圓也　別紙

振替大阪七八七四九番

用紙を御利用の上御拂込御願申上候

會員諸兄

泊園會理事

# 泊園同窓會々計報告

自昭和十三年九月二十日
至昭和十四年十月　五　日

## 收　入

| | | |
|---|---|---|
| 常　費 | 152口 | 216.00 |
| 寄　附 | 15口 | 71.00 |
| 泊園會補助金 | 十四年度 | 200.00 |
| 利　息 | | 9.14 |
| 懇親會々費 | | 62.00 |
| 前期繰越金 | | 135.13 |
| 收入合計金 | | 693.27 |

## 支　出

| | | |
|---|---|---|
| 泊園誌代 | 6回 | 190.00 |
| 同窓會名簿費 | 500部 | 42.80 |
| 振替用紙 | 16冊 | 2.40 |
| 〃　手數料 | | .10 |
| 寫眞代 | 7部 | 11.00 |
| 書留料 | 20口 | 2.00 |
| 郵送料 | | 101.39 |
| 帶封代 | | 10.00 |
| 寫眞版 | 8個 | 11.20 |
| 東畡遺墨寫眞帖 | 1冊 | 2.00 |
| 編輯雜費消耗費 | | 24.60 |
| 四十一回同窓懇親會費 | | 54.55 |
| 東畡先生祭禮通信費 | | 7.60 |
| 泊園誌繰越金 | | 19.82 |
| 支出合計金 | | 479.46 |
| 差引現在高 | | 213.81 |

# 泊園

昭和十四年十二月廿五日印刷（隔月一回不定期發行）
昭和十五年一月一日發行 —（非賣品）—
大阪市南區大寶寺町中之町二番地
編輯兼發行人　的場信太郎
大阪市西區新町南通五丁目
印刷所　林泰進堂
大阪市南區竹屋町九番地（泊園書院内）
發行所　泊園誌社
振替大阪一三八三九（泊園書院）電南六八二七

## 皇紀二千六百年と孔子廟

昭和十五年は皇紀二千六百年に當る。肇國の悠遠にして寶祚の無窮なる、誠に宇内に其倫を絶し、古今に其類の無きは、我等の共に慶祝する所である。我等微臣賤民は久しく無限の庇護の下に年々この慶祝を新にしてゐるが、皇威八紘に輝やくこの新年に於て復たこの悠久なる肇國を念うて、之を慶祝すると同時に一層の奉公報國の心を増すものでなければならない。

宇内の廣き、國を肇めたるもの幾何あつたらう。古今の久しき、國を建てたるもの幾何あつたらう。歴史を翻閲して我等は之を數へると、誠に濱の眞砂の盡くるなき程もあるのだが、千代に八千代に苔むす巖の屹然たるものは只東海の我國のみではないか。吹きかゝる風、荒らぶる浪、それらは興亡の國々にのみあつたのではない。國本の堅固にして君民の一致の努力がこの風浪を克服したのではないか。國本既に堅くして君民一致するが爲めに、悠遠にして無窮なる我等の國家は唯一の存在として地球上に誇示し得るのである。

國本の堅きは　皇道による。　皇道の大義によつて國本は堅いのである。昔は孔子周室衰へ諸侯相爭ひ、國本の堅からずして世の亂るゝを憂ひて、席の暖まるのいとまなく江湖に流浪して道を說いたが、世事日に非にして六經を刪定して萬世の法を示す外なかつた。何んぞ知らんや、筏して東に渉れば大道自ら啓けて基を堅くしつゝあつた我國に到り得たんだ彼の萬世の法は唯理想の徒法として尊敬せられて行つたが、時なるかな後に三韓を經て我國に献ぜられて、茲に徒法は徒法でなくなつた。皇道翼賛の萬世の法となつた。爾來萬世に涉り國本に培ふの法として我上下に尊敬されたのであつた。

思ふに我が皇紀二千六百年を慶祝すべき計畫は種々考へられてゐる。皆誠に適當のものと贊意を表するがこゝに一つ孔子廟を副へては如何だらう。諸處孔廟の存するものもあるが當大阪に建設しては如何だらうか。否わが泊園書院講經の地に孔廟を附設しては如何だらうか。二千六百年悠久の　皇謨を翼贊せる孔某の廟を設くるは是れ亦記念の好事業ではないか。時も亦皇化洽き新支那に新政府の出來る時である。天の時、地の利共にあり、人の和も亦得られるではなからうか。

我等は新年に當り、悠遠の肇國を慶し、無窮の　寶祚を祝しこゝに我等が從事する儒學が國本に培へるを省みて孔廟建設の議を提出して泊園諸賢の參考に供せんとするものである。

（白水生）

## 說詩樂趣（26）

效尤生

前號に蕭統が浮丘、洪崖を引いた句を載せたが、彼れは郭璞の詩の句である。この洪崖が二人ある。一は黃帝の臣の伶倫が仙となつたといはれて居るものである。衞叔卿が數人と華山の石上で博戲をして居つた處、其子が「父上と並び坐せるは誰ですか」と問うた。叔卿曰ふ。「洪崖先生、許由、巣父だ」と、これが彼の詩の洪崖である。其一は唐に張氳といふ人があつて、また洪崖先生といつた。本傳に「常に馬方帽、紅蕉衣、黑犀帶を服して白驢に跨がり、從者が六角扇、垂雲笠、鐵如意を負ひ、市間に往來して居つて、其歲を知つた人がなかつた。」とある。豫章に洪崖といふ處がある、蓋し洪崖得道の處といふ、唐の張洪崖も其處へ往つたといはれてある。

檠は弓形を定める器で、周禮の註に、音景とあつて、去聲梗韵である。蘇東坡の詩に

太弨一弛何緣彀。已意翻々不受檠。

陸放翁がいへるに「これ平聲に押して居るのは、漢書蘇武傳の註、音亘京反とあるに本づく。」と。また燈檠もこれを檠といふ。音は漢註と同じい。然し李義山の

九枝燈檠夜珠圓。

は、また去聲に用ひて、前の二者と異つて居る。漢書地理志に「朝鮮の民は飲食するに籩豆を以てす」とあつて、顏師古の註に「竹を用ひたるを籩といひ、木を用ひたるを豆といふ、今の檠の如し、音其敬反。とあるに本づく、韻書檠字の註に「足あつて几に似たる物なり」とある。

淮南子に黃帝天下を治め、飛黃皁に服す。とある。高誘註に「飛黃は狐の如く、背に角あり、日に行く萬里」と。故に韓昌黎の詩に

飛黃騰踏去。不能顧蟾蜍。

范質が進士に擧げられた時、丞相和凝其の自分の登第がもと十三人であつて丁度質も十三番であつたから、之に謂て「子の詞業は甲選にあるべきを、暫く十三人に屈するは、老夫の衣鉢を傳へん、可ならんか。」といつた、范は之に謝した。後に果して宰相となつて、和凝に繼いだ、門生に詩を献じたものがある。曰

從此廟堂添故事。登庸衣鉢亦相傳。

と宋の太宗が、楊侍讀徽之の才名を聞いて其詩數百篇を索めて奏御せしめた。楊、詩を献じて

十年牢落今何幸。叨遇君王問姓名。

といつた。太宗その十聯を選んで御屏の間に書した。梁周翰の詩に

詩似金華楊學士。十聯書在御屏間。

とある。倂文瑩嘗て楊公に謂へるに「必ず天地の浩露を以て筆を氷甌雪碗中に滌はゞ方さに公の詩と神骨相ひ副はん」と

### 泊園書院記事

◉自十二月廿二日　至一月十日　冬季休講
◉十二月廿三日　冬至祭執行さる
◉一月二日　拜年式擧行

### 泊園書院課表

| | 火 | 水 | 土 | 日 |
|---|---|---|---|---|
| | 淮南子 | 休 | 唐詩選 | 午前七時廿分 |
| | 三体詩 十八史略 | | 第一、第三 午後三時 | 尙德會荀子 |
| | 杜甫詩集 | | 古詩源 | 每月第二四五日曜 休講 |

### 社誌

同人
三原靜美
石崎太郎
岡本勝治郎

會窓
寺田英一郎
安達龜造

# 論語講義

黄坡先生述

**子張問曰。令尹子文三仕爲令尹。無喜色。三已之。無慍色。舊令尹之政。必以告新令尹。何如。子曰。忠矣。曰。仁矣乎。曰。未知。焉得仁。崔子弑齊君。陳文子有馬十乘。棄而違之。至於他邦。則曰。猶吾大夫崔子也。違之。之一邦。則又曰。猶吾大夫崔子也。違之。何如。子曰。淸矣。曰。仁矣乎。曰。未知。焉得仁。**

**訓讀**　子張問うて曰、令尹子文三たび仕へて令尹となれども喜べる色なく、三たび之をやめらるれども慍める色なし。舊令尹の政をば必ず以て新令尹に告ぐ。いかん。子曰く、忠なり。曰く仁なりや。曰く未だ知らず、焉んぞ仁を得ん。崔子、齊の君を弑す。陳文子、馬十乘あり、棄てゝ而して之をさる。他邦に至れば則ち曰く、猶ほ吾が大夫崔子のごとしと、之をさる。一邦にゆいては則ち又曰く、猶ほ吾が大夫崔子のごとしと、之を違る。いかん。子曰く。淸し、曰く仁なりや。曰く未だ知らず、焉んぞ仁を得ん。

**解釋**　子張の問に答へて、**子文と文子とは忠、淸と許すべき人**だといはれた章であつて固より**品藻の部類**に屬する。**令尹**は官名で、楚の執政たる上卿である。**子文**は姓を鬬、名を穀（穀と同じ）於菟といひ字を子文といつた人であつて、この人が三たび令尹に任ぜられても喜ばしい顔をせず、またやめられても不平らしい顔色がなく。しかも前の令尹即ち自身の在職の時の政令は必ず新任者即ち自分に代つた人に告げて、少しも投げ出した樣なことがない、このしわざを何と評してよろしいかと尋ねたのである。この**三仕三已**は楚語や潛夫論にも出てはあるが、其事實は詳でない。さてこの人が自分の進退によつて喜怒せぬ所、其私心のないわけである。また人は大抵は官を去る時などは、疎んじ薄んずる心があつて、後の人がよい樣にやればよい。といふ樣な氣分になりがちなものだが、この人は丁寧に之を告げて少しも粗末にせぬ。孔子は之を忠なりと答へられた。**忠**は已の心を盡すのである自分の一身の進退を忘れ偏に公事を思ふところは、所謂公家の利は知つて爲さざるなきを忠といふといつた荀息の語を思ひ合はされる。夫子の忠と斷ぜられたわけだ。子張は其德のすぐれた處を見て仁を得て居るかと疑うたが、夫子は「われはまだ其仁の事があつたかは知らぬが、これは仁とはいへぬ」といはれた。子張がまた問ふた。齊の大夫崔杼が其君莊公を弑した時、（弑は臣の君を殺すをいふ。此事は左傳の襄公二十五年に記されてある）大夫の**陳須無**、謚して**文子**といふ人が四十匹の馬をもつて居つたが、崔子の亂を惡んで、其富を捐てゝ齊をさつて他國へ行つた。この馬十乘とあるのは、**乘**は四匹をいうて、厩に四十匹の馬を畜うて居るのである、禮に大夫の富を問へるには馬を數へて對へるというてあるのがそれであつて、當時有位の人は馬を畜うて產としたのである。さて文子が他邦へ行つて見れば、こゝもかしこも臣の君を凌ぐこと崔子の樣である、そこで「猶ほ吾が大夫崔子の如し」というて去り、また一邦に行いても矢張同樣であるから、またこゝを違つたといふはいかゞですかというた、夫子は、**淸**とし即ち純潔であるといはれた、下篇に「身、淸に中る」とあり、孟子に「伯夷は聖の淸なるもの」とある類で、**亂を惡んで其身を汚されるを恐れて居る**をさして淸といはれたのである。

この二子について孔子の**仁を許されないといふ意を**、**朱子**は「喜怒形はれず、物我間なく、其國あるを知つて其身あるを知らず、其忠は盛なり、故に子張其仁を疑ふ。然れども其の三仕三已して新令尹に告ぐる所以のもの未だ其皆な天理に出でゝ人欲の私なきかを知らず、是故に夫子は但だ其忠を許して其仁を許さゞるなり」といひ、また文子についても「其心果して義理の當然を見て能く脫然として累さるゝ所なきか、抑々利害の私に已むを得ずして猶未だ怨悔に免れざるかを知らず、故に夫子特に其淸を許して其仁を許さざるなり」と說いて居るが、**伊藤仁齋**は「子張は子文の其身を忘れて國に忠なるを以て故に其仁を疑へり。夫子は其未だ至誠惻怛の心より出でたるを必せず、又、利澤物に及ぶの功なきにより其忠を許して仁を許さざるなり」といひ。**東涯**は「文子の齊に於ける、惡人と朝を同じうするを恥ぢて之を他邦に避け、其汙を受けざるは、一事に就ていへば夷齊の惡人の朝に立たず惡人と言はざると固より其趣を同じうする故に夫子其淸を許せるなり。先儒は私欲淨盡を以て仁の本體と爲す、されば仁と淸と甚しき差別なし、故に利害の私に已むを得ずして猶未だ怨悔に免れずといへり、若し其說の如くば、唯だに仁たるを得ざるのみならず、**亦且つ淸たるを得ざらん**」と論じて居る。**徠翁**は「令尹子文の喜怒形はれず、物我間なきは盛德の士に似たるあり、廼ち宋儒の所謂天理の公、人欲の私なき者。陳文子も**亦**孟子の謂ふ所の一不義を行ひ、一不辜を殺して天下を得るは爲さざるの意なり。子張は高邁の士なる故に其疑ふ所此の如し。蓋し仁は人に長となり民を安んずるの德。其心固より天下の民を安ずるにあり、而して其爲す所も**亦**以て天下の民を安んずべき者之を仁といふ。子文文子の如きは制行高しと雖も身を淑くするに止まり、まだ其民を安んずべきものを見ず、故に孔子之を許されず、宋儒之を求めて其解を得ず、二子の他の行事を旁引して以て之を論ぜるは害といふべし。殊に知らず、二子は古人にあらず、孔子特に子張の稱する所のことに據つて之を斷ず、豈に其他の行事に及ばんや」と。此等を比して考へれば、夫子の意は明白であらう。

**季文子三思而後行。子聞之曰。再斯可矣。**

**訓讀**　季文子三たび思うて而る後に行ふ。子之を聞いて曰く。再びせばこれ可なり。

**解釋**　これも**品藻**に屬し、**季文子の果斷の無いことを語られた章**である。文子は魯の大夫の季孫行父である。さて此章は、**古註**は「文子が忠であつて賢行あり、其事を擧ぐるに過が少いから、必しも三思に及ばぬ」と說き。**程子**は「惡を爲す人は未だ嘗て思ふことを知らぬ、思ふことあれば、善をなす。然し再にいたれば已に審である、三たびであれば私意起つて反つて惑ふ、故に夫子之を譏られた」と說いたが。これ等は最も獨斷に過ぎ事情に適はぬ。**仁齋**先生は此人事毎に**必**ず三思して而る後に行ふ。夫子の「再せばこれ可なりと」いはれたのは、其必ず三思して後に行ふを譏られたのであつて、再び已に審かだといふのではない。これ季文子の**魯の卿であつて政を爲る體を知らぬ**のを譏つたのである。孟子は心の官は思ふ、思へば之を得、思はざれば得ず、といつて居る。書經に思を睿といふ睿は聖となるとある。思の事に益あるは大である。然れども政をなすは明決果斷より善きはない、優游決せざるより善くないはない故に曰はく。由や果なり政に從ふに於て何か有らん、と。夫れ事の千條萬緒、固より一思を待たずして得るものあり、或は千萬想して猶ほ決し難きものもある。而して季文子事毎に必ず三思して而る後に行ふは則ちこれ徒爾に思惟して決斷を知らぬ、夫子の譏られたわけだ。と說いたのが最も章の意を得て居ると思はれるのである。（第三十六講）

## 黄坡先生近詠

次甲岳君詩

和氣欲浮水上樓。笑談此夕意悠々。
交情一味無年歳。不用凭欄嘆白頭。

## 本誌後援　寄附金收受報告（泊園同窓會）

一金壹圓也。大貫民雄氏。金田直一氏。
一金壹圓五拾錢也。安田半圃氏。
中濱　海堂氏。谷口　淸巖氏。

**金七圓也**（常費及寄附）藤原忠一郎氏。

**常費**（昭和十四年度分一圓也各通）

多紀仁之助氏。福田　三次氏。淸海　淸氏
東門美津子氏。鎌田　春雄氏。濱井　尙山氏
日野谷キクノ氏　多田　てい氏。香川　正平氏
中山源次郎氏。片山　太門氏。伊串　徹仙氏
住友與五郎氏。高垣　良藏氏。鴨居　武氏
橋本梅三郎氏。石黒　景文氏。

昭和十五年一月一日（月曜日）　泊　園　第四十三號　（三）

一金壹圓五拾錢也。安田牛圃氏。

常費金貳圓也（二ヶ年分各通）
古谷　熊三氏。藤[illegible]　木田氏。日野田正英氏

常費（昭和十四年度分一圓廿各通）
田中　章之氏。杉村正太郎氏。仙波　久榮氏
西門孝治郎氏。辻村　龍夫氏。高橋　秀林氏

田中藤太郎氏。大野　圍山氏。岩田　藤三氏
芝田　弘淳氏。楠　正然氏。橘　秀一氏

# 泊園藝文錄

白水生

徳川公繼宗七十年祝賀記念として「近世日本の儒學」なる論文集一卷が出た。黄坡先生は「大阪の儒學」一篇を寄稿せられてゐる。序説があつて次いで派別になつてゐる一、懷德堂及びその諸儒。二、堀河派。三、蘐園派。四、篠崎氏の梅花社。五、泊園書院六、王學の大鹽後素。

賴先生遊記帖釋訓。賴杏坪が畿内を漫遊した時の詩歌に、隨伴したる梅颸山陽の歌、詩畫、迎接したる茶山、小竹、木米、竹洞、竹田、海屋等有名の詩人畫伯の書畫の點綴せる帖が技巧を盡して復製されたのに就いて黄坡先生が別に漢詩文を手寫して訓釋を丁寧に施されたものである。名帖もこれが附錄してゐるので尙更に光彩を增すに至る。先生の序文は既に本紙上に「十旬花月帖釋文序」として揭載されてゐる。

木州詩存一卷。植野木州將軍の詩名は夙に定評がある。昨年古稀を壽せられたが、哲嗣竹城君はこの詩存を編輯刊行せられて祝壽の記念とせられたのである。笠井雪窻翁は序して不識庵機山兩將の下に在らずと云はれてゐる。黄坡先生は跋して仁厚を經と爲し勇武を緯と爲し眞に武將の典刑と稱せられてゐる。嘗て本紙に連載した將軍の「思無邪疊韻集」は三分の一にも達しなかつたが、誠に人を驚倒せしめたものであつた將軍の風流眞に掬すべし。

をりをり草一冊。淺井佐一郎翁が今年喜壽の記念にと既往二十年間にものされた和歌約二千首を編せられたものである。翁は金原明善翁の水利學校に學び卒業後學校の教頭戸川深見氏が東畡先生の門人であつた所から氏の紹介により細田美三郎翁と共に泊園書院に入り南岳先生に師事せられた。それで本書の卷頭に南岳先生の御肖像と筆蹟が揭げられてゐる。翁は日鮮の財政經濟に多年力を盡されたのであるが、その風流韻事はこの大冊の集となつてゐる。是亦掬すべきものと感嘆する。

劍掃紀剛續稿一卷。越智宣哲先生は昨年劍掃紀剛一卷を著はされ、聖戰中の美談奇事を得意の詩を以て傳存された。これはその續稿で武漢三鎭への作戰の初め頃からノムンハン事件の頃迄に至つてゐる。全部壹百九篇。文藻老來益彬々たるは敬賀の至りである。

# 題蘐園讌集圖

一卓八人。環而團焉。相傳曰蘐園讌集圖。髮皓顱歛。泰然在上頭。其爲徂徠物先生。不問而可知也。其左滕東壁。骨格秀銳。其右縣次公。風姿醞籍。各似其述作也。釋萬庵並東壁坐。表緇裏素。法相殊勝。我未知其非大潮若玄海。傳爲萬庵。則萬庵已。鄰縣而太宰德夫。握扇毅容嶷々。倚萬而平子和。把盃醉態俄々。亦善寫其爲人也。接平者服子遷云。繼宰者宇子廸云。子遷齡與滕縣相伯仲。少太宰若干歲。而今顏色甚老。唯松柏蒲柳。天資不同。不必曰非子遷矣。子廸方正之士。而今纖髮短髩。面目浮輕。頗類優倡。唯人不可以貌取。不必曰非子廸矣。獨子廸之入物門。在東壁逝後。然同筵於此者。是殊可恠也。抑此圖好事者意匠製之。不及校先後歟。不然則姓名有謬傳也。蘐蓋　皇朝文明之運。正享爲盛。正享之盛。蘐園爲最。物先生固其大宗師。餘子亦皆命世之才。一瓶淸醪。藻思何如。雅談何如。可以想見矣耳。

# 泊園會記

第六回泊園會は豫告の通り昨秋十一月十二日午後一時半より府立大手前高等女學校内金蘭會館で催された。開會の辭、會計報告、役員の改選、次年度計劃事項と逐次進行し三時から講演會の順序に移り、先づ中部防衛司令部附大賀中佐殿の今事變に就き、其の現況と從軍の一端と國民の覺悟、更に附加として今次復た勃發した歐洲動亂に於ける關係諸國に就き、雄辯滔々、味あり力ある名講演。續いて浪花高等學校教授西田先生講演、西田先生は聖德太子十七ヶ條憲法の中の和といふ字義より說き起されて當時の我が國情、韓唐の文化に及びての長講說、最後に會長藤澤先生の御挨拶が有つて閉會、閉會後時節柄簡素を旨の茶話會に會員一同秋の半日を有意義に送ることが出來た。

前回は新嘗祭の當日同窓會と兼ねて催されたが、今回は釋奠其の他の都合で之を別々に催することに成たが、矢張り同窓會と同日に兼ね催した方が好ましいといふ意向が多く持出された樣で有つたから、次回は又此の點は考慮されることと思ふ。

因に云ふ今回の會場たる金蘭會館は宏壯優雅なる會館で階上の大講堂には濟浦奎吾氏の筆に成る「二人同心、其利斷金、同心之言、其臭如蘭」といふ橫額が正面高く揭げられて有つて會員諸氏にこんな都雅なる會館かと喜ばせた事で有つた。（時笑生記す）

# 會員消息

拜啓、爾來御無沙汰のみにて申譯無御座候切に御寛典希上候。小生俗界の戸主は長男に相續致候も長男の公共事務關係にて外出多く爲に隱居の隱遁を不許半劇半閑の中に、彷徨罷在候御憫笑被下度候。今秋曝書の次手に別封二點撮影致置供御覽候間同好の士にも御示し被下候はゞ本懷の至に御座候。

宇佐美灊水先生が松江藩儒たりし因緣にや蘐園派のものが折々市場に出で候得共最近は全く跡を絕ち申候右御疎遠謝罪旁御機嫌御伺迄如此に御座候

乍序次男禎二郎一昨年八月北支派遣今日に及び候處、本月末には歸還するに有らずやとの風聞有之候歸鄕致候はゞ御報可申上と存候

時下御自重專一に奉祈候　草々頓首

十二月一日　門脇才藏　九拜

（因に別封二點とあるは本號揭載の題蘐園讌集圖及び服元喬竹之圖自畫贊を云ふ）

多田貞一氏は今回左の所に轉勤された。
北京、興亞院華北連絡部政務局、

拜啓、時下向寒の候貴堂益々御健勝大賀に存じます。陳者不肖永らく滿洲國東北部及西部國境に勤務中の處、今回命に依り羅南に轉任致しました。在滿中は格別の御指導御後援を賜りましたる事を深く御禮申上云々・・敬具

十一月二日　步兵第七十六聯隊（羅南）
陸軍軍醫大尉　三崎要一

會員櫻井雲洞氏は今回成文書會を催され去る十一月二十六日順慶町天狗樓に於て發會。盛況を呈された。

# 遊笠置山記

昭和己卯十一月十六日、笠置山に遊ぶ。松浦さん根岸さんの發起にかゝり朝講者一同の親睦をはかる趣旨の催しである。一行は先生をはじめ十六名、折柄天氣は晴朗風穏やかな絶好の秋日和である。午前十時過ぎ笠置驛着、構内を出ると笠置山は眼前に聳え自ら嵐氣の身に迫る思がある。こゝは上り十八丁とかで相當骨らしいといふ話であつたが、やがて上りにかゝつて見ると案外緩勾配の樂なものであつたあの遊月瀨記に見える東畡夫子會遊の際下られる險路が舊道十八丁であつたのだ。喜多島さんが先生昨夜の御揮毫になる泊園會と書される會旗を持つて先頭される。少し上りつめると忽ち眺望がひらけて笠置驛が眼下に見られ、その北を流れる木津川が木の間がくれに縮の様に美しい。一行思はず歩をとめて恍惚とする。根岸さん、兒玉さんが「コレハ書になるネ」と話してゐられる。やゝ進むと右手の崖に所謂かはらけ投げがある。うまく投げ入れたら願ひ事がかなふといふ譯で先生、林さん、喜多島さん、根岸さん、近藤さん等が我もと競ひ投げたが惜しい〳〵の聲ばかり、その中に先生の一發が遂に入つて呵々と大笑される。若い者がしてやられた格好である。かくて程なく頂上の茶屋に到着一杯の番茶に咽喉をうるほし名物の梅の紫蘇巻を味ふ。この邊は足助重成が强弓を以て賊軍を惱ました所だといふ事である。舊道も此處で一緒になるのである。未だ晝には少し間がある餘力もあるので皆身輕になつて茶店の娘の案内で頂上めぐりに出かける。このあたりから紅葉が實によい。一體この山頂には紅葉が多い方ではないが松柏の間に點綴する紅葉は風情一入のものがある。南朝の忠臣の名を刻んだと云ふ名きり石を右手に見て右に紅葉の下の石段を上りつめると笠置寺がある。こゝには解脫上人の作といふ國寶解脫鐘がある。寺の土塀越しに或は鐘樓の傍によい寂びのついた梅の樹があり花の頃の逸興が偲ばれる更に進むで左手に駒繫ぎの松、藥師石、軍艦石等を仰ぎ乍ら正月堂にいたる、之は奈良の二月堂三月堂に並ぶもので後醍醐天皇を御祀り申上る處と云ふ。此處の左手に屹立する丈餘の彌勒石文珠石のあたり所謂鹿鷺山笠置き寺の名の出どころとして由緒も深いその前の十三塔は忠臣を祀れるものと云ふが彼れ是れそゞろ懷古の念に堪えないものがあつた。これから胎内くゞり太鼓石等に打興じつゝやがて動ぎ石の所にいたる。その名の通り一人の力で充分動かし得る全く造化の戯れになるものである。丁度此處は何石かの巨石の背に當つて是て說明によれば當時賊軍は此處の守備の手薄なのを知つてひそかに此の絶壁を攀ぢ搦手より攻めたので遂に笠置の落城となつたと云、更に話によれば當時飛鳥路村の邑人が賊を案内したのであつたが爾來その村は爪彈きされて今に到るも之と婚姻する事がないとの事、誰かゞいづれその邑人も脅されてした事であらうにそれでは一寸可愛想だといふ、しかし一面この土地の純朴な人情には嬉しい氣持がした。まことに東畡夫子をして豈哏の志畏るべし又感ずべしの嘆を發せしめたるのも宜なる哉である。而して又同じ遊月瀨記に賊將小見山氏眞が峻石を攀ぢて上り其縄を垂れて士卒を引きたるは今その石を知らずといはれてゐるが恐らくこの石であつたのであるまいか。一同此處で咽喉をうるほしつゝ少し休憩する内に林さんは持參のカメラを誰彼に向けて盛にシャッターを切る。終に全員が賑やかに紀念撮影に收つてこゝを去り、びようどう岩の胎内くゞりより二の丸附近の舟山に上る風景を跳めつゝ行在所跡に到れば說明も一入熱を帯びて行宮落城の際に天皇は何某の防ぎ矢仕る間にあの峰づたひに途中有名な御製を遊ばされて宇治に出で給ひしが遂に畏多くも囚はれの御身となり給ひ、一方楠勢馳せ參じたるにあの峰のわたりにて落城の事を知り空しく引返せし事どもを語る。一種悲痛の感慨に打たれつゝ行在所を拜した。之で遺跡めぐりを終つて先程の茶店に戻る。見晴らしのよい場所で晝食を認めたが特別の空腹で特に甘い。篠田さん得意の劍舞も出る賑やかさである。扨てこの時分から始終曇りとなり薄ら寒くもなつたので別室にうつつて食後の歡談がはづみ先生はじめ根岸さんの詩が續々出來る、御婦人方も句作に餘念がない。扨は或る者は圍碁に又は名物の買入れに各自思ひ〳〵の休憩をとつた。豫定の三時三分の汽車の時刻も迫つたのでやがて歸途についたが、途中案外手間取つて間に合はぬ事となつた。之が却て幸して木津川の舟遊をする事になり濱に向ふ。流は文字通りの清流で心の底まで洗はれるやう。此邊特有の巨石が流をせまくしてゐる上にかなりの急流で船頭一人では船足がはかどらない。ヨンキタとばかり助手を買つて出た喜多島さん林さんが船頭ぶり殊に鮮かと船中一しきり湧く。ゆく程に石は愈々大きく、水は益々深い。詩興を催す事頻である　時に右岸高く列車急ぐ。お伊勢詣での兒等と見え、一行の舟に向ひドッと歡聲を送れば、一行亦ハンカチーフを振り帽子をあげ、歡呼して答へ、スッカリ童心にかへつた樣。正に愉快な場面であつた。程なく笠置驛に引返して四時二十分發歸途につく。途中奈良の古梅園見學の話も出たが之は又の事としてそれ〲今日の思出を語りつゝ六時前大阪歸着。（石崎生記）

## 笠置懷古　黄坡

山河有憾季秋風
飛鳥孤村指點中
悄立巖頭懷御詠
楓紅松翠護行宮

## 詠水（祝某學士某君卒業大學就任某官）

流動又流動。萬物得而滑。人間呼日水。一日不可無。方圓隨其形。細大唯如意。聖人與世移。君子果不器。澄展一片鏡。萬頃徹底淸。汪々長不濁。可以濯冠纓。洏滿神州田。靑稻長幾尺。滿車穫今日。庶民頌帝澤。盛爲一瓢飮。陋巷伴大賢。幽居非其罪。濟義獨卓然。積爲萬里洋。長風巨帆疊。航向歐米洲。一路不知遠。凝爲一天雪。夜々照學窓。潛心[illegible]。四海竟無雙。懸爲千丈瀧。一瀉震地軸。威容不可侵。好使鬼神伏。君不見昨夜皇恩暖如燠。蒸騰去在青雲天。青雲天邊榮無極。瑞光遙向千里傳。嗚呼研鑽多年幾辛苦。餘慶今見溢寰宇。異時東風入城來。灑爲滿天催花雨。

## 偶成

人工日見奪天工。魚讓滄溟鳥讓空。歐米阿濠呼則答。何勞縮地費長翁。

敬軒　鴨居　武

## 泊園會費領收報告

（昭和十四年度）

### 一金參圓也

田中　英一氏。西野　捷平氏。逸見　金三氏
奧田藤兵衛氏。岩田　藤造氏。中濱　海堂氏
棚次　辰次氏。茶谷　忠治氏。山西玄兵衛氏
全田　直一氏。淸見復三郎氏。櫻根孝之進氏
木戸　平信氏。杉村正太郎氏。野田六左衛門氏
渡邊　醇氏。森下　博氏。白川　朋友氏
飯田　武雄氏。久保　郁藏氏。長者　五三氏
大野　園山氏。筒井民次郎氏。佐々木忠兵衛氏
堀越　壽助氏。吉崎　幾藏氏。鹽野　二郎氏
加藤　峰吉氏。山脇市太郎氏。佐藤彌兵衛氏
岡島晉三郎氏。乾　吉次郎氏。內田　利一氏
赤塚　善助氏。淺井佐一郎氏。奧田富太郎氏
植野德太郎氏。田中　太郎氏。島田喜十郎氏
水谷政次郎氏。福田　三次氏。橘　秀一氏
平泉豊三郎氏。住友與五郎氏。片山　多門氏
三崎　要一氏。織田　九郎氏。田邊英次郎氏
林　寅次郎氏。藤原忠一郎氏。木村久次郎氏
紀本善次郎氏。井上治兵衛氏。宮崎喜太郎氏
石黑　景文氏。殿村　たけ氏。石崎　太郎氏
日野田正英氏。門脇　才藏氏。岡田　倘齋氏
西田幾太郎氏。淸見　淸氏。村上吉五郎氏
玉置　永彥氏。中山源次郎氏。柳　延胤氏
鎌田　春雄氏。橋本梅三郎氏。濱井　倘山氏
松本喜代子氏。田中藤太郎氏。鷲埜甚之助氏
坂原　永山氏。中村美登志氏。山根悅次郎氏
水谷藤兵衛氏。谷內　淸巖氏。

### 終身會員　金參拾圓也（各通）

寺田英一郎氏。中山　潔氏。粟谷　喜八氏

昭和十五年三月十五日（金曜日）　泊　園　第四十四號　（一）

# 泊園

昭和十五年三月十三日印刷（隔月一回不定期發行）
昭和十五年三月十五日發行——（非賣品）——
編輯兼發行人　大阪市南區大寶寺町中之町二番地　的場信太郎
印刷所　大阪市西區新町南通五丁目　林泰進堂
發行所　大阪市南區竹屋町九番地（泊園書院内）　泊園誌社
振替大阪一三八三九（泊園書院）電南六八二七

泊園書院課表

| 火 | 水 |
|---|---|
| 准南子 | 休 |
| 三體詩 十八史略 | |
| 禮記 杜甫詩集 | |

| 土 | 日 |
|---|---|
| 唐詩選 | 第一、第三、午前七時卅分 尚德會荀子 |
| 午後三時 古詩源 | 毎月一日 第二四五日曜 祭日 休講 |

## 治國平天下の漢學

時勢の變轉は誠にせはしない。今月を以て來月を推せない所か、今日を以て明日をすら豫想するを許さないかに見える。敵か味方かそんな簡單な考へ方を以てしては、運の轉ずる所勢の窮まる所、啞然たるの外はない。複雜怪奇なる情勢とはよく云つたものである。爲政の當局者の勞も一通りではなからうと、我々如き逸民も感じ入る。

然し、これは果して近頃のみの時局であらうか。古往今來初ての情勢なんであらうか。長い歷史の上にそんな事は見られなかつたんだらうか。何も好んで我田に水を引いて支那史上とは云はない。短い歐洲近世史上に於てでも之を考へて見てもいゝのである。我々は口はばたく之を一々此に論じはしないが、かゝる歷史の例は多いと思つてゐる。自分一己の理論だけに沒頭して古のあとを研究してゐないと、啞然となる外はないのだ。

經は正を敎へ、史は變を示すものである。正を知り變を考へる事は學問をして分るのである。學問をしておかないと爲政の局に當れない。治國平天下を念とする爲政者は請ふ學問をしておいてほしいもんだ。況んや聖戰三年、東亞治平の大業あるに於てをやである。

學問と云つても我々は玆に爲政者に漢學の大略を先づ知りなさいと云ふのである。複雜怪奇なる情勢でも、東亞治平の策略でも、漢學に於て三省すべき資料を十分に發見出來るのである。時文だの支那語の智識などを計り尊重してゐては、古來先賢の努力は知り樣がない。漢學の大本を棄てゝ枝葉を採つてゐては、又將來の時局に立つて周章狼狽する事となる。爲政者の學問中には必ず漢學を入れて置かねばならない。

今の教育に於て漢學を重んぜぬのではなからう。然しそれは殆んど修身齊家の爲めの漢學であるらしい。それも惡くはないが、治國平天下の漢學はどこにあるんだらう。將來に長人安民の役目を引受ける官吏は何處で此學を學ぶのであらう。法制掌故を暗誦し盡して何で安民長人の學德を得られたとしよう。此點に思ひを三たび致すに非ずんば、後の悔は必至である。法制を誦し掌故に熟するの至る所は酷吏でしかない。

今の爲政の局に當る者は先づ須らく自ら先づ漢學に思を致すべきである。而して進んでは將來の大計として漢學を未來の官吏に習學さすべきである。我々逸民はこゝに於て爲政者の精進を感ぜんとするものである。（白木生）

## 說詩樂趣（27）

效尤生

宋の劉攽の貢父詩話に傳書鴿のことがある曰く、古詩に

袖中有短歌　欲寄雙飛燕

とあるのは、燕が春來て秋去るから、書狀を寄託できるといふ意味で寓言したのである。今人が家鴿養ひ馴らして、携へて數千里の外へ行つても、輙く家に還る。蜀人の事あつて京師に至る者が鴿を以て書を寄せると、旬日ならずして達する。賈人の船舶で海に浮ぶものも亦鴿を以て書を寄せる。皆虛言ではない。陸機が黄耳（犬の名）に書を故鄕へ送らしたのは、殆んど然うではあるまい、洛から吳まで、更に江淮を歷るのである犬がいかにして濟らうか、必ず舟楫によるであらう、人々が犬の意を喩つて川を涉さうや或人は陸機に奴の名黄耳なるがあつたのが、狗の話になつたのだと謂つて居る。效尤按ずるに、開元遺事に張九齡が少年の時に群鴿を養うてゐて、親知と書信の往來をする每に、たゞ書を鴿の足に繫げば、鴿は教へられた處へ飛んで行つて之に投じた、九齡はこれを飛奴と呼んだと記してある。酉陽雜俎（唐の段成式編）に波斯の舶上に多く鴿を養うてゐて、つねに之を放つて家に至らしめて平安の信としたとある。鴿の書を傳へたことは東西共に古いものである。

李白の詩に

昔日芙蓉花。今爲斷腸草　以色事他人。
能得幾時好。

とあるが、陶弘景の仙方の注に、斷腸草は食ふべからず、其花美好にして芙蓉花と名づく。とある。

藝叢詩話に曰ふ。東坡が揚州から召し還されて郊禮の後に蔣穎叔錢穆甫の駕に景靈宮に從ふに次韻する詩二つある。王仲至欽臣が之に和した、末句に

誰知第七車中客。元遺歸來助慶禋。

とある。東坡が稱歎すること久しかつた。蓋し兒寬が四川の人であつて揚州太守より召し來つた。漢武帝が郊祀より回つて渭橋上に來た時、一婦人の乳を渭水で洗つて居つて居るのを見て、帝が之を問はしめた、婦人の曰ふに、『第七車中の客が我を知つて居る』と、上之を問はして見れば兒寬であつた。寬が奏して曰ふに『天上の長乳星でありまして祭祀の潔くない時に見はれます』と、帝ために容を改めたといふ故事であつて、東坡も時に尚書であつて、車に乗つて駕前に居つたのであつた。

## 南岳先生詩鈔

### 偶吟

楊州夢覺十餘年。自笑樊川即玉川。兩腋淸風詩思淡。落花禪榻舊茶仙。

### 醉笑

至歡至樂醉爲媒。培養士龍佳癖來。事々人間皆可笑。笑中更勸一杯々。

誌社

同人　三原靜美　石崎太郎　岡本勝治郎

會　寺田英一郎　安達龜造

# 論語講義

黄坡先生述

**子曰。甯武子邦有道則知。邦無道則愚。其知可及也。其愚不可及也。**

**訓讀**　子曰。甯武子、邦に道あれば則ち知。邦に道なければ則ち愚なり。其知には及ぶべし、其愚には及ぶべからず。

**解釋**　品藻に屬する章である。甯武子は衛の大夫甯兪であつて、武は謚である。春秋傳によれば、僖公の二十五年に衛の文公燬が死んで子の成公鄭が嗣いで居つて、其翌年に魯公と向で盟ふた時には衛の甯速即ち武子の父が來て居り。二十七年に楚子が宋を圍み、二十八年には城濮の戰となる。此時に衛は晋に伐たれ、盟はんと請ふも許されず。楚に與しようと思へば國人が欲せず、終に公を襄牛へ出して晋に說いた。公は後楚に奔り、大夫元咺に弟叔武を奉じて踐土の盟に與らせた。後に晋が衛侯を國に復した時に、甯武子が國人と宛濮で盟うて、君民の協和を謀つたことに甯兪が始めて大夫として見えてある。成公の元年には父の甯莊子速が居つたのである。（朱子の註に、武子が文公成公の朝に事へ文公は有道であつて、成公が無道であつたとあるのは事實が誤つてある）かくて衛侯が叔武を疑ひ、誤つて之を殺させ、元咺が之を晋に訟へた時、武子は公を輔けて之に莅み、衛侯が訟に負け、執へて京師へ送つて幽閉せられた時武子は公の衣食を供給する世話をした。三十年には晋侯が醫者に命じ衛侯を毒殺させやうとしたが武子は醫者に賂して其毒を薄うして死なない樣にした。隨つて衛侯は釋されて國に歸ることが出來た。三十一年に衛が狄に圍まれ、之を避けて帝邱に遷つた時、衛侯が康叔を夢みて、ために夏后相を祀らうとしたれば甯子は敢然と之を諫めて居る。翌年には衛は遂に狄を抑へて和を乞はしめて居る。而して魯文公元年に衛の孔達が政を執つて晋に背いて鄭を侵し或は晋を伐つたが、後に恭順して八年には晋から釋されて、失地を返して貰つて居る。而して四年には武子が魯に來聘し、魯の湛露、彤弓の詩を賦した時に挨拶も答賦もせず、たゞこれは業を習うて居るのかと思つたといふて其失禮を指斥しなかつたことがある。大体にこの樣な事實から見て、この人は中々働いて居つて内治外交に立派な成績を遺して居る。たゞ其韜晦して愚な樣にし、浮沈して波に從うて居つたといふ方面の事實は記錄がない、これは定めし其事迹があつて孔子が此の樣に言はれたものであらう。』

右の如く甯子は一成公に事へて、其間に有道と無道とを擧げていはれてあるのだから、有道無道は其時政の條理のあるなしによつて有道無道といつたもので、成公の初年、晋楚の間にはさまれ、國策の定まらなかつた時でこれ等を無道といつたものであらう。朱子の註に、武子が心を盡し力を竭して艱險を避けなかつた仕方は、智巧の士の避けて爲ぬことであるが、武子はよく其身を保ち其君を濟した、これ愚の及ぶべからざる所だと說いたのは、强辯といふべきであつて、もし其說によらば、この愚とは一般にいふ愚ではなく智巧の士に對して言ふことになる。甚だ不透明である。其知には及べるが、其愚には及ばれぬといはれたのは　この甯武子のよく愚に逃れて其身を保つたのをほめられたものである。微の說に、人が賢智を以て自らあらはさうとするとは甚しいものがある、其爲めに身を殺すにいたり、其百乘の富を棄てるに至つて顧みないのである。夫れ其身を殺し、其百乘の富を棄てゝ顧みないといへば難かしいことである、然し其の賢智を以て自ら見はさうとするものは、たゞ其身を殺し、其富を棄てるのみであつて、卒に其事を濟し其功を成した人はないのである。なぜならば、其心が賢智ぶるにあつて忠にないからである。其心の賢智にあるものは其身をよくするに止まる　其心、忠にある者は仁の道である。甯武子の愚が孔子に取られるわけはこゝにある。と述べてある。

**子在陳曰。歸與歸與。吾黨之小子。狂簡斐然成章。不知所以裁之。**

**訓讀**　子、陳にゐまして曰く。歸らんか、歸らんか。わが黨の小子、狂簡にして、斐然として章を成す。之を裁する所以を知らず。

**解釋**　時命の部類に屬し、夫子の命を知るの語と解すべきである。孔子が諸邦に周流し魯哀公の六年頃、楚から陳に反り、陳から衛に反られた。其陳に居られた時に曰はれた、『歸らうよ、歸らうよ。わが鄉黨の若人たちは狂簡の志でもつて、斐然として文章のうるはしいものができて居るだらうが、之を裁制して程能くすることを知らぬ。我今歸つて之を裁してやらう』と遂に歸られたのである。狂簡の狂は志向の高くて細かいことに拘はらぬ謂ひであり、簡は性質や行ひが粗略で細かしいことを務めとせぬのをいふ。斐然はあやのうつくしい形容。章は其學問に得る所のものが德となつて身に發見する所をいふのである。この斐然成章は錦の織物を以て其才器の出來ばへに喩へた言葉であつて、裁の字も其織物から出た言葉である、即ち錦を裁ち切つて服を作る意味である。孔子が歸つて之を裁割して時代の用にたつ樣に仕立てようといふのである。この不知所以裁之の句は史記には吾不知所以裁之となつてあつて、孔子の意中と見てある、この說を取る人もあるが、これは矢張り古註の解の樣に『小子等が文章を成して裁制する所を知らぬ、吾まさに歸つて之を裁制すべきだ。』と說いてあるのが穩當である。

當時の諸侯等に夫子を用ひる者がない、夫子は天命が材を養ひ道を傳へるにあると知つて、こゝに歸つて六經を修めることゝなつたこの章即ち其の知命の語である。

**子曰。伯夷叔齊不念舊惡。怨是用希。**

**訓讀**　伯夷叔齊は舊惡をおもはず、怨、こゝを以てまれなり。

**解釋**　これは品藻の部類の章であつて、伯夷叔齊は狷介な性だかまたよく容れる所のあつた人だと說いた章である。伯夷叔齊は殷末周初の人で孤竹といふ國君の子であつた。至つて潔い氣のかたい人であつた、しかし人の舊時の惡をいつまでも心に持つて忘れぬといふ樣な所がない、即ち惡を憎むが、根强く念はぬ、隨つて人に對して怨を抱くことが罕である。といふ意である。大抵狷介な人は氣に入らぬことを忘れることが出來ない、之が爲めに世を怨み不平を畜へるものが多い。夷齊には其のわづらいがないのである。この怨を朱註には他人の怨と說いてゐるが文の條理が通らぬ感がある。

**子曰。孰謂微生高直。或乞醯焉。乞諸其鄰而與之。**

**訓讀**　子曰。たれか微生高を直なりといふ。ある人、すを乞ふ。これを其隣に乞うて而して之を與たふ。

**解釋**　この章はたゞ微生を批評せられたのではなく、其人の直が窮屈であつたことを諷誡せられた章であつて、隨つて警誘に屬するものである。微生は姓、高は名であつて魯の人である。此人が平生に正直な人だといふ評判を取つて居る。併し其正直ぶる所がもと情のまゝに行うて、殊更に人と異つた點が多いのである。所が今は或人が醯（酢）をもらいに來たが、生憎家に無いものだから、鄰で貰つて來て、之を其人に與へたのである。これは本人が何とも思はずにしたのだらうが、こゝに人情が露はれてある。即ち酢の樣なわづかなものを、惜んで人のこゝろをむだにすることは人情でない、たま〳〵家に無かつたとしても切角の先方の意にそむくのも氣の毒と、氣をきかして鄰から取つて、其人に滿足さすといふのは人情である。微生の平生は左樣ではなく、無ければ無いといふ風に窮屈にして居るのに、此一事は其平生と反して、大に人情味がある　孔子は其處をとつて戯れて『孰が微生高を直といふか　或人の醯を乞ふた時に鄰から貰うて　間に合はしたではないか。不正直ではないか』といつて、實際其人が考へれば、成る程自分の平生は却つて人情に乖うた行がある。たゞ眞直なばかりでは世の中は渡れぬものだと喩るであらう。孔子の意がそこにあるのである。『直を好んで學を好まざれば其弊や絞』とあるのはこゝの道理である朱註ではこれを『其の意を曲げて物に狥ひ、美を掠め恩を市る』と說いて微生が心事がよくないと斷じて居るが、却つて教に遠かるものである。古註に微生を『用意委曲』と說いてゐる方が味がある樣に思はれる。一体この直といふことは、他の章にもある如く、これのみを强調することは、考へねばならぬことである。

（寫眞說明）筆者は東畡先生の門人原田西疇翁で當年九十五歳で猶矍鑠　目下京都に御居住なされる。因云　東畡先生の門人で今日獨健在の方は住吉に御住ひなさる有馬太郎翁との御二人で泊園門下の最高齡者である。

# 達心館筆記

大壺

日柳燕石七十年祭があつてから、盛んにこの明治維新の奇傑が紹介されてきた。演劇映畫ラヂオにも演ぜられ、傳記も相原言三郎氏田村榮太郎氏　草薙金四郎氏の三著相次いで出版せらるゝに至つた。余も亦多少の因縁があるので是等の著を貪り讀んだが、草薙氏傳には東畡先生及び無弦女史に言及してあり、田村相原兩氏の傳には南岳先生が金岳公子に拜謁した時に燕石を紹介された話が出てゐる。皆語つて詳かならず、誤植もある。相原傳の下卷は未刊の様だが、或は詳細だから子三舟と南岳先生との交際も出てくるかも知れない。

余は大島迂樵輯の「感慨集」と題する一鈔本を藏する。明治維新の志士の慷慨の詩を集錄したもので藤谷英の序がある。刊本有りや否やを詳かにしない。この中に燕石の詩は四首出てゐるが、例の有名なる楠公の詩は「日本有聖人、其名曰楠公、誤生亂世時、抱劍呼英雄」となつて居る。或はこれが初稿で、後に改作したのであらう。東畡先生の詩は五首見えてゐる。詩存に出てゐたかも知れぬが左に掲げる。脱字誤字もあるらしいが其儘とする。

偶成

欲除戎狄穢　侯伯集丹墀　肉食謀無隙
血盟懷有期　海商如得鎖　世運豈難恃
痛飲唯須讀　澹庵封事詞

同

二百餘年際　四民唱太平　唯愁紫髯點
無破爾長城

無題

要向南溟斬五鱗　寶刀三尺磨來新
壯士身期裹馬革　廿年誤作偷生民

同

八州風雲衝天起　手握海兵馬柄
悲歌一曲歌者誰　鎭西男子藤齊正

同

自古和議多誤國　此事誰克察機先
滿城風雪寒窓底　獨讀老蘇審敵篇

羅叔言が編輯して出版した殷虛書契の前後續の三編は甲骨文研究の重要資料で、學界の感謝を吝まない所であるが、最後の續編は輯錄に謹愼ならず、同一片にして再見三見するもの多く、又已に前後編に收むる所にして重見するものも多く、學者の檢索に徒らに煩勞を增してゐた。近頃曾毅公は「殷虛書契續編校記」六卷を齊魯大學國學研究所國學彙編之一として出刊し、この煩勞を救つてくれたのは幸である。殊に其他已刊の甲骨文著錄の諸書中に出でたるものも校注してあるので誠に便利である。甲骨拓本の出版は既に相當の數となり、次いでこの整理時代となつてゐるが、曾氏の著はこの整理の一大寄與である。かくて諸家引用研究の諸片も綜合せられ、斯學の進歩も見られる事と思ふ。因に余は「天壤閣甲骨文存」中に存する分を之に補記して置いたが、漸次かくの如くして完全なるものとしたい。

曾毅公氏は又商代地理考附編の「甲骨地名通檢」一卷を出した。通檢類の一種ではあるが、史地の學に志あるものにとつては便利なものである。檢索の勞は大に省かれるわけであるのだ。

# 故梅見先生の追悼詩句

梅見先生が逝かれてから早や三年になる去る十二月、何有吟社で先生の追悼詩會を催され、其の席上詠ぜられたる詩句二三を左に掲げる

有香先生大祥忌　　秀野甘泉

先生一逝既三年。享祭開筵臘月天。彷彿温容來映眼。讀經聲裡恨綿々。

悼有香盟兄　　沖本三郎

經史千萬卷。讀收五十年。風雅腸如雪。縷々骨皆仙。

享有香先生靈　　杉邨臺山

今日弔來難復逢。誦經聲裡憶音容。天王寺畔傷心處。只聽蕭條風外鐘。往事寥々惹恨長。梅園花落二星霜。瓊章佳句存遺稿。逢得春風獨有香。

身に沁みて、遺墨ながむる冬座敷　　村田曉風

# 泊園書院記事

◎拜年式　一月二日之を行ふ。門下の諸氏陸續登院、夫子に對し拜年の御挨拶ありたり

◎尙德會發講式　一月五日恒例により竹屋町明誠舍に於て開筵。尙德會員の方々多數參聽。盛況を呈した。

◎泊園書院講義　一月十一日開講。

―（豫　告）―

◎道明寺釋奠會

五月第一日曜日を以て之を行ひ、午前十時より道明寺村土師神社―道明寺天神――に於て擧行、式後席上揮毫、園碁、喫茶等に晩春の一日を優遊する豫定。猶本會は故南岳先生の首唱に出るもの、有志の方は奮て參會せられたし。

會費　金　參　圓

◎泊園書院の展墓

五月第二日曜日午前九時舍利寺―同十一時齡延寺―に於て行ふ。此の日は毎年の恒例で新舊會員の顏合せの感もありて泊園同窓會でも催されたかと思ふ位でもありするので會員諸氏の多數御參拜せられんことを望む。（會費不要）

# 會員消息

一、門脇禎二郎氏は事變發生以來應召。北支に派遣せられて奮鬪活躍せられて居たが去る十二月めでたく歸還せられた。

一、門下の長老中川魚梁氏は八十二歳の高齡を以て去る一月十一日御逝去せられた。

一、島本一男氏は兼て病氣療養中の處、去る一月十六日逝去せられた。未だ三十二歳の御齡で前途囑望せられた秀才。御一門の御哀愁は固より國家の爲めにも、我が泊園の爲めにも、洵に惜しきことである。

一、今宮中學校教諭金戸守氏は昨秋以來文部省主催日本精神文化研究所に出席聽講研究せられてゐる。

◇◇◇

# 泊園の憶出（續）

岡本　勝

偖て試驗に就て言ふと、大正二年頃で有つたと思ふが、不意に此の月旦試驗が行はれて其の結果勤惰牌が始めて揭げられた事がある。一々記憶はないが

三級下　吉田萬治郎、岡本勝治郎
四級上　安達龜造、清海清、佐藤彌太郎
四級下　渡邊泰一郎、後藤潤、辻政太郎、濱村
五級上　以下略す

其の後の月旦に佐藤君が乘り拔けて三級下に昇り吉田君の次に列した。長老村田又兵衞氏が之を見て、余に問はれた事が有つた。佐藤といふ人は如何んな人ですか、出來るのですかと、非常に褒められた事があつた。其の後又黜陟も有つたが何れも順序よく昇級して、渡邊君なども三級に昇りなどしたが、何時も吉田君が最上の首席を占めてゐた。但し右に揭げた諸兄が當時分院に於ける門生中の上級の者で有つた。此等の人々は今日皆、何れも其の各好む所に進んで世の爲め國の爲め、應分に活躍してゐるが辻君、渡邊君の如き未だ不惑の年になるか成らぬで、早く世を捨てた者もあるので今思ひ出しても懷舊の念と當時元氣旺盛に富んでゐた諸兄の有樣が目のあたり彷彿と幻出する。

偖て試驗の問題はどんなものが出たか。今から見ると然う頭を捻る樣なものとも思はれないが、當時の吾等には可なりな難問で、未見のものでも有り、片から手のつけられない難問も有つた。尤も級に依り問題は異ふが何れも力相應のものであるので頭を勞することに於てかはりはない、本記は懷舊のことであるから其の中でも短いものだけでも一二揭げて、當時一緒で有つた同級の人に憶出して貰ふ心算だ。又それのみならず後輩の方には參考に、先輩の方にはお笑草に供したくもある。

第一回　大正二年三月（か）

一、左ノ語ニ反點ト送假名トヲ施スベシ
能輕富貴不能輕一輕富貴之心能重名義又復重一重名義之念。

二、左ノ各偶語ノ同異ヲ問フ
い｛苟得其養無物不長（孟子）／天覆地載物無不容（漢書）｝
ろ｛城非不高也池非不深也／非將士不勇也非車馬器械不精也｝（通鑑綱目）
は｛使各反其鄕里／降者厚賞各使安其土｝

三、左ノ章ニ反點ヲ附シ全章ヲ解釋セヨ。
方仁宗皇帝臨朝之末年顧念後事謂如公者可寄以社稷之安危及夫發謀定策從容指顧立定大計謂千載而一時功名成就不居而去其出處進退又庶乎英魄靈氣不隨異物腐散而長在乎箕山之側與穎水之湄（王安石之祭歐陽文忠公文）

第二回（大正二年六月十七日）

一、夫志當存高遠慕先賢絶情欲棄凝滯使庶幾之情揭然有所存惻然有所感忍屈伸去細碎廣咨問除嫌吝何損於美趣何患於不濟若志不强毅意不慷慨徒碌碌滯於俗默默束於情永竄伏於凡庸不免於下流也（句讀訓點送假名及解釋）

第三回（大正二年十二月（か））

一、鄭玄在馬融門下三年不得相見高足弟子傳授而已嘗算渾天不合諸弟子莫能解或言玄能者融召令算一轉便決衆咸駭服及玄業成辭歸既而融有禮樂皆東之歎恐玄擅名而心忌焉玄亦疑有追乃坐橋下在水上據屐融果轉式逐之告左右曰玄在土下水上而據木此必死矣遂罷追玄竟以得免。（訓點送假名及全文解釋）

第四回（大正三年五月一日）

與韓荊州書、李白、（長文故之を省く）

第五回（大正三年七月十六日）

與村里子誠書　八木天山（長文の故を以て省く）

第六回（年月不詳）

有鷙曰鶻者穴于長安薦福浮圖有年矣云々・・・・
（柳宗元の鶻說全文）便宜上省く
外、復文四題

一、天下ノ豪傑ヲ以テ自ラ居ル者ハ當ニ天下ノ大事ヲ勾當スルノ槪アルヘシ
二、人情日ニ輕薄ニ趨キ天下ノ道ヲ知ルモノ少シ
三、一人ヲ以テ天下ヲ治ム天下ヲ以テ一人ニ奉ゼズ
四、某月日大正博覽會褒賞授與式ヲ行フ金牌ヲ受クル者若干人天下以テ譽トナス。

第七回（年月不詳）

一、跋五論後　長文の故を以て省略す

第八回（年月不詳）

一、膏粱之口食物天與其味之薄藜藿之口食物天補其味之厚千金之子餘百金而自貧編氓之家得十金而自富是故口常淡則能養味心不奢則能養財能養味則常甘能養財則常足（訓點解釋）

猶九回陸宣公奏議の文十回（同）かありて級友一緒に受けた試驗は以上の如くで有つたが其の中に肩を伍してゐた人々もそれ〴〵退いて終つたので後には余一人と成つた、そこで月旦も年少下級の方とは桁も異ると思召されて後には練習にもせよと仰せられて東畡先生の文集ですか無點のものを渡された。そこで、ずつと之を書寫し、之に訓點送假名を施して提出、御示教を拜してゐた。是は大抵一週二回若しくは三回提出してゐたので、大正四年中だけでも、隨分數を重ねてゐる。筆寫する丈けでも既に大變の勞力で有るのだがそれでも是が自分の勉强の第一と思ふもの故、何の厭ひもなく、厭ふどころか、益興に乘り、樂しんで、日々暇さへ有れば之をやつたので所謂學ぶ者は好む者に如かず、好む者は樂しむ者に如かずといふ態度で勉學に努めた。

筆寫、訓點、送假名を喜んでやる自分には何の厭ひも無いが御多端中之を一々御點檢下さる夫子の御骨折は亦並大抵では無かつたことゝ拜察する。素より自分の二時間も要して訓み上げた難句も、夫子の御目には易々たるもので、別に時を要しないことは申す迄もないが、それも間違ひなくすら〳〵と訓めてゐるのなら兎も角も、時には大感違ひして、迚も見當脫れのことをやつてゐるのであるから、其れを一々朱筆を以て訂正して下さることは、要らぬ時間潰しと成るのだから思うても恐懼に堪へない。併し先生なればこそ弟子なればこそと厚く感謝する次第でもある。

而して其の答案の今、手に在るものを見ると、當時の己れの幼稚なる識見と淺學とに背汗を覺ゆるが、併し又一面勉學せる當時の努力と短見が偲出されて自分には何とも言はれない憶出の種記念の物に成る。

其の問題は一々揭載する餘白は許されないが、計へて見ると隨分數が多く有る。論もあり碣銘もある、而して最も多いのは矢張り記で前後三十六文ある。處が同じ記でも一二枚に亘る短いもの有るけれど、遊八栗山記、遊月瀨記などの樣な長篇大作の者もある。此の稿は是で擱いて次には塾生寄宿の狀況を書いて見る。

## 本誌後援　寄附收受報告（泊園同窓會）

金拾圓也。（但シ常費及寄附金）　俵　孫一氏
金五圓也　林田炭翁氏
金五圓也。（但シ常費及寄附金）　原田暉治氏
金貳圓也。宇田匡太郎氏。福永元吉氏
常費　金壹圓也（昭和十四年度分各通）
吉田萬治郎氏。近藤常吉氏
多田貞一氏。矢野榮三郎氏
岡本奇堂氏。清水小鶚氏
市川釮三郎氏。大西成古氏
加藤亮吉氏。尾中郁太氏
生田花朝氏。

## ◎泊園會報告

（終身會員報告）

一時金貳拾七圓納入　吉宗耕英氏

泊園日課

| | | |
|---|---|---|
| 月 | 論語 | 午前六時半～七時半 |
| | | 午前八時半～十時半 |
| | | 午後一時半 |
| | | 午後七時～九時 |
| 金 | 淮南子 | |
| 木 | 論語 | |
| | 三体詩 十八史略 | |
| | 禮記 杜甫詩集 | |
| | 管子 說文（先石生濱） | |

泊園同窓

顧問　石濱純太郎　的場信太郎
同　岡本奇堂
同　筒井民次郎　西田幾太郎

# 泊園

昭和十五年五月廿三日印刷（隔月一回不定期發行）
昭和十五年五月廿五日發行 ―（非賣品）―
大阪市南區大寶寺町中之町二番地
編輯兼發行人 的場信太郎
大阪市西區新町南通五丁目
印刷所 林泰進堂
大阪市南區竹屋町九番地（泊園書院内）
發行所 泊園誌社
振替大阪一三八三九（泊園書院）電南六八二七

## 泊園の記念事業は何

皇紀二千六百年と云ふ記念すべき歳に際會せる我等は誠に無上の榮譽を感ずる。今更らにこの感懐を縷說するの要もなからう。既に本紙前號に於ても聊かこれに觸れたのでもあつた。この幸榮を記念すべく孔廟建設でも企劃したらば如何と云ふのであつた。然し尚ほ所懐の及ぶ所を披瀝したい。

顧ふに時局は聖戰第四年目に入り、敗殘を續けてゐる蔣軍は皇軍包圍の下に孤立無援となり、汪精衛の和平運動は全支をして時雨の降るが如く感ぜしめつゝある。我が銃後國民が困苦を忍び毅然として邁進するならば、この記念すべき年に於て、眞に東亞百年の平和の基礎を建つべき氣運となつてゐる。然らば我等が眞に打ち建つべき今年の記念事業はこの皇化支那であるのである。凡百の區々たる計劃はこの中に融合せらるべきだ。

余は前號に於て孔廟建設のこの聖業に附すべき有意義のものなるを述べた。それは決して誤りでない。然しこれを我等の唯一の案としたのではない。これも一つの案であると云ふ見解を述べたに過ぎない。或人は云ふ、それは我等の力では中々難かしい、尚ほ他の案はないか、と。區々たる事業の異同は問題でない。考ふればそれは幾らもあらう。

皇道を輔翼し奉る我等泊園の道を示された我等の先生方の著述の刊行も我等泊園の門中の記念でもあり義務でもなからうか。東畡、南岳、黄鵠、黄坡諸先生が國體を明徴にし、斯道を闡揚された幾多の撰述は既刊未刊を問はず世に貽らるべきものである。又これ等も亦この際の記念としては好個のものである事は說明を要さない。これ亦一案である。

泊園書院の永久化も一案である。書院の成果の不朽の價値あるも周知の事である。書院の永久化して將來の思想の砥柱たらしむる要あるも異見はあるまい。此際を期としてその具體化に基を置くも、この慶祝すべき際にとつての一記念には相違ないのだ。

其他尚幾多の案は考へ得る。只泊園先輩諸賢が慨然として志を立つるに存するのだ。諸案を検討して具體化するの道あらば、我等が上述した愚案以外に適切なる道を發見するは易々たらん。皇化支那に添ふべきものならばよい。只志を立つるは事の始めであると信ずる。

我等は某先輩が泊園記念事業を起すの意あるを漏らされたので、之に感じて我等も亦起たんとしてゐるのである。只此の某先輩の志に感あるの諸賢も亦同じく其志を志とせられん事を一向祈望する。（白水生）

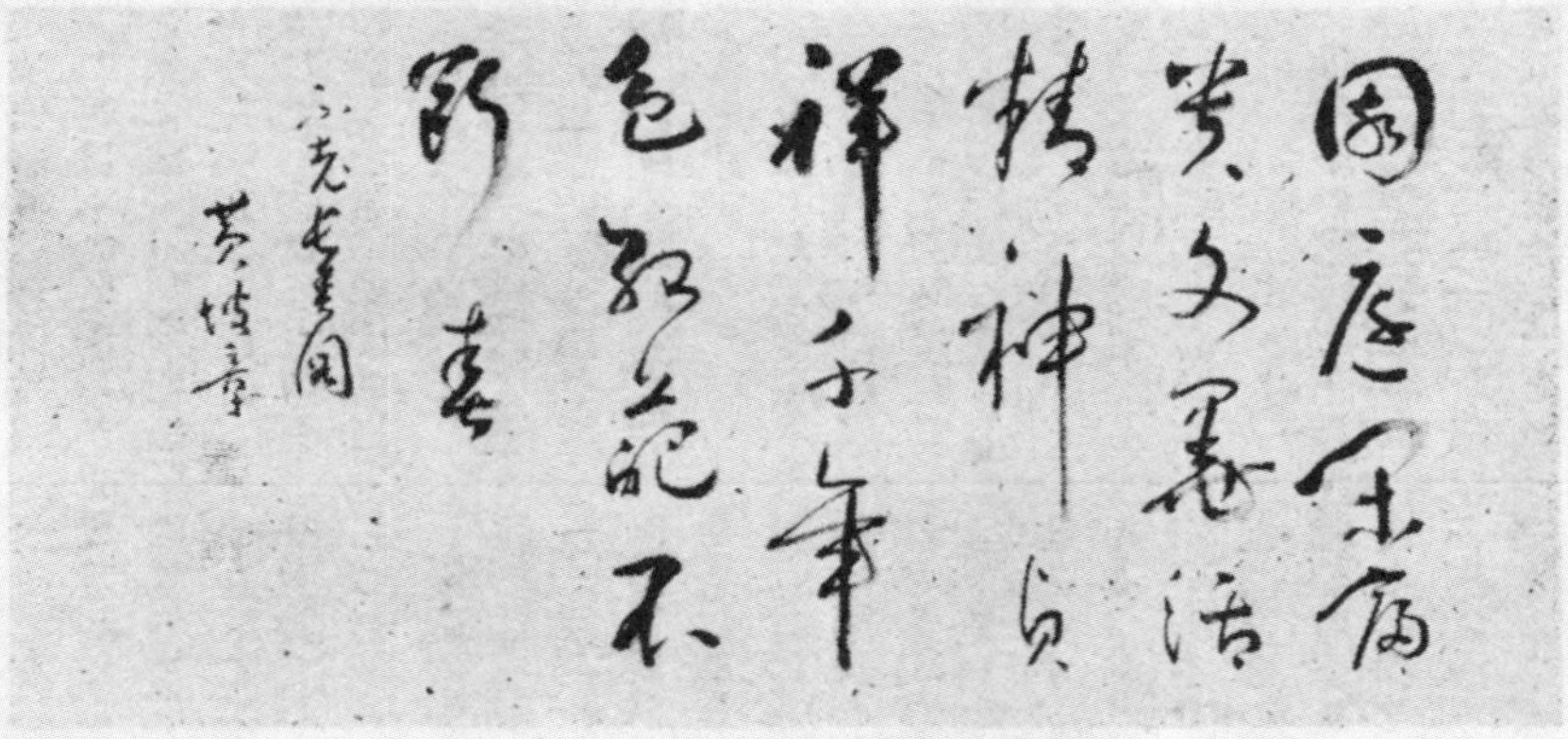

## 說詩樂趣 (28)

效尤生

蘇長公外紀に、李義山の錦瑟の詩に

錦瑟無端五十絃。一絃一柱思華年。荘生曉夢迷胡蝶。望帝春心託杜鵑。滄海月明珠有涙。藍田日暖玉生烟。此情可待成追憶。只是當時已惘然。

とある。黄山谷が「此は殊に曉り難い」といふので東坡に問うた。東坡曰ふ。此は古今樂志に出て居る、曰く錦瑟の器たる、其絃は五十、其柱（ぢ）は（琴のぢ）と同様で其聲は適怨清和であると。按ずるに李の詩の荘生曉夢の句は適であり、望帝春心の句は怨であり、滄海月明は清であつて、藍田日暖は和である。一篇の中に曲さに其意を盡して居るといつた。

吳中に暑月毎に東南の風が數日、甚しきときは旬を踰へる。吳人は之を舶䑲風と名づけ、是れ海外の舶船が神に禱つて之を得ると曰うて居る。東坡の吳中の詩に

三旬已過黄梅雨。萬里初來舶䑲風。

とある。

東坡の梅詩に

鮫綃剪碎玉簪輕。檀暈粧成雪月明。肯作老人春一醉。懸知欲落更多情。

諸家の註に檀暈の義を解いて居らぬ。宇文氏の粧臺記に、婦女の眉を畫くに倒暈粧ありとある。元微之の白樂天に與へた書に、近昵婦人、眉目を暈澹し頭髻を綰約すとある。畫譜に正暈牡丹、倒暈牡丹があり、七十二色に檀色がある。（淺赭色）これ等互に證することが出來る、東坡の句に又

剩看新翻眉倒暈。又云。倒暈連眉秀嶺浮。

李太白が初め蜀から京師に來た時、賀知章が其名を聞いて、之を見て、文を爲つて見せよといつたので。蜀道難を出して示した。知章曰ふに、公は人間の人に非ず、豈に太白星の精かと、是に於て金貂の冠を解いて酒に換へ、醉うて歸つた 烏棲曲を見るに及で「此詩は以て鬼神を泣かしむべし」といつた。其詞に曰

姑蘇臺上烏棲時。吳王宮裏醉西施。吳歌楚舞懽未畢。青山猶銜半邊日。銀箭金壺漏水多。起看秋月墜江波。東方漸高奈樂何。（一作奈何）

楊祭酒敬之が嘗て江表の士人項斯の詩を見て、詩を贈つて云く、

幾度見詩詩盡好。及觀標格勝於詩。平生不解藏人善。到處逢人說項斯。

是によつて、項斯の名が四方に聞えた。

## 南岳先生詩鈔

美人學語

爲獨爲英語々新。舌端澁處是天眞。好音只有雛鶯似。吐出文明世界春。

初夏即事

水氣侵簾風更薰。書堂不復着俗氛。多情最是門前柳。緑比陶家深幾分。

金五圓也　村井敏夫氏
金参圓也　藤田信二氏

石崎太郎
岡本勝治郎
寺田英一郎
安達龜造

# 論語講義

黄坡先生述

子曰。巧言令色足恭。左丘明恥之。丘亦恥之。匿怨而友其人。左丘明恥之。丘亦恥之。

訓讀　巧言令色足恭する、左丘明之をはづ丘もまた之を恥づ。怨をかくして其人を友とする、左丘明之を恥づ、丘もまた之を恥づ。

解釋　品藻の部類に屬し。丘明の恥を知つて居ることをほめられた章である。巧言令色は初の章にもあつた言語や顏色を飾り善うして人にお上手をすることである。足恭は孔安國の注に便辟の貌とあつて、邢昺の疏に其足を便辟して恭をするのである、前み却き俯し仰ぐに足で恭を行ふことだ、と說いてある。清の臧庸の拜經日記に、禮記表記に、孔子曰君子は足を人に失はず、色を人に失はず、口を人に失はずとあるが。案ずるに足を失はざるは、足恭でないこと。色を失はざるは、令色でないこと。口を失はざるは　巧言でないことである。詩の板篇に夸毗を爲すなかれ、とある正義の注に、夸毗は其足を便辟して前却して恭を爲すとある。こゝの孔註の意である。爾雅の釋訓に籧篨は口柔なり、戚施は面柔なり、夸毗は體柔なりとあつて、李巡の注に巧言好辭、口を以て人に饒すを口柔といひ和顏悅色以て人を誘ふを面柔といひ、己を屈し身を卑うして得るを人に求むるを體柔といふ。體柔は足恭であり、面柔は令色であり、口柔は巧言であると說いて居つて、劉寶楠の正義にも諸書に足恭とあるものを引證して足は手足の足と解すべきものといふて居る。これ等は孔傳の義であつて家說も之を取るのである。

また皇疏には繆協の解を引いて、足を「す」と晉して滿足の意とし、足恭は恭を以て人の意を足らしめて禮度に合はぬことと說いてあつて、此說を取る人も少くない。朱熹は足を過ぐと解して居る。但し過恭といへば甚だ恭しといふと同じだから必しもよくない事とはいへぬ、易に「君子以て行、恭に過ぐ」とある。朱說は據り處がない樣に思はれる。

怨を匿して其人を友とするといふのは、心の中に怨を抱きながら、之を隱して表面には詐つて親しうすること。これは別に異說はない。」

さて右の樣な行ひは左丘明は之を恥とした。われも之を恥ぢるといはれたのであつて、これ丘明の意氣をほめて、之に共鳴せられたもの、「吾と女と如かず」というたり、「願くは之が宰たらん」といはれたのと同じ氣分の語である。

左丘明は孔傳に魯の太史とあり、程氏は古の聞人と說かれた。其人の事は不明であるが大體孔子の前輩であると見ればよいのである。春秋左氏傳、國語を左丘明が筆したといふことを司馬遷が記したので　此章の左丘明と彼とは別人であるとの說もある。要するに不確實であるとして置くべきであらう。

顏淵季路侍。子曰。盍各言爾志。子路曰。願車馬衣裘。與朋友共敝之而無憾。顏淵曰。願無伐善。無施勞。子路曰。願聞子之志。子曰。老者安之。朋友信之。少者懷之。

訓讀　顏淵、季路侍す。子曰、なんぞ各々なんぢの志を言はざる。子路曰。願くは車馬衣裘、朋友と共に之を敝して而して憾みなからん。顏淵曰。願くは善にほこるなからん、勞を施するなからん。子路曰。願くは子の志を聞かむ。子曰。老者は之を安んじ、朋友は之を信にし、少者は之をなつけん。

解釋　德行の部。顏、仲二子の志行を記した章である。今顏淵子路の二人が孔子に侍坐して居る時。夫子が二子に向つて「一つお前等の志すことを語つて見せたらどうか」といはれた。そこで子路が先づ答へて、車馬や衣服や皮裘やなぞを、朋友と一緒に使用して破れいたむまでになつても、少しも遺憾に思はぬ。といふ風にして見たいと思ひます。というた。こゝの車馬衣裘の所が在來の書には衣輕裘となつてあるのだが、阮元の校勘記に「石經の初刻本に輕字がない。管子の小匡篇や齊語に車馬衣裘といふ語がある。子路もこの樣な成語を用ひたものだ、北齊書唐邕傳に顯祖が鼠裘を邕に賜うて、「朕の意は車馬衣裘卿と共に敝するにある」というた。これ子路の故事を用ひて、輕字がない。邢疏に已の車馬衣裘を以て朋友と共に乘服すとある邢本に輕字がない。皇疏にも車馬衣裘共に乘服すとあつて輕字がない。と證明して、この輕字は雍也篇の衣輕裘にまぎれて後世に餘分な文字を加へたのであらう」と斷じて居るのが尤もであるから、今は輕字を削つたのである。從つて衣字は平聲の衣服の衣である。朱子は矢張、輕裘を衣ると讀ませて居るが最も誤である。與朋友共敝之而無憾の九字は一句と見るべきである。共字で句を絕つた在來の讀み方は意が通らぬ樣である。敝は弊と通じて敗り損じること。古は朋友の間は有るもの無いものを互に融通し合うたのであつてこれが友達の情誼である、子路はそれを望んで居たのであつた。

顏淵の語の伐字は誇ると訓し、施勞は、孔注には「勞事を人に施さぬ」と解き、之を取る人は「我が苦勞と思うて厭ふことを、人に移して爲さす」こと、即ち「己の欲せぬことを人に施さぬ」の施と同義と說いてゐる。又は勞役の事を天下に施さぬと說くが。朱子は施は張大の意、勞は功あるをいふ、易に勞すれども伐らずとある意だと說いてゐる。これは淮南子の詮言訓に功、天下を蓋へども其美を施せず、澤、後世に及ぶも其名を有せずとあるのが、其美を誇大にせぬ意であるのと同樣の施字であるといへる。施勞と伐善と對して善は德をいひ、勞は功をいふたことになつて禮記の表記に「君子は自ら其事を大にせず、自ら其功を尙ばず」とある、など皆同例である所から見ると、朱說が穩かであると思ふ。顏子の志とする所は此の樣に自分の功德を自負せぬといふ點にある。

次に子路が「どうか夫子のお志を承りませう」といつた。孔子は「老いたる人は養うて安樂ならしめ、朋友には信義を以て交り、年少の者は之を愛してなつかさう」といはれた。この三つの之字は即ち上の三の者字をうけたのである。或はこの之を我字と見る說があるが穩當ではない。

この三つについて程子の論評があつて等級を附けてあるが、無用のことゝ思ふ、皆各々其志を述べてあるのである、みだりに批判を加へるのは好ましいことではない。履軒翁は下の樣にいうてゐる。「孔子の言を讀むに、何等の著實平穩ぞ、既にして程說を讀むに、何等の浮虛奇特ぞ。吾巳に聖賢の氣象を識り得たり」と

子曰。已矣乎。吾未見能見其過。而內自訟者也

訓讀　子曰。已ぬるかな。吾れ未だ能く其過を見て而して內に自らせむるものをみず。

解釋　この已矣乎を朱子は其の終に見ることが出來ぬのを恐れて歎かれた辭だと說いてゐるのだが、他の鳳鳥不至の章の已矣夫はそれでは說けぬ、歸去來辭に已矣乎。寓形於宇內能幾時とあるなどに見て、これは道の行はれぬことを歎いた辭と見るべきである。朱子の解では未見とは云へぬことになる。それ故に家說では此章は時命の部に屬し　世に明君が無いことを嘆かれた語と見るのである　訟は責の意であつて。孔子が「吾はまだ世の人君たるものが、よく其過を見て內に自ら省みせめる如き行のある人を見ぬ。」といはれたのであつて。即ち德に進む心がないから、從つて道は行はれ難いといふのである。

子曰。十室之邑。必有忠信如丘者焉。不如丘之好學也。

訓讀　子曰。十室の邑、必ず忠信、丘の如きものあらん。丘の學を好むにしかず。

解釋　「十室即十戶許りの小邑にも必ず某の如き忠信の人はある。たゞ學を好むこと某に及ばぬから、材德を成就せぬのだ」といふ意であつて、如丘は夫子の謙辭である。即ち性質がよくとも學を以て修飾しないでは駄目である。此は教學に關する章であつて、學の尙ぶべきことを語つて、人を勵まされたものである。

履軒の解に、夫子は謙遜して、唯だ學を好むを以て自ら居られ、其資質の若きは蓋し大に人に過ぐる所ないと思うてゐられるのだ。美質は少くない、たゞ學を好まぬから德を成すことが出來ぬといはれたのである　朱注の「忠信、聖人の如し」又「此を言うて人を勉めしむ」又「學の至りは以て聖人と爲るべし」など皆此章の義にあらず。というてあるのは、參考すべき說である。(第三十八講)

昭和十五年五月二十五日（土曜日）　泊園　第四十五號（三）

# 管子について

大壺

今春から管子を講讀する事となつたから一通解題をして置かうと思ふ。

管子は齊の桓公の名宰相管仲の著と傳へられてゐる。管仲は桓公を輔けて覇者たらしめて諸侯を九合し天下を一匡した事はよく知られてゐる。史記に本傳も有り、論語や孟子に批評もされてゐる。後世諸學者の議論にもよく引出される人である。然し本書が管仲の自撰と云ふ事は古くから疑はれてゐるので、それについては議論の餘地もない。中に幾篇かは管仲の自撰だと云ふ人もあるが、それも朱子が既に言うた如く、管子は功業を以て著はる、恐らくば未だ曾て書を著はさずと見てよいのであらう。蓋し管仲の功業を崇奉した稷下の學者連によつて撰述修飾して作られたものであらう。最も古い部分だと云はれる經言の諸篇でも戰國時代でなければ用ゐ得ない語句があり、その思想内容から考へても齊の宣王以前にはあり得ないことが記述されてるから、名を管仲に託して自家の說に重みをつけたらしい、と武内博士は其著「老子と莊子」の中で云つてゐる。

管子には劉向の序錄が遺つてゐるから、劉向が校定編輯した管子新書が現行本の祖本である事は明白である。漢書藝文志に著錄されてゐる管子八十六篇がそれである。それが合巻されて、梁の七錄及び唐書藝文志の十八巻本となつたと見える。今本は二十四巻と增多してゐるが、内容は矢張り八十六篇の目を傳へて、只其内の十篇が亡佚して七十六篇を存してゐる。

管子には唐の房玄齡と題する舊註が傳はつてゐるが、これは後人の誤傳で尹知章の註であると論定された。明の劉績はその疎略を嫌つて補註を作つたが、これ亦大した事ではなかつた。其他管子の刊行に連れて校正增訂論評など附添されて行つたが、中々善本とはならなかつた。そこで清の洪頤煊、戴望などは家の研究を利用して、各々義證、校正を著はしたが、淸末の張佩綸に至つて說を綜合して一完注本を作るの大願を發した。惜しいかな、之を完成するに至らずして歿し、僅かにその遺稿本が「管子學」と題して石印して世に貽られたのであつた。然し我國に於ける管子研究は冢田大峰、猪飼敬所などによつて開かれてゐたが、安井息軒は「管子纂詁」の大著によつて之を完成したのである　此書直ちに清國にも傳はり、學者にも相當なものと認められたのは誇るべき事であつた　この纂詁は今は小柳博士の校注を加へて「漢文大系」中にも收められてゐる。

管仲は孔子によつて其仁に如かんやと賞められてゐるのだから、其意見は儒家から必ずしも遠いものでは無い筈である。又管子中には古禮を徵すべきものも多いから、周禮と互證すべきものも有つて、この點から儒家說と說明する者もある。何分にも上述した如く、管子と云ふ本は管子に名を託した後の學派の集成したものだから、只單に管子によつて管仲の說はなどと速斷するのは危ない。管子の雜駁な事は誰しも云ふ所である。管仲は儒家說としても既に早く孟子には罵倒されてゐるから、孟子派の儒家とは決して合ふものではない。現に管子の中の心術、白心、内業の諸篇は明かに老莊道家者流の言である。漢書藝文志が之を道家に懸けたのも無意味ではない。然らば單に道家言とすべきかと云へば、政治經濟を論ずること法家の如きものが多い、乃ち隋書經籍志以下が之を法家に分類する所以である。だから只單に管子に依據して之を一家に攝しようとするのは難かしい。經子の分析極めて嚴なる武內博士も之を或は道家に、或は雜家に、或は法家に、と種々利用されてゐる。而して結局は稷下に傳へられた道家說から法家說への轉廻期に當る言說を主とせるものとの卓說を立てられたのである。又管子は政治經濟說を多分に有するから、之によつて政治學史經濟學史の資料を採つて說を立つる人も多いのだが、管子の書の成立を嚴重に檢討してゐないと誤謬に陷る恐れなしとしない。諸子凡てそうであるが　名を管仲に託してある丈にての注意最も肝要であらう。

余は管子を特に研究した事がないので、先儒近人の著に於て並びに未見のものが多い。この講讀を機會に多少は涉獵して見たいと思つてゐる。參考に資すべき諸書の名は范希曾の「書目答問補正」、池田四郎次郎の「諸子要目」、漢文大系本の例言などを見れば和漢のものの大体は知り得られる。武内博士の「老子と莊子」、「諸子概說」の中の管子の處は卓越せる先生の見識が見られるので必讀すべきものである。支那哲學史の中に管子を論じたものも多いが、古いものは概ね原典批評を經てゐないから、殆んど役に立たない。既に胡適の「中國哲學史大綱」の緒論に於いて管子を例として資料の審定の必要なるを論じてゐるから、それでも一讀するとよく分る。余の見聞が少し廣くなつたら再び管子文獻の大要を紹介し得よう。

## 曇隱居叢談

大壷

川合孝太郎先生が逝去された。先生の博覽多識なる事に就ては先輩からよく伺つてゐたし、又先生の書かれた諸種の論考を拜讀する毎にその虛張ならざるを知つたのであつた。近年泊園書院を出て東京に遊學した諸兄或は先生に從學して大阪地方へ就任して來てゐる新進の諸君からも、先生講學の風を種々傳へ聞いて、益々その矍鑠として老の將に至らんとするを知らず孜々として斯文の業に精進せらるゝを慶賀してゐたのである。然し、僕は先生に直接お會ひして御話を承はつたのは、今は昔、東京での泊園同窓會での席上御挨拶を始めて申上げ、其際何か漢易宋易の事を一寸承はつた位に過ぎない。弱少の時ではあるし易などには中々關心する所までの學問もないから、何を云はれたかも心に殘つてゐない。所で先生は僕の卑陋なるを棄てずして、其後よく書翰を賜はつて何くれとなく指教を吝まれなかつた。僕が書いた瑣細な論考なども目を通されたものと見えて、度々手翰を送つて指教を賜はつたものである。後輩の僕は懶惰の性から失禮になり勝に拘はらず、よく鞭撻指導をも辱くしたが、先覺の後生に期せらるゝ所以を思へば今更に僕の無性さを恥ぢざるを得ない。先生の學術を傳ふるは從學の諸賢に必ず其人があらう。僕は先生の學術が老年に至つても衰へず、新出の金石文字新刊の考證書籍に至るまで、博渉討論を勤められたる勇氣を想起して敬服する。先生は先人清丸翁の三教合一を企圖せらるゝ如き學者とは型が違つてゐる樣だ。思ふに遺稿の後に存するものも多からう。世に出づる事の速かなるを祈る次第である。

荻生傳氏が逝去された。荻生氏は徂徠先生の後裔で、日本窯業の重役をしてゐられた。徂徠先生の遺裔の傳氏がある事は井上博士の「日本古學派の哲學」に出てゐたから、早くからその名を知つてゐたが、一昨年大阪漢學大會の際に川上雷軒君に紹介されて面會し大阪に居られる事を知つたのであつた。大會の日も多忙中を出席せられ、我が黄坡先生にも會はれ、私の方の學問は最後に九州の龜井、大阪の藤澤に繼承せられた事は聞いてゐましたが、當地に來る樣になつてお會ひしたいと思つてゐたが多忙で機會を失してゐたが、好い機會を得たと喜んで居られた。徂徠先生の學術にも關心を持つて居られ、全集の編纂出版にも意があつた樣で、雷軒君は大にその實現の速かなる樣勸めて居つた。漢學大會を非常に喜ばれて、早く知つてゐたら大に骨を折りますのにと云はれて、僕もその相知るの遲きを歎じたものである。其後雷軒君の勸めにより卑著を贈つたりしたが、既に御病氣の樣に承はつた。泊園に大有緣の方であつたが惜しい事である。

島本一男君は泊園には緣が薄かつた。僕が大阪高等學校に教鞭を執つた時に教へたのである。理科に居つたが、僕が當時將に起らんとしてゐた東洋天文學を勸めたのが緣となつて、京大理學部に入つて天文學を修める旁ら僕に就いて支那學の智識を徐ろに吸收した大學卒業後大手前高等女學校に奉職したが、この頃からだつたらう、泊園の僕の講筵に參加したのだつた。其後東方文化學院に入り東洋天文學を專攻する事となつたので、大に喜んで研究に精勵し夜を以て日に繼ぐの實情を以てしたものだから、遂に病を得るに至つた一旦これも癒つたんだが、再發三發となつては致し方もなく白玉樓中の人となつた。折角の精勵も未だ何等の成績を遺すに至らず、さぞ遺憾至極であつたらう。君は學問に大なる熱意を持つてゐたので、熱情の無き學徒は極めて輕蔑してゐた。僕の書齋裏に既に彼を見るを得ざる事久しく、學問の熱意を論ずる客は復た無い。

去年春會つて數日もしない間に卒然として逝つてしまつた原榮之助君をも憶ひ出す。君も泊園には緣が薄かつた。僕の講義の日が君の學校の課業に都合が悪かつたらしかつたが何でも一二回は出たかしらん。當時田中克已君や原君はしきりに受業弟子と書いて手紙をよこすので、僕は君等は僕の弟子ぢやないと抗議を申出たが、田中君は承知しない。原君もどうやら無理に一二回出て自分で强ひて其資格をつけたらしかつた。實際彼等に對して僕は先生の資格はない。原君の學問に熱心なのは驚くべきで、諸友は固り僕なども學問の熱意で以て大にやり込められたもので、急に皆勉强に取掛つたと云ふ事もある程だつた。その天才的な語學力、明晰なる直觀力、實に其將來を計り知り得なかつた。愈々倉石士桓先生について漢學を專攻し得るトタンに急逝したには僕は驚いて茫然とした。僕などでは到底指導し得ないから、士桓先生へと御願ひもし、その許容も得たのだつたに殘念に堪えない。去年は原君を失ひ、今年は島本君に別れ、曇隱居も轉た寂寥で、僕も亦急に老いこんだ。

## 會員消息

○**藤澤成太殿**　は今回名譽の應召、三月中旬某方面へ出征せられたり。

○**三崎要一殿**　は吹田市の名望家田中氏の令妹と婚約調ひ、去る三月十日の陸軍記念日をトされ借行社に於て目出度く華燭の典を擧げられ、中旬朝鮮へ歸任されたり。

○山下是臣氏　は去る三月十四日より十九日迄大阪三越に於て阪正臣先生の遺墨展覽會を催されたり。

○澤田雅好君　は滿洲國公主嶺樋口部隊高石隊より左の通信を寄せられたり。

「一拜啓本日を以て無事兵隊に相成候、種々御芳情有難く奉謝候、益々貴家の御淸祥を祈上候、院内の皆樣へ宜しく御傳言願上候」

## 川合孝太郎氏逝去

書院の耆宿にして多年本誌の爲めに執筆の勞をとられ大に後進を裨益鞭撻せられた々川合孝太郎氏は病氣療養中のところ藥石効なく去る三月十五日溘焉眠るが如く逝去せられたり。享年七十七歲。哀悼に堪へず。先生舊姓は田口、かつて我が泊園書院に於て久しく都講たり。後上京して故川合淸丸先生の養嗣となり、斯道の興起につとめられ、次で早稻田大學並に大東文化學院の教授となり今日に至る、資性溫雅寬厚實に同門の重鎭たり、又極めて逸話に富む、詳報は次號に讓り玆に謹告す、

## 泊園書院記事

◎**道明寺釋典會**　五月五日、道明寺村土師神社道明寺天神に於て擧行さる。

◎**泊園書院の展墓**　恒例により五月第二日曜日午前九時舍利寺、同十一時齡延寺に於て行はる會員多數の參拜ありたり。

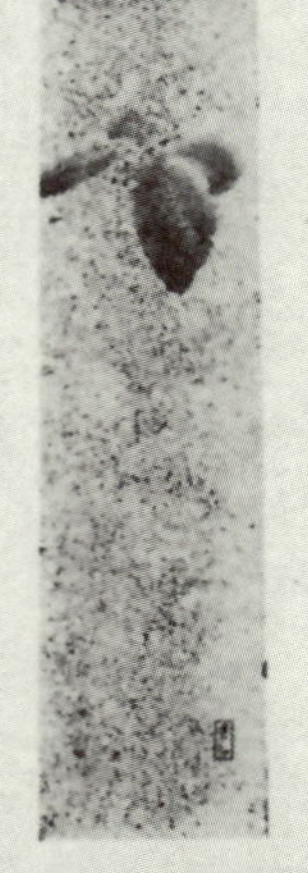

## 泊園書院日課表

| | 月 | 火 | 水 | 木 | 金 | 土 | 日 |
|---|---|---|---|---|---|---|---|
| 午前六時半 七時半 | 論語 | 准南子 | 休 | 論語 | 准南子 | 唐詩選 | 第一、第三、午前七時廿分 尙德會荀子（每月一日祭日 第二四五日曜 休講） |
| 午前八時半 十時 | | 三体詩 十八史略 | | 三体詩 十八史略 | | 午後三時 古詩源 | |
| 午後二時 | | 禮記 杜甫詩集 | | 禮記 杜甫詩集 | | | |
| 午後七時 九時 | | | | | 管子 說文（石濱先生） | | |

書院の課程は右の如く黄坡先生及石濱先生之を擔當せられ、尙早朝の時間及第一、第三日曜の講義は公開せられて居りますから聽講御希望の方は御遠慮なく參聽して下さい、

本誌後援寄附金收受報告（泊園同窓會）

金拾圓也　宮崎喜太郎氏

○常費　金壹圓也（壹ケ年分）　細田美一郎氏

泊園會費領收報告

金參圓也　岡本勝治郎氏

泊園同窓

顧問　石濱純太郎
同　的場信太郎
同　筒井民次郎
同　岡本奇堂
同　西田幾太郎

昭和十五年七月二十五日（木曜日）　泊　園　第四十六號　（一）

# 泊園

## 東亞新秩序に對する漢學

我等の慶祝する皇紀二千六百年の歳は、世界の歴史の上に於ても記念すべき歳となりつゝある。獨逸の精鋭一たび起つと思へば、我等が習聞してゐた歐洲はいつの間にやら全貌を易えて、諸白蘭佛は一色に塗り潰され、佛の首都などは何處に在るやら地圖でも見なければ覺えもない所へ落ちて行つた。勢の窮まる所は南洋、將た東洋へと波及し、どこがどうなるか豫想も出來ない。たゞ我等は幸にも御稜威の下に皇軍の精鋭と諸官の努力とに信頼して不動の態度と確固たる信念を以て東亞新秩序の達成に進めばよいのである。而して我等は東亞新秩序の正しい達成の爲めには漢學の權威を我國に於て把持して置きたい。

歐洲の大亂は必ずしも我等をして之を他人の臥榻と等閑視去るを許すまい。然しそれも一波が萬波を惹起して東亞の此岸を擾亂さへしなければ別に何等の事はない。我等は我等の東洋の新しい秩序を碍げるものを排斥する丈である。我等には眼前の東洋新秩序が立たねばならないのである。これには國民の總智總力を要求するのである。この點に於て我等の漢學も應ぜねばならない。

東亞の智識は漢學に集積されてゐる。上下幾千年、南北幾百里、支那を中心とせる成敗興亡ではないか。近頃問題視せられる交趾安南の如きも我等は十八史略上に於て既に知つてゐる遐陬である。蒙彊の如きも匈奴月氏の古から說き明かされてゐる。東亞のいづこか我等の知れる漢文上に出なかつたらうか。それ等諸處の智識は大に小に、廣に略に集積されてゐる。その智識を此際利用しなくてどうするだらう。再檢討も三研究もせねばならないのである。

研究利用計りでない。我國を中心指導者と仰ぐ諸國に之を教へ授けねばならない。彼等は從來東亞以外の諸國に指導せられて、自國に流傳した東亞の文化を遺忘しつゝあつた。彼等が東亞の新秩序に參加する爲めには先づ自國の文化を三省せよ。我國も彼等の文化の正しい姿を示さねばなるまい。

かく考へ來れば、漢文の智識を有する人々の時局への協力も、只に眼前に利用し得べきもののみには止まらない。近き將來の漢學の權威を正しく把握して、東亞新秩序中に立つて諸國をして仰いで正に就かしめねばならないのである。あやふやなる漢學であつては、彼等をして我を輕侮せしむるに至るであらう。それでは新秩序の中心になれないのだ。（白水生）

林田炭翁氏藏

昭和十五年七月廿三日印刷　昭和十五年七月廿五日發行（隔月一回不定期發行）—（非賣品）—
大阪市南區大寶寺町中之町二番地　編輯兼發行人　的場信太郎
大阪市西區新町南通五丁目　印刷所　林泰進堂
大阪市南區竹屋町九番地（泊園書院內）　發行所　泊園誌社
振替大阪一三八三九（泊園書院）電話南六八二七

一金五圓也。竹田津永安氏
一金壹圓也。（一ヶ年分各通）勝田五郎氏
常費壹圓也。（一ヶ年分）小寺篤兵衛氏

一、金參圓也。（一ヶ年分）
近藤常吉氏。細田美三郎氏。岡本由喜三郎氏
多田貞一氏。中尾國太郎氏。水田硯山氏
山下平太郎氏。島田仁兵衛氏。笠井雪窓氏
山根悅次郎氏。長尾長八氏。山田清氏
新田長三氏。佐々木第一郎氏。

誌社同人　三原靜美　石﨑太郎　岡本勝治郎
會　寺田英一郎　安達龜造

## 説詩樂趣（29）

效尤生

困學紀聞に云ふ、莊子の楚の狂接輿の歌に謂へる。

迷陽迷陽。無傷吾行。

の迷陽は、人が多くは曉らぬ。胡明仲寅いふ、荆楚に草あり、四時、穎を發す。剝いて之を食へば、其味甘美である、野人呼んで迷陽といふ、其膚に刺が多い、故に「吾が行を傷ふなかれ」といつたのだ。又云ふ。陶淵明の辭に

策扶老以流憩。

扶老は藤の名、蔡順後漢の孝子の傳の注に見ゆ。伍芝軒云ふ。これ迷陽と對となるべきだ、扶老は尤も僻なるもの、伯厚王應麟の字 困學紀聞の作者でなくば知ることは出來ぬと。效尤按ずるに、扶老は節竹の異名と從來から說かれてゐる。山海經に龜山は其下に青雄黃多く、扶竹多しとある注に、節竹なり、高節實中で杖によい、之を扶老竹と名づく。とあるによるのである。

梅聖俞の河豚を食ふの詩に

春岸飛楊花

と、永叔歐陽修いふ、河豚が楊花を食へば肥えると。韓渥の詩史とある。大抵魚は花を食へば肥える。必しも河豚のみではない。

隴西の地を魚龍と名づける。其地に石魚を出す、地を掘つて石を得て其中を破れば、魚の痕がある（化石のこと）鱗甲など皆具つて居て、之を燒けば魚氣がある。蓋、魚の泥に埋もれて石に變じたのであらう。衢州にもあるが隴西のと變らぬ。故に杜詩に

水落魚龍夜　山空鳥鼠秋。鳥鼠は山の名

とある。正に隴州の詩である。

東坡の和潛師放魚詩に

況逢孟簡對盧仝。不用校人欺子美。孟簡は唐の詩人、盧仝は玉川子、隱操ありし人

或人いふ校人は子產を欺いたのであつて、子美ではない。豈、少陵が曾て校人の事を用ひたために遂に子美と思うたのだらうと。予按ずるに左氏の杜預の註に、「子產一字は子美とある。蓋事の六經や論語孟子に載せられてあることは、人の通曉してゐることだから、一たび名公の手に出でゝ時に相異することがあれば、必ず他に證左があるのだらうから、にはかに誚るべきではない。（筆叢）

崔融の瓦松賦に瓦松ツメレンゲ、カハラマツ

謂之木也。訪山客而未詳。謂之草也。驗農皇而罕記。農皇、神農氏のこと、本草に記してない意

段成式唐人、酉陽雜俎を著す之を難じて「崔公は博學だから、瓦松の已に定說のあることを知らぬことはあるまい」とて、梁簡文帝の詩の「依垣映昔耶」を引いてゐる。成式は昔耶ヤマシダを瓦松としてゐるが、昔耶はこれ垣衣、瓦松は昨葉と名づけるものとは知らぬ。成式自ら識らないのだから、崔融を誚ることは出來ぬ。しかし昨葉何草は爾雅、神農等の書には見えず、たゞ陳藏器（唐人）の本草に見えてゐる。段も唐人だから、知らぬのも非難できぬ。同

唐太宗が楊敬之侍讀の詩名を聞き、數百篇を錄して奉らしめた、其時詩を獻じて

十年牢落今何幸。叨遇君王問姓名。

といつてゐる。太宗は其十聯を撰び、御屏の間に書した。梁周翰の詩に

詩似金華楊學士。十聯書在御屏間。

の句がある。僧文瑩嘗て楊公に謂ふ「必ず天地の浩露を以て筆を氷甌雪碗の中に滌はゞまさに公の詩と神骨が相副ふだらう」と

魏野は陝人、字を仲先といつた。少時まだ名を知られなかつた。河上寺の柱に題して

數聲離岸櫓。幾點別州山。

とした。時に幕僚のもと江南の人であつたものが之を見て大に驚き。之を邀へて相見て詩を贈つて

怪得名稱野。元來性不群。

といひ。大に延譽をなした。これによつて人が始めて之を重んじた。

# 論語講義

黄坡先生述

## 雍也第六

**子曰。雍也可使南面。仲弓問子桑伯子。子曰。可也。簡。仲弓曰。居敬而行簡。以臨其民。不亦可乎。居簡而行簡。無乃大簡乎。子曰。雍之言然。**

**訓讀** 子曰く。雍や南面せしむべし。仲弓、子桑伯子を問ふ。子曰く可なり、簡なりと。仲弓曰く。敬に居て而して簡を行ひ、以て其の民に臨む、亦た可ならずや。簡に居て而して簡を行ふは、乃ち大簡なること無からんや。子曰く。雍の言、然り。

**解釋** 雍や南面せしむべしとは門人の冉雍字仲弓は人君として南面の位に立つて民を治めしめても恥かしからぬ者だと美められたのである。古本にはこれで一章となつて以下を別章としたのがあるが、下と連ねて一章としてあるのが穩當であると思はれる。しかし文はこれで一旦切れ、仲弓から以下は別の時の語であるが、仲弓の見識を伺ふことが出來る問答だからこゝに併錄して仲弓の南面に任じ得る證左としたものである。即ち仲弓が子桑伯子の人がらに就て御尋ねしたのであつた。この子桑伯子とは、どういふ人か分らぬのであるが、鄭玄は秦の大夫公孫枝字子桑だと註してあるが、これは孔子より以前の人であるから穩當でない。王肅は書傳に見ゆるなしと註して居るが、これも當らぬ。說苑脩文篇に孔子が子桑伯子を見た記事がある。孔子と同時の魯の人であらう。但し朱註に莊周の記してゐる子桑戶だといふ說を採つて居るが、これは當らぬ。やはり其人は分明でないとするがよろしからう。さて夫子は「可なり簡なり」と答へられた。孔安國の註に、其の能く簡なるを以ての故に可なりといはれたと說いてある。これ仲弓の問が上の節をうけて居るからやはり民に臨み得るかを問うたのであつて、夫子も之を許して、可なりといはれたのである。徂徠氏の解に、蓋し亂世の人君は、愚なるは固よりのこと、聰慧なる人も皆苛細といふことが弊である。これ孔子が簡を以て伯子を許されたわけである。然る處、仲弓が之を疑うてまた問うたのである。其の身は敬しつゝしむことをして、其行ひは寛略で以て民に臨むは宜しからうが、其身既に簡にして禮なく、而して行ひもまた簡なるは、簡に過ぎて所謂大簡となりはしませぬか。と問うたのである。伯子の簡は大簡でありませうといふたのである。そこで孔子は「汝の言ふ所は當つて居る」といはれた。これ仲弓の禮を履んで而も簡易を以て民に近づくといふ政の要點を得て居る人であつて、夫子の南面を許されたわけだといふ證明である。品藻に屬して、冉子の人君たるべき器であることを美められた章である。

朱註は、可の字を例によつて、僅かに可にして未だ盡さざる所ある詞と說いて說を立てゝあるのは無據の様に思はれる。

**哀公問。弟子孰爲好學。孔子對曰。有顏回者。好學。不遷怒。不貳過。不幸短命死矣。今也則亡。未聞好學者也。**

**訓讀** 哀公問ふ。弟子たれか學を好むとするか。孔子對へて曰く。顏回といふ者あり。學を好む。怒を遷さず。過を貳せず。不幸短命にして死せり。今や則ち亡せり。未だ學を好む者を聞かず。

**解釋** この章も品藻に屬して、顏子を惜みよつて哀公を諷せられたものである。魯の哀公が孔子の門弟子の中に在ては、だれが學を好むとするか」と問うたが、孔子は顏回を推稱せられ、且つ其の怒を遷さず、過を貳せずといふ二點を好學の證とせられた。怒を遷さずとは、朱註に甲に怒ることを乙に移さぬのだ」と說いてある。怒は感情の激するものだから、或人に就て怒ることのあつたために、遂に他の人に對して怒氣を以て之に應接するのは普通にあることである。しかしこれは筋が違つた話で、其人こそ甚だ不愉快であらう。顏淵の怒るべき人には怒つても、其怒を他へは移さぬといふことは、充分に自己の感情に就て訓練が出來て居る證據であつて、學問修養の力である。過を貳せずとは物子の註に貳は重ねる意である。過ちを改めないで又之を文るのを過を重ねるといふと解いてある。この貳の字は副の意である。左傳の註などに貳は副なりとあるのが古義である。この不遷怒を古註には「怒が理に當つて易移せず」道理にそむかぬ意と說いてある。また貳過を古註も朱註も共に過をふたゝびせずと訓して貳を再と同義と見てある。などは正解とはいへぬ。

不幸短命云々は、顏淵の死亡を哀まれた語であるが、顏淵の死は史記の弟子傳には「孔子より少きこと三十歲、年二十九にして髮盡く白く、蚤く死す。」とあつて歿年はない。家語の註に三十二にして死す。とあり列子・淮南子の註などには十八歲とある。これは臧庸の說に孔子の七十の時に伯魚が卒し、顏子は伯魚より後れて死したから、多分孔子七十一の時だらう、而して顏子が孔子より三十少いとすれば其四十一位で死んだのであらう。とあつて、大體四十四十一位と考へられる。即ち此章も下篇の季康子の問も哀公十一年に孔子が魯に反られてからのことである。今や則亡の亡を朱子は無と訓じて學を好む者が無いと解いてあるが、これは下の句と重複して穩當でない。大宰春臺の註に存亡の亡で、此世に在らざるをいふものと解いてある。上の今也則とつゞく語路から考へても此解が妥當であらう。不幸短命にして死すと云つて更に今ははや居りませぬと深く哀惜せられたのである。

この不遷怒不貳過と擧げて好學の證とせられたのは學問が實德の上にあるといふことを明にして哀公を諷喩せられたのである。

> 庚申三月與吟友會川上氏松韜庵分字賦東山春望余得門字
>
> 新構河東瞰廣原。向陽天氣向陽園。
> 知他翠竹護仙帳。唯是白雲遮俗門。
> 春穩遠山兼近水。烟迷萬落又千村。
> 菜黄麥綠入詩未。却愛風光觀不煩。
>
> 黄坡

**子華使於齊。冉子爲其母請粟。子曰。與之釜。請益。曰。與之庾。冉子與之粟五秉。子曰。赤之適齊也。乘肥馬。衣輕裘。吾聞之也。君子周急。不繼富。原思爲之宰。與之粟九百。辭。子曰。毋。以與爾隣里鄕黨乎。**

**訓讀** 子華齊に使ひす。冉子その母のために粟を請ふ。子曰く。之に釜を與へよ。益を請ふ。曰く。之に庾を與へよ。冉子之に粟五秉を與ふ。子曰く。赤の齊に適く、肥馬に乘り輕裘をきたり。吾之を聞く、君子は急に周ねくして、富につがずと。原思之が宰たり。之に粟九百を與ふ、辭す。子曰く、なかれ、以て爾の鄰里鄕黨に與へんか。

**解釋** 此章は施與にも法があることを語れたもので、警誘の部類に入る。公西赤字子華が孔子のために齊へ使に往つた。そこで冉有が子華の母親が留守して居るから、之に粟を贈りませうと請うたので、之に釜即ち六斗四升、吾邦の五升七合五勺弱を與へよといはれた。あまり少いと思うたから冉有は更に益される様に願うと、庾即ち十六斗（或は二斗四升となる所もある）わが一斗四升三合七勺強をやれといはれたが、いかにも少ない様だ。冉子は遂に五乘、八十斛の粟を與へた。わが七石一斗八升五合九勺餘である。孔子のいはるゝには、赤が齊にゆく時に馬は肥え、裘は輕い良いものを衣て居つた、家に不足がないのである。吾が聞ける古語に君子は困急の人には給足せしめるが、富有な者につぎ足すことはせぬといつてある。多分なものを赤也に與へることは、無用であつたといはれた。また孔子の魯の司寇になられた時に原思即ち原憲が其家邑の宰となつた。之に粟九百斗わが八石零八斗を與へられた。即ち中士の祿に相當する。原思は之を多いとして辭退した。此人はもとから貧困な人であるから、孔子は、辭するなかれ、と之を抑へて且ついはるゝには、多過ぎたらば汝の隣里鄕黨の貧困な人に分てばよいといはれた。この原思のことは他日の事だが記者が併せ錄して人に施與するにも先方の貧富によつて異なることを示した。即ち子華に與へたのは富に繼ぐことになる。原思は急に周するのである。程子が夫子の子華を使にやり子華の夫子のために使したのは義であるから、粟を贈る等のことは無用であるとの說をして居るがこれは深刻に過ぎる通常の例を以て子華が使に行くには途中の所用の者は當然孔子から使給してあらう、もし貧乏ならば母にも手當が必要である。たゞ其富んで居るから孔子が母にまで手當せられなかつたのであらう、冉有は世間の風に使つて仕送りをせうとしたのであつて、富に繼がずといふ點に氣附かなかつたのである。

昭和十五年七月二十五日（木曜日）　泊　園　第四十六號（三）

# 日課表

| 火 | 水 |
| --- | --- |
| 准南子 | 休 |
| 新編月令 十八史略 | |
| 禮記 杜甫詩集 | |

| 土 | 日 |
| --- | --- |
| 唐詩選 | 第一、第三 午前七時廿分 |
| 午後三時 古詩源 | 尚德會 荀子 |
| | 毎月一日 休講 |

## 達心志齋讀書記

大壺

笠間杲雄氏の「回教徒」を讀んでゐたら、こんな事が書いてあつた。「回教徒と支那との交渉は唐初まで遡ることが出來るが、その後安祿山の大亂によつて、西域に於ける唐の勢力は全く衰へ、更に吐蕃が西域諸國と唐との交通を遮斷することになり、東西の交通は、五胡十六國時代宋代を通じて殆んど絶えてしまつた。」これはおかしい。「五胡十六國」は「五代十國」の誤りに相違ない。似た樣な文句なのでフト間違つたものだらう。

平岡武夫君譯の「顧頡剛古史辨自序」をあけてみたら、こんな事が書いてあつた。「今日傳へられてゐる支那の古代史が加上に成ることは富永仲基に暗示を得て内藤湖南博士が說かれたが、顧氏も同じことをそれよりも前に言つてゐる。」これでは少し湖南先生に氣の毒な樣である。ドコデ先生が說かれたか知らないけれ共、先生が富永仲基に傾倒せられたのは明治も古い頃からなので、その影響も古い。先生がハッキリさう云はれたのは新しい時であつたかも知れないが、あゝ云ふ風に書かれては先生にお氣の毒と思はれる。先生のみでなく富永仲基にもチト氣の毒である。

吉原公平氏譯の「蒙古文學ボグドビダルマサヂ汗物語」と云ふのが出たので、之を見てみたら世に普通にはアルヂボルヂ汗物語と云はれるものであつた。中の主人公がビダルマサヂ汗だから、新しい名に換へられてもよいが、ビダルマサヂと云ふとは知らない。譯者は余なんかゝ見られない珍本を多數參考に供してゐるんだから、間違ひはないだらう。然し普通には蒙古ではビカルマザヂとか、ビカルミヂドと云ふのである。譯者が云ふ漢字にて音譯して波格多被加爾馬撒地汗と云ふのによく合するので、加にダと振假名してあるのはおかしい。ダがカの誤植なら余は合點が、ダは何か據り所があるかしらん。大体此書は英譯本によつたので、それ以外の何物でもない。然もこの英譯本はユルグの獨譯本を重譯したもので、ウラヂミルツオフが此書はユルグを譯して、讀者にユルグを紹介するを忘れてゐると皮肉つた本なのである。吉原氏は英譯本の譯者はバスク氏と事もなげに云つてのけてゐるが、この國譯本もバスク氏を讀者に紹介するのを忘れてゐる。この英語本は譯者の名が少しも出てゐないんだから尚更その必要があつたんだのに惜しい事をしてゐる。とにかく眞に參考したかしないか知らんが、恐るべき珍本資料を參考書に列記してあるから、外のおかしいと思つた事はこゝに書かんこととした。

ブラヴディン著濱中英田譯の成吉思汗（アジアの嵐）は早くから豫告で見て待つてゐたが書店々頭に出てゐたので周章てゝ買つて讀んだ。余は原本を見ないが、モンタンドン佛譯を新歸朝の宮崎先生から借りて讀んだ事があるのでブラヴヂンを知つてゐたので、周章てたのであつた然し餘り周章てない方がよいと分つた。譯者の解說によると、著者は「一世界の崩壞」と云ふロシア帝國崩壞を書いたものゝ外に「成吉思汗」及び「成吉思汗とその遺產」を著はし後に後の二者を併せて「成吉思汗とその遺產」と題してゐると云ふ。さうするとモンタンドンの佛譯はその併合したものゝ譯なんだ。さうして此の國譯本は「成吉思汗」だけの譯本なのだ。それはいゝが譯者は三本共に讀んでゐるらしいが、著者の重きを置いてゐる遺產問題に就いては解說中に少しも言及してゐないのは遺憾である。氣が付かなかつたのだらう。だから成吉思汗の部丈を譯して世の成吉思汗熱に應じたものらしい。嘗て余が述べた事がある如く、歐洲の成吉思汗研究は今やその遺產の史論が肝要なんだ。譯者は後篇の帖木兒汗の後にあるその肝要なる結論を見逃してゐる。これでは著者に氣の毒である。これが藝術的作品であつても、技倆優秀なる事實小說であつても、それは何等かまはないが、この著者創作の主意を看過しては歐洲で何故成吉思汗傳が盛んに作られるかは說明出來ない。出版所が譯者へ宛てゝ「ブラヴディンの作品を要望する國は支那を除き、貴國を以て世界第一とする」と云つて來たのを譯者は實に衷直に受持するといふが、獨り合點では困る。解說中に一言も遺產に言及してないから、恐らく獨り合點であらう。周章てゝ讀むものでないと思つたのはその爲めである。

鎮華防秋功業大振武施文
真策尊數十問安何必算三
軍兵士德兒孫
郭令公　藤澤南

遠山氏藏

## 三惜書屋初稿

陪觀陸軍大演習

清途朝雨霽。林野白爲幃。三四銃聲起。偵騎破霧歸。

【語釋】○清途　天子の途筋を淸める。○白爲幃　朝靄がこめて幕帷となるに似たり

同

知彼且知己。行兵有妙機。爆聲傳響遠。杳々入雲飛。

【語釋】○知彼且知己　孫子謀攻篇に曰く知彼知己百戰不殆云々と。○行兵　用兵なり

親閱式恭賦

六月上澣　車駕幸浪華。初五閱青年諸隊及在鄉軍人。章以中隊長參之。感激得一絕。

揮刀麾指老兵儔。意氣今朝欲染頭。咫尺天威誰仰得。早蒙感涙蔽双眸。

【語釋】○上澣　上浣に同じ。月の一日より十日迄の間を云。古今詩話に曰く俗以上澣中澣下澣代上旬中旬下旬蓋本唐制十日一沐浴と○麾指　もとは旌の類で指圖する意。○染頭　齋藤別當實盛の故事。○咫尺天威　左傳に天威不違顏咫尺とあり

陪觀第四師團觀兵式

曉風拂雨仰晴陽。皇路清夷皇武揚。將士九千心只一。忠誠睟盎氣軒昂。

【語釋】○皇路清夷　清夷は太平の時をいふ卓氏藻林に乾清坤夷といふ。文天祥の正氣歌に皇路當清夷含和吐明庭とあり。○睟盎　孟子に曰く睟然見於面盎於背とあり。○軒昂　元氣の盛んなさま

游覽類

遊嵐峽

戰後始逢詩境寬。溪山到處有餘歡。前遊月瀨今嵐峽。渾向月光清裡看。

【語釋】○渾　月瀨も嵐峽も兩ながらの意。

江樓晴望

岸柳萬條綠未浮。晴烟淡々罩中洲。四橋人影紛如織。江上醉凭欣暢樓。

【語釋】○綠未浮　新芽の未だ發せぬなり。○中洲　中之島。○四橋　天滿、天神、難波淀屋の四橋。○欣暢樓　大川町にもとありと

遊神於山　森氏ノ柑園

綠葉滑々金顆鮮。神於山色更清妍。人間尺璧元非寶。一掬瓊漿骨欲仙。

【語釋】○滑々　詩に曰く其葉滑々と。滑々は露の盛んなさま或は茂り盛んな貌。○尺璧　千字文に尺璧非寶寸陰是競とあり。○瓊漿　こゝは蜜柑の汁をいふ楚辭に華酌已陳、有瓊漿些といふ。

## ◈泊園記事◈

◎一金五百圓也

右關西吟詩同好會より南岳先生遺稿出版資金として黄坡先生に委頼せらる。

◎八月一日より同卅一日まで夏季休講

## 會員消息

拜復　槃山先生之事共寄稿御下命に預り早速拜趨可申上候處急ぎの用有之毎日氣にかけ乍ら延引仕候倉々未定の儘呈上仕候間可然節錄被下候はゞ幸甚候殘稿は近日拜趨可仕候右のみ早々頓首

松本洪

謹啓　時候柄山野櫻咲滿てる頃と相成申候處とて以て益々御淸安奉賀候每々泊園誌御惠寄蒙り難有奉存上候さて別紙寫眞拜趨申上候御參考とも相成申候はゞ本懷の到に不堪候先は右如此御座候　早々頓首

四月十五日　林田炭翁

# ―噫 槃山川合先生―

如石生

噫、我が泊園の長老川合槃山先生は逝いた。先生は泊園の生み出した鳴儒で、其の渉覽の博き、造詣の深き、識見の高き、明治以來の漢學界に於ける第一人者と曰つても溢美ではないと思ふ。唯其の自ら學ぶに急にして寸陰をも惜まれた爲に、學問の客は靑眼を以て喜び迎へ、娓々として語つて倦まなかつたが、世俗の客は近親でも白眼以て之を迎へるといふ風があり、從つて社會的の交友は一切之を絕ち、職務上の會議でさへ、事重大でない者には顏を出さず、獨り室に籠つて書を讀み耽つた。書冊を持つて來て學問上の疑義を質すものには、諄々として叩いて之を竭したが、自ら筆を執つて所見を世に公にすることは殆ど無い。其の僅に有るものは泊園紙上に寄せられた小品と東洋文化紙上に載せられた大作數十篇とに過ぎぬ。此の二誌は共に讀者の少い者であるから、世に川合氏其の人の在ることを知れる者は極めて稀である。これは學界の爲に惜みても餘りある所である。

×　×

先生は本姓は田口氏。伯耆の著姓で、元治元年一月二十七日東伯郡下伊勢村に生れた。後に同國の川合淸丸翁の嗣となり　其の長女禮子刀自に配して、川合氏を冒し、三男一女、皆既に成人して、後に心の殘る所はない。

先生は生れついて學を好むこと篤く、十五六歲の頃笈を負うて泊園書院に學び、刻苦二三年。進境大に見るべき者が有つたが、一旦鄕里に歸り、一二年して復た來り學び、都講たることも數歲、明治廿三年二十七歲にして東京に上り、川合翁を助けて大道社の創立に參し、やがて大道學館の講師となつた　征淸の役起るに會し、學館は解散の已むなきに至るや、大成中學に聘せられ、後に早稻田中學をも兼ね、大正九年第一早稻田高等學院の設立せられた時、入りて專任教授となり、職に在ること實に二十年。其の旁、大東文化學院早稻田高等師範學校、二松學舍專門學校、東洋大學等に教授し、又狩谷棭齋翁の創設された說文會の第何代かの會頭たることも十數年に及び、昨年の暮迫りて、平沼前首相によりて創設された東洋文化研究所の主任教授として期待され、先生自身も始て平生蓄ふる所を傾け竭すことが出來ると大に意氣込んで居たが、僅に一回病を押して講義したのみで、終に溘然として長逝された。

×　×

先生の疾は昨年の夏頃に始り、胸部に少し痛みを覺えたが、醫師も輕く肋間神經痛と診立て、先生も家族も重視はして居らず自分等は全く知らずに居た位であつたが、種々の手當も功を奏せず、今年に入りては漸く激しく、遂に熱海湯ヶ原と溫泉に浴して之を溫めたがそれが却つて病を惡化せしめ、歸京早速順天病院に入院した。疾は意外にも神經痛ではなく、肺臟内の腫物で、溫泉入浴で化膿を促し潰瘍となつたもの、肺囊癌といふ程ではないといふ醫師の話であつた。應急手當の効が有つて經過が好く、一時病も大に怠つたが、深部治療に取りかゝつて、レントゲンをかけたのが老体に度が過ぎたものか、俄に病勢革りて、二月十三日の夜危篤に陷り、十二日の午後遺族友人門生に擁せられて眠るが如く長逝された。自宅は手狹であり、且神式で齋場に乏しい所から、少し遠かつたが、青山齋場で葬儀を執行した。生前交遊を絕つて居たに拘らず、陸軍大將であり前首相たる林銑十郎翁が、自ら葬儀委員長として臨まれ、前首相平沼騏一郎男も、かねて東洋文化學會の關係から葬儀に列せられ、名士學者數百人に及んだ事は　餘榮ありと謂ふべきである。

×　×

先生の好學は世にも罕なもので、妻も子も學問の前には問題ではなかつた。從つて妻子は此の學問の犧牲となつて、乏しい生活に惱まされたであつたらう。先生の在塾時代は恰も淡路の廣田、奈良の越智、岡山の中野氏。紀州の槙野氏等と時を同じくし、共に切磋琢磨したので、輪講の席上も至極賑ひ、泊園の百年の歷史中、尤も多士濟々たる時であつた。先生の書物の讀み方は、頗る徹底して居り、通過する處は後に疑義を殘さぬといふ行方で、疑を闕くことを思はぬではないが、解けるだけの疑は必ず解き、科に盈ちて然る後に進むことを忘れなかつた。故に書中の注文や評文など意に適うたものは圈點を施し、意に適はぬ者は眞黑に塗抹して了つた。一時此の風が流行して田口流といつたとも聞くが、此の態度は晩年に至つても變らなかつた。自分等の氣の弱さ、意に適はぬ注や評に遇つても、他日又考へ方が變らうも知れぬと恐れ、思ひ切つた抹殺の決心は出來ぬが、川合先生は此の點に就いて毛頭の未練も殘さぬ所は實に見事な徹底ぶりである。

×　×

泊園の家學は徂徠學であるから、先生は固より徂徠の說を重じたがそれでも鋭い批判の眼は向けられた。故に自分の常識が首肯せぬ所は、徂徠でも仁齋でも、決して回護はせぬ。朱子にしても陽明にしても、是なりと思ふ說は、之に從ふに吝でない。かくして進んだ所は自然淸朝風の考證學等に傾き、多き善書を集めて比較研究に深い興味を持つて來た。其の爲に餘り豐ならぬ收入の中から、少からぬ金子を割いて思ひ切つて大部な、しかも高價な書を惜氣もなく買ひ入れ、家内の至る處書物に盈された。爲に家族は布團を入れる押入さへ無いのを歎いたといふ。世の藏書家は希覯書珍本などと積み上げて誇るを常とするが、先生のは讀みたくて買ふ。買へば直に讀む。讀めば必ず書入をする。然らざれば研究の書付を挿む。故に多くの書物が一として手澤の存せぬものはない。　（未完）

## 本紙掲載 故川合孝太郎先生 論文目錄

一、和刻五雜組ノ刪落。　昭和八年三月發行　即チ新泊園誌貳號

二、漫錄四則
注疏家ノ語法。　同年七月發行第四號
四八目。
天水。　同年九月發行第五號
泰山碑。

三、巽與之言ニ就イテ。　同年十一月發行六號

五、漫錄。　九年三月發行第八號
歷代名人年譜
三餘續筆。　同年五月發行第九號

六、書籍談數則。　十年五月發行十五號
墨子間詁本活本。
吳刻乾道本韓非子。　同年七月發行十六號
蜀大字本孟子音義。
國語正義二十一卷。　十一年十一月發行　第二十二號
戰國策百一集六卷。　十二年一月二十五號
唐宋八家文讀本考異　二卷
扁鵲倉公傳一卷。　十二年五月發行第二十七號
體雅三卷。　十三年一月發行第三十一號
扁鵲倉公傳彙考二卷。
扁鵲傳考異幷備參一卷。

以下洗毫子の怠慢の爲玉稿をいたゞく事が出來なかつた事は誠に殘念である。然し舊泊園誌第五號（昭和三年六月發行）の石濱先生泊園藝文漫談に川合先生の御手紙を掲載された事があつて泊園關係の書籍と城山先生等の事が語られて居たがそうしたものでも結構ですから先輩諸賢にして幸に故川合先生に關する玉稿をいたゞけるならば喜んで本誌に載せて先生の學德を偲びたいと思ひます。

本誌後援 寄附金收受報告（泊園同窓會）

一金拾圓也。　森下博氏

泊園會々費收受報告　昭和十四年度

一、終身會員編入
岡本奇堂氏六ヶ年分十八圓也追加分收受。

川合孝太郎氏。西田長左衛門氏。後藤潤氏
湯淺豊太郎氏。松浦高麗藏氏。淸水小鈞氏
矢野榮三郎氏。田宮恭太郎氏。近藤亦彥氏

泊園　顧問　石濱純太郎　筒井民次郎
的場信太郎　同
岡本奇堂　西田幾太郎

# 泊園

昭和十五年九月廿日印刷（隔月一回不定期發行）
昭和十五年九月廿九日發行（非賣品）
編輯兼發行人　大阪市南區大寶寺町中之町二番地　的場信太郎
印刷所　大阪市西區新町南通五丁目　林泰進堂
發行所　大阪市南區竹屋町九番地（泊園書院內）泊園誌社
振替大阪一三八三九（泊園書院）電南六八二七

## 漢文を尊重せよ

漢文の學習が當今の急務たる事は幾度も説いた。大聲が俚耳に入らないのは致し方ないが、有識者にも餘り贊成されなかつたのは心細い次第である。誰が聞いてくれなくとも、急務であるには違ひないから、今一度でも、何度でも叫ばうと思ふ。汪精衛政權が確立し東亜新秩序が建設されつゝあるんだから、眼前咫尺の間に其必要が迫つて來てゐる。覺醒する事一日早ければ、一日早く國家の爲めになるのである。

何しろ曠古の大事業たる東亜新秩序の事である。間に合せでも何でもよいと、種々なる著作が世に出でゝ、この聖業を翼贊しようとしてゐる。誠に志は結構である。志は結構なんだが、間に合せでは間に合はない。間に合はないなら、まだしもだが、世に害を貽るんでは、却て有害で阻げになるのである。着るものはスフでよい。食ふものは代用食でも差支ない。精神文化が間に合せ、代用品、であつては、百年の大計どころか、十年先きが危ぶまれる。文化は何も窮屈になつてゐるんではない。豐富に存在して、利用されるを待つてゐるのである。それを周章てゝ呑込んで利用しようと云ふのが誤りである。

日滿支三國聯盟が強固に立つて東亜新秩序が完成される。日滿支三國に通ずる漢文々化を省みずして、どうすると云ふのであらう。漢文振興を差置いて、諸君は何を考へ得るのか。東亜新秩序は世界新秩序建設をするのだからと云つて、ドイツ文化イタリア文化が漢文文化より急務ではないんだ。そんな尊洋主義であつたなら、再び我國は誤謬に落込んで行く。東亜は東亜なんだ。此際我國が漢文々化を完全に把握しなくては、滿支の人々は盟主を侮り、新秩序も立たないのだ。

漢文學術の低下を余は恐れるものである。書肆の利益主義か何か知らんが、生半可の漢學著述の多いのは慨嘆に堪えない。我友等がこの時勢を憤慨して正確なる著譯を出しつゝあるが、雙手を擧げて贊成する。頃日吾友丸山恒齋先生は一譯本を携へ來り、誤譯誤讀の多きを示して、紙の少い今日かゝるものゝ存在を許すを罵倒し盡した。最も至極であつた。一例だけ上げると、黄初を譯して黄帝の初からとして、魏の年號であるを知らないのである。この譯者は某大學で、東洋經濟史か支那經濟史を講義してゐるんだから恐ろしい。自分で研究した事がないから、支那近人の著を何かと譯して參考にするんだらうが、何も分らないから、難しい所は脱かして置く、ごまかして置くんだ。よく意味が通じたものと驚くの外ない。漢文を尊重してよく研究しときなさいと、中學生扱ひに忠告でもせねばなるまい。

も一つ例を擧げようか。これは西洋人の本を譯出したんだが、匈奴の王を上虞と譯してゐるさうだ。分つたものでない。洋字で何と書いてあつても、單于である事は恐らく中學生でも分る。譯者は決して中學校を卒業出來る人ではない。餘り澤山譯出してくれると人が迷惑するばかりである。

嘗て故福本竹里大人が語られた事があつた東京で何かの諸要人の會合の席で、支那要人の密書中に子產の計を爲すと云ふ語があるのが皆に分らない、竹里大人なら分らうと聞かれたと云ふのである。鄭の子産が分らないんだ。古い話であるが、現今の諸要人も支那語よりは漢文を知つて置かんと、東亜新秩序も支那人と話が出來るか知らん。せいぜい勉強して貰ひたいものだ。

ひどい例ばかり拾ひ集めると云はないでほしい。まだまだ面白い例があるんだが、遠慮してあるのだ。これ等は漢文初歩でよく分るのである。東亜新秩序へは安南も這入らねばならぬらしい。その安南王は漢文で誄を賜はつたり、國書を書いたりしてゐるんだ。漢文振興を眞劍にやらないと、東亜の盟主が盟主で行けるかどうか。御婦人室と書いては支那人に笑はれるなんかと、近頃よく支那へ行つた人が云ふが、それもさうである。然しそんな事より大なるしくじりが出來ては申譯がない。日滿支に通ずる漢文學術だけは我國が中心にならねばならない。外國の御題目をばかりを唱へてはいけない。

我國には發達し來つた文化がある。その文化は漢文に出てゐるのだ。その漢文を勉強さす事をしないで何が出來よう。之を忘れてゐると後悔の臍をかむとも及ばない。東亜の盟主國たる我國よ、漢文を尊重せよ。（白水生）

**第四十三回泊園同窓會　第七回泊園會總會　泊園講演會　開催！**

一、日時　十月十七日午後一時
一、會場　日本橋北詰角ブラジル舘に於て
一、講演　講題未定　藤澤黄坡先生
　　支那研究の情態　石濱純太郎先生

同窓會及び泊園會懇親會費金貳圓也
同窓會常費金壹圓也
同窓會員の方にて御不參の場合は常費金壹圓御送付を乞ふ

## 説詩樂趣（30）

效尤生

陸放翁の詩に
遊山雙不借。取水一軍持（軍持は梵語淨瓶の義）
不借は草鞋のこと。價が賤しく借るに及ばぬの意である。履もまた不借といふ。
東坡の梅花の詩に
憑杖幽人收艾納。國香和雨入莓苔（莓或は青に作る）
とある。艾納は香の名。松上の莓苔である。本艸及び沈氏香譜に出てゐる。又紅梅の詩に
玉人頩頰固多姿
とある。頩は怒色で普庚切である。神女賦に見えてある。婦人が怒れば面が赤くなる。
作詩の韻を押することも一の巧みである。中秋夜月の詩に尖字を押するに、數首の後に一婦人の詩に
蚌人光透殼。犀角暈盈尖。
と用ひた。又、人が七夕の詩に潘尼（江一作）の字を用ひ、衆人が之に和して詩を成したるものがない。後に藏經を讀んだが、喜鵲を呼んで猧尼といつてある。乃ち讀書は多きを厭はぬといふことを知つた。
古人が妻を稱して鄉里といつた。沈休文の山陰柳家女の詩に
還家問鄉里。詎堪持贈夫。
と用ひてゐる。南史の張彪傳に「我、不忍使鄉里落他處」とある。姚令威いふ、今會稽の人の家里といふも其義同じと。
唐人は親と久しく別れて居つて復歸したのを拜家慶といふ。盧象の詩に
上堂家慶畢。顧與親恩邇。
孟浩然の詩に
明朝拜家慶。須著老萊衣。
附記、今人、父母の生日を家慶といふ。
江涯の間に水禽の魚虎と號するものがある（魚狗ともいふ）翠羽紅首、顏色愛すべきものである。崔德符の通羊道中詩に
翠禽錦帽初相識。魚虎𩽾環獵岸飛。（獵或作掠）
とあるのがそれである。附記魚虎は普通は魚の名「おらじ」といふものである。

誌社　會　人
三原靜美　石崎太郎　岡本勝治郎　寺田英一郎　安達龜造

# 論語講義

黄坡先生述

**子謂仲弓曰。犂牛之子。騂且角。雖欲勿用。山川其舍諸。**

**訓讀**　子、仲弓を謂うて曰く。犂牛の子、騂うして且つ角あらば。用ふるなからんと欲すといへども、山川それ之をすてんや。

**解釋**　子謂仲弓は孔子が仲弓を批評せられたのである。此場合曰の字は不用だといふ説があるが、必しも然らずである　子謂顏淵曰惜哉云々の例もある。犂牛は色々雜つて居る牛である。或は黄黒相雜るの名といひ。東山經の註に犂牛は牛の虎文に似たものとある。虎の様な毛色の牛で色がまじつて居る。これは當時の祭りに犧牲に奉つるには雜色は用ひぬのである。しかし其子が騂という赤の純色であり。且つ角の正しく完全したものであれば、これは犧牲に合格するのである。犧牲は色の純一でなければならぬ。又形が完全でなければならぬ。今角の形などの整正で長短が禮に合てあり、色も赤一色といへば、合格である。周禮に、騂色の牲は、天を南郊に祭る時、宗廟の祭　南方の山川を望祀する時に用ひるとある。郊特牲に牲に騂を用うるは赤を尚ぶなりとある。そこで此牛はたとへ親牛が雜色であるからといふて、犧牲にせずにおかうとしても、山川の神が之をすてゝ置きはせぬ、必ず犧牲に用ひられるであらうといふ意である。用とは用ひて祭に供へることである史記の弟子列傳に仲弓の父は賤人とある。即ち父が不善であつても其子の美を害せぬ。「仲弓は美材であるから父はよくなくとも彼は必ず世に用ひられるだらう」と譬へられたのである。何晏の解が以上の様に説いてあつて、朱子も之によつて居られる。即ち品藻の部に屬し、冉子は必ず世に用ひられると評されたものと見るべきである。

一説に犂牛は耕牛であつて、犧牛に對し賤しいものといふのである。仲弓の父が身分が卑かつたのであつて、不善の人といふのではない。角もたゞ角が有ることで童牛と別つたのである。周正といふ意味はないといふ説があ。るまた通じる。

子謂仲弓は仲弓に謂はれたのであつて、仲弓を評せられたのではない。そして章の意は仲弓に向つて一般に人の賢否を見るに其世系などには關はらずに、其人の取るべきを用ひよと教へられたのだといふ説がある。これは別説とすべきである。

**子曰。回也。其心三月不違仁。其餘則日月至焉而已矣。**

**訓讀**　子曰く。回や、其心、三月仁に違はざれば、其餘は則ち日月に至らんのみ。

**解釋**　此章は從來、古註も新註も其他の諸家も一様に、孔子が顏回をほめて、其人は三月の久しい間も心、仁を失はぬ、他の門人は一日一月、仁に至るのみであるといふ風に、他の門人との優劣を語られたものと解いてある。伊藤仁齋は、其餘は蓋し文學政事の類をいうたものだ「其餘は觀るに足らず」の其餘と同じと説いて、單に顏淵を美められたものと見てゐる。

徂徠物子は全然此等と解を異にし、孔子が顏淵に教へて學は仁を以て急務とすると語られたものと説かれた、而して其説が最も正鵠を得て居ると思はれるのである。曰く、回也とは、賜也とあつたのと同じく、顏子を呼んで之に告げられたのである。三月とは假設の語であつて其久しきをいつたもの。日月に至らんのみとは、日日に至り月月に至るの意であつて、至るとは知至るの至ると同じく、其ものが來りて我身に得ること。即ち仁に違はずとは仁に依ると同じである。依と違と相反對した語である。仁も一德である、先王の道に德とするものは衆多であるから、仁を以て德の全部とはいへぬが、しかし先王の道は安民の道である。安民の德を仁といふ、他の德は衆いが皆仁を輔けるためのものである、だから孔子は依於仁を教へて居られる。其心がいやしくも仁によれば、其他の衆德は皆自然に來り集るといはれたものだと。其心は學者の心をいふのである。即ち此章は教學に屬し一般の學問の心得を顏淵に語られたのであつて、顏淵を批評せられたのではない。

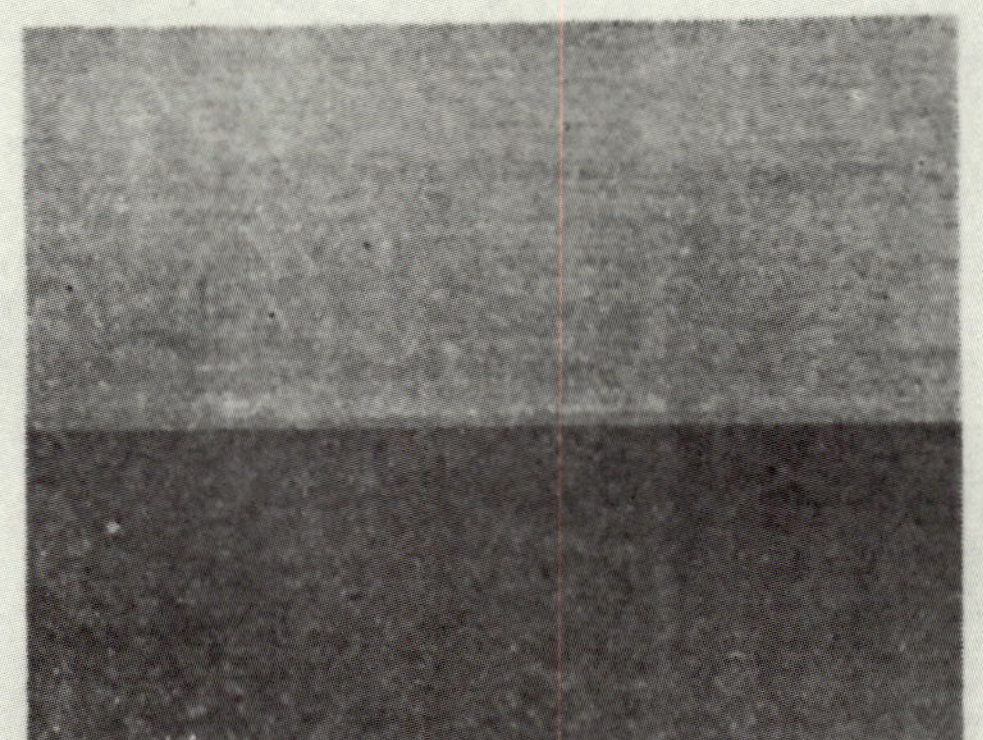

**季康子問。仲由可使從政也與。子曰。由也果。於從政乎何有。曰。賜也可使從政也與。曰。賜也達。於從政乎何有。曰。求也可使從政也與。曰　求也藝。於從政乎何有。**

**訓讀**　季康子問ふ。仲由は政に從はしむべきか。子曰く、由や果なり、政に從ふに於てか何かあらん。曰く、賜也政に從はしむべきか。曰、賜や達なり、政に從ふに於てか何かあらん。曰、求や政に從はしむべきか。曰、求や藝なり。政に從ふに於てか何かあらん。

**解釋**　此は品藻の部に屬し、三子の長ずる所を語られた章である。魯の卿の季康子が孔子に、「仲由の子路は政事に從はしめられますか」と問うた。この從政は大夫となつて國政に參與することをいうたものである。左傳に「晉の政に從ふもの新なり」とあるに據つて、執政となることと説く人があるが、必しも執政といはないでよからう。孔子の答に「由は果敢決斷といふ點に長所があるから、政に從ふに何の難きことがあらうや」といはれた、つまり政事に當つて優柔不斷は紛糾の本である、果決を取られたわけである。何有は古註に難からざるをいふとある。次に子貢を問うた。孔子は「賜は達であるから」と答へられた。達は孔註に「物理に通するをいふ」とあり、朱子は「事理に通ず」といはれてあるが。理に通ずるといふ語は極めて廣い語であつてこれといふて把握し難いものである、殊に宋學以後の空理を主張して實用のないものは駄目ではないか。そこで徂徠は「達は蓋し國體人情に通じ滯凝することが無い」と説いてある、惟ふに一理を執るものは、古に拘はつて今に悖り、又は新に就て舊を忘れ、又は一利を興して一害を生ずる様なことが多い。易に往來窮らざる之を通といふとあるが、達は通であつて、明に通して拘り滯らぬ意だから、徂徠翁の解が明瞭ではないか。次に冉有を問うた。孔子は「求や藝あり」と答へられた、古註に「才能多きをいふ」とある、冉有は經濟の方に長じて居る、また多能から得る所のものである。此等の人材は皆其天性から生して學修によりて大成せられるものであるが、政に從ふには其活用上から見て、此等各々其實用があるのである。程子の説に、惟だこの三子のみでなく、人各々長ずる所があるから。能く其長を取れば皆用ふべきだといつてあるが、これはあまりに輕々しい説であつて、この章の從政といふ點から見れば、適當せぬ意見といはねばならぬ。

藤澤成太殿

最近南支派遣軍落合部隊渡邊部隊寺島隊に

石濱純太郎先生

御住居の町名が住吉區[illegible]

泊園書院

月　孟子　午前六時半／午前七時半
午前八時半／午前十時
午後二時
午後七時／午後九時

木　孟子
禮記
杜甫詩集

金　淮南子
説文
管子

## 達心志齋讀書記　大壺

「東洋文庫朝鮮本分類目錄、附安南本目錄」を貽られた。想起す、余が東京に遊學中、大學圖書館に朝鮮本の多數に存するを見て、これ等の解題提要を作つて置けば、必ず將來に役立つと思ひ立つて、一部宛借り出しては目錄を寫し、分る事を記しかけた事があつた。當時はさう何處にも朝鮮本の蒐集などがない誠に特志の心掛けだつたが、何部も出來ない內に、外の研究もせねばならないので中止の已むを得ざるに至つた。歸阪後に朝鮮群書大系が出版されるし、舅父大城戶石仙先生から文獻備考や何かを貰つて喜んだが、別に朝鮮を專門にする氣も無いものだから、段々緣遠くなつた。今この目錄を手にすると、多少感慨がないでもない。朝鮮本は其後あちこち蒐集され、たしか當地の府立圖書館にも少しは來てゐたと思ふ。朝鮮書は朝鮮總督府で朝鮮圖書解題が出刊されて、研究に便利になつてゐる。朝鮮史には今西龍博士の朝鮮史の栞がある。專家の解題であつて最もよい。其外いろいろ專門の論述もあり、思へば隔世の感がある　本書に吳大澂の毛公鼎釋文の寫本が著錄されてゐるが、朝鮮寫本なんだらう　寫本の素性でも明記せぬと妙に思はれる。

安南本も近頃は東西兩京に蒐集されて來たこれも漢文々化の一派だから、分る名前丈でも集めて、一の目錄を作つてやらうと、考へた事もあつた。それが今では目錄も出たし、又かく所藏の圖書館もある事になつたんだ。明治の初年に引田利章が大越史記全書を校刊したんだが、高閣に束ねて、殆んど利用されなかつた。我武維れ揚がり、漢文々化の中心は我國に移つて來る。百年の大計は文化の把握に在る。先醒の遺風を承述して、諸國をして仰いで敎を請ふに至らしめねばならない。

書誌學第拾五卷第二號に林秀一敎授は「日本孝經未刊本目錄」上を揭げて、君の博綜の成果を發表した。內に木澤天齊と楠天童との孝經註を紹介して、兩書同一なれども、その關係は不明と出てゐる。木澤天齊と楠天童とは同一人だから、兩書同一のもので、どちらか々初稿本、どちらか々再稿本なんである。楠天童本の方が校定本でないかと想像されるこの人の先祖は楠公に出づるから、楠姓を稱し、後に紀伊國木澤村に住したから、木澤を氏とした。著書八百卷と云ふが、近年稿本類が世に出でた。弘文莊待賈古書目第十號には經傳設蕝天部の周易と、老子解とが、寫眞入りで出てゐる。余も亦木澤氏遺書の中の竹窓文集並諸家と題せる一冊を得たが、其中に天童の墓碑銘があつた。別に寫錄して世に貽りたいと思つてゐる。

又源芳孫の孝經通解を擧げて高松と號すと注してある。高松は氏である。彼の著は日本儒林叢書の論辨部に抱腹談が收められ、續々日本儒林叢書には正學指要が採入されてゐる正學指要の一には、倭語假名書の孝經等の草藁がある事を云つてゐる。これがその原稿なんだらう。芳孫の傳は詳かでないらしい。

## 黃坡先生文藻

### 氏井上等兵墓碑

河北四宮村氏井豐太郎君從先子學。其子一夫在關西大學。亦學於我焉。昭和十二年卒業。爲法學士。其冬入步兵第七十七聯隊、時皇師西討。一夫亦以四月念九。上征途至山西省臨汾。編于川岸部隊。屬于眞野部隊五井隊。轉戰數次。至猗子縣姚村而得病就療于太原豫備病院。遂不起。實十一月十日。距生大正二年六月十六日。享年二十六。閑宵學拳法。鍊達其技。衆謂當勇戰樹功。而功狀未至。乃聞其訃。莫人不惜之也。朝旨叙勳八等。亦可以瞑也。

### 念祖碑記

小山氏北攝之名族。而清和源氏之裔也。元祿之際。佐兵衛忠義者釋劒而採鋤。後世以代官里正爲民望。八世曰勘左衛門。明治之初任戶長。能宣新政於民。篤信佛。寫法華經一石一字。今存于其家云。長子定治郎任村長。有治績。明治末年官旌爲自治功勞者。叔邦太郎出嗣浪華粟谷氏。改稱喜八。以販茶爲業。爲其商組長。又爲全國茶業組合副會頭。航海至米國。致力擴張販路。官賜金杯。旌爲實業功勞者。乃與於特別拜謁之榮。又爲大阪府會議員者多年。以自治功勞者。受內務大臣之表旌。調停法之施行也。任調停委員者有年。又爲司法大臣所旌獎。頃日來請曰。今茲迎紀元二千六百年。皇道之隆。寰宇無比。洪恩宏敷。草莽微臣得與致涓埃。實聖明之餘澤。祖宗之遺德也。請貞石以紀不諼之忱。余曰。可哉。經曰。君子之事親孝。故忠可移於君。忠孝一致。斯道爲然。君曰。以我之學于泊園也。先師之壽筵得其移孝二字。是可以爲題乎。余曰。得其所哉。得其所哉　乃爲記

## 好治間事室藏書記　大壺

明治九年摸寫諸錄　一冊

誰氏の寫錄せるものなりや詳かでない。卷尾に識語がある。左の如し。

所集於此者、池田西藤澤之三大家也。余友人共携此集、示余、余取而寫之、亦示好詩文者云爾。　寫字生識

試みに目錄を編して搜索の便に資す。

養老會記
秋陽先生吉村君墓碑
送馬先生歸備前州序
送久保田生東游序
讀闢邪小言
與春日潛菴書
復東崇一書
讀楚辭
與濟庵兒書

撰右文者山陰但州池田草庵者也。記之者某也。于時明治十有一年春王三月、援筆於黃薇誠意學館焉。方此時夜深、是以文字誤謬、雖多莫尤。余自去年孟春、至今年晚冬、得文凡二十篇、綴爲一本、自樂舊情之痕迹耳、何望他之觀乎。慶應三年丁卯臘月、西江潜史橋精引。

余朋友某以此文示余、乃受而見則有感動。猶加其評者西先生也。於是乎益有感也。故摸寫於此巳。

呈秋珮成田先生書
題盲人窮犢圖
讀東湖先生正氣歌
與霜山某書
觀月樓記
與嶋村溫甫書
守株說
書餅說
七面草說
呈都合香川某書
教孫升木說
問鼎輕重論
擬上意見封書
蠟燭說
雜說
闕題（按當題曰讀日柳燕石皇國千字文）

以右文爲橋下西江之文也
送永原子謹護囚人之藝序
是皆西江也、可看參也

最後のものを併せて十九篇　脫落があるらしい

祭春谷久松君
徂徠物先生贊
華岡青州翁贊
社祈銘
瓜杖銘
某翁像贊
龜贊
題遊播紀行後
自題眞
題病占考後
題麟鳳扇背
題蕣園讌集圖
跋書譜帖
祭阿弟穀文
示塾生文
鈍魚說
醜女說
和漢辨
告徂徠物夫子靈文
擬大石良雄檄諸士文
田橫論
與錢梅谿書

右撰文者、浪華儒客東畡藤澤先生也偶朋友佐野重久者示、余於此嘉其文之妙絕、摸寫之焉。于時明治十一年歲次戊寅春王三月龍日。

南岳夫子詩叢
詩二十六首を收め、終りに祭先考東畡夫子文を附す。細目は略す。

鐵肝集
南岳先生の詩集らしい。七首のみで、然も最後の擬野馬臺詩は中途で截れてゐる寫し終へなかつたものらしい。

觀魯土戰爭圖而書
西毅一の文である。

以上の通りであるから、三先生の文と卷尾にあるのは當らない、池田草庵、橋下西江東畡、南岳兩夫子の詩文と、西先生一篇とである。表題も原本の表題で、これはそれの副寫なる事も各々の識語で明瞭である。或は明治九年に思ひ立つて寫し始めたのかも知れない。諸先生は偖て措いて、橋下西江の文はこれにのみ存するかも知れない。此冊子の背に安達清風の四字がある。位置が紙の上右にあるから、自筆と見られない。安達清風は維新の勤王志士の一人、自筆であつてこの書の所藏者だつたら、余は喜ばざるを得ないが、さうではなからう。本冊は誤記を極めて多い。

屬し頗る元氣で軍務に御勉勵の由御消息がありました。

御住居の町名が住吉區……改名になりました

院日課表

## ―憶槃山川合先生（下）―

如石生

川合先生は非常な博覽强記で書として讀まぬ所は無かつた。されど學問として志した所は無論經書であつた。經書も朱子や陽明の様に、自己の學說を先づ作り上げて、古人の所說を以て之を裏書するといふ行き方ではなく古書を文字通りに正しく解釋して　そこから大聖賢の思想に直接觸れて行かうと努められた。

それには古書に有り勝な誤謬や脫落を校訂せねば、聖賢の眞意は明にならぬ。此の意味から清朝の考據學を尊重し、諸種の經解を讀破したのみでなく、自身でも大分校合に力を費された。又字句の解釋や句讀の切り方にも注意され、世の略大義を知れば足るといふ風でなく、必ず尋章摘句、善解を得ねば措かなかつた。

爲に廣く善書を集めた。善書といふ程でなくとも、多少なりとも參考となるものは、和と漢とを問はず蒐集した。刊本が無ければ寫本を、寫本が手に入らねば、人を賴んで寫させた。又自分でも寫した。而して手に入つた本は必ず一讀し、表紙を更め綴糸を修理した故に先生の藏書には讀んだ形跡の認められぬ者は、寄贈本以外には一冊もない。

×　×

先生は經書を主とされたが、其の讀んだ書物は決して經書に止らず、歷史も諸子も、詩文集も涉獵せぬ所は無いと謂ひたい程廣い。而して歷史を讀めば必ず地理を調べ、啻に其の地の所在を知るのみならず、それが天下に及ぼす關係まで究めねば止まぬといふ風で、古今の沿革地圖の如き　手の屆く限り集めて居る。故に中學生や高等學院の生徒にまで、必ず地圖を書いて教へる　戰爭の推移や外交談判の經緯など手に取る様である。諸子に至りても老莊荀韓等其の思想の因る所を明にし其の分るゝ所を辨じて、其の人を描き出して隱るゝ所はない。詩文は餘技、文は時に草せらるゝが、詩は殆ど作られなかつた。しかし古人の詩文集は其の總集たると別集たるとを問はず、一應目を通して、學問研究の資料に準備して居られた。そして記憶も善かつたが又まめに書き留めて備忘の用に供してある。

かく博く見博く閱くが、それは結局經書研究の爲の手段に過ぎなかつた。故にかくして得た廣い眼界から、振り反つて經書の野を眺め渡して獨り自得して居られた樣であつた。

×　×

經書の研究は遂に文字の古義を明にするの必要を感じ、晩年は小學の領域に踏み込み、段氏の說文解字の注から、吉金文に入り、古銅器は資金に於いて手におへぬから、自ら蒐集することはしなかつたが、有らゆる機會を失はず、之を見て研究の料とし、龜甲獸骨文字の拓本などは目を通さぬ者は無いと思ふ。

小學にはまだ開墾されない荒野が多い。一たび此處に鋤を入れると　其の面白味に眩惑されて、歸路を忘れる學者は少くない。先生も其の御多分に漏れず、最初の志を超して或は必要以上の境にまでも進んだかも知れぬ。從來の日本の學者として嘗て到達した事の無い深山幽谷にまで分け入つた事と思ふ　それが唯の鑑賞態度でなく、綿密な先生一流の研究法で、往々說文の大權威者たる段玉裁の誤謬をさへ摘出して居られた。此の講義を東洋文化研究所で順次なされる筈であつたが、第一回ぎりで永久に聞くことを得ぬ樣になつたのは、學界の爲に惜しみても餘りある者である

×　×

先生の藏書はどの位有るか、目下調査中であるが、在野の學者として稀に見る分量である。內容は諸方面に涉りて居るが、說文に關する者が一番揃つて居る。これは先生の誇とされた者で　內地の圖書館では之に勝る者は有るまい。一部數百圓の大物から、現代諸家の學術雜誌まで、よくも見付けたものと驚かるゝ。一度說文に關する書籍だけ陳設して、同好の士の展觀に供したいと思つて居る。

書籍は非常に大切にされ、一々箱に入れてある。箱の無いものは新聞紙に包んである。唐本などの表紙の損じ易い者は皆茶色の日本表紙と取り替へ、綴直してある。初は製本屋に命じて居つたが、後には自ら製本して居られ、製本に要する道具は一切揃へてあつた。或人が之を見て、かうしてあれば讀むには便利だが支那味が無くなつて趣味に乏しいと評して居た。

書物の取扱に一風變つて見えるのは、帙に入れても箱に入れても、書物の順序をかまはず互ひ違ひに積んであることである。一見不揃の様に見えて體裁が惡いが、綴目の處が重りて、書箱が傾くのを防ぐ爲であつた。又小口なども丁寧に書いてあり、若し書けない時には必ず書名札を添えて檢索に便にされた。其の箱には一段毎にナフタリンの粉を新聞に包んで入れてある　蟲に食はれることを恐れるからである。臨終最後の言は、其の娘に對して、書物を整理して雨に濡さぬ様にせよ、決して賣るではないぞといふのであつた。賣るなとは商人の手に渡して一部一部散亂せしむるなといふ意である。生前より東洋文化研究所の關係で、男爵平沼騏一郎氏の文庫に入れる約束であつた。一應の整理がついたら、槃山遺書の目錄を作つて、然後に平沼文庫に送ることにしよう。

×　×

先生の遺族は長男は德太郎君といひ、東大出の林學士で今靜岡縣に奉職して居る。次男淳君はパラマウント映畫會社の高級社員として働いて居り　三男融三君は陸軍少尉で今中支方面の戰場に居る。一女廉子君あり、不幸にして夫君を喪ひ、一男一女を養育しつゝ、目下遺書を守つて居る。

遺骨は谷中天王寺の先塋に葬られた。

### 夏より秋へ

天野みどり

朝風に並木の青葉さと揺れて香を零す衿足の邊に

寄りつ離れつ飛びし番の蝶去にて庭の青樹の夕風に鳴る

茜さす夕燒雲の涌ぐ山に火の粉と揚る小鳥群鳥

山手より雲ふき亂す風すぎて合歡の青樹の揺れの大きさ

雨あがり簾に匂ふ夕月夜軒端かすめて蝙蝠の飛ぶ

### ◆泊園書院記事

◎九月二日開講

◎藤澤家法事　佐竹氏三十三回忌並に黃鵠先生十七回忌は去る八月十五日生國魂町齡延寺に於て相營まれたり

◎泊園同窓會幹事會

◎泊園會常任理事會　は九月八日二者を併合、石濱先生、中山潔　佐藤寬九郎、西田幾太郎、松浦捨吉安達龜造の諸氏書院に集り同窓會及び泊園會總會た就き種々協議せられたり。

### ◆會員消息

◎在滿洲國〇〇の澤田雅好君よりの消息「拜啓　暑くなりました。支那へ來ても一向支那人らしいのにはまだぶつかりません共と共に未だ一人前の兵隊でないのは我乍らなさけないです、暑さに向ひます故お大事に、院内の皆樣によろしく」

◎藤戸　基氏　九月一日御逝去

◎岡田尚齋氏　九月七日御逝去

謹而哀悼の意を表す

◎同窓會員名簿は時局柄本年度分は廢止します

### 本誌後援寄附金收受報告（泊園同窓會）

金貳拾圓也　關西吟詩會殿

常費　金貳圓（二ヶ年分）　多田黃山氏

常費　金壹圓（一ヶ年分）　殿水快順氏　石崎太郎氏　佐藤寬九郎氏

### 泊園會々費收受報告

金參圓也

三川啓明氏　多田黃山氏　佐藤寬九郎氏

泊園同窓（會）

顧問　石濱純太郎　的場信太郎　筒井民次郎

同　岡本奇堂　同　西田幾太郎

# 泊園

六條照傳氏。市川紂三郎氏。岡本英三氏
竹原翠氏。竹田津永安氏。庭山和男氏
田中太郎氏。尾中郁太氏。在友與五郎氏
森下博氏。鍵田春雄氏。門脇才藏氏
門脇禎二郎氏。芝田弘淳氏。湯淺豊太郎氏
吉宗耕英氏。玉置永彦氏。多紀仁之助氏
石黒景文氏。藤本木田氏。清水晋三郎氏
尾崎邦藏氏。渡邊太庸氏。平泉豊三郎氏
阿部茂七氏。片山太門氏。小松原謙三氏
加藤亮吉氏。岡田太郎氏。橋本梅三郎氏
岩田藤三氏。辻　蒼石氏。村上吉五郎氏
沖本三郎氏。中山　潔氏。豊田國三郎氏
村田安穂氏。楠　正然氏。島田喜十郎氏
安達龜造氏。松浦捨吉氏。的場信太郎氏
三宅太郎氏。喜多島鮮象氏。石濱敬次郎氏
松井政吉氏。和田達源氏。藤原新三郎氏
後藤潤氏。古谷熊三氏。淺井佐一郎氏
菊池暈太氏。岡田八右衛門氏。松浦高麗三氏
中山源次郎氏。篠田嵐峰氏。清海清氏
金戸守氏。以下次號

昭和十五年十一月廿七日印刷　(隔月一回不定期發行)
昭和十五年十一月廿九日發行　―(非賣品)―
編輯兼發行人　大阪市南區大寶寺町中之町二番地　的場信太郎
印刷所　大阪市西區新町南通五丁目　林泰進堂
發行所　大阪市南區竹屋町九番地(泊園書院内)　泊園誌社
振替大阪一三八三九(泊園書院)電南六八二七

## 論語講義

黄坡先生述

**季子使閔子騫爲費宰。閔子騫曰。善爲我辭焉。如有復我者。則吾必在汶上矣。**

**訓讀**　季氏、閔子騫をして費の宰たらしむ。閔子騫曰く、善く我がために辭せよ。もし我をふたゝびすることあらば、則ち吾必ず汶のほとりにあらん

**解釋**　德行の部に屬すべき章であつて。閔子の志行を記録したものである。魯の卿の季氏が孔門の閔子騫(名を損といつた)を用ひて自分の領邑の費の村おさとせうとした。閔子は固より其志す所が大きいから、大夫の家に仕へるを欲しない。よつて其使者に曰ふに「善い樣に斷はつて、またと召ばれぬ樣にして下さい。もし復た召びに來る樣な事があれば、私は魯には居らぬ。去つて汶水の川のほとりへ行つて仕舞ふだらう」といつた。汶水は齊と魯と兩國の地を流れてゐるらしいが、こゝは一般に齊の地をさして汶上といつたと解してある。

さてこの閔子の季氏の臣とならなかつたといふ意中は、何故であるかが問題である、古註ではたゞ「季氏の宰となるを欲せず」とのみあつて明でない、程子も「仲尼の門、能く大夫の家に仕へざるものは閔子曾子數人のみ」といつてゐるだけである。史記の弟子列傳には「閔損は大夫に仕へず、汙君の祿を食まず」とある、此章に本づいたものであらうが、汙君といへるも上の句のひゞきと思はれる、即ち季氏の家に不滿がある樣にも見える。しかし孔子も季氏の吏となり、門人の子路冉有も之に仕へて居つて孔子は別に之を非難して居られぬのを見れば、季氏を非とするは他の考へを雜へた見方でなからうか。集註の謝氏の説は明かにこの類である。學者が内外の分を知れば、道を樂んで人の勢を忘れるといひ。季氏の不義の富貴を視ること犬彘もたゞならずといひ。由の如きは其死を得ず、求や季氏のために附益せるは其本心ではないが、先見の明がなく、又亂に克つ才がないのだ。然れば閔子はいかにも賢である。といふて居るが、此論は甚だ危激な説である。家説は單に閔子の志が大きい、即ち諸侯に事へて其國を治めるにあつて、大夫の家臣となるを屑しとせぬのであると見てゐるのである。

**伯牛有疾。子問之。自牖執其手曰。亡之。命矣夫。斯人也而有斯疾也。斯人也而有斯疾也。**

**訓讀**　伯牛疾あり、子之を問ふ、牖よりその手をとりて曰く、亡せり。命なるかな。この人にして斯の疾あること、斯の人にして斯の疾あること。

**解釋**　伯牛は冉耕の字である。其人が疾にかゝつたので、孔子が見舞はれた所。伯牛の家人が病人を南の牖の處に臥させて孔子に南向になつて之を見しやうとしたから。孔子は牖の方から其手を執られて、「亡せり」即ち死亡するかと嘆かれ、かつ曰はれるには、「天命である、此の樣なよき人物にして斯の樣な疾に罹るとは、天の命だ。」といはれた、二度繰り返して言ふたのは情の迫つた所である。この語はたゞ其人を惜んだばかりでなく、道の行はれぬことを嘆かれたものであらう。命なるかなは王父の説は道を嘆じた語と見てゐるのである。顔淵の死に「天、予を喪せり」といひ、子路のために「天、予を祝てり」といはれたと同意であるといふのである。美材を喪ふを哀まれた章で、品藻に屬する。

古からこの伯牛は惡疾であつたと傳へて居つて、淮南子に伯牛厲たりとある。史記にも惡疾とある。即ち癘である。そこで包咸の注に牛は惡疾のために人を見るを欲せぬから、孔子も室に入らずして牖から手を執られた。と解して居る。朱子は少し變つて居るが、牖の外から手を執つたといふ解は同じである。しかし牖の外からといふのは妙である。或は明るい方からであつて易の「納約牖よりす」と同じ字だといふ説もあるが。中谷南明子が牖下よりすることだと説いて居る、今之に從うて置く。(第四十一講)

## 泊園書院表彰さる

皇紀二千六百年式典を行はせらるゝこの佳き歳に、教育勅語御下賜五十周年の記念のこの良き時に、我が泊園書院、我が黄坡夫子は表彰せられ給ふの光榮に浴した事は、夙に新聞紙上に公表せられたので、我等及門の者共も齊しく慶賀に堪えない次第である。

謹んで案ずるに、東畡先生が泊園の學を創め定められてから、三世四代我が黄坡夫子に至る迄、綿々百有餘年の間、世風の隆替、學術の興衰、人情の厚薄、種々なる變移は免れなかつたが、皇道を賛襄し、人心を維持し、道德を推崇し、斯文の一綫を固く守り、邪説を百世に專ら斥けたるは、既に周く知られてゐる所であるが、今復た此の如く記念すべき皇國大典の歳に表彰せられたるは眞に難有い事と衷心より切に感ずるのである。

是れ固り泊園諸夫子の赤誠の致す所、固り我等が賛し得たのでないが、此の如き榮譽を屢々荷へる我が泊園書院を愈々隆盛にし、我が諸夫子の遺志を推擴し、黄坡夫子の御事業を益々恢宏するの義務が及門の我々に在ると信ずるのである。然もそれが泊園一家の爲めでない、大政翼賛の各々の職場に於ける臣道實踐の爲めである事は表彰の榮譽に於て明かに示されてゐる。我々は此際に於て此事を特に再思三省して置くべきものである。(石濱純太郎)

## 第七回泊園會總會々計報告

一金貳千四百拾四圓參拾五錢也　基本金及前期繰越金
一金參百七拾貳圓也　會費百二十四口收入
一金七拾五圓也　終身會員寄附金收入
一金八拾壹圓七拾九錢也　利息
◎收入合計金貳千九百四拾參圓拾四錢也
一金貳百圓也　泊園誌補助金
一金七拾四圓四拾六錢也　總會費及消耗品代
◎支出合計金貳百七拾四圓四拾六錢也
◎差引殘高金貳千六百六拾八圓六拾八錢也
內譯　金貳千參百圓也　泊園會基本金
　　　金參百六拾八圓六拾八錢也　後期繰越金

◎以下泊園會報告事項紙面の都合に依り次號發表の豫定。

# 支那研究の情態

石濱純太郎

支那研究の情態と云ふ大きな題を出して置きましたが、中々さう大きい事を申すのでありません。何分にも時局が段々進んで參りまして、愈々蔣介石が頭を下げるのかと待つて居りましたが、此處に歐洲の大騷亂が起つて、延いてはアフリカに及び、アメリカは參戰するせんの有樣となり、今度は東亞へも飛んで援蔣國が我々をも其中へ引込まうと云ふので大變な事となりました。支那事變は汪精衞諸公が東亞新秩序への參加、正統國民政府の樹立で順序立つて來たのに、援蔣國家の爲めに阻碍されるのは天下の不幸でありますが、致し方ありません。苦しい時には何を仕出かすか分りませんから、我々は確り新體制を組んで、不動の態度で行かねばなりません。

それでも支那事變はどうやら何ほど爲政府の蔣さんがもがきましても、もう建設時代であります。我國としましては何としても後の建設宣撫の研究時代であります。いつも絕えた事のない匪賊まがひの僞軍などは我が忠勇無雙の軍隊のお蔭で何も出來ません。そこで愈々安民の經世策の必要が迫つて居ります。勿論我が官民共に早くからいろいろ對策がある事でありませうから、我々は安んじて銃後の强化により之に應ぜられる樣準備しとけばいゝのでありますが、何分にも支那は廣く久しい國ですから、さう手ツ取り早くは參り難いでせう。我國がウント支那を了解して置かない限り中々難しい。勿論眼前應急の救難策が大必要ですが、將來に渉つて日滿支相携へての新秩序には深い研究の根底の上に立たねばなりません。さう云ふ根底のある研究と云ふ事になると、上下四千年南北幾千里の支那である上に、優秀なる傳統の學術を持つて居る國の事でありますから、中々難しい。この傳統の學術は固り古くから我國でも研究されてゐたのでありますが、今度は一層努力して彼國の人にも感心させる程でなければなりません。支那傳統の學問は日本に學ばねば分らない、日本に聞かねば眞を得難いと云ふ程でないと、滿支の人々に我國が輕蔑されはしないか。支那國粹の學問を日本ではよく分つてゐないなどと云はれては、どうして新秩序を指導して行けませう。

私等はさう云ふ方の學問をしてゐますから、どうかして今後は我が漢學をして日滿支の漢學の中心たらしめたいと、窃かに念願して努力してゐるのであります。力足らず、たゞ念願のみに墮せしめやしないかを恐れてゐます。さうでありますが、此處に妙な情態を生じて居ります。滿洲事變以後、滿洲、支那、東亞と云へば、誠に學生諸君の興味を感じてゐる所で當然な喜ぶべき事でありますが、どうも斷然これ等東亞の學術研鑽に從ふ人が少ないのであります。非常な興味を持つに關らず、從事したいと思ふ人々が少いのであります。承ります所によると、どこの大學でも、支那關係東洋關係の學科の學生が增えない計りか減りつゝあるのであります。どう云ふ原因でありませうか。それに反して世間の需要は非常に增えつゝあります。支那の研究部と云ふものが公私共に增設されて行きます。その要員は固り支那傳統の學術を修めた人の方が入るのでありますし、諸學校もどん／＼かゝる人を要求して居ります。それにそれに應ずる人がない。各方面共に人的資材不足を叫ばれて居りますが、此方面でもさうであります。然し焦眉の急に迫つて來る支那研究が衰へると誠に國策に培ふことが出來なくなりませう。新秩序の漢學がどうなりませう。その原因はジミであるから、或は興味を持つた學生も古い事の研究はジミであるから、ハデな新しい支那の研究に走つて居るのかも知れません。いやそれも大變に必要な事だから喜んで宜しいと思ひます。ジミな研究などはさうドンドン增えなくとも宜しい、たゞ之を新東亞の漢學の中心となす爲めには人が減るのではいけません。いけない例はもうボツボツ出て居ります。事變以來支那關係の書物が澤山出て來て居りますが、タマに讀んで見ますと、途方もないものが見當ります。それも新しい支那の研究に關する方が多いらしい。それでは尚更に困る事であります。古が無ければ今は無いし、又今が無ければ古もありません。古今を見渡して見ましたら古でないものも無ければ又今で無いものもありません。古に通じて以て極を立て、今を知つて之を體するが、學術の目的でありませう。古に通ぜずして何で新が分りませう。新しい研究をするならば古に通ぜなければ支離滅裂です。だから新秩序の漢學の爲めにはこんな減少情態は困るのであります。これを救ふ方法は皆さんの御研究を請ひたいのであります。

所で今日私が御話しようとする支那研究の情態と云ふのは支那研究全體に渉つて申上げるのではありません。さう廣い情態の事は私などによく分つてゐるのではありませんし、若し分つてゐるとしましても、少しの時間では難しいでせう。我國現下の要求してゐる支那研究は凡ての方面に於て廣く深いものでありませうが、さうは私には出來ません。自分が聊か從事してゐます方面を中心にして申上げるより外ありません。隨つて新しい支那の研究と云ふよりは古い支那の研究であります。然し今申上げました通り、この古い支那も新しい支那の親でありますから、その了解、その研究の認識は十分なる必要があるのであります。

支那の研究と云ひましても、私の考へます所によりますと、それは支那人の支那研究が最も良いのであります。支那の人が己れの國の研究をするのでありますから、他國の人の研究とは自づから勘が異つてゐて、眞を得易いのは當然の事であります。言語風俗の異なる外國人では、思はぬ感違ひと云ふものが生じます。これは自明の事であります。それでありますから、支那研究と云ふ事も畢竟は支那人の支那研究の研究と云ふ事になるのでありませう。固より廬山に入つて廬山を見ずで、自分が其中へ這入り込んで仕舞ふと、却て其姿が分らないもよく有る事です。私の如く寫眞で廬山を見て知つてる位の方が、廬山中で生れて廬山中で一生を送り死ぬ土地の人よりは廬山がハツキリしてるかも知れません。だから支那人の支那研究が最良でありますが、その研究を研究する外國人の研究が却て眞相を得る事も多い。固より內外兩方から遺憾なく見盡さねばなりません。さうして眞相を研究した上で、我々は我々の國から見た批判を持たねば、我々の支那研究になりません。支那人の支那研究に沒頭して支那人同樣になつてしまつては結局支那人の研究で、我々の研究ではありません。注意しなければならんと思ひます。

そこで支那人の支那研究はどうかと申しますと、古い所は正史を中心として纒められたものが澤山あります。御承知の如く汗牛充棟もたゞならぬ支那の豐富な文献がそれであります。これ等の古書をよく支那研究の材料と申しますが、純然たる材料もありますが、編纂されたるものも支那人の研究を織込んで居るのであります。正史などは其例であります。古い歴史は役に立たんと思つてはいけません。世間に知られてゐる昔の文献の事を今日は特に申上げるつもりはありませんが、何しろ支那の樣に豐富なる文献を持てる國はありません。乃ち其國人が其國をよく研究してゐるのであります。これはよく了解して頂いとかねばなりません。所で支那が外國から多大の影響を受ける樣になつてからは、外國の學問の影響を受けて、學者の中には之を世界共通の眞理と見て、それによつて自國の研究をする人が出來て來ました。これも外から見た研究で悪くはありませんが、自然に脫線して外を尊ぶ風になります。それもまだ關ひませんが、これが政治運動に關聯しますと研究からは脫れて行きます。例へば支那に於ても左翼の研究で混亂を起して居りました。滿洲事變支那事變の前などはこれであります。今だに蔣さんが共産軍に引づり廻されてるのもそれから緣を引いてるのでせう。これ等に反對の人々もありますが、たゞ學術の研究に逃れる人々は政治に關聯するのを欲しませんから、表向いては出ませんが、舊文献の流傳には力を

◆洗　毫

記事輻輳の爲め茶谷先生の玉稿を割愛させて

泊園書院

月　孟子　午前六時半七時半
孟子　午前八時半十時
午後二時
午後七時九時
木　孟子　十八史略　分類詩選　禮記　杜甫詩集
金　淮南子　管子　説文

泊園　顧問　石濱純太郎
同　的場信太郎
同　岡本奇堂
窓　同　筒井民次郎
西田幾太郎

頂きました、一月號に掲載する豫定でありますから不悪御諒承願ひます。

院日課表

| 火 | 水 |
|---|---|
| 准南子 | 休 |
| 十八史略 分類詩選 | |
| 杜甫詩集 禮記 | |

| 土 | 日 |
|---|---|
| 唐詩品彙 | |



盡してゐました。印刷の便宜は今日之を極めて簡易にしましたから、手に入れ難い書物も皆再び世に出る様になりました。事變になつてからは勿論出版も研究も衰へました。これは致し方もありません。何れ新政府の治安下に新しく出發するでせう。北京では古學院が設けられて古學叢刊を出し、舊學の一綫を維持してゐる様であります。滿洲國では羅振玉先生が近頃なくなられました。此先生が事變前の學界に大影響を與へられたのはよく知られて居ります。先生の御子様や御孫様が先生の學問を繼承されるでありませうが、滿洲でも學問の方は盛んでありません。建國大學などが根をおろす様にならねばそこ迄行きますまい。

歐洲人の支那研究は第一次の世界戰爭以後は餘り盛とは云へない様です。東亞への關心も有るのではありますが、何分にも歐洲の回復が第一でありますし、漸次回復してくると時局の複雜不安が現れて來たから、そんな餘悠がないのかも知れません。アメリカは何かと大掛りな方法をとつてゐる様であります。然しまだ何としても不足な材料の蒐集中である様ですから、さう研究ではどうと云ふ程の事はない。從來も支那留學生を多く養成してゐましたが、支那の各大學へも補助金を澤山出してゐましたし、資料蒐集も恐ろしく金をかけて居ります。何分にも人がない様です。今では援蔣を聲明し、我國と一戰をも辭せない勢であります、支那學での戰爭でも交へるなら我々の方で綽々たる餘悠があるので御安心を願ひたい。

我國の支那研究情態は初めに申した様な樂觀出來ない點もありますが、實は中々よいのです。この良い情態をモツト進めたいと思ひます。由來支那以外で支那研究の進んでゐるのは我國ではないでせうか。何しろ王仁來朝以來支那文化を攝取して來てゐるのであります。徳川時代の如きは、政治も道德も經濟も科學も、支那文化研究の上に行はれたので、諸學者の研究もたゞ論語や老子をかう讀むの、詩文をかう作るのと云つただけのものでありません。つまり支那を研究したので、それも只の研究ばかりでなく、當時の治政の參考にもするのですから、詩文でも遊戲のみでない、朝鮮の聘問使と應對して外交の爲めにもなつて居るのであります。徳川の漢學はツマラヌ様にも云ふ人もありますが、實用にも研究にも大した役目を果したのであります。これ程熱心に研究された事は支那本國以外にはないのであります。だから中には支那人氣取りの人も出ましたが、それでもさう我國人の立場を忘れ果てたのではない。明治以後は支那研究は西洋研究に推され、漢文は道德倫理の一門の様になつたが、惜しい事でした。我が南岳夫子の萬國通議の様な大著もあつても世に行はれませんでした。内藤湖南先生が大學に立たれてからは新しく氣運が動き、だん〴〵盛んになりました。

そこで現今の情態を簡單に申述べたいが、現今ではあちこちに種々の專門の調査部研究所が出來て盛んな事であります。それぞれ今直ちに功果が見えてゐなくとも、將來は立派な事だらうと括目されます。又出版される書物も多く、中には困つたものもないではありませんが、それ等は淘汰されるに極つてゐます。私はこゝでは少し具體的のもので研究情態を紹介したいと思ひます。

經學と云ふと、あの古典學かと云ふ様に稍々現今では不要の様に思はれるかも知れません。然し何と云つても支那では經學が學術の中心でありますから、この經學も我國が斷然優位を占めねばなりません。經學はどうしても支那が中心であつたのですが、それに優つても劣らないものが出來て來ました。東方文化研究所で出版中でありますが「尙書正義定本」がそれであります。これは定本を作るのでありますから、善本を集めて校定されて、その詳細なる校勘記がついてゐます。經書は殊に定本が肝心で、誤本を採つてはいけません。それで荻生徂徠の發願で足利學校所藏の善本によつて、物觀等が「七經孟子考文」を作りましたが、此本が支那を刺激して阮元の「十三經注疏校勘記」が出來ました。後の學者皆この校勘記を尊崇してゐましたが、現今ではその時よりも古い善本が澤山出て來てゐるので。もう阮元のでは役に立ちません。それで東方文化研究所の諸先生は新しい十三經注疏校勘記を計劃せられて、先づ尙書から始まつたのであります。もう阮元の記などは殆んどいりません。この定本と校勘記は將來の經學研究の基礎を爲すもので、誠に支那本國に對しても愧づかしくない、支那の學者も之に據らなければならないだらうと信じて居ります。この正義定本による和譯、それも只の書き下しでない完全な飜譯を同じ委員の吉川幸次郎先生が試みられました。これも是れ迄にない劃期的事業で、私は我國支那研究界の誇りとしてゐると思ひます。岡山六高の林秀一教授は孝經の鄭玄注と劉炫述議の復原をせられました。これも從來試みられたのでありますが到底林先生の博綜には及びません。將來鄭玄劉炫の孝經を論ずるならば、先生の拾輯本を基礎とせねばなりません。又武內義雄先生の老子や論語の研究は從來の支那の學者の研究の上を出てゐる事は申す迄もありません。研究方法の精確なる上に、論證の愼密なるは恐らく乾嘉考證學全盛時代の支那の學者も我道東すと三嘆するであらうと信じます。先生の支那哲學の著作何れもこの用意の下に出來上つてゐるので、先生出でゝ初めて支那哲學史ありと云つても過言でありますまい。誠に誇つてよいと信じて居ります。これ等二三の代表的な例によつても我國の經學は現在優秀な地位に立つてゐるのでありまして、我國の人々はよく之を認識して、自信を持つて頂きたい。

諸子の學も武內先生の老子以來支那に劣りません。却て先生の研究によつて彼方が刺激されてゐるのでないかと思はれます。先生は支那哲學の著作で、多くの緒論を發せられてゐるので、後繼者多く多々益々辨じ得るならば燦然たる事だらうと思ひます。

史の方面で、滿蒙塞外は我國は何處にも負けません。朝鮮は云ふ迄もありませんし、安南なども資料が漸く充實して來ましたから、將來はフランスを壓倒するに至りませう。支那本土の研究になりましても、各方面に新進の活動が盛んで、淸朝史などの初期は我國がリードしてゐると見てよろしい。龜甲獸骨文の研究も專門家が出て來ました。各方面ともに研究者が揃つて參りました。

集の文學方面も新しい研究の刺激者が我國に多い。戲曲小說などはさうでありませう。又元曲の根本的準備を孜々として東方文化研究所で積んで居られます。必ず將來見るべき劃期的の成績に進みませう。支那文學の飜譯もトカク半熟の儘なのが多く、讀者を引つけませんでしたが、倉石吉川先生等指導の下に立派な飜譯が出つゝあるのは慶賀に堪えません。飜譯は云ひ易く、行ひ難い。然し從來の様な分り難い間違ひ多いのでは困ります。飜譯は飜譯でありますが、それで分らんのはいけません。新支那語學派の起る所であります諸君の苦心になる飜譯を味讀してあげてほしい。

細かい點を省きましたが、以上の様に各方面の支那研究は、我國では實に着實に進歩してゐるので、實に支那本場の研究に對しても優位を占めてゐるものが多々あるのであります。私の述べた方面は云はゞ現實方面でありませんが、よく我國の漢學者は何をしてゐる無用だなどゝ云はれるのでありますが、實はかくの如く支那本國の成績をも壓倒せんとする勢がありますので、默々として世間に表はれず研究してゐられる人々の力で、東亞新秩序の中心勢力が培はれてゐる事を知つて頂きたいのであります。これでこそ東亞學術の中心として偉大な役目を果せるのであります。私は今の我國の支那研究情態を眺めて、窃に心强がつて居ります。たゞ初めに申した様にかくの如き好情態であるのに、新進の人が少いのでは永く學術中心たるの地位を維持し得なくならうかと恐れるのであります。これ等に對しては一般世間が關心を持つて、支那研究を奬勵し勸誘せねばならんのでありませう。各方面人的資材不足でありますが、各方面には各々適當した人がありませう。たゞ我等の學問に適した人は我々の學問の方に進まれる様にせねばなりません。それがその人の爲めにも、學問の爲めにも、又我國の爲めでもあります。泊園會の諸先輩もこの事を研究して頂いて、後援せられます樣に御願ひ致したいと思ひます。（右は別項同窓會席上の講演）

## 本誌後援寄附金收受報告（泊園同窓會）

金四圓也（但し常費共）　武富和子氏
金參圓也　泊園書院殿
金貳圓也　西尾義郎氏
金壹圓也　豐中光雄氏。立田光輝氏。柳　延胤氏

常費
金拾圓也（十ヶ年分）　有岡太郎氏。澤田賢治氏
金五圓也（五ヶ年分）　佐藤馬之亟氏。中村三德氏。吉田清三氏　和田久元氏　黒川完爾氏

常費金參圓也（三ヶ年分）　岩崎清平氏。八木崎榮氏。粟谷喜八氏。鹽野二郎氏
常費金貳圓也（二ヶ年分）　村上正一氏。谷內清巖氏。大藏萬藏氏。矢崎清心氏。三川啓明氏。野路靜夫氏。殿村善一氏　鹿田靜七氏
常費金壹圓也（一ヶ年分）　笠井靜司氏。岡本奇堂氏。宮崎青湖氏。近藤多三郎氏。植野德太郎氏。松本喜代子氏。佐藤彌兵衛氏　杉村德次郎氏　岡本由喜三郎氏
（以下一ト四ノ欄外へ續ク）

（以下一ト四ノ欄外へ續ク）

誌社 窓會
三原　靜美
石崎　太郎
岡本勝治郎
寺田英一郎
安達　龜造

## 釋典

十月二十日午後一時から、心學明誠舍に於て、本年度に於ける秋季の釋奠が執り行はれた。昨年は神嘗祭の日に行はれたが、此の日は、恒例の同窓會が有るので、種々の點に於て、支障を來すの故か本秋は日を異にして、第三日曜の此の日に行はれたのである。此の日昧爽若しかすると午後は雨にも成りはすまいかと雲を見てあゝと懸念もしたが、秋の空のかはり易きといふ意味か、正午前よりまづ〳〵降出した。されど人を尤めず、天を怨みず、年に一度の此の釋典には、と參拜の人人場內座するに席なしといふ盛況。

祭典は例に由て、伶人奏樂の裡に獻酒、初獻、亞獻、三獻、續いて祭詞、祭文、幣紳捧呈、それから廟前に於ける夫子の講義。

子曰誰能出不由戶。何莫由斯道也（論語雍也篇）講義は御承知の通り、唯字句字義を解くのみで無い。此の字句に就て、現時社會の狀態、人心の思潮に即して說かれる。故に常に、講義其のものが活きてゐる、熱が流れてゐる。語に曰ふ「一日勝に遊べば、一日の神仙と成る」、此の日、此の講義を拜聽された人々は、慥かに一日の士君子、或は聖人に成り得ただらうと思はれる。

式典が畢られてから、茶席が催される、圍棊が始められる。人々は各其の好む所に隨うて、一日の快遊をして好いのである。即ち閑寂の氣分の裡に、四方を談じ八方を語りて、座談に花を咲かす、それから階上の一隅に、陳列されたる、夫子を初め、櫻井雲洞、辻蒼石、渡邊花仙、吉宗耕英、伊藤東海、五條松峰等諸先生の、御揮毫に成られた色紙、短冊をそれ〳〵抽籤の上、拜領して何れも莞爾として席を辭されて出でて行く。斯くして秋の釋奠もめでたく終り、文王沒しと雖も、文茲に在らざる乎の念を、心の奧深く一層銘せしめられた感を抱いた。猶此の日參拜せられた人々には夫子詳解發行の袖珍千字文を賜つた。

（時笑生記す）

## 同窓會泊園總會之記

第四十三回同窓會、及び第七回泊園會、並に泊園講演會は、十月十七日、日本橋北詰角ブラジル館に於て催された。由來、此の神嘗祭の吉辰に、我が泊園同窓會を催さるるは、初回以來の恒例で、苟も會員は何人も毎年此の日の近づくのを見ては、即ち同窓會集のことを自得する。唯其の會場を紙上で知れば、もう共れでちやんと時刻迄も、會得してゐるのである。昨秋は釋典と同日に催したので、夕刻から雲水樓で開かれたが、本年は午後一時から開催された。會場ブラジル館は、一昨年も開かれた處で出席するのに、何處で下車するかなどとまごつくこともない。而して泊園會、講演會、同窓會の、三つを兼ねて開くといふのであるから、理事幹事に於ても相當心を用ひて居られた樣であつた。

劈頭、安達幹事兼常任理事の開會の辭があり、次で庶務、會計、事業の報告、役員の選擧と、順次に按配而して是が濟んで、一旦休憩、それから講演會に移つた。當日の講演者石濱純太郎先生は「支那學研究の情態」と題して、支那學研究の情態を、其の御膝元なる支那、及西洋諸國に渉り、更に我國に於ける現狀、且つ吾等斯學を奉ぜる者の覺悟を說かれ、諄々一時間に亙る講說、次に黄坡先生は社會狀態の現時に即して、吾等の進路を示され、吾等の用心を、更に一層新にして下された。講演が畢つてから、更に席を改めて、酒肴の宴が始められた。時節柄なる統制下、諸事節約裡に取運ばれたのであるが、幹事の配慮は、洵に用意周到にして、會員一同は、十分に滿足を覺えた。此の所、特に幹事諸兄に感謝する。

惟酒は量無し、亂に及ばず」といふは、聖人の說かれた所、俗間には「何のおのれが櫻かな」、矢張り酒無くしては、人皆遠慮勝であるが、一旦燈火と酒香とを見るや、早くも氣焰萬丈、會は乍ち殷賑を加ふ。先づ粟谷理事長の挨拶があり、續いて會員一同席の次に順うて、其の志を言ふ。全く「子曰盍各言爾志」の場面を現實に見はされたるが如くで、會は何時果つ可しとも見えざる盛況。東坡の赤壁の賦には「肴核盡きて杯盤狼藉」とあるが、吾等の此の席は、肴核は盡きたが、杯盤は狼藉せず、斯言は盡きたが、興は盡きざるものが有つた、花は半開、酒は微醉、此れ位の所が好からうと、九時前に閉會。

此日天氣晴朗、陰暦亦日時を同じくして、立待月は、斗牛の間を徘徊し、街頭に出でたる會員の、仰いで以て、一吟でも物したく思ふ光景裡に一同四散。猶當日は市井種々の催しも、ありて、會するもの、或は尠からんかと、懸念したるが、豫想よりも多くの來會者を見たるは、我が泊園の前途の、猶悠々たるものがあると、確信するを覺えさせられた。

（時笑生記す）

## 泊園同窓會々計報告

自昭和十四年十月　至昭和十五年九月

（收入）

| | | |
|---|---|---|
| 前期殘金 | | 213.81 |
| 泊園會補助金 | 十五年度 | 200.00 |
| 利息 | 二口 | 4.35 |
| 寄附金 | 十口 | 53.00 |
| 常費 | 百八口 | 150.50 |
| 同窓會懇親會入金 | 二十四口 | 96.00 |
| | 合計金 | 717.66 |

（支出）

| | | |
|---|---|---|
| 泊園誌資金 | | 440.00 |
| 〃追加分 | | 21.90 |
| 振替用紙及手數料 | | 2.20 |
| 泊園會費預リ返金 | | 6.00 |
| 白藤氏香典 | | 10.00 |
| 川合氏〃 | | 10.00 |
| 四十二回同窓會費 | | 92.50 |
| | 合計金 | 582.60 |
| | 差引後期繰越金 | 135.06 |

## 泊園誌社事業報告

（收入）（同期）

| | | |
|---|---|---|
| 前期繰越高 | | 19.82 |
| 同窓會ヨリノ資金 | | 440.00 |
| 〃追加分 | | 21.91 |
| | 合計金 | 481.73 |

（支出）

| | | |
|---|---|---|
| 泊園誌代 | 六回 | 198.00 |
| 同窓會々員名簿 | | 49.50 |
| 發送料 | | 111.12 |
| 通信費 | | 15.52 |
| 原稿用紙代 | | .38 |
| 寫眞代 | 十葉 | 17.00 |
| 寫眞版 | 十二個 | 19.40 |
| 帶封紙狀袋及書料 | | 20.96 |
| 雜費·印刷·消耗品代 | | 20.60 |
| | 合計金 | 455.48 |
| | 差引後期繰越金 | 26.25 |

## 泊園彙報

### ◎泊園記事

一、第四十三回泊園同窓會並に第七回泊園總會は十月十七日日本橋北詰ブラジル館に於て開催、黄坡先生、石濱先生の御講演あり（別項參照の事）

一、泊園書院釋典は十月廿日恒例に依り書院隣接の明誠舍に於て擧行

### ◎會員消息

本年度は時局柄同窓會員名簿の發行を見合せました左記により異動御承知願ひます。

### 會員異動

甲、轉居

一、宮崎青湖氏　大阪市南區竹屋町三〇ノ乙
一、田中藤太郎氏　大阪府泉北郡高石町羽衣三四五
一、吉崎善三郎氏　大阪市天王寺區松ヶ鼻町三〇
一、川崎直一氏　大阪市住吉區萬代東二丁目四九
一、原田隆氏　京都市東山區下高松町五一
一、藤本卓男氏　大阪市西成區玉出本通二ノ二五
一、多田貞一氏　北京興亞院連絡部政務局
一、中村君子氏　大阪市天王寺區北山町二七
一、源元公子氏　大阪市住吉區阪南町東四ノ二九
一、仙波久榮氏　大阪市東區東寺町八丁目實樹寺內
一、藤澤成太殿　南支派遣軍落合部隊岩田部隊石橋隊
一、石濱純太郎先生は千休町を大阪市住吉區墨江中一丁目四五に町名改稱
一、三崎要一殿　大阪府吹田市片山[illegible]
一、渡邊醇氏　大阪府吹田市大字佐井寺四一〇八
一、廣田虎三氏　大阪市住吉區山阪西之丁一丁目三八
一、清水音三郎氏　大阪府布施市下小坂六九四ノ一
一、山田正一氏　大阪市住吉區阿部野筋三丁目九
一、澤田賢治氏　大阪市西成區玉出新町通四丁目一四
一、有岡太郎氏　大阪市浪速區元町五丁目三八二覺道內
一、松根嘉夫氏　大阪市南區阪町四五
一、大歲萬藏氏　兵庫縣加古郡別府町
一、中村三德氏　福岡縣戶畑市新池町九丁目

乙、轉居先不明

船井秋浦氏、山口菊三郎氏、福王彌三郎氏、川合俊良氏

丙、逝去せられたる爲名簿より削除

中川魚梁氏。島本一男氏。岡田尙齋氏。藤戶基氏、蓬萊三郎氏。兒玉天宏氏。山本國次（一太は誤り）郎氏。金行九郎兵衛氏　仲野安一氏

神田榮吉氏。杉村正太郎氏　日野谷キクノ氏　赤塚善助氏。櫻根孝之進氏。小菅晧氏　大野園山氏。新田昌次氏。多田貞氏　豊田省三氏。西野捷平氏。織田九郎氏　六條照傳氏。市川紂三郎氏。岡本英三郎氏

近藤常吉氏。牧野信氏。南坊城良興氏　西門岩松氏。渡邊醇氏。大河内安藏氏　高橋秀林氏。仙波久榮氏。小原松次郎氏　內田利一氏。永井貞有氏。山本九兵衛氏　吉宗耕英氏。玉置永彥氏。多紀仁之助氏

山田正一氏。三崎要一氏。西田幾多郎氏　藤田信二氏。新田長三氏。石濱純太郎氏　平井幸吉氏。中村君子氏。岡本勝治郎氏　櫻井雲洞氏。廣田虎三氏。田中治一郎氏　岩田藤三氏。辻　蒼石氏。村上吉五郎氏

香川正平氏。伊串徹仙氏。山下平太郎氏　小澤正子氏。小野銀馬氏。早川忠次郎氏　源元榮子氏。田中美好氏。水落庄兵衛氏　島田良夫氏。日下いと氏。寺田英一郎氏　松井政吉氏。和田達源氏。藤原新三郎氏

筒井民次郎氏。内田　利一氏。石黒　最文氏
小松原謙三氏。橘　與一氏。片山　太門氏
小谷政次郎氏。三崎　要一氏。吉崎　幾藏氏
西田幾太郎氏。新田　長三氏。鹿田　靜七氏

村上吉五郎氏　香川　正平氏。島田　良夫氏
水落庄兵衞氏。後藤　潤氏。和田　達源氏
淺井佐一郎氏。松浦高麗三氏。中山源次郎氏

日野田正英氏。全田　直一氏。矢野榮三郎氏
山根悅次郎氏。飯田　武雄氏。岡村蓉三郎氏
里見　澄心氏　近藤　翠石氏。松本　俊男氏

常費
金七　圓也（七ケ年分）　松本　洪氏
金七　圓也　俵　孫一氏

# 泊園

昭和十六年二月八日印刷（隔月一回不定期發行）
昭和十六年二月十一日發行（非賣品）
編輯兼發行人　大阪市南區大寶寺町中之町二番地　的場信太郎
印刷所　大阪市西區新町南通五丁目　林泰進堂
發行所　大阪市南區竹屋町九番地（泊園書院內）　泊園誌社
振替大阪一三八三九（泊園書院）電南六八二七

## 道德を維持せよ

聖戰第五年を迎へる事となつたが我が、忠勇なる戰士は大御稜威の下に僞國民政府を完全に邊陲の地に封鎖し去つて之が微動をも容さないし、正統國民政府は成立して日滿支三國協同して東亞新秩序を建設し、大東亞共榮圈を通じて世界平和に貢献せんとするに至つた。眞に曠古未曾有の大業と謂ふべきであらう。內に國民の强固なる戮力協心があらざればこの大事業は達成せられないのである。要路當局の人が如何なる時運に際するも不退轉の精進を以て之に對處せんとしても、國民の强き一致が之を支持するでなければ、九仞の功も一簣に缺くを免れ得まい。大政翼贊運動の勃興したる所以である。

昔は周公の聖なるを以てしても殷の頑民を一朝にして之を撫するを得なかつた。僞府の頑なるは只に僞府の頑なるのみではない。その頑にして愚なるを利用して世界の平和を阻碍せんとする虎狼の戎狄の存する爲めなのである。世界平和を理想とする皇化の仁義も之を宇內に洽くするは一夕の事ではない。虎狼の輩をして仁道に浴せしむるに至つては蓋し周公と雖も歎聲を發せざるを得なからう。國民は固く心を決せなければならない。

相手は頑愚であり、之を煽動支援するものは虎狼であるから、時局の艱難も知るべしである。當路の人々の宵衣旰食の勞を感謝せざるを得ない。たゞ紛然淆亂せる世局を處理するのであるから、勢の及ぶ處幾分手の屆かざる所を生ずるを免れない。萬民翼贊の要ある所以である。

思ふに世に在つて、最も必要にして然も最も忘れられ勝なものは倫理道德である。是れ或はその最も普遍なるものであるが爲めに、矛盾したる如き樣相を引起し易いのかも知れない。常に眼前に存するものであるから、慣れてその急にすべきものたるに氣付かないのであらう。我等から云へば現下の時難を見れば見る程、人心を作興し道德を維持するの必要を痛感するのである。之を太平の際に至る迄と放擲しては置けないのだ。

人心を作興し道德を維持する方法に關し當路の人々も之を等閑視してゐるのではない。然し是れらは當路の人々の施設にのみ依賴すべきものではない。是れこそ最も普遍なるものであるから、萬民自らにも責めに任ずべきものであり、殊にその指導者たるべき學校教員及び宗教家は意を注がざるべからざる責任を有するものと謂ふべきだ。風俗を敦厚にし道德を維持するの一道こそは現下に於ける彼等の任務であり、それこそが時局に應ずる世務であると共に萬世に及ぶべき根底であり、又且つ彼等に與へられる緊要なる天職であると自覺せねばならない。時務にのみ沒頭せざるべからざる爲政者には手の屆きかねる然も重要なる問題である。爲政者も亦是等の人々の重大なる責任を認識して敬意を表するに吝かであつてはならない。令すれば行はれるなんかと簡單に考へ去つて國民の將來を誤るに至る。恐れ愼まざるを得ない。

時局艱難に際し未曾有の大事業打ち建てんとする今年の初めに於て我々は思想教育に從事する人々に對し自重と決心とを勸めんとするものである。彼等の自重と決心とが東亞新秩序の根基であり、東亞共榮圈繁榮平和の背景となるからなのだ。道德の維持、風俗の敦厚なくしては何の新秩序、何の繁榮があらうか。凡百の時局策あるも此の基底此の背景なくして、何處に之を施すを得よう。國民道德の確立は教育指導の人々の双肩に掛つて居るのだから、この時勢に於て切に省察に愼んで自重し決心してほしいのである。（白水生）

## 說詩樂趣（31）

效尤生

柳子厚の詩に

盛時一失貴反賤。桃笙葵扇安敢當。

といふてある桃笙とは何物だか分らなかつた。偶々方言書を閱た處、簟は宋魏の間では之を笙といふとあつた。乃ち桃笙は竹を以て簟としたものであると悟つた。梁の簡文の南王餉に答へた書に「五離九折、出桃枝之翠笙」とある。乃ち桃枝竹簟をいうたのである。桃竹は巴渝の間に出る。杜子美に桃竹歌がある。

韓偓の詩に

鵁兒嗟嗟梔黄觜。鳳子輕盈膩粉腰。

鳳子の何物なるかを知らなかつたが。崔豹の古今註に蛺蝶の大なるものを鳳子といふとある。

堂北を背といひ、堂南を襟といふ。故に陸士衡の詩に

焉得忘歸草。言樹背與襟。

といへり。「前後に皆樹ゑて、どうか忘れたい」といふ意である。

近ごろ士子あつて、遊女詩を作る。其一聯

不曾憐玉箏（美人の指を云ふ）。相競採金鹽。

といへり。人多く金鹽を解せぬ。余後に煮石經を讀みしに、五加皮酒の一名金鹽とある。始めて玉箏金鹽の對極めて妙であつて、初より合掌でないことを知つた。詩源

袁瓘の秋日の詩に

芳艸不復綠。王孫今又歸。

とあるのを、人が皆解せなかつた。施陰之を見て「王孫は蟋蟀だ」といつた。同

金母西王母が群仙を召して赤水で宴を開き、謝長珠に命じて、拂雲琴を鼓し驚波曲を舞はせたが。坐に碧金の鸚鵡杯と白玉の鸕鶿杓があつた、杯が乾けば杓がおのづと挹み、飲まうと思へば杯が自ら擧つたといふから太白が

鸕鶿杓。鸚鵡杯。百年三萬六千日。一日須傾三百杯。

（二面ニ續ク）

といつたのは、廣南の海螺（鸚鵡螺といふ貝で杯を作る）の杯杓を謂ふたのではない。梨の樂府の夜々曲を或は昔々鹽（惜々とも書く）と名づける。昔は即ち夜である。列子に、昔々夢爲人君。又昔々夢爲人僕。とある類である。鹽は曲の別名である。詩詞に吟、行、曲、引などいふと同じである。

酒の種類は多い、綠を以て貴とするものがある。白樂天の謂へる

傾如竹葉盈樽綠。

の類である。黄を以て貴とするは、老杜の

鵝兒黄似酒。

これである。白を以て貴とするものがある。樂天の所謂

玉液黄金巵。

である。碧を以て貴とするは、老杜の

重碧酤新酒。

である。紅を以て貴とするは、李賀の

小槽酒滴珍珠紅。

である。酉陽雜爼に蔣鐏の家の蒼頭が常に小艇を黄河の中に浮べ、瓠もて河源の水を取つて酒を醸すが、經宿にして色、絳の如く、崑崙觴と名づける」とある。これ紅酒の尤なるものである。

蜀中の食品は南方に名の知られぬものが多い。東坡の所謂

豈莢圓且小。槐芽細而豐。

は、巣菜である。（巣元修の嗜んだ故に巣菜といふ。豌豆の苗を菜とするのである。又豆菜といふ）又所謂

贈君木魚三百尾。中有鵝黄之魚子

とは椶笋である。（本草に棕櫚木が三月に木の端の莖の中に三四の黄苞を出す、苞中に細子が列を成して魚腹の孕子の如き狀である、之を椶魚、椶笋といふ）この二物は蜀中で最も貴重とする。椶荀は蜜に浸ければ千里の外に致すことができる。また蒟醬（蒟といふ蔓科の實から作つた醬）は蜀の醬で、左思の蜀都賦に

蒟醬流味于番偶之鄕

といへるものである。苞蘆は蜀の酢（すし）である、老杜の

香飰兼苞蘆。

がこれである。

柳の葉間に生じて鵝黄色を作せるは柳花である。花既に褪して、蔕の處に子を結び、熟すれば亂れ飛んで絮の如きは、柳絮である、杜詩に

雀啄江頭黄柳花

といひ、また

生憎柳絮白于綿

の句がある。花と絮と同じでないことは明白である。

# 論語講義

黄坡先生述

**子曰。賢哉回也。一簞食。一瓢飲。在陋巷。人不堪其憂。回也不改其樂。賢哉回也。**

**訓讀**　子曰く。賢なるかな回や。一簞の食、一瓢の飲、陋巷にあり。人は其憂にたへず、回や其樂を改めず。賢なるかな回や。

**解釋**　顏淵の賢をほめられたのであつて。固より品藻の章である。簞は說文に笥なりとあつて、竹や葦で作つた小筐であつて飯などを入れるもの、五升を容るとあるから、我が五合許の飯が入る器である。瓢は瓠なりと註してある。匏をたてに二つに切つて勺にしたものである。簞の如し、一瓢の飲みもの、即ち粗末な飲食をいふ。陋巷はせまい道であつて、貧者の住居する所である。顏淵はたゞ先王の道を樂んで、食物や住居の貧乏であつても此に心を動されずして常に其樂を變へなかつたのである。孔子はこれをほめて賢なるかなといはれた。伊尹が有莘の野に耕して、堯舜の道を樂み。孔子も憤を發して食を忘れ樂んで以て憂を忘れ、老の至らんとするを知らず、といはれて居る。この顏子の樂む所も皆同じで斯の道を樂むに外ならぬのである。古註に其樂む所を改めずと說いてある通りである。しかるに後世程子に至ては「簞瓢陋巷は樂むべきにあらず、蓋し自ら其樂あるなり」といひ。また或は佐藤一齋の如きも「兩の其字は簞瓢陋巷を指す、簞瓢陋巷を憂ひざる處即これ簞瓢陋巷を樂む處」などと說いて愈々六かしくして仕舞つたが、學者の弊であらう。莊子に顏回の言として「回、郭外の田五十畝あり、以て飦粥を給するに足る、郭內の田十畝、以て絲麻を爲すに足る、琴を鼓するは以て自ら娛むに足る、夫子の道を學ぶ所の者以て自ら樂むに足る」と記してあるが、たとへ作爲の語としても猶ほ意を失ふこと後儒の樣ではない。

**冉求曰。非不說子之道。力不足也。子曰。力不足者。中道而廢。今女畫。**

**訓讀**　冉求曰く、子の道を說ばざるにあらず、力足らざればなり。子曰く。力の足らざるものは、中道にして廢す。今女は畫す。

**解釋**　冉有がおのれの才の劣つて居るのを孔子に愬へて「先生の道を好樂して之に熱心することを怠るわけではありませぬ、たゞ私の力が足りないものですから、思ふ樣に上達をしかねて居ります」といつたところ、夫子は「力の足らぬものは中途で、へたつてしまふが、今お手前は自分で止まつて仕舞つたのだ」といはれて、冉子の退嬰的な所を戒められた。警誘に屬する章である。

中道而廢は中庸に半途にして廢すとあるのと同義で、丁度路を行く人が、足力既につきて塗中にたふれてしまつた樣なものである。禮の表記の鄭註に、廢とは力極つて罷頓して復た行くこと能はずして止むに喩へたのだと說いてあるのが明瞭である。畫は說文に界也とあつて、孔氏は止也と註し、朱子は地に畫して自ら限るが如しと說いてゐる。自ら限界を立てゝそれより向ふへ前進せぬ意味である。世の薄志弱行の人は、中道で自ら畫するもの比々として然りといふべきである、此章を誦して自ら戒むべきである。

**子謂子夏曰。女爲君子儒。無爲小人儒。**

**訓讀**　子、子夏に謂うて曰く、なんぢ君子の儒となれ、小人の儒となるなかれ。

**解釋**　此章も警誘に屬する章であつて、子夏に對して學問の道は其大なるものを期すべきことを警められたのである。さて其解に至つては諸說各々見を異にしてゐる。即ち古註に「君子の儒たるは其道を明にせんとするものである、小人の儒たるは其名に矜る」とある（普通、此註を孔曰としてゐるが、皇侃本には馬融となつてゐて、何晏の集解には名がない、つまり何晏の解といふのである。これは何註であらう）程子は君子の儒は己のためにし、小人儒は人のためにすと說いたのであるが、ともに君子を道德上の名として見たのである。即ち古註ではこの君子小人を大受小受の章と同じに見て、識見の大小と解したのであるから、甚しい支障は無い樣であるが。程子の如くいへば、子夏は人の爲にする恐ありといはねばならぬが、孔子が古の學者は己の爲にし今の學者は人の爲めにすといつて居られる語氣からいへば、子夏の學は矢張り孔子の謂はるゝ古の學者でなければならぬ、論語中にある子夏の語を見ても、其の人の爲にする人でないことは明である。甚しきは謝氏の說に君子小人の分れは、義と利との間であるといつて子夏は文學は餘あるが、意ふに其遠き者大なる者が或は昧からうから夫子がかく語られたと說いて居るに至ては、最も子夏を誣うる者である。

伊藤仁齋の說に曰く、蓋し君子小人の名は德と位との二つの場合があるが、古の聖賢は多くは位を以て言うて居る。今王公卿士の官に居て事を治めるのは其任が大きく。草野の鄙人は只生產を問題にして、一向人の事に及ばぬ、これ君子小人といふわけだ。今學を爲して經世濟民をば務とするは、これ大人の事を學ぶものでこれを君子の儒といふ、伊尹の有莘の野に堯舜の道を樂み、顏子の陋巷に居て四代の禮樂を問うたのが、それである。たゞ一身の修否をうれひ、康濟の務を講ぜざるはこれ猶ほ小人の事である、樊遲が聖門に學びながら稼圃を問うたのを夫子は之を斥けて小人なるかなといはれた類である。と說明して居るのは、他の先人の說よりは大に章旨を得て居ると思はれる。儒は朱子が學者といふが如しといへるによればよい。

（第四十二講）

金五圓也（五ケ年分）　渡邊和子氏

金貳圓也（二ケ年分）　日野田正英氏　小畑勝藏氏　濱井尙山氏　青水小畸氏

常費　金壹圓也（壹ケ年分）　西門孝台郎氏。加藤和美氏。

泊園書院

| 月 | 孟子 | 午前六時半―七時半 |
|---|---|---|
| | 子 | 午前八時半―十時 |
| | | 午後二時 |
| | | 午後七時―九時 |
| 木 | 孟子 | |
| 金 | 准南子 | |
| | 十八史略 | |
| | 杜甫詩集 | 禮記 |
| | 說文（先生） | 管子 |

泊園　顧問　石濱純太郎

同　的場信太郎

同　岡本奇堂

窓　同　西田幾太郎

許田英一郎

# 「下泉」存疑　　茶谷逝水

下　泉（曹風）

○冽彼下泉。浸彼苞稂。　つめたい泉がカヤを浸すやう、あのわる者に苦しめられる。
愾我寤嘆。念彼周京。　眼ざめては大息ついて歎き、いつもかの西周をおもふ。
○冽彼下泉。浸彼苞蕭。　つめたい水がヨモギをぬらすやう、あの亂暴者に泣かされる。
愾我寤嘆。念彼京周。　眼をさまして大息ついて嘆き、つねに昔の周をおもふ。
○冽彼下泉。浸彼苞蓍。　つめたい泉水がメドギを漬けるやう、あのわからずやにいぢめられる。
愾我寤嘆。念彼京師。　夢破れては大息をついて、盛なりしかの周京をおもふ。
○芃芃黍苗。陰雨膏之。　ボウ〳〵と茂つた黍の苗も、ながが雨が之を育てたやうに、
四國有王。郇伯勞之。　諸侯が王に仕へはじめたのも、みんなあの郇伯樣のお蔭。

序曰、下泉思治也。曹人疾共公侵刻下民、不得其所、憂而思明王賢伯也。

序は恐らく衞宏の附會したものであらうが、詩とは離れること夥しい。朱子はいふ、

王室陵夷、而小國困弊。故以寒泉下流、而苞稂見傷爲比、遂興其愾然以念周京也。

當時にあつては、斷案を下すべき資料も見附らないで、只詩意から推して、かく抽象的な說を吐いたものと見える。齊說にいふ、

下泉苞稂、十年無王。荀伯遇時、憂念周京。

「易林」にも亦之と同文があるが、齊說を引用したのである。又何楷の世本古義に、

曹人美晉荀躒納敬王於成周而作此詩。…自春秋昭二十二年、王子朝作亂、三十二年城成周爲十年。與易林十年無王合。荀伯即荀躒也。美荀躒而詩列曹風者、昭二十五年、晉人爲黃父之會、謀王室具戍人。二十七年、會扈令戍周。三十二年、城成周。曹人葢皆與焉。故曹人歌其事。

とある。王先謙は之に共鳴して、

何氏闡明齊說深、於詩義有裨。（今從之。自文公定霸之後、曹之事晉甚恭。議戍必皆從役。而成周之城則曹人明書於經。故曹人在周者爲此詩。

といつてゐる。齊說は一見すると、荀伯が周京を憂念して、此の詩を作つたかのやうに思はれるが、曹人の作であることは先づこれで明らかである。王氏は更に呂祖謙の「讀詩記」の

匪風下泉思周道之詩。獨作檜曹何也。政出天子則強不陵弱、各得其所。政出諸侯則徵發之煩、供億之困、侵伐之暴、惟小國偏受其害。所以睠懷宗周爲獨切也。

を引用して、

呂記於此詩齊義尤爲切合。

と評してゐる。然らばかの「冽彼下泉。浸彼苞稂。」の句は、強大な諸侯が、曹國の如き小國を虐待してゐるのを「興」ずるものと見ねばならぬ。朱子も亦この意である。序を信じた鄭箋では、共公の暴政が下民を困虐するを「興」じたものとし、孔疏では、共公の政教が、甚だ下民を酷虐するのに喩へたものとしてゐる。併しそれは詩意ではあるまい。

呂氏のいふ所、王氏の考へる所は、それでよく筋も通つてゐる。しかし余には別に考がある。此の二句は、王子朝等が、王室を困しめてゐるのを「興」じたのではあるまいか。「春秋」二十三年に、「天子居于狄泉。」の句があるが、此の「狄泉」は、即ち詩にいふ「下泉」である。杜預の左傳の注に、

狄泉洛陽城內　大倉西南池水也。時在城外。成周乃繞之城內。

とあり、又洛陽伽籃記にも、

太倉南有翟泉。周回三里。水猶澄淸。洞底明淨。

とある。だから成周即ち洛陽に在つた曹人が、親しく此の狄泉が苞稂を浸すのを見て、「興」じたのであらうが、呂氏や王氏の說のやうに、曹の如き小國が、強國から困しめられてゐるのをいふのか、それとも余が疑ふやうに、王子朝等の叛逆人が、天子を苦しめてゐるのをいふのであらうか。現に天子は狄泉即ち下泉の邊に在すのである。西周を遁れて、今やこゝに在し、自分等も、それが爲に、日夜警衞の任に服してゐるのである。今、眼前に天子のこの困苦を見、かつて王室の隆盛であつた西周時代を回顧して、「念彼周京」と詠じたのではあるまいか。かやうに王室の衰微を慨嘆し、西周時代の再來を期待してゐた矢先に、荀躒が成周に城づき、王をこゝに迎へ、諸侯を朝せしめたので、之を稱美したのが、此の詩なのではあるまいか。又何氏のいふ所も、かう見るべきなのであるまいか。齊說の「十年無王。」の句は、朝廷が衰へ、諸侯が跋扈するので、再び王權が伸張して、善政の布かれるのを待望するやうな口吻にも取れないことはないが、併し「荀伯遇時、憂念周京。」は、よく吟味すると、曹人が諸侯から困しめられるから、之を救つて貰ふ爲に、王室の隆盛を望み、かの朝權の盛んであつた西周を追念するのであるとは、あまりに持つて廻つた解釋のやうにおもふ。要するに此の詩は、荀伯が叛逆人の爲に苦しめられてゐる王室を憂念し、之が救濟に盡力したのを嘆美したものと見ねばなるまい。姑く疑を存して學者の研究を俟つことにする。ついでに郇伯の語について一言したい。毛傳には「郇侯也」とあり、鄭箋にも「郇侯文王之子、爲州伯有治諸侯之功。」とある。亦朱子も「郇伯文王之後。甞爲州伯、治諸侯有功。」といつてゐる。併し之等は齊說にいふやうな事情が、まだわからなかつたからの解である。郇伯は荀伯で、即ち荀躒のことである。郇、荀は普通で、潛夫論氏姓篇には、荀息は郇息に作つてある。こゝに荀躒をば、郇伯と稱したわけは、晉の荀氏はもと「伯」と稱した故、荀氏を稱しながらもなほもとの「伯」をもつけたのである。左傳成十六年の「荀伯不復從。」の荀伯は荀林父である。後に諸荀は別れて、知氏と中行氏とになるから、隨つて中行伯、知伯など稱する人があるわけである。（終）

## 東園藤川先生墓碣銘

先生諱元中、字子庸、浪速城下人也。姓赤松。父曰正益、出讚州大內縣東山東園坊、赤松則祐之裔也、官學浪速、冥令吉田氏云。先生幼事甘谷菅氏、頗有才名。長厲意於醫事、古今之書、無所不該覽矣。及至父歿、懷父鄉土、遂來于此也。其來于此也、以叔父命、屈志爲藤川氏義子、號以東園者、不遺其本也。初藤川氏有女、女于先生、生一男二女而死、乃貞靜也。次先生娶蒔田氏、生素行而亦死。後娶新居氏而無子。貞靜所生一男一女、先于先生死、季女嫁從子莱氏、而素行爲嗣焉。先生初施術三溪、名聲大振。後卜居高府、得列士籍。玄德升聞、官命以小倚會班、遂馥名於境外、來學者繼踵。若使先生居通邑大都、共名必敵天下、惜哉處諸邊邑。文化三年六月、先生偶患疫、疫後患水氣、又患噎。明年四月、勞漸積、疾彌留、嗚呼痛哉、越念七日、竟以不起、春秋六十有七、無有退邇、皆聞惜之。孤哀子素行、泣血葬之三溪藤川先瑩之地、城山滕鷹製之墓銘。詞曰、昇平二百、道威復古。長沙之籍、先生獨擧、旣探厥賾、又得厥武。術極精微、著書示戳、衆仰之暉、德音惟茂。文化四年丁卯臘月。（從城山道人稿卷之十五移鈔）

西門孝治郎氏。加藤和美氏。清水小鈎氏
田邊英次郎氏。三浦憲次郎氏。大西成古氏
天野ミドリ氏。矢野榮三郎氏。吉永登氏
岡村蓉三郎氏。岡村義章氏。

日課表

| 火 | 水 |
|---|---|
| 准南子 | 休 |
| 分類詩選・十八史略 | |
| 禮記・杜甫詩集 | |

| 土 | 日 |
|---|---|
| 唐詩品彙 | 第一、第三、午前七時廿分　尚德會荀子 |
| 午後三時　古詩源 | 每月一日祭日　第二四五日曜　休講 |

誌社同人
三原靜美　寺田英一郎
石崎太郎　安達龜造
岡本勝治郎

# 春王正月

岡本時笑生

春秋を繙くと、先づ「春王正月」といふ文字に眼が着く。春王正月、文字は僅か四字である。併し此の四個の文字の中に測り知られず、又言ひ得られない道義心。國思ふ眞心。皇恩を仰ぐ崇高なる精神が湧いて來る。僅か四個の文字。それに其んなに精忠義烈、扶翼皇運の道義心が湧いて來るといふのは、そも亦何の故ぞ。是に於て春秋の尊い所以。經書の經書たる意義が伺はれる。即ち孔子が心血を注いで筆を執られ、子夏の徒も一言一句を云爲することを許されなかつた。其の大精神が、躍如として伺ひ得られる。味ある哉。春王正月。

偖て此の四字の字面に於て伺はれる其の意義、其の精神といふのは年の新正、正月が是れ王の御治世を仰いでゐる正月といふので難有い意味がある。此の太平の大御代も、一天萬乘の大君が上に座しまして御治め成て居られるから結構なので、即ち王の御恩澤に浴してゐる正月、御威德を拜してゐる正月。此に測り知られない難有い心が浮ぶのである。支那の如き革命の國、治者と被治者。王は王なり我は我なりといふ國でさへ猶此く感ずる。然るを況や我が皇御國、萬世一系の天皇の御治世に浴してゐる吾等が、一層深く此の四文字に感佩するのは當然だと思へる。

素より直接此の四文字を見たことの無い人々なら無理も無いことだが。私は此の四文字は國民全體に知らせたい「讀ませたい」と思ふ。唯單に此の四文字だけでなく更に進んで春秋二百四十二年の歷史を、左氏傳六十卷十五冊を、ウンと讀んで貰ひたい否讀ませたいと思ふ。切なる心がある。すると、此の意義が能く悟られて、我が皇國の一層貴い所以があり〳〵とわかるであらうかと思ふのである。

宋の胡銓の「高宗に上る封事」を讀んだことのある人は、早速思出すであらう。劉豫といふ男が「奉金正朔」といふことを。正朔といふのは正月と朔日といふことで暦といふことである。支那は革命の國である。御代の革る毎に暦が變へられる。例へば夏殷周三代の時の暦を見てもすぐわかる。是は革命の度毎に暦を改めて人心を收攬し而して何れの國とても先づ暦を變じて前代とは異てゐるといふことを特に示現してゐるのである。そこで胡銓の封事の金の正朔を奉ずるといふのは劉豫といふ僞物の王は本來宋國の人でありながら讐國たる金の正朔を奉じてゐる。即ち敵國の治政を受けてゐるといふて之を誹て居るのである。

又、夏殷周三代の暦が異つてゐるといふことは、正月から十二月に至る、各月々の名に別に異りは無いけれど、季節と四季との割り振りが少しづゝ異ふ。表にでもして示さなければ一寸判り兼ねるが。今日吾々の太陰暦だと言うてゐるのは往時の夏の國の暦で、寅の月を以て正月としてゐる暦である。夏が滅びて次に興つた殷の國は之を一ヶ月繰上げて寅の前の、丑の月を以て正月とし。周は更に殷より亦一ヶ月繰上げて子の月を以て正月としてゐるので、夏暦よりは實に二ヶ月繰上げてゐるのである。更に秦に至ては三ヶ月早めて亥の月を以て正月としてゐるから、本當の季節とは全く合はない。即ち春といふのに花も咲かず暦では夏の盛りといふ頃に季節が春で花が咲くといふ奇現象を呈する。

併し此ういふやうに國の革命の度に暦を改めるのであるから春王正月といふ文字が意義を爲すのである。而して此の文字此の意義を我が皇國に當てゝ考へて見ると固より彼と我と其の國柄を異にするけれど最初申述べた樣に四文字の中に洵に崇高な尊王精神が意味成されて來るのである。

近時西洋紀元に對抗否國家精神に目覺めて來て、年賀狀などに皇紀二千何年といふのを用ふる。誠に結構なことである。然し私は是より年號を用ひよと主張する。其れは、我が國には御代毎に其の御代の號即ち年號といふものがある。維新以前は屢改元されて同一天子の御代に年號が幾つも改元されたことが有つたが、明治以後は一世一元と定つたからもう混雜することはない。そこで私は二千六百云々より矢張り此の御世號即ち年號を用ふることを主張する。其の理由は何でもない。固より皇紀二千何百といふのを惡いと謗るのではない。家に傳ふ可き貴重なる帳面の如きには年號更に紀元といふのも列べて兩方を記しておいてよいが年賀狀其他のものには皆年號を記したい。それは只今の吾々は只今の天皇の御治世を仰いでゐるのだから只今の御世號即ち年號を用ふ可きであるといふのである。此の精神が即ち春王正月の意義精神に合するのである。そこで何處迄も此の精神で押通して行きたいと思うて居るが人の贊すると否とは問ふ所ではない。

因に云ふ。皇紀といふ語は此の中に春王正月といふ意味が正しく含まれてゐるから國を思ふ志士として用ふ可きであるが。是も矢張り紀元といふのを用ひたい。それは皇紀といふのは日本といふ義があらはれるのであるから、日本といふ點を特別にあらはす時即ち外國に取遺りする文書なら兎も角も、國内でのみ遺り取りする文書に何も皇紀と書する要はない。國家はちやんと示してある紀元といふことを。依て皇紀二千六百年といふのも矢張り紀元二千六百年としてよい。神武天皇即位紀元二千六百年。矢張り皇紀と書く必要はない、紀元二千六百年で事が足る、否此の方が好い。皇紀と書くと其の一方に西洋紀元のあることを暗默の中に認めてゐる感じがする。私は西洋紀元などがあるといふことなどは認めたくない。何處迄も天上天下唯我獨尊天の下には我が皇國のみが眞の國であると思ひたい。至尊即ち是れ天之御中主の現神で吾人臣民は其の御治世の下に、御恩澤に浴してゐるもの、何處迄も春王正月、そして紀元何百年更に昭和何年と用ひたい。

---

教育勅語渙發五十周年寄黃坡先生賀表彰之榮　遠山　虎

泊園教學毓才賢。歷世鴻儒執比肩。赫奕奎光旌表典。綸綍渙發五旬年。

同前　木下貞 松軒

四世垂帷浪華津。育英功績與年新。三千子弟齊欽仰。今日藤門別有春。
傳承家學孝兼忠。樹德泊園書院風。嘉節今朝浴佳譽。多年事業育英功。

同前　宇田敬子

萬代にみおやのかげも光りそはむ
きみかみかきし家のかゝみは

---

## 會員消息

越智宣哲氏は十一月十一日祝典にあたり藍綬褒章下賜の恩典に浴せられ。左の絶句を黃坡先生に寄せ來らる

嘗盡霜酸與雪辛。頭童齒豁報精神。奉公未竭自多慚。愧此餘光及老身。

十月卅一日　南坊城良興氏逝去

辻　蒼石氏　十一月十二日より五日間「そごう五階にて個人展開催されたり

十一月三日明治節の嘉辰に帝國教育會表彰式に於て左記泊園書院關係者授彰せらる

三代以上教育繼續從事者　黃坡先生
明治廿三年以降教育事業多額寄附者
（同窓會關係）　和田　達源氏
（　同　）　森下　博氏
（泊園會關係）　籾　仲次郎氏
（　同　）　津田勝五郎氏

十一月中旬　宮崎靑湖氏個人展開催

十一月十三日　村上吉五郎氏逝去

十一月廿五日　淺井佐一郎氏左記へ轉居さる
靜岡縣磐田郡磐田町二之宮一七三〇へ

三浦德次郎氏。東區島町一丁目四へ

吉永　登氏。伊丹市大鹿門前へ

小畑　勝藏氏。尼崎市西本町七丁目四一二へ

泰東書道展入賞

源元　公子氏　二部（假名）

## 泊園會々費收受報告（泊園會）

**一金參圓也**（各通）

西田長左衞門氏。植々木第一郎氏。植野德太郎氏。佐藤彌兵衞氏。宮崎喜太郎氏。岡本由喜三郎氏。櫻根孝之進氏。山下平太郎氏。吉年宗兵衞氏。杉村德次郎氏。南坊城良興氏。岡島乙三郎氏。殿村善一氏（十四年分）殿村善一氏（十五年分）大河内安藏氏。住友與五郎氏。

神田榮吉氏。織田九郎氏。新田昌次氏。村上正一氏。西野捷平氏。赤塚善助氏。平松得一氏。六條照傳氏。吉年善作氏。奥田富太郎氏。湯淺豐太郎氏。井上治兵衞氏。長者五三氏。門脇才藏氏。

棚次辰吉氏　大野園山氏　柳延胤氏　久保郁藏氏　岡本英三氏　谷内清巖氏　岩崎清平氏　白川朋吉氏　渡邊醇氏　沖本三郎氏　水田硯山氏　近藤常吉氏　田中太郎氏　幣原坦氏　安田半圃氏　鎌田春雄氏

（欄外へ續ク）

---

清水晋三郎氏。三川啓明氏。森下博氏
平泉豊三郎氏。堀越壽助氏。矢崎清心氏
橋本梅三郎氏。坂村養三氏。渡邊庸氏
筒井民次郎氏。内田利一氏。石黑景文氏

木村金三郎氏。岩田藤三氏。竹田津永彦氏
奥田藤兵衛氏。廣田虎三氏。五條秀麿氏
島田喜十郎氏。田中治一郎氏。櫻井雲洞氏

野路靜夫氏。金戸守氏。清海清氏
多田貞一氏。田邊英次郎氏。
松本洪氏。清水小筠氏。田宮恭太郎氏

## 本誌後援寄附金收受報告（泊園同窓會）

金貳拾圓也　關西吟詩同好會

泊園

昭和十六年三月廿九日印刷(隔月一回不定期發行)
昭和十六年三月卅一日發行 ―(非賣品)―
編輯兼發行人 大阪市南區大寶寺町中之町二番地 的塲信太郎
印刷所 大阪市西區新町南通五丁目 林泰造堂
發行所 大阪市南區竹屋町九番地(泊園書院內) 泊園誌社
振替大阪一三八三九(泊園書院)電南六八二七

院日課表

| 火 | 水 | 土 | 日 |
|---|---|---|---|
| 淮南子 | 休 | 唐詩品彙 | 第一、第三、午前七時廿分 尙德會荀子 每月一日第二四五日曜 學日 休講 |
| 分類詩選 十八史略 | | 午後三時 古詩源 | |
| 禮記 杜甫詩集 | | | |

社誌

人 三原靜美 石崎太郎 岡本勝治郎

會 寺田英一郎 安達龜造

# 漢文の振興

かう云ふ話を聞いた。支那宣撫事業の進むにつれて漢文の必要が益々感ぜられて來た。尙ほ且つ漢文の知識を持たなければならず、漢文を作る力をも要求される。たゞ衣食を給し、其の上に安住せしめる事より進めば、之を敎へ之を化するには漢文の知識、漢作文の技量を持たなければならない。と云ふのである。漢文の全知識あるものにして始めて宣撫の大事に當り得る。聖戰の眼前にその必要が明かに現れて來たのである。

かう云ふ文を讀んだ。我が國の先賢の學術には幾多の偉人碩學があつて、我が國の學術も決して西洋には劣つてゐるものでない。たゞそれ等の學問が闡明されてゐないのは、我が國學術の獨立の爲めに遺憾である。これ等埋もれてゐる學問を發揚する爲めには、これ等の業績を著はせる漢文の讀解を勸めねばならない。蓋し漢文を振興する必要がある。と云ふのである。その通りである。我が國の先賢は嘗て己れの成績を發表するに當つて當時の文語漢文を用ゐたのであつた。その文語を外國語と考へて之を讀まなければ、我が國の學問も思想も分るものではない。我が國文化の獨立を叫ぶんなら我が文語振興は當然の成り行きである。

我等は幾度か漢文を盛んにせよ、漢文を重んぜよ、漢文を學ぶべしと提唱したのであるから、こゝに之を繰り返して云はないが、かくの如き言說をチラホラと目にし耳にして大に喜ぶものである。別に今に於て漢文を文語とせよと云ふのではない、支那語を止めて漢文にのみせよと云ふのではない。口語文でも宜しい、支那語でもよろしい。支那式讀法の漢文でもよろしい。たゞ永い間文語であつた漢文を奬勵振興しないでは、內は我が國の文化を闡明し得ないし、外は東亞の士民を宣撫し得ないのを恐れるのである。

漢文振興は如何にしたらいゝか。これは從來幾度となく論じられた樣だが、實效あつたか否やは疑はしい。在野の人々ではどうしても絕えざる一線を維持するより外はない。中央又は地方の文教の局に當る人が之に熱心でなければどうにもならない。それらの人々の輕はづみな意見の爲めにいくら一線保持の人が阻碍されてゐるか分らない。天下の爲めに痛大息する所以である

我が泊園は絕えざる一線を傳え存して來、斯文振興に就いては些少の努力を致してゐると信ずる。時論の隆替には何ぞ關せんや。一意斯文を守つて報國の微衷を盡すのみである。今や世論は又我等の傳持せる一線に回り來らんとする。請ふ。局に當るの大夫士よ、再視三省せん事を。(白水生)

# 說詩樂趣 (32)

效尤生

知遇に酬するものを二三記して見る。王維摩詰が、安祿山の兩京を陷れて、玄宗が長安を逃れ出た時に、之に扈從せうとして及ばないで、遂に賊に得られた。維は藥を服んで瘖病と佯つて居つた。祿山は素より之を愛して、人をやつて洛陽へ迎へて來たりして普施寺に拘へ、僞命を受けよ(自分の朝官とすること)と迫つた。祿山が其部下と凝碧宮に宴し、其樂は梨園の弟子や敎坊の工人であつた。(梨園、敎坊は玄宗の置いた樂人である)王維之を聞いて悲憫し、潛かに詩を賦して、裴迪に示して曰、

萬戶傷心生野烟。百官何日再朝天。秋槐葉落空宮裏。凝碧池頭奏管絃。

と、賊平いで、其僞官を受けた者は、三等に分つて處分されたが、維は此詩が行宮に聞え、肅宗之を嘉みして、特に宥兔を賜ひ、太子中允の官を授けられた。

宋の夏竦字文莊が安陸の太守のとき、宋庠、及び弟祁(安陸の人、共に文學を以て名あり二宋と稱す。兄庠字は公序、兵部尚書、同平章事、樞密使に至る。弟祁字は子京、史館修撰となり、歐陽修と共に唐書を修す。工部尚書、翰林學士承旨を拜す)が尙ほ布衣であつたが、文莊之を異として居つた。命じて落花詩を作らせた所、庠は

漢皐珮解臨江失。金谷樓危到地香

といふ句をなした。漢皐は韓詩外傳に「鄭交甫が南の方、楚に行かうとして漢皐臺の下に沿うて行き、二女に遇うた、兩の珠を佩びて居つた、交甫が目もて挑んだ所が、二女が珮を解いて之に贈つたといふ故事。金谷は晉の石崇の別墅があつた所、この別墅は非常に奢侈なもので淸泉茂樹衆果竹柏藥物備さに具はれりといはれてある。)此句は「漢皐の珮解けて江上て消えた。金谷の高樓(危は高の意)から地上に至つて香る」といふので花の落ちる風情を落といはずに詠じたのであつて、誠に巧である。

弟の子京は

將飛更作回風舞。已落猶成半面粧。

といふた、これも落花を形容した所は巧である、回風舞、半面粧などは妙といふべきである。この歲に詔下つて兄弟皆貢擧に應じたが。夏竦のいふに 落花を詠じて落を言はぬ、大宋は狀元及第(首席)するであらう、又風骨の秀重なる異日の宰相とならう、小宋は之に及ばぬが、亦天子の側近に登るだらう」といつた。其言の通りであつた。故に竦が河陽に居つて庠の登庸に遇うて、別紙を以て賀して曰へるに、昔年安陸巳識台光といつたのはこの時の事である。」

夏文莊の謫せられて黃州の守であつた時、龐穎公(名籍、仁宗の朝に同平章事となる)が郡椽となつて居た、文莊之を識つて優待して居つた。穎公病にあひ、意に不治とおもうて居ると、文莊親しく病を視て曰ふに「異日當さに貧宰相となるだらう、まだ年壽がある、疾は憂ふべきでない」と穎公「宰相に豈に貧なるあるや」と問へるに、文莊答へて、「一等の人の中にて貧なるものだ」というた。

後日穎公退老の詩に

田園貧宰相、圖史富書生

の句がある。これに本づいてある。面白い聯である。

## ―豫告―

◇泊園書院の展墓 來る五月四日第一日曜日に午前九時舍利寺―十一時齡延寺に行はる。多數の參拜を望む。

◇道明寺の釋奠會 來る五月十一日第二日曜日午前十時より道明寺村土師神社―道明寺天神―に於て擧行せらる。本會は故南岳先生の首唱にかゝるもの有志の方の參會を望む。

會費參圓

# 論語講義

黄坡先生述

**子游爲武城宰。子曰。女得人焉爾乎。曰。有澹臺滅明者。行不由徑。非公事。未嘗至於偃之室也。** 焉爾は古本に焉耳に作つてゐるが皆助辭である。

**訓讀**　子游、武城の宰たり。子曰く、汝、人を得たりや。曰、澹臺滅明といふものあり、行くに徑によらず。公事にあらざれば、未だ嘗て偃の室に至らず。

**解釋**　**言偃がよく人を知つたことを記した章**であつて、**品藻の部**に入るべきものである。門弟子の言偃字は子游が武城といふ魯の下邑の邑長となつた。孔子之に問うて「人物を得たか」といはれた。苟くも人の長官たるものは其部下に人物を舉用することが第一の務である、孔子のかく問はれたのは之がためであつた。對へて「澹臺滅明といふものがあります。」と申して、更に其公正な人であるといふしるしに二件を舉げて申すには「行くに小路に由りませぬ」この徑は邪徑などいふもので、本通りに對して別に斜捷の路を開いて民の往來に便したものである。禮に「道して徑せず舟して遊せず」といひ、また「喪を送るに徑に由らず」などある徑である。小民の便宜を眼前に求める人は捷徑によるのが尋常の事だが、士大夫の身分あるものは公道を往來して苟くも私便を計らぬといふ、滅明の品格が想ひやられる。また一には「公の職務の事の外には長官たる自分の居室に參りませぬ」といつた。偃は子游の名である。今言偃は長官であり、滅明は屬吏である。公務の外は長官の室へ行かぬといふは、矢張其操守の方正であつて、苟くも人に諂ひ私暱を求めぬといふ點がよいのである。即ち此二事は滅明の**品格の崇高なる所**が窺はれるのである。一面人の長上たる者の多くは輕佻なる才士や、權謀術策の人を愛用して士品を重するものは少ない、今子游は此點を以て滅明を取り、之を以て孔子に對へたのは兩者共に士人の模範とすべきものである。滅明は**武城の人**であつて、後には孔子の門人となつて居る。

**子曰。孟之反不伐。奔而殿。將入門。策其馬曰。非敢後也。馬不進也。**

**訓讀**　子曰く、孟之反ほこらず。奔りて而して殿たり。將さに門に入らんとす。其馬にむちうつて曰く、敢て後れたるにあらず、馬、進まざるなり。

**解釋**　哀公十一年の左傳に、齊、我を伐つて清に及ぶ、孟孺子洩、右師を帥ゐ、師、齊師と郊に戰ふ、右師奔る、齊人之を從ふ、陳瓘陳莊泗を渉る、**孟之側後れて入り以て殿となる**。とあるのが、この事である。夫子が其人の**功に伐らぬのをほめられた**のである。固より**品藻**の部に屬す。**孟之反**は孟孫側字子反である、之は助字である。夫子はまづ「孟之反は伐らず」と一句之をほめて、其次に事實を述べて、清の戰に魯の師が奔つた時其殿後(しんがり)となつて、退却の後をさへをした。この退軍の殿後といふものは勇者にして出來ることであるから、士として名譽の役である。今國門へ入らうとする時に、故らに其車の馬を鞭ち急がせつゝ「わざ〳〵後れて殿をしたのではない、馬の足が遲いのだ」といつて、其殿の功をすてゝしまつたのである。將入門は軍の國門に入るとき即ち國人の集まり迎へて居る所である、之反の殿たるを見ば直に喧傳せられるであらう、之反の一言したわけである、凡て亂世に居るものは之反の此心がなくてはならぬ、言語をつゝしみ、功伐を捐てるは身を全うするの道である。まして敗軍中にあつて獨り功名を取るは之反の快しとせぬ所であつたらう。

**子曰。不有祝鮀之佞。而有宋朝之美。難乎免於今之世矣。**

**訓讀**　子曰。祝鮀の佞あらずして、而して宋朝の美ある、難いかを今の世に免れんこと。

**解釋**　**衛の事を語つて時世を嘆かれた章**、即ち**時命**の部である。初の不有の**不字**は朱子は下の有にも及ぼして讀んだが、これは語勢をなさぬ。鄭註に「不有は無なり」とあるによつて明かに朱子の不可がわかる。また佞を巧言諂諛といて居るのも字義でない。章の意は、「衛には祝鮀字子魚といふ、佞(口才)ある良大夫があるからよいが、もし此人なくして、たゞ宋朝の樣な美貌の人があるのみであれば、今日の世に禍を免るゝことは難いであらう。」といはれたのである。論語の中にも、祝鮀は宗廟を治むとか、直なるかな子魚とかあつて、此人は孔子が常に良大夫として居られる人である。こゝも此人があるから衛國が僅に存して居るのであるといはれたのである。宋朝は宋國の美人であつて、衛靈公の夫人南子が之を召して寵して居つた男である、左傳の定公十四年に見えて居る。**美字**は容貌の美をいうたものである。

**子曰。誰能出不由戶。何莫由斯道也。**

**訓讀**　子曰。誰かよく出るに戶によらざらん、何ぞこの道によることなき。

**解釋**　**教學**に屬する章で。**道の由らねばならぬこと**を語られたのである。意味は說明するまでもなく明白である。**戶**は門戶の戶、字書に一扇(とびら)を戶といひ、兩扇を門といふとある。家の出入口である。第一句は「出入に戶ぐちによらぬものが誰があるか。その樣なものはあるまい。」と疑問の辭として之を例として、何ぞ此道に由るものがなきか。道の人の必須のものであることは、恰も戶の出入の要處であるに變らぬとの意である。

## 曇隱居叢談

大壺

筒井民次郎氏は逝去されて了つた。今日又泊園先輩の有力者を失つたのである。筒井氏は種々なる公職に從事せられ、多忙を極めてゐられたが、始中終泊園の爲めには盡瘁せられたので、我等は思出と共に遺憾此上もない次第である。舊新泊園會などの席上で泊園將來に談偶々及ぶと、論議の果ては席を更め移してまでも熱心に我等弱輩の愚見までを聽取して又考究せられたのであつた。最近も亦時日を擇んで特に泊園事業促進に關する會合を連續して行はうと相談に與つたのであつたが、天斯の老を吝んで中止の已むなき事となつて了つた。誠に慮るは人だが成すは天だ。

泊園會で講演して頂いた事のある西田長左衛門先生も急逝された。白髮童顏の先生が金蘭會館で和について諄々と說かれたのも忘れ難い。先生は江戸ッ兒であつたが浪速高校へ附任されてから長年大阪の學問の爲めに盡された。先生幼年には漢學で育成せられたが、壯にしては文學者として創作に從ひ、中年以後諸學校に漢文の教鞭を執られたのである。随つて其漢學は獨學自習無師獨悟であつた。獨學者はよく固陋になり勝ちであるが、先生に於ては其蔭は更にない。よく學界の進歩を領得して其上に出られた。門下から幾多の支那學界の俊秀を出されたが、その俊才連中も先生の超邁なる學と識に對して驚歎を禁じ得なかつた。年來孔老の出づる支那思想の淵源を探り、甲文金文の材料を古書に徵し民俗に參して眞に獨創の學であつた。舊來の陋習に囚れたる人々だらう、窃に譏つて田舍學者にはよくそんな方法で奇僻の學をなすものがあるなどと、評したものもあるらしい。さう云ふ人々こそ學問の分らない人なんだが、盲人蛇におぢずと云ふものである。僕は幸ひにして先生に忘年の交を辱くし、屢々置酒論文の席に陪して高教を領したが、思想の淵源を推究する其考證、思想の演變を尋繹する其論理、誠に先生の獨擅場であつた。先生の學識よりなる一部支那哲學史を得たらんには我國學界に新光彩を與へようと期してゐたのだ、が終に完成を見るに至らなかつたのは遺憾此上もない。遺稿數十篇を算するから若しよく及門の士之を整理し得たならば片鱗を留める事とならう。僕は舊臘拙著を送つて批判を請うたが、よくその足らざる點を指摘して教へられたので、僕の

## 本誌後援寄附金收受報告（泊園同窓會）

金七圓也。中濱富三郎氏（常費七年分）
金五圓也。福原岩吉氏
金五圓也。[illegible]

## 泊園會々費收受報告（泊園會）

一、金參圓也（會費一ヶ年分）[illegible]

## 會員消息

○藤澤成太殿　の宛名變更　南支派遣軍藤田部隊人見部隊本部
○筒井民次郎氏　一月十八日逝去

金壹圓也。志保山石堂氏
常費一圓也。(一ヶ年分各通)
吉田萬治郎氏。岡村蓉二郎氏。岡村　義□氏
殿水　快順氏。福田　三次氏。細田美三郎氏

岡村蓉二郎氏。中濱富三郎氏。福田　三次氏
細田美三郎氏。岡本勝治郎氏。殿村　たけ氏

○筒井民次郎氏　一月十八日逝去
○西田長左衛門氏　二月三日逝去
○中尾國太郎氏　兵庫縣川西町字脇田六ヘ轉居

（本文参照）

# 賴山陽の謁楠河州墳有作の詩に就て

黄坡

山陽外史のこの詩は寛政九年山陽が十九歳の時、東遊の途上の作である。其才藻の横逸なる、其意氣の浩宕なる、また義心の凜烈なる大に人口に膾炙して居るものである。しかるに去年詞友の五條松峰翁の許で、山陽が文政十年四十八歳の時の自筆のものを觀た。これは外史氏が、群馬縣島村の金井烏洲（金洞翁の父）の家で書いたもので、金井氏の當主が松峰翁の姻戚である關係から、翁の許へ持ち來たされたのである。幅は寫眞に示す如く全紙にかゝれてあるが、大に世に傳へ、詩集に載せてあるものと異つて居るのである。想ふに青年の作に後日に改竄を加へたと見へ、他の天草洋の詩其他にも類例多く、外史氏の詩に於て苟もせぬ所が感心させられたのである。今左に之を示すが、右に記したのが改めたるもの、また左に線を附したのは削去られたものである

東海大魚奮鬣尾。蹴起黑波汙（斧）𪊲辰。隱島風
雲（何）匭慘毒。六十（六）餘州總鬼几（虫）。誰將隻手排（攞）妖
氛。身當百萬哮闞群。揮戈擬回虞淵日。執
舌同剮即壘雲。關西自有男子在。東向（嚮）寧爲
降將軍。旋乾轉坤荅値遇。（灑）洒掃輦道迎鑾輅
非有　鼓群惕　未必　君不見東
論功睢陽最有力。謾稱李郭安天步。出將入
魚纔斃有餘腥。却養西島羽翼成
相位未班　前狼後虎事復艱。獻策帝閽不得
達。決軍軍務（肯期）豈生還。既棄韓信伍噲等（不）
怪旗鼓無精明　且餘兒輩繼微志。（全）
家血肉殲王事。非有南柯存舊根。偏安北闕
向何地。攝山遷（遶）迤海水碧。（郊樹誰認櫻井）吾來下馬兵庫驛
想見訣兒呼弟來戰此。刀折矢盡臣事畢。北
向再拜天日陰。七生人間滅此賊。碧血痕化（已）
五百歲。茫々春蕪長大麥（燕）。（彼哉骨肉相噬）君不見君臣相圖
君臣相呑
骨肉相呑。九葉十三世何所存。何如忠臣（孝）
孑孝一門。（後）萬世之下一片石。（湊）留無數英雄之
涙痕。

右一見して改定のものが味があることが知られるので、余も松峰翁のこれを紹介せられたことを感謝したのであつた。然る處去月の十四日に或人がまた此詩の屏風一双に大書したものを持つて一閲を求められた、讀みゆく中に處々また相違がある、面白いことに思うて比較して見ると、また一歩を進めた感がある。しかも其書いた時が同じ文政十年であるのを見れば、前の金井氏でのものに引つゞきまた改削を加へたものと思はれ、一層山陽の篤學を感ずると共に、學者の好典型であると思ふから、こゝに之を紹介する、此詩は宜しく左のものを定稿とすべきものと思ふのである。猶ほ大方の所見を得たいと思ふ。因みに此屏風の書も決して僞作とは思はれぬものであつた。（左に線を附したのが改訂の處）

東海大魚奮鬣尾。蹴起黑波汙斧辰。隱島風雲何慘毒。六十六州總鬼虫。」誰將隻手攞妖氛。身當百萬哮闞群。揮戈擬回虞淵日。執舌同剮即壘雲。」旋乾轉坤答値遇。灑掃輦道迎鑾輅。非有睢陽維群情、李郭何緣安天步。」纔斃東魚有餘腥。却養西島羽翼成。獻策帝閽不得達。決志軍務不期生。既棄韓信伍噲等。莫怪旗鼓無精明。」攝山遷迤海潮碧。郊樹誰認櫻井驛。訣兒呼弟來戰此。刀折矢盡臣事畢。北向再拜天日陰。七生人間滅此賊。碧血跡化五百歲。茫々春蕪長燕麥。」君不見骨肉相噬君臣相呑。九世十三葉何所存。故留姓名萃唾罵。汗穢史書不耐翻。何如忠孝聚一門。千載下一片石。灑無數英雄之涙痕

とあつて、其終に

湊川歌、余十七八時東遊所作。爾來十餘經過。今茲丁亥復再過。錄付松埜希雍。

の書後がある。

爲めのみでなく僕の著を讀む人の爲めにもなるからと一文の發表を切願して置いたが、今や已に空し。僕今年又惜しい師たり友たる一人を早くも亡つた。

西田耕堂先生を亡つて數日もせざるに湯淺廉孫先生の訃を知つた。湯淺先生の精審なる學風は夙に推服してゐた。時には往訪して新知を啓發し疑義を質論したりした。嘗て先生がラヂオ講座で講ぜられた中學補習講座のテキストを讀んで、此書讀まざるべからずと推賞し廻り知友連に買はしめたのも最早思出でしかない。又嘗て先生の也字の説を駁して承諾しなかつたら、證據を見せてやると云はれ、其後一兩年機會を失して何かの會合で出會した際、今日は來るだらうと思つたと何か金文の書を出されて證據は是れだと云はれた。僕は何の話かと思つて居たが、先年の證據であつたには驚いた。先輩爲學の厚きに後生を導くの親切に、感嘆せざるを得なかつたものである。先生小學に深きは世の知る所だが、支那倫理學史の大册があるを聞いてゐる。全篇附箋だらけで先生の精力を注がれたものださうである。この著是非他と共に篋底を出したいものである。宿儒凋落、寂寥の感は獨り僕のみではあるまい。

## 奉告祭

昨秋明治節の嘉辰に三代以上教育織關係者として泊園書院藤澤先生の表彰を左記に依り奉告祭を擧行せらるゝに就き各位擧つて參拜せられ度し

○五月四日午前十一時　齡延寺に於て

## 黄坡先生稱壽會

去る三月九日市内天滿天神境内の社務所に於て黄坡先生の墨跡展覽あり。茶席の設けもありて折柄の好晴にも惠まれて雅客絶えず終日賑ひたり。

# 好治間事室藏書記

大壺

恰受亭隨筆　一册

表紙には兇刀傳と題してあるが後人の妄題に相異ない。中に村正の刀を帶びた大圓と小諸藩士西村紀とが各々發狂して人を殺した話を書いた兇刀傳と後兇刀傳とが有るから、さう題した方が面白からうと思つたのであらう。古本屋の策であらう。內容は雜然と詩文を得るに從つて書き留めたものである。卷頭にその詩文の作者と數とを列記して目錄代りとした恰受亭隨筆姓氏と題する一葉がある。或は元の表紙には恰受亭隨筆としてあつたんだらうと思はれる。然し誰の隨筆かは分らない。丹邱先生芥彥章及び其周圍の人の詩文が大部分であるから、丹邱門下のものであらう。讀書堂と橫書した丸い朱印が押してある。內容を示す爲めに目錄代りの一葉を移寫して置く。

恰受亭隨筆姓氏

丹邱　芥煥字彥章　文四章　詩百十五首　贊一首

周天球　字公瑕　文一首

陽明　王守仁　詩一首

源嘐　詩一首

昌黎　文一章

岡聰　詩二首

藤藪紀　詩二首

聯句　芙蓉　桃世明　屈正輔　越立誠　藤匡　藤貞幹　島雅修　源忠貞　菊縄武

これは「留別諸子　栗山先生」の七律の次に在る「聯句、送栗山先生離筵席上」の事であるが、五言十二句で作者は十二人であるのだが九人しか出てゐない。署名の彥は芥彥章だらうが、この聯句の次に「無佛齋奉送　源澂恕　字仲徵」の七律があるから恕と署名してあるのは此人ではなからうか。この人は又「送別　源義齋　名澄恕」、「聖坂偶作　三上澄恕」と同人らしい。下に見ゆる如く本書は此三詩を同一人の作と見て數へてゐるので分る。岡崎廬門の「平安風雅初編」には「源澂恕　字仲徵號義齋　三上彥右衛門」とあつて分明する。恕と署名してある人は分らない。

內相公　藤原應龍公　詩一首

右相公　藤原常雅字子順　詩一首

右相公　藤原公兼潔避　天皇御諱改　詩一首　序一章

無名氏　疑菅公在家乎　詩一首

菅胤長　字延美　詩一首

菅爲弘　字子太　詩一首

菅爲璞　字純甫　詩一首

南湖　屈正修字身之　詩三首

僧萬龜　文川　詩二首

僧宗朗　香山　詩一首

板徵　水母　詩三首

「奉報丹丘芥先生賜僕八十賀章即用高韻」の七律には「水母坂徵　字子謙號水母又號秋齋」と坂の字になつてゐる「戊戌元日」の五律には「水母板徵」と木偏になつてゐるから板がよいのだらう。もう一首「丁酉歲晚」は只「秋齋」としてある

僧元政　詩一首

元政の詩は「送梅雨」、「對月思鄉」、「谷口吟」、「偶成」、「暮景」と五首列んでゐるのに一首とは何か誤りがあるらしい。

栗山　柴氏　詩一首

源澄恕　詩三首

左直續　詩七首尺牘一則

「送義謙上人還藝州三首　左季重」、それに續く「賦得松鶴篇賀武衛氏四秩初度」、「谷難波子貞書」、「送難波子貞歸備前」の五律、「送大江戸子章歸周防州　左續　見于前曰字世勳」に、「左太輔」と署名せる「戊戌歲首試毫」、「春日憶故鄉」、「歸雁」の三首を合すと七首一則とはならない。「松鶴篇」は無署名だから省くと八首一則となる。難波子貞への尺牘と送別詩にも署名はないが、送別詩の終りに朱筆で「右尺牘一篇送別一章共左々木直續之作」と記してある。署名がないから數へる時に脫落したのだらう。すると先づ數が合ふ。これで左々木直續、左直續、左續、左季重、左太輔、皆同人なる事が分る。丹邱先生の詩に「送左太輔歸播州」の七律が出てゐる。播州の人らしい。

鳩巢　室氏　詩二首

齋必簡　靜齋　詩一首

芥德輔　詩一首

德輔は「字子欽」と注してある。「屈君遊浪華長等古橋柱贈家叟因賦得一絕奉贈屈君」の七絕である。丹邱先生の詩に「右竹亭隱士遊浪華得長等古橋柱贈余因賦謝之」の七絕がある。そこで德輔は丹邱の子である事が分る。元澄字は宗斐だから、子泉は兄かも知れないし、第二子ではないか。屈君は堀正修南湖の子でないか知らん。前に聯句の所に出る屈正輔だとすると竹亭は其號となる。岡崎廬門の「平安風雅」では「堀正輔　字君弼號廣居稱大彌藝州文學」とあつて南湖の族人とは推測される。

蕭德藻　詩一首

僧好謙　尺牘一則詩廿一首

好謙に「號鶴渚」と注されてゐる。さうして全部連續して出て居て末に「右道哉評　筑前人」があり、凡て朱筆の批正がある　蓋し龜井道哉の朱批を移寫したものであらう。其次に「悼鶴渚」の詩が高辻胤長、五條爲璞、桑原爲弘の三菅公出て居り、次に玄瀨釋大同和尚の「釋好謙法師畫像讚」と「哭好謙法子十二韻」とがある。讚に云ふ「十歲言詩、聲震公卿、出入朱門、視若蓬華、嗟命不永、年紀二七、哀哉無常、何其速疾」の奇堂好謙の遺稿集と見るべきものである。

道哉　詩評一則

僧大同　贊一則詩一首

岡長啓　詩一首

僧靈瑞　龍道人　詩一首

洪園　皆川氏　詩一首

北海　江邨綬　詩三首

林奉盈　詩四首

孝軒　源澄彥　詩一首

「公園眺望　園有龜藩候居城　三上澄彥　字世甫　號竹裡」とあるものだ。三上澄恕に關係あるものに違ひない。

春臺　太宰氏　詩二首

魯堂　那波氏　詩一首銘一首

藤秀俊　詩一首

僧無學　詩一首

岡九畹　汝肅　詩一首

僧荆岩　記事一則

「孝女事實記」である。注して云ふ「孝女者尾藩老臣志水甲斐某之所采地鳥ヶ地村土民某女、自幼至今能盡其孝道。」

趙雍　仲穆　詩一首　元人

以上の樣なものだが、內容を少しく玩弄すると丹邱中心の平安の風雅の一斑を觀ることが出來る樣である。兇刀傳二篇は芥彥章のものと見える。前傳には紅塵外史撰としてあり、後傳には署名はない。

遊月瀨宿騎鶴樓開帖誦大翁詩

遊蹤跡今四十四年慨然步其韵

溪韻穿花靜裡聞。山籠淡月玉爲群。清遊趁得祖君跡。鶴夢悠々騎白雲。

―訓讀―溪韻花を穿つて靜裡に聞く。山淡月を籠めて玉、群を爲す。清遊趁ひ得たり祖君の跡。鶴夢悠々白雲に騎る。

―語釋―玉爲群　全山の梅花の月光に映れるなり。○祖君跡、東畡夫子嘗て月瀨に遊ばれたり。○鶴夢云々　騎鶴樓の名に寄せたるなり。

養老山偶作

霜氣曉晴山色濃。偶然此地寄遊蹤。翠松林外紅深淺。那處青帘駐我筇。

―訓讀―霜氣曉に晴れて山色濃なり。偶然此の地に遊蹤を寄す。翠松林外、紅深淺。那の處の青帘か我が筇を駐めん。

―語釋―青帘　酒家の旗、此の秋色に對して杯を傾けんとなり。

同

借得輕車便。孤筇入勝區。瀑泉依舊在。不復遇樵夫。

―訓讀―輕車の便を借り得て。孤筇勝區に入る。瀑泉舊に依つて在り。復た樵夫に遇はず。

―語釋―勝區　勝地に同じ、○樵夫　瀧はなほも當時に異ならざれど樵夫その人は今に於て遇ふ由もなし―今の世に斯の如き孝子なし

養老瀑布

飛瀑白雲外。溪楓碧樹前。一瓢斟不盡。興趣自悠然。

―訓讀―飛瀑白雲の外。溪楓碧樹の前。一瓢斟んで盡きず。興趣自ら悠然。

―語釋―不盡　酒と興趣とともに盡きず。

同

直下三千尺。流風億萬年。余來空俯仰。霜樹色方然。

―訓讀―直下す三千尺。流風億萬年。余れ來て空しく俯仰す。霜樹色方に然ゆ。

―語釋―流風　孝子の德化は億萬年に及ぶ。

養老歸途車上

一日閑遊印屐痕。堂々飛瀑滌吟魂。自今歲々秋風夕。一片夢當迷楓樹村。

―訓讀―一日閑遊屐痕を印す。鏜々の飛瀑吟魂を滌ふ。自今歲々秋風の夕。片夢當に迷ふべし楓樹の村。

―語釋―鏜々　大きな聲の形容○楓樹村　養老村の紅葉を夢みる事だらう

和州北倭村金鷄靈趾

金鷄靈威儼似霜。洪謨長奠是斯鄉。巍々國體三千歲。更使萬邦齊仰光。

―訓讀―金鷄の靈威儼として霜に似たり。洪謨長く奠むるは是れ斯の鄉。巍々たる國體三千歲。更に萬邦をして齊しく光を仰がしむ。

―語釋―長奠　こゝに長髓彥を討して長く洪謨をさだめ給へり○光　金鷄の光と國體の光とを互にいふ。

昭和十六年五月三十一日（土曜日）　泊　園　第五十一號　（一）

# 泊園

昭和十六年五月廿九日印刷（隔月一回不定期發行）
昭和十六年五月卅一日發行　—（非賣品）—
編輯兼發行人　大阪市南區大寳寺町中之町二番地　的場信太郎
印刷所　大阪市西區新町南通五丁目　林泰進堂
發行所　大阪市南區竹屋町九番地（泊園書院內）　泊園誌社
振替大阪一三八三九（泊園書院）電南六八二七

## あせつてはいけない

功の成るは成るの日に成るに非ず、蓋し由つて起る所ありと云ふが、是れは誰しも合點する所である。俚諺に云ふ蒔かぬ種は生えぬもその道理である。種を蒔かないで收獲を望んだり、由つて起る所を考えないで功の成るを期してはダメなのだ。いくら期望を焦つても爲す事を爲さないで盡くす事を盡さないでは、一年たつても二年たつても成功はない人事を盡くせば成功は至る。焦るものではないのである。

聖戰五年、武功は已に成るに近い。支那で働く幾多の人は宣道撫民に努力をせられてゐる。然も宣撫の事業は難かしい。よき方法もがなと嘆じてゐる。遂には支那は分らない國民だと云ふ事になる。思ふにこれらの歎聲は蓋し功を焦るにある。聖人の民を治むるもさう一年や二年で功を期してはゐない。今は種を蒔くのである。種を今日蒔いて明日天に屆く草木は御伽話でしかない。草木すら猶ほ然り。危微なる心を有せる人に於てさう焦つては致し方がない。

百年戰爭である、長期建設である、と云ふのではないか。我國未曾有の歷史的事業であると誇稱してゐるのではないか。徒らに眼前の功業を見たいが爲めに功の成るの由る所あるを省察しなくては何をか成し得よう。戰時下であるとは云へ宣撫は百年の計である。百年の謀を誤つては赫々たる武功はどうなるのであるか。人に長となり民を安んずるの位に在る人は須らく功を急いではならない。

安民の仁道は近きに在るのではなからうか。之を遠きに求むるは却て謬を見るに至らう。古今東西の歷史に鑑みるも皆眼前の宣撫と將來の治安との方法は其軌を一にしてゐる樣である。我國爲政の當局も必ずや其點に就いて考ふる所は異同があらうとは思はれない。然るに支那に於ては時々歎聲を聞くのは、恐らく實地當事者が心に焦るか、其成績の見えるを迫られるからではないか。上下共に焦つてはいけない。未曾有の事業なんである

支那が特別の國民ではないか。同じく從鼻橫眼の人間である。歐洲の國民とも同じく人間なのである。環境歷史が異なるから風習性格に異同があるのである。其異を見て其同を忘れてはならない。又其同を見て其異を忘れてもいけない。其同を同とし其異を異とすれば何を以て特種扱ひとして歎ぜんや。其の好む所惡む所を察して東亞共存共榮に向はしむるにあるのみだ。焦らずに好惡を辨別するがよい。歐洲の經驗を以てしてもいゝが、同と異を强ひない要がある。それには本當の支那の本當の有樣を知る事だ。

長い歷史を支那は背負つてゐる。その背負つてゐる歷史は知らねばならない。その歷史を顧るなれば、そんなに手取り早い簡單な方法で宣道安民が出來るわけがない。敵性國の宣教師を見ても分る。單なる利害を以てあれ丈の信を植え付けたのではない。十年二十年の努力ではない。未知の地に未知の民の間に於ける獻身幾代であるか。二年三年もしない短日月の間で宣撫の難きを嘆ずるは早い。その樣な成功を若し期待する樣な計劃ならば初めから無駄を行つてゐるに過ぎない。

蒔かぬ種は生えない。種をどん〳〵蒔かうではないか。この種を蒔かう、あの種を蒔かう、あれはダメだ止めよう、これもダメだ止めよう、では何にもならない。却て出かける芽も取りつぶされる。焦るではない、支那に對する理解を深くして、焦らず急がず確固たる步みを續けて行けば、功の成る日は自然に來る。由つて來る所以を察せずして周章狼狽たゞ眼前の功果のみを氣にしてゐては成るの日は來らないのである。長期建設は間に合せの方法によるべきではないと信じてゐる。（白水生）

### 院日課表

| | 火 | 水 |
|---|---|---|
| | 春秋左氏傳 | 休 |
| | 分類詩選 十八史略 | |
| | 書經 杜甫詩集 | |

| | 土 | 日 |
|---|---|---|
| | 陶淵明詩集 | 第一、第三、午前七時卅分 尙德會荀子 |
| | 午後三時 古詩源 | 每月一日 第二四五日曜 祭日 休講 |

誌社
人
三原靜美
石崎太郎
岡本勝治郎
會
寺田英一郎
安達龜造

### 表彰狀

藤澤章次郎殿

父子累世教職ニ盡瘁セラル其ノ功勞極メテ顯著ナリ仍テ紀元二千六百年竝ニ教育勅語渙發五十周年ニ當リ茲ニ之ヲ表彰シ感謝ノ意ヲ表ス

昭和十五年十月三十日

帝國教育會長

從三位勳二等　永田秀次郎

### 泊園三世四先生表彰奉告祭々文

維昭和十五年十月三十日距明治二十三年
聖諭渙發之日方五十年而又遭紀元二千六
百年祝典帝國教育會旌表有功勞于教育者
以我王父以至今三世致力于斯文亦與焉
當時旣謹告之墓前今日以例與二三子來拂
墓艸乃更薦薄奠以樂榮乃謹告曰
皇風千古道有淵源　聖諭炳彪如乾如坤二千六
百悠哉紀元星霜五十儼乎絲綸當此佳日慶施章
身同歡共喜曾我及門竊惟昭回衣被豈私泊園顧
我王父溯流守根聖志有闡國體茲尊大人繼述更
弘吏敦斯文再顯雨化永存前後一百十七經春即
今寰宇靡亂國勢雲翻人無定見去舊趨新或恐輕
薄遂喪本眞曲學何世叨驅萬民只願駑鈍追蹤述
遵奉此中正以報　皇恩伏希垂鑒以導愚昏

昭和十六年五月十一日　章再拜

## 泊園書院記事

**道明寺釋典**　五月四日道明寺土師神社に於ける釋典を擧行さる。幹事諸彥の並々ならぬ御斡旋に依り本年は特にその盛儀を極めた。因に藤澤先生御都合あつて祭文は岡田伊左衛門氏代讀されたり。

### 師家の御不吉

黃坡先生御令嬢定子樣には永々の御病氣に御養生の甲斐もなく五月一日午後八時遂に逝去せらる。悲みの告別式は五日午後四時より菩提寺齡延寺に執り行はせらる。午後の日ざしは花も散り失せし青葉さ綠にもの憂く照りそひて思ひなしか晩春の風に又一入の情あり午後三時も近き程に御位牌は御遺族に安らけく守られつゝ式場に着かせらる。うら淋しい哀音もともに四時過ぐる頃第一鐘寂かに打出され滿堂の會葬者位置に着けばくゆる香烟春の霞と立ちまがひ、引も切らぬ參拜者の列は濃く淡く青葉なす生玉の山に時ならぬ往來をなす。中にも學生の團體は一きは人目を牽きつゝ朝野數百の名士同門が燒香にそゞろ故人の面影を偲びつゝ晩れゆく春のひと日はいたく悲しく惜まれた。

**齡延寺拾遺**

おだしかる青葉は眞日にきらひつゝ春はさながら闌けてゆきけり
泣くがごとさびしがりけり春の鳥ないにそいにそと青葉こひしみ
（三原生）

### 泊園書院の展墓

恒例により五月第二日曜日午前九時より舍利寺同十一時より齡延寺にて行はれ、黃坡先生はじめ門生一同參拜せり。

### 表彰奉告祭の記

昨秋紀元二千六百年竝に教育勅語渙發五十周年に當りて帝國教育會は夫子の三世相傳育英の業に功勞ありしを以て表彰のことあり。ことに今茲五月十一日恒例の書院の展墓に際し齡延寺に於て表彰奉告祭を執り行はる。この日曇天乍ら薰風新綠を吹きて殊に爽やかなり。午前十一時過ぎる頃第一鐘、金子和尙上堂。寺田幹事司會となり。先づ粟谷喜八氏靈前に進み帝國教育會表彰狀を代讀さる、次に黃坡先生祭文を讀まれ更に門生總代として岡本勝治郎氏同じく祭文を讀まるこれより讀經裡に夫子始め參會者六十餘名順次に燒香を了せり。香煙縷々として堂に滿ち諸先生の御遺業の偉大さ今一入偲ばるゝ思ひありき終つて一同三先生の御墓前に詣り恭しく跪拜せり時に稍々正午を過ぎたり。

## 思ひ出すまゝに

辰巳佳子

定ちやん！　藤澤さん、定子さん、と云つてもちよつとその人の感がしない程呼び馴れたその名、定ちやん。

定ちやんとは本當に長い〳〵交りでした。幼稚園、小學校、女學校、卒業後のお稽古も御一緒に、こんなに長い間の古い唯一のお友達を急に失つて、何だか氣が拔けた樣で、今更一入淋しさを感じて居ります。

未だに本當の樣な氣が致しません。

「あの時ね」「ふん〳〵」と共に幼き日を語り合へる樂しさ、あゝ、けれどもうそれも今はかなはず。

安らかに眠る定ちやんの靈に、無言でさゝやきつゝ、思ひ出すまゝに。

幼稚園の頃の事はどうしても思ひ出せませんの。

あの廣い〳〵お部屋でのお習字のお稽古、何時も定ちやんみたいに上手に書けたらなーと思つてました。習ふよりも喋つて笑ふ方が多く、どうしてあの頃はあんなに笑ふ事があつたのでせう。

揃つて憧憬れの大手前に入學出來、しかもクラスまでも一緒でどんなに喜んだ事でせう。

一年の夏の宮津生活は、私と貴女に取つて一番印象の深い思出でせうね。あの頃の何と無邪氣で可愛かつた事！

今思ひ出してもほゝ笑ましい、するめの罐詰事件。

思ひ掛けず石榑先生がいらつして下さつた時のあの喜び樣。

琴彈きの濱のあの可愛いゝ美しい貝殼、瀧砂、水

お月見の船の夜。

一番忘れられないのは、あのやさしかつた五年生の方達

朝遲刻しさうになつて、二人でフーフー言つてよく走つたわ、鏡の前に立つのがいや

寶塚がとてもお好き。

野球の放送何時も熱心に聞いてらした。

手がきれい、火鉢にあたつてらしたら、まるで繪に畫いた樣。

本讀むのとても早く、そして讀み終つた本の何と美しい事。

美しいビーズのハンドバックに、手紙やらプログラムやら何か一パイつめてらつした眞赤なコート。

お茶のお稽古熱心で、とても早くお覺えになる。

兄ちやんがお好き。

お饅頭好きじやない、玉子が好きだつた。

何時病院へお見舞に行つても、とても元氣に朗かにしてらつしたので「又來るわね」と輕い氣持で別れたのが、思へば最後だつたのでした。

告別式の時、あのなつかしいお寫眞の前で、いよ〳〵これが最後のお別れだと思ふと、餘りにもお名殘が惜しく、こみあげる涙をおさへつゝ、心から定ちやんの冥福をお祈り致しました。

## 思ひ出す
### こゝども

川谷愛子

長い病苦と闘ひながら、何時までも、變らぬ朗らかさと強い氣力を失はなかつた貴女が、こんなにも、あつけなく死んでしまふなんてどうしても思へないけれど、白い花一ぱいにかこまれて、もの云はぬ小さい骨になつてしまつた貴女を、今目前に眺めては、たゞとめどない悲しみに胸のふさがる想ひがするばかりである。重病人の樣に見えるからと、酸素吸入をいやがつて…とのお母樣のお言葉を聞き、本當に貴女はそんな人だつた、と、又もせきあげる涙を、どうする事も出來ない。

心の明るさ、素直さは貴女の持前だつたとは云へ、あの陰氣な病室で、三度もお正月を迎へたといふのに、貴女のそれにはみじんの蔭もなく、話してゐる間、あるものに、ふれまいとする私の懸念などは、いつも全く無駄だつた。そればかりか、却つてこちらのあれこれを省察して、慰め、はげまして呉れるといふ風だつた。友情との都合の好い言葉に甘んじて、貴女の心の大らかさに甘へ切つて貴女の生前に、何一つ、友達らしい事をしてあげなかつたことが、今は還らぬくりごとながら、返す返すも悔まれるのだ。

それにしてもあの日、まだ終りまで來てなかつたあの話の、つゞきを遠くへ逝つてしまつた貴女にどうして告げようものやら…と殘された私は暗澹とならざるを得ない。

## 〃故藤澤定子樣に捧ぐ〃

豊田左代

快くなられる事をのみ信じてをりましたのに悲しいお知らせを頂きました。餘りに美しく生き、美しく死んで逝かれた定子樣の事を何から筆にしましたらよろしいやら。

もつと澤山話して置かねばならない事がありましたのに…　幼い時から女學校生活も同じ學舍に過した永い友達であり、私にとつてはかけがへの無いよき友であり、大切な友達でありました。女らしい純情さを多分に持ちそれでゐて實に氣持のいゝ朗かさを持たれた定子樣は多くの友達から愛されて卒業なさいました。卒業後お互に異つた道へと進んでは行きましたけれど何時までも私の一番よく理解して呉れた人でした。永い闘病生活のうちに隨分と人間的な偉さを培つて行かれた定子樣に何度か道に迷ひ苦しんでゐる私が慰められました事か…　正しい批判力と把握力と、そして何事も巧みに表現して行かれる頭のよさは、私達の方がむしろ教へられる事が多かつた事に依つてもよく解ります。

永い病床生活の間に一度も病苦を云はずして諦め切つてをられた定子樣は本當に偉いと思つてをりました。悟り切つた人の偉大さと云ふものを私は定子樣に依つて始めて知りました。お見舞した者が却つて慰められて歸つた事が何度ありました事か…　人間的な惱みを多分に持つ私にとつては定子樣は本當によき批判者であり慰め手であつたのです。私は大切な友を永久に失つてしまひました。

定子樣は本當に美しく生き拔かれました。短い人生でしたがきれいな人生だつたと思ひます。御兩親と御兄妹の深い愛のうちに美しい人生を母校の創立記念日に靜かに閉じられました。と同時に私は最もよき最も大切な友を永遠に神の國にお送りしてしまひました。

（五月八日）

## 悼詩

悼定子　章

由來使汝丈夫兒。三歲戰場留勇姿。
病敵難降精魄竭。可憐一去沒歸期。

悼定子孃　安達龜造

簪花似雪舊時粧。翠髻蓁々映素裳。
玉質紅顏難復見。餘霞空去白雲鄉。

同　的場信太郎

多恨情何極。狂風昨夜吹。
紅粧春一夢。花落哭君時。

みたまにさゝく　宇田敬子

香もきよき蘭の一はなふき折りし春のあらしは老の身にしむ

みたまにさゝく　曾根田良久子

くれてゆく春のやまかぜ誘ひけむ藤のひとはなこけに散りたる

故定子孃のみたまにさゝぐ　早川自照

ゆく春のをしきのみかはゆくりなくわか木の藤の花ぞ散りける

定子ちやんをいたみて　石濱彌榮子

枕邊に春を惜しみて語らひし君は在まさす矢車の咲く

定子ちやん逝きし日　石濱彌榮子

姉のごと我をなぐさめし君なれば今日の思ひを誰にかたらん

出棺を前に　石濱恭子

夏菊や佛となりし御姿

定子さんの靈前に　同

五月雨と佛となりて歸り合ふ[illegible]

## 寄附金收受報告（泊園同窓會）

本誌後援　金五圓也。　井上翠氏

金參圓也。　[illegible]

## 會員消息

◇淺井佐一郎氏　靜岡縣磐田郡磐田町中泉貳四一四へ轉居。

◇源元君子氏の祉中展　去る四月十九、廿日の兩日に涉つて中之島豐國神社に於て盛大に擧行された。

常費
金參圓也（三ヶ年）　小寺篤兵衛氏。
金壹圓也（一ヶ年分）　殿村たけ氏。

同　藤澤昭子
春すぎて夏來るらしとしるしたる姉の水莖に
すぎし日思ほゆ

定子ちやん逝きし日　石濱恒夫
薄紅の雛罌粟散りしおもひかな
木蓮や正午の白さに崩れおつ

## 釋文

志遠大城戸氏諱宗重石僊金庵其別號也、加州鶴來邑人、曾祖耕鐵齋從竹內式部、志存王室、父諱宗守、號耕巘齋、善繼其志、夙交四方士奔走國事、大正八年追贈從五位、母大屋氏、志遠少受敎鄉儒村山翠屋米田桂窓、後來浪華學畫田能村直入、直入曰子非曲技之人也、勸之使學、乃從吾先子研鑽多年學識大進、遂幹塾政、既而之東京學于三島中洲翁、翁亦器重之、明治十四年始就仕途、後爲參事官、遷事務官、歷任德島栃木東京埼玉、治有佳績、敍勳五等、進從五位、四十三年任朝鮮統監秘書官、時李氏內附政務多端、志遠鞅掌于帷幄、遂獲疾歸京、疾既愈、乃督其東京出張所之事以至于卒矣、志遠爲人外溫內明、寡默而能斷、常出入島尾得庵之門、得其親近、尤遇知于山縣含雪素空二公及寺內櫻圃伯、志遠之獲知諸公、不啻獲之于諸公也、家人子女皆愛而慕之、亦可以見其爲人也、志遠以安政二年十一月十一日生、以大正十年七月二十六日卒、享年六十七、配三島氏名數子中洲翁養女、生一男不育、長女貞子既亡矣、次恭子適石濱純太郎、銘曰、不違不器、君子之儒、勢利無與、功名弗居、吁唯弗居、上下咸孚、父祖世節、其德不孤、

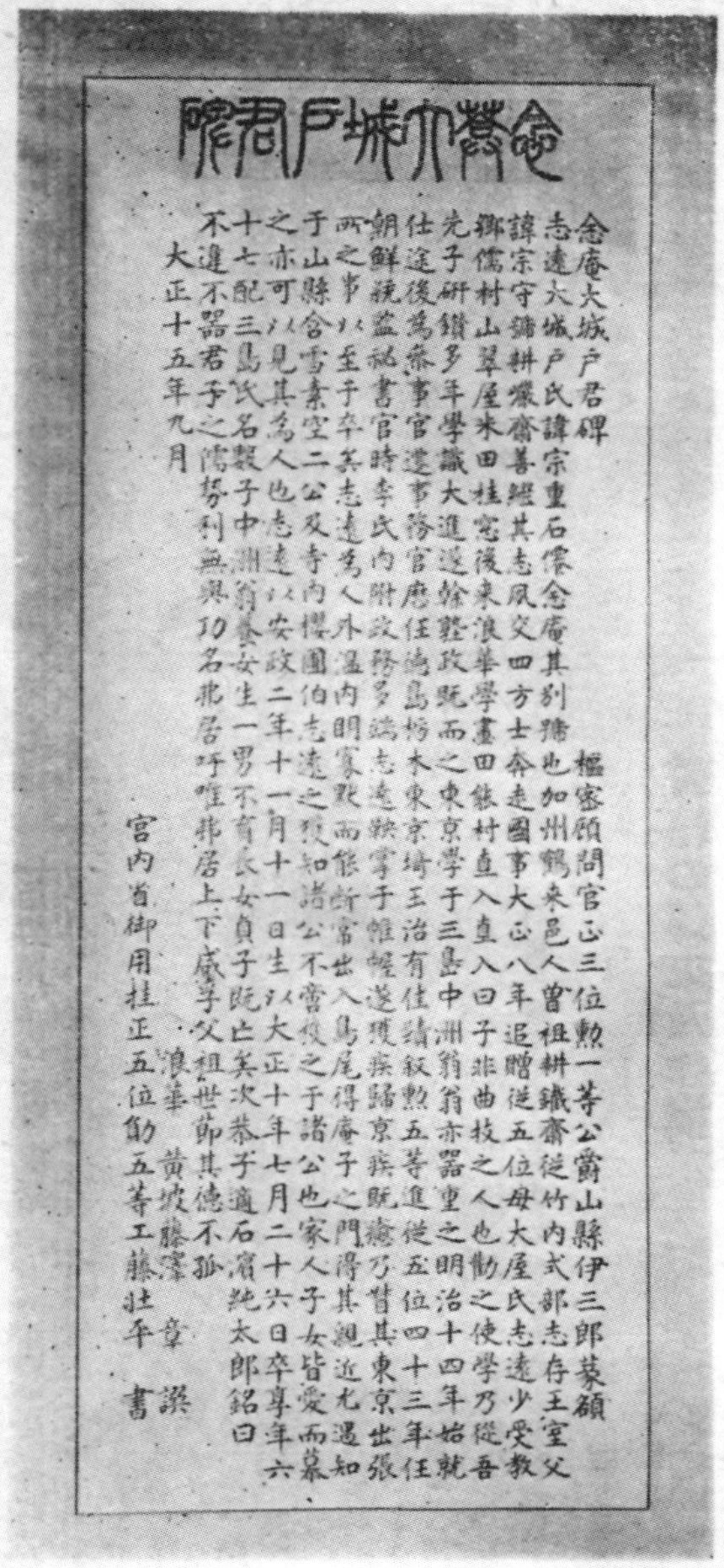

大正十五年九月　浪華　黃坡藤澤　章譔

## 好治間事室藏書記　魚石

韓文抄　一册

表紙には韓文抄とあるが、中では韓文粹となつてゐる。表紙も元の儘のようである。

卷尾に次の識語がある。

韓公文章數十百篇、而其立言之妙、識見之卓、實孟子以來一人耳。然公以文法冠絕千古之故、世或以文章家視之、殊不知其知言確論一自道義中發出也。嗚呼、造詣之深、豈世之所謂唐宋八家之比哉。夫濂洛諸先生出之後、於道惟奉崇之而已、亦不顧其他。雖然予於公多取焉。今抄出其特關係於道義者、以誦之。覩是數篇、則公之道與文庶幾乎可見云爾。　西川直純識。

之を讀むと如何にも西川直純の抄出したものらしく見える。又この識語と同時のものらしい同じ朱の圈點もあり、句讀點もつけてある。所が表紙の裏の上下の隅に北村篤所筆とある。又右端には

原道　擇言解　佛骨表　顏子論　與孟尙書書　送浮屠文暢序　伯夷頌　與陳生書
對禹問　原毁　原人
右據沈氏八家讀本鈔出

とあり、裏表紙には

其他欲常誦者
守戒　燕喜亭記　溪堂詩序　與孟東書
答竇秀才　答侯繼書　答崔立之　答李翊　與崔群　答劉正夫　荊潭唱和詩序

題歐陽詹哀辭後　外集與少室李拾遺

とあり共に一手である。北村篤所筆とは同筆でない樣である。余は匆卒の際北村篤所の寫本かと喜んで見たが、今はこれが疑問である。罫紙は半葉九行の美濃版で、板心下部に北村藏とあるが、西川直純は京都書林北村太助の子である。識語があつて、それも少し删訂を施してある所などから見ると自筆らしいから、これは矢張り直純の編で、表の表紙裏は本書の目次に當り、裏表紙の目は猶ほ其餘を覺書としたものらしい。たゞ不思議なのは何故北村篤所筆なんかとあるのだらう。篤所は仁齋門人だし、直純は梅田雲濱門だし、時代が離れ過ぎる。この篤所は別人で直純の何かに當りこの書を寫したとすれば解決がつくから、さうしておく外ない。それにしても漢學をする人で同じ京都に在り乍ら、同じ北村姓で昔の名譽ある學者の號を用ゐるなどは、崇拜にしてもチト變である。北村可昌先生の筆でなかつた事は遺憾であるが、勤王家西川耕藏直純の編で其手筆を含んでゐたのは喜んでゐる。

## 絹質智順大姉　藤澤桓夫

夕暮れの空の色が、晩春らしい明るさに澄んで、何んとも言へず美しかつた。私は、降してあつた病室の白いカーテンを手で片寄せ妹に、空の色の美くしいことを告げ、それを見ることをすゝめた。その時、私は何かしら妹にそのひとときの空の色の美しさを是非憶えて置いてもらひたい氣持に迫られたのであつた。それは、私が、足掛け四年の永い病院生活の後にかうして夭折して行く氣の毒な妹に告げる、心ひそかな、精一杯の「さやうなら」であつたかも知れなかつた。

私のその氣持が恐らく素直に通じたのであらう、と今も私は考へてゐる。妹は視線を動かして窓の外を見た。それから、心から私に同意する意味の言葉を口にし、苦しいなかから私を見て微笑んでくれた。

そして、それから三時間の後――昭和十六年五月一日午後八時五十分に、年取つた兩親に看取られながら、靜かに息を引き取つた。行年二十六歲。

いろんな事情から推して、どうやら死期を自覺してゐたらしいと考へられる。にも拘らず、若さに似ず、その最後の態度はこの上なく立派であつた。苦しさを訴へながらも、取り亂したところはどこにもなかつた。殊に、最後の眠りにはいる前に、枕頭にゐた人々の一人一人に、愛想のよい微笑と意味深いそれとなしの別れの言葉とをのこして行つた有樣は、傍で見てゐて頭下るほどにも心にくい落着きぶりであつた。私はこの妹が好きではあつたが、必ずしも最屓目で褒めて言ふわけではない。尠くとも私には甚だ敎へられるところの多い臨終ぶりであつた。命薄く、必ずしも多倖とは言へない生を終へて行かうとしながら、妹は自分によくしてくれた人々への感謝を忘れなかつたのである。

それにしても、齡延寺さんのつけて下さつた「絹質智順大姉」と言ふ戒名は私には定子を現はし得て妙と言ふ氣がする。大變結構である。

あんなに澤山の方々に會葬して頂いて、親しい肉親や友達にもみんな來てもらつて、本人もきつと喜んでゐるであらうし、兩親も私もありがたく思つてゐる。お忙しいところを御弔問御會葬下さつた方々、またいろいろ親切にお世話下さつた泊園の皆樣に、この誌面の一隅を拜借して厚く御禮申し上げる次第であります。

## 定子の君を偲びまつりて　山下是臣

いえてまた文字を書かれむ日のくると
　待ちにしものを今は詮なし
われにのみやさしかりしかゐまひつゝ
　常にものいふ君にてありし
はたとせに近き年月したしみて
　敎へ子とのみ思はざりけり
面影はまながひさらずわれも子と
　思へる君の逝きまし〻日より
いつくしみ深きみ親を殘しおきて
　ゆきうかるらむ死出のやまみち

# 泊園三世四先生表彰祭文

庚辰秋十月卅日。當擧賀聖論拜戴五十周年之式典。帝國教育會汎表功勞者以彰其德矣。我泊園書院黃坡先生亦與焉。曰父子三世繼續育英之德也。嗚呼寵哉。我書院之於育英。實三世之德績而其敎化之所及。實有不可測知者也即大阪人士所負於書院亦多焉。而此榮也。不獨夫子之榮亦門下一同所欣然不能措也。不寔悦乎。抑我泊園書院者東畡先生創始之。南岳先生祖述之。黃鵠先生黃坡先生更恢弘之以至今矣。其間前後一百十有七年。今次之表彰豈又有以也哉。語曰爲百年之計。在植人。植人是非一朝一夕之事。而書院百年之積德又可謂有意義也矣。

夫爲大阪之地也沿淀江。臨茅海。水陸交通之便。四達五通之衢。往古者聖帝宮焉。近古豐公城焉。治平四百載。高閣陳軒。商舖櫛比。極殷盛。呈致富。而戸口稠密。民人慧敏。然動則先利後義。東畡先生觀之憂之。以爲可敎也。乃下帷于淡路街。以該博之學尊皇之志。敎誨之。誘導之。以使人々至修彝倫重禮節。南岳先生又以博覽達識一世儒宗。敎世道濟人心。以愈揚家聲。即泊園之名。高于海內。而黃鵠先生以父祖二世之學風與明敏知慧之才。堂々立議場。論正潤正名分。一新天下耳目矣。黃坡先生承其後淡然毅然。講道論學以誘導子弟。敎化之燦。成章之美。與年成焉。與月就焉。乃知今次之表彰決非偶然也。於是門生等胥謀。卜日於今日。設奠祭先師。頓首再拜恭奉告之。併禱書院之進展與夫子之壽考以賀此榮譽。冀享。

昭和十六年辛巳春五月十一日

門生惣代 岡本勝治郎 再拜

## 頌泊園三世四先生表彰奉告祭

的場信太郎

盛事昇平澤。德風三世重。如今天下士。景仰萬秋蹤。

東畡先生詠退筆詩有萬秋蹤之語故及此語

教育勅語渙發五十周年に際し三代に亘り育英につとめられし藤澤先生の泊園書院が表彰せられしをことほきて

吉宗耕英

國の爲をしへの園を培ひし今日の譽のたかくもあるかな

## 書籍の傳來及作撰

岡本時笑生

非常時の今日、日本精神文化に就て、講演なり研究なりが、口喧しく唱へられるやうに成つたのは、誠に結構なことである。廣く知識を世界に求むることは、五ヶ條の御誓文にも見えて、吾々國民、わけても要路に立てる人々の、寸時も忘れては成らぬことである。而して、此の外來文化を採り入れる方針は、維新以後、特に盛に成つてゐるが、之は對外貿易の發展、國際關係の進展に伴ひ、益々斯く成り行く趨勢は自然の數であるが、交通不便なる往時に於ても、仲々盛であつた、即ち我が國文化は、遠く上代から外來に俟つ所が、相當澤山に在る。申す迄もなく、我が上代歴世の聖皇は、疾くに此の御方針の下に、王化文化を進めて居られる。凡そ國の治安は必ず文德に依る、所謂賢を見ては齊しからんと思ひ、三人行へば我が師有り、其の善なる者を擇んで之に從ひ、人の振見て我が振直すものである。

偖て、我が文化の、外來文化に依て、一層練磨せられ、加工せられてゐることは、申す迄も無いことであるが、其の特に目立つて、著しく採入られ、又傳來して來てゐるのは、神功皇后以後、三韓の朝貢以來のことで、先づ應神天皇の朝の漢學の渡來と、欽明天皇の朝の、佛教の渡來である。而して其の傳來渡來に連れて、其の尤も功を齎らしたものは、是等儒佛二教の教義、精神を記載してゐる教典の傳來である。此の教典經籍の傳來するに從つて我が文化は俄かに長足の進歩をし我が文物は登天の勢を以て發達し茲に歴史和歌風土記等我が國文化の跡の見る可き種々の國書が陸續と引續いて出て來て居る。佛者は之を内典外典と唱へてゐるが、佛者の所謂内典とは、其の經文經論で、外典といふものは、佛典以外のものを指してゐるので、漢籍、及國書などはすべて之を外典というてゐる。

是等、内外經典の傳來したことは、能く判つてゐるが今之を、國史の上より抄錄摘書して見ると、次の如くである。先づ漢籍である。記に據ると、第十五代應神天皇の十六年乙巳春二月「百濟王、使王仁率冶工卓素、呉服西素、醸酒仁番等來朝。獻論語十卷、千字文一卷。」とある。即ち今を去ること實に千七百二十九年の昔で、儒學に於ては、尤も重んずる教典、王道國家、堯舜禹湯文武の道を集大成したといふ孔子の論語が第一に來て居る。十卷といふのは十部の意味ではない、無論今日の論語其のもの一部である、論語は御承知の通り學而篇より堯曰篇に至る二十篇、之が十卷に編纂されてゐる依て十卷といふのは論語の全篇で即ち論語一部である。千字文は最初から一卷に編せられてゐるので、昨年黃坡先生の詳解されて袖珍發行されたもの、去る釋典に賜つたあの千字文である。卓素、西素、仁番は皆人の名である次には二十九代

◎欽明天皇二十三年壬午八月に大伴挾手彥率兵數萬、伐高麗大破之。獲婦女寶貨而歸。呉人智聰齎儒釋方書明堂圖等百六十四卷、佛像樂器相隨倶來。」

とある即ち此時、儒學、釋教の經典、靈法奇術など方術の書、明堂の圖それに樂器などが齎らされてゐるが實に論語傳來後約二百八十年の後で、人は唯此の時佛像と經文とが渡來したとのみ考へてゐる。蘇我の稻、目、物部の守屋などが排佛崇佛で大に論爭してゐる場面が展開される處であるからでもあらうが。

次には三十代

◎敏達天皇六年丁酉、百濟王、獻經論若干卷。

經論とは申す迄もなく佛典である、それから次には三十三代

◎推古天皇十年壬戌冬十月に百濟僧觀勒來献曆本及天文、地理、遁甲方術等書。敕選書生受業

此の時には曆、天文、地誌等の書が來、早くも書生を選んで之を學ばしめて居る。遁甲とは、術數の一種で、後漢書方術傳の注に依て見ると、易の緯、乾鑿度に於て、太乙（北辰神名也）九宮の法を行ふ。其の說を神とする者は以爲らく黃帝風后及び九天玄女より出づと、然れども皆誕妄なり。其の法十干中の、乙丙丁を以て三奇と爲し、戊己庚辛壬癸を以て六儀と爲し而して甲を以て之を統べ、以て九宮に配し、其の加臨の吉凶を視る、故に之を遁甲と謂ふ」とある。即ち干支の上に見はれて來る吉凶に關するもので今日の男女の相性、或は星數などいふものに類するものらしい。典籍の傳來に依り、書生を選んで學業を勉强させて居る所などよりして、此の頃邦人に於て、既に優に文を作り、記を書くものも出來たと見えて此の朝の二十八年には聖德太子は大臣蘇我馬子と議して天皇紀及び國記、臣連伴造國造百八十部公民等の本記を錄せしめて居り。更に十七條の憲法を御制定遊ばされてゐる。次に孝德天皇の御代には大化の改新があり御子弘文天皇は曾て東宮に御座された時、宴に侍する詩を作られて、皇明光日月帝德載天地、三方並泰昌。萬國表臣儀と申し、又其の述懷詩に道德承天訓、鹽梅寄眞宰羞無監撫術。安能臨四海。などと叙して居られる。天皇は文武の才幹が御座したからでもあらうが他の人達も皆其れ相應に學藝に秀でたものが有つたに違ひない。更に元武天皇の御宇には大寶令の制定さへある。

次で元明天皇の和銅五年壬子の春には太安麿が古事記を上り、元正天皇の養老二年には藤原の不比等に勅して律令を修めしめられ、其の四年には、一品舍人親王が、日本書紀を上つて居られる。記紀の撰は、何と言うても既に我が學術の開けたことを意味し、是ありて我が上代の歴史は明らかに知り得られるので若し推古天皇の御時に出來た諸記錄即ち天皇記其他の記錄が現存してゐたならば、或は今より遙かに、上古のことも明らかに知り得られるかも知れないが、惜しいかな蘇我氏滅亡の時、燒失したと記には傳へてある。それから同じく養老七年癸亥冬十月二十三日乙卯の詔には◎頃、左京人所献白龜。下所司勘族圖牒。奏稱。孝經援神契曰。天子孝則天龍降。地龜出。熊氏瑞應圖曰、王者不偏不黨尊用耆老不失故舊德澤流洽、則靈龜出」といふのがある。（續）

泊園書院

| | 月 | 木 | 金 |
|---|---|---|---|
| 午前六時半～七時半 | 孟子 | 孟子 | 准南子 |
| 午前八時半～一時 | | 十八史略 分類詩選 | |
| 午後一時半～四時 | | 杜甫詩集 書經 | |
| 午後七時～九時 | | 午後七時 管子 | 説文（石濱先生） |

泊園同窓

顧問 石濱純太郎
同 的場信太郎
同 岡本奇堂
同 西田幾太郎
寺田英一郎

昭和十六年七月三十一日（木曜日）　泊園　第五十二號　（一）

# 泊園

昭和十六年七月廿九日印刷（隔月一回不定期發行）
昭和十六年七月卅一日發行 —（非賣品）—
編輯兼發行人　大阪市南區大寶寺町中之町二番地　的場信太郎
印刷所　大阪市西區新町南通五丁目　林泰進堂
發行所　大阪市南區竹屋町九番地（泊園書院内）　泊園誌社
振替大阪一三八三九（泊園書院）電南六八二七

## 直ちに漢文を修習せよ

漢學の必要なる事は何度も之を説いた。その現時代非常時に於て益々必要なる事も幾度か説いた。東亞新秩序長期建設に於ては愈々その必要の重大さを增して來た事も繰返して説いたのであつた。もうその重要なる事は此上云ふ事もない程である。現に我々が説く以外に諸方の雜誌なんかの上でも種々なる方面でも論ぜられてゐる。然らば世の同感の士たるもの何故に直ちに立つて漢學習得に從事しないのであるか。

聞く所によると世の學生の間にも漢文を修めたいとの志を抱く者も相當ある樣である。支那に關心を持ち支那を知りたいと思へばさうなるのが本當である。然るにかゝる下より盛り上る機運が見えて來てゐるに拘らず、世の學校たるものは少しも之に應ずる心がまへが見られる樣には思へない。遺憾と云ふべきである。支那語と云へば時間が臨時に增されるに漢文と云へば增せないらしい。通譯者流ならば必要で、毅然たる士大夫を作るのが不要と云ふ筈はない。何か妙なものが之を拘束するらしい。

何がさうするか、敢て詮索する必要はない。世の漢文に志有るの人士學生よ。何ぞ直ちに立つてその習得に努力せざる。設備便宜も必要ではあるが、習得せんとする斷乎たる意志の前には問題ではない。師を求むるもよし、獨學をするもよし、只速かに學べ、習へよ。諸君の習得を實行するに於ては何の之を碍げ得るものぞ。然らば便宜設備は隨つて至らんのみ。

從來の方法は徒らに困難であるとか、支那語から這入るのが本當だとか、方法論に頭を費しては損である。方法論は明達の師に任せとけばよい。又それは專門家の爲めである。世の漢文に志す人は別に之を專門とするのではない筈である。外國人と話すよりは獨語佛語の本が讀める樣に、漢文の本を大約諒解できればよいのであらう。然らばいらざる論議に煩悶するよりは、いかなる方法でもよい、直ちに修得に勸める事だ。國家は少しでも漢文の智識を要求してゐる。我等の下意を實踐によつて上通すればよい。

泊園書院は微力と云へども。上に百年の傳統を負つて事に斯に從つてゐる。之を擴充してかゝる要求に應ずる樣にしたいものである。泊園先輩諸賢の三たび茲に意を致さん事を切望する所以である。（白水生）

## 説詩樂趣（33）

効尤生

宋の曹翰が江南より環衞（禁衞）に歸つて數年間、官位も遷されずに過ぎた。一日内宴に侍臣皆詩を賦したが、翰は武人の故に獨り加へられなかつた。そこで陳じて曰ふに「臣も亦少時に詩を學びましたから、詔に應じませう」と。太宗は、「卿は武人なれば刀字を韻とせよ」と命じた。因て意を寓して曰

三千年前學六韜。英名常得興時髦。
曾因國難披金甲。不爲家貧賣寶刀。
臂健尚嫌弓力軟。眼明猶識陣雲高。
庭前昨夜秋風起。羞見蟠花舊戰袍。

と太宗爲めに數官を遷らせた。

杜荀鶴は杜牧の子である、梁の高祖に謁した時、忽ち雲も無くて雨が降つた。祖曰ふ「雲無くして雨ふるは、之を天泣といふ、知らず何の祥ぞ、請ふ詩を作れ」と。荀鶴曰く、

同是乾坤事不同。雨絲飛灑日輪中。
若教陰顯都相似。爭表梁王造化工。

と、高祖之を喜んだ。

唐の文宗が夏の日に諸學士と聯句した、帝

人皆苦炎熱。我愛夏日長。

とした。柳公權之に續いで

薰風自南來。殿閣生微涼。

といつた。時に他の學士等みな屬繼したが、文宗獨り公權の兩句を諷して「辭清く意足る多く得べからず」といつて、公權に命じて之を殿壁に書かしめた、其字は方圓五寸ある。文宗之を視て「鍾王（鍾繇、王羲之）また生るゝも以て加ふるなし」と歎美した。

雍陶は蜀の人、進士を以て第して簡州の牧となつた、自ら謝宣城（齊の謝朓）柳吳興（梁の柳惲）に比べて居つて、賓客の來る時は之を折挫して中々相下らぬ。忽ち馮道明といふ士が下第して謁を請うた、門番に告げて「道明は員外と舊知だ」といつたが、見るに及び陶、呵して曰ふ「君は一向に見知らぬが、どうして相識か」道明いふ「員外の詩を誦し員外の德を仰ぐ」と遂に陶の句を吟じていふ。

立當青艸人先見。行傍白蓮魚未知。白鷺の詩
江聲秋入寺。雨氣夜侵樓。
閉門客到常疑病。滿院花開不似貧。

と。陶之を待して歡狎し、曩昔の友樣だ。

歐陽修は尹師魯、蘇子美と共に杜祁公（名は衍）の門から出た、歐公貴くなつても門生の禮を替てなかつた。嘗て詩を作り

昔日青衫遇知己。今來白首再陞堂。

といつた、かつて一日も祁公を忘れなかつた。

## ◉泊園書院記事

○暑中休暇　八月中

○開講　九月一日

# 論語講義

黄坡先生述

**子曰。質勝文則野。文勝質則史。文質彬々。然後君子。**

**訓讀**　子曰く、質、文に勝てば則ち野なり、文、質に勝てば則ち史なり、文質彬々として然る後に君子なり。

**解釋**　德行に關する章であつて、**文と質と一方に偏よるのはよくない**といふ說である。**質は質朴**なこと、**文は文飾**である。人の言葉や動作より一切の物事まで質樸に偏よつて文飾が足りないものは、之を**野**といふべきだ。野といへば**田舍びて居る**こと、包咸が野人の如く、鄙略なるをいふと說いて居る、自然無骨で品がないといふわけです。また之に反して文飾が勝つて質樸が足らぬものは、はですぎる。**史**とは記錄の官が常に文辭を美しく飾つて書く所謂文史である、包註に史は文多くして質少しとある。以上は文質いづれに偏よつてもよくないといふことを說かれ、そこで文と質と彬々と釣り合うて居つて初めて君子といふべきだといはれた。**彬々は文質相半する貌**と註してある。これ例へば一の品物にしても或は木や土で造つて彫刻も彩色も粗末にしてあるといふ樣なものは、野鄙で賓客の接待などには氣まづいことが多い、さればといつて銀や玉で造つて彫刻や彩色や派手にしてあるのは、あまり立派すぎて却つて人を氣おくれさす樣になつて、やはり禮儀にふさはしくない。やはり彼我の身分や場合に程よいものであつてほしい。**鄭献甫の說に曰ふ**、時を憤ほり俗を嫉む人は、樸に反り淳に還るの想をなし、必ず質の文に勝るを以て君子となす棘子成の一章（君子は質のみ何ぞ文を以てせん）の如き是なり、波に隨ひ流を逐ふの人は事を踵ぎ華を增すの想をなし、又た文の質に勝るを以て君子となす、後進の禮樂に於けるこれなり、其の相ひ濟す能はずして反つて相激するを致すは何ぞや、自ら君子は當に是の如くなるべしとおもふ故のみ。夫子故に之に示して曰く、質の文に勝つは君子にあらず野に過ぎざるのみ、文の質に勝つも亦君子にあらず、たゞこれ史のみ、必ず文質彬々として然る後に君子なり。世を治むるものは當に此の如くなるべく、身を治むるものも亦此の如し、安んぞ七分の質、三分の文の陋說あるを得んやと、この論よく章旨を明にして居る。

**集註**に楊氏の說を引いて、質の文に勝てるは猶ほ甘の以て和を受くべく白の以て采を受くべきが如し、文勝つて質を減少するに至つては其の本亡せり、文ありと雖も安んぞ施さんや、然らば則ち其史ならんよりは寧ろ野ならん。とある說の如きは章の外の意を述べて居り、且つ質を本質と說いたものであるから、おのづから誤差を來した、また「質を滅す」「本亡ず」等の語はことさらに曲解を加へてみだりに文を抑へやうとしたものであつて、遂に本末とまで說いたのは、過言である。

**子曰。人之生也直。罔之生也。幸而免。**

**訓讀**　子曰く、人の生や直、（德）之れなくして生けるは、幸にして免る。

**解釋**　此章は**直**といひ**罔之**といふ語が、不可解である。唐の**韓愈の筆解**の說に、直は**德**の字の誤であらう、古書には德を悳とかくから**其心が脫した**のだ。といつてある。之が當を得て居ると思はれる。罔は無と訓ず、**罔之**は德なきをいふ。かくて章意は明瞭となるのである。即ち人の此世に生存して居るのは德あるによつてである、匹夫匹婦も皆よく其德をたもち、其德を行ふて始めて世に在ることが出來るのであつて、**德無き人は滅亡を免れぬ**、もし德なくして生ける人あらばこれは僥倖を以て罪禍を免れて居るものだ。といふのである。章の主旨は**人は必ず德あつて生を保つものだ**といひ、**德行に關する章**である。

從來は原文のまゝで、直は正直である誠であると說き、罔は誣罔で正直の道をしいると說いて**あり**、朱註は始の生は生理、下の生は生存と說いてゐる。一体、直は衆德の一つであつて且つ論語中に見ても直を固執することは孔子は勸めては居られぬのである、したがつて程朱の樣に生理と說くことになるが、生理などは孔子の口吻ではない、つまり郢書燕說に外ならぬ。

**子曰。知之者不如好之者。好之者不如樂之者。**

**訓讀**　子曰く、之を知るものは之を好むものにしかず、之を好むものは之を樂むものにしかず。

**解釋**　敎學に關する章であつて、**學に等級あることを語つて學者を勸勉した語**である。字義は固より明白である。**知之**とは道あるを知れる人で譬へば穀を食うて其味を知る樣なもの。**好之**は穀を食うて其味を嗜む樣に此道を好み學ぶのである。**樂之**は穀を嗜むで飽く如く道に得る所あつて樂むものである。語由にかの孟僖子が其身の禮を知らなかつたことを恥ぢて遺言して其二子を孔子に事へて禮を學ばしたのが知之であり。子夏が富貴功名の心と道を修むる心と戰ひ、遂に戰勝つて肥えたといへるはこれ好之である。而も顔子の貧富を心に忘れた事には及ばぬといふてゐるのが面白い說明である。要之この**不如**の字に着眼して一歩を進めることが、學者の急務である。

**子曰。中人以上。可以語上也。中人以下。不可以語上也。**

**訓讀**　子曰く、中人以上には以て上を語るべし、中人以下には以て上を語るべからず。

**解釋**　中品の人以上には上品の事を語ることが出來るが、中人以下には上の事を語ることは出來ないといふ譯で、上とは**上智**の人の知る所のこと、道の大なるもの深きものをいふ、この**不可**は、**不能**の意で禁止の辭ではない、この章は**敎學**の部類に屬し、**敎誨の道は等をこえてはよくない**といふ意である。

**樊遲問知。子曰。務民之義。敬鬼神而遠之。可謂知矣。問仁。曰。仁者先難而後獲。可謂仁矣。**

**訓讀**　樊遲、知を問ふ、子曰く、民の義を務め、鬼神を敬して而して之に遠かる、知といふべし。仁を問ふ、曰く、仁者は難きを先にして獲るを後にす、仁といふべし。

**解釋**　警誘に屬し、**行事を重しとすると語**られた章である。樊遲が**知**を問うたに答へて民人として行ふべき道を仕事として、鬼神には敬事して之に狎れ黷さぬ樣にするのが知である。といはれた、知の事固より多いが、この章は、先づ**力を實際の事につくして、知り難い幽冥の事に惑はぬ**ことを以て知と示されたのである、民の義といへば、左傳、禮記等に父慈に子孝に兄良に弟弟に夫義に婦聽き長惠に幼順に君仁に臣忠なる、十の者を人義といふとあるものがこれである、古から道義を修めずに福を鬼神に憑む風がある、其を警められたものである。次に**仁**を問うたのに對しても己れの成すべき難き事を先にし、其報を獲ること即ち利祿を後にするのが仁である、といはれた、これ己の成すべき務めをつくして利を謀らぬといはれたもので、他章に「事を先にして得るを後にするは、德を崇うするにあらずや」と樊遲に答へられたのと同意であるから、恐らくは此人の性弊がこゝにあつたのであらうか。

理に明かな人は鬼神を有りとせぬ考があるために、敬神を一種の方便の樣にいふものがあるのは、大なる誤である。宋の學者も「聖人神道を以て敎を設く」といふ語を信じて却て聖人鬼神を假つて敎とする樣に說くのであるが、**鬼神**のこと測るべからざるも豈に疑を容るべけんやである。むかし明の宋濂と方孝孺との師弟が佛寺に過きつた、宋濂は佛に參拜した、孝孺は禮をしなかつた、或人が宋濂に問うた所、宋曰ふに、「かれは未だ老夫の田地まで至て居らぬからだ」といつた、孝孺の仕わざは一見卓識の樣だが、禮儀に達せぬといへる、後日孝孺は淸難の變に一族之に殉じた忠烈は嘉みすべきも、其矯激過峻の點があるのが、これと同一軌である。かれは佛に對してゞあるから猶ほ說があらうが、今我國にありては儼然たる神國である、誰か神明の事に疑あらん、たゞ之に媟れけがすことは謹むべきである。たゞし此章を「之を遠く」と坊本に訓點して居るのは善くない、神は我より遠かることは出來るが、人よりして之を遠ざけ得るものではない、無禮も甚だしいといふべきである。

（第四十四講）

本誌後援　**寄附金收受報告**（泊園同窓會）

金參圓也。　坂上藤之進氏

# 達心志齋讀書記

大壺

倉石士桓先生は「支那語教育の理論と實際」を贈られた。先生は新支那語學の統領である我國の所謂漢文と支那語とを打つて一丸としたる支那式にやる新支那語學にしなければ、我國の支那智識が完全しないと、全力を擧げて支那學教育の革新に奮闘してゐられるのである。荻生徂徠未竟の志を續がれると云つてもよい。實際我國の支那研究が專門的に支那と同樣でないのは闕點であり、支那學者が筆談で通ずる外ないのは妙な話である。本書は新支那語學派の立場を闡明して破邪顯正の頗る熱意のある敬服すべき議論である。專門の將來の支那學者は是非かう云ふ教育を受けられる樣になればよい。我が東畡先生も一通り業成ると直ちに長崎へ留學三年にも及ばれたのであつた。士桓先生は別に我が文語であつた漢文を排斥されるのではないので、將來の支那研究はかくせねばならない事を力說せられるのである。志ある士は一讀を吝んではならない。我國は嘗て漢文の文語を有して居つたのだし、今でも國文に漢字を使用してゐるのであるから、他國にない種々の事情の爲めに起る現象があるが、これは漢字をも國字として使用してゐる限り避けられないし、新國字をと云ふ事も中々面倒なのである。それは別として支那語學支那文學の研究は他の國語及び文學の研究と同じ樣にすべきは徂徠先生以來分明である。我々はどうにもならない。將來の事である。只これらの實地に關する點で種々問題はあるに違ひないが、それは又別にいろいろ考へられる樣にも思ふが、本書の精鋭なる議論と先生一派の熱烈なる意志とは尊敬に價ひするものである。

澤山にアジア內地の旅行記が飜譯されるからオッセンドフスキの著述も譯出されやしないかと窃に恐れてゐると果して出た。神近市子譯「動物人神々」がそれである。余は此本を國譯で始めて讀むのであるが、實は此本に關する著者との面白い爭論は知つてゐた。さうして丁度衛藤利夫さんの「韃靼」が出版された時、その中にオッセンドフスキの他の著「アジアに於ける人間と神秘」からの抄譯を載せられてあつたから、それを機會にオッセンドフスキ爭論の事を龍大學藝部で出してゐた「宗教と藝術」と云ふ雜誌の昭和十三年十一月號に書いて衛藤さんにもお送りしたのであつた。

その爭論と云ふのは此本が大に流行して佛譯が出來た時に、モンタンドンと云ふ先生が「オッセンドフスキは詐欺師か妄想家か」と題する一文を「クラルテ」誌に掲げて此本を批評し、內容は凡て不合理だらけであり、おまけに英佛兩本の間でも里程に相違があり、佛教聖地へ這入ると幻想で變になるんではないかと笑つてのけたものである。すると佛譯者のルナアルが抗議をして來たので、モンタンドン先生は又之を反駁し、「不德の虛言家オッセンドフスキ」と題する批評を又「クラルテ」に掲げて、彼は虛言家にして詐欺師なり彼の傳記を書いたパレンも共謀犯人なり、事實を誇張してゐる、旅行しない所を僞作してゐる、西藏へは決して行つてゐない、彼の著は終に三文駄小說なりと手ひどくきめつけたものである。「クラルテ」はバルビユス一派の雜誌だから文人連もこの問題を面白がつて終にモンタンドンとオッセンドフスキと對質會見をさしたりしたものであつた。

事實彼の著は旅行談としては面白過ぎる。彼自身問ひ詰められて「私の本は小說で學界に呈出する樣なものでない――私は蒙古や西藏へ行かなくてもあんな本は書ける」なんぞと妙な言ひわけをしてゐるので臭い事夥しい傳奇小說と思へばよいのである。「飽くまで眞摯な人が異常な時期に異常な環境において遭遇した事實の記錄」であるなんかとパレンと共に提灯持をすると言ふ人がおかしくなる。「文學的にこれを鑑賞しても甚だ立派な作品」と云ふ位なら差支はなからう。神近市子さんは文學者だからクラルテ文士連で問題になつたこんな話は御存知かと思つたが、「結局この本の魅力に誘惑されて手をつけて見る氣」になられたが、それは差支ないから今一つの本も手をつけられるなら傳奇小說とか冒險小說として初めからかゝられる事だ。外人のアジア旅行記めいた中には時々妙なものがある。分別して置く事が必要である。序でを以て附け加へて置くが、此本は英文の外に佛譯本獨譯本もあり、露譯本にはオッセンドフスキの言ひわけめいた序文があつてパレンの序は刪つてある。よくはやつた本だから其他の譯本もキット有るだらう。

「蒙藏梵漢和合璧金剛般若波羅蜜經」が橋本光寳清水亮昇兩師の譯編で出版された。かう云ふ希購資料の出版は我々にはとても難有い。殊に藏文などオフセットで原本通り出てゐるので喜んだ。蒙文を卷頭の寫眞と對照して見たが今の風に植字し直されたのだが注にあつた。三行目のナマの下にアを誤脫してゐる。清水師の解題中にて蒙文中にギリシヤ語の音寫語があると云ふのには驚いたが、四〇頁を見るとそれが出てゐた。正しく梵語のヴヤアカラナと注しながらイヴンギリの複數イヴンギリドを正しいと見たのは誤である。アルタントブチの小林氏の譯注を證としてあるが、これは小林氏の誤を襲つたのでいけないコワレフスキの字書も引用してゐるが誤讀した字を探したので證據にはならない。アルタントブチに出て居るものも此書に出て居るものも、字体に於て多少の訛があるが、皆授記の梵語ヴヤアカラナの音寫字なので希臘語から來たものではない。蒙文ワ行の字は後にはよくヤ行ジヤ行の字になつてゐるのを讀違えたのである。蒙文字書にも正しく出てゐる。コワレフスキなら二六六八頁左、シュミットなら三七八頁右、ゴルスツンスキなら三卷四九一頁右を見るとよい。索引に希臘語などと注しなかつたのは大に宜しい。

有名なるドオソンの蒙古史增補本は希覯書であるから余は久しく羨望の念を抱くに止まつたが、天津にて多遜著蒙古全史として影印本が出たので渴を醫するを得たのであつた。勿論元朝に相當する所は田中萃一郎博士の和譯が出て然も岩波文庫にも收められてゐるのできう原本の必要もあるのではなかつたが、博士の序文中に及ばれた本書版本三種の異同が分り難いのが氣になつてゐたのである。コルヂエの支那學書錄第四卷二七七欄を見ても初版と三版を著錄してゐるが二版の事は出てゐないし、異同なんか分らない。それがこの天津影印本で大体見當が付くのが嬉しい。さうしてこの影印本は第二版本なのである。

ドオソンの初版は巴里で刊行され先づ第一冊が二本に分冊されて出たのである。所がドオソン自身が再版本の卷首に云ふ如く、第二冊以下稿成りて之を印刷に附するに際し、第一冊の原稿は著しく增補せられたるが故に、著者は新版の發行を必要なりと感ずるに至れり」であつたので、初版は第一冊二本きりしか出なかつたんである。初版本の第一分本は田中譯の岩波本の上卷の內容に相當し第二分本は下卷に相當する。この初版本の全部を增補して第二冊以下をも足して一八三四年に三本を一八三五年に最後の本を出して、併せて四本で完備してゐるのがヘエグアムステルダム再版本なのである。たゞそこで少しおかしいのはドオソンが上引の文に續けて「この新版は本書の最初二冊を含む」と云ふ文句である。この新版は本書の初版の兩本の內容をも含んでゐると取るものか、この新版は四本で完備するのだが先づ第一冊二本迄出したのでさう云ふのかハツキリしない。先づ前者の意であらうと思ふ。この冊と云ふ字が初版と再版とで違つてるので中々混雜するのである。どちらでもよいが、內容を比較すると初版第一本は再版第一本に、初版第二本は再版第二本に相當するので、初版では兩本で第一冊と題してるが、再版では第一冊第二冊と題し直してゐる。これが人を混亂せしめたのであるが余はまだ比較しないが、バルトオルドのトルキスタン志では第三版は第二版の單なる再刊とあるからそれを信用していゝと思ふ。因に田中譯本は三版の初二本の譯に止まつてゐるのである。これで余にはドオソン刊本問題が明かになつた。

金參圓也。　坂上藤之進氏

誌社・人
三原靜美　寺田英一郎　石崎太郎　會　岡本勝治郎　安達龜造

## 木澤澹兮墓碑銘

信松本藩士柴田中孚、嘗示其所著書數卷、予驚其用意之詳密。己卯春中孚從父入京、訪余、談次叩其所學、則言嘗師藩木澤先生澹兮者、始知學所源淵、而又始聞澹兮之名。澹兮之學、蓋在求聖賢眞意、而異於夫奉一卷注疏、縱令其有謬、事無敢議、碌々取媚於時世者、則所謂豪傑之士也。中孚歸國後、以書命余銘其碑。固辭不獲、乃依狀、略次其行事曰。君諱大淵、號天章、一號樟山、姓木澤氏、澹兮其字也。其先出自楠中將正成。九世祖正治、居紀之木澤。八世祖正元仕于藩戶田侯、遂世爲其臣。考諱國幹、妣小嶋氏。君生岐嶷聰慧、自知讀書、極力博涉、雖稗官野史、靡不綜覽。旣長識量高邁、謂前儒注經、或多乖誤、乃別出機杼、自成一家。於是聲名漸噪、從學者甚多。其指教人、誠切忠實、舉其大關、而不責小節、然有跡涉於詐譎、雖小兒不假、聞者悚然、改非嚮善。其事君至忠、夢寐不忘國、嘗曰、人生六十、報恩日短、留寸丹以裨萬一、乃作國志三百餘卷、名曰琵琶緒、起于保元、終元和、上下五百年、其間興廢治亂、如示諸掌、可以正君德。其作文、擱筆即成、未嘗設稾。其作詩、百韵立成、璆琨璀璨。其爲學、曰聖人之道、經緯于易、而易出於數、乃深用力於數學、尤精於曆法、以作易解及癸亥曆法若干卷、皆古人所未發也。文化二年、以文學諳進、新增秩祿十石。文化三年、爲學館助教、班准支度吏。君以明和二年三月十二日生、以文政二年正月三日沒于家、享年五十有四。翌四日葬于城西鳳來山先塋之側、遺命墓向公朝、蓋死猶慕君也。所著數十種、凡八百餘卷。娶川島氏、生長女某、繼娶淺野氏、生二女、俱先夭、養坂井重義子乙、配長女、以嗣家。銘曰。

六經道大、誰嚼其根。奚彼陋儒、守株昏々。予廣接人、鮮矣似君。生也不識、今而始聞。噫之人也、而猶蚤殂、死不可起、予其誰與。松城之西、鳳來之丘、係銘厥碑、含憾千秋。

從四位下行大學助源朝臣龍撰

(從竹窓文集並諸家鈔出)

## 悼詞

定子嬢を悼みて　五條秀麿

偲びつゝ御靈の前に見つるかな涙をさそふ水くきのあと

たらちねの歎きもしらで小夜あらし惜くも散らすひめゆりの花

同　小松原一路

牡丹の婆娑とくづれし朝かな

牡丹のことに紅きが崩れけり

行春の牡丹の花に風雨かな

同　日野谷キクノ

五月空涯なく青し終の日や

大山蓮ひそと父母住みませる

絹質智順大姉の法要にまゐきて　宇田敬子

蔭ひろきみ親のもりをはなれゆくかなし子しのひなくほとゝきす

定子滿中陰言意　章

忽々中陰痛寂情。誰言覺夢蝶飛輕。
笑談常有怡々貌。知汝一心如水平。

觀定子孃遺墨　的場信太郎

書房君不見。落涙兩三行。壁上杜鵑句。空存翰墨香。

## 追憶藤澤定子孃

洗毫子

古くから泊園誌を讀んで居られる人はこんな事も知つて置いていたゞきたい。

舊泊園誌時代や更生泊園誌の發足當時は編輯部が整ふて居なかつたから、自然定子さんにはよく御迷惑を掛けたものである。まだ小學生であつた定子さんは「今日は是れで恰度五百枚折り疊んだよ」等と云つて刷り上つたばかりの本誌で小さな手を黒く汚したものだ。帶封の宛名も書いてもらつた。時には「府縣別に纒めて置かなかつたから郵便局で突き戻されたよ」とかなり重い包を持つて發送の手傳に二度も三度も竹屋町から二ッ井戸へ往復せられた事がある。

高等女學校に學ばれる樣になつてからの定子さんは洗毫子が相當自信を持つた編輯にも隨分忌憚なく、そして辛辣な批評を加へたものだ。文藝の方面や印刷の事に全く經驗のなかつた私達の初めた泊園誌に、若しも讀者諸氏が素人離れがして居ると感じられる樣な時があつたとすれば、それは定子さんの助言が大いに與つて居たものと思はれて良い。

最近病院へお見舞に行つても話はいつしか本誌に及ぶのが常であつた。

憶へば定子さんは吾等にとつてまことに良き讀者であつたのに。

お習字や漢文の素讀は幼い頃からよく勵んで居られた。讀者諸君も前號の寫眞版で既にその筆蹟の麗しさを御承知と思ふ。字の方のお話しは是れを山下先生にお願ひする事とする。が然し洗毫子は泊園書院へ聽講にあがる毎に定子さんの筆になる屛風や、ついたてを見ては更に涙の新なるを覺へるのである。

## 石濱先生の說文

川崎直一

泊園書院で石濱先生が說文を講義し始められたのが、いつのことであつたか、私は知らない。私が最初これに列したときは、たしか第三篇であつたかと思ふ。それからすでに十年以上になるが、いまやつと第七篇である。

だいたい私は子供のときから歴史が好きで小學時代に保元物語などを愛讀したほどだが漢文は嫌いであつたので、いまでもとんとわからない。泊園にやつてきたのも、漢文の勉强のためでなく、石濱先生の學風をしたつてからと、言語學的興味からであつた。

「說文の立場は經書の解釋にある、だからこの場合は實際の言語の歴史では說文と順序が逆であつたと考へたらよい」。「この字は兼の聲で讀廉の如しとあるが、これは大昔はクレンといふような音であつたのが、ケンとレンと後世分化したのであらう」など、先生はシナ固有の傳統的學問と、近代の西洋の言語學、音聲學とを綜合せられる。これを私は尊敬する。そして講義ぶりはすらすらとしてゐるが、無理を通されない。親しみのあるものである、これが私にはうれしい。

講義の進行速度は最初に述べたとふりであるから、本文だけで十五卷ある說文を全部終えられるには、なほ數十年を要するであらうすなわちなほ數十年私はこの樂しみを味わさしていただけるわけである。

## サロンと扁額

S・M生

柔かい灯影の中から甘美なメロデイーが流れてくる。心づくしの花一輪。クリーム色の壁面に洋書をあしらつた部屋の構成などに、それぞれ經營主の頭を見せている。

タイルからウエートレスの衣裳の色合にまで構想をめぐらして、所謂近代的人士の感じといふものを尊重してゐるとあつて、僕等野人は少々テレてしまふのである。

珍しくはないかも知らないがこゝに黃坡先生の扁額の揚げられたサロンがある。關西大學で先生の薫陶をうけた粟山氏が經營に當る新橋サロンがそれである。自分少々好奇心を以てこれに小甜をとつた。曰く「養移體」孟子盡心の字面で、半折大の紙本に勇ましい書きぶりで、常のと一寸違つた樣に感じたのは思ひなしといふものか。ミドリ系のドンスに桑縁のとつた表裝で、うしろの溫かい壁色と先づ調和といふ條件は破つていないと思つたが、まだまだ裝潢の工夫に餘地があることも確だらう。

撰文の御苦心も思ひやられて、ゆつくりと鑑賞出來た。おぬしのゆかしい心遣ではあるが更に書幅の樣な五言絶句位の盛れる形式をあながち文人表裝とか大和裝とかいふ觀念からではなく、部屋との調和をも考に入れて試みてほしく思ひつゝ外へ出る。

夏の夜の御堂筋はイテフの綠が盍ふばかり茂つてゐて、時々の風にわづかにゆれてゐた。

### 泊園書院日課表

| | 月 | 火 | 水 | 木 | 金 | 土 | 日 |
|---|---|---|---|---|---|---|---|
| 午前六時半 七時半 | 孟子 | 春秋左氏傳 | 休 | 孟子 | 春秋左氏傳 | 陶淵明詩集 | 第一、第三、午前七時廿分 尙德會荀子 毎月一日 第二四五日曜 祭日 休講 |
| 午前八時半 十時 | | 分類詩選 十八史略 | | 分類詩選 十八史略 | | 午後三時 古詩源 | |
| 午後一時半 四時 | | 書經 杜甫詩集 | | 書經 杜甫詩集 | | | |
| 午後七時 九時 | | | | | 午後七時 管子 說文(石濱先生) | | |

# 泊園

昭和十六年九月廿七日印刷（隔月一回不定期發行）
昭和十六年九月卅日發行　—（非賣品）—
編輯兼發行人　大阪市南區大寶寺町中之町二番地　的場信太郎
印刷所　大阪市西區新町南通五丁目　林泰進堂
發行所　大阪市南區竹屋町九番地（泊園書院内）　泊園誌社
振替大阪一三八三九（泊園書院）電南六八二七

金貳拾圓也。關西吟詩同好會殿
金五圓也。生田花朝氏

書院課表

| 火 | 水 |
|---|---|
| 春秋左氏傳 | 休 |
| 分類詩選 十八史略 | |
| 書經 杜甫詩集 | |

| 土 | 日 |
|---|---|
| 陶淵明詩集 | 第一、第三、午前七時半分 尙德會荀子 |
| 午後三時 古詩源 | 每月一日第二四五日曜 祭日 休講 |

誌社　人　會
三原靜美　寺田英一郎
石崎太郎
岡本勝治郎　安達龜造

## 京都に漢學大會開かる

先年當地にて漢學大會が開催されて、大變な盛會であつた事は之を贊助した我が泊園の人々の熟知せられる所であらう。所が今年は近隣の京都の地で開催せられる事となつた。龍谷大學の支那學會が之を贊襄して、斡旋の勞を取られるのである。まだ詳細は未定であるが、大體來る爽秋十一月二日學術研究發表會を同校圖書館講堂に開會せられるようである。泊園有志の諸兄も御參會願ひたい。

大會と云ふものは何の學科に於ても年中行事の様になつて行はれてゐる。これは各地に於ける研究諸家が時に會して見聞を交換して智識を廣め、索居離群から陷り易い固陋を救ふ上に於て極めて好箇の催しである。其點から云へば各地の研究機關の具はつてゐる都會が主となつて、之を時々持廻るのが最も適當である。さうすれば地方に僻居して師友の寡きを歎ずる諸賢にして會合の機會が與へられるのである。又學界中心都會の諸先生方も在野の篤學家を識るの緣を得ると云ふものである。研究諸家の大同團結を以て、皇國の漢學支那學を發達進展せしめ得るわけである。

大同團結と云つても學術を强ひて一にせしめると曲解してはならない。曾參の孝に於て悟り、子路の勇に於て得る、各々の道が存する。理想の山嶺は同じであつても、わけ入る道の異なるものはあつていゝのである。學術の發達に於て質疑討論の必要なるわけである。陸復齋が云ふ「留情傳注翻蓁塞、著意精微轉陸沈、珍重友朋勤切琢、須知至樂在于今」の句の教ふる所がそれである。朱晦庵の「德義風流夙所欽、別離三載更關心、偶扶藜杖出寒谷、又枉籃輿度遠岑、舊學商量加邃密、新知培養轉深沈、卻愁說到無言處、不信人間有古今」の詩は大會の宗旨と云つてよからう。

學術の統一なくして何の大同團結があらうと思ふのもいけない。詩は李白だ、いや杜甫だと議論するのは差支ないのだ。詩人學者はこの討議によつて益々詩論に邃密を加へるので却つて意見の差のある方が有益なのだ。ただ夫れ專門家に有益なのだ。これを世人に迄宣傳して李だ杜だと固執しては何の益あるものでない。勝を爭ふの結果は却つて世を毒するに至る紛然淆亂せる學術となつては正に學者の討論の域を越え、世道人心に害あると云ふべきものだ。學術は强ひて一に歸せしめなくても學者の大同團結は期し得る。

漢學大會は學者の研究の發表と討論に在るのだ。通經致用は學者の宗旨とする所だが、大會は通經の爲めであつて致用の處ではない。專門研究者は盛んに討論すべし。有志聽聞者はその研究發表を正解すべし。通經の方と致用の途を混じてはならない。これを混じては大會を開いても効果がない。

皇國の支那學漢學は時局から大に發達進步しなければならないのである。龍谷大學が此際に立つて京都大會開催に斡旋の勞を取られた事を我等は感謝する。その絕大の効果を收められん事を祈つて已まない。（白水生）

## 說詩樂趣（34）

效尤生

梅執禮（字は和勝、宋欽宗の時、節を守つて金人に殺さる）が未冠の頃、家貧しく親老いて、之を養ふすべもない。大雪の時に詩を以て邑宰に請うた句に

有令可干難閉戶。無人堪訪懶移舟。

とあつて、令は喜んで之を招いて其家の子弟を教へさした。この上の句は後漢の袁安がまだ出世しなかつた頃、洛陽に居て食を人に乞うて暮して居た。一日大雪の時に門を閉ぢて出ないから縣令が心配して來て見れば偃臥してゐた。之に感心して孝廉に推擧したといふ故事によつて、今は長官が無理を言へる人だから戶を閉ぢずに此詩を以て頼むのだといつたもの。下の句は王子猷が雪の日に戴逵を思うて剡溪を下つた故事によつて、已れは訪ふべき友もないから舟を浮べないといつたもの共に雪の故事を巧に用ひたのである。縣令が其才を感じたわけである。

唐の李義府が初めて召見された時、太宗が飛鳥の詩を詠ぜしめた、其詩は

日裏颺朝彩。（日の中に烏がゐる話）琴中聞夜啼。（琴中に烏夜啼といふ歌曲がある）上林（天子の園林名）多少木。不得一枝棲。

と巧みなものであつた。太宗は、我まさに全林を汝に借さん、豈にたゞ一枝を借すのみならんやといつた。左右の臣は之を羨んだ。

宋の制度では、知制誥、待制の官吏はたゞ皂鞓（黑のくつ）犀帶（犀角で飾つた帶）を服する、龍圖閣直學士に遷れば始めて金帶を賜はる。燕肅が待制となつて十年官が遷らなかつたから、詩を作つて宰相に上つて

鬓邊今日白、腰下幾時黃。

といつた。遂に直學士に遷つて金帶を賜はつた。

蘇麟が杭州の屬縣の巡檢となつて居つた。范文正仲淹が錢塘杭州に鎭してゐて、城中の諸官人は往々皆其推薦の書を獲て進級するが、たゞ獨り麟は外邑にあるために收錄を得ぬ、公事によつて府に入つた時、詩を獻じて

近水樓臺光得月、向陽花木易逢春。

といつた、文正遂に之を薦達した。

後周の楊少卿凝式、自ら材あるを負んで居つたが、大用せられなかつたために、佯つて狂となつて自ら穢して居つて、寺觀に遊び水竹の幽勝の地に遇へば吟詠して歸るを忘れ墻壁の上に筆跡が一杯になる（草書に巧であつたから）僧道之を愛護し、粉壁を光潔にして其揮掃を俟たぬはない。游客も之を歎賞した。故に馮瀛王の次子少吉が壁下に

少卿眞跡滿僧居。秖恐鍾王也不如。
爲報遠公須愛惜。此書書後更無書。

と題した。鍾王は鍾繇、王羲之である、遠公は惠遠で假りて僧侶をいうたもの。安鴻漸は

端溪石硯宣城管。王屋松烟紫兎毫。
更得楊卿老書札。人間無此五般高。

と題して居る。安徽宣城縣は紙の產地である此詩原書に管とあるが、紙字の訛であらう。下に兎毫があるから、明かに誤字である。

## 開催豫告

**第四十四回泊園同窓會**
**第八回泊園會總會**

右、十月十七日開催豫定の處防空演習の爲に延期する事に決定仕候
追て時日別便御通知可申上候右御了承被下度候

# 論語講義

黄坡先生述

**子曰。知者樂水。仁者樂山。知者動。仁者靜。知者樂。仁者壽。**

**訓讀**　子曰く。知者は水を樂しみ、仁者は山を樂む。知者は動く、仁者は靜かなり。知者は樂しむ、仁者は壽し。

**解釋**　德行に屬する章であつて、**知者と仁者との德が其趣を異にして居る**ことを語られたのである。**包咸**の註に知者は其才知を運らして以て世を治めること水の流れて已まぬ樣であるところを樂み、仁者は山の安固であつて、自然であつて動かない而るに萬物が生ずる如きことを樂むと說いて居る通り、**仁知各々其性格が山と水とに合ふ**所があるから其趣向の上にこの相違ができるのである。そこでまた知者は活動する所があり、仁者は安靜なものだと其**才氣に相違**がある。また知者は其運用計畫する事の底滯することのないのを見れば心に**樂**む所がある。仁者の心が安靜であれば自然に**壽考**といふ結果を得るのである。仁齋は動靜は才の上からいひ、**樂壽**は其効をいうたのだと說いてゐる。また**物徂徠は初の**二句が**古言**であつて孔子が之を誦說せられて下の四句で之を釋かれたのであらう。即ち語氣に相違があるといはれて居るが、從うべき說と思はれる。さてまた樂水樂山の樂字は朱子は音を五敎反即ち「ごう」と讀んでゐて其義は「ねがふ」「このむ」の意と說いて居るが、これは「たのしむ」音「らく」とする方が寧ろ適切である、且つ古には此の去聲の讀はないのである。

韓詩外傳に或人の問を設けて暗に此章の義を說いた下の樣な文がある。問ふ者曰く、夫の智者は何を以て水に樂むか。曰く、それは理に緣て行き、小間を遺さざるは智あるものに似たり。動いて之に下るは禮あるものに似たり。深を蹈んで疑はざるは勇あるものに似たり。障防して淸きは命を知るものに似たり。險を歷て遠を致し卒へ成して毀らざる德あるものに似たり。天地以て成り、群物以て生じ、國家以て寧く、萬事以て平に、品物以て正し、これ智者の水に樂む所以なり。問ふ者曰く、夫の仁者は何を以て山に樂むか。曰く、夫の山は萬民の瞻仰する所なり、草木生じ、萬物植し、飛鳥集り、走獸休し、四方益を取り、雲を出し風を道き、天地の間に嵸だち天地以て成り、國家以て寧し、これ仁者の山に樂む所以なり。とある。また參考とするにたるのである。

**子曰。齊一變至於魯。魯一變至於道。**

**訓讀**　子曰く。齊は一變せば魯に至らん。魯は一變せば道に至らん。

**解釋**　**齊魯の治化の效**を語られたもので、政治の部に入るべき章である。**包咸**の注に、「言ふこゝろは、齊魯は太公周公の餘化がある、太公は大賢、周公は聖人であるから、今其政敎は衰へたりとはいへ、もし明君あつて之を興すならば、齊は魯の如くならしめ、魯は**大道の行はれたる**時の如くにならしめることは難くないといはれたのだ」と解して居るので明了である。仁齋の「一變とは**其易いことをいつたのだ**」といふ解も確かである。

說苑に、伯禽と太公と倶に封を受けて、各國にゆき、三年にして太公來朝した、周公が其治の疾かであるのを問うた、對へて曰ふに、賢を尊び、疎を先きにし親を後にし、義を先にし仁を後にせりと、これ霸者の迹である。周公曰く太公の澤、五世に及ばん。五年に伯禽來朝した、周公が何ぞ治め難きと問うた、對へて、親を親しみ、內を先にし外を後にし、仁を先にし義を後にせりと、これ王者の迹である、周公曰く魯の澤は十世に及ばんと云々と記してある。今日其治教は衰へてはあるが、其餘化の見るべきあるをみて、孔子之を評せられたのである。

**子曰。觚不觚。觚哉觚哉。**

**訓讀**　子曰く、觚、觚ならず。觚ならんや觚ならんや。

**解釋**　**當時の制法が古と異つて居る**ことを傷まれた語である。したがつて時命の部に入るべき章である。馬融の注に觚は禮器（酒の傷）一升を爵といひ、二升を觚といふ。とある。物子の考に日本の量で、爵は八勺九を入れ、觚は一合七勺八を受けるとある。王肅の說に當時、酒に沈湎する故に孔子は觚不觚といはれ禮を知らぬといふ意だといつてゐる。物子更に之を明にして、蓋し時俗が酒にふけり、而も獻酬の禮は變へられぬから、其觚を大きくして其量に適せしめたのであらうといはれたのが正鵠を得て居ると思はれる。邢昺の疏に韓詩の說を引いて、爵は盡也足也、觚は寡なり飲むこと寡少なるべし云々と擧げて居る、即ち孤寡などの孤と同じく、酒觴にもかゝる義を取つたものである。いま此の樣なことになつて其物が大きくなつて居るから、「觚ならんや觚ならんや」と其名實の差うて居ることをそしられたのである。

朱子は觚は稜なり、或は酒器といひ或は木簡といふが皆器の稜のあるもの。其かどを作らぬ樣になつたからかくいはれたと說いてゐるが、意味がない、且つ木簡を觚といふは漢以後のことであるから、從へぬ。

**宰我問曰。仁者雖告之曰井有仁焉。其從之也。子曰。何爲其然也。君子可逝也。不可陷也。可欺也。不可罔也。**

**訓讀**　宰我問うて曰く、仁者は之に告げて井に仁ありと曰ふと雖ども、其れ之に從はんや、子曰く、何すれぞそれ然らん、君子は逝かしむべし、陷るべからず、欺くべし罔ゆべからず。

**解釋**　**志氣**に屬する章であつて、**孔子が自ら守る所のあることを語つて宰我の心を慰められたの**である。宋の侯仲良の論語說に、**井**は死地である。或人が之に告げて、死地であるが其所に仁をなすべき事があるといつたらば、之に從つて其死地に赴くであらうかといふのだと說いてあるが、穩當の樣である。井は易の坎の義である、易には坎を多く危險な地に當てゝあるのを見れば、井は之と同じと見るべきである。物子の徵の說に宰我の井仁の問は孔子が禍に陷るゝかを慮つて**微言して以て之を諷した**ものだ。井に仁ありとは假設の言で蓋し險難の中に仁をなすべきことがあるの意である。宰我が意ふに、孔子の仁心の切なる、或人が之に告げて險難の中に仁を爲すべき事があると曰ふとも亦之に從はるゝだらうと。孔子は宰我の微意のある所を知られたから之に應ずるに君子といはれたのだ。もし宰我が其事を明言したのであれば孔子は必ず丘也と答へられたであらう。もし宰我が泛く仁人の事を問ふたとすれば、孔子も亦之を承けるに仁人といはれたであらう。今宰我が問ふに仁者を以てして、孔子は答ふるに君子を以てせられた、だから宰我の孔子を諷したのだといふことが知られる。逝かしむべし陷るべからずとは、井に仁あるの語に據つて言うた言葉。欺くべし罔ゆべからずとは其然るべき理由を語られたものであつて。孟子も君子は欺くに其方を以てすべし、誣ゆるに其道にあらざるを以てし難しといつて居る。罔とは之を誣かして迷はすのである。君子は詐を逆へずで人の詐心だらうと我から邪推をせぬから、欺くことができるが、心に守があるから、罔ゆることはできぬ。此を言うて宰我の心を安めたのである。と說かれたのが、事情を得た解といふべきである。即ち宰我は孔子が楚にゆき陳にゆき又佛肸の徒に遇はうとせらるなどのことを見て、夫子の禍を得られるであらうと恐れたのである。故に夫子はこの答で以て其心を慰藉せられたのである。

古註に有仁を**仁人**ありと說き。或は仁は**人**の字の誤だといひ、朱子も之に從うて**有人**の意に說いてあるが皆面白くない。また逝かしむべしは、其方へ行かすことであるから其方へ誘うて遣ることは出來るが危險の中へ落入らすことは出來ぬ、の意である。古註に往て之を視さすと說いたのが變であるから。兪樾は逝を折と訓して摧折すると解したが、**これ**も無理である。要するに後の學者は宰我が常に孔子に抑へられることが多いから、其人物を輕視し從つて此章の眞意に觸れ得ぬのである。丁度**子貢**が孔子の衛君を助けられるかを知らうとして伯夷叔齊は何人ぞと問うて、夫子の心を伺うたのと同工であつて、宰我子貢共に能言の人であるから、この宛曲なる語をしたものである、當面の事を直接問ふのは不敬にわたるのを省みたものである。

（第四十五講）

# 黄坡先生近詠

神武天皇聖蹟難波碕碑下恭賦

海灣都市古今移。此地誰知泊六師。
丕肇鴻基皇道遠。思茲永々在于茲。

上海日本青年團歌

晨望旭日拂扶桑。天統連綿仰　聖皇。
四海同胞恭有禮。八紘一宇化無方。
據將東亞要樞地。現出中華君子鄉。
斯志堂々堅似石。煥乎長耀大邦光。

遊信貴山寺　探韵

上方連俗界。軌道陟嶙峋。
不厭蟬聾耳。猶欣雨洗塵。
搆堂因太子。顯跡屬忠臣。
佳友詩詞妙。早秋涼氣新。

氷菓

銷暑同嘗凍乳酥。爽涼廿沁一時愉。
却嫌口舌徒甜滑。何若清冰在玉壺。

富田林萬春樓雅集

梅霖難遇霽。襏襫索詩行。
雲影沒山影。河聲亂雨聲。
水禽猶可聽。尊酒好頻傾。
非此異常景。何令塵垢清。

# 好治間事室藏書記

魚石

書筵必携　二冊

本書は美濃判紙四ッ折の細長い形の寫本である。表紙に「書筵一助」とあるのは富岡鐵齋の題簽である。惜しいかな、第三巻一冊を闕いでゐるので不完本である。內容は題畫の佳句を蒐集分類して、書筵の一助としたもので、尙ほ續錄に便して空白を多く存してゐる。著者は淡路の都志謙藏。恐らく自筆本と思はれる。鐵齋舊藏の富岡本の一である。毎卷首尾に「今堀所藏」の印がある叙と目錄とを左に移錄して置く。

叙　學不學

予與梅實詞兄爲一酒友兄爲人、風流雅致、善書、爲吾律。昨秋招飮予于某亭。杯間囑余曰吾生懶散、一書落成、上欲題古人詩語、甚不堪探索之、願先生爲撰輯以與之、則幸甚々々。予曰、諾。爾後繙閱唐宋諸名家集、々佳其題書者數千首、各分門部、爲三冊子、名曰書筵必携。今茲五月業成、寫以似之。而余固淺陋、未知其如何而已。遂以爲序。
安政歲次六年屠維協洽端午前二日於浪華寓居天地扁舟樓中
雲汀釣徒淡都志謙撰並書

都乾私印　三山々人

書筵必携卷之一目錄

花卉門
梅花　桂花　蘭花　菊花　牡丹　芍藥
桃花　李花　杏花　酴醿花　薔薇花
萱花　荷花　石榴花　芙蓉　水仙　茉
莉花　瑞香　海棠　山茶花　蜀葵花
牽牛花　菖蒲　芭蕉

鱗虫門
龍　蛇　河豚　鯉　鱸　龜　蟹　象
虎　熊　鹿　猿　狐　猩々　兎　馬
牛　羊　犬　猫　鼠

書筵必携卷之二目錄

羽蟲門
鳳凰　孔雀　翡翠　鶴　鷹　鸚鵡　雉
杜鵑　烏　鵲　鶯　燕　百舌　鷄　鴈
鴛鴦　鴫　鷺
鴨　伯勞

虫豸門
蜂　胡蝶　蟬
促織　螢　蠅
蚊　虱　蜘蛛
蛙　蝸牛

穀菜門
米　麥　蔬菜

林木門
松　桑　梧桐
柳　椶櫚　楓

竹箏門
竹　箏

菓實門
茘枝　梅實
杏　葡萄　櫻
桃　桃實　李
實　菱　蓮實
石榴　棗　瓜
柿　梨　栗
橘　枇杷

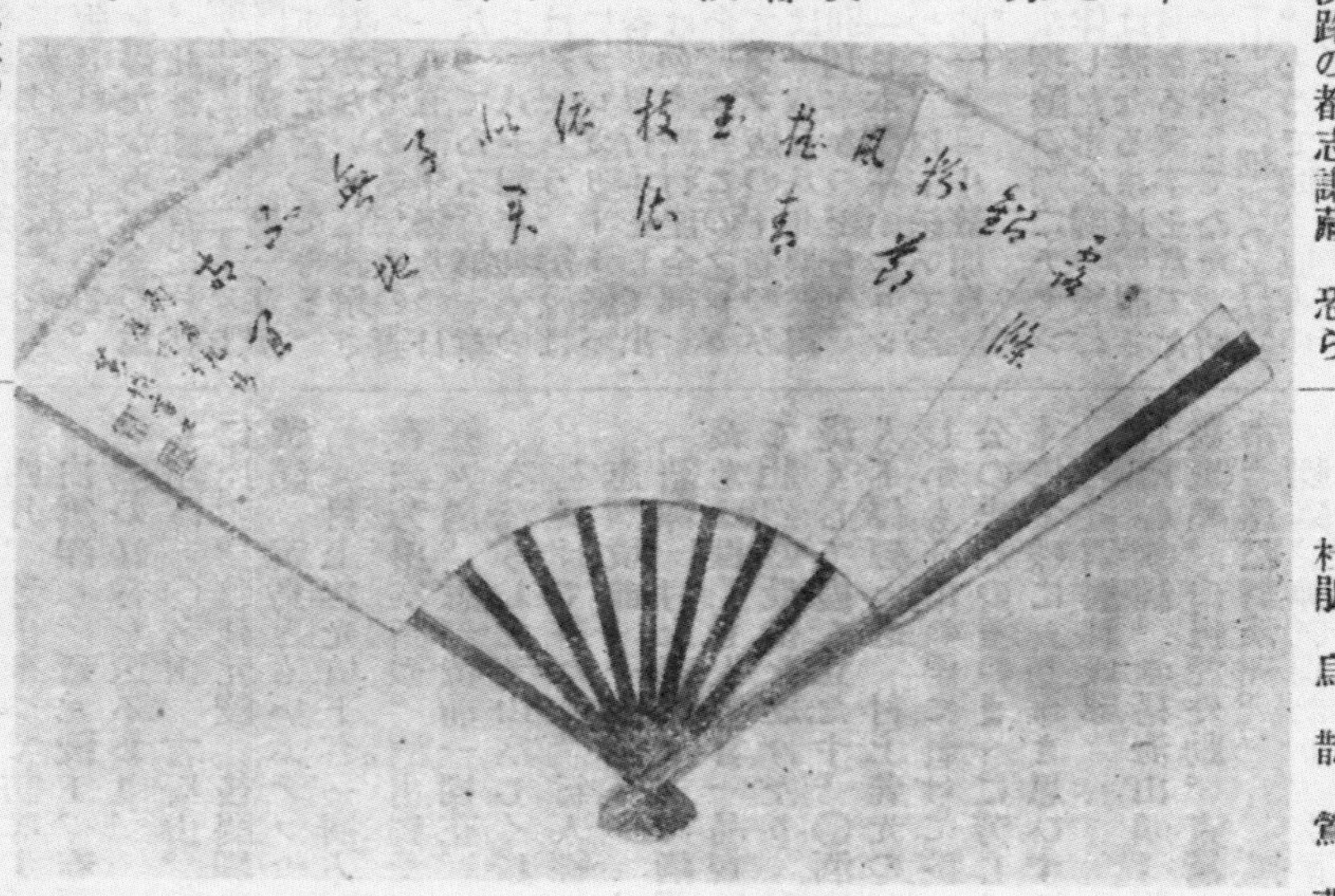

本文第一卷四十六葉、第二卷百五葉。序文の數千首はちと多過ぎるが、選輯する所はたゞに唐宋詩人の句のみならず、經史諸子から樂府辭賦、雜書に迄及んでゐるから中々博洽なものである。新しい所では王漁洋が出てゐる。毎半葉八行行十六字。餘白は各項目の後に多く、續入の爲めである。

槓記　一冊

吳廷翰の著である。美濃紙本で三十六葉。半葉九行、行十八字。誰が寫したかは分らない。欄上には間々校語がある。初め八葉程には反點國訓をも附してあるが、後は句讀點だけである。この書の卷首に「含翠堂圖書記」の朱印があり、又卷首白紙に「平野含翠堂藏書槓記、土橋誠齋寄附」と二行に墨書してある。誠齋の直筆かどうか分らない。それはどうでもよい、平野鄉學含翠堂の保護者土橋誠齋の寄附にかゝる堂の遺書を藏するを喜んでゐる。

詠物百律　一冊

藪鶴堂の詩集である。淡路福良の人、大阪の商家へ養子に來たが、家を破つてから學問で身を立てた人である。木村篤處の「大阪訪碑錄」には著錄されて居り、奥野小山の墓碣銘が附載されてゐる。好んで詩を賦し、詩集若干卷ある樣だ。存佚を詳かにしない。此書は題名の通りの彼の一詩集である。毎半葉九行、行十五字の寫本だが、彼の自筆でないかと思ふ。小序があるから、それを移錄して置く。

余閑日賦詩、十數年間所得、至成數卷。今就中拔七言律體詠物百首、以爲一小冊質正諸友。字句之不穩、聲調之有病、意趣難屬者、乃充以諧讔、辭之無詮次、固其所也。文政己丑春三月、鶴堂藪平誌。

藪平印　大平氏

表紙の裏に丸の中に舟の字のある大きな黑印が押してある。

## ○大城戸石仙遺文

題畑仙齡布袋圖

擔來擔去、東西南北、擔去擔來、春夏秋冬。來時這裏、藏何物來、山河大地、囊而有餘。去時施何物去、三界衆生、施而無盡。曾是棒喝、彼不敢行。二六時中、來々去々、日々好日、去々來々、畢竟是如、何之眞際。曰、布袋滿々、和尙福々試擧一句、看之。

滿々擔頭何物富、擔頭無物不眞々、當知我捉吾家寶、七福神中大福神。

念庵居士宗重

南岳夫子照像題辭

大正庚申二月正當二七忌辰、拈香以爲文字供養。

斯文在此、忘老樂天、學唱古道、啓幽通玄、志存濟世、廻瀾扶顚、角巾方袍、威儀如神、燕居容々、高出塵緣。兒孫有後、名爵俱全。泗洙一淺、落所那邊、雷風雨化、七十九年。

弟子宗重

## ○南岳夫子遺詠

白山氏席上聽審音器、笑語歌曲盡可聽、而三絃之聲如隔雨、如入烟者、最佳、卒賦贈主人。

宮徵踰機次第生。絃中妙曲轉分明。可憐西土製之者。不識人間有此聲。

## ○黃鵠先生遺詠

不識庵望月圖

越山能水月生光。痛飲高歌幾酒觴。千古英雄千古寞。滿胸慨氣凜秋霜。

## 達心志齋讀書記　大壺

ゴンチヤロフの「日本渡航記」が岩波文庫にて出た。日本人の最初の海外旅行記も面白いが外國人の古い日本見聞記も面白いものだ如何に風俗人情の異なるものゝ理解が難かしいかを示してくれる。筆者は著名のロシアの文士であるから殊に興味深く讀まれる。此書は岩波本の副題にある通り、「フレガートパルラダ號」と題する彼の旅行記から日本に關する所丈を譯したものである。譯述者の解說は中々詳細で委曲を盡してある。そこに「この大旅行の紀行文は、最初先づ日本滯在中のロシア人（上下）が、海軍の雜誌海軍集錄の一八五五年第九號から十一號にかけて連載發表され、同年單行本として出版された」とある。余は幸ひ此單行本を見るを得たから、念の爲めに書いて置かうと思ふ。此書は三章に分れ第一章が、岩波本の「日本滯在中のロシア人（上）に當り、第二章は「上海」に當り、第三章が「日本滯在中のロシア人（下）」に當つてゐる。譯者の文では「上海」の章がない樣に誤解されてはいけないと思つたからである。その表題は「一八五三年初めから一八五四年終りの日本に於けるロシア人」となつてゐる。第一章の題では一八五三年終りと一八五四年初めの云々となつてゐる。表題には誤だらう。解說は次に「ついで一八五七年にフレガート艦パルラダ號」と題する上下二卷の單行本として出版された」とある。これは勿論旅行記全部を含んでゐるものである。余は偶々このフレガート艦パルラダ號のグラズノフ版の下卷のみを見るを得たが、それは一八五八年聖彼得堡の刊記となつてゐる。で別刊本ならう。この本で見ると第一第二卷は「日本滯在中のロシア人（上）」が第一章となつて、以下續いてゐる。すると岩波本の「香港」と「小笠原島」の二章は上卷にあるのだ。

スタイン卿の中央亞細亞探險の際にチヤンスヱと云ふ支那秘書が隨伴した事は卿の旅行[illegible]

## 三惜書屋詩稿

四月初七遊芳山花期尙早得一絶

四月芳山來芳尋。紅雲未起白雲深。延元陵下春蕭寂。惟有黃鸝送好音。

四月、芳山來つて訪尋す。紅雲未だ起らず白雲深し。延元陵下、春蕭寂たり。惟だ黃鸝の好音を送るあり。

「語釋」○芳山、吉野山。○紅雲　櫻花を雲に比す。○延元陵　後醍醐帝の御陵なり。○黃鸝　黃鳥ともいふテフセンウグヒスなり

村上義光墳下有一樹方開花得一絶

春淺芳山空斷霞。酒帘獨受細風斜。行人不得輕々過。忠烈墳前一樹花。

春淺うして芳山空しく斷霞。酒帘獨り細風を受けて斜なり。行人輕々に過ぐるを得ず忠烈墳前、一樹の花。

「語釋」村上義光　吉野陷落の際村上彥四郎義光は畏くも大塔宮一品親王の御身代りとして壯烈の最後を遂げたり○空斷霞、未だ春淺くして霞も立たず。○酒帘　酒旗なり○行人不得輕々過　村上義光の墓前に咲いた櫻、しかも全山の櫻に魁けて開いたこの花は義光公の忠烈のそのまゝに芳しく花と咲けるが如くにて殊に去り難き思ひするなり。

遊須磨林氏邸

眺臨神氣濶。堂構海山頭。脚下聞鷄犬。眼前數鷺鷗。白帆煙外動。青黛水邊浮。閑坐忘城市。悠然對淡洲。

眺臨、神氣濶なり。堂構、海山の頭り。脚下、鷄犬を聞く。眼前鷺鷗を數ふ。白帆、煙外に動き。青黛、水邊に浮ぶ。閑坐して城市を忘れ。悠然として淡洲に對す。

「語釋」海山頭　海にのぞみ山をひかへた處○青黛　山のいろ。○忘城市　俗塵を洗つた心持。○淡洲　淡路島。

中秋登樓

此樓此夕登臨好。明月淸空千里皓。送斷南天雁影遙。金風白露三湘道。

此の樓此の夕登臨好し。明月、淸空千里皓し。送斷す南天、雁影遙かなり。金風、白露、三湘の道。

「語釋」登臨　樓上より見晴らす。○送斷目送する、斷字はそへた字である。○金風は秋風なり、五行說で秋は金にあたる。

隱岐雜吟

初夏天晴望眼賖。恬波洋上破朝霞。島前島後洲如畫。身託蓬萊仙客槎。汽舟航海島間

初夏天晴れて望眼はるかなり。恬波洋上、朝霞を破る。島前、島後、洲畫の如し。身は託す蓬萊、仙客の槎。

「語釋」恬波　隱やかで浪の無い。○身託：恰も身を蓬萊仙人の筏に託するの思あり、蓬萊は史記に渤海中に蓬萊、方丈、瀛洲の三神山ありと云ふ。○槎　イカダ也、査又は楂に同じ。

同

海浪激邊巖亦奇。搏鵬吼虎又鷲螭。目迎目送淸興涌。忘却小舟似簸箕。

海浪激する邊、巖も亦奇なり。搏鵬、吼虎又鷲螭、目迎かへ目送り淸興涌く。忘却す小舟の簸箕に似たるを。

「語釋」搏鵬　莊子に有鳥焉爲鵬：搏扶搖羊角而上者九萬里：と云、こゝは奇岩の形容で大鵬の搏うつて九萬里を上らんとする如き樣あるもの。○吼虎　咆哮せる猛虎の如き岩。○鷲螭　螭の鷲ける如き岩。○目迎目送　舟のすゝむにつれ奇岩怪石の數々を迎へ且つ見送るなり。○簸箕　箕をふるふ樣に波に翻弄される。

## 夷人辨　中山城山

物子書聖像贊後、自稱日本夷人。學者或冒之曰、茂卿生于　皇邦、而夷　皇邦、罪莫大焉。末學膚受、吠聲撲影、交相齮齕。予聞之曰、何其寃哉。夫夷人者、非夷　皇邦矣、自謙之辭也。武王之誓言曰、受有億兆夷人、離心離德。夷人字、蓋本于此焉。且夷　皇邦、則當謂東夷人也、不可謂日本夷人矣。此則齊東野人之語、而非君子之言也。況物子崇尊　皇邦、既見舊事紀序。又論語九夷、仁齋疑爲日本。物子辨之曰。若夫吾邦之美、外此有在、何必傅會論語、妄作無稽之言乎。夫配祖於天、以神道設敎、刑政爵賞、降自廟社、三代皆爾。是吾邦之道、即夏殷古道也。今儒者所傳、獨周道也。遽見其與周殊、而謂非中華聖人之道、亦不深思耳。然則茂卿所謂夷者、即半夷之義、而非夷狄之夷、審矣。孰云物子卑　皇邦。

（自城山道人稿卷十七抄出）

本誌後援　寄附金收受報告（泊園同窓會）

金貳拾圓也。　關西吟詩同好會殿

泊園日課

| 日 | 午前六時半七時半 | 午前八時半十時 | 午後一時半四時 | 午後七時九時 |
|---|---|---|---|---|
| 月 | 孟子 | [illegible] | [illegible] | [illegible] |
| 木 | 孟子 | 分類詩選　十八史略 | 書經　杜甫詩集 | 管子　說文（石濱先生）午後七時 |
| 金 | 春秋左氏傳 | [illegible] | [illegible] | [illegible] |

泊園同窓會

顧問　石濱純太郎

同　岡本奇堂

的場信太郎

同　筒井民次郎

西田幾太郎

# 泊園

昭和十六年十一月廿九日印刷（隔月一回不定期發行）
昭和十六年十一月卅日發行・（非賣品）
編輯兼發行人　大阪市南區大寶寺町中之町二番地　的場信太郎
印刷所　大阪市西區新町南通五丁目　林泰進堂
發行所　大阪市南區竹屋町九番地（泊園書院内）　泊園誌社
振替大阪一三八三九（泊園書院）電南六八二七

## 泊園書院を如何にせん

三世四代に渉る泊園書院を如何にすべきやの問題は何度も提起されたし、又先輩諸賢の間に於て何度も論議せられて來た。然し今の時局下に於ては如何なる計劃も一寸實現は容易でない容易でない時機に無理をして實現を圖る必要はない樣である。時局下は時局下に相應して行くのがいゝと思はれる。たゞ時局下と云つても之を放擲して置く事は怠慢である。我等は將來實現の爲めに何とか考慮して置かねばならない。

泊園書院の必要は我々がもう論ずる要は見ない。度々の表彰を見れば世人もその有用であり必要であるを認められたのである。たゞ夫れ之を表彰する人々は其時になると之を認めても平生は何等の力を貸す人ではない。それよりはよく忘れなかつた事を感謝して置いて可なりである。之を維持し發展さすのは矢張り及門諸氏の力以外にはない。先輩諸君は此點に注意をして置いてほしいものである。

現時は漢學の必要を認めてゐる時代である。少くとも漢學支那學研究の重要さを認めてゐるのである。それだと云つて別に之を奬勵もしないし、之を發達さすべき手段も特に講ぜられてるようでもない。中には熱心に研究方法の改良を志ざす人もあるが、もつと實際的に効のある促進方法が必要でないかと思はれる。然も一方では中等教育に於ける漢文は假名入り書き下しにせられんとしてゐる。假名書き下しの國文として教へるのもよからう。然し終には廢止に至りはせんかと懼れる。

漢文を國文に飜譯書き下されてもよい。必要有用と認めらるゝ漢文を研究せなくなつては甚だ困りはしないだらうか。たゞさへ學力低下を憂へられる時に原文研究がおろそかになつては回瀾を既倒に反し得べくもなからうと云ふものだ。泊園書院は維持發展させて、傳統保持の下に確乎たる中流の砥柱とならねばならない。研究には大學も有らう、研究所もあらう、が一般が容易に出入し得る書院も必要なんだ。

必要で有用なる書院將來の計劃は今から考慮すべきである。實現は急な程よいが、今の時局に無理して迄行ふの要はない。泊園誌の存續も認められてゐるのである。然らば泊園書院の存續も公けに認められ必要とされてゐるのである。何れ世間には漢學必要の反動が來ないとも限らないのである。何の奬勵も何振興の手段も採られなくて必要の認められてゐる間にでも我々は牖戸に綢繆する丈の考慮は拂つて置きたいものと思ふ。我々の國家の恩に報いるのも此點に存するのである。（白水生）

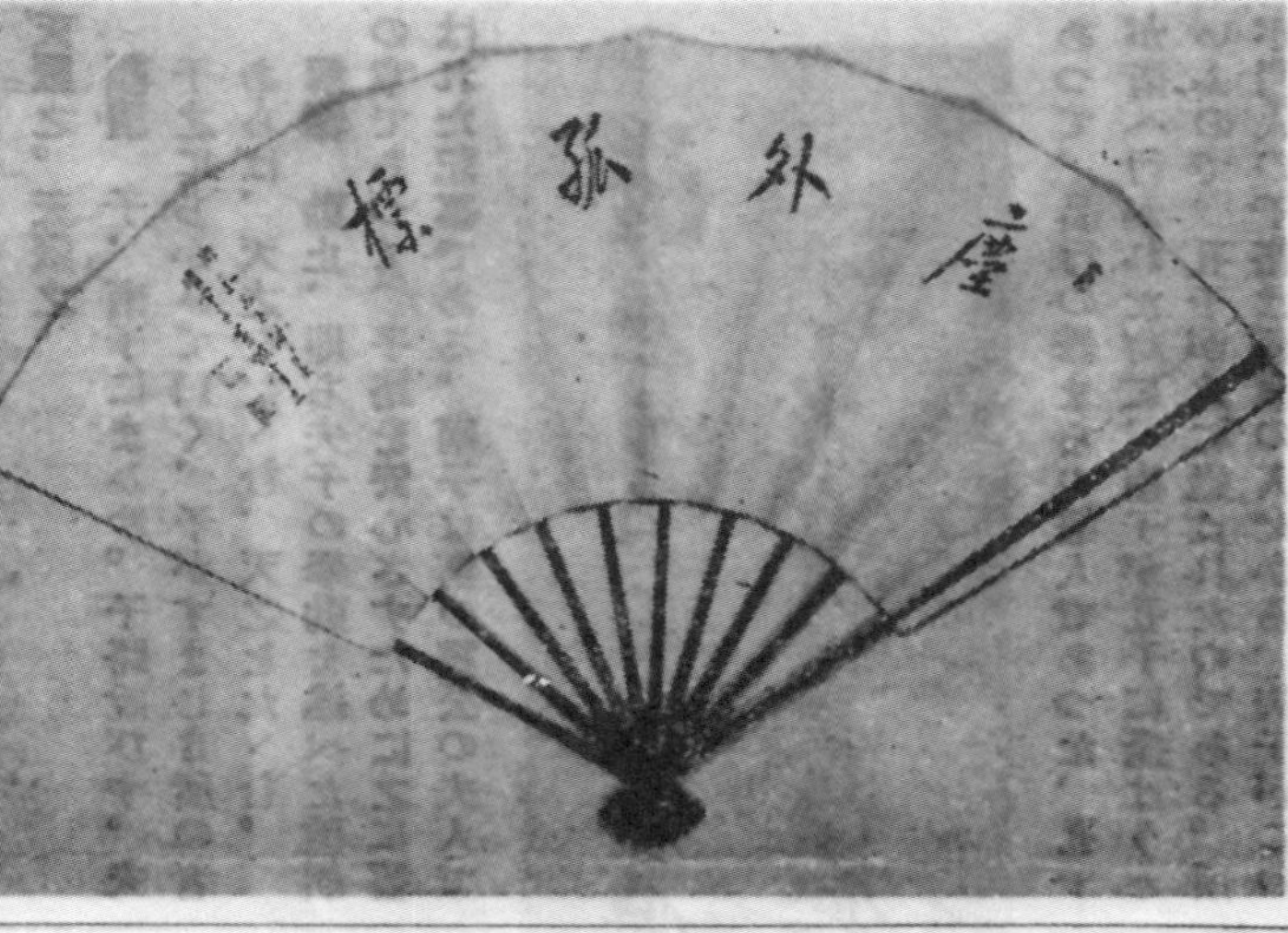


## 説詩樂趣（35）

效尤生

郭祥正少き時、詩名があつた、梅聖兪が之に贈つた詩に

采石月下逢謫仙

の句がある。李太白の後身だといふのである（郭の傳に、其母が太白を夢みて生れたとあるのも此詩からの附會であらう）また金山の吟に

烏飛不盡暮天碧。樵漁忽斷蘆花風。

の句があつて、大に王荊公に賞められ、之によつて名が著はれた。

宋の淳熙（孝宗の年號）中に、春日苑中に釣魚の小宴があつて、姚鉉が先づ詩を成して

花枝冷濺昭陽雨。釣線斜牽太腋風。

の句があつて、白金百兩を賜はつた。時輩之を榮として奪袍の故事に比した。（則天が龍門に遊び、群臣に命じ詩を賦せしめ、先づ成つたものは錦袍を賞せんといふ。東方虬が既に賜を拜したが、坐の未だ定まらざる時、宋之問の詩が成つて、文理兼て美しい、乃ち其坐に就て、袍を奪うて之を衣た。）

姚嗣宗が宋の慶暦中に詩を驛壁に題して

踏破賀蘭石、掃清西海塵。布衣能辦此。可惜作窮人。

といつた。（賀蘭は西北の山の名）韓魏公（琦）が見て之を奇として、奏して鄩州の知事に補した、果して能く虎の暴を除いた。

王奇字は漢謀、李文靖の食客となり、嘗て詩を屛間に題して

雁聲不到歌樓上。秋色偏欺客路中。

といつた。（欺はあなどり陵ぐ意）文淸の薨じた時、章聖（眞宗）が臨奠して、此句を愛して及第を賜うた、詩を以て恩を謝して

不拜春官爲座主。親逢天子作門生。

の句がある。科擧の時に、及第者は有司（試官）を稱して座主といひ、自らを門生と稱した。春官は禮部で朝廷の進士試驗をする官である。

### 志氣

宋の寇準の少かき時、巴東縣の知事で居て

野水無人渡。孤舟盡日橫。

の句がある。書の説命に「もし巨川を濟らばなんぢを以て舟楫とせん」とあるのを取つたのであつて、固より公輔を以て自ら期してゐたのである。たゞ當時はまだ公を知る人がなかつた。東坡が巴東縣に萊公の遺跡を訪ふ詩にいふ

江山養豪俊。禮數困英雄。投版迎官長。趨塵拜下風。當年誰刺史。應未識之公。

と、版は手版で笏のことである。萊公の瓌奇忠諒の才も、當路者はたゞ常輩を以て之を遇して居た。李太白の梁父吟に

大賢虎變遇不測。當年頗似尋常人。

と、人を知るの難きをいつたものである。

慶曆（仁宗）の間華州の士人張元が、累りに擧試に落第したが、氣を負んで倜儻であつた、嘗て塞上に遊び、山川を觀覽して、西鄙を經略する意を懷いた。其の雪の詩に

戰罷玉龍三百萬。敗鱗殘甲滿天飛。

といつた。雪の喩に奇氣を帶びてゐる。鷹詩

有心待搦月中兎。更向白雲頭上飛。

壯氣ありといふべきものである。

馮京は江夏の人で進士に擧げられ、鄕試から廷對まで皆首位であつて太子少師にまで進んだのだが、其まだ試に第しない前に、官の拘捕を逃れることがあつて、進退窘迫して計出づる所無きにいたり、其寓所の寺壁に一詩を題した。胥吏の主者范生なるものが、之を見て、令に白して寬假を乞うたが、令は范が賄を受けたかと疑うた、范云ふに、「馮秀才は甚だ貧です、某はたゞ其詩を見たばかりですが他日必ず顯れるでせう」と其詩を示した所令も之を釋した。其詩は

韓信棲遲項羽窮。手提長劍喝秋風。吁嗟天下蒼生眼。不識男兒未濟中。

といふのであつた。

# 論語講義

黄坡先生述

**子曰。君子博學於文。約之以禮。亦可以弗畔矣夫。**

一本に君子の字がない。

**訓讀**　子曰く、君子博く文を學んで之を約するに禮を以てせば、また以てそむかざるべきか。

**解釋**　教學に關する章であつて、學問の要點を語られたものである。初の君子の二字のあるのと無いのとあるが、下の顔淵篇にもこの二字はない。他書に引用してあるにも無いのが多い。これは無くて差支はない樣に思はれる。文とは仁齋の註に先王の遺文と釋いてある。即ち詩書禮樂が其重もなるものである之等の文書を學ぶには固より博きを要する、學ぶ所が博くなくては自然淺見僻陋に墮ちてつまらぬものになる。しかしまたたゞ博きを求めても其歸納する所を得ないでは、其學問がたゞ散漫にながれて有用のものとならぬ。そこでこれをまとめる必要がある、これがこの約といふことである。約は要と說かれてあつて、其要點に歸納する意味である、博と相對した文字である、むかしの文章にはこの樣な相對した文字を用ひて面白く語を成したものが多い、論語にもこれが多い。さて其の要の歸する處は何處にあるかといへば、禮である。禮は人の國家社會の規律である、人の履む所の準則である。朝廷には朝廷の禮があり社交には社交の禮があり、國家に流行してゐる風規の基をなすものである。これによつて其の學問智識を施せば、其言行が其立場に合うた適正なものとなつて道に合ふのである。顔淵に教へて復禮といひ、視聽言動を禮に依れといはれたのもこれである。畔は叛であつてそむくと訓する。道に叛いて邪な方向に陷るのをいふ。亦可以弗畔矣夫はこれもまた道に叛かないことができるといふ意になる。

惟ふに禮は國家の經維となり上下の序を保つための規律であつて、法と相對して存するものである、即ち法は國家の法度であつて之に從はねば罰をうける。禮は社會の風規であつて之に從はねば無禮の人となる。國の法憲の重んずべきはいふまでもないが、苟も君子といはるゝ人はこの禮を心得ねばならぬのである、今我が國體であるとか、軍の軍規であるとかいふものは即ち禮の如きものである、今學者が學問の研究にのみ馳せて國體にそむき、國家社會の秩序を亂り、我國の淳風美俗を破ることなどあるのは、この博學を禮に約することを忘れた人等といふべきである。

**子見南子。子路不說。夫子矢之曰。予所否者。天厭之。天厭之。**

**訓讀**　子、南子にまみゆ。子路說びず。夫子之にちかひて曰く、予がすまじき所の者あらば、天之をたゝむ、天之をたゝむ。

**解釋**　動止、即ち夫子の擧動を述べた種類の章であつて、子路を安心さすために之に誓はれた記事である。南子は衛の靈公の夫人であつて、品行の修まらぬ婦人であつた、孔子が衛へ行かれた時に、南子が孔子に逢はうといふので、孔子が之に逢はれたのである。所が門人の子路は剛直の人だから、夫子がこの淫亂の夫人に逢はれるのは面白くないといふので之をよろこばなかつたのである。この邊の事情については明白でなく、其時期も靈公の時か出公の時かも不明である。また孔安國等は南子が君の寵を得て居るから、孔子が之に見えて因て公に說いて治道を行はしめやうとしたのだと說いて居るが、これは信ずるに足らぬ。朱子は孔子の衛に行かれた時に、南子が逢ひたいといふのを孔子が辭退したが、已むを得ず逢はれたのだ、蓋し古は其國に仕へれば其小君に見える禮があるのであらう。と說いて居るが、この方が穩當であらう。さて子路の悅ばないのを見て、孔子は之に誓はれて「われが爲すまじき行があつたらば、天が必ず我を棄て絕つであらう」といつて子路を慰められたのである。矢は誓と訓じ、否は不と同じく、厭は棄絕と釋くべきである。

古の誓辭には所不云々者と用ひるのが例であつて、これは左傳等にあるものが多く其樣になつてある。「云々せざる所あらば神明が罰せられる」といふのである。そこでこゝの文も不の字の下に或る詞が略せられてあるらしい。古人或は不の字の下に脫文があつて誰かゞ不□と符號を加へたのが、後に否と書かれたのだといふ說があるが、亦一理ある樣に思ふ。

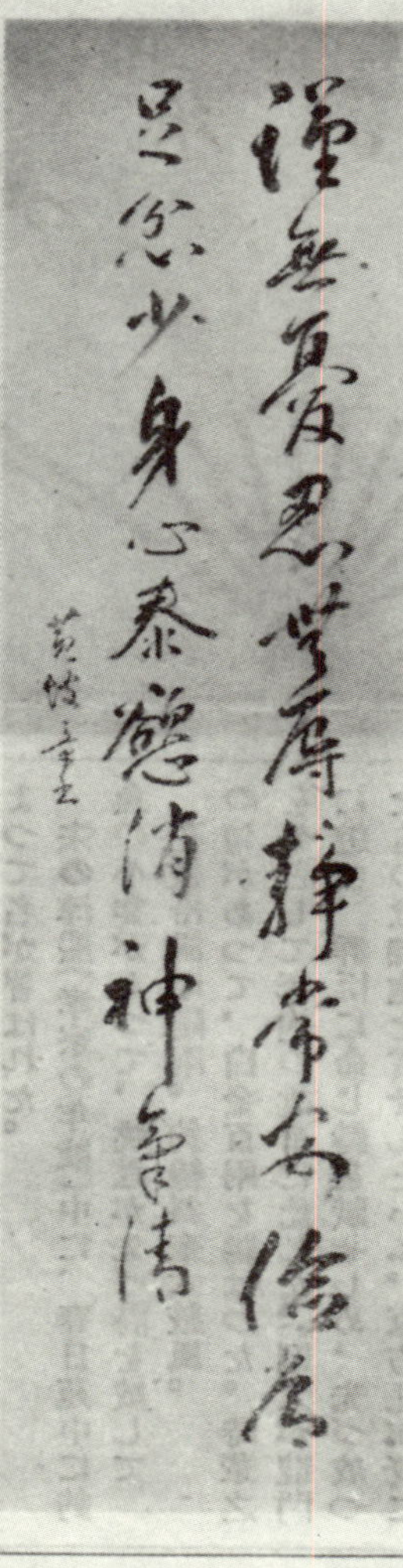

**子曰。中庸之爲德也。其至矣乎。民鮮久矣。**

**訓讀**　子曰く。中庸の德たる、それ至れるか、民、久しきことすくなし。

**解釋**　**中庸の守りにくいことを語られた章**であつて、**德行**の部に入るべきものである。

**中庸**は過不及の無く、また平常に行ふ所といふ意で、聖人の道の賢者も不肖者も依り行ふべくまた敢て高遠にして及び難いものでないところから之を道の名とし、また德の名ともして用ひられる。人々日常に行ふ所の人倫五常の道は敢て高きを希ふこともない、卑きを厭ふべきもないものである。而も人は却て其平凡を厭うて他の高尙なるものを望むのである。そこで夫子之を贊して「中庸の德は至れるものだ」といはれた。これ**中庸**に對して**至**といふて、語氣に妙味を持たしたものである下の一句は其至れる理由である。即ち「人が久しく之を守るものがない」といふのであつて、一見易い樣であつて而も守り難い、稱して至というても無理ではなからうといふわけである。恐らく人が其**中庸**といふ平板な所を厭ふものゝある所からかゝる語となつたものであらう。

**鮮久**の二字は、一般には「鮮きこと久し」とよまれて居るが、これは蔡節の「久しき鮮し」と讀んだのがよいのである。中庸の書にも此語があつて、それには「鮮能久」となつて居つて、これも「能く久しき鮮し」と讀むべきである。いや左樣に讀む方が字例に適するから此章もかく讀むべきだといへよう。

**子貢曰。如有博施於民而能濟衆何如。可謂仁乎。子曰。何事於仁。必也聖乎。堯舜其猶病諸。夫仁者己欲立而立人。己欲達而達人。能近取譬。可謂仁之方也已。**

**訓讀**　子貢曰く、もし博く民に施して而して能を衆をすくふあらばいかん、仁といふべきか。子曰、何ぞ仁を事とせん、必ずや聖か。堯舜もそれ猶ほこれを病まん。夫れ仁者はおのれ立たんと欲して而して人を立て、已れ達せんと欲して而して人を達す。よく近く譬を取るを仁の方といふべきのみ。

**解釋**　警誘の部に屬し、**仁につとむる方法を語られた章**である。**子貢**が「もし博く其民に恩惠を施し、民を患難からすくふ人があらば、いかゞなものでせうか、之を仁人といへまするか」と尋ねたのであつた。孔子の答へは「どうして仁人といふ事があらうか、これらは是非に聖人といふべきである。古の堯舜の至聖も猶ほ之をむつかしいとしたであらう。」其恩澤の博く衆民に及ぶといへばたやすいことではない、しかしてまた天子の位に居る人にしてできることである。子貢の企て及ぶ所ではない。また一般の諸侯天子といへども成し得ぬことであるから、かくいはれて、而る後に子貢のために**仁者の行**を述べられて、「仁者はおのれが位に立たんと欲する心あればまづ人を立たせ、己の上達をしようとするならばまづ人を達せしめるのである。すべて近く譬へを我身に取つて之を人に施すのを、仁のみちといふべきである」といはれたこの**方**は方法即ち仕方の意であつて、已を推して人に及ぼすといふのは恕の道であつて、恕は仁にいたる徑路であるから孔子はつねに之を以て門子に教へられるのである。

（第四十六稿）

昭和十六年十一月卅日（日曜日）　泊　園　第五十四號　（三）

# 京都の漢學大會

京都に於ける漢學大會は豫報の如く龍谷大學圖書館講堂にて十一月二日午前九時から開かれた。秋晴れの好天氣に圖書館へ訪れて行くと受付には係員學生多數が心持よく應接案内せられる。玄關左側の展觀室を一寸のぞいて見ると、同圖書館所藏の貴重古鈔本古刊本が陳列してある。宗立の學校であるから、佛教書の陳列かと思つたら、經史子集のもの計りであつた。なる程漢學大會だなと思ひ出した。悉達太子修道因緣の敦煌寫本に混一疆理歷代國都之圖の大掛圖、文明鈔本の論語義疏に朝鮮板の龍龕手鑑の世に名あるもの、古鈔本宋元板朝鮮本五山本活字本と寫字臺舊藏の善本が網羅されてあり、又一區には藤塚博士の講演參考の拓本書籍書牘を陳ねてあつたので眼福を喜んだ。

開會の號音で講堂に入り宮城遙拜默禱の後東大の高田博士の開會の辭から始まつた。東京都は固り上海臺灣などの諸大學諸研究所の學者達の平生の蘊蓄を吐露されるので誠に目も彩なる次第で、かくして支那に關する諸方面の研究が行はれてゐるのかと心强く思はれた。晝食の時間と小憩を除いて朝から夕迄七時間餘十六人の研究發表に思はず日を暮らしたが相當くたびれた事を東京文理大の諸橋博士の閉會の辭を聞いて感じたのであつた。時間がないので討論は會場で行はれなかつたが、若し行はれたら光彩陸離たるものだつたらう。京都帝大の傅芸子先生の支那語での發表は吉川東方文化研究所研究員の通譯付きであつたが、從來の學會に罕に見る所で、愈々東亞共榮圏學會に近づいてゐるの感を深くした。發表の次第を左に移して示さう。貰つた次第書以外に發表が增加されたし、講題が變更されたのもあつて、多少の誤記があるかも知れない。

午前之部

開會の辭　漢學會評議員長　高田　眞治
王允の祖先祭祀觀　國民精神文化研究所　守屋美都雄
水滸傳に於ける構成　東方文化研究所　入矢　義高
魏晋南北朝時代の繪畫に於ける勸戒主義の消長　東方文化學院　米澤　嘉圃
支那文藝の通俗化に就いて　立命館大學　高倉　克己
禮法分化說に對する試論　東亞同文書院大學　齋伯　守
孫子に就いて　臺北帝國大學　大濱　皓
譬喩に就いて　東京帝國大學　竹田　復

午後之部

挨拶　龍谷大學長　足利　瑞義
世界觀と國家觀　神宮皇學館大學　高橋　峻
晉書忠義列傳　東方文化學院　板野　長八
北魏天安元年造塔銘に就いて　慶應義塾大學　西川　寧
人性論　東洋政治學會　濱　薰明
西夏文の外典　龍谷大學　石濱純太郎
唐代に於ける天竺曆法の輸入　東方文化研究所　藪內　清
明沈榜宛署雜記之發見　京都帝國大學　傅　芸子
通譯　東方文化研究所　吉川幸次郎
八紘爲宇と儒教　龍谷大學　本田　成之
海東金石苑の成立過程に就いて　大東文化學院　藤塚　鄰
閉會の辭　斯文會研究部長　諸橋　轍次

## 弔越智明卿文

維辛巳十一月仲三夜明卿之訃至明旦奔而哭于其位越仲六舉葬儀於正氣書院商業學校章也交匪他又長于泊園乃拈香而告其靈曰

嗚呼明卿死矣乎誰其相唐惟其在泊園朝夕維彊才素英達識亦高明尤詳古義更馳文名躐越先輩紀綱後生旣去歸和敎遠大張正氣命塾商業創贊及門千數化施四方明卿死矣誰其相唐嗚呼哀哉窃顧明卿命也雖盡其人何亡著書千百燦然有光遺篇幾千斐然成章編叙之務前日囑章我父兄墓明卿實銘明卿之業章豈不彰既有其實共名豈喪其實何苦英達高明千里之驥其骨亦香黃華晩節千歲當芳嗚呼命也雖盡其人何亡明卿亦可以瞑乃奠以一詩曰

命哉七十五年終。
嘗使先師唳道東。
無奈古都冬寂寞。
菊籬霜冷夜來風。

—（黃坡先生稿）—

是等の發表は何れ後に報告集として出版されると聞いた。發表を聞きに集つた人々は實に三百人に近かつた樣に思はれた。發表は二十分程の限定であるとかだが、中々に延びて終つたのは六時頃だつたらう。それが終つてから有志の懇親會が矢尾政の樓上に催されたのである。

矢尾政は日曜の混雜であつたが、樓上の懇親會も中々の盛況であつた。控室へは同學の面々が漸次集つて、久濶を叙する舊友、欵語の溫かな師弟、學術を論ずる、時勢を慨すると云ふ大變な賑かさである。時至つて宴席が開かれたが何しろ百人近くの大勢だから、見渡し兼ねる。正面には龍大の本田博士が福島教授と向ひあひ、本田博士の左右は東大の高田博士東京文理大の諸橋博士から大東文化學院の藤塚博士北京大學の山口博士東大の竹田教授京大の那波博士、それから福島教授の左右には京大名譽教授鈴木博士我が泊園書院の黃坡先生の背が見えてゐた。誠に我が漢學界の大同團結である。それで宴席が始まると、司會者の指名に從つて本田博士を初めとして斯界の長老連のテーブルスピーチは續々と行はれ、戰時色濃い簡素なる食事もそこのけの調子で、漢學大會も我國內のみでなく、いや世界共榮圏漢學大會を催さねばならぬ、東亞漢學大會へ邁進せねばならぬとの大氣焔に、誠に八紘一宇の意氣は擧つた。引續いて新進の諸君子も立上つたが、長老連に氣後れしたか遠慮したか稍々おとなしかつた。終りに竹田教授を經て鈴木豹軒老博士の掉尾を以て乾杯して盛會を了へた。後に尙ほ名殘り惜しげに快談がはづんでゐた樣であつた。

翌明治節には北白川なる東方文化研究所の善本展觀に集つた。晉に聞えた支那學研究の中心である。四部に涉つて善本が一室に陳列されてあつた。金刻藏經西夏文藏經の列んでゐたのは龍大への照應の意であらう。十時には講堂で吉川研究員の同所に於ける經學文學研究情況の說明があつた。松本所長の挨拶に續いて吉川氏は登壇して先づ十三經注疏定本作製の方法を說明し、目下行はれてゐる毛詩を例として詳細にその經過を述べられた。例は皆支那語音讀で行はれたのである。次いで元典辭典編纂は同氏自度の曲文によつて說明された。これには皆驚嘆した。同氏の才學は一世に名高いが、辭典編纂の經緯を一篇の曲文として示されたるは學識才藻の豐富に驚かなかつたものはあるまいと思はれる。我國の支那學界多士濟々とは云へ古今希れに見る所と窃に敬服して瞠目したものであつた。そこで同講堂に展觀された研究經過說明の資料を拜見して同所を辭した。

これより先き本派本願寺に於ては龍谷大學が漢學大會を贊助するを聞かれて、研究發表者及び大會委員連を慰勞せんと、三日正午飛雲閣を特に開いて接待せられたのであつた。招かれて集つた諸賢は豐太閤遺愛の室々を丁寧に拜觀して後、茶席にて御接待を辱くした本多執行長の挨拶に諸橋斯文會研究部長應へられた。かくて引出物の招賢帖を贈られ、尙ほ庭內を拜觀して引き擧げたのである。西本願寺の御好意は感謝の外ない。

これで京都の漢學大會は終了したが、大阪每日新聞社京都支局は之を機として、三日夜大每會館で東亞文化昂揚講演會を開催した。東西兩京の碩學をこの機に聘しての催しは誠に意義有りと認められた。不幸にして已むを得ざる要用で參聽し得なかつたので詳細を知り得ないが、滿堂の聽衆に多大の感銘を與へたとの事を漏れ聞いた。講演題目は左の通りであつた。

一、我等と儒教　東京文理大　諸橋博士
一、儒教と日本道德　龍谷大學　本田博士
一、古典の生命　東京帝大　高田博士
一、東洋思想の精華　京都帝大　那波博士

（甘蔆）

## 三惜書屋初稿

### 隱岐雜吟

仙蹤遙拜夏初天。別府灣東樹帶烟。御什長留千古恨。斷腸今夜怕聞鵑。舟上拜元弘帝行宮趾　宮趾在別府邑東小丘上。遙認綠樹一叢耳。帝在行宮。詠曰那計婆幾久、幾計婆美耶古沱、古比志幾玾、古能佐土伊泥輿、耶末保土々岐す。

仙蹤遙かに拜す夏初の天。別府灣東、樹烟を帶ぶ。御什長く留む千古の恨。斷腸、今夜鵑を聞くを怕る。

「語釋」〇仙蹤　逆臣高時畏くも後醍醐天皇を隱岐に遷し奉れり、時に元弘二年なり。〇御什　天皇の御作なり「なけばきくきけばみやこのこひしきにこのさといでよやまほとゝぎす」と天皇の御心中拜察するだに畏し、御作を憶ひ出でゝ轉た斷腸の思あるに、今夜もしも杜鵑の聲を聞かんかと危惧の念にたへず

同

每日此地意悽々。說道二皇駕狩西。客夢驚醒方半夜。不聞杜宇聽梟啼。

此の地に來る每に意悽々。說くならく二皇の駕して西に狩したまふと。客夢驚き醒むれば方に半夜、杜宇を聞かず梟啼を聽く

「語釋」〇說道　說くところによると、〇二皇　後鳥羽天皇と後醍醐帝と。〇駕狩西　車駕出て巡守し給ふ、實は都を出でられ給へりの意〇不聞杜宇聽梟啼　夜半ハッと目醒めて枕を側たてれば杜鵑の聲ならぬ梟の聲を聽いた。

同

連海青嵐幕未開。晴光亦免催客愁。繞軒禽鳥皆吟友。最謝鶯兒日々來。松濤館聽鶯

海に連る青嵐、幕未だ開かず。晴光亦た客愁を催すを免る。軒を繞る禽鳥皆吟友。最も謝す鶯兒の日々に來るを。

「語釋」〇幕未開　もやを幕にたとへたり。

江樓春望探韵得冬

蟹洲春到綠溶々。一水橫流一水縱。吟望新加天守閣。落霞粉壁舊時容。

蟹洲、春到つて綠溶々たり。一水は橫流し一水は縱。吟望新に加ふ天守閣。落霞粉壁舊時の容。

「語釋」〇蟹洲　築地の濱にて大川はたてに西へ流れ、橫堀は南へ橫に流る〇落霞粉壁低くたゞよふ霞に聳立つ白壁の天守閣。

拜大廟恭賦

風雨昨朝澆寢園。牢晴天氣是天恩。五鈴水綠清如玉。廟貌儼然萬古尊。

風雨昨朝、寢園に澆ぐ。牢晴の天氣是れ天恩。五鈴、水綠にして清き事玉の如し。廟貌儼然として萬古尊し。

「語釋」〇寢園　みさゝぎ、此處は大廟の御苑をいふ。〇牢晴　カラリとよく晴れた天氣〇五鈴　五鈴川。〇廟貌儼然　所謂宮柱太しく建てる樣なり。

野寺殘陽

梵磬無聲僧院閑。門關雖鎖鳥知還。竹疎猶未遮殘照。影在杜鵑花上殷。

梵磬、磬無くして僧院閑なり。門關鎖すと雖も鳥還ることを知る。竹疎にして猶未だ殘照を遮らず。影は杜鵑花上に在つて殷し

「語釋」〇鳥知還　野寺人なくして鳥は自ら森にかへれり。〇影在杜鵑花上殷　夕陽の影あかくサツキの花に映れり。

詣天野山拜行宮遺趾有感

來拜遺宮感更多。當年瑣尾果如何。仰觀拂涙前山色。松翠千秋不改柯。

來つて遺宮を拜して感更に多し。當年の瑣尾果して如何。仰ぎ觀て涙を拂ふ前山の色松翠千秋柯を改めず。

「語釋」〇天野山　南河内郡天野山金剛寺〇當年瑣尾　當時の朝廷の御難儀の樣、詩經に瑣兮尾兮云々とあり。〇不改柯　千年の松ひとりその姿を改めず

宿金剛寺偶成

講兵來宿金剛寺。夜氣清冷睡自閑。數杵鐘聲天尚早。又牽殘夢入南山。

兵を講じて來り宿す金剛寺。夜氣清冷にして睡自ら閑なり。數杵の鐘聲天尚ほ早し。又殘夢を牽いて南山に入る。

「語釋」〇數杵鐘聲天尚早　ふと眼覺めて聽く鐘聲未だ數少くて曉早し、またうと〳〵と夢路を辿る〇入南山　南朝を夢む。

遊寧樂

宿雨將晴氣自清。來尋寧樂舊皇京。名園巨刹秋方老。紅葉白雲千古情。

宿雨將に晴れんとして氣自ら清し。來り尋ぬ寧樂舊皇京。名園巨刹、秋方に老たり。紅葉白雲、千古の情。

## 泊園記事

◎十一月九日　釋典擧行

別項の如く泊園書院の釋典は明誠舍に於て行はれたり。

## 會員消息

◎越智宣哲氏　十一月十三日逝去さる。

## 會費御拂込に就き謹告

昭和十六年度　泊園會々費

金參圓也　別紙振替大阪七八七四九番

右會費御未拂の方は別紙用紙御利用の上御拂込御願申上候

會員諸兄　泊園會理事

## 釋典

昭和十四年の再興以來三回目の秋の釋典は去る十一月九日泊園書院に隣接する心學明誠舍に於て執り行はれた。定刻一時式は高津神社神官の司祭によりて開始、式次のまゝに滯りなく終了、儼かにもゆかしい盛儀であつた。黃坡夫子は「有能一日用其力於仁者矣乎我未見力不足者」—論語里仁篇—の一節を掲げて仁の本義とその爲し易き所以とを說かれ轉じて緊迫せる時局下一觸即發の際に處しての皇國民としての仁の見方につきて考へられ己を善處する事が尤も肝要であるとせられ更に帝國の使命達成には我等も斯道を以て大に皇國民の錬成に力を致さんと結ばれ一同は感銘殊に深いものがあつた。

（石崎記）

辛巳十月廿六日逍遙游社例會席上栢梁体聯句　於高津宮參集所

南郊散策伴詩曹。明山
更向溪山吟屐勞。東明
天高秋色滿吟袍。壺山
轟々銀翼入雲翺。甲岳
山店命杯醉陶々。余洲
酒力加時意氣豪。松峰
我誇詞鋒銳如刀。雲洞
只須乘興揮兎毫。沙鷗
獨託詩情廿二毛。杏坡
僧護聖火夜焚膏。樂窩
葛城嶺頭新月高。木洲
鶴鳴仍舊在九皐。黃坡

## 第八回泊園會總會々計報告

一金貳千六百六拾八圓六拾八錢也　基本金及前期繰越金
一金參百參拾參圓也　會費壹百拾壹口收入
一金六圓也　同窓會入金
一金四拾五圓五拾五錢也　預金利息
一金六拾四圓也　第七回懇親會入金

**收入合計金參千壹百拾六圓八拾參錢也**

一金貳百圓也　泊園誌補助金
一金參圓貳拾四錢也　會費取立集金郵便料
一金壹百圓也　藤澤家御不吉香料
一金五拾圓也　表彰奉告祭費出金
一金壹百貳圓拾貳錢也　第七回總會費
一金六圓也　藤澤先生へ菓子料

**支出合計金四百六拾壹圓參拾六錢也**

◎**差引殘高金貳千六百五拾五圓四拾七錢也**

內譯金貳千五百貳拾九圓拾七錢也　泊園會基本金
金壹百貳拾六圓參拾錢也　後期繰越金

泊園會幹事　會計　松浦拾吉　庶務　安達龜造

## 泊園同窓會々計報告（自昭和十五年十月十日 至同十六年十一月十九日）

| | | | | |
|---|---|---|---|---|
| （收入） | 前期繰越高 | 132.66 | 常費拂込 166口 | 244.00 |
| | 寄附 11口 | 113.00 | 利息 | 3.62 |
| | 振替貯金規則改正ニ依ル基本金拂戻金 | | | 5.00 |
| | | | 合計金 | 498.28 |
| （支出） | 泊園誌社出資金 | 250.00 | 寫眞 9葉 | 11.00 |
| | | | 書留料 | 1.50 |
| | 香奠 2口 | 60.00 | 通信費 | 2.57 |
| | 振替手數料 | .10 | 合計金 | 325.17 |
| | | | 差引後期繰越金 | 173.11 |

## 泊園誌社事業報告（同期）

| | | | | |
|---|---|---|---|---|
| （收入） | 前期繰越高 | 26.25 | 泊園會補助金 | 250.00 |
| | 同窓會出資金 | 250.00 | 合計金 | 526.25 |
| （支出） | 泊園誌代 6回 | 205.00 | 郵送料 | 122.10 |
| | 寫眞版代 | 24.70 | 帶封紙及書料 | 26.40 |
| | 編輯雜費印刷消耗品代 | 31.34 | 表彰奉告祭費 | 77.75 |
| | | | 合計金 | 487.29 |
| | | | 差引後期繰越金 | 38.96 |

昭和十七年一月卅一日(土曜日)　泊園　第五十五號　(一)

# 泊園

新田長三氏　松田キミ氏
常費二圓(二ヶ年分)
竹田津永安氏　金田直一氏　橘秀一氏
谷田淸藏氏　高垣良藏氏

昭和十七年一月元日印刷(隔月一回不定期發行)
昭和十七年一月三日發行　—(非賣品)—
編輯兼發行人　大阪市南區大寶寺町中之町二番地　的場信太郎
印刷所　大阪市西區新町南通五丁目　林泰進堂
發行所　大阪市南區竹屋町九番地(泊園書院內)　泊園誌社
振替大阪一三八三九(泊園書院)電南六八二七

## 大東亞戰爭と漢學

蔣僞府の支那を亂して玆に六年、遂に大東亞戰爭は開かれた。頑冥不靈にして反省するを知らざる僞府は虎狼の米英を恃んで以て王師に尙ほ抗せんとし、飽くなき我慾の醜虜は頑愚の潜府を操つて以て、皇國を再たび壓せんとする。天命を敬重するを知らざる彼等に何の勝利があらう。敗殘は必ず至る。

醜虜の爪牙たる香港マニラは一瞬にして拔き取られた。鬼面して人に傲れる艦隊は痕を留めてはゐないのである。百年東亞を蠶食し來れる醜虜は今や僞府と共に東亞の天地を去らなければならないのだ。御稜威の下陸海空の將士の忠勇義烈によつて大東亞は回復して來るのである。蔣僞府のみの問題ではない。

大東亞戰爭は正に不朽の大盛業であるが、支那聖戰の完遂である。大東亞戰爭如何に華々敷ともこれを忘れてはならない。東亞の新秩序は日滿支を中心とするものである。支那民族の新秩序が完遂せない以上は東亞を如何にせんや。米英を淸掃するも東亞の爲め支那の爲めである。

米英を東亞より追放する爲めに戰場は諸方に進展するであらう。進展すればする程支那の確立が要求されるのである。大東亞の名に眩惑されてはならない。大東亞中の要地は支那なんだ。今に於て支那研究の重要さを再び確認しなくてはならないのだ。

大東亞は廣い。我國は大東亞の指導者たらなければならないから、大東亞全部の研究の中心とならねばならない。大東亞諸方の學術研究は急速に躍進せねばならない。廣い大東亞の研究は中々大變である。然し新しい方面に眩惑せられて、最も重要なる支那を遺しては後悔するとも及ばぬ事になる。

支那の文化は古く長く且つ廣い。大東亞の文化は最も支那が重要なる位置に居るのである。支那の古は勢威今の大東亞の過半に及んでゐた。南洋方面に於ての華僑を見てもそれに諒解されるであらう。華僑が西洋諸國の影響下に在つた點のみを見て之を云爲するならば近眼者流である。支那民族の發展として之を看なければ分らない。西洋領地に住んでゐても華人の僑客なのである。これを以てしても支那文化研究を忘れては大東亞研究とはならないのである。

支那事變は大東亞戰爭となつた。そうして大東亞戰爭は歐洲大戰と關聯して世界大戰なのである。我國は是に於て廣く世界全部を研究して居らねばならないのである。世界に於ける何事をも油斷なく知悉せねばならない。あらゆる科學を悉くすと同時に、あらゆる文化を知らねばならない。たゞそれだと云つて最も古くして最も重要なる支那研究を忘れ逸する樣になつてはいけない。世界大戰も我國にとつては東亞が中心なんだ東亞學の焦點は漢學に在る事を官民共に銘記して居なければならないのである。

皇紀二千六百有二年の新年は正に第二の肇國とも第二の維新とも思はねばならない。東亞新秩序の共存共榮の大理想は多難多苦の路を經て達成せられるのだ。御稜威の下忠勇なる我軍は頑愚の醜虜を追放するも遠くはあるまい。我國は八紘を宇となし、萬國をして各々其處を得せしめなければならない。この天の下せる重任を我國各界の人士はこの年頭に於て確認し、各々其職域に於て努力すべきを誓ひ、大盛業の翼贊を固く決心すべきである。我等は漢學昌明なる重要なる焦點職域にあるを以て特にこの感を深くするものである。

(白水生)

### 院日課表

| 月 | 火 | 水 |
|---|---|---|
| [illegible] | 春秋左氏傳 | 休 |
| [illegible] | 分類詩選　十八史略 | |
| [illegible] | 禮記　杜甫詩集 | |

| 金 | 土 | 日 |
|---|---|---|
| [illegible] | 陶淵明詩集 | 第一、第三、午前七時廿分　尙德會　荀子 |
| [illegible] | 午後三時　古詩源 | 每月第一日第二四五日曜　祭日　休會 |
| 說文(先生) | | |

## 說詩樂趣(36)

效尤生

劉沆は氣槩を以て自守して居た。嘗て牡丹の句に

三月內方有。百花中更無。

といひ、又述懐詩に

羊狼狼貪自合レ羞。三尺太阿星斗煥。何時去取魏齊頭。

と、太阿は劍の名。魏齊は戰國の時に魏の相であつて、范雎を辱かしめ、後日雎が秦の相となつた時に魏の使須賈に「速に魏齊の頭を持ち來れ」と命じたのがそれである。皇祐宗仁の初に豫章の郡守となつた、漕運使潘夙が小孤山の四十字の詩を公に示した、公即席に之に和していふ(小孤山は安徽宿松縣の東、江西彭澤縣の北の大江中にあつて、江心に兀峙し風景絶勝で江中の要扼である)。

擎天有二八柱一。此柱一焉存。石聳千尋勢。波流四面痕。江湖中作レ鎭。風浪裡蟠レ根。平地安然者。饒他五嶽尊。

と、觀る者皆宰相の器だと思つた。

李昇(南唐の先主)の竹の詩に

棲レ鳳枝梢猶軟弱　化レ龍形狀已依稀。

とあり。唐の宣宗(初め諸王であつて光王に封ぜらる)の瀑布の詩に

溪澗豈能留得住。終歸二大海一作二波濤。

とある。王覇の意氣がある。

唐子方(名介)官を謫せられ、淮を渡る、中流にして風おこり。舟も覆らんとした時

聖宋非二狂楚一。淸淮異二泊羅一。平生仗二忠信一。今日任二風波一。

と詠じた。日暮に舟が岸に泊した時

舟楫顚危甚。蛟龍出沒多。斜陽幸無事。沽レ酒聽二漁歌一

と續けた、眞詩諂なく、鬼神を格すべきものといへる。

白樂天の杭洲に知事となつて居つた時、江東の擧子等が皆杭へ來て進士の試を志願した。張祜自ら詩名を負み、徐凝も亦來て居る。郡中で薦集した。樂天が二子に諷して互に自ら贊せしめた。祜曰ふ、僕は解首(試驗の首位)となるべきだ、と凝曰ふ、いかなる佳句あるか。と祜曰ふ、甘露寺の詩に

日月光先ッ到　山河勢盡ク來。

の句あり、金山寺の詩に

樹影中流ニ見エ。鐘聲兩岸ニ聞ユ。

といへる佳なずやと、凝曰ふ、善といへば善いが、されど拙者の瀑布の詩には及ばぬ、曰

千古長ク如二白練ノ飛一カ　一條界破ス青山色。

と祜愕然として、一座も皆服した。

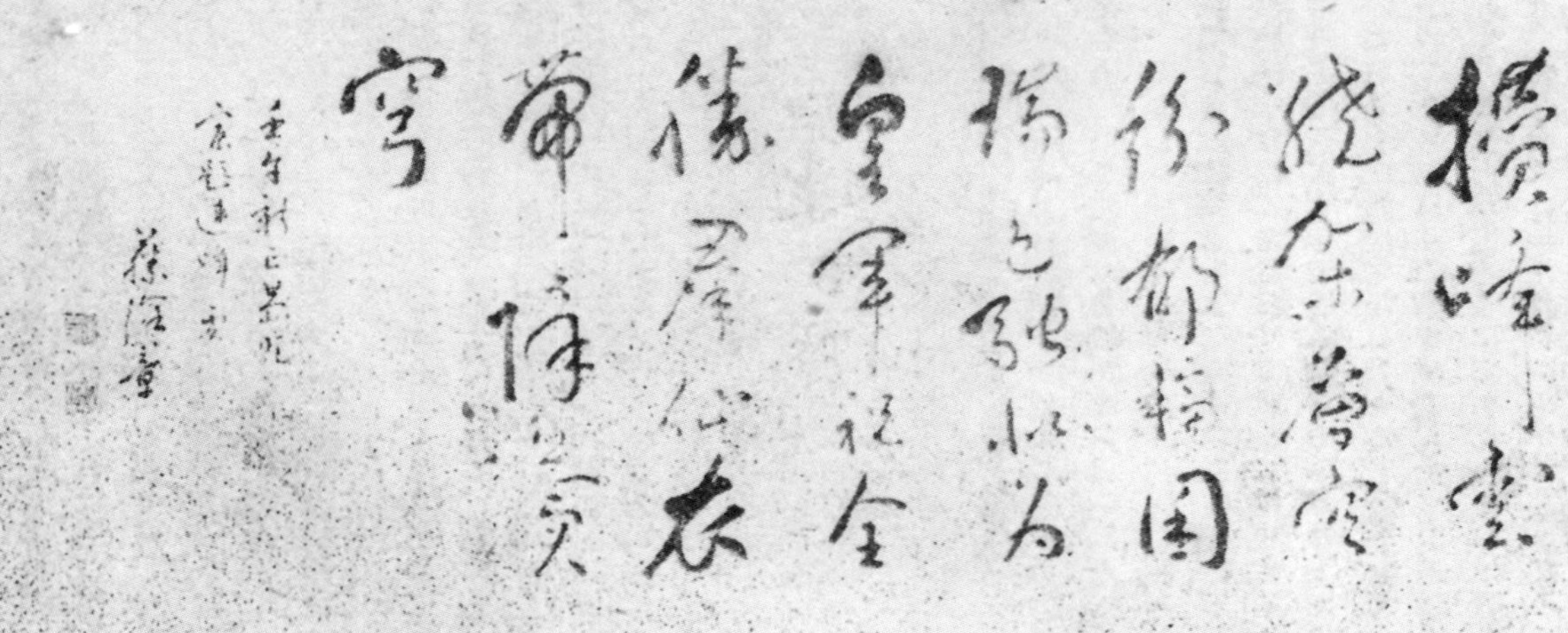

虎生三日便窺レ牛。獵食寧能掉レ尾求。若不下去登二黄閣一貴上　便須下來伴二赤松一遊上　奴顏婢舌誠堪レ耻

### 壬午元旦口占

黄坡

元正雨滌舊烟塵
先祝太平洋上春
摧米攘英蘭亦屈
亞東天地與年新

泊園誌社同人

三原靜美　石崎太郎　岡本勝治郎

泊園同窓會

寺田英一郎　安達龜造

# 論語講義

黄坡先生述

## 述而第七

子曰、述而不ㇾ作。信而好ㇾ古。竊比二於我老彭一。

**訓讀** 子曰く。述べて而して作らず、信じて而して古を好む、竊かにわが老彭に比す

**解釋** 孔子が**自己のことを告げて人を導いた語**で。**教學**に屬するものである。**述**は舊來のものを傳へること、**作**は創始すること。即ち孔子は、深く古の道を信好して、古聖人の道に率ひ由つて之を傳述するのみであつて、己れの見を立てゝ創始する所はないといはれたもので、祖述憲章といはれてあるものである。**老彭**は殷の賢大夫である、大戴禮に仲傀と並べ擧げられてある。或は老聃彭祖の二人だといふ鄭玄の説もあるが、これは一人と見る方が穩かであらう。孔子は自らこの老彭に比べて居るといはれたのである。そこで**物子**は上句の八字は蓋し老彭の行うた事であつて古に老彭を稱した語であらうと説かれた、さう見れば文意がよく通る。**竊比**とあるは彼を尊ぶ語氣であつて**我**は之を親んだ意である。

支那にあつても我國にあつても**道**に古今の別はない。皇祖皇宗の遺訓であり、しかも古今に通じ中外に施して謬らず悖らぬものである、人の相依り相助け、また相愛し相親しむべきことは、いづれの世にも變りはない。今日英米の徒が他の種族を劣等視したり、或は人を危うくして自ら免れやうなどの行は、いつの時にも可とはいはぬのである。ただ時世の推移と智能の發達とによつて其活用の形式が變ることがあつても、本根には異る所はないこの時世に適應せしめて道を作用あらしめること即ち傳述の法である。しかるに或は古道を守るに足らぬもの〻様に考へ、世の教を舊陋として、自ら新意を以て説を立て、楊朱墨翟、荀卿韓非、商鞅老荘の類の如きものが發生する、これ亦東西古今に同轍の事であるがしかも弊の之に伴ない、又は世を陷害せぬものは少いのである。孔子の意は誠に周密なものがある。

我老彭の我字が於の上にある本があつて**比我於老彭**となつてある。これがよいといふ學者もあるが、姑く現行本に從つてよからう。

子曰。默而識ㇾ之。學而不ㇾ厭。誨ㇾ人不ㇾ倦。何有二於我一哉

**訓讀** 子曰く。默して而して之を識り、學んで而して厭はず、人を誨へて倦まず、我に何かあらんや。

**解釋** 此章も**教學**に屬し、章の主意は**教學して自ら勵めば力を費すことはない**といはれたのである。**默而識之**は不言の間に會得すること、書を讀み教を聞きなどする中に自然と自分の心の中に悟り得ることがあるものである、これ自習の境遇である。次には他から學んで取ること篤くして厭く所がない。次には他人を教誨して倦むことない。これ自分の内面から次第に他に及ぶ狀態である。**識**は記と見ぬ方がよい。

さて其下の**何有於我哉**の句について古來色々の解が施されてゐるが、これは**自分の骨が折れぬ**といふ意味である。**何有**の字は左傳國語其他の此頃の書中に澤山あるが、すべて何と有との間に**一字を省かれてあつて**、たとへば、何の勞か有らん、何の難きか有らん、何の恐るゝことあらん等の意となることが多いのである。こゝでは何の勞あらん、何の難きあらんの意と見ればよいのであつて、一向むつかしうないといふことになる論語中子罕篇に同じ句があり、爲國乎何有。於從政乎何有とある皆同じ。されば孔子が此上の三件を自分は難いと思はぬといはれたものと解すればよいのだが。何となく物足らぬ感があるので**物子**は「我とは學者のために我といふたものだ」と説いて、學者が自ら習ふこと久しきときは自然に默識する所が出來る、默して識るときは好み、好めば學んで厭はぬ、厭はねば樂む、樂めば人を教へて倦まぬ、この三つは相因つて生じて、少しも我が力を要せぬ、それ故に我に何かあらんといはれたのだ。と説いてある。少し巧に過ぎる様だが、この三句が、次第に進んだ境遇にあるのを見れば此説も面白いと思ふ。

今參考のために古人の解をこゝに陳述して置かう、即ち**鄭註**には「この行なし、我に於て獨り之あり」と説いて居るから、此句の上に人字を加へて見て、且つ「何ぞ我に於けるあらん」と讀むのである。迂回の説といふべく。**朱熹**は「何者が能く我にあらんや」と之が無いというて謙遜せられたものといふのである。しかし「之を爲して厭はず、人を誨へて倦まざるは云爾といふべきのみ」と公西華に告げ「我は學んで厭はず、教へて倦まざるなり」と子貢に答へて居られるのが、こゝにのみこれを以て謙するとはいへぬ。**語類**には「我の人となりは此の如きに過ぎぬ、此三者を除く外は何者か能く我にあらん」といふ意と説いた、これは「此外に」といふ語を添へねばならぬことになる。又「此の三者は人々之を能くする何ぞ我にありといふに足らんやと説くものもあるが、皆「何有」の二字に前述の如き用例があるといふことを考へないで字の通りに何もないと解するために明瞭を欠いで居るのである。

子曰。徳之不ㇾ脩。學之不ㇾ講。聞ㇾ義不ㇾ能ㇾ徙。不善不ㇾ能ㇾ改。是吾憂也。

**訓讀** 子曰く。徳をこれ脩めず、學をこれ講ぜず、義を聞いてうつる能はず、不善、改むる能はざる、これわが憂なり。

**解釋** これも**教學**に屬して、**子弟の修講の出來ないことを憂**ひられた章である。此章は**古註**に夫子常に此の四者を以て憂とせられたと解き、**朱子**も聖人も猶ほ憂ふ、況んや學者をやといつて居る。しかし目を轉じてこの四件を察するに、德を脩めない、學を習はないといふも、義なるを聞いて之に移り趨く能はぬ不善を改める能はぬなども、之を孔子自家反省の條目としてはあまりに卑淺ではないか更に**患といはずして憂**といひ、また自分に己の修養について**德**といふなど、甚だしく不穩當である。そこで**物子**はこれは孔子が門人の是の如きものあらんかと憂ひたのである、天下を憂ひずして門人を憂ひること、これ夫子の知命の語であるといふのである。この説が穩當である。孔子進んで東周を爲さんとして能はず、故に退いて子弟を教へ、其の憂とするところ此の如きものであつた。これ**知命の語**といふ所以である。

子之燕居。申々如也。夭々如也。

**訓讀** 子の燕居、申々如たり、夭々如だり

**解釋** **動止**に關する章で、孔子の**燕居の容貌**を記した章である。**燕**は或は宴とも書いて「やすんず」と訓する、朝廷から退いて居るのを**燕居**といふ。家に居られる場合である。**申々**は整敕の貌と解いてあつて、敬意つゝしみのある様子、**夭々**は和き舒かなる様子。先づ申々といひ次に夭々というて孔子のつゝしみのある中にのどかな所のあるといふ容貌をいうたのである。**古註**には申々夭々を共に和舒貌と説き、**朱子**はまた容と色とに分けて説かれたが共に據りどころのないものである。

—第四十七講—

常費一圓(各通)

尾崎正信氏 島田良天氏 西野捷平氏 門脇才藏氏 加藤和美氏 植野德太郎氏 伊串徹仙氏 西田幾太郎氏 岡田八右衞門氏

多紀仁之助氏 辻村龍夫氏 佐藤壽宏氏 細田美三郎氏 松本喜代子氏 藤本木田氏 清海清氏 渡邊肇氏 片山太門氏 三崎要一氏 田中楢治郎氏 杉村正太郎氏

多田てい氏 小菅時子氏 六條照傳氏 三宅太郎氏 寺田英一郎氏 香川正平氏 松浦捨吉氏 森下博氏 福田三次氏 喜多島鮮象氏 佐藤寛九郎氏 田中藤太郎氏

岡本勝治郎氏 清水音三郎氏 金戸守氏 藤谷此藏氏 紀本尋治郎氏 濱田宗一氏 沖本三郎氏 西門孝治郎氏 中山潔氏 安達龜造氏 小松原謙三氏 飯田武[illegible]氏

伊串徹仙氏　西田幾太郎氏　岡田八右衛門氏
石黒景文氏　岡村蓉二郎氏　阿部茂七氏
赤塚善助氏　幣原坦氏　殿村たけ氏
岩崎清平氏　奥田正太郎氏　藤原九太夫氏
三崎要一氏　田中楢治郎氏　杉村正太郎氏
高橋秀林氏　渡邊庸氏　島田喜十郎氏
仙波久榮氏　古谷熊三氏　鎌田春雄氏
岡本美三氏　住友與五郎氏　熊澤猪之助氏
喜多島鮮象氏　佐藤寛九郎氏　田中藤太郎氏
櫻井雲洞氏　栗谷喜八氏　林寅次郎氏
山本九兵衛氏　西門岩松氏　早川忠次郎氏
平井幸吉氏　近藤多三郎氏　石濱純太郎氏
安達龜造氏　小松原謙三氏　飯田武雄氏
木村久治郎氏　平泉豊三郎氏　村上正一氏
廣田鼎三氏　辻蒼石氏　石崎太郎氏
山恵知氏　門脇禎次郎氏　市川紂三郎氏

# 好治間事室藏書記

魚石

## 禪餘集　一冊

凌雲祖秀の詩集で、律絕を合して百三十七首を載せてゐる。本文二十一葉、序跋各々一葉、毎半葉十行、行二十字の寫本である。終りに「乙丑花朝　春飄河野克拜批」とあり、圈點評語が間々ある。序跋を見ると凌雲の事は分る

禪餘集序　（不明）

我皇國詩盟　皆以盛唐爲宗、故詩之有唐、猶學者之有孔孟、欲學聖人而外孔孟、則皆謂之異端、故必不可不因是也。近世有稱善詩者、車載斗量、今試閱其詩、雖有驚人目者、大抵失風調、要之皆宋元之糟粕也。夫宋元之詩、亦孰不出盛唐者、今皆飮其流、而忘其源、豈非大謬哉。祖秀上人早有慨於此、欲矯固陋之弊、而宗盛唐也、汲々不倦、確乎不變、故平生所賦、皆溫麗秀淸。頃汎交諸友互成盟會、贈答唱酬、頻々不已、或春日探花、秋夜弄月或夏夕納涼、雪朝煮茶、所賦益多矣。因集壬癸兩年近體詩爲一卷、託序余、義不得辭、姑書所見而返之、庶幾欲使世之讀此詩者、慷慨改固陋之弊耳。祖秀號凌雲、紀州人、來寓江國禪寺者。

文久三癸亥孟冬廿又四日

岡田眞撰并書

［岡田辰印］［萬里氏］

乙の三顆の印は皆貼布したものであり、其書も手筆ではなからう。余の先輩故岡田秀夫學士の嫡孫で、岡田眞は鴨里先生の伯父に當る人。學殖の豐富意氣の軒昂なる點に於て夙に喧傳されたが僅に廿七才で歿したと「淡路之誇」下卷に出てゐる。

跋

吾方外之友凌雲師、名祖秀、南紀人也。往年以來遊吾地、寓江國精舍。禪學之暇、好能詩賦、自題其集、曰禪餘、凡一百餘篇。皆淸儁卓逸、巖々如孤松之獨立、蕩々如北海之不測、高雅出塵、秀麗脫俗、如飛隼盤旋于晴空、似芙蓉婷立于碧水、可賞可愛矣。余性愚惷、何能得窺其高深邪、聊書管言於卷尾。嗚呼、師才高學博、且富春秋、則其詩賦與年俱進、則其他日所造詣、未可知也。而凌雲之名、亦將不虛焉。是爲跋。文久三龍集癸亥冬十有一月。淡路竹窓居士大村純并書

この跋も手筆かどうか分らない。序の字と似てゐる様である。又この跋は刊本「竹窓遺稿」には凌雲集跋として掲載され、少しの異同がある。訂正されたのだらう。「曰禪餘」を「曰凌雲」になつてゐる所を見ると、或は凌雲集と改題して出版されたのかも知れない。大村純安は明治初年の淡路の動搖即ち德島藩制紛擾事件で死を賜はつた志士の一人である。純安の實弟鹿島秀麿代議士と余の先考とは何か交際があつた様である。

## 藤本鐵石先生薦場餘錄抄

（明治十二年五月十一日博物場）

○祭鐵石藤本君文　南岳藤澤恒

明治己卯爲鐵石藤本君十七年忌、其子彥衞與諸友謀、卜首夏仲一日、招魂祭之于浪華博物場、恒亦與焉、乃告其靈曰、

事固有見不可而止、有知不可成而不可不爲、大義所在、毫不可違、於是激昂奮發、或決生于一麾、果斷俊拔、或甘賊名于當時、惟夫君才秀識高、夙審事之甚危、然而彝倫之重、竭力不疑、維此文久、癸亥之歲廟議紛々、百事乖戾、外患方萠內將先潰廼決其志、乃定其計、投筆事戎、忠憤果銳、手旗一呼和者實繁、其謀其智何待余論、橫槊吟哦、風流自存、且文且武、人推其賢、兵力既盡、慨氣愈偉、單身奮挺直衝敵壘吾事畢矣、乃知含咲以死非楠廷尉之七生、則張睢陽厲鬼、委靡避難、此君所耻、傍人痛哀、實不知君志、唯在今時、不得不痛惜已、盖自君之死、皇室大成、十有七年、品物咸亨、君固勤王首唱、中興先鳴、假使生存、必同此榮何獨夙夜僅得追旌、謂之先時耶、謂之弄兵耶、嗚呼、今日之祭、令嗣王之　義故友朋、實助實輔、淸酌羞邊豆維敍、非由朝廷餘澤、亦何得有此擧、殽核有陳、醴酒有與、嗚呼尙饗、

## 息軒文稿　一冊

これは毎半葉九行、行二十字の寫本であるが、表紙がとれて、何と題してあつたか分らない。息軒の文稿だから、假りに余が題したのである。息軒が木下業廣に贈つたもので、業廣の書後がある。又冊中圏點をうつたり、批評したり、文字の意見なども書いてあるが皆業廣のものだ。この書後は「韡村遺稿」に出てるや否やを未だ檢索しないが、今左に移錄して置かう。息軒の文も一寸目錄を作つて置く。筆者は遠藤貞明と云ふ班竹山房の塾生であるが、其事を識してある識語は甚だ卑猥なので、わざと省く事とする。

目次



以上文十四篇

仲平書至、發函而獲此卷。喜極而心急、未及詳書所言、遽取卷、信手披之。偶見有夷服夷言夷正等文字、意謂是淸士東南地方官、若其朝紳學士、憂俗之變於夷、而所建議、與曾顏望・殷兆鏞諸人奏議、前後媲美、并傳於我者仲平近得而示之。意定而後自首一讀至尾、愀然有感於時事之變矣。往昔從仲平毅侯於文社之末、月次人各抱一篇言志、佐以杯酌、墨沱之花、高繩之月、莫非吾曹歌懽唉之地。當此時、百物豐饒、風俗華麗、未嘗有異服異言觸耳目。雖識者固知禍所伏、防之亦各有其道。毅侯長沙之流、先天下而痛哭流涕。仲平培養元氣、其文篤于人倫、本于忠孝、闇々多慈祥之氣。而今讀此卷、事多涉變故、借忠勇節烈之蹟、托其心腸、憤慨喑噁之聲、如雷出地中至於講學論治、亦剛直剴切、侃々不可犯也。譬之水、當其汪津渟滀、唯見其淵然不測而已。及値崖石之險、咆噴嘷騰、使人毛髮起立。于嗟三十年爲一世、十五年其半焉耳、曾幾何時、而使日南之文、勢迫於此者。天耶、抑人耶、其孰知之。頃者予以文乞教、仲平了寧誨告、又題卷尾、自言其衰、有餘喘無幾之語。而志氣益壯、如此、予未能信其言也。予也眞衰矣。牙落頰陷、肉脫顴起、暮氣衰颯、行履如病鶴。每思今使吾三人者、卒然遇於途、其待問爲誰、而後始賓一唉者、必予也。已矣哉不能復踏東海、與仲平毅侯把臂一堂。深夜瞑目、追想曩昔之歡、求辭氣容貌於髣髴、如得如失、久而漸還于其眞。是以尋常筆札、尙有神往來於其間、況其并精神言貌、悅然見之者乎。毅侯亦寄近著、責以友誼。二兄儒學、已負泰斗之望、其文章重於天下。豈其謂予可取亦求予言貌於將失也。則吾不敢辭、從而各謄寫一通、置之座上、時寓往來之心、且遺之子孫、使知交友誼、不必在才不才之間也。文久元年四月日辱交木下業廣謹識。

毅侯は鹽谷宕陰であらう。批評の文にも甚だ面白いものがあるが、それは又別の機會に傳存することゝしたい。余は亦息軒の文をその文集とも對校してみる暇がない。今はたゞ韡村の文を藏書記中に留めて置く事とした。

# 藤澤南岳と鐵兜

—草薙金四郎—

嘗て播州林田の勤皇儒者河野鐵兜と讃岐の志士との關係を調査するため大阪住吉に鐵兜の後裔である河野資基氏を訪ねた折、山積した資料中、はしなくも藤澤南岳から鐵兜に宛てた書狀があつた。その原文は——辱レ惠レ書。伏讀一遍。乃知二文候萬福一。欣慰々々。因想春來再接二華牘一。而未二曾報一。多罪々々」却說。拙荊妻病在レ牀者數月。終以二仲春望一死矣。於レ是。俗紛旁午雅思萎恭。是所三以久缺二問候之禮一也　伏惟憐而恕レ之」先生所レ寄冲堂書。早附レ郵。已達矣。渠若レ報。當急轉致二左右一」僕雅思已萎。然恐得二高明鞭激一。聊拾二春來所一レ得。以呈二左右一。燦正是祈。　不宣

藤澤恒拜

仲夏望

秀野河先生梧下

であるが、今意譯して見ると御手紙有り難うございました拜見して文運の御祝ひ申しますさても今春以來二度も御芳書を頂きながら未だ御返事を怠つてゐました多罪々々。さて愚妻數ケ月病床にあつたが去る二月十五日に死にました。そのため俗事が輻輳して雅心が萎れて御返書の答禮も出來なかつたのです御憐察を乞ふ。御芳書中の片山冲堂の書は御送りしましたからもう着いてゐるでせう。僕の如き雅懷萎靡してつまらぬものですが今春以來の粗作貴覽に供しますから御叱正を祈上げます。

仲夏望　藤澤恒

河野鐵兜先生

この尺牘は果して何時のものであらう。南岳の夫人の歿年が判れば自然明かとなるのだから大阪の藤澤家に御尋ねしたいと思つてゐる。

（讃岐藝林史話　15）

# 新雪庵漫筆

湯川丈亮

大壺君は既にオッセンドフスキの「動物人神々」は眞實なる記錄でなく、たゞ面白い冒險小說だと指摘して、彼の他の書もさう取扱へと注意してゐたが、「動物人神々」は改裝重刊されても神近女史は何等そんな事には氣がつかぬらしい。おまけに同じ生活社から「アジアの人と神祕」が大久保忠利氏の譯で出版され、同じ樣に實に「極めて特殊な地方を興味ある時代に於て、犀利な科學眼と特異な體驗と旺盛な體力意力の持主が稀有な經驗に逢著しつゝ踏破したところ」がこの紀行の最も特徵的な點であると賞めちぎり、「當今世界の注視が一齊にアジア內部に集中されつゝある際、各國各方面のアジア研究家が先づ以て氏の紀行に目を通すことを忘れない所以も此處に在る」などゝ迄譯者まへがきで書いてゐる。各國各方面のアジア研究家も迷惑な話である。どちらの本も飯島正氏から佛譯本を借りて參照したとあるから、どうやら飯島氏も「クラルテ」や「ヌウエルリテレエル」に出た批評も知られないらしい。さうすると各國各方面のアジア研究家の事は知らないが、我國の飯島さんや大久保さんやの樣なアジア研究家が先づ以て目を通す本らしい。どうも外國人にこれ等の譯本の序文は見せたくないものだ

吉原公平氏譯「蒙古文學ボゲドビダルマサヂ汗物語」の事も大壺君が書いてゐたが、同氏は又「蒙古シツディクール物語」を出刊してゐる。例により夥しく珍本の參考書を列記してあるが、新研究は更に出てゐない。結局はバスクとやらの古い英譯本の飜譯に過ぎないので、詳しい骨の折れたらしい註はあつても、大壺君の批評をこの書に再び當てたらいゝ。これも篋底深へ藏して置きたい本だ。

中田千畝氏著の「蒙古神話」は外務省東亞局長の序文がついてゐる。これもカアチンの著を主體として出來たものである。中々難しい參考書を夥しく列べてあるが、最も必要なものは見えない樣だ。そんな事はどうでもよい。面白い神話を國々で讀めるのは嬉しいが十數年來の眞摯なる研鑽の成果と局長さんが賞めるとどうかと思はれるのだ。それよりわしもチト骨折つて勉强しよう。眞摯な研究もしないでグヾグヾ云ふのは悪い。たゞ少し歲をとり過ぎて了つたのが遺憾だ

服部四郎さんの「現代語の研究と土耳古諸方言」を讀んだが、轉た感慨に堪えなかつたわしも東洋言語學に意を注いだのであつたが我國も東洋言語學をホントウに持つ樣になつたと嬉しい。ウラルアルタイ語に日本語が屬するとか屬せないとかの難しい問題があるので、早くから東洋言語學も喧しく云はれてゐたが、實際には本格の研究なんかは殆んど見られなかつた。いつ迄こんな事かしらん、わしはいろんな事情でそんな事に深入りも出來ず、脫線ばかりしてゐて濟まん事だつたが目の黒い間にどこかで其芽丈でも見て死にたいと願つてゐたのだつたが、モウ我國で外國にも負けない東洋言語學を見られる樣になつたのは喜ばしい次第だ服部さんや野村さんの論文を讀む度毎に氣が强くなる

「中國文學」の一月號を讀んでると、吉川さんの誤譯指摘が酷に過ぎると云ふのや、漢學研究法が訓詁文献學的過ぎると云ふ樣なのが目についた。どれも尤もな事と思ふ然しわしは近頃の支那學研究をさう何過ぎるとは思つてゐない。年のせいかも知れんが、舊來の研究法を脫却した論說が多くなり過ぎたので、又さう云ふのが流行し過ぎたので、少なからずお粗末になつたのでないかと大いに吉川さの指摘に敬意を表してゐる。かう云ふ指摘が出なければならん樣に感じられる。訓詁考證の積んだ上に達意の論說が出なければウソである。訓詁は難しいし、飜譯も難しい。論說も又難しい。人々得意の職域に精進して、そして平心に他の批評を取入れるべきだらう。わしは今訓詁專門に從事する人を少しほしい氣がしてゐる。

# 三惜書屋初稿

宴集類

與石仙醉翁及兄弟會飲翠濤園

人隨境地各超羣。一坐匪他話有文。春雨黃昏花影暗。小詩就處酒微醺。

人は境地に隨つて各々超羣一坐他に匪ず話に文あり。春雨黃昏、花影暗し。小詩就る處、酒微醺。

「語釋」○石仙は大城戸宗重氏、兄は黃鵠先生、弟は三崎黃圃氏、○人隨境地各超羣　それ〳〵の地位に各すぐれて居る

○匪他　詩經項辨篇に豈伊異人、兄弟匪他といへり

望烟亭雅集在高津祠畔

今日望烟亭上筵。楓紅橘綠小春天。千年文化聖皇德。發作同人錦繡篇。

今日望烟亭上の。筵楓紅橘綠、小春の天。千年の文化、聖皇の德。發して同人錦繡の篇と作る

「語釋」○望烟亭そのかみ仁德帝がたかきやに上りてみればけふりたつ、たみのかまどはにぎはひにけりと遊されたに因みての名、この亭は高津神社境內にあり。○小春陰曆十月をいふ、荊楚歲時記に十月天氣和暖如春故曰小春とあり○同人同志の人。

翠碧樓即吟以碧字爲韻

新樓望快哉。野趣浮茵席。花塢暮煙籠、柳塘春水隔。閑情借酒酣。遙嶺入詩碧。半日共淸遊悠然心適々。

新樓、望み快なる哉。野趣遙席に浮ぶ。花塢、暮煙籠め。柳塘、春水隔つ。閑情酒を借りて酣に。遙嶺詩に入りて碧なり。半日淸遊を共にす。悠然、心適々。

「語釋」○茵席　しきもの。○花塢、塢は小さい土手。○塘堤防。又方池を塢といふ。

檗山雨集

菟道山光這裏佳。烟霏空翠適閑懷。詩三昧是禪三昧。杜宇聲々雨滴階。

菟道の山光、這裏に佳なり。烟霏空翠、閑懷に適す。詩三昧は是れ禪三昧。杜宇聲々雨、階にしたゝる。

「語釋」○菟道　宇治なり、黃檗山での會集なり。○空翠　山木立の空に聳えて翠なる樣○三昧梵語にして專一靈寂なる義、又轉じて奧妙なる所を指していふ。

# 泊園

昭和十七年五月二三日印刷（隔月一回不定期發行）
昭和十七年五月廿七日發行 ―（非賣品）―
編輯兼發行人　布施市菱屋西三〇七　石崎太郎
印刷所　大阪市西區新町南通五丁目　林泰進堂
發行所　大阪市南區竹屋町九番地（泊園書院內）　泊園誌社
振替大阪一三八三九　泊園書院　電南六八二七

## 漢學は尙ほ必要

漢學の必要と云ふ事は何度も說いたし今更に繰返すこともない。現に世人の間にもさう云はれてゐる。又世間の事情を見ても益々必要となつてきたと思はれる。然るに何度でも云はなければならないかと思はれる様な事も起つてきてゐると思ふ。

例へば常用漢字の制定などがさうである。常用漢字は國民最低知識の限度を示してゐるので別に之を以てこれ以外の使用を禁ずると云ふのではない。せめてこれだけは知つて居れと云ふのである。現にあれ丈知つて居れば濟むかと云へば濟まない。それだから某の字が必要だ、某の字が見えないと云ふ批評が出てゐるのを見ても分らう。あれだけで是非濟ますんだと云へば文化の程度は下る。そんな事をえらい人達が考へてるのではない。あゝ云ふ考案もよいのでだから心有る人はよけいに漢學を勉强せねばならない。

大東亞戰爭となつてからは支那事變を忘れたかと思はれる様になつてゐる。中等學校の入學試驗に戰爭の相手國を聞かれて、重慶と答へに入れなかつたものが大分に有つたと新聞に出てゐた。これはヒヨツトすると大人に聞いても落すものがあらう。それが反映してゐるのだ。支那事變の極まる所が大東亞戰爭となつたので、支那事變處理の至る所がこゝだつたんだ。それに拘らず支那語はいらん、馬來語だ緬甸語だと流行に從つて仕舞つては困る。馬來語もよい、緬甸語もよいが、支那語をいらんではいけない。實用通譯の語學ばかりでない、其言語の載せてゐる文化をも忘れてはお仕舞である。流行を追ふ人は時局下必要のものと走る人は出來るから、漢學を守る人を保存しなければならない。新に皇風に靡く人々に我が國語を敎へるんだからむづかしいものは廢さうと云ふ人もある様だ。新歸服の民にやさしくして敎へるのは結構だが、それは向ふの爲めである。向ふの連中も少し上達すればミツシリむづかしいものを迄やらねばならないんだ。悠久なる歷史を持つ我が國體と我が精神は速成では分らないのである。なんでも手つ取り早い代用品式で濟まさうなんかは心得違ひである。貴い國風を翼賛し來つた漢學を顧みなくてはどうなるだらう。

高等學校の第二外國語に支那語がはいつた。これもそれでマサカ漢文を廢するのでない事は分つてゐる。第二外國語の範圍が廣くなつたと喜べばよい。高等學校の學生たるものが漢文を知らなくては實際何も役に立たない。漢文は我國の第二文語なんだから、支那語がはいつても影響ない筈だ。然しいくらかなりとなどと心配するならば漢學の必要が又別に出てくる事となる。

二三の嘴について見ても上述の如く漢學の必要は增してくる様である。國語も漢語の行はれてゐる裏付けのあるものなんだ。その漢語は漢文の漢語の進出を阻碍し得ないし、支那事變以來の漢語の進出せる現下なのだ。妙な漢語を純正化する爲めにも漢文は必要である。おかしい漢文の力の爲めに支那でどうなつてゐるかを知れば、支那語で讀まなくても漢學力を增進する事を考へねばなるまい。

日滿支の結合が大東亞の中心なのである。これを忘れてはならない。日滿支結合の紐帶は漢學より外にないではないか。根本を忘れて末梢に走つては後悔するかもしれない。日滿支の占むる分野は變らないのだ。分野が變らないのに勝手に走り廻つてはならない。矢張り漢學は必要なのである。余は何度なりとも繰返して之を叫ぶものである。（白水生）

## 說詩樂趣（37）

效　尤　生

王沂公（宋の王曾）布衣の時、梅花の詩を呂文穆公（蒙正の謚）に獻じた其句に

雪中未レ問和羹事。且向ニ百花頭上一開

とあつた。和羹は梅實を以て羹の味附をすることから宰相の政をとるに喩へるのである。文穆は之を見て此生は已に狀元宰相（首席で試策に及第して遂に宰相になること）を占めて居るといつた。後日果して然うなつた。

高越が河朔に客遊して居つた時州牧が女をば妻はさうとした。越は鷂子の詩を作つて之を拒んだ。其詩は

雪爪星眸衆鳥歸。摩レ空專候整ニ毛衣一。虞人莫ニ謾張ニ羅網一。未ニ肯平原淺草飛一。

虞人は狩りの係り官である。

高言は字を明道といひ、學を好んで志氣のあつた士だつた。詩を以て友人に干めて曰

昨夜陰風透レ膽寒。地爐無レ火酒瓶乾。男兒慷慨平生事。時復挑レ燈把レ劍看。

秦少游が雷州（廣東）に謫せられた時に

南土四時都熱。愁人日夜俱長。安得ニ此心如一レ石。一時忘ニ了家鄉一。

の六言を賦した。黃魯直の宜州（廣西宜山縣）に謫せられた時には

老色日上レ面。歡情日去心。今既不レ如レ昔。後當不如今。

輕紗一幅巾。短簟六尺牀。無レ客日自靜。有レ風終夕涼。

と詠じて居る。少游は情にあついから、酸楚な詩である。魯直は道學があるから、間暇な詩となつて居る。東坡の南中の詩には

平生萬事足。所レ欠惟一死。

とある、英特の氣象、他の折困を受けぬ所がある。

王荊公が北高峰の塔を詠じて

飛來峰上千尋塔。聞說雞鳴見ニ日升一。不レ畏浮雲遮ニ望眼一。自緣ニ身在ニ最高層一。

といつたが。鄭淸之が六和塔の詠には

經ニ過塔下一幾春秋。毎恨無レ因レ到ニ上頭一。今日始知ニ高處險一。不レ如レ歸ニ臥舊林丘一。

とある。二詩ともに自ら寓意があるが、荊公は大用せられない前に作り、鄭は既に大用せられた後に作つたものである。しかも皆卒に其意の如くになつた、徒作ではない。

衡山、文徵明に病起遣懷の二律がある。寧藩の徵に就かなかつた時の作である（寧王朱宸濠、後に謀反して王守仁に敗り擒にせられ通州で誅せられた）

潦倒儒冠二十年。業緣仍在ニ利名間一。敢言ニシヤ冀北無ニ良馬一。深愧淮南賦ニ小山一。病起秋風吹ニ白髮一。雨中黃葉暗ニ松關一。不レ嫌窮巷頻回轍。消受爐香一味閒。

また

經レ時臥病斷ニ經過一。自撥ニ閒愁一對レ酒歌。意外紛紜知ニ命在一。古來賢達患ニ名多一。千金逸驥空求レ骨。萬里冥鴻肯受レシヤ羅。世路悠々那ッ復タ識レ。白頭辛苦服ニ儒科一。

と、詞は婉であるか峻い所がある後に寧王の敗れた時、其辟に應じたものは、種々難を受けたが、徵明は獨り晏然として居つた。

### 第一次祝捷日記喜

黃　坡

七旬猛擊武功豪
要港堅城似燎毛
覺破驕英百年夢
照南島上旭章高

### 第二次祝捷日記喜

馬來緬甸瓜哇島
取次服降歸一家
正是春王三月節
大東莫處不光華

## 日課表

| 火 | 水 |
|---|---|
| 春秋左氏傳 | 休 |
| 十八史略 | |
| 杜甫詩集 | |

| 土 | 日 |
|---|---|
| 陶淵明詩集 | 第一、第三、午前七時廿分 尙德會荀子 |
| 午後三時 古詩源 | 毎月一日第二四五日曜 祭日ハ休 |

誌社同人
三原靜美　石崎太郎　岡本勝治郎
會
寺田英一郎　安達龜造

# 論語講義

黄坡先生述

## 述而第八

子曰。甚矣吾衰也。久矣吾不㆓復夢見㆓周公㆒也。

**訓讀** 子曰く。甚しいかな吾が衰へたること、久しいかなわが復た夢に周公を見ざること。

**解釋** **孔子自ら衰老を傷まれた語**であつて志氣に屬する章である。孔子は周の衰へた時に生れ、心に周公が制作せられた周禮をついで今日再び東周の禮樂を興さうと志して居られたのである、よつて其壯盛な頃は夢に周公を見たことが屢々であつた。今は明王も世に出でず、其道も行はれぬ。遂に自ら天命の在る所を知つて傳道に力を盡くすことになつたそこで、吾が衰へたることも甚しい。吾の周公を夢に見ぬことも久しいと嘆息せられたのである。この章は衰也で句を絶つて、久矣は下に續けて讀むべきである。

**子曰。志㆓於道㆒。據㆓於德㆒。依㆓於仁㆒。游㆓於藝㆒。**

**訓讀** 道に志し、德により、仁により、藝にあそぶ。

**解釋** **學問の條目を語られた**章、即ち門人のために學を修め德を進める方法を述べられたのであつて、**教學**に關する章である。道に志すの**道**は固より先王の道、君子の道など謂はれるもので、學は即ちこの道を學ぶのであるから、學者は先王の**道に志**して、之を身に得て之を世に行ふべく心懸けるのである、**志**は何晏の注に慕也とある、心に之を得やうと願ふのである。**德に據る**とは、**德**は三德、九德などいつてある所の己れの性分に備へてゐる人がらであつて、それをよりどころとし其德を本として修養を進めて行けばよいといふわけである、**據**は根據、據城などの據と同じくこゝにお譬をすゑて居るのである。人の性格は色々特色がある、子路の勇、冉有の藝といふ様にそれ〳〵の長所があるこれを土臺にして過ぎたるは抑へ、及ばぬのは勵まして之を圓熟させて行くのが、德を達するといふ仕方である。**仁に依る**の**依**は、よりそうて離れ背かぬ意味であつて、學者は終始仁を以て心として造次顚沛にも之を離れぬ、これ仁に依るの義である。學問の事は、其方面は多々あるが、すべて仁を離れてはならぬ即ち何事をするにも人間相互のいつくしみと輔け合ひとを忘れては何等の役にもたゝぬものとなる孔子が仁に違はずと顏淵に示し、君子仁を去つては名をなさぬといひなどして居られる様に又**仁は人なり**とある様に、これを離れて人の道はないのであるから、仁に依るといふことは、學問の一條件であらねばならぬ。**藝に游ぶ**といへば、**藝は**即ち六藝で、禮、樂、射、御、書、數、の六つである、學記に、其藝に興らざれば學を樂む能はずとあつて、注に興は喜なり韻なりとある、閒暇無事の時に之によつて心を游ばすのである。又は君子の學に於ける、藏焉、修焉、息焉游焉とある**游**は心をゆつたりとして之にしたつて居る中に一種の感染を得る意味である、游の字は迫り遽だしうせぬ氣分がある。上の三つはいづれかといへば嚴格な窮屈な方面である、そこで**藝**といふ方面で安息慰樂を取る、しかし其間にも一種の善い薰化を得るといふのが末の一條の働きである。

此四條で、目標と據點と、徑路、而して其緩和の方とを具備して進就の道を述べられたのは甚だ面白い、また有要なことである。而して**藝**といふものも一種教養の材として大切であることをも知るべきである。たゞし今日或は誤つてこの藝の道が人心に感化を與へるといふ點を特に取り上げて、一にも音樂、二にも游藝といふ風にして、これが情操教育である、文化的であるなど獨斷して居る人があるかも知らぬが、これはまた片寄りすぎはすまいか、朝歌といふ名の邑では、墨子が車を廻らした事も考へねばなるまいと思はれる。

**子曰。自㆑行㆓束脩以上㆒。吾未㆓嘗無㆒㆑誨焉。**

**訓讀** 子曰く、束脩以上を行うてより。われ未だ嘗て誨ふることなくばあらず。

**解釋** これも**教學**に屬する章であつて、孔子が**教誨を以て自ら任じて居る**と語られたものである。この初の句の**以上**の二字は上に續けて讀むべしといふのが王父の說である。**脩**は乾肉の薑桂を施したもので、それを十本で一束といふのである、即ち**束脩**は一束の脩脯である。これが人と相見える時に**贄**として呈する最も輕いものである。これより上には雁や雉やといふ様なものがある。束脩以上を行ふといふはつまり**贄**を執つて吾に見えたものといふ意である。**鄭**氏は束脩を行ふを年十五以上と注してあり、又約束脩飾の意で身の修つた人と解することもあるが、これは一は童子の贄といふ意に說き、他は全く別の意味であつて、此章とは關係にないといふべきであらう。たゞ從來の束脩を行うてより以上とよむ時は、束脩といふ物に重點がある語路となるが、これは誨といふ字に重點があるべきだから、上の句はたゞ吾が門に入るなれば吾は必ず之を誨へて居るといふのであつて、矢張門人等の中などで夫子が隱される所があるといふから、孔子は苟も我門に入つた者には心を盡して敎へて居るといはれたのである。次の章と併せて考へればよいのである。

**子曰。不㆑憤不㆑啓。不㆑悱不㆑發。擧㆓一隅㆒不㆘以㆓三隅㆒反㆖則不㆑復也。**

**訓讀** 子曰く、憤せざれば啓せず、悱せざれば發せず、一隅を擧げて三隅を以て反さうせざれば則ちまたせず。

**解釋** これも**教學**に屬し、**教誨の道は彼に思うて得る所あらしめる**のだといはれたのである。鄭註に、孔子の人と言はるゝには、必ず其人の心憤々となり口悱々となるのを待つてそこで啓發して之がために說けば之を識り思ふこと深いと說いてある。**憤**は發憤の憤で人が知れない、明でないことがあつて、深く思ふとき、其心が憤々として作興して來るのである。また其心には悟れた樣であつてもまだ之を口に言ひ著はすことができぬ、言說に於てまだ透徹せぬといふ狀態を悱というたのである。**啓**は微かに其端緒を見せる意である。**發**は發揮の意で、また其大義を開發するのである。先方が心に求めて得られぬために**憤悱**して自ら奮興して來ねば、吾から之を擧げ示すことはせぬといふのである。また一例を以て說かれるには、物に四隅あるとして其**一隅**を擧げて之に示したれば、彼は其他の**三隅**を以て之に反復して其同じ類のものに推し量つて行く樣に考察をせぬならば復び同じものを繰り返して語ることはせぬといはれた。禮記の學記に善く問を待つ者は鐘を撞くが如し、之を叩くに小なる者を以てすれば小さく鳴り、之を叩くに大なる者を以てすれば大に鳴る、其從容を待つて然る後に其聲をつくす。とあり又、力の問ふ能はずして然る後に之に語る、之に語つて知らずんば、之をおくも可なり。ともある。學問の道は**其の自ら喩るを望む**のである、故に孔門の敎へ方がかくあるのである。

—第四十八講—

木州　**植野徳**

陷新嘉坡

高壘堅城一蹴空　誰言不落又難攻
可憐十億黄金力　贏得支持七日功

陷瓜哇

簞壺迎我不相疑　到處山河悉旭旗
北極之南々極北　八紘誰敢抗王師

翼賛總選擧

選擧偏期公典平　先敎識者行銓衡
一票重似千鈞重　謹致臣民翼賛誠

攻城砲

長礮摧堅使敵驚　距離遼遠技逾精
不知發射從何地　巨彈轟來巴里城

戰車

雄姿不負鐵牛名　犯刄侵丸意氣平
藪澤壘濠無所礙　驀然直向敵中行

落下傘部隊

開來絹繖受風輕　蘇島山川脚底明
嫋々飄々天上落　美人一下即神兵

## 泊園會費收受報告

一金参圓也（各通）

松浦[illegible]麗三氏　矢野榮三郎氏　松田キミ氏　[illegible]

田中猶治郎氏　岩崎清平氏　門脇禎二郎氏
西尾義郎氏　奥田藤兵衛氏　水谷政次郎氏
小原松次郎氏　佐藤彌兵衛氏　山田正一氏
渡邊醇氏　新田長三氏　片山太門氏

尾崎正信氏　島田良貞氏　西野捷平氏
門脇才藏氏　植野徳太郎氏　西田幾太郎氏
岡田八右衛門氏　石黒景文氏　岡村蓉二郎氏
赤塚善助氏　[illegible]

藤田信二氏　清水小鈎氏　和田達源氏
坂本唯三郎氏　玉置永彦氏　長尾長人氏
井上順三氏　仙波久榮氏　吉崎幾藏氏
高田次郎氏　吉永登氏　茶谷忠台氏

竹田津永安氏　岩田藤三氏　淺井佐一郎氏
堀内元氏　中山源次郎氏　吉年善作氏
吉宗兵衞氏　小菅[illegible]子氏　神田榮吉氏
山根悦次郎氏　水落庄兵衞氏　日野出正英氏

渡邊醇氏　新田長三氏　片山太一氏
三崎要一氏　橋本秀氏　十五年　橋本秀一氏　十六年
渡邊庸氏　清海清氏　増田美三郎氏
佐藤壽宏氏　藤原九太夫氏　谷内清照氏

赤堀善助氏　[illegible]　服部たけ氏
金田直一氏　奥田正太郎氏　熊澤猪之助氏
岡本英三氏　住友與五郎氏　佐々木弟一郎氏
三宅太郎氏　松本洪氏　新田昌次氏

高田秀郎氏　吉永登氏　茶谷忠治氏

# 好治間事室藏書記

魚石

## 扶桑樹傳　一冊

僅か五枚の罫紙に表裏を附した寫本である。半葉十行、行の上を二三字程あけて十八九字程に書いてある。卷尾に

于時文化六己巳載季夏

泉南　宮東郊寫　東　郊

と署名してあるが、何人か知らない。欄外に靈松義端上人の批評がある。恐らく東郊が同じく寫したのであらう。

扶桑樹傳は伊豫の僧明月の著で、序の末に維時安永九年歲次庚子九月上絃也とあるが余の見るを得たる刊本は寛政六年出刻の伊豫松山の圓光寺藏版本である。この刊本には百濟方猷の刻扶桑樹傳引が後についてゐる。又傳尾に上人神通使枯木朽株忽生春葩大奇大奇、紫溟李順合爪觀の評語があり、欄外にも李順の評語がある。所がこの寫本には方猷の引も李順の評語もないし、又極めて僅かながら異同もある。蓋し靈松義端上人が早く傳を得て批評を下した本から移寫したからであらう。句讀訓點も異なつて居る。

義端の評語は文章のみならず考證にまで及んである。卷首に云ふ「明月扶桑傳以筑後御木名伊豫之物、牽强作之、杜撰之甚、惑世誣人、識者不可不辨也、行文亦不穩。」末尾に云ふ「得諸筑海乎、雖無傳而猶取信於史也、今得諸伊豫則雖有傳如此、而無可取信焉、乃亦與礫不殊、勿復十襲之以招周客之胡盧。」扶桑樹傳は何でもないが、余は靈松上人の遺文を得たるを喜ぶものである。

## 扶桑考　一冊

本文半紙九枚、毎半葉六行、行十七八字の寫本である。變な隸書體を以て書いてある。卷尾に

天明丙午冬　大扶桑國攝津

坤陵　諦順逸叟艸創

墨浦　靈松義端討論

とあるが誰の筆かは推定し難い。表紙に「道慶藏書」の朱印がある。

考の終りの所に述作の由來がある。「先是、伊豫僧明月者、嘗作傳詳之。但以筑後御木、爲伊豫扶桑、既已涉牽强、且其言亦多杜撰、適足以惑世誣人也。因更考山海淮南諸書、及國史諸記、爲之記。庶幾俾吾扶桑昭昭亦猶日之曠而已矣。」

諦順は天王寺の僧で古文辭を好んだ人らしい。義端とどう云ふ關係かは分らない。余は別に義端の文を集錄した一寫本を藏するが、その卷尾に太宰春臺の修刪阿彌陀經を綴込んであつて、それに諦順の識語が二篇後についてゐる。春臺が雅俗の辨を以て釋典を譏つたのを反駁したものである。學問のあつた僧らしい。

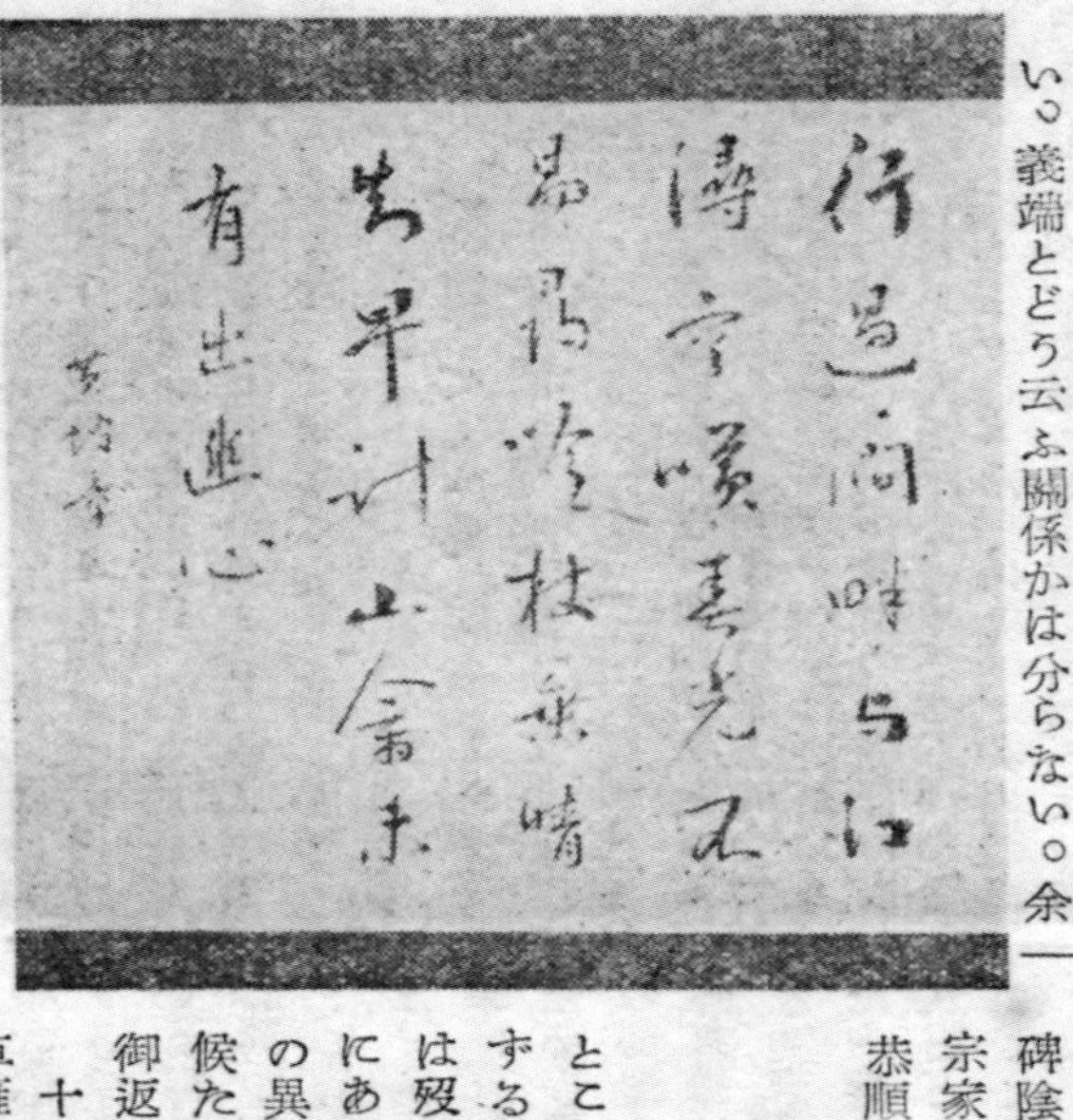

## ―藤澤黃坡翁より示教―

草薙金四郎

(本欄の拙稿十四五回目で)藤澤南岳より河野鐵兜へ宛てた書狀を發表して、南岳の夫人の歿年が不明のため、この書簡の年月などが判定出來ないのが遺憾だと報じ、一方、大阪の藤澤黃坡先生に示敎を乞うたところ問題の夫人は南岳の初配水野豊のことで、墓所や過去帳によつて慶應二年二月十五日に歿したことが判つたのは有り難かつた。

こゝに黃坡先生より頂いた私信を轉載して厚謝の意を表したい。

拜呈

不順之時候に有之候處筆硯愈々御淸穆奉賀候、扨過日は先子之秀野山人への書簡日時につき御下問に預り候處多分初配水野氏のことならむと存じ、墓所へ參り相調べ候處碑陰に文字なく、徒勞に歸し候につき更に宗家の過去帳を問合候處

恭順院令淑大姉

水野氏俗名豊

慶應二年丙寅

二月十五日歿享年二十四

とこれあり、果して水野氏のことにて、按ずるに秀野山人の歿年慶應三年(人名辭書は歿年を錄せず)と存じ候。されば其前年にあることゝ存候。右の書簡は小生にも一の異聞を得候事と歡喜に堪へず深く拜謝申候ただ前述の如く諸所へ反復いたし候ため御返事の遲く相成候事を御詫申上候

十月一日　藤澤章　拜

草薙金四郎樣　案下

この御斡旋によつて、あの手紙が慶應二年五月十五日のことと判定がついた譯である。

(讃岐藝林史話 20)

## 三惜書屋初稿

### 古野錦水樓宴集

節過春分天乍寒。景奇古野石川干。擁爐呼酒玻窓裡。萬朶櫻爲紅雪觀。

節、春分を過ぎて天乍ち寒し。景は奇なり古野石川の干。爐を擁し酒を呼ぶ玻窓の裡。萬朶の櫻は紅雪の觀を爲す。

「語釋」○春分　二十四氣の一で、晝と夜とがひとしい日。○干　ほとりと訓む、水の涯をいふ。○紅雪觀　俄かの寒さで咲き誇る櫻が紅い雪を觀る樣な氣がする

### 漱玉亭即目

曾開風景勝。佳會趁盟來。游屐入山淺。奇觀照眼開。溪奔巖欲舞。石出水皆回。無復市聲到。堪嘗頽鶴臺。

曾て開く風景の勝。佳會、盟を趁ふて來る。游屐、山に入る淺く。奇觀、眼を照して開く。溪奔つて巖舞はんと欲し。石出でゝ水皆回ぐる。復た市聲の到る無し。頽鶴臺を嘗むに堪へたり。

「語釋」○趁盟　趁は約、盟といふに同じ、約束にしたがふ意。○游屐　謝靈運山水を好み常に木屐を着け山に上る時には屐の前齒を去り山を下る時には其の後齒を去れりと云。

### 初夏游高谷氏別墅

來訪甲陽新闢園。吟心清爽對芳嶂。窓迎初月雲升座。風動長松雪拂軒。

來り訪ふ甲陽新に闢くの園、吟心淸爽、芳嶂に對す。窓に初月を迎へ、雲、座に升る風、長松を動かして雪、軒を拂ふ。

### 築山居雅集

登樓已覺俗情消。氣宇超然眼界遙。茂樹天邊生爽籟。流泉庭上送淸簫。假山移得眞山植。池水牽來海水潮。雲外仙洲何處是。輕帆欲去訪松喬。

樓に登つて已に覺ゆ俗情の消するを。氣宇超然として眼界遙かなり。茂樹天邊、爽籟を生じ。流泉庭上、淸簫を送る。假山移し得たり眞山の植。池水牽き來る海水の潮。雲外の仙洲何の處か是れなる。輕帆去つて松喬を訪はんと欲す

「語釋」○假山移得眞山植　庭上の築山に山の草木を移し植えたり。○雲外仙洲何處是　遙か東海なる仙島は果して何の處ぞ輕帆に乘じて松喬の仙を訪はん哉と實は此の築山居が仙洲に在る心地するとなり。○松喬　赤松子と王子喬、不老不死の仙人なり。

## 新雪庵夜話

湯川丈亮翁談
正木信夫筆錄

泉井さんが「科學朝日」の三月號に「亞細亞の言語と南方の言語」を紹介されたのは結構なことだ。どうも我國では言語に關する事が重んぜられなかつたようだが、これからはそんな事ではいけなからう。あんまりむづかしい事はいらないから言語の常識と云ふような程度のものを泉井さんみたいな學者によつて紹介して貰ふことは必要だね。

近頃は大分言語の事も喧しく云はれて來たので結構だが、たゞ早わかり式ばかりでは直ぐ困るだらう。矢張り專門のしつかりした知識を養成せねばなるまい。ハワイ奇襲は二十年の訓練の賜物であるように、言語學の戰士もさう今日や明日には出來はしない。これも二十年訓練があれば、お粗末な早わかり式でお茶を濁すことはなかつたんだ。何しろ言語學專門の人達がいかに取扱はれてゐたかを思ひ起してほしい。これからは國家の進運に伴ふように官民共に考へてほしいものだね。

例へば流行の研究所にしてもどうだらう。經濟、民族、地理、歷史、商業、理化學、生物學、醫學、工學、なんどは澤山出來つゝあるが、言語の研究所なんかは聞かないようじやないか。わしは引込んでるので知らんのかも分らんが、聞かんようじやないか。飜譯をやる爲めの何とか研究會は續出するようだがあれは何もない名前だけでないかね。この際諸言語研究の爲めの基礎のしつかりした機關があつていゝね。獨立でもよし、大學や外語に附屬してもいゝ。大阪などは實用向きの相談にも應じ得るよう設備して機關があると便利だらう。

わしなども君等がじき本を貸せには閉口しとる。わしはわしで必要があるから多少はもつてゐるか、到底充分ではない。最低限度はないと困るから備へて置くと借り出されて不便でしようがない。大阪でも一箇所でも大體備つてゐる所があると皆に便利だね。わし等が大きく云へば縮衣節食して蒐めてもしれてゐる。大した金がいる人でないからそんな研究圖書館でも作ればいゝね。

白水君などはいやに漢文漢學の必要を述べてゐるが、支那語學の本でも集つてる所があるかなア。支那語の研究はヤット掛りかける樣になつてきたらしいが、早くやらんといけないね。泰だ緬甸だ馬來だとさわいだつて、もう早わかり式もよい加減にして、早速基礎工作にかゝらんといかん。南方言語調査隊ではわしを老人扱ひで連れて行かんのだらう。どうだ、知つてるぞ。それは現地へ行けと云はれてもこの年では無理だ。もう何も出來はせん。人間五十を越えるとダメだね。況んや六十を幾つも過ぎたらお仕舞だ。然し成績はこゝでゐても少しは手傳へるかもしれん。君等はしつかりやつてきて、成績を聞かしてくれよ。樂しみにしてゐるよ。

現代語の研究は勿論必要だが、古代語の研究をおろそかにしてはいかん。支那語支那語と云つて漢文即ち古代支那語をほりやつてはいかん。白水君の云ふ通りだ。何か梵語の研究書の出版を出願したら、現下不要と却下せられた話を聞いたが本當かしらん。何かベーダの飜譯らしいが、緬甸を越えて印度が問題になつてるのに不要かね。印度作戰となつたら又大に援ぐのではどうかね。印度人が立つて獨立運動となつてから吠陀の知識をあわてゝ重譯するか。それもよからう。何しろする事が多いからね。然しもう佛教各宗の大學でもが協力して立派な印度研究所を持つてもよかりさうにわしは思ふ。

あゝあのブラウンの緬甸語の本か。あれはわしは持つとらん。倫敦大學の紀要に出た批評の事もわしは思ひ間違をしてゐた。スチユワートの本の批評の事だつた。スチユワートの本も見とらん。わしは何も緬甸專門ぢやないぜ。藤澤君がわしが文典を書いてるなんか書いたから實に誤解されて困る。あれは小說ぢやないか。

## 泊園の憶出ばなし (續)

岡本勝

大分久しく筆を絶つてゐたから又憶出した樣に記述する、前に塾生寄宿の狀況を約束してあつたから茲にその一斑を書いて見る。

塾生の多くは通學してゐたのであるけれど遠方の者や又塾生活に夫子薰陶の賜を拜せんとて特に寄宿してゐたのもある。年度に依り又季節により多少の增減があり、中途退學や入學やあつて定員は無論ない。小生の在塾してゐたのは大正二年の秋から五年の秋に至る間で憶出もその頃を記憶にたどるのである。

當時分院は豊田家私立の修齊學校をそのまゝ使用してゐたので二階に大きな教室が南北に列つて二つ東西に二つと合せて四室あり階下にはそれと同樣に三教室と應接室、使丁室など萬端整うたものだつた。朝の一般公開講義には階上の一室が當てられ下の外路にそうた部屋は夫子御家族に、西の室は夫子御勉學の部屋となつてゐた。朝講と每土曜の夜の通俗講習會以外の時は輪講の時でも此處で行はれ其東隣中央の一室が塾生の宿舍なのであつた。塾生は南側の窓際に机をつくり、四間に五間といふ巨室の擴がりには數人の起臥學問には大體ヒロすぎるのである。舍生には先づ塾頭格に渡邊泰一郎が居りその副に小生がおり食客格に武田晴夫、香川景文、本當の塾生らしいのに松井政吉、松宮道三、年少者では福田三次、甥の岡本孫一郎等がおり上原三郎も半年ばかりゐたことがある。此の連中で春秋を通じて常住する渡邊氏の外は休暇每に歸省したり旗日などに實家へ近いものは歸つたりした。松井氏は明星商業の學生でこれも塾から通勤した。自分も小學教員だつたから朝通學し武田氏は天王寺中學の先生でこゝから出て晩に歸つてくるといふ工合だつた。

書院には起床から就寢それから外出とこま〲した規定があつたが仲々うまくいかない。朝は朝講に間にあへば事が足り夜は九時の講義がすめばもう何時から寢てもよろしい。日の永い頃は朝講に間に合はぬ者などないが寒くなつて仄暗い電燈の消えない中に初るとき聊か怠儀で外來聽講者の足音もしてゐるのに舍生がまだ〱齒ブラシを使つてるなどいふこともある。でも夫子は御叱りもならず自然にまかされてゐた。百の口より一の實行と御躬から示されてゐる。佛の顏にも二度三度この何も仰せられぬをよいことにしてゞもあるまいが矢張グズ〱してる連中があつたので、いつだつたか張文潛の詩が壁に掲載された。

城頭月落霜如雪。樓頭五鼓聲又絕。
捧盤出戶歌一聲。市街東西人未行。
水風吹衣射我餅。不憂衣單憂餅冷。
業無高卑志當堅。男兒有求安得閑。

夫子の草書に折角の御訓誡も讀なければ猫に小判、それらは塾長格たる人の責任でやはり解釋してきかさねばならぬ。その御揮毫は今手許に藏してゐるが煤けてもゐるのでまだ表裝もせずにゐる。こんなことがあると當分のうちは緊張してゐるが暫く日數を經ると又何時のまにか忘れてしまふのがどうも人情らしい。

それから又よく舍生にありがちの座敷相撲である。日曜など夫子がいづれかにお出ましのあとは、外來生の來るものでもあらうものなら、氣の合ふ同格のものが揃ふと相撲を始める。最初は座敷相撲だが遂に立相模になり隨分ドタバタとアヒウツ、片附けなくとも何せ五間に四間の三十六枚敷といふから自慢力士の格鬪でも中々窮屈は感じない。相撲の話でも高じてくると取らう〱とつゝかつてくる。自分も幼少の頃から相撲ずきで田舍の宮祭の子供相撲に出場して常に勝つてゐた小生は渡邊氏を先方にまはしても段違ひの好者である。三年經てば嬰兒も三つになる松井松宮も年々強くなる。それにしても遂に自分の敵でなかつた。

## 消息會員

井上治兵衞氏　二月二十二日に死去さる。丸石製藥株式會社々長の後任は令嗣隆治氏が就任され事となつた。

泊園書院

| | | | | |
|---|---|---|---|---|
| 月 | 詩經 | 午前六時半七時半 | 午前八時半十時半 | 午後二時 | 午後七時九時 |
| 木 | 詩經 | | | | |
| 金 | 春秋左氏傳 | 分類十八史略 | 詩選 | 杜甫詩集 | 書經 |
| 說文 | 午後 時 | 管子(石濱先生) | | | |

泊園
顧問　石濱純太郎　西田幾太郎
同　的場信太郎　同
岡本奇堂

昭和十七年八月卅一日（月曜日）　泊園　第一卷　第二號　（一）

昭和十七年八月二十八日印刷（隔月一回不定期發行）
昭和十七年八月三十一日發行　―（非賣品）―
編輯兼發行人　布施市菱屋西三〇七　石崎太郎
印刷所　大阪市西區新町南通五丁目　林泰進堂
發行所　大阪市南區竹屋町九番地（泊園書院内）　泊園誌社
振替大阪一三八三九（泊園書院）電南六八二七

# 古典語研究の急務

現今の文章の亂雜さを二三の友人と話してゐた事がある。そこで漢文專門の一友に然らば現下の教育に何が必要だらうかと問ふてみると、古典を讀ます事だらうと答へた。又國文專門の一友に同じ質問をすると、矢張り古典を課するに在ると答へた。又創作家の一友にも同じく訊ねてみると、矢張り古典だらうねと云つた。然も面白い事には其云ふ古典なるものが別に漢文なら四書五經、國文なら記紀萬葉、などと云ふ聖典に限つてゐなかつたのである。それ等聖典計りでなく、その國々の古典と稱すべき作品を含めての話であつたのだ。近世の古典にはなりさうもない程度のもの計りを讀ますのはいけないと云ふのである。これ等の話を聞いて、なる程その國の誇りである古典作品が凡ての根底であるから、思想の上のみでなく文章の上でもさうあらうと感じたのである。

これは歐洲諸國語に於ても然る筈である。古典は古の立派な文學作品に止まるのみでなく、その國々の精粹なのである。だから通譯業に止まるならば知らず、苟も一國の國語國學を求めるものならば、其國の古典を窺はずしては何の役にも立たない。通譯者流にしても完全に通譯し得ないからう。何處の國に於ても古典は尊重研究されねばならない。

八紘爲宇の聖業たる大東亞戰爭に於ても余は古典研究の必要を痛感する。我國古典研究の事は最早云ふ迄もないから置く。又支那古典研究の必要も今更に繰返す事も無い。然し其他の大東亞共榮圏内諸國の古典研究の必要が我國に於ても必須である事を云ひたい。

此等諸國にも古典は皆存してゐる。固りスマトラ、ボルネオ、ニユウギニアの如きに住する原住民にはかゝるものは無いかも知れない。然し印度馬來爪哇緬甸泰安南占城には皆それぞれのものがある。印度に於ける吠陀より傳はる諸聖典、回敎徒の聖典、爪哇の保傳せる古文學、緬甸以下の諸國に流傳せる三藏此等は皆彼等の尊崇して措かざる古典なのである。我國に於てかゝる古典語を研究し、かゝる聖典を載する古典語を習知し置かざれば、彼等諸國の民人は果して如何なる感を抱くに至るであらうか。余は我國官民の共に思ひを茲に致して古典語と聖典を研究するに力を致すを切望する。

時局柄此等諸國を研究する出版物は多い。然るに彼等の聖典や古典語に關する幾何のものが出たらうか。計劃はあつても贊成は得られないかして實行されたるを知らない。語學に關して云へば、現代語の會話書か入門書に過ぎない。古典語なぞは不要とばかり思つてゐる樣だ。英佛などがサンスクリツト、パアリ語に對する努力は單なる文明の修飾の爲めばかりであつたらうか。和蘭の古代爪哇文學に對する熱心は徒らに文明の誇示を目的にしてゐたらうか。これ等に對する理解は我國でももつと深く考へて置かねばならない。

漢文梵語パアリ語カヰ語アラビア語などは現在使用されないなんか思ふのが誤りである立派に文語として古典語としてそれぞれの國では生きてゐるのである。さうしてそれ等の語によつて彼等の尊崇する聖典古典が傳持されてゐるのだ。我國は此等に無關心であつてはならない。今日迄無關心で何等の注意の拂はれてゐない古典語は早速に之を修める準備をせねばならないし、多少なりとも習得されてゐるものは尚更に擴充せねばならぬ。

若し近眼者流の言に隨つて之を現下不要として拋棄して置くと臍を嚙むの後悔は必定である。（白水生）

## 說詩樂趣（38）

### 豪放

效尤生

唐の鍾傳の南昌に鎭して居つたとき、李夢符といふ人があつて放蕩豪飲して、好事者の與に語るれば口に應じて詩を成した。常學士に答へた詩がある。

罷レ修二儒業一罷レ修レ眞　養レ拙藏レ愚春復春
到レ老不レ疎林裏鹿　平生難レ見日邊人
洞桃深處千株錦　巖雪鋪時萬草新
深謝名賢遠相訪　求レ聞難レ博鳳爲レ隣

愉快な詩である。また名吟である。

杜牧が登科の後に三年ばかり縱放であつた遺懷の詩を作つた。

落二魄江湖一載レ酒行　楚腰纎細掌中情
十年一覺揚州夢　贏得青樓薄倖名

また醉題僧院の詩に

觥船一棹百分空　十載青春不レ負レ公
今日鬢絲禪榻畔　茶烟輕颺落花風

とある。觥船は大なるさかづきである。

また杜牧之が、御史となつて洛陽に分司して居たとき、李司徒（名は愿）が節度使をやめて閒居して、聲妓を畜ふこと當時第一といはれてゐた。因て朝士を招いて盛宴を設けたが、牧之が監察の任に居るため、之を招かなかつた。牧之は坐客に諷して李に申入れたから、李は遽に書を送つて之を招いた、牧之は獨坐して南向し、目を瞪つて注視して、三杯の酒を滿飮して、李に問ふに、紫雲といふ妓がゐるを聞くがどれかと、李之を指示した、牧之凝睇や、久しくして、「名は虛しく傳はらぬ、願はくは以て惠められよ」、李俯して笑ひ、諸妓も首を回らして破顏した、牧之又た自ら飮むこと三爵して、

華堂今日綺筵開　誰喚二分司御史一來
忽發二狂言一驚二滿坐一　兩行紅粉一時回

と朗吟して起つた。牧之意氣閒逸にして旁に人なきが若きものであつたといふ。

韓魏公（琦）が中山の長使たりし時、門下の書生が、夜、墻を踰へて出でゝ娼家に宿つたのを、公が之を知つて種竹詩を作つて之を警めた句に

春來無二處不一レ閒行　楚國相看別有レ情
好是五更殘酒醒　耳邊聞喚二狀元一聲
殷勤洗灌加二培植一　莫レ遣下狂枝一亂出上レ墻

とあつた、門客自ら愧ぢて詩を作つて、

主人若也憐二高節一　莫下爲二狂枝一贈中斧斤上

といつた、公は一女奴を以て之に贈つた。

姚岩傑は詩酒を以て江左に游んで居つたが唐の乾符年間、顏標が鄱陽の長であつて、鞠場を創め、岩傑に記を請うた。而して標が其の中三字を改易した、岩傑怒つて、碑を地に覆し、詩を標に寄せていふ。

爲報顏公識レ我麼　我心惟只與レ天和
眼前俗物關レ情少　醉後靑山入レ夢多
田子莫レ嫌レ彈レ鋏恨　甯生休レ唱飯レ牛歌
聖朝若爲二蒼生一計　也合三公車到二薜蘿一

この後聯の田子は孟嘗君田文をいうたのである。馮驩が田文の門下の客となつて遇せられないために、劍を彈じて「長鋏歸來」の歌を歌つたのをいふ。次句は齊桓公が出て外に宿した時、甯戚の牛に飯しながら歌うた歌を聞いて、其賢者であるのを知つて用ひたことをいふ。公車は朝廷より賢を迎へるために遣はす事である、薜蘿は「かづら」であつて隱士の居る處のことであるから、結句は朝廷がもし民を憂ふるときは、必ず野に在る我を迎へられるであらう、足下の如きは我を知れる人ではないといふのである。

蘇東坡の杭州通判となつた時、文與可（同）が別を送つた詩に、

北客若來休レ問レ事　西湖雖レ好莫レ吟レ詩

の句がある。黃州へ謫せられた時に正しく詩句に坐せられた。人之を知言といつた。

王文正公旦が中書であつたのが殆んど二十年であつた、魏野之に詩を贈つて

聖朝宰相年々出　公在二中書一十四秋
西祀東封今已畢　可下能來伴二赤松一遊上

王公ために表を奉りて、頻りに官を辭したが許されなかつた。この時は眞宗が天を祭ることに熱して居て、王旦常に之に扈從して大に心苦しく思つたといふことであつた。伴赤松子遊は張良が辭官の時の語である。

泊園書院日課表（右端、一部欠）
火　春秋左氏傳
水　休
古文前集　日本外史
韓非子　八家文
土　陶淵明詩　古詩源
日　第一、第三　午前七時廿分　尚德會荀子
午後三時

誌社　三原靜美　石崎太郎　岡本勝治郎　安達龜造

# 論語講義　黄坡先生述

## 述而第七

子食於有喪者之側。未嘗飽也　子於是日哭　則不歌

**訓讀**　子、喪あるものゝ側に食すれば、未だ嘗て飽かず。子、この日に於て哭すれば則ち歌はず。

**解釋**　此章は一般の本には二章に分けてあるが、皇本には一章となつてある、其の方が是な樣である。**動止**に屬する章で、**餘哀があること**を記した章である。**喪ある人**の側では其人の哀戚に感ぜさせられるから、食事を甘いと思はぬのである。また人の不幸を**哭**した時は其かなしみの情が心に殘つてゐるから、更に歌うて樂しむことはない、禮記に、哭日には歌はずといひ、君子は哀樂日を同じうせずといへるも此章の意である。哀傷の情は人の心を感ずること切なものであるから孔子のみではなく、これ人情の然るべき所であらう

子謂顏淵曰。用之則行。舍之則藏。惟我與爾有是夫。子路曰。子行三軍。則誰與。子曰。暴虎馮河。死而無悔者。吾不與也。必也臨事而懼。好謀而成者也。

**訓讀**　子、顏淵に謂うて曰く、之を用ふれば則ち行ひ、之をすつれば則ち藏す、たゞ我となんぢと是れあるか。子路曰く、子、三軍をやらば則ち誰と與にせむ。子曰く、暴虎馮河（虎を手うちにし河をかちわたりす）して、死して而して悔なきものは吾は與にせず。必ずや事にのぞんで而して懼れ謀を好んで成さんものなり。

**解釋**　**警誘の類**に屬する章で、**孔子の誘化の妙**を記したものである。孔子が顏淵に告げて、われを用ひる人あれば我は出でて其道を行ひ、人、我を舍て用ひぬ時は、我も亦道を收めて之を藏するものは、たゞわれと汝とが出來るのである、他の門人等は或は行に偏し或は藏に偏して居る、顏淵の時に應じ命に安んずることの出來ることを稱せられたのである。この用之則行舍之則藏の八字は、多分**古語**であらうとは先子の所見である。**用舍**は此身から言ひ、**行藏**は道からいふた語である。朱子はこれをも身の上で說いたがあやまりである。また**子路**が「先生が軍隊を運用せらるゝ時は誰と與にせられますか」と暗に自己の用ふるに足るをいふたところ、孔子はたゞ一時の勇氣に乘じて、暴虎馮河（猛虎を徒手で搏ち殺さうとし、黃河を徒涉する如き無謀なる動作）して死して悔ゆるなき徒とは、吾は與にせぬ。汝は此の仲間だから困る。是非に其事に臨んでは自ら恐懼戒愼して之を輕視せず、計畫を運らすことを好んで以て成功を得る者と與にしやう」といはれて、子路の勇にほこることでなく、たゞ記者がこれを以て孔子の兩者に對する、抑揚陶鑄の妙を示すべく併せ記したものであらう。

**三軍**は古昔諸侯の大國が此の編成であつたから、一般に**軍隊の稱**として用ひることになつて居り、兵數など必ずしも論ぜぬのである。**懼**は驕らぬ意である、兵は驕盈を戒めるべきである。**謀**は謀計策略である、兵は先づ其の策謀を練らねばならぬ。**成**は其事の成功をいふのである、朱子は謀を成すといつて居るが少しく異つて居る。

子曰。富而可求也。雖執鞭之士。吾亦爲之。如不可求。從吾所好。

**訓讀**　子曰く、富にして求むべくんば、執鞭のこと雖も、吾もまた之を爲さん。もし求むべからずんば、吾が好む所に從はむ

**解釋**　**分に安んじ命を樂む**ことを語られたのであつて、**志氣類**に屬する章である。富は資を含んだ語であつて、仕へて祿を得ることである。**執鞭**とは周禮秋官に條狼氏は鞭を執つて**趨辟**するを掌る、王の出る時は八人道を夾み、公には六人、侯伯には四人、子男には二人、とある。**趨辟**は趨走して人を辟き除ふことで先驅の樣なもので至つて賤しい役である。**章の意**は「もし富にして求めて得られるものならば、賤役の執鞭の樣なことでも之をして以て富を求めるであらう。もし果して求めて必ずしも得られないものであるとせば、我は吾が好む所の古の道に從事して、之を樂んで其分に安んずるばかりだ」といはれたのである。**吾所好**とは古註に古人の道と說いてあるのが明々白々である。他の說を容れぬといふべきである。

子之所愼。齊戰疾。

**訓讀**　子の愼むところは、齊、戰、疾。

**解釋**　**動止**に關する章であつて、**夫子の戒め愼まるゝ**ことを記したのである。**齊**は戒潔の行事で、「ものいみ」すること、即ち祭に當り己の心を齊へる意であつて、祭に先だつて、七日の散齊で心を定め、三日の致齊で心を齊へるのである、これ神明に交はる道であるから最も愼みをいたして敬重の心を怠つてはならぬものである。**戰**は所謂死生の地、存亡の機である、上章の事に臨んで懼れ、謀を好んで成すこと即ち之を愼むわけではないか**疾**も身命の存亡の繫がる所である。三者皆重事である孔子之に對して敢て輕忽にせられなかつたこと、固より其然るべきであらう。

子在齊。聞韶三月。不知肉味。曰。不圖。爲樂之至於斯也。

**訓讀**　子、齊に在して、韶を聞くこと三月肉の味を知らず。曰く、はからざりき。樂をなすのこゝに至らんとは。

**解釋**　此章の句讀は、皇侃は**三月**の字を下につけて居て、朱子は之に從つたので、其樣によむ人が多いが。これは上につけるのがよいのである。魯の昭公二十五年に公が齊へ奔られて、魯が亂れた、孔子年三十六であつて齊へ適かれて太師と樂を語り韶を聞いたといふことが、史記や說苑に記されてある。そして兩書共に學之三月とあるから、この三月の下で句をきるべしとの證となる。但し或はこゝに學之の二字が脫けて居るといふ說があるのはよくない。

章の意義は、孔子が齊に居て韶といふ音樂を習ふのを聞くこと三月であつたが、其樂の盛美なのに心醉して、食時にあたつても恍惚として肉の味をも忘れた、そして「齊の樂をすることかくまで完美であらうとは思ひかけなかつた」とほめられたといふのである。**韶**は舜の音樂であつて、すでに八佾篇に見えてあるが、これが舜の後である陳國に傳はつた陳の公子完が齊の桓公時に陳から逃がれ來た時に此樂を齊に傳へたといはれてある。又一說には桓公が陳（舜の後）國を滅して其樂を得たといふ。

**爲樂云々**の語は、齊の樂を傳へたことの全美であるのを美められたものと解すべきであつて、章の主旨も左樣に考へればよいのである。これを舜の樂を作つたのを嘆美したのと朱子などは說いてゐるが。今、「圖らざりき」といふ語調を味はふに、此解は舜を輕侮した言となつて之を稱美した語とはならぬのであるそれでは、章の意を失ふことになる。王肅は至於此は**齊**を此といふたのだと說いてゐるが、すこし意味が通らぬから、四書考異には王肅は或は爲樂の**爲**を嬀と讀んだのであらう嬀は舜の姓であるから、「嬀氏の樂は陳にあるべきである、それが此の齊に在らうとは圖らなかつた」といふ意だと說いてゐるのである。これは異說である。此章は**禮樂**に屬することはいふまでもない。

—第四十九講—

常費收受報告

金二圓（二ヶ年分）

淺井佐一郎氏

中山源次郎氏　岩田藤三氏　矢野榮三郎氏
鴨居武氏　松浦高麗三氏　濱井尙山氏
芝田弘淳氏　加藤亮吉氏　清水小鈎氏
庭山和男氏　三浦德次郎氏　松本洪氏

日野谷キクノ氏　源元公子氏　矢崎清心氏

金一圓（各通）
岩崎 清平氏　田中楢治郎氏　杉村正太郎氏
水落庄兵衞氏　神田 榮吉氏　岡本 奇堂氏
宮崎 青湖氏　吉永 登氏　茶谷 忠治氏
河野 珠石氏　楠 正然氏　吉田萬次郎氏
天野みどり氏　小澤 榮子氏　竹原 翠氏

## 達心志齋讀書記

大壺

明治三十一年出版と云ふ大阪繁昌誌二卷を買つてきた。宇田川文海と長谷川古都士の編纂になるものである。何しろ古いから今の大阪から固り隔世の感、桑滄の慨は知れたことである。梨園の名優、曲界の大家、さては書場の雄物から五廓の阿嬌に至る寫眞を卷頭に飾つて、內容は商都の繁昌を歷記したものだから、別にこれと云ふ事はないのだが、卷頭に南岳先生の序文があるのが面白い。えらい所で先生にお目にか〻つたのだ。それで泊園書院は出てるかと見ると、下卷の最後に學校と題する貧弱な名鑑があつた。その私立學校の項中に

藤澤塾　東區淡路町一丁目
梅清處塾　東區島町

と著錄されてゐるだけだ。然し先生の文は未見の人もあらうかと寫し出す事とする。

序

江戸繁昌記之成也、戸傳焉、人誦焉、寺門靜軒名噪于一時。靜軒後西遊、來訪余家、先子贈之以詩、有云、吾欲煩君君肯否、京師大阪兩繁昌、而靜軒不果。田中華城承先子意、作繁昌詩、而其重在詩、不可謂盡妙耳。大阪以都與二京並稱、其見史乘最古矣。豐公以後、致繁極華、固不待言、況夫綱紀一革、海鎖全解、隣交所漸、諸物異觀。造幣之寮、機械之美、殆冠于宇內。諸工之致力于其職者、不可枚擧。西北二郊、烟突林立、亦負乎在二京之上。而豪賈富商、據三百年之基、亦各新矩矱、勃々乎興者、大阪本來面目。加之築港策定、海灣鹵鹹之地、悉將爲街衢。於是乎市區之大、將三倍于前日。初移政府于川口也、人疑偏于西。渡邊知府奮曰、我猶恐未得中央、其言今而驗、可不謂盛乎、使靜軒目今日、豈默々而止乎。乃有文海宇田川君、奮彩筆以新之時矣哉　嗚呼、天機一動、萬物皆春、燦乎者花、而嚶乎者鳥、入乎耳接乎目、以融和人心、人乃應機以動、若王仁所謂苞乎多發乎春耳。時矣哉。雖然、靜軒之著、有所規諷、故罰追譽來。今也君非有所諷、且時非彼時、世殊其世、豈有前日忌言之憂乎、而以時文、描時事以益于時人、亦機也。君以已顯之名、奮慣手之妙、余固知戸傳焉人誦焉有踰于寺門氏而已。

明治三十一年二月　七香齋主人南岳識。

## 棋友會記

青山不厭三杯酒。長日唯消一局棋。雖詩人之寄興也。棋之於消閑不亦適乎。王中郎稱坐隱。支道林呼手談。棊之於交態不亦清乎。大正十五年四月。大阪織物商同人之遊於琵琶湖也。託閑身於樓船之上。洗世塵於淸波之際。雅趣之所湧。發爲締棋社之議。唱而忽成。命曰棋友會矣。爾來月必一會。會者必遍互角技。以所期在溫交情也。優者必有賞。而所主不在覺輸贏也。風氣高潔而歡情款洽。以至昭和九年春。旣紀其百回。今茲春。將又紀二百回也。盖其初推小西宗次氏爲會長。氏實篤厚之人也。每會必錄其事。表其優劣。於今觀之。十七年間所經過。歷々在目。曰彼會也某君有云々之事矣。曰某々之事實在此回矣。互相逡懷談說之。興情更有不盡者也。頃日來請記其事。余謂斯會發始於琵琶湖船上。豈非浮於江湖之逸情乎。手談一日。心固閑適而交如爾汝。是不洗心篤情之妙用乎。其爭也君子者。此會亦是也。創雖重回至五百至千萬。唯見其逸情妙用愈廣耳。豈爛柯忘機之間事之謂哉

昭和十七年紀元節
黄坡　藤澤　章識

今は昔、曾田文甫先生が中江藤樹の孝經を尊崇して弘く之を世に頒つた事があつた。余は之を得て讀んだのであつたが、中に假名に漢文を音譯した所があつて一寸考へても分らなかつた事を覺えてゐた。所が今回加藤盛一教授の定本孝經啓蒙を田中健三さんから贈られて久し振りに藤樹先生の孝經を拜見して之を思ひ出した。それで再び曾田本を篋底から探り出してそれを見てみた。曾田本は明治四十二年東京の曾田氏靜觀書院本だつた。曾田本の卷首に藤樹先生の序と云ふものがあり、其の中に「しゆえんそくほうにそうもくめい」と云ふ所と「神明に通としてようたうぢきてんけい」とある所とがあつて、曾田氏は不明として黑點を傍に附してあつた。所が今度は定本を參見したら直ぐに分つたのは嬉しかつた。大體これは藤樹先生の序ではないので、江元祚の誦經威儀の譯文なのである。だから不明と云ふ前者は「手圖足方耳聰目明」の譯であり、後者は「通于神明、至德要道、地義天經」の譯訛であつたんだ。何にしても三十餘年も不思議に頭の隅に殘存してゐた疑點を氷解し得た事はありがたい。序でに曾田本の奧にある中江藤樹先生の孝經心法に云はくとあるものを、定本の卷首の江元祚の文と對校して見たが、第二段は全孝心法と合するが、第一段は全孝圖說とは合はない。或はこれも孝經大全に收めたる誰かの文の譯文かも知れない。蓋し、曾田氏の據れるものには前後にか〻る譯文が附してあつたので、誤つて藤樹先生の序及び孝經心法と題したのであらう。これらの事或は加藤教授編の藤樹先生全集を見れば明白になるだらうと思ふ。

以上の通り藤樹先生の孝經の事を書いてゐると丁度奇緣にも森久兵衞さんから國譯孝經と父母恩重經との合冊本を贈られた。孝經は矢張り藤樹先生の譯文である。此の合冊本は森川健市氏の發願頒布本であつて、昨年十月の日付になつてゐる。德川時代にはか〻る希篤の發願頒布本がよく行はれて、それが社會道德に寄與する所が多かつた。元々上層社會に行はれるべき漢學が次第に下層に迄及んで風俗の美を爲した一つの原因もこ〻にあつたと見てよい。明治以來は此の風稍々衰へたが大正、昭和と降るに至つてはか〻る希篤な事を聞く事が殆んどない。法事供養の代りにか〻る試みをせられる方もあつて讃嘆した事もあるが一般世間には殆どなくなつた。こ〻に森川氏の美擧を知つて我大阪に猶ほ良風の存するを喜ぶものである。父母恩重經はたしか帝塚山學院の森礒吉先生が供養として贈つて下さつた事がある。孝經でも父母恩重經でも多分常用漢字から溢れ出てゐるだらうが、かう云ふものが廣く行はれる樣になり、常用漢字の增加が審議される時代を來さしたいものだ。何でも簡單にするのが進步だと考へるのは簡單過ぎる。

チヤアルズベルのザピイプルオブチベットの漢譯が出來て「西藏志」と題し商務印書館から出てゐる。ベルの西藏に關するものは三種あるが、どれか國譯も出てゐる樣だ。この漢譯は董之學、傳勤家兩氏の譯だが、少しあちこち見ると、兩氏共に西藏に關しては別にさう知識があるらしくもない。例へば歷史の項で開國傳說を書いた所に、「又有慈悲之神於孜塘降生爲猿」とあるが、慈悲之神は英語を其の儘に譯したのであつて注にチヤンレジク即ち觀世音菩薩である事を注意しない。觀世音が開國に活躍するから後の法王ソンツェンガンポがその轉生と云ふ事も出來るので、觀音樣は西藏で重要なんだ。慈悲の神は英語ならよいのであるが漢譯ではいけない。婦女之地位の項に、「有一中國古時之東藏史、書名女國」なんかとあるが、支那正史を知らないのだ。おまけにベルの本ではチヤンと注してタンシウ即ち唐書と出てゐるのにこんな譯をしてはたまらない。ベルの書では西藏の史書テプテルゴムポ即ち靑册を屢々引用するのであるが、藍色記錄と譯しても勿論差支ないが何時でもブリユウレコオドの英文を附添してるなんかはおかしい。實はテプテルゴムポなんかの事を知らないからだらう。他隆之寺院「老虎之預言」の狀況を說く所などは只「有一西藏史」なんかとすましたものである。かう云ふ程度の知識では一寸ベルを譯出するのは難かしい。譯者は先づ第一に譯する內容を知つてゐるべきだ。我國の譯書は未見だがこんな事でないように祈る次第である。

## 吉田洞外を憶ふ

坡叟

其の身は銀行に奉職し、相當の地位に在つて從つてあまり閑暇もないものが、日々業終つて後に漢文を學習するといふは、誠に奇特である、洞外は實にそれであつた、そればかりではない、傍ら音樂の研究に從事し、國字の改良を計り、自ら雜誌を發行し、また速記術にも堪能であるといふ、多藝多趣味の人であつた。其の人の力によつてわが泊園が誕生した。

昭和二年の十二月に第一號を發行した、發行人は固より君である、其の經驗と才識とによつて第一號既に整然たる面目を備へ、見る人をして驚歎せしめたのであつた、しかし君の慘憺たる意匠は大抵ではない、これは日々報告にあづかつた叟の感心して居つたことである。かくて回を重ぬる十五、昭和五年の末に君が多忙なためと、他の事情とで本誌も中止するにいたつた、しかし三年の後また再生して今日にいたつたのも、偏に產婆たりし君の力によるのである。今其の訃に遇ふて、追憶にたへぬと共に其の本誌に對する元功をたゝへるわけである

## 會員消息

吉田萬次郎氏逝去

氏は泊園の耆宿にして安達氏、岡本氏等と同窓として黃坡夫子に師事された。氏について特に忘るべからざるは本誌の創始の大恩人であるといふ事である。側聞するに當時氏は泊園誌が出來たら死んでも遺憾はないとまでいはれたさうである。この氏の熱情に對して我等は今更の如く感銘を新にする次第である。去る七月五日遂に逝去されたと聞くことは泊園としてもまことに惜しまれるのである。氏は大阪の人。曾て百三十、安田兩銀行に勤めらる茲に謹んで哀悼の意を表し氏の冥福を御祈りす。

●老來愈々健在なる沖本三郎氏は泉北東百舌鳥村土塔に歸去、休閑地利用に盡瘁せられ、田圃の美を擧げ、數々農會展に出陳、優勝旗入賞の榮あり。所產の蔬菜果實は盡く之を同門知己に贈與し、其の惠澤を慶ぶ者多し。粟谷壺堂老より左の如き謝禮の詩あり

五畝休閑家屋東。菜蔬培養計農切。紫根綠葉多滋味。占得優旗翻好風。

●在陰集　梅堂小松原梅藏　杏坡小松原謙三兩氏共著になる詩集上梓さる。

## 新雪庵夜話

魚石

湯川先生がとうとう南方へ行つてしまはれた。あのお年でリユツクサツクを背負つて遠い所へ行かれた。我國の學問の爲めではあらうが、御元氣で恙なく歸朝されるのが待たれる。まだ御便りも頂けないので寂しい。留守番の役は香ばしいものではない。

中國文學が來てゐるね。讀ませて貰ふか。支那文學の精神、東方文化の諸先生の座談會だね。僕にはこんな難かしい事は分らんが、なる程これは面白い。僕の好きだつた虞美人草なんかも比較に上つてゐるな。ふうんあれも韓退之と一緒に力自慢で片附けられてゐるわい。指摘の文學、調和の文學、知性の文學、なるほどさう云ふ風に解釋するんだね。いろいろ難しい事である。然し大變に面白い座談であつた。僕なんかでは諸先生の云はれる意味を十分によく理解し得ないが、平岡さんと安田さんの云はれる所はわりによく分つた。諸先生のこんな話もよく讀まんならん。

奥の方に奥平さんの想ひつきしまゝと云ふがある。面白い事が出てゐる。「文法の用例等に於ては、努めて普遍的なものが求められる事が希望せられるけれ共、言語も生物であり、たとへそれが一地方に限られたり、或は普通さうは云はないけれ共、若しもその稀な表現でも事實存在せるものは、これを重要視せねばならない。それが古いもの丶名殘り痕跡であるか、或は新しく移り變らうとしつゝある場合の新種が詳かなる檢討が是非共加へられなければならないのである」。これは卓見だ。所謂不規則なるものが語學では最も注意すべきものなのである事は見のがされ易い。單なる訛りだの誤りだのとする事は研究者がすべき事でない。何處の語學でもさうである。支那語ばかりでない。奥平先生は何か感ずる所あつて此の言を發せられたのであらうが、實に有益なる忠言である。

京都漢學大會紀要があるナ。大壺君が持つて來たのだらう。大會と云ふものは發表時間が非常に制限されてゐるから發表諸君には氣の毒だが、かう云ふ紀要となつてみると又その存在の意義も明かになる。諸方からいろんな専門の方々が集まられて、いろんな研究が諸地で行はれてゐる事を示される丈でも僕には分つて嬉しい。然もその上に如何なる風潮が行はれてゐるかも窺へる。今度のでは支那語の語學研究方面は一寸しかないのは少し寂しい。どうも支那語の研究がもつともつと盛んになつてほしいものだ。思想の研究も固より必要には違ひないが、科學的な語學研究はもつと盛んにならねばイケないと思はれる。新雪庵御連中も少しこれをやらねばいかん。先生の御留守だから氣焔をあげるのではないんだ。

大壺君の大東亞語學叢刊マレー語の序に、マレー語彙の古いものとして滿剌加館譯語を擧げてゐたが、支那出來の外國語譯は歐洲に比して中々古い。外國語の研究はさう發達しなかつたが、語譯は中々古いから材料にはなる。著錄されてゐる譯書がもつと出ると面白いんだが是れは致し方もない。宮武君や泉井先生は滿剌加館譯語はマレー語と見難い様に云つてられるが、ブラアグデンの研究から見ればマレー語だらう。譯語の寫本は種々あるし、殊に寫誤も多いから譯語原本の研究からかゝらねばなるまい。何にしても大東亞言語の研究には支那の譯語は見逃すわけには行かないだらう。

洪牙利語四週間も來てゐるね。オヤ洪牙利の古文字の表が出てゐる。古字の話は聞いてゐたが是れは面白い。馬鹿に突厥の文字に似てるではないか。洪牙利は東方から歐洲へ這入つた民族だが、こんな文字迄持つて來たとすれば非常に興味が起る。こんな文字が最近ロオマ字になる迄使用されてゐたとすれば、洪牙利古文字學を少しやつて見たいなア。湯川先生が早く歸つていらつしやるといゝんだがなア。

何だ、西田太一郎君譯の袁氏世範は片山校本に泊園の東畡先生が跋を書いてゐられるので知つてた。支那の家訓俗訓類は俗書と云へば俗書だが、支那を知るには大變に役に立つものだ。經を讀み史を讀んで、家訓俗訓類を讀むと恍然悟る所がある樣に思はれる。さうして又小說類を讀むと又合點する所が出てくる樣だ。支那の生活規範を見るには蓋し俗訓が最も適する。たゞ普通漢文の力では少し分り難い。西田さんはそれを完全に分る日本語に譯してくれたので大に便利である。支那へ行く官吏の方や宣撫班の人は是非讀んどくといゝと思ふ。理窟の難しい本や高尙な思想の書もよからうが、こんなものは讀んどくべきものだ。支那人の心持が分る。我が徳川時代にもこんな通俗道德書は隨分よく讀まれ、覆刻もされて政治家の參考にしたものである。さう云ふ事は割に學者には注意されない樣だ。俗書だからだらう。僕は近頃石天基の家寶を見たいと思つてゐる。

世範は生活規範を細々と書いてある。我々生活規範として參考にしてもいゝ事も澤山ある。我國でもよく出た處生訓立志談みたいなものである。たゞ國情が違ふからか、餘りにくどく、あけすけで、こまごまし過ぎてゐて時にそれまではと迄思はれる。それだけ支那を知るにはよいだらう。支那のものである重點として君に忠と云ふ様な所が一つもないのが之を示してゐる。一族の和合、生活の態度家庭の維持がある丈だ。我國の處世訓も大體は是等を目標としてゐても、必ず忠君報國の旨は何處かに現はれてくるが、それがない。國體の相異は致し方もない。現在支那は勿論袁氏の時代とは異つてゐるだらうが、かう云ふ風に完成した規範を持つてゐた支那だと云ふ事は爲政者は知らねばならんだらうと思ふ。支那を知りたい人はこの綺麗な譯本を見とく必要があらう。

泊園書院

| 月 | 午前六時半七時半 | 詩經 |
|---|---|---|
| | 午前八時半十時 | |
| | 午後二時 | |
| | 午後七時九時 | |

| 木 | 詩經 | 古文前集 日本外史 | 韓非子 八家文 | 午後時 管子（石濱先生） 說文 |
|---|---|---|---|---|
| 金 | 春秋左氏傳 | | | |

泊園　顧問 石濱純太郎　同 的場信太郎　同 岡本奇堂　同 西田幾太郎

# 泊園

昭和十七年十二月七日印刷（隔月一回不定期發行）
昭和十七年十二月十日發行 —（非賣品）—
編輯兼發行人　布施市菱屋西三〇七　石崎太郎
印刷所　大阪市西區新町南通五丁目　林泰進堂
發行所　大阪市南區竹屋町九番地（泊園書院内）　泊園誌社
振替大阪一三八三九（泊園書院）電南六八二七


**院日課表**

| 火 | 水 | 土 | 日 |
|---|---|---|---|
| 春秋左氏傳 | 休 | 陶淵明詩集 | 第一、第三、午前七時廿分 尙德會荀子 |
| 古文前集 日本外史 | | 午後三時 古詩源 | 每月一日 第二四五日曜休講 |
| 韓非子 八家文 | | | |

**誌社**

人　三原靜美　石崎太郎　岡本勝治郎
會　安達龜造　寺田英一郎

# 漢字を知れ

大東亞共榮圏建設の問題に沿つていろんな問題が出て來てゐる。國語漢字の問題もその一つである。共榮圏内の日本語普及に伴つて文法文字を整理して一つの標準を示し、複雜混亂してゐる國語問題に一つの傾向を與へやうと云ふのであらう。固より理の然るべき所である。

我國の國語問題は他の諸國に比べると大變に複雜なものである。國語とは本來性質を異にしてゐる支那の文字を使用し、その文字に於ても音と訓との兩樣に之を使用し、別に音のみのカナ文字を發明使用し、カナ文字もヒラガナとカタカナとの兩種を併用してゐる上に、純國語と漢語とで文章にも國語風漢文流の兩體あり、文語體と口語體とあり、又其の間に種々なる混交體もある。これでは實際に外國のみならず我國人でも中々外國の樣に簡單には行かないのは無理もない。共榮圏指導の問題の一つとして世に出て來なければならない。そこで常用漢字案とか假名遣改正なんかの最低試案が出たのであらう。

これらの今回の提案及び其の他の種々の試案も結局は漢字使用が中心問題に違ひない。漢字を我國語に使用してゐる限り、いつの世になつても其の事から起る紛糾は消失しないかも知れない。そこでカナ文字案ローマ字案などが起るわけである。然し漢字使用は歷史が長く且つ深く、既に漢字は國字となつてゐる。たゞ便利だからと云ふ位では易え得るものでない。又文字の問題ばかりでなく、文化の問題であり一國精神の問題なのである。談何ぞ容易ならんや。

漢字は難物であらう。難物だけに長所も非常に多い。之を縷說しやうとは思はないが、難物なるに拘らず生命の長いことを以てしても長所が多い證據と見てよい。和漢混交文も奇體なものだが便利のよいことも多い。この奇體なものがあつたが爲めに明治以降の西洋文物攝取に大變都合がよかつたんでないかと竊に思つてゐる。文化の高く長く深い國では言語文字は複雜なのでないかとさへ思つてゐる。文化の低い未開の民族なら簡單な文字で片づくのである。音標文字で片付くと考へるのは文化をよく知らないからでないか。

余は今文字問題を語るつもりでない。漢字使用は複雜難解を惹き起すからと云つて、整理問題を簡單に片付けない樣にしてほしいのである。勿論不要の複雜は整理するに限る。漢字を何でも便宜主義に墮せない事である。漢字の複雜を歎くより漢字教育法を革新してほしい。複雜なる漢字を能率的に教育する方法は遺憾ながら餘り講ぜられてゐる樣には思へない。複雜なる漢字は分り切つた話である。常用漢字でも能率的に教へて見たら必ずや綽々たる餘裕が其の間に有るを悟るだらうと信ずる。中等學生が漢字々典を引くをいやがらす樣では漢字教育が行はれてゐると云へない。

我國人は我國字を知らなければならない。國字の漢字を知らずして何をしようと思ふんだらう。共榮圏内の日本語普及にも漸を追うて漢字がふえなければウソである。所謂常用漢字だけだつたら如何して眞に我國を知り得るに至るだらうか。我國に於ても常用漢字は增加せられるに至るだらう。然しそんな事は措て置いて、知識を攝めたい有識の士は漢字を知らねばならない。又漢字教育の任に當る人は漢字の組織的能率的教授法を研究してほしい。それは我國の知識の爲のみならず、大東亞共榮圏の爲めなんだ。漢字をよく知るの必要は益々增大するであらう。（白水生）

# 說詩樂趣 (38)

**效尤生**

宋の英宗の頃、吉州の吉水縣令が邑を治めること嚴酷であつた。野人の馬道なるものが啄木の詩を作つて之を諷した。

翠翎迎レ日動。紅嘴響二烟蘿一。
不レ顧二泥丸及一。唯貪レ得レ食多。
纔離二枯朽木一。又上二最高柯一。
呉楚園林濶。忙々爭奈何。

と前聯に其の貪鄙を嘲けり、後聯に其の器局の小なるを戒めたものである。令は其の詩を見て稍々刑を緩めた。當時之を目して野啄木といふた。

范希文の釣者に贈る詩に

江上往來人。盡愛鱸魚美。君看一葉舟。出沒風濤裏。

競渡を觀る詩に

小艇破レ濤去。旁觀亦損レ神。他年在二平地一。無レ忽二險中人一。

とある。前者は魚膾を愛する人は須らく漁父の險難を踏んで居ることを思へとの意、後者は安に在て危を忘れぬ意、或は安樂に居て困窮の人を慢らぬ意を寓したもので。共に徒作ではない。

宜春王の李從謙は南唐の李の第九子である。李璟が苑中で宰相と奕棋をして居つて從謙傍に在つたから、觀棋の詩を賦せしめた。其の詩に曰ふ

竹林二君子。盡日意沈吟。相對雖レ無レ語。爭レ先各有レ心。恃レ强知易レ失。守レ分固難レ侵。若算二機籌一處。滄溟想未レ深。

前聯は輕妙にして適切、後聯は諷規剴切なるものがある。滄溟の想は世を海上に遺るゝをいふ。

王舍人孟端は詩を作る淸麗、嘗て人の久しく京師に客となり、乃ち別婦を娶つたものがあつた。孟端詩を寄せていふ。

新花枝勝舊二花枝一。從レ此無レ心レ念二別離一。可レ信秦淮今夜月。有レ人相對數二歸期一。

可は信「信ずべけんやと讀むべきで、秦淮に今夜の月に對して歸期を數へて居る人ありとは信じはすまい」。といふ氣持になる。對手は詩を得て感泣して、日ならずして遂に歸り去つた。

蔣貽恭の鷺の詩に

辛勤得レ繭不レ盈レ筐。燈下纖レ絲恨更長。著處不レ知來處苦。但貪身上繡衣裳。

常に用ひられる意匠であるが、また一種の味を持つて居る。富貴の子女に吟誦せしむべきものである。

華山の鄭雲叟に時を傷むの一絕がある。

帆力劈開滄海浪。馬蹄踏盡亂山青。浮名浮利濃二於酒一。醉二得人心一死不レ醒。

古今同嘆である。又、霍山の秦道士に贈る詩

老鶴啼猿伴二採芝一。有レ時長嘆獨移レ時。翠蛾紅粉嬋娟劍。殺二盡世人一人不レ知。

前篇と共に少しく露骨を免れぬが、また一世の針砭である。

羅鄴は詩に巧であつた。春游して鬱然として懷ふことあるといふ詩

芳艸如レ烟處々青。閒門要地一時生。年來檢點人間事。惟有三春風不二世情一。

春草は閑人の家も、要路の處も一樣に生へる。人情は權貴に媚び貧窮を疎ずる。人間の事を點檢して考ふれば、春風のみ公道である世の輕薄の情に似ぬといふのである。春雨の詩に

兼レ風颯々灑二皇州一。能帶二輕寒一阻二勝遊一。昨夜五侯池館裏。佳人驚覺爲レ花愁。

是亦驕奢を刺つた詩であるが、前の鄭詩に比して一種溫雅の味がある、これ唐人の面目を存してゐる。

## 泊園書院の釋典

恒例の秋の釋典は去る十一月八日書院に隣接の明誠舍にて擧行さる。午後一時半奏樂と共に開始、修祓、獻饌、祝詞、黃坡夫子の祭文、玉串奉奠ありて講經にうつり夫子は中庸の一節

「君子素二其位一而行。不レ願二乎其外一。素二富貴一行二乎富貴一。素二貧賤一行二乎貧賤一。素二夷狄一行二乎夷狄一。素二患難一行二乎患難一。君子無レ入而不二自得一者一」

を講ぜらる。終つて一同參拜の後階上にて御土產の夫子初め諸家御揮毫の色紙を頂いて散會す。

# 論語講義

黄坡先生述

**冉有曰。夫子爲衞君乎。子貢曰。諾。吾將問之。入曰。伯夷叔齊何人也。曰。古之賢人也。曰。怨乎。曰。求仁而得仁。又何怨。出曰。夫子不爲也。**

**訓讀**。冉有曰く、夫子は衞君をたすけんか子貢曰く、諾、われ將に之を問はんとす。と入つて曰く、伯夷叔齊は何人ぞ、曰く古の賢人なり。曰く、怨みたりや。曰、仁を求めて仁を得たり、また何ぞ怨みん。出て曰く、夫子はたすけず。

**解釋**　此の章は孔子の動作に關するものであるから、**動止部**に屬し、孔子が**衞の出公を助けようとせられぬ**といふ記事である。當時衞國では太子蒯聵が父靈公に追はれて晉國へ出奔して居るが、靈公が薨じたから國人は太子の子輙を立て、君とした。そこで晉は蒯聵を送つて衞に納れようとしたが、輙は兵を以て之を拒いだのである。孔子魯の哀公の六年に楚から衞に反られた、丁度衞輙の四年であつた。此の章の問は定めて其の頃の事であらう。門人**冉有**が「この際先生が衞公輙を助けられやうか」と疑うた。そこで**子貢**が「諾（承知した）自分から先生にお尋ねせう」といつて、孔子の居室へ入つて問うて「伯夷叔齊はいかなる人ですか」と曰うた。この**伯夷叔齊**の兄弟の人は殷末の孤竹といふ國の子であつた。父は遺命して叔齊に後を繼がせよ、といふたが、父が死んで後、叔齊は兄の伯夷に讓つた、伯夷は父の命だといふて之を拒んで、遂に國から逃れ去つた、叔齊も亦立たずに逃れ、國民は遂に仲子を立て、君としたといふのである。**孔子答へて**「古の賢人だ」と答へられた。そこでまた「怨むでありませうか」と問ふた。夷齊が國君の位を失ふて一身を窮乏した、心中に怨む所あるやに考へられるのである。孔子答へて「仁を求めて仁を得てゐる、何の怨む所があらうか」といはれた。伯夷たとへ當時に諸侯となるも、殷紂の暴政の頃である、其の仁を行ひ得るとはきめられぬ。よつて遜退して兄弟相讓つて其の親を失はず、また自ら其の身を正うして道を失はない、これは國を治めはせぬが、また一の仁である。これをきいて室を出た子貢は、冉有に告げて「先生は衞君を助けられぬ」といつた。これは夷齊の相ひ讓つたのと衞輙の相爭ふのと丁度反對して居るから、夫子が夷齊を賢人とせらるれば、輙を不肖とせられることを問はずして明かであり、また夷齊を仁を得たりといはるれば、夫子が輙を助けられぬことも問はずして明かである。即ち孔子のみだりに出て位に居ることを期してゐられぬことがわかる。この子貢は言說に長じた人であるから、隱微の中に孔子の意を窺ふたのであつて、其の初には夷齊を輙に較べ、後に夷齊を夫子に當てた。これは辨說の道としてしかあるべきことである。この末半の仁に關する問答が古來明解を得られないのである。こゝに王父の說を敷衍してかく說明したのである。

**子曰。飯疏食。飮水。曲肱而枕之。樂亦在其中矣。不義而富且貴。於我如浮雲。**

**訓讀**　子曰く、疏食（シ）をくらひ水をのみひぢを曲げて而して之を枕とす、樂みまた其中にあり。不義にして而して富かつ貴きは、我に於て浮雲の如し。

**解釋**　**人爵の求むるに足らぬ**ことを語られた章であつて、**志氣**の部に屬する。**疏食**は粗飯であつて即ち玄米のめしである。**疏**を古註に菜食とあつて、一本には蔬字に書いてあるがこれはよくない。**飯**は動詞にして、飯にくふことになる。枕にも不自由して手枕で寢るといふ樣な、皆貧乏のくらしである。普通ならば堪へ難いものであるが、やはりそこに樂もあるといはれた。この**亦**は上の貧窮の狀態に對した「もまた」である。一見窮苦の如く思はれるが樂もあるといふ意になる。**在其中**はよく使用せられる語だが、もと其事が無い所に自然に其事が來るといふ樣な意であるから通例人情を以てしては苦しいとする所の貧乏であるが、しかしそこにも樂はある、即ち先王の道を學んで其德を成し、孟子の謂へる仰て天に愧ぢず俯して人に愧ぢぬ類が其樂しみであらう、この**自得の樂**は素より窮達の境遇によつて變りはないのである。そこで孔子は語をついで、道義に背いた行を以て得た富貴は、我に在ては浮雲が天に去來する樣なもので、何の關知するものでもない、之を以て我が心を動かすには足らぬといはれた。

この**樂亦在其中矣**をば孔安國は「孔子が之を樂として居る」と說き。朱子は「聖人の心は渾然たる天理だから、困極に處るも樂も亦在らざるなし」と說き。程子は「疏食飮水も其樂を改めること能はぬ」と說いて居るが、皆語意を失うて居り、ことに宋學者は自已の見解へ孔子を牽きつけるのであるから、正解とはいへない。また**浮雲**の比喩も、程子は「之を視ること輕きこと浮雲の如く然り」といひ、朱子は「浮雲のあるなきが如し」といひ、或は「浮は忽ち集り忽ち散じて常形がない不義にして富貴な者は忽ち得て忽ち失で以て常と出來ぬ」と說く者もある。後になるほど巧みであるが、原の聖意とだんだん離れてゐる。即ち「我に於て」といふ字を忘れて仕舞つてゐるからである。鄭玄の「我に於ては浮雲の己の有に非るが如しと」いへるは矢張古に近い。たゞ己の有といふことが挿入されてゐるだけがまだ穩當でないから、前述の樣に解すべきである。

**子曰　加我數年。五十以學易。可以無大過矣。**

**訓讀**　子曰く、我に數年をかして、五十にして以て易を學ばば、以て大過無るべし。

**解釋**この**加**の字は史記の世家に**假**になつてある、風俗通にも論語を引いて**假**になつてゐる。こゝの**加は假の誤**と朱子の說があるのに從ふて、假に改めるがよい。何晏の註に、易は理を窮め性を盡して命に至るの書である、孔子年五十にして天命を知つた、知命の年を以て命に至るの書を讀めば大過がなからう。と解いてある、凡て古人の學問は人情世變の上から錬磨し來るのであつて單に書を讀むに止まらぬ、五十以前は經歷も淺く、識見も開けぬから、易を讀んでも其得る所が淺い、知命の年になつて此書を讀めば、發明する所も多く自分の處世の上にも過が少からうとの意である、章の意は**易に志すこと**を語られたものである。**教學**に屬する章である。

史記に、孔子晩にして易を喜む云々曰く我に數年を假して云々とあるにより、朱子はこの章を孔子の七十に近い時の語と見て、本文の**五十は卒字の誤**といつて居る。これは史記を誤讀したものである。此章は孔子のまた五十になられた時の語と見るべきである。

此章を讀んで、世故を經るほど讀書の味が益々深いものだといふことを感ぜさせられる老年だからといふて書を廢することは大に反省を要することである。

—第五〇講—

## 同窓會收受報告

○寄附

金五十圓也　關西吟詩同好會

○常費　三ヶ年分

金三圓也　大橋　香陵氏

○常費　二ヶ年分

金二圓也　小野　銀馬氏

○常費　一ヶ年分

金一圓也　植野德太郎氏　後藤　潤氏

山田　正一氏

# 川井立齋のこと

大壺

川井立齋は川井立牧の嫡子である。立牧は富永謙齋の知友であつた。それで余は知る所の多からざるにも拘らず、その小傳を書いた事があつた。拙著の「浪華儒林傳」に收めてある。又「富永仲基」の中にも略述して置いた。所が近頃「富永仲基」のその條を見てみると、懷德堂との關係に於て甚だしい誤記をしてある事に氣がついた。これは是非正して置かなければならない。

立牧は尼ヶ崎町の年寄役をしてゐたが、その初めは寶曆七年丁丑の歲であつた。彼の歌集「桂山集」下卷に「やつがれ寶曆丁丑のとし年より役を蒙侍りけるに云々」の前書のある歌があるのでそれは分る。「懷德堂內事記」(懷德第十二號)の寶曆八年戊寅八月の條に壁署末の一ヶ條を改めた事が出てゐて、其の末に「尤此度年寄川井玄牧より無緣の人も講談出席差許候事、公成事故、昔通りに致し申間敷哉旨被申越候へ共、已前萬年先生被仰置候通りの事故無其義、別に五井先生斟酌を以、町內之人は無緣にても出席不苦旨相定め此旨玄牧より町內へ被申渡候」とある。勿論この玄牧は立牧の誤植であらう。其の後の明和三年の足立榮安借屋名目の所でも玄牧となつてゐるが矢張り立牧であらう。「懷德堂外事記」(懷德第十二號)では皆立牧となつてゐる。「內事記」の明和四年亥正月の條から年寄立齋が出てくる。立牧は三年七月二十日に歿したのであるから、立牧が歿して子の立齋が引續いて年寄を命ぜられたものと見える立牧は懷德堂に好意を持つてゐたものと見えて、預人名義變更屆の際、學問所と借屋とを區別した際、榮安借屋の際、などにも世話し斟酌して處置してゐることは「內事記」「外事記」にも見えてゐる。又五井蘭洲春樓父子とも親しい中である事は、「桂山集」の春曙百首が蘭洲の勸めにより、立牧の墓誌が春樓の手になるのでも分る。それで當然立牧の子供達も就學の初めは懷德堂であつたらうと思はれるのである。現に墓誌にも「𠮷之幼投之句讀」とある。然し𠮷即ち立齋は懷德堂とは善くなかつたのである。拙著「富永仲基」で立牧が善く思はれなかつた樣に出てゐるのは皆立齋の誤りである。

立齋の傳記も余には分つてゐない。名は𠮷は立牧の墓誌で分る。母は伊藤氏、名は富。墓誌は夫の友なる細合方明が撰書してゐる。これも木村蒹葭堂の「大阪訪碑錄」に出てゐる。立齋の墓は先生の地東高津の西光寺に今尙ほ有るや否やを詳かにしないが、「大阪訪碑錄」には著錄されてゐない。若し存してゐるやうならば探訪しなければならない。余は明和元年甲申の序跋ある精義堂藏板の「孔子集語」二冊を見るを得たが、これには「日東浪華橘𠮷洛陽早延美同校」となつてゐる。さうして誰かの書入れで「川井氏立齋」と「字伯英號龍潭」とが添えてあつた。これで字も號も分ることゝなつた。この書の跋は「九華中島貞吉泰志謹書」あつて、中に「自頃橘早二生考訂総篇請予鑒定公于四方」とある。蓋し精義堂と云ふのは中島九華の塾で立齋はこゝに遊學してゐたものらしい。この中島氏は儒醫かもしれない。その學統は古義學派と見えて、卷首の兩序は伊藤善韶と宮崎奇とが書いてゐる。これで見ると立齋は春樓から文字の手ほどきを受け、長じて京へ遊學して家業の醫學と和漢の學を修めたものであらう。その師の一人が中島貞吉だらう。學成つて歸阪したのか、親の病氣で歸阪したのかは分らないが、立牧歿後は後を繼いで醫をしたのは母の墓誌に「伯仲箕裘」とあるから間違ひない。多分學成つて歸宅し間もなく父の死に會ひ、醫業も續けて年寄役も仰付けられたのだらう。所が借屋問題から年寄と懷德堂との間が揉めだしたのである。

元來懷德堂は準官學の學問所として町內特別扱ひで立牧は好意を持つて何かと斟酌してゐたのであつた。だから足立榮安が五井蘭洲の舊宅へ住んでも名は借屋でも「外に何の替り候事も無」かつた。然し學問所とは關係ない借屋人が學問所に住んでゐるのだから事が面倒となつてきた。明和二年に榮安が去つて後は空屋であつたものを、三年八月立牧の歿後から普請して年末には醫者の古林正民がそこへ這入つた。所が懷德堂では榮安の先例によつて行かうとしたので揉め合ふことゝなつた。四年五月には立齋が會所へ呼び出したことから端を發した。「懷德堂內事記」に詳細が出てゐるので略するが、町內の評議でも正民の學問所の內住居は町內に懸構ひのない事だが、公邊事出來などの節は町の世話になるので、平生無事の節のみ町外の心で、事有ると町を依賴するなどは其意を得ないから、如何樣の事があるとも町の世話に相成申すまじくとの一札を學問所から取らうかなどとの說が出た。その噂を聞いた學問所は望む所の幸と一札出したが、姑くして返してきた。こんな調子では面白く行く筈がない。睨み合ひの儘公邊用の印行取りはどちらも知らん顏で濟ましてゐたらしい。所が安永二年八月になると「懷德堂內事記」では「年寄川井立齋不埒成事を申募り存も不寄、爰許不通義絕致し」と激烈な言葉が出てゐるから、又借屋問題が再燃したものと見える。それに今度は竹山の弟履軒が他町を住更えたが未だ人別が町內に殘つてゐる事もからんできたのである。からヒドク揉めてきたので十二月には三宅春樓の取扱ひで「年寄和談に及び、三宅氏宅にて對面に及び事が相濟む」事となつた。何しろ偉才竹山を相手であるので誠にむつかしかつたらしい。

手打にはなつたが內面は面白くなかつたらう。それに安永三年三月懷德堂門前に捨子があつた事から又むつかしくなつた。以前甃庵の時代にも捨子事件があつたが、其時の年寄新五郞のはからひで費用も半分町持ちで片付いたのであつた。所が以前の揉めの際に立齋は「學問所に於て捨子有之節は、町より構申間敷」と申出て置いた。そこで今度の捨子は學問所で引上養育して居つたが一月半程して病死をした。そこで檢使が來るし町內との交涉が食ひ違つて面白くなくなつた。其後の間柄はよく分らんが、何しろ竹山は威勢益々隆々たるもので、西奉行初め尊敬優遇する始末であるから町內も一目を措かざるを得なかつたらう。立齋は面白くなく思つても致し方なかつたらうと思はれる。立齋の事も其後は何も知る所はない。

大略知る所は以上の外に出ないが、懷德堂と面白くなかつたのは立齋であつて立牧ではないのである。「富永仲基」での記載は失檢で誤りであり、隨つて「浪華儒林傳」での附記も抹消すべきものである。

立齋は「孔子集語」の校刻に關係したりして漢學も相當出來たらしいが、父祖以來の影響で國學も相當出來てゐたらしい。「大橘集」の細合方明の序に「傳歌者其長子名𠮷」とあるのでも分る。「享保以後大阪出版書籍目錄」を見ると寬政二年九月に奈良屋長兵衞が板元で「和歌掌中まさな艸」一冊が集者川井立齋として出願してゐる。許可は出てゐないが出版されてゐるだらう。然し余は未だ見ない。

佐村八郞氏の「增訂國書解題」によると「桂山集」は「寶曆年中に男立齋の出版したるものなり」とあるが是れは疑はしい。立牧存生中であり、立齋が若過ぎる樣である。この解題に著錄したる「桂山集」は余の見たるものと違ふ樣に思はれる。「末に春曙百首を附し」とあるが、余の所見本は尙ほ其の後に「爲組入天井廻文歌」「同」「難波瀉」及び「爲兼大納言佐登國の歌になすらへし歌のなすらへ歌三十餘首」を附してあり、最後に「明和第二乙酉季夏」とある。さうして立齋出版と推すべき文句は何處にもない樣である。若き立齋の名を借りるのも家刻本では不思議でもないだらうが、どうしてさう分つたらうか。或は余の所見本は後の增刻本なんだらうか。それにしても立牧の出版らしい。

「大橘集」はまさに立齋の出版に相違ない細合方明の序の文も立齋存生中らしく見える「增訂國書解題」には「大橘詩集」と「大橘集」と二つ著錄して同物だとしてゐる。余の見た本では表の題簽は大橘詩集で、中は大橘集である。固り同じ本だから二樣の書名が行はれてゐるのだ。立齋は父の遺稿を漸次出版しやうとしたのだが、恐らく其意を果さないで歿したんではないかと思ふ。

# 吉田一樂君を憶ふ

岡本時笑

吉田君が逝いた。夫子の御口からである。意外のことで吃驚した。夫は七月十九日尙德會講義後のことで有つた。それから早や二ケ月も經過して滿中陰も旣に濟んだことで有らう。人生の常。誰か身にも有ることで有り且つ老少定まり無い浮世の習ひ獨り君一人にのみ限つた事でも無いから敢て不審と云ふのでもないが。君にして此事ある未だ斯かく老いたりといふ程でもない君にして此く世を急ぎ逝かうとは全く豫期せぬことで有つた。憶へば名殘も惜しく心緒を動かす哀愁を覺ゆる。吾等泊園同學の長者たる君を喪ふとは實に感慨無量。乃ち同學の一人として追憶の一文も稿せねば成らぬ。是に於て憶ひ出の儘筆を執つて見た。尤も君の公職其他に就ては又他に記する人も有らうから玆では余と机を共にしてゐた當時の事を記述する。語に曰ふ。子を見る父に如くなく弟子を見る師に優る無しと。然し吾等同學の者亦其の一斑を知らないもない。

抑も余の吉田君を知つたのは今は昔我吾院竹屋町分院設立當時朝講の時からで有つた。聽講者の一人に、それは熱心に夫子の講義を速記してゐる者がある。余ら田舍出の者には速記など云ふことは兼て聞いては居たが、そもどんな事をして記述するのか夫は全く知らなかつた。處が其の人は澤山の半紙（速記用のものと見えて粗末なる藁半紙）を竪二つに折り重ね…たる儘夫れを横にして横書に書いてゐる。俗に走り書きといふことがあるが是こそ眞の走書であらう。講義後見せて貰ふたが吾等には何を記してゐるのやら全然判らない。線を引いたり曲線を書いたり、圓形波線全く蟲の這いた樣な痕がついてゐる。行雲流水古への芦手書きどころのものでは無い。夫れが速記術と云ふもので其の方法で諄々と說かるゝ夫子の御講義を記して居るのである。一時間の講義を之に由つて書上げると相當の紙數、何でも二十枚近くにも成るとの樣な有つた。紙價の安い時であつたから好い樣なものゝ、此の頃の如く不足勝得難い時で有つたら夫れだけでも毎日々々大變である。聽講者の何れも樣皆驚いて居られたが自分等も感心したことであるが、此の速記してゐた熱心家が即ち吉田君で有つた。

其の後余も入門して學ぶことに成つたが何から講義を拜して好いやら自分には判らない吾院にはちやんと規定も有ることでは有らうが時間の都合も有つたと見えて夫子は朝講に見えてゐる吉田君が左傳をやつてゐるから中途からでも有るが之と一緒に聽いて見よと乃ち其の時から君とは机を並べて學んだのである。

曾て本誌所謂の憶ひ出の記に筆して居た如く時折不意に問題が出されて試驗されることとが有つた。君は何時でも一日の長が有つて最上級の榮冠を贏ち得て居た。素よりの養も才もあり年齒も上で有つたけれど矢張り頭腦の明晰で有つたことは事實である。左傳の講義が畢つてから韓非子が始められた。是も亦君と共に聽いたのであるが君は公務上の都合からでせう中途でやめられた。

夫れから君は前號に夫子の御筆にも見えてゐた通り極めて多趣味多藝な所謂器用な人で有つた。先づ學問學として普通學は申すに及ばず露西亞語が出來るし漢文はやるし、それに情歌もやられる。何でも新聞か何かに時折應募して入賞せられたと聞いてゐる。曾て天王寺公會堂で府下各銀行本支店員の算盤競技會が行はれた事が有り、君は夫れに參加して二等賞を貰ふたとか聞いて居る。此の競技會の賞も情歌懸賞の賞品も見せては貰はなかつたが、講義の終つた後の出し合ひ話にせられたことで有る。即ち算盤の如きものに就ても何百人もの中に於て一二を爭ふといふ技倆を有して居たかと思へば是も矢張り其の筋の達人に違ひはない。

夫れが音樂に於ても唯好きだ器用だと云ふ程度ではない。自ら三絃を彈かれる。尺八を吹かれる。又舞をまはれる。曾て有聲會席上で其の會意の尺八を奏せられたことも有つた殊に三絃に就ては曲譜を拵へ之に依つて端唄など其の曲節がちやんとわかり又唄はれもするとのことである。元來日本の樂は端唄でも長唄でも師匠から弟子へ、耳から耳へと傳へられるもので夫れで無ければ學べも出來ず覺えられもせぬものを君の拵へられた譜節に依りて見れば少し心得のある者ならば爾餘の歌は師匠に依らずも此の曲譜を見て出來るといふので君は之を公に廣告もし世の爲めに計つたらしく話に依れば中國九州あたりから段々注文が來て之を送つてゐると言ふて居られた。三絃に就ては余も若い時の手慰みに少し許り師に就て學習してゐたことが有るので調子位は解るのであるから君の此の譜でも見れば或は解し得たかも知れない。時恰度漢文を專心勉強してゐた時であるから外道にはつひ見向きもしなかつたが若し之を見せて貰ひ其の方に深入りでもしてゐたら今頃或は門附け藝人に成つてゐたかも知れない。

それで君は其の音樂の方の雅號を一樂と稱し名刺にも刷つてゐた。君子の三樂に對して音樂の一樂といふので面白い號だと當時思ふた事でも有つた。考へて見ると君は多藝多趣味なもので有る。あの體で舞などが品よく舞ひ得られるかと、何でも舞は銀行よりの歸りに習ひに寄るとか聞いてゐた。兎に角何事でも一旦かうと定めてやりかけたら或る點迄之をやりぬくと云ふ精神が旺盛で夫れ迄は熱心に夢中に成つてやり遂げずんば已まないといふ意志の强固な性で有つたと記憶してゐる。

年月は流れて齡は長けるし君も吾院への通學は無くなり。吾れ亦夫子の御膝下を遠く離れに他府縣に勤め君との交りも只時折りの手紙位で親しく面晤してしみじみ語合ふたことは絕えて無かつた。然る處昭和二年十二月二十二日泊園誌が發行されることになり君が專ら之を擔當してやられるといふので大に期待してゐたことで有つたが、其の後君は病氣の爲め辭退され夫れが爲め誌も一時中絕の已むなきに至つたが、君ば枚岡の居から尼崎の方に轉居、靜かに病を養はれてゐたものと見える。昭和十三年余の再び此の地に歸任せし折夫れを知らせ其の秋の同窓會にも特別に出席を促したる處、喜んで出席をすると申し來りしが又當日何か用事でも出來たのか、それとも病の爲めに夜の外出は好くないと醫者から止められてゐたものか遂に見えなかつた。翌十四年六月余や聊か心祝の事ありて夫子初め在院當時特別由緣の有つた人々を招待し高津湯豆腐屋に於て粗宴を催した時、其の時も君は辭退の葉書が來て遂に出席は無かつた。爾來荏苒早又四年一度は御訪ねして悠つくりと語合はんものと心にはちやんと描きながらも今日は明日はと遷延し其の中にと思ふてゐた矢先突然其の訃を耳にしたので有る。今は早や幽明處を異にし懷舊談に花を咲かせてと思ふても得られぬ過去のことゝ成つた。是くと知つたら何故早めに御訪ねもしなかつたのかと今更悔み歎くことでもある。

人生五十年、人は何人も一度は死することなるが、今君が此くの如く忽焉として逝かうなどとは夢にも思ひ居らぬ所で有つた。當時を追憶して君のあの學習態度、其の話振りなどさまざまと眼前に浮ぶことである。何れ折を見て同學相伴ひて新なるお墓にも參ることなるが玆に本誌の紙面を借り憶ひ出づるまゝに取り止めもなきことどもを敍して君を偲び君の冥福を祈る次第である。

（十七年九月二十四日記）

## 漢字

の常用字が制限せられます。それも必要なんでせうが、それよりモット漢字を正しく使ひませう。あんまりおかしい間違ひをしてゐると大東亞共榮圏の人々に笑はれます。漢字は國字なんですから、國語を愛する人々は漢字も愛しませう。いくら制限しても誤つてはいけません。書物の誤植も中々多い樣です。これも骨折つて貰ひませう。隗より始めて二三お目にかけます。

車內の饒舌スパイの好餌

まだいる標語ですから注意したいですね。たしか南海電車の中で見ました。

一億撃つて貯蓄へ邁進

これは目下必要です。どこかにから書いてありました。早く直しませう。

文化の世界性の認識を以て、一部識者の思惟的術作による抽象概念に過ぎずと論斷し、

關西大學々報第二百號にあります。どうも何かの誤植か誤記の樣に思はれます。

外套の誤り

これはペン書きで出てゐました。そんな活字はありますまいから正しい字にしときました。「すまひといふく」と題するハイカラな本の中にあります。御覽下さい。恥を申すのでありますが、この本の表紙を見た時には何の本か分らんので、「相撲と云ふ句」の俳句集かと思ひましたが、あけて見たら「住居と衣服」の意味でした。

百姓もできる服

これも「すまひといふく」に出てゐます。誰かのしやれたペン書です。

他方には醫師の生活をも確的に保證したいと云ふ希望が、

これは文藝春秋五月號に出てゐます。「確的に」と云ふ言葉は私には耳新しいが變に聞えます。誤植か誤脫かわかりません。

泊園書院

木　詩經　古文前集　日本外史　韓非子　八家文　管子（石濱先生）

金　春秋左氏…

泊園　顧問　石濱純太郎　同　的場信太郎　同　岡本奇堂　同　西田幾太郎

三月十三日印刷
三月十五日發行
發行所
泊園誌社
大阪市南區竹屋町九
（泊園書院内）
振替大阪一三三八九
電南六八二七
印刷所
不二印刷株式會社
大阪市北區旅籠町三七
編輯發行人　石崎太郎

# 東畡夫子の顯彰
## 泊園に重なる光榮

我が泊園の諸先生の屢々機會ある毎に顯彰せられ給ふた事は我等のよく知る所である。今又新聞紙の報ずる所によると、今回大政翼贊會が時局下の國民精神作興の爲め忠烈の士先覺の徒を顯彰するを勸め當大阪に於ても數人を選定したが、其中に我が東畡先生の名が擧げられてあつた。復た我等の先師は顯彰され給ふのである。泊園の末流に連なる我等としては慶喜措く能はざるものである。

先生の志行學德は今更らに我等が說くに及ばない。旣に畏くも九重の上にまで達して、辱くも夙に御贈位の恩典に浴し始ふたのである。この御恩典こそは正しく御嘉納を給つた事を示すものとして我等の感泣して已まざる所である。然し今復た顯彰の機に會はれるを思へば、愈々先生の志が世に周知せらるゝを喜ばざるを得ない。

先生は國體を明徵にせられ、國體と儒學との正しき關係を闡明し給ふたのであつた。滔々たる天下に儒者の多い中でも此點を極めて明晰に標示せられたる第一人者と云つてよいと信ずる此點に於て明かならざれば儒學の我國に於ける地位を悟り得ないのであり、又現下に於ても孔學の我國に必要なる所以を覺り得なからうと思ふ。此義を天下に明かにする機會を復たも與へられたるを喜ばざるを得ない。

特色ある泊園學を獨り誇つてゐてはならない。皇恩に無窮に浴せる我等は永く我等の先師の志を推行しなければならない。機會は度々與へられてゐる。我等は今回の舉に於ても何等かの我々に出來得る方法を以て泊園學の精神を弘めたいと思ふ。それが　皇恩に報い世論に應へる所以であらう。たゞ顯彰さるゝを當然としてゐては濟まない。泊園の先輩諸兄以て如何となす。（白水生）

# 說詩樂趣
—（40）—

效尤生

カットは金冬心集字

于濱の詩は頗る敎化に關するものがある、對花詩に

花開蝶滿㆑枝。花謝蝶還希。惟有㆓舊巢燕㆒。主人貧亦歸。

と詠じて、世の輕薄子を嘲つて居る。又た唐備といふものが濱と名を齊しうしてゐるが、また諷諭の詩が多い。

天若無㆓雪霜㆒。青松不㆑如㆑草。地若無㆓山川㆒。何人重㆓平道㆒。

といひ、道傍木に題して

狂風拔㆓倒樹㆒。樹倒根已露。上有㆓數枝籐㆒。青々猶未㆑悟。

と。權勢家に依存して、大家既に衰亡に及ても猶ほ悟らぬといふ、恰も蔣某の如きか。又

一日天無㆑風。四溟波盡息。人心風不㆑吹。波浪高百尺。

といへるは。よく人情を嘲つてゐる。

李濤臣は魏郡の人で、弱年の頃より俊才といはれ、詞句の人を驚かすもの多い。一日、鄭州に薄遊した。時に韓琦が此地の長官であつた、因て其大祝に逢ひに往つた、吏報じて「大祝は今方に寢て居る」と曰ふ。乃ち筆を求めて一絶を名刺に書して、其吏に授け「大祝が目覺めたらば之を與へ」といふ。其詩に

公子乘㆑閑臥㆓綵厨㆒。白衣老吏慢㆓寒儒㆒。不㆑知夢見㆓周公㆒否。曾說㆓當年吐哺㆒無。

御前さんが閑を偸んで臥て居るから、賤しい老吏が貧書生とあなどつて、門前拂ひを爲たが、御前さんは夢に周公を見たかどうか知らぬが、もし夢みたらば周公が吐哺握髮で士を待つた話をしたかどうか。といふので晝寢して士に逢はぬ不都合を嘲つたものである。周公を夢みるは論語にある孔子の語に本づいたことはいふまでもない。

明の何文淵が溫州の守であつた時、兄弟が妻の言に惑ひ、財產を爭ひ訟を起したものがあつた、何は之を判定し、一句を題して

祇緣㆓花底鶯聲巧㆒。竟使㆓天邊雁影分㆒。

祇は「たゞ」竟は「つひに」と訓す。雁は飛ぶに列をつくるから、雁序などいうて、兄弟に喩へる。彼の兄弟は泣いて謝つた。

解縉が世祖の朝に題㆘虎顧㆓衆彪㆒圖㆖の應制の詩を賦した。彪は虎兒である。

虎爲㆓百獸尊㆒。誰敢觸㆓其怒㆒。惟有㆓父子情㆒。一步一回顧。

虎は百獸の長だから、誰が子虎を侵すことがあらう。しかし父子の情として時々子虎を顧視するといふのである。時に長子高熾が監國として南京に留守となつて居て、しかも群弟の讒言が流行して居つた。世祖は此詩を視て即日、親信の臣、夏元吉を遣はして高熾を迎へしめた。

吳門の風俗は、冬至の節を重じ、肥冬瘦年と謂うて、互に節物を送るのである。寓官の顏侍郎なるもの詩を以て諷していふ

至節家々講㆓物儀㆒。迎來送去費㆓心機㆒。脚錢盡處渾閑事。原物多時却再歸。

至節は冬至の節である。脚錢は使をねぎらふためのおためである。渾はすべてと訓す。おために錢をつかうことは無用だ。初の品物が時をへてまた歸つて來るといふ。いづこも同樣である。

## 師家の御不吉

黃坡先生二女惠子樣の夫君今村春二氏は陸軍少尉として中支戰線に御活躍の所二月十四日壯烈なる戰死を遂げられし旨公報あり、謹で玆に哀悼の意を捧げ、詳細を次號に期してをります。

# 論語講義

黃坡先生述

子所㆓雅言㆒詩書。執禮皆雅言。

訓讀　子の雅言する所は詩書。執禮もみな雅言す。

解釋　孔子が詩書の語は諱まれないといふ記事の文である。孔安國の註に雅言は正言なりとあつて、鄭玄は、先王の典法を讀むには必ず正しく其音を言うて然る後に義が全い、だから諱むことがあつてはならぬと說いてゐる。これは典禮に「詩書は諱まず」とあつて、普通は君父の名などについては之を諱むのであるが、詩書を誦しては之をいまぬのである。孔子もまた其通りであつたのである。この雅言を朱子は常言と說いてゐて、平常に語る所といふのであるが、雅を素と訓するにより程子も雅素と述べてゐる、更に轉じて常としたのであるが、かゝる訓は嘗てない、朱子から始まるといつてもよからう、かつ孔子が常に詩書を說くは論なきことであらう。

上の句はこれで分明だが、下の句がまた解を費すのである、古註以來詩書執禮と併べ擧げ詩書と禮とである、禮は誦說をせずに行事にあらはすから執といつたと說いてゐるのである、しかしこれでは皆雅言すといふ語が無用となつてしまふ。そこで物徂徠は、詩書で句を斷つのである。執禮は禮記の文王世子に「春は誦夏は弦、太師之を瞽宗に詔ぐ、秋は禮を學ぶ執禮者之を詔ぐ、冬は書を讀む典書者之を詔ぐとある。之れ古は禮を教ふる官を執禮というたものだ。こゝの意も、たゞ孔子の諱まれぬばかりではなく、凡て禮を執る者は皆雅言するというて、上の句を證明したのである」と說いたのである。これが穩當な解と思はれる。猶外に詩書を句にする說は二三あるが執禮の解が透明でない。この章はかく孔子の動止に關する記事の章たるに過ぎぬ。

葉公問㆓孔子於子路㆒。子路不㆑對。子曰。女奚不㆑曰其爲㆑人也。發憤忘㆑食。樂以忘㆑憂。不㆑知㆓老之將㆑至云爾。

訓讀　葉公、孔子を子路に問ふ、子路對へず、子曰く、なんぢなんぞ曰はざる、其人となりや、憤を發して食を忘れ、樂んで以て憂を忘れ、老のまさに至らんとするを知らず云爾と。

解釋　志氣に屬する章であつて、孔子自ら學を好み、命に安ずることを語られた章である。葉公は楚の葉縣の尹であつて沈諸梁字は子高といつた人、楚では縣尹を公と僭稱して居る。史記の孔子世家に齊の景公の卒した明年孔子が蔡から葉にゆき、葉公が政を問ひ、他日、孔子を子路に問ふ云々とある、孔子の六十三四の頃である。子路は其師のことでもあり孔子の大德を輕々に擬議することも出來ぬから何と對へてよいかわからぬ、對へなかつたわけである。そこで夫子は汝はなぜかく云はぬか、即ち「其學を好むことの篤き、其道を求むるには發憤して幾んど食を忘れて居る、また之を得れば之を樂んで憂を忘れ、たゞ一意專心、自ら老境に入らんとするをも覺えぬ風で日に彊めて居る」とかういふ答をすればよかつたのだといはれた。云爾は助語で上の詞を總べて「何々なぞと」といふ意になる、即ち云々爾々といふ語の略したものである。「云ふのみ」とか「しかいふ」とか讀むのは適當せぬ。

子曰。我非㆓生而知㆑之者㆒。好㆑古敏以求㆑之者也。

訓讀　子曰く、我は生れながらにして之を知る者にあらず、古を好んで敏にして以て之を求むる者なり。

解釋　教學に屬する章。孔子が自己を語つて學者を勸められた語である。當時門弟子などが夫子を聖者であつて及び難いと思ふものがあるから、孔子は、「われは生れて既に道を知れる者ではない、我は古を好んで敏くつとめて之を求めたのである」と、いはれた、この敏は勉むる義で、黽勉の意、朱註に汲々たるをいふとある。しかして全章の意は鄭註にかく言へるは人に學を勸めたのだと說いてあるによつて明白である。孔子は信じて古を好み、學んで厭はぬ、これ其才識の益々開けるわけである。學者に在て大に省み勵むべきことである。

子不㆑語㆓怪力亂神㆒。

訓讀　子、怪力亂神を語せず。

解釋　これも教學に關する章であつて孔子の教誨とせられぬことを記述したものである。この章にある語の字は普通の語るといふ字義ではなく、誨言であつて弟子に告げて之を其身に奉じ行はすことをいふのである。周禮の樂語、戴記の合語とある類で、論語にも「請ふ斯語を事とせん」といへるがこの類だと徂徠は解いて居る、この語の字の義が不明であつたゝめ、從來はこの四者を談されないというてゐるのであるが、拘はり過ぎる、孔子といへども、平日の閑談にも、一も之に語及ばぬとはいへぬであらう。

王肅の註に、怪は怪異なりとある、即ち木石水土などの怪異非常の事である、また力は奡の舟を盪し、烏獲の千鈞を擧ぐるの類を謂ふとある、即ち膂力の勝れた事である、また亂は臣の君を弑し子の父を弑するをいふとある、即ち悖亂のしわざである。これ等は先生の法君子の道に於て尙ぶことでないから孔子は以て門人に向つて教誨の語とせぬのである。また鬼神の事は幽隱知り難いものであつて人に喩し得る事ではないのである。

集注に謝氏の說の聖人は常を語つて怪を語らず、德を語つて力を語らず、治を語つて亂を語らず、人を語つて神を語らずといへるは蓋し至言である。

子曰。三人行。必有㆓我師㆒焉。擇㆓其善者㆒而從㆑之。其不㆑善者而改㆑之。

訓讀　子曰く、三人行へば必ず我が師あり、其善き者を擇んで而して之に從ひ、其善からざる者にして而して之を改む。

解釋　德行に屬する章であつて、章旨は師資の方を語つたものである。何晏の註に我れ三人行ふに、もと賢愚となく、善を擇んで之に從ひ、不善は之を改む、故に常師なし、とある。この解明白である。三とは數衆きをいふ最も近い詞であつて、たゞ一二といふ樣な小數でない意味である、必しも三と限つたものではない、要するに人と共に行ふ時は、其善も不善も、皆な我が師であるといふわけでこの善に從ふといひ、不善を改むといふことが大事なのである。朱子は三人を一は我なり、二人者の一は善、一は惡と說いてゐるが、これはあまり三の字に拘はりて居る、且つ不善と惡とは同一にはいへぬ。この解はよくない。老子は善人は不善人の師なり、不善人は善人の資なりというて居つて、師資といふ熟語がある章旨に用ひたわけである。

徂徠は首句は古言で孔子が之を誦し、また之を釋して云々といはれた、不善は之を鑒戒とするのであつて師とするのでない。と說いて居られるが、一說として存してよいと思ふ韓非子の內儲說に、語に曰く三人莫くして迷ふとある、此章の首句と同意である。古に此種の語があつたと見られる。

唐の石經や他の諸本に三の字の上に我の字があり、必有が必得となつてある。之をよいといふ說が多い、また三人行を道路を行くのだと說く意見もあるが、ともに從へぬ。

―（第五十一講）―

聞婿春二少尉戰歿有作

飛報當悲可莫悲
致身奉國是男兒
血痕已得留湖北
脩短存亡共一時

―黃坡―

昭和十八年三月十五日　泊園　第二卷第一號

東皇主徳弘爲甘雨祥風

大道歸仁一視島夷卉服

## 立春の掲聯

坡叟

本年の立春は正しく陰暦元旦に當つた。この天地の應に感し我が皇德の四方に弘敷するを頌し奉つて、左の一聯を掲げた。

**大道歸レス仁ニ。一視ス島夷卉服。東皇主レル德ヲ。弘敷ス甘雨祥風。**

島夷卉服は尙書にある字面で、卉服は草木の枝葉を以て衣として居る種族だから、假つて南方の夷民にあてた。東皇は春の帝で、德を施すもの、以て我聖明に配した。甘雨は時雨祥風は尙書大傳に王者の德、皇天に及べば祥風至るとあり孝經援神契に德、八方に至れは祥風至るとあり。

## 好治間事室藏書記

魚石

古本大學　一冊

表には古本大學と題してある寫本である。中は初行に四書集益?之内と題したのを抹殺して大學論文とし、次行に古本とあつて傍に大學本義としてある。又上部には藍評として在欄外者朱子、在字傍者本義と藍筆で書いてあり、古本の下には「此書不知輯自何人、得愼餘堂心知錄、未著姓氏、觀其議論、每自龍香蘅案頭、暗度片語會心、亦足初學啓發、每々金針、攜歸各附載於簡端、但學庸本義係虛舟先生一人手著、未便夾雜、因別錄一篇」とし別に「朱批點並心知錄」とも朱筆で書いてある。蓋し四書集益を寫してそれに藍朱兩筆で書入れしたものらしい。尚ほ奥に「新都洪孔昭日北居偶談」の古本大學の條を寫してあるが、これは四書集益にあつたものだらうか。凡て余の知識外でよくは分らない。

たゞこの寫本で余に面白いのは卷尾に原田廣なる人が東畡先生に送つた尺牘があるのである。先生が孟子を非とせられたに對する反駁文なのだ。これは他に存してゐるかどうかと疑つて傳存したいと思ふ。左に錄出して置く。

原田廣謹致書藤澤東畡先生座下。僕常以爲孟子書實六藝之關鑰、由此則可以窺夫子之堂奧、不由此則惟夫子之堂奧不可得而窺、而陷荆棘、入邪路矣。孟子之不可不治如此。乃後世有詆排之者、固識見之不至、而其宗而主之者、且多失其指意、郢書燕說、而不自覺、亦坐講之々未精耳。余雖無似、受業三山谷翁、而有所竭心力孟子、則頗免講讀之鹵莽。是以竊不自揣、世之詆刺孟子而爲此道之榛蕪者、乃辭而闢之。夫自古詆刺孟子者、不一而足。荀卿非十二子、思孟與焉。其性惡篇專與孟子角矣。而其後遂無奉其說者、非公論所許也。王充論衡以吹求爲能事、問孔且不諱、何在毀孟。降至趙宋、司馬君實李泰伯諸人即有疑孟非孟等篇、而足惑鼓簧之士。余隱之著尊孟篇、以闢之、而朱子爲之附辨。二子之言、雖未必盡中肯綮、然其大意則得之。自孟子集註行列於經以來、雖心不滿孟子者、未嘗無其人、然不至公廢之者、朱文公之力也。逮至明末、邪說之毒入人膏肓而輕蔑孟子者、往々而有。遂其相率而沈入腥羶者、豈不有以乎。在我邦詆刺孟子者、徂徠爲嚆矢。其徒太宰純極其詬罵。徂徠之學、雖自稱求諸六藝、實則淵源明人者許多、其輕篾孟子者、亦不過漸明人習氣。太宰純亦遂王李之臭、而變其一二、啁哳爲幻耳。其說率經先儒之辨正、而在識者、久旣齒冷、不待辨而明矣。今先生奉徂徠之學、則亦必不滿孟子者。其所以不滿者、不出徂徠所謂乎。抑有所見乎。常欲一叩問而未由也。近得尊著思問錄一書、即係詆刺孟子之專書、然後知先生之創意、而毫不蹈先蹤矣。高說縷々數千言、而其大指不過謂天命之改與否、可以論夏桀殷紂、而不可以周末之王也。然而孟子勸王於齊梁之君、乃與孔子作春秋之意背馳、而不免爲亂賊之歸也。僕則以爲先生之言謬矣。夫天命之改、不獨桀紂、周末之王亦然也、春秋尊王之旨、孟子說齊梁之言、如相牴牾、而其實幷行、而不相悖。欲王者之出而代周者、何惟孟子、雖孔子亦然也。但其所遇之世勢不同。孔子之時、諸侯尚或勸王、故勸王之事、不忍顯言之、如徂徠之說也。如孟子之時、七國皆已稱王、目中無復周矣、故勸王之言直陳之、無所回避。如先生之所詆刺、則何獨孟子爲亂倫、孔子亦爲亂賊之歸。先生固不甘爲孟子之徒、獨不欲爲孔子之徒乎、不思之甚。若使先生之詆排孟子者、襲物氏之故轍、而拾荀王諸人之餘唾、則僕附之一吠耳、何至勞頰舌。今先生旣不襲物氏之故轍、又不拾前人之餘唾、多創意爲之、而詆刺孟子者、又增一端矣。以足張皇學術衰廢之間、而眩燿淺見陋識之徒、則僕豈可默乎。乙酉之冬偶有事、而出於大坂。即欲造高居以陳之、而僕於先生未有半面之識、而又聞先生之於人、不有紹介、不允執謁。因將使所知先生、門下某生爲先容。某曰、子弟請益而已即可、若有詰難忤先生、則將連累人子、其圖之。即不敢請、而去。是以今脩書以陳愚見、幷所草思問錄匡正一編以呈左右。先生憐敎之。今夫挾冊之士率從事詞章之末技、而無復知六藝爲何物。滔々天下皆無不然、而大阪其最矣。乃先生獨以經學下帷其際、而爲都人士之所仰以爲泰斗也。即創意詆刺孟子、使後學晚進入邪路荆棘之中、而不自覺、僕實爲斯文傷、且爲先生惜也。僕天資戇直、且不嫻文辭、其論難辭氣之間、涉唐突不敬者當有之。先生寬厚長者、幸莫爲罪。廣再拜。

恐らく此本一冊はこの原田廣の手筆であらうか。思問錄匡正も先生の御返事もどうなつてるか知らない。原田廣と云ふ人の事も知らない。

### 泊園書院日課表

| | 月 | 火 | 水 | 木 | 金 | 土 | 日 |
|---|---|---|---|---|---|---|---|
| 午前六時半 七時半 | 詩經 | 左傳 | （休講） | 詩經 | 左傳 | 陶淵明詩集 | 第一、第三、尚德會荀子 午前七時廿分（一日、祭日休講） |
| 八時半 | | 古文前集 日本外史 | | 古文前集 日本外史 | | 午後三時 古詩源 | |
| 午後二時 | | 韓非子 八家文 | | 韓非子 八家文 | 午後七時 管子、說文（石濱先生） | | |

## 泊園書院 憶出のことども

岡本勝

又夕食後などはよく議論に花がさく。吾等の論ずる所だから大抵落ちつく山も見えたものだが、時に典籍中の記事に就て、古今東西の人物論あり詩論あり藝術論あり國防論政治論まで口角泡をなして激越する。

塾生中の松宮氏は仲々の達辯であり負けず嫌の氣性も盛であつた。論が始ると勉强もそつちのけに机の向をかへて喧ましくやり出す。しかし夫子の部屋に講義が初る時間ともなれば對手の誰かゞそれへ出席するので議論がやつと中止されるといふ具合。それで輪講の下調べが出來てゐなんだりして夫子から又もや訓誡が張り出される。全く傷み入つた次第である。

曰く

夫指引者師之功也。行有不至從容規戒者。朋友之任也。決意而往則須用己力難仰他人矣。

乙卯季秋　錄呂本中語　示諸生　黄坡

大正四年のことらしい。年少者に對し渡邊氏や小生の責任でありこれからチト改良して勉强しにやならんと讀み聞かせた。こういふ事も一度三度ぢやない。しかし弱輩の習で咽元すぎると早や怠慢する。或日甥孫一郎が紙片に御揮毫の夫子の一句を素讀の後で拜領して來た。見ると

學如不及。猶恐失之。

年少の彼等にだけでなく吾等にもいゝ鍼砭であつた。

○

それから思出すのが食事のことで四季を通じて大勢をまかなつて頂くのであるから夫子奥樣の御心遣も並大低ぢやない。當時女中におひさ、おさく殿と二人ゐたが或朝も起きると間もなく二人が顏色をかへて飛んできて一寸來て下さい。見て下さいといふのだ。

一寸釜の中を見て下され。たつた今焚いたばかりの御飯の中へ鼠が入つて死んでるといふのだ。どうも本當らしい。暗い臺所で湯氣を透しつゝ小生も覗いてみた。

まあよかつた。少くとも鼠ではないらしい。そつと、つまみ出すとセルロイドピンだ。煮られて太く御飯の上に吹き上り、それも二た股の一方がヌーと見えたのだつた。まあ椿事かくのごときも色々あつたと思ふ。

○

昔物徂徠は豆腐のカスを喰つて勉强したさうだが、僕等小人にはとても眞似も出來ない。この頃仕出屋のマル芳といふのが辨當を持運んだ時のとこ。朝は七錢晝は十錢夜は八錢。一日二十五錢也で上る辨當だつた。油揚に里芋。こういふもんも初めは一同喜んで喰つたがだん／＼物足りないと思つたらしい。小生は獨自の御粥樣のものを火鉢にしかけ味噌で調理して、日曜の夕食などは同居塾生の皆に振舞つてやるのだつた。味噌汁には卵を落して掻きまぜ豆腐や油揚を切込む手際のよさつたら又ない。六七人鍋を圍んで實にウマさうに喰ひ合ふ。湯呑で喰ふもの辨當屋の重ね鉢のふたで喰ふ奴。笑ひこけ狂じ合つて又談じ又喰ふのだつた。

時に大豆を買つて來て手製の味噌樣調理。かはる／＼交代で豆をする。そして一同舌鼓を打つ。こんな費用は大したこともない。小生が皆はり込むでやる。錢にさして皆不自由はないが、毎月若干の收入ある小學校教員だつた小生がこゝの所を收支して、共に親しみ合つたのだつた。後日禮物と申して上原氏の如き丁重に言つてくれたが、これも勉學中の御互のこと。それにも及ばんぢやないかと辭したことだつた。

こんな事も既に三十年の疇昔に屬す。今憶ふても愉快な懷しいもので胸中が浮きうきしてくる。

## "撃ちてし止まむ"

### 時局と教學へ情熱高めよ

「日本人といふ類猿種が本能的に蕃勇で……此んなサルの樣なものは早い中に絶やして了はないと……云々」これは去る日のラヂヲ放送によると敵の名將が暴言した所ださうだ。

○

さあ、そこで禮記の「教へなければ禽獸に等し」を思出す。これは進化論の道義的見解ともいふべきで、禽獸たる素質は人間も隨分具へてゐるので教學を俟つて始めて靈長らしくなれるといふのだ。

○

政治經濟科學研究に彼等は先進國だつたが、それに正比例する道義觀は持たない。或はさういふ物があつて、それを紳士道といふのかもしれないが、それも無茶に有難がつたり感心する程の物でなかつた事は今度ハッキリされた譯である。

○

僕等はもつと自信に充ちた民族の筈である。猿から人間。同じ人間でもアングロサクソン種などより進化學的昇登にある民族だとこう信念するものである。

○

故に道義觀に長養されて來た吾が民族の傳統にもつと僕等は矜持する所がなければならないし、同時に遠祖より培つた教學に追躡する必要があると思ふ。

○

歷史に嘗てない大戰爭に僕等は今し。敢鬪してゐる。敵もさる者皆、命がけである。科學發明、學問藝術に於ても彼等に負けない。負けてならない。

かくして國民精神の眞價を勇ましく發展さしてゆきたい。

同時に忘れてならない。

さうした研究も錬成も常に道義に立脚し—故に彼等より常に一段形而上學的定向に立つと確信しなければならない。かういふ信念は、先哲の一語を今日に活かしてゆく所から生れてき又愈々堅固になつてゆくと思ふ。（研）

## 編輯室

今度都合で印刷所が變つた。從つて編輯なども一寸違つてくるかと思ふ。そして面目が新になると結構なんだが「三號記事」を見てもらふまではどうだかわからない丸で素人なんだから、だん／＼勉强したいと思つてゐる。昨今皆んなが忙しい。無茶苦茶に忙しい。で、こういふ事も興味や熱がなければ仲々まとまらない。幸に今度編輯室も新設され先生方始め大いに張切つてゐます。綴學の諸君子のどし／＼名論卓說を寄せられんことを切望してやみません。

規格版が定つて、おみかけ通りのこういふ大きさ。色々工夫して内容を盛つてゆきたいと思つてゐる。（若）

泊園誌社
顧問　石濱純太郎
　　　岡本勝治郎
同人　石崎　太郎
　　　三原　研田

同窓會
西田幾太郎
寺田英一郎
安達　龜造

昭和十八年五月卅一日
隔月一回不定期發行(非賣品)

泊園

第二卷 第二號

東畡先生記念號

五月廿九日印刷
五月卅一日發行

發行所
泊園誌社
大阪市南區竹屋町九
(泊園書院內)
振替大阪一三八三九
電南六八二七

印刷所
不二印刷株式會社
大阪市北區旅籠町三七

編輯發行人 石崎太郎

# 東畡夫子の顯彰について

東畡先生が大阪の勤王烈士先覺者の一人として大政翼賛會によつて顯彰され給ふ由を新聞紙上で見て喜びに堪えなかつた事は前に記した。聞く所によると、翼賛會の府市兩支部の選擇せる名簿の兩方共に選錄してゐるさうで、當然ではあるが喜ばしい。未だ決定には至らないさうであるが、先づ先生は至定つてゐると思つて差支なからう。

由來護園派は文辭の禍によつてさう顯彰されない。漢學中毒の標本の如くに誤り傳へられて、屢々排擊の言說を聞くのである。その中に於て獨り我が泊園諸先師のみは例外であるのは、諸先師の學德言行の致す所と云ふ外ない。泊園の誇りであるばかりでなく、蘐園の寃を雪ぐものと云ふべきである。

東畡先生の尊王の志、文教の功は畏くも天聽に達して御嘉納あらせられたる先生の志を推衍しその功を恢張して　聖恩に報いなければならないのである。他の顯彰を待つて想起してゐるやうの事では濟まない。我等は常に日に新たに又日に新たに紹述の決心を持つべきだ。

我國の漢學は既に漢學でなく國學である。かの近眼者流は彼れは漢學此れは國學などと分別を試みて論議を好むのであるが、その果ては漢學を漢士の學として排棄し兼ねまじきである。安んぞ知らん我國の漢學は國學なんである。東畡先生は明白に之を指示し教へられてゐる。此義に明かでないならば、孔子の書を誦する幾百回なりとも何の益もない。現今よく稱へられてゐる日本學としての學なんぞは既に百年以前に先生によつて指摘されてゐることを知らねばならない。又今や從來稱せられたる漢文の名は國語の目に統攝せられれとしてゐる。其意は或は可ならんも、我が先生によつて明かにされてゐる義に徹してゐなければ、或は名の沒するは實の亡ぶるの初とならんことを恐れる。現時に於て先生を再び顧み三たび思はなければならない必要があると信ずる

先生の顯彰は難有い事である。然し單なる過去の御功績の懐古のみであつては我等は世の恩に慣れると云ふものだ。我等は先生の志功を推擴しなければ濟まないのである。しかも泊園學説の世に功ある其一端を擧げても上述の如きがある。後知が先知に效ふは學の道である。先覺を賛嘆するもたゞ茲に於てゞある。我等は先生の表章に會つても只之を喜ぶ丈であつてはならない。之を機として先生を顧みその志功を推擴したいものである。これこそ國に報い世に報いるの道である　（白水生）

# 說詩樂趣

—（41）—

效尤生

呂蒙正の父龜圖は內寵の女が多く、蒙正は母の劉氏と倶に逐出されて、陶窰の破れた中に處つて、擦盡寒爐一夜灰の句がある。後に宰相となつて退衙の時、雪が衣を沾したといふので、役人を斬らうとした、其細君が、撥灰の詩を擧げて之を諷した。又鴟物の詩がある。

獸頭元是一團泥。做㆓盡辛苦㆒人不㆑知。如今擡在㆓青雲裏㆒。忘却當初窰內時。

鴟物は鴟尾と同じ、宮殿屋上の飾り瓦である。

南史に云ふ、袁粲中書令となり、位任は隆重であるが事務を懐に經ず、獨り園林に歩し、詩酒自適して居た、家が負郭（城外）にあつて、毎に策を杖つき逍遙し、其意の得るに當つては悠然として返るを忘れた。郡南の或家に竹石に富んだのがあつて、粲は率爾として歩して往き主人に通ぜずに直ちに竹の所にゆき嘯咏自得し、主人が出て語笑歡然として居る我にして車騎が門に集つて始て袁尹であると知つた。又嘗て白楊の郊に遊して、一士に遇うた、便ち呼んで興に酣飲した明日、此人は知遇を被つたと思うて、門に至つて面會を求めた、粲の曰ふに昨日は酒を飲むに偶が無かつたから聊か相ひ邀へたばかりだと、意に會はなかつて嘗て五言の詩を作つていふ

訪跡雖㆓中宇㆒。循寄乃滄洲。

中宇は中國、滄洲は仙島である。

謝雲運が永嘉の太守となつて、郡の名山水は、游歷して殆ど遍かつた。會稽に歸つても、山を鑿ち、湖を浚し、功役已む無く、山を尋ね嶺を渉り、必す幽峻にいたる、登躡の時嘗て木屐を著け、山を上るには其前齒を去り、山を下るには其後齒を去つた。嘗て始寧の南山から木を伐り徑を開いて、直に臨海に至つた、從者數百人、臨海の太守王琇は驚いて山賊かと思ひ末に靈運と知つて安心したのであつた。又琇を要して更に進まうとした琇は肯ぜぬ、靈運乃ち琇に詩を贈つて

邦君難㆓地險㆒。旅客易㆓山行㆒。

といつた。

韻語陽秋に云ふ、烟霞泉石は隱遁者が之を得る、宦遊して此癖のある者は鮮い謝靈運が永嘉となり、謝元暉が宣城となつて、境中の佳處には雙旌五馬で遊歷して殆んど遍く、詩章吟詠甚だ多い、然し終に隱遁者の藜杖、芒鞋の適には若かぬ謝元暉の敬亭山の詩

我行雖㆑紆㆑組。兼得㆑尋㆓幽蹊㆒。
緣㆑源殊未㆑極。歸徑窅如㆑迷。

云々の如き、板橋詩

既懽懷㆑祿情。復協滄洲趣。
囂塵自㆑茲隔。賞心於㆑此遇。

の句の如き、自ら之を兩得して居ると謂うてゐる、又鼓吹登山曲がある、且つ松下の喝道は李商隱も之を殺風景といつて居る、まして鼓吹をやである。韋應物、歐陽永叔が皆滁州太守となつたが、韋の遊瑯琊山には

鳴珮響幽澗。前旌耀崇岡。

といひ、永叔は之と異つて、游石子澗に

麕鼯魚鳥莫驚怪。太守不得車騎來。

又云ふ

使君厭㆓騎從㆒。軍馬留㆓山前㆒。
行歌招野叟。共歩青林間と。

遊山はかくあるべきである。

## 泊園書院日課表

| | 月 | 火 | 水 | 木 | 金 | 土 | 日 |
|---|---|---|---|---|---|---|---|
| 午前六時半 七時半 | 詩經 | 左傳 | （休講） | 詩經 | 左傳 | 陶淵明詩集 | 第一、第三、徇德會荀子 午前七時廿分（一日、祭日休講） |
| 八時半 | | 古文前集 日本外史 | | 古文前集 日本外史 | | 午後三時 古詩源 | |
| 午後二時 | | 韓非子 八家文 | | 韓非子 八家文 | 午後七時 說文（石濱先生） | | |



21092382

# 父祖の一班

此度當市に於て先學者先賢の顯彰をすることになつてわが大父先子も其中に與かつて居られることは前號に發表せられたが、先考も其中に加はることになつたのである。こゝに其遺文の中から左の者を紹介して追憶の一助とする。　章記

大父

## 和漢辨（文集卷八）

本邦之於漢土也。人道之闢、彼有先我。故倫叙典章。我資諸彼者。實有之。世修漢學者、以病本邦。或謂假美不足以稱。而講和學者。乃護本邦。或謂曾不有資於彼。以予觀之。二者皆惑矣。

本邦の漢土に於ける、人道の闢くる彼れ我れより先なるあり。故に倫叙典章の我これを彼に資る者、實に之あり、世の漢學を修むる者は以て　本邦を病み、或は假美以て稱するに足らずと謂ふ、而して和學を講する者は乃ち。本邦を護し。或は曾て彼に資するあらずと謂ふ。予を以て之を觀るに二者皆惑へり。

夫、本邦之賚於漢土。譬之人之得於師友。倫叙典章。光乎海内。豈非成德彬々乎。固不得病之。亦何須護之。且闢之有先後。猶知之有先後。後知效先知。後闢資先闢。先者不必優焉。後者不必劣焉。誠如二學者之謂。則文王之事呂望。孔子之問伯陽。亦可病之。而　應皇之師王仁。菅公之學于良香。亦將護之耶。是之謂大惑也。

夫れ本邦の漢土に資るは、之を人の師友に得るに譬ふ。倫叙典章の海内に光れるは、豈に成德彬々（文章と素質と共に備はれる形容）にあらずや、固より之を病むを得ず、亦何ぞ之を護するをもちひん。且闢の先後あるは猶ほ知の先後あるがごとし、後知の先知に效ひ、後闢の先闢に資る、先なるもの必しも優らず、後なる者必しも劣らず。誠に（もし）二學者の謂の如くば、則ち文王の呂望に事へ、孔子の伯陽に問ふも亦之を病むべく。而して應皇の王仁を師とし、菅公の良香に學べるも亦將に之を護せんとするか。これ之を大惑といふなり。

應皇は應神天皇である、天皇の朝に百濟かち博士王仁を遣して論語と千字文とを貢らしめ、天皇及び皇子等之に學ばれた。良香は都良香である。倫叙云々は我國の人倫禮法の彬々たるをいへり。

蓋漢土聖人之禮諱國惡。今不以美爲美。病其不得病者。吁、脩漢學者。畔聖人之禮矣。本邦神明之訓貴正直。今不以有爲有。護其不須護者。吁。講和學者。犯神明之訓矣。

蓋し漢土聖人の禮は國惡を諱む、今、美を以て美をなさずして、其の病むを得ざるものを病む、あゝ、漢學を脩むるものゝ聖人の禮に畔けり、本邦神明の訓は正直を貴ぶ、今、有を以て有となさずして、其の護するを須たざるものを護す、吁、和學を講するもの神明の訓を犯せり。

抑、本邦所資。不唯漢土倫典已。及彼乾竺之空法。喎蘭之奇巧。苟有寸長者。擇而取之。裁而用之。豈非博學無方乎。獨至於　皇統一系與天地偕無窮。則我　邦靈氣之所結成。亡論其不資於外國。亦外國不能資者。有外國不能資者存。此所以能致衆美也乎。

そも〳〵本邦の資する所は唯だ漢土の倫典のみならず、彼の乾竺（天竺）の空法（佛法）喎蘭（おらんだ）の奇巧にも及ぶまで、苟も寸長あるものは、擇んで之を取り、裁して之を用ふ、豈に博學方無きにあらずや、（方は一定の方向、博學無方は禮記の字面、）獨り皇統一系、天地と偕に窮りなきに至りては、我が邦の靈氣の結び成せる所にして、其外國に資せざるに論なく（勿論）亦た外國の資する能はざるものなり、外國の資する能はざる者あつて存するは、これ能く衆美を致す所以か。

豊田宇左衛門氏藏

# 『泊園家言』

大壺

「泊園家言」は片々たる一冊子であるが、泊園學說の據つて立つ所を示されたものである。總べて東畡先生の文集に見える所のものであるが、特に一冊に編輯されてあるので便利である。それに先生御存命中に編纂されたのであるから、先生の御手定と見てよい。南岳先生の跋があつて凡て明白である。

跋

家翁夙歆蘐園之風、而又別有所見、不必悉步驟于物子矣。然其信而好古、是蘐園之教爾、則大者未嘗畔物子之意云。恒嘗問其說之所存、翁乃譽此數篇、以示之。此皆紛綸散見于文稿中者、恒竊恐子弟或難認本篇所在也、於是謀之于翁、合以爲一卷、以傳家塾、使子弟無所背馳、因名曰家言。家言固非示于他者、今上梓者、防亥豕之訛而已。雖然四方君子、君欲知翁之學、冀又就此卷以觀焉。元治改元冬、男恒識。

序でを以て題目を擧け文集中の所在を記して讀者の便に供す。

一、原聖志　文集卷之一
二、和漢辨　文集卷之八
三、與及川天籟書　文集卷之十
四、春秋論上　文集卷之八
五、春秋論下　文集卷之八
六、思問錄　文集卷之一

「原聖志」は孔子の志を原ねて、孔子の君とし事へられるものは周王の一なりとし、又孔子は特に身君を二にせざるのみならず、四海をして其君を一にせしめんと欲せられ、又特に四海をして其君を一にせしめんと欲せられたのみならず、萬古をして其君を二にせざらしめんと欲せられたのであるとし、丁度我國の皇統一系が孔子の理想であつたが、孔子の志が行はれたいから、漢土は一治一亂興亡相易はるに至つたのであると斷じ、故に天子の書を誦する者は本邦の尊を知らざるべからず、本邦の尊を知るものは豈に夫子の道を講ぜざるべけんやと云つて居られる。

「和漢辨」は、本邦の漢土に於けるや、人道の闢けたのは彼れ我れに先だつあるから、故に倫叙典章を我れは彼れに資するもの有つたんだが、漢學を修むる者は以て本邦を病み、和學を講ずる者は乃ち本邦を護したりするが、皆惑へるもので、聖人の禮に畔き。神明の訓を犯せるものだ、本邦の資する所は何も漢土ばかりでなく、天竺和蘭にも擇んで取り裁して用ゐてゐる。獨り皇統一系無窮なるは獨特のもので外國も之を資することは出來ず、これが存するので衆美を致し資するを得ると云ふのである。

「與及川天籟書」は、道は先王の制作であると云ふ徂徠學の原理の解釋で、董仲舒の道の大原は天に出づと云ふ喧しい文句の義に及ばれてゐる。

「春秋論」の上では歐陽修の春秋論の傳を捨てて獨り經に據るの論を許し、下では春秋の隱公に始まり獲麟に止まるの義を杜預の意に從つて推行され、當時に聖人の道が行はれてゐたら後世王朝の興亡などなかつたらう、聖人は道の行はれなきを傷んで其志を春秋に寓せられたと論ぜられた。

「思問錄」は孟子の勸王を疑つて孔子の道に背くものとして、諸儒の注解を一々勘破せられて春秋の大義を發揚せられたものである。

以上皆蘐園の學より出でゝ泊園の學となる。重要學說である。苟くも泊園の流れを汲むものは必ず讀んで理解して置かなければならないものである。泊園學は尚ほ南岳先生黃鵠黃坡兩先生によつて進展せしめられるのであるが、この「泊園家言」一冊はその基礎である。紹述諸先生の續編も出來るといゝと思ふ。

昭和十八年五月卅一日　　泊園　　第二卷第二號

先子

# 萬國通議序

滔々日移。轉換不息。乍來乍去。不可挽而留焉者。時乎。而不可不察以迎之。期以應之。又更激而要之者。亦時也。

滔々として日に移り、轉換して息まず、乍ち來り乍ち去り、挽いて留むべからざるものは時か。而して察して以て之を迎へ、期して以て之に應じ又更に激して而して之を要せざるべからざる者も亦時なり

如轉巨石千仞之巓。不可觸之拄之者。勢乎。而不可不迫以激、煽以熾者。亦勢也。

巨石を千仞の巓より轉ずるが如く之に觸れ之を拄ふべからざる者は勢か、而して迫つて以て激し煽して以て熾にせざるべからざるものも亦勢なり。（孫子に圓石を千仞の山より轉ずるが如くなる者は勢なりとあり、首句之を用ふ）

然則謂之天耶。余則謂之人耳。稽諸古今。徵諸事物。人力果居多焉。今也萬國氣運。將有一變換。余乃謂宜唱新紀元以一新更張。豈余私言乎。天地理數。蓋如斯而已。

然らは則ち之を天と謂はんか、余は則ち之を人と謂はんのみ。これを古今に稽へ、これを事物に徵するに人力果して多きに居る。今や萬國の氣運、將に一變換あらんとす。余乃ち謂らく、宜しく新紀元を唱へて以て一新更張すべしと。豈に余の私言ならんや、天地の理數、蓋し斯の如きのみ

夫蒼々乎昭者天。天一於上。突兀乎大者地。地一於下。則人豈可不一於兩間乎。舟車便利。象胥交互。西陬東隅。無不通達。當此時。講所以均一之、則豈難成乎

夫れ蒼々乎として昭かなる者は天、天は上に一なり、突兀乎として大なる者は地、地は下に一なり、則ち人あに兩間に一ならざるべけんや。舟車便利にして、象胥（古の官名、今の通譯官）交互し、西陬東偶、通達せざるはなし、此の時に當て之を均一する所以を講ぜは則ち豈に成り難かんや。

雖然人之爲種也五。黃白之異不一。洲之爲類也五。歐米之異不一。寒暖殊度。土物殊宜。言語各別。文字亦異。以至宮室器用衣服飲食。莫有不殊異。於是愛憎嗜好。判然隔絕。物之不齊。物之情哉。歷擧東西好尙之異。指不遑屈。此豈易均一乎。然而喜怒哀樂之不均。若禽獸之與我不同類則已。否則必有成也。故知均一之期在近而紀元更新。中不出二十年而已。

> **題藤澤東畡幽蘭詩**
>
> 養將眞性在深山
> 吸露含雲只自慳
> 一掬清香掩難得
> 天風吹散落人間
>
> 桂湖村示余以本邦近人書數幅。使擇取其一。余覽之。其書間有佳者。而詞則皆平凡。及見此詩。呼曰。太佳太佳。　內田遠湖ー（遠湖小品）ー

然りと雖も、人の種たるや五、黃白の異なる一ならず。洲の類たるや五、歐米の異なる一ならず。寒暖、度を殊にし、土物、宜を異にし、言語各々別にして文字も亦異たり、以て宮室器用衣服飲食に至るまで殊異ならざるあるなし。是に於て愛憎嗜好判然として隔絕す、物の齊からざるは物の情なるかな（孟子が物の齊からさるは物の情なりといへる故にかくいへり）情は實情東西の好尙の異なるを歷擧すに指、屈するに遑あらず、此あに均一し易からんや。然り而して喜怒哀樂の均しからざる、禽獸の我と類を同うせざるがごとくならば則ちやまむ（孟子による）しからずは則ち必ず成るあらん。故に知る均一の期は則ち近きにあり而して紀元更新は二十年を出てざるのみなるを。

夫國之興也。非自始而大。一主一長。四分五裂。割據並峙。各張威權。而雄材大度者。竟能倂之。從我命則撫而保護之。抗我令則戰以摧殘之。今之宇內亦然。雄擧於彼。虎視於此。各營私利。則生民之困苦不可堪也。故天必降一大聖人。統以一之乎。將使四五霸主各保護撫育近傍小國。相議以成政乎。宇內形勢不出於此二者也。故曰人不可不一於兩間也。

夫れ國の興るや、始よりして大なるにあらず、一主一長、四分五裂割據並峙して、各々威權を張り、而して雄材大度なるもの竟に能く之を倂せ、我が命に從へば則ち撫て、而して之を保護し、我令に抗すれば則ち戰うて以て之を摧殘す、（殘はそこなふ）今の宇內も亦然り、かしこに雄擧し、ここに虎視し各々私利を營まば則ち生民の困苦堪ふべからさらん。故に天は必ず一大聖人を降して統べて以て之を一にせんか、はた四五の霸主をして各近傍の小國を保護撫育し、相議して以て政を成さしめんか、宇內の形勢は此二者より出でざるなり、故に曰く、人は兩間に一ならざるべからずと。

然而難制者慾。易長者傲。傲之爲弊。雛視列國。獨尊自誇。不肯容衆人之言也。慾之爲害。兼並不饜。益貪益汚。憤一物非其有。憾寸土非其有。兵力逼人。譎詐欺人。富而愈驕也。除此二弊而後可以有與議也。要之近隣聯盟。同盟相輔。今日急務哉。余東海一若而已。又徒招大方之笑耶。雖然宇宙同軌。古今一轍。推一察百。則莫之能違也。故有此議。宇內豪傑之士。必有與余同見者。故錄而質之。明治戊戌仲秋

然り而して割き難き者は慾、長じ易き者は傲。傲の弊たるは、烈國を雛視して獨尊自ら誇り、肯て衆人の言を容れざるなり。慾の害たるは、兼並して饜かず、益々貪り益々汚れ、一物の其有にあらざるを憤り、寸土の其有にあらざるを憾み、兵力人に逼り、譎詐人を欺き富んで而して愈驕るなり。此の二弊を除きて而る後に以て與に議するあるべきなり（英露の傲慾を豫言せるもの丶如し）之を要するに近隣盟を聯ね同盟相輔くるは今日の急務なるかな。（また大東の協合を豫言せり）余は東海の一若のみ、又徒らに大方の笑を招かんか。（莊子秋水篇に河泊が北海若に遇うて自己の小見を恥ぢ、大方の家に笑はれんといつた語を用ひたもの。若は北海の主の名。こ丶は東海といひたるより其名を借りたり。大方は大道といふ如き意。）然りと雖も宇內は同軌にして古今は一轍なり、一を推して百を察すれば則ち之に能く違ふなきなり、故にこの議あり、宇內豪傑の士、必ず余と見を同うする者あらん、故に錄して而して之を質す。

本文には主宰、歷數、文字、霸術、兵刑、名實、公道、の七篇を說けり

和漢辨末節に

この末の節に至り、本邦特有の國體の尊を知るものは他の末節の彼此を爭ふよりは寧ろ諸邦の長を取り、此の尊をして益々尊からしむるを勉めよといへるにて、これ東翁の主張を見るべし

# 藤澤東畡先生傳

石濱純太郎

泊園學の始祖たる東畡先生は名は甫、字は元發、通稱は昌藏東畡又は泊園とは其號である。藤澤氏は藤原家から出て、其後裔が讃岐の國安原村に傳はり、藤澤氏となつたと云ふ。世々農を業としてゐた。先生は閑翁通稱喜兵衛と云ふ方の長男として寛政六年安原村に誕生せられた幼い時から文字を好まれたので遂に出でゝ中山城山先生に就いて學はれることとなつた。城山先生は徂徠派の古文辭學を傳へて居られた。先生はこの物氏學を受けられることを十餘年。學問は既に十分に出來上つたが、徂徠が嘗て支那風の長崎の學問を上乘のものだと推稱して居つたので、二十五歳の時に長崎に遊學して支那語を學ばれた。三年程して歸鄕されたが、間もなく志を決して故鄕を出て大阪に來られたのが文政七年であつた初めは平野町や天王寺あたりに寓居して學徒に業を授けて居られたが、決心して直ちに大阪の中心地なる淡路町五丁目に於て塾を開いて學術を昌明せられたのであつた。これが抑々泊園書院の始まりである。當時の大阪は物氏蘐園の學は衰微してゐたのであつたが、先生が起つて之を倡へられたので再び盛大になつて行つた。殊に塾が瓦町二丁目に移つてからは、諸國より來り學ぶものも多くなつて盛んなことであつた。先生は内に家塾に於て子弟を教養せられるばかりでなく、請はれて外は平野の含翠堂へも出講せられた。弘化嘉永の頃からと云ふ。名聲は益々高くなつて、豊岡の藩主京極飛彈守が大阪へ上番すると嘉永四年聘せられて城内にて論語を講ぜられ、嘉永五年には先生生國の高松藩では農民の子なる先生を拔擢して士分に列せられたが、名譽職で大阪に住居すること故の如しと優遇され、文久三年には御城入儒者を仰付けられて城代松平伊豆守信古に講釋することとなり、又尼ケ崎藩侯松平遠江守には親しく入門の禮を執つて師弟の緣を結ばれ、後には高弟中谷南明を尼ケ崎藩の儒官に推擧されるに至つた。元治元年の春には藩侯に從つて西京へ上られたが、時に將軍家茂公二條城に駐まつてゐられて特に召見せられたのである。將軍に謁見を許され、葵の御紋服を賜はり、藩侯も面目を施した。其冬の十二月十六日病を以て瓦町にて逝世せられた。享年七十一生玉源正寺阪の齡延寺に葬られた。後　大正天皇御即位の盛儀に際し、文教の功を以て特に從四位を贈らせ給ひ同時に南岳先生へも叙位せられたのである。蘐園の流を汲むものにしてかゝる破格の恩遇を蒙る事は稀有であるのだ。御子は即ち南岳先生である。

先生の撰著は南岳先生の編輯せられた東畡先生文集十卷八冊及び詩存一冊に總括されてゐる經子等に關する諸說は未だ別行して存してゐないが、亦南岳先生の紹述編纂された諸書中に於て之を見る事が出來る。

先生は人と爲り淸儉寡約にして世に求むることなく、孜々として學び、諄々として敎へ、懈らず倦まず、眞に粹然たる儒者であつた。其の學術に於ても師傳の徂徠學は篤く信じて終生移られなかつた。徒らに道の何たるかを高論する如きは却て護國安民の仁道に害あるものとして平生妄りに口にせられない所から、或は先生も時風を追ふものと誤評するものもあつた。先生は慨然一詩を賦して志を述べてゐられる。曰く「闕里文章衆說遷、吾曹所守有師傳、如今豈爲非譽動、一片丹心七十年」と先生は畢竟徂徠學者であつた。

然し先生はまた別に見る所あつて茲に泊園學の成立を見るのである。その特異の學說は國體論であり、儒學と國體との關係論であり、孟子の勸王を疑つた所にある。それらの文章は特に一冊に編せられて「泊園家言」と題されてゐる。

先生は云ふ。我國は支那に對しては、人道の闢けたのは彼が我より先であつたから、道德文物を彼から資したのである。それを病む漢學者もあり、それを辨護する和學者もあるが、兩方共に惑へるものである。人が師友に得て成德彬々たるのと同じで、それで先なるものが必ずしも優れて居り、後なるものが必ずしも劣るとは云へないのである。こんなことは病む事でもなければ、辨護せねばならぬ事でもない。我國が他から資したのは漢土の道德文物ばかりでない、印度の哲學、西洋の器械もさうなんである。たゞ皇統一系にして天地と偕に窮りない國體こそは我國の靈氣の結成する所であつて、これこそ外國に資したものでもなく、亦外國では資し能はざるものである。この獨特の國體があるからこそ衆美を致す事の出來る根本なのである。これが「和漢辨」の國體論である。

又云ふ。孔子は魯衛齊楚と諸國の君に事へた樣に見えるが、實は君とする所は一の周王であつたから、「吾れ其れ東周を爲さんか」と云はれたのである。又孔子は特に自分が其君を二にせざるのみならず、四海をして其君を一にせしめんと欲せられたのである。だから「周に繼ぐ者は百世と雖も知るべきなり」と云はれたので、四海をして其君を一にせしめんと欲せられたばかりでなく、萬古をして其君を二にせざらしめんと欲せられたのである。乃ち孔子は周室の綿々たること我が皇統一系の如くあらしめるのが理想であつたのだ。我國の皇統一系こそは孔子の志に符合するのであつた、所が孔子の志は支那には終に行はれなかつたから一治一亂興亡相易はるの情態となつてしまつた。だから我國の孔子の書を讀む者は我國の尊嚴を知らなければならず、我國の尊嚴を知る者は孔子の道を講ぜなければならないのである。これが「原聖志」の國體と儒學との關係論である

先生は又「思問錄」に於て大賢亞聖と稱せられる孟子の云ふ所に孔子の道に背くものがあるを摘發された。孟子は梁の惠王や齊の宣王に王たるべきを勸めた當時周王上にあつて九鼎動かざるに此言あつた。程伊川、朱晦庵、胡雲峯以下種々の論を以て之を辨護せんとするを、先生は春秋の大義によつて一々勘破して孔子の道に背くものと斷ぜられたのである。孟子は古來我國では國體に合しないとして排斥せられて異論もないのであるが聖志の行はれない漢土では何かの辨護を試みざるを得ない。孔子の道も孟子の言も立てなければならない立場にある漢土の儒者は苦しいから種々辨護の說を發する。先生は之を論破して孟子自身も亦矛盾せるを斷ぜられた。

先生の此等の學說は蘐園學派中に在つては極めて異色のもので、徂徠學より泊園學を別つ所以のものである。然も此等の泊園學說は現時に於ても尙ほ漢學を修むる者に再讀を勸めていいものだと信ずる。

---

虔次黄坡先生聞婿春二少尉戰歿有作詩韻聊以慰先生　乞正

植野徳

天亦悲兮地亦悲
敢將無涙夸男兒
人生脩短本來夢
一死垂榮是此時

---

## 編輯室

夫子逝いて茲に八〇年、鄕土先覺者の列に加はつて再び顯彰されたまふ。我が黨の小子、欣快これに過ぎたるはない、乃ち本紙をその紀念號にあて聊か世の識者にこたふといふ。

○

色々と手間どつて發行がのびのびになつて了つてゐる、やきやきしても僕一人ではどうにもならなかつた。でも年内六號は必死で算段しよう

○

石濱先生の〝東洋學の話〟が又、創元選書として出された、ひたぶるに功力を用ひし所、志ある人の見ておかねばならない物。十二、三年前に〝學界新風景〟として出てゐた夫子の風格愈々鮮明なり

（研）

---

泊園誌社
顧問　石濱純太郎
同　岡本勝治郎
人　石崎太郎
三原研田

同窓會
西田幾太郎
寺田英一郎
安達亀造

昭和十八年七月卅一日　隔月一回不定期發行（非賣品）　泊園　第二卷第三號

七月廿九日印刷
七月卅一日發行
發行所　泊園誌社
大阪市南區竹屋町九
（泊園書院內）
振替大阪一三八三九
電南六八二七
印刷所　不二印刷株式會社
大阪市北區旅籠町三七
編輯發行人　石崎太郎

# 南岳夫子の顯彰

自分は誠に迂濶であつたが、大政翼贊會の大阪の勤王護國烈士先覺者の第一回顯彰追悼會はいつのまにか催されてゐた。吾が知友は之を話して且つ出版された其略傳を見せてくれたので始めて知つたのであつた。然も示された略傳を見たら、我が東畡夫子のみならず我が南岳夫子も其選に入つて居られたので一は驚き一は喜んだのである。南岳夫子の中に擇ばるべきは窃に信じて疑はなかつた所であるが、第一回には何かの都合上で漏れた樣に側聞してゐただけに、當然な事ではあるが喜びは大きかつた。泊園諸兄の中には或は余と同じく此の顯彰を聞き漏して居られる方もあらうかと思つて、茲に之を記して廣く告げて置きたい。

南岳夫子の尊皇護國の御精神を我等は今更に繰返すの要はない。維新復古の際から之を實踐體驗せられ、百世をも洞察せられたる其達識は退いて我大阪に世を避け斯道を守り斯文を弘めて、終始渝らず巍然卓出、一世の師表であつた。この營利の巷と云はれる大阪に於ける斯の人の存在は、滔々たる歐化時代にどれほどの感化を及ぼしてゐただらう。我々及門の徒から之を喋々するのは妙でないから、敢て之を世の人々の判斷に任して置かう。たゞ我々は、九重の奧深き所にて御嘉納あらせられてゐる事實を拜察して、感激し其の御恩賜に對して愈々報國の念を堅くするのである。

夫子の館を捐て給ひしより二十年、時移り世變つたが、夫子の志は終に達するに近い樣である。夫子の遺業は今に於て闡明興起せられねばならない。幸ひにして黃坡夫子の老いて益々壯に、泊園の庭には絃誦の聲は絕えた事はない。然し事有る每に泊園諸先生は顯彰の榮譽に浴せられるのである。我等は之を喜ぶと同時に斯の道の爲め斯の國の爲め愈々志を堅くして斯の業を宣布せなければならないと信ずるものである。

夫子の遺著の未だ刊出にならないものも多く有る樣である。詩文集は編錄漸く終つて近く世に出る樣にならうと承つてゐる。是れは及門の我々のみならず大方も喜んで待つ所であらう。東畡南岳兩夫子の遺著のみならず黃鵠夫子の遺文はもとより、黃坡夫子の御著にも及ばなければならない。是れ我が泊園の道を載する所のものであつて、世に貽り布かれねばならないものなのである。

南岳夫子の顯彰は當然過ぎる程當然なのであるから、何れはと余は安んじてゐたので、迂濶にも顯彰され賜ふたのを知らなかつた。然し世變り時移ると或は夫子を知らざるもの丶多きに至るを恐れる。これを機會として今一度夫子の志と學とを闡明弘示して置くべきである。我等は熟知してゐる。世間は必ずしもさうであるとは限らない。その方法の如何なるかは問はない、何等かの方法を以てして之を廣示したいものである。それこそ翼贊會が顯彰せる意味に對へる事にならうか。敢て泊園諸賢に昭かに告げる所以である。（白水生）

# 說詩樂趣

—(42)—

效尤生

明皇に扈從し、南の方雀鼠谷を出づる時に張說が詩を作つて、和章が甚だ衆いが、皆王丘の作の工なるに如かぬ。

花縟前茅仗、霜嚴後殿戈、
戍雲開晋嶺、江雁入汾河、
北土分二堯俗一、南風動二舜歌一

の句の如きは能く之に及ぶ者はなかつた（前茅は左傳に見えて前隊のこと、殿はしんがり）王光庭の詩に至つては

寒隨汾谷盡、春逐晋郊來。

といひ、而して趙冬曦もまた

寒依汾谷去、春入晋郊來。

と更らに相ひ剽竊するは論ずるに足らぬ。

玉澗雜書（宋の葉夢得著）にいふ。今歲中秋の初夜に微雲に月を見ず、吾、周子集と適ま中中より還る。是時に暑猶ほ退かず、相與もに散髮披衣（隱者の服）して溪上を歩めり。二更の後に雲始めて解け、三更には遂に洞徹澄爽にして、月色は正に午なり（天の眞中にある）溪面は鏡の平なるが如く、月、波間にあつて、水の流るゝを覺えず、意甚だ肅然たるものがあつた。溪に並へる居人は樓閣相ひ上下し、酒を飲み歌呼するを聞き、雜ふるに簫鼓を以てする。計るに人々みな以て樂む所を極むるを得るならん。然れども狂歌淫聲を以て此の時節を失はざらんとするに過ぎざるのみ。安んぞ吾二人が眞に此月を有せるを知らんや。世に太白が醉うて水に入つて月を捉らへ溺死せりと言ふものが多い、これ談者の奇を好むの過である。太白は月に對して能く

今人不レ見二古時月一。今月曾經照二古人一。

の句を作つて居る、意氣もと自から宇宙を超出し對飲三人といつたものが、醉ゐと雖も豈復た狂惑こゝに至らん、因て寒山の頌を擧げる。

吾心如二秋月一。碧潭淸皎潔。
無三物堪二比倫一。教レ我如何說。

雪竇禪師の詩に

大湖四萬八千頃。月在二波心一說向レ誰

とある。夫れ月は一である、寒山は以爲らく、物の比すべきなくして而して說くべからずと、雪竇は以爲らく人の說くべき無くして而して說くべからずと。說くべきか說くべからざるか、吾は爵に耐ふる能はず、聊か復た此の一重公案を造る林逈と黃秘敎と同じく遠江玉泉に遊び詩あり。

泉山好景微。權尹訟庭希
曉馬破レ雲去。夜船乘レ月歸
妓歌珠不レ斷。人醉玉相依。
薄宦自拘者。咄哉多少非。

と曰つた。珠不斷は歌聲の美を、玉相依は人の美しさを形容したのである。

## 夫子近業

高野山偶吟

欲向名山試嘯吟。不堪俗客漫來侵。
香烟簇々溪聲咽。雲自老杉長處深。

## 泊園書院日課表

| | 月 | 火 | 水 | 木 | 金 | 土 | 日 |
|---|---|---|---|---|---|---|---|
| 午前六時半 七時半 | 詩經 | 左傳 | （休講） | 詩經 | 左傳 | 陶淵明詩集 | 第一、第三、午前七時廿分 尙德會荀子（一日、祭日休講） |
| 八時半 | | 古文前集 日本外史 | | 古文前集 日本外史 | | 午後三時 古詩源 | |
| 午後二時 | | 韓非子 八家文 | | 韓非子 八家文 | 午後七時 說文（石濱先生） | | |

# 論語講義

黄坡先生述

**子曰。天生德於予。桓魋其如何。**

訓讀　子曰く、天、德を予に生ず、桓魋それ予をいかにせむ。

解釋　天命の安んずべきを語られた章であつて、時命に屬する。史記に孔子が宋に適き、弟子と禮を大樹の下に習はして居られた時、宋の司馬、桓魋が、孔子を殺さうとして其樹を拔いたから、孔子は其所を立ち去られた、弟子が速く去りませうといつたので、孔子は此語を答へられたと記して居る。この德とは道を修めて我身に得た所である、天が此文を喪ぼさずして、孔子に學んで德を身に生ぜしめたから、これ天が予を用ひようと望んで居るに定まつてゐる、されば桓魋たるものも天に違うて予を害することは出來ぬ筈だ「予をいかにせん」といはれたわけである。この章は先進篇の畏于匡の章と參看するがよい。

**子曰。二三子以我爲隱乎。吾無隱乎爾。吾無下行而不レ與二二三子一者上。是丘也。**

訓讀　子曰く。二三子。我を以て隱せりとするか、吾隱すなし。吾行ふとして二三子と與にせざることとなし。これ丘なり。

解釋　教學に屬する章であつて、自已の言語動作教でないものはないと語られたのである。二三子とは諸弟子を謂うた語である。孔子の教へ方は憤せざれば啓せず排せざれば發せず一隅を擧げて三隅を以て反せざれば復せずといふ風であるから、門人達は之を先生が隱されることがあると考へたのである。そこで「お前たちは我をば隱して居ると思うてゐるのか、わしは何も隱してはゐない。わしは行ふ所をしておまへ達と與にしてゐないで、隱して獨り行ふことはない」といはれた。二三子の之を視て自得默識することを要するのである。是丘也は「これがわれの心である」の意であつて、「己れに於ては二三子を外にしたり隱したりはせぬ」といはれたのである。

乎爾　助字である、この爾を汝と訓ずる説がある、また行而の行を往くと訓ずるのもある。與字を朱子は示と訓して居る、皆面白くない。

孔子の教は身を以て教へられて、たゞ言語のみを以てせられぬ、しかも門人は之を言語に求めるからかく告げられて其の迷を啓かれたのである。後世の學者は益々耳學をたつとび、從つて得る所が微淺である、大に思を自ら喩ることに致さねばならぬ。

**子四以レ教。文行忠信。**

訓讀　子、四を以て教ふ、文、行、忠、信。

解釋　教學の部に屬し、孔門の教誨の目を記した章である。文は文學であつて其人の詩書禮樂をいふ。行は躬行であつて其人の當前の行をいふ。忠は我が心を盡して物に接すること、信は言行爽はずして物に應ずる方である。古註に四者は形質あつて擧げて教へられると解いてある。即ちこの四つは皆實事である、孔子の人に教ふるには實事を以てして空理を以てせられぬことをいつたのである。仁齋の註に文は以て知を致し、行は以て善を踐み忠は以て己を盡し、信を以て物に接す、蓋し萬世學問の程式だと說いてゐるのが明瞭である。程子は別に忠信は本であるといふ解を附して居るが、此章の意を失うて居る。

**子曰。聖人吾不二得而見一之矣。得レ見二君子者一斯可矣。子曰。善人吾不二得而見一之矣。得レ見二有レ恒者一斯可矣。亡而爲レ有。虛而爲レ盈。約而爲レ泰。難乎有レ恒矣。**

訓讀　子曰く、聖人は吾得て而して之を見ず、君子なる者を見るを得ば斯れ可なり。子曰く善人は吾得て而して之を見ず、恒ある者を見るを得ば斯れ可なり、亡れども而も有となし、虛なれども而も盈となし、約なれども而も泰なりと爲す、難いかな恒あることを。

解釋　古註に世に明君なきを疾むとあるのが章の旨を得てゐる、故に、聖人、君子、善人、有恒者はみな人君をさしていつたものである。大戴禮に聖人は知、大道に通じ、變に應じて窮らず、能く萬物の情性を測るものなりとある、劉寶楠はこれ聖人の通ぜざる所なく能く己を成し物を成すといふと説いて居る。君子は篤厚の君子にして未だ聖人に及ばぬ人である。善人は齊桓晋文の如く、聖人の迹を踐まず、また室に入らざる人、恒ある者とは其心一定にして貳ならぬ人、即ち其道に久しうして變らぬから從つて政に着實な處がある。此の章に子曰が二つあるのはこれ別時の語であるが相似てゐるから編者が一章に收めたのである。亡而云々は當時も人君が自ら夸大にして自ら彊める心がない從つて恒ある政を行ふことが出來ぬと證せられたのである。この亡有は人を以ていひ、盈虛は奢廉を以ていひ、約泰は民の生業でいつたものである。

後の學者たちは此章を一個人の修養上から解かうとして居るから、結末の處など全く要領を失うてゐる。此章はだから時命に屬するものである。

**子釣而不レ綱。弋不レ射レ宿**

訓讀　子、釣して而して綱せず、弋すれども宿を射ず

解釋　勤止に關する章で、小大必ず義に由ることを記したのである。綱は孔註に大綱に絲で以てつりばりを羅ね垂れて之を流れた横にわたして魚をつる法である、一本釣に比べて一時に多くを取るのであると説いてある、物徂徠や王引之は綱は網の誤字だといつて居る、家説も之に依つてゐる。弋は「射ぐるみ」で矢の本の處に絲を附け其端に磻 矢の根石 を結び、矢が鳥に中れば反動で磻がはねて絲が解けて鳥の翼にまきつくのである、これは飛鳥を取るに必ず用ゐるのである。宿は宿鳥（ねとり）である、説文に宿は止なり。鳥の巢中に棲止せるをいふとある、即ちただ夜宿ばかりではない。物子の徵の説に、天子諸侯は祭と賓客とのためには狩をする。而して狩の事ほ大くて士の爲し得ることでないから、祭と賓客のために釣弋をする、蓋し禮の必ず然る所である、古は禮を貴び財を貴ばず、必獲を欲せぬのである。故に孔子もこの樣にせられたのである。

集註に洪氏の説を擧げて、物を盡して之を取り、其不意に出ることは爲ぬ。これ仁人の本心を見るべし云々とある。佛の慈悲の説に似てゐる、履軒は曰つてゐる、慈悲が仁に近似せる故に惑ふのである。是を以て殺生の一事は每に已むを得ずといふ説がある、儒者といへども往々此に洒脱なること不能である。予故に曰く、無慾の廉を亂るを惡む、慈悲の仁を亂るを惡むと。此語甚だ痛快である。

**子曰。蓋有下不知而作レ之者上。我無レ是也。多聞擇二其善者一而從レ之。多見而識レ之。知之次也。**

訓讀　子曰く、蓋し不知にして之を作る者あらん、我はこれ無し。多く聞いて其善き者を擇んで之に從ひ、多く見て而して之をしるす、知の次なり。

解釋　教學に屬し、述べて作らざる意を語られた章である。不知、知の知は上知の知であつて、所謂生ながら知るの聖をいふ。作は創始である。言ふこゝろは世には蓋し上知の聖德にあらずして自ら始をなし種々の説をなす者もあらうが、我はこれなし、我は多く前人の説をきゝ其善きものを擇んで之に從ひ、多く前人の跡を見て之をしるすのみ、即ち聖知の次である。といはれた。老莊の虛無自然を説き百家各々曲説を以て、自ら善とするもの後世に相次ぎ遂に大道をして暗からしめる樣になつた。みな自ら師とするの弊に陷つたものである。

此章の擇善は最も大切である。多見に擇善と言はずにあるのは省文の法である朱注に、從ふには擇ばねばならぬが、記は善惡皆存して參考に備へよとの意と説いてあるのは、通じ難い。

昭和十八年七月卅一日　泊　園　第二卷第三號

# 大東亞の古典

石濱純太郎

　本年度の泊園會總會は大東亞戰爭下に開かれる事となりました。蔣政權の頑冥不靈なる蔣政權を躍らす虎狼のせいでありますことは早くから言はず語らずに分つて居たのでありましたが何分にも表へ出てゐませんし、殊に虎狼どもも羊の皮をかぶつてゐるので、事を好まない我國として荒立てる事がないのでありました。虎狼は性質が性質ですからいつ迄も羊の樣にしてゐられません。日本などは兎の樣なものだから皮をぬいで睨んだら一度にへこむだらうと到頭皮をぬいでこわい顏をして見せました。辛棒に辛棒をしぬいて居た我國は兎ではありませんでした。虎狼も獅子も恐れない仁義の神兵の國であります。仁義に敵するものはありません。畏れ多くも我が　皇上の御赫怒に觸れるに至りましたので一昨年十二月八日　宣戰の大詔を拜しました我國の神兵は時こそ至れと諸方の虎狼の窟に攻めかゝりました。神兵にかゝってはたまりません。虎狼と見えたのも虎狼の皮を着てゐたゞけで、ずるいだけが取柄の狐でした。早速逃げ廻つたり降參したり、あれでは虎狼どころの騷ぎではありません。瞬く間に香港、馬來半島、ジヤワ、スマトラ、ビルマ、フィリッピンなどとその巢窟は皆覆へされて、虎狼の顏をした狐にダマされてゐた諸國は簞食壺漿して王師を迎へたのであります。御稜威の難有さは申す迄もなく忠勇なる神兵の功績には我等はたゞ感謝の外ありません。かうなつても蔣さんはまだ狐の道連れになつて居ります。しまひには地獄迄お伴するのでせう。

　大東亞戰爭となつて、皇化の及ぶ所が大變廣くなりましたので、銃後も一段と努力せねばなりません。殊に早速の宣撫の必要もあるので各地の語學者普及が大變であります。私共も職域の關係もあるので此方面に多少力を致して居ります。私共は學問の關係上幾分は從來から南方亞細亞地方の語學に關心を持つて居りました。それで時局につれて出まする語學者を少しは拜見したのであります。現下時局必用程度のものばかり出て居りますので、勿論學術的にどうのかうのと申す必要はないのですが、いくら實用的と申しても少し恐れ入るものが少くありません。時局柄多少なりとも御役に立てばそれで良いのでありますが、いつ迄もそれでは恥づかしい氣が致します。現代語と云つてもチャントした歷史を持つものですから、何時の用意も研究もない人が勝手に矢鱈に會話や文法を作つて出來るものでありません。これで通ずるよなどと云つて濟ましてはいけないのであります。よく戰地事情を書いたものがありますが、妙な漢文で筆談した話が出てゐます。中にはそれでも分つて大に氣焔をあげてゐるのもあつて結構ですが、漢文は役に立たんと自分の漢文の妙さに氣がつかんのも有ります。さう簡單に參りません。マレイ語は易いと申しますが、マレイ語の宣傳文がマレイ人は分らなかつた樣な話も耳にしてゐます。何でも役に立つ樣になるには素養と云ふものが必要なのであります。

　戰爭進行中の際はそれでも極めて實用向きの簡易さで役立ちますが、戰爭が一先づ濟んで建設となると餘り粗雜では役に立ちますまい。大東亞戰爭も緒戰一先づ終つて、長期不敗の建設に向つて居ります。かうなるとお粗末な實用向き計りでは到底行けません。段々と素養のあるしつかりしたものでないとダメであります。その素養と申すのは古典の教養であります。文化工作に於て古典を忘れては役に立ちにくい。どこの國でも文化は古典の上に立つて居ります。國粹古典に根底のない文化は凡て借り物であつて危いものであります。間違つた借り物文化はいつか崩潰するものでありますその樣な事は我國でも支那でもいろいろ例かありますから、一寸お考へになつても御分りであらうと思ひます。

　古典と云ふものは古いと云ふ字が出てゐますが、我國でも古いものに限りません。我國では古事記、日本書紀、萬葉集などと世界中でも珍しい古いものもありますが、もつともつと時代は新しくても古典と見るべきものがあります。古事記傳だの日本外史などでも古典として差支へありません。勅諭勅語などに至りましては古い新しいを問はず古典として拜讀すべきものであります。支那にしましても何も古典は四書五經のみでありません。淸朝のものでも古典として見るべきものがあると思ひます。新しいものは古典としにくいものでありますが、別にさう窮屈に考へないでもよいので、國の光ともなるのは古典でありませう。

　大東亞共榮圈の國々を皆未開の原住民族の國などと思つてはなりません。安南、泰、緬甸、印度爪哇、皆古くて、然も中々文化の根底も深いのであります。ニユウギニア、濠洲あたりと同樣に考へては間違ひます。未開の原住民にしましてもそれ相當に固守してゐます文化がありますので、之を一概に未開としてその風俗習慣を破壞することは、極めて省察のないそれこそ未開のやり方なのであります況んや古へに於て開化し盛んな時代もあつた諸國などでは國粹を破り古典を毀つものとなるのであります。之を教へ之を導くことはせなければなりません。國粹の古典は無理やりに作り上げたものでありません。國民の歷史が之を是認し之を育成し之を保護し來つたものなので、決して一時代の作品ではありません。國民の精神であります。國民と限りません、假令國はなくなつても民族部族は之を保持してゐて、彼等を導く光なのであります。

　古典は宗教的なものが多い。宗教の起源は何も出世間的にばかり在りません。俗世間の不安民族の不幸を救はん爲めに出て來るのであります。五天竺の轉輪聖王たるを期待されたのが釋迦であります。猶太の救世主として期待されたのが基督であります。土地の事情、國家の狀勢個人の思考、種々なる環境によつて只法主だるのであります。初めから世界宗教を目指したるものでありますまい。矢張り地に即したものであります。さればこそ諸處の民族に流通して信仰されるに至るものでありませう。さうしてその宗教を思想として文化も政治も藝術も凝固して國粹文化となります。いきおひ古典は宗教的なものが多いのであります。

　大東亞の宗教は多分に分れてゐますが、佛教、印度教、回教、基督教に大約分けていゝでせう。佛教は印度を發祥地としますが、本土では殆んど亡んで、錫崙佛教が獨り盛んであります。北へ弘がつたものは中央亞細亞を經て支那朝鮮日本安南に、西藏を徑て滿蒙に伸びました。南は緬甸泰から佛印に及びました。然し佛教發達の極致は我國らしい。北へ行つたものを大乘南に流れたものを小乘と云つてゐますが、さう簡單には片付けられますまい。これ等は皆聖典として大藏經を保持して居りますし、南方諸國ではそれが思想の中核であるから、單に宗教思想のみだとして置くわけに行きません。滿蒙藏のラマ教は達賴法王と考へなければなりません。我國に於ける如くたゞお經かでは濟みません。

　印度教も分派頗る多數ですが皆夫々の聖典を保持して居ります。政治も學術も思想も藝術も皆これに根據を置きますので、一見奇怪に見えるものも中々に彼等に意義があるので、グロテスクだなどと平氣に判斷してゐてはなりません。彼等の古典を理解して之を教導しなければ、高度文化を自任してゐる彼等は如何なる考へをするか分りません。印度教も佛教も嘗てはジャ

## 今村春二氏告別式盛大に執行さる

黄坡夫子御愛婿故陸軍工兵少尉今村春二殿御戰死の趣は既報せしがその告別式は去る六月十六日阪神打出、栗ケ丘幼稚園に於て盛大に執行有之

### 弔詞

本日茲ニ故社員陸軍少尉今村春二君ノ告別式ヲ執リ行ハセラル、ニ當リ恭シク君ノ英靈ニ告グ

君ハ昭和四年二月一日志願兵トシテ入營、翌五年陸軍少尉ニ任官セラレ、爾來在鄉將校トシテ衆ノ模範タリシガ、昭和十六年十一月事變ノ爲メ召集セラレ中支派遣部隊ニ屬シテ勇躍征途ニ就キ、翌十七年夏浙贛作戰ニ參加シ蔣介石直系ノ精鋭ヲ擊滅スベク、瘴癘ノ砲煙彈雨ヲ物トモセズ、挺身屢々危地ニ突入シテ輝カシキ武勳ヲ樹テタリ、後病ヲ得テ療養ニ力メ、十八年初病癒エテ、再ビ中支地區ノ肅淸ニ當リ、各所ニ敵匪ヲ掃蕩シテ功アリシガ、同年二月十四日陣中ニ於テ途ニ戰死セラル、其ノ烈々タル義膽洵ニ鬼神ヲ哭カシムルモノアリ。

君資性溫厚、頭腦極メテ精緻ニシテ、昭和三年大阪市立高等商業學校ヲ卒業スルヤ選バレテ當社ニ入リ、爾來十有五年其間傍系裕豐紡績會社ノ業務ニ從ヒタルモ、終始精勵恪勤、克ク其ノ責務ヲ竭シ、上下ノ信望ヲ鍾メ、累進シテ經理課主席トナリ青年社員ノ模範トシテ後進ノ指導ニ力ム、又新設工場、合併工場ニ於ケル經理事務ノ創始或ハ整理ニ當リ、其ノ蘊蓄ヲ傾ケ、功績沒スベカラザルモノアリ、其ノ將來ニ對シ大ナル期待ヲ繫ギシニ、春秋三十有六ニシテ一死忠誠ニ殉ジ、再ビ君ノ雄姿ニ接スル能ハズ、痛恨何ゾ勝ヘン更ニ想ヲ御遺族ノ上ニ致ストキ惻々トシテ慰藉ノ言葉ヲ知ラザルナリ。

然リト雖モ、征衣ヲ閫外ニ纏ヒ、屍ヲ馬革ニ裹ムハ武人ノ本懷ニシテ、君ノ殉忠報國ノ至情ハ凝テ皇軍ノ快勝トナリ、英魂ハ永ヘニ護國ノ神トシテ仰ガレ君ノ榮譽ハ即チ家門ノ譽トナル君以テ瞑スベキナリ。

茲ニ會社ヲ代表シテ敬悼ノ誠ヲ布ク、英靈尙クヘ來リ饗ケヨ

昭和十八年六月十六日

東洋紡績株式會社

社長　種田健藏

みたまに捧ぐ　藤澤昭子

聖戰にしたかふことの嬉しとて
ゐかほのこしてゆかれしものを

吾かちゝのかたきうたむとほこらかにちかふ幼な子いとほしきかも

御手向くさ　曾根田良久子

みこゑなくかへり給へとふるさとに君かいさをは永久にかゝやく

靖國の神ともまつる君をけふむかへまつらく晴るゝ梅雨空

（三面より）ソ、スマトラなどに流布してゐたものであります。

回教はアラビアに發祥して一時は西亞細亞に大法王國を結成して歐洲を震駭せしめたものであります。回教聖典を中心として學術も藝術も大に發達しました。歐洲近代の諸科學はアラビア科學に大變な恩惠を受けて發達したものであります。宗旨は多數に分れましたが東西南北諸方に流布してもメッカを中心に宗教的團結は中々に堅いのであります。大東亞共榮圈内には隨分廣く行はれて居りますから忽せには出來ません。

基督教の東傳も相當古いのであります。殊にカトリックは學僧を澤山派遣して熱心に傳道しましたので、その影響は相當注意せられるべきものがあります。ヴアチカン法王國直接支配圈は狹小でありますが、その宗教的勢力は大したもので、歐洲でも獨伊佛西など樞軸國範圍内には非常なる勢力があり、大東亞でもフイリピン、佛印などは之に屬して居ります。カトリック僧の學術諸方面に於ける成績は學界にも特異の地位を占めて居るのであります。基督教聖典のみならず諸尊者學僧の古典著述はいろ／＼あります。

これ等諸宗教は法王國となり世界宗教となりますに就いてはたゞ宗教聖典を中心とするのみならず、之に附隨して皆學問文學藝術を立派に發達せしめました。世界の近代學術文藝も皆それらから發達したのでありますから各國の古典には自國に見慣れない宗教臭を見て直ちに驚いて之を廢しては其國の文化の眞を理解することは出來ませんと思ひます。八紘爲字の國是は皆其處を得せしめなければなりますまい。指導者たるべき我國では各國の古典を是非研究して理解してゐなければなりません。

古典の語は大抵古代の文語であります。これは早速に街頭でしやべつてみても直ちに役に立ちません。然し各地の教養ある指導者たるべき人は皆これを尊敬して習得してゐるのであります。古典語の教養あるものを尊敬信服致し、これなきものは無識の俗人として侮りもします。長期建設の道程に入ればこれを考慮しなくては信に服しますか問題であります。況んや何等かの教導施設するに於ては必ずこゝに思ひを致さなければなりません。

支那では古典漢文である事は申上る迄もありません。ラマ法王國圈内では西藏古典文語であります。蒙古の坊さんも蒙古語經典より西藏語經典を尊んで居ります。印度では梵語でありますす。梵語は古過ぎるなど云つてはいけません。印度の學者は梵語で論文を今でも書くこと漢文の支那に於けると同樣です。梵語の新聞雜誌すらあります。南方佛教地方では三藏聖典語の巴利語が學者の通用語たること漢文と同じです。マホメット教徒ではアラビア文語ペルシア文語が同樣の地位を占めてゐます。羅馬公教會のラテン語も同じであります。これ等古典文語は皆古い起源のものですが、聖語として傳誦されるばかりでなく、今でも學者知識階級では文語として使用されて居るのであります。從來我國ではたゞ古典研究の必要語としてのみ扱はれてゐましたが、これからはも少し街頭に出て現在も實用されてゐる文語としても見ねばなりません。

古典文語は直ちに實用に立たなくても必要なるものでありますが、現代語を知る上には殊に必要であります。大東亞諸國語は直接間接に古典文語から大影響を受けてゐます。我國の國語に漢語佛教語の影響の多いことを考へて見ても分ります。相當高度の文化を取入れてゐた國は皆さうなのであります。現代通用語だけで濟む國は先づ未開の原住民でありませう。古典文語の樣に古いものは必要でないなどを無關心では困ります。後悔先に立たず、殊に大東亞指導を以て任ずるならば後悔せぬ樣にせねばなりません。その國の古典文語に一顧の勞も取らないで現下必用の現代語文法會話を作つたものを御覽なさい。直ちにその効果が分ります。私は若し被指導國の人が之を見たらと恐れてゐるのであります。

大東亞戰爭は緒戰を終へて絕對不敗の體勢を整へつゝあるのです。日用會話の時代を經て古典語へ這入る時となつてゐます。宣撫教導の爲には絕對に古典研究、從つて古典文語の知識を普及せねばなりません。近眼者流の言に迷はさ[illegible]百年の大計[illegible]ります。古[illegible]るだらうか。[illegible]英米依存と[illegible]究に於ても我[illegible]諸國の學者を[illegible]らなければな[illegible]

我等の泊園に於ては支那の古典文語漢文を研究普及に努力しております。漢文と云へば支那だけに聞えますが、安南なども この内に這入ります。安南などは漢文の力がなければ分りません。ロオマ字綴りで所謂國語だけでどうして國語の歷史なども他大東亞諸國の史書は漢文での史書なくして何で分りませうか。我田に水を引くのではありません。多少とも調べて見られたら直ぐ分ります。漢文分布を見ても何かの必要は支那事です。漢文の必要は支那事變から大東亞戰爭と擴がつて益々增大して居ると信じます。我等職域の責任も從つて重いと思つて居ります。

泊園誌社
顧問　石濱純太郎
同　岡本勝治郎
同人　石崎太郎　三原研田

同窓會
西田幾太郎
寺田英一郎
安達龜造

隔月一回不定期發行（非賣品）
昭和十八年九月三十日

泊園

第二卷第四號

九月廿九日印刷
九月三十日發行

發行所
泊園誌社
大阪市南區竹屋町九
（泊園書院内）
振替大阪一三八三九
電南六八二七

印刷所
不二印刷株式會社
大阪市北區旅籠町三七

編輯發行人　石崎太郎

# ＝大義名分と漢學＝

大東亞戰爭は愈々深刻なる樣相を呈して來た。歐洲戰局が變動するに隨つて重大なる關頭に立つて來た。必勝の將士の忠勇に對する我等の信頼は聊かの搖ぎもないが銃後國民の決意にも堅固なものがある。たゞいやが上にも强固にならなければならない。謀略欺瞞に終始する米英を徹底的に叩きのめさねばならない。その撃滅に徹する爲めには尙ほ此際大義を闡明するに若くはない。大義の徹する所は如何なる宣傳、如何なる謀略も施すに餘地はない。

大義を闡明するは漢學に若くものはない。孔子の學は春秋に極まる。春秋は大義名分の書である。君臣の義、華夷の辨、尊王斥覇、護國攘夷、皆茲に具はる。世に學術は多しと雖も、大義の學はこの書に窮極す。皇漢の學者の大義を論じ名分を議するも皆こゝに於てしたのである。時局移り國難來るゝの際、大義を闡明徹底せんが爲めには漢學を置いて他に何があらうや。漢學を講ぜずしては大義名分を如何にせんや。此時に當つて爲政の要人達が尙更に漢學振興に熱心してほしい。

云ふ勿れ、漢學は異國の學であると。孔子は異國に生れた人であるが、その理想とした所は我國に於てのみ達成せられてゐたのであつた。是に於て我が列聖は西土の教に資するを御奬勵されたのである。彼の土に於ても奬勵はしたが國體定らざるを以て徒らに仁人義士をして理想に殉ぜしむるのであつた。たゞ夫れありがたからざる國體の下に生れ死する彼等に在つても、斯の道の謬らざるを確信するから、大義名分論の研究には苦心し窮慮したのである。一部の靖獻遺言を見ても其端を知るに足らう。又我國の高儒烈士もそれらに資して大義を講究したのである。異國に生れた學ではあるが、我國に於て完成する學である。更に此學を振興せねばならない。

國體の明徵の最も顯然たる我國に於ても大義の在る所を事實に就いて論定するはさう容易なことでない。現今に於ては確固不動と見られるべき大楠公や大石良雄に就いても輕々に定まつたものでなかつた。況んや其他の人々に於てをや。彼の土の春秋論などが僕を更ふるも盡くるなきは簡單なる問題ではないからだ。大義の所在は情理を盡さねばならないのである。談何ぞ容易ならん。須く漢學に力を注いで其正を知るべきだ。

國體を明徵にすと云ひ、大義を闡明すと云ひ、共に重大なる事であつて、簡單に口頭禪としてはいけない。ありがたき我國に在つては準を取るに易いから、直ちに之を筆にして口にし勝ちだが、それは肇國以來定れる國體の御蔭である。その恩になれて輕率に陷る事があつてはならない。又口をこゝに借りて誤りに陷つてもいけない。須らく漢學の力を養つてよくよく研究して行かねばならない。戰爭が愈々深刻となり身近かに迫れば迫る程この必要が感ぜられてならない。米英撃滅に對しては大義の發揚がその根基をなすものと信ずる。是に於て再び世の漢學振興に意を致さん事を期待する。（白水生）

### 國字註解孝仁訓　一冊

桑原就峯の著である。就峯一に鷲峯に作つてゐる。誰かの撰した傳を明治初年の雜誌で見た覺えがあるが今は詳かでない。然し「大日本人名辭書」新訂版には小傳は出てゐるが、編著は關氏の「近世漢學者著述目錄大成」に出てゐる。本書はそれに漏れてゐる。本書は板本と見える精楷の二卷一冊の寫本であつて、表にはたゞ「孝仁訓」と題し、朱筆で上廿七丁、下卅一丁、合五十八丁と枚數が記入してある。中の大題は「國字註解吁江羅近溪先生孝仁訓」と詳細である。楊起元輯錄の羅氏孝仁訓に國文で解釋を施したもので原文には句讀訓點を施してある。本書は恐らく出版にならなかつたんでないかと思ふ。鷲峯の序文を左に錄す。

國字註解孝仁訓序

人性之同、雖萬里之外千古之上、無分毫異也。然諭之以異國之事、不如以邦國之事也。以古人之事、不如以今人之事也。而以他人之事、不如於其身之最切也。明儒楊起元所輯近溪羅汝芳孝仁訓二卷、其說孝說仁、近取之於人人固有之事日用之間、切實明快、使人惕然易悟矣。嗚乎道在邇、求諸遠、事在易、求諸難、不亦過乎。苟人々能因親長之良知、以明此性、究此理、則不徒已與今人無異、乃古聖人無以異於已、雖華夷隔絕之域、亦無不同、無不可行也。然後知孔孟所以敎於吾、的切平易、無不可企及也。頃者書林某乞國字註解、予樂此書之有益于人甚便也、爲略解釋而與之。楊起元號復所、羅氏之高弟、而爲明之名儒。

文久二年壬戌年冬十月
就峰逸人桑原忱撰

### 司馬文正公文抄　二冊

これ亦鷲峰の編である。關氏の目錄大成に出てゐない。本書は全部で四卷のものであるが、今存する所は卷三卷四の二冊に過ぎない。稿本であるから小紙を貼つた訂正が多い。卷三は本文四十二丁で論と書の部であり、卷四は本文四十三丁で序と記と傳と雜文とを含んでゐる卷首には定めて自序があつたらう。各文の尾に短評があるが、恐らく鷲峯の批評であらう。

### 泊園書院日課表

| | 月 | 火 | 水 | 木 | 金 | 土 | 日 |
|---|---|---|---|---|---|---|---|
| 午前七時半 | 詩經 | 左傳 | （休講） | 詩經 | 左傳 | 李太白詩集 | 第一、第三、午前七時廿分 尙德會荀子（一日、祭日休講） |
| 八時半 | | 古文後集 日本外史 | | 古文後集 日本外史 | | 午後三時 詩經 | |
| 午後二時 | | 韓非子 八家文 | | 韓非子 八家文 | 午後七時 說文日知錄（石濱先生） | | |

# 達心志蕭讀書札記

大壺

スウエンヘディン著黑川武敏譯の「熱河」の中の「マカトニ卿の使節團」の處に和閣下として括弧してチョンタンとロオマ字で注してある。これは多分原文では「ホチョンタンと呼ばれた」とあつたのであらう。それなれば「和閣下」とせずに「和中堂」と譯して置くべきである。井上支那語中辭典を見ると、「中堂。大臣又ハ內閣大學士ノ別名」と出てゐる。

スウエンヘディン著岩村忍矢崎秀雄譯の「彷徨へる湖」の三頁に「村長」に注して「土耳古語でベク、支那語で郷約」として「シヤンイエー」と振假名してあつた。約と云ふ字はイエーでなく、ユエとかヨとかと云ふと思つてたので少し不審なので字書を引いて見ることにした。井上翠先生の「支那語辭典」には「郷約。村長、一村中ノ名望アル者之ニ當ル縣衙門ノ委任ヲ受ケ租税ノ收入村內ノ公共事務ヲ掌ル（清）」とチャントあり、「支那語中辭典」も同樣であつた。然しイエーの振假名が氣になつて仕方がない。イエーならば人に對する尊稱の爺の字を當てて郷爺で村長でないかしらんと思ふのである。郷約は雅語で郷爺は土語と見られないだらうか。古い大正三年の石山福治の「支那語大辭彙」には「シアンヨ。郷約、村落ノ自治保安團體」と出てゐるがシアンヨと讀むと別らしい。ユエと讀む時とヨと讀む時とどんな差があるのかどの字書にも說明が無い樣だが、兎に角イエーとあるからユエ又はヨの訛音でなからうと見たい。イエーなら郷爺で又そんな土語がありさうに思はれる。ヘディンなんかの旅行記では雅語でなく土語でありさうた。ユエでなくてイエーであるが氣になるのであるが、もしユエがイエーに轉訛するものであつたりイエーがユエの誤植であつたりしたら、いらざる心配をしたこととなる。

ナザロフ著齋藤大助譯「新疆省から印度へ」の八十三頁にこんな處がある。「元來支那人から云へばッラン民族は世紀前二千三百年頃即ち神秘的なホーの時代までさかのぼればフン・ウイとして知られてゐた。後この呼稱はハン・ユンと變化し、秦朝代にフンヌ即ち匈奴族と呼ばれるに至つた」。片假名の字には皆羅馬字が添えてあるが畧した。この片假名字は漢字の發音を示してあるが中々分らない。フンヌは今音シュンヌだが、これは西洋人は常に匈奴に當てる事になつてるから問題はない。所で匈奴の異名だから獯鬻とか玁狁とか又はその異字に當ると見なければならない。然し字書によるとよく合はない。よく合はなくてもフンウイは獯鬻でハン・ユンは玁狁に相異なからうと思ふ。ホーは難かしい。堯か夏かの誤字だらうと想像するが、少し違ひ過ぎるので斷定し得ない。ナザロフは博物學者だから直接漢文の本を讀んで得た智識でないから、誰かの東洋史關係の書物から引いたものに違ひない。その本が分れば始末にいゝが分らないから致し方ない。

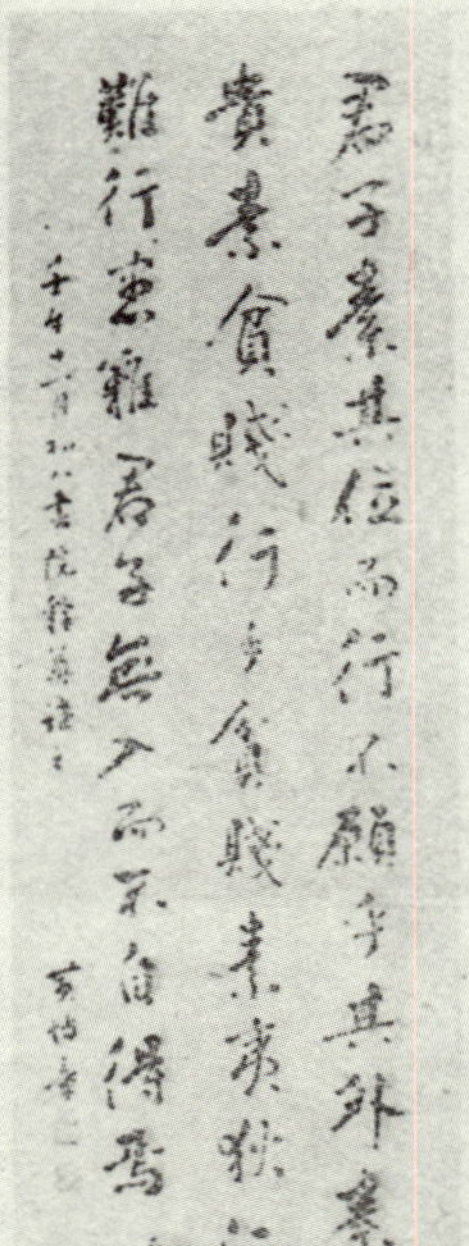

ナザロフのこの本にまだそんなのがある。九十三頁に「支那人の傳へに依ればその陷沒は、即ち中央アジヤ海の底であつた譯で、支那語でこの海をハン・ホイと云ふ」とあつて、「ハン・ホイと云ふ言葉は元々ロシアの地質學者オブルチエフの名付ける所であつて云々」と云ふ少し分り難い註が附いてゐる。支那人の傳へたものをロシア學者が名付けるのは少しオカシイ云ひ方だが、それはそれとしてハンホイは瀚海に當るものらしい。

又百〇三頁に班超の西域侵入を說いて「次いで西トルキスタンに兵を進め、遂にユエチの土地を震慴せしめた。さて此ユエチと云ふのは今日のキルギス人を指すものと思はれる。と云ふのはユエ或ひはユイと云ふのはユルタ即ちフェルトの天幕を指し、チとは天幕生活者即ち遊牧民を云ふからである」。とユエチの語源解釋までしてゐる。このユエチは漢字の月氏である。月氏問題は東洋史研究者の大問題でさう簡單にはいかない。それはともあれこゝの譯文は原文によく合つてるか少し疑はれるが大したことはない。

又一二七頁にマ・テイ・タイ（馬福興）將軍と出てゐる。これではテイタイが字か號か尊稱か分らないことになる。井上中辭典を按ずると「提臺。提督ノ別名」と云ふのがあつた。又「提督。官名、清ノ時重要ノ各省ニ此官ヲ置ク云々」とある。これに相違ない。世人馬將軍を馬提臺と云ひ習はしてゐたのである。馬將軍の息子が一四一頁にカシュガル城砦の司令官シエ・タイとして出てくる。これも協臺に違ひない。中辭典を按ずると「協臺。協鎭ニ同ジ」、「協鎭。副將ノ別名」、「副將。陸軍大佐ニ相當スル武官（清）」などとある。シエタイは協臺に相違ない。古い石山の大辭彙の補遺二十一を參照せよ。

漢字から出てる地名は漢字を附しといてくれると便宜だが、この本はどう云ふものか片假名と羅馬字だけにしてある。羅馬字は原文を傳へてくれるからも一つ漢字を入れてくれるとよい。ナザロフは勿論漢字を知らないだらうが國譯なら漢字に還元しといてくれるべきである。ナザロフは二百二十五頁で云ふ。「斷崖の街ヤルカンドは支那人にはソ・チェの名で呼ばれてゐる。大體支那人の用ゆる地名は彼等獨特のものが多く、一般に古代からの云ひ傳へをそのまゝ承けついでゐる住民の呼名とは屢々食ひ違ふのである。然かも支那人の呼名は時と共に變化する場合がある。それも何等それらしい明白な理由もなく行はれるのだから非常に始末が惡い。支那人はタシュガルをシュ・フと呼ぶ。新疆省の首都ウルムチを現在ではテイ・フワと呼んでゐる。併し一九二一年まではテイ・ウフと呼んでゐた。一方公式の郵便電信用としてはディド・ハなる呼名が依然用ひられてゐる。かうした實例は他に幾らでもある。從つて支那の歷史記錄と云はず、支那の地理學者、旅行家等の文書記錄などを刻明に理解せんとせば、其處に非常な困難を感じ一概には信用出來ぬものがある。例へば土地、都市、住民だけをとりあげ、それ等を一定した一つのものに整理しやうと試みるなら大抵の人が匙を投げて了ふ事であらう」。まさに西洋博物學者らしい嘆聲である。漢字を知らないから餘計に嘆ずるのである。我國は漢字を使つてるから、譯するに漢字を入れてくれると少しは助かるのである。ウルムチやカルユガルまで漢字にしないでいゝから、漢名だけは漢字にしてほしいものだ。偖てソチェは莎車であることは明かだ。シュフは疏附であらう。カシュガルは普通に疏勒とするが、光緒九年カシュガル西北の地を析いて縣にしたので概して疏附とも云ふらしい。テイフワは迪化である。テイウフの羅馬字原文は少し疑はしい。テイフワフの訛音ぢやないか。さうすれば迪化府である、ディドハは分らない。何か誤りがありはしないか。矢張り迪化ではないかしらん。

昭和十八年九月三十日　泊園　第二卷 第四號

# 三惜書屋初稿

## 樂山居雅集 其二

濤聲和松籟。不是不平鳴。樂山居臨海。吟心自泓宏。秋晴樓含千帆影。詩酒場中掣長鯨。

濤聲、松籟に和す。是れ不平鳴ならず。樂山居、海に臨む吟心自ら泓宏。秋晴樓は含む千帆の影。詩酒場中、長鯨を掣す。

「語釋」○不平鳴　韓愈の送孟東野序に不平之鳴といへり。

## 砂山藏雅集（植野木州宅）

共趁海南風雅筵。閑窓罰事興悠然。螺杯含得砂丘翠。素絹寫來昨浦烟。詩虎負嵎隣伏虎。橘仙推局伍吟仙。主人況是萬騎將。不怪文場鞭占先。

共に趁ふ海南風雅の筵。閑窓罰事、興悠然たり。螺杯含み得たり砂丘の翠。素絹寫し來る明浦の烟。詩虎嵎を負ふて伏虎に隣り橘仙局を推して吟仙に伍す。主人況や是れ萬騎の將。怪まず文場に鞭先を占むるを。

「語釋」○螺杯　鸚鵡貝のさかづき。○詩虎　負嵎隣伏虎。唐の羅鄴、詩中の虎と呼ばる。伏虎は和歌山城の名。○橘仙橘中に二叟が象棋をしてゐた故事、○鞭占先　人に先じて馬に鞭つ意で、人に先じて功を爲す事

## 望烟亭雅集

樸欄繭席想當年。千歳昇平非偶然。遺逸猶偸閑日月。望烟亭上一爐烟。

樸欄、繭席當年と思ふ。千歳の昇平偶然に非ず、遺逸猶ほ偸む閑日月。望烟亭上、一爐の烟。

「語釋」○望烟亭　仁德帝が御製「たかきやにのぼりてみればけふりたつ、ためのかまとはにきはひにけり」に因んでの名、○樸欄繭席　削らぬアラキのまゝの欄干、繭で織つたシキモノ。この有樣は往時の宮の面影を彷彿せしめる○千歳昇平非偶然　上にこの有難き聖天子を戴く我邦の千年治れる御代はまことに偶然でない。

## 永田盤舟招宴席上

芳筵今夕樂融々。旨酒溫情兩不同。佳話如花人似玉。春風以外領春風。

芳筵、今夕樂しみ融々たり。旨酒、溫情兩ながら同じからず。佳話花の如く人は玉に似たり。春風以外に春風を領す。

「語釋」○旨酒溫情兩不同　酒の美味といひ情の溫かなこと共に一般の宴と一樣でない。○人似玉　詩經に溫其如玉とある。主人の德の玉の樣に溫潤なこと。○春風以外領春風　一座の和氣窓外の春風にも勝れり。

## 淮南樓疊四氏招宴席上次韻

不用學壺公。人間多樂地。快談忘俗紛。逸興醒閑睡。開窓容積翠。會心如此稀。今夕須酣醉。

用ひず壺公を學ぶを。人間樂地多し。快談俗紛を忘れ。逸興閑睡を醒す。酒を呼んで餘醒を洗ひ。窓を開いて積翠を容る。會心此の如きは稀なり。今夕須らく酣醉すべし。

「語釋」○壺公　後漢の費長房かつて市掾たり、市に一老翁あり藥を賣る、常に一壺を肆頭に懸けて、市罷めば輙ち跳て壺中に入れり。長房途に此の仙に從て山に入れりと、○餘醒　二日酔のこと。○淮南樓は湯豆腐屋なり。

## 泊園同窓會席上偶成

念祖遭嘉會。盍簪披雅胸。多才推陸子。有道慕林宗。秋苑詞華發。雨窓情味濃。獻酬餘亦醉。滿坐氣雍々。

祖を念ふて嘉會に遭ふ。盍簪雅胸を披く。多才陸子を推し。有道林宗を慕ふ。秋苑、詞華發し。雨窓、情味濃やかなり。獻酬、餘も亦醉ふ。滿坐、氣雍々たり。

「語釋」○盍簪　朋友のより集ふ事、○陸子陸機。○林宗　郭泰字は林宗、常て有道に擧げられて就かすと。

## 新年文宴

新屋新年會最宜。同人不改舊鬚眉。清歡欲試梅花賦。盆裏一枝香巳奇。

新屋、斯年會最も宜し。同人改めず舊鬚眉。清歡試みんと欲す梅花の賦。盆裏の一枝、香巳に奇なり。

「語釋」○同人　同志の人

# 收受報告

泊園同窓會

一、寄附（常費寄附金）

金五拾圓　關西吟詩同好會（十七年九月）
金五拾圓　關西吟詩同好會（十八年一月）
金貳　圓　古谷熊三氏　勝田五郎氏

一、常費

・十ケ年分（金拾圓）
黒川莞爾氏　俵孫一氏　山根悅次郎氏

・七ケ年分（金七圓）
藤原忠三郎氏

・五ケ年分（金五圓）
山下平太郎氏

・三ケ年分（金三圓）
大橋香陵氏

・二ケ年分（金二圓）
小野銀馬氏　大野園山氏　西門岩松氏
西門孝次郎氏　阿部茂七氏　伊藤東海氏
野路靜夫氏　加藤亮吉氏

・一ケ年分（金一圓）
植野德太郎氏　後藤潤氏　山田正一氏
芦田源次郎氏　矢野榮三郎氏　吉宗耕英氏
佐藤彌兵衛氏　大河內安藏氏　島田信一氏
寸土曉園氏　中尾國太郎氏　井上隆治氏
山本九兵衛氏　清水晉三部氏　三宅太郎氏
吉濱純太郎氏　近藤多三郎氏　廣田虎三氏
藤谷此藏氏　永田仁助氏　岡本晉重氏
田中藤太郎氏　潁川康氏　林寅治郎氏
岩田藤三氏　飯田武雄氏　沖本三郎氏
濱田榮一氏　佐藤宏氏　谷口悅朗氏
安達龜造氏　木村金三郎氏　金戸守氏
松浦捨吉氏　坂口淳山氏　藤田信二氏
內田利一氏　寺田英一郎氏　吉年善作氏
吉年宗兵衛氏　佐藤寛九郎氏　鎌田春雄氏
門脅才藏氏　村田安穗氏　西野捷平氏
小野銀馬氏　殿村たけ氏　辻村龍夫氏
西田幾太郎氏　橋秀一氏　加藤和美氏
平泉豐三郎氏　赤塚善助氏　清水小筠氏
奧田富太郎氏　田宮恭太郎氏　藤本木田氏
淺井佐一氏　岡本英三氏　清海清氏
多紀仁之助氏　門脇禎次郎氏　近藤翠石氏
岡本勝治郎氏　芝田弘淳氏　多田てい氏
渡邊庸氏　神田榮吉氏　墉野二郎氏
佐友興五郎氏　熊澤猪之助氏　田中太郎氏
武富愛子氏　新田昌次氏　伊串徹仙氏
中山源次郎氏　福田三次氏　竹田津永安氏

（一面つづき）

魏子日錄摘抄　二卷二冊

同じく鷲峯の編である。鷲峯は魏叔子の文に傾倒してゐたと見え、「魏叔子文選要」正續六冊の編があつて刊行されてゐる。闕氏の「目錄大成」には正編のみ著錄してゐるが、續編もあつて、沒後に高木穀が校刊した。續編の表の題簽は「續魏叔子文粹」となつてゐるが、內は選要續編となつてゐる。續編は出版になつたが「日錄摘抄」は恐らく出版にならなかつたらう。本書はその稿本で檢閲に差出した本である。表紙に「學問所改」の黑印、「江戸廻御赦免」の紅印かあつて、「元治元甲子年十一月十七日願上、慶應元乙丑年五月三日西？御免、願人越後屋作兵衛、選者桑原元吉郎」などと書いてある。上冊には本文四十二葉、下冊には本文五十二葉ともある。鷲峯の序がある。

魏子日錄摘抄序

學者雖有才學、鍊識有不至、則或明習於古法、而昧於事勢之變、能說事勢、而或失聖法之正、二者學者之通弊、而俱不可謂之濟世之學也。譬之工匠、古法者規矩也、事勢則材之長短美惡橫斜曲直不同也。故徒執古法、而不諳事勢、是有規矩、而不知運用也、能說事勢、而不依古法、是棄規矩、而任己智也。能守古法、而不違事勢之宜、適事勢之變、而不失古法之正、唯有鍊識者爲然、猶工匠之功者、當其未成屋也、屈曲橫斜之材、如不可用者、而繩之準之、測其橫斜屈之度、應規矩而運用得宜、及其成也、人只見鼇正宏麗、而不見有枉斜屈曲難用之材也。淸人魏叔子、以文章鳴于當世、其論策鑿々有據、識者以賈長沙李忠定擬之云。叔子別有日錄三卷、以淺言說深理、擧古徵今、論事勢、示從違、於諸家日錄語錄之外、更開一捷路、其導學者、益後生、不少矣。予曩已刻叔子文選要六卷、頃者又就日錄、摘抄其最的確者、爲二卷、以爲選要附錄。夫讀叔子之文、足以見其鍊識、而叔子所鍊識者、此錄盡之。然則此錄也不啻知叔子之文而已、亦可以鍊出自已之識見、而免僻見之弊也。元治改元年次甲子夏六月初五日美濃就峰學人桑原忱撰於紀南田邊僑居。

## 夫子近業

### 新涼書適

今年最覺避炎難。纔得新涼意自寛
松下清風簾外月。盆中茉莉砌邊蘭

洗心洞文庫森下理事長追悼祭賦奠

寵位加榮市井身。彼蒼那事奪伊人。
臨機能制業逾盛。居富無驕衆所親。
仙醉島彰鄕國勝。洗心洞復舊時春。
倘文重道克匡世。何止靈丹長仰仁。

癸未歲黃梅節恭奉悼
今村春二賢臺戰歿　五條　秀磨

勇躍仗刀從遠征。攻城野戰博功名。
何圖訃報驚我耳。忍見內君提子情。

聞今村春二君戰死　的場信太郎

譽高才興德　更發大和魂
埋骨湖南土　從容答聖恩

## 編輯室

夫子の御都合で論語の原稿が入手出來ず、平常の面目が違つてしまふ。次號には相當分量が期待願へると思つてゐる。

○

燈下に虫の音あり。シンミリ詩魂をゆする。思を南方戰線にめぐらしつゝ、決戰下この勉學を感謝する。

○

西照寺に仲基先生の招魂碑が立つた。施主は一將校でその芳志が嬉しい。早速タンポを用意して出たが、まだオショウネが入つてないとかで無駄足に終る。筆者は某。六朝北碑に根據したイカツイものついで墨拓を發表しよう。

○

大壺先生、又新著あり「支那學論考」と題す。巨冊の專門書。權威者としての地歩が愈々シッカリしてくる。音韻の方面も初歩から聽講して誰か先生の抱負識見を一部にまとめて一冊にして呉れるといゝんだがと思ふ。

○

音韻と合せて說文學に對する蘊蓄もこの際一部にまとめたい。先生にしか開けない方法論をこれは希望的にでなく是非やつて見たいのだ。

○

決戰體制が愈々確立してその樣相は半年前。三ケ月前。一ト月前とゴッ〳〵變つてゆく。個人的な損得をつべこべ謂つて不平をこぼしてゐる奴等。此の戰爭はヘボコイそんな連中ぢや、完成すまいぞ

○

揣迹もいゝぢやないか。喰ひ物の昔思出なんかクダラネイ話をしとる暇があつたらチト本をよめよ。（靜）

泊園誌社
顧問　石濱純太郎
同　岡本勝治郎
　　石崎　太郎
人　三原　研田

同窓會
西田幾太郎
寺田英一郎
安達　龜造

## 國典としての漢文

中學校が四年制となり教科目が革新の緒につきかけてきた。素人が考へるのは、漢文は授業時間も前より減少し殊に國語の中に含まれる事になるとやがて必要がなくなるだらうと。或はしはらく學科の中に入つてゐても重要なものではないと速斷する向もある。大東亞戰爭の新段階にある日本人の教養は一歩も退いてはならない筈。秋愈雄渾飛躍しなければならない秋にかういふ偏見は成立しない。

○漢文は高等學校では古典科の中に入れてあり、中學では國民科國語の一部分となつてゐて、その必讀指定書の一番に論語があげてある。これは注意すべきであり中學でもこの精神には何らかはりない形式的方面から言つても、日本固有の文章には漢文調子殊に漢文を日本よみにしたものが夥しく入つてある。萬葉集なんかも漢文のコツを知らんではロクによめない。十七條憲法も吉田松陰士規七則も乃木將軍の詩もロク〳〵理解出來ないといふ情ないことになる。こんな日本人教養ぢや全く仕方ない

○内容の方からいへば支那思想殊に儒學精神が融合一體となつた吾人の民族精神巧みに支那文化思想をとり入れるのに皆この漢文を以てしたのだつた。惟新の道の尊嚴は微動だにしないで巧みに國民精神にまで醇化してきたのだつた。

○こういふ樣にあげてくると國體に明確な信念をうること。人格鍊成に資すること。國文の表現構成に援けること。先づこういふ漢文修養の方法を教へたものが漢文には多いこと考へてみるとき日常內面生活に不平ダケのミットモない人達も、そも〳〵こゝに鍊成を缺如してゐるのだらう。皇國の道に則り皇國民たる基礎的鍊成をなす國民學校の精神は中學から高等學校まで一貫した原理である。國民的自覺を喚起しつゝ信念に培ふ教科である漢文。國民的思考感動を通じて國民精神を涵養する漢文であるものを、何ぜう輕卒に斷する事が出來よう。時間が減少すればする程重點主義でその眞意義に徹した把握が必要にならう。（研）

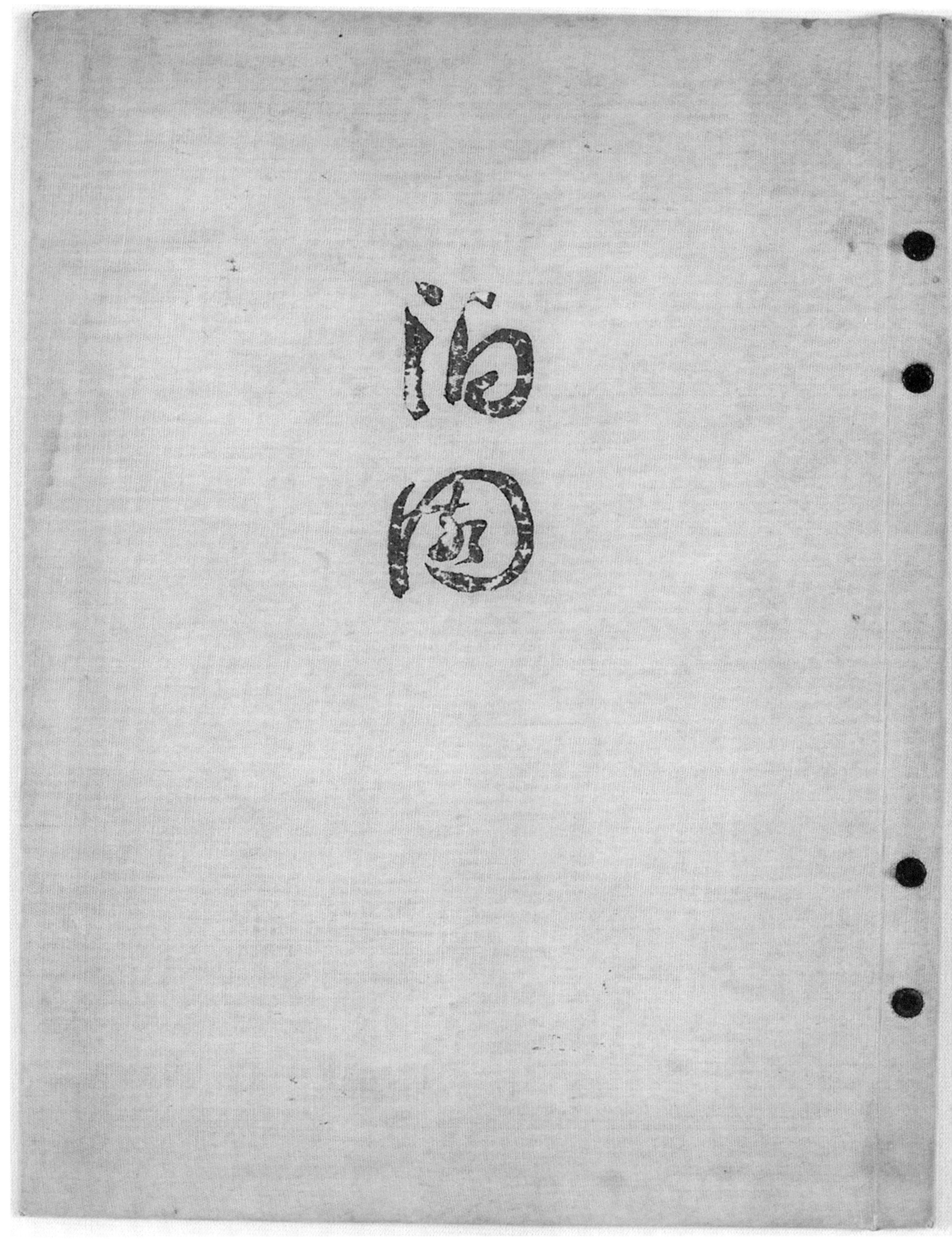
泊園

# 富永仲基先生關係資料陳列目錄

## 甲　著書

一、出定後語　二冊　延享二年刊版　仲野安一氏藏
一、同　二冊　文化二年補刻本　石濱純太郎氏藏
一、同　一冊　明治三十五年活版刻 赤裸々ト合本　小島祐馬氏藏
一、出定附解　一冊　仲野安雄手稿本　仲野安一氏藏
一、非出定後語　一冊　釋　文雄　石濱純太郎氏藏
一、翁の文　一冊　延享三年刊本　龜田次郎氏藏
一、同　一冊　仲野安雄手寫本　仲野安一氏藏
一、翁の文に就て　一冊　內藤虎次郎 中外日報大正十三年　亀田次郎氏藏

## 乙　傳記

一、日本諸家人物誌　南豁山道人 寛政十二年刊本　龜田次郎氏藏
一、近代名家著述目錄　第一冊　堤朝風 文化八年刊本　同
一、浪速人傑談上　政田義彥 積燕石十種本　泊園書院藏
一、浪華人物誌　卷一　岡本撫山 浪華叢書本　大阪外國語學校藏
一、大日本人名辭書　經濟雜誌社 第五版　泊園書院藏
一、近世文學史論　內藤虎次郎 明治三十年刊本　石濱純太郎氏藏
一、懷德堂考上　西村時彥 大阪朝日新聞明治四十三年　龜田次郎氏藏
一、浪華名家墓所記　曉晴翁 明治四十四年刊本　同
一、大阪市史　大阪市役所　泊園書院藏
一、大阪名家著述目錄　大阪府立圖書館 大正三年刊本　亀田次郎氏藏
一、大阪の町人と學問　內藤虎次郎 大阪每日新聞大正十年　同
一、近世日本基督教史　山本秀煌 大正十一年刊本　石濱純太郎氏藏
一、愛日區內先賢小傳　愛日敎育會 大正十一年刊本　亀田次郎氏藏
一、池田人物誌上　吉田鋭雄 稻束猛 大正十二年刊本　同
一、近畿墓跡考　鎌田春雄 大正十一年　同

## 丙　參考

一、赤裸々　一冊　服部蘇門　石濱純太郎氏藏
一、蘇門文鈔　一冊　服部蘇門 明和八年刊本　同
一、大和三教論　七冊　武田大賓 寶曆十二年刊本　大阪外國語學校藏
一、三教裸はなし　一冊　溝口敬明 安永二年刊本　亀田次郎氏藏
一、出定笑語　合一冊　平田篤胤 明治二年刊本　石濱純太郎氏藏
一、追蠅拂　三冊　治島子 慶應三年刊本　亀田次郎氏藏
一、佛教聖典史論　姉崎正治 明治三十二年刊本　石濱純太郎氏藏

大正十三年五月二十五日
於泊園書院學會

# 解説

# 解　説

ここに影印した新聞「泊園」は大阪の漢学塾、泊園書院が昭和二年から十八年まで発行したものである。

泊園書院の特色の一つは昭和になってもなお存続、隆盛したことにあるが、それが可能だったのは何といっても書院第四代院主の藤澤黄坡（一八七六―一九四八）、および黄坡義弟の石濱純太郎（一八八八―一九六八）の力量と情熱によるところが大きい。

幼少期から父南岳の薫陶を受け、東京高等師範学校・国語漢文専修科の第一期生だった黄坡が伝統的な漢学者であり漢詩人だったのに対し、十二歳年下の石濱は東京帝国大学文科大学・支那文学科で学び、卒業後、京都帝国大学教授の東洋史学者内藤湖南に師事して新たな東洋学の開拓を目指していた。石濱が敦煌文書やチベット研究、蒙古語や西夏語の研究などにおいて先駆的業績を残した、いわば東洋学のパイオニアであったことは改めていうまでもない。石濱はしかし、伝統漢学の世界に深く共鳴し、その方面の研究も多く、したがってまた黄坡への敬意を生涯失うことがなかった。

漢学の良き伝統を受け継ぐ黄坡と、これを基盤として近代的学問を展開しようとする石濱――この二人は、戦前の時期、大阪の学問・文芸の世界における見事なパートナーだったといえよう。黄坡はもちろん、石濱が泊園書院での講義に情熱を傾けていたことも数々のエピソードが示すとおりである。

さて、新聞「泊園」はこのような新旧の特色をあわせもつ学問所の刊行物として生まれた。この時期、黄坡は関西大学専門部に講師、ついで教授として教鞭をとるなど多忙であり、本誌の編集に限っていえば、これに尽力したのは石濱であって執筆記事もきわめて多い。昭和時代、市井の漢学塾がこれだけの新聞を刊行し続けるというのは容易なことではなく、全国でもまれなケースであろうが、ともあれ以下、この新聞刊行の経緯をたどり、特色などについて整理してみたい(1)。

## 一　刊行の趣旨と書誌事項

### 1　刊行の趣旨

新聞「泊園」は昭和二年（一九二七）の暮れも押し詰まった十二月二十二日に発刊された。題字の「泊園」は南岳の遺筆である（第一号「編集室より」）。本誌の趣旨については、石濱が第一号の巻頭に「發刊の辭」として次のように述べている。いま全文を掲げる。

> 泊園の學術は代々傳ふる事四世に渉り、歳を閲する已に百年を越え、及門の子弟は實に數千人に及ぶ。その源の遠き、その流れの久しき、その徒の博き、皆以て傳稱するに足る。況や絃誦依然舊の如くにして絶えず、利祿奔走の間に於て屹然中流の砥柱たるをや。顧ふに、斯の道を傳へ斯の文を守り斯の學を存し斯の業を弘むるは、及門の徒同志の士の皆自ら責とする所なるべし。泊園同志各地の諸會合に談間々之に及ぶあるを熟聞せるは、我等の最も喜ぶ所なり。然も師弟通訊の方同窓報問の途を缺けるは、大方の久しく以て甚だ遺憾とする所なりき。乃ち相謀りて一小紙を排印し、題して泊園といひ、毎月一回之を發行し、以て漢學を鼓吹し又一には書院學業の現情を、二には藤澤師家の安福を、三には泊園諸會合の狀況を、四には前輩同窓の動靜を通報するに資せんとす。但だ道德學術文章の大に至つては、固り一小紙の任に堪ふる所に非るも、亦稍々鉤玄纂言する所あるべく、要は徒らに空議放論に墮するを愼まんと欲す先輩所兄の共力贊助を吝む無からん事期望に勝へず。

これによれば、百年を越える歴史と数千人におよぶ門人を有しながら門人間の連絡を欠き、泊園の学問を広く喧伝できないことが関係者間で遺憾とされており、そこで本誌を刊行することにしたという。その目的は大きく二つあり、第一に漢学の鼓吹、第二に関連情報の広報がそれである。このうち広報すべき情報としては、一、泊園書院における講学の現状、二、院主である藤澤家の消息、三、泊園関連の諸会合の状況、四、前輩同窓の動向を挙げている。また「道德學術文章」に関する本格的な議論を載せるのは新聞という性格上むずかしいが、何がしかの示唆や連載を行なうことは可能だろうという。

この時、石濱は満三十九歳。南岳と黄鵠亡きあと――南岳は大正九年（一九二〇）に、黄鵠は大正十三年（一九二四）に死去している――、泊園書院を黄坡とともに継承、発展させていこうという意欲に溢れている。石濱は二年前の大正十四年二月、内藤湖南に随伴したヨーロッパの資料調査旅行から帰国したところであり、また本誌発刊の直前の九月には王国維を記念して高橋盛孝やニコライ・ネフスキーらと「静安学社」を結成するなど、この頃新進の学者として充実の時期を迎えつつあった(2)。そうした情熱が本誌の発刊を後押ししたのであろう。

本誌はまた「泊園同窓会」や「泊園会」、「有声会」といった泊園関連組織の機関誌という性格ももっている。「泊園同窓会」は泊園で学んだ門人たちの集まりであり、「泊園会」は泊園同窓会メンバーの有力者で作るその上部組織、「有声会」は竹屋町の分院（のち本院）における黄坡の受講生が作った同窓会組織である。このことは発刊の祝辞に「泊園同窓會及有聲會其他泊園書院關係の報道機關として本誌の創刊せられたるは寔に悦びの極みなり」[3]とあることからもわかる。あとにも述べるように、本誌発行の費用は、多くこれらの関係者からの寄付によってまかなわれた。

ところで、かつて南岳時代の泊園書院では、明治後半から大正六年頃までほぼ毎年一回、『泊園同窓会誌』という冊子を出していたことがある。この雑誌は書院の活動や院主・会員の消息、「文苑」「詩壇」といった漢詩文欄、会計報告、同窓会員名簿などを載せて会員の相互連絡と親睦をはかるものだったが[4]、本誌はこれを受け継ぎつつ、黄坡・石濱時代にかなう新たな装いのもとに創刊されたといえる。かつての『泊園同窓会誌』と最も違うのは、石濱らの意思により漢学復興・奨励のための学術誌的性格を強めたことであろう（後述）。

## 2　刊行時期および基本書誌

本誌はこれ以後、三つの時期に分かれて刊行された。これは本書の「はじめに」でも示したが、行論の関係上、もう一度示しておく。

**第一期**　第一号（昭和二年十二月二十二日）〜第十五号（昭和五年十一月三十日）
——計十五号

**第二期**　新第一号（昭和八年一月一日）〜新第五十六号（昭和十七年五月二十七日）
——計五十六号

**第三期**　第一巻第一号（昭和十七年七月か）〜第二巻第四号（昭和十八年九月三十日）
——計七号

このうち第二期については、第一期と区別するために「新」の字を冠することにした点もすでに述べたとおりである。もともとこれを「新泊園誌」と呼んだのは石濱であり（後述）、ここでもこの呼称を使った次第である[5]。

なぜ、このように三期に分かれたのかはあとで触れるとして、ひとまずこれらの書誌事項を、各期の最初の号（第三期のみは第一巻第二号）の題字下の刊記や編集者名の記載により掲げておく。

**第一期**

毎月一回　一日發行
本紙定價　一部金拾錢　一年前金一壹圓（郵税共）
編輯發行兼印刷人　吉田萬治郎
印刷所　大阪活版所
發行所　泊園社　大阪市南區竹屋町九番地　泊園書院内
泊園社編輯同人　石濱純太郎　吉田萬治郎　熊澤猪之助

**第二期**

隔月一回　一日發行（非売品）
編輯兼発行人　梅見春吉
印刷所　林泰進堂印刷所
發行所　泊園誌社　大阪市南區竹屋町九番地　泊園書院内
泊園誌発行委員　顧問　黄坡　石濱両先生
編輯　本條　多田貞　松浦三氏
校正　本條　多田　石崎三氏
通信　岡本　村田　竹中三氏
発送　林　久保田　田中三氏
連絡　潁川氏
泊園誌社編輯同人　梅見春吉　多田貞一　本條平太郎　的場信太郎

**第三期**

隔月一回　不定期発行（非売品）
編集兼発行人　石崎太郎
印刷所　林泰進堂
發行所　泊園誌社　大阪市南區竹屋町九番地　泊園書院内
顧問　石濱純太郎
泊園誌社　同人　的場信太郎、岡本奇堂、三原静美、石崎太郎、岡本勝治郎

## 3　書誌の変遷など

このように十六年間という長期にわたって続いた本誌は刊行日にせよ編集者にせよ、一定の変化が見られる。次に、主な書誌情報の変遷を本誌の刊記その他によりやや詳しく示しておこう。

### (1)　刊行日

第一号より　毎月一回　一日発行
第十一号より　毎月一回　五日発行
第十三号より　毎月一回　十日発行
新第一号より　隔月一回　一日発行
新第三十八号より　隔月一回　五日発行
新第三十九号より　隔月一回　不定期発行

**(2) 編輯兼発行人**

第一号より　吉田萬治郎（編輯発行兼印刷人　第四号より編輯印刷兼発行人）
新第一号より　梅見春吉
新第九号より　的場信太郎
新第五十六号より　石崎太郎（第二巻第一号より編輯発行人）

**(3) 編輯顧問**

新第一号より　藤澤黄坡、石濱純太郎（泊園誌発行委員顧問）
新第九号より　藤澤黄坡、石濱純太郎、梅見春吉（編輯顧問　新第十四号より泊園誌社顧問）
新第三十一号　石濱純太郎
新第三十二号より　藤澤黄坡、石濱純太郎
新第三十八号より　石濱純太郎

**(4) 編輯同人**

第一号より　石濱純太郎　吉田萬治郎　熊澤猪之助（泊園社編輯同人）
第九号より　石濱純太郎　吉田萬治郎　三崎驎之助
第十一号より　石濱純太郎、吉田萬治郎
新第一号より　梅見春吉、多田貞一、本條平太郎、的場信太郎（泊園誌社編輯同人）
新第九号より　多田貞一、本條平太郎、的場信太郎（編輯同人）
新第十三号　石崎太郎、本條平太郎、的場信太郎
新第十四号より　本條平太郎、穎川康、石崎太郎、三原静美、岡本喜三、安達亀造（泊園誌社同人）
新第十九号より　石崎太郎、三原静美、岡本喜三、安達亀造、的場信太郎
新第二十号より　石崎太郎、三原静美、岡本喜三
新第三十号より　的場信太郎、石崎太郎、三原静美、岡本奇堂（喜三）
新第三十七号より　的場信太郎、岡本奇堂、三原静美、石崎太郎、岡本勝治郎
第二巻第一号より　岡本勝治郎、石崎太郎、三原研田（静美）

**(5) 発行所**

第一号より　泊園社
新第一号より　泊園誌社

**(6) 印刷所**

第一号より　大阪活版所
新第一号より　林泰進堂
第二巻第一号より　不二印刷株式会社

**(7) ページ数とサイズ**

基本は四頁。一枚の大紙（B3よりひと回り小型）を中央で半分に折り、表裏で四頁仕立てにしている。ただし、第一号は六頁、新第二十二号は八頁。また「発行十年特輯号」の新第三十一号はA5版の冊子体で三十二頁。附録や挟み物は今回、縮小して影印しているので、これらを含めたサイズを示せば次のとおりである。

**新聞**

第一号以下　三十一・五×二十二・二センチで、以後、まれに上下がやや短くなくことはあるが、幅はほぼ同じ。ただし、第二巻第一号から第二巻第四号（最終号）はやや小さく、二十九・五×二十一・二センチ（ただし第二巻第二号は三〇・五×二十一・五センチ）
新第三十一号　冊子体で、二十二・一×十五・三センチ

**附録**

新第四号附録　城山道人稿　二十四・五×三十三・五センチ（枠は十六・六×二十四・七センチ）
新第十号附録　甘谷先生百七十年祭記念　三十・五×二十七・五センチ
新第十一号附録　城山道人稿　二十四・四×三十三・六センチ（枠は十七・八×二十六・五センチ）
＊以後に附録される城山道人稿のサイズはほぼこれに同じ
新第十二号附録　泊園同窓会通知（赤色紙）十二・四×八・二センチ
新第二十号附録　泊園会第一回定時総会報告書　一九・五×五十四・二センチ
藤澤黄坡先生華甲祝賀会の通知　二十六・六×四十八・三センチ　文字面の天地（上下の高さ、〇を含む）は十六・一センチ
新第二十五号広告　城山道人稿完結に就き急告　十五・一×二十一・三センチ

**(8) 附録「城山道人稿」について**

第二期には附録として中山城山の「城山道人稿」がところどころに添付されている。現在残っているのは三、四、五、六、七、十八、十九、二十、二十一、二十二、二十三、二十四、二十七、二十八、二十九、三十の十六葉であって、一、二、八〜十七、二十五、二十六の十四葉が欠けている。それがわかるのは、新第二十五号に

附された広告「城山道人稿完結に就き急告」に、新第三号に第一葉を添付して以来、全部で三十葉を配布した、とあるからである。

ちなみに中山城山（一七六三―一八三七）は東畡の師で、新第一号（昭和八年一月）にすでに城山の略伝を載せているので、この頃、泊園のルーツとして城山を研究する機運が高まっていたようである。「城山道人稿」は城山の子、鼇山手筆による写本であり、その後、昭和十二年（一九三七）四月、これらの附録に残りの部分を併せ、泊園書院から「泊園叢書」の第一冊『城山道人稿』（一冊、和装本）として黄坡の跋を附して刊行された。[6]

**(9) 綴込表紙**

布クロス製の本誌専用綴込表紙で、泊園門人の安達亀造により制作され、実費で頒布された（第十二号の外側余白記事）。第十二号および第十三号にその写真を載せ、また新第五号や新第十七号には広告が載っている。題字の「泊園」は本誌の題字と同じ南岳の筆である。

## 二　編集者と発行費用

### 1 第一期

さて、本誌の責任者は黄坡と石濱であり、特に石濱の貢献は大きかったが、右に示したように実際の編集・発行作業には多くの泊園門人があたっており、その苦労にも並々ならぬものがあった。この作業を行なった主な門人は、第一期は吉田萬治郎、第二期は梅見春吉、的場信太郎、多田貞一、第三期は石崎太郎、岡本勝治郎、三原研田（静美）らである。

そもそも、泊園書院に新聞の必要性を訴えたのは吉田萬治郎（？―一九四二）であった。吉田は黄坡門人で、当時最も優秀な塾生の一人であった。[7] 本誌第一巻の編集後記である「編集室より」（筆者の一楽庵は吉田の筆名）によれば、大正の中頃、「浪華に於ける漢學界の一大權威たる泊園書院が學説を發表する機關誌を持たず同窓生の動靜を知る能はざるは一大恨事なり」と考えた吉田は、黄坡および石濱にその発行を懇願したが、時期尚早とされて当面は立ち消えになった。しかし、昭和二年（一九二七）十月、石濱から新聞発行の計画があることを聞かされた吉田は「飛び立つ思ひで賛意を表し」、さらに十一月、黄坡と石濱から本誌の編集にあたるよう依頼された時は「一層の喜びに滿身の血は燃ゆる思ひであつた」という。

こうして編輯兼発行者となった吉田の奮励努力によって、まもなく十二月二十二日に本誌が発刊されるのである。吉田は「製版印刷原稿整理に或は編輯上諸種の指導を先輩に乞ひ同人諸氏の應援を得て茲に漸く出來上つた」と、その苦労をふり返っている。

第一号の内容は、前述した石濱の「發刊の辭」に始まり、黄坡の「先師遺聞」「泊園雜感」といった随筆、書院の時間割である「泊園書院日課」のほか、泊園会に関する「第二十二回泊園會記」や漢詩、藤澤家の人々に関する「師家の御消息」、「有声会消息」など、さまざまな記事を載せている。泊園同窓会に関しても「泊園同窓會幷追悼會記事」や追悼会での弔辞、泊園同窓会会計報告、泊園同窓会員の「氏名住所録」など多くの紙面を割いている。

このように石濱を統括者、吉田を編集部責任者とし、整った体裁のもとに出発した本誌であったが、しかしその後の歩みはけっして平坦なものではなかった。

早くも翌昭和三年（一九二八）六月の第五号で、吉田は編集者の献身にもかかわらず「一向玉稿が集まりませぬ」（「編輯漫語」）と嘆いており、さらに毎月一回発行のはずが、第八号と第九号の間を一年以上空けてしまうという事態をきたしてしまった。これについて石濱は「發行遅延のお詫び」と題して、

> 今後は是非毎月定期の例に背かない様に懸命に努力する。自分は懸命に奮發するが、どうか先輩同學諸兄の御後援を願ひたい。自分の孤軍奮闘丈では決して大方の満足を得るわけには行かないし、諸兄の盛大なる後援を得るならば本誌の擴大すらもわけはないのである。願くは諸兄の御投稿を時に賜はる事だ。（第九号）

と述べている。本誌の記事執筆に「孤軍奮闘」していた石濱が、泊園関係者に積極的な投稿を募るという切実な訴えである。「毎月定期の例に背かない様に懸命に努力する」「自分は懸命に奮發する」といった言葉が、石濱らの苦心をよく物語っている。

さて、吉田は百三十銀行、ついで安田銀行大阪支店に勤める会社員であった。[8] みずからの仕事をおろそかにすることができなかった彼は、多忙と病のため、三年後の昭和五年（一九三〇）十一月、第十五号の刊行を最後に、とうとう編集者を退くことになる。このことにつき、黄坡はのちに吉田を回想して次のようにいっている。

> 昭和二年の十二月に第一號を發行した。發行人は固より君である。其の經驗と才識とによって第一號既に整然たる面目を備へ、見る人をして驚嘆せしめたのであった、しかし君の慘憺たる意匠は大抵ではない、これは日々報告にあづかつた叟の感心して居つたことである。かくて回を重ぬる十五、昭和五年の末に君が多忙なためと、他の事情とで本誌も中止するにいたつた……氏について特に忘るべからざるは本誌の創始の大恩人であるといふ事である。側聞するに當時氏は泊園誌が出來たら死んでも遺憾はないとまでいはれたさうである。（第一巻第二号「吉田洞外を憶ふ」）

また、吉田と同窓だった岡本勝治郎（後述）も、

昭和二年十二月二十二日泊園誌が發行されることになり君が專ら之を擔當してやられるといふので大に期待してゐたことで有つたが、其の後君は病氣の爲め辭退され夫れが爲め誌も一時中斷の已むなきに至つた。（第一巻第三号、岡本時笑「吉田一楽君を憶ふ」。岡本時笑は岡本勝治郎の筆名である）

といっている。

こうして吉田が編集を退くとともに、その奮励によって支えられてきた本誌も中止のやむなきに至ったのである。

## 2　第二期

さて、第一期が停刊して三年後の昭和八年（一九三三）八月、本誌は復刊される。編輯兼発行者は吉田に代わって梅見春吉があたり、しばらくして的場信太郎が担当した。

これは本誌を再刊すべきだという声が高まるとともに、また泊園関係者全体のバックアップがあったからのようである。石濱は復刊後まもなく「泊園誌を守れ」と題する記事でこう述べている。

泊園誌の目的は、内は泊園一般の情況を報じ、外は漢學を奬勵するにあるは、今更に喋喋する必要もない。……舊泊園誌が創建されて幾歳、誌そのものは只誌の目的に從つて活動してゐたのだがその隱顯數年の努力はたゞに誌の目的のみならず、泊園書院の事業を總括しての背後の力を養成しつゝ、あつたのである。さればこそ泊園休刊すべからず、再興せざるべからずと、同志が起つて新泊園誌が後を承けて出るに至つたのだ。たゞ誌の目的達成だけだつたら、今の樣に熱心に奮然從事しなくても事は足りる。世間通塗の同窓會誌でも結構十分なのである。今にして余も亦泊園誌が同窓會誌以外のものでなければならぬ所以を明かに識つた新舊泊園誌建設の同人諸兄に滿腔の敬意を表せねばならない。（新第十五号）

ここには、泊園書院の事業を支える「背後の力」の存在と、単なる同窓会誌を越える学術誌的新聞の必要が求められたことが述べられている。こうして石濱もいう「新泊園誌」が出発する。

編輯兼発行者となった梅見春吉（一八七五―一九三七）は福井県出身、南岳時代からの泊園門人で、泊園同窓会幹事を篠田栗夫とともに長くつとめた重鎮であった。また泊園書院の講師もつとめ、「梅見先生の口合ひ好く立板に水の様な流暢な講義は又一種の魅力を以て聽講者を引付くる者が有つた」[9]と、その講義の魅力が伝えられている。大阪南郊の田辺（現：大阪市東住吉区）に住み、私塾の正和書院を開いて教育にいそしみ田辺亜聖の称があったという。[10] 泊園文庫（自筆稿本）の中には梅見自筆の『泊園日誌』（大正六年以降）も残されている。

このほか、この時期に編輯同人として貢献した人物に多田貞一（一九〇五―？）がいる。多田は兵庫県出身、泊園で漢学を学び、昭和六年（一九三一）に第五臨時教員養成所（大阪外国語学校）国語漢文科卒業、ついで昭和七年（一九三二）、難関の「高教」（高等学校教員検定試験）漢文科に合格した秀才であった。新第一号の「会員消息」欄には「多田貞一氏　昨年臨教を卒業し直ちに今年高等教員試験を受けて合格せり、氏の如き若き年にして通過したる者從來に無し」と報告されている。本誌編集に加わったのは新第一号から第十二号（昭和九年十一月）である。多田は高教合格後の昭和八年（一九三三）に神戸県立第三中学校教諭となっているから、[11] その勤務の間をぬって編集作業にあたったことになる。

ついでにいえば、多田はその後、大連中学教諭を経て、昭和十四年（一九三九）から北京の興亜院華北連絡部政務局に勤務し、昭和十八年（一九四三）十月、北京で設立された東方民俗研究会の幹事となった。東方民俗研究会は石濱とも関係の深い団体で、多田は北京時代に名著『北京地名誌』（周作人序、北京・新民印書館、一九四四年）を、東方民俗研究会の事業の一つ「東方民俗叢書」の第一巻として刊行している。[12]

さてその後、復刊五年目を迎えるにあたって、石濱は「泊園誌の第五年」（新第二十五号）と題する記事の中で「ともすれば發行不能になりそうな經濟狀態で居り乍らよく是れ迄維持して社會に對し書院に對し多少の效驗をなし得た」とふり返っている。実際、この第二期の刊行状況を見ると、最後の新五十五号と新五十六号の間が四ヵ月空いているのを除けば、隔月一回発行のペースがほぼきちんと守られ、毎年六号ずつ出されているので、発行が軌道に乗っていたことがわかる。石濱そして黄坡としても得意の時期であったろう。

## 3　第三期

昭和十七年（一九四二）七月頃に第一巻第一号を出したようだが、なぜそれまでの第二期を終了し号数の数え方の違う第三期に移行したのかは、当の第一巻第一号が欠号になっていることもあって、よくわからない。戦争の影響なのか、あるいは他の理由があったのか、今のところ不明である。

ともあれ、第二巻第一号（昭和十八年三月）からは編輯同人の顔ぶれや印刷所も変わる。また同号の編輯後記に「幸に今度編輯室も新設され先生方始め大いに張切つてゐます」とあるのは、戦時中でありながら、関係者がなお意気軒昂として編集作業にあたっていたことを物語っている。

しかしこの第三期は、隔月一回という刊行ペースを何とか維持しながらも、昭和十八年（一九四三）九月の第二巻第四号をもって停刊となる。[13]

編集者としてこの時期活躍した一人が三原研田（一九一五―一九九六）である。三原は滋賀県出身で、本名は静美、研田はその号で、書道家であった。昭和八年（一九三三）甲陽中学校を卒業するが高等学校には進学せず、家学の書道を継ぐため泊園書院に入塾し、漢学を黄坡と石濱純太郎に学ぶこと十年に及んだ。[14] その間、新第十四号（昭和十年三月）から編集同人に加わり、最後までその任にあった。

三原は泊園書院で学習に励んでいた昭和初期のことを次のように回顧している。

泊園書院での約十年間は私を培う上に大きな意義をもつことになった。……私は晩期の書院［その頃は南区竹屋町にあった］に通学して黄坡先生とその義弟石浜純太郎博士に従い論語彙纂、春秋左氏伝、陶詩、杜詩の講義、説文段注、両周金文辞や天壌閣甲骨文存などの演習をうけた。[15]

これは黄坡および石濱の講義が漢学研究においてきわめて高度な内容を保っていたことを示す証言である。なお、三原はその後、文検（師範学校中学校高等女学校教員検定試験）の習字科に合格して大津市立高等女学校教諭となり、戦後は昭和二十五年（一九五〇）から滋賀大学教育学部助教授、四十七年（一九七二）に同教授となる。書道家としても成績をあげ、昭和二十九年（一九五四）関西綜合美術展首席、三十三年（一九五八）日展特選、四十五年（一九七〇）には滋賀県書道協会会長となった。三原は泊園で学術的訓練を受けた最後の人物といえるかもしれない。

もう一人、編集者として注意すべきは岡本勝治郎（一八八五―？）である。香川県出身の岡本は大阪で小学校訓導をしながら泊園に通い、南岳ついで黄坡の講義を聴くこと十二年に及んだ。[16] その甲斐あって大正九年（一九二〇）文検の国語及漢文科に合格、さらに東京の大東文化学院高等科を卒業、ついで東京の京北中学校教諭を経て、昭和十三年（一九三八）関西大学講師、翌十四年に予科教授となった。黄坡、篠田栗夫、あとに述べる吉永登らとともに泊園と関西大学をつなぐ人物の一人でもある。岡本は当時、とりわけ熱心かつ優秀な泊園塾生で、昭和十一年（一九三六）三月七日の黄坡華甲祝賀会では門下生総代として祝辞（漢文）を奉っている。[17] 本誌編輯同人は新第三十七号から、停刊となる第二巻第四号まで長くつとめ、また泊園塾生だった頃の思い出を本誌に断続的に連載している。[18]

### 4　発行費用について

発行の費用であるが、第一期は定価が「一部金拾錢　一年前金一壹圓（郵税共）」であった本誌は、第二期より非売品になった。では、どのようにして費用を工面していたかというと、基本的に泊園関係者からの寄付によってまかなわれていた。本誌の記事を見ると、たとえば第一期には「本誌後援寄附金報告」「本誌後援寄附金収受報告」として金額と寄付者の氏名が毎号載っている。

もっと大きかったのは泊園同窓会と泊園会からの寄付である。第一号に載る泊園同窓会の会計報告には早くも「金壹百四拾五圓貳拾八錢也　右殘金は本誌發行費に充當可仕候」と、百四十五円を発行費として寄付する旨、報告されている。その後も毎号のように「本誌後援寄附金（泊園同窓会）」として金額と寄付者の氏名を載せており、同窓会からの多くの援助によって本誌が維持されていたことがわかる。第十号（昭和五年五月）の編輯記事に「今の所は紙上御覽の如く維持費の御捐金が多い上に、同窓會から常費の中より補助して頂いてゐますので、何等經濟的には更に苦痛はありません」[19]とあり、同窓会の援助により経費面ではわりあい余裕があったことを示している。他にも第二期には泊園誌社の会計報告が載っており、たとえば新第十八号の「泊園誌社事業の一斑」によれば、昭和十年一月号から九月号まで、発行経費として四百円を支出したと見える。

このほか、泊園会からも資金援助を受けている。泊園会は泊園同窓会の上部組織で、昭和九年（一九三四）九月に新たな組織が発足したが、本誌に対する援助は当初は考えられていなかった。そのことは「泊園会第一回定時総会報告書」に、常任理事会の決定事項として「泊園誌ノ刊行ハ暫ク從前通ノ經營ニ委シ本會々費ハ之ニ使用セズ專ラ積立貯蓄シ以テ將來ノ大成ヲ期スルコト」あることからわかる。[20] しかし泊園会はその後、本誌に補助金を出すようになったらしく、昭和十二年（一九三七）七月の報告では「泊園會業績」として「泊園誌社へ雜誌發行補助金として毎年金貳百圓也交付」とある。[21]

このように、本誌は泊園同窓会、泊園会をはじめとする関係者の寄付によって維持されたわけである。これは言い換えれば、泊園関係者の人脈が保たれていたこと、かなり強い団結力と集金力があったことを物語るものでもある。

## 三　本誌によってわかること

さて、本誌は昭和時代の泊園書院の活動を示す貴重な資料であり、今後、大いに活用されるべきものと思われる。かつて筆者は『泊園書院歴史資料集』や「泊園書院年譜」の作成の際、本誌を大いに参考にさせてもらったこともあり、[22] 以下、興味深い事項を気づいた範囲で少し紹介してみたい。

### 1　昭和時代の泊園書院の動向

まず、いうまでもないことだが、昭和時代の泊園書院の情況を示すソースとしての価値がある。たとえば毎週の時間割である「泊園書院日課」がたえず掲載されているのは、書院の講義内容を示すものとして重要である。新第二号以降、ほぼ毎号にわたって連載され、全五十二回に及んだ黄坡「論語講義」の連載も貴重である。この連載は書院における黄坡の講義記録らしく、学而篇から始まり述而篇に至っている。南岳『論語彙纂』や黄坡らの旧作『論語彙纂通解』を継承する内容で、泊園の『論語』学の展開を知る好個の資料といえよう。

「泊園文芸」欄では門人の漢詩・漢文の作品を載せ、新第十号から第二巻第三号まで、全四十二回にわたって連載された筆名・効尤生の「説詩樂趣」は、泊園における漢詩文学の好エッセイとなっている。

このほか道明寺土師神社（天満宮）や泊園書院内における釈奠、藤澤家の菩提寺である齢延寺における展墓（墓参り）、南岳十三回忌法要（新第一号）、菅甘谷先生百七十年祭（新第十号）、中山城山先生百年祭（新第二十七号）、東畡先生第七十五周忌祭典（新第三十八号）などの記録も、さまざまな泊園関係者の活動の一端を表わすものである。昭和十三年（一九三八）十月、石濱が中心となり、懐徳堂を会場として開かれた第七回漢学大会の報告も興味深い（新第三十五号、第三十六号）。

昭和十一年（一九三六）四月三日、黄坡の還暦を祝う華甲祝賀会が東区備後町（現：中央区備後町二丁目）の綿業会館で開かれた時のもようも写真入りで報じられている（新第十九号〜二十二号）。綿業会館は現在、国の重要文化財に指定されており、大阪を代表するこの近代建築を使って挙行された大規模な祝賀会の報告を見ると、当時、泊園書院および黄坡がいかに大阪人の人望を集めていたかがよく伝わってくる。

新第六号に載せる泊園書院（もと分院、のち本院）正面玄関の写真も貴重なもので、その建物のつくりや大きさを彷彿とさせてくれる。門標にある「泊園書院」の文字は大村屯（号は楊城）の筆になる。[23]

## 2　泊園関係者の消息

泊園関係者の消息も多数載せられている。前述した泊園同窓会、泊園会、有声会の報告や名簿などがたえず掲載され、関係者の顔ぶれや動向がわかる。関係者ということでいえば、第十五号に、黄鵠七回忌の時に齢延寺山門前で撮られた集合写真とともに、その氏名をすべて載せているのはたいへん貴重である。[24]これによって人々の面貌がみなわかるからである。

また、訃報や転任、転居の情報もたえず載せられており、これによって我々は泊園関係者の貴重な情報を得ることができる。たとえば永田仁助、村田又兵衛、鎌田衡、西本教寛、豊田隆、阪本準平、右田三吉、篠田栗夫、牧野謙次郎、宮崎貞吉、梅見春吉、渡邊盤山、河田為作、鷲田又兵衛、白藤丈太郎、川合孝太郎、筒井民次郎、越智宣哲、吉田萬治郎らについては訃報が載っており、場合によっては年譜や略歴、さらには写真まで掲載している。三崎驎之助、藤澤成太、藤澤桓夫、今村春二、藤澤妙子、藤澤定子といった藤澤家およびその縁戚の人々の訃報や消息も見ることができ、写真がつけられることもある。

多田貞一、三原研田、岡本勝治郎、吉永登、鴨居武らの名も登場する。多田と三原、岡本についてはすでに述べたが、吉永登（一九〇六―一九八九）は奈良県出身で、関西大学専門部国語漢文専攻科第一期生を卒業後、泊園で黄坡に漢学を学んだ。そして昭和八年（一九三三）、難関の「高教」（国語科）に合格、昭和十八年（一九四三）に関西大学専任講師ついで教授（専門部）となった。戦後は関西大学文学部教授、文学博士となり、文学部国文学科の中心として活躍、さらに文学部長、東西学術研究所長を歴任し、昭和五十年（一九七五）には泊園記念会長となった人物である。[25]筆者は、迂闊にも吉永教授と泊園の関係を見落としており、今回、本誌を調べる中でそれを確認した次第である。

また鴨居武（一八六四―一九六〇）は旧高松藩出身で、父の忠次郎は東畡と交遊があり、明治四年（一八七一）、私財を投じて郷校「明善堂」を作った。そのような関係もあり、武は少年時代に大阪に出て泊園で南岳に二年間学んだ。その後、洋学に転じ、第一高等学校を経て帝国大学工科大学（のちの東京大学）を卒業、のち東京帝国大学工科大学教授、工学博士。日本化学会会長もつとめ、日本における応用電気化学の権威となった。香川県人の東大合格者第一号、博士号取得者第一号といわれる。[26]筆者もつい最近、泊園出身者にこの人ありと知ったのであるが、本誌においては同窓会名簿に名前が見えるほか、新第四十三号に「詠水」と題する漢詩が載っており、その署名から号が敬軒であったこともわかる。鴨居武の作った漢詩というのはかなり珍しいのではあるまいか。

このほかにも、本誌によって泊園関係者であることがわかる人物は多いと思われる。附録の人名索引をぜひ活用していただきたい。

## 3　泊園関連資料の調査・研究

本誌が学術誌的性格をもつことは前にも述べた。石濱が号の太壺、筆名の甘菱、魚石、白水生のもとに書いた数多くのエッセイは石濱らしい実証的内容をもっており、川合孝太郎、多田貞一、岡本勝治郎らによる記事にも学術性の高いものがある。

中山城山に関する調査・研究を載せているのも特色の一つである。前に述べたように、新第一号には城山の略伝を載せ、ひき続き「城山道人稿」を附録として添付している。新第八号には肖像の写真を、新第十五号には城山の「黄庭経略註序」を翻刻して載せている。さらに昭和十二年（一九三七）がその没後百年にあたることから、泊園書院は高津神社を会場として中山城山先生百年祭を催すとともに、その遺墨・遺著を展観し、新たに刊行した『城山道人稿』を頒布した。本誌にはこれらの行事に関する記録のほか、肖像・遺墨の写真、石濱による遺書の解題、収集した城山の印譜などを載せており、現在においても有用な資料となっている（新第二十六号、第二十七号）。

城山が東畡に贈った「守泊苑」の書額の写真もある（新第二十六号）。東畡の号の「泊園」の名の由来となった呼称であり、淡路町時代から書院に伝えられてきたものである。[27]現在、この書額は失われており、きわめて貴重な写真である。

東畡の研究に関しては、黄坡と石濱は東畡が幕末の文久三年（一八六三）、大坂の御城入儒者および尼崎藩主の賓師になったときの書状を新たに見出し、翻刻掲載している[28]（新第十九号）。また、これより少し前の嘉永四年（一八五一）、東畡が大坂城加番役の豊岡藩主京極高厚に大坂城内に招かれて『論語』を講義した時の記録としては、新第二十四号に載る鎌田春雄の文章「東畡先生大阪御入城次第」が高松藩家老木村黙翁の随筆を引用しており、これまた重要資料となっている。[29]

東畡に関しては、肖像の写真が二点掲載されているのも見逃せない。新第七号と新第二十七号がそれであるが、前者は戦前の『東区史』第五巻・人物篇（大阪市東区役所、一九三九年）に載っている写真と同じで、当時、泊園書院の所蔵であったが、現在、原本は失われている。筆者の『泊園書院歴史資料集』口絵には『東区史』所載のものを載せているので参照されたい。[30]また、後者の肖像は現在、高松市塩江美術館に所蔵されており、黄坡のご息女の藤澤昭子氏から寄贈されたものである。作者は幕末の画僧の喈然で、伯耆（現：鳥取県）大山寺円流院院主、賛は東畡の自賛である。

南岳に関してもさまざまな資料や遺文が載せられているが、注目されるのは明治五年（一八七二）、讃岐高松に戻っていた南岳が高松の中ノ村天神前に開いた泊園塾の「泊園学則及塾則」を第六号に載せていることである。牧野謙次郎所蔵の南岳手写本で、明治新政府の私塾政策に応じて文部省に提出された資料の写しである。これによって、明治初年の泊園塾がどのような規則のもとに運営されていたかがわかるのである。[31]

新第三十一号（発行十年特輯号）の巻頭には富岡鉄斎（一八三七―一九二四）筆になる、鉄斎・南岳春遊図の写真が載っている。鉄斎の賛によれば、明治十四年（一八八一）四月一日、南岳が和泉大鳥神社（現：堺市大鳥大社）に鉄斎を訪ね、梅の花の下で半日閑娯した姿を描いたという。南岳と鉄斎は美術品の論評等を通じて交遊があったことは旧稿でも指摘したとおりである。[32]この画も現在は伝わっておらず、はなはだ珍重すべき写真といえよう。

南岳に関してはもう一つ、南岳最初の妻に関する記事を今回見出すことができた。新第五十五号の草薙金四郎「藤澤南岳と鐵兜」および第五十六号の同「藤澤黄坡翁より示教」の記事がそれで、これらによれば、南岳から播州林田藩の河野鉄兜に宛てた手紙に「拙荊妻病在牀者数月、終以仲春望死矣」とあるのにつき、黄坡に問い合わせたところ、亡くなった妻というのは南岳の先妻の水野豊のことで、墓所や過去帳を調べた結果、慶応二年（一八六六）二月十五日に没したことが判明したという。実は、南岳最初の妻について筆者は、かつて『平野含翠堂史料』により慶応二年に死去したことまでは調べたのであるが[33]――黄鵠や黄坡、黄圃（三崎驎之助）の母の牧野仙は、南岳の後妻ということになる――ただ、その名や亡くなった正確な日付はわからなかった。これによってそれが明らかになったのである。

黄鵠については、南北朝正閏問題により衆議院議員を辞職した際、石川啄木が同情してこれを歌に詠んだことは藤澤桓夫が話題とし、筆者もこれを紹介することで今では有名なエピソードになっているが、[34]実は本誌にすでに取り上げられていた。新第十三号に啄木の歌「藤澤といふ代議士を弟のごとく思ひて、泣いてやりしかな」を引き、「議会に於ける若き黄鵠先生の一本氣な奮闘の姿が、若き啄木の共感を呼び、それが所謂ニコポン主義に對する憎悪となつて迸つた所にこの歌が成つたのではあるまいか」と評しているのである。筆者はT生の筆名を使っているが、記事の書きぶりからして、あるいは藤澤桓夫自身かもしれない（Tは桓夫（たけお）の頭文字）。

このほか、前にも触れた、岡本勝治郎による往時の泊園書院の回想も、大正時代を中心として泊園書院の情況を詳しく記していてたいへん貴重な報告となっている。

## 4　太平洋戦争と泊園書院

最後に、戦前・戦中に出版された新聞として太平洋戦争（大東亜戦争）と泊園書院の関係が本誌には伝えられている。この戦争に泊園はどう対応しようとしていたか――結論を先取りしていえば、石濱も、またかつて日露戦争で軍功を立てた黄坡も、戦争に対しては驚くほど冷静であり、狂信的な軍国主義や国粋主義といった論調はまったく見受けられない。

戦争時期、石濱は白水生の筆名でくり返し漢学の重要性を説いている。石濱によれば、東亜の中心をなす文化は漢学であり、これを抜きにして東亜の理解はありえない。そして東亜新秩序の盟主たらんとするのであれば、我々は漢学を立派なものに築き上げなければならない、という。たとえば「漢文へもどれ」（新第三十八号、一九三九年三月）では、

現時重要時の一は支那を十分明白に知つている事である。その支那を十分に知るには漢文の力が要件である。

といい、「泊園を盛んにせん!!」（新第四十一号、同年九月）では、

漢學は我國の學問でもあるが、元來は支那の學問である。支那で數千年の間に築き上げたる學問なのである。支那に關係が出來て之を理解するのは漢學による外はない。漢學を中心とせずして將た何によらうとするんだらう。……漢學の盛んにならなければならない時代に盛んでないのは、東亞新建設東亞新秩序の稱道せらる、今日我國の恥辱である。又それは我國の損害である。

という。さらに「東亜新秩序に對する漢學」（新第四十六号、一九四〇年七月）でも、

東亞の智識は漢學に集積されている。……その智識を此際利用しなくてどうするだらう。再檢討も三檢討もせねばならないのである。……近き將來の漢學の權威を正しく把握して、東亞新秩序中に立つて諸國をして仰いで正に就かしめねばならないのである。あやふやなる漢學であつては、彼等をして我を輕侮せしむるに至るであらう。それでは新秩序の中心になれないのだ。といっている。

戦争が激化しつつある中においてもこのような主張はまったく変わらず、「大東亞戦争と漢學」（第五十五号、一九四二年一月）では、

大東亞は廣い。我國は大東亞の指導者たらなければならないから、大東亞全部の研究の中心とならなければならない。大東亞諸方の學術研究は急速に躍進せねばならない。

といっている。つまり石濱にとって、日本が大東亜の中心になるということは、漢学に集積された大東亜の文化を研究する中心になるということであった。「あやふやなる漢學」ではなく、すぐれた「學術研究」としての漢学を振興することがこの戦争において何よりもまず求められるという。

もちろん、時局を反映して戦争を賛美するような口吻も見受けられるが、古典研究や漢学の発展こそがこの戦争において最も重要なものだとする主張は一貫していて、きわめて印象的である。古典研究を紐帯として東アジアを結びつけようとする、一見迂闊だが、しかし理性的な態度が、泊園書院をファナティックな軍国主義に陥るのを救ったのである。このことは大きな問題であり、別に論ずべきテーマであろうが、昭和の最も困難な時期リベラルとでもいうべきこうした理念を泊園書院が持っていたことを、その学統を受け継ぐ立場にある一人として光栄に思うものである。

## おわりに

すでに述べたように、新聞「泊園」は昭和期における泊園書院の活動を示す重要な資料である。ここでは書誌事項を中心に、刊行の経緯や編集者の顔ぶれ、本誌の特色を概略示したにすぎないが、それでも得られたことは多い。たとえば吉田萬治郎、多田貞一、岡本勝治郎、三原研田、吉永登らと泊園との関係を新たに指摘することができたし、黄鵠七回忌の際の齢延寺前における集合写真とその人名リスト、中山城山の印譜、城山が東畡に贈った扁額「守泊苑」の写真なども紹介することができた。南岳の最初の妻に関しても、今回初めて詳しい情報が得られたのである。また、泊園書院の学術が太平洋戦争にどう対応しようとしていたのかについても一定の見通しを示すことができたように思われる。

本誌は黄坡と石濱および泊園門人たちにより、戦争その他、さまざまな困難を乗り越えて刊行された新聞であり、今後、泊園の学術や人脈はもちろん、日本近代の漢学や東洋学、大阪文化・文芸の研究などを進めるうえで重要な情報が詰まっているといえよう。附録の「記事名・執筆者名一覧」「人名索引」とあわせ、ぜひ本書を活用していただきたい。

注

（1）この解説は、「新聞「泊園」について——昭和初期における泊園書院の記録」（『東アジア文化交渉研究』第十号、関西大学大学院東アジア文化研究科、二〇一七年三月）を訂正、加筆したものである。

（2）「泊園書院年譜」、吾妻重二編著『泊園書院歴史資料集』（関西大学出版部、二〇一〇年）四〇三頁。

（3）辻松石「發刊を祝して」（第二号）。

（4）注2前掲、吾妻編著『泊園書院歴史資料集』、二九五頁。

（5）なお、「はじめに」では触れられなかったが、泊園記念会には今村知子氏による寄贈として新五十一号、新五十二号、第二巻巻第一号を蔵する。この寄贈に関しては『泊園』第五十一号（泊園記念会、二〇一二年）彙報欄を参照されたい。今村氏は藤澤家の縁戚にあたられる。

（6）現在、『城山道人稿』の原本は泊園文庫・自筆稿本類の中に蔵されている（LH2＊丙＊88）。

（7）岡本勝「泊園の憶出（續）」（新第四十四号）に、大正初期のこととして「何時も吉田君が最上の首席を占めてゐた」という。

（8）「有聲會消息」（第一号）、坡叟「吉田洞外を憶ふ」（第一巻第二号）。

（9）岡本勝「泊園の思出ばなし」（新第十六号）。

（10）「有香梅見先生逝去」（新第三十一号）。

（11）「会員消息」（新第三号）。

（12）多田貞一『北京地名誌』末尾の「著者略歴」、『東方叢』第一号（北京、一九四四年）。澤田瑞穂「東方民俗研究会のことなど——橋川子雍先生回憶の一節」（今村与志雄編『橋川時雄の詩文と追憶』、汲古書院、二〇〇六年）。

（13）第一巻第四号は刊行されなかったようである。それは連載記事である效尤生「説詩樂趣」と黄坡「論語講義」の連載回数が第一巻第三号と第二巻第一号でとぎれなく連続していることから知られる。なお、第一巻第三号の「説詩樂趣」に記される（38）は（39）、すなわち第三十九回の誤植である。

（14）三原研田の『研田書記』（私家版、一九七五年）と『研田不枯』（同、一九八五年）の記述、およ

び『書論』第三十五号（特集：三原研田の人と書と学問、書論編集室、二〇〇六年）による。なお、三原研田については杉村邦彦教授およびご子息の三原博氏から教示を得、また貴重な資料を提供していただいた。

(15)「兎園札記」の「泊園書院」、前掲注『研田不枯』一一二頁以下。

(16) 岡本勝「續　泊園の憶出」（新第三十八号）。岡本勝はその筆名である。岡本については、このほか関西大学年史編纂室の資料による。また、新第四十号（昭和十四年七月）「会員消息」にも「関西大学講師岡本勝治郎氏は今般同大学教授に任命せらる」とある。

(17) 岡本勝「奉壽　黄坡夫子序」（新第二十一号）。

(18) 岡本勝「泊園の思出ばなし　泊園書院分院設立當時（上）」（新第十三号）以下、十三回ほど回想を載せている。

(19)「舌代」（第十号）。

(20)「泊園會第一回定時總會報告書」（新第十二号附録）。

(21)「泊園會報」（新第二十八号附録）。

(22) 注2前掲、吾妻編著『泊園書院歴史資料集』。

(23) 岡本勝「泊園の憶出」（新第三十四号）。

(24) なお、大阪府松原市の中山経正氏はこの写真とともに、全員の名前を記した名簿を所蔵しておられる。氏は泊園の有力な門人であった中山潔のご子孫にあたる。

(25)『国文学』第五十二号「吉永登先生古稀記念上代文学論集」（関西大学国文学会、一九七五年）、「座談会　泊園を語る」（『泊園』第四号、泊園記念会、一九六五年）。

(26)「鴨居武」（津森明ほか『讃岐人物風景11　明治の巨星たち』、四国新聞社、一九八四年）、さぬき市歴史民俗資料館「明義堂・鴨居家展」（二〇一六年三月～五月）の展示資料。また鴨居武の名は泊園門人録である『登門録補遺』（関西大学泊園文庫蔵）にその名が見える。

(27)「泊園雜感」（第一号）に黄坡の話として「淡路町の頃に坐敷の次の間に、『守泊苑』と書いた額がか丶つて居りました、上町では茶間の次の間に、只今は鶴橋の宅の二階にあります」という。「上町」とは東区東平野町にあった本院。「鶴橋の宅」とは黄鵠の居宅かと思われる。

(28) これらは注2前掲、吾妻編著『泊園書院歴史資料集』八三頁以下で紹介した。このうち尼崎藩主賓師就任に関しては吾妻重二「泊園書院に関する史実について」（吾妻重二編『泊園記念会創立五十周年記念論文集』、関西大学出版部、二〇一一年）で考察した。

(29) なお、この京極高厚による招聘をめぐる書状群が「尊道巻」と題して伝わっており、『第貳拾貳回泊園同窓会誌』（一九一一年、泊園文庫自筆稿本）がそのすべてを翻刻して載せている。本誌のこの記事と同窓会誌の翻刻を本学の藪田貫教授に示したところ、たいへん興味を持たれ、他の資料を加えて論文「泊園書院と「尊道巻」――藤澤東畡とその周辺」（藪田貫・陶徳民編著『泊園書院と大正蘭亭会百周年』所収、関西大学出版部、二〇一五年）を発表された。

(30) 注2前掲、吾妻編著『泊園書院歴史資料集』口絵。

(31) この「泊園学則及塾則」は、注2前掲、吾妻編著『泊園書院歴史資料集』二三六頁以下に転載した。

(32) 吾妻重二編著『泊園文庫印譜集――泊園書院資料集成2』（関西大学東西学術研究所資料集刊二十九―二、関西大学出版部、二〇一三年）解説。

(33) 注28前掲、吾妻「泊園書院に関する史実について」。

(34) 注2前掲、吾妻編著『泊園書院歴史資料集』一四一頁以下。

# 人名索引

1）本誌の記事名（見出し）に出てくる人名、および記事執筆者などの索引である。

2）あとに載せる「記事名・執筆者一覧」の中の「記事名」（大分類・小分類）「署名・その他」「記事末」「備考」に出てくる人名とその位置を採ってある。よって、記事本文中に出てくる人名などはここには採っていない。また、漢詩の詩題の中に出てくる人名は、煩雑になるためすべて網羅しているわけではないので注意されたい。

3）人名は本名で記される場合のほかに、号や筆名、略称で記される場合があるが、ここではなるべく本名を見出し語として出すことにし、号や筆名は括弧内に入れた。ただし、本名が特定できない場合などはこの限りではなく、号その他のまま掲げた。

4）泊園書院の４人の院主については、藤澤東畡などのようにその号（東畡、南岳、黄鵠、黄坡）を見出し語とした。

5）漢字の字体は、なるべくもとの字体（旧漢字など）を用いた。

6）人名の読みはなるべく正確を期したが、慣用読みに従ったところもある。

7）「記事名・執筆者一覧」の項目に合わせ、当該人名の載る位置を号数-頁数-段数の順に、ハイフン（-）で区切って示した。また、この一覧で各号冒頭に載せた人名（編輯發行兼印刷人、泊園誌社編輯同人など）については号数のみ示した。たとえば次のようになる。

| | |
|---|---|
| 2 | 第２号 |
| 新6 | 新第６号 |
| 1の3 | 第１巻第３号 |
| 5-2-3 | 第５号の２頁の３段目 |
| 15-内-1 | 第15号の内側欄外余白部分の１段目 |
| 新3-外-3 | 新第３号の外側欄外余白部分の３段目 |
| 新22-内2/7-1 | 新第22号の内側欄外余白部分の２頁と７頁の１段目<br>（この場合、新聞を開くと２頁の内側欄外余白部分と７頁の内側欄外余白部分が一枚につながっており、記事が連続している） |
| 新第17-附1 | 新第17号附録１ |
| 2の4-4-2 | 第２巻第４号の４頁の２段目 |

8）「記事名・執筆者一覧」では、記事が複数の段にわたる場合は初めの段の位置を掲げており、執筆者名も同じ初めの段の位置に載せてある。そのため執筆者名（署名など）が記事末（複数の段の最後）に記されている場合には、一覧および本索引に掲げた段数が実際の位置と異なることがある。本索引を引く際には、まず「記事名・執筆者一覧」で確認したうえで本誌の記事にあたっていただきたい。

## あ　行

## か 行

## さ 行



## た 行

　　3-外-1，4-4-2，4-4-3，新10-4-4
高松舫洲　新4-3-2
高松林之助　1-5-1，15-内-4
高谷太左衛門　1-5-2，15-内-6
瀧川晃光　1-5-5
瀧汲惣之進　2-3-4
多紀仁之助　1-6-4
瀧波惣之進　新7-4-3
釋禮才　14-4-1
竹末朗德　1-6-2，新16-4-4
武田晴夫　1-3-6，1-5-3
多田黄山　4-2-3，10-3-3，新22-6-4
多田忠三　1-6-5，2-3-6，15-内-3
多田貞一（卜鼎）　14-1-5，新1，新1-3-2，新1-4-3，新2，新3，新3-内-2，新3-3-4，新4，新4-3-3，新5，新5-3-2，新6，新6-3-3，新7，新8，新9，新10，新11，新12，新14-4-4，新20-4-1，新43-3-4，新48-4-4
橘幸子　1-6-5
橘秀一　1-6-5，15-内-5
達馬室山（鳳）　新26-3-3
巽清治　1-6-5
辰巳佳子　新51-2-1
立石佐次郎　1-6-1
田中敦子　1-6-5
田中治一郎　1-5-5，新22-6-3
田中稠　1-6-3，新10-4-4，新22-6-4
田中二郎　1-5-3
田中捨清　1-5-2
田中誠三　1-5-4
田中柏瑞　3-3-4
田中彦三郎　1-5-4
田中藤太郎　1-5-3，新22-6-4，新48-4-4
田中米仙　3-3-4
田中善永　1-5-4
田中由成　3-4-5
田中利右衛門　1-6-2
田邊英次郎　15-内-4
田邊英治郎　1-6-2
谷内清巌　1-6-2
谷川勝太郎　1-5-5
谷好三郎　1-5-5
種田健藏　2の3-4-1
田端和助　1-6-4，10-3-3
田伏廣三郎　1-5-5
玉手市兵衛　1-5-1
田宮渭南　3-4-3，12-4-3，新2-内-2，新4-1-4，新5-4-4，新5-4-4，新7-4-4，新16-3-4，新22-6-1
爲村佐一郎　新20-4-4
俵孫一（俵商相）　1-6-1，12-2-1，12-3-3，14-4-4
竹坡　新30-3-2
茶谷逝水　11-3-1，12-1-4，13-3-3，14-2-1，新3-3-3，新4-2-2，新8-2-3，新11-4-4，新12-3-2，新22-5-3，新49-3-1
長者五三　3-3-4
長者伍三　1-6-1
長者香邨　8-4-3
塚南隠士　新19-4-1
辻政太郎　1-4-1，1-5-1，12-3-6，13-3-5
辻蒼石　1-5-2，8-内-2，10，11，13，14，15，15-内-3，新22-6-1，新22-6-4，新49-4-4
辻忠右衛門　12-3-6，新29-4-4
辻直太郎（政輝、舊名直太郎）
　　1-5-4，新40-内-3
辻樓　11-4-4
辻松石　2-内-2
津田勝五郎　新49-4-4
土屋基春　3-3-4
筒井民次郎　1-5-3，新21-1-3，新36，新37，新38，新39，新40，新41，新42，新43，新44，新45，新46，新47，新48，新49，新50-内-3，新53，新54
堤錦江　11-4-3，11-4-4，12-4-4，新4-4-1，新9-4-1，新13-4-1，新14-4-1，新15-4-2
恒遠太一郎　1-6-3
坪井米四郎　1-5-4
坪内傳次郎　1-6-5，10-3-3
汀々　15-4-5
寺田英一郎　1-5-4，新32，新33，新34，新35，新36，新37，新38，新39，新40，新41，新42，新43，新44，新45，新46，新47，新48，新49，新50，新51，新52，新53，新54，新55，新56，1の2，1の3，2の1，2の2，2の3，2の4
陶淵明　新3-3-3，新4-2-2
陶渠林　新25-4-2
同塵　7-4-4
遠山虎　新49-4-2
徳川美禮　新19-3-1
戸田喜久男　1-5-2，新1-4-3
殿水快順　1-6-4
殿村たけ　1-5-2，15-内-2
富岡鉄斎（銕崖子、鐵史）
　　新31-口絵
富永仲基（謙齋）　新30-3-1，新30-3-4，新35-1-3，新35-4-1
富本時次郎　1-6-2
豊田卯右衛門　1-5-5
豊田宇左衛門（豊田宇）
　　1-5-2，新10-1-1，新36-2-1
豊田國三郎　1-5-2
豊田左代　新51-2-3
豊田省三　1-5-2，1-6-5，7-4-4，15-2-4
豊田助九郎　1-5-2
豊田留吉（翠軒、豊田隆）
　　1，1-2-6，1-4-2，1-5-2，2，3，4，5，6，7，8-内-2，9，10，11，13-3-5，14-4-4，15-2-3，15-2-4，15-2-4，15-2-6
豊田昌男　1-5-5
豊田正達　1-5-2，15-内-2
豊田里中　新5-4-1
曇　6-3-6，7-4-1


## な　行


内藤湖南　新11-4-2
中井一馬　1-5-1
永井貞有　1-5-4
永井青浦　1-6-5
中井儀眞　1-6-3
長尾雨山（甲）　新19-3-1
中尾國太郎　1-5-2，15-内-3，新4-内-4，新50-内-3
中尾謙　3-3-4，新10-4-4
中川魚梁　1-5-2，15-内-4，新44-3-4，新48-4-4
中田泰治郎　1-5-3
永田青城　8-内-2
永田仁助（盤舟）　1-2-3，1-2-6，1-内-1，10-3-3，15-内-3，2の4-3-1
永田秀次郎　新51-1-3
中谷元造　1-5-4，新6-4-3
中谷泰三　1-5-4
中谷豊治　1-6-5

## は 行

## ま　行

## や　行



## ら　行



## わ　行

# 記事名・執筆者一覧

1）本書に影印した新聞「泊園」の記事名（見出し）と執筆者（署名など）をすべて掲げた。また、泊園同窓会会員その他、会員関係の消息欄に載る人名も採った。
2）第一期、第二期、第三期に分けて掲載してあるが、このうち第二期に関しては、第一期の号数と区別するために「新第7号」というふうに「新」の字を冠した。
3）「記事名」（大分類）、「記事名」（小分類）、「署名・その他」、「記事末の署名など」、「備考」に分けて記した。
4）各号ごとに、その頁数と段数を示した。また「内」は内側欄外の余白部分、「外」は外側欄外の余白部分をいう（「はじめに」の解説の九を参照）。「附」は附録をいう。
　また新第22号には「内 2/7」などの例があるが、これは内側欄外余白部分の2頁と7頁をいう。この場合、新聞を開くと2頁の内側欄外余白部分と7頁の内側欄外余白部分が一枚につながっていて記事が連続しているのである。他の場合もこれに準ずる（「はじめに」の解説の十一参照）。
5）会費収受報告や寄附金収受報告の中に出てくる人名や、記事本文中に出てくる人名は採っていないので注意されたい。
6）記事が複数の段にわたる場合は、初めの段の位置を掲げた。よって記事末に記された署名の場合、その実際の位置と、この表に掲げた位置が異なることがある。

## ■ 第1号（昭和2年12月22日発行）

編輯發行兼印刷人：吉田萬治郎
泊園同窓會幹事：大阪市東區南新町二丁目 篠田栗夫、同 東成區鶴橋天王寺町五八三二ノ一 梅見春吉
同 會計：大阪市南區鰻谷西ノ町 豊田留吉
泊園會當番幹事：大阪市南區鰻谷仲ノ町 吉野五運、尼ヶ崎市大物町 坂本準平
有聲會幹事：大阪府中河内郡枚岡村額田四百五十六番地 吉田萬治郎、大阪市東區南本町四丁目四十八番地 佐藤彌太郎
泊園社編輯同人：大阪市住吉區千體町十四番地 石濱純太郎 電話住吉二〇番、前掲 吉田萬治郎、大阪市東區農人橋詰町五十四番地 熊澤猪之助

| 頁数 | 段数 | 記事名（大分類） | 記事名（小分類） | 署名・その他 | 記事末 | 備考 |
|---|---|---|---|---|---|---|
| 1 | 1 | 發刊の辭 | | | （石濱） | |
| 1 | 3 | 先師遺聞 | | 藤澤黃坡 | | |
| 1 | 5 | 第二十二回泊園會記 | | | （粟谷記） | |
| 1 | 5 | 泊園書院日課 | | | | |
| 2 | 1 | 泊園雜感 | | 同窓會席上　黃坡先生談 | | |
| 2 | 1 | 第三十回泊園同窓會併追悼會記事 | | | （幹事） | |
| 2 | 3 | 故永田仁助君弔辭 | | | 昭和二年三月十二日 泊園同窓會總代　鎌田衡 | |
| 2 | 4 | 故村田又兵衛君悼詞 | | | 昭和二年十月二日　弟 篠田栗夫　九拜 | |
| 2 | 4 | 哭南圃村田詞兄 | | | 弟　栗夫　拜草 | |
| 2 | 5 | 泊園會席上聯句　栢梁體 | | | | |
| 2 | 6 | 附記 | | 永田仁助 | | |
| 2 | 6 | 附記 | | 福本元之助 | | |
| 2 | 6 | 附記 | | 村田又兵衛 | | |
| 2 | 6 | 附記 | | 豊田留吉 | | |
| 内 | 1 | 氏名住所録(追加) | 伊藤博三　永田仁助 | | | |
| 内 | 2 | 氏名住所録(追加) | 佐藤寛九郎　濱村喜造　山口菊三郎　香川景文 | | | |
| 内 | 3 | 氏名住所録(追加) | 松宮道三郎 | | | |
| 内 | 4 | 社告 | | | | |
| 3 | 1 | 師家の御消息 | 黃鵠先生の御一家 | | | |
| 3 | 1 | 師家の御消息 | 黃坡先生 | | | |
| 3 | 1 | 泊園同窓追悼會祭文 | | | 昭和二年十月十七日 章頓首敬白 | |
| 3 | 2 | 師家の御消息 | 三崎黃圃先生 | | | |
| 3 | 2 | 師家の御消息 | 石濱純太郎先生 | | | |
| 3 | 3 | 泊園同窓會同人消息 | 牧野信君 | | | |
| 3 | 3 | 泊園同窓會同人消息 | 右田三吉君 | | | |
| 3 | 4 | 泊園同窓會同人消息 | 鎌田衡君 | | | |
| 3 | 5 | 有聲會消息 | | | （東男） | |
| 3 | 6 | 有聲會消息 | 武田晴夫氏 | | | |
| 3 | 6 | 有聲會消息 | 渡邊泰一郎氏 | | | |

| 頁数 | 段数 | 記事名（大分類） | 記事名（小分類） | 署名・その他 | 記事末 | 備考 |
|---|---|---|---|---|---|---|
| 3 | 6 | 有聲會消息 | 香川景文氏 | | | |
| 3 | 6 | 有聲會消息 | 岡本勝治郎氏 | | | |
| 3 | 6 | 有聲會消息 | 吉田萬治郎氏 | | | |
| 3 | 6 | 有聲會消息 | 上原三郎氏 | | | |
| 3 | 6 | 有聲會消息 | 山口菊三郎氏 | | | |
| 3 | 6 | 有聲會消息 | 清海清氏 | | | |
| 3 | 6 | 有聲會消息 | 佐藤彌太郎氏 | | | |
| 4 | 1 | 有聲會消息 | 安達龜造氏 | | | |
| 4 | 1 | 有聲會消息 | 辻政太郎氏 | | | |
| 4 | 1 | 有聲會消息 | 濱村喜造氏 | | | |
| 4 | 1 | 有聲會消息 | 松宮道三郎氏 | | | |
| 4 | 1 | 有聲會消息 | 福田三次氏 | | | |
| 4 | 1 | 有聲會消息 | 伊藤博三氏 | | | |
| 4 | 1 | 有聲會消息 | 藤澤桓夫氏 | | | |
| 4 | 1 | 近臘暄甚／窓外風甚 | | 黄坡 | | |
| 4 | 2 | 泊園同窓會　會計報告（昭和二年度） | | | 會計係　豊田留吉 | |
| 4 | 2 | 昭和二年度常費領收報告 | | | 泊園同窓會會計係 | |
| 4 | 4 | 年賀廣告 | | | | |
| 4 | 4 | 豫告 | 冬至祭執行 | | 泊園書院 | |
| 4 | 5 | 新年に關する漢詩　和歌　俳句を募る | | | | |
| 4 | 5 | 編輯室より | | | （一樂庵） | |
| 5 | 1 | 昭和二年十二月十日調　氏名住所録　泊園同窓會員 | 大阪市<br>白藤丈太郎　渡邊醇　渡邊和子　萱太一　水落庄兵衛　吉崎善三郎　小澤新六　岡橋治助　鹿田文一　高松林之助　篠田栗夫　小寺篤兵衛　佐藤彌太郎　櫻井雲洞　眞野鷹一　玉手市兵衛　櫻根孝之進　杉村正太郎　吉田清三　名越清太郎　金光堂守親　大江吉兵衛　鎌田潮音　川上利助　中井一馬　山本又三郎　小山寅次郎　三浦德次　駒井竹三　辻政太郎　穎川康　平井幸吉　福田三次　磯崎利三郎　熊澤猪之助　赤松奈良義　伊藤外吉　三井由次　粟谷喜八　三井宗次郎 | | | |
| 5 | 2 | 昭和二年十二月十日調　氏名住所録　泊園同窓會員 | 吉野五運　醍醐慧海　和田達源　豊田省三　大河内安藏　平泉豊三郎　豊田宇左衛門　豊田助九郎　豊田國三郎　今西茂喜　中川魚梁　本條平太郎　安達龜造　岡村道雄　岡村義章　岡本英三　村井敏夫　戸田喜久男　豊田留吉　米浪長兵衛　芦田源次郎　田中捨清　福嶋龜吉　小倉梅代　高谷太左衛門　政義義輝　豊田正達　中尾國太郎　辻蒼石　中村三德　長谷川卯三郎　宮城源太夫　梅見春吉　福本元之助　石川兼三郎　河田爲作　西本千太郎　三崎驎之助　大嶋祥二　安田半圃　西門岩松　西門孝治郎　殿村たけ | | | |
| 5 | 3 | 昭和二年十二月十日調　氏名住所録　泊園同窓會員 | 中山潔　木村敬二郎　菊池童太　中濱富三郎　田中二郎　稲垣馨　石濱敬次郎　鎌田衡　上念政七　岡島伊八　宮崎貞吉　田中藤太郎　稲葉太吉　筒井民次郎　小野助十郎　大守熊治郎　新田長三　新田昌次　有岡太郎　村上吉五郎　武田晴夫　中野米造　杉本由太郎　中田泰治郎　石濱純太郎　織田九郎　西田幾太郎　山田正一　笠井靜司　稲岡熊二郎　中野信美　楠孝文　坂東久四郎　高垣良藏　高垣顯三　平 | | | |

| 頁数 | 段数 | 記事名（大分類） | 記事名（小分類） | 署名・その他 | 記事末 | 備考 |
|---|---|---|---|---|---|---|
| | | | 地萬水　澤田賢次　清水小筠<br>井上喜太郎　福田宏一　黒田對山　井上初太郎<br>堺市<br>赤松奬多　正井廣治　濱田宗一<br>大阪府 | | | |
| 5 | 4 | 昭和二年十二月十日調　氏名住所録　泊園同窓會員 | 木村九次郎　永井貞有　林英太郎　高田仁兵衛　西田要次郎<br>西田要藏　奥田富太郎　水野慶次　藤戸基　眞壁逸治　吉村孝一　今井宗太郎　清水音三郎<br>寺田英一郎　橋本梅三郎　小林繁　中谷元造　辻直太郎　岩崎清一　吉田萬治郎　田中彦三郎<br>奥山彌三　中谷泰三　六條照傳<br>南坊城良興　里見圓瑞　東尾隆吉　小森助十郎　藤野完治　古川清　松本勝治　矢野榮三郎<br>田中誠三　田中善永　高橋太良兵衛　仲西宗治　奥野周太郎<br>木村楢正　江田喜一郎　木村新瓶　三宅幸四郎　小西勘兵衛<br>小寺光成　藤野丑太郎　藤井清吉　坪井米四郎　中西萬作 | | | |
| 5 | 5 | 昭和二年十二月十日調　氏名住所録　泊園同窓會員 | 氏井豊太郎　西村耕作　串本友三郎　今中格太郎　岡田八右衛門　大西香　奥野周造　梶山丈右衛門　吉田一郎　田伏廣三郎<br>瀧川晃光　眞下源太郎　遊上龜五郎　細井憲道　船井秋浦　平通静雄　畠幸太郎　馬場清一<br>西林正晃　豊田卯右衛門　豊田昌男　山脇市太郎　大原實　笹部菊三郎　島本壯吉　尾崎正信<br>岡田尚齋　新家政秀　島田義龍<br>谷川勝太郎　西尾謙吉　乾鍋太郎　田中治一郎　松井政吉　古家信三　白井一雄　平松忠太郎<br>淺井晃耀　谷好三郎　和田久元<br>北井信一　河合佐太藏　河合信之進　坂東平太郎　湯淺豊太郎<br>荒木有三　藤原源太郎　藤原久太夫 | | | |
| 6 | 1 | 昭和二年十二月十日調　氏名住所録　泊園同窓會員 | 北畠正演<br>東京府<br>俵孫一　石黒景文　立石佐次郎<br>北澤直哉　庵原鉚次郎　牧野謙次郎　澤路茂樹　伊藤純一郎<br>鴨居武　渡邊元吉　川合孝太郎<br>松本洪　島田鈞一　宮永祐治<br>岡本勝治郎　坂本文一郎<br>千葉縣　神奈川縣<br>井上善次郎　大門了康<br>京都府<br>後藤秋厓　桑田義行　清海清<br>牧野信　望月惇一　藤川虎雄<br>原田隆　稲垣虎二郎　藤原忠一郎　濱井日成　長者伍三　中野艸明　飯田武雄　三川啓明　安田晋昭　荒木幸山　明田角二郎<br>遠藤菊次 | | | |
| 6 | 2 | 昭和二年十二月十日調　氏名住所録　泊園同窓會員 | 谷内清巖<br>兵庫縣<br>中野退藏　大西密治　小西勇雄<br>菅末男　細田美三郎　田邊英治郎　水原實雲　後藤菅雄　山田連　蓬萊三郎　岡田義作　下岡龜一　上原三郎　竹末朗德　木戸平信　芝田弘淳　坂本準平<br>田中利右衛門　國枝音助　末井亮尹　三枝龍二郎　福田恭一<br>村上巻三　藤田武夫　前田敬助<br>野路静夫　濱野延藏<br>岡山縣<br>佐藤馬之亟　原大晃　尾崎邦藏 | | | |

| 頁数 | 段数 | 記事名（大分類） | 記事名（小分類） | 署名・その他 | 記事末 | 備考 |
|---|---|---|---|---|---|---|
| | | | 阪本唯三郎　星島謹一郎　片山義雄　富本時次郎<br>廣島縣<br>大西捨夫　堀内林太郎　延田長次郎　加澤藤吉　金行九良兵衛　大西虎造 | | | |
| 6 | 3 | 昭和二年十二月十日調　氏名住所録　泊園同窓會員 | 山本國次郎　曾根保五郎　灘尾晃壽<br>鳥取縣<br>門脇才藏　近藤房吉　中井儀眞<br>島根縣<br>右田三吉<br>山口県<br>加藤亮吉　藤本木田　恒遠太一郎　古谷熊三　尾中郁太<br>宮崎縣　朝鮮<br>岩崎深信　淺井佐一郎<br>香川縣<br>逸見貞次郎　廣瀬俊太郎　木村八朗　加藤和美　大社晋太郎　奴賀博　橋本安兵衛　植田竹次郎　揚硯堂　赤尾好太郎　芳谷彌平　石井光美　田中稠　阿部茂七　牧野明次郎<br>愛媛縣　高知縣　德島縣<br>野田青石　藤田始芳　岡本忠道　吉田篤雄　野崎又八　中西福次郎　岡本由喜三郎 | | | |
| 6 | 4 | 昭和二年十二月十日調　氏名住所録　泊園同窓會員 | 天羽生信成　住友與五郎<br>和歌山縣<br>多紀仁之助　秋山海然　桂野德太郎　法性宥鐩　廣井直吉<br>奈良縣<br>片山太門　芳村一太郎　中村正格　伏見柳　堀岡治三郎　殿水快順　喜多長左衛門　西尾太敏<br>三重縣<br>田端和助　赤塚善助　宮村信次郎　松浦高麗三<br>愛知縣　福井縣　北海道<br>大野團山　鷲田又兵衛　高木良輔<br>岐阜縣<br>日吉全識　古井由之<br>滋賀縣<br>澤泰造　野田六左衛門<br>山梨縣　静岡縣<br>矢崎精心　松本俊男 | | | |
| 6 | 5 | 在院者 | 貝田四郎兵衛　中谷豊治　神山眞龍　坪内傳次郎　森村全辰　多田忠三　佐藤俊亮　伊串徹仙　堺元國　麻生憲之　早川忠二郎　巽清治　秦俊敬　小笹圭治　橘秀一　川合定一　宮崎青邨　田中敦子　橘幸子　永井青浦　藤澤斐夫　藤澤彬　三宅正直　勝井正信　藤本秀男　石崎太郎　木谷敬山　楠正道　西村冨二郎　三木正憲　加藤宗温　牛田義正 | | | |
| 6 | 5 | 朝講參聽者 | 國政松太郎　松浦捨吉　的場信太郎　豊田省三　藤原正人 | | 以下欄外へ追加ス | |

## ■第２号（昭和３年１月15日発行）

編輯發行兼印刷人：吉田萬治郎
泊園同窓會幹事：大阪市東區南新町二丁目 篠田栗夫、同 東成區東桃谷町 梅見春吉
同 會計：大阪市南區鰻谷西ノ町 豊田留吉
泊園會當番幹事：大阪市南區鰻谷仲ノ町 吉野五運、尼ヶ崎市大物町 坂本準平
有聲會幹事：大阪府中河内郡枚岡村額田四百五十六番地 吉田萬治郎、大阪市東區南本町四丁目四十八番地 佐藤彌太郎
泊園社編輯同人：大阪市住吉區千體町十四番地 石濱純太郎 電話住吉二〇番、前掲 吉田萬治郎、大阪市東區農人橋詰町五十四番地 熊澤猪之助

| 頁数 | 段数 | 記事名（大分類） | 記事名（小分類） | 署名・その他 | 記事末 | 備考 |
|---|---|---|---|---|---|---|
| 1 | 1 | 新年の辭 | | | | |
| 1 | 3 | 迎歳の感 | | 黄坡 | | |
| 1 | 3 | 書：黄坡先生筆 | | | | 写真を載せる |
| 2 | 1 | （続き）迎歳の感 | | 黄坡 | | |
| 2 | 1 | 逍遙游吟社席上聯句 | | 乾愛山　伊良子晴洲　愛山<br>篠田活園　晴洲　笠井雪窓<br>岡本萬古　同　活園　雪窓<br>黄坡　同 | | |
| 2 | 2 | 漢學の目錄 | | 石濱大壺 | （石濱） | |
| 2 | 2 | 書画：渡邊花仙筆 | | | | 写真を載せる |
| 内 | 1 | 寄贈書冊 | | | | |
| 内 | 2 | 發刊を祝して | | 辻松石 | | |
| 内 | 5 | 通知 | | | 有聲會幹事 | |
| 内 | 6 | 感謝 | | | 泊園社 | |
| 3 | 1 | 心越祭記 | | 黄坡 | （丁卯十月稿） | |
| 3 | 2 | 戊辰新年 | | 朏洲　右田三吉 | | |
| 3 | 2 | 戊辰歳旦 | | 松軒　芝田弘 | | |
| 3 | 2 | 戊辰元旦（其一・其二） | | 南山　牧野信 | | |
| 3 | 2 | 重逢戊辰春 | | 盤翁　渡邊元 | | |
| 3 | 2 | 戊辰歳首 | | 可峰　灘尾晃壽 | | |
| 3 | 3 | 新年待雪 | | 宇田敬子 | | |
| 3 | 3 | 早春月 | | | | |
| 3 | 3 | 泊園書院の冬至祭に列りて | | 橋本春波 | | |
| 3 | 3 | 書画：宮崎青湖筆 | | | | 写真を載せる |
| 3 | 4 | 泊園同窓會報 | 會員改名 | 宮崎青郁女史 | | |
| 3 | 4 | 泊園同窓會報 | 會員死亡 | 稲岡熊次郎君 | | |
| 3 | 4 | 會員補遺 | | 森下博　吉宗耕英　澤純三<br>越智宣哲　桐田音次郎　水田<br>硯山　川喜田四良兵衛　濱中<br>彌三郎　淺井佐一郎　川合俊<br>良　瀧汲惣之進　植野德太郎<br>國安音助　菊池量太 | | |
| 3 | 5 | 有聲會報 | | | | |
| 3 | 6 | 會員消息 | | 多田忠三 | | |
| 3 | 6 | 會員消息 | | | 昭和二年十二月念三<br>灘尾晃壽　頓首 | |
| 3 | 6 | 會員消息 | | | 十二月廿三日　坂本文<br>一郎 | |
| 4 | 1 | 昭和二年度常費領收報告（追加） | | | | |
| 4 | 1 | 本誌後援寄附金收受 | | | | |
| 4 | 1 | 廣告 | | 黄坡 | | |
| 4 | 1 | 編輯漫語 | 謹賀新年 | | | |
| 4 | 2 | 謹賀新年 | | | | |
| 4 | 3 | 泊園書院日課 | | | | |

## ■ 第3号（昭和3年2月4日発行）

編輯發行兼印刷人：吉田萬治郎
泊園同窓會幹事：大阪市東區南新町二丁目 篠田栗夫、同 東成區東桃谷町 梅見春吉
同 會計：大阪市南區鰻谷西ノ町 豊田留吉
泊園會當番幹事：大阪市南區鰻谷仲ノ町 吉野五運、尼ヶ崎市大物町 坂本準平
有聲會幹事：大阪府中河内郡枚岡村額田四百五十六番地 吉田萬治郎、大阪市東區南本町四丁目四十八番地 佐藤彌太郎
泊園社編輯同人：大阪市住吉區千體町十四番地 石濱純太郎 電話住吉二〇番、前掲 吉田萬治郎、大阪市東區農人橋詰町五十四番地 熊澤猪之助

| 頁数 | 段数 | 記事名（大分類） | 記事名（小分類） | 署名・その他 | 記事末 | 備考 |
|---|---|---|---|---|---|---|
| 1 | 1 | 自治ノ根柢 | | 南岳先生遺文 節録 | | |
| 1 | 2 | 龍瑞卮言 | | 黄坡稿 | （一月十六日稿） | |
| 1 | 3 | 東畡書（七言古詩） | | | 癸丑元日走筆爲仁郷武下兄錄　藤澤甫 | 写真を載せる |
| 2 | 1 | 太史公書義法 | 載疑 | 孫隘堪 | （大壺譯） | |
| 2 | 3 | 章實齋先生 | | 大壺 | （以上は章氏遺書の呉興劉氏嘉業堂刊本の孫隘堪先生德謙の序文中から抄譯した。） | |
| 内 | 1 | 正誤 | | | | |
| 内 | 2 | 通知 | | 有聲會幹事 | | |
| 3 | 1 | 日本學術志序 | | 黄遵憲 | （新古文辞類纂稿本巻八による。潮江譯） | 記事末に『中國人名大辭典』から、黄遵憲の項目を引用する |
| 3 | 4 | 泊園同窓會員氏名錄（追加） | 奥西政一　石橋義一　中村三德　陰山以保　本田と茂　長者五三　仲野安一　田中柏瑞　後藤潤　古市喬一　小畑勝藏　喜多証道　石黒景文　鴨居武　本庄主一　紅露長三　土屋基春　中尾謙　華岡龜之助　田中米仙　黒川莞爾 | | （欄外へ續く） | |
| 3 | 5 | 有聲會報 | | | | |
| 3 | 5 | 書画：百事大吉 | | 雲烟山人寫 | | 写真を載せる |
| 3 | 6 | 會員消息 | | | 昭和三年一月二十日　淺井佐一郎 | |
| 3 | 6 | 老母八十歳の高齢を迎たるを喜びて | | | 宮崎貞吉 | |
| 4 | 1 | 本誌後援寄附金報告 | | | | |
| 4 | 1 | 昭和二年度常費領收報告　追加 | | | | |
| 4 | 1 | 急告 | 東都茗溪の畔　聖廟再築寄附金募集 | | | |
| 4 | 1 | 編輯漫語 | | | | |
| 4 | 2 | 憶昨行 | | 澹處　石井光美 | | |
| 4 | 2 | 戊辰新年 | | 天羽生信成 | | |
| 4 | 2 | 元旦口占 | | 讃岐　石井澹處 | | |
| 4 | 2 | 山色新 | | 遠藤菊次 | | |
| 4 | 2 | 新年口號 | | | | |
| 4 | 2 | 戊辰元旦 | | 雪窓　笠井靜司 | | |
| 4 | 2 | 山色新 | | 黄坡 | | |
| 4 | 2 | 新年唱和 | | 木山輯 | | |
| 4 | 3 | 逍遙游吟社席上聯句 | | 宮崎黙處　岡本萬古　河田南莊　三輪確堂　五條松峰　田宮渭南　植野木州　入江榎陰　伊良子晴洲　櫻井雲洞　藤澤黄坡　篠田栗園　三崎黄圃　大町橘州 | | |
| 4 | 3 | 疊韻寄懐渡邊盤翁 | | 尾中鶴洲 | | |
| 4 | 3 | 次韻木山詩 | | 竹里福本元年六十三 | | |
| 4 | 3 | 醉吟 | | 木山 | | |
| 4 | 3 | 與木山二首 | | 盤翁 | | |
| 4 | 3 | 次木山詩韻 | | 夢蝶眞野鷹年六十九 | | |
| 4 | 4 | 賦梅 | | 夢蝶 | | |
| 4 | 4 | 疊韻 | | 夢蝶 | | |
| 4 | 4 | 同 | | 竹里 | | |
| 4 | 4 | 同 | | 木山 | | |
| 4 | 4 | 同寄木山 | | 盤翁 | | |

| 頁数 | 段数 | 記事名（大分類） | 記事名（小分類） | 署名・その他 | 記事末 | 備考 |
|---|---|---|---|---|---|---|
| 4 | 4 | 馬關詞二首 | | 盤翁 | | |
| 4 | 4 | 次木山詩韻却寄 | | 素行堀岡治年七十五 | | |
| 4 | 4 | 疊韻 | | 盤翁 | 木山註 | |
| 4 | 4 | 次木山詩韻三首 | | 活園篠田栗年五十七 | | |
| 4 | 4 | 先輩諸賢賡和見寄賦此道謝 | | 木山 | | |
| 4 | 4 | 十一疊韻寄木山代評語 | | 盤翁 | 木山註 | |
| 4 | 4 | 祝泊園發刊 | | 黙所　宮崎貞吉 | | |
| 4 | 4 | 山色新 | | | | |
| 4 | 5 | 山色新 | | 田中由成 | | |
| 4 | 5 | 同 | | 宇田敬子 | | |
| 4 | 5 | | | 橋本春波 | | |
| 4 | 5 | | | 島田暉山 | | |
| 4 | 5 | 漢詩、和歌、俳句を募る | | | | |
| 4 | 5 | 泊園書院日課 | | | | |
| 外 | 1 | (欄内の続き)泊園同窓会員氏名錄 | 中村實　高橋友次郎　吉成卯三 | | | |
| 外 | 2 | (欄内の続き)泊園同窓会員氏名錄 | 市秋弘　天羽生信成 | | | |
| 外 | 3 | 感謝 | | 泊園社 | | |
| 外 | 4 | 廣告 | 第拾四回二月例會 | 大阪採勝　テクロ會本部 | | |

## ■第４号（昭和３年３月30日発行）

編輯印刷兼發行人：吉田萬治郎
泊園同窓會幹事：大阪市東區南新町二丁目 篠田栗夫、同 東成區東桃谷町 梅見春吉
同 會計：大阪市南區鰻谷西ノ町 豊田留吉
泊園會當番幹事：大阪市南區鰻谷仲ノ町 吉野五運、尼ヶ崎市大物町 坂本準平
有聲會幹事：大阪府中河内郡枚岡村額田四百五十六番地 吉田萬治郎、大阪市東區南本町四丁目四十八番地 佐藤彌太郎
泊園社編輯同人：大阪市住吉區千體町十四番地 石濱純太郎 電話住吉二〇番、前掲 吉田萬治郎、大阪市東區農人橋詰町五十四番地 熊澤猪之助

| 頁数 | 段数 | 記事名（大分類） | 記事名（小分類） | 署名・その他 | 記事末 | 備考 |
|---|---|---|---|---|---|---|
| 1 | 1 | 錬膽養氣 | | | 右先子の論著、譯して誌頭に掲ぐ　黄坡 | |
| 1 | 3 | 人不知而不慍　樂天命復奚疑 | | 節堂　鎌田衡自題 | | |
| 1 | 3 | 挽節堂鎌田君 | | 黄坡 | | 写真：鎌田衡 |
| 1 | 3 | 鎌田君を弔ふ | | 宮崎貞 | | |
| 1 | 4 | 弔鎌田節堂君 | | 笠井雪窓 | | |
| 1 | 5 | 鎌田先生の御履歴 | | | | |
| 1 | 6 | 梅窓小言 | | 黄坡 | 立春聯句 | |
| 2 | 1 | 篤信好古齋隨筆 | | 石濱大壺 | | |
| 2 | 3 | 書：本誌第二號所載の東京日本書道作振會に於て入選したる院生　多田黄山君の書 | | | | 写真を載せる |
| 2 | 5 | 泊園藝文漫談(一) | | 大壺 | (嗣出) | |
| 3 | 1 | 王忠慤公別傳 | | 羅叔言 | (未完)(同公遺書初集巻首)〔潮江譯〕 | |
| 3 | 2 | 書画：秋吉玄圃君筆 | | | | 写真を載せる |
| 3 | 4 | 會員消息 | | 秋吉玄圃 | 昭和三年春　藤澤黄坡　水田竹圃 | 會規を附す |
| 3 | 5 | 有聲會報 | | | | |
| 3 | 6 | 原田西疇翁筆蹟頒布廣告 | | | | 絵画の写真を載せる |
| 4 | 1 | 本誌後援寄附金收受報告 | | | | |
| 4 | 1 | 昭和二年度席費領收報告 | | | | |
| 4 | 1 | 聖廟再築寄附金受領報告 | | | | |
| 4 | 2 | 泊園文藝 | 近郊散策 | 昢洲　右田三吉 | | |
| 4 | 2 | 泊園文藝 | 三宅八幡宮 | 南山　牧野信 | | |
| 4 | 2 | 泊園文藝 | 岩倉公遺邸 | 同 | | |
| 4 | 2 | 泊園文藝 | 新柳 | 澹處　石井光美 | | |
| 4 | 2 | 新年唱和(續輯錄) | 次木山詩韻六首 | 可峰　灘尾晃壽年六十一 | | |
| 4 | 2 | 新年唱和(續輯錄) | 用木山詩韻呈素行翁 | 篠田活園 | | |
| 4 | 2 | 新年唱和(續輯錄) | 同韵寄心謝不敢當過譽 | 堀岡素行 | | |

| 頁数 | 段数 | 記事名（大分類） | 記事名（小分類） | 署名・その他 | 記事末 | 備考 |
|---|---|---|---|---|---|---|
| 4 | 2 | 新年唱和（續輯錄） | 狗尾續之博素行先生一粲 | 坂本木山 | | |
| 4 | 2 | 新年唱和（續輯錄） | 丁卯歳晩 | 鶴洲　尾中郁太 | | |
| 4 | 2 | 新年唱和（續輯錄） | 丁卯除夕 | 柳崖　高橋友 | | |
| 4 | 3 | 新年唱和（續輯錄） | 戊辰元旦 | 同 | | |
| 4 | 3 | 新年唱和（續輯錄） | 同 | 鶴洲　尾中郁太 | | |
| 4 | 3 | 新年唱和（續輯錄） | 客臘我郷喪村宰闔村復推余々垂老辭拒不聽遂約半歳就職偶有此作 | | | |
| 4 | 3 | 逍遙游吟社席上聯句 | | 五條松峰　岡本萬古　堀岡素行　藤澤黄坡　宮崎黙處　吉阪務古　堀岡素行　篠田活園　吉阪務古　五條松峰　櫻井雲洞　三輪確堂　吉阪務古　櫻井雲洞　三輪確堂　篠田活園　宮崎黙處　藤澤黄坡 | | |
| 4 | 3 | | 次韻寄柳崖翁 | 木山　坂本文 | （安田翁居村名） | |
| 4 | 3 | | 戊辰一月念七日　單騎登榛名山馬上吟 | 坂本文 | | |
| 4 | 3 | | 又 | | | |
| 4 | 3 | | 山上作 | | | |
| 4 | 4 | | 憇榛名湖畔旗亭小飲有憶妓榛名妓東國產也流寓在下關遇余甚厚後不知所之距今幾二十年矣今日登臨湖山同名回想無已乃賦一詩云 | | | |
| 4 | 4 | | 宸題次黄坡先生韻 | 春坡　渡邊新太郎 | | |
| 4 | 4 | | 論學二首呈黄坡先生兼寄泊園諸兄 | 盤翁　渡邊元 | | |
| 4 | 4 | | 賡盤翁韻寄酬 | 黄坡 | | |
| 4 | 4 | 泊園の發刊を祝ひて | | 宇田敬子 | | |
| 4 | 4 | | | 島田暉山 | | |
| 4 | 4 | | | 橋本春波 | | |
| 4 | 5 | 編輯漫語 | | | | |
| 4 | 5 | 漢詩、和歌、俳句を募る | | | | |
| 4 | 5 | 泊園書院日課 | | | | |

## ■ 第5号（昭和3年6月5日発行）

編輯印刷兼發行人：吉田萬治郎
泊園同窓會幹事：大阪市東區南新町二丁目 篠田栗夫、同 東成區東桃谷町 梅見春吉
同 會計：大阪市南區鰻谷西ノ町 豊田留吉
泊園會當番幹事：大阪市南區鰻谷仲ノ町 吉野五運、尼ヶ崎市大物町 坂本準平
有聲會幹事：大阪府中河内郡枚岡村額田四百五十六番地 吉田萬治郎、大阪市東區南本町四丁目四十八番地 佐藤彌太郎
泊園社編輯同人：大阪市住吉區千體町十四番地 石濱純太郎 電話住吉二〇二〇番、前掲 吉田萬治郎、大阪市東區農人橋詰町五十四番地 熊澤猪之助

| 頁数 | 段数 | 記事名（大分類） | 記事名（小分類） | 署名・その他 | 記事末 | 備考 |
|---|---|---|---|---|---|---|
| 1 | 1 | 釋奠講經 | 忠、德之正也、信、德之固也、卑讓、德之基也、 | | 右は四月三日釋奠の際の黄坡先生の御講演の大意であります | |
| 1 | 5 | 先夫子遺詠 | 蒲節歌　蠶婦詞　一笑　夏日偶吟　節五 | | | |
| 1 | 6 | 鷄窓小言 | | 黄坡 | | |
| 2 | 1 | 説文の目錄 | | 石濱大壺 | | |
| 2 | 4 | 書：原田西疇翁書 | | | | 写真を載せる |
| 2 | 4 | 泊園藝文漫談（二） | | 大壺 | | |
| 3 | 1 | 王忠慤公別傳（續） | | 羅叔言 | （同公遺書初集巻首）〔潮江譯〕 | |
| 3 | 2 | 書画：原田西疇翁書 | | | | 写真を載せる |
| 3 | 2 | 日本刑法志序 | | 黄遵憲 | （新古文辭類纂稿本巻八による）〔潮江譯〕 | |
| 3 | 3 | 御斷り | | 泊園社 | | |
| 3 | 5 | 馬氏文通　正名篇要解 | | | （潮江） | |
| 4 | 3 | 本誌後援寄附金收受報告 | | | | |
| 4 | 3 | 昭和二年度常費領收報告 | | | | |
| 4 | 3 | 聖廟再築寄附金受領報告 | | | | |
| 4 | 3 | 編輯漫語 | | | | |

| 頁数 | 段数 | 記事名（大分類） | 記事名（小分類） | 署名・その他 | 記事末 | 備考 |
|---|---|---|---|---|---|---|
| 4 | 4 | 泊園文芸 | 賦得梅香遍 | 盤翁　渡邊元 | | |
| 4 | 4 | 泊園文芸 | 明妃 | 同 | | |
| 4 | 4 | 泊園文芸 | 戊辰三月仲九日堀岡素行翁見過展觀所藏東畡先生遺墨琴興詩幅用其韵賦此博翁一粲 | 木山　坂本文 | | |
| 4 | 4 | 泊園文芸 | 席上次韵 | 素行　堀岡冶 | | |
| 4 | 4 | 泊園文芸 | 慈萱齡躋八十喜賦 | 宮崎黙所 | | |
| 4 | 4 | 泊園文芸 | 四條畷に詣でゝ | 宇田敬子 | | |
| 4 | 4 | 泊園文芸 | | 島田暉山 | | |
| 4 | 4 | 泊園文芸 | | 橋本春波 | | |
| 4 | 5 | 漢詩、和歌、俳句を募る | | | | |
| 4 | 5 | 泊園書院日課 | | | | |

## ■ 第６号（昭和３年８月30日発行）

編輯印刷兼發行人：吉田萬治郎
泊園同窓會幹事：大阪市東區南新町二丁目 篠田栗夫、同 東成區東桃谷町 梅見春吉
同 會計：大阪市南區鰻谷西ノ町 豊田留吉
泊園會當番幹事：大阪市南區鰻谷仲ノ町 吉野五運、尼ヶ崎市大物町 坂本準平
有聲會幹事：大阪府中河内郡枚岡村額田四百五十六番地 吉田萬治郎、大阪市東區南本町四丁目四十八番地 佐藤彌太郎
泊園社編輯同人：大阪市住吉區千體町十四番地 石濱純太郎 電話住吉二〇二〇番、前掲 吉田萬治郎、大阪市東區農人橋詰町五十四番地 熊澤猪之助

| 頁数 | 段数 | 記事名（大分類） | 記事名（小分類） | 署名・その他 | 記事末 | 備考 |
|---|---|---|---|---|---|---|
| 1 | 1 | 泊園學則及塾則の手寫本 | | | 黄坡記 | |
| 2 | 1 | 偶感 | | | （石濱） | |
| 2 | 2 | 篤信好古齋隨筆 | | 大壺 | | |
| 2 | 3 | 書：東畡先生眞蹟 | | | | 写真を載せる |
| 内 | 1 | 會員消息 | | 神山眞龍君 | | |
| 内 | 2 | シユーツキー氏の歸國 | | | | |
| 内 | 3 | 通知 | | | 有聲會幹事 | |
| 3 | 1 | 星月謠 | | | 黄坡記 | |
| 3 | 1 | 泊園藝文漫談（三） | | 大壺 | | |
| 3 | 3 | 辜鴻銘氏を偲ぶ | | 潮江 | | |
| 3 | 5 | 有聲會報 | | | | |
| 3 | 6 | 楚紫氣先生の入門 | | | （曇） | |
| 4 | 1 | 本誌後援寄附金收受報告 | | | | |
| 4 | 1 | 逍遙游社吟莚聯吟（六月） | | 藤澤黄坡　眞野夢蝶　三崎黄圃　篠田活園　五條松峰　笠井雪窓　三崎黄圃　五條松峰　篠田活園　眞野夢蝶　藤澤黄坡　笠井雪窓 | | |
| 4 | 1 | 編輯漫語 | 残暑御見舞申上候 | | | |
| 4 | 2 | 泊園文藝 | 芳山十絕 | 越前　鷲田南畝 | | |
| 4 | 2 | 泊園文藝 | 黄坡先生近詠 | | | |
| 4 | 3 | 泊園文藝 | 竹風如水 | 西讃　石井澹處 | | |
| 4 | 3 | 泊園文藝 | 挿秧（席上分韻） | 同 | | |
| 4 | 3 | 泊園文藝 | 題函館近郊圖 | 盤翁　渡邊元 | | |
| 4 | 3 | 泊園文藝 | 舊時家 | 同 | | |
| 4 | 3 | 泊園文藝 | 和松坡先生詩韵 | 岼洲　右田三吉 | | |
| 4 | 3 | 時候御伺 | | 三崎黄圃　藤澤黄坡　編輯同人 | | |
| 4 | 4 | 泊園文藝 | 茗溪同學設卅周年紀念會　賦之以寄 | 藤澤黄坡 | | |
| 4 | 4 | 泊園文藝 | 次瑤韵博粲 | 渡邊盤翁 | | |
| 4 | 4 | 泊園文藝 | | 本庄炳現 | | |
| 4 | 4 | 泊園文藝 | | 橋本春波 | | |
| 4 | 4 | 泊園文藝 | | 島田暉山 | | |
| 4 | 5 | 漢詩、和歌、俳句、川柳を募る | | | | |
| 4 | 5 | 泊園書院日課 | | | | |

## ■ 第７号（昭和３年10月31日発行）

編輯印刷兼發行人：吉田萬治郎
泊園同窓會幹事：大阪市東區南新町二丁目 篠田栗夫、同 東成區東桃谷町 梅見春吉
同 會計：大阪市南區鰻谷西ノ町 豊田留吉
泊園會當番幹事：大阪市南區鰻谷仲ノ町 吉野五運、尼ヶ崎市大物町 坂本準平
有聲會幹事：大阪府中河内郡枚岡村額田四百五十六番地 吉田萬治郎、大阪市東區南本町四丁目四十八番地 佐藤彌太郎
泊園社編輯同人：大阪市住吉區千體町十四番地 石濱純太郎 電話住吉二〇二〇番、前掲 吉田萬治郎、大阪市東區農人橋詰町五十四番地 熊澤猪之助

| 頁数 | 段数 | 記事名（大分類） | 記事名（小分類） | 署名・その他 | 記事末 | 備考 |
|---|---|---|---|---|---|---|
| 1 | 1 | 學問の二方面 | | 黄坡 | （三、九、一六、於放送局） | |
| 1 | 4 | 徠翁手筆の日本考 | | | （石濱） | 手稿の写真を載せる |
| 2 | 1 | 鶏窓小言 | | 黄坡 | | |
| 2 | 4 | 東畡王父遺文 | | 章記 | | |
| 2 | 5 | 一讀一笑 | | | | |
| 2 | 5 | 泊園藝文漫談（四） | | 大壺 | | |
| 3 | 1 | 胡適氏中國哲學史大綱 | | 石濱純太郎 | | |
| 3 | 3 | 第三十一回泊園同窓會開催 | | | | |
| 3 | 3 | 第三十一回泊園同窓會開催 | | | | |
| 3 | 4 | 會員消息 | | 櫻井雲洞君 | | |
| 3 | 4 | 泊園同窓會報 | 會員死亡 | 西本千太郎氏 | （委細次號） | |
| 3 | 4 | 泊園同窓會報 | 挽詩 | 渡邊元吉 | | |
| 3 | 5 | 篤信好古齋随筆 | | 大壺 | | |
| 3 | 6 | 有聲會報 | | | | |
| 4 | 1 | 本誌後援寄附金收受報告 | | | | |
| 4 | 1 | 聖廟再築寄附金受領報告 | | | | |
| 4 | 1 | シユーツキー氏の歸國 | | | （曇） | |
| 4 | 2 | 送楚紫氣先生歸國序 | | 昭和三年九月朔　熊澤猪之助謹書 | | |
| 4 | 2 | 送楚紫氣先生歸國序 | 送需齋楚紫氣學士歸露國　送別 | 藤澤黄坡 | | |
| 4 | 2 | 送楚紫氣先生歸國序 | | 岡島味水 | | |
| 4 | 2 | 編輯漫語 | | | | |
| 4 | 3 | 泊園文藝 | 觀帝展戯題裸婦圖三首 | 盤翁　渡邊元 | | |
| 4 | 3 | 泊園文藝 | 晩春遊於城西豊島園、鬱金香方盛開、五彩競妍、燦然奪目、戯題廿八字 | 同人 | | |
| 4 | 3 | 泊園文藝 | 水樓避暑（琴彈公園例會席上作） | 西讃　石井澹處 | | |
| 4 | 3 | 泊園文藝 | 擧男兒有感 | 中濱海堂 | | |
| 4 | 3 | 泊園文藝 | 又 | | | |
| 4 | 3 | 泊園文藝 | | 島田暉山 | | |
| 4 | 3 | 御大典奉祝文藻募集 | | | | |
| 4 | 4 | 泊園文藝 | | 橋本春波 | | |
| 4 | 4 | 道仁三千世俳句例會（九月十八日豊田省三氏邸に於て） | 松子　稲妻　荒尾五山選 | 同塵　大空　花屑　春波　春葉　清溪　鮮象　風來　六石　かほる　秀峰　墨生　康堂 | | |
| 4 | 5 | 漢詩、和歌、俳句、川柳を募る | | | | |
| 4 | 5 | 泊園書院日課 | | | | |

## ■第８号（昭和４年２月20日発行）

編輯印刷兼發行人：吉田萬治郎
泊園同窓會・泊園會・有聲會・泊園社に関する情報なし

| 頁数 | 段数 | 記事名（大分類） | 記事名（小分類） | 署名・その他 | 記事末 | 備考 |
|---|---|---|---|---|---|---|
| 1 | 1 | 教育振興ニ關スル御沙汰 | | | | |
| 1 | 2 | 即位式　勅語衍義 | | 臣章　謹述 | | |
| 2 | 1 | (続き)即位式　勅語衍義 | | | | |
| 2 | 3 | 東畡書　扇面 | | | | 写真を載せる |
| 2 | 4 | 東畡王父遺文　其二 | | 章記 | | |
| 2 | 5 | 偶感 | | | (石濱) | |
| 内 | 1 | 第廿三回泊園會記事 | | | | |
| 内 | 2 | 席上聯句 | | 豊田翠軒　粟谷壺堂　三崎黄圃　佐藤昇雲　石濱大壺　永田青城　篠田活園　吉野玉成　櫻井雲洞　坂本竹山　島田暉山　上念西秋　辻蒼石　藤澤黄坡 | | |
| 内 | 5 | 漢詩、和歌、俳句、川柳を募る | | | | |
| 3 | 1 | 賀表 | | | | |
| 3 | 2 | 第三十一回泊園同窓會記事 | | | 昭和戊辰大典後七日有香生 | |
| 3 | 3 | 徠翁手筆の日本考(續)(3)(4) | | | | 手稿の写真を載せる |
| 4 | 1 | 本誌後援寄附金收受報告 | | | | |
| 4 | 1 | 本誌購讀料收受報告 | | | | |
| 4 | 1 | 編輯漫語 | | | | |
| 4 | 1 | 大典奉祝記 | | | 昭和三年十一月二十日記。(熊澤) | |
| 4 | 2 | 泊園文藝 | 恭奉頌　登極大典　賦七言古風一篇記盛事 | 臣　五條秀麿 | | |
| 4 | 3 | 泊園文藝 | 昭和三年十一月七日奉迎　聖上 | 南山　牧野信 | | |
| 4 | 3 | 泊園文藝 | 奉賀登極大典 | 同人 | | |
| 4 | 3 | 泊園文藝 | 登極大典賀詞 | 臣　渡邊元吉恭賦 | | |
| 4 | 3 | 泊園文藝 | 再逢大典恭賦一絶 | 長者香邨 | | |
| 4 | 3 | 泊園文藝 | 謹賀登極　次鳥石氏韻 | 活園　篠田栗夫 | | |
| 4 | 3 | 泊園文藝 | 昭和三年十一月十六日於天王寺公園預賜饌恭賦 | 同人 | | |
| 4 | 3 | 泊園文藝 | 田家朝 | 神山眞龍 | | |
| 4 | 3 | 通告 | | | 泊園社 | |
| 4 | 4 | 泊園文藝 | 新年口號 | 原田隆 | | |
| 4 | 4 | 泊園文藝 | 田家朝 | 藤澤黄坡 | | |
| 4 | 4 | 泊園文藝 | 老母の天杯拜受をよろこひて | 宮崎貞 | | |
| 4 | 4 | 泊園文藝 | 十一月廿六日御苑内に鹵簿拜觀の光榮に浴して | (宮崎貞) | | |
| 4 | 4 | 泊園文藝 | 田家朝 | (宮崎貞) | | |
| 4 | 4 | 泊園文藝 | 御大典奉祝 | 島田暉山 | | |
| 4 | 4 | 泊園文藝 | | 橋本春波 | | |
| 4 | 5 | 好古趣味　創刊號 | | | | |
| 4 | 5 | 泊園書院日課 | | | | |
| 外 | 1 | 寄贈書籍紹介 | 好古趣味(本誌廣告參照) | 趣味の考古學會　會幹　八木博 | | |

## ■第９号（昭和５年４月５日発行）

編輯印刷兼發行人：吉田萬治郎
泊園同窓會幹事：大阪市東區南新町二丁目 篠田栗夫、同 東成區東桃谷町 梅見春吉
同 會計：大阪市南區鰻谷西ノ町 豊田留吉
泊園會當番幹事：大阪市南區鰻谷仲ノ町 吉野五運、尼ヶ崎市大物町 坂本準平
有聲會幹事：大阪府中河内郡枚岡村額田四百五十八番地 吉田萬治郎、大阪市東區南本町四丁目四十八番地 佐藤彌太郎
泊園社編輯同人：大阪市天王寺區東平野町三丁目 三崎驎之助 電話南八一九四番、大阪市住吉區千體町十四番地 石濱純太郎 電話住吉二〇二〇番、前掲吉田萬治郎 電話枚岡二一九番

| 頁数 | 段数 | 記事名（大分類） | 記事名（小分類） | 署名・その他 | 記事末 | 備考 |
|---|---|---|---|---|---|---|
| 1 | 1 | 天恩優渥極まり無し | | 粟谷喜八 | | |
| 1 | 3 | 經解入門 | 群經綠始第一　附群經分合次第 | 清　江藩 | (此項完、甘菱譯) | |
| 1 | 4 | 徠翁手筆の日本傳考(續)　(5)(6) | | | | 手稿の写真を載せる |
| 2 | 1 | 道の二方面 | (四、二、一八於香川縣人會) | 黄坡先生御講演 | | |
| 2 | 3 | (訃報：藤澤妙子) | | | | 写真あり |
| 2 | 3 | 篤信好古齋隨筆 | | 大壺 | | |
| 3 | 1 | 漢文典雜話 | | 潮江 | (未完) | |
| 3 | 3 | 一讀一笑 | | | | |
| 3 | 4 | 第三十二回泊園同窓會記 | | | | |
| 3 | 5 | 第二十五回泊園會記 | | | (篠田記) | |
| 3 | 6 | 發行遲延のお詫び | | 石濱純太郎 | | |
| 3 | 6 | 編輯瑣言 | | | (一樂庵) | |
| 4 | 1 | 本誌後援寄附金收受 | | | | |
| 4 | 1 | 昭和三年度泊園同窓會常費領收報告 | | | | |
| 4 | 1 | 金字塔 | | | | |
| 4 | 2 | 西本伯敬傳 | | 笠井雪窓 | | |
| 4 | 3 | 泊園文藝 | 奉頌即位大典 | 赤塚善 | | |
| 4 | 3 | 泊園文藝 | 戊辰歲晩 | 七十四翁岫洲　右田三吉 | | |
| 4 | 3 | 泊園文藝 | 田家朝　二首 | 同人 | | |
| 4 | 3 | 泊園文藝 | 有故廢花鳥業即賦 | 坂本木山 | | |
| 4 | 3 | 泊園文藝 | 水都之夕　(譯兒紳一郎歐信) | 盤翁　渡邊元 | | |
| 4 | 3 | 泊園文藝 | 戒學生 | 石井澹處 | | |
| 4 | 3 | 泊園文藝 | 山村秋曉　三首 | 盤翁　渡邊元 | | |
| 4 | 4 | 泊園文藝 | 慰友失産　二首 | 同人 | | |
| 4 | 4 | 泊園文藝 | 袖萩 | 同人 | | |
| 4 | 4 | 泊園文藝 | | 橋本春波 | | |
| 4 | 4 | 泊園文藝 | | 島田暉山 | | |
| 4 | 4 | 泊園文藝 | | 八木泉石 | | |
| 4 | 4 | 泊園文藝 | 川柳 | 自安軒布衣 | | |
| 4 | 4 | 泊園文藝 | 川柳 | 松野みどり | | |
| 4 | 4 | 泊園文藝 | 川柳 | 吉田一らく | | |
| 4 | 5 | 漢詩、和歌、俳句、川柳を募る | | | | |
| 4 | 5 | 泊園書院日課 | | | | |

## ■第10号（昭和5年5月6日発行）

編輯印刷兼發行人：吉田萬治郎
泊園同窓會幹事：大阪市東區南新町二丁目 篠田栗夫、同 東成區東桃谷町 梅見春吉
同 會計：大阪市南區鰻谷西ノ町 豊田留吉
泊園會當番幹事：大阪市北區旅籠町 辻蒼石、大阪市東區横堀五丁目 渡邊醇
有聲會幹事：大阪府中河内郡枚岡村額田四百五十八番地 吉田萬治郎、大阪市東區南本町四丁目四十八番地 佐藤彌太郎
泊園社編輯同人：大阪市天王寺區東平野町三丁目 三崎驎之助 電話南八一九四番、大阪市住吉區千體町十四番地 石濱純太郎 電話住吉二〇二〇番、前掲吉田萬治郎 電話枚岡二一九番

| 頁数 | 段数 | 記事名（大分類） | 記事名（小分類） | 署名・その他 | 記事末 | 備考 |
|---|---|---|---|---|---|---|
| 1 | 1 | 釋奠講經 | 山下有雷。頤。君子以愼言語。節飲食。 | | | |
| 1 | 4 | 徠翁手筆の日本傳考（續）（7）（8） | | | | 手稿の写真を載せる |
| 2 | 1 | 泊園後援會の準備 | | | （石濱） | |
| 2 | 2 | 南岳先生遺詠 | 埋髻 | | | |
| 2 | 3 | 曾文正語類抄 | | 大壺 | | |
| 2 | 4 | 支那廟制に就て | | 岡本勝治郎 | | |
| 2 | 6 | 同窓先輩諸士に問ふ | | 灘尾可峰生 | | |
| 3 | 1 | 篤信好古齋隨筆 | | 大壺 | | |
| 3 | 3 | 泊園書院の釋奠 | | | | |
| 3 | 3 | 消息 | | 黄坡先生 | | |
| 3 | 3 | 消息 | | 黄坡先生の御令息桓夫様 | | |
| 3 | 3 | 消息 | | 陰山以保君 | | |
| 3 | 3 | 消息 | | 鎌田潮音君 | | |
| 3 | 3 | 消息 | | 山田連君 | | |
| 3 | 3 | 消息 | | 村上巻三君 | | |
| 3 | 3 | 消息 | | 大門了康君 | | |
| 3 | 3 | 消息 | | 田端和助君 | | |
| 3 | 3 | 消息 | | 牧野明次郎君 | | |
| 3 | 3 | 消息 | | 坪内傳次郎君 | | |
| 3 | 3 | 消息 | | 永田仁助君 | | |
| 3 | 3 | 消息 | | 多田黄山君 | | |
| 3 | 3 | 消息 | | 島本一男君 | | |
| 3 | 4 | 道明寺の釋奠會 | | | | |
| 3 | 4 | 南岳先生遺詠 | 土師神社釋奠席上歩聯句韵 | | | |
| 3 | 5 | | | 昭和五年庚午一月　香川、三豊、比地二　古稀翁　石井光美　號澹處 | | |
| 3 | 5 | 古稀述懐 | | 眞趣齋澹處稿 | | |
| 3 | 6 | 舌代 | | | （編輯員） | |
| 4 | 1 | 本紙後援寄附金收受報告 | | | | |
| 4 | 1 | 壽眞野伯揚古稀序 | | 黄坡 | | |
| 4 | 1 | 金字塔 | | | | |
| 4 | 2 | 泊園文藝 | 題田道間守献香果之圖 | 岡本餘洲 | | |
| 4 | 2 | 泊園文藝 | 釣魚説 | 岡本餘洲 | | |
| 4 | 3 | 泊園文藝 | 病起漫吟 | 灘尾可峰 | | |
| 4 | 3 | 泊園文藝 | 輓田瑞鑑海 | 同人 | | |
| 4 | 3 | 泊園文藝 | 退職日賦 | 笠井雪窓 | | |
| 4 | 3 | 泊園文藝 | 蘭畹病胃閲十一月而愈甚矣乃賦 | | | |
| 4 | 4 | 泊園文藝 | 海邊巖 | 宮崎貞吉 | | |
| 4 | 4 | 泊園文藝 | 送巳迎午 | 同人 | | |
| 4 | 4 | 泊園文藝 | 心靜養壽 | 同人 | | |
| 4 | 4 | 泊園文藝 | | 島田暉山 | | |
| 4 | 4 | 泊園文藝 | | 橋本春波 | | |
| 4 | 4 | 泊園文藝 | 黄坡先生御令孃妙子様の御逝去を悼み奉りて | 小笹圭治 | | |
| 4 | 4 | （御礼） | | 藤澤章次郎 | | |
| 4 | 5 | 漢詩、和歌、俳句、川柳を募る | | | | |
| 4 | 5 | 泊園書院日課 | | | | |

## ■ 第11号（昭和５年６月５日發行）

編輯印刷兼發行人：吉田萬治郎
泊園同窓會幹事：大阪市東區南新町二丁目 篠田栗夫、同 東成區東桃谷町 梅見春吉
同 會計：大阪市南區鰻谷西ノ町 豊田留吉
泊園會當番幹事：大阪市北區旅籠町 辻蒼石、大阪市東區横堀五丁目 渡邊醇
有聲會幹事：大阪府中河内郡枚岡村額田四百五十八番地 吉田萬治郎、大阪市東區南本町四丁目四十八番地 佐藤彌太郎
泊園社編輯同人：大阪市住吉區千體町十四番地 石濱純太郎 電話住吉二〇二〇番、前掲 吉田萬治郎 電話枚岡二一九番

| 頁数 | 段数 | 記事名（大分類） | 記事名（小分類） | 署名・その他 | 記事末 | 備考 |
|---|---|---|---|---|---|---|
| 1 | 1 | 釋奠講經　五月十一日於土師神社 | 子曰。以約失之者鮮矣。 | 黄坡先生 | | |
| 1 | 5 | 徠翁手筆の日本傳考（終）　(9) | | | | 手稿の写真を載せる |
| 2 | 1 | 憶昔錄 | 先生游東京 | 藻州老漁稿 | | |
| 2 | 1 | 憶昔錄 | 冲堂詩 | 藻州老漁稿 | | |
| 2 | 1 | 憶昔錄 | 荊璧不献 | 藻州老漁稿 | | |
| 2 | 2 | 憶昔錄 | 固辭不肯 | 藻州老漁稿 | | |
| 2 | 2 | 憶昔錄 | 亦何畏彼輩 | 藻州老漁稿 | | |
| 2 | 2 | 學術と大阪 | | | （石濱） | |
| 2 | 4 | 道明寺の釋奠會 | | | | |
| 2 | 5 | 支那廟制に就て（中） | | 岡本勝治郎 | （未完） | |
| 3 | 1 | 祭祀の意義（上） | | 茶谷逝水 | （未完） | |
| 3 | 3 | 篤信好古齋隨筆 | | 大壺 | | |
| 3 | 4 | 書画 | | | | 写真を載せる |
| 3 | 6 | 流石は宦官國 | | 渡邊元吉 | | |
| 4 | 1 | 本紙後援寄附金收受報告 | | | | |
| 4 | 2 | 金字塔 | | | | |
| 4 | 2 | 泊園文藝 | 錢字論 | 渡邊元 | | |
| 4 | 3 | 泊園文藝 | 剪燈吟社小集席上分韻 | 首夏郊行　堤錦江 | | |
| 4 | 3 | 泊園文藝 | | 同　中村青巖 | | |
| 4 | 3 | 泊園文藝 | | 同　山田逸堂 | | |
| 4 | 3 | 泊園文藝 | 春夜聽雨 | 堤錦江 | | |
| 4 | 3 | 泊園文藝 | 屋嶋懐古 | 同人 | | |
| 4 | 4 | 泊園文藝 | 櫻 | 同人 | | |
| 4 | 4 | 泊園文藝 | 次堀口長城礫川卜居韻 | 盤翁　渡邊元 | | |
| 4 | 4 | 泊園文藝 | 次木村槐陰韻自述老況 | 同人 | | |
| 4 | 4 | 泊園文藝 | 泊園書院行釋奠　昭和五年四月三日 | 伊良子晴洲 | | |
| 4 | 4 | 泊園文藝 | 眞野夢蝶大人の古稀を祝する歌 | 宮崎貞彦 | | |
| 4 | 4 | 泊園文藝 | | 辻樓 | | |
| 4 | 4 | 泊園文藝 | 妙子様を弔ひて | | | |
| 4 | 4 | 泊園文藝 | | 島田暉山 | | |
| 4 | 5 | 漢詩、和歌、俳句、川柳を募る | | | | |
| 4 | 5 | 泊園書院日課 | | | | |

## ■ 第12号（昭和５年７月15日發行）

編輯印刷兼發行人：吉田萬治郎
泊園同窓會・泊園會・有聲會・泊園社に関する情報なし

| 頁数 | 段数 | 記事名（大分類） | 記事名（小分類） | 署名・その他 | 記事末 | 備考 |
|---|---|---|---|---|---|---|
| 1 | 1 | 文字談 | | 七香齋主人述（坡） | （未完） | |
| 1 | 3 | 三先生題跋　物夫子眞蹟記 | | | 後學　藤澤甫謹記 | |
| 1 | 3 | | | | 大正癸丑仲春　七十二翁南岳 | |
| 1 | 3 | | | | 昭和戊辰十一月　黄坡藤澤章誌 | |
| 1 | 4 | 祭祀の意義（中） | | 茶谷逝水 | （未完） | |
| 2 | 1 | 俵商相と泊園書院 | 写真：南岳先生の墓前に香花を捧ぐる俵商相 | | | 写真を載せる |
| 2 | 3 | 泊園後援會案に對して | | | （石濱） | |
| 2 | 5 | 曾文正語類抄 | | 甘蔆 | （嗣出） | |

| 頁数 | 段数 | 記事名（大分類） | 記事名（小分類） | 署名・その他 | 記事末 | 備考 |
|---|---|---|---|---|---|---|
| 2 | 6 | 泊園藝文漫談(五) | | 大壺 | | |
| 3 | 1 | 漢文典雑話(二) | | 潮江 | (未完) | |
| 3 | 1 | 支那廟制に就て(續) | | 岡本勝治郎 | | |
| 3 | 3 | 書：孜々不倦(觀迎會席上揮毫俵商相の書) | | | | 写真を載せる |
| 3 | 5 | 讀史小談(一) | 唐太宗の警語 | 川本如犀 | | |
| 3 | 6 | 消息 | | 笠井雪窓翁夫人 | | |
| 3 | 6 | 消息 | | 辻政太郎氏嚴父辻忠右衛門氏 | | |
| 4 | 1 | 金字塔 | | | | |
| 4 | 1 | 泊園文藝 | 黄坡先生詩 | | | |
| 4 | 1 | 泊園文藝 | 記益友 | 岡本餘洲 | | |
| 4 | 2 | 泊園文藝 | 山陰紀行序 | 灘尾可峰 | | |
| 4 | 3 | 泊園文藝 | 山陰紀行五十八首節七 | 灘尾可峰 | | |
| 4 | 3 | 泊園文藝 | 逍遥游吟社栢梁聯句 | 植野木州　藤澤黄坡　五條松峰　田宮渭南　眞野夢蝶　福岡雲外　神谷蒼古　篠田活園 | | |
| 4 | 3 | 泊園文藝 | 咏梨花得紅字 | 石井澹處 | | |
| 4 | 3 | 泊園文藝 | 禪中虱次韻 | 盤翁　渡邊元 | | |
| 4 | 3 | 泊園文藝 | 勸君蘇句 | 同人 | | |
| 4 | 4 | 泊園文藝 | 斬猫兒 | 同人 | | |
| 4 | 4 | 泊園文藝 | 老咢堂 | 同人 | | |
| 4 | 4 | 泊園文藝 | 泣碧紗　聞夜哭在隣館 | 同人 | | |
| 4 | 4 | 泊園文藝 | 題友人目黒僑居青木昆陽墓在 | 同人 | | |
| 4 | 4 | 泊園文藝 | 宵市 | 同人 | | |
| 4 | 4 | 泊園文藝 | 大洗　在茨城縣 | 同人 | | |
| 4 | 4 | 泊園文藝 | 剪燈吟社小集分韻 | 梅雨　得元　山田逸堂 | | |
| 4 | 4 | 泊園文藝 | 剪燈吟社小集分韻 | 同　得東　中村青巖 | | |
| 4 | 4 | 泊園文藝 | 剪燈吟社小集分韻 | 同　得先　堤錦江 | | |
| 4 | 4 | 泊園文藝 | | 橋本春波 | | |
| 4 | 4 | 泊園文藝 | | 島田暉山 | | |
| 4 | 5 | 泊園綴込表紙 | | | | |
| 4 | 5 | 漢詩、和歌、俳句、川柳を募る | | | | |
| 4 | 5 | 泊園書院日課 | | | | |
| 外 | 1 | 泊園綴込表紙 實費頒布 | | | | |

## ■ 第13号（昭和５年９月10日発行）

編輯印刷兼發行人：吉田萬治郎
泊園同窓會幹事：大阪市東區南新町二丁目 篠田栗夫、同 東成區東桃谷町 梅見春吉
泊園會當番幹事：大阪市北區旅籠町 辻蒼石、大阪市東區横堀五丁目 渡邊醇
有聲會幹事：前掲 吉田萬治郎、大阪市東區南本町四丁目四十八番地 佐藤彌太郎
泊園社編輯同人：大阪市住吉區千體町十四番地 石濱純太郎 電話住吉二〇二〇番、大阪府中河内郡枚岡村額田四百五十八番地 吉田萬治郎 電話枚岡二一九番

| 頁数 | 段数 | 記事名（大分類） | 記事名（小分類） | 署名・その他 | 記事末 | 備考 |
|---|---|---|---|---|---|---|
| 1 | 1 | 文字談(承前) | | 七香齋主人述 | | |
| 1 | 3 | 黄坡書(黄坡先生より御全快記念として記者に賜りたる扇面) | | | | 写真を載せる |
| 1 | 5 | 曾文正語類抄 | | 甘菱 | (嗣出) | |
| 2 | 1 | 將來の泊園書院 | | | (石濱) | |
| 2 | 2 | 篤信好古齋随筆 | | 大壺 | | |
| 2 | 5 | 一讀一笑 | | | | |
| 2 | 6 | 本誌後援寄附金收受報告 | | | | |
| 3 | 1 | 讀史小談(二) | 古代の復讐観 | 川本如犀 | | |
| 3 | 3 | 祭祀の意義(下) | | 茶谷逝水 | (終) | |
| 3 | 4 | 消息 | | 黄坡先生 | | |
| 3 | 4 | 消息 | | 村上吉五郎氏 | | |
| 3 | 5 | 消息 | | 岡本勝治郎氏 | | |
| 3 | 5 | 消息 | | 辻政太郎氏 | | |
| 3 | 5 | 消息 | | 豊田留吉氏 | | |
| 3 | 5 | 泊園同窓會常費領收報告　昭和三年度分(續) | | | | |

| 頁数 | 段数 | 記事名（大分類） | 記事名（小分類） | 署名・その他 | 記事末 | 備考 |
|---|---|---|---|---|---|---|
| 3 | 6 | 金字塔 | | | | |
| 4 | 1 | 泊園文藝 | 黄坡先生文　松窓岡田翁墓碑銘 | | | |
| 4 | 1 | 泊園文藝 | 杜鵑記 | 安達香雨 | | |
| 4 | 1 | 泊園文藝 | 山家 | 神山眞龍 | | |
| 4 | 2 | 泊園文藝 | 觀華厳瀑 | 安達香雨 | | |
| 4 | 2 | 泊園文藝 | 日光東照宮 | 同人 | | |
| 4 | 2 | 泊園文藝 | 夜過川中島 | 渡邊盤山 | | |
| 4 | 2 | 泊園文藝 | 小諸車中 | 同人 | | |
| 4 | 2 | 泊園文藝 | 臼田曉望 | 同人 | | |
| 4 | 2 | 泊園文藝 | 山陰紀行（續） | 灘尾可峰 | | |
| 4 | 3 | 時候御伺 | | 三崎黄圃　藤澤黄坡　編集同人 | | |
| 4 | 3 | 泊園綴込表紙 | | | | 写真を載せる |
| 4 | 4 | 泊園文藝 | 加茂祭 | 宇田敬子 | | |
| 4 | 4 | 泊園文藝 | 竹陰讀書 | 同人 | | |
| 4 | 4 | 泊園文藝 | 螢 | | | |
| 4 | 4 | 泊園文藝 | | 島田暉山 | | |
| 4 | 4 | 泊園文藝 | | 橋本春波 | | |
| 4 | 5 | 漢詩、和歌、俳句、川柳を募る | | | | |
| 4 | 5 | 泊園書院日課 | | | | |

## ■ 第14号（昭和５年10月15日発行）

編輯印刷兼發行人：吉田萬治郎
泊園同窓會幹事：大阪市東區南新町二丁目 篠田栗夫、同 東成區東桃谷町 梅見春吉
泊園會當番幹事：大阪市北區旅籠町 辻蒼石、大阪市東區横堀五丁目 渡邊醇
有聲會幹事：前掲 吉田萬治郎、大阪市東區南本町四丁目四十八番地 佐藤彌太郎
泊園社編輯同人：大阪市住吉區千體町十四番地 石濱純太郎 電話住吉二〇二〇番、大阪府中河内郡枚岡村額田四百五十八番地 吉田萬治郎 電話枚岡二一九番

| 頁数 | 段数 | 記事名（大分類） | 記事名（小分類） | 署名・その他 | 記事末 | 備考 |
|---|---|---|---|---|---|---|
| 1 | 1 | 文字談（承前） | | 七香齋主人述 | | |
| 1 | 3 | 黄鵠先生遺像 | | | | 写真あり |
| 1 | 4 | 黄鵠先生遺詠 | | | | |
| 1 | 5 | 「經解入門」について | | 多田貞一 | | 附記あり（石濱） |
| 2 | 1 | 「教」と「學」の文字に就いて | | 茶谷逝水 | | |
| 2 | 3 | 篤信好古齋隨筆 | | 大壺 | | |
| 2 | 3 | 黄鵠書 | | | | 写真を載せる |
| 2 | 5 | 曾文正語類抄 | | 甘蔆 | （嗣出） | |
| 3 | 1 | 泊園後援會私見 | | 石濱 | | |
| 3 | 2 | 一讀一笑 | | | | |
| 3 | 4 | 讀史小談（三） | 孔子の後世 | 川本如犀 | | |
| 3 | 4 | 通知 | | 第三十三回泊園同窓會開催 | | |
| 3 | 6 | 金字塔 | | | | |
| 3 | 6 | 泊園同窓會常費領收報告　昭和四、五年分 | | | | |
| 4 | 1 | 本誌後援寄附金收受報告 | | | | |
| 4 | 1 | 泊園文藝 | 曝書記 | 岡本餘洲 | | |
| 4 | 1 | 泊園文藝 | 松下讀書圖 | 釋禮才 | | |
| 4 | 2 | 泊園文藝 | 借愚極句自慰 | 向翁 | | |
| 4 | 2 | 泊園文藝 | 次韻戲寄 | 黄坡 | | |
| 4 | 2 | 泊園文藝 | 疊韻 | | | |
| 4 | 2 | 泊園文藝 | 祝生駒氏新構其店舗 | | | |
| 4 | 2 | 泊園文藝 | 福本竹里兄僅免暴人之難　賦以唁之 | 黄坡 | | |
| 4 | 3 | 泊園文藝 | 次韻致謝 | 竹里　福本元 | | |
| 4 | 3 | 泊園文藝 | 奉次士明兄立秋書懐芳韵 | 黄翁　越智宣 | | |
| 4 | 3 | 泊園文藝 | 同 | 竹里　福本元 | | |
| 4 | 3 | 泊園文藝 | 同 | 活園　篠田栗 | | |
| 4 | 3 | 泊園文藝 | 次韻謝黄坡先生見恵記念詩扇 | 木洲　植野德 | | |
| 4 | 3 | 泊園文藝 | 憶　南岳先生 | 南畝　鷲田又 | | |
| 4 | 3 | 泊園文藝 | 寄尾中鶴洲 | 同人 | | |

| 頁数 | 段数 | 記事名（大分類） | 記事名（小分類） | 署名・その他 | 記事末 | 備考 |
|---|---|---|---|---|---|---|
| 4 | 3 | 泊園文藝 | 黄鵠君七周忌辰展墓恭賦 | 活園　篠田栗 | | |
| 4 | 3 | | 同 | | | |
| 4 | 3 | 泊園文藝 | 哭藤澤妙子令嬢 | 岫洲　右田三 | | |
| 4 | 4 | 泊園文藝 | 贈俵君 | 笠井雪窓 | | |
| 4 | 4 | 泊園文藝 | 悼翠軒豊田君 | 同人 | | |
| 4 | 4 | 泊園文藝 | 平塚海岸戯次人韻 | 渡邊盤山 | | |
| 4 | 4 | 泊園文藝 | 美術院展覽會與人論畫 | | | |
| 4 | 4 | 泊園文藝 | 同 | 同人 | | |
| 4 | 4 | 泊園文藝 | 同 | 同人 | | |
| 4 | 4 | 泊園文藝 | 四萬温泉 | 同人 | | |
| 4 | 5 | 泊園文藝 | 同 | 同人 | | |
| 4 | 5 | 泊園文藝 | 詠草 | 宇田敬 | | |
| 4 | 5 | 泊園文藝 | | 橋本春波 | | |
| 4 | 6 | 漢詩、和歌、俳句、川柳を募る | | | | |
| 4 | 6 | 泊園書院日課 | | | | |

## ■ 第15号（昭和5年11月30日発行）

編輯印刷兼發行人：吉田萬治郎
泊園同窓會幹事：大阪市東區南新町二丁目 篠田栗夫、大阪市天王寺區烏ヶ辻町 天王寺商業學校内 梅見春吉
泊園會當番幹事：大阪市北區旅籠町 辻蒼石、大阪市東區横堀五丁目 渡邊醇
有聲會幹事：前掲 吉田萬治郎、大阪市東區南本町四丁目四十八番地 佐藤彌太郎
泊園社編輯同人：大阪市住吉區千體町十四番地 石濱純太郎 電話住吉二〇二〇番、大阪府中河内郡枚岡村額田四百五十八番地 吉田萬治郎 電話枚岡二一九番

| 頁数 | 段数 | 記事名（大分類） | 記事名（小分類） | 署名・その他 | 記事末 | 備考 |
|---|---|---|---|---|---|---|
| 1 | 1 | 文字談(承前) | | 七香齋主人述 | | |
| 1 | 3 | 写真：追遠法要參拜者 | | 十月十九日齡延寺門前にて撮影(氏名は欄外に掲ぐ) | | 写真あり |
| 1 | 6 | 先妣亡兄追遠祭文 | | 黄坡 | | |
| 1 | 6 | 手むけ草 | | けい | | |
| 2 | 1 | 泊園學會の提唱 | | 石濱大壺 | | |
| 2 | 1 | 國字問題(一) | | 吉田洞外 | | |
| 2 | 3 | 悼詞 | | | 昭和五年八月十三日<br>篠田栗夫敬白 | |
| 2 | 3 | 哭翠軒豊田君 | | 黄坡 | | |
| 2 | 4 | 悼翠軒豊田君 | | | 活園　篠田栗拜草 | |
| 2 | 4 | 豊田隆写真 | | | | 写真あり |
| 2 | 4 | 翠軒豊田兄の死を悼む | | 族弟　豊田省三 | | |
| 2 | 6 | 豊田翠軒君年譜略 | | | | |
| 内 | 1 | 追遠法要寫眞姓名 | | 第一列右より<br>堺元國君　三崎女中　大野當子様　福田しげ子様　福田靖子様　三崎暢子様　藤澤信様　宇田敬様　藤澤勝様　中山雅子様 | | |
| 内 | 2 | | | 藤澤惠子様　三崎姣子様　宮崎青湖様　吉宗耕英様　殿村たけ様<br>第二列右より<br>梅見春吉君　豊田正達君　奥村洞麟師　福本元之助君　三崎驎之助君　藤澤章次郎先生　石井光美君　笠井静司君 | | |
| 内 | 3 | | | 眞野鷹一君　辻蒼石君　木村久次郎君<br>第三列右より<br>赤松奈良義君　永田仁助君　佐藤寛九郎君　中尾國太郎君　多田忠三君　森下博君　村上吉五郎君　三河啓明君 | | |
| 内 | 4 | | | 第四列左より<br>門脇才藏君　清水音三郎君　河田爲作君　坂本準平君<br>第五列右より | | |

| 頁数 | 段数 | 記事名（大分類） | 記事名（小分類） | 署名・その他 | 記事末 | 備考 |
|---|---|---|---|---|---|---|
| | | | | 中川魚梁君　藤本木田君　吉田萬治郎君　田邊英次郎君　高松林之助君 | | |
| 内 | 5 | | | 立姿者右より　木村楢正君　石濱純太郎君　篠田栗夫君　吉田清三君　神山眞龍君　安達龜造君　三崎要一君　橘秀一君　湯淺豊太郎君　菊池量太君　橋本梅三郎君　芦田源次郎君　小寺篤兵衛君　石黒景文君 | | |
| 内 | 6 | | | 櫻井雲洞君　粟谷喜八君　神田榮吉君　三井由之君　藤澤彬君　高谷太左衛門君　熊澤猪之助君　高垣良藏君　前田敬助君　澤純三君　中山潔君　尾崎正信君　岡田尚齋君　飯田武雄君 | | |
| 3 | 1 | 篤信好古齋隨筆 | | 大壺 | | |
| 3 | 2 | 藤澤家の法事 | | | | |
| 3 | 5 | 追遠法要と泊園同窓會 | | | | |
| 3 | 5 | 消息 | | 下岡龜一君 | | |
| 3 | 5 | 消息 | | 篠田栗夫君 | | |
| 3 | 5 | 消息 | | 梅見春吉君 | | |
| 3 | 5 | 金字塔 | | | | |
| 3 | 5 | 本誌後援寄附金收受報告 | | | （以下欄外） | |
| 3 | 6 | 泊園同窓會常費領收報告 | | | | |
| 4 | 1 | 泊園文藝 | 黄坡先生詩 | | | |
| 4 | 1 | 泊園文藝 | 恭順孺人五十年祭謙阻事不獲往拜賦此為奠 | 牧野謙 | | |
| 4 | 1 | 泊園文藝 | 黄鵠君七年祭有感 | 牧野謙 | | |
| 4 | 2 | 泊園文藝 | 士亨七周忌辰賦奠 | 黄華　越智宣哲 | | |
| 4 | 2 | 泊園文藝 | 追懷黄鵠先生供無花果一顆於靈前 | 夢蝶　眞野鷹 | | |
| 4 | 2 | 泊園文藝 | 黄鵠君七回忌次遺詠芳韵謹賦 | 可峰　灘尾晃壽 | | |
| 4 | 2 | 泊園文藝 | 十月一日紀事 | 藤本天民 | | |
| 4 | 2 | 泊園文藝 | 偶成 | 同人 | | |
| 4 | 2 | 泊園文藝 | 聞朝大稔記喜 | 同人 | | |
| 4 | 2 | 泊園文藝 | 潮來二首 | 渡邊盤山 | | |
| 4 | 3 | 泊園文藝 | 十和田高砂 | 同人 | | |
| 4 | 3 | 泊園文藝 | 同上　御倉山 | 同人 | | |
| 4 | 3 | 泊園文藝 | 豊國神社 | 同人 | | |
| 4 | 3 | 泊園文藝 | 逢故人 | 同人 | | |
| 4 | 3 | 泊園文藝 | 咏田部將軍邸老松 | 九津見顆山 | | |
| 4 | 3 | 泊園文藝 | 偶成 | | | |
| 4 | 3 | 泊園文藝 | 送大原氏赴南部 | | | |
| 4 | 3 | 泊園文藝 | 瓦盆栽松柏 | | | |
| 4 | 3 | 泊園文藝 | 三浦訶兄模公麟蘭亭畫意作庭縮景可愛因賦似 | | | |
| 4 | 3 | 泊園文藝 | 題濱口首相相畫馬圖 | | | |
| 4 | 3 | 泊園文藝 | 山陰紀行（續） | 灘尾可峰 | | |
| 4 | 4 | 泊園文藝 | 十三峰吟社詠 | 社友　石井澹處 | | |
| 4 | 4 | 泊園文藝 | 葩水居小集 | 愛泉 | | |
| 4 | 4 | 泊園文藝 | 葩水居小集 | 飛鷹 | | |
| 4 | 4 | 泊園文藝 | 葩水居小集 | 材峯 | | |
| 4 | 5 | 泊園文藝 | 葩水居小集 | 白潮 | | |
| 4 | 5 | 泊園文藝 | 葩水居小集 | 花汀 | | |
| 4 | 5 | 泊園文藝 | 葩水居小集 | 汀々 | | |
| 4 | 5 | 泊園文藝 | | 橋本春波 | | |
| 4 | 5 | 泊園文藝 | | 島田暉山 | | |
| 4 | 5 | 漢詩、和歌、俳句、川柳を募る | | | | |
| 4 | 5 | 泊園書院日課 | | | | |
| 外 | 1 | 泊園同窓會常費領収報告　續 | | | | |

## ■新第１号（昭和８年１月１日発行）

編輯兼發行人：梅見春吉
泊園誌社編輯同人：大阪市住吉區山阪町三丁目松原住宅第百五十戸 梅見春吉、兵庫縣武庫郡御影町字瀧ヶ鼻 多田貞一、大阪市南區千年町二一 本條平太郎、大阪市南區大寶寺町仲之町 的場信太郎

| 頁数 | 段数 | 記事名（大分類） | 記事名（小分類） | 署名・その他 | 記事末 | 備考 |
|---|---|---|---|---|---|---|
| 1 | 1 | 迎年の辭 | | | | |
| 1 | 2 | 地紀漫錄 | | 黄坡 | 七、一一、二二 | |
| 1 | 2 | 黄坡書 | | | | 写真を載せる |
| 2 | 1 | 世界一へ | | 大壺 | | |
| 2 | 3 | 故南岳夫子十三回忌法要 | | | | |
| 内 | 1 | 洗毫 | | | | |
| 3 | 1 | 翠濤園讀書記 | | 石濱大壺 | | |
| 3 | 2 | 文檢高等教員漢文科 | | 多田卜鼎 | | |
| 3 | 4 | 中山城山。鼇山先生詩鈔 | | 泊園門人　穎川康 | | |
| 3 | 4 | 中山城山。鼇山先生詩鈔 | 城山先生の畧傳 | | （以下四頁三段へ續ク） | |
| 4 | 1 | 泊園文藝 | 御題朝海 | 未定稿　櫻井雪洞 | | |
| 4 | 1 | 泊園文藝 | 書感 | 梅見春吉 | | |
| 4 | 1 | 泊園文藝 | 勅題朝海 | 植野徳太郎 | | |
| 4 | 1 | 泊園文藝 | 勅題朝海 | 的場信太郎 | | |
| 4 | 1 | 泊園文藝 | 觀棋 | 市川櫛山 | | |
| 4 | 1 | 泊園文藝 | 勅題朝海 | 渡邊盤山 | | |
| 4 | 1 | 泊園文藝 | 勅題朝海 | 越智黄華 | | |
| 4 | 1 | 泊園文藝 | 勅題朝海 | 笠井雪窓 | | |
| 4 | 1 | 泊園文藝 | 勅題朝海 | 眞野夢蝶 | | |
| 4 | 1 | 泊園文藝 | 祝新正 | 眞野夢蝶 | | |
| 4 | 1 | 泊園文藝 | 勅題朝海 | 渡邊盤山 | | |
| 4 | 1 | 泊園文藝 | 勅題朝海 | 活園　篠田栗夫 | | |
| 4 | 2 | 跋東畡先生月瀬游記詩巻 | | | 明治三十六年癸卯芒種節後五日不肖藤澤恒識 | |
| 4 | 2 | 王觀堂文選 | | | （壺僮） | |
| 4 | 3 | 會員消息 | | 戸田喜久男氏 | | |
| 4 | 3 | 會員消息 | | 澤純三氏 | | |
| 4 | 3 | 會員消息 | | 多田貞一氏 | | |
| 4 | 3 | 會員消息 | | 前田圭助氏 | | |
| 4 | 3 | 會員消息 | | 阪本準平氏 | | |
| 4 | 3 | 會員消息 | | 石井光美氏 | | |
| 4 | 3 | 會員消息 | | 吉野五運氏 | | |
| 4 | 3 | 會員消息 | | 黑田對山氏 | | |
| 4 | 3 | 會員消息 | | 國政椿堂氏 | | |
| 4 | 3 | 會員消息 | | 右田三吉氏 | | |
| 4 | 3 | 有聲會報 | 本會委員　泊園誌發行委員 | | （本條記） | |
| 4 | 3 | （續き）中山城山。鼇山先生詩鈔 | 城山先生の畧傳 | | 十月下旬稿（未完） | |
| 4 | 3 | 日課表 | | | | |

## ■新第２号（昭和８年３月１日発行）

編輯兼發行人：梅見春吉
泊園同窓會幹事・泊園會幹事：篠田栗夫、梅見春吉
編輯同人：大阪市住吉區山阪町三丁目松原住宅第百五十戸 梅見春吉、兵庫縣武庫郡御影町字瀧ヶ鼻 多田貞一、大阪市南區千年町二一 本條平太郎、大阪市南區大寶寺町仲之町 的場信太郎

| 頁数 | 段数 | 記事名（大分類） | 記事名（小分類） | 署名・その他 | 記事末 | 備考 |
|---|---|---|---|---|---|---|
| 1 | 1 | 論語講義 | | 黄坡先生述 | （以下次號） | |
| 1 | 1 | 南岳書（大阪有馬太郎氏藏） | | | | 写真を載せる |
| 1 | 3 | 謙讓なる努力 | | 大壺 | | |
| 2 | 1 | 和刻五雜組の刪落 | | 川合孝太郎 | | |
| 2 | 2 | 中山城山。鼇山先生詩鈔（承前） | | 穎川康 | | 詩鈔手稿の写真を載せる |
| 内 | 1 | 祝　藤澤成太氏入營 | | 有香 | | |

| 頁数 | 段数 | 記事名（大分類） | 記事名（小分類） | 署名・その他 | 記事末 | 備考 |
|---|---|---|---|---|---|---|
| 内 | 2 | 逍遙遊社一同席上柏梁體聯句 | | 黄圃　活園　渭南　夢蝶　青巖　翠石　東明　松峯　黄坡　雲洞　明山　雲外 | 三崎麟記 | |
| 3 | 1 | 漢文訓讀の改正すべきもの(一) | | 潮江 | | |
| 4 | 1 | 泊園文藝 | 癸酉歳旦口號 | 藤澤黄坡 | | |
| 4 | 1 | 泊園文藝 | 癸酉歳旦謾唫 | 同 | | |
| 4 | 1 | 泊園文藝 | 挽　松陰本山翁 | 同 | | |
| 4 | 1 | 泊園文藝 | 悼如阪本準平君其人而無其人 | 眞野夢蝶 | | |
| 4 | 1 | 泊園文藝 | 哭　阪本竹山 | 梅見有香 | | |
| 4 | 1 | 泊園文藝 | 夢中聞飛行機過、時壬申十月念九拂曉大演習前旬餘日。 | 笠井雪窓 | | |
| 4 | 1 | 泊園文藝 | 悼　坂本木山 | 笠井雪窓 | | |
| 4 | 1 | 泊園文藝 | 拜朝陽 | 福岡雲外 | | |
| 4 | 1 | 泊園文藝 | 雪溪 | 的場信太郎 | | |
| 4 | 1 | 泊園文藝 | 雜誌泊園の再興につき書院の行末を思ひて | 南坊城良興 | | |
| 4 | 1 | 泊園文藝 | 敦子の君を悼みまつりて | 山下是臣 | | |
| 4 | 1 | 會員消息 | | 阪本準平氏 | | 写真：阪本準平 |
| 4 | 2 | 一讀一笑 | | | | |
| 4 | 3 | 泊園記事 | 冬至祭 | | | |
| 4 | 3 | 泊園記事 | 尚徳會發講式 | | | |
| 4 | 3 | 泊園記事 | 泊園書院拜年式 | | | |
| 4 | 3 | 論文、漢詩、和歌、俳句等を募る | | | | |
| 4 | 3 | 日課表 | | | | |
| 4 | 4 | 泊園記事 | 泊園書院講義 | | | |
| 4 | 4 | 泊園記事 | 有聲會茶話會 | | | |
| 4 | 4 | 泊園記事 | 泊園會新年宴會 | | | |
| 4 | 4 | 泊園記事 | 藤澤成太殿 | | | |
| 外 | 1 | 本誌後援寄附金收受報告(泊園同窓會) | | | | |
| 外 | 3 | 洗毫 | | | | |

## ■新第３号（昭和８年５月１日発行）

編輯兼發行人：梅見春吉
泊園同窓會幹事：篠田栗夫、梅見春吉
編輯同人：大阪市住吉區山阪町三丁目松原住宅第百五十戸 梅見春吉、兵庫縣武庫郡御影町字瀧ヶ鼻 多田貞一、大阪市南區千年町二一 本條平太郎、大阪市南區大寶寺町仲之町 的場信太郎

| 頁数 | 段数 | 記事名（大分類） | 記事名（小分類） | 署名・その他 | 記事末 | 備考 |
|---|---|---|---|---|---|---|
| 1 | 1 | 釋奠講經 | | (四月三日於書院)黄坡先生述 | | |
| 1 | 2 | 東畡書(村上徳次氏藏) | | | | 写真を載せる |
| 2 | 1 | 論語講義(承前) | | 黄坡先生述 | | |
| 2 | 2 | 翠濤園讀書記(承前) | | 石濱大壺 | | |
| 2 | 3 | 竈山先生略傳 | | 穎川康 | | |
| 内 | 1 | 會員消息 | | 秋吉玄圃氏 | | |
| 内 | 1 | 會員消息 | | 矢野香蘭孃 | | |
| 内 | 2 | 會員消息 | | 多田貞一氏 | | |
| 内 | 2 | 會員消息 | | 織田九郎氏 | | |
| 内 | 2 | 會員消息 | | 木村敬二郎氏 | | |
| 内 | 3 | 會員消息 | | 本條平太郎氏 | | |
| 内 | 3 | 會員消息 | | 櫻井雲洞氏 | | |
| 内 | 4 | 會員消息 | | 大西虎造氏 | | |
| 3 | 1 | 梁貞端公(一) | | 石濱大壺 | | |
| 3 | 1 | 通鑑に見ゆる語(一) | | 岡本勝 | | |
| 3 | 3 | 南岳先生遺文 | | | 大正甲寅晩夏七十三翁南岳　(櫻井雲洞出) | 写真を載せる |
| 3 | 3 | 淵明の超世生活と酒(一) | | 茶谷逝水 | | |
| 3 | 3 | 玄圃画 | | | | 写真を載せる |
| 3 | 4 | 日本現在書目證注稿に就いて(一) | | 多田貞一 | | |

| 頁数 | 段数 | 記事名（大分類） | 記事名（小分類） | 署名・その他 | 記事末 | 備考 |
|---|---|---|---|---|---|---|
| 3 | 4 | 泊園書院の展墓 | | | | |
| 3 | 4 | 泊園書院後援會に就いて | | | | |
| 3 | 4 | 道明寺の釋奠會 | | | | |
| 4 | 1 | 泊園文藝 | 次送　藤澤成太君入營詩韻博一粲兼呈藤澤君。癸酉二月二日卒賦 | 盤山　渡邊元 | | |
| 4 | 1 | 泊園文藝 | 奉送　故黄鵠先生令嗣成太君爲陸軍幹部候補生入第三十七聯隊。 | 神田豊城 | | |
| 4 | 1 | 泊園文藝 | 追悼岡島君。 | 眞野夢蝶 | | |
| 4 | 1 | 泊園文藝 | 讀　鼈山先生遺稿 | 的場信太郎 | | |
| 4 | 1 | 泊園文藝 | 思無邪疊韻集(一) | 木州　植野徳 | | |
| 4 | 2 | 泊園文藝 | 遊雨溪記(一) | 笠井雪窓 | | |
| 4 | 3 | 日課表 | | | | |
| 4 | 4 | 泊園書院の釋奠 | | | | |
| 4 | 4 | 本誌後援寄附金收受報告(泊園同窓會) | | | | |
| 4 | 4 | 洗毫 | | | | |
| 4 | 4 | 論文、漢詩、和歌、俳句、等を募る | | | | |
| 外 | 1 | 有聲會新年會 | | | | |
| 外 | 3 | 有聲會員朝吟(三月十六日) | | 村田三千穂　喜多島鮮象 | | |
| 外 | 4 | 有聲會春季運動會豫告 | | | | |

## ■ 新第4号（昭和8年7月1日発行）

編輯兼發行人：梅見春吉
泊園同窓會幹事：篠田栗夫、梅見春吉
編輯同人：大阪市住吉區山阪町三丁目松原住宅第百五十戸 梅見春吉、兵庫縣武庫郡御影町字瀧ヶ鼻 多田貞一、大阪市南區千年町二一 本條平太郎、大阪市南區大寶寺町仲之町 的場信太郎

| 頁数 | 段数 | 記事名（大分類） | 記事名（小分類） | 署名・その他 | 記事末 | 備考 |
|---|---|---|---|---|---|---|
| 1 | 1 | 釋奠講經　於土師神社 | | 黄坡先生述 | | |
| 1 | 2 | 東畡書２幅：聽雨　江上月夕(洗毫子藏) | | 藤澤甫 | | 写真を載せる |
| 1 | 4 | 逍遙遊社一同席上柏梁體聯句 | | 雲洞　有香　活園　黄圃　明山　渭南　東明　黄坡　木州　雲外 | | |
| 2 | 1 | 漫錄四則(一) | 注疏家の語法　四八目 | 川合孝太郎 | | |
| 2 | 2 | 南岳書(眞野夢蝶氏藏) | | 南岳 | | 写真を載せる |
| 2 | 2 | 淵明の超世生活と酒(二) | | 茶谷逝水 | (終) | |
| 2 | 3 | 通鑑に見ゆる語(二) | | 岡本勝 | | |
| 内 | 1 | 泊園書院記事 | 泊園書院の展墓 | | | |
| 内 | 2 | 泊園書院記事 | 道明寺の釋奠會 | | | |
| 内 | 3 | 泊園書院記事 | 泊園書院後援會 | | | |
| 内 | 4 | 會員消息 | | 細田美三郎氏 | | |
| 内 | 4 | 會員消息 | | 中尾國太郎氏 | | |
| 3 | 1 | 梁貞端公(二) | | 石濱大壺 | (豫告)次號より多田君が桂林梁先生遺書を譯載されます | |
| 3 | 2 | 南岳先生遺文 | 題高松君所藏印譜 | | (櫻井雲洞錄出) | |
| 3 | 3 | 鼈山先生詩鈔(承前) | | 穎川康 | | |
| 3 | 3 | 日本現在書目證注稿に就いて(二) | | 多田貞一 | | |
| 3 | 3 | 書画：篁谷散民 | | | | 写真を載せる |
| 4 | 1 | 泊園文藝 | 萬草園 | 眞野夢蝶 | | |
| 4 | 1 | 泊園文藝 | 政界退隠 | 佐藤馬之丞 | | |
| 4 | 1 | 泊園文藝 | 和韻 | 細田半畝 | | |
| 4 | 1 | 泊園文藝 | 細江神社　祭素戔男命、附近七村所崇敬也 | 同人 | | |
| 4 | 1 | 泊園文藝 | 初山與僧話　歸化僧獨湛所創也 | 同人 | | |
| 4 | 1 | 泊園文藝 | 癸酉二月訪古川學士于柴野大徳寺大仙院學士慇懃款待清娯半日歸後賦贈言謝。 | 神田豊城 | | |

| 頁数 | 段数 | 記事名（大分類） | 記事名（小分類） | 署名・その他 | 記事末 | 備考 |
|---|---|---|---|---|---|---|
| 4 | 1 | 泊園文藝 | 竹醉日 | 堤錦江 | | |
| 4 | 1 | 泊園文藝 | 哭　大西虎造君 | 渡邊盤山 | | |
| 4 | 1 | 泊園文藝 | 思無邪疊韻集(二) | 植野木州 | | |
| 4 | 2 | 泊園文藝 | ※右田三吉翁の逝去に関する記事 | | | 写真：石田三吉 |
| 4 | 2 | 泊園文藝 | 遺稿 | 石田三吉 | | |
| 4 | 3 | 泊園文藝 | 遊雨溪記(二) | 笠井雪窓 | | |
| 4 | 3 | 日課表 | | | | |
| 外 | 1 | 本誌後援寄附金收受報告(泊園同窓會) | | | | |
| 外 | 2 | 洗毫 | | | | |
| 附 | 1 | 泊園誌第四號附録1. | 城山道人稿　參 | | | 書影 |
| 附 | 2 | 泊園誌第四號附録2. | 城山道人稿　四 | | | 書影 |

## ■新第5号（昭和8年9月1日発行）

編輯兼發行人：梅見春吉
泊園同窓會幹事：篠田栗夫、梅見春吉
編輯同人：大阪市住吉區山阪町三丁目松原住宅第百五十戸 梅見春吉、兵庫縣武庫郡御影町字瀧ヶ鼻 多田貞一、大阪市南區千年町二一 本條平太郎、大阪市南區大寶寺町仲之町 的場信太郎

| 頁数 | 段数 | 記事名（大分類） | 記事名（小分類） | 署名・その他 | 記事末 | 備考 |
|---|---|---|---|---|---|---|
| 1 | 1 | 泊園書院を護らん | | 石濱大壺 | | |
| 1 | 2 | 写真：故藤澤南岳先生 | | | | 写真あり |
| 1 | 3 | 源大將軍像歌 | | 牧野藻洲 | | |
| 1 | 4 | 漫錄四則(二) | 天水 | 川合孝太郎 | | |
| 1 | 4 | 漫錄四則(二) | 泰山碑 | 川合孝太郎 | | |
| 2 | 1 | 論語講義 | | 黄坡先生述 | | |
| 内 | 1 | 會員消息 | | 鷲田又兵衛氏 | | |
| 内 | 2 | 會員消息 | | 吉永登君 | | |
| 内 | 3 | 正誤 | | | | |
| 内 | 4 | (広告)泊園誌綴込表紙 | | | | |
| 3 | 1 | 翠濤園讀書記 | | 大壺 | | |
| 3 | 2 | 桂林梁先生遺書(一) | 敬告世人書　戊午九月二十一日 | 多田生譯 | | |
| 3 | 3 | 竈山先生詩鈔(承前) | 賀卉畹國手列侍醫 | | (穎川　康錄出) | |
| 3 | 3 | 竈山先生詩鈔(承前) | 中秋無月訪常照菴 | | (穎川　康錄出) | |
| 3 | 4 | 通鑑に見ゆる語(三) | | 岡本勝 | | |
| 4 | 1 | 泊園文藝 | 炎暑 | 櫛山　市川銈三郎 | | |
| 4 | 1 | 泊園文藝 | 懷古 | | | |
| 4 | 1 | 泊園文藝 | 偶成 | 眞野夢蝶 | | |
| 4 | 1 | 泊園文藝 | 鶴 | 櫻井雲洞 | | |
| 4 | 1 | 泊園文藝 | 祝　有聲發刊 | 梅見有香 | | |
| 4 | 1 | 泊園文藝 | 有聲辭 | 神山眞龍 | | |
| 4 | 1 | 泊園文藝 | 麒麟渡來有感 | | | |
| 4 | 1 | 泊園文藝 | 次瑤韻謝有香先生 | 安達香雨 | | |
| 4 | 1 | 泊園文藝 | 次二香唱和瑤韻 | 豊田里中 | | |
| 4 | 1 | 泊園文藝 | 思無邪疊韻集(三) | 植野木洲 | | |
| 4 | 2 | 渡邊花仙画 | | | | 写真を載せる |
| 4 | 3 | 泊園書院記事 | | | | |
| 4 | 3 | 通知 | 第三十六回泊園同窓會 | | | |
| 4 | 4 | 逍遙遊社席上柏梁體聯句 | 六月例會 | 梅見有香　櫻井雲洞　田宮渭南　篠田活園　三崎黄圃　笠井雪窓　久保明山　植野木州　藤澤黄坡　宮崎東明　中村青巖　福岡雲外 | | |
| 4 | 4 | 逍遙遊社席上柏梁體聯句 | 七月例會 | 雲外　五條松峯　青巖　黄圃　近藤翠石　活園　有香　雪窓　明山　東明　雲洞　渭南　黄坡 | | |
| 外 | 1 | 本誌後援寄附金收受報告(泊園同窓會) | | | | |
| 外 | 2 | 漢詩講話 | | | | |

| 頁数 | 段数 | 記事名（大分類） | 記事名（小分類） | 署名・その他 | 記事末 | 備考 |
|---|---|---|---|---|---|---|
| 外 | 3 | 柳條會 | 第七回◇作品展!!と……◇坂正臣先生遺墨展◇ | | | |
| 附1 | 1 | 泊園誌第五號附録１. | 城山道人稿　五 | | | 書影 |
| 附1 | 2 | 泊園誌第五號附録２. | 城山道人稿　六 | | | 書影 |
| 附2 | 1 | 泊園誌第五號附録３. | 城山道人稿　七 | | | 書影 |

## ■新第６号（昭和８年11月１日発行）

編輯兼發行人：梅見春吉
泊園同窓會幹事：篠田栗夫、梅見春吉、安達龜造
編輯同人：大阪市住吉區山阪町三丁目松原住宅第百五十戸 梅見春吉、兵庫縣武庫郡御影町字瀧ヶ鼻 多田貞一、大阪市南區千年町二一 本條平太郎、大阪市南區大寶寺町仲之町 的場信太郎

| 頁数 | 段数 | 記事名（大分類） | 記事名（小分類） | 署名・その他 | 記事末 | 備考 |
|---|---|---|---|---|---|---|
| 1 | 1 | 聖勅衍義　節録 | | | | |
| 1 | 2 | 写真：泊園書院正門 | | | | 写真あり |
| 1 | 4 | 翠濤園讀書記 | | 石濱大壺 | | |
| 2 | 1 | 論語講義 | | 黄坡先生述 | （以下次號） | |
| 2 | 2 | 黄坡書：薬陶 | | | | 写真を載せる |
| 2 | 2 | 黄坡先生近詠　謝人送菊 | | | | |
| 2 | 4 | 淡泉遊草（上） | | 黄圃 | | |
| 内 | 1 | 本誌後援寄附金收受報告（泊園同窓會） | | | | |
| 3 | 1 | 巽與之言に就いて | | 川合孝太郎 | | |
| 3 | 3 | 漢籍讀の意義 | | 卜鼎 | | |
| 4 | 1 | 通鑑に見ゆる語 | | 岡本勝 | | |
| 4 | 1 | 泊園文藝 | 思無邪疊韻集（四） | 植野木州 | | |
| 4 | 3 | 泊園記事 | | | | |
| 4 | 3 | 會員消息 | （転居先不明） | 久保田敝二郎氏 | | |
| 4 | 3 | 會員消息 | （転居先不明） | 三宅正直氏 | | |
| 4 | 3 | 會員消息 | （転居先不明） | 澤泰造氏 | | |
| 4 | 3 | 會員消息 | （転居先不明） | 藤田武夫氏 | | |
| 4 | 3 | 會員消息 | （逝去） | 三井由次 | | |
| 4 | 3 | 會員消息 | （逝去） | 井上喜太郎 | | |
| 4 | 3 | 會員消息 | （逝去） | 古家信三 | | |
| 4 | 3 | 會員消息 | （逝去） | 澤路茂樹 | | |
| 4 | 3 | 會員消息 | （逝去） | 秋山海然 | | |
| 4 | 3 | 會員消息 | （逝去） | 大西捨夫 | | |
| 4 | 3 | 會員消息 | （逝去） | 後藤菅夫 | | |
| 4 | 3 | 會員消息 | （逝去） | 新家政秀 | | |
| 4 | 3 | 會員消息 | （逝去） | 大西香 | | |
| 4 | 3 | 會員消息 | （逝去） | 中谷元造 | | |
| 4 | 3 | 會員消息 | （逝去） | 稲垣馨 | | |
| 4 | 3 | 會員消息 | （逝去） | 本庄主一 | | |
| 4 | 3 | 日課表 | | | | |
| 4 | 4 | 泊園誌社の決算と豫算 | | | | |
| 4 | 4 | 洗毫 | | | | |
| 外 | 1 | （続き）本誌後援寄附金收受報告（泊園同窓會） | | | （以下次號） | |

## ■新第７号（昭和９年１月１日発行）

編輯兼發行人：梅見春吉
編輯同人：大阪市住吉區山阪町三丁目松原住宅第百五十戸 梅見春吉、兵庫縣武庫郡御影町字瀧ヶ鼻 多田貞一、大阪市南區千年町二一 本條平太郎、大阪市南區大寶寺町仲之町 的場信太郎

| 頁数 | 段数 | 記事名（大分類） | 記事名（小分類） | 署名・その他 | 記事末 | 備考 |
|---|---|---|---|---|---|---|
| 1 | 1 | 迎年の詞 | | | | |
| 1 | 2 | 東畡先生の先賢殿合祀 | | 大壺 | | |

| 頁数 | 段数 | 記事名（大分類） | 記事名（小分類） | 署名・その他 | 記事末 | 備考 |
|---|---|---|---|---|---|---|
| 1 | 2 | 東畡肖像：明治癸卯仲夏　不肖恒薫沐拜書 | | | | 写真を載せる |
| 1 | 4 | 淡泉遊草(下) | 淡輪即日 | | | |
| 1 | 4 | 次韵 | | 大人 | (大人とは故南岳先生の事なり) | |
| 2 | 1 | 論語講義 | (子夏曰賢賢易色章の續き) | 黄坡先生述 | (第四講) | |
| 2 | 2 | 書：紀元節口號　七十二翁　南岳恒 | | | | 写真を載せる |
| 内 | 1 | 本誌後援寄附金收受報告(泊園同窓會) | | | | |
| 3 | 1 | 版本通義の講讀につき | | 大壺 | | |
| 3 | 3 | 漢文訓讀の改正すべきもの(二) | | 潮江 | (以下次號) | |
| 4 | 1 | 泊園文藝 | 癸酉十二月一日　藤澤成太君終軍務　退營歡迎會席上。疊嚮奉送入營韻賦呈 | 神田豊城 | | |
| 4 | 1 | 泊園文藝 | 阪本木山小祥祭鷹詩　次曾禰鶴洲先生韵 | 渡邊盤山 | | |
| 4 | 1 | 泊園文藝 | 答人間近況 | 南山　牧野信 | | |
| 4 | 1 | 泊園文藝 | 浴温泉 | 同人 | | |
| 4 | 1 | 泊園文藝 | 洛北散策 | 同人 | | |
| 4 | 1 | 泊園文藝 | 毎句回文 | 眞野夢蝶 | | |
| 4 | 1 | 泊園文藝 | 第三十六回同窓會席上 | 五條松峰 | | |
| 4 | 1 | 泊園文藝 | 同 | 篠田活園 | | |
| 4 | 1 | 泊園文藝 | 非常時 | 宮崎貞彦 | | |
| 4 | 1 | 泊園文藝 | 昭和九年を迎へて | 同人 | | |
| 4 | 2 | 第三十六回同窓會 | | | (癸酉十月中浣　二香記) | |
| 4 | 3 | 會員消息 | | 吉宗耕英女史 | | |
| 4 | 3 | 會員消息 | | 穎川康氏 | | |
| 4 | 3 | 會員消息 | | 門脇才藏氏 | | |
| 4 | 3 | 會員消息 | | 小林繁氏 | | |
| 4 | 3 | 會員消息 | | 野口定治郎氏 | | |
| 4 | 3 | 會員消息 | | 藤澤成太殿 | | |
| 4 | 3 | 會員消息 | | 瀧波惣之進氏 | | |
| 4 | 3 | 寄贈圖書 | | | | |
| 4 | 4 | 逍遙游社席上柏梁體聯句 | (九月例會) | 宮崎東明　福岡雲外　梅見有香　五條松峰　田宮渭南　篠田活園　久保明山　中村青巖　近藤翠石　笠井雪窓　植野木州 | | |
| 4 | 4 | 逍遙游社席上柏梁體聯句 | (十月例會) | 笠井雪窓　福岡雲外　篠田活園　三崎黄圃　宮崎東明　五條松峰　梅見有香　田宮渭南　中村青巖　藤澤黄坡 | | |
| 4 | 4 | 泊園書院記事 | | | | |
| 4 | 4 | 正誤 | | | | |
| 外 | 1 | 本誌後援寄附金收受報告ノ續 | | | | |
| 外 | 3 | 日課表 | | | | |

## ■新第8号（昭和9年3月1日発行）

編輯兼發行人：梅見春吉

編輯同人：大阪市住吉區山阪町三丁目松原住宅第百五十戸 梅見春吉、兵庫縣武庫郡御影町字瀧ヶ鼻 多田貞一、大阪市南區千年町二一 本條平太郎、大阪市南區大寶寺町仲之町 的場信太郎

| 頁数 | 段数 | 記事名（大分類） | 記事名（小分類） | 署名・その他 | 記事末 | 備考 |
|---|---|---|---|---|---|---|
| 1 | 1 | 論語講義 | | 黄坡先生述 | (第五講) | |
| 1 | 2 | 書：戊申仲春　南岳 | | | | 写真を載せる |
| 1 | 2 | 第五回泊園同窓會記　抄録 | | 三崎驥 誌 | | |
| 2 | 1 | 泊園藝文漫談續(一) | | 大壺 | | |
| 2 | 1 | 書細井廣澤書君臣歌後 | | 藤澤黄坡 | | |
| 2 | 3 | 詩經(上)　新譯四題 | 汝墳(國風、周南) | 逝水生 | | |
| 2 | 3 | 詩經(上)　新譯四題 | 北門(國風、邶) | 逝水生 | 茶谷先生に謝す | |

| 頁数 | 段数 | 記事名（大分類） | 記事名（小分類） | 署名・その他 | 記事末 | 備考 |
|---|---|---|---|---|---|---|
| 2 | 4 | お知らせ | | | | |
| 内 | 1 | 本誌後援寄附金收受報告(泊園同窓會) | | | | |
| 3 | 1 | 漫錄四則 | 歴代名人年譜 | 川合孝太郎 | | |
| 3 | 1 | 漢文訓讀の改正すべきもの(三) | | 潮江 | | |
| 3 | 2 | 肖像：城山先生 | | | | 写真を載せる |
| 3 | 3 | 通鑑に見ゆる語5 | | 岡本勝 | | |
| 4 | 1 | 泊園文藝 | 贈柿村士峻并序 | 神田豊城 | | |
| 4 | 1 | 泊園文藝 | 従好窩記 | 笠井雪窓 | | |
| 4 | 2 | 泊園文藝 | 甲戌元旦口號 | 藤澤黄坡 | | |
| 4 | 2 | 泊園文藝 | 儲皇殿下降誕恭賦　并序 | 藻州　牧野謙 | | |
| 4 | 3 | 泊園文藝 | 思無邪疊韻集(五) | 植野木州 | | |
| 4 | 4 | 會員消息 | | 中山潔氏 | | |
| 4 | 4 | 會員消息 | | 松浦捨吉氏 | | |
| 4 | 4 | 會員消息 | | 宮崎青湖氏 | | |
| 4 | 4 | 會員消息 | | 吉崎善三郎氏 | | |
| 4 | 4 | 泊園書院記事 | | | | |
| 4 | 4 | 會員諸子へ | | 洗毫子より | | |
| 外 | 1 | 漢詩講話 | | | | |
| 外 | 2 | 日課表 | | | | |

## ■新第9号（昭和9年5月1日発行）

編輯兼發行人：的場信太郎
編輯顧問：黄坡先生、石濱純太郎、梅見春吉
編輯同人：兵庫縣武庫郡御影町字瀧ヶ鼻 多田貞一、大阪市南區千年町二一 本條平太郎、大阪市南區大寶寺町仲之町二 的場信太郎

| 頁数 | 段数 | 記事名（大分類） | 記事名（小分類） | 署名・その他 | 記事末 | 備考 |
|---|---|---|---|---|---|---|
| 1 | 1 | 釋奠講經 | | | | |
| 1 | 2 | 南岳書 | | | | 写真を載せる |
| 1 | 4 | 豫告 | 泊園書院の展墓 | | | |
| 1 | 4 | 豫告 | 道明寺の釋奠會 | | | |
| 2 | 1 | 翠濤園讀書記 | | 大壺 | | |
| 2 | 2 | 東畡書(白藤氏藏) | | | | 写真を載せる |
| 2 | 2 | 泊園同窓會誌　第三冊抄録(其二) | 東都懇親會記事 | 三崎驎 誌 | | |
| 内 | 1 | 本誌後援寄附金收受報告(泊園同窓會) | | | | |
| 3 | 1 | 漫錄 | 三餘續筆 | 川合孝太郎 | | |
| 3 | 2 | 南岳書(白藤氏藏) | | | | 写真を載せる |
| 3 | 2 | 書經の講義に就いて(一) | | 大壺 | | |
| 4 | 1 | 泊園文藝 | 奉和恩師鴻齊先生八秩自壽高韻 | 堤錦江 | | |
| 4 | 1 | 泊園文藝 | 麗人。 | 市川櫛山 | | |
| 4 | 1 | 泊園文藝 | 元慶寺　在山科 | 牧野南山 | | |
| 4 | 1 | 泊園文藝 | 祝山本晴君新婚 | 眞野夢蝶 | | |
| 4 | 1 | 泊園文藝 | 思無邪疊韻集(六) | 植野木州 | | |
| 4 | 2 | 泊園文藝 | 漫談　續(二) | 大壺 | | |
| 4 | 2 | 泊園誌社　事業の一斑 | 収入之部　支出之部 | | | |
| 4 | 3 | 泊園文藝 | 一讀一笑 | | | |
| 4 | 4 | 泊園書院記事 | | | | |
| 4 | 4 | 洗毫 | | | | |
| 外 | 1 | 會員消息 | | 渡邊醇氏 | | |
| 外 | 1 | 會員消息 | | 小畑勝藏氏 | | |
| 外 | 2 | 日課表 | | | | |

## ■新第10号（昭和９年７月１日発行）

編輯兼發行人：的場信太郎
編輯顧問：黄坡先生、石濱純太郎、梅見春吉
編輯同人：兵庫縣武庫郡御影町字瀧ヶ鼻 多田貞一、大阪市南區千年町二一 本條平太郎、大阪市南區大寶寺町仲之町二 的場信太郎

| 頁数 | 段数 | 記事名（大分類） | 記事名（小分類） | 署名・その他 | 記事末 | 備考 |
|---|---|---|---|---|---|---|
| 1 | 1 | 南岳書(豊田宇氏藏) | | | | 写真を載せる |
| 1 | 1 | 祭甘谷先生文 | | | 昭和九年五月初六　後學　藤澤章　再拜 | |
| 1 | 1 | 甘谷先生に就て | | | (於舎利寺　藤澤黄坡) | |
| 1 | 2 | 甘谷書 | | 甘谷草 | | 写真を載せる |
| 1 | 4 | 〔哺〕經聲裡　『菅甘谷先生と近藤甘谷先生』 | 翠石畫伯の韻事 | | | |
| 2 | 1 | 論語講義 | | 黄坡先生述 | (第六講) | |
| 2 | 3 | 説詩樂趣(1) | | 效尤生 | | |
| 内 | 1 | 本誌後援寄附金收受報告(泊園同窓會) | | | | |
| 内 | 4 | 寄贈圖書 | | | | |
| 3 | 1 | 書經の講義に就いて(二) | | 大壺 | | |
| 3 | 4 | 翠濤園讀書記 | | 大壺 | | |
| 4 | 1 | (続き)翠濤園讀書記 | | 大壺 | | |
| 4 | 1 | 泊園文藝漫談 | | 大壺 | | |
| 4 | 3 | 泊園書院記事 | 泊園書院の展墓 | | | |
| 4 | 3 | 泊園書院記事 | 道明寺釋奠會 | | | |
| 4 | 3 | 泊園會記事 | 通知 | | | |
| 4 | 3 | 泊園會記事 | 發表事項 | | | |
| 4 | 4 | 會員消息 | | 山下是臣氏と柳條會 | | |
| 4 | 4 | 會員消息 | | 伊藤誠治氏 | | |
| 4 | 4 | 會員消息 | | 牧野信氏 | | |
| 4 | 4 | 會員消息 | | 中尾謙氏 | | |
| 4 | 4 | 會員消息 | | 小澤新六氏 | | |
| 4 | 4 | 會員消息 | | 田中稠氏 | | |
| 4 | 4 | 會員消息 | | 木村金三郎氏 | | |
| 4 | 4 | 會員消息 | | 高橋友次郎氏 | | |
| 4 | 4 | 洗毫 | | | | |
| 外 | 1 | 漢詩　和歌　論文等を募る | | | | |
| 外 | 2 | 日課表 | | | | |
| 附 | | (泊園誌第拾號附録)甘谷先生百七十年祭記念 | | | | 写真あり |

## ■新第11号（昭和９年９月１日発行）

編輯兼發行人：的場信太郎
編輯顧問：黄坡先生、石濱純太郎、梅見春吉
編輯同人：兵庫縣武庫郡御影町字瀧ヶ鼻 多田貞一、大阪市南區千年町二一 本條平太郎、大阪市南區大寶寺町仲之町二 的場信太郎

| 頁数 | 段数 | 記事名（大分類） | 記事名（小分類） | 署名・その他 | 記事末 | 備考 |
|---|---|---|---|---|---|---|
| 1 | 1 | 論語講義 | | 黄坡先生述 | (第七講) | |
| 1 | 4 | 説詩樂趣(2) | | 效尤生 | | |
| 2 | 1 | 南岳書２幅(白藤氏藏) | | | | 写真を載せる |
| 2 | 1 | 書經の講義に就いて(三) | | 大壺 | (終り) | |
| 2 | 4 | 漫錄 | 且の字 | 川合孝太郎 | | |
| 内 | 1 | 本誌後援寄附金收受報告(泊園同窓會) | | | | |
| 内 | 3 | 通知 | | | | |
| 3 | 1 | 翠濤園讀書記 | | 大壺 | | |
| 3 | 3 | 漢文訓讀の改正すべきもの(四) | | 潮江 | | |
| 3 | 3 | 渡邊花仙画 | | | | 写真を載せる |
| 4 | 1 | 泊園文藝 | 鶖鵞。動物園所見 | 渡邊盤山 | | |
| 4 | 1 | 泊園文藝 | 夏日山居 | 南山　牧野信 | | |
| 4 | 1 | 泊園文藝 | 新秋夜坐 | 同人 | | |

| 頁数 | 段数 | 記事名（大分類） | 記事名（小分類） | 署名・その他 | 記事末 | 備考 |
|---|---|---|---|---|---|---|
| 4 | 1 | 泊園文藝 | 新秋夜坐 | 古谷蕉雨 | | |
| 4 | 1 | 泊園文藝 | | 尾中鶴洲 | | |
| 4 | 1 | 舊重陽宗家會飲席上 | | 藤澤黃坡 | | |
| 4 | 1 | 思無邪疊韻集(七) | | 植野木州 | | |
| 4 | 2 | 噫内藤湖南先生 | | 石濱純太郎 | | |
| 4 | 4 | 詩經(下)　新譯四題 | 河廣(國風、衛) | 逝水生 | | |
| 4 | 4 | 詩經(下)　新譯四題 | 竹竿(國風、衛) | 逝水生 | | |
| 4 | 4 | 泊園書院記事 | | | | |
| 外 | 1 | 漢詩　和歌　論文等を募る | | | | |
| 外 | 2 | 日課表 | | | | |
| 附 | | 泊園誌第十一號附録 1． | 城山道人稿　壹八 | | | 書影 |

## ■新第12号（昭和９年11月１日発行）

編輯兼發行人：的場信太郎
編輯顧問：黃坡先生、石濱純太郎、梅見春吉
編輯同人：兵庫縣武庫郡御影町字瀧ヶ鼻 多田貞一、大阪市南區千年町二一 本條平太郎、大阪市南區大寶寺町仲之町二 的場信太郎

| 頁数 | 段数 | 記事名（大分類） | 記事名（小分類） | 署名・その他 | 記事末 | 備考 |
|---|---|---|---|---|---|---|
| 1 | 1 | 漢學の必要 | | | (大壺) | |
| 1 | 2 | (東畡詩文集一冊の序) | | | 昭和九年八月仲一日　藻洲　牧野謙　年七十三 | |
| 1 | 2 | 荻生徂徠肖像 | | 中山城山賛 | | 写真を載せる |
| 1 | 3 | 説文の話(一) | | 大壺 | | |
| 2 | 1 | 論語講義 | | 黃坡先生述 | | |
| 2 | 3 | 渡邊花仙画 | | | | 写真を載せる |
| 2 | 4 | 翠濤園讀書記 | | 大壺 | | |
| 内 | 1 | 本誌後援寄附金收受報告(泊園同窓會) | | | | |
| 内 | 2 | 會員消息 | | 上念政七氏 | | |
| 内 | 2 | 會員消息 | | 藻井泰麿氏 | | |
| 内 | 2 | 會員消息 | | 清原章山氏 | | |
| 内 | 3 | 前號誤字訂正 | | | | |
| 3 | 1 | 説詩樂趣(3) | | 效尤生 | | |
| 3 | 2 | 營城子古墳の壁畫 | | 茶谷逝水 | (終) | |
| 3 | 4 | (続き)翠濤園讀書記 | | 大壺 | | |
| 3 | 4 | 三崎驎之助先生 | | | | |
| 4 | 1 | 第三十七回　泊園同窓會と泊園會總會の記 | | | (安達龜造記) | 記事末に有香梅見春の漢詩有 |
| 4 | 2 | 答牧野藻洲 | | 黃坡　藤澤章 | | |
| 4 | 2 | 泊園書院記事 | | | | |
| 4 | 3 | 泊園の思出ばなし | | | (純太郎) | |
| 外 | 1 | 漢詩　和歌　論文等を募る | | | | |
| 外 | 2 | 日課表 | | | | |
| 附1 | 1 | 泊園誌第十二號附録 1． | 城山道人稿　壹九 | | | 書影 |
| 附1 | 2 | (泊園同窓会通知) | | | | 小型の赤色紙 |
| 附2 | 1 | 泊園會第一回定時總會報告書 | | | 昭和九年九月三十日 | 折込み |

## ■ 新第13号（昭和10年1月1日発行）

編輯兼發行人：的場信太郎
編輯顧問：黄坡先生、石濱純太郎、梅見春吉
編輯同人：大阪府中河内郡布施町菱屋西 石崎太郎、大阪市南區千年町二一 本條平太郎、大阪市南區大寶寺町仲之町二 的場信太郎

| 頁数 | 段数 | 記事名（大分類） | 記事名（小分類） | 署名・その他 | 記事末 | 備考 |
|---|---|---|---|---|---|---|
| 1 | 1 | 迎年の詞 | | | | |
| 1 | 2 | 黄坡書 | | | | 写真を載せる |
| 1 | 3 | 泊園書院を省みん | | | （大壺） | |
| 1 | 4 | 泊園書院記事 | | | | |
| 1 | 4 | 日課表 | | | | |
| 2 | 1 | 論語講義 | 爲政第二 | 黄坡先生述 | （第九講） | |
| 2 | 2 | 東畡書 | | | | 写真を載せる |
| 2 | 4 | 説詩樂趣 | | 效尤生 | | |
| 内 | 1 | 本誌後援寄附金收受報告（泊園同窓會） | | | | |
| 3 | 1 | 翠濤園讀書記 | | 大壺 | | |
| 3 | 2 | 南岳先生と林崎文庫（上） | | 鎌田春雄 | | |
| 3 | 4 | 黄鵠先生と啄木 | | | （T生） | |
| 4 | 1 | 泊園文藝 | 恭賦　池邊鶴 | 有香　梅見春 | | |
| 4 | 1 | 泊園文藝 | 同 | 笠井雪窓 | | |
| 4 | 1 | 泊園文藝 | 同 | 安達龜造 | | |
| 4 | 1 | 泊園文藝 | 同 | 木州　植野徳 | | |
| 4 | 1 | 泊園文藝 | 同 | 堤錦江 | | |
| 4 | 1 | 泊園文藝 | 恭賦　宸題 | 藤澤章 | | |
| 4 | 1 | 泊園文藝 | 乙亥元旦作 | 南山　牧野信 | | |
| 4 | 1 | 泊園文藝 | 恭詠　池邊鶴 | 宇田敬 | | |
| 4 | 1 | 泊園文藝 | 同 | 山下是臣 | | |
| 4 | 1 | 泊園文藝 | 同 | 宮崎貞彦 | | |
| 4 | 2 | 泊園の思出ばなし | （2）明治十三四年頃の泊園の新年 | | （宇田敬） | |
| 4 | 3 | 泊園の思出ばなし | （3）泊園書院分院設立當時（上） | 岡本勝 | | |
| 4 | 4 | 會員消息 | | 藤澤成太殿 | | |
| 4 | 4 | 會員消息 | | 堀越壽助氏 | | |
| 4 | 4 | 會員消息 | | 森下博氏 | | |
| 4 | 4 | 會員消息 | | 川合俊良氏 | | |
| 4 | 4 | 會員消息 | | 松浦捨吉氏 | | |
| 4 | 4 | 泊園誌社事業の一斑 | 収入　支出 | | | |
| 外 | 1 | 常費收受報告ノ續 | | | | |
| 附1 | 1 | 泊園誌第十三號附録1. | 城山道人稿　貳〇 | | | 書影 |
| 附1 | 2 | 泊園誌第十三號附録2. | 城山道人稿　貳壹 | | | 書影 |
| 附2 | 1 | 泊園誌第十三號附録3. | 城山道人稿　貳貳 | | | 書影 |

## ■ 新第14号（昭和10年3月1日発行）

編輯兼發行人：的場信太郎
泊園誌社顧問：黄坡先生、石濱純太郎、梅見春吉
泊園誌社同人：本條平太郎、穎川康、石崎太郎、三原靜美、岡本喜三、安達龜造

| 頁数 | 段数 | 記事名（大分類） | 記事名（小分類） | 署名・その他 | 記事末 | 備考 |
|---|---|---|---|---|---|---|
| 1 | 1 | 漢文は我が文語 | | | | |
| 1 | 2 | 黄坡書 | | | | 写真を載せる |
| 1 | 3 | 泊園文藝漫談 | | 大壺 | | |
| 2 | 1 | 論語講義 | | 黄坡先生述 | （第十講） | |
| 2 | 2 | 書 | | | | 写真を載せる |
| 2 | 4 | 説詩樂趣 | | 效尤生 | | |
| 内 | 1 | 本誌後援寄附金收受報告（泊園同窓會） | | | | |
| 3 | 1 | 設文の話（二） | | 大壺 | | |
| 3 | 2 | 南岳先生と林崎文庫（下） | | 鎌田春雄 | | |
| 3 | 4 | 黄坡先生近詠 | | | | |
| 3 | 4 | 乙亥新年口號 | | | | |
| 4 | 1 | 泊園文藝 | 贈漁翁 | 活園　篠田栗 | | |

| 頁数 | 段数 | 記事名（大分類） | 記事名（小分類） | 署名・その他 | 記事末 | 備考 |
|---|---|---|---|---|---|---|
| 4 | 1 | 泊園文藝 | 贈武將 | 同 | | |
| 4 | 1 | 泊園文藝 | 東籬會友 | 同 | | |
| 4 | 1 | 泊園文藝 | 牛若産湯井　在洛北 | 牧野南山 | | |
| 4 | 1 | 泊園文藝 | 僧正遍照墳 | 同 | | |
| 4 | 1 | 泊園文藝 | 奉和恩師鴻齋先生八秩自壽高韻 | 堤錦江 | | |
| 4 | 1 | 泊園文藝 | 楠公六百年祭を迎ふるに際して楠公奉讃 | 岡本餘洲 | | |
| 4 | 2 | 泊園の思出ばなし | (3)泊園書院分院設立當時(續) | 岡本勝 | | |
| 4 | 2 | 泊園の思出ばなし | (4)淡路町當時の思出 | 坂東平太郎 | | |
| 4 | 4 | 泊園書院記事 | 尚德會發講式　拜年式　泊園書院講義 | | | |
| 4 | 4 | 泊園書院記事 | 會員消息 | 穎川康氏 | | |
| 4 | 4 | 泊園書院記事 | 會員消息 | 伊藤東海氏 | | |
| 4 | 4 | 泊園書院記事 | 會員消息 | 南坊城良興氏 | | |
| 4 | 4 | 泊園書院記事 | 會員消息 | 中村三德氏 | | |
| 4 | 4 | 泊園書院記事 | 會員消息 | 多田貞一氏 | | |
| 4 | 4 | 日課表 | | | | |
| 外 | 1 | 常費收受報告ノ續 | | | (以下次號) | |
| 附 | 1 | 泊園誌第十四號附録 1. | 城山道人稿　貳參 | | | 書影 |
| 附 | 2 | 泊園誌第十四號附録 2. | 城山道人稿　貳四 | | | 書影 |

## ■ 新第15号（昭和10年 5 月 1 日発行）

編輯兼發行人：的場信太郎
泊園誌社顧問：黃坡先生、石濱純太郎、梅見春吉
泊園誌社同人：本條平太郎、穎川康、石崎太郎、三原靜美、岡本喜三、安達龜造

| 頁数 | 段数 | 記事名（大分類） | 記事名（小分類） | 署名・その他 | 記事末 | 備考 |
|---|---|---|---|---|---|---|
| 1 | 1 | 泊園誌を守れ | | | (大壺) | |
| 1 | 2 | 泊園書院釋奠 | | | | 黃坡書の写真を載せる |
| 1 | 3 | 翠濤園讀書記 | | 大壺 | | |
| 2 | 1 | 論語講義 | | 黃坡先生述 | (第十一講) | |
| 2 | 1 | 中山城山先生黃庭經略註序 | | | | |
| 2 | 4 | 書籍談數則(一) | 墨子間詁木活字本 | 川合孝太郎 | | |
| 内 | 1 | 本誌後援寄附金收受報告(泊園同窓會) | | | | |
| 3 | 1 | 説詩樂趣(6) | | 效尤生 | | |
| 3 | 2 | 故三崎先生略歴 | | | | 写真：三崎黃圃 |
| 3 | 3 | 三崎黃圃先生を悼む | | 石濱純太郎 | | |
| 4 | 1 | (続き)三崎黃圃先生を悼む | 悼士駿 | 黃坡 | | |
| 4 | 1 | (続き)三崎黃圃先生を悼む | 悼外弟三崎黃圃 | 牧野謙 | | |
| 4 | 1 | (続き)三崎黃圃先生を悼む | 攀瑤礎奉悼三崎黃圃先生 | 藤本達 | | |
| 4 | 1 | (続き)三崎黃圃先生を悼む | 又 | 同 | | |
| 4 | 1 | (続き)三崎黃圃先生を悼む | 悼士駿先生 | 篠田栗夫 | | |
| 4 | 1 | (続き)三崎黃圃先生を悼む | 三崎士駿を悼みて | 宇田敬 | | |
| 4 | 1 | (続き)三崎黃圃先生を悼む | 又 | 同 | | |
| 4 | 1 | 泊園文藝 | 思無邪疊韻集(八) | 植野木州 | | |
| 4 | 2 | 泊園文藝 | 早春田舍 | 堤錦江 | | |
| 4 | 2 | 泊園文藝 | 甲戌古重陽南畝軒雅集 | 鷲田南畝 | | |
| 4 | 2 | 泊園文藝 | 八景 | 笠井雪窓 | | |
| 4 | 3 | 泊園の思出ばなし | 泊園書院分院設立當時(續) | 岡本勝 | | |
| 4 | 4 | 會員消息 | | 藤澤成太殿 | | |
| 4 | 4 | 會員消息 | | 渡邊庸殿 | | |
| 4 | 4 | 會員消息 | | 藤澤泰殿 | | |
| 4 | 4 | 會員消息 | | 三崎要一殿 | | |
| 4 | 4 | 泊園書院の展墓 | | | | |
| 4 | 4 | 誤字訂正 | | | | |
| 4 | 4 | 日課表 | | | | |
| 外 | 1 | 常費收受報告ノ續 | | | | |
| 外 | 3 | 泊園書院記事 | 道明寺の釋奠會 | | | |

## ■新第16号（昭和10年7月1日発行）

編輯兼發行人：的場信太郎
泊園誌社顧問：黄坡先生、石濱純太郎、梅見春吉
泊園誌社同人：本條平太郎、穎川康、石崎太郎、三原靜美、岡本喜三、安達龜造

| 頁数 | 段数 | 記事名（大分類） | 記事名（小分類） | 署名・その他 | 記事末 | 備考 |
|---|---|---|---|---|---|---|
| 1 | 1 | 漢文の入門(一) | | | (大壺) | |
| 1 | 2 | 黄坡書 | | 黄坡　藤澤章 | | 写真を載せる |
| 2 | 1 | 論語講義 | | 黄坡先生述 | (第十二講) | |
| 2 | 4 | 説詩樂趣(7) | | 效尤生 | | |
| 内 | 1 | 本誌後援寄附金收受報告(泊園同窓會) | | | | |
| 内 | 4 | 昇雲　佐藤寛九郎氏紀念書會 | | | | |
| 3 | 1 | 翠濤園讀書記 | | 大壺 | | |
| 3 | 3 | 書籍談數則(二) | 呉刻乾道本韓非子 | 川合孝太郎 | | |
| 3 | 3 | 書籍談數則(二) | 蜀大字本孟子音義 | 川合孝太郎 | | |
| 3 | 4 | 逍遙游社席上柏梁體聯句 | 乙亥五月念六逍遙游社例會席上聯句於京都東山々下上野耕塢宅 | 中村青巖　杉邨壺山　田宮渭南　梅見有香　宮崎東明　翠蘭女生　祥竹童子　久保明山　五條松峰　黄坡先生 | | |
| 4 | 1 | 泊園文藝 | 思無邪疊韻集(九) | 植野木州 | | |
| 4 | 2 | 通鑑に見ゆる語6 | | 岡本勝 | | |
| 4 | 3 | 泊園文藝 | 次悼令弟士駿作瑤韵　贈黄坡君 | 雪窓　笠井靜 | | |
| 4 | 4 | 會員消息 | | 笠井雪窓氏 | | |
| 4 | 4 | 會員消息 | | 竹末朗德氏 | | |
| 4 | 4 | 會員消息 | | 阪東久四郎氏 | | |
| 4 | 4 | 會員消息 | | 楠孝文氏 | | |
| 4 | 4 | 誤字訂正 | | | | |
| 4 | 4 | 日課表 | | | | |
| 外 | 2 | 泊園書院記事 | 泊園書院の展墓 | | | |
| 外 | 2 | 泊園書院記事 | 道明寺の釋典會 | | | |
| 附 | 1 | 泊園誌第十六號附録1. | 城山道人稿　貳七 | | | 書影 |
| 附 | 2 | 泊園誌第十六號附録2. | 城山道人稿　貳八 | | | 書影 |

## ■新第17号（昭和10年9月1日発行）

編輯兼發行人：的場信太郎
泊園誌社顧問：黄坡先生、石濱純太郎、梅見春吉
泊園誌社同人：本條平太郎、穎川康、石崎太郎、三原靜美、岡本喜三、安達龜造

| 頁数 | 段数 | 記事名（大分類） | 記事名（小分類） | 署名・その他 | 記事末 | 備考 |
|---|---|---|---|---|---|---|
| 1 | 1 | 黄坡夫子の華甲 | | | | |
| 1 | 2 | 南岳書 | | | | 写真を載せる |
| 1 | 3 | 漢文の入門(二) | | 大壺 | | |
| 2 | 1 | 論語講義 | | 黄坡先生述 | (第十三講) | |
| 2 | 4 | 泊園藝文漫談 | | 大壺 | | |
| 内 | 1 | 本誌後援寄附金收受報告(泊園同窓會) | | | | |
| 内 | 3 | 泊園書院記事 | | | | |
| 内 | 4 | 通知 | 第三十七回泊園同窓會 | | | |
| 3 | 1 | 文字學入門 | | 大壺 | (尚友會々誌第三號より轉載) | |
| 4 | 1 | 説詩樂趣 | | 效尤生 | | |
| 4 | 2 | 東畡先生　遊月瀨記 | | | (東畡先生文集抄録。石崎。三原記) | |
| 外 | 1 | (広告)泊園誌綴込表紙 | | | | |
| 外 | 2 | 日課表 | | | | |
| 附 | 1 | 泊園誌第十七號附録1. | 城山道人稿　貳九 | | | 書影 |
| 附 | 2 | 泊園誌第十七號附録2. | 城山道人稿　參〇 | | | 書影 |

## ■新第18号（昭和10年11月１日発行）

編輯兼發行人：的場信太郎
泊園誌社顧問：黄坡先生、石濱純太郎、梅見春吉
泊園誌社同人：本條平太郎、穎川康、石崎太郎、三原靜美、岡本喜三、安達龜造

| 頁数 | 段数 | 記事名（大分類） | 記事名（小分類） | 署名・その他 | 記事末 | 備考 |
|---|---|---|---|---|---|---|
| 1 | 1 | 黄坡先生の華甲 | | | | 黄坡の写真あり |
| 1 | 4 | 黄坡先生華甲祝賀會々則 | | | 竹屋町　泊園書院内　藤澤黄坡先生門下生一同 | |
| 2 | 1 | 論語講義 | | 黄坡先生述 | （第十四講） | |
| 2 | 4 | 説詩樂趣(8) | | 效尤生 | | |
| 内 | 1 | 本誌後援寄附金收受報告（泊園同窓會） | | | | |
| 内 | 2 | 前號誤字訂正 | | | | |
| 内 | 3 | 泊園書院記事 | | | | |
| 3 | 1 | 翠濤園讀書記 | | 大壺 | | |
| 3 | 3 | 漢文の入門（三） | | 大壺 | | |
| 4 | 1 | （東江小学校碑文） | | | 昭和十年十月吉　後生士明藤澤章撰并書 | |
| 4 | 1 | 泊園藝文漫談 | | | （大壺） | |
| 4 | 3 | 華甲會入會金收受報告 | | | | |
| 4 | 3 | 華甲會寄附金收受報告 | | | | |
| 4 | 3 | 泊園誌社事業の一斑 | 泊園同窓會報告　泊園誌社支出 | | | |
| 4 | 4 | 第三十八回　泊園同窓會と泊園會總會の記 | | | （幹事記） | |
| 4 | 4 | 泊園會總會寄呈二絶 | | 藤本達 | | |
| 外 | 1 | 會員消息 | | 木村楢正氏 | | |
| 外 | 1 | 會員消息 | | 三木正憲氏 | | |
| 外 | 2 | 日課表 | | | | |

## ■新第19号（昭和11年１月１日発行）

編輯兼發行人：的場信太郎
顧問：藤澤章次郎、石濱純太郎、梅見春吉
同人：石崎太郎、三原靜美、岡本喜三、安達龜造、的場信太郎

| 頁数 | 段数 | 記事名（大分類） | 記事名（小分類） | 署名・その他 | 記事末 | 備考 |
|---|---|---|---|---|---|---|
| 1 | 1 | 迎年の辭 | | | | |
| 1 | 2 | 東畡書牘（阿部馨氏藏） | | | | 写真を載せる |
| 1 | 4 | 泊園書院記事 | | | | |
| 1 | 4 | 豫告 | | | | |
| 1 | 4 | 日課表 | | | | |
| 2 | 1 | 黄坡夫子の華甲 | | | | 黄坡の写真あり |
| 2 | 1 | 周甲自壽 | | 丙子元旦　藤澤章 | | |
| 2 | 4 | 黄坡先生華甲祝賀會々則 | | 竹屋町　泊園書院内　藤澤黄坡先生門下生　一同 | | |
| 内 | 1 | 本誌後援寄附金收受報告（泊園同窓會） | | | | |
| 内 | 2 | 泊園同窓會常費收受報告（昭和十年度） | | | | |
| 3 | 1 | 東畡書牘　別啓 | | | | |
| 3 | 1 | 琴林碑（正四位侯爵徳川美禮篆額） | | | 明治三十年一月　浪華僑客東讃藤澤恒撰　長尾甲書 | |
| 3 | 3 | 讃訪旅程記 | | | | |
| 3 | 3 | 写真：鮎川頌徳碑附近ヨリ舊居地ヲ望ム | | | | 写真あり |
| 4 | 1 | 文界夜話 | | 塚南隠士 | （終） | |
| 4 | 4 | 華甲祝賀會入會金收受報告 | | | | |
| 4 | 4 | 華甲會寄附金收受報告 | | | | |
| 外 | 1 | 常費收受報告ノ續キ | | | | |
| 外 | 4 | 會員消息 | | 石井光美氏 | | |

| 頁数 | 段数 | 記事名（大分類） | 記事名（小分類） | 署名・その他 | 記事末 | 備考 |
|---|---|---|---|---|---|---|
| 外 | 4 | 會員消息 | | 島田琢逐氏 | | |
| 外 | 4 | 會員消息 | | 大守熊次郎氏 | | |

## ■ 新第20号（昭和11年３月１日発行）

編輯兼發行人：的場信太郎
泊園誌社顧問：黄坡先生、石濱純太郎、梅見春吉
泊園誌社同人：石崎太郎、三原靜美、岡本喜三
泊園同窓會幹事：篠田栗夫、梅見春吉、安達龜造

| 頁数 | 段数 | 記事名（大分類） | 記事名（小分類） | 署名・その他 | 記事末 | 備考 |
|---|---|---|---|---|---|---|
| 1 | 1 | 黄坡夫子の華甲 | | | | |
| 1 | 1 | 写真：黄坡先生の一日(其一) | | | | 写真あり |
| 1 | 4 | 黄坡先生華甲祝賀會々則 | | | 竹屋町　泊園書院内　藤澤黄坡先生門下生一同 | |
| 2 | 1 | 写真：黄坡先生の一日(其二) | | | | 写真あり |
| 2 | 1 | 神威ある拭巾 | | 岡本勝 | | |
| 2 | 3 | 写真：黄坡先生の一日(其三) | | | | 写真あり |
| 内 | 1 | 壽詞　壽詩　壽書を募る | | | | |
| 内 | 3 | 通知 | | | | |
| 3 | 1 | 周甲自壽 | | | 丙子元旦　藤澤章 | |
| 3 | 1 | 写真：黄坡先生の一日(其四) | | | | 写真あり |
| 3 | 2 | 黄坡先生の三釋義 | | 石濱生 | | |
| 3 | 3 | 写真：黄坡先生の一日(其五) | | | | 写真あり |
| 4 | 1 | 關大豫科の黄坡先生 | | 多田生 | | |
| 4 | 3 | 臨教時代の黄坡先生 | | 衣笠生 | | |
| 4 | 4 | 泊園書院記事 | | | | |
| 4 | 4 | 會員消息 | | 爲村佐一郎氏 | | |
| 4 | 4 | 會員消息 | | 木村敬二郎氏 | | |
| 4 | 4 | 日課表 | | | | |
| 外 | 1 | 本誌後援寄附金收受報告(泊園同窓會) | | | | |
| 外 | 1 | 泊園同窓會常費收受報告(昭和十年度) | | | | |
| 外 | 4 | 前號誤字訂正 | | | | |
| 附 | | 泊園誌第二十號附録　藤澤黄坡先生華甲祝賀會 | 入會者芳名　華甲祝賀會寄附者芳名 | | 竹屋町 泊園書院内 黄坡先生華甲祝賀會 | |

## ■ 新第21号（昭和11年６月１日発行）

編輯兼發行人：的場信太郎
泊園誌社顧問：黄坡先生、石濱純太郎、梅見春吉
泊園誌社同人：石崎太郎、三原靜美、岡本喜三
泊園同窓會幹事：篠田栗夫、梅見春吉、安達龜造

| 頁数 | 段数 | 記事名（大分類） | 記事名（小分類） | 署名・その他 | 記事末 | 備考 |
|---|---|---|---|---|---|---|
| 1 | 1 | 奉壽　黄坡夫子序 | | | 門下生總代　岡本勝 | |
| 1 | 1 | 写真：黄坡先生の答辭 | | | | 写真あり |
| 1 | 2 | 華甲祝賀會を終りて | | | | |
| 1 | 3 | 写真：筒井氏開會の辭 | | | | 写真あり |
| 2 | 1 | 藤澤黄坡先生　華甲祝賀會の記 | | | (石崎記) | |
| 2 | 2 | 写真：宴會場 | | | | 写真あり |
| 内 | 1 | (移居の告示) | | | 南區長堀橋一丁目五〇番地(長堀橋南詰西へ入)　藤澤章次郎 | |
| 3 | 1 | 藤澤黄坡先生華甲祝賀會　會員芳名 | | | | |
| 3 | 1 | 泊園書院の釋奠 | | | | |
| 4 | 1 | (続き)藤澤黄坡先生華甲祝賀會會員芳名 | | | | |

| 頁数 | 段数 | 記事名（大分類） | 記事名（小分類） | 署名・その他 | 記事末 | 備考 |
|---|---|---|---|---|---|---|
| 4 | 1 | 華甲祝賀會寄附者芳名 | | | | |
| 4 | 2 | 藤澤黄坡先生　華甲祝賀會決算報告 | | | 黄坡先生華甲祝賀會庶務　石濱純太郎　安達龜造　的場信太郎 | |
| 4 | 2 | 藤澤黄坡先生　華甲祝賀會決算報告 | | | 常任理事　宮崎貞吉 | |
| 4 | 3 | 泊園書院記事 | | | | |
| 4 | 4 | 日課表 | | | | |
| 外 | 1 | 本誌後援寄附金收受報告（泊園同窓會）（昭和十年度） | | | | |

## ■新第22号（昭和11年7月5日発行）

編輯兼發行人：的場信太郎
泊園誌社顧問：黄坡先生、石濱純太郎、梅見春吉
泊園誌社同人：石崎太郎、三原靜美、岡本喜三
泊園同窓會幹事：篠田栗夫、梅見春吉、安達龜造

| 頁数 | 段数 | 記事名（大分類） | 記事名（小分類） | 署名・その他 | 記事末 | 備考 |
|---|---|---|---|---|---|---|
| 1 | 1 | 漢文を學べ | | 大壺 | | |
| 1 | 2 | 擲劍行 | | | 藤澤恒　擲劍行錄似敷田大人（角正方氏藏） | 南岳書の写真を載せる |
| 1 | 2 | 南岳先生遺詠 | 讀書樂十吟　錄三首 | | | |
| 1 | 4 | 泊園書院記事 | | | | |
| 1 | 4 | 日課表 | | | | |
| 2 | 1 | 論語講義 | | 黄坡先生述 | （第十五講） | |
| 2 | 2 | 中山城山　黄庭内景經略注　書影２点 | | | | 写真を載せる |
| 2 | 4 | 説詩樂趣（9） | | 效尤生 | | |
| 内2/7 | 1 | 會員消息 | | 篠田栗夫氏 | | |
| 内2/7 | 1 | 會員消息 | | 天羽生信成氏 | | |
| 内2/7 | 3 | 通知 | | | | |
| 3 | 1 | 壽言集　藤澤黄坡先生華甲祝賀會輯 | 祝辭 | | 昭和十一年四月三日　大阪市長　加々美武夫 | |
| 3 | 2 | 壽言集　藤澤黄坡先生華甲祝賀會輯 | 祝辭 | | 昭和十一年四月三日　大阪市會議長　川畑清藏 | |
| 3 | 3 | 壽言集　藤澤黄坡先生華甲祝賀會輯 | 祝電 | 大阪　府會議長　磯村彌右衛門 | | |
| 3 | 4 | 壽言集　藤澤黄坡先生華甲祝賀會輯 | 壽黄坡藤先生序（泊園會） | | 昭和丙子四月三日　辱交　雪窓　笠井靜 | |
| 4 | 1 | 壽言集　藤澤黄坡先生華甲祝賀會輯 | 賀藤澤黄坡先生華甲序（泊園同窓會） | | 泊園同窓會幹事　篠田栗夫敬白 | |
| 4 | 1 | 壽言集　藤澤黄坡先生華甲祝賀會輯 | 壽文 | | 昭和十一年丙子四月三日　泊園門生　梅見春吉　再拜 | |
| 4 | 2 | 越智宣哲書 | | | | 写真を載せる |
| 4 | 2 | 壽言集　藤澤黄坡先生華甲祝賀會輯 | 藤澤黄坡先生華甲壽序 | | 昭和十一年四月三日　舊門生　神田榮吉　拜草 | |
| 内4/5 | 1 | 洗毫 | | | | |
| 5 | 1 | 壽言集　藤澤黄坡先生華甲祝賀會輯 | 壽黄坡先生六秩初度 | 有香　梅見春 | | |
| 5 | 1 | 壽言集　藤澤黄坡先生華甲祝賀會輯 | 奉和黄坡藤先生華甲自壽瑤韻却呈 | 同 | | |
| 5 | 1 | 壽言集　藤澤黄坡先生華甲祝賀會輯 | 同 | 活園　篠田栗夫 | | |
| 5 | 1 | 壽言集　藤澤黄坡先生華甲祝賀會輯 | 同 | 木州　植野德 | | |
| 5 | 1 | 壽言集　藤澤黄坡先生華甲祝賀會輯 | 同 | 竹里　福本元 | | |

| 頁数 | 段数 | 記事名（大分類） | 記事名（小分類） | 署名・その他 | 記事末 | 備考 |
|---|---|---|---|---|---|---|
| 5 | 1 | 壽言集　藤澤黃坡先生華甲祝賀會輯 | 壽黃坡先生華甲 | 同 | | |
| 5 | 1 | 壽言集　藤澤黃坡先生華甲祝賀會輯 | 同 | 近藤翠石 | | |
| 5 | 2 | 壽言集　藤澤黃坡先生華甲祝賀會輯 | 同 | 夢蝶　眞野鷹 | | |
| 5 | 2 | 壽言集　藤澤黃坡先生華甲祝賀會輯 | 同 | 五條松峰 | | |
| 5 | 2 | 壽言集　藤澤黃坡先生華甲祝賀會輯 | 次韻壽黃坡先生華甲 | 南莊　河田為 | | |
| 5 | 2 | 壽言集　藤澤黃坡先生華甲祝賀會輯 | 同 | 神田豊城 | | |
| 5 | 2 | 壽言集　藤澤黃坡先生華甲祝賀會輯 | 壽黃坡先生華甲 | 住友輿 | | |
| 5 | 2 | 壽言集　藤澤黃坡先生華甲祝賀會輯 | 次韻壽黃坡先生華甲 | 赤塚善 | | |
| 5 | 2 | 画 | | | | 写真を載せる |
| 5 | 3 | 壽言集　藤澤黃坡先生華甲祝賀會輯 | 同 | 神山眞龍 | | |
| 5 | 3 | 壽言集　藤澤黃坡先生華甲祝賀會輯 | 同 | 石崎太郎 | | |
| 5 | 3 | 壽言集　藤澤黃坡先生華甲祝賀會輯 | 壽黃坡先生華甲 | 里見澄心 | | |
| 5 | 3 | 壽言集　藤澤黃坡先生華甲祝賀會輯 | 同 | 同 | | |
| 5 | 3 | 壽言集　藤澤黃坡先生華甲祝賀會輯 | 同 | 茶谷逝水 | | |
| 5 | 3 | 壽言集　藤澤黃坡先生華甲祝賀會輯 | 次韻壽黃坡先生華甲 | 杉村壺山 | | |
| 5 | 4 | 壽言集　藤澤黃坡先生華甲祝賀會輯 | 同 | 小畑三郎 | | |
| 5 | 4 | 壽言集　藤澤黃坡先生華甲祝賀會輯 | 同 | 奇山　矢崎精 | | |
| 5 | 4 | 壽言集　藤澤黃坡先生華甲祝賀會輯 | 同 | 犬塚悌士 | | |
| 5 | 4 | 壽言集　藤澤黃坡先生華甲祝賀會輯 | 同 | 安達龜 | | |
| 5 | 4 | 壽言集　藤澤黃坡先生華甲祝賀會輯 | 壽黃坡先生華甲 | 藤本達 | | |
| 5 | 4 | 壽言集　藤澤黃坡先生華甲祝賀會輯 | 同 | 松軒　芝田弘 | | |
| 6 | 1 | 壽言集　藤澤黃坡先生華甲祝賀會輯 | 壽黃坡先生華甲 | 雲洞　櫻井信 | | |
| 6 | 1 | 壽言集　藤澤黃坡先生華甲祝賀會輯 | 同 | 明山　久保郁 | | |
| 6 | 1 | 壽言集　藤澤黃坡先生華甲祝賀會輯 | 同 | 岡田尚齋 | | |
| 6 | 1 | 壽言集　藤澤黃坡先生華甲祝賀會輯 | 同 | 木下貞 | | |
| 6 | 1 | 壽言集　藤澤黃坡先生華甲祝賀會輯 | 同 | 同 | | |
| 6 | 1 | 壽言集　藤澤黃坡先生華甲祝賀會輯 | 同 | 越智宣哲 | | |
| 6 | 1 | 壽言集　藤澤黃坡先生華甲祝賀會輯 | 同 | 田宮渭南 | | |
| 6 | 1 | 壽言集　藤澤黃坡先生華甲祝賀會輯 | 同 | 神田豊城 | | |
| 6 | 1 | 壽言集　藤澤黃坡先生華甲祝賀會輯 | 同 | 辻蒼石 | | |
| 6 | 1 | 壽言集　藤澤黃坡先生華甲祝賀會輯 | 同 | 同 | | |
| 6 | 1 | 壽言集　藤澤黃坡先生華甲祝賀會輯 | 壽文 | 昭和十一年四月三日　門下生大守獨笑　謹白 | | |
| 6 | 2 | 壽言集　藤澤黃坡先生華甲祝賀會輯 | 華甲の御賀に | 宇田敬子 | | |
| 6 | 2 | 壽言集　藤澤黃坡先生華甲祝賀會輯 | 春月 | 同 | | |

| 頁数 | 段数 | 記事名（大分類） | 記事名（小分類） | 署名・その他 | 記事末 | 備考 |
|---|---|---|---|---|---|---|
| 6 | 2 | 壽言集　藤澤黄坡先生華甲祝賀會輯 | 御華甲をいはひまつりて | 山下是臣 | | |
| 6 | 2 | 壽言集　藤澤黄坡先生華甲祝賀會輯 | 華甲の賀を祝ひまつりて | 全田鶴枝 | | |
| 6 | 2 | 壽言集　藤澤黄坡先生華甲祝賀會輯 | 還暦を祝して | 吉年英子 | | |
| 6 | 3 | 壽言集　藤澤黄坡先生華甲祝賀會輯 | 同 | 吉宗水香 | | |
| 6 | 3 | 壽言集　藤澤黄坡先生華甲祝賀會輯 | 同 | 吉宗香英 | | |
| 6 | 3 | 壽言集　藤澤黄坡先生華甲祝賀會輯 | 同 | 好田義昌 | | |
| 6 | 3 | 壽言集　藤澤黄坡先生華甲祝賀會輯 | 周甲をことほきて | 一海景宥 | | |
| 6 | 3 | 壽言集　藤澤黄坡先生華甲祝賀會輯 | 華暦 | 天野みどり | | |
| 6 | 3 | 壽言集　藤澤黄坡先生華甲祝賀會輯 | 泊園書院 | 同 | | |
| 6 | 3 | 壽言集　藤澤黄坡先生華甲祝賀會輯 | 聽講感想 | 同 | | |
| 6 | 3 | 壽言集　藤澤黄坡先生華甲祝賀會輯 | 學界異彩 | 同 | | |
| 6 | 3 | 壽言集　藤澤黄坡先生華甲祝賀會輯 | 黄坡先生の華甲をことほき奉りて | 田中治一郎 | | |
| 6 | 4 | 壽言集　藤澤黄坡先生華甲祝賀會輯 | 同 | 中目覺 | | |
| 6 | 4 | 壽言集　藤澤黄坡先生華甲祝賀會輯 | | 小松原謙三 | | |
| 6 | 4 | 壽言集　藤澤黄坡先生華甲祝賀會輯 | | 田中藤太郎 | | |
| 6 | 4 | 壽言集　藤澤黄坡先生華甲祝賀會輯 | | 田中稠 | | |
| 6 | 4 | 壽言集　藤澤黄坡先生華甲祝賀會輯 | 奉壽士明華甲詩書 | 越智宣哲 | | |
| 6 | 4 | 壽言集　藤澤黄坡先生華甲祝賀會輯 | 賀黄坡先生華甲詩書 | 眞野鷹 | | |
| 6 | 4 | 壽言集　藤澤黄坡先生華甲祝賀會輯 | 次黄坡詞宗自壽瑤韻詩書 | 杉村壺山 | | |
| 6 | 4 | 壽言集　藤澤黄坡先生華甲祝賀會輯 | 壽無彊二行書 | 多田黄山 | | |
| 6 | 4 | 壽言集　藤澤黄坡先生華甲祝賀會輯 | 老松双鶴之圖 | 藤本木田 | | |
| 6 | 4 | 壽言集　藤澤黄坡先生華甲祝賀會輯 | 華甲之圖 | 辻蒼石 | | |
| 6 | 4 | 壽言集　藤澤黄坡先生華甲祝賀會輯 | 百々喜雀之圖 | 庭山耕園 | | |
| 内6/3 | 2 | 黄坡先生華甲祝賀會報告 | | | | |
| 7 | 1 | 謝辭 | | | 昭和丙子神武天皇祭日章頓首 | |
| 7 | 2 | 讀書隨筆 | | 大壺 | | |
| 7 | 3 | 浪華儒林傳雜考(一) | | 大壺 | | |
| 8 | 1 | 東畡先生　遊月瀬記 | | | | |
| 8 | 3 | 三惜書屋初稿 | 戊申新正　乙卯元旦　甲子新正元旦即事　歳旦漫吟　甲戌元旦口號 | | | |
| 外 | 1 | 本誌後援寄附金收受報告(泊園同窓會) | | | | |
| 外 | 3 | 第八回　柳條會作品展と板倉槐堂先生遺墨展 | | | | |

## ■ 新第23号（昭和11年９月１日発行）

編輯兼發行人：的場信太郎
泊園誌社顧問：黄坡先生、石濱純太郎、梅見春吉
泊園誌社同人：石崎太郎、三原靜美、岡本喜三

| 頁数 | 段数 | 記事名（大分類） | 記事名（小分類） | 署名・その他 | 記事末 | 備考 |
|---|---|---|---|---|---|---|
| 1 | 1 | 漢文教授法の一二 | | 大壺 | | |
| 1 | 2 | 東畡書(故篠田栗夫氏藏) | | | | 写真を載せる |
| 1 | 3 | 讀書隨筆 | | 大壺 | | |
| 2 | 1 | 論語講義 | | 黄坡先生述 | (第拾六講) | |
| 2 | 4 | 藤澤黄坡先生　華甲祝賀會殘務報告 | | | 昭和十一年八月　黄坡先生華甲祝賀會 | |
| 内 | 1 | 泊園書院記事 | | | | |
| 内 | 2 | 通知 | 第三十九回　泊園同窓會及泊園會總會竝に(物故會員慰霊祭執行) | | | |
| 内 | 4 | 本誌後援寄附金收受報告(泊園同窓會) | | | | |
| 3 | 1 | 浪華儒林傳雜考(二) | | 大壺 | | |
| 3 | 3 | 説詩樂趣(10) | | 效尤生 | | |
| 3 | 4 | 篠田栗夫老逝去 | | | | |
| 4 | 1 | 東畡先生　遊月瀨記 | | | | |
| 4 | 3 | 三惜書屋初稿 | 初五水天草盧拜年會席上　同次活園韵　早春寒甚　潤雨催花　驟暖乍暖　蒲節口號　喜雨 | | | |
| 外 | 1 | 黄坡先生御寄贈報告 | | | | |
| 外 | 2 | 日課表 | | | | |

## ■ 新第24号（昭和11年11月１日発行）

編輯兼發行人：的場信太郎
泊園誌社顧問：黄坡先生、石濱純太郎、梅見春吉
泊園誌社同人：石崎太郎、三原靜美、岡本喜三

| 頁数 | 段数 | 記事名（大分類） | 記事名（小分類） | 署名・その他 | 記事末 | 備考 |
|---|---|---|---|---|---|---|
| 1 | 1 | 豐富なる漢文 | | | (甘菱) | |
| 1 | 2 | 東畡先生大阪御城入次第 | | 鎌田春雄 | | |
| 2 | 1 | 論語講義 | | 黄坡先生述 | (第十七講) | |
| 2 | 4 | 説詩樂趣(11) | | 效尤生 | | |
| 内 | 1 | 第三十九回泊園同窓會　出席者名及常費收受報告 | | | | |
| 内 | 4 | 泊園同窓會常費收受報告(昭和十一年度) | | | | |
| 3 | 1 | 活園老兄を悼む | | 有香 | | |
| 3 | 2 | 故篠田活園先生事略 | | | | 写真：篠田活園 |
| 4 | 1 | 泊園同窓　故師友慰靈祭之記 | | 安達龜謹稿 | (以下次號掲載) | |
| 4 | 2 | 悼活園老兄 | | 梅見有香 | | |
| 4 | 3 | 第三十九回泊園同窓會　第三回泊園會總會之記 | | | (安達記) | |
| 4 | 4 | 書籍談 | 國語正義二十一巻 | 川合孝太郎 | | |
| 4 | 4 | 泊園記事 | | | | |
| 4 | 4 | 泊園記事 | | 藤澤成太殿 | | |
| 外 | 1 | 本誌後援寄附金收受報告(泊園同窓会) | | | | |
| 外 | 2 | 日課表 | | | | |

## ■新第25号（昭和12年1月10日発行）

編輯兼發行人：的場信太郎
泊園誌社顧問・同人に関する記載なし

| 頁数 | 段数 | 記事名（大分類） | 記事名（小分類） | 署名・その他 | 記事末 | 備考 |
|---|---|---|---|---|---|---|
| 1 | 1 | 迎年の詞 | | | | |
| 1 | 1 | 黄坡書 | | | | 写真を載せる |
| 1 | 3 | 泊園誌の第五年 | | 大壺 | | |
| 2 | 1 | 論語講義 | | 黄坡先生述 | | |
| 2 | 3 | 説詩樂趣(12) | | 效尤生 | | |
| 内 | 1 | 泊園會泊園誌補助金收受報告 | | | | |
| 内 | 1 | 慰靈祭香華料收受報告 | | | | |
| 内 | 3 | 本誌後援寄附金收受報告（泊園同窓會） | | | | |
| 内 | 3 | 泊園同窓會常費收受報告 | | | | |
| 3 | 1 | 浪華儒林傳雜考(三) | | 大壺 | | |
| 3 | 2 | 書籍談 | 戰國策百一集六巻 | 川合孝太郎 | | |
| 3 | 4 | 泊園傳統の下に高教合格の感想 | | 金戸　守 | | |
| 4 | 1 | 泊園文藝 | 宸題　田家雪　恭賦　一、二 | 黄坡　藤澤章次郎 | | |
| 4 | 1 | 泊園文藝 | 同 | 奇堂　岡本喜三 | | |
| 4 | 1 | 泊園文藝 | 同 | 有香　梅見春吉 | | |
| 4 | 1 | 泊園文藝 | 牛 | 同 | | |
| 4 | 1 | 泊園文藝 | 逍遙游社丙子歲終會聯句 | 篠田嵐峰　秀野甘泉　杉邨壺山　里見樂窩　久保明山　宮崎東明　梅見有香　植野木州　藤澤先生 | | |
| 4 | 1 | 泊園文藝 | 丙子十月廿九日觀艦式恭賦 | 松峰　五條秀麿 | | |
| 4 | 1 | 泊園文藝 | 丙子秋拜大觀艦式 | 梅見有香 | | |
| 4 | 2 | 在金陵 故藤澤黄鵠元先生稿 | 送陶槩林先生　出使吾日本國序 | | | |
| 4 | 3 | 三惜書屋初稿 | 早秋即事　重陽與士駿會片江宗家席上次家兄韵　小重陽次茶山告賢詩韵 | | | |
| 4 | 3 | 黄坡先生の光榮 | | | | |
| 4 | 4 | 泊園異聞 | | 越智宣哲氏古稀記念會 | | |
| 4 | 4 | 泊園異聞 | | 金戸守氏 | | |
| 4 | 4 | 泊園異聞 | | 福田宏一氏 | | |
| 4 | 4 | 泊園異聞 | | 島田琢逐氏 | | |
| 4 | 4 | 泊園異聞 | | 栗屋喜八氏令孫千代子氏 | | |
| 4 | 4 | 泊園異聞 | | 小松原謙三氏令嬢恭子氏 | | |
| 4 | 4 | 泊園異聞 | | 冬至祭 | | |
| 4 | 4 | 泊園書院日課表 | | | | |
| 4 | 4 | 謹賀新年 | | 院主　藤澤章次郎　石濱純太郎　梅見春吉　的場信太郎　石崎太郎　三原靜美　岡本喜三　安達龜造 | | |
| 外 | 1 | 泊園同窓會常費收受報告（昭和十一年度） | | | | |
| 広告 | | 城山道人稿完結に就き急告 | | | 申込所　大阪市南區長堀橋筋一丁目五〇　泊園書院内　泊園誌社　振替大阪一三八三九番 | 折込み広告 |

## ■ 新第26号（昭和12年３月１日発行）

編輯兼發行人：的場信太郎
泊園誌社顧問：黄坡先生、石濱純太郎、梅見春吉
泊園誌社同人：石崎太郎、三原静美、岡本喜三

| 頁数 | 段数 | 記事名（大分類） | 記事名（小分類） | 署名・その他 | 記事末 | 備考 |
|---|---|---|---|---|---|---|
| 1 | 1 | 中山城山先生　百周年記念祭 | | | 泊園書院門生一同九拜 | |
| 1 | 2 | 城山中山先生墓碑 | | 阿波儒隱高橋祐子信撰 | 洗毫子曰。右の碑文は惜むらくは當時刻石に至らずして遂に今日に及べり。 | |
| 1 | 2 | 肖像：城山先生畫像 | | | | 写真を載せる |
| 1 | 4 | 中山城山先生百年祭 | | | | |
| 1 | 4 | 城山先生百年祭　記念宴會 | | | | |
| 1 | 4 | 泊園書院記事 | | | | |
| 1 | 4 | 泊園書院日課表 | | | | |
| 2 | 1 | 論語講義 | | 黄坡先生述 | （第十九講） | |
| 2 | 2 | 城山書（泊園書院藏） | | | | 写真を載せる |
| 内 | 1 | 泊園同窓會常費收受報告 | | | | |
| 3 | 1 | 城山先生の遺著二三 | | 大壺 | | |
| 3 | 1 | 城山書：城山先生より東畡先生へ贈られし書額 | | | | 写真を載せる |
| 3 | 2 | 城山先生印譜（平岩照治郎氏藏） | | | | 写真を載せる |
| 3 | 3 | 上凱歌山聯句 | | 城山　竺三靈　中山駠　無名氏　竺有光　達馬鳳 | | |
| 3 | 3 | 凱歌山懐古聯句 | | 城山　無名氏　竺三靈　中山駠　竺有光　達馬鳳 | | |
| 3 | 3 | 七月六日八堤遊行聯句 | | 城山　木華　邊韶　泉介　藤甫　中山駠 | （南海遺珠） | |
| 3 | 3 | 奉送　家嚴之浪華刻　南海遺珠三首限韻 | 其一 | 鼈山　中山駠 | （鼈山遺稿） | |
| 4 | 1 | 城山先生を繞る門人の遺詠 | 城山先生見訪喜賦 | 竺三靈 | | |
| 4 | 1 | 城山先生を繞る門人の遺詠 | 賀城山先生卜居 | 竺三靈 | | |
| 4 | 1 | 城山先生を繞る門人の遺詠 | 城山先生和予卜居韻見寄因歩前韻酬之 | | | |
| 4 | 1 | 城山先生を繞る門人の遺詠 | 城山先生以梅花屋諸賢詩見示喜賦 | 竺三靈 | | |
| 4 | 1 | 城山先生を繞る門人の遺詠 | 奉壽城山先生四十 | 竺増戒 | | |
| 4 | 1 | 城山先生を繞る門人の遺詠 | 送城山夫子遊崎陽 | 竺三靈 | | |
| 4 | 1 | 城山先生を繞る門人の遺詠 | 奉送城山先生遊崎陽 | 笠川德 | | |
| 4 | 2 | 城山先生を繞る門人の遺詠 | 同 | 竺寂業 | | |
| 4 | 2 | 城山先生を繞る門人の遺詠 | 同 | 竺一乘 | | |
| 4 | 2 | 城山先生を繞る門人の遺詠 | 同 | | （南海遺珠より） | |
| 4 | 2 | 城山道人稿跋 | | | 昭和丁丑一月　後學藤澤章　謹誌 | |
| 4 | 3 | 城山道人稿完結に就き急告 | | | | 写真：内容見本 |
| 4 | 3 | 泊園會彙報 | 常任理事會開催　終身會員推薦　特別會員推薦 | | | |
| 4 | 4 | 同窓會及泊園誌社事業の一斑 | 泊園同窓會報　泊園誌社報 | | | |
| 外 | 1 | 本誌後援寄附金收受報告（泊園同窓會） | | | | |
| 外 | 2 | 同窓會常費報告 | | | | |
| 外 | 4 | 通告 | 泊園書院の釋奠 | | | |

## ■新第27号（昭和12年5月5日発行）

編輯兼發行人：的場信太郎
泊園誌社顧問：黄坡先生、石濱純太郎、梅見春吉
泊園誌社同人：石崎太郎、三原靜美、岡本喜三
泊園同窓會幹事：梅見春吉、安達龜造

| 頁数 | 段数 | 記事名（大分類） | 記事名（小分類） | 署名・その他 | 記事末 | 備考 |
|---|---|---|---|---|---|---|
| 1 | 1 | 漢學を修めよ | | | （大壺） | |
| 1 | 2 | 祭文 | | | 昭和十二年神祖祭日 泊園書院 後學 章 謹白 | |
| 1 | 2 | 中山城山先生百年祭の記 | | 石崎生 | | |
| 2 | 1 | 論語講義 | | 黄坡先生述 | | |
| 2 | 2 | 軸：東畡先生畫像自贊 | | | | 写真を載せる |
| 2 | 4 | 丁丑晩春 | | 笠井靜 拜手稽首 | | |
| 内 | 1 | 本誌後援寄附金收受報告（泊園同窓會） | | | | |
| 内 | 2 | 泊園同窓會常費收受報告（十一年度） | | | | |
| 3 | 1 | 書籍談 | 唐宋八家文讀本考異 二巻 | 川合孝太郎 | | |
| 3 | 2 | 城山先生記念展觀書籍記 | | 大壺 | | |
| 4 | 1 | 祭牧野藻洲文 | | 藤澤黄坡 | | |
| 4 | 1 | 宮崎貞吉君哀辭 | | | 昭和十二年三月廿三日 泊園會總代 福本元之助九拜 | |
| 4 | 2 | 牧野藻洲先生年譜略 | | | | |
| 4 | 3 | 藻洲先生編著略次 | | | | |
| 4 | 3 | 故宮崎貞吉君略歴 | | | | 写真：宮崎貞吉 |
| 4 | 4 | 泊園會彙報 | 常任理事會 特別會員推薦 終身會員推薦 | | | |
| 4 | 4 | 泊園書院記事及消息 | | 宮崎貞吉氏 | | |
| 4 | 4 | 泊園書院記事及消息 | | 牧野謙次郎氏 | | |
| 4 | 4 | 泊園書院日課表 | | | | |
| 外 | 1 | 中山城山先生百年祭参拝者芳名 | | | | |
| 外 | 4 | 城山先生祭典寄附者芳名 | | | | |

## ■新第28号（昭和12年7月1日発行）

編輯兼發行人：的場信太郎
泊園誌社顧問：黄坡先生、石濱純太郎、梅見春吉
泊園誌社同人：石崎太郎、三原靜美、岡本喜三
泊園同窓會幹事：梅見春吉、安達龜造

| 頁数 | 段数 | 記事名（大分類） | 記事名（小分類） | 署名・その他 | 記事末 | 備考 |
|---|---|---|---|---|---|---|
| 1 | 1 | 泊園誌より訴ふ | | | （白水生） | |
| 1 | 2 | 書：聖勅奉讀式作（南岳先生） | | | | 写真を載せる |
| 1 | 2 | 浪華儒林傳雜考 | | 大壺 | | |
| 1 | 4 | 説詩樂趣（13） | | 效尤生 | | 欄外に（泊園附録二頁添付）とあり |
| 2 | 1 | 論語講義 | | 黄坡先生述 | （第二十一講） | |
| 2 | 4 | 何有吟社初集席上聯句 | | 村田曉風 秀野甘泉 村田曉風 秀野甘泉 梅見有香 杉郁壺山 梅見有香 杉郁壺山 北岡香山 同人 | | |
| 2 | 4 | 同席上醉題 | | 有香 梅見春 | | |
| 2 | 4 | 城山道人の百年祭にその詩篇を閲觀して | | 早川自照 | | |
| 内 | 1 | 泊園書院記事 | | | | |
| 内 | 3 | 泊園書院日課表 | | | | |
| 3 | 1 | 城山先生に就いて | | 石濱純太郎 | | |
| 4 | 1 | （續き）城山先生に就いて | | 石濱純太郎 | （終） | |

| 頁数 | 段数 | 記事名（大分類） | 記事名（小分類） | 署名・その他 | 記事末 | 備考 |
|---|---|---|---|---|---|---|
| 4 | 2 | 三惜書屋初稿 | 秋晴　明治節口號　霜曉　近臘暄甚<br>軍旅類　東山堡即事　油蟲堡即事　從軍行 次撫山翁韻　陪觀陸軍大演習 | | | |
| 4 | 3 | 中山城山先生詩集 | | | | 写真：城山道人稿内容見本 |
| 外 | 1 | 本誌後援寄附金收受報告（泊園同窓會） | | | | |
| 外 | 2 | 泊園同窓會常費收受報告（十二年度以降） | | | | |
| 附1 | 1 | 泊園附録 | 泊園會報 | | | |
| 附1 | 1 | 泊園會の使命 | | | （泊園會理事者） | |
| 附1 | 2 | 泊園會經過 | | | 昭和九年一月　日　藤澤章次郎　再拜 | |
| 附1 | 3 | 泊園會經過 | 趣意書 | | | |
| 附1 | 4 | 泊園會歳計現在表 | | | | |
| 附2 | 1 | 會則 | | | | |
| 附2 | 2 | 本會創立以來物故會員氏名 | | | | |
| 附2 | 3 | 泊園會々賓 | | | | |
| 附2 | 3 | 同名譽會員 | | | | |
| 附2 | 3 | 同特別會員 | | | | |
| 附2 | 3 | 同終身會員 | | | | |
| 附2 | 3 | 會員 | | | | |
| 附2 | 3 | 泊園會役員 | 理事長　常任理事　理事　常任監事　監事　評議員 | | | |
| 附2 | 4 | 泊園會業績（概要） | | | | |
| 附2 | 4 | 會費拂込に就き | | 泊園會理事 | | |

## ■ 新第29号（昭和12年9月1日発行）

編輯兼發行人：的場信太郎
泊園誌社顧問：黄坡先生、石濱純太郎、梅見春吉
泊園誌社同人：石崎太郎、三原靜美、岡本喜三
泊園同窓會幹事：梅見春吉、安達龜造

| 頁数 | 段数 | 記事名（大分類） | 記事名（小分類） | 署名・その他 | 記事末 | 備考 |
|---|---|---|---|---|---|---|
| 1 | 1 | 新漢學の創興 | | | （白水生） | |
| 1 | 3 | 丙子歳晩 | 牧野藻洲先生遺稿 | | | 写真：故藻洲先生 |
| 1 | 4 | 説詩樂趣（14） | | 效尤生 | | |
| 2 | 1 | 論語講義 | | 黄坡先生述 | （第二十二講） | |
| 2 | 2 | 三崎士駿大祥忌賦奠 | | 藤澤黄坡 | | |
| 2 | 4 | 酬師遲 | | 沖本三郎 | | |
| 内 | 1 | 泊園書院記事 | | | | |
| 内 | 2 | 泊園書院日課表 | | | | |
| 3 | 1 | 浪華儒林傳雜考 | | 大壺 | | |
| 3 | 1 | 中山城山先生　左氏傳撥亂序 | | | | |
| 3 | 2 | 讀書隨筆 | | 大壺 | | |
| 4 | 1 | 痩馱樓漫言 | | 甘蔆 | | |
| 4 | 2 | 黄坡先生近詠 | 題盜石竊香爐圖　初夏甲岳前田氏雅集　林亭書事 | | | |
| 4 | 3 | 泊園會彙報 | 會費御拂込みに就き | | | |
| 4 | 4 | 同窓會員消息 | | 三崎要一氏 | | |
| 4 | 4 | 同窓會員消息 | | 本條平太郎氏 | | |
| 4 | 4 | 同窓會員消息 | | 向井信也氏 | | |
| 4 | 4 | 同窓會員消息 | | 不二門專宗氏 | | |
| 4 | 4 | 同窓會員消息 | | 古井由之氏 | | |
| 4 | 4 | 同窓會員消息 | | 辻忠右衛門氏 | | |
| 4 | 4 | 同窓會員消息 | | 村田安穗氏 | | 写真：書藝院出陳　村田安穗氏受賞ノ書幅 |

| 頁数 | 段数 | 記事名（大分類） | 記事名（小分類） | 署名・その他 | 記事末 | 備考 |
|---|---|---|---|---|---|---|
| 4 | 3 | 泊園會々費収受報告(昭和十二年度) | | | (以下次號掲載) | |
| 外 | 1 | 本誌後援寄附金収受報告(泊園同窓會) | | | | |
| 外 | 2 | 泊園同窓會常費収受報告(十二年度) | | | | |

## ■新第30号（昭和12年11月15日発行）

編輯兼發行人：的場信太郎
泊園誌社顧問：黄坡先生、石濱純太郎、梅見春吉
泊園誌社同人：的場信太郎、石崎太郎、三原靜美、岡本奇堂
泊園同窓會幹事：梅見春吉、安達龜造

| 頁数 | 段数 | 記事名（大分類） | 記事名（小分類） | 署名・その他 | 記事末 | 備考 |
|---|---|---|---|---|---|---|
| 1 | 1 | 我漢學史を研究せよ | | | (白水生) | |
| 1 | 3 | 説詩樂趣(15) | | 效尤生 | | |
| 1 | 2 | 黄坡先生胸像　南區在郷軍人分會贈呈 | | | | 写真を載せる |
| 1 | 4 | 新居移轉報知 | | | | |
| 2 | 1 | 論語講義 | | 黄坡先生述 | (第二十三講) | |
| 2 | 2 | 黄坡先生近詠 | 時事書感 | | | |
| 2 | 4 | 丙子晩秋高尾觀楓 | | 鷲田南畝 | | |
| 内 | 1 | 泊園書院日課表 | | | | |
| 内 | 3 | 泊園會彙報 | | | | |
| 内 | 4 | 泊園同窓會員消息 | | 眞野鷹一氏 | | |
| 内 | 4 | 泊園同窓會員消息 | | 門脇禎二郎氏 | | |
| 内 | 4 | 泊園同窓會員消息 | | 佐藤俊亮氏 | | |
| 内 | 4 | 泊園同窓會員消息 | | 三木東岳氏 | | |
| 内 | 4 | 泊園同窓會員消息 | | 福本元之助氏 | | |
| 3 | 1 | 富永謙齋の漢學 | | 石濱純太郎 | (漢學大會報告草稿) | |
| 3 | 2 | 南岳書：竹坡居士傳 | | | | 写真を載せる |
| 3 | 4 | 學界逸聞 | 富永仲基謙齋先生記念會 | | | |
| 4 | 1 | 章太炎の國故論衡 | | 大壺 | | |
| 4 | 2 | 第四十回泊園同窓會　第四回泊園會總會之記 | | 梧堂 | | |
| 4 | 4 | 泊園同窓會、會務報告 | 収入之部　支出之部 | | | |
| 外 | 1 | 第四拾回泊園同窓會　第四回泊園會總會出席者名 | | | | |
| 外 | 3 | 泊園同窓會常費収受報告(十二年度) | | | | |

## ■新第31号　發行十年特輯號（昭和13年１月20日発行）

編輯兼發行人：的場信太郎
泊園誌社顧問：石濱純太郎
泊園誌社同人：的場信太郎、岡本喜三、石崎太郎、三原靜美、安達龜造

| 頁数 | 段数 | 記事名（大分類） | 記事名（小分類） | 署名・その他 | 記事末 | 備考 |
|---|---|---|---|---|---|---|
| 見返し | | 泊園　發行十年特輯號　目次 | | | | |
| 口絵 | | 銕崖子画(藤澤家藏) | | 鐵史 | | 写真を載せる |
| 口絵 | | 東畡書(藤澤家藏) | | 藤澤甫 | | 写真を載せる |
| 口絵裏 | | 黄坡書(二幅) | | 黄坡 | | 写真を載せる |
| 1 | 1 | 泊園特輯號　昭和十三年一月發行十年 | | | | |
| 1 | 1 | 花仙画 | | | | 写真を載せる |
| 1 | 2 | 戊寅宸題(七言絶句) | | | | |
| 1 | 2 | 泊園誌發行十年(七言絶句) | | | | |
| 2 | | 迎歳の辭 | | | (白水) | |
| 4 | | 漢文を普及せよ | | | | |

| 頁数 | 段数 | 記事名（大分類） | 記事名（小分類） | 署名・その他 | 記事末 | 備考 |
|---|---|---|---|---|---|---|
| 6 | 1 | 論語講義 | | 黄坡先生述 | （第二十四講） | |
| 13 | 2 | 南岳先生詩 | | | | |
| 14 | | 顔淵に於ける儒教精神の究極 | | 金戸守 | | |
| 16 | 1 | 讀書隨筆 | | 大壺 | | |
| 19 | 1 | 書籍談 | 體雅三巻 | 川合孝太郎 | | |
| 19 | 2 | 書籍談 | 扁鵲倉公傳一巻　扁鵲倉公傳彙考二巻　扁鵲傳考異并備參一巻 | 川合孝太郎 | | |
| 21 | | 瘦駄樓漫言 | | 甘菱 | | |
| 23 | 1 | 説詩樂趣(16) | | 效尤生 | | |
| 26 | 1 | 泊園文藝　宸題　神苑朝 | 恭賦 | 黄坡　藤澤章 | | |
| 26 | 1 | 泊園文藝　宸題　神苑朝 | 戊寅新正 | 黄坡　藤澤章 | | |
| 26 | 1 | 泊園文藝　宸題　神苑朝 | 新春偶興 | 水原實雲 | | |
| 26 | 2 | 泊園文藝　宸題　神苑朝 | 紀元節書感 | 有香　梅見春(遺稿) | | |
| 26 | 2 | 泊園文藝　宸題　神苑朝 | 同 | 同 | | |
| 26 | 2 | 泊園文藝　宸題　神苑朝 | 早春遊東山 | 同 | | |
| 26 | 2 | 泊園文藝　宸題　神苑朝 | 雪晴 | 同 | | |
| 26 | 2 | 泊園文藝　宸題　神苑朝 | 慰友人喪妹壻 | 同 | | |
| 27 | 1 | 泊園文藝　宸題　神苑朝 | 涅槃會 | 有香　梅見春 | | |
| 27 | 1 | 泊園文藝　宸題　神苑朝 | 秋園小集 | 藤澤黄坡 | | |
| 27 | 1 | 泊園文藝　宸題　神苑朝 | 深秋夜坐 | 同 | | |
| 27 | 1 | 泊園文藝　宸題　神苑朝 | 我軍圍南京 | 笠井雪窓 | | |
| 27 | 2 | 泊園文藝　宸題　神苑朝 | 蔣介石走保長沙 | 同 | | |
| 27 | 2 | 泊園文藝　宸題　神苑朝 | 蔣介石 | 同 | | |
| 28 | 1 | 泊園文藝　宸題　神苑朝 | 太原城占領 | 故梅見有香 | | |
| 28 | 1 | 泊園文藝　宸題　神苑朝 | 防共協約成 | 同 | | |
| 28 | 1 | 泊園文藝　宸題　神苑朝 | 芳野懷古 | 蕉雨　古谷熊 | | |
| 28 | 1 | 泊園文藝　宸題　神苑朝 | 從軍行 | 同 | | |
| 28 | 1 | 泊園文藝　宸題　神苑朝 | 挽梅里福本翁 | 梅見春 | | |
| 28 | 2 | 泊園文藝　宸題　神苑朝 | 同 | 同 | | |
| 28 | 2 | 泊園文藝　宸題　神苑朝 | 有香梅見君俄逝賦一絶告其靈 | 笠井雪窓 | | |
| 28 | 2 | 泊園文藝　宸題　神苑朝 | 輓梅見有香詞兄 | 五條秀草 | | |
| 28 | 2 | 泊園文藝　宸題　神苑朝 | 哭伯陽 | 杉村壺山 | | |
| 28 | 2 | 泊園文藝　宸題　神苑朝 | 悼　有香先生 | 中村青巖 | | |
| 29 | 1 | 泊園文藝　宸題　神苑朝 | 又 | 同 | | |
| 29 | 1 | 和歌 | 神園朝 | 天野みどり | | |
| 29 | 1 | 和歌 | 藤澤黄坡先生荀子勸學篇の講義を聽聞して感想二首 | 同人 | | |
| 29 | 2 | 和歌 | 悼梅見春吉氏訃 | 藤原忠一郎 | | |
| 30 | 1 | 泊園記事 | 冬至祭 | | | |
| 30 | 1 | 泊園記事 | 尚德會初講 | | | |
| 30 | 1 | 泊園記事 | 書院開講 | | | |
| 30 | 1 | 泊園會彙報 | 泊園支社へ補助金交付 | | | |
| 30 | 1 | 泊園會彙報 | 梅見春吉氏死去 | | | |
| 30 | 2 | 泊園會々費收受報告(昭和十二年度) | | | | |
| 31 | 1 | 泊園同窓會記事 | 有香梅見先生逝去 | | | |
| 31 | 1 | 泊園同窓會記事 | 島田均一氏 | | | |
| 31 | 1 | 泊園同窓會記事 | 勝井正信氏 | | | |
| 31 | 1 | 泊園同窓會記事 | 幣原坦氏 | | | |
| 31 | 1 | 泊園同窓會常費收受報告(十二年度) | | | | |
| 32 | 1 | 謹賀新年 | | 泊園書院院主　藤澤章次郎<br>泊園誌社同人　石濱純太郎（顧問）的場信太郎　岡本喜三　石崎太郎　三原靜美　安達龜造<br>泊園會理事一同　泊園同窓會幹事 | | |
| 32 | 2 | 黄坡先生墨蹟展覽會 | | | | |
| 裏見返し | | 泊園書院日課表 | | | | |

## ■新第32号（昭和13年３月15日発行）

編輯兼發行人：的場信太郎
泊園誌社顧問：黄坡先生、石濱純太郎
泊園誌社同人：的場信太郎、石崎太郎、三原靜美、岡本奇堂
泊園同窓會幹事：寺田英一郎、西田幾太郎、安達龜造

| 頁数 | 段数 | 記事名（大分類） | 記事名（小分類） | 署名・その他 | 記事末 | 備考 |
|---|---|---|---|---|---|---|
| 1 | 1 | 天意知る可きのみ | | | （白水生） | |
| 1 | 1 | 南岳書 | | | | 写真を載せる |
| 1 | 3 | 説詩樂趣(16) | | 效尤生 | | |
| 1 | 4 | 泊園書院日課表 | | | | |
| 2 | 1 | 論語講義 | | 黄坡先生述 | （二十五講） | |
| 2 | 2 | 南岳書 | | | | 写真を載せる |
| 2 | 4 | 昭和十三年一月卅三日、追悼會捧 | 梅見有香君靈　三首 | 神田桊吉 | | |
| 2 | 4 | 昭和十三年一月卅三日、追悼會捧 | 挽梅見有香君 | 松軒 | | |
| 2 | 4 | 昭和十三年一月卅三日、追悼會捧 | 同 | 松軒 | | |
| 2 | 4 | 昭和十三年一月卅三日、追悼會捧 | 奠梅見君靈前 | 久保郁藏 | | |
| 2 | 4 | 昭和十三年一月卅三日、追悼會捧 | 悼有香梅見學兄 | 南莊 | | |
| 2 | 4 | 昭和十三年一月卅三日、追悼會捧 | 弔恩師有香先生 | 甘泉 | | |
| 内 | 1 | 泊園書院記事 | 釋奠取止 | | | |
| 内 | 2 | 故梅見有香先生五十日祭 | | | | |
| 内 | 3 | 前號正誤 | | | | |
| 内 | 4 | 常費金壹圓也(各通十二年度) | | | | |
| 3 | 1 | 泊園藝文志隨筆 | | 石濱純太郎 | | |
| 3 | 2 | 娯拾逸齋筆記 | | 大壺 | | |
| 4 | 1 | 痩駄樓漫言 | | 甘蔆 | | |
| 4 | 3 | 遊月瀬記　訓讀語釋 | | | | |
| 外 | 1 | 本誌後援寄附金收受報告(泊園同窓會) | | | | |
| 外 | 2 | 常費金壹圓也(各通十二年度分) | | | | |
| 外 | 3 | 泊園會々費收受報告 | | | | |

## ■新第33号（昭和13年５月１日発行）

編輯兼發行人：的場信太郎
泊園誌社顧問：黄坡先生、石濱純太郎
泊園誌社同人：的場信太郎、石崎太郎、三原靜美、岡本奇堂
泊園同窓會幹事：寺田英一郎、西田幾太郎、安達龜造

| 頁数 | 段数 | 記事名（大分類） | 記事名（小分類） | 署名・その他 | 記事末 | 備考 |
|---|---|---|---|---|---|---|
| 1 | 1 | 泊園諸兄に告ぐ | | | （白水生） | |
| 1 | 2 | 東畡書幅　一対(黄坡先生藏) | | | | 写真を載せる |
| 1 | 3 | 説詩樂趣(17) | | 效尤生 | | |
| 1 | 4 | 道明寺の釋奠會 | | | | |
| 2 | 1 | 論語講義 | | 黄坡先生述 | | |
| 2 | 1 | 南岳書：玄海大捷歌(渡邊花仙氏藏) | | | | 写真を載せる |
| 2 | 4 | 玄海大捷歌(寫眞版参照) | | | （七香齋詩抄） | |
| 内 | 1 | 本誌後援寄附金收受報告(泊園同窓會) | | | | |
| 内 | 2 | (常費壹圓各通十二年度) | | | | |
| 内 | 3 | 泊園會々費收受報告 | | | | |
| 内 | 4 | 會員消息 | | 近藤房吉氏 | | |
| 3 | 1 | 浪華儒林雜記 | | 大壺 | | |
| 3 | 2 | 海保青陵遺文 | | | | |
| 3 | 3 | 娯拾逸齋筆記 | | 大壺 | | |

| 頁数 | 段数 | 記事名（大分類） | 記事名（小分類） | 署名・その他 | 記事末 | 備考 |
|---|---|---|---|---|---|---|
| 3 | 4 | 泊園書院の展墓 | | | | |
| 4 | 1 | 讀書隨筆 | | 大壺 | | |
| 4 | 3 | 東畡先生　遊月瀨記 | 遊月瀨記　訓讀語釋 | | | |
| 外 | 1 | 泊園書院日課表 | | | | |

## ■ 新第34号（昭和13年7月10日発行）

編輯兼發行人：的場信太郎
泊園誌社顧問：黄坡先生、石濱純太郎
泊園誌社同人：的場信太郎、石崎太郎、三原靜美、岡本奇堂
泊園同窓會幹事：寺田英一郎、西田幾太郎、安達龜造

| 頁数 | 段数 | 記事名（大分類） | 記事名（小分類） | 署名・その他 | 記事末 | 備考 |
|---|---|---|---|---|---|---|
| 1 | 1 | 泊園を省みん | | | （白水生） | |
| 1 | 1 | 東畡書（八塚氏所藏） | | | | 写真を載せる |
| 1 | 3 | 説詩樂趣（19） | | 効尤生 | | |
| 1 | 4 | 遠來帳 | | | | |
| 2 | 1 | 論語講義 | | 黄坡先生述 | （第二十七講） | |
| 2 | 2 | 南岳書 | | | | 写真を載せる |
| 2 | 3 | 鳴鶴先生逸事一談（一） | | 大久保荘太郎 | （以下次號） | |
| 内 | 1 | 泊園書院日課表 | | | | |
| 内 | 3 | 泊園同窓會員消息 | | 近藤房吉氏 | | |
| 3 | 1 | 浪華儒林雜記 | | 大壺 | | |
| 3 | 2 | 書幅 | | | | 写真を載せる |
| 3 | 2 | 泊園の憶出（續） | | 岡本勝 | （六月十二日稿） | |
| 4 | 1 | 泊園文藝 | 清凉 | 天野みどり | | |
| 4 | 1 | 瘦駄樓漫言 | | 甘菱 | | |
| 4 | 2 | 泊園文藝 | 自賀 | 細田美三郎 | | |
| 4 | 3 | 泊園消息 | | 細田美三郎 | | |
| 4 | 3 | 泊園消息 | | 古谷熊三 | 戊寅五月十六日　頓首再拜 | |
| 外 | 1 | 本誌後援寄附金收受報告（泊園同窓會） | | | | |
| 外 | 2 | 常費 壹圓也各通（十二年度） | | | | |
| 外 | 2 | 泊園會々費收受（泊園會） | | | | |

## ■ 新第35号（昭和13年9月1日発行）

編輯兼發行人：的場信太郎
泊園誌社顧問：黄坡先生、石濱純太郎
泊園誌社同人：的場信太郎、石崎太郎、三原靜美、岡本奇堂
泊園同窓會幹事：寺田英一郎、西田幾太郎、安達龜造

| 頁数 | 段数 | 記事名（大分類） | 記事名（小分類） | 署名・その他 | 記事末 | 備考 |
|---|---|---|---|---|---|---|
| 1 | 1 | 漢學大會の大阪開催につき | | | （白水生） | |
| 1 | 1 | 東畡書（渡邊花仙氏藏） | | | | 写真を載せる |
| 1 | 3 | 説詩樂趣（19） | | 効尤生 | | |
| 1 | 3 | 富永謙齋先生書牘（一） | 答子剛 | | | |
| 2 | 1 | 論語講義 | | 黄坡先生述 | （二十八講） | |
| 2 | 1 | 南岳書（的場信太郎氏藏） | | | | 写真を載せる |
| 2 | 4 | 嶠南叢話抄 | | | （大壺） | |
| 内 | 1 | 泊園書院日課表 | | | | |
| 内 | 3 | 同窓會常費收受報告 | 常費。壹圓也（十三年度分）　常費。貳圓也（十二年度十三年度　二ヶ年分） | | | |
| 3 | 1 | 日下部鳴鶴先生逸事一談　前承 | | 大久保荘太郎 | （昭和戊寅三月初一稿） | |
| 3 | 2 | 黄坡先生近詠 | 夏日游高尾山　又 | | | |
| 3 | 2 | 木州翁詩 | 丁丑冬寄松井大將於上海　弔戰歿者　詠山君　江樓餞人 | | | |
| 4 | 1 | 富永謙齋先生書牘（二） | 答蘭皐 | | | |

| 頁数 | 段数 | 記事名（大分類） | 記事名（小分類） | 署名・その他 | 記事末 | 備考 |
|---|---|---|---|---|---|---|
| 4 | 1 | 讀書後の感想 | 一、左傳と韓非子 | 岡本勝 | （次は孟子と荀子） | |
| 4 | 1 | 瘦太樓漫言 | | 甘菱 | | |
| 外 | 1 | 泊園記事 | | | | |
| 外 | 2 | 同窓會泊園會總會開催 | | | | |

## ■ 新第36号（昭和13年11月15日発行）

編輯兼發行人：的場信太郎
泊園誌社顧問：黄坡先生、石濱純太郎
泊園誌社同人：的場信太郎、石崎太郎、三原靜美、岡本奇堂
泊園同窓會主幹：筒井民次郎
泊園同窓會幹事：寺田英一郎、西田幾太郎、安達龜造

| 頁数 | 段数 | 記事名（大分類） | 記事名（小分類） | 署名・その他 | 記事末 | 備考 |
|---|---|---|---|---|---|---|
| 1 | 1 | 漢學大會所感 | | | （白水生） | |
| 1 | 1 | 第五回泊園會總會　第四十一回泊園同窓會開催報知 | | | | |
| 1 | 3 | 説詩樂趣（20） | | 效尤生 | | |
| 2 | 1 | 論語講義 | | 黄坡先生述 | | |
| 2 | 1 | 東畡書（豊田宇左衛門氏藏） | | | | 写真を載せる |
| 3 | 1 | （続き）論語講義 | | | （二十九講） | |
| 内 | 1 | 泊園書院日課表 | | | | |
| 3 | 3 | 娯拾逸齋筆記 | | 大壺 | | |
| 4 | 1 | 精神文化 | | | （九月十五日稿）（時笑生） | |
| 4 | 3 | 泊園會彙報（十一月二十三日第五回總會要錄） | 會員異動　収入之部　支出之部　役員選擧ノ件　次年度計畫事項 | 泊園書院　泊園會 | | |
| 4 | 3 | 泊園同窓會會計報告 | | | | |
| 4 | 4 | 會費御拂込に就き | | 泊園會理事 | | |
| 外 | 1 | 泊園會常任理事會開催 | | | | |

## ■ 新第37号（昭和14年１月15日発行）

編輯兼發行人：的場信太郎
泊園誌社：的場信太郎、岡本奇堂、三原靜美、石崎太郎、岡本勝治郎
同窓會：筒井民次郎、西田幾太郎、寺田英一郎、安達龜造

| 頁数 | 段数 | 記事名（大分類） | 記事名（小分類） | 署名・その他 | 記事末 | 備考 |
|---|---|---|---|---|---|---|
| 1 | 1 | 年頭の感 | | | （白水生） | |
| 1 | 1 | 黄坡書　扇面 | | | | 写真を載せる |
| 1 | 3 | 東畡先生七十五周忌祭 | | 泊園會　同窓會　幹事 | | |
| 1 | 3 | 泊園會總會及同窓會記 | | | （十二月五日稿時笑生） | |
| 2 | 1 | 論語講義 | | 黄坡先生述 | （三十講） | |
| 2 | 2 | 東畡書 | | | | 写真を載せる |
| 2 | 4 | 泊園會十三年度會費領收報告 | | | （以下次號） | |
| 内 | 1 | 泊園書院日課表 | | | | |
| 内 | 3 | 賀正 | | 泊園書院　院主　藤澤章次郎　石濱純太郎　泊園會理事一同 | | |
| 3 | 1 | 新成吉思汗は | | 石濱純太郎 | | |
| 4 | 1 | （続き）新成吉思汗は | | 石濱純太郎 | | |
| 4 | 2 | 初秋情趣 | | 天野みどり | | |
| 4 | 3 | 酒と史記 | | 時笑生 | （十三年十月廿一日稿） | |
| 外 | 1 | 本誌後援寄附金收受報告（泊園同窓會） | | | | |

## ■ 新第38号（昭和14年３月５日発行）

編輯兼發行人：的場信太郎
泊園誌社顧問：石濱純太郎
泊園誌社：的場信太郎、岡本奇堂、三原靜美、石崎太郎、岡本勝治郎
同窓會：筒井民次郎、西田幾太郎、寺田英一郎、安達龜造

| 頁数 | 段数 | 記事名（大分類） | 記事名（小分類） | 署名・その他 | 記事末 | 備考 |
|---|---|---|---|---|---|---|
| 1 | 1 | 漢文へもどれ | | | （白水生） | |
| 1 | 1 | 東畡書　扇面 | | | | 写真を載せる |
| 1 | 3 | 説詩樂趣(21) | 博識門 | 效尤生 | | |
| 1 | 4 | 泊園消息(三崎要一氏) | | | 二月一日　滿洲國三江省寶清　陸軍軍醫大尉三崎要一 | |
| 2 | 1 | 論語講義 | | 黄坡先生述 | （三十一講） | |
| 2 | 1 | 東畡書：雨窓 | | | | 写真を載せる |
| 2 | 4 | 泊園會十三年度會費收受報告 | | | | |
| 内 | 1 | 泊園書院日課表 | | | | |
| 内 | 3 | 常費金壹圓也(昭和十三年度分)各通 | | | | |
| 3 | 1 | 先師東畡先生第七十五周忌祭典擧行 | 祭文 | | 昭和十四年二月四日　孝孫　章　再拜頓首 | |
| 3 | 1 | 先師東畡先生第七十五周忌祭典擧行 | 祭文 | | 巳卯二月初四　笠井靜 | |
| 3 | 3 | 東畡先生遺文 | 銘　陣鐘銘　鐵扇銘　酒瓢銘　退歩銘 | | | |
| 3 | 3 | 和歌 | そのかみ祖母と別れたまひし折をしのびて | 敬子 | | |
| 3 | 3 | 和歌 | 御祭の日にふるき物語をおもひいでて | 同 | | |
| 3 | 3 | 漢詩 | | 久保郁藏 | | |
| 3 | 4 | 東畡先生七十五周忌祭典 | | | （石崎、三原記） | |
| 4 | 1 | 續　泊園の憶出 | | 岡本勝 | （以下次號へ續く） | |
| 4 | 2 | 痩駄樓漫言 | | 甘菱 | | |
| 外 | 1 | 本誌後援寄附金收受報告(泊園同窓會) | | | | |

## ■ 新第39号（昭和14年５月25日発行）

編輯兼發行人：的場信太郎
泊園誌社顧問：石濱純太郎
泊園誌社：的場信太郎、岡本奇堂、三原靜美、石崎太郎、岡本勝治郎
同窓會：筒井民次郎、西田幾太郎、寺田英一郎、安達龜造

| 頁数 | 段数 | 記事名（大分類） | 記事名（小分類） | 署名・その他 | 記事末 | 備考 |
|---|---|---|---|---|---|---|
| 1 | 1 | 教育の精神 | | | （先夫子南岳先生著醉世九劑の中の一節より抄載） | |
| 1 | 1 | 黄坡書 | | | | 写真を載せる |
| 1 | 3 | 説詩樂趣(22) | | 效尤生 | | |
| 1 | 4 | 泊園書院記事 | 道明寺釋奠　恒例の舍利寺及齢延寺展墓 | | | |
| 2 | 1 | 論語講義 | | 黄坡先生述 | （三十二講） | |
| 2 | 4 | 會員消息 | | 石崎太郎君 | | |
| 2 | 4 | 會員消息 | | 三原靜美君 | | |
| 2 | 4 | 會員消息 | | 北野春一君 | | |
| 2 | 4 | 會員消息 | | 源元公子女史 | | |
| 2 | 4 | 渡邊花仙女史個人展 | | | | |
| 2 | 4 | 渡邊花仙画 | | | | 写真を載せる |
| 内 | 1 | 本誌後援寄附金收受報告(泊園同窓會) | | | | |
| 3 | 1 | 弔渡邊盤山先生 | | 時笑生 | | |
| 3 | 1 | 写真：盤山先生(昭和十一年十一月撮) | | | | 写真あり |
| 4 | 1 | 達心志館筆記 | | 大壺 | | |

| 頁数 | 段数 | 記事名（大分類） | 記事名（小分類） | 署名・その他 | 記事末 | 備考 |
|---|---|---|---|---|---|---|
| 4 | 2 | 泊園の憶出(續) | | 岡本勝 | (十三年十月十九日稿) | |
| 4 | 4 | 時事即感 | | 渡邊盤山翁 | (昭和十三年九月病中作) | |
| 外 | 1 | 泊園書院日課表 | | | | |

## ■ 新第40号（昭和14年7月18日発行）

編輯兼發行人：的場信太郎
泊園誌社顧問：石濱純太郎
泊園誌社同人：的場信太郎、岡本奇堂、三原靜美、石崎太郎、岡本勝治郎
同窓會：筒井民次郎、西田幾太郎、寺田英一郎、安達龜造

| 頁数 | 段数 | 記事名（大分類） | 記事名（小分類） | 署名・その他 | 記事末 | 備考 |
|---|---|---|---|---|---|---|
| 1 | 1 | 藤澤南岳先生講演　誠者天之道也、誠之者人之道也、誠者不勉而中、不思而得、從容中道聖人也、誠之擇善而固執之也 | | | (大壺) | |
| 1 | 2 | 南岳書 | | | | 写真を載せる |
| 2 | 1 | 論語講義 | | 黄坡先生述 | | |
| 2 | 3 | 説詩樂趣(23) | | 效尤生 | | |
| 内 | 1 | 本誌◎援寄附金收受報告(泊園同窓會) | | | | |
| 内 | 3 | 會員消息 | | 岡本勝治郎氏 | | |
| 内 | 3 | 會員消息 | | 高垣顯藏氏 | | |
| 内 | 3 | 會員消息 | | 辻政輝(舊名直太郎)氏 | | |
| 3 | 1 | 日本の儒學 | | 石濱純太郎 | | |
| 3 | 4 | 花仙畫册跋 | | | (黄坡先生稿) | |
| 4 | 1 | 靈松義端上人遺文 | 葛城三十八勝和歌序 | 安永乙未閏十二月甲寅、墨浦靈松義端撰 | | |
| 4 | 1 | 枚方火藥庫爆發の日 | | 天野みどり | | |
| 4 | 1 | 河内より大阪に移りて | | 天野みどり | | |
| 4 | 1 | 初夏 | | 天野みどり | | |
| 4 | 2 | 讀書後の感想(二) | | 時笑生 | (十三年十月二十二日稿) | |
| 外 | 1 | 泊園書院日課表 | | | | |

## ■ 新第41号（昭和14年9月30日発行）

編輯兼發行人：的場信太郎
泊園誌社顧問：石濱純太郎
泊園誌社同人：的場信太郎、岡本奇堂、三原靜美、石崎太郎、岡本勝治郎
同窓會：筒井民次郎、西田幾太郎、寺田英一郎、安達龜造

| 頁数 | 段数 | 記事名（大分類） | 記事名（小分類） | 署名・その他 | 記事末 | 備考 |
|---|---|---|---|---|---|---|
| 1 | 1 | 泊園を盛んにせん!! | | | (白水生) | |
| 1 | 2 | 第四十二回泊園同窓會開催通知 | | | | |
| 1 | 3 | 説詩樂趣(24) | | 效尤生 | | |
| 2 | 1 | 論語講義 | | 黄坡先生述 | (三十四講) | |
| 内 | 1 | 本誌後援寄附金收受報告(泊園同窓會) | | | | |
| 内 | 3 | 常費收受報告(泊園同窓會) | | | | |
| 3 | 1 | 古學派 | | 石濱純太郎 | (英文日本百科事彙未定稿) | |
| 3 | 2 | 黄坡先生十旬花月帖釋文序 | | | 己卯之月 | |
| 3 | 4 | 達心志館筆記 | | 大壺 | | |
| 3 | 4 | 故南莊河田爲作氏遺稿 | 憶老友石川君　病中苦吟 | | | |
| 4 | 1 | 泊園の憶出(續) | | 岡本勝 | (此項未完) | |
| 4 | 4 | 會員消息 | | 淺井佐一郎氏 | | |
| 4 | 4 | 會員消息 | | 河田爲作氏 | | |
| 4 | 4 | 會員消息 | | 鷲田又兵衛氏 | | |
| 4 | 4 | 泊園會十三年度會費領收報告 | | | | |
| 外 | 1 | 泊園書院日課表 | | | | |

## ■ 新第42号（昭和14年11月８日発行）

編輯兼發行人：的場信太郎
泊園誌社顧問：石濱純太郎
泊園誌社同人：的場信太郎、岡本奇堂、三原靜美、石崎太郎、岡本勝治郎
同窓會：筒井民次郎、西田幾太郎、寺田英一郎、安達龜造

| 頁数 | 段数 | 記事名（大分類） | 記事名（小分類） | 署名・その他 | 記事末 | 備考 |
|---|---|---|---|---|---|---|
| 1 | 1 | 再興の釋奠について | | 甘菱 | | |
| 1 | 2 | 講演會開催(參聽隨意) | | 主催　泊園書院　泊園會 | | |
| 1 | 3 | 説詩樂趣(25) | | 效尤生 | | |
| 2 | 1 | 論語講義 | | 黄坡先生述 | | |
| 2 | 4 | 釋奠 | | | (時笑生記す) | |
| 内 | 1 | 本誌後援寄附金收受報告(泊園同窓會) | | | | |
| 内 | 2 | 常費收受報告(泊園同窓會) | | | | |
| 3 | 1 | 達心志館筆記 | | 大壺 | | |
| 3 | 2 | 黄坡先生洛水會書册第二集序 | | | | |
| 3 | 3 | 同窓會之記 | | | (時笑生記す) | |
| 3 | 4 | 泊園記事 | | | | |
| 3 | 4 | 會員消息 | | 白藤丈太郎氏 | | |
| 3 | 4 | 會員消息 | | 野田六左衛門氏 | | |
| 3 | 4 | 會員消息 | | 細田美三郎(通信) | | |
| 4 | 1 | 時處位 | | 自笑生 | | |
| 4 | 2 | 泊園同窓會々計報告 | | | | |
| 4 | 3 | 泊園會彙報(十一月十二日第六回總會要錄) | 會員異同　收入之部　支出之部　役員選擧ノ件　次年度計畫事項 | 泊園書院　泊園會 | | |
| 4 | 4 | 会費御拂込に就き | | 泊園會理事 | | |
| 外 | 1 | 泊園書院日課表 | | | | |

## ■ 新第43号（昭和15年１月１日発行）

編輯兼發行人：的場信太郎
泊園誌社顧問：石濱純太郎
泊園誌社同人：的場信太郎、岡本奇堂、三原靜美、石崎太郎、岡本勝治郎
同窓會：筒井民次郎、西田幾太郎、寺田英一郎、安達龜造

| 頁数 | 段数 | 記事名（大分類） | 記事名（小分類） | 署名・その他 | 記事末 | 備考 |
|---|---|---|---|---|---|---|
| 1 | 1 | 皇紀二千六百年と孔子廟 | | | (白水生) | |
| 1 | 1 | 黄坡書 | | | | 写真を載せる |
| 1 | 3 | 説詩樂趣(26) | | 效尤生 | | |
| 1 | 4 | 泊園書院記事 | | | | |
| 2 | 1 | 論語講義 | | 黄坡先生述 | (第三十六講) | |
| 2 | 2 | 書画 | | | | 写真を載せる |
| 2 | 4 | 黄坡先生近詠 | 次甲岳君詩 | | | |
| 内 | 1 | 本誌後援寄附金收受報告(泊園同窓會) | | | | |
| 3 | 1 | 泊園文藝 | 泊園藝文錄 | 白水生 | | |
| 3 | 2 | 題蔆園讌集圖 | | | | 蔆園讌集圖の写真あり |
| 3 | 3 | 泊園會記 | | | (時笑生記す) | |
| 3 | 4 | 會員消息 | | | 十二月一日　門脇才藏九拜 | |
| 3 | 4 | 會員消息 | 多田貞一氏 | | | |
| 3 | 4 | 會員消息 | | | 十一月二日　歩兵第七十六聯隊(羅南)　陸軍軍醫大尉　三崎要一 | |
| 3 | 4 | 會員消息 | | | 櫻井雲洞氏 | |
| 4 | 1 | 遊笠置山記 | | | (石崎生記) | 集合写真を載せる |
| 4 | 2 | 笠置懷古 | | 黄坡 | | |
| 4 | 3 | 詠水(祝某學士某君卒業大學就任某官)　偶成 | | 敬軒　鴨居武 | | |

| 頁数 | 段数 | 記事名（大分類） | 記事名（小分類） | 署名・その他 | 記事末 | 備考 |
|---|---|---|---|---|---|---|
| 4 | 4 | 泊園會費領收報告（昭和十四年度） | | | | |
| 外 | 1 | 泊園書院日課表 | | | | |

## ■ 新第44号（昭和15年３月15日発行）

編輯兼發行人：的場信太郎
泊園誌社顧問：石濱純太郎
泊園誌社同人：的場信太郎、岡本奇堂、三原静美、石崎太郎、岡本勝治郎
同窓會：筒井民次郎、西田幾太郎、寺田英一郎、安達龜造

| 頁数 | 段数 | 記事名（大分類） | 記事名（小分類） | 署名・その他 | 記事末 | 備考 |
|---|---|---|---|---|---|---|
| 1 | 1 | 治國平天下の漢學 | | | （白水生） | |
| 1 | 1 | 東畡書 | | | | 写真を載せる |
| 1 | 3 | 説詩樂趣（27） | | 效尤生 | | |
| 1 | 4 | 南岳先生詩抄 | 偶吟　酔笑 | | | |
| 2 | 1 | 論語講義 | | 黄坡先生述 | | |
| 2 | 2 | 原田西疇書 | | | | 写真を載せる<br>頁末に写真説明あり |
| 3 | 1 | 泊園文藝 | 逹心館筆記 | 大壺 | | |
| 3 | 3 | 故梅見先生の追悼詩句 | 有香先生大祥忌 | 秀野甘泉 | | |
| 3 | 3 | 故梅見先生の追悼詩句 | 悼有香盟兄 | 沖本三郎 | | |
| 3 | 3 | 故梅見先生の追悼詩句 | 享有香先生靈 | 杉郁壺山 | | |
| 3 | 3 | 故梅見先生の追悼詩句 | | 村田曉風 | | |
| 3 | 3 | 泊園書院記事 | | | | |
| 3 | 3 | 泊園書院記事 | 豫告　道明寺釋奠會　泊園書院の展墓 | | | |
| 3 | 4 | 會員消息 | | 門脇禎二郎氏 | | |
| 3 | 4 | 會員消息 | | 中川魚梁氏 | | |
| 3 | 4 | 會員消息 | | 島本一男氏 | | |
| 3 | 4 | 會員消息 | | 金戸守氏 | | |
| 4 | 1 | 泊園の憶出（續） | | 岡本勝 | | |
| 4 | 4 | 本誌後援寄附收受報告（泊園同窓會） | | | | |
| 4 | 4 | 泊園會報告〔終身會員報告〕 | | | | |
| 外 | 1 | 泊園書院日課表 | | | | |

## ■ 新第45号（昭和15年５月25日発行）

編輯兼發行人：的場信太郎
泊園誌社顧問：石濱純太郎
泊園誌社同人：的場信太郎、岡本奇堂、三原静美、石崎太郎、岡本勝治郎
同窓會：筒井民次郎、西田幾太郎、寺田英一郎、安達龜造

| 頁数 | 段数 | 記事名（大分類） | 記事名（小分類） | 署名・その他 | 記事末 | 備考 |
|---|---|---|---|---|---|---|
| 1 | 1 | 泊園の記念事業は何 | | | （白水生） | |
| 1 | 1 | 黄坡書 | | | | 写真を載せる |
| 1 | 3 | 説詩樂趣（28） | | 效尤生 | | |
| 1 | 4 | 南岳先生詩抄 | 美人學語　初夏即事 | | | |
| 2 | 1 | 論語講義 | | 黄坡先生述 | （第三十八講） | |
| 3 | 1 | 泊園文藝 | 管子について | 大壺 | | |
| 3 | 2 | 黄坡書 | | | | 写真を載せる |
| 3 | 4 | 黄坡先生の近著　千字文詳解出づ!! | | | 發行所　駸々堂 | |
| 4 | 1 | 曇隱居叢談 | | 大壺 | | |
| 4 | 3 | 會員消息 | | 藤澤成太殿 | | |
| 4 | 3 | 會員消息 | | 三崎要一殿 | | |
| 4 | 3 | 會員消息 | | 山下是臣氏 | | |
| 4 | 3 | 會員消息 | | 澤田雅好君 | | |

| 頁数 | 段数 | 記事名（大分類） | 記事名（小分類） | 署名・その他 | 記事末 | 備考 |
|---|---|---|---|---|---|---|
| 4 | 4 | 會員消息 | | 川合孝太郎氏逝去 | | |
| 4 | 4 | 泊園書院記事 | 道明寺釋奠會　泊園書院の展墓 | | | |
| 4 | 3 | 泊園書院日課表 | | | | |
| 外 | 1 | 本誌後援寄附金收受報告（泊園同窓會） | | | | |
| 外 | 3 | 泊園會費領收報告 | | | | |

## ■ 新第46号（昭和15年7月25日発行）

編輯兼發行人：的場信太郎
泊園誌社顧問：石濱純太郎
泊園誌社同人：的場信太郎、岡本奇堂、三原靜美、石崎太郎、岡本勝治郎
同窓會：筒井民次郎、西田幾太郎、寺田英一郎、安達龜造

| 頁数 | 段数 | 記事名（大分類） | 記事名（小分類） | 署名・その他 | 記事末 | 備考 |
|---|---|---|---|---|---|---|
| 1 | 1 | 東亞新秩序に對する漢學 | | | （白水生） | |
| 1 | 1 | 東畡書（林田炭翁氏藏） | | | | 写真を載せる |
| 1 | 3 | 説詩樂趣（29） | | 效尤生 | | |
| 2 | 1 | 論語講義 | | 黄坡先生述 | | |
| 2 | 2 | 庚申三月與吟友會川上氏松福庵分字賦東山春望余得門字 | | 黄坡 | | |
| 内 | 1 | 泊園書院日課表 | | | | |
| 3 | 1 | 達心志齋讀書記 | | 大壺 | | |
| 3 | 2 | 東畡書 | | | | 写真を載せる |
| 3 | 3 | 三惜書屋初稿 | 陪觀陸軍大演習　親閲式恭賦　陪觀第四師團觀兵式<br>游覽類<br>游嵐峡　江樓晴望　遊神於山 | | | |
| 3 | 4 | 泊園記事 | | | | |
| 3 | 4 | 會員消息 | | 松本洪 | | |
| 3 | 4 | 會員消息 | | 四月十五日　林田炭翁 | | |
| 4 | 1 | 噫槃山川合先生 | | 如石生 | （未完） | |
| 4 | 4 | 本紙掲載　故川合孝太郎先生論文目録 | | | | |
| 外 | 1 | 本誌後援寄附金收受報告（泊園同窓會） | | | | |
| 外 | 2 | 泊園會々費收受報告（昭和十四年度） | | | | |

## ■ 新第47号（昭和15年9月29日発行）

編輯兼發行人：的場信太郎
泊園誌社顧問：石濱純太郎
泊園誌社同人：的場信太郎、岡本奇堂、三原靜美、石崎太郎、岡本勝治郎
同窓會：筒井民次郎、西田幾太郎、寺田英一郎、安達龜造

| 頁数 | 段数 | 記事名（大分類） | 記事名（小分類） | 署名・その他 | 記事末 | 備考 |
|---|---|---|---|---|---|---|
| 1 | 1 | 漢文を尊重せよ | | | （白水生） | |
| 1 | 2 | 第四十三回泊園同窓會　第七回泊園會總會　泊園講演會　開催！ | | | | |
| 1 | 4 | 説詩樂趣（30） | | 效尤生 | | |
| 2 | 1 | 論語講義 | | 黄坡先生述 | | |
| 2 | 2 | 南岳書　扇面 | | | | 写真を載せる |
| 内 | 1 | 藤澤成太殿 | | | | |
| 内 | 2 | 石濱純太郎先生 | | | | |
| 内 | 3 | 泊園書院日課表 | | | | |
| 3 | 1 | 達心志齋讀書記 | | 大壺 | | |
| 3 | 2 | 黄坡先生文藻 | 氏井上等兵墓碑　念祖碑記 | | | |
| 3 | 2 | 好治閒事室藏書記 | | 大壺 | | |
| 4 | 1 | 噫槃山川合先生（下） | | 如石生 | | |

| 頁数 | 段数 | 記事名（大分類） | 記事名（小分類） | 署名・その他 | 記事末 | 備考 |
|---|---|---|---|---|---|---|
| 4 | 3 | 泊園文藝 | 夏より秋へ | 天野みどり | | |
| 4 | 4 | 泊園書院記事 | 藤澤家法事　泊園同窓會幹事會<br>泊園會常任理事會 | | | |
| 4 | 4 | 會員消息 | | 澤田雅好君 | | |
| 4 | 4 | 會員消息 | | 藤戸基氏 | | |
| 4 | 4 | 會員消息 | | 岡田尚齋氏 | | |
| 4 | 4 | 本誌後援寄附金收受報告（泊園同窓會） | | | | |
| 4 | 4 | 泊園會々費收受報告 | | | | |

## ■ 新第48号（昭和15年11月29日発行）

編輯兼發行人：的場信太郎
泊園誌社顧問：石濱純太郎
泊園誌社同人：的場信太郎、岡本奇堂、三原靜美、石崎太郎、岡本勝治郎
同窓會：筒井民次郎、西田幾太郎、寺田英一郎、安達龜造

| 頁数 | 段数 | 記事名（大分類） | 記事名（小分類） | 署名・その他 | 記事末 | 備考 |
|---|---|---|---|---|---|---|
| 1 | 1 | 論語講義 | | 黄坡先生述 | （第四十一講） | |
| 1 | 2 | 泊園書院表彰さる | | | （石濱純太郎） | |
| 1 | 4 | 第七回泊園會總會々計報告 | 收入合計　支出合計 | | | |
| 2 | 1 | 支那研究の情態 | | 石濱純太郎 | | |
| 2 | 2 | 南岳書 | | | | 写真を載せる |
| 内 | 1 | 洗毫 | | | | |
| 内 | 2 | 泊園書院日課表 | | | | |
| 3 | 1 | （續き）支那研究の情態 | | | （右は別項同窓會席上の講演） | |
| 3 | 4 | 本誌後援寄附金收受報告（泊園同窓會） | | | （以下一ト四ノ欄外へ續ク） | |
| 4 | 1 | 釋奠 | | | （時笑生記す） | |
| 4 | 2 | 同窓會　泊園總會之記 | | | （時笑生記す） | |
| 4 | 2 | 泊園同窓會々計報告 | | | | |
| 4 | 4 | 泊園彙報 | 泊園記事 | | | |
| 4 | 4 | 泊園彙報 | 會員消息　會員異動 | 甲、轉居<br>宮崎青湖氏　田中藤太郎氏　吉崎善三郎氏　川崎直一氏　原田隆氏　藤本卓男氏　多田貞一氏　中村君子氏　源元公子氏　仙波久榮氏　藤澤成太殿　石濱純太郎先生　三崎要一殿　渡邊醇氏　廣田虎三氏　清水音三郎氏　山田正一氏　澤田賢治氏　有岡太郎氏　松根嘉夫氏　大歳萬藏氏　中村三德氏<br>乙、轉居先不明<br>船井秋浦氏　山口菊三郎氏　福王彌三郎氏　川合俊良氏<br>丙、逝去<br>中川魚梁氏　島本一男氏　岡田尚齋氏　藤戸基氏　蓬萊三郎氏　兒玉天宏氏　山本國次（太は誤り）郎氏　金行九郎兵衛氏　仲野安一氏 | | |
| 外 | 1 | （續き）本誌後援寄附金收受報告（泊園同窓會） | | | | |

## ■ 新第49号（昭和16年２月11日発行）

編輯兼發行人：的場信太郎
泊園誌社顧問：石濱純太郎
泊園誌社同人：的場信太郎、岡本奇堂、三原靜美、石崎太郎、岡本勝治郎
同窓會：西田幾太郎、寺田英一郎、安達龜造

| 頁数 | 段数 | 記事名（大分類） | 記事名（小分類） | 署名・その他 | 記事末 | 備考 |
|---|---|---|---|---|---|---|
| 1 | 1 | 道徳を維持せよ | | | （白水生） | |
| 1 | 2 | 黄坡書 | | | | 写真を載せる |
| 1 | 4 | 説詩樂趣(31) | | 效尤生 | （二面ニ續ク） | |
| 2 | 1 | (続き)説詩樂趣(31) | | | | |
| 2 | 2 | 論語講義 | | 黄坡先生述 | （第四十二講） | |
| 2 | 2 | 書画 | | | | 写真を載せる |
| 内 | 1 | (外４の続き)本誌後援寄附金收受報告(泊園同窓會) | | | | |
| 内 | 2 | 泊園書院日課表 | | | | |
| 3 | 1 | 「下泉」存疑 | 下泉(曹風) | 茶谷逝水 | （終） | |
| 3 | 2 | 東園藤川先生墓碣銘 | | | （從城山道人稿巻之十五移鈔） | |
| 4 | 1 | 春王正月 | | 岡本時笑生 | | |
| 4 | 2 | 教育勅語渙發五十周年寄黄坡先生賀表彰之榮 | | 遠山虎 | | |
| 4 | 2 | 同前 | | 木下貞　松軒 | | |
| 4 | 2 | | | 宇田敬子 | | |
| 4 | 4 | 會員消息 | | 越智宜哲氏 | | |
| 4 | 4 | 會員消息 | | 南坊城良興氏 | | |
| 4 | 4 | 會員消息 | | 辻蒼石氏 | | |
| 4 | 4 | 會員消息 | | 黄坡先生 | | |
| 4 | 4 | 會員消息 | | 和田達源氏 | | |
| 4 | 4 | 會員消息 | | 森下博氏 | | |
| 4 | 4 | 會員消息 | | 靭仲次郎氏 | | |
| 4 | 4 | 會員消息 | | 津田勝五郎氏 | | |
| 4 | 4 | 會員消息 | | 宮崎青湖氏 | | |
| 4 | 4 | 會員消息 | | 村上吉五郎氏 | | |
| 4 | 4 | 會員消息 | | 淺井佐一郎氏 | | |
| 4 | 4 | 會員消息 | | 三浦徳次郎氏 | | |
| 4 | 4 | 會員消息 | | 吉永登氏 | | |
| 4 | 4 | 會員消息 | | 小畑勝藏氏 | | |
| 4 | 4 | 會員消息 | | 源元公子氏 | | |
| 4 | 4 | 泊園會々費收受報告(泊園會) | | | （欄外へ續ク） | |
| 外 | 1 | (續き)泊園會々費收受報告(泊園會) | | | | |
| 外 | 4 | 本誌後援寄附金收受報告(泊園同窓會) | | | | |

## ■ 新第50号（昭和16年３月31日発行）

編輯兼發行人：的場信太郎
泊園誌社顧問：石濱純太郎
泊園誌社同人：的場信太郎、岡本奇堂、三原靜美、石崎太郎、岡本勝治郎
同窓會：西田幾太郎、寺田英一郎、安達龜造

| 頁数 | 段数 | 記事名（大分類） | 記事名（小分類） | 署名・その他 | 記事末 | 備考 |
|---|---|---|---|---|---|---|
| 1 | 1 | 漢文の振興 | | | （白水生） | |
| 1 | 2 | 黄坡書 | | | | 写真を載せる |
| 1 | 3 | 説詩樂趣(32) | | 效尤生 | | |
| 1 | 4 | 豫告 | 泊園書院の展墓　道明寺の釋奠會 | | | |
| 2 | 1 | 論語講義 | | 黄坡先生述 | | |
| 2 | 4 | 曇隱居叢談 | | 大壺 | | |
| 3 | 4 | (続き)曇隱居叢談 | | | | |
| 内 | 1 | 本誌後援寄附金收受報告(泊園同窓會) | | | | |

| 頁数 | 段数 | 記事名（大分類） | 記事名（小分類） | 署名・その他 | 記事末 | 備考 |
|---|---|---|---|---|---|---|
| 内 | 2 | 泊園會々費收受報告(泊園會) | | | | |
| 内 | 3 | 會員消息 | | 藤澤成太殿 | | |
| 内 | 3 | 會員消息 | | 筒井民次郎氏 | | |
| 内 | 3 | 會員消息 | | 西田長左衛門氏 | | |
| 内 | 3 | 會員消息 | | 中尾國太郎氏 | | |
| 3 | 1 | 頼山陽の謁楠河州墳有作の詩に就て | | 轟叟坡 | | |
| 3 | 1 | 頼山陽書(本文參照) | | | | 写真を載せる |
| 3 | 4 | 奉告祭 | | | | |
| 3 | 4 | 黄坡先生稱壽會 | | | | |
| 4 | 1 | 好治間事室藏書記 | | 大壺 | | |
| 4 | 4 | 三惜書屋初稿 | 遊月瀬宿騎鶴樓閒帖誦大翁詩遊蹤踊今四十四年慨然歩其韵　養老山偶作　同　養老瀑布　同　養老歸程車上　和州北倭村金鵄靈址 | | | |
| 外 | 1 | 泊園書院日課表 | | | | |

## ■ 新第51号（昭和16年5月31日発行）

編輯兼發行人：的場信太郎
泊園誌社顧問：石濱純太郎
泊園誌社同人：的場信太郎、岡本奇堂、三原靜美、石崎太郎、岡本勝治郎
同窓會：西田幾太郎、寺田英一郎、安達龜造

| 頁数 | 段数 | 記事名（大分類） | 記事名（小分類） | 署名・その他 | 記事末 | 備考 |
|---|---|---|---|---|---|---|
| 1 | 1 | あせつてはいけない | | | (白水生) | |
| 1 | 3 | 表彰状　藤澤章次郎殿 | | | 昭和十五年十月三十日　帝國教育會長　從三位勲二等　永田秀次郎 | |
| 1 | 3 | 泊園三世四先生表彰奉告祭々文 | | | 昭和十六年五月十一日　章再拜 | |
| 1 | 4 | 泊園書院記事 | 道明寺釋奠 | | | |
| 1 | 4 | 泊園書院記事 | 師家の御不吉 | | | |
| 1 | 4 | 泊園書院記事 | 齡延寺拾遺 | | (三原生) | |
| 1 | 4 | 泊園書院記事 | 泊園書院の展墓 | | | |
| 1 | 4 | 泊園書院記事 | 表彰報告祭の記 | | | |
| 2 | 1 | 書(和歌) | | | | 写真を載せる |
| 2 | 1 | 思ひ出すまゝに | | 辰巳佳子 | | 写真：藤澤定子 |
| 2 | 3 | 思ひ出すことども | | 川谷愛子 | | |
| 2 | 3 | "故藤澤定子様に捧ぐ" | | 豊田左代 | (五月八日) | |
| 2 | 4 | 悼詩 | 悼定子 | 章 | | |
| 2 | 4 | 悼詩 | 悼定子孃 | 安達龜造 | | |
| 2 | 4 | 悼詩 | 同 | 的場信太郎 | | |
| 2 | 4 | 悼詩 | みたまにさゝく | 宇田敬子 | | |
| 2 | 4 | 悼詩 | みたまにさゝく | 曾根田良久子 | | |
| 2 | 4 | 悼詩 | 故定子孃のみたまにさゝく | 早川自照 | | |
| 2 | 4 | 悼詩 | 定子ちやんをいたみて | 石濱彌榮子 | | |
| 内 | 1 | 會員消息 | | 淺井佐一郎氏 | | |
| 内 | 1 | 會員消息 | | 源元君子氏 | | |
| 内 | 2 | 本誌後援寄附金收受報告(泊園同窓會) | | | | |
| 内 | 3 | | 定子ちやん逝きし日 | 石濱彌榮子 | | |
| 内 | 3 | | 同 | 藤澤昭子 | | |
| 内 | 4 | | 出棺を前に | 石濱恭子 | | |
| 内 | 4 | | 定子さんの靈前に | 同 | | |
| 内 | 4 | | 定子ちやん逝きし日 | 石濱恒夫 | | |
| 3 | 1 | 釋文 | | | 大正十五年九月　浪華　黄坡藤澤　章譔 | |
| 3 | 1 | 念庵大城戸君碑 | | | | 写真を載せる |
| 3 | 2 | 好治間事室藏書記 | | 魚石 | | |
| 3 | 3 | 絹質智順大姉 | | 藤澤桓夫 | | |
| 3 | 4 | 定子の君を偲びまつりて | | 山下是臣 | | |

| 頁数 | 段数 | 記事名（大分類） | 記事名（小分類） | 署名・その他 | 記事末 | 備考 |
|---|---|---|---|---|---|---|
| 4 | 1 | 泊園三世四先生表彰祭文 | | | 昭和十六年辛巳春五月十一日　門生惣代岡本勝治郎　再拜 | |
| 4 | 2 | 頌泊園三世四先生表彰奉告祭 | | 的場信太郎 | | |
| 4 | 2 | 頌泊園三世四先生表彰奉告祭 | | 吉宗耕英 | | |
| 4 | 2 | 書籍の傳來及作撰 | | 岡本時笑生 | （續） | |
| 外 | 1 | 泊園書院日課表 | | | | |

## ■ 新第52号（昭和16年７月31日発行）

編輯兼發行人：的場信太郎
泊園誌社顧問：石濱純太郎
泊園誌社同人：的場信太郎、岡本奇堂、三原靜美、石崎太郎、岡本勝治郎
同窓會：西田幾太郎、寺田英一郎、安達龜造

| 頁数 | 段数 | 記事名（大分類） | 記事名（小分類） | 署名・その他 | 記事末 | 備考 |
|---|---|---|---|---|---|---|
| 1 | 1 | 直ちに漢文を修習せよ | | | （白水生） | |
| 1 | 2 | 黄坡書２点 | | | | 写真を載せる |
| 1 | 3 | 説詩樂趣（33） | | 效尤生 | | |
| 1 | 4 | 泊園書院記事 | | | | |
| 2 | 1 | 論語講義 | | 黄坡先生述 | （第四十四講） | |
| 内 | 1 | 本誌後援寄附金收受報告（泊園同窓會） | | | | |
| 3 | 1 | 達心志齋讀書記 | | 大壺 | | |
| 4 | 1 | 木澤濬兮墓碑銘 | | | 從四位下行大學助源朝臣寵撰（從竹窓文集並諸家鈔出） | |
| 4 | 2 | 悼詩 | 定子孃を悼みて | 五條秀麿 | | |
| 4 | 2 | | 同 | 小松原一路 | | |
| 4 | 2 | | 同 | 日野谷キクノ | | |
| 4 | 2 | | 絹質智順大姉の法要にまゐきて | 宇田敬子 | | |
| 4 | 2 | | 定子滿中陰言意 | 章 | | |
| 4 | 2 | | 觀定子孃遺墨 | 的場信太郎 | | |
| 4 | 2 | 追憶藤澤定子孃 | | 洗毫子 | | |
| 4 | 3 | 石濱先生の説文 | | 川崎直一 | | |
| 4 | 4 | サロンと扁額 | | S・M生 | | |
| 4 | 4 | 泊園書院日課表 | | | | |

## ■ 新第53号（昭和16年９月30日発行）

編輯兼發行人：的場信太郎
泊園誌社顧問：石濱純太郎
泊園誌社同人：的場信太郎、岡本奇堂、三原靜美、石崎太郎、岡本勝治郎
同窓會：筒井民次郎、西田幾太郎、寺田英一郎、安達龜造

| 頁数 | 段数 | 記事名（大分類） | 記事名（小分類） | 署名・その他 | 記事末 | 備考 |
|---|---|---|---|---|---|---|
| 1 | 1 | 京都に漢學大會開かる | | | （白水生） | |
| 1 | 3 | 説詩樂趣（34） | | 效尤生 | | |
| 1 | 4 | 開催豫告 | 第四十四回泊園同窓會　第八回泊園會總會 | | | |
| 2 | 1 | 論語講義 | | 黄坡先生述 | （第四十五講） | |
| 3 | 1 | 黄坡先生近詠 | 神武天皇聖蹟難波碕下恭賦　上海日本青年團歌　遊信貴山寺探韵　氷菓　富田林萬春樓雅集 | | | |
| 3 | 2 | 好治間事室藏書記 | | 魚石 | | |
| 3 | 2 | 黄坡書　扇面 | | | | 写真を載せる |
| 4 | 1 | 大城戸石仙遺文 | 題畑仙齡布袋圖 | 念庵居士宗重 | | |
| 4 | 1 | 大城戸石仙遺文 | 南岳夫子照像題辭 | 弟子宗重 | | |
| 4 | 1 | 南岳夫子遺詠 | 白山氏席上聽蓄音器 | | | |
| 4 | 1 | 黄鵠先生遺詠 | 不識庵望月圖 | | | |
| 4 | 2 | 達心志齋讀書記 | | 大壺 | | |

| 頁数 | 段数 | 記事名（大分類） | 記事名（小分類） | 署名・その他 | 記事末 | 備考 |
|---|---|---|---|---|---|---|
| 4 | 3 | 三惜書屋詩稿 | 四月初七遊芳山花期尚早得一絶　村上義光墳下有一樹方開花得一絶　遊須磨林氏邸　中秋登樓　隱岐雜吟　同 | | | |
| 4 | 4 | 夷人辨 | | 中山城山 | （自城山道人稿巻十七抄出） | |
| 外 | 1 | 本誌後援寄附金收受報告（泊園同窓會） | | | | |
| 外 | 2 | 泊園書院日課表 | | | | |

## ■ 新第54号（昭和16年11月30日発行）

編輯兼發行人：的場信太郎
泊園誌社顧問：石濱純太郎
泊園誌社同人：的場信太郎、岡本奇堂、三原靜美、石崎太郎、岡本勝治郎
同窓會：筒井民次郎、西田幾太郎、寺田英一郎、安達龜造

| 頁数 | 段数 | 記事名（大分類） | 記事名（小分類） | 署名・その他 | 記事末 | 備考 |
|---|---|---|---|---|---|---|
| 1 | 1 | 泊園書院を如何にせん | | | （白水生） | |
| 1 | 2 | 黄坡書　扇面 | | | | 写真を載せる |
| 1 | 3 | 説詩樂趣（35） | | 效尤生 | | |
| 2 | 1 | 論語講義 | | 黄坡先生述 | （第四十六稿） | |
| 3 | 1 | 京都の漢學大會 | | | （甘蔆） | |
| 3 | 2 | 弔越智明郷文 | | | （黄坡先生稿） | |
| 4 | 1 | 三惜書屋初稿 | 隱岐雜吟　同　同　江樓春望　探韵得冬　拜　大廟恭賦　野寺殘陽　詣天野山拜行宮遺趾有感　宿金剛寺偶成　遊寧樂 | | | |
| 4 | 1 | 釋典 | | | （石崎記） | |
| 4 | 2 | 辛巳十月廿六日逍遙游社例會席上栢梁体聯句 | 於高津宮參集所 | 明山　東明　壺山　甲岳　余洲　松峰　雲洞　沙鴨　杏波　樂窩　木洲　黄坡 | | |
| 4 | 3 | 第八回泊園會總會々計報告 | | | | |
| 4 | 4 | 泊園記事 | | | | |
| 4 | 4 | 會員消息 | | 越智宣哲氏 | | |
| 4 | 4 | 會費御拂込に就き謹告 | | 泊園會理事 | | |
| 4 | 4 | 泊園同窓會々計報告（自昭和十五年十月十日至同十六年十一月十九日） | | | | |
| 外 | 2 | 泊園書院日課表 | | | | |

## ■ 新第55号（昭和17年１月31日発行）

編輯兼發行人：的場信太郎
泊園誌社顧問：石濱純太郎
泊園誌社同人：的場信太郎、岡本奇堂、三原靜美、石崎太郎、岡本勝治郎
同窓會：西田幾太郎、寺田英一郎、安達龜造

| 頁数 | 段数 | 記事名（大分類） | 記事名（小分類） | 署名・その他 | 記事末 | 備考 |
|---|---|---|---|---|---|---|
| 1 | 1 | 大東亞戰爭と漢學 | | | （白水生） | |
| 1 | 3 | 説詩樂趣（36） | | 效尤生 | | |
| 1 | 3 | 黄坡書 | | | | 写真を載せる |
| 1 | 4 | 壬午元旦口占 | | 黄坡 | | |
| 2 | 1 | 論語講義 | | 黄坡先生述 | 第四十七講 | |
| 内 | 1 | （外１より続く）常費收受報告 | | | | |
| 3 | 1 | 好治聞事室藏書記 | | 魚石 | | |
| 3 | 2 | 藤木鐵石先生薦場餘錄抄（明治十二年五月十一日博物場） | 祭鐵石藤木君文 | 南岳藤澤恒 | | |
| 4 | 1 | 藤澤南岳と鐵兜 | | 草薙金四郎 | （讃岐藝林史話　15） | |
| 4 | 2 | 新雪庵漫筆 | | 湯川文亮 | | |

| 頁数 | 段数 | 記事名（大分類） | 記事名（小分類） | 署名・その他 | 記事末 | 備考 |
|---|---|---|---|---|---|---|
| 4 | 4 | 三惜書屋初稿 | 宴集類<br>與石仙醉翁及兄弟會飲翠濤園　望烟亭雅集　剩碧樓即吟　檗山雨集 | | | |
| 外 | 1 | 常費收受報告 | | | | |
| 外 | 2 | 泊園書院日課表 | | | | |

## ■ 新第56号（昭和17年５月27日発行）

編輯兼發行人：石崎太郎
泊園誌社顧問：石濱純太郎
泊園誌社同人：的場信太郎、岡本奇堂、三原靜美、石崎太郎、岡本勝治郎
同窓會：西田幾太郎、寺田英一郎、安達龜造

| 頁数 | 段数 | 記事名（大分類） | 記事名（小分類） | 署名・その他 | 記事末 | 備考 |
|---|---|---|---|---|---|---|
| 1 | 1 | 漢學は尚ほ必要 | | | （白水生） | |
| 1 | 1 | 黄坡書 | | | | 写真を載せる |
| 1 | 3 | 説詩樂趣(37) | | 效尤生 | | |
| 1 | 4 | 第一次祝捷日記喜 | | 黄坡 | | |
| 1 | 4 | 第二次祝捷日記喜 | | 黄坡 | | |
| 2 | 1 | 論語講義 | | 黄坡先生述 | 第四十八講 | |
| 2 | 4 | 陷新嘉坡 | | 木州　植野徳 | | |
| 2 | 4 | 陷瓜哇 | | 木州　植野徳 | | |
| 2 | 4 | 翼賛總選擧 | | 木州　植野徳 | | |
| 2 | 4 | 攻城砲 | | 木州　植野徳 | | |
| 2 | 4 | 戰車 | | 木州　植野徳 | | |
| 2 | 4 | 落下傘部隊 | | 木州　植野徳 | | |
| 内 | 1 | 泊園會費收受報告 | | | | |
| 3 | 1 | 好治間事室藏書記 | | 魚石 | | |
| 3 | 2 | 黄坡書 | | | | 写真を載せる |
| 3 | 2 | 藤澤黄坡翁より示教 | | 草薙金四郎 | （讃岐藝林史話　20） | |
| 3 | 3 | 三惜書屋初稿 | 古野錦水樓宴集　漱玉亭即目　初夏游高谷氏別墅　樂山居雅集 | | | |
| 4 | 1 | 新雪庵夜話 | | 湯川丈亮翁談　正木信夫筆錄 | | |
| 4 | 3 | 泊園の憶出ばなし(續) | | 岡本勝 | | |
| 4 | 4 | 消息會員 | | 井上治兵衛氏 | | |
| 外 | 2 | 泊園書院日課表 | | | | |

## ■ 第１巻第２号（昭和17年８月31日発行）

編輯兼發行人：石崎太郎
泊園誌社顧問：石濱純太郎
泊園誌社同人：的場信太郎、岡本奇堂、三原靜美、石崎太郎、岡本勝治郎
同窓會：西田幾太郎、寺田英一郎、安達龜造

| 頁数 | 段数 | 記事名（大分類） | 記事名（小分類） | 署名・その他 | 記事末 | 備考 |
|---|---|---|---|---|---|---|
| 1 | 1 | 古典語研究の急務 | | | （白水生） | |
| 1 | 3 | 説詩樂趣(38) | 豪放 | 效尤生 | | |
| 2 | 1 | 論語講義 | | 黄坡先生述 | 第四十九講 | |
| 2 | 2 | 黄坡書 | | | | 写真を載せる |
| 内 | 1 | 常費收受報告 | | | | |
| 3 | 1 | 達心志齋讀書記 | | 大壺 | | |
| 3 | 2 | 棋友會記 | | | 昭和十七年紀元節　黄坡　藤澤　章識 | |
| 4 | 1 | 會員消息 | 吉田洞外を憶ふ | 坡叟 | | |
| 4 | 1 | 写真：吉田萬次郎氏逝去 | | | | 写真あり |
| 4 | 1 | 會員消息 | | 沖本三郎氏 | | |
| 4 | 1 | 會員消息 | | 在陰集　梅堂小松原梅藏　杏坡小松原謙三 | | |
| 4 | 2 | 新雪庵夜話 | | 魚石 | | |
| 外 | 2 | 泊園書院日課表 | | | | |

## ■ 第１巻第３号（昭和17年12月10日発行）

編輯兼發行人：石崎太郎
泊園誌社顧問：石濱純太郎
泊園誌社同人：的場信太郎、岡本奇堂、三原靜美、石崎太郎、岡本勝治郎
同窓會：西田幾太郎、寺田英一郎、安達龜造

| 頁数 | 段数 | 記事名（大分類） | 記事名（小分類） | 署名・その他 | 記事末 | 備考 |
|---|---|---|---|---|---|---|
| 1 | 1 | 漢字を知れ | | | （白水生） | |
| 1 | 2 | 説詩樂趣(38) | | 效尤生 | | |
| 1 | 4 | 泊園書院の釋典 | | | | |
| 2 | 1 | 論語講義 | | 黄坡先生述 | 第五〇講 | |
| 2 | 4 | 同窓會收受報告 | | | | |
| 3 | 1 | 川井立齋のこと | | 大壺 | | |
| 3 | 2 | 黄坡書　扇面 | | | | 写真を載せる |
| 4 | 1 | 吉田一樂君を憶ふ | | 岡本時笑 | （十七年九月二十四日記） | |
| 4 | 2 | 漢字の常用字が制限せられます。 | | | | |
| 外 | 1 | 泊園書院日課表 | | | | |

## ■ 第２巻第１号（昭和18年３月15日発行）

編輯發行人：石崎太郎
泊園誌社顧問：石濱純太郎
泊園誌社同人：岡本勝治郎、石崎太郎、三原研田
同窓會：西田幾太郎、寺田英一郎、安達龜造

| 頁数 | 段数 | 記事名（大分類） | 記事名（小分類） | 署名・その他 | 記事末 | 備考 |
|---|---|---|---|---|---|---|
| 1 | 1 | 東畡夫子の顯彰　泊園に重なる光榮 | | | （白水生） | |
| 1 | 3 | 説詩樂趣(40) | | 效尤生 | | |
| 1 | 4 | 師家の御不吉 | | 今村春二氏 | | |
| 2 | 1 | 論語講義 | | 黄坡先生述 | （第五十一講） | |
| 2 | 4 | 聞婿春二少尉戰歿有作 | | 黄坡 | | |
| 3 | 1 | 立春の掲聯 | | 坡叟 | | |
| 3 | 1 | 黄坡書 | | | | 写真を載せる |
| 3 | 1 | 好治間事室藏書記 | | 魚石 | | |

| 頁数 | 段数 | 記事名（大分類） | 記事名（小分類） | 署名・その他 | 記事末 | 備考 |
|---|---|---|---|---|---|---|
| 3 | 4 | 泊園書院日課表 | | | | |
| 4 | 1 | 泊園書院憶出のことゞも | | 岡本勝 | | |
| 4 | 1 | “撃ちてし止まむ” | 時局と教學へ情熱高めよ | （研） | | |
| 4 | 4 | 編輯室 | | （若） | | |

## ■ 第２巻第２号（東畡先生記念號）（昭和18年５月31日発行）

編輯發行人：石崎太郎
泊園誌社顧問：石濱純太郎
泊園誌社同人：岡本勝治郎、石崎太郎、三原研田
同窓會：西田幾太郎、寺田英一郎、安達龜造

| 頁数 | 段数 | 記事名（大分類） | 記事名（小分類） | 署名・その他 | 記事末 | 備考 |
|---|---|---|---|---|---|---|
| 1 | 1 | 東畡夫子の顯彰について | | | （白水生） | |
| 1 | 3 | 説詩樂趣(41) | | 效尤生 | | |
| 1 | 4 | 泊園書院日課表 | | | | |
| 2 | 1 | 父祖の一班 | | | 章記 | |
| 2 | 1 | 父祖の一班 | 大夫　和漢辨(文集巻八) | | | |
| 2 | 2 | 東畡書 | | | | 写真を載せる |
| 2 | 3 | 父祖の一班 | 『泊園家言』 | 大壺 | | |
| 3 | 1 | 父祖の一班 | 先子　萬國通義序 | | | |
| 3 | 2 | 題藤澤東畡幽蘭詩 | | | 内田遠湖(遠湖小品) | |
| 3 | 4 | 和漢辨末節に | | | | |
| 4 | 1 | 藤澤東畡先生傳 | | 石濱純太郎 | | |
| 4 | 2 | 虔次黄坡先生聞婿春二少尉戰歿有作詩韻聊以慰先生　乞正 | | 植野　德 | | |
| 4 | 2 | 編輯室 | | （研） | | |

## ■ 第２巻第３号（昭和18年７月31日発行）

編輯發行人：石崎太郎
泊園誌社顧問：石濱純太郎
泊園誌社同人：岡本勝治郎、石崎太郎、三原研田
同窓會：西田幾太郎、寺田英一郎、安達龜造

| 頁数 | 段数 | 記事名（大分類） | 記事名（小分類） | 署名・その他 | 記事末 | 備考 |
|---|---|---|---|---|---|---|
| 1 | 1 | 南岳夫子の顯彰 | | | （白水生） | |
| 1 | 3 | 説詩樂趣(42) | | 效尤生 | | |
| 1 | 4 | 夫子近業 | 高野山偶吟 | | | |
| 1 | 4 | 泊園書院日課表 | | | | |
| 2 | 1 | 論語講義 | | 黄坡先生述 | | |
| 3 | 1 | 大東亜の古典 | | 石濱純太郎 | | |
| 4 | 4 | (續き)大東亜の古典 | | | | |
| 4 | 1 | 今村春二氏告別式盛大に執行さる | | | | |
| 4 | 1 | 今村春二氏告別式盛大に執行さる | 弔詞 | | 昭和十八年六月十六日　東洋紡績株式會社　社長　種田健藏 | |
| 4 | 2 | みたまに捧ぐ | | 藤澤昭子 | | |
| 4 | 2 | 御手向くさ | | 曾根田良久子 | | |

## ■ 第２巻第４号（昭和18年９月30日発行）

編輯發行人：石崎太郎
泊園誌社顧問：石濱純太郎
泊園誌社同人：岡本勝治郎、石崎太郎、三原研田
同窓會：西田幾太郎、寺田英一郎、安達龜造

| 頁数 | 段数 | 記事名（大分類） | 記事名（小分類） | 署名・その他 | 記事末 | 備考 |
|---|---|---|---|---|---|---|
| 1 | 1 | 大義名分と漢學 | | | （白水生） | |
| 1 | 3 | 好治間事室藏書記 | | 魚石 | | |
| 1 | 4 | 泊園書院日課表 | | | | |
| 2 | 1 | 達心志齋讀札記 | | 大壺 | | |
| 2 | 2 | 黄坡書 | | | | 写真を載せる |
| 3 | 1 | 三惜書屋初稿 | 樂山居雅集　其二　砂山藏雅集（植野木州宅）　望烟亭雅集　永田盤舟招宴席上　淮南樓豊四氏招宴席上次韻　泊園同窓會席上偶成　新年文宴 | | | |
| 3 | 2 | 黄坡書 | | | | 写真を載せる |
| 3 | 3 | 常費寄附金收受報告（泊園同窓會） | | | | |
| 4 | 1 | （１頁より続く）好治間事室藏書記 | | | | |
| 4 | 2 | 夫子近業 | 新凉書適 | | | |
| 4 | 2 | 夫子近業 | 洗心洞文庫森下理事長追悼祭賦奠 | | | |
| 4 | 2 | 夫子近業 | 癸未歳黄梅節恭奉悼今村春二賢臺戰歿 | 五條秀麿 | | |
| 4 | 2 | 夫子近業 | 聞今村春二君戰死 | 的場信太郎 | | |
| 4 | 2 | 編輯室 | | | （靜） | |
| 4 | 4 | 國典としての漢文 | | | （研） | |

**吾妻　重二**（あづま・じゅうじ）

1956年，茨城県生まれ．関西大学文学部教授，泊園記念会会長，東西学術研究所研究員．
早稲田大学第一文学部卒業．博士（文学），博士（文化交渉学）．

主な著訳書：

馮友蘭『中国哲学史 成立篇』（共訳，富山房，1995年）
熊十力『新唯識論』（訳注，関西大学出版部，2004年）
『朱子学の新研究』（創文社，2004年）
『国際シンポジウム 東アジア世界と儒教』（黄俊傑氏と共編，東方書店，2005年）
馮友蘭『馮友蘭自伝――中国現代哲学者の回想』1・2（訳注，平凡社東洋文庫，2007年）
『東アジアの儀礼と宗教』（二階堂善弘氏と共編，雄松堂出版，2008年）
『宋代思想の研究――儒教・道教・仏教をめぐる考察』（関西大学出版部，2009年）
『家礼文献集成　日本篇』1～6（編著，関西大学出版部，2010年～2016年）
『泊園書院歴史資料集――泊園書院資料集成１』（編著，関西大学出版部，2010年）
『泊園記念会創立50周年記念論文集』（編著，関西大学出版部，2011年）
『朱子家礼と東アジアの文化交渉』（朴元在氏と共編，汲古書院，2012年）
『朱熹《家禮》實證研究』（上海・華東師範大学出版社，2012年）
『泊園文庫印譜集――泊園書院資料集成２』（編著，関西大学出版部，2013年）
『『朱子語類』訳注　巻八十四～八十六』（共著，汲古書院，2014年）
『『朱子語類』訳注　巻八十七～八十八』（共著，汲古書院，2015年）
『泊園書院　なにわの学問所・関西大学のもう一つの源流』（関西大学泊園記念会，2016年）
『文化交渉学のパースペクティブ』（編著，関西大学出版部，2016年）

関西大学東西学術研究所資料集刊29-3

新聞「泊園」　附 記事名・執筆者一覧　人名索引
―― 泊園書院資料集成 三 ――

平成29(2017)年３月30日　発行

編著者　吾　妻　重　二

発行者　関西大学東西学術研究所
〒564-8680 大阪府吹田市山手町3-3-35

発行所　関　西　大　学　出　版　部
〒564-8680 大阪府吹田市山手町3-3-35

印刷所　株式会社　遊　文　舎
〒532-0012 大阪市淀川区木川東4-7-31



ISBN 978-4-87354-647-6 C3021